入选“十四五”时期国家重点图书出版专项规划

中华人民共和国刑法案典

第二版

Collection of Criminal
Classic Cases of the People's Republic of China
Second Edition

上

袁登明／主编

人民法院出版社

图书在版编目（CIP）数据

中华人民共和国刑法案典 ： 第二版 / 袁登明主编
. -- 北京 ： 人民法院出版社， 2022.12
ISBN 978-7-5109-3686-9

Ⅰ. ①中… Ⅱ. ①袁… Ⅲ. ①刑法—案例—中国
Ⅳ. ①D924.05

中国版本图书馆CIP数据核字(2022)第255286号

中华人民共和国刑法案典（第二版）

袁登明　主编

责任编辑　陈晓璇　吴朔桦
执行编辑　姚丽蕾
封面设计　天平文创视觉设计
出版发行　人民法院出版社
地　　址　北京市东城区东交民巷 27 号（100745）
电　　话　（010）67550629（责任编辑）　67550558（发行部查询）
65223677（读者服务部）
客服 QQ　2092078039
网　　址　http://www.courtbook.com.cn
E - mail　courtpress@sohu.com
印　　刷　保定市中画美凯印刷有限公司
经　　销　新华书店

开　　本　787 毫米×1092 毫米　1/16
字　　数　3516 千字
印　　张　176.25
版　　次　2022 年 12 月第 1 版　2022 年 12 月第 1 次印刷
书　　号　ISBN 978-7-5109-3686-9
定　　价　598.00 元（全 3 册）

《中华人民共和国刑法案典》
（第二版）

撰写人员名单

主　编：袁登明

撰稿人：（按姓氏笔画为序）

马　聪	王　帅	王志祥	王克俭
王迪生	王俊平	王强军	王燕玲
田兴洪	司冰岩	刘树德	孙　晓
李山河	李小波	李运平	吴林生
吴尚聪	张　黎	陈宝友	林卫星
周建军	周海洋	赵书鸿	姚　冰
袁登明	徐文文	郭　健	郭理蓉
黄　婷	康　瑛	廖万里	

前　言

党的二十大报告首次在党的代表大会报告中对“坚持全面依法治国，推进法治中国建设”作出专题论述、专门部署，十分系统深刻、高度凝练了当前及今后一段时期我国法治建设的方向及制度性安排，报告指出要“深化司法体制综合配套改革，全面准确落实司法责任制，加快建设公正高效权威的社会主义司法制度，努力让人民群众在每一个司法案件中感受到公平正义”。而刑事审判事关国家安全和社会稳定，事关人民群众切身利益特别是名誉、财产、自由乃至生命，对于当事人的公平正义感至关重要，直接关涉人民群众的获得感、幸福感、安全感。当前，弘扬社会主义法治精神，深入开展法治宣传教育，增强全民法治观念，引导全体人民做社会主义法治的忠实崇尚者、自觉遵守者、坚定捍卫者是贯彻落实党的二十大精神的重要举措。而案例指导制度及案例编纂工作对于弘扬社会主义法治理念、统一法律适用、提高审判质量、提升司法公信力，促进公正、高效、权威的社会主义司法制度建设具有重要意义。最高人民法院早在《人民法院第二个五年改革纲要（2004—2008）》中就明确提出“改革和完善审判指导制度和法律统一适用机制”，探索建立起中国特色的案例指导制度，以统一司法尺度，准确适用法律。随后的《人民法院第三个五年改革纲要（2009—2013）》《人民法院第四个五年改革纲要（2014—2018）》及《人民法院第五个五年改革纲要（2019—2023）》一直都将案例指导建设作为司法工作机制改革的重要内容之一。而发现、遴选、编纂一批典型、权威的案例是充分发挥这一重要司法制度的前提。《中华人民共和国刑法案典》（以下简称《刑法案典》）的编写出版正是为了实现这个工作目标而进行的具体努力。

一、《刑法案典》主要价值所在

案例指导制度是结合中国司法国情的一项裁判尺度统一化的尝试和探索。案例指导制度的建设与完善不仅需要实务界的尝试与探索，也需要来自法学理论界的智识支援和理论积淀。案例指导制度的推进离不开对案例的理论性评价、提纯与实践品位的反思、探讨。聚刑法理论与刑事审判实务于一体的《刑法案典》基于这一指导思想，奠定了其理论品格和实践价值：从谋篇布局、结构设计到案例的选材、实务疑难问题的梳理无疑是新颖而极具探索性的，是对当下主流法学研究的一个有益补充。其另辟蹊径，尝试对中国现有法院裁判进行案例化改造和理论性提纯加工。通过对司法生效案例的评析，以尝试对案例法学研究开辟一条可借鉴之路，以大力繁荣和促进案例法学研究。具体来说，《刑法案典》这一项目重要价值主要体现为以下几个方面：

第一，统一裁判标准，指引刑事审判，助力公正、高效、权威的社会主义司法制度加快建设。中国特色案例指导制度是最高审判机关为总结司法经验，指导审判工作，统一司法尺度和裁判标准，规范自由裁量权，充分发挥指导性案例作用的一项具有中国特色的司法制度。《刑法案典》正是中国特色案例指导制度的具体实践和重大举措，它的出版，对于统一公正司法，宣传社会主义法治，建设公正、高效、权威的社会主义司法制度，满足人民群众日益增长的公正司法需求，创新中国特色社会主义审判事业，都具有特别重要的意义。

第二，实践公正司法，普及刑事法律知识，使依法治国的理念深入人心。《刑法案典》收录最高审判机关发布的经典案例并详加分析，把所有涉及刑事法律方面的审判实务问题结集成册，使刑事审判经验得以总结提炼，有利于提高和扩展刑事审判人员的技能和视野，对实现公正司法大有裨益。同时，以案例的形式把刑事法律生动化、普适化地传达给大众，有利于提高广大民众的法律意识和法律观念，从而对完善刑事法律制度和传播依法治国理念具有积极推动作用。

第三，填补新时期刑事审判领域大型权威性案例类实务书的空白。近些年，为应对社会经济转型及快速发展所伴随的一些问题，刑事方面的法律变动较大，《刑法修正案》陆续颁布，刑事法律立法解释、司法解释不断出台，《刑事诉讼法》及相关司法解释也相继修改，司法实践中迫切需要一部能全面展现刑事法律全貌、全面指导刑事审判实践、生动权威实用的案例类实务书。而当前难见这么一部大型时效性强的案例类实务工具书。因此，出版一部符合时代要求、符合法治进程、符合实践需要的大型刑事案例类实务书的情势已经十分紧迫。而《刑法案典》既是中国特色社会主义法律体系形成后，面向全国法院系统以及全社会推出的第一套大型案例指导类实务书，也是迄今为止，我国刑事法律案例类最权威、全面、系统、实用的大型实务书，查询十分便利，是广大刑事司法人员案头不可或缺的一部大型工具书。

二、《刑法案典》主要编写思路及内容

《刑法案典》是以现行《刑法》条文及其所属罪名为线索，涵盖现行《刑法》所有条文及其配套司法解释、相关规范性文件的内容。通过引出适用该条文的若干真实的、经典的案例，在此基础上进行该条文所规定的刑法制度或者罪名的学理分析及适用指引，使该刑法制度或者刑法罪名在司法认定过程中可能涉及的制度规范、案例、学理、法律适用这四点统一联系起来。

《刑法案典》精选了来自最高人民法院相关业务庭（室）以及国家法官学院编写的《最高人民法院公报》《人民法院案例选》《中国审判案例要览》以及《刑事审判参考》等众多权威资料的近1000个典型案例，包含了现行《刑法》条文和2000多个相关法律及司法解释条文，共有总则和分则十五章。《刑法案典》按照现行《刑法》条文顺序进行编写，每个条文可谓独立的研讨单元，每个单元中以经典案例为核心，展开分析和论证，条分缕析、层层推进。具体包括三大部分七个栏目：三大部分是法律规定、案例、学理分析及适用指引；分散在三大部分的七个栏目分别是【法律条文】【相关规定】【案件事实】【裁判要旨】【裁判理由】【学理分析】和【适用指引】。每个栏目内容既相对独立，又彼此呼应。具体言之：

第一，法律规定部分。包括【法律条文】和【相关规定】两个栏目。其中，【法律条文】栏目以现行《刑法》条文（含十一部《刑法修正案》和一部单行《刑法》）为主线，可谓《刑法案典》的经脉，并根据总结提炼的条文立法主旨而将约360万字《刑法案典》分为503个单元；【相关规定】收录或者摘录了与所研讨的刑法条文内容有关的规范性文件，尤其是相关的最高人民法院、最高人民检察院的司法解释，无一缺失。

第二，案例部分。具体包括【案件事实】【裁判要旨】与【裁判理由】三个栏目。其中，【案件事实】所选取的全部是法院已经判决生效的真实案例，并用注释形式说明其来源。除真实性外，案例选取的另两个标准是典型性和权威性，典型性要求该案例所承载的法律问题尽可能丰满、尽可能具有疑难性、实践中具有多发可能性。权威性要求所选取的案例原则上来源于最高人民法院相关业务庭（室）编辑出版的资料。

如公布的指导性案例、《最高人民法院公报》《刑事审判参考》《人民法院案例选》《中国审判案例要览》以及国家法官学院的教学案例库等。因为只有真实性、典型性和权威性的案例及其裁判，才能充分发挥其案例指导与参考功能。【裁判要旨】栏目是用简洁明了的语言提炼该案例研讨的主旨，对于案例研究而言可谓画龙点睛之处，也便于问题的查询。【裁判理由】栏目则是从法院生效的裁判文书中发现、整理和提炼法官裁判该案的基本思考点，可谓该案的裁判宗旨。据不完全统计，全书共收集近1000个真实有效的典型案例。

第三，学理分析及适用指引部分。包括【学理分析】和【适用指引】两个栏目。其中【学理分析】栏目是解读所涉刑法条文的基本内容、介绍所涉条文和案例相关问题在国内理论界的学理观点、提出并适度论证本书的基本观点。【适用指引】栏目则直接以刑事司法实务的需要为出发点，梳理司法实践中对于适用该刑法条文所涉刑法制度或者刑法罪名可能遇到的疑难问题，并一一给出解决方案或者思路。

三、《刑法案典》的编纂与修订出版历程

《刑法案典》自2006年秋季启动立项开始得到了最高人民法院历任领导的高度重视。《刑法案典》2016年出版时，由最高人民法院周强院长作序。出版面市后，反响超出预期，被广大司法工作者评为“难得的案头书”，至2020年年初，线上和线下的书店不断反馈《刑法案典》售罄，经商作者团队，2020年秋季我们决定启动《刑法案典》的修订工作，执行主编袁登明教授鉴于修订工作的质效要求，在首版作者团队的基础上组建了精干的修订工作团队，历时两年有余，终告完成。从首版撰写到本次第二版的修订完善，这期间先后历经十一部《刑法修正案》及数十部刑事立法、司法解释制定出台，见证并受益于中国裁判文书网的运行，可以说本书是我国刑事立法及司法的成熟与变迁的最佳例证，这其中作者与出版社也投入了大量时间、精力和心血。为确保图书的时效性、针对性和典型性，在每一部刑事法律文件的发布实施之后，几乎都伴随着作者与编辑们的通盘修订、研讨与梳理。为查找一个最具代表性的案例，作者与出版社的编辑们往往要翻阅查询几十万字、成百上千个案例，补充、修改、再补充、再修改……书稿就这样在出版社编辑、作者之间往返流转。首版如是，修订更甚，作者们与出版社践行工匠精神，本着一丝不苟、精益求精的态度以及坚韧不拔的耐力，不断地更新、修订、打磨、完善，本书前后累计修订多达十余稿，其中涉及和收

录的刑事法律、司法解释等规范性文件更新时间截至2022年12月31日。

此外，为确保《刑法案典》案例资料的全面性、准确性、权威性和指导性，人民法院出版社曾专门邀请最高人民法院研究室等相关部门征集暂缺的典型案例，并在初稿完成后报请最高人民法院领导批准并分送最高人民法院五个刑事审判庭审稿、把关，并重点就理论观点与现行司法政策冲突、司法实践中的操作性等核心问题全面审定，提出修改意见近百条。

正是因为从作者到编辑出版者再到最高人民法院相关业务庭（室）的审订评阅等各个方面的不懈努力与严谨细致，在首版获得2014年度国家出版基金资助的基础上，第二版入选“十四五”时期国家重点图书出版规划项目。在此，谨向最高人民法院相关业务庭（室）各位审定专家的专业精神、各位作者的认真负责精神表示由衷的谢忱！本次修订过程中我们也认真研究、充分吸收了出版社收集的广大读者意见建议，对阅读并研提真知灼见的各位读者同仁们致以崇高的敬意！

《刑法案典》作为中国特色社会主义法律体系形成后首部以典型案例为核心的大型审判指导类实务书，服务于广大刑事审判人员、其他法律从业人员、法学教育研究人员以及普通民众。我们相信，它的成功出版对于不断推进依法治国进程将贡献一份力量，在依法治国征程上谱写新的篇章。对于本书的疏漏不当之处，敬请读者提出批评指正，以期在今后的修订中认真研究并予以完善。

是为前言，特作第二版说明。

国家法官学院教授　袁登明

2022年12月31日

总 目 录

第一编 总 则

第二编　分　　则

上　册

目录

第一编　总　　则

第二编 分 则

第一编　总　　则

第一章　刑法的任务、基本原则和适用范围

第一条　刑法的宗旨

【法律规定】

• 法律条文 •

《中华人民共和国刑法》

第一条　为了惩罚犯罪，保护人民，根据宪法，结合我国同犯罪作斗争的具体经验及实际情况，制定本法。

【案例】

刘国义等诈骗案①

• 案件事实 •

2013 年 8 月 19 日，被告人刘国义以刘奇的名义在安徽省滁州市注册成立了安徽银富宝电子商务有限公司，该公司经营范围为：网上经营金银饰品销售（不得从事增值电信、金融业务）及投资管理（上述经营范围不含国家法律法规规定禁止、限制和许可经营的项目）。2013 年 9 月 13 日，被告人以安徽银富宝电子商务有限公司的名义，支付人民币 6 万元的价款从深圳金智软件有限公

① 参见《中华人民共和国最高人民法院公报》2016 年第 2 期。

司购得现货订购系统软件，名称为：银富宝订购回收系统。双方在签订的协议中明确注明：该软件为一款虚拟软件，仅用于模拟培训、仿真交易、正当交易。该系统与第三方支付平台“重庆易极富”捆绑。2013 年 10 月以来，被告人刘国义在明知银富宝订购回收系统为一款虚拟软件，客户如果在该系统上操作注入资金后资金不会进入真正的白银现货交易市场，而是流入了“重庆易极富”第三方支付平台后转入其个人账户的情况下，聘请被告人盛凌红作为安徽银富宝电子商务有限公司的分析师及业务代理人，并与盛凌红签订协议约定：由其发展客户，刘国义给其手续费 75% 及客户亏损 70% 的提成。被告人盛凌红在明知银富宝订购回收系统为虚拟软件，客户资金并未真正进入白银现货交易市场的情况下，依然让被告人蔡祖鹏、吕鹏发展客户，并约定在得到被告人刘国义所给的手续费及客户亏损的提成后，再与蔡祖鹏、吕鹏分成。

2013 年 9 月至 11 月间，被告人蔡祖鹏、吕鹏发展了宝应县被害人刘华高、蔡万学为客户。为获取非法利益，二被告人虚构了上海黑石私募投资有限公司业务员等身份。在取得被害人的信任后，为达到让被害人亏损的目的，被告人刘国义、盛凌红合谋，修改银富宝订购回收系统最大持仓量以及亏损方式。2013 年 11 月 8 日，蔡祖鹏、吕鹏通过叫刘华高等人将所有用来炒白银的钱全部购买白银，将资金增加到 50 余万元。当晚，蔡祖鹏还和吕鹏“唱双簧”，谎称自己进操盘室，让吕鹏单独与刘华高电话联系，传达分析师的指令，其目的是在被害人亏损后，可以相互推卸责任。当晚 9 时 15 分左右，被害人两个账户盈利近 10 万元时，蔡祖鹏等人故意不让其卖出，直至被害人投入的资金亏损，从而骗得刘华高、蔡万学人民币共计 40 余万元。事后，刘华高提出因亏损导致其无法偿还所借款，刘国义支付给盛凌红人民币 10 万元用于退还给被害人，盛凌红从中支付给蔡祖鹏人民币 7 万元，后由蔡祖鹏经手实际退还给被害人人民币 4 万元。

• 裁判要旨 •

明确刑法的目的及制定的依据。

• 裁判理由 •

江苏省宝应县人民法院一审认为：被告人刘国义、盛凌红、蔡祖鹏、吕鹏以非法占有为目的，在明知控制的系虚拟白银现货交易平台，客户注入资金并未真正进入白银现货交易市场的情况下，通过虚构事实、隐瞒真相的方式骗取客户资金，数额巨大，其行为均已构成诈骗罪。被告人刘国义、盛凌红、蔡祖鹏、吕鹏系共同故意犯罪，且在共同犯罪中均起主要作用，均是主犯。被告人刘国义犯罪后主动投案，并如实供述犯罪事实，是自首，依法予以从轻处罚，被告人盛凌红、蔡祖鹏、吕鹏归案后如实供述犯罪事实，依法予以从轻处罚。

刘国义等人已退出全部赃款，取得了被害人的谅解，均可酌情从轻处罚。宝应县人民检察院指控被告人刘国义、盛凌红、蔡祖鹏、吕鹏犯诈骗罪的事实清楚，证据确实、充分，指控的罪名成立，法院予以支持。

对被告人刘国义、盛凌红、吕鹏的辩护人均提出起诉指控的罪名不成立，应当以非法经营罪定罪量刑的辩护意见。经查，刘国义虽注册设立安徽银富宝电子商务有限公司，并以该公司名义购买银富宝订购回收系统的软件，但其与盛凌红隐瞒银富宝订购回收系统为一款虚拟软件，客户投入资金不能进入白银现货交易市场的真相，并故意修改系统交易方式，吕鹏、蔡祖鹏使用虚假身份虚构事实骗取被害人的信任，故意通过虚拟交易套取被害人资金，从而使被害人被骗40余万元，被告人的上述行为符合诈骗罪的构成要件，应当以诈骗罪予以定罪量刑，而不应认定为非法经营罪，故对上述辩护意见不予采纳。

对刘国义、盛凌红、吕鹏的辩护人分别提出刘国义具有自首情节，盛凌红、吕鹏归案后如实供述犯罪事实，上述三被告人认罪态度较好，无前科劣迹，退出全部赃款，取得被害人谅解，请求对上述被告人从轻处罚和酌情从轻处罚的辩护意见。经查有事实和法律依据，予以采纳。对刘国义的辩护人提出对刘国义减轻处罚，并适用缓刑的辩护意见，经查，刘国义诈数额达40余万元，虽具有自首情节，但根据本案具体情节，不宜对其适用减轻处罚并宣告缓刑，故对该辩护意见不予采纳。对盛凌红的辩护人提出盛凌红在本案中起次要作用，应认定为从犯的辩护意见，经查，盛凌红在与刘国义等被告人共同犯罪中，为获取非法利益发展客户，为被害人交易提供意见，并通过蔡祖鹏向被害人传达指令，骗得被害人资金，在本案中起主要作用，应认定为主犯，故对该辩护意见不予采纳。对蔡祖鹏的辩护人提出蔡祖鹏如实供述犯罪事实，自愿认罪，无前科劣迹，退出赃款，取得被害人的谅解，请求对其从轻和酌情从轻处罚并适用缓刑的辩护意见，经查，蔡祖鹏虽具有上述法定和酌定从轻处罚情节，可对其从轻处罚，但根据本案情节，不宜对蔡祖鹏宣告缓刑。对吕鹏的辩护人提出吕鹏在本案中起次要作用，应认定为从犯，请求对其从轻或减轻处罚，并适用缓刑的辩护意见，经查，吕鹏故意让被害人增加投入资金，并在骗取被害人资金过程中发挥了积极作用，故应当认定为主犯，对该辩护意见不予采纳。

综上，宝应县人民法院依照《刑法》第266条，第25条第1款，第26条第1款、第4款，第67条第1款、第3款，第52条，第53条，第64条，《最高人民法院、最高人民检察院关于办理诈骗刑事案件具体应用法律若干问题的解释》第1条的规定，于2014年4月30日判决：一、被告人刘国义犯诈骗罪，判处有期徒刑四年，并处罚金人民币8万元。二、被告人盛凌红犯诈骗罪，判处有期徒刑四年，并处罚金人民币8万元。三、被告人蔡祖鹏犯诈骗罪，判处有期徒刑四年，并处罚金人民币7万元。四、被告人吕鹏犯诈骗罪，判处有期徒刑四年，并处罚金人民币 7 万元。五、对被告人盛凌红、蔡祖鹏非法所得人民币各 3 万元，依法继续予以追缴，没收上缴国库。

一审宣判后，刘国义、蔡祖鹏不服，向江苏省扬州市中级人民法院提起上诉，称本案应当以非法经营罪定罪量刑。二审法院受理立案后，二人又自愿撤回上诉。二审法院裁定准许撤回上诉。一审判决已发生法律效力。

【学理分析及适用指引】

● 学理分析 ●

《刑法》第 1 条是关于本法立法宗旨的规定。关于宗旨，应明确两点：即《刑法》的目的和《刑法》的制定依据。

1. 我国《刑法》的目的。我国《刑法》的目的是惩罚犯罪，保护人民。这是与我国人民民主专政的政权性质相适应的。我国《宪法》第 1 条明确规定：中华人民共和国是工人阶级领导的、以工农联盟为基础的人民民主专政的社会主义国家。故法律也就是工人阶级和广大人民意志的体现，是保护社会主义经济基础、政治制度和社会秩序的有力工具。《刑法》的目的可以分为两个层面：第一个层面为惩罚犯罪，第二个层面为保护人民。

（1）惩罚犯罪，就是通过《刑法》规定什么样的行为是犯罪，如何判断某一行为是不是构成犯罪，犯什么样的罪，以及应当受什么样的惩罚；对任何触犯《刑法》规定的犯罪分子，均需依照《刑法》的规定追究其刑事责任。这也是国家制定、社会需要刑法的最直接目标。只有实现了这一目标才能实现第二个层面的保护人民的目的。

（2）保护人民，就是通过对犯罪的打击来保护人民的利益。具体指保卫国家安全，保卫人民民主专政的政权和社会主义制度，保护国有财产和劳动群众集体所有的财产，保护公民私人所有的财产，维护社会秩序、经济秩序，保护公民个人的人身权利、民主权利、财产权利等合法权利不受侵犯，从而保障社会主义政治、经济与文化建设的顺利进行。

综上，惩罚犯罪与保护人民是相辅相成的，实现了预防和惩罚犯罪，也就实现了对人民的保护；而对人民的保护又可以起到预防犯罪的作用。

2. 《刑法》的制定依据。根据本条的规定，可以得知我国《刑法》的制定依据有两个：一是《宪法》，二是我国同犯罪作斗争的具体经验及实际情况。

（1）《宪法》。《宪法》的母法性质，决定了其是制定一切法律法规的依据和准绳，任何法律法规都不得与《宪法》相抵触或违背。《宪法》中关于国家维护社会秩序、镇压叛国和其他危害国家安全的犯罪活动，制裁危害社会治安、破坏社会主义经济秩序的犯罪活动，惩办和改造犯罪分子的规定，关于国家的政治、经济的基本制度的规定，关于保护公共财产、公民私人所有的财产的规定，关于保护公民人身权利、民主权利的规定等，都是制定《刑法》的依据。

（2）我国同犯罪作斗争的具体经验及实际情况。新中国成立伊始，我国注重对各种刑事犯罪的打击，并且在这一过程中制定了《惩治反革命条例》《惩治贪污条例》等单行刑事法规，并于1979年制定了我国第一部《刑法》。在1979年《刑法》制定施行后，根据打击犯罪的需要，全国人民代表大会常务委员会又通过了一系列的“决定”和“补充规定”，甚至还在一些非刑事法中设置一些罪名对《刑法》加以修改和补充，如《关于惩治走私罪的补充规定》《关于惩治贪污罪贿赂罪的补充规定》《关于惩治生产、销售伪劣商品犯罪的决定》《关于严禁卖淫嫖娼的决定》《惩治军人违反职责罪暂行条例》等。犯罪的多样性和复杂性决定和丰富了我国同犯罪作斗争的经验，造就了《刑法》、单行刑法、附属刑法并行，综合惩罚犯罪的局面。同时，随着我国改革开放和发展的不断深入，改革开放在带来经济发展的同时，也产生了一些负面效应。国内外犯罪势力一直未曾消停，并出现了一些新的犯罪形式，如洗钱罪。在1979年《刑法》中并没有关于洗钱罪的规定，是我们在同洗钱行为作斗争的过程中总结经验，而最终在现行《刑法》第191条规定的。现行《刑法》颁布以后，洗钱行为又出现了新的形式和新的类型，2001年与2006年，全国人民代表大会常务委员会以《刑法修正案（三）》及《刑法修正案（六）》将洗钱罪的上游犯罪给予明确和细化。总之，不断总结我国同犯罪作斗争的具体经验，针对实践中出现的新的犯罪，调整我国的刑事政策，以符合我国的实际情况，有效地打击各种犯罪活动，都是我国制定《刑法》的依据。

● 适用指引 ●

刑法历来需要调整两对矛盾：第一对是善良公民、被害人和犯罪人的矛盾，第二对是社会保护和人权保障的矛盾。这两对矛盾的协调处理也是对立统一的关系，决定了刑法的公平正义之秉性以及权利平衡的价值导向。在确定行为人的行为是不是构成犯罪时，应当综合考虑以下两个方面：第一，刑法不仅是善良公民的圭臬，也是犯罪人的圭臬；即刑法在打击犯罪、惩罚犯罪以保证社会公民免受犯罪行为侵害的同时，也通过罪刑法定原则保障犯罪嫌疑人、被告人和犯罪分子的合法权益。第二，刑法是一把双刃剑，用之得当，则社会与个人双受其益；用之不当，则双受其害。换句话说，就是应当综合考虑惩罚犯罪和保护人民之间的关系、刑法规定和宪法权益之间的关系。

第二条　刑法的任务

【法律部分】

• 法律条文 •

《中华人民共和国刑法》

第二条　中华人民共和国刑法的任务，是用刑罚同一切犯罪行为作斗争，以保卫国家安全，保卫人民民主专政的政权和社会主义制度，保护国有财产和劳动群众集体所有的财产，保护公民私人所有的财产，保护公民的人身权利、民主权利和其他权利，维护社会秩序、经济秩序，保障社会主义建设事业的顺利进行。

【案例】

刘涌组织、领导黑社会性质组织案[①]

• 案件事实 •

1995 年年底至 2000 年 7 月，被告人刘涌纠集同案被告人宋健飞、吴静明、董铁岩、李志国、程健等人，组成具有黑社会性质的犯罪组织，非法持有枪支和管制刀具，采取暴力手段聚敛钱财，引诱、收买国家工作人员参加黑社会性质组织或者为其提供非法保护，实施犯罪 27 起。收买国家工作人员马向东、刘实、焦玫瑰、高明贤、凌德秀、姜新本、杨礼维（均另案处理）等人为其提供非法帮助，在一定区域和行业范围内有组织地进行违法活动。此前，在 1989 年至 1992 年间，刘涌还伙同他人实施故意伤害犯罪 4 起。刘涌共作案 31 起，其中直接或者指使、授意他人实施故意伤害犯罪 13 起，致 1 人死亡、5 人重伤并造成 4 人严重残疾、8 人轻伤；故意毁坏财物犯罪 4 起，毁坏财物价值人民币 31700 元；非法经营香烟，经营额人民币 7200 万元；行贿犯罪 6 起，行贿人民币 41 万元、港币 5 万元、美元 95000 元、物品价值人民币 25700 元；非法持有枪支 1 支；妨害公务犯罪 1 起。

• 裁判要旨 •

明确刑法的任务即现行《刑法》所保护的权益类型。

---

① 参见中华人民共和国最高人民法院刑事审判第一庭、第二庭编：《刑事审判参考》（2004 年第 1 辑），法律出版社 2004 年版。

• 裁判理由 •

辽宁省铁岭市人民检察院于2001年8月10日向铁岭市中级人民法院提起公诉，指控被告人刘涌犯组织、领导黑社会性质组织罪，故意伤害罪，抢劫罪，敲诈勒索罪，私藏枪支、弹药罪，妨害公务罪，非法经营罪，偷税罪，行贿罪。同时，附带民事诉讼原告人扈艳、刘宝贵对被告人刘涌等人提起了附带民事诉讼。辽宁省铁岭市中级人民法院于2002年4月17日作出（2001）铁中刑初字第68号刑事附带民事判决，以故意伤害罪，组织、领导黑社会性质组织罪，故意毁坏财物罪，非法经营罪，行贿罪，非法持有枪支罪，妨害公务罪，判处被告人刘涌死刑，剥夺政治权利终身，并处罚金人民币1500万元。判处刘涌赔偿附带民事诉讼原告人扈艳人民币1万元，赔偿附带民事诉讼原告人刘宝贵人民币5420元。对刘涌聚敛的财物及其收益，以及用于犯罪的工具，依法予以追缴、没收。判决宣告后，刘涌不服，提出上诉；附带民事诉讼原告人扈艳、刘宝贵亦不服，提出上诉。辽宁省高级人民法院于2003年8月11日作出（2002）辽刑一终字第152号刑事附带民事判决，撤销原一审判决中对刘涌故意伤害罪的量刑部分及对附带民事诉讼原告人扈艳的民事赔偿部分，撤销对刘涌非法持有枪支罪的判决，判处被告人刘涌死刑，缓期二年执行，剥夺政治权利终身，并处罚金人民币1500万元。判处刘涌赔偿刘宝贵人民币5420元，赔偿扈艳人民币1万元，对扈艳的赔偿与其他同案被告人共同承担连带责任。对刘涌组织、领导黑社会性质组织犯罪聚敛的财物及其收益，以及用于犯罪的工具，依法予以追缴、没收。该判决发生法律效力后。最高人民法院于2003年10月8日作出（2003）刑监字第155号再审决定，以原二审判决对刘涌的判决不当为由，依照审判监督程序提审本案。

最高人民法院经审理认为：再审被告人刘涌组织、领导具有黑社会性质的组织，大肆进行违法犯罪活动，其行为已构成组织、领导黑社会性质组织罪。刘涌在黑社会性质组织形成之前和在组织、领导黑社会性质组织的犯罪活动中，直接或者指使、授意他人实施故意伤害的行为已构成故意伤害罪，后果特别严重；指使他人故意损坏公私财物的行为已构成故意毁坏财物罪，数额巨大，情节特别严重；违反国家烟草专卖规定，异地购进香烟批发销售的行为构成非法经营罪，经营数额特别巨大，情节特别严重；为了谋取不正当利益，给予多名国家工作人员财物的行为已构成行贿罪，情节严重；指使他人以暴力方法，阻碍国家机关工作人员依法执行职务的行为，已构成妨害公务罪；违反枪支管理规定，非法持有枪支的行为已构成非法持有枪支罪。刘涌系组织、领导黑社会性质组织的首要分子，应对该组织的全部罪行承担责任。其直接或者指使、授意他人持刀、持枪实施故意伤害犯罪，致1人死亡、5人重伤并造成4人严重残疾、8人轻伤，手段特别残忍，情节特别恶劣，罪行极其严重，社会危害极大，且不具有法定或者酌定从轻处罚情节，依法应当判处死刑，立即执行。其所犯其他罪行，亦应依法惩处，数罪并罚。原一审判决认定的事实清楚，证据确实、充分，定罪准确，量刑适当。原二审判决定罪准确，但认定"不能从根本上排除公安机关在侦查过程中存在刑讯逼供情况"，与再审庭审质证查明的事实不符；原二审判决"鉴于其犯罪的事实、性质、情节和对于社会的危害程度以及本案的具体情况"，对刘涌所犯故意伤害罪的量刑予以改判的理由不能成立，应予纠正。根据《刑事诉讼法》第205条第2款、第206条、《最高人民法院关于执行〈中华人民共和国刑事诉讼法〉若干问题的解释》第312条第2项和《刑法》第12条第1款、第294条第1款和第3款①、第234条第2款、第275条、第225条、第389条第1款、第390条第1款、第277条第1款、第128条第1款、第26条第1款和第3款、第57条第1款、第69条、第64条、《全国人民代表大会常务委员会关于〈中华人民共和国刑法〉第二百九十四条第一款的解释》《最高人民法院关于审理非法制造、买卖、运输枪支、弹药、爆炸物等刑事案件具体应用法律若干问题的解释》第8条第2款的规定，判决如下：一、撤销辽宁省高级人民法院（2002）辽刑一终字第152号刑事附带民事判决中对再审被告人刘涌故意伤害罪的量刑及决定执行的刑罚部分。二、再审被告人刘涌犯故意伤害罪，判处死刑，剥夺政治权利终身。维持原二审对刘涌以组织、领导黑社会性质组织罪，判处有期徒刑十年；故意毁坏财物罪，判处有期徒刑五年；非法经营罪，判处有期徒刑五年，并处罚金人民币1500万元；行贿罪，判处有期徒刑五年；妨害公务罪，判处有期徒刑三年；非法持有枪支罪，判处有期徒刑三年的判决部分。对刘涌上述被判处的刑罚并罚，决定执行死刑，剥夺政治权利终身，并处罚金人民币1500万元。三、再审被告人刘涌组织、领导黑社会性质组织犯罪聚敛的全部财物及其收益，依法追缴；供其犯罪使用的工具，予以没收。

【学理分析及适用指引】

• 学理分析 •

根据《刑法》第2条的规定，我国刑法的任务，就是用刑罚同一切犯罪行为作斗争，以保卫国家安全，保卫人民民主专政的政权和社会主义制度，保护国有财产和劳动群众集体所有的财产，保护公民私人所有的财产，保护公民的人身权利、民主权利和其他权利，维护社会秩序、经济秩序，保障社会主义事业的顺利进行。可以看出，宪法和其他部门法所保护的各种社会关系也是刑法所保护的社会关系，宪法和其他部门法所保护的范围也是刑法所保护的范围。

---

① 该条款内容目前已被《刑法修正案（八）》修正。——编者注

只不过刑法的最后性、补充性和谦抑性决定了其只能是作为最后的手段对严重危害社会关系的行为进行处罚。结合《刑法》规定和理论研究主要体现为以下四个方面：

1. 保卫国家安全、保卫人民民主专政的政权和社会主义制度是刑法的首要任务。我国的国家安全、人民民主专政的政权和社会主义制度，是我国宪法确立的国家政治、经济制度，是进行改革开放和社会主义现代化建设的根本保证。因此，用刑罚方法同一切危害社会主义制度，危害我国主权、领土完整，分裂国家、破坏国家统一等犯罪作斗争，是刑法一项很重要的任务。这是符合国家和人民最根本利益的。故此，《刑法》分则把第1章规定为危害国家安全罪。

2. 保护国有财产和劳动群众集体所有的财产，保护公民私人所有的财产。国家所有的财产和劳动群众集体所有的财产，是社会主义的公共财产，是社会主义的物质基础，是现代化建设的物质保证。刑法保护公共财产和私有财产，具有同等重要的意义。《刑法》分则用第5章专门规定侵犯财产罪，并且在其他章节中也有对侵犯公共财产和私有财产的规定，如危害公共安全罪、贪污贿赂罪等章节中。

3. 保护公民的人身权利、民主权利和其他权利。在我国，人民是国家的主人，我国《宪法》规定了公民的人身权利和民主权利及其他权利。人身权利是指公民的生命、健康、人身自由等方面的权利；民主权利是指公民依照法律参加国家管理和政治生活的各项权利；其他权利是指劳动、婚姻自由、老人儿童不受虐待、遗弃等权利。同侵犯公民人身权利、民主权利的行为作斗争，维护公民的合法权益，是刑法的重要任务。《刑法》分则第4章规定了侵犯人身权利、民主权利罪。

4. 维护社会秩序、经济秩序。秩序是发展的前提。我国进行改革开放和社会主义现代化建设，需要稳定的社会秩序和经济秩序。建立社会主义市场经济后，维护社会秩序和经济秩序也成为刑法的一项重要任务，对于扰乱社会秩序和经济秩序的犯罪，要依照刑法予以打击。这主要体现在《刑法》分则第3章规定的破坏社会主义市场经济秩序罪、第6章规定的妨害社会管理秩序罪、第7章规定的危害国防利益罪等之中。

• 适用指引 •

尽管《刑法》第2条明确规定了刑法的功能，即通过对犯罪行为的打击来保卫国家安全，保卫人民民主专政的政权和社会主义制度，保护国有财产和劳动群众集体所有的财产，保护公民私人所有的财产，保护公民的人身权利、民主权利和其他权利，维护社会秩序、经济秩序，保障社会主义事业的顺利进行，但应当从思想上摒弃刑罚万能论和刑罚工具主义。摈弃刑罚万能主义并非否定刑法的功能，而是要科学理性看待刑法（罚）的功能，即在现代社会，刑法虽然不是万能的，但没有刑法万万不能，因为刑法是包括宪法在内的一切法律的保障性、补充性的法律。

第三条 罪刑法定原则

【法律规定】

• 法律条文 •

《中华人民共和国刑法》

第三条 法律明文规定为犯罪行为的，依照法律定罪处刑；法律没有明文规定为犯罪行为的，不得定罪处刑。

【案例一】

汪某受贿案①

• 案件事实 •

汪某，系浙江省交通厅公路管理局高速公路建设处副处长。1996 年 10 月，陈某某夫妇以给被告人汪某儿子读书的名义，将人民币 2 万元送到被告人家中，由其妻江某某收下，事后江将此事告知了汪某。汪某为陈某某承包的高速公路同三线宁波潘火立交桥绿化工程的结算问题向宁波高等级公路建设指挥部打招呼，使陈某某及时拿到了工程款。1998 年 12 月底，陈某某夫妇来到汪家，送给汪妻江某某 10 万元人民币。1999 年春节前，占某某向汪某借钱，汪妻遂将该款借给了占某某。1999 年 8 月 5 日，占某某还给江某某 4.5 万元现金和 5.5 万元存折。浙江省杭州市上城区人民检察院以汪某犯受贿罪向杭州市上城区人民法院提起公诉。

• 裁判要旨 •

罪刑法定基本原则的司法适用，强调刑事违法性而非仅仅依据社会危害性来适用刑法。

---

① 参见浙江省高级人民法院编：《人民法院裁判文书选》（浙江 2002 年卷），法律出版社 2004 年版。

• 裁判理由 •

浙江省杭州市上城区人民法院于2000年12月25日作出（2000）上刑初字第386号刑事判决，一审根据《刑法》第385条之规定，认定被告人汪某收受贿赂12万元，遂以受贿罪判处被告人汪某有期徒刑十年六个月；扣押的受贿款2万元予以没收，上交国库。判决作出后，被告人汪某不服，提出上诉，浙江省杭州市中级人民法院于2001年4月28日作出（2001）杭刑终字第77号刑事判决。二审认为，原判认定被告人受贿2万元的事实证据欠缺，不予认定，据此，以受贿罪改判上诉人汪某有期徒刑十年；维持原判没收部分。二审判决生效后，原审上诉人汪某之弟汪某友不服，向浙江省高级人民法院提出申诉。

对于被告人汪某有没有利用自己的职权为陈某某谋取利益。申诉人汪某的弟弟汪某友诉称：汪某没有利用自己的职权为陈某某谋取利益，二审判决也无充分证据证实汪某知道其妻江某某收受10万元人民币，原判适用法律不当；辩护人也提出二审判决适用法律错误，原审上诉人汪某的行为不构成受贿罪。浙江省高级人民法院认为：原审上诉人汪某身为国家工作人员，收受陈某某夫妇所送的10万元人民币，为其谋取利益的事实清楚，证据确实、充分，但是，要认定其构成受贿罪，还应符合《刑法》第385条、第388条规定的“利用职务上的便利”或“利用本人职权或者地位形成的便利条件，通过其他国家工作人员职务上的行为，为请托人谋取不正当利益”的构成要件。该条规定的“国家工作人员利用职务上的便利”是指行为人利用自己职务上主管、经管、负责某项工作的便利条件，其本质是行为人有职务上的权力。而在本案中，同三线宁波潘火立交桥绿化工程系宁波高等级公路建设指挥部建议的宁、台、温高速公路中宁波段的一项工程，而宁波段高速公路实行以宁波市为业主的项目业主责任制，由宁波市自行负责筹资、建设、经营与还贷，宁波高等级公路建设指挥部是一个独立的事业单位，其人、财、物均归宁波市政府管理。因此，省高速公路指挥部建设管理处与宁波高等级公路建设指挥部不存在直接的领导关系，只是行业管理及业务上的指导关系。汪某身为浙江省高速公路指挥部建设管理处副处长，对同三线宁波潘火立交桥绿化工程的人、财、物没有决定、处理、经手、主管权，其向宁波高等级公路建设指挥部打招呼，使陈某某及时拿到工程款，并非直接利用本人职权，故不符合《刑法》第385条规定的构成要件。汪某的行为符合利用本人职权和地位形成的便利条件，通过其他国家工作人员职务上的行为，为请托人谋取利益的条件，但《刑法》第388条规定：国家工作人员利用本人职权或者地位形成的便利条件，通过其他国家工作人员职务上的行为受贿必须具备“为请托人谋取不正当利益”的要件，本案中，汪某虽为陈某某在工程款结算上打了招呼，但该款项系陈某某应得的工程款，不属于不正当利益，因此，汪某的行为也不符合《刑法》第 388 条规定的构成要件。申诉人对此问题的申诉理由成立，应予采纳，原判适用法律确有错误，应予纠正。原二审判决未认定原审上诉人汪某受贿 2 万元，但其妻江某某收受该 2 万元的事实清楚，该节事实虽然依法不构成受贿罪，但该笔非法所得应予追缴，申诉人在此节申诉理由不能成立，不予采纳。

综上，依照《刑事诉讼法》第 205 条第 2 款、第 189 条第 2 项、《刑法》第 3 条、第 64 条之规定，判决如下：一、撤销浙江省杭州市上城区人民法院（2000）上刑初字第 386 号刑事判决和浙江省杭州市中级人民法院（2001）杭刑终字第 77 号刑事判决。二、原审上诉人汪某无罪。三、扣押在杭州市上城区人民检察院的原审上诉人汪某的非法所得 2 万元予以追缴，上交国库。

【案例二】

方某传播淫秽物品牟利案[①]

• 案件事实 •

2006 年 11 月，浙江省龙游县无业女子方某在网上注册了两个 QQ 号，网名分别为“水水”和“晴一儿”。注册后，方某即将这两个 QQ 号挂于 QQ 聊天室大厅的“E 网情深”聊天室下的“E 夜激情”室内，聊天中以发信息的形式告知“好友”进行有偿色情聊天，招揽网友进行裸聊，从中牟利。自 2006 年 11 月 1 日到 2007 年 5 月 14 日，方某裸聊对象遍及全国 22 个省、自治区、直辖市，在电脑上查获的聊天记录就有 300 多人，其用于裸聊收费的银行账号以及支付宝账号共汇入裸聊资金 1054 次，计 24973. 03 元。对于本案，浙江省龙游县检察院以传播淫秽物品牟利罪向浙江省龙游县人民法院提起公诉。对于该网上裸聊案，在司法机关处理过程中，对于方某的行为如何定罪存在以下三种意见：第一种意见认为应定传播淫秽物品牟利罪，第二种意见认为应定聚众淫乱罪，第三种意见认为不构成犯罪。

• 裁判要旨 •

罪刑法定原则的司法适用需要科学合理的刑法解释来保障。

• 裁判理由 •

浙江省龙游县人民法院经审理后认为：网络裸聊所传递出来的信息具有淫

① 参见中华人民共和国最高人民法院刑事审判第一、二、三、四、五庭主办：《刑事审判参考》（总第 75 集），法律出版社 2010 年版，第 80 ~ 81 页。

秽性，侵害了社会善良道德风俗，具有严重的社会危害性，需要刑法予以规制，合理扩张“淫秽物品”一词的外延，符合社会发展以及维护社会善良风俗的实际需要，同时也是刑法解释的要求所在，刑法解释也应该随着社会的发展而发展，淫秽物品的内容当然也应该变化，并不违背罪刑法定原则。对此，2004 年 9 月 3 日最高人民法院、最高人民检察院发布的《关于办理利用互联网、移动通讯终端、声讯台制作、复制、出版、贩卖、传播淫秽电子信息刑事案件具体应用法律若干问题的解释（一）》第 1 条规定：以牟利为目的，利用互联网、移动通讯终端制作、复制、出版、贩卖、传播淫秽电子信息，具有下列情形之一的，依照《刑法》第 363 条第 1 款的规定，以制作、复制、出版、贩卖、传播淫秽物品牟利罪定罪处罚……根据这一规定，电子信息可以成为淫秽物品，因此，裸聊的视频也可以认定为淫秽物品。被告人方某以牟利为目的，利用互联网传播淫秽电子信息，其行为构成传播淫秽物品牟利罪。浙江省龙游县人民法院以传播淫秽物品牟利罪判处方某有期徒刑六个月，缓刑一年，并处罚金 5000 元，没收违法所得。一审宣判后，被告人方某没有提出上诉，公诉机关亦未提出抗诉，判决发生法律效力。

【学理分析及适用指引】

• 学理分析 •

为了反对罪刑擅断，启蒙思想家提出了罪刑法定原则。罪刑法定原则的基本含义是：法无明文规定不为罪、法无明文规定不处罚。我国 1979 年《刑法》中并没有罪刑法定原则的规定，相反的，第 79 条却规定了有罪类推制度。1997 年修订后的《刑法》从完善我国刑事法治、保障人权的角度出发，明文规定了罪刑法定原则，并废止类推，成为我国刑法发展的一个重要标志。现行《刑法》第 3 条明确规定：法律明文规定为犯罪行为的，依照法律定罪处刑；法律没有明文规定为犯罪行为的，不得定罪处刑。这一规定具有历史性的进步意义。

在现行《刑法》中，罪刑法定原则的贯彻表现在：罪名的法定化、刑罚的法定化、在刑法的溯及力问题上采用从旧兼从轻原则、禁止不利于犯罪人的解释。在司法实践中，应严格遵守罪刑法定原则。

• 适用指引 •

罪刑法定原则是刑法的灵魂。在定罪量刑时，必须明确，法无明文规定不得定罪，法无明文规定不得处罚。量刑时，必须在《刑法》规定的范围内，结合《刑法》总则的规定而量定，不得超出法律的范围而确定刑罚。为了准确适用罪刑法定原则，需要合理地解释《刑法》相关条文内容，要善于熟练运用各种解释方法。在运用扩大解释的时候，要遵循一个前提，即扩大解释所得出的结论不能超出一般公民的预测可能性，不能让绝大部分公民感到大吃一惊、不可思议，否则极有可能违反罪刑法定原则。

第四条　适用刑法人人平等原则

【法律规定】

● 法律条文 ●

《中华人民共和国刑法》

第四条　对任何人犯罪，在适用法律上一律平等。不允许任何人有超越法律的特权。

● 相关规定 ●

《中华人民共和国宪法》

第三十三条　凡具有中华人民共和国国籍的人都是中华人民共和国公民。

中华人民共和国公民在法律面前一律平等。

国家尊重和保障人权。

任何公民享有宪法和法律规定的权利，同时必须履行宪法和法律规定的义务。

【案例】

褚时健等贪污、巨额财产来源不明案①

● 案件事实 ●

被告人褚时健原系云南玉溪红塔烟草（集团）有限责任公司董事长、总裁；被告人罗以军原系云南玉溪红塔烟草（集团）有限责任公司总会计师；被告人乔发科原系云南玉溪红塔烟草（集团）有限责任公司副董事长、副总裁。

1993 年至 1994 年，玉溪卷烟厂在其下属的香港华玉贸易发展有限公司（以下简称华玉公司）存放销售卷烟收入款（也称浮价款）和新加坡卷烟加工利润留成收入款共计 28570748.5 美元。褚时健指使罗以军将该款截留到玉溪

① 参见《最高人民法院公报案例评析》（刑事卷），中国民主法制出版社 2004 年版。

卷烟厂和华玉公司的账外存放，并规定由其签字授权后才能动用。1995年6月，褚时健与罗以军、乔发科先后两次策划将这笔款项先拿出300万美元进行私分。褚时健决定自己要100多万美元，给罗以军、乔发科每人60万~70万美元，华玉公司总经理盛大勇（在逃）、华玉公司副总经理刘瑞麟（另案处理）也分得一点，并把钱存放在新加坡商人钟某某的账户上。1995年7月15日，罗以军身带褚时健签字的四份授权委托书到达深圳，向盛大勇、刘瑞麟转达了褚时健的旨意，盛刘二人亦同意。罗以军在授权委托书上填上转款数额，褚时健为174万美元，罗以军681061美元，乔发科68万美元，盛大勇和刘瑞麟各45万美元。罗以军将填好转款数额的授权委托书和向钟某某要的收款银行账号交给盛大勇，叫盛大勇立即办理。7月19日，盛大勇将3551061美元转到钟某某的账号上。罗以军返回玉溪卷烟厂后，将办理情况报告了褚时健、乔发科。上述款项案发后已追回。

1995年11月中旬，褚时健指使罗以军将华玉公司账外存放的浮价款银行账户及相关的资料销掉，把剩余的1150多万美元以“支付设备配件款项”的名义全额转出。褚决定自己要1150多万美元，并拿给罗以军一个钟某某提供的用英文打印的银行收款账号，叫罗以军把钱转存到该账户。罗以军在褚时健给的收款账号上注明1156万美元，连同褚时健签字的授权委托书一起带上，到深圳找到华玉公司总经理盛大勇，叫盛大勇立即办理。1996年1月23日，钟某某提供给褚时健的账户上收到了1156万美元。上述款项案发后已全部追回。

1995年8月至1998年7月，河南省洛阳市公安局和云南省人民检察院在侦查本案过程中，先后在云南省昆明市、玉溪市和河南省偃师市①等地，扣押、冻结了褚时健的货币、黄金制品、房屋以及其他贵重物品等财产，共折合人民币521万元，港币62万元。对此，褚时健能说明其合法收入来源经查证属实的为人民币118万元，其余财产计人民币403万元，港币62万元，褚时健不能说明其合法来源。经查证，也无合法来源的根据。

• 裁判要旨 •

刑法适用人人平等原则，强调任何人无论其社会地位、历史贡献、教育程度、民族等差异，均应平等适用刑法。为国家、地方政府、企业作出贡献并不能成为减轻处罚的理由。

• 裁判理由 •

本案的一个重要争论点就是：褚时健等人对玉溪卷烟厂的发展、对云南省

① 现为河南省洛阳市偃师区。

全省的经济作出过重大贡献，量刑时是不是应当从宽处罚。公诉机关认定，被告人褚时健有自首和重大立功表现，被告人罗以军有立功和重大立功表现，并当庭出示了相关证据。被告人褚时健的辩护人提出，褚时健对玉溪卷烟厂的发展和云南省的经济发展作出过重大贡献，量刑时应充分考虑被告人褚时健的功劳，从宽处理。被告人乔发科的辩护人提出，乔发科具有自首情节，过去曾对玉溪卷烟厂的发展作出较大贡献，应考虑从宽。公诉机关认为，被告人褚时健以及乔发科确实对玉溪卷烟厂作出重要贡献，但功不能抵刑，在法律适用上人人平等。

云南省高级人民法院经审理后认为：被告人褚时健因涉嫌其他犯罪被采取强制措施期间，在司法机关尚未完全掌握被告人褚时健、罗以军、乔发科共同贪污3551061美元的事实前，交代了这一犯罪事实，应按自首论；在侦查期间，检举他人重大犯罪，经查证属实，有重大立功表现。被告人罗以军在侦查期间检举他人侵占公共财产，但检举的事实未按刑事追究，立功不能成立；关于重大立功表现，被告人罗以军检举被告人褚时健贪污1156万美元的重大犯罪事实，因对被告人褚时健的这一指控法院不予确认，故被告人罗以军重大立功表现亦不能成立，但该行为使检察机关及时追回流失在境外的巨额国有资产，可在量刑时作为酌定从轻情节。被告人乔发科在同案人已经向检察机关供述了共同犯罪事实后，侦查人员向其询问时作如实供述，不属主动投案，自首不能成立，可作为认罪态度较好的情节，酌定从轻。

关于辩护人提出的被告人褚时健以及乔发科曾对玉溪卷烟厂作出重大贡献，应从轻处罚的辩护意见，云南省高级人民法院认为：被告人褚时健以及乔发科在担任玉溪卷烟厂领导期间，为玉烟发展作出了贡献，对此，党和政府给予了政治上、物质上的荣誉和待遇，但无论其功劳多大，都不因此而享有超越法律的特权。法律面前人人平等，任何公民犯罪都应依法受到刑事追究。根据《刑法》第61条规定，对于犯罪分子决定刑罚的时候，应当根据犯罪的事实、犯罪的性质、情节和对社会的危害程度，依照刑法的有关规定判处。被告人褚时健以及乔发科利用职务之便侵吞公款，数额特别巨大，属情节特别严重，这是被告人承担刑事责任的基础，确定刑罚必须与所犯的罪行相适应。至于被告人的历史表现反映出的主观方面的情节，可在量刑时酌情考虑。

综上，云南省高级人民法院认为：被告人褚时健、罗以军、乔发科利用职务之便，私分公款3551061美元，折合人民币2870万元，其行为均已构成贪污罪，且数额特别巨大，情节特别严重。被告人褚时健在共同犯罪中起组织、领导作用，系主犯，应对组织、参与的全部犯罪负责，应依法判处死刑。但鉴于其有自首和重大立功表现，以及赃款全部追回，经济损失已被挽回等情节，依法应当减轻处罚。被告人褚时健同时犯有巨额财产来源不明罪，依法应当数罪并罚。被告人罗以军积极参与犯罪，具体实施转款行为，作用明显，但鉴于其系从犯，且具有案发后如实供述犯罪事实，并检举揭发他人的违法事实，认罪态度较好等情节，依法可以减轻处罚。被告人乔发科受邀约参与犯罪，系从犯，在共同犯罪活动中情节较轻，案发后如实供述犯罪事实，认罪态度较好，依法可以减轻处罚。据此，为保护公共财产不受侵犯，维护社会主义经济秩序，严惩严重经济犯罪，根据本案各被告人犯罪的事实，犯罪的性质、情节和对社会的危害程度，依照《刑法》第12条，第382条第1款，第383条第1款第1项，第26条第1款、第4款，第27条，第57条第1款，第67条，第68条，第69条和《全国人民代表大会常务委员会关于惩治贪污罪贿赂罪的补充规定》第11条第1款之规定，判决如下：一、被告人褚时健犯贪污罪，判处无期徒刑，剥夺政治权利终身，并处没收财产人民币20万元；犯巨额财产来源不明罪，判处有期徒刑五年；数罪并罚，决定执行无期徒刑，剥夺政治权利终身，并处没收财产人民币20万元。二、被告人褚时健巨额财产中明显超过合法收入的差额部分，价值人民币403万元，港币62万元的财产依法没收。三、被告人罗以军犯贪污罪，判处有期徒刑十四年，并处没收财产人民币13万元。四、被告人乔发科犯贪污罪，判处有期徒刑五年，并处没收财产人民币5万元。

【学理分析及适用指引】

• 学理分析 •

《宪法》第33条明确规定：中华人民共和国公民在法律面前一律平等。而宪法又是母法，是其他法律的制定依据，《刑法》规定的法律面前人人平等的原则，为反对有法不依、执法不严和反对超越法律的任何特权，提供了法律武器，故法律面前人人平等的原则，也是我国刑法的一项基本原则。《刑法》第4条明确规定：对任何人犯罪，在适用法律上一律平等。不允许任何人有超越法律的特权。其基本含义就是：就犯罪嫌疑人而言，任何人犯罪，都应当受到法律的追究；任何人不得享有超越法律规定的特权；对于一切犯罪行为，不论犯罪嫌疑人的社会地位、家庭出身、职业状况、政治面貌及才能、业绩如何，都一律平等地适用刑法，在定罪量刑时不应有所区别，应一视同仁，依法惩处。就被害人而言，任何人受到犯罪侵害，都应当依法追究，被害人的权利同样应当受到刑法的保护；不得因为被害人身份地位、财产状况等情况的不同而对犯罪和犯罪嫌疑人予以不同的刑法适用。具体地说，适用刑法面前人人平等原则具体体现在以下三个方面：

1. 定罪平等。不允许将有罪认定为无罪，也不允许将重罪认定为轻罪，反之亦然。行为人地位的高低、权力的大小、金钱的多少都不能成为影响犯罪是否成立与罪名轻重的因素。另一方面，对于没有犯罪的人，也必须平等对待，不能随意动用刑法侵犯其法益。

2. 量刑平等。一方面，在犯罪性质相同、危害程度相同、行为人的人身危险性相同的情况下，所处的刑罚必须相同；另一方面，该判重刑的不得判轻刑，该判轻刑的也不得免除刑罚；反之亦然。行为人社会地位的高低、权力的大小等都不能影响量刑的轻重。

3. 刑罚执行平等。对于判处刑罚的人，应当严格依照《刑法》规定平等地执行。特别是在减刑、假释等方面，应以犯罪嫌疑人的悔改、立功表现以及《刑法》规定为依据，而不能根据其他非相关因素决定减刑与假释。

• 适用指引 •

宪法确立了任何公民在法律面前都是平等的，不得因民族、种族、性别、职业、家庭出身、宗教信仰、受教育程度及财产状况等的不同而区别对待。在刑法方面，不允许任何人有超越刑法的特权，但也不允许对任何人非法地从重处罚。

第五条 罪责刑相适应原则

【法律规定】

• 法律条文 •

《中华人民共和国刑法》

第五条 刑罚的轻重，应当与犯罪分子所犯罪行和承担的刑事责任相适应。

【案例一】

李城、杨琴绑架案①

• 案件事实 •

被告人李城因琐事对其妻弟王某好心存怨恨，遂起意绑架王某好之子王某。2005 年 4 月 12 日下午 5 时许，李城以王某母亲服毒自杀，在合肥市住院，要带王某前去探望为由将王某骗至淮南市，并住进事先由原审被告人杨琴在乐

---

① 参见最高人民法院中国应用法学研究所编：《人民法院案例选》（2006 年第 3 辑），人民法院出版社 2007 年版。

都旅社开好的房间。当晚8时40分至13日下午5时期间，李城数次指使杨琴按照其意思与王某好电话联系，声称王某在她手中，向王某好勒索赎金3万元，并威胁其不准报警。2005年4月13日下午5时许，王某好将3万元赎金分两次存入事先由杨琴按照李城安排开具的邮政储蓄账户。之后，因怕罪行暴露，李城又起意杀人灭口。当晚8时许，李城将王某带至淮南市境内的舜耕山上，将王某上衣掀起裹住头部后，先用手机充电器电线勒住其颈部，并拳击其头部，尔后又抓住其头往地上撞击。在认为王某已死亡后，李城即逃离现场。经法医鉴定，王某所受损伤属轻伤。

• 裁判要旨 •

罪责刑相互之间的关系及如何实现罪责刑相适应。

• 裁判理由 •

对于应不应当对被告人李城判处死刑是本案争议的焦点。安徽省合肥市人民检察院向安徽省合肥市中级人民法院提起公诉后，被告人李城对指控的事实无异议。其辩护人认为：李城没有导致被害人王某死亡，且其主观恶性不大，作案手段并不残忍，归案后认罪态度较好，不应判处死刑。

安徽省合肥市中级人民法院经审理认为：被告人李城为泄愤报复、勒索钱财而绑架无辜儿童，并致被绑架人轻伤，其行为构成绑架罪，且手段残忍，情节恶劣，应依法严惩。但根据《刑法》的规定，犯绑架罪只有致被绑架人死亡或者杀害被绑架人的，才能判处死刑，被告人李城在绑架中并未造成被害人死亡的结果，故对其不应当判处死刑。被告人杨琴受李城指使，数次与被害人亲属电话联系，索要赎金，并提供控制被害人处所及收取赎金的账户，其行为亦构成绑架罪。在绑架共同犯罪中，被告人李城起主要作用，系主犯，应当按照其参与的全部犯罪处罚；被告人杨琴起次要作用，系从犯，根据其犯罪情节，应当减轻处罚。公诉机关指控罪名成立，但在庭审中提出的量刑意见不当。被告人李城绑架被害人勒索钱财后，怕罪行暴露又采用勒颈、拳击、撞击被害人头部的手段欲杀人灭口，足以认定其主观恶性深、犯罪手段残忍，故对李城的辩护人提出的李城主观恶性不大、犯罪手段并不残忍的辩护意见不予采信。依照《刑法》第239条第1款，第25条第1款，第26条第1款、第4款，第27条，第57条第1款，第64条之规定，认定被告人李城犯绑架罪，判处无期徒刑，剥夺政治权利终身，并处没收个人全部财产；被告人杨琴犯绑架罪，判处有期徒刑八年，并处罚金人民币1万元；作案工具小灵通手机一部、手机充电器电线予以没收。

一审宣判后，安徽省合肥市人民检察院抗诉提出：李城在绑架犯罪中实施了杀害被绑架人的行为，尽管由于其意志以外的原因没有造成被绑架人死亡的结果，同样应当适用《刑法》第239条“杀害被绑架人的，处死刑”的规定。安徽省人民检察院支持抗诉的意见。检察员当庭发表的出庭意见认为：一审判决错误理解《刑法》第239条“杀害被绑架人”的含义，导致适用法律不当，量刑畸轻。

安徽省高级人民法院经审理认为：原审被告人李城为泄愤报复、勒索钱财而绑架无辜儿童，为灭口又故意杀人，因其意志以外的原因未遂而致被绑架人轻伤，其行为已构成绑架罪，应依法惩处。对安徽省合肥市人民检察院的抗诉意见、安徽省人民检察院的支持抗诉意见及出庭意见，经审查认为：《刑法》第239条第1款所规定的“杀害被绑架人”，不仅要有故意杀人的行为，还要有死亡结果的发生。本案中原审被告人李城虽犯罪手段残忍、情节恶劣，但其仅致被绑架人轻伤，而并未造成被绑架人死亡的结果，对其不应适用“杀害被绑架人的，处死刑”的规定。原判适用法律和量刑并无不当，故对抗诉意见、支持抗诉意见和出庭意见均不予采纳。辩护人的辩护意见成立，予以采纳。原判事实清楚，证据确实、充分，定罪准确，量刑适当，审判程序合法。据此，依照《刑事诉讼法》第189条第1项之规定，裁定驳回抗诉，维持原判。

【案例二】

彭双分、褚某某故意杀人案①

• 案件事实 •

2007年10月31日晚，褚某未婚在家中产下一女婴，其母彭双分认为有失全家颜面，欲将该女婴掐死。后彭双分之子褚某某劝彭双分不要弄死婴儿，可将婴儿送人，并将婴儿移至另一房间。彭双分追过来吵闹，说“掐死她，你不掐死她，我就不活了”，迫使褚某某将婴儿掐死。褚某在此过程中未反对。该村村委会及村民证明褚某某、彭双分平时表现良好，要求法院从轻处罚。

• 裁判要旨 •

直系血亲在出于无力抚养、顾及脸面等动机支配下，致新生婴儿死亡的，量刑时应考虑相关情节，体现罪责刑相适应原则。

• 裁判理由 •

河北省石家庄市中级人民法院审理后认为：被告人彭双分在女儿非婚生育的巨大精神压力下，失去理智，其杀人动机与普通有预谋、有目的的故意杀人

① 参见《人民法院报》2008年8月22日第5版。

相比，主观恶性相对较小；被告人褚某某在彭双分的胁迫下实施了犯罪，其主观恶性更小，犯罪情节更轻，造成的社会影响和危害更小。他们的犯罪行为得到了婴儿母亲的默认、宽容和当地群众的同情，造成的社会影响和危害相对较小。根据本案具体的犯罪事实、犯罪情节和对社会的危害程度，依据罪责刑相适应的原则从轻处罚，法院以被告人彭双分犯故意杀人罪，以属于“情节较轻”为由判处有期徒刑八年；以被告人褚某某犯故意杀人罪，判处有期徒刑三年，缓刑五年。

【学理分析及适用指引】

• 学理分析 •

罪责刑相适应原则，又称罪责刑相称原则、罪责刑相当原则。此处的罪，是指行为人实施的《刑法》分则所规定的具体犯罪；责，是指刑事责任，即行为人因实施犯罪所应当受到的非难和谴责；刑，是指刑罚，即根据行为人所实施行为的刑事责任的具体体现，具体表现为对具体权益的限制或剥夺。罪责刑相适应原则最通俗的表达是：刑罚的轻重应当与犯罪分子所犯的罪行和承担的刑事责任相适应，重罪重罚，轻罪轻罚，同罪同罚，罚当其罪。

根据《刑法》第5条的规定，人民法院在对犯罪嫌疑人量刑时，应根据罪行的严重程度和影响刑事责任的各种因素来确定刑罚，不得任意加重、减轻，应做到罪责刑相适应，以实现刑事法治的合理、公正和刑事司法的权威。罪责刑相适应原则有其特定的含义，其要求罪责刑之间保持内在的、对应的均衡关系即有罪当罚，无罪不罚；轻罪轻罚，重罪重罚；一罪一罚，数罪并罚；同罪同罚；刑罚性质应与犯罪性质相适应。作为刑法的基本原则，罪责刑相适应原则在刑法中的体现表现在：

1. 立法层面。规定了科学的刑罚体系，主刑和附加刑之间相互衔接、相互配合，并按轻重次序进行了排列，最重的刑罚可以剥夺人的生命、自由，轻微的刑罚可以限制人的自由和剥夺人的财产。

2. 司法层面。根据犯罪行为社会危害性程度的不同，规定了轻重有别的处罚方法和原则，如从轻、从重、数罪并罚等。罪责刑相适应原则也是建立刑法分则体系的重要根据之一。

• 适用指引 •

罪责刑相适应应当包括立法上的相适应、司法上的相适应和执法上的相适应。在具体定罪量刑中，应当注意罪责刑之间纵向和横向上的均衡和适应。

第六条　刑法的属地管辖

【法律规定】

● 法律条文 ●

《中华人民共和国刑法》

第六条　凡在中华人民共和国领域内犯罪的，除法律有特别规定的以外，都适用本法。

凡在中华人民共和国船舶或者航空器内犯罪的，也适用本法。

犯罪的行为或者结果有一项发生在中华人民共和国领域内的，就认为是在中华人民共和国领域内犯罪。

● 相关规定 ●

《最高人民法院关于审理拐卖妇女案件适用法律有关问题的解释》（法释〔2000〕1号）

第二条　外国人或者无国籍人拐卖外国妇女到我国境内被查获的，应当根据刑法第六条的规定，适用我国刑法定罪处罚。

第三条　对于外国籍被告人身份无法查明或者其国籍国拒绝提供有关身份证明，人民检察院根据刑事诉讼法第一百二十八条第二款[①]的规定起诉的案件，人民法院应当依法受理。

《最高人民法院、最高人民检察院、中国海警局关于海上刑事案件管辖等有关问题的通知》（海警〔2020〕1号）

一、对海上发生的刑事案件，按照下列原则确定管辖：

（一）在中华人民共和国内水、领海发生的犯罪，由犯罪地或者被告人登陆地的人民法院管辖，如果由被告人居住地的人民法院审判更为适宜的，可以由被告人居住地的人民法院管辖；

（二）在中华人民共和国领域外的中国船舶内的犯罪，由该船舶最初停泊的中国口岸所在地或者被告人登陆地、入境地的人民法院管辖；

……

前款第一项规定的犯罪地包括犯罪行为发生地和犯罪结果发生地。前款第二项至第五项规定的入境地，包括进入我国陆地边境、领海以及航空器降落在我国境内的地点。

---

① 现为《刑事诉讼法》第160条第2款。

【案例】

孙亚范等组织他人偷越国（边）境案①

● 案件事实 ●

被告人孙亚范、段冠军及孙志霞为获取非法利益，预谋将境内人员偷渡到境外。2003 年 12 月至 2004 年 1 月间，孙亚范先后找到段冠军及孙志霞，商定由段冠军负责办理偷渡人员由境内前往埃及的旅游签证及往返机票、由孙志霞负责联系埃及当地人接机及将偷渡人员偷渡至以色列。孙亚范、段冠军先后找到我国境内沈阳市、营口市、铁岭市的王某某、刘某成、刘某忠等 16 人，每人收取了部分费用。2004 年 1 月 16 日，王某某等 16 人持段冠军为其办理的旅游签证乘机由北京前往阿拉伯埃及共和国。同年 1 月 23 日、26 日，上述人员分两批在孙志霞的安排下从埃及偷越埃以边境至以色列，并由孙亚范安排人在以色列将上述人员接收。同年 1 月 29 日，段冠军将上述人员机票中返程机票款退回。孙亚范、段冠军又从上述人员亲属手中收取余款，前后共计收取人民币 80 万余元，相应款项被孙亚范、段冠军、孙志霞三人分赃。

● 裁判要旨 ●

在中国境内实施犯罪预备行为也应认为犯罪地在中国领域内，依法应适用中国刑法。

● 裁判理由 ●

辽宁省沈阳市和平区人民法院经过审理，依照《刑法》第 318 条第 2 项、第 25 条第 1 款、第 64 条及第 53 条之规定，认定被告人孙亚范犯组织他人偷越国（边）境罪，判处有期徒刑十年，并处罚金人民币 2 万元；认定被告人段冠军犯组织他人偷越国（边）境罪，判处有期徒刑十年，并处罚金人民币 2 万元；认定被告人孙志霞犯组织他人偷越国（边）境罪，判处有期徒刑七年，并处罚金人民币 3 万元。被告人孙亚范、段冠军不服，向辽宁省沈阳市中级人民法院提起上诉。

关于本案应不应当适用中国刑法，上诉人段冠军以其没有参与预谋，对偷渡的事并不知情为由提起上诉。其辩护人除提出上述相同观点外，还提出本案偷渡人员偷越埃及、以色列边境，侵犯的是埃及、以色列出入境管理制度，其行为不受中国法律约束，原审定罪量刑适用法律错误的辩护意见。辽宁省沈阳

---

① 参见《中国刑法典型案例研究》（第 1 卷），北京大学出版社 2008 年版。

市中级人民法院认为：关于上诉人段冠军所提出的没有参与预谋，对组织偷渡并不知情的上诉理由。经查，认定段冠军参与共同犯罪的事实，有数名偷渡人员的证人证言、其他相关证人证言、书证及被告人有罪供述予以证明，证据之间相互吻合、相互印证，证据体系完整。本案事实清楚、证据充分，足以认定。关于其辩护人所提出的本案不受中华人民共和国法律约束，原审适用法律错误的辩护意见。经查，原审被告人在我国境内组织人员，通过中转与目的国接壤的第三国进行偷渡，不仅实施了非法穿越埃以边境的行为，同时亦达到了非法跨越中以国境的目的，客观上损害了中华人民共和国国家形象和国际声誉。并且，本案犯罪主体为中国公民，依刑法属人管辖原则，理应受主权国家法律制度约束。故上诉人的上诉理由及辩护人的辩护意见，无事实及法律依据，不予采纳。

综上，辽宁省沈阳市中级人民法院认为：上诉人孙亚范、段冠军及原审被告人孙志霞组织他人偷越国（边）境，组织人数众多，其行为均已构成组织他人偷越国（边）境罪。原判事实清楚，定罪准确，量刑适当，审判程序合法。上诉人孙亚范提出撤回上诉的申请，应予准许。依照《刑法》第 7 条第 1 款、《刑事诉讼法》第 189 条第 1 项及《最高人民法院关于执行〈中华人民共和国刑事诉讼法〉若干问题的解释》第 239 条之规定，裁定如下：驳回上诉，维持原判。准许上诉人孙亚范撤回上诉。

【学理分析及适用指引】

• 学理分析 •

刑事管辖权是国家主权的一个重要组成部分。一个独立自主的国家，无不在刑法中对刑法的空间效力即刑事管辖权的范围问题作出规定，我国也不例外。我国《刑法》第 6 条第 1 款对我国刑法的空间效力作了原则性的规定：凡在中华人民共和国领域内犯罪的，除法律有特别规定的以外，都适用本法。该条第 2 款和第 3 款又对这一原则作了补充。第 2 款规定，凡在中华人民共和国船舶或者航空器内犯罪的，也适用本法。第 3 款规定，犯罪的行为或结果有一项发生在中华人民共和国领域内的，就认为是在中华人民共和国领域内犯罪。针对原则性规定，有三个方面我们应当予以说明，按照条文的行文顺序依次是：在中华人民共和国领域内——→犯罪的界定——→法律有特别规定的。

1. 中华人民共和国领域内。所谓中华人民共和国领域内，是指我国国境以内的全部空间区域，具体包括：（1）领陆，即国境线以内的陆地及其地下层，这是国家领土的最基本和最重要的部分。（2）领水，即国家领陆以内与陆地邻接的一定宽度的水域，包括内水、领海及其地下层。内水包括内河、内湖、内海以及同外国之间界水的一部分，通常以河流中心线或主航道中心线为界。领海即与海岸或内水相邻接的水域，包括海床和底土。（3）领空，即领陆、领水的上空。（4）我国的船舶、飞机或其他航空器。根据国际条约和惯例，我国的船舶、飞机或其他航空器，属于我国领土的延伸，应适用我国刑法。这一点在我国《刑法》第6条第2款中得到规定：凡在中华人民共和国船舶或者航空器内犯罪的，也适用本法。（5）我国驻外使领馆。根据我国承认的《维也纳外交关系公约》的规定，各国驻外大使馆、领事馆不受驻在国的司法管辖而受本国的司法管辖。这些地方亦视同为我国领域，在其内发生的任何犯罪都适用我国刑法。

2. 犯罪的界定。在刑法上，犯罪行为和犯罪结果先后紧密相连发生、犯罪行为和危害结果在同一个地方发生是常态，而犯罪行为和犯罪结果之间在时间上和地理上存在差异是非常态，但这种非常态也是非常普遍的，这在理论上被称为隔时犯和隔地犯。当犯罪行为和犯罪结果同时发生在中国领域内时，我国当然有管辖权，适用我国刑法进行规制。然而，当犯罪行为或犯罪结果仅有一项发生在我国境内，而另一项没在我国境内发生的，我国刑法有没有管辖权存有争议。针对犯罪行为与犯罪结果在时间或地点方面存在跨国界等情况，我国《刑法》又进一步明确了什么是犯罪发生在中国。我国《刑法》第6条第3款规定："犯罪的行为或者结果有一项发生在中华人民共和国领域内的，就认为是在中华人民共和国领域内犯罪。"此处包括三种情况：（1）犯罪行为与犯罪结果均发生在我国境内，这是较常见的情况；（2）犯罪行为在我国领域内实施，但犯罪结果发生于国外，如在我国境内邮寄装有炸药的包裹，在境外发生爆炸；（3）犯罪行为实施于国外，但犯罪结果发生于我国境内，如在我国境外开枪，打死境内居民。根据我国《刑法》的规定，上述三种情况均适用我国刑法。

3. 法律有特别规定。《刑法》第6条在确立属地管辖基本原则的同时，提出了法律特别规定的例外情况，此处的例外一方面针对领域，另一方面针对犯罪。

（1）针对领域的特别规定主要有两个方面：

①《刑法》第90条规定："民族自治地方不能全部适用本法规定的，可以由自治区或者省的人民代表大会根据当地民族的政治、经济、文化的特点和本法规定的基本原则，制定变通或者补充的规定，报请全国人民代表大会常务委员会批准施行。"这是为了照顾少数民族习惯和文化传统，切实保证民族自治权的行使，巩固多民族国家的团结、稳定与发展。

②对我国香港特别行政区和澳门特别行政区基本法作出的例外规定，以及对我国台湾地区的例外。根据"一国两制"的政策，香港特别行政区和澳门特别行政区将保持原有制度长期不变，相应地，也就包括保持原有的法律制度不变。但这两个法域和内地之间就有关犯罪嫌疑人的司法协助过程中，并不是

比照国与国之间司法协助的方式和程序进行的，而是一个主权国家内部不同法域之间的司法合作。因此，当香港或澳门将犯罪嫌疑人交到内地的司法机关时，不能称之为引渡。这属于对刑法属地管辖权的一种事实限制。

（2）针对犯罪的特殊性而作的特殊规定：

①享有外交特权和豁免权的人犯罪的。所谓外交特权和豁免权，是指根据国际公约，在国家间互惠的基础上为保证驻在本国的外交代表机构及其工作人员正常执行职务而给予的一种特别权利和待遇。享有外交豁免权的有关人员承担着尊重我国法律法规、不得侵犯我国国家主权、违反我国法律的义务。一旦发生违法犯罪现象，应依我国《刑法》第 11 条规定，享有外交豁免权的外国人的刑事责任，通过外交途径解决。故应通过外交途径加以解决，诸如要求派遣国召回，宣布其为不受欢迎的人，限期离境等。

②现行《刑法》施行后，国家立法机构制定的特别刑法规定的犯罪。如单行刑法和附属刑法规定的犯罪。针对这种情况，应当按照特别法优于普通法的原则处理。

• 适用指引 •

刑法管辖权中的属地管辖权，是各个国家管辖权的最主要原则，我国也不例外。在适用中，应当注意某些隔地犯的管辖权的确定问题。关于在中国境内中转犯罪的属地管辖问题，简单地说，应当实质地考察行为人的行为是不是在中国境内，以及我国《刑法》对其在实质上是不是具有属地管辖权。

第七条　刑法的属人管辖

【法律规定】

• 法律条文 •

《中华人民共和国刑法》

第七条　中华人民共和国公民在中华人民共和国领域外犯本法规定之罪的，适用本法，但是按本法规定的最高刑为三年以下有期徒刑的，可以不予追究。

中华人民共和国国家工作人员和军人在中华人民共和国领域外犯本法规定之罪的，适用本法。

● 相关规定 ●

《最高人民法院、最高人民检察院、中国海警局关于海上刑事案件管辖等有关问题的通知》（海警〔2020〕1号）

一、对海上发生的刑事案件，按照下列原则确定管辖：

……

（三）中国公民在中华人民共和国领海以外的海域犯罪，由其登陆地、入境地、离境前居住地或者现居住地的人民法院管辖；被害人是中国公民的，也可以由被害人离境前居住地或者现居住地的人民法院管辖；

……

前款第一项规定的犯罪地包括犯罪行为发生地和犯罪结果发生地。前款第二项至第五项规定的入境地，包括进入我国陆地边境、领海以及航空器降落在我国境内的地点。

【案例一】

项建华绑架案①

● 案件事实 ●

被告人项建华在南斯拉夫贝尔格莱德市经商期间，于2002年3月初伙同同乡陈官平（另案处理）预谋绑架在该市经商的中国公民沈某勒索钱财，商定由项建华负责在中国设立账户，转移赎金。同年3月7日12时许（贝尔格莱德时间，下同），由陈官平纠集邱立忠、季兴春（均另案处理）等人，并雇用两名南斯拉夫籍男子，在贝尔格莱德革命大街229号沈某住处附近停车场，由这两名南斯拉夫籍男子冒充警察将沈某绑架。在关押沈某期间，陈官平、邱立忠、季兴春等人多次殴打沈某（经鉴定构成轻伤），并多次通过电话以“撕票”要挟，迫使沈某家属同意交付赎金人民币200万元。与此同时，项建华按预谋，通过电话指示在中国的黄蓉、项东廷（均另案处理）用他人身份到温州、北京的招商银行开设账户。2002年3月9日至12日，沈某的父亲依照绑匪的指令，将200万元人民币赎金通过上海市招商银行兰溪支行打入黄蓉、项东廷开设的账户内。黄蓉、项东廷又依照项建华的指令，将上述赃款提现、转账。项建华获赃款人民币30余万元。3月12日沈某获释。

① 参见国家法官学院、中国人民大学法学院编：《中国审判案例要览（2004年刑事审判案例卷）》，人民法院出版社2005年版。

• 裁判要旨 •

中国公民在国外犯罪的，根据属人管辖原则，应适用我国刑法。

• 裁判理由 •

上海市第二中级人民法院经审理，依照《刑法》第7条第1款、第239条第1款、第56条第1款、第55条第1款、第64条之规定，判决如下：一、被告人项建华犯绑架罪，判处有期徒刑十四年，剥夺政治权利四年，并处罚金人民币30万元。二、违法所得予以追缴。

被告人不服，向上海市高级人民法院提起上诉。

上海市高级人民法院经审理认为：项建华到案后，对自己事先与陈官平共谋绑架沈某，并负责在国内冒名开设账户，收取、转移赎金的事实共作过8次供述，另有一份亲笔供词。其中，项建华关于沈某被绑架后，其从陈官平处得知有两名南斯拉夫人冒充警察参与绑架、沈某有哮喘病等细节的供述，与被害人沈某的陈述相吻合。而且证人范某某、胡某某的证词亦证实项建华参与绑架沈某。项建华关于邱立忠、季兴春等人参与绑架的供述，得到证人胡某某的证词的印证。项建华否认参与绑架，辩称自己的有罪供述均系编造的上诉理由，缺乏事实依据。项建华以勒索财物为目的，伙同他人共谋绑架，并按分工指使他人冒名开设银行账户，收取、转移赎金，其行为已构成绑架罪，依法应予惩处。项建华否认犯罪的上诉理由不能成立。上海市人民检察院建议驳回上诉、维持原判的意见正确，应予采纳。原判认定项建华参与绑架的事实清楚，证据确实、充分，定罪量刑均无不当，审判程序合法。

综上，上海市高级人民法院依照《刑事诉讼法》第189条第1项和《刑法》第6条第3款、第7条第1款、第239条第1款、第56条第1款之规定，裁定：驳回上诉，维持原判。

【案例二】

刘某某故意杀人案①

• 案件事实 •

被告人刘某某于1999年8月被上海中海劳务合作有限公司聘用为对外劳务船员，居住地为上海市虹口区。刘某某于2002年11月在巴拿马金碧船务有限公司的远洋货轮“金碧号”任三副。同年12月17日，“金碧号”从印度驶

① 参见上海市第二中级人民法院（2003）沪二中刑初字第152号。

往新加坡的航行途中，被告人刘某某因船只发生倾斜及船速问题与加拿大籍船长马某某发生争执并扭打，刘遂用美工刀朝马某某颈部划了一刀，马某某旋即倒地死亡。

• 裁判要旨 •

中国公民在外籍远洋货轮上犯罪，犯罪地为公海的案件应根据属人管辖原则和被告人离境前的居住地确定管辖法院。

• 裁判理由 •

"金碧号"为船舶，被害人系外籍公民，案发时该轮在公海上航行。由于本案被告人刘某某系中国公民，且其所犯的故意杀人罪，根据《刑法》第 7 条规定，适用我国刑法，我国法院对本案具有管辖权。同时，根据《最高人民法院关于执行〈中华人民共和国刑事诉讼法〉若干问题的解释》第 12 条规定，中国公民在中华人民共和国领域外的犯罪，由该公民离境前的居住地或者原户籍所在地的人民法院管辖，遂确定上海市第二中级人民法院审理此案。上海市第二中级人民法院依法对本案进行了审理。

【学理分析及适用指引】

• 学理分析 •

根据《刑法》第 7 条第 1 款规定，我国公民在我国领域外犯罪的，无论按照当地法律是否认为是犯罪，亦无论罪行是轻是重，以及是何种罪行，也不论其所犯罪行侵犯的是何国或何国公民的利益，原则上都适用我国刑法。只是按照我国《刑法》的规定，该中国公民所犯之罪的法定最高刑为三年以下有期徒刑的，可以不予追究。所谓可以不予追究，不是绝对不追究，而是保留追究的可能性。此外，鉴于国家工作人员和军人在域外犯罪的严重性和对国家形象的破坏性，根据《刑法》第 7 条第 2 款规定，如果是我国国家工作人员或者军人在域外犯罪，则不论其所犯之罪按照我国《刑法》的规定法定最高刑是否为三年以下有期徒刑，我国司法机关都要追究其刑事责任。同时，《刑法》第 10 条规定："凡在中华人民共和国领域外犯罪，依照本法应当负刑事责任的，虽然经过外国审判，仍然可以依照本法追究，但是在外国已经受过刑罚处罚的，可以免除或者减轻处罚。"这条规定，包括我国公民在域外犯罪的情况在内，表明我国作为一个独立自主的主权国家，其法律具有独立性，外国的审理和判决对我国没有约束力。但是从实际情况及国际合作角度出发，为了使被告人免受过重的双重处罚，又规定对在外国已经受过刑罚处罚的被告人可以免除或者减轻处罚。这样既维护了我国的国家主权，又从人道主义出发对被告人的具体情况作了实事求是的考虑，充分体现了原则性与灵活性的统一。

• 适用指引 •

针对属人管辖权，应当首先明确的是，《刑法》针对普通公民和国家工作人员、军人作了不同的规定。这显示了《刑法》对具有特殊身份的人的特殊规定。因为国家工作人员和军人犯罪，对国家造成的损害要比普通公民实施犯罪更加严重。

第八条　刑法的保护管辖

【法律规定】

• 法律条文 •

《中华人民共和国刑法》

第八条　外国人在中华人民共和国领域外对中华人民共和国国家或者公民犯罪，而按本法规定的最低刑为三年以上有期徒刑的，可以适用本法，但是按照犯罪地的法律不受处罚的除外。

• 相关规定 •

《最高人民法院、最高人民检察院、中国海警局关于海上刑事案件管辖等有关问题的通知》（海警〔2020〕1号）

一、对海上发生的刑事案件，按照下列原则确定管辖：

……

（四）外国人在中华人民共和国领海以外的海域对中华人民共和国国家或者公民犯罪，根据《中华人民共和国刑法》应当受到处罚的，由该外国人登陆地、入境地、入境后居住地的人民法院管辖，也可以由被害人离境前居住地或者现居住地的人民法院管辖；

……

前款第一项规定的犯罪地包括犯罪行为发生地和犯罪结果发生地。前款第二项至第五项规定的入境地，包括进入我国陆地边境、领海以及航空器降落在我国境内的地点。

【案例】

岩本雄某组织他人偷越国（边）境案[①]

• 案件事实 •

被告人岩本雄某，男，1957年4月6日生，出生于中华人民共和国上海市，日本人。1993年，岩本雄某在日本结识了中国公民葛某某。1997年8月，岩本雄某在上海市与葛某某相遇，双方说起如葛某某欲偷渡去日本，岩本雄某可提供变造的护照及机票，并陪同葛某某一起至日本。葛某某同意，并商定事成之后给付费用日币200万元。同年9月6日，岩本雄某在上海市将一本有日本有效签证、贴有葛某某照片但署名“万美君”的中华人民共和国护照及上海至东京的飞机票交葛某某。次日，葛某某持该变造的护照，由岩本雄某陪同，从上海虹桥国际机场非法出境，偷渡至日本。事成后，岩本雄某如数收到葛某某给予的日币200万元，折合人民币136891元，并收回该护照。

1998年6~7月间，岩本雄某在日本结识了中国公民徐某某。同年10月，岩本雄某在日本接受徐某某委托，为徐妻潘某办理变造护照偷渡至日本。同月5日，岩本雄某在上海市将一本有日本有效签证、贴有潘某照片但署名为“曲萍”的中华人民共和国护照及上海至东京的飞机票交潘某。次日，潘某持该变造的护照，由岩本雄某陪同，从上海虹桥国际机场非法出境，偷渡至日本。嗣后，岩本雄某收到徐某某给予的日币170万元，折合人民币104960.55元，并收回该护照。

此外，岩本雄某于1999年1月19日、2月14日，在日本东京分别向中国公民吴某某、徐某某提供了变造的中华人民共和国护照，又为吴、徐二人分别代买了东京至上海的飞机票，并收取费用各10万日元，折合人民币共计14491.8元。

• 裁判要旨 •

外国人在中华人民共和国领域外实施侵犯中华人民共和国国家或公民利益的行为，法定最低刑为三年以上有期徒刑的，我国刑法方有适用的效力。

• 裁判理由 •

上海市人民检察院第二分院指控：被告人岩本雄某自1997年8月至1999年2月，在日本、中国上海市等地，采用向偷渡者葛某某、潘某、吴某某、徐

① 参见上海市第二中级人民法院（1999）沪二中刑初字第146号。

某某提供变造的护照、飞机票等方法，非法组织葛、潘两人从上海虹桥国际机场非法出境偷渡至日本，吴、徐两人从上海虹桥国际机场非法入境。为证实前述指控事实，公诉人当庭出示了上海虹桥边防检查站出境登记卡、宣读了证人葛某某、吴某某、徐某某、潘某的证词、上海市公安局鉴定书等证据。据此，公诉机关认为，被告人岩本雄某的行为构成组织他人偷越国境罪，依法应予处罚。

被告人岩本雄某对起诉书指控其在中国上海市向葛某某、潘某提供变造的护照、飞机票，并陪同葛某某、潘某偷渡至日本及在日本向吴某某、徐某某提供变造的护照的事实供认不讳，但其辩称，因受徐某某之托分别为徐某某、吴某某提供变造的护照的同时，还为徐吴二人代购了两张从日本东京回中国上海的飞机票，故其为徐、吴两人提供变造护照的行为不属于组织他人偷越国境的行为。其辩护人对起诉书指控岩本雄某组织葛某某、潘某偷渡至日本的行为及定性不持异议，但认为岩本雄某在日本向吴某某、徐某某提供变造护照的行为，应认定其构成提供变造的出入境证件罪，按照《刑法》第 8 条之规定，被告人岩本雄某这一行为不适用《刑法》。

上海市第二中级人民法院经审理认为：被告人岩本雄某在中华人民共和国领域内，分别向中国公民葛某某、潘某提供变造的中华人民共和国护照，其行为构成了提供变造的出入境证件罪，依法应予处罚。被告人岩本雄某在向葛某某、潘某提供变造护照的同时，虽还向葛潘二人分别提供了飞机票，并陪同出境，但这些行为尚不属策划、联络、安排等组织他人偷越国境的行为，故公诉机关指控被告人岩本雄某犯组织他人偷越国境罪的罪名不当。被告人岩本雄某在日本分别向中国公民吴某某、徐某某提供变造的中华人民共和国护照并代购飞机票的行为，亦构成提供变造的出入境证件罪。鉴于被告人岩本雄某系日本公民，其在中华人民共和国领域外对中华人民共和国国家的犯罪，按照《刑法》规定，此项犯罪的最低刑在有期徒刑三年以下，故依法不适用《刑法》，对被告人岩本雄某的此部分辩解及其辩护人的辩护意见予以采纳。但其在中华人民共和国领域内向中国公民葛某某、潘某提供变造的中华人民共和国护照的行为构成提供变造的出入境证件罪依法应予处罚。

综上，为维护中华人民共和国国家对出入境证件的管理秩序，根据《刑法》第 12 条第 1 款、第 320 条及第 8 条、第 35 条、第 64 条之规定，判决如下：一、被告人岩本雄某犯提供变造的出入境证件罪，判处有期徒刑三年，罚金人民币 20 万元，并处驱逐出境。二、违法所得予以没收。

【学理分析及适用指引】

• 学理分析 •

保护管辖原则是管辖权行使的一种方式。国家的对外独立权和对内最高权性质，决定了国家应当保护自己本国的国家主权、国家利益、本国公民的各种利益。最通俗的解释就是无论犯罪人是哪个国家的公民，也不论犯罪行为发生在哪一个国家，只要侵犯了一国的国家利益或一国公民的利益，该国家就有管辖权。

1. 保护管辖是一种理想的状态，保护管辖原则的真正实现需要同时满足以下条件：

（1）犯罪主体。犯罪主体也就是适用保护管辖权的对象。根据《刑法》第 8 条之规定，应当是外国人。本条所称外国人，是指具有外国国籍和无国籍的人。它是一个非常广义的概念，外国人并不是指外国公民，而是指不具有中国国籍的所有人。只要实施侵犯我国国家利益或我国公民利益的行为人不具有中国国籍，就存在适用保护管辖原则的可能性。

（2）犯罪的性质或范围。犯罪的性质或范围也就是保护管辖原则适用于什么样的犯罪，适用于被害人是谁的犯罪。根据《刑法》第 8 条之规定，保护原则适用于：外国人在中华人民共和国领域外对中华人民共和国国家或者公民犯罪。这是从犯罪的性质和范围上限定是否适用我国刑法。所谓对中华人民共和国国家犯罪，主要是指刑法规定的危害我国国家安全和利益的各种犯罪；所谓对中华人民共和国公民犯罪，主要是指我国《刑法》规定的侵犯我国公民人身权利、民主权利和其他权利的一些犯罪。

（3）刑度条件。刑度条件是要说明适用保护原则所需的刑罚的最低限度，也即是犯罪的严重程度。根据《刑法》第 8 条之规定，外国人针对中国国家或公民的犯罪，按我国《刑法》规定的最低刑为三年以上有期徒刑时，可以适用保护管辖原则。这是从犯罪的最低法定刑的高低的角度，限定是否适用我国刑法。最低法定刑三年以上有期徒刑，即为重罪。

（4）例外条件。例外条件就是不适用保护管辖原则的情形。根据《刑法》第 8 条但书的规定，外国人对我国国家或公民的犯罪，如果按照犯罪地的法律不受处罚的除外。即是说，外国人对中国国家或公民的犯罪，欲想根据保护管辖原则适用中国刑法，除了主体条件、犯罪性质条件、刑度条件之外，还要求这种行为在犯罪地国必须也是犯罪行为。这类似于引渡中的双重犯罪原则。

2. 保护管辖的实施条件。除了上述四个条件外，保护管辖权的实施，还有一个更为重要的条件就是中国司法机关必须实际控制了实施犯罪的外国人。因为犯罪嫌疑人是外国人，而且是在我国领域外犯罪，如果没有被我国司法机关抓获或者通过引渡程序引渡到中国，也无法适用我国刑法。

• 适用指引 •

行使保护管辖权的一个重要前提，即行为人实施加害行为后进入加害国境内，才有可能实现这一管辖权。实践中除少数罪犯进入加害国境内被逮捕而被管辖外，多数需要通过引渡来完成。

第九条　刑法的普遍管辖

【法律规定】

• 法律条文 •

《中华人民共和国刑法》

第九条　对于中华人民共和国缔结或者参加的国际条约所规定的罪行，中华人民共和国在所承担条约义务的范围内行使刑事管辖权的，适用本法。

• 相关规定 •

《最高人民法院、最高人民检察院、中国海警局关于海上刑事案件管辖等有关问题的通知》（海警〔2020〕1号）

一、对海上发生的刑事案件，按照下列原则确定管辖：

……

（五）对中华人民共和国缔结或者参加的国际条约所规定的罪行，中华人民共和国在所承担的条约义务的范围内行使刑事管辖权的，由被告人被抓获地、登陆地或者入境地的人民法院管辖。

前款第一项规定的犯罪地包括犯罪行为发生地和犯罪结果发生地。前款第二项至第五项规定的入境地，包括进入我国陆地边境、领海以及航空器降落在我国境内的地点。

【案例】

阿丹·奈姆等人抢劫案[①]

• 案件事实 •

被告人阿丹·奈姆受他人指使，先后招引利都安·喜拉依特等其他9名被

① 参见中华人民共和国最高人民法院刑事审判第一庭、第二庭编：《刑事审判参考》（2003年第3辑），法律出版社2003年版，第39~48页。

告人共同作案。1999 年 6 月 8 日下午，阿丹·奈姆召集上述其他被告人，在马来西亚的墨新乘坐事先准备好的两艘快艇出发，当快艇航行到马来西亚海域的一个小岛时，阿丹·奈姆发给每人一把刀作为作案工具。当晚，阿丹·奈姆等人乘坐的两艘快艇在马来西亚海域追上泰国油轮“暹罗差猜号”，阿丹·奈姆带领利都安·喜拉依特等人先后登上“暹罗差猜号”油轮，首先控制驾驶台，并将被害人差猜某、能为某等 17 名泰国船员捆绑关押起来。阿丹·奈姆指使达马·步得拉等人将船名“暹罗差猜号”（SIAMXANXAI）涂改为“奥米Ⅱ号”（OM9Ⅱ），将注册港曼谷（BANGKOK）涂改为新加坡（SINGAPORE），将烟囱由黑色涂改为蓝色。6 月 10 日晚上，在马来西亚海域，阿丹·奈姆等人扣留泰国船员能为某后，将 16 名泰国船员赶下一艘快艇放走。劫持油轮后，阿丹·奈姆指挥油轮沿马来西亚、菲律宾、我国台湾地区航线航行，6 月 17 日进入中国领海，在东经 117°21′、北纬 23°21′（即南澳岛附近海域），与中国杂货轮“正阳一号”（另案处理）联系销赃柴油事宜。当晚“正阳一号”与被涂改为“奥米Ⅱ号”的“暹罗差猜号”油轮在接收柴油时，被中国警方人赃俱获，缴获被涂改为“奥米Ⅱ号”的“暹罗差猜号”油轮一艘，柴油 1900 吨（合计价值人民币 8340785 元）。

• 裁判要旨 •

针对中国参加或缔结的国际条约所规定的罪行，中国司法机关在所承担条约义务的范围内行使刑事管辖权。

• 裁判理由 •

本案中阿丹·奈姆等人抢劫泰国油轮的行为实施于马来西亚海域，后将劫得的油轮驶至我国海域予以销赃船上柴油，根据《制止危及海上航行安全非法行为公约》第 6 条第 1 款的规定，本案存在多个国家管辖权的重合。阿丹·奈姆等人非中国公民，其抢劫行为不是在我国领域内实施的，抢劫的油轮也不是中国油轮或为中国公民所有，故此，我国刑法的属地原则、属人原则、保护管辖原则都不能适用于该案件。但是被告人阿丹·奈姆等人的行为属于国际犯罪中的海盗行为，根据我国参加签署的《联合国海洋公约》和《制止危及海上航行安全非法行为公约》的有关规定，以及该规定所确定的普遍管辖原则，我国可以在中国参加或缔结的国际条约所规定义务范围内行使管辖权。

庭审中，被告人利都安·喜拉依特、约翰罗斯曼多的辩护人提出被告人的行为应当以走私普通货物罪予以认定。广东省汕头市中级人民法院认为：数被告人持刀对泰国船员威胁后进行了捆绑，劫持了泰国油轮，当场取得了财产，其行为既侵犯了财产所有权，也侵犯了泰国船员的人身权利，符合我国《刑法》关于抢劫罪的复杂客体条件。广东省汕头市中级人民法院经审理认定，数被告人在公海上登上泰国籍油轮，首先控制油轮驾驶台，然后将17名泰国籍船员捆绑起来，进而控制了油轮上的石油，并在中华人民共和国领域内进行销赃，属于以非法占有为目的，并进而通过暴力、胁迫手段强行劫取他人财物的行为。根据《刑法》第9条、第263条之规定，数被告人的行为已经构成抢劫罪，且抢劫数额特别巨大。公诉机关指控被告人抢劫罪的罪名成立。在共同抢劫中，被告人阿丹·奈姆起组织、指挥作用，且直接动手捆绑船员，系主犯，应依法惩罚。

依照《刑法》第263条，第25条第1款，第26条第1款、第4款，第27条，第35条之规定，判决如下：一、被告人阿丹·奈姆犯抢劫罪，判处有期徒刑十五年，并处罚金人民币3万元，驱逐出境。二、被告人利都安·喜拉依特犯抢劫罪，判处有期徒刑十三年，并处罚金人民币2万元，驱逐出境。三、被告人达马·步得拉犯抢劫罪，判处有期徒刑十三年，并处罚金人民币2万元，驱逐出境。四、被告人约翰罗斯曼多犯抢劫罪，判处有期徒刑十三年，并处罚金人民币2万元，驱逐出境。五、被告人乌山阿瓦斯得阿喜羊犯抢劫罪，判处有期徒刑十三年，并处罚金人民币2万元，驱逐出境。六、被告人迪尼木达犯抢劫罪，判处有期徒刑十三年，并处罚金人民币2万元，驱逐出境。七、被告人渥里默默希特犯抢劫罪，判处有期徒刑十年，并处罚金人民币1万元，驱逐出境。八、被告人渣依那宾沙拉卡犯抢劫罪，判处有期徒刑十年，并处罚金人民币1万元，驱逐出境。九、被告人穆罕默德·沙飞里犯抢劫罪，判处有期徒刑十年，并处罚金人民币1万元，驱逐出境。十、被告人那沙凯犯抢劫罪，判处有期徒刑十年，并处罚金人民币1万元，驱逐出境。

【学理分析及适用指引】

• 学理分析 •

普遍管辖原则，亦称世界主义原则，是指“对于某些各国公民公认的普遍地危害国际和平与安全、破坏国际社会良好秩序及危害全人类利益的犯罪，不论罪行发生在哪里，也不论犯罪人具有何国国籍或者没有国籍，各国均有权依据国内刑法对罪犯进行审判和处罚。”① 即每一个主权国家都有权根据国际法，对违反国际法的罪行，特别是对构成危害人类整体利益和其他共同利益的少数特定的犯罪，行使管辖权予以惩罚。

1987年6月，全国人民代表大会常务委员会通过的《关于对中华人民共和国缔结或者参加的国际条约所规定的罪行行使刑事管辖权的决定》中规定：对于中华人民共和国缔结或者参加的国际条约所规定的罪行，中华人民共和国

---

① 高铭暄主编：《刑法学原理》（第1卷），中国人民大学出版社1993年版，第306页。

在所承担条约义务的范围内，行使刑事管辖权。随着我国国际地位的日益提高，对外交往日益频繁，近年来我国缔结和参加了许多有犯罪规定的国际公约，且今后还会参加一些国际公约。中国作为国际社会有责任的一员，为信守承诺，履行我国承担的国际义务，打击国际犯罪，特别将普遍管辖原则规定到我国刑法中，当然这也是顺应国际刑事立法的需要。

中华人民共和国缔结或者参加的国际公约，是指已经由全国人民代表大会常务委员会批准的我国缔结或者参加的有犯罪规定的国际公约，如《关于制止非法劫持航空器的公约》《关于制止危害民用航空安全的非法行为的公约》《防止及惩治灭绝种族罪公约》《联合国海洋法公约》《制止危及海上航行安全非法行为公约》《反对劫持人质国际公约》《联合国禁止非法贩运麻醉药品和精神药物公约》等，这些国际公约中分别规定了一些国际犯罪，如劫持航空器罪、劫持船只罪、海盗罪、贩毒罪等。凡参加了这些国际公约的国家，就承担了与这些国际犯罪进行斗争的义务。针对犯了上述公约所规定的罪的人，根据国际公约的规定，如果缔约国不将罪犯引渡给他国，就应当根据或引渡或起诉原则，由该国行使刑事管辖权，依照该国的法律对犯罪人进行追究。

中华人民共和国缔结或者参加的国际条约所规定的罪行，主要是指在我国领域外犯了国际公约所规定的罪，而进入我国领域内的外国人所实施的罪行。即便是犯罪人实施了上述公约所规定的犯罪，但我国若要行使刑事管辖权，应当同时具备以下条件：

（1）必须是中华人民共和国缔结或者参加的国际公约中所规定的犯罪，对没有缔结或参加的国际公约中规定的犯罪，不能行使刑事管辖权。

（2）必须是在我国所承担条约义务的范围内，如果我国对公约中的某些规定声明保留，则对此就不承担义务，我国缔结或者参加的国际公约中，凡是没有声明保留的，都属于我国所承担的义务范围之内。此处所说的刑事管辖权，是指我国司法机关依法行使的侦查、起诉、审判权。

（3）犯罪人必须在中国境内抓获，或者通过引渡措施被引渡到我国。

• 适用指引 •

对于某些国际社会规定的、严重危害国际社会的犯罪，我国在承担国际条约义务的范围内，根据普遍管辖原则进行刑事处罚。但前提是犯罪人在中国境内被抓获。除此之外，还应当明确的是，针对该种犯罪，应当首先判断能不能适用属地管辖、属人管辖或者保护管辖。

第十条　对外国刑事裁判的消极承认

【法律规定】

• 法律条文 •

《中华人民共和国刑法》

第十条　凡在中华人民共和国领域外犯罪，依照本法应当负刑事责任的，虽然经过外国审判，仍然可以依照本法追究，但是在外国已经受过刑罚处罚的，可以免除或者减轻处罚。

【案例】

张志刚等运送他人偷越国（边）境案①

• 案件事实 •

张志刚，男，天津中益海运公司“鹏飞号”货轮水手长。崔景炎，天津中益海运公司“鹏飞号”货轮木工。1998 年 1 月 29 日 17 时许，被告人张志刚、崔景炎因贪图钱财，接受组织偷渡人房某、顾某某、林某（均另案处理）支付的好处费人民币 4 万～5 万元后，将偷渡人员陈某某、王某某由天津新港码头带上张崔二人工作的“鹏飞号”货轮。并将陈王二人藏匿于船头前尖仓库内。在“鹏飞号”货轮起航驶往日本海上航行期间，二被告人多次给陈王二人提供食物、水及御寒用品。2 月 2 日 7 时许，二被告人发现偷渡人员王某某死亡。二被告人经商量后，将王某某的尸体藏匿于前尖仓库一隐蔽处，将陈某某转移他处藏匿。2 月 3 日，“鹏飞号”货轮停靠日本兵库县尼崎港，在日本警方检查时，发现了偷渡人员。后将张志刚、崔景炎查获扣留。经日本警方鉴定，王某某系被冻死。1998 年 6 月 1 日、6 月 13 日，崔景炎、张志刚分别被遣返回国。

• 裁判要旨 •

在中国有管辖权的情形下，如何依法适用《刑法》第 10 条关于在外国受过刑事处罚可以免除或减轻处罚的规定。

---

① 参见国家法官学院、中国人民大学法学院编：《中国审判案例要览（1999 年刑事审判案例卷）》，中国人民大学出版社 2002 年版。

• 裁判理由 •

该案的主要争议点就在于，张志刚和崔景炎二人已经在日本接受过刑罚，能不能根据《刑法》第10条的规定，免除或减轻处罚。针对检察院的指控，被告人张志刚对指控的事实供认不讳，希望得到法庭从轻处罚。其辩护人则提出：被告人张志刚主观恶性较轻，一贯表现较好；被告人张志刚在日本受到过刑罚处罚，依照《刑法》第10条的规定，应当免除或者减轻处罚。被告人崔景炎对指控的事实供认不讳，希望得到法庭从轻处罚。其辩护人提出：（1）被告人崔景炎系本案从犯，没有得到任何赃款；（2）被告人崔景炎受到过日本的刑罚处罚，应依法免除或者减轻处罚；（3）被告人崔景炎无前科，系初犯。

公诉机关天津市塘沽区人民检察院则认为：本案的犯意是由被告人张志刚提起的，被告人崔景炎的作用确实要小于被告人张志刚，但不能区分主从关系；本案应适用《刑法》第6条的规定，而不能适用《刑法》第10条的规定。

天津市塘沽区人民法院经审理后认为：公诉机关指控张志刚、崔景炎犯运送他人偷越国（边）境罪的基本事实清楚，罪名成立。二被告人主观上具有非法运送他人偷越国境的犯罪故意，客观上实施了违反国家出入境管理法规，运送他人偷越国境的行为，且在运送中造成一人死亡，其行为均已构成运送他人偷越国（边）境罪。根据《刑法》第6条第2款规定，凡在中华人民共和国船舶或者航空器内犯罪的，适用本法。按照国际法惯例，凡属国家所有的或者其他公有船舶，无论是在公海上还是在外国领水内，都视为该国领土的浮动部分，即属于拟制领土的范畴。天津中益海运公司所属的“鹏飞号”货轮，系公有船舶，被告人张志刚、崔景炎在公有船舶上实施的犯罪行为，应适用我国刑法。而《刑法》第10条规定的，是在我国领域外犯罪如何处罚的情况。因此，本案应适用《刑法》第6条的规定，而不能适用《刑法》第10条的规定。故辩护人提出的对被告人在处罚上应适用《刑法》第10条规定的辩护理由，法院不予采纳。

综上，天津市塘沽区人民法院依照《刑法》第6条、第321条第2款、第53条，判决如下：一、张志刚犯运送他人偷越国（边）境罪，判处有期徒刑七年，并处罚金人民币5000元。二、崔景炎犯运输他人偷越国（边）境罪，判处有期徒刑七年，并处罚金人民币5000元。

【学理分析及适用指引】

• 学理分析 •

外国刑事判决的效力，是指当本国具有刑事管辖权的犯罪行为受到外国法院确定的有罪还是无罪判决时，本国是否承认外国刑事判决的效力问题。对此，在立法上有三种方式：

1. 消极承认。即外国生效的刑事判决并不制约本国刑罚权的实现，不管外国所作的是有罪判决还是无罪判决，本国都有权就同一行为重新审判，但会对外国判决及刑罚执行的事实在量刑时给予考虑。

2. 积极承认。即将外国确定的刑事判决与本国的刑事判决同等看待。外国判决所认定的刑罚尚未执行或未完全执行的，国内法院执行该判决或尚未执行完毕的刑罚。如果所判刑罚已经执行完毕，在国内也视为刑罚已经执行完毕。

3. 有的国家根据不同情况，兼采积极承认和消极承认的做法。

我国《刑法》第10条规定：凡在中华人民共和国领域外犯罪，依照本法应当负刑事责任的，虽然经过外国审判，仍然可以依照本法追究，但是在外国已经受过刑罚处罚的，可以免除或者减轻处罚。该规定表明我国作为一个独立自主的主权国家不受外国审判效力的约束，同时又照顾到被告人在外国已经受过刑罚处罚的事实情况，体现了原则性与灵活性的统一，是妥当的。根据刑法的属人原则，中华人民共和国公民在中华人民共和国领域外犯本法规定之罪的，适用中华人民共和国刑法。除非是按照本法规定的最高刑为三年以下有期徒刑的，可以不予追究。但如果是中华人民共和国国家工作人员和军人在中华人民共和国领域外犯本法规定之罪的，不考虑所犯之罪的刑罚轻重，一律适用中国刑法。虽然刑法理论上有一事不再理原则，在国际法上有时对这一原则视而不见。此处所说的在我国领域外犯罪的，犯罪主体既包括我国公民，也包括外国人或者无国籍人，犯罪行为是指根据《刑法》第7条规定，我国公民、国家工作人员和军人在我国领域外的犯罪，也包括第8条规定的外国人在我国领域外对我们国家和我国公民的犯罪，对于这些人在我国领域外犯罪，虽然经外国审判，但依照我国刑法应当负刑事责任的，仍然可以依照我国刑法处理。这是国家主权原则和保护原则在我国刑法中的体现。从这个原则出发，我国可以不受外国审判的约束。但是，应当注意的是，此处使用的是“可以”，而没有用“应当”，因此对于已经外国审判的犯罪，还要不要再依照我国刑法处理，需根据具体案件的具体情况决定，并不要求对于外国已审判的犯罪，一律再依照我国刑法处理。

• 适用指引 •

对于外国刑事判决的问题，应当掌握的原则是：现在国际社会基本上是持消极承认的态度。除此之外，在外国刑事判决的承认问题上，还应当注意两个方面：第一，一事不再理原则的适度让步，即在定罪与否问题上不受该原则的限制，但在量刑上可以适度考虑，故而可以免除或减轻处罚；第二，看作出刑事判决的对方国家对该案件有没有管辖权。

第十一条　外交代表刑事管辖豁免

【法律规定】

• 法律条文 •

《中华人民共和国刑法》

第十一条　享有外交特权和豁免权的外国人的刑事责任，通过外交途径解决。

• 相关规定 •

《中华人民共和国外交特权与豁免条例》

第十四条　外交代表享有刑事管辖豁免。

外交代表享有民事管辖豁免和行政管辖豁免，但下列各项除外：

（一）外交代表以私人身份进行的遗产继承的诉讼；

（二）外交代表违反第二十五条第三项规定在中国境内从事公务范围以外的职业或者商业活动的诉讼。

外交代表免受强制执行，但对前款所列情况，强制执行对其人身和寓所不构成侵犯的，不在此限。

外交代表没有以证人身份作证的义务。

第十五条　外交代表和第二十条规定享有豁免的人员的管辖豁免可以由派遣国政府明确表示放弃。

外交代表和第二十条规定享有豁免的人员如果主动提起诉讼，对与本诉直接有关的反诉，不得援用管辖豁免。

放弃民事管辖豁免或者行政管辖豁免，不包括对判决的执行也放弃豁免。放弃对判决执行的豁免须另作明确表示。

【学理分析及适用指引】

• 学理分析 •

本条规定的外交特权和豁免权，是指一个国家为了保证和便利驻在本国的外交代表、外交代表机关以及外交人员履行职务，而给予他们的一种特殊权利和待遇。这种特殊权利和待遇是各国之间按照平等、相互尊重的原则，根据国际惯例和国际公约、协议，相互给予的。根据国际公约的精神，全国人民代表大会常务委员会于1986年制定了《外交特权与豁免条例》。这种特殊权利和豁免权包括：人身不可侵犯；办公处、住处和文书档案不可侵犯；免纳关税；不受驻在国的司法管辖等。

• 适用指引 •

1. 享有外交特权和豁免权人的种类。享有这种外交特权和豁免权的外国人主要包括：

（1）外国的国家元首、政府首脑、外交部长。

（2）外国驻本国的外交代表、大使、公使、代办和同级别的人和具有外交官衔的使馆工作人员（一、二、三等秘书，随员，陆海空武官，商务、文化、新闻参赞或专员）以及他们的家属（配偶、未成年之子、未婚之女）等。

（3）执行职务的外交使差。

（4）根据我国同其他国家订立的条约、协定享受若干特权和豁免权的商务代表。

（5）经我国外交部核定享受若干特权和豁免权的下列人员：①途经或临时留在我国境内的各国驻第三国的外交官；②各国派来中国参加会议的代表；③各国政府来中国的高级官员；④按照联合国宪章规定和国际公约享受特权和豁免权的其他人员。

（6）总领事、领事、副领事、领事代理人、名誉领事和其他领馆人员。

2. 外交途径解决刑事责任的方式。上述享有外交特权和豁免权的外国人触犯我国刑法的行为，并非不构成犯罪，而是犯了罪不交付我国法院审判，他们的刑事责任通过外交途径解决。一般有下列几种方式：

（1）要求派遣国召回；

（2）建议派遣国依法处理；

（3）对罪行严重的，由我国政府宣布其为“不受欢迎的人”，限期出境。这是国际上保证国与国之间正常交往通行的做法和必需的条件保障，是根据国家间互惠原则作出的规定。

第十二条 刑法的溯及力

【法律规定】

• 法律条文 •

《中华人民共和国刑法》

第十二条 中华人民共和国成立以后本法施行以前的行为，如果当时的法律不认为是犯罪的，适用当时的法律；如果当时的法律认为是犯罪的，依照本法总则第四章第八节的规定应当追诉的，按照当时的法律追究刑事责任，但是如果本法不认为是犯罪或者处刑较轻的，适用本法。

本法施行以前，依照当时的法律已经作出的生效判决，继续有效。

• 相关规定 •

《最高人民法院关于〈中华人民共和国刑法修正案（九）〉时间效力问题的解释》（法释〔2015〕19号）

第一条 对于2015年10月31日以前因利用职业便利实施犯罪，或者实施违背职业要求的特定义务的犯罪的，不适用修正后刑法第三十七条之一第一款的规定。其他法律、行政法规另有规定的，从其规定。

第二条 对于被判处死刑缓期执行的犯罪分子，在死刑缓期执行期间，且在2015年10月31日以前故意犯罪的，适用修正后刑法第五十条第一款的规定。

第三条 对于2015年10月31日以前一人犯数罪，数罪中有判处有期徒刑和拘役，有期徒刑和管制，或者拘役和管制，予以数罪并罚的，适用修正后刑法第六十九条第二款的规定。

第四条 对于2015年10月31日以前通过信息网络实施的刑法第二百四十六条第一款规定的侮辱、诽谤行为，被害人向人民法院告诉，但提供证据确有困难的，适用修正后刑法第二百四十六条第三款的规定。

第五条 对于2015年10月31日以前实施的刑法第二百六十条第一款规定的虐待行为，被害人没有能力告诉，或者因受到强制、威吓无法告诉的，适用修正后刑法第二百六十条第三款的规定。

第六条 对于2015年10月31日以前组织考试作弊，为他人组织考试作弊提供作弊器材或者其他帮助，以及非法向他人出售或者提供考试试题、答案，根据修正前刑法应当以非法获取国家秘密罪、非法生产、销售间谍专用器材罪或者故意泄露国家秘密罪等追究刑事责任的，适用修正前刑法的有关规定。但是，根据修正后刑法第二百八十四条之一的规定处刑较轻的，适用修正后刑法的有关规定。

第七条 对于2015年10月31日以前以捏造的事实提起民事诉讼，妨害司法秩序或者严重侵害他人合法权益，根据修正前刑法应当以伪造公司、企业、事业单位、人民团体印章罪或者妨害作证罪等追究刑事责任的，适用修正前刑法的有关规定。但是，根据修正后刑法第三百零七条之一的规定处刑较轻的，适用修正后刑法的有关规定。

实施第一款行为，非法占有他人财产或者逃避合法债务，根据修正前刑法应当以诈骗罪、职务侵占罪或者贪污罪等追究刑事责任的，适用修正前刑法的有关规定。

第八条 对于2015年10月31日以前实施贪污、受贿行为，罪行极其严重，根据修正前刑法判处死刑缓期执行不能体现罪刑相适应原则，而根据修正后刑法判处死刑缓期执行同时决定在其死刑缓期执行二年期满依法减为无期徒刑后，终身监禁，不得减刑、假释可以罚当其罪的，适用修正后刑法第三百八十三条第四款的规定。根据修正前刑法判处死刑缓期执行足以罚当其罪的，不适用修正后刑法第三百八十三条第四款的规定。

第九条 本解释自2015年11月1日起施行。

《最高人民法院关于在裁判文书中如何表述修正前后刑法条文的批复》（法释〔2012〕7号）

各省、自治区、直辖市高级人民法院，解放军军事法院，新疆维吾尔自治区高级人民法院生产建设兵团分院：

近来，一些法院就在裁判文书中引用修正前后刑法条文如何具体表述问题请示我院。经研究，批复如下：

一、根据案件情况，裁判文书引用1997年3月14日第八届全国人民代表大会第五次会议修订的刑法条文，应当根据具体情况分别表述：

（一）有关刑法条文在修订的刑法施行后未经修正，或者经过修正，但引用的是现行有效条文，表述为"《中华人民共和国刑法》第××条"。

（二）有关刑法条文经过修正，引用修正前的条文，表述为"1997年修订的《中华人民共和国刑法》第××条"。

（三）有关刑法条文经两次以上修正，引用经修正、且为最后一次修正前的条文，表述为"经××××年《中华人民共和国刑法修正案（×）》修正的《中华人民共和国刑法》第××条"。

二、根据案件情况，裁判文书引用1997年3月14日第八届全国人民代表大会第五次会议修订前的刑法条文，应当表述为"1979年《中华人民共和国刑法》第××条"。

三、根据案件情况，裁判文书引用有关单行刑法条文，应当直接引用相应该条例、补充规定或者决定的具体条款。

四、《最高人民法院关于在裁判文书中如何引用修订前、后刑法名称的通知》（法〔1997〕192号）、《最高人民法院关于在裁判文书中如何引用刑法修正案的批复》（法释〔2007〕7号）不再适用。

《最高人民法院关于〈中华人民共和国刑法修正案（八）〉时间效力问题的解释》（法释〔2011〕9号）

第一条 对于2011年4月30日以前犯罪，依法应当判处管制或者宣告缓刑的，人民法院根据犯罪情况，认为确有必要同时禁止犯罪分子在管制期间或者缓刑考验期内从事特定活动，进入特定区域、场所，接触特定人的，适用修正后刑法第三十八条第二款或者第七十二条第二款的规定。

犯罪分子在管制期间或者缓刑考验期内，违反人民法院判决中的禁止令的，适用修正后刑法第三十八条第四款或者第七十七条第二款的规定。

第二条　2011 年 4 月 30 日以前犯罪，判处死刑缓期执行的，适用修正前刑法第五十条的规定。

被告人具有累犯情节，或者所犯之罪是故意杀人、强奸、抢劫、绑架、放火、爆炸、投放危险物质或者有组织的暴力性犯罪，罪行极其严重，根据修正前刑法判处死刑缓期执行不能体现罪刑相适应原则，而根据修正后刑法判处死刑缓期执行同时决定限制减刑可以罚当其罪的，适用修正后刑法第五十条第二款的规定。

第三条　被判处有期徒刑以上刑罚，刑罚执行完毕或者赦免以后，在 2011 年 4 月 30 日以前再犯应当判处有期徒刑以上刑罚之罪的，是否构成累犯，适用修正前刑法第六十五条的规定；但是，前罪实施时不满十八周岁的，是否构成累犯，适用修正后刑法第六十五条的规定。

曾犯危害国家安全犯罪，刑罚执行完毕或者赦免以后，在 2011 年 4 月 30 日以前再犯危害国家安全犯罪的，是否构成累犯，适用修正前刑法第六十六条的规定。

曾被判处有期徒刑以上刑罚，或者曾犯危害国家安全犯罪、恐怖活动犯罪、黑社会性质的组织犯罪，在 2011 年 5 月 1 日以后再犯罪的，是否构成累犯，适用修正后刑法第六十五条、第六十六条的规定。

第四条　2011 年 4 月 30 日以前犯罪，虽不具有自首情节，但是如实供述自己罪行的，适用修正后刑法第六十七条第三款的规定。

第五条　2011 年 4 月 30 日以前犯罪，犯罪后自首又有重大立功表现的，适用修正前刑法第六十八条第二款的规定。

第六条　2011 年 4 月 30 日以前一人犯数罪，应当数罪并罚的，适用修正前刑法第六十九条的规定；2011 年 4 月 30 日前后一人犯数罪，其中一罪发生在 2011 年 5 月 1 日以后的，适用修正后刑法第六十九条的规定。

第七条　2011 年 4 月 30 日以前犯罪，被判处无期徒刑的罪犯，减刑以后或者假释前实际执行的刑期，适用修正前刑法第七十八条第二款、第八十一条第一款的规定。

第八条　2011 年 4 月 30 日以前犯罪，因具有累犯情节或者系故意杀人、强奸、抢劫、绑架、放火、爆炸、投放危险物质或者有组织的暴力性犯罪并被判处十年以上有期徒刑、无期徒刑的犯罪分子，2011 年 5 月 1 日以后仍在服刑的，能否假释，适用修正前刑法第八十一条第二款的规定；2011 年 4 月 30 日以前犯罪，因其他暴力性犯罪被判处十年以上有期徒刑、无期徒刑的犯罪分子，2011 年 5 月 1 日以后仍在服刑的，能否假释，适用修正后刑法第八十一条第二款、第三款的规定。

《最高人民法院关于适用刑法第十二条几个问题的解释》（法释〔1997〕12 号）

第一条 刑法第十二条规定的"处刑较轻"，是指刑法对某种犯罪规定的刑罚即法定刑比修订前刑法轻。法定刑较轻是指法定最高刑较轻；如果法定最高刑相同，则指法定最低刑较轻。

第二条 如果刑法规定的某一犯罪只有一个法定刑幅度，法定最高刑或者最低刑是指该法定刑幅度的最高刑或者最低刑；如果刑法规定的某一犯罪有两个以上的法定刑幅度，法定最高刑或者最低刑是指具体犯罪行为应当适用的法定刑幅度的最高刑或者最低刑。

第三条 一九九七年十月一日以后审理一九九七年九月三十日以前发生的刑事案件，如果刑法规定的定罪处刑标准、法定刑与修订前刑法相同的，应当适用修订前的刑法。

《最高人民法院关于适用刑法时间效力规定若干问题的解释》（法释〔1997〕5 号）

第一条 对于行为人 1997 年 9 月 30 日以前实施的犯罪行为，在人民检察院、公安机关、国家安全机关立案侦查或者在人民法院受理案件以后，行为人逃避侦查或者审判，超过追诉期限或者被害人在追诉期限内提出控告，人民法院、人民检察院、公安机关应当立案而不予立案，超过追诉期限的，是否追究行为人的刑事责任，适用修订前的刑法第七十七条的规定。

第二条 犯罪分子 1997 年 9 月 30 日以前犯罪，不具有法定减轻处罚情节，但是根据案件的具体情况需要在法定刑以下判处刑罚的，适用修订前的刑法第五十九条第二款的规定。

第三条 前罪判处的刑罚已经执行完毕或者赦免，在 1997 年 9 月 30 日以前又犯应当判处有期徒刑以上刑罚之罪，是否构成累犯，适用修订前的刑法第六十一条的规定；1997 年 10 月 1 日以后又犯应当判处有期徒刑以上刑罚之罪的，是否构成累犯，适用刑法第六十五条的规定。

第四条 1997 年 9 月 30 日以前被采取强制措施的犯罪嫌疑人、被告人或者 1997 年 9 月 30 日以前犯罪，1997 年 10 月 1 日以后仍在服刑的罪犯，如实供述司法机关还未掌握的本人其他罪行的，适用刑法第六十七条第二款的规定。

第五条 1997 年 9 月 30 日以前犯罪的犯罪分子，有揭发他人犯罪行为，或者提供重要线索，从而得以侦破其他案件等立功表现的，适用刑法第六十八条的规定。

第六条 1997 年 9 月 30 日以前犯罪被宣告缓刑的犯罪分子，在 1997 年 10 月 1 日以后的缓刑考验期间又犯新罪、被发现漏罪或者违反法律、行政法规或者国务院公安部门有关缓刑的监督管理规定，情节严重的，适用刑法第七十七条的规定，撤销缓刑。

第七条 1997年9月30日以前犯罪，1997年10月1日以后仍在服刑的犯罪分子，因特殊情况，需要不受执行刑期限制假释的，适用刑法第八十一条第一款的规定，报经最高人民法院核准。

第八条 1997年9月30日以前犯罪，1997年10月1日以后仍在服刑的累犯以及因杀人、爆炸、抢劫、强奸、绑架等暴力性犯罪被判处十年以上有期徒刑、无期徒刑的犯罪分子，适用修订前的刑法第七十三条的规定，可以假释。

第九条 1997年9月30日以前被假释的犯罪分子，在1997年10月1日以后的假释考验期内，又犯新罪、被发现漏罪或者违反法律、行政法规或者国务院公安部门有关假释的监督管理规定的，适用刑法第八十六条的规定，撤销假释。

《最高人民法院、最高人民检察院关于适用刑事司法解释时间效力问题的规定》（高检发释字〔2001〕5号）

一、司法解释是最高人民法院对审判工作中具体应用法律问题和最高人民检察院对检察工作中具体应用法律问题所作的具有法律效力的解释，自发布或者规定之日起施行，效力适用于法律的施行期间。

二、对于司法解释实施前发生的行为，行为时没有相关司法解释，司法解释施行后尚未处理或者正在处理的案件，依照司法解释的规定办理。

三、对于新的司法解释实施前发生的行为，行为时已有相关司法解释，依照行为时的司法解释办理，但适用新的司法解释对犯罪嫌疑人、被告人有利的，适用新的司法解释。

四、对于在司法解释施行前已办结的案件，按照当时的法律和司法解释，认定事实和适用法律没有错误的，不再变动。

《最高人民检察院关于〈全国人民代表大会常务委员会关于《中华人民共和国刑法》第九十三条第二款的解释〉的时间效力的批复》（高检发研字〔2000〕15号）

天津市人民检察院：

你院“关于《全国人民代表大会常务委员会关于〈中华人民共和国刑法〉第九十三条第二款的解释》的实施时间问题的请示”收悉。经研究，批复如下：

《全国人民代表大会常务委员会关于〈中华人民共和国刑法〉第九十三条第二款的解释》是对刑法第九十三条第二款关于“其他依照法律从事公务的人员”规定的进一步明确，并不是对刑法的修改。因此，该《解释》的效力适用于修订刑法的施行日期，其溯及力适用修订刑法第12条的规定。

《最高人民检察院关于对跨越修订刑法施行日期的继续犯罪、连续犯罪以及其他同种数罪应如何具体适用刑法问题的批复》（高检发释字〔1998〕6号）

四川省人民检察院：

你院川检发研（1998）10号《关于对连续犯罪、继续犯罪如何具体适用刑法第十二条的有关问题的请示》收悉，经研究，批复如下：

对于开始于1997年9月30日以前，继续或者连续到1997年10月1日以后的行为，以及在1997年10月1日前后分别实施的同种类数罪，如果原刑法和修订刑法都认为是犯罪并且应当追诉，按照下列原则决定如何适用法律：

一、对于开始于1997年9月30日以前，继续到1997年10月1日以后终了的继续犯罪，应当适用修订刑法一并进行追诉。

二、对于开始于1997年9月30日以前，连续到1997年10月1日以后的连续犯罪，或者在1997年10月1日前后分别实施同种类数罪，其中罪名、构成要件、情节以及法定刑均没有变化的，应当适用修订刑法，一并进行追诉；罪名、构成要件、情节以及法定刑已经变化的，也应当适用修订刑法，一并进行追诉，但是修订刑法比原刑法所规定的构成要件和情节较为严格，或者法定刑较重的，在提起公诉时应当提出酌情从轻处理意见。

《最高人民检察院关于检察工作中具体适用修订刑法第十二条若干问题的通知》（高检发释文〔1997〕4号）

一、如果当时的法律（包括1979年刑法，中华人民共和国惩治军人违反职责罪暂行条例，全国人大常委会关于刑事法律的决定、补充规定，民事、经济、行政法律中“依照”“比照”刑法有关条款追究刑事责任的法律条文，下同）、司法解释认为是犯罪，修订刑法不认为是犯罪的，依法不再追究刑事责任。已经立案、侦查的，撤销案件；已批准逮捕的，撤销批准逮捕决定，并建议公安机关撤销案件；审查起诉的，作出不起诉决定；已经起诉的，建议人民法院退回案件，予以撤销；已经抗诉的，撤回抗诉。

二、如果当时的法律、司法解释认为是犯罪，修订刑法也认为是犯罪的，按从旧兼从轻的原则依法追究刑事责任：

1. 罪名、构成要件、情节以及法定刑没有变化的，适用当时的法律追究刑事责任。

2. 罪名、构成要件、情节以及法定刑已经变化的，根据从轻原则，确定适用当时的法律或者修订刑法追究刑事责任。

三、如果当时的法律不认为是犯罪，修订刑法认为是犯罪的，适用当时的法律；但行为连续或者继续到1997年10月1日以后的，对10月1日以后构成犯罪的行为适用修订刑法追究刑事责任。

【案例】

黄洪贵故意伤害案[①]

• 案件事实 •

1997年9月9日下午，被告人黄洪贵见被害人陈某某的小孩和其他小孩在其院坝里玩耍，黄洪贵上前干涉并呵斥了陈某某的小孩。陈某某得知此事后与黄洪贵发生争吵，被他人劝阻。当晚，陈某某又来到黄洪贵家，双方发生殴打，殴打中，黄洪贵持尖刀连续刺陈某某数刀后逃离现场。陈某某经抢救无效于当晚死亡。四川省德阳市人民检察院以黄洪贵犯故意伤害罪，向四川省德阳市中级人民法院提起公诉。

• 裁判要旨 •

发生在1997年《刑法》生效之前的行为如何适用现行《刑法》。

• 裁判理由 •

四川省德阳市中级人民法院经审理，作出四川省德阳市中级人民法院（2004）德刑初字第36号刑事判决：（1）被告人黄洪贵犯故意伤害罪，判处无期徒刑，剥夺政治权利终身；（2）被告人黄洪贵赔偿附带民事诉讼原告人刘某秀、刘某翠、陈某甲、陈某乙、陈某丙丧葬费、被扶养人生活补助费共计36050元。判决作出后，被告人黄洪贵不服，向四川省高级人民法院提出上诉。

黄洪贵及其辩护人称：本案被害人陈某某存在明显过错，一审量刑过重；一审在附带民事判决中没有考虑被害人家属哄抢黄洪贵家庭财产、拆毁房屋的情节，应驳回附带民事诉讼原告人的诉讼请求。四川省高级人民法院根据事实和证据认为：上诉人（原审被告人）黄洪贵因纠纷用刀刺伤陈某某致死的行为构成故意伤害罪。鉴于本案系农村邻里纠纷，且陈某某在纠纷平息后又到黄洪贵家挑起事端，激化矛盾，有较大过错，可对黄洪贵酌情从轻处罚。黄洪贵的犯罪行为给附带民事诉讼原告人刘某秀、刘某翠、陈某甲、陈某乙、陈某丙造成的经济损失依法应予赔偿。黄洪贵和其辩护人上诉、辩护中提出“陈某某存在明显过错”，原判已作认定；关于黄洪贵和其辩护人提出“一审在附带民事判决中没有考虑被害人的家属哄抢被告人家庭财产、拆毁房屋的情节，应驳回附带民事诉讼原告人的诉讼请求”的意见，因黄洪贵伤害陈某某的犯罪行为

---

① 参见国家法官学院、中国人民大学法学院编：《中国审判案例要览（2005年刑事审判案例卷）》，中国人民大学出版社、人民法院出版社2006年版。

发生后，所出现的陈某某的家属哄抢黄洪贵家庭财产、拆毁房屋的事实与本案无关，故对黄洪贵和其辩护人上诉、辩护认为应驳回附带民事诉讼原告人的诉讼请求的意见，不予支持。

对于应当适用新《刑法》还是旧《刑法》。一审适用的1997年《刑法》，四川省高级人民法院认为本案发生在1997年9月9日，根据《刑法》第12条的规定，应适用1979年《刑法》，原判认定事实和定罪正确，民事赔偿恰当，审判程序合法，但适用法律错误且量刑过重。黄洪贵和其辩护人所提“量刑过重”的意见，予以采纳。

综上，四川省高级人民法院依照《刑事诉讼法》第189条第2项、《民事诉讼法》第153条第1款第1项、《刑法》第12条第1款、1979年《刑法》第134条第2款、第52条、第31条和《民法通则》第119条、第131条之规定，作出如下判决：一、维持四川省德阳市中级人民法院（2004）德刑初字第36号刑事附带民事判决的第二项，即被告人黄洪贵赔偿附带民事诉讼原告人刘某秀、刘某翠、陈某甲、陈某乙、陈某丙丧葬费、被扶养人生活补助费共计36050元。二、撤销四川省德阳市中级人民法院（2004）德刑初字第36号刑事附带民事判决的第一项，即被告人黄洪贵犯故意伤害罪，判处无期徒刑，剥夺政治权利终身。三、上诉人（原审被告人）黄洪贵犯故意伤害罪，判处有期徒刑十五年，剥夺政治权利五年。

【学理分析及适用指引】

• 学理分析 •

刑法的时间效力，是指刑法的生效时间、失效时间以及对刑法生效前所发生的行为是否具有溯及力的问题。刑法溯及力，是指《刑法》生效以后，对于其生效以前尚未审判或者判决尚未确定的行为是否适用的问题。如果能够适用新《刑法》，那么新《刑法》就具有溯及力；如果不能够适用新《刑法》，那么新《刑法》就不具有溯及力。

在刑法溯及力问题上，通说认为有四种原则：从旧原则、从新原则、从旧兼从轻原则、从新兼从轻原则。从旧原则是指对尚未审判或判决尚未确定的案件一律适用行为时的法律；从新原则是指对尚未审判或判决尚未确定的案件一律适用裁判时的法律；从新兼从轻原则是指对尚未审判或判决尚未确定的案件，原则上适用裁判时的新法，但旧法对行为人有利时适用旧法；从旧兼从轻原则是指对尚未审判或判决尚未确定的案件，原则上适用行为时的旧法，但新法对行为人有利时适用新法。根据我国《刑法》第12条的规定，中华人民共和国成立以后《刑法》施行以前的行为，如果当时的法律不认为是犯罪的，适用当时的法律；如果当时的法律认为是犯罪的，依照《刑法》总则第4章第

8 节的规定应当追诉的，按照当时的法律追究刑事责任，但是如果《刑法》不认为是犯罪或者处刑较轻的，适用本法。可见，《刑法》在溯及力问题上采用的是从旧兼从轻原则。

1. 我国《刑法》对溯及力的规定。对于 1949 年 10 月 1 日中华人民共和国成立至 1997 年 10 月 1 日现行《刑法》施行前这段时间内发生的行为，应按以下不同情况分别处理：

（1）当时的法律不认为是犯罪，而现行《刑法》认为是犯罪的，适用当时的法律，即现行《刑法》没有溯及力。对于这种情况，不能以现行《刑法》规定为犯罪为由而追究行为人的刑事责任。

（2）当时的法律认为是犯罪，但现行《刑法》不认为是犯罪的，只要这种行为未经审判或者判决尚未确定，就应当适用现行《刑法》，即现行《刑法》具有溯及力。

（3）当时的法律和现行《刑法》都认为是犯罪，并且按照现行《刑法》总则第 4 章第 8 节的规定应当追诉的，原则上按当时的法律追究刑事责任，即现行《刑法》不具有溯及力。这就是从旧兼从轻原则所指的从旧。但是，如果当时的法律处刑比现行《刑法》规定得重，则应适用现行《刑法》，现行《刑法》具有溯及力。这便是从轻原则的体现。

（4）如果当时的法律已经作出了生效判决，继续有效。即使按现行《刑法》的规定，其行为不构成犯罪或处刑较当时的法律要轻，也不例外。这主要是考虑到维护人民法院生效判决的严肃性和稳定性的需要，也是为了树立人民对法律的信赖。

2. 关于如何比较新旧刑法对某一犯罪行为处罚的轻重。最高人民法院于 1997 年 12 月 23 日通过了《关于适用刑法第十二条几个问题的解释》。该解释明确规定：《刑法》第 12 条规定的“处刑较轻”，是指《刑法》对某种犯罪规定的刑罚即法定刑比修订前《刑法》轻。法定刑较轻是指法定最高刑较轻；如果法定最高刑相同，则指法定最低刑较轻。如果《刑法》规定的某一犯罪只有一个法定刑幅度，法定最高刑或者最低刑是指该法定刑幅度的最高刑或者最低刑；如果《刑法》规定的某一犯罪有两个以上的法定刑幅度，法定最高刑或最低刑是指具体犯罪行为应当适用的法定刑幅度的最高刑或者最低刑。

• 适用指引 •

刑法的溯及力问题，涉及刑法对人们行为的指引，涉及对人权的保护。在适用刑法时，切忌“不教而诛”。同时，应当注意，“从旧兼从轻原则”不仅适用于刑法条文，而且对于新旧司法解释之间，也应遵循“从旧兼从轻原则”选择司法解释的适用。注意司法解释与《刑法》条文不是同等效力的法律文件，它们之间不可以适用“从旧兼从轻”原则。

此外，需要特别注意的是历次刑法修正案尤其是《刑法修正案（十一）》适用过程中的时间效力问题。总体上仍遵循“从旧兼从轻”原则，即比较《刑法修正案（九）》的相关规定与《刑法》哪一个更有利于被告人。尤其是《刑法修正案（十一）》新增的17个罪名的适用问题，对于发生在该修正案生效之前未经审判或判决未生效的相关行为如何根据从旧兼从轻的溯及力原则确定适用何种具体刑事法律规范？尤其是那些与原有犯罪存在一定程度竞合关系的新增犯罪，新规定是否具有溯及力，是当前乃至今后一段时期司法实践迫切需要解决的问题。《刑法修正案（十一）》新增设17个犯罪大概可分为以下三种类：一是“升格式”，即《刑法》已有相应罪名规定，修正案将原有的法定刑升格后并增设为新罪，例如袭警罪和组织参与国（境）外赌博罪。对该加重的法定刑不能适用于该修正案生效前实施的相关犯罪行为。二是“降格式”，即相关行为已被司法解释通过适用已有的较重罪名进行犯罪化处理，而该修正案增设了法定刑较轻的新罪名，例如妨害安全驾驶罪、高空抛物罪、催收非法债务罪。在该修正案生效之前，在司法实践中妨害公共交通工具安全驾驶和高空抛物构成犯罪的行为通常被认定为以危险方法危害公共安全罪，而以暴力、“软暴力”等非法方式催收高利放贷产生的债务以及其他法律不予保护的债务则通常被认定为寻衅滋事罪。此次通过增设妨害安全驾驶罪、高空抛物罪、催收非法债务罪三个轻罪，以实现妥当的处罚。三是“入罪式”，即相关行为按照原有《刑法》规定不构成犯罪，而修正案将其规定为犯罪。如冒名顶替罪，在最新修正案生效之前，社会上发生的冒名顶替上大学等行为不构成犯罪，但基于该类行为严重损害他人利益，破坏教育公平和社会公平正义的底线，而将其入罪。

对于该修正案新增的17个犯罪规定，无论是“入罪式”规定，还是“升格式”规定，其所规制的行为若是发生在最新修正案生效之前未经审判或判决未确定，按照旧法的规定，要么不构成犯罪，要么受到的刑罚处罚相较新法更轻，根据刑法溯及力“从旧兼从轻”的原则，应当“从旧”，适用旧法；对于新增的“降格式”规定，虽然高空抛物罪、妨害安全驾驶罪的法定刑明显轻于以危险方法危害公共安全罪，催收非法债务罪的法定刑也比寻衅滋事罪的法定刑要低，但这并不意味着发生在最新修正案生效之前未经审判或判决未确定的高空抛物、妨害安全驾驶、催收非法债务的行为均只能适用新罪的规定，而是需要结合各罪的立法背景及目的具体分析。

第二章 犯罪

第一节 犯罪和刑事责任

第十三条 犯罪概念

【法律规定】

• 法律条文 •

《中华人民共和国刑法》

第十三条 一切危害国家主权、领土完整和安全，分裂国家、颠覆人民民主专政的政权和推翻社会主义制度，破坏社会秩序和经济秩序，侵犯国有财产或者劳动群众集体所有的财产，侵犯公民私人所有的财产，侵犯公民的人身权利、民主权利和其他权利，以及其他危害社会的行为，依照法律应当受刑罚处罚的，都是犯罪，但是情节显著轻微危害不大的，不认为是犯罪。

【案例一】

刘某某故意伤害案[①]

• 案件事实 •

2003 年 7 月 16 日，上诉人张某某在重庆市巴南区圣灯山停车场招揽游客时与原审被告人刘某某发生口角，张某某即挥拳击打刘某某腹部，随后又对上前劝阻的刘某某之妻进行殴打，刘某某见状上前与张某某扭打时，双方共同倒地，刘某某起身后又向张某某腹部打击二拳，后经他人劝解停止纠纷。张某某

① 参见重庆市第一中级人民法院（2005）渝一中刑终字第 316 号。

经医院诊断为右腓骨下段骨折，用去医疗费人民币 4931.6 元，建议出院后休息 10 周。经法医鉴定，张某某的损伤属于轻伤，伤残程度十级。其中，鉴定费人民币 600 元，护理费人民币 600 元，误工费人民币 1600 元，住院期间伙食补助费人民币 360 元，伤残补助费人民币 4430 元，交通费人民币 200 元等经济损失。

• 裁判要旨 •

“情节显著轻微危害不大”的司法认定及其对是否成立犯罪的影响。

• 裁判理由 •

对于刘某某伤害张某某的行为是否符合《刑法》第 13 条“但书”的规定，重庆市巴南区人民法院在一审判决中认定：张某某腿部受伤系其在与刘某某因纠纷发生抓扯中相互倒地所致，张某某指控刘某某打断其腿部致轻伤的证据不足，不予支持，张某某要求民事赔偿的合理部分，予以支持。依照《刑事诉讼法》第 162 条第 3 项、《民法通则》第 119 条、第 131 条之规定，判决：一、被告人刘某某无罪。二、被告人刘某某赔偿自诉人张某某医疗费等损失计人民币 8765 元，其余损失由自诉人张某某自行负担。

重庆市第一中级人民法院二审审理后认为：上诉人张某某在与原审被告人刘某某发生口角纠纷中，首先动手先后对刘某某夫妻二人进行殴打，致双方发生扭打，在扭打中双方共同倒地后，张某某脚部受伤，虽经法医鉴定其损伤程度属轻伤，十级伤残，但鉴于张某某在引发和扩大纠纷中有重大过错，刘某某在造成张某某受轻伤过程中情节显著轻微，不应以犯罪论处，但刘某某在纠纷中导致张某某受伤，有一定过错，对造成张某某的经济损失，应依法承担相应的民事赔偿责任。原判决认定事实和适用法律正确、审判程序合法，但民事赔偿费用计算有误，应予更正。上诉人张某某及其委托代理人提出张某某的损伤系刘某某将其扑倒在地所致与查明二人在相互扭打中共同倒地造成伤害后果的事实和证据不符，故该上诉理由和代理意见不能成立，且鉴于上诉人张某某在本案中有重大过错，刘某某在本案中情节显著轻微，其要求追究刘某某刑事责任的意见，不予采纳。

综上，重庆市第一中级人民法院依照《刑事诉讼法》第 189 条第 1 项、第 3 项，《刑法》第 13 条，《民法通则》第 119 条、第 131 条之规定，判决如下：一、维持重庆市巴南区人民法院（2004）巴刑初字第 74 号刑事附带民事判决第一项，即被告人刘某某无罪。二、撤销重庆市巴南区人民法院（2004）巴刑初字第 74 号刑事附带民事判决第二项，即被告人刘某某赔偿自诉人张某某医疗费等损失计人民币 8765 元，其余损失由自诉人张某某自行承担。三、原审被告人刘某某赔偿上诉人张某某医疗费等经济损失人民币 8905 元（限判决生效后一个月内付清)。

【案例二】

张某某伪造居民身份证案①

● 案件事实 ●

张某某因与丈夫离婚而将户口从原居住地迁出,成为常住户口待定人员。后张某某不慎遗失本人的居民身份证,由于其户口未落实,又无较固定的住所,故无法向公安机关补办居民身份证。2002 年 5 月底,张某某的朋友邀其外出旅游,张某某因无身份证不能购买机票,张某某遂以其本人的照片和真实姓名、身份证号码、暂住地地址,出资让他人伪造了居民身份证一张,并用伪造的居民身份证乘坐飞机、应聘工作、申领银行卡等。2004 年 3 月 18 日,张在银行使用上述伪造的居民身份证办理正常的银行卡取款业务时被银行工作人员发现案发。

● 裁判要旨 ●

实践中,应从行为动因、涉案数量(数额)、后果情况等方面进行综合考察认定是否属于"情节显著轻微危害不大的,不认为是犯罪"。

● 裁判理由 ●

一审法院认为:被告人张某某伪造居民身份证的行为违反了我国《居民身份证条例》有关规定,但情节显著轻微,危害不大,不能认为是犯罪,故判决宣告被告人张某某无罪。后检察机关抗诉认为:《刑法》规定伪造居民身份证犯罪侵犯的是国家对居民身份证的管理制度,而行为人主观上是否出于从事违法或犯罪活动的动机并不影响犯罪构成。

二审法院认为:行为犯仍应当以具备严重的社会危害性为构成前提。本案中,被告人张某某仅伪造一张居民身份证且供个人正常使用,从其伪造的动因、伪造的数量、伪造后的使用情况等方面进行综合考察,应当认为属于情节显著轻微、危害不大的违法行为,故裁定驳回抗诉,维持原判。

---

① 参见上海市第二中级人民法院(2004)沪二中刑终字第 220 号。

【学理分析及适用指引】

• 学理分析 •

本条主要是对犯罪概念的认定，同时还要明确“但书”规定的非罪事由。

1. 对犯罪概念的认定。我国 1997 年《刑法》第 13 条的规定被认为是我国《刑法》中关于犯罪概念的法律规定。刑法理论上的犯罪概念是指《刑法》所规定的具有严重社会危害性，应当受刑事处罚的行为。在此概念指导下，可以得知犯罪必须同时具有以下三个特征：

（1）严重的社会危害性，即行为人通过作为或者不作为的方式对社会造成一定危害。这一规定要求，构成犯罪的必须是具有社会危害性的行为，没有社会危害性的行为，不能认为是犯罪。最初的刑法理论认为社会危害性是犯罪的本质特征。但后来人们普遍认为社会危害性并不为犯罪行为所独有，民事违法、行政违法等也具有社会危害性。故通说后来主张“严重的社会危害性”是犯罪的本质特征。

（2）刑事违法性，即犯罪行为应当是刑法中禁止的行为。这是罪刑法定原则的体现之一。危害社会的行为多种多样，针对危害行为的社会规范也多种多样，并且具有一定的先后层次之分。刑法规范具有补充性、最后性、谦抑性等。不是所有危害社会的行为都是犯罪，只有其社会危害性达到一定程度，其他规范不足以制止这种违法行为，刑法才可以将其规定为犯罪。

（3）应受刑罚惩罚性，即犯罪是依照《刑法》规定应当受到刑罚处罚的行为。违法行为，不一定都构成犯罪，只有依照《刑法》规定应当受刑事处罚的行为才是犯罪。应受刑罚惩罚性特征决定了“情节显著轻微危害不大的”是否应当被认定为犯罪的界限。《刑法》第 13 条“但书”对这一问题作了明确的规定。“但书”规定：情节显著轻微危害不大的，不认为是犯罪。根据法律部分的模式：条件假设、行为模式、法律后果的三段式，我们可以对但书的结构进行相应的分析。它的条件假设部分——情节显著轻微危害不大；法律后果部分——不认为是犯罪。而条件假设是两个基本条件的组合：情节显著轻微与危害不大。由《刑法》第 13 条可以看出，但书之前的部分是犯罪概念的肯定表达，是积极的犯罪概念成分；而但书部分是犯罪概念的否定表达，是消极的犯罪概念成分。

2. 对“但书”的理解。现行《刑法》第 13 条的犯罪概念是在 1979 年《刑法》第 10 条犯罪概念的基础上承继而来的。新旧刑法虽对犯罪概念规定不同，但是“但书”内容却完全相同。

（1）对“情节”的理解。在刑法学中，“情节”是指依据刑法和刑事政策的规定，被认为能够体现行为的社会危害性和行为人的人身危险性的各种主客观事实和情况，如行为的方法、手段、时间、地点、一贯表现、目的及动机等。由这一定义可以得出：①情节的内涵主要有两个方面构成：主观方面和客观方面。主观方面主要是指行为人的主观心理态度、动机、是不是有事先的预谋和行为人的一贯表现等；客观方面主要是指行为的方式、手段、时间、地点以及当时的社会形势等。②情节的功能主要体现为两个方面：决定行为的社会危害性和决定行为人的人身危险性。我国《刑法》有较多关于情节的规定，而且其对情节作了程度不同的规定，即情节特别恶劣、情节恶劣、情节特别严重、情节严重、情节较轻、情节轻微和情节显著轻微七种。从某种程度上，可以说有关“情节”的规定是我国刑法的一个特色。

（2）对“显著轻微”的理解。“显著轻微”，是指明显不严重、不恶劣。从正面说就是依据常人的眼光和知识经验，是微乎其微的。情节主要考察的是人身危险性，相应地，显著轻微也就是指行为人的人身危险性小、不恶劣。至于什么是“情节显著轻微”，显著轻微的认定标准是什么，应当根据案件的具体情况全面考虑，加以确定。《刑法》中也有“情节轻微”的规定，从表面上看，似乎仅比现行《刑法》第13条“但书”规定中的“情节显著轻微”高一个档次，但实际上两者有质的差别。“情节轻微”以行为已经构成犯罪为前提，而“情节显著轻微”则是属于非罪的事实情况范围，是区分罪与非罪的情节。可见，“情节显著轻微”较之于“情节较轻”和“情节轻微”，在程度上更轻，处理上也有所不同。

（3）对“危害不大”的理解。“危害”是指行为对法律所保护的社会关系造成的现实的危害结果或可能造成实际危害后果的危险状态。“不大”是指行为的后果不严重，没有达到应当动用刑罚的程度。此处的危害后果应当放在整个事件中进行考察。

（4）对“不认为是犯罪”的理解。“不认为是犯罪”就是指对于情节显著轻微危害不大的行为，法律确定其不是犯罪。此处的不认为是犯罪，意思等于不是犯罪。换句话说，这种行为根本不应当由刑法调整。只是由于为了防止刑法的过度干预，才在刑法中对这一类行为给予了提示性的规定。其不同于不以犯罪论处、可不以犯罪论处、可不认为是犯罪等，因为后者的这些表述极易被理解为行为已构成犯罪，仅仅是不按犯罪处理。

• 适用指引 •

在适用过程中，针对该条应当注意两点：首先，犯罪概念是刑法的基础，是罪与非罪、此罪与彼罪最基本的判断标准；其次，在司法实践中应当重视“但书”的运用，将该条作为刑法出罪的一个主要法律依据，从而也能更好地贯彻宽严相济的刑事政策。

第十四条　犯罪故意

【法律规定】

● 法律条文 ●

《中华人民共和国刑法》

第十四条　明知自己的行为会发生危害社会的结果，并且希望或者放任这种结果发生，因而构成犯罪的，是故意犯罪。

故意犯罪，应当负刑事责任。

【案例】

胡某、胡学某、童某某故意杀人案①

● 案件事实 ●

被告人胡某因怀疑被害人李某某在其贩卖毒品时从中作梗，便指使被告人胡学某教训李某某一顿，将其打致“住院”，并答应事后给胡学某好处。随后，胡某带胡学某到李某某居住处对李进行了指认，并交给胡学某1500元。后胡学某纠集了被告人童某某一同作案，并购买了两把弹簧刀。某日20时许，胡学某、童某某看见李某某出门在路上行走，胡学某即冲上前持刀朝李某某背部捅刺。李被刺后挣脱逃跑，童某某追上将李抓住，胡学某赶上后又持刀朝李身上捅刺。李再次挣脱逃走，胡学某、童某某追上将李按倒在地并持刀朝李身上乱捅，致李某某因双肺被刺破致急性大失血当场死亡。作案后，胡学某打电话告知胡某。胡某将3500元交给胡学某，胡学某分给童某某750元。之后，胡某开设了银行账户并存款供胡学某支取，还将一部手机送给胡学某。后胡某、胡学某被公安机关抓获，童某某在投案途中被抓获。

● 裁判要旨 ●

在存在实行过限的共同犯罪案件中，应准确确定不同共犯人的犯罪故意内容及其刑法性质。

---

① 中华人民共和国最高人民法院刑事审判第一、二、三、四、五庭主办：《刑事审判参考》（总第68集），法律出版社2009年版，第6~12页。

• 裁判理由 •

湖北省武汉市人民检察院指控，被告人胡某、胡学某、童某某故意非法剥夺他人生命的行为均已构成故意杀人罪。湖北省武汉市中级人民法院认为，被告人胡某雇用并授意被告人胡学某“教训”被害人一顿，将其打致“住院”。胡某雇凶伤害他人的犯意是明确的。胡学某接受雇用后，又雇请被告人童某某一起持刀作案，并且在被害人挣脱后，一而再、再而三地追刺被害人，朝被害人背、胸等部位捅刺，最终致被害人死亡，这明显属于故意杀人行为。因此，胡学某的实行行为相对于胡某的授意而言属于过限行为。综合本案情况，胡某雇凶伤害他人，教唆胡学某伤害他人，对于被害人的死亡结果主观上具有过失，根据实行过限的罪责承担原则，应承担故意伤害（致人死亡）罪的刑事责任；而被告人胡学某受胡某指使，邀约被告人童某某持械共同多次追杀被害人，足现其故意非法剥夺他人生命的故意，其行为均已构成故意杀人罪。犯罪手段特别残忍，情节特别严重，应依法惩处。童某某系累犯，依法应当从重处罚。童某某在投案途中被抓获归案，可视为自动投案，并如实供述犯罪事实，属自首，依法可从轻处罚。胡某的亲属愿意代其赔偿部分经济损失，可酌定从轻处罚。据此，判决如下：一、被告人胡某犯故意伤害罪，判处死刑，缓期二年执行，剥夺政治权利终身；二、被告人胡学某犯故意杀人罪，判处死刑，剥夺政治权利终身；三、被告人童某某犯故意杀人罪，判处死刑，缓期二年执行，剥夺政治权利终身。

宣判后，被告人胡某、胡学某、童某某以案件事实不清、证据不足、定性不准、量刑不当为由提出上诉。

湖北省高级人民法院经审理认为，原审判决事实清楚，证据确实、充分，定罪准确，量刑适当，审判程序合法，裁定驳回上诉，全案维持原判；以故意伤害罪核准上诉人胡某死刑，缓期二年执行，剥夺政治权利终身；以故意杀人罪核准上诉人童某某死刑，缓期二年执行，剥夺政治权利终身；报请最高人民法院核准上诉人胡学某死刑。

最高人民法院经复核认为，被告人胡学某邀约他人共同故意非法剥夺他人生命，其行为已构成故意杀人罪，且情节恶劣，后果严重，无法定从轻、减轻处罚情节，应依法惩处。第一审判决、第二审裁定认定的事实清楚，证据确实、充分，定罪准确，量刑适当，审判程序合法。据此，裁定核准湖北省高级人民法院以故意杀人罪判处被告人胡学某死刑，剥夺政治权利终身的刑事裁定。

【学理分析及适用指引】

● 学理分析 ●

1. 犯罪故意的认识因素和意志因素。犯罪故意由认识因素和意志因素两部分组成，两者缺一不可。

（1）犯罪故意的认识因素。犯罪故意的认识因素是指行为人明知自己的行为会或者可能会发生危害社会的结果的心理态度。一般情况下，犯罪故意的认识内容具体包括以下几方面：①对犯罪客体或犯罪对象情况的认识；②对行为性质的认识；③对危害结果的认识。此外，在特定的犯罪中，行为人还应当对犯罪时间、犯罪地点、犯罪方法等有所认识。在犯罪故意的认识内容中，争论最大的就是是否应当包含对“违法性”的认识。理论上存在“违法性意识必要说”“违法性意识不要说”“部分必要部分不需要说”的争论，而“不知法律不赦”的观点告诉我们在当前还是应该坚持“违法性意识不要说”。

（2）犯罪故意的意志因素。犯罪故意的意志因素是指行为人希望或者放任危害结果发生的心理态度。具体而言，犯罪故意的意志因素是行为人在明知自己的行为会发生危害社会的结果的基础上仍决意实施这种行为的主观心理态度。因此，认识因素是构成犯罪故意的前提和基本条件，意志因素则是构成犯罪故意的决定性因素，是认定犯罪故意的主要依据。犯罪故意的意志因素包括希望和放任两种形式。希望，表明行为人积极追求危害结果发生的态度，这种犯意明显而坚决；放任，表明行为人虽不追求但有意纵容危害结果发生的态度，这种犯意较为模糊而随意。两者体现出来的主观恶性程度有所不同。

2. 直接故意与间接故意。根据犯罪故意的认识因素和意志因素的不同，可以将犯罪故意分为直接故意和间接故意。

（1）直接故意。直接故意是指行为人明知自己的行为会发生危害社会的结果，并且希望这种结果发生的心理态度。根据认识因素的不同内容，直接故意又可以区分为两种情况：一种是行为人明知自己的行为必然发生危害社会的结果，并且希望这种结果发生的心理态度；另一种是行为人明知自己的行为可能发生危害社会的结果，并且希望这种结果发生的心理态度。在实践中，绝大多数犯罪都是出于故意而实施的，而在故意犯罪中，主要又是直接故意犯罪。由于直接故意犯罪行为人对危害结果的发生持希望态度，因此直接故意具有较大的主观恶性。

（2）间接故意。间接故意是指行为人明知自己的行为可能发生危害社会的结果，并且有意放任以致这种结果发生的心理态度。与直接故意不同，间接故意的认识因素仅指行为人认识到自己的行为可能发生危害社会的结果，而不包括认识到自己的行为必然发生危害社会的结果。因为放任是以行为人认识到危害结果具有可能发生也可能不发生这种或然性为前提的，如果行为人已认识到自己的行为必然发生危害结果而又决意实施的，则根本不存在放任的可能，其主观意志只能是属于希望结果发生的直接故意。间接故意的意志因素，是指行为人对危害结果的发生不希望、不积极追求，而是抱着听之任之的态度，即不管发生与否，都不违背其意志。正因为如此，危害结果的实际发生是认定间接故意的必要条件。如果没有发生危害结果，就不能认定行为人具有放任危害结果发生的心理态度。

间接故意在实践中一般通过以下三种情况表现出来：①行为人为追求某一犯罪目的而放任了另一危害结果的发生；②行为人为追求某一非犯罪目的而放任某一危害结果发生；③突发性犯罪中行为人不计后果地放任某种严重危害结果的发生。

• 适用指引 •

随着刑事法治的逐步实现，在主观罪过方面，不能仅停留在犯罪故意和犯罪过失的判断层面。在确定了是犯罪故意后，还应当结合行为人的犯罪动机、犯罪目的等具体案情，确定犯罪故意的具体类型和程度，争取将犯罪故意的程度量化，从而为精确实现罪责刑相适应的刑法基本原则奠定基础。此外，作为行为人故意犯罪活动主观因素的犯罪动机和犯罪目的，一般只存在于直接故意犯罪中。

第十五条　过失犯罪

【法律规定】

• 法律条文 •

《中华人民共和国刑法》

第十五条　应当预见自己的行为可能发生危害社会的结果，因为疏忽大意而没有预见，或者已经预见而轻信能够避免，以致发生这种结果的，是过失犯罪。

过失犯罪，法律有规定的才负刑事责任。

【案例】

常印永过失致人死亡案①

• 案件事实 •

被告人常印永与被害人常某某均系北京高岭印刷有限公司的职工，住在该公司为员工无偿提供的一间宿舍内。常印永于 2005 年 7 月 2 日 18 时许，在宿舍内因琐事与常某某发生争执过程中，将常某某摔倒，造成常某某因外伤致脑干损伤引起呼吸循环障碍死亡。常印永后经告发归案。常印永的犯罪行为给附带民事诉讼原告人常某奎、许某瑞造成合理经济损失计人民币 260197 元。

• 裁判要旨 •

过失致人死亡的认定及过失犯罪刑事责任的实现。

• 裁判理由 •

对于应依照故意伤害罪还是过失致人死亡罪追究被告人常印永的刑事责任，附带民事诉讼两位原告人提出应依照故意伤害罪追究被告人常印永的刑事责任。北京市房山区人民法院认为：被告人常印永不能正确处理在日常生活中的言语摩擦，并因此在与被害人常某某发生争执过程中将其摔倒在地，导致被害人死亡，其主观上应属过失。从被告人常印永的认识特征上分析，因被告人常印永与被害人常某某是徒手互殴，其没有预见到将被害人摔倒在地可能导致被害人死亡的结果；从其意志特征上分析，案发当天二人互殴只因一语不和，当被害人常某某被摔倒在地后，常印永曾掐其人中穴试图帮其醒转，并与同事一起将常某某送到医院进行治疗。被告人常印永对造成被害人常某某死亡的后果不仅不希望、不放任，而且该危害结果的发生是违背其主观意愿的，即被告人常印永对造成被害人常某某死亡的后果持排斥、反对的态度。综上，北京市房山区人民法院认为：被告人常印永主观上应属过失。据此，北京市房山区人民法院判决：一、被告人常印永犯过失致人死亡罪，判处有期徒刑四年。二、被告人常印永及其法定代理人暨附带民事诉讼被告人共同赔偿附带民事诉讼原告人常某奎、许某瑞经济损失共计人民币 260197 元（已交纳在案 1 万元，余款于判决生效后 30 日内交纳）。三、驳回附带民事诉讼原告人常某奎、许某瑞的其他诉讼请求。

由于双方未就该案的刑事判决部分提出上诉，故北京市第一中级人民法院

① 参见北京市第一中级人民法院（2006）一中刑终字第 1123 号。

认为：原审被告人常印永因其犯罪行为致使原审附带民事诉讼原告人常某奎、许某瑞遭受经济损失的合理部分依法应予赔偿。鉴于常印永犯罪时尚未成年，其法定代理人常某瑞、袁某花依法应当承担民事赔偿责任。原审人民法院判决被告人常印永赔偿附带民事诉讼原告人常某奎、许某瑞经济损失的数额正确，对于驳回附带民事诉讼原告人常某奎、许某瑞的其他诉讼请求的判处亦无不当，审判程序合法，应予维持。对于上诉人常某奎、许某瑞上诉理由及其诉讼代理人代理意见提出的北京高岭印刷有限公司没有尽到应尽的安全保障义务，一审人民法院判决认定北京高岭印刷有限公司对此案的发生没有过错，不应当对原告的损失负赔偿责任的判决适用法律有误，北京高岭印刷有限公司应对被害人死亡的后果承担赔偿责任，请求二审人民法院对此案予以改判的理由及意见，经查，均无事实和法律依据，二审法院均不予采纳。对于北京高岭印刷有限公司诉讼代理人提出的北京高岭印刷有限公司在管理上没有过错，企业尽了自己应尽的义务，一审人民法院的判决公正、合理，请求二审人民法院维持原判的意见，二审法院予以采纳。

综上，依照《最高人民法院关于执行〈中华人民共和国刑事诉讼法〉若干问题的解释》第100条、《民事诉讼法》第153条第1款的规定，裁定如下：驳回上诉，维持原判。

【学理分析及适用指引】

• 学理分析 •

犯罪过失是我国《刑法》规定的另一种罪过形式。相对于犯罪故意，犯罪过失的主观恶性要小得多。在过失犯罪中，行为人的主观心理态度表现出实际认识与认识能力相分离、主观愿望与实际结果相分离的情形。实际认识与认识能力相分离是指行为人有能力、有条件认识到自己的行为在当时的条件下可能发生危害社会的结果，但行为人事实上没有认识到，或者虽然认识到，但其轻信可以避免这种危害结果发生；主观愿望与实际结果相分离，是指行为人主观上并不希望或放任危害社会的结果发生，但由于其错误认识而导致了违背其主观愿望的危害结果发生。

1. 犯罪过失的认识因素和意志因素。（1）犯罪过失的认识因素。犯罪过失的认识特征是行为人在当时条件下具备认识发生危害结果的能力，但认为自己的行为不会发生危害社会的结果。在疏忽大意过失的情况下，由于行为人没有预见，因而对危害结果的发生缺乏认识；而在过于自信过失的情况下，虽然行为人已经预见到危害结果发生的可能性，但其又进一步过高估计了避免危害结果发生的有利条件，实际上仍然是认为自己的行为不会发生危害社会的结果。因此，不管是疏忽大意的过失还是过于自信的过失，行为人对危害结果发生的可能性在实质上都是缺乏认识的。如果真正认识到其行为会发生危害社会的结果，行为人是不会决意实施其行为的。从这一角度上说，行为人不具有社会危害性意识。

（2）犯罪过失的意志因素。犯罪过失的意志特征是行为人虽不希望危害社会的结果发生，但未履行其应当履行的注意避免危害结果发生的义务。不希望危害结果发生，这是犯罪过失与犯罪故意在意志因素方面的根本区别。犯罪过失的本质不仅在于造成危害社会的结果，更在于行为人违反了注意义务。如果某种危害社会结果的发生不是因行为人未履行注意义务而引起的，或者行为人虽然履行了注意义务但危害结果仍然发生的，不能认为其具有犯罪过失而追究其刑事责任。

2. 犯罪过失的类型。按照不同标准，可以对犯罪过失作不同的划分。根据法律规定，理论上一般把犯罪过失分为两种类型：疏忽大意的过失和过于自信的过失。

（1）疏忽大意的过失，是指行为人应当预见自己的行为可能发生危害社会的结果，因为疏忽大意而没有预见，以致发生这种结果的心理态度。疏忽大意的过失具有以下两个特征：①行为人没有预见其行为可能发生危害社会的结果。疏忽大意的过失是一种无认识的过失，即行为人在行为当时并没有意识到其行为可能发生危害社会的结果。对危害结果的未认识状态，是构成疏忽大意过失的前提。②行为人应当预见自己的行为可能发生危害社会的结果。所谓应当预见，是指行为人在行为时有能力而且有义务预见从而避免危害结果的发生。正是由于防止行为人对其义务的漠不关心以致造成危害社会的结果的情况发生，才在刑法中规定过失犯罪。如果行为人并不存在预见危害结果发生的义务，或在当时的情况下不可能预见危害结果的发生，那么不管造成什么样的危害结果，都不能认为其具有过失而追究其刑事责任，而只能按照意外事件或不可抗力处理。对于预见能力的判断，在理论上存在客观说、主观说和混合说的争论。客观说主张以一般人的知识结构、社会经验、认识能力水平等为依据确定行为人在当时是否有预见能力；主观说则以行为人本人实际具有的知识结构、社会经验、认识能力为依据确定其当时是否有预见能力；混合说则是主张以和行为人具有相同的知识结构、社会经验、认识能力的一类人在行为当时能不能预见来衡量行为人是否具有预见能力。我国刑法理论一般主张采用主观标准。

（2）过于自信的过失，是指行为人已经预见到自己的行为可能发生危害社会的结果，但轻信能够避免，以致这种结果发生的心理态度。过于自信的过失具有以下两个特征：①行为人已经预见到自己的行为可能发生危害社会的结果。过于自信的过失属于有认识的过失，行为人对可能发生危害结果有所预见，是构成这种过失的认识因素。尽管在间接故意中行为人也是已经预见到自己的行为可能导致的后果，但过于自信的过失与间接故意中的对危害结果可能发生的程度的认识是不一样的。过于自信的过失认为这种危害后果转化为现实的程度是比较模糊、不确定的，甚至不具有转化的可能性。而在间接故意中，行为人对这种结果转化为现实的可能性的认识程度较高。②行为人轻信能够避免危害结果的发生。所谓轻信，是指行为人过高估计了避免危害结果发生的自身条件或客观有利因素，如自己的经验、对别人或制度的信赖。

• 适用指引 •

作为犯罪过失的两种类型，过于自信的过失和疏忽大意的过失具有很大的相似性，如二者对危害后果的发生都是持反对、否定的心理态度，结果的发生都是行为人意料之外、没有想到的。二者关键的区别点就在于认识因素方面，是不是已经预见到自己的行为可能会导致危害结果的发生，前者属于有认识的过失，而后者则是无认识的过失。

在确定过失犯罪时，应当对行为人对结果的预见义务、预见能力及结果避免能力等进行综合考察，而后才能确定行为人过失的具体类型及其可罚的程度。

第十六条 不可抗力和意外事件

【法律规定】

• 法律条文 •

《中华人民共和国刑法》

第十六条 行为在客观上虽然造成了损害结果，但是不是出于故意或者过失，而是由于不能抗拒或者不能预见的原因所引起的，不是犯罪。

【案例】

黄某某涉嫌玩忽职守案①

• 案件事实 •

黄某某，武汉铁路公安处某车站公安派出所副所长。2000 年 9 月 15 日 21 时 30 分左右，某车站工作人员在该站进站口查获旅客胡某某持 567 次旅客列

① 参见最高人民法院中国应用法学研究所编：《人民法院案例选》（2003 年第 4 辑），人民法院出版社 2004 年版。

车车票，欲携带121枚雷管进站乘车，当即将胡某某交给在该站值班的公安人员被告人黄某某。黄某某将胡某某带到公安值班室进行调查询问，并向有关领导进行了汇报。按领导要求，要有专人对胡某某进行看管。此前，黄某某已连续带班工作了三天三夜，很疲劳。车站当天警力不足，身为副所长的黄某某一面向领导汇报，一面主动承担了对胡某某的看管工作。按照惯例，黄某某对胡某某进行了防范检查，收掉胡某某的裤带等不安全物品，办理了留置手续，将胡送进留置室锁好门。此时已是16日凌晨1时许，黄某某搬来椅子坐在留置室门口看守。凌晨4时许，黄某某感到头晕眼发黑，再也坐不下去了，见胡某某已熟睡，叫其不应，便扶墙到隔壁值班室打了盹。凌晨5时许，黄某某再回留置室，发现胡某某已用自己身上的白衬衣绞成绳索系在钢筋护栏上自缢身亡。法医检验证实：胡某某为自缢死亡。

• 裁判要旨 •

行为人履行职责时已经尽职尽责而对危害后果确实无法预见的，应属于意外事件而不承担刑事责任。

• 裁判理由 •

武汉铁路运输法院经公开审理认为：被告人黄某某身为警务人员，在执行看守工作中，由于疏忽和过于自信，离开留置室，造成被留置人员胡某某自缢身亡，其行为构成玩忽职守罪，但情节轻微不需要判处刑罚。该院依照《刑法》第397条第1款、第37条的规定，于2001年7月10日作出刑事判决如下：被告人黄某某犯玩忽职守罪，免予刑事处罚。

宣判后，被告人黄某某不服判决，提出上诉，称其不负有对被留置人寸步不离的职责，自己扣押了被留置人的裤带等物，已尽了职。对于胡某某的自杀，由于其方式及手段的特殊性，不可预见，自己主观上无过错，胡某某的死亡属于意外事件。

郑州铁路运输中级法院经过二审审理认为：上诉人黄某某在执行看守被留置人员胡某某的临时任务时已经尽职尽责，胡某某自杀的方式特殊，是黄某某不能预料的。黄某某所诉其在看守胡某某时尽职尽责，此事的发生不可预见，主观上无过错，胡某某的死亡属于意外事件的理由成立，应予采纳。该院依照《刑法》第16条、《刑事诉讼法》第189条第2项的规定，于2001年9月25日作出刑事判决如下：撤销原判被告人黄某某犯玩忽职守罪，免予刑事处罚的刑事判决，宣告上诉人黄某某无罪。

【学理分析及适用指引】

• 学理分析 •

根据《刑法》第16条的规定，行为人的行为虽然在客观上造成了损害结果，但是由于不可抗拒或者不能预见的原因引起的，其主观上没有故意或者过失，即没有罪过的，不是犯罪。刑法理论将这种情况称为意外事件。所谓意外事件，是由于不以行为人主观意志为转移，行为人无法预料的原因而发生的意外事故。意外事件包含两种情况：一种是由于不可抗拒的原因而发生了损害结果。所谓不可抗拒，是指不以行为人的意志为转移，行为人无法阻挡或控制损害结果的发生，如由于某种机械力量的撞击、自然灾害的阻挡、突发疾病的影响等行为人意志以外的原因，使其无法避免损害结果的发生。另一种是由于不能预见的原因造成了损害结果。所谓不能预见，是指根据行为人的主观情况和发生损害结果当时的客观情况作出的判断，即根据损害结果发生当时的主客观情况，行为人没有预见，也不可能预见会发生损害结果。由于行为人主观上没有故意或过失，对实际发生的损害结果没有罪过，不应当负刑事责任。因此，本条规定，由于不能抗拒或者行为人不能预见的原因造成损害结果的行为，不是犯罪。这充分体现了我国刑法主客观相一致的原则。

意外事件和不可抗力有三个特征：（1）行为在客观上造成了损害结果。行为人的行为是造成损害结果的原因；如果出现了损害结果，但不是行为人的行为造成，而是由自然现象、动物等造成，则不能称为意外事件。（2）行为人没有故意或过失。行为人主观上对自己的行为及所造成的损害结果，既不存在故意心理，也不存在过失态度。（3）损害结果由不能预见的原因所引起。行为人没有预见到自己的行为可能造成损害结果，而且根据当时各方面的情况，行为人也不可能预见、不应当预见。

• 适用指引 •

在判断意外事件和不可抗力时，应当注意对行为发生时，行为人的刑事责任年龄、刑事责任能力、行为发生时的周围情势等进行综合判断，而后认定，在当时的周围情势下，行为人对于发生的危害结果是否有犯罪的故意或者过失。

意外事件与疏忽大意的过失具有相似之处，即都没有预见自己行为的结果，但客观上又都发生了结果，只不过前者是不能够预见、不应当预见；后者是能够预见、应当预见，只是疏忽大意的心理而导致了未能实际预见。在这个问题上，应当根据前述判断“应当预见”的标准，准确地判断行为人是否应当预见，从而正确区分意外事件与疏忽大意的过失犯罪。

第十七条　刑事责任年龄

【法律规定】

• 法律条文 •

《中华人民共和国刑法》

第十七条　已满十六周岁的人犯罪，应当负刑事责任。

已满十四周岁不满十六周岁的人，犯故意杀人、故意伤害致人重伤或者死亡、强奸、抢劫、贩卖毒品、放火、爆炸、投放危险物质罪的，应当负刑事责任。

已满十二周岁不满十四周岁的人，犯故意杀人、故意伤害罪，致人死亡或者以特别残忍手段致人重伤造成严重残疾，情节恶劣，经最高人民检察院核准追诉的，应当负刑事责任。

对依照前三款规定追究刑事责任的不满十八周岁的人，应当从轻或者减轻处罚。

因不满十六周岁不予刑事处罚的，责令其父母或者其他监护人加以管教；在必要的时候，依法进行专门矫治教育。

• 相关规定 •

《全国人大常委会法制工作委员会关于已满十四周岁不满十六周岁的人承担刑事责任范围问题的答复意见》（法工委复字〔2002〕12号）

最高人民检察院：

关于你单位4月8日来函收悉，经研究，答复如下：

刑法第十七条第二款规定的八种犯罪，是指具体犯罪行为而不是具体罪名。对于刑法第十七条中规定的“犯故意杀人、故意伤害致人重伤或者死亡”，是指只要故意实施了杀人、伤害行为并且造成了致人重伤、死亡后果的，都应负刑事责任。而不是指只有犯故意杀人罪、故意伤害罪的，才负刑事责任，绑架撕票的，不负刑事责任。对司法实践中出现的已满十四周岁不满十六周岁的人绑架人质后杀害被绑架人、拐卖妇女、儿童而故意造成被拐卖妇女、儿童重伤或死亡的行为，依据刑法是应当追究其刑事责任的。

《最高人民法院关于审理未成年人刑事案件具体应用法律若干问题的解释》（法释〔2006〕1号）

第一条　本解释所称未成年人刑事案件，是指被告人实施被指控的犯罪时已满十四周岁不满十八周岁的案件。

第二条 刑法第十七条规定的“周岁”，按照公历的年、月、日计算，从周岁生日的第二天起算。

第三条 审理未成年人刑事案件，应当查明被告人实施被指控的犯罪时的年龄。裁判文书中应当写明被告人出生的年、月、日。

第四条 对于没有充分证据证明被告人实施被指控的犯罪时已经达到法定刑事责任年龄且确实无法查明的，应当推定其没有达到相应法定刑事责任年龄。

相关证据足以证明被告人实施被指控的犯罪时已经达到法定刑事责任年龄，但是无法准确查明被告人具体出生日期的，应当认定其达到相应法定刑事责任年龄。

第五条 已满十四周岁不满十六周岁的人实施刑法第十七条第二款规定以外的行为，如果同时触犯了刑法第十七条第二款规定的，应当依照刑法第十七条第二款的规定确定罪名，定罪处罚。

第六条 已满十四周岁不满十六周岁的人偶尔与幼女发生性行为，情节轻微、未造成严重后果的，不认为是犯罪。

第七条 已满十四周岁不满十六周岁的人使用轻微暴力或者威胁，强行索要其他未成年人随身携带的生活、学习用品或者钱财数量不大，且未造成被害人轻微伤以上或者不敢正常到校学习、生活等危害后果的，不认为是犯罪。

已满十六周岁不满十八周岁的人具有前款规定情形的，一般也不认为是犯罪。

第八条 已满十六周岁不满十八周岁的人出于以大欺小、以强凌弱或者寻求精神刺激，随意殴打其他未成年人、多次对其他未成年人强拿硬要或者任意损毁公私财物，扰乱学校及其他公共场所秩序，情节严重的，以寻衅滋事罪定罪处罚。

第九条 已满十六周岁不满十八周岁的人实施盗窃行为未超过三次，盗窃数额虽已达到“数额较大”标准，但案发后能如实供述全部盗窃事实并积极退赃，且具有下列情形之一的，可以认定为“情节显著轻微危害不大”，不认为是犯罪：

（一）系又聋又哑的人或者盲人；

（二）在共同盗窃中起次要或者辅助作用，或者被胁迫；

（三）具有其他轻微情节的。

已满十六周岁不满十八周岁的人盗窃未遂或者中止的，可不认为是犯罪。

已满十六周岁不满十八周岁的人盗窃自己家庭或者近亲属财物，或者盗窃其他亲属财物但其他亲属要求不予追究的，可以不按犯罪处理。

第十条 已满十四周岁不满十六周岁的人盗窃、诈骗、抢夺他人财物，为窝藏赃物、抗拒抓捕或者毁灭罪证，当场使用暴力，故意伤害致人重伤或者死亡，或者故意杀人的，应当分别以故意伤害罪或者故意杀人罪定罪处罚。

已满十六周岁不满十八周岁的人犯盗窃、诈骗、抢夺罪，为窝藏赃物、抗拒抓捕或者毁灭罪证而当场使用暴力或者以暴力相威胁的，应当依照刑法第二百六十九条的规定定罪处罚；情节轻微的，可不以抢劫罪定罪处罚。

第十一条 对未成年罪犯适用刑罚，应当充分考虑是否有利于未成年罪犯的教育和矫正。

对未成年罪犯量刑应当依照刑法第六十一条的规定，并充分考虑未成年人实施犯罪行为的动机和目的、犯罪时的年龄、是否初次犯罪、犯罪后的悔罪表现、个人成长经历和一贯表现等因素。对符合管制、缓刑、单处罚金或者免予刑事处罚适用条件的未成年罪犯，应当依法适用管制、缓刑、单处罚金或者免予刑事处罚。

第十二条 行为人在达到法定刑事责任年龄前后均实施了危害社会的行为，只能依法追究其达到法定刑事责任年龄后实施的危害社会行为的刑事责任。

行为人在年满十八周岁前后实施了不同种犯罪行为，对其年满十八周岁以前实施的犯罪应当依法从轻或者减轻处罚。行为人在年满十八周岁前后实施了同种犯罪行为，在量刑时应当考虑对年满十八周岁以前实施的犯罪，适当给予从轻或者减轻处罚。

第十三条 未成年人犯罪只有罪行极其严重的，才可以适用无期徒刑。对已满十四周岁不满十六周岁的人犯罪一般不判处无期徒刑。

第十四条 除刑法规定"应当"附加剥夺政治权利外，对未成年罪犯一般不判处附加剥夺政治权利。

如果对未成年罪犯判处附加剥夺政治权利的，应当依法从轻判处。

对实施被指控犯罪时未成年、审判时已成年的罪犯判处附加剥夺政治权利，适用前款的规定。

第十五条 对未成年罪犯实施刑法规定的"并处"没收财产或者罚金的犯罪，应当依法判处相应的财产刑；对未成年罪犯实施刑法规定的"可以并处"没收财产或者罚金的犯罪，一般不判处财产刑。

对未成年罪犯判处罚金刑时，应当依法从轻或者减轻判处，并根据犯罪情节，综合考虑其缴纳罚金的能力，确定罚金数额。但罚金的最低数额不得少于五百元人民币。

对被判处罚金刑的未成年罪犯，其监护人或者其他人自愿代为垫付罚金的，人民法院应当允许。

第十六条 对未成年罪犯符合刑法第七十二条第一款规定的，可以宣告缓刑。如果同时具有下列情形之一，对其适用缓刑确实不致再危害社会的，应当宣告缓刑：

（一）初次犯罪；

（二）积极退赃或赔偿被害人经济损失；

（三）具备监护、帮教条件。

第十七条 未成年罪犯根据其所犯罪行，可能被判处拘役、三年以下有期徒刑，如果悔罪表现好，并具有下列情形之一的，应当依照刑法第三十七条的规定免予刑事处罚：

（一）系又聋又哑的人或者盲人；

（二）防卫过当或者避险过当；

（三）犯罪预备、中止或者未遂；

（四）共同犯罪中从犯、胁从犯；

（五）犯罪后自首或者有立功表现；

（六）其他犯罪情节轻微不需要判处刑罚的。

第十八条 对未成年罪犯的减刑、假释，在掌握标准上可以比照成年罪犯依法适度放宽。

未成年罪犯能认罪服法，遵守监规，积极参加学习、劳动的，即可视为“确有悔改表现”予以减刑，其减刑的幅度可以适当放宽，间隔的时间可以相应缩短。符合刑法第八十一条第一款规定的，可以假释。

未成年罪犯在服刑期间已经成年的，对其减刑、假释可以适用上述规定。

第十九条 刑事附带民事案件的未成年被告人有个人财产的，应当由本人承担民事赔偿责任，不足部分由监护人予以赔偿，但单位担任监护人的除外。

被告人对被害人物质损失的赔偿情况，可以作为量刑情节予以考虑。

《最高人民法院对甘肃省高级人民法院〔2003〕甘刑终字第98号请示的答复》（〔2004〕刑他字第10号）

甘肃省高级人民法院：

你院甘刑终字〔2003〕第98号《关于胡起立不服甘肃省公安厅少年收容教养决定上诉一案的请示》已收悉。经研究，答复如下：

《刑法》第十七条第四款关于“因不满十六周岁不予刑事处罚的……；在必要的时候，可以由政府收容教养”的规定，适用于因不满十四周岁不予刑事处罚的情形。

此复

《最高人民检察院关于相对刑事责任年龄的人承担刑事责任范围有关问题的答复》（〔2003〕高检研发第13号）

四川省人民检察院研究室：

你院关于相对刑事责任年龄的人承担刑事责任范围问题的请示（川检发办〔2002〕47号）收悉。经研究，答复如下：

一、相对刑事责任年龄的人实施了刑法第十七条第二款规定的行为，应当追究刑事责任的，其罪名应当根据所触犯的刑法分则具体条文认定。对于绑架后杀害被绑架人的，其罪名应认定为绑架罪。

二、相对刑事责任年龄的人实施了刑法第二百六十九条规定的行为的，应当依照刑法第二百六十三条的规定，以抢劫罪追究刑事责任。但对情节显著轻微，危害不大的，可根据刑法第十三条的规定，不予追究刑事责任。

此复。

《最高人民检察院关于“骨龄鉴定”能否作为确定刑事责任年龄证据使用的批复》（高检发研字〔2000〕6号）

宁夏回族自治区人民检察院：

你院《关于“骨龄鉴定”能否作为证据使用的请示》收悉，经研究批复如下：

犯罪嫌疑人不讲真实姓名、住址，年龄不明的，可以委托进行骨龄鉴定或其他科学鉴定，经审查，鉴定结论能够准确确定犯罪嫌疑人实施犯罪行为时的年龄的，可以作为判断犯罪嫌疑人年龄的证据使用。如果鉴定结论不能准确确定犯罪嫌疑人实施犯罪行为时的年龄，而且鉴定结论又表明犯罪嫌疑人年龄在刑法规定的应负刑事责任年龄上下的，应当依法慎重处理。

此复。

【案例一】

辛某故意杀人案①

• 案件事实 •

辛某，1985年12月25日出生。2000年9月18日凌晨2时许，上诉人辛某上厕所时，发现邻居一打工女独自居住的平房亮着灯，被害人杨某某一人在床上睡觉，遂生邪念，便从自家凉台爬到平房屋顶，揭开石棉瓦，跳入房内，偷看杨的下身。当被害人杨某某惊醒呼救时，上诉人辛某从厨房桌上拿起两把菜刀，朝杨某某的头部、面部、胸部及上肢乱砍，并声称：“你不喊，我就不砍你。”被害人杨某某停止了喊叫并说：“你别砍，我自己撞死。”上诉人辛某见被害人叫的声音很小外面听不见就扔下菜刀，洗手后返回家中，将其父母叫醒，并告知自己将隔壁的杨某某杀了可能还没死。辛某的父母得知后，立即将杨某某送往医院抢救，使其脱险。经法医鉴定，杨某某的损伤程度为重伤。当日，上诉人辛某到公安机关投案自首。被害人杨某某受伤后，在医院治疗16天，花费医疗费20950.12元及误工费、护理费、交通费、营养费、伤残补助

---

① 参见湖北省武汉市中级人民法院（2001）武刑终字第385号。

费及后期治疗费等，直接经济损失共计人民币 48280.12 元。

• 裁判要旨 •

未满 16 周岁的未成年人实施犯罪的刑事责任认定及故意杀人的刑罚适用。

• 裁判理由 •

一审湖北省武汉市洪山区人民法院认为：被告人辛某故意非法剥夺他人生命，因意志以外的原因而未得逞，其行为侵犯了他人的生命权，已构成故意杀人罪，属未遂。但被告人作案时未满 18 周岁，且案发后能主动投案，有自首情节，可以减轻处罚。由于被告人辛某的犯罪行为给被害人杨某某造成一定的经济损失，因而应承担相应民事赔偿责任。依照《刑法》第 232 条、第 23 条、第 17 条第 3 款、第 67 条第 1 款、第 36 条及《民法通则》第 119 条的规定，判处被告人辛某有期徒刑六年，一次性赔偿附带民事诉讼原告人杨某某经济损失所需医疗费、护理费、误工费、交通费、伤残补助费、后期医疗费等共计人民币 48280.12 元（含已支付的医疗费 20950.1 元）。

对于辛某的行为应当定故意杀人罪还是故意伤害罪，上诉人辛某及其法定代理人上诉称：辛某的行为应定故意伤害罪，原审定性不准，且民事赔偿数额过高。其辩护人认为：上诉人辛某的行为虽已构成故意杀人罪，但属犯罪中止，且犯罪时其年龄未满 16 周岁、具有投案自首等情节，建议二审对其免除处罚。湖北省武汉市人民检察院在二审中的意见认为：原审认定本案的事实清楚，证据确实、充分，上诉人辛某的行为已构成故意杀人罪，属未遂。原审定罪准确，量刑适当，建议二审法院驳回上诉，维持原判。

湖北省武汉市中级人民法院认为：上诉人辛某持菜刀在对被害人杨某某进行砍杀过程中，见杨某某喊叫的声音很小外面听不见即扔下菜刀，自动放弃犯罪，并回家告知其父母自己将隔壁的杨某某杀了可能还没死，辛某的父母立即将杨某某送往医院抢救，使其脱险，上诉人辛某的行为符合犯罪中止的法定情形，对其辩护人的这一辩护意见予以采纳。上诉人辛某故意非法剥夺他人生命，其行为已构成故意杀人罪。但在犯罪过程中，上诉人辛某能够放弃犯罪并自动有效地防止犯罪结果的发生，属犯罪中止。原审认定的基本事实清楚，证据确实、充分，原审认定上诉人辛某犯故意杀人罪正确，但认定其行为属未遂不当，应予以纠正。上诉人辛某及其法定代理人关于其行为应定故意伤害罪，原审定性不准的上诉理由，与已查明的事实、证据和故意伤害罪的犯罪构成要件不符，二审法院不予采纳。上诉人辛某作案时年龄未满 16 周岁，且具有自首情节，依法应当减轻处罚。在二审审理期间，上诉人辛某及其亲属主动和被害人家属进行调解，愿意赔偿一定的经济损失，并达成调解协议。附带民事诉讼原告人杨某某自愿撤回附带民事诉讼。

综上，依照《刑事诉讼法》第189条第1项、第2项和《刑法》第232条，第24条，第17条第2款、第3款，第67条第1款的规定，判决如下：一、维持湖北省武汉市洪山区人民法院（2001）洪刑初字第86号刑事附带民事判决第一项中的定罪部分，即被告人辛某犯故意杀人罪；二、撤销湖北省武汉市洪山区人民法院（2001）洪刑初字第86号刑事附带民事判决第一项中的量刑部分，即判处被告人辛某有期徒刑六年；三、上诉人（原审被告人）辛某犯故意杀人罪（中止），判处有期徒刑三年。

【案例二】

魏涛、李甲等故意伤害致人死亡案①

• 案件事实 •

2005年5月18日凌晨，原石景山保安公司保安员魏涛、李江南在巡逻时，发现刘某某、马某某大声敲打已经关门的售烟亭意图买烟。在制止扰民行为的过程中，双方发生口角。后魏涛、李江南纠集被告人隋成全、张俊光、史凤跃、李甲，持砍刀、镐把与赶来帮助刘某某、马某某打架的李乙等人群殴，打斗致李乙因急性失血性休克死亡，另有二人轻伤。被告人李甲因超生未上户口无户籍证明，亦无其他出生证明，其自称于1987年9月20日出生。鉴定机关依据2005年11月8日为李甲拍摄的X线片，评定李甲为19岁正负一岁。由于鉴定时间距案发时间已相差半年，故推定被告人李甲在犯罪时未成年。

• 裁判要旨 •

运用骨龄鉴定时应按照有利于被告人的原则认定其年龄。

• 裁判理由 •

一审法院经审理认为：被告人魏涛、李江南、隋成全、夏有锋、张俊光、史凤跃、李甲在从事雇用活动过程中，故意非法伤害他人身体，致一人死亡、两人轻伤的后果，七被告人的行为侵犯了他人的生命权、健康权，均已构成故意伤害罪，依法应予惩处。被告人李甲系外地来京人员之子，自称未满18周岁，但由于超生没有取得户籍，亦没有相应的出生证明。为确定其真实年龄，公诉机关对其进行了骨龄鉴定，鉴定结果是李甲已满18周岁，并向法庭提交了这一鉴定意见。但法官在阅卷时发现，李甲作案时间为2005年5月18日，而骨龄鉴定是在李甲犯罪后半年，即2005年11月10日才作出的，骨龄鉴定

---

① 参见北京市高级人民法院编：《北京法院指导案例》（第4卷），知识产权出版社2008年版。

的差距在 1 岁左右，因此不能排除其犯罪时未满 18 周岁的可能。在没有其他证据予以证明的情况下，按照有利于被告人的原则，应当推定李甲没有达到刑事责任年龄。故此，法院确认被告人李甲犯罪时未满 18 周岁，系从犯，结合其在故意伤害过程中的作用及悔罪表现，应对其依法减轻处罚并适用缓刑，故分别依照《刑法》第 234 条、第 17 条第 3 款之规定，判处七被告人有期徒刑十一年，李甲有期徒刑一年缓刑一年。

一审判决后，附带民事诉讼原告人、附带民事诉讼被告人提出上诉。二审法院经审理，裁定驳回上诉，维持原判。

【学理分析及适用指引】

• 学理分析 •

1. 刑事责任年龄制度。根据责任能力与实行行为同时存在的原则，要想成立犯罪，实施犯罪的行为人必须具有刑事责任能力，而是否具有刑事责任能力的一个关键判断因素就是刑事责任年龄。刑事责任能力就是行为人辨认和控制自己行为的能力。根据心理学和生理学的规律，只有达到一定年龄，行为人才会具有辨认和控制自己行为的能力。按照我国《刑法》的一般规定，只有达到一定年龄并具有责任能力的自然人，才能成为犯罪主体，责任年龄和责任能力是构成犯罪主体的必要条件。没有达到责任年龄或者虽然达到责任年龄但没有责任能力的人，即使给社会造成了一定的损害，也不负刑事责任。达到责任年龄和具有责任能力的自然人构成的犯罪主体，是一般主体。

刑事责任年龄，是指法律所规定的行为人对自己的犯罪行为负刑事责任所必须达到的年龄。确定刑事责任年龄，就是从年龄上规定一个负刑事责任的范围，《刑法》对刑事责任年龄的规定，是立足于我国的实际情况而作出的。2020 年 12 月 26 日第十三届全国人民代表大会常务委员会第二十四次会议通过的《刑法修正案（十一）》对刑事责任年龄制度进行了重大修改，增加了低龄未成年人有限度刑事责任制度。根据修正后《刑法》第 17 条把刑事责任年龄划分为四个阶段：（1）已满 16 周岁的人犯罪，应当负刑事责任，为完全负刑事责任年龄阶段；（2）已满 14 周岁不满 16 周岁的人，犯故意杀人、故意伤害致人重伤或者死亡、强奸、抢劫、贩卖毒品、放火、爆炸、投放危险物质罪的，应当负刑事责任，为相对负刑事责任年龄阶段；（3）已满 12 周岁不满 14 周岁的人，犯故意杀人、故意伤害罪，致人死亡或者以特别残忍手段致人重伤造成严重残疾，情节恶劣，经最高人民检察院核准追诉的，应当负刑事责任；（4）不满 12 周岁的人不管实施何种危害社会的行为，都不负刑事责任，为完全不负刑事责任年龄阶段。

《刑法》第 17 条不仅对未成年人应负刑事责任的范围作了严格的规定，尽量缩小惩罚面，而且考虑到未成年犯的特点，明确规定：已满 12 周岁不满 18 周岁的人犯罪，应当从轻或者减轻处罚。这是考虑到未成年人的体力、智力发育还未完全成熟，控制自己和辨别是非的能力还不够强，比成年人更易受环境的影响；同时，未成年人本身各方面发展尚未定型，可塑性较大，他们比成年人更易接受改造。因此，对他们的量刑要较成年人轻，法律规定要从轻、减轻处罚，这从教育、改造的角度讲是合适的。对不满 16 周岁（包括不满 14 周岁）不处罚的，也并不是一概不管，而是责令他的家长或者监护人加以管教，必要时也可以依法进行专门矫治教育。所谓必要时，是指家中无人管教，或者虽有人管教但确实管教不了、群众反映强烈，可以依法实行专门矫治教育。所谓"专门矫治教育"，与《预防未成年人犯罪法》（2020 年 12 月 26 日修订）相衔接，该法第 45 条规定："未成年人实施刑法规定的行为、因不满法定刑事责任年龄不予刑事处罚的，经专门教育指导委员会评估同意，教育行政部门会同公安机关可以决定对其进行专门矫治教育。省级人民政府应当结合本地的实际情况，至少确定一所专门学校按照分校区、分班级等方式设置专门场所，对前款规定的未成年人进行专门矫治教育。前款规定的专门场所实行闭环管理，公安机关、司法行政部门负责未成年人的矫治工作，教育行政部门承担未成年人的教育工作。"这是一种必要的社会保护措施，对保护未成年人和维护社会安全都是有利的。这样处理后，将原来收容教养的对象进行分流，极个别的依照《刑法》追究刑事责任，绝大多数按照《预防未成年人犯罪法》送入专门学校，接受专门矫治教育，体现了既不"一关了之"，也不"一放了之"。因此，《刑法》第 17 条第 4 款规定：因不满 16 周岁不予刑事处罚的，责令他的家长或者监护人加以管教；在必要的时候，也可以依法进行专门矫治教育。

我国针对未成年人犯罪的刑事政策，除了贯彻从宽处罚原则、教育与挽救相结合原则之外，还突出表现在适用死刑原则。《刑法》第 49 条第 1 款规定：犯罪的时候不满 18 周岁的人和审判时怀孕的妇女，不适用死刑。

2. 关于运用骨龄鉴定结果认定被告人年龄的问题。骨龄是骨骼年龄的简称，骨龄鉴定即用骨骼的生长发育成熟和衰老的规律来推断被鉴定人的年龄。随着鉴定技术的发展，骨龄鉴定被越来越多地运用到司法实践中，尤其在刑事审判中，骨龄鉴定对确定未成年犯年龄起着关键性的作用。目前，骨龄鉴定主要涉及以下几个方面的问题：

（1）适用骨龄鉴定的条件：①犯罪嫌疑人不讲真实姓名、住址，年龄不明的；②犯罪嫌疑人、被告人所在地派出所出具的户籍证明证实其已达到刑事责任年龄或已满 18 周岁，但辩方出具的学籍证明、出生证明与户籍证明相矛盾的；③犯罪嫌疑人、被告人称自己未达到刑事责任年龄或未成年，但无证据证明，发函至其"老家"调查却无回信的。

（2）不宜进行骨龄鉴定的情形：①户籍、出生证明、学籍等具有较强证明力的证据证明犯罪嫌疑人、被告人已经达到刑事责任年龄或已满 18 周岁，辩方仅能提供村委会、邻居、其他亲属等证人证言证明其尚未达到刑事责任年龄或未成年的。在这种情形下，由于户籍等具有直接的证明效力，因此应当以户籍等作为认定年龄事实的依据，不宜再进行骨龄鉴定。②对于是否达到刑事责任年龄或已满 18 周岁，控辩双方分别提供了证明力相当的相反证据，证明犯罪嫌疑人、被告人的年龄差在 1 岁以内的，可以直接认定犯罪嫌疑人、被告人未达到刑事责任年龄或未满 18 周岁，不宜进行骨龄鉴定。

（3）骨龄鉴定意见的证明力。骨龄鉴定作为一种新型的证据形式，其证明力如何尚存争论。主要有两种观点：第一种观点认为，骨龄鉴定意见是依据科学方法作出的鉴定意见，比其他证据形式更具有科学性和准确性，可以作为认定犯罪嫌疑人、被告人年龄的唯一依据；第二种观点认为，骨龄鉴定意见虽然属于科学鉴定意见，但目前骨龄鉴定意见的科学性还没有得到广泛的论证，其准确程度仍然存在相对较大的误差，还不能把骨龄鉴定意见作为认定犯罪嫌疑人、被告人年龄的唯一依据。

2000 年 2 月 21 日，最高人民检察院发布的《关于“骨龄鉴定”能否作为确定刑事责任年龄证据使用的批复》指出：经审查，（骨龄）鉴定意见能够准确确定犯罪嫌疑人实施犯罪行为时的年龄的，可以作为判断犯罪嫌疑人年龄的证据使用。从这一批复可以看出，骨龄鉴定意见可以作为认定犯罪嫌疑人年龄的直接证据。但鉴定意见的准确性取决于该项鉴定技术本身的科学性和准确性。骨龄鉴定技术本身存在一定误差，并没有得到医学界的广泛认可和接受。此外，鉴定人的资质、主观判断和鉴定材料的完整性，也会影响鉴定意见的准确性。考虑到鉴定结果对案件裁判的巨大影响，如骨龄鉴定意见可以决定被告人是否构成犯罪、是否适用死刑、是否应当从轻或减轻刑罚等，关涉犯罪嫌疑人、被告人的合法权益。因此，在目前阶段，骨龄鉴定意见尚不宜作为认定被告人、犯罪嫌疑人年龄的唯一证据，还必须有其他的证据予以补强证明。正是基于此种考虑，最高人民检察院在上述批复中同时规定：如果（骨龄）鉴定意见不能准确确定犯罪嫌疑人实施犯罪行为时的年龄，而且鉴定意见又表明犯罪嫌疑人年龄在《刑法》规定的应负刑事责任年龄上下的，应当依法慎重处理。因此，我们认为，在没有其他证据证明时，运用骨龄鉴定应按照有利于被告人的原则对其年龄作出推定。

• 适用指引 •

在刑事责任年龄判断问题上，必须严格依照法律的规定来执行，生日的当天不能视为行为人达到刑事责任年龄。由于刑事责任年龄对行为人刑事责任的认定和刑罚的确定影响重大，因此，应当综合各种证据来认定行为人的刑事责任年龄。这里重点分析《刑法修正案（十一）》关于已满 12 周岁不满 14 周岁的未成年人的刑事责任问题。

根据《刑法》第17条第3款的规定，已满12周岁不满14周岁的人，犯故意杀人、故意伤害罪，致人死亡或者以特别残忍手段致人重伤造成严重残疾，情节恶劣，经最高人民检察院核准追诉的，应当负刑事责任。据此，对于已满12周岁不满14周岁的未成年人追究刑事责任有严格限制，要同时符合几个条件：（1）所犯的罪行最终能够定故意杀人、故意伤害罪。已满12周岁不满14周岁的人实施故意杀人罪、故意伤害罪自不待言，其参与实施绑架行为，在此过程中“撕票”的，以及抢劫、强奸过程中杀害被害人的，都有可能承担刑事责任。（2）危害结果是致人死亡，或者是以特别残忍手段致人重伤且造成严重残疾。（3）在危害后果之外，还需要结合主客观要件，如平时表现、侵害次数、悔改程度、社会影响等，进一步综合判断其行为是否属于情节恶劣。（4）程序上有严格限制，须经最高人民检察院核准追诉，最后由人民法院依法裁判追究其刑事责任。在有的案件中，客观上手段残忍，或者故意伤害造成严重残疾，但已满12周岁不满14周岁的人仅因与对方突发口角纠纷而故意杀害被害人的，该未成年人虽然致人死亡，但是，可以认为其不属于情节恶劣，最高人民检察院也可以不核准追诉。对于故意杀人、故意伤害造成严重死伤后果，且行为人明显属于极其恶劣地公然挑战社会秩序的，才可能追究刑事责任。

第十七条之一　老年人犯罪的刑事责任

【法律规定】

• 法律条文 •

《中华人民共和国刑法》

第十七条之一　已满七十五周岁的人故意犯罪的，可以从轻或者减轻处罚；过失犯罪的，应当从轻或者减轻处罚。

• 相关规定 •

《最高人民法院关于贯彻宽严相济刑事政策的若干意见》（法发〔2010〕9号）

21. 对于老年人犯罪，要充分考虑其犯罪的动机、目的、情节、后果以及悔罪表现等，并结合其人身危险性和再犯可能性，酌情予以从宽处罚。

【案例】

孙某某失火案①

• 案件事实 •

被告人孙某某，男，1929 年 4 月 8 日出生于福建省屏南县，汉族。因涉嫌犯失火罪于 2010 年 4 月 30 日经屏南县公安局决定被取保候审。屏南县人民检察院以屏检林刑诉〔2011〕05 号起诉书指控孙某某犯失火罪，于 2011 年 2 月 22 日向屏南县人民法院提起公诉。经审理查明，2010 年 3 月 19 日下午 12 时许，孙某某携带柴刀、锄头到屏南县棠口乡安溪村下圪旱园地干农活，其间将未熄灭的烟蒂随手扔到草丛中。13 时 30 分许，孙某某发现其扔烟蒂处起火燃烧，遂上前扑火，但火势迅速蔓延至上方大岔山场，引发大岔山场森林火灾。经屏南县林业局林业技术人员鉴定，大岔山场森林火灾受灾面积 432 亩，林木经济损失达人民币 82330 元。2010 年 4 月 29 日，孙某某在棠口乡安溪村其家中被公安机关采取取保候审强制措施。

上述事实，孙某某在开庭审理过程中亦无异议，并有书证山场林木权属证明、气象证明、户籍证明、侦破报告，证人郑某某、韩某某、陈某某、陆某某、孙某甲、陈某某的证言，被告孙某某的供述，现场勘查笔录、现场照片，屏南县林业局林业规划队鉴定报告等证据证实，足以认定。

• 裁判要旨 •

老年人犯罪从宽处罚制度、刑事禁止令以及刑法时间效力的准确适用。

• 裁判理由 •

福建省屏南县人民法院审理认为：被告人孙某某违反《森林法》规定，擅自野外用火，过失造成森林火灾，烧毁森林面积 432 亩，林木经济损失达人民币 82330 元，其行为已构成失火罪。被告人实施犯罪行为及危害结果发生时间是 2010 年 3 月，屏南县人民法院审理此案期间适逢《刑法修正案（八）》生效，该修正案明确规定了老年人犯罪从宽处罚制度，根据从旧兼从轻的刑法时间效力原则，对被告人孙某某的刑罚裁量应适用《刑法修正案（八）》的相关规定。被告人孙某某系 75 周岁以上老年人且过失犯罪，依法应当从轻或减轻处罚；被告人孙某某案发时积极参与扑火，且系初犯、偶犯，在归案后认罪态度较好，确有悔罪表现，可以酌情从轻处罚，综合情况，决定对被告人孙某

---

① 参见福建省屏南县人民法院（2011）屏刑初字第 21 号。

某予以从轻处罚并适用缓刑。据此，依照《刑法》第 115 条第 2 款，第 17 条之一，第 72 条第 1 款、第 2 款，第 73 条第 2 款、第 3 款以及《最高人民法院、最高人民检察院、司法部关于适用普通程序审理“被告人认罪案件”的若干意见（试行）》第 9 条的规定，判决如下：一、被告人孙某某犯失火罪，判处有期徒刑三年，缓刑四年（缓刑考验期从判决确定之日起计算）。二、禁止被告人孙某某在 4 年内携带火种进入林区（禁止令期限从判决生效之日起计算）。

【学理分析及适用指引】

• 学理分析 •

尊老爱幼是中华民族的传统美德。早在西周时期，法律上就有关于对老年人犯罪从宽处罚的规定，类似规定一直延续到民国时期。1997 年《刑法》对此虽然没有直接规定，但《老年人权益保障法》则有新体现，司法实践中也都是将其作为一个重要的酌定从宽情节进行量刑考量。老年人刑事责任从宽的理论依据不完全等同于未成年人，其不仅仅是刑事责任能力（辨认能力与控制能力）有所下降，更是人道主义的要求。随着社会的文明进步，有必要在刑事法律上明确这一制度。2008 年中央政法委提出，探索建立对老年人犯罪适当从宽处理的法律机制，明确其条件、范围和程序。《刑法修正案（八）》积极回应了这一改革主张，逐步建立新时期的老年人犯罪从宽处罚制度。此处需要特别指出的是，刑法意义上的“老年人”是指已满 75 周岁的人，这显然不同于社会意义上的“老年人”，也有别于《老年人权益保障法》中的“老年人”。当然，老年人的年龄界限定为 75 周岁以上而非 70 岁、60 岁等，其实在当时也颇具争议，在 2010 年年底《刑法修正案（八）》的二审稿中，表述的还是“已满 70 周岁以上”。目前正式的法律文本将其界定为“已满 75 周岁”，是基于法律的前瞻性的考虑，即当前老龄化社会已经来临，人均寿命不断提高，同时综合考虑到老年人的生理特点、老年人犯罪的情况和社会公众的接受程度。

《刑法修正案（八）》初步设置了一套较为系统的老年人犯罪从宽制度，概括起来就是三句话、三个层次：老年人犯罪的，不论轻重，原则上均要从轻或减轻处罚；若犯的是严重罪行的，原则上不适用死刑；若犯的是较轻罪行的，原则上应适用缓刑。

• 适用指引 •

根据《刑法》第 17 条之一的规定，已满 75 周岁的人犯罪的，属于法定的从宽处罚情节，即所有老年人犯罪的，不论犯罪轻重，原则上都应从宽处罚，其从宽程度同未成年人一样，都是从轻或减轻处罚。但故意犯罪与过失犯罪有所不同，若故意犯罪的，是可以从轻或减轻处罚；若过失犯罪的，是应当从轻或减轻处罚，这充分体现了罪责刑相适应的原则。需要注意的是，《刑法》第17条之一规定的老年人犯罪从宽处罚，掌握的标准是实施犯罪行为时已满75周岁，而不能混淆为审判时已满75周岁。

第十八条 特殊人员的刑事责任

【法律规定】

• 法律条文 •

《中华人民共和国刑法》

第十八条 精神病人在不能辨认或者不能控制自己行为的时候造成危害结果，经法定程序鉴定确认的，不负刑事责任，但是应当责令他的家属或者监护人严加看管和医疗；在必要的时候，由政府强制医疗。

间歇性的精神病人在精神正常的时候犯罪，应当负刑事责任。

尚未完全丧失辨认或者控制自己行为能力的精神病人犯罪的，应当负刑事责任，但是可以从轻或者减轻处罚。

醉酒的人犯罪，应当负刑事责任。

• 相关规定 •

《中华人民共和国刑事诉讼法》

第三百零二条 实施暴力行为，危害公共安全或者严重危害公民人身安全，经法定程序鉴定依法不负刑事责任的精神病人，有继续危害社会可能的，可以予以强制医疗。

第三百零三条 根据本章规定对精神病人强制医疗的，由人民法院决定。

公安机关发现精神病人符合强制医疗条件的，应当写出强制医疗意见书，移送人民检察院。对于公安机关移送的或者在审查起诉过程中发现的精神病人符合强制医疗条件的，人民检察院应当向人民法院提出强制医疗的申请。人民法院在审理案件过程中发现被告人符合强制医疗条件的，可以作出强制医疗的决定。

对实施暴力行为的精神病人，在人民法院决定强制医疗前，公安机关可以采取临时的保护性约束措施。

第三百零四条 人民法院受理强制医疗的申请后，应当组成合议庭进行审理。

人民法院审理强制医疗案件，应当通知被申请人或者被告人的法定代理人到场。被申请人或者被告人没有委托诉讼代理人的，人民法院应当通知法律援助机构指派律师为其提供法律帮助。

第三百零五条 人民法院经审理，对于被申请人或者被告人符合强制医疗条件的，应当在一个月以内作出强制医疗的决定。

被决定强制医疗的人、被害人及其法定代理人、近亲属对强制医疗决定不服的，可以向上一级人民法院申请复议。

第三百零六条 强制医疗机构应当定期对被强制医疗的人进行诊断评估。对于已不具有人身危险性，不需要继续强制医疗的，应当及时提出解除意见，报决定强制医疗的人民法院批准。

被强制医疗的人及其近亲属有权申请解除强制医疗。

第三百零七条 人民检察院对强制医疗的决定和执行实行监督。

《精神疾病司法鉴定暂行规定》（卫医字〔89〕第17号）

第二条 精神病的司法鉴定，根据案件事实和被鉴定人的精神状态，作出鉴定结论，为委托鉴定机关提供有关法定能力的科学证据。

第九条 刑事案件中，精神疾病司法鉴定包括：

（一）确定被鉴定人是否患有精神疾病，患何种精神疾病，实施危害行为时的精神状态，精神疾病和所实施危害行为之间的关系，以及有无刑事责任能力。

（二）确定被鉴定人在诉讼过程中的精神状态以及有无诉讼能力。

（三）确定被鉴定人在服刑期间的精神状态以及对应当采取的法律措施的建议。

第十九条 刑事案件被鉴定人责任能力的评定：

被鉴定人实施危害行为时，经鉴定患有精神疾病，由于严重的精神活动障碍，致使不能辨认或者不能控制自己行为的，为无刑事责任能力。

被鉴定人实施危害行为时，经鉴定属于下列情况之一的，为具有责任能力：

1. 具有精神疾病的既往史，但实施危害行为时并无精神异常；
2. 精神疾病的间歇期，精神症状已经完全消失。

【案例一】

罗新建故意杀人案①

• 案件事实 •

罗新建系家中的幼子，与其母徐某某共同生活，从小娇生惯养。罗新建成人后，因对其同母异父的哥哥、大姐有时向母亲借钱未还而不满，向母亲提出将家中的3万元存款改存到自己名下，其母未允。2000年10月，罗新建去青海找对象未成回来后，总认为母亲偏心，对自己和以前不一样，由此怀疑徐某某不是自己的亲生母亲。2001年1月23日6时许，罗新建因上述原因睡不着觉，喝了少许酒后，在火炉上焚烧其母的衣物，并逼问其母“你是不是我的亲生母亲”，其母见房内满是烟火，高喊“救命”，并爬后窗欲往外跑。罗新建持铁炉钩将其母头打破，血流不止。其母因恐惧蜷缩在自己的床上，罗新建又开始焚烧被褥、房子，其母趁机跑出房门呼救。罗新建发现后，拿起一根顶门的木棍追至院门外将其母击倒后，又猛击其母头部数下。罗新建认为其母已死，返回厨房拿出匕首剖开其母的腹部，掏出内脏看后又放回，然后从家中找出葵花渣、塑料桶、胶皮铝线等点燃焚烧尸体，作案用的木棍也被烧尽。9时40分许，罗新建在逃离现场的途中被群众抓获送交公安机关。

新疆建设兵团人民检察院农十师分院于2001年7月4日委托北京市精神病司法鉴定委员会北京安定医院对罗新建进行精神病司法鉴定。该医院鉴定后认为：罗新建的作案动机是混合性的，既有现实性的，也有病理性的，而且是在病理性的基础上发生了现实性的冲突，从而直接引发了暴力事件。罗新建当时处于盛怒之中，控制能力不完全，行为冲动，手段残忍，不计后果，这些特点常见于精神病人作案。结论为：被鉴定人罗新建经临床诊断为精神分裂症，杀死母亲的动机是混合性的，当时控制能力不完全，应评定为限制刑事责任能力人。建议对其予以治疗，严加监护，以免再次发生意外。

• 裁判要旨 •

刑事责任能力的判断及限制刑事责任能力者对其刑事责任程度的影响。

• 裁判理由 •

新疆建设兵团人民检察院农十师分院以被告人罗新建犯故意杀人罪向新疆

① 参见国家法官学院、中国人民大学法学院编：《中国审判案例要览（2002年刑事审判案例卷）》，中国人民大学出版社2003年版。

建设兵团农十师中级人民法院提起公诉，并建议对罗新建判处死刑。被告人罗新建对公诉机关指控的犯罪事实供认不讳，其辩护人对公诉机关指控被告人罗新建杀害其母亲的事实无异议，但提出被告人患有精神病，根据《刑事诉讼法》的规定，应当由省级人民政府指定的医院对罗新建进行精神病医学鉴定。

新疆生产建设兵团农十师中级人民法院经公开审理认为：被告人罗新建故意非法剥夺其亲生母亲的生命，其行为已严重触犯刑律，构成犯罪，公诉机关指控被告人罗新建犯故意杀人罪的罪名成立。同时，北京安定医院的公章全称为“北京市精神病司法鉴定委员会北京安定医院”，该公章足以证明北京安定医院具有精神病司法鉴定资格，其提供的精神病法医学鉴定意见与本案其他证据相互印证，符合客观事实，给予采信。因此，辩护人认为北京安定医院无鉴定资格，提出重新鉴定的申请，法院不予支持。就本案而言，被告人罗新建在作案过程中虽有病理性因素，但头脑清楚，知道自己侵害的对象是其母亲，也没有脱离作案的现实性，具有较强的辨认和控制自己行为的能力，仅因怀恨和疑心而残忍地杀害了自己的亲生母亲，并且剖腹焚尸，手段特别残忍、情节特别恶劣，罪行极其严重。对如此严重危害社会的暴力犯罪分子，不应从轻处罚，故辩护人提出对被告人罗新建从轻处罚的意见，不予采纳。公诉机关要求对被告人罗新建处以死刑的量刑意见，应予支持。据此，该院依照《刑法》第 232 条、第 18 条第 3 款、第 48 条第 1 款、第 57 条第 1 款、第 64 条的规定，于 2001 年 8 月 20 日判决如下：一、被告人罗新建犯故意杀人罪，判处死刑，剥夺政治权利终身。二、被告人罗新建犯罪所用的匕首一把予以没收。

一审判决宣告后，罗新建没有提出上诉，公诉机关也未提出抗诉。原审法院将此案依法报送新疆维吾尔自治区高级人民法院核准死刑。

新疆维吾尔自治区高级人民法院经复核认为：原审判决认定罗新建故意杀人、焚尸的事实清楚，证据确实、充分，定性准确，审判程序合法，但量刑不当。根据精神病学鉴定意见，罗新建杀害其母亲徐某某时，患有精神分裂症，控制能力不完全，系限制刑事责任能力人。原审对被告人罗新建的量刑不符合《刑法》规定的精神，对罗新建判处死刑不当，应予纠正。该院依照《最高人民法院关于执行〈中华人民共和国刑事诉讼法〉若干问题的解释》第 276 条第 2 款和《刑法》第 232 条、第 57 条第 1 款、第 18 条第 3 款的规定，于 2001 年 12 月 23 日判决如下：一、维持新疆生产建设兵团农十师中级人民法院（2001）农十刑初字第 3 号刑事判决第一项对被告人罗新建的定罪部分及第二项没收作案工具部分。二、撤销新疆生产建设兵团农十师中级人民法院（2001）农十刑初字第 3 号刑事判决第一项对被告人罗新建的处刑部分。三、判处被告人罗新建无期徒刑，剥夺政治权利终身。

【案例二】

徐加富强制医疗案①

• 基本案情 •

被申请人徐加富在2007年下半年开始出现精神异常，表现为凭空闻声，认为别人在议论他，有人要杀他，紧张害怕，夜晚不睡，随时携带刀自卫，外出躲避。因未接受治疗，病情加重。2012年11月18日4时许，被申请人在其经常居住地听到有人开车来杀他，遂携带刀和榔头欲外出撞车自杀。其居住地的门卫张友发得知其出去要撞车自杀，未给其开门。被申请人见被害人手持一部手机，便认为被害人要叫人来对自己实施加害行为。被申请人当即用携带的刀刺杀被害人身体，用榔头击打其头部，致其当场死亡。经法医学鉴定，被害人系头部受到钝器打击，造成严重颅脑损伤而死亡。

2012年12月10日，被申请人被公安机关送往四川省成都市第四人民医院住院治疗。2012年12月17日，成都精卫司法鉴定所接受成都市公安局武侯区分局的委托，对被申请人进行精神疾病及刑事责任能力鉴定，同月26日该所出具成精司鉴所（2012）病鉴字第105号鉴定意见书，载明：（1）被鉴定人徐加富目前患有精神分裂症，幻觉妄想型；（2）被鉴定人徐加富2012年11月18日4时作案时无刑事责任能力。2013年1月成都市第四人民医院对被申请人的病情作出证明，证实徐加富需要继续治疗。

• 裁判要旨 •

审理强制医疗案件，对被申请人或者被告人是否“有继续危害社会可能”，应当综合被申请人或者被告人所患精神病的种类、症状，案件审理时其病情是否已经好转，以及其家属或者监护人有无严加看管和自行送医治疗的意愿和能力等情况予以综合判定。必要时，可以委托相关机构或者专家进行评估。

• 裁判理由 •

四川省成都市武侯区人民法院于2013年1月24日作出（2013）武侯刑强初字第1号强制医疗决定书：对被申请人徐加富实施强制医疗。

法院生效裁判认为：本案被申请人徐加富实施了故意杀人的暴力行为后，经鉴定属于依法不负刑事责任的精神病人，其妄想他人欲对其加害而必须携带

---

① 根据2016年6月30日《最高人民法院关于发布第十三批指导性案例的通知》指导案例63号修改。

刀等防卫工具外出的行为，在其病症未能减轻并需继续治疗的情况下，认定其处于社会中有继续危害社会的可能。四川省成都市武侯区人民检察院提出对被申请人强制医疗的申请成立，予以支持。诉讼代理人提出了被申请人是否有继续危害社会的可能应由医疗机构作出评估，本案没有医疗机构的评估报告，对被申请人强制医疗的证据不充分的辩护意见。法院认为，在强制医疗中如何认定被申请人是否有继续危害社会的可能，需要根据以往被申请人的行为及本案的证据进行综合判断，而医疗机构对其评估也只是对其病情是否痊愈的评估，法律没有赋予医疗机构对患者是否有继续危害社会可能性方面的评估权力。本案被申请人的病症是被害幻觉妄想症，经常假想自己要被他人杀害，外出害怕被害必带刀等防卫工具。如果不加以约束治疗，被申请人不可能不外出，其外出必携带刀的行为，具有危害社会的可能，故对诉讼代理人的意见不予采纳。

【学理分析及适用指引】

• 学理分析 •

特殊人员的刑事责任能力是指因精神障碍、醉酒、聋哑或盲而引起的，在其行为是因责任能力不完全作出的情形下，行为人构成犯罪和承担刑事责任的辨认和控制能力。

1. 刑事责任能力的界定。刑事责任能力，是指行为人构成犯罪和承担刑事责任所必须具备的刑法意义上辨认和控制自己行为的能力。不具备刑事责任能力者即使实施了客观上危害社会的行为，也不能成为犯罪主体，不能被追究刑事责任；刑事责任能力减弱者，其刑事责任也相应地适当减轻。

辨认能力，是指一个人对自己行为的性质、意义和后果的认识能力。控制能力，是指一个人按照自己的意志支配自己行为的能力。一个人的控制能力是以其辨认能力为前提的，如果一个人对自己行为的性质、意义和后果缺乏必要的认识能力，那么该行为人的控制能力也就无所依存。

2. 精神病人刑事责任能力的确定。对于一般公民来说，只要达到一定的年龄，生理和智力发育正常，就具有了相应的辨认和控制自己行为的能力，从而具有刑事责任能力。如果是达到刑事责任年龄，但由于行为人精神上出现障碍，则会对其刑事责任能力有所影响。精神病人刑事责任能力一般可以分为以下三种情形：

（1）完全无刑事责任能力的精神病人。《刑法》第 18 条第 1 款规定：精神病人在不能辨认或者控制自己行为的时候造成危害结果，经法定程序鉴定确定的，不负刑事责任，但是应当责令他的家属或者监护人严加看管和医疗；在必要的时候，由政府强制医疗。由此可以看出：①精神病人是否应负刑事责任，关键在于行为时是否具有辨认或者控制自己行为的能力；②行为时是否有辨认或者控制能力，既不能根据行为人的供述来确定，也不能凭办案人员的主观判断来确定，而是必须经过法定的鉴定程序予以确认；③对因不具有刑事责任能力而不负刑事责任的精神病人，并不是一概放任不管，而是应当责令他的家属或者监护人严加看管和进行治疗，必要时也可以由政府强制医疗。

（2）完全有刑事责任能力的精神病人。《刑法》第 18 条第 2 款规定：间歇性的精神病人在精神正常的时候犯罪，应当负刑事责任。间歇性精神病人在精神正常的时候，具有辨认和控制自己行为的能力，因此应当对自己的犯罪行为负刑事责任。

（3）限制刑事责任能力的精神病人。《刑法》第 18 条第 3 款规定：尚未完全丧失辨认或者控制自己行为能力的精神病人犯罪的，应当负刑事责任，但是可以从轻或者减轻处罚。限制刑事责任能力的精神病人，是介于前两种精神病人之间的一部分精神病人。与完全无刑事责任能力的精神病人相比，这种人并未完全丧失辨认和控制自己行为的能力，不能像完全无刑事责任能力的精神病人那样完全不负刑事责任。但是这种人作为精神病人，其刑事责任能力毕竟又有所减弱，因此我国《刑法》规定对其可以从轻或者减轻处罚。

3. 醉酒的人刑事责任能力的确定。尽管醉酒也可能使行为人暂时处于精神错乱的状态，对于在这种状态下实施的犯罪刑事责任，《刑法》第 18 条第 4 款规定：醉酒的人犯罪，应当负刑事责任。刑法对醉酒的人让其承担完全的刑事责任的原因在于醉酒的人并未完全丧失辨认、控制自己行为的能力，并且行为人对自己的行为是否会导致醉酒的发生，完全有控制能力。

• 适用指引 •

在特殊人员刑事责任能力的判断问题上，应当坚持生理标准和心理标准综合考虑。对于间歇性精神病人，一定要准确判断案发时行为人的精神状况。对于醉酒的人，应当分析行为人醉酒的原因，进而确定行为人刑事责任的大小和刑罚的轻重。

第十九条　又聋又哑的人或盲人犯罪的刑事责任

【法律规定】

• 法律条文 •

《中华人民共和国刑法》

第十九条　又聋又哑的人或者盲人犯罪，可以从轻、减轻或者免除处罚。

【案例】

张某某盗窃案①

● 案件事实 ●

张某某系聋哑人，2005 年 5 月因犯盗窃罪被判处有期徒刑六个月，罚金人民币 1000 元，2005 年 6 月 1 日刑满释放。2006 年 8 月 15 日，张某某伙同韦某某（已教育释放）于 2006 年 8 月 15 日 10 时许，乘坐 725 路公共汽车行至北京市朝阳区农业展览馆附近时，趁人多拥挤之机，盗取被害人纪某书包内的钱包（内有人民币 2660 元及银行卡等物）时，被当场抓获。所窃款物被起获并发还失主。

● 裁判要旨 ●

生理缺陷对认定刑事责任的影响。

● 裁判理由 ●

北京市朝阳区人民检察院以盗窃罪向北京市朝阳区人民法院提起公诉。北京市朝阳区人民法院经审理后认为：被告人张某某曾因犯盗窃罪被处以刑罚，但其为谋私利，又采用秘密手段盗窃公民财物，数额较大，其行为已构成盗窃罪。鉴于被告人张某某系累犯，依法应从重处罚；但其系又聋又哑的人，因此应依法对被告人张某某所犯盗窃罪予以从轻处罚。故判决：被告人张某某犯盗窃罪，判处有期徒刑一年六个月，罚金人民币 2000 元。

判决作出后，张某某以原判量刑过重为由向北京市第二中级人民法院提起上诉。其辩护人提交的辩护意见是：张某某系聋哑人，且其在犯罪时被当场抓获，赃款、赃物已起获并发还事主，未造成实际损失，建议法院对张某某减轻处罚。

北京市第二中级人民法院经审理查明：一审判决认定上诉人（原审被告人）张某某采用秘密手段窃取公民财物的事实是正确的，继而认为：上诉人（原审被告人）张某某以非法占有为目的，采用秘密手段窃取公民财物，数额较大，其行为侵犯了公民的财产所有权，已构成盗窃罪，依法应予惩处。就张某某所提原判量刑过重的上诉理由，其辩护人所提张某某系聋哑人，所窃财物已发还事主，建议对张某某减轻处罚的辩护意见，法院经过调查查明，一审判决已对张某某系聋哑人及其此次犯罪所得财物已发还事主的事实予以认定，对

---

① 参见北京市第二中级人民法院（2007）二中刑终字第 00715 号。

其聋哑人的情节已经给予了考虑。综合其系累犯等情节，原判在法定量刑幅度内对张某某所量刑罚适当，张某某的上诉理由及其辩护人的辩护意见没有法律依据，不能成立，不予采纳。一审法院根据被告人张某某犯罪的事实、犯罪的性质、情节及对于社会的危害程度所作出的判决，定罪及适用法律正确，量刑适当，审判程序合法，应予维持。依照《刑事诉讼法》第 189 条第 1 项之规定，裁定如下：驳回上诉，维持原判。

【学理分析及适用指引】

● 学理分析 ●

刑事责任能力作为决定能否成立犯罪主体的一个重要因素，是指行为人对自己行为的性质、意义和后果的辨认能力与控制能力。辨认能力与控制能力密切联系。辨认能力是控制能力的基础与前提，没有辨认能力，控制能力就无从谈起，但有辨认能力的人可能由于精神病而丧失控制能力。刑法要求行为人同时具备辨认能力与控制能力，只具有其中一种能力的，属于没有责任能力，在这种情况下行为人不具备作为犯罪主体的资格。

1. 犯罪主体的刑事责任能力与辨认控制能力。

（1）刑事责任能力。刑事责任能力是自然人成为犯罪主体的根本条件。刑法之所以要求犯罪主体具有辨认、控制能力，是基于以下理由：①人只在具有相对意志自由的前提下所实施的行为，才可能成立犯罪，否则就不是犯罪行为；②行为人对危害行为及其结果具有故意或过失心理时才可能成立犯罪，而辨认控制能力是故意与过失的前提，没有辨认能力就不可能有故意或过失的认识因素，没有控制能力就不可能有故意或过失的意志因素；③辨认控制能力与法定年龄是既统一又矛盾的关系，有的人虽然达到了法定年龄但由于患精神病而没有辨认控制能力，这就需要在法定年龄之外另行规定辨认控制能力。由于达到了法定年龄的人通常具有辨认控制能力，故刑法仅从消极角度规定辨认控制能力，即除因精神病而导致没有辨认控制能力的以外，其他达到法定年龄的人都是具有辨认控制能力的人。

（2）辨认控制能力。辨认控制能力实际上可以分为两类：一类是成立犯罪所要求的辨认控制能力；另一类是影响量刑的辨认控制能力。所以，作为犯罪主体一般要件所要求的辨认控制能力，只是一定程度的辨认控制能力，而非完全的辨认控制能力。换言之，只要达到法定年龄的人尚未完全丧失辨认控制能力，便符合犯罪主体的一般要件。

2. 聋哑人的刑事责任能力认定。《刑法》第 19 条规定：又聋又哑的人或者盲人犯罪，可以从轻、减轻或者免除处罚。这表明：

（1）又聋又哑的人与盲人虽然因生理缺陷导致其对某些行为的辨认控制

能力减弱，但其并没有完全丧失辨认控制能力。因此，他们如果实施犯罪应当负刑事责任。

（2）又聋又哑的人或者盲人犯罪的，可以从轻、减轻或者免除处罚。因为通常情况下，他们由于生理上的缺陷，接受教育与参加社会活动的机会受到一定限制，其辨认控制能力可能低于没有生理缺陷的人。如果生理缺陷对其犯罪行为的辨认控制能力有一定影响，就表明其受非难可能性比一般人犯罪的受非难可能性小一些。值得注意的是，《刑法》只是规定“可以”从轻、减轻或者免除处罚，而不是“应当”从轻、减轻或者免除处罚。这就要联系犯罪的本质特征来理解和适用，即又聋又哑的人或者盲人，由于生理缺陷导致其对具体犯罪行为的辨认控制能力有影响时，可以从轻、减轻或者免除处罚；如果没有影响，则可以不从轻、减轻或者免除处罚。

（3）又聋又哑，一般应是先天性的又聋又哑，至少是自幼聋哑；盲人，应是指双目失明的人。先天性聋哑、自幼聋哑与双目失明的人因其自幼接受教育与参加社会活动的机会受到限制，使得其辨认控制能力低于一般人，故对其犯罪可以从轻、减轻或者免除处罚。

• 适用指引 •

针对生理上有缺陷的犯罪人，《刑法》规定可以从轻、减轻或者免除处罚。但是，针对某些性质比较恶劣、主观恶性比较大、危害比较严重的犯罪，应当结合罪责刑相适应原则，合理确定刑罚。

第二十条　正当防卫

【法律规定】

• 法律条文 •

《中华人民共和国刑法》

第二十条　为了使国家、公共利益、本人或者他人的人身、财产和其他权利免受正在进行的不法侵害，而采取的制止不法侵害的行为，对不法侵害人造成损害的，属于正当防卫，不负刑事责任。

正当防卫明显超过必要限度造成重大损害的，应当负刑事责任，但是应当减轻或者免除处罚。

对正在进行行凶、杀人、抢劫、强奸、绑架以及其他严重危及人身安全的暴力犯罪，采取防卫行为，造成不法侵害人伤亡的，不属于防卫过当，不负刑事责任。

• 相关规定 •

《最高人民法院、最高人民检察院、公安部关于依法适用正当防卫制度的指导意见》（法发〔2020〕31 号）

一、总体要求

1. 把握立法精神，严格公正办案。正当防卫是法律赋予公民的权利。要准确理解和把握正当防卫的法律规定和立法精神，对于符合正当防卫成立条件的，坚决依法认定。要切实防止“谁能闹谁有理”“谁死伤谁有理”的错误做法，坚决捍卫“法不能向不法让步”的法治精神。

2. 立足具体案情，依法准确认定。要立足防卫人防卫时的具体情境，综合考虑案件发生的整体经过，结合一般人在类似情境下的可能反应，依法准确把握防卫的时间、限度等条件。要充分考虑防卫人面临不法侵害时的紧迫状态和紧张心理，防止在事后以正常情况下冷静理性、客观精确的标准去评判防卫人。

3. 坚持法理情统一，维护公平正义。认定是否构成正当防卫、是否防卫过当以及对防卫过当裁量刑罚时，要注重查明前因后果，分清是非曲直，确保案件处理于法有据、于理应当、于情相容，符合人民群众的公平正义观念，实现法律效果与社会效果的有机统一。

4. 准确把握界限，防止不当认定。对于以防卫为名行不法侵害之实的违法犯罪行为，要坚决避免认定为正当防卫或者防卫过当。对于虽具有防卫性质，但防卫行为明显超过必要限度造成重大损害的，应当依法认定为防卫过当。

二、正当防卫的具体适用

5. 准确把握正当防卫的起因条件。正当防卫的前提是存在不法侵害。不法侵害既包括侵犯生命、健康权利的行为，也包括侵犯人身自由、公私财产等权利的行为；既包括犯罪行为，也包括违法行为。不应将不法侵害不当限缩为暴力侵害或者犯罪行为。对于非法限制他人人身自由、非法侵入他人住宅等不法侵害，可以实行防卫。不法侵害既包括针对本人的不法侵害，也包括危害国家、公共利益或者针对他人的不法侵害。对于正在进行的拉拽方向盘、殴打司机等妨害安全驾驶、危害公共安全的违法犯罪行为，可以实行防卫。成年人对于未成年人正在实施的针对其他未成年人的不法侵害，应当劝阻、制止；劝阻、制止无效的，可以实行防卫。

6. 准确把握正当防卫的时间条件。正当防卫必须是针对正在进行的不法侵害。对于不法侵害已经形成现实、紧迫危险的，应当认定为不法侵害已经开始；对于不法侵害虽然暂时中断或者被暂时制止，但不法侵害人仍有继续实施侵害的现实可能性的，应当认定为不法侵害仍在进行；在财产犯罪中，不法侵害人虽已取得财物，但通过追赶、阻击等措施能够追回财物的，可以视为不法侵害仍在进行；对于不法侵害人确已失去侵害能力或者确已放弃侵害的，应当认定为不法侵害已经结束。对于不法侵害是否已经开始或者结束，应当立足防卫人在防卫时所处情境，按照社会公众的一般认知，依法作出合乎情理的判断，不能苛求防卫人。对于防卫人因为恐慌、紧张等心理，对不法侵害是否已经开始或者结束产生错误认识的，应当根据主客观相统一原则，依法作出妥当处理。

7. 准确把握正当防卫的对象条件。正当防卫必须针对不法侵害人进行。对于多人共同实施不法侵害的，既可以针对直接实施不法侵害的人进行防卫，也可以针对在现场共同实施不法侵害的人进行防卫。明知侵害人是无刑事责任能力人或者限制刑事责任能力人的，应当尽量使用其他方式避免或者制止侵害；没有其他方式可以避免、制止不法侵害，或者不法侵害严重危及人身安全的，可以进行反击。

8. 准确把握正当防卫的意图条件。正当防卫必须是为了使国家、公共利益、本人或者他人的人身、财产和其他权利免受不法侵害。对于故意以语言、行为等挑动对方侵害自己再予以反击的防卫挑拨，不应认定为防卫行为。

9. 准确界分防卫行为与相互斗殴。防卫行为与相互斗殴具有外观上的相似性，准确区分两者要坚持主客观相统一原则，通过综合考量案发起因、对冲突升级是否有过错、是否使用或者准备使用凶器、是否采用明显不相当的暴力、是否纠集他人参与打斗等客观情节，准确判断行为人的主观意图和行为性质。

因琐事发生争执，双方均不能保持克制而引发打斗，对于有过错的一方先动手且手段明显过激，或者一方先动手，在对方努力避免冲突的情况下仍继续侵害的，还击一方的行为一般应当认定为防卫行为。

双方因琐事发生冲突，冲突结束后，一方又实施不法侵害，对方还击，包括使用工具还击的，一般应当认定为防卫行为。不能仅因行为人事先进行防卫准备，就影响对其防卫意图的认定。

10. 防止将滥用防卫权的行为认定为防卫行为。对于显著轻微的不法侵害，行为人在可以辨识的情况下，直接使用足以致人重伤或者死亡的方式进行制止的，不应认定为防卫行为。不法侵害系因行为人的重大过错引发，行为人在可以使用其他手段避免侵害的情况下，仍故意使用足以致人重伤或者死亡的方式还击的，不应认定为防卫行为。

三、防卫过当的具体适用

11. 准确把握防卫过当的认定条件。根据刑法第二十条第二款的规定，认定防卫过当应当同时具备“明显超过必要限度”和“造成重大损害”两个条件，缺一不可。

12. 准确认定“明显超过必要限度”。防卫是否“明显超过必要限度”，应当综合不法侵害的性质、手段、强度、危害程度和防卫的时机、手段、强度、损害后果等情节，考虑双方力量对比，立足防卫人防卫时所处情境，结合社会公众的一般认知作出判断。在判断不法侵害的危害程度时，不仅要考虑已经造成的损害，还要考虑造成进一步损害的紧迫危险性和现实可能性。不应当苛求防卫人必须采取与不法侵害基本相当的反击方式和强度。通过综合考量，对于防卫行为与不法侵害相差悬殊、明显过激的，应当认定防卫明显超过必要限度。

13. 准确认定“造成重大损害”。“造成重大损害”是指造成不法侵害人重伤、死亡。造成轻伤及以下损害的，不属于重大损害。防卫行为虽然明显超过必要限度但没有造成重大损害的，不应认定为防卫过当。

14. 准确把握防卫过当的刑罚裁量。防卫过当应当负刑事责任，但是应当减轻或者免除处罚。要综合考虑案件情况，特别是不法侵害人的过错程度、不法侵害的严重程度以及防卫人面对不法侵害的恐慌、紧张等心理，确保刑罚裁量适当、公正。对于因侵害人实施严重贬损他人人格尊严、严重违反伦理道德的不法侵害，或者多次、长期实施不法侵害所引发的防卫过当行为，在量刑时应当充分考虑，以确保案件处理既经得起法律检验，又符合社会公平正义观念。

四、特殊防卫的具体适用

15. 准确理解和把握“行凶”。根据刑法第二十条第三款的规定，下列行为应当认定为“行凶”：（1）使用致命性凶器，严重危及他人人身安全的；（2）未使用凶器或者未使用致命性凶器，但是根据不法侵害的人数、打击部位和力度等情况，确已严重危及他人人身安全的。虽然尚未造成实际损害，但已对人身安全造成严重、紧迫危险的，可以认定为“行凶”。

16. 准确理解和把握“杀人、抢劫、强奸、绑架”。刑法第二十条第三款规定的“杀人、抢劫、强奸、绑架”，是指具体犯罪行为而不是具体罪名。在实施不法侵害过程中存在杀人、抢劫、强奸、绑架等严重危及人身安全的暴力犯罪行为的，如以暴力手段抢劫枪支、弹药、爆炸物或者以绑架手段拐卖妇女、儿童的，可以实行特殊防卫。有关行为没有严重危及人身安全的，应当适用一般防卫的法律规定。

17. 准确理解和把握“其他严重危及人身安全的暴力犯罪”。刑法第二十条第三款规定的“其他严重危及人身安全的暴力犯罪”，应当是与杀人、抢劫、强奸、绑架行为相当，并具有致人重伤或者死亡的紧迫危险和现实可能的暴力犯罪。

18. 准确把握一般防卫与特殊防卫的关系。对于不符合特殊防卫起因条件的防卫行为，致不法侵害人伤亡的，如果没有明显超过必要限度，也应当认定为正当防卫，不负刑事责任。

五、工作要求

19. 做好侦查取证工作。公安机关在办理涉正当防卫案件时，要依法及时、全面收集与案件相关的各类证据，为案件的依法公正处理奠定事实根基。取证工作要及时，对冲突现场有视听资料、电子数据等证据材料的，应当第一时间调取；对冲突过程的目击证人，要第一时间询问。取证工作要全面，对证明案件事实有价值的各类证据都应当依法及时收集，特别是涉及判断是否属于防卫行为、是正当防卫还是防卫过当以及有关案件前因后果等的证据。

20. 依法公正处理案件。要全面审查事实证据，认真听取各方意见，高度重视犯罪嫌疑人、被告人及其辩护人提出的正当防卫或者防卫过当的辩解、辩护意见，并及时核查，以准确认定事实、正确适用法律。要及时披露办案进展等工作信息，回应社会关切。对于依法认定为正当防卫的案件，根据刑事诉讼法的规定，及时作出不予立案、撤销案件、不批准逮捕、不起诉的决定或者被告人无罪的判决。对于防卫过当案件，应当依法适用认罪认罚从宽制度；对于犯罪情节轻微，依法不需要判处刑罚或者免除刑罚的，人民检察院可以作出不起诉决定。对于不法侵害人涉嫌犯罪的，应当依法及时追诉。人民法院审理第一审的涉正当防卫案件，社会影响较大或者案情复杂的，由人民陪审员和法官组成合议庭进行审理；社会影响重大的，由人民陪审员和法官组成七人合议庭进行审理。

21. 强化释法析理工作。要围绕案件争议焦点和社会关切，以事实为根据、以法律为准绳，准确、细致地阐明案件处理的依据和理由，强化法律文书的释法析理，有效回应当事人和社会关切，使办案成为全民普法的法治公开课，达到办理一案、教育一片的效果。要尽最大可能做好矛盾化解工作，促进社会和谐稳定。

22. 做好法治宣传工作。要认真贯彻“谁执法、谁普法”的普法责任制，做好以案说法工作，使正当防卫案件的处理成为全民普法和宣扬社会主义核心价值观的过程。要加大涉正当防卫指导性案例、典型案例的发布力度，旗帜鲜明保护正当防卫者和见义勇为人的合法权益，弘扬社会正气，同时引导社会公众依法、理性、和平解决琐事纠纷，消除社会戾气，增进社会和谐。

【案例一】

于欢故意伤害案[①]

● 案件事实 ●

被告人于欢的母亲苏某在山东省冠县工业园区经营山东源大工贸有限公司（以下简称源大公司），于欢系该公司员工。2014 年 7 月 28 日，苏某及其丈夫于某 1 向吴某、赵某 1 借款 100 万元，双方口头约定月息 10%。至 2015 年 10 月 20 日，苏某共计还款 154 万元。其间，吴某、赵某 1 因苏某还款不及时，曾指使被害人郭某 1 等人采取在源大公司车棚内驻扎、在办公楼前支锅做饭等方式催债。2015 年 11 月 1 日，苏某、于某 1 再向吴某、赵某 1 借款 35 万元。其中 10 万元，双方口头约定月息 10%；另外 25 万元，通过签订房屋买卖合同，用于某 1 名下的一套住房作为抵押，双方约定如逾期还款，则将该住房过户给赵某 1。2015 年 11 月 2 日至 2016 年 1 月 6 日，苏某共计向赵某 1 还款 29.8 万元。吴某、赵某 1 认为该 29.8 万元属于偿还第一笔 100 万元借款的利息，而苏某夫妇认为是用于偿还第二笔借款。吴某、赵某 1 多次催促苏某夫妇继续还款或办理住房过户手续，但苏某夫妇未再还款，也未办理住房过户。

2016 年 4 月 1 日，赵某 1 与被害人杜某 2、郭某 1 等人将于某 1 上述住房的门锁更换并强行入住，苏某报警。赵某 1 出示房屋买卖合同，民警调解后离去。同月 13 日上午，吴某、赵某 1 与杜某 2、郭某 1、杜某 7 等人将上述住房内的物品搬出，苏某报警。民警处警时，吴某称系房屋买卖纠纷，民警告知双方协商或通过诉讼解决。民警离开后，吴某责骂苏某，并将苏某头部按入座便器接近水面位置。当日下午，赵某 1 等人将上述住房内物品搬至源大公司门口。其间，苏某、于某 1 多次拨打市长热线求助。当晚，于某 1 通过他人调解，与吴某达成口头协议，约定次日将住房过户给赵某 1，此后再付 30 万元，借款本金及利息即全部结清。

4 月 14 日，于某 1、苏某未去办理住房过户手续。当日 16 时许，赵某 1 纠集郭某 2、郭某 1、苗某、张某 3 到源大公司讨债。为找到于某 1、苏某，郭某 1 报警称源大公司私刻财务章。民警到达源大公司后，苏某与赵某 1 等人因还款纠纷发生争吵。民警告知双方协商解决或到法院起诉后离开。李某 3 接赵某 1 电话后，伙同么某、张某 2 和被害人严某、程某到达源大公司。赵某 1 等人先后在办公楼前呼喊，在财务室内、餐厅外盯守，在办公楼门厅外烧烤、饮酒，催促苏某还款。其间，赵某 1、苗某离开。20 时许，杜某 2、杜某 7 赶到源大

---

① 根据 2018 年 6 月 20 日《最高人民法院关于发布第十八批指导性案例的通知》指导案例 93 号修改。

公司，与李某3等人一起饮酒。20时48分，苏某按郭某1要求到办公楼一楼接待室，于欢及公司员工张某1、马某陪同。21时53分，杜某2等人进入接待室讨债，将苏某、于欢的手机收走放在办公桌上。杜某2用污秽言语辱骂苏某、于欢及其家人，将烟头弹到苏某胸前衣服上，将裤子褪至大腿处裸露下体，朝坐在沙发上的苏某等人左右转动身体。在马某、李某3的劝阻下，杜某2穿好裤子，又脱下于欢的鞋让苏某闻，被苏某打掉。杜某2还用手拍打于欢面颊，其他讨债人员实施了揪抓于欢头发或按压于欢肩部不准其起身等行为。22时07分，公司员工刘某打电话报警。22时17分，民警朱某带领辅警宋某、郭某3到达源大公司接待室了解情况，苏某和于欢指认杜某2殴打于欢，杜某2等人否认并称系讨债。22时22分，民警朱某警告双方不能打架，然后带领辅警到院内寻找报警人，并给值班民警徐某打电话通报警情。于欢、苏某想随民警离开接待室，杜某2等人阻拦，并强迫于欢坐下，于欢拒绝。杜某2等人卡住于欢颈部，将于欢推拉至接待室东南角。于欢持刃长15.3厘米的单刃尖刀，警告杜某2等人不要靠近。杜某2出言挑衅并逼近于欢，于欢遂捅刺杜某2腹部一刀，又捅刺围逼在其身边的程某胸部、严某腹部、郭某1背部各一刀。22时26分，辅警闻声返回接待室。经辅警连续责令，于欢交出尖刀。杜某2等四人受伤后，被杜某7等人驾车送至冠县人民医院救治。次日2时18分，杜某2经抢救无效，因腹部损伤造成肝固有动脉裂伤及肝右叶创伤导致失血性休克死亡。严某、郭某1的损伤均构成重伤二级，程某的损伤构成轻伤二级。

• 裁判要旨 •

综合案发时间条件、现场环境等证据对正当防卫成立与否的司法认定。

• 裁判理由 •

山东省聊城市中级人民法院于2017年2月17日作出（2016）鲁15刑初33号刑事附带民事判决，认定被告人于欢犯故意伤害罪，判处无期徒刑，剥夺政治权利终身，并赔偿附带民事原告人经济损失。一审宣判后，被告人于欢及部分原审附带民事诉讼原告人不服，分别提出上诉。山东省高级人民法院经审理于2017年6月23日作出（2017）鲁刑终151号刑事附带民事判决：驳回附带民事上诉，维持原判附带民事部分；撤销原判刑事部分，以故意伤害罪改判于欢有期徒刑五年。

法院生效裁判认为：被告人于欢持刀捅刺杜某2等四人，属于制止正在进行的不法侵害，其行为具有防卫性质；其防卫行为造成一人死亡、二人重伤、一人轻伤的严重后果，明显超过必要限度造成重大损害，构成故意伤害罪，依法应负刑事责任。鉴于于欢的行为属于防卫过当，于欢归案后如实供述主要罪行，且被害方有以恶劣手段侮辱于欢之母的严重过错等情节，对于欢依法应当减轻处罚。原判认定于欢犯故意伤害罪正确，审判程序合法，但认定事实不全面，部分刑事判项适用法律错误，量刑过重，遂依法改判于欢有期徒刑五年。

本案在法律适用方面的争议焦点主要有两个方面：一是于欢的捅刺行为性质，即是否具有防卫性、是否属于特殊防卫、是否属于防卫过当；二是如何定罪处罚。

一、关于于欢的捅刺行为的性质

《刑法》第20条第1款规定："为了使国家、公共利益、本人或者他人的人身、财产和其他权利免受正在进行的不法侵害，而采取的制止不法侵害的行为，对不法侵害人造成损害的，属于正当防卫，不负刑事责任。"由此可见，成立正当防卫必须同时具备以下五项条件：一是防卫起因，不法侵害现实存在。不法侵害是指违背法律的侵袭和损害，既包括犯罪行为，又包括一般违法行为；既包括侵害人身权利的行为，又包括侵犯财产及其他权利的行为。二是防卫时间，不法侵害正在进行。正在进行是指不法侵害已经开始并且尚未结束的这段时期。对尚未开始或已经结束的不法侵害，不能进行防卫，否则即是防卫不适时。三是防卫对象，即针对不法侵害者本人。正当防卫的对象只能是不法侵害者本人，不能对不法侵害者之外的人实施防卫行为。在共同实施不法侵害的场合，共同侵害具有整体性，可对每一个共同侵害人进行正当防卫。四是防卫意图，出于制止不法侵害的目的，有防卫认识和意志。五是防卫限度，尚未明显超过必要限度造成重大损害。这就是说正当防卫的成立条件包括客观条件、主观条件和限度条件。客观条件和主观条件是定性条件，确定了正当防卫"正"的性质和前提条件，不符合这些条件的不是正当防卫；限度条件是定量条件，确定了正当防卫"当"的要求和合理限度，不符合该条件的虽然仍有防卫性质，但不是正当防卫，属于防卫过当。防卫过当行为具有防卫的前提条件和制止不法侵害的目的，只是在制止不法侵害的过程中，没有合理控制防卫行为的强度，明显超过正当防卫必要限度，并造成不应有的重大损害后果，从而转化为有害于社会的违法犯罪行为。根据本案认定的事实、证据和我国刑法有关规定，于欢的捅刺行为虽然具有防卫性，但属于防卫过当。

首先，于欢的捅刺行为具有防卫性。案发当时杜某2等人对于欢、苏某持续实施着限制人身自由的非法拘禁行为，并伴有侮辱人格和对于欢推搡、拍打等行为；民警到达现场后，于欢和苏某想随民警走出接待室时，杜某2等人阻止二人离开，并对于欢实施推拉、围堵等行为，在于欢持刀警告时仍出言挑衅并逼近，实施正当防卫所要求的不法侵害客观存在并正在进行；于欢是在人身自由受到违法侵害、人身安全面临现实威胁的情况下持刀捅刺，且捅刺的对象都是在其警告后仍向其靠近围逼的人。因此，可以认定其是为了使本人和其母亲的人身权利免受正在进行的不法侵害，而采取的制止不法侵害的行为，具备正当防卫的客观和主观条件，具有防卫性质。

其次，于欢的捅刺行为不属于特殊防卫。《刑法》第20条第3款规定："对正在进行行凶、杀人、抢劫、强奸、绑架以及其他严重危及人身安全的暴力犯罪，采取防卫行为，造成不法侵害人伤亡的，不属于防卫过当，不负刑事责任。"根据这一规定，特殊防卫的适用前提条件是存在严重危及本人或他人人身安全的暴力犯罪。本案中，虽然杜某2等人对于欢母子实施了非法限制人身自由、侮辱、轻微殴打等人身侵害行为，但这些不法侵害不是严重危及人身安全的暴力犯罪。其一，杜某2等人实施的非法限制人身自由、侮辱等不法侵害行为，虽然侵犯了于欢母子的人身自由、人格尊严等合法权益，但并不具有严重危及于欢母子人身安全的性质；其二，杜某2等人按肩膀、推拉等强制或者殴打行为，虽然让于欢母子的人身安全、身体健康权遭受了侵害，但这种不法侵害只是轻微的暴力侵犯，既不是针对生命权的不法侵害，又不是发生严重侵害于欢母子身体健康权的情形，因而不属于严重危及人身安全的暴力犯罪。其三，苏某、于某1系主动通过他人协调、担保，向吴某借贷，自愿接受吴某所提10%的月息。既不存在苏某、于某1被强迫向吴某高息借贷的事实，又不存在吴某强迫苏某、于某1借贷的事实，与司法解释以借贷为名采用暴力、胁迫手段获取他人财物以抢劫罪论处的规定明显不符。可见，杜某2等人实施的多种不法侵害行为，符合可以实施一般防卫行为的前提条件，但不具备实施特殊防卫的前提条件，故于欢的捅刺行为不属于特殊防卫。

最后，于欢的捅刺行为属于防卫过当。《刑法》第20条第2款规定："正当防卫明显超过必要限度造成重大损害的，应当负刑事责任，但是应当减轻或者免除处罚。"由此可见，防卫过当是在具备正当防卫客观和主观前提条件下，防卫反击明显超越必要限度，并造成致人重伤或死亡的过当结果。认定防卫是否"明显超过必要限度"，应当从不法侵害的性质、手段、强度、危害程度，以及防卫行为的性质、时机、手段、强度、所处环境和损害后果等方面综合分析判定。本案中，杜某2一方虽然人数较多，但其实施不法侵害的意图是给苏某夫妇施加压力以催讨债务，在催债过程中未携带、使用任何器械；在民警朱某等进入接待室前，杜某2一方对于欢母子实施的是非法限制人身自由、侮辱和对于欢拍打面颊、揪抓头发等行为，其目的仍是逼迫苏某夫妇尽快还款；在民警进入接待室时，双方没有发生激烈对峙和肢体冲突，当民警警告不能打架后，杜某2一方并无打架的言行；在民警走出接待室寻找报警人期间，于欢和讨债人员均可透过接待室玻璃清晰看见停在院内的警车警灯闪烁，应当知道民警并未离开；在于欢持刀警告不要逼过来时，杜某2等人虽有出言挑衅并向于欢围逼的行为，但并未实施强烈的攻击行为。因此，于欢面临的不法侵害并不紧迫和严重，而其却持刃长15.3厘米的单刃尖刀连续捅刺四人，致一人死亡、二人重伤、一人轻伤，且其中一人系被背后捅伤，故应当认定于欢的防卫行为明显超过必要限度造成重大损害，属于防卫过当。

二、关于定罪量刑

首先，关于定罪。本案中，于欢连续捅刺四人，但捅刺对象都是当时围逼在其身边的人，未对离其较远的其他不法侵害人进行捅刺，对不法侵害人每人捅刺一刀，未对同一不法侵害人连续捅刺。可见，于欢的目的在于制止不法侵害并离开接待室，在案证据不能证实其具有追求或放任致人死亡危害结果发生的故意，故于欢的行为不构成故意杀人罪，但他为了追求防卫效果的实现，对致多人伤亡的过当结果的发生持听之任之的态度，已构成防卫过当情形下的故意伤害罪。认定于欢的行为构成故意伤害罪，既是严格司法的要求，又符合人民群众的公平正义观念。

其次，关于量刑。《刑法》第 20 条第 2 款规定："正当防卫明显超过必要限度造成重大损害的，应当负刑事责任，但是应当减轻或者免除处罚。"综合考虑本案防卫权益的性质、防卫方法、防卫强度、防卫起因、损害后果、过当程度、所处环境等情节，对于欢应当减轻处罚。

被害方对引发本案具有严重过错。本案案发前，吴某、赵某 1 指使杜某 2 等人实施过侮辱苏某、干扰源大公司生产经营等逼债行为，苏某多次报警，吴某等人的不法逼债行为并未收敛。案发当日，杜某 2 等人对于欢、苏某实施非法限制人身自由、侮辱及对于欢间有推搡、拍打、卡颈部等行为，于欢及其母亲苏某连日来多次遭受催逼、骚扰、侮辱，导致于欢实施防卫行为时难免带有恐惧、愤怒等因素。尤其是杜某 2 裸露下体侮辱苏某对引发本案有重大过错。案发当日，杜某 2 当着于欢之面公然以裸露下体的方式侮辱其母亲苏某。虽然距于欢实施防卫行为已间隔约 20 分钟，但于欢捅刺杜某 2 等人时难免带有报复杜某 2 辱母的情绪，故杜某 2 裸露下体侮辱苏某的行为是引发本案的重要因素，在刑罚裁量上应当作为对于欢有利的情节重点考虑。

杜某 2 的辱母行为严重违法、亵渎人伦，应当受到惩罚和谴责，但于欢在民警尚在现场调查，警车仍在现场闪烁警灯的情形下，为离开接待室摆脱围堵而持刀连续捅刺四人，致一人死亡、二人重伤、一人轻伤，且其中一重伤者系于欢从背部捅刺，损害后果严重，且除杜某 2 以外，其他三人并未实施侮辱于欢母亲的行为，其防卫行为造成的损害远远大于其保护的合法权益，防卫明显过当。于欢及其母亲的人身自由和人格尊严应当受到法律保护，但于欢的防卫行为明显超过必要限度并造成多人伤亡的严重后果，超出法律所允许的限度，依法也应当承担刑事责任。

根据我国《刑法》相关规定，故意伤害致人死亡的，处十年以上有期徒刑、无期徒刑或者死刑；防卫过当的，应当减轻或者免除处罚。如上所述，于欢的防卫行为明显超过必要限度造成重大伤亡后果，减轻处罚依法应当在三年至十年有期徒刑的法定刑幅度内量刑。鉴于于欢归案后如实供述主要罪行，且被害方有以恶劣手段侮辱于欢之母的严重过错等可以从轻处罚情节，综合考虑于欢犯罪的事实、性质、情节和危害后果，遂判处于欢有期徒刑五年。

【案例二】

韩霖故意伤害案①

● 案件事实 ●

2003年8月30日19时许，被害人王某见被告人韩霖同丁某某在山东省乳山市“豪迈”网吧上网，王某认为丁某某是自己的女友，即对韩霖产生不满，纠集宋某、贾某等四人到网吧找韩霖。王某先让其中二人进入网吧叫韩霖出来，因韩霖不愿出来，王某又自己到网吧中拖扯韩霖，二人发生争执，后被网吧老板拉开。王某等人到网吧外等候韩霖，当韩霖、丁某某二人走出网吧时，王某即将韩霖拖到一旁，并朝韩霖踢了一脚。韩霖挣脱后向南跑，王某在后追赶，宋某、贾某等人也随后追赶。韩霖见王某追上，即持随身携带的匕首朝王某挥舞，其中一刀刺中王某左颈部，致王某左侧颈动脉、静脉断裂，急性大出血性休克死亡。案发后，韩霖于9月2日到公安机关投案自首。在案件审理中，经双方协商，韩霖的父母自愿代韩霖向被害人王某的父母赔偿经济损失人民币3万元。

● 裁判要旨 ●

“明显超过必要限度造成重大损害”的具体判断。

● 裁判理由 ●

山东省威海市中级人民法院认为：被告人韩霖持刀伤人并致人死亡，其行为已构成故意伤害罪，公诉机关指控的罪名成立。韩霖在犯罪后投案自首，依法可从轻处罚。被害人王某因嫉妒韩霖与自己喜欢的女孩交往，即纠集多人找到韩霖所在的网吧滋事，并殴打、追赶韩霖，在本案中存有明显过错。韩霖面对赤手空拳追赶自己的王某等人，在尚未遭到再次殴打的情况下，手持匕首刺中王某，其行为系防卫不适时，已超出防卫的范畴，关于韩霖的行为属防卫过当的辩护意见不当，不予支持。据此，依照《刑法》第234条第2款、第67条第1款之规定，判决如下：被告人韩霖犯故意伤害罪，判处有期徒刑十一年。

一审宣判后，被告人韩霖以其行为系正当防卫为由提出上诉。其辩护人提出，依照《刑法》第20条第3款的规定，对正在进行行凶、杀人、抢劫、强

① 参见中华人民共和国最高人民法院刑事审判第一、二、三、四、五庭主办：《刑事审判参考》（总第69集），法律出版社2009年版。

奸、绑架以及其他严重危及人身安全的暴力犯罪，采取防卫行为，造成不法侵害人伤亡的，不属于防卫过当，韩霖的行为应认定为正当防卫。

山东省高级人民法院经二审审理认为：原审认定的事实清楚，证据确实、充分。综观本案的全过程，应当认定被害人王某等人的不法侵害行为从围攻被告人韩霖时已经开始，且已达到有必要进行防卫的程度；王某等人追赶韩霖的行为，是不法侵害的持续而非中止，此时韩霖所面临的不法侵害的威胁并未消除或减弱，即不法侵害行为正在进行。韩霖在王某一方人多势众、执意追打，且自己又摆脱不能的情况下，为使本人的人身权利免受正在进行的不法侵害，对不法侵害人实施防卫行为是适时的、必要的。但韩霖采取持刀捅刺不法侵害人的防卫手段、强度及致不法侵害人死亡的严重后果，与不法侵害人赤手空拳殴打行为的手段、强度及通常可能造成的一般后果相比较，两者存在过于悬殊的差距，该防卫行为已明显超过了有效制止不法侵害行为的必要限度。应当认定韩霖的行为系防卫过当，且构成故意伤害罪。韩霖所提正当防卫的上诉理由不予支持。《刑法》第 20 条第 3 款是对严重危及人身安全的暴力犯罪人实施防卫所作出的特殊规定，本案被害人所实施的撕扯、脚踢等行为，尚达不到严重危及人身安全的暴力犯罪程度，只能认定系一般的不法侵害行为，不适用该条款的规定，故对其所提其行为系特殊正当防卫的辩护意见不予采纳。韩霖防卫过当，且投案自首，应依法对其减轻处罚。原审判决定罪准确，审判程序合法，但未认定韩霖系防卫过当，对其量刑不当，应予以纠正。依照《刑事诉讼法》第 189 条第 2 项、第 195 条和第 162 条第 2 项及《最高人民法院关于执行〈中华人民共和国刑事诉讼法〉若干问题的解释》第 176 条第 3 项的规定，判决如下：一、维持山东省威海市中级人民法院（2003）威刑一初字第 40 号刑事判决对被告人韩霖的定罪部分，即被告人韩霖犯故意伤害罪。二、撤销山东省威海市中级人民法院（2003）威刑一初字第 40 号刑事判决对被告人韩霖的量刑部分，即判处被告人韩霖有期徒刑十一年。三、上诉人（原审被告人）韩霖犯故意伤害罪，判处有期徒刑七年。

【案例三】

张那木拉正当防卫案①

●　基本案情　●

张那木拉与其兄张某 1 二人均在天津市西青区打工。2016 年 1 月 11 日，

① 根据 2020 年 12 月 29 日《最高人民法院关于发布第二十六批指导性案例的通知》指导案例 144 号修改。

张某1与案外人李某某驾驶机动车发生交通事故。事故发生后，李某某驾车逃逸。在处理事故过程中，张那木拉一方认为交警处置懈怠。此后，张那木拉听说周某强在交警队有人脉关系，遂通过鱼塘老板牛某找到周某强，请周某强向交警“打招呼”，周某强应允。3月10日，张那木拉在交警队处理纠纷时与交警发生争吵，这时恰巧周某强给张那木拉打来电话，张那木拉以为周某强能够压制交警，就让交警直接接听周某强的电话，张那木拉此举引起周某强不满，周某强随即挂掉电话。次日，牛某在电话里提醒张那木拉小心点，周某强对此事没完。

2016年3月12日早上8时许，张那木拉与其兄张某1及赵某在天津市西青区鱼塘旁的小屋内闲聊，周某强纠集丛某、张某2、陈某2，由丛某驾车，并携带了陈某2事先准备好的两把砍刀，至天津市西青区张那木拉暂住处（分为里屋外屋）。四人首次进入张那木拉暂住处确认张那木拉在屋后，随即返回车内，取出事前准备好的两把砍刀。其中，周某强、陈某2二人各持砍刀一把，丛某、张某2分别从鱼塘边拿起铁锹、铁锤再次进入张那木拉暂住处。张某1见状上前将走在最后边的张某2截在外屋，二人发生厮打。周某强、陈某2、丛某进入里屋内，三人共同向屋外拉拽张那木拉，张那木拉向后挣脱。此刻，周某强、陈某2见张那木拉不肯出屋，持刀砍向张那木拉后脑部，张那木拉随手在茶几上抓起一把尖刀捅刺了陈某2的胸部，陈某2被捅后退到外屋，随后倒地。其间，丛某持铁锹击打张那木拉后脑处。周某强、丛某见陈某2倒地后也跑出屋外。张那木拉将尖刀放回原处。此时，其发现张某2仍在屋外与其兄张某1相互厮打，为防止张某1被殴打，其到屋外，随手拿起门口处的铁锹将正挥舞砍刀的周某强打入鱼塘中，周某强爬上岸后张那木拉再次将其打落水中，最终致周某强左尺骨近段粉碎性骨折，其所持砍刀落入鱼塘中。此时，张某1已经将张某2手中的铁锤夺下，并将张某2打落鱼塘中。张那木拉随即拨打电话报警并在现场等待。陈某2被送往医院后，因单刃锐器刺破心脏致失血性休克死亡；张那木拉头皮损伤程度构成轻微伤；周某强左尺骨损伤程度构成轻伤一级。

• 裁判要旨 •

1. 对于使用致命性凶器攻击他人要害部位，严重危及他人人身安全的行为，应当认定为《刑法》第20条第3款规定的“行凶”，可以适用特殊防卫的有关规定。

2. 对于多人共同实施不法侵害，部分不法侵害人已被制伏，但其他不法侵害人仍在继续实施侵害的，仍然可以进行防卫。

• 裁判理由 •

天津市西青区人民法院于2017年12月13日作出（2016）津0111刑初576号刑事附带民事判决，以被告人张那木拉犯故意伤害罪，判处有期徒刑十二年六个月。被告人张那木拉以其系正当防卫、不构成犯罪为由提出上诉。天津市第一中级人民法院于2018年12月14日作出（2018）津01刑终326号刑事附带民事判决，撤销天津市西青区人民法院（2016）津0111刑初576号刑事附带民事判决，宣告张那木拉无罪。

法院生效裁判认为，张那木拉的行为系正当防卫行为，而且是《刑法》第20条第3款规定的特殊防卫行为。本案中，张那木拉是在周某强、陈某2等人突然闯入其私人场所，实施严重不法侵害的情况下进行反击的。周某强、陈某2等四人均提前准备了作案工具，进入现场时两人分别手持长约50厘米的砍刀，一人持铁锹，一人持铁锤，而张那木拉一方是并无任何思想准备的。周某强一方闯入屋内后径行对张那木拉实施拖拽，并在张那木拉转身向后挣脱时，使用所携带的凶器砸砍张那木拉后脑部。从侵害方人数、所持凶器、打击部位等情节看，以普通人的认识水平判断，应当认为不法侵害已经达到现实危害张那木拉的人身安全、危及其生命安全的程度，属于《刑法》第20条第3款规定的“行凶”。张那木拉为制止正在进行的不法侵害，顺手从身边抓起一把平时生活所用刀具捅刺不法侵害人，具有正当性，属于正当防卫。

另外，监控录像显示陈某2倒地后，周某强跑向屋外后仍然挥舞砍刀，此时张那木拉及其兄张某1人身安全面临的危险并没有完全排除，其在屋外打伤周某强的行为仍然属于防卫行为。

根据《刑法》第20条第3款的规定，对正在进行行凶、杀人、抢劫、强奸、绑架以及其他严重危及人身安全的暴力犯罪，采取防卫行为，造成不法侵害人伤亡的，不属于防卫过当，不负刑事责任。本案中，张那木拉的行为虽然造成了一死一伤的后果，但是属于制止不法侵害的正当防卫行为，依法不负刑事责任。

【案例四】

钟某某故意杀人案①

• 案件事实 •

自2003年始，被告人褚某某、苏某某先后纠集并指使他人在厦门市数地租赁厂房制造甲基苯丙胺。2004年2月7日晚，制毒窝点被厦门警方查获，当

① 参见最高人民法院中国应用法学研究所编：《人民法院案例选》，人民法院出版社2007年版。

场查获大量毒品及制毒设备。2004 年 2 月 8 日，褚某某在广东获悉其在厦门的制毒窝点被警方查获，9 日晚，褚某某与苏某某驾驶宝马车逃窜，途中怀疑被警方跟踪，决定更换车辆继续逃窜。为此，被告人褚某某多次打电话给被告人钟某某，告知其所在工厂出事了，要钟某某到厦门将其新购买的奥迪车开到福建泉州一带与其交换。被告人钟某某到福厦高速公路南安市水头镇隧道口接应被告人褚某某与其会合并交换车辆，其目睹被告人褚某某持有枪支，仍应褚某某要求帮助其藏匿宝马车。被告人褚某某驾驶奥迪车载苏某某往福州方向逃窜，仍认为被警方跟踪，怀疑被告人钟某某是检举他们在厦门高崎制毒的举报人，再次返回与被告人钟某某交换车辆，并要求钟某某驾驶奥迪车带路至高速公路入口处。褚某某、苏某某驾驶宝马车紧随其后，行驶过程中，其认为被告人钟某某在前带路故意绕圈等举动愈加怀疑钟某某是举报人，遂叫被告人钟某某将奥迪车停在路旁，一同乘坐宝马车。行驶中，苏某某取走被告人钟某某的 2 部手机，用手铐将钟某某的左手铐在车上，持手枪追问检举之事并击中钟某某腹部 1 枪，致其腹部表皮及表皮下组织贯通伤。2 月 10 日凌晨 4 时许，车行至高速公路途中时爆胎，后停在路边，被告人钟某某挣脱手铐，拉开车内 1 枚催泪弹，在与苏某某搏斗中，抢得 1 把手枪朝苏某某连开 3 枪，其中 1 枪击中苏某某胸部致苏某某死亡，后从车上跳下逃走。下车查看轮胎的褚某某见状朝钟某某连开数枪未中，钟某某逃走。

• 裁判要旨 •

行为人在实施他种犯罪的过程中，因受到严重危及人身安全的不法侵害，而采取必要的防卫行为，造成不法侵害人死伤的，其行为成立正当防卫，不负刑事责任。

• 裁判理由 •

福建省泉州市中级人民法院一审认为：被告人钟某某明知同案人褚某某等 2 人可能是犯罪的人而为其藏匿作案工具、带路，帮助其逃匿的过程中，双方发生争吵并相互开枪射击，双方均属不法行为，钟某某持手枪击中苏某某胸部，致其当场死亡，其行为已分别构成故意杀人罪、窝藏罪。被告人钟某某窝藏严重刑事犯罪分子，属情节严重。被害人苏某某用手铐铐住钟某某、一直持手枪威胁并击伤钟某某，且将钱扔到钟某某的身上称让他死，被害人苏某某有严重过错，且由于苏某某的该行为致使钟某某感到孤立无援、绝望而受到强烈精神刺激，而当场实施杀人行为，是激情杀人，被告人钟某某故意杀人犯罪情节较轻，遂以故意杀人罪、窝藏罪数罪并罚对被告人钟某某作出了判罚。

宣判后，被告人钟某某上诉，提出是在被铐、被枪击，并在搏斗中才开枪打死苏某某，符合正当防卫构成要件，请求依法改判。福建省高级人民法院审理后认为：上诉人钟某某因被苏某其怀疑是制毒窝点被警方捣毁的举报人，在被枪击后，又被继续铐在车上。在与苏某某搏斗中，为了本人的生命免受仍在进行的不法侵害而开枪打死直接实施不法侵害的苏某某，符合正当防卫的构成要件，依法不负刑事责任。遂依法改判，仅以窝藏罪对其作出了判罚。

【学理分析及适用指引】

• 学理分析 •

正当防卫行为在客观上对不法侵害人造成了一定的人身或者财产损害，因此具有犯罪的外在形式。但是，正当防卫行为和违法犯罪行为在性质上有着本质区别。我们只有明确正当防卫的目的，才能知晓正当防卫制止不法侵害、保护国家、社会公共利益和其他合法权利的本质，才能真正把握住正当防卫不负刑事责任的法律依据。特别是现行《刑法》中对正当防卫规定作了重大的修改补充，主要立法精神是适当地放宽正当防卫的构成条件，除原则性地规定正当防卫行为不负刑事责任以外，还对某些特定情况下的正当防卫不负刑事责任作了特别规定，这就有利于公民大胆地运用正当防卫的法律武器同不法侵害作斗争。

1. 正当防卫的构成条件。

（1）起因条件：必须有不法侵害行为发生。针对前提条件应当从以下几个方面来理解：

①必须有不法侵害行为发生。对合法行为、正当防卫行为、紧急避险行为不能实施正当防卫。

②不法侵害行为必须是真实存在的，而不是假想的。没有不法侵害，行为人误以为有不法侵害发生，并出于正当防卫的意图而实施了所谓的正当防卫，称为假想防卫。由于不存在正当防卫的起因条件，故此，假想防卫不是正当防卫。应当根据行为人主观上有无罪过来确定是按照意外事件处理，还是按照过失犯罪来追究刑事责任。不法侵害行为通常是源于人的不法行为。侵害原动力包括自然人的侵害、动物的侵袭及大自然力量的侵袭等。只有对人的侵害行为才能实施正当防卫。

（2）时间条件：不法侵害行为正在进行。不法侵害正在进行，是指不法侵害已经开始，尚未结束。这个条件解决的是不法侵害的真实性和适时性问题。

①对于不法侵害正在进行应当从以下几个方面来界定：A. 不法侵害使法律所保护的利益面临现实危险；B. 不法侵害使法律所保护的利益正在遭受损害；C. 被不法行为所侵害的利益有通过正当防卫挽回的可能性。

②“已经开始”，刑法理论界的通说认为是行为人已经开始着手实施《刑

法》分则所规定罪的构成要件；“尚未结束”是指侵害行为仍处于继续状态。通常认为在以下情形下，侵害已经结束：A. 犯罪行为已经实施完毕，犯罪结果已经出现，并且不具有挽回的可能性；B. 犯罪人已经被公安机关抓获或被民众制服；C. 犯罪人已经丧失继续实施侵害行为的能力和可能性。在不法侵害尚未开始或在不法侵害已经结束后实施防卫行为的，称为防卫不适时。防卫不适时有两种情况：不法侵害尚未开始就实施防卫的，称事前防卫；不法侵害行为已经结束实施的防卫，称事后防卫。防卫不适时的应当根据行为当时的情形追究行为人的刑事责任。

（3）对象条件：正当防卫的对象条件要求正当防卫针对不法侵害者本人实施。这也是正当防卫和紧急避险区别的关键点之一。针对不法侵害者应当从以下几个方面来理解：①不法侵害者必须是自然人；②必须针对不法侵害者本人；③不能针对与侵害行为无关的第三人。如果对第三者实施，属于故意犯罪。这是因为，如果针对不法侵犯人以外的第三人包括其亲友进行防卫，不仅不能达到制止不法侵害，保护合法权益的目的，反而可能产生新的不法侵害。

（4）主观条件：正当防卫的主观条件要求防卫人必须出于防卫意图而实施防卫行为。所谓防卫意图，是指防卫人意识到不法侵害正在进行，为了保护国家、社会公共利益、本人或者他人的人身、财产等合法权利，而决意制止正在进行的不法侵害的心理状态。防卫意图包括两个方面的内容：防卫认识和防卫目的。防卫认识就是对于正在进行的不法侵害存在的现实性、迫切性、强度的认识，以及对不法侵害人的认识，还有对防卫手段、防卫强度等的认识。防卫意图是指决定通过制止正在进行的不法侵害来保护国家利益、公共利益、公民个人利益。因此，如果行为人不具有防卫认识和防卫意图，则其行为不能构成正当防卫，如防卫挑拨和相互斗殴：防卫挑拨是故意地挑逗对方进行不法侵害而借机加害于不法侵害人的行为。它虽然存在着一定的不法侵害，挑拨人也实行了所谓正当防卫，形式上符合正当防卫的客观条件，但由于该不法侵害是在挑拨人的挑逗下诱发的，挑拨人主观上具有犯罪意图而没有防卫意图，客观上实施了犯罪行为，因而是故意犯罪，依法应该承担刑事责任。互相斗殴是指参与者在不法侵害故意的支配下，客观上实施的连续的互相侵害的行为。在互相斗殴的情况下，由于行为人主观上没有防卫意图，其行为也不得视为正当防卫。

（5）限度条件：正当防卫的限度条件要求实施正当防卫时不能明显超过必要限度造成重大损害。根据《刑法》第 20 条规定，正当防卫明显超过必要限度造成重大损害的，是防卫过当。防卫过当应当负刑事责任。该法第 20 条第 2 款规定：正当防卫明显超过必要限度造成重大损害的，应当负刑事责任，但是应当减轻或者免除刑罚。衡量防卫强度的法定因素有两个：一是明显超过必要限度；二是造成重大损失。前者是防卫强度的说明，后者是防卫结果的表现，对于构成防卫过当来说，二者缺一不可。所谓明显超过必要限度，是指防卫行为非常显著地超出了制止不法侵害的需要，防卫行为的性质、手段、强度与不法侵害的性质、手段、强度过于悬殊。所谓造成重大损害，是指防卫行为不仅对不法侵害人造成了一定的损害，而且造成了重伤、死亡或者财产重大损失等结果。

2. 特殊防卫权（无过当防卫）。《刑法》第20条第3款首次规定了针对严重危及人身安全的暴力犯罪可以采取无限度的防卫，即使造成了不法侵害者的严重损害后果也不负刑事责任。该条第3款规定：对正在进行行凶、杀人、抢劫、强奸、绑架以及其他严重危及人身安全的暴力犯罪，采取防卫行为，造成不法侵害人伤亡的，不属于防卫过当，不负刑事责任。因此，针对本条，除了没有限度条件外，正当防卫的其他四个条件：起因条件、防卫时间、防卫对象以及防卫意图必须同时具备。

无过当防卫实际上属于不存在防卫限度要求的正当防卫，在防卫时间、防卫意图、防卫对象等方面，同正当防卫的要求是一致的，但在起因条件上，无过当防卫更为严格：即必须是针对正在进行的行凶、杀人、抢劫、强奸、绑架以及其他严重危及人身安全的暴力犯罪进行防卫。具体而言：（1）对于非暴力犯罪以及作为一般违法行为的暴力行为，不适用上述规定。（2）对于轻微暴力犯罪或者一般暴力犯罪，不适用上述规定。只有对于严重危及人身安全的暴力犯罪进行正当防卫，才存在特殊防卫权的问题。至于此处的“行凶”应当理解为介乎故意杀人与故意重伤之间而界限不清的暴力犯罪。（3）并非对于任何正在进行的行凶、杀人、抢劫、强奸、绑架以及其他暴力犯罪都可以采取特殊防卫，只有当暴力犯罪严重危及人身安全时，才适用上述规定。比如对用麻醉方法进行抢劫的，就不应该适用特殊防卫。（4）严重危及人身安全的暴力犯罪不限于刑法条文所列举的上述犯罪，还包括其他严重危及人身安全的暴力犯罪，如抢劫枪支弹药、劫持航空器、组织越狱等。总之，对于无过当防卫，在适用条件上同一般正当防卫相比，是有十分严格而明确的限制条件的。

• 适用指引 •

在认定正当防卫时，应当综合考虑正当防卫的五个条件，缺一不可，只有五个条件同时具备时，才能认定行为人构成了正当防卫。对于特殊防卫（无过当防卫）的判断，关键在于起因条件，是否存在现实的严重危及人身安全的暴力犯罪。

第二十一条　紧急避险

【法律规定】

• 法律条文 •

《中华人民共和国刑法》

第二十一条　为了使国家、公共利益、本人或者他人的人身、财产和其他权利免受正在发生的危险，不得已采取的紧急避险行为，造成损害的，不负刑事责任。

紧急避险超过必要限度造成不应有的损害的，应当负刑事责任，但是应当减轻或者免除处罚。

第一款中关于避免本人危险的规定，不适用于职务上、业务上负有特定责任的人。

【案例】

彭某交通肇事案①

• 案件事实 •

1998年12月15日，被告人彭某与李某峰签订了一份购车协议，由彭某购买李某峰某号牌农用车一辆，但购车后，双方未办理车辆过户手续，某号牌农用车车主仍是李某峰。1999年10月6日17时20分左右，彭某驾驶某号牌农用车从萍乡返回银河，途经320国道芦溪县公路征费站路段，突遇一女青年从右向左横穿公路，彭某为避免碰撞该女青年，即向左打方向，驶入左车道，与相对行驶的江西省萍乡市人民政府决策咨询委员会的捷达小轿车相撞，致使小轿车驾驶员刘某某受伤，经抢救无效死亡；车内乘车人员林某某受伤，其伤情经江西省萍乡市公安局和萍乡市中级人民法院法医技术鉴定意见为重伤乙级、残废10级；捷达小轿车毁损，经江西省萍乡市中级人民法院司法技术鉴定损失评估价值为103200元，车辆鉴定费500元；被害人林某某住院治疗84天，花去医药费36076.35元、住院伙食（含营养费）840元、鉴定费300元、护理费991.2元、伤残补助费6372元；被害人刘某某丧葬费为3600元、死亡补偿费42480元、其子刘甲的生活补助费4320元、其父刘某发的生活补助费为

---

① 参见江西省高级人民法院编：《人民法院裁判文书选》（江西2001年卷），法律出版社2003年版。

2800 元、其母陈某泉的生活补助费为 3200 元、交通费 716 元、住宿费 190 元。另查明，被害人刘某某及其妻徐某某、儿子刘甲均系非农业城镇户口，其父母刘某发、陈某泉系农业户口，且生育三个子女。

• 裁判要旨 •

紧急避险案件中的避险过当及其刑事责任的实现。

• 裁判理由 •

对于被告人彭某的行为能否构成紧急避险，江西省芦溪县人民法院经审理后认为：被告人彭某为了避让突然横穿公路的行人而将驾驶的车辆驶入左车道，造成与相对行驶的小轿车相撞，导致交通事故，目的是使他人的人身免受正在发生的危险，符合紧急避险的特征，但其造成了重伤一人、死亡一人、小轿车被毁的巨大财产损失，紧急避险行为超过必要限度，造成了不应有的损害，应承担刑事责任。其行为构成交通肇事罪，且造成直接财产损失 10 万余元，属情节特别恶劣的情形，但是紧急避险超过必要限度的应减轻处罚；被告人彭某在开庭审理中认罪态度好，可酌情从轻处罚；在民事赔偿方面本应由引起险情发生的人承担民事责任，但引发险情之人下落不明，应由造成损害的被告人彭某先承担民事责任。根据江西省芦溪县公安局交通警察大队道路交通事故责任认定书对此次交通事故由被告人彭某承担全部责任的认定，应由被告人彭某承担全部民事赔偿责任，附带民事诉讼被告人李生峰卖车后未及时过户，应承担连带赔偿责任。依照《刑法》第 133 条，第 21 条第 1 款、第 2 款，《刑事诉讼法》第 77 条第 1 款，《民法通则》第 117 条第 2 款、第 119 条，《最高人民法院关于贯彻执行〈中华人民共和国民法通则〉若干问题的意见》第 144 条、第 146 条、第 147 条，《道路交通事故处理办法》第 35 条、第 36 条、第 37 条、第 40 条、第 31 条之规定，判决如下：一、被告人彭某犯交通肇事罪，判处有期徒刑二年。二、被告人彭某赔偿被害人刘某某丧葬费 3600 元，死亡补助费 42480 元；赔偿附带民事诉讼原告人刘甲生活补助费 4320 元，刘某发生活补助费 2800 元，陈某泉生活补助费 3200 元，交通费 716 元，住宿费 190 元，共计 57306 元。三、被告人彭某赔偿附带民事诉讼原告人林某某医药费 36076.35 元，住院伙食费（营养补助费）840 元，护理费 991.2 元，伤残补助费 6372 元，鉴定费 300 元，共计 44579.55 元。四、被告人彭某赔偿附带民事诉讼原告人江西省萍乡市人民政府决策咨询委员会小轿车损失费 103200 元，鉴定费 500 元，共计 103700 元。

【学理分析及适用指引】

• 学理分析 •

正当防卫是在紧急状态下通过对实施侵害者本人进行防卫而实现正当利益的保护的行为，而紧急避险是通过对第三方较小利益的侵害来保全一个较大利益的行为。故紧急避险和正当防卫一样，都是我国《刑法》规定的排除犯罪性的行为。紧急避险行为不负刑事责任。紧急避险之所以不负刑事责任，是因为：从主观上看，实行紧急避险的目的，是为了使国家、公共利益、本人或者他人的人身、财产和其他权利免受正在发生的危险；从客观上看，它是在处于紧急危险的状态下，不得已采取的以损害较小的合法权益来保全较大的合法权益的行为。因此，尽管紧急避险行为形式上符合某一罪的犯罪构成。但从总体上说，它不仅没有社会危害性，而且是有利于社会的行为，缺乏成立犯罪的实质要素。但如果紧急避险超过必要限度造成不应有损失的，则行为人应当承担紧急避险过当的刑事责任。

1. 紧急避险成立的条件。紧急避险行为是通过损害第三方的较小利益来保全一个较大的利益的行为，并且行为人还不承担刑事责任，故对紧急避险应当有一定的条件限制。紧急避险的条件具体有以下几个方面：

（1）避险起因条件。避险起因条件即危险现实存在，是指只有存在着对国家、公共利益、本人或者他人的人身、财产和其他权利侵害的危险时，才能实行紧急避险。不存在一定的危险，也就无所谓避险可言。就危险的性质来说，必须具有现实性、一定严重程度的强度性、紧迫性。就危险的来源来说，一般来说有以下几种：首先是人的行为，而且必须是危害社会的违法行为；其次是自然界的力量，如火灾、洪水、狂风及大浪等；三是来自动物的侵袭，例如牛马践踏、猛兽追扑等。

不具备上述条件的危险就不能构成紧急避险中的危险。也就是说，如果实际并不存在危险，由于行为人对事实发生认识错误，误认为存在这种危险，基于避险意图，实行了所谓的紧急避险行为，这在刑法理论上称为假想避险。假想避险的责任，适用对事实认识错误的解决原则。

（2）避险时间条件。紧急避险的时间条件，即危险正在发生。具体是指正在发生的危险必须迫在眉睫，对国家、公共利益和其他合法权利已直接构成了威胁。判断危险是不是正在发生，大致可以从以下几个方面来衡量：国家利益、公共利益、个人利益尚未受实际侵害，但面临现实的危险；法益正在遭受实际损害；法益虽已经遭受损害，但损害后果仍在继续扩大等。对于尚未到来或已经过去的危险，都不能实行紧急避险，否则就是避险不适时。避险不适时是指行为人基于避险意图，在危险尚未发生或者已经排除时，实施了自认为是紧急避险的行为。避险不适时有事前避险和事后避险两种形式。造成一定损害的都要承担相应的刑事责任。

（3）避险的对象条件。紧急避险是通过损害第三方较小的合法权益的方法来保全另一种较大合法权益的行为。故紧急避险所损害的对象是第三方的合法权益。这一点是紧急避险和正当防卫区别的关键。当行为人的不法侵害造成对国家、公共利益和其他合法权利的危险的情况下，如果通过损害不法侵害人本人的利益的方法来保护合法权益，构成正当防卫；如果通过损害第三方的合法权益的方法来保护另一较大的合法权益，则构成紧急避险。

（4）避险的意图条件。紧急避险和正当防卫不同之处在于，其毕竟是损害了一个无辜第三方的权益。因此，就要求行为人主观上必须是出于保护另一个较大的权益的意图。具体是指行为人实行紧急避险的目的必须是使国家、公共利益、本人或者他人的人身、财产和其他权利免受正在发生的危险。为了保护非法利益，不允许实行紧急避险。避险意图包括两个方面的内容：避险认识和避险目的。避险认识是指行为人必须认识到有危险发生，并且应当认识到可以通过损害第三方的较小利益来避免较大损害的发生。避险认识的另外一层含义是指行为人应当大致认识到紧急避险所采用的手段和强度。避险目的是保全更大的合法权益。

（5）避险的限制条件。紧急避险的可行性条件，是指只有在不得已、别无选择时，即没有其他方法可以避免危险时，才允许实行紧急避险。判断是不是不得已，应当综合考虑客观形势、危险情形、行为人个人的能力、客观条件和危险来源等。综合上述因素，才能确定在当时的情形下是不是若不采用紧急避险的措施就没有其他可行的措施来规避风险。《刑法》第 21 条第 3 款规定：关于避免本人危险的规定，不适用于职务上、业务上负有特定责任的人。

（6）避险的限度条件。紧急避险的限度条件，即对损害利益和保护利益的价值衡量，具体是指紧急避险行为不能超过其必要限度，造成不应有的损害。衡量是不是超过不应有的损害的标准是：紧急避险行为所引起的损害应小于所避免的损害。

关于利益衡量的标准，通常的规则是：在一般情况下，人身权利大于财产权利；其次，在人身权利中，生命权是最高的权利，不允许为了保护一个人的健康而牺牲另一个人的生命，更不容许牺牲别人的生命来保全自己的生命；最后，在财产权益中，应该用财产的价值进行比较，不允许为了保护一个较小的财产权益而牺牲另一个较大的财产权益。

2. 避险过当的处理。紧急避险不作为犯罪的一个重要原因就在于其是为了保护一个较大的利益而牺牲一个较小的利益，而如果行为人保护的利益还没有牺牲的利益价值大，那么在社会价值的综合考量上，就不再适当、合理，因此，《刑法》规定避险过当的，应当承担刑事责任。《刑法》第 21 条第 2 款规定：紧急避险超过必要限度造成不应有的损害的，应当负刑事责任，但是应当减轻或者免除处罚。在理论上称此为避险过当。避险过当不是一个罪名，在追究行为人刑事责任时，应当在确定具体罪过形式的基础上，以其所触犯的我国《刑法》分则有关具体的罪进行定罪量刑。由于避险过当在主观上是出于保全合法权益的动机和目的，在客观上是发生在紧迫的情况下。因此，对于避险过当应当减轻或者免除处罚。

• 适用指引 •

在认定紧急避险时，应当综合考虑紧急避险成立的六个条件，缺一不可。在紧急避险过当时，对行为人的刑事责任的确认，应当考虑行为人紧急避险的意图，从而合理确定其刑事责任和量定刑罚。

紧急避险和正当防卫均属于排除犯罪的正当化事由。但二者的本质尚有不同。紧急避险的本质在于，当两个合法权益相冲突，又只能保全其中之一的紧急状态下，法律允许为了保全较大的权益而牺牲较小的权益。如果说正当防卫特征在于"正对不正"，那么紧急避险的特征则在于"两害相权取其轻"。从主观上看，行为人实行紧急避险，是出于保护国家、公共利益、本人或者他人的人身、财产和其他合法权利免受正在发生的危险的目的；从客观上看，在法律所保护的权益遇到现实危险而不可能采取其他措施予以避免时，不得已采取的以损害较小的合法权益来保全较大的合法权益的行为。紧急避险虽然造成了某种合法权益的损害，但从总体上说，其不但没有社会危害性，反而是有利于社会的行为，也根本不符合任何犯罪的构成要件。因而是法律所保护并且受鼓励的正当行为。

第二十二条　犯罪预备

【法律规定】

• 法律条文 •

《中华人民共和国刑法》

第二十二条　为了犯罪，准备工具、制造条件的，是犯罪预备。

对于预备犯，可以比照既遂犯从轻、减轻处罚或者免除处罚。

【案例】

张某权等抢劫案[①]

• 案件事实 •

2006年11月初，被告人张某权、张某普因经济紧张，预谋到偏僻地段对单身女性行人实施抢劫，并购买了尖刀、透明胶带等作案工具。2006年11月6日至9日，张某权、张某普每天晚上携带尖刀和透明胶带窜至安吉县递铺镇阳光工业园区附近，寻找作案目标，均因未找到合适的作案对象而未果。11月9日晚，张某权、张某普在伺机作案时提出如果遇到漂亮女性，就先抢劫后强奸，并采用手机游戏定输赢的方式确定张某权先实施强奸行为。11月11日晚，张某权、张某普纠集被告人徐某五参与抢劫作案，提出劫得的钱财三人平分，徐某五同意参与抢劫作案，但表示不参与之后的强奸犯罪。张某权即交给徐某五一把单刃尖刀。三人商定：发现作案目标后，由张某普、徐某五各持一把尖刀将被害人逼至路边，张某权用胶带将其捆绑后实施抢劫。当晚，三人寻找作案目标未果。11月12日晚，张某权、张某普、徐某五在递铺镇铜山桥附近寻找作案目标时被公安巡逻队员抓获。

• 裁判要旨 •

为了实施具体犯罪行为，已完成准备工具、制造条件的行为，但在寻找具体对象的过程中被抓获的，属于犯罪预备阶段的犯罪预备而非犯罪中止。

• 裁判理由 •

浙江省安吉县人民法院认为，被告人张某权、张某普、徐某五以非法占有为目的，经事先预谋并准备工具、制造条件，预备采用持刀威胁、捆绑的暴力手段劫取他人钱财，三被告人的行为均已构成抢劫罪（犯罪预备）。公诉机关指控三被告人犯抢劫罪（犯罪预备）的罪名成立。对于三被告人犯强奸罪（犯罪预备）的指控，经审理认为，张某权、张某普虽在抢劫犯罪预备时产生在可能的条件下实施强奸犯罪的主观故意，但仅是强奸的犯意表示；徐某五明确表示不参与强奸行为，无强奸的主观故意，三人没有强奸的具体行为，故指控犯强奸罪（犯罪预备）的罪名不能成立。三被告人系抢劫犯罪预备犯，依法可比照既遂犯从轻、减轻处罚或免除处罚。徐某五犯罪时未满18周岁，且

---

① 参见中华人民共和国最高人民法院刑事审判第一、二、三、四、五庭主办：《刑事审判参考》（总第59集），法律出版社2007年版。

系从犯；张某权在犯罪预备的开始阶段未满 18 周岁；三被告人归案后均能如实供述犯罪事实，认罪态度较好。鉴于三被告人的犯罪情节及现实社会危害性，对张某权、张某普予以减轻处罚，对徐某五免除处罚。据此，依照《刑法》第 263 条，第 25 条第 1 款，第 27 条，第 22 条，第 17 条第 1 款，第 3 款，第 52 条，第 37 条，《最高人民法院关于审理未成年人刑事案件具体应用法律若干问题的解释》第 17 条之规定，判决如下：一、被告人张某权犯抢劫罪（犯罪预备），判处有期徒刑八个月，并处罚金人民币 1000 元；二、被告人张某普犯抢劫罪（犯罪预备），判处有期徒刑十个月，并处罚金人民币 1000 元；三、被告人徐某五犯抢劫罪（犯罪预备），免予刑事处罚。一审宣判后，三被告人均未上诉，公诉机关亦未抗诉，判决发生法律效力。

【学理分析及适用指引】

• 学理分析 •

根据《刑法》第 22 条第 1 款规定，作为一种未完成形态的犯罪预备，是指为了犯罪，准备工具，制造条件，但由于行为人意志以外的原因而未能着手实行犯罪的情形。犯罪预备具有以下四个方面的特征：

1. 主观上为了犯罪。从犯罪预备阶段与犯罪实行阶段的关系来看，此处的“为了犯罪”实际上是指为了实行犯罪，即为了实施犯罪的实行行为。

2. 客观上实施了犯罪预备行为。预备行为是为犯罪的实行创造便利条件，以利于危害结果顺利实现的行为，这种行为是整个犯罪行为的一部分，如果不是由于某种原因停顿下来，预备行为就会进一步发展为实行行为，从而导致危害结果发生。预备行为是为实行犯罪制造条件的行为，但《刑法》将预备行为规定为两类，即准备工具与制造条件。准备工具事实上也是为实行犯罪制造条件的行为，只因是最常见的预备行为，故《刑法》予以特别规定。准备工具，即准备实行犯罪的工具，主要表现为：购买某种物品作为犯罪工具；制造犯罪工具；改装物品使之适应犯罪需要；租借他人物品作为犯罪工具；盗窃他人物品作为犯罪工具等。制造条件，是指除准备工具以外的一切为实行犯罪制造条件的预备行为，如调查犯罪场所与被害人行踪，出发前往犯罪地点或者守候被害人的到来，诱骗被害人前往犯罪场所等。

3. 事实上未能着手实行犯罪。犯罪预备必须在预备阶段停顿下来，事实上未能着手实行犯罪。未能着手实行犯罪包括两种情况：一是预备行为没有完成，因而不可能着手实行犯罪；二是预备行为虽已完成，但由于某种原因未能着手实行犯罪。

4. 未能着手实行犯罪是由于行为人意志以外的原因。犯罪预备在预备阶段停顿下来，未能着手实行犯罪，必须是由于行为人意志以外的原因所致。如果行为人自动放弃预备行为或者自动不着手实行犯罪，则不成立犯罪预备，而成立犯罪中止。

我国刑法理论一般认为，行为符合犯罪构成是追究行为人刑事责任的根据，犯罪预备行为也有其犯罪构成，它是一种具备修正的构成要件的犯罪未完成形态。这是追究犯罪预备行为的刑事责任的法理根据。犯罪预备行为虽然尚未直接侵害犯罪客体，但已经使犯罪客体面临即将实现的现实危险，因而同样具有社会危害性。因此，犯罪预备行为同样具有可罚性。《刑法》第22条第2款认可了这一学说，规定对于预备犯应当追究刑事责任。同时，考虑到犯罪预备行为毕竟尚未着手实行犯罪，还没有实际造成社会危害，《刑法》又规定，对于预备犯，可以比照既遂犯从轻、减轻或者免除处罚。

在表述上，我国有学者建议将“为了犯罪”修正为“为了实行犯罪”。原因在于“为了犯罪”表明行为本身还不是犯罪，既然行为本身不是犯罪，缘何又要处罚，为解决此种理解上的偏差，特提出此修正内容。若不然，“为了犯罪”准备工作、创造条件就可能被想当然地无限扩大。此外，加入此内容有利于正确认识预备行为与实行行为的关系。因为，总的来说，预备行为与实行行为是犯罪行为，但预备行为又不等同于实行行为，而两者之区别，为我们认定犯罪预备提供了重要条件。

• 适用指引 •

在认定犯罪预备时需要注意以下问题：

1. 注意犯罪预备与犯意表示的区别。犯意表示一般是指以口头、书面或者其他方法，将真实犯罪意图表现于外部的行为。其特征是：表示人具有真实的犯罪意图；表示人用口头、书面、手势或者其他可以使人知晓的方法向他人表露犯罪意图；犯意表示是犯意的单纯流露，不能为犯罪制造条件。犯罪预备行为与犯意表示的最本质区别在于：犯罪预备行为是准备工具、制造条件，对实行犯罪起促进作用的行为，因而对刑法所保护的社会关系构成了现实的威胁，因此《刑法》明文规定预备犯应负刑事责任；而犯意表示并没有对实行犯罪起到促进作用，只是单纯流露犯意的行为，对刑法所保护的社会关系没有构成现实的威胁。因此，《刑法》没有规定处罚犯意表示。

2. 切实把握犯罪预备的处罚原则。按照《刑法》规定，对预备犯，应当追究其刑事责任，但可以比照既遂犯从轻、减轻或者免除处罚。由于预备犯仅处于犯罪的预备阶段，犯罪结果尚未发生，其社会危害程度要低于既遂犯，因此，对预备犯的处罚要轻于既遂犯。在司法实践中，应当根据犯罪预备的不同情况，遵循罪责刑相当的原则，对预备犯一般都可以比照既遂犯从轻、减轻或者免除处罚；但对于犯罪性质严重，情节特别恶劣，主观恶性大的预备犯，也可以不予从轻处罚。

3. 注意犯罪预备与犯罪未遂的区别。在认定犯罪预备行为时，应当注意划清犯罪预备与犯罪未遂之间的界限。二者的主要区别是：前者发生在行为人着手实施犯罪行为之前；而后者发生在行为人着手实施犯罪行为之后，即行为人已经着手实施犯罪，但因其意志以外的原因而没有达到犯罪的目的。后者的危害性要大于前者。二者危害程度不同，处罚也应不同。

第二十三条　犯罪未遂

【法律规定】

• 法律条文 •

《中华人民共和国刑法》

第二十三条　已经着手实行犯罪，由于犯罪分子意志以外的原因而未得逞的，是犯罪未遂。

对于未遂犯，可以比照既遂犯从轻或者减轻处罚。

【案例一】

曾某某、马某某贩卖毒品案①

• 案件事实 •

曾某某与马某某系朋友关系。2000 年 3 月，曾某某告诉马某某，自己藏有毒品海洛因。马某某得知后与曾某某共谋将其出售，由马某某联系买主。2000 年 4 月 3 日，马某某与买主彭某达成出售 500 克，每克 140 元海洛因的协议。之后彭某向公安机关进行了举报。4 月 5 日中午，马某某与彭某联系并约定当天交货。曾某某租车回四川省富顺县兜山镇家中，于当晚 10 时将可疑毒品带至马某某家中，马某某即携可疑毒品前往汇东方冲小区彭某家中交易，途中被公安人员抓获，当场从马某某身上搜出一塑料袋，内装可疑毒品 3 包，重 506. 3 克。马某某被抓获后带公安人员前往家中抓获曾某某。经鉴定，可疑毒品中均未检出海洛因，检出地西泮、硝西泮和对乙酰氨基酚。

• 裁判要旨 •

将假毒品误认为真毒品而进行贩卖的行为应认定为贩卖毒品罪（未遂）。

---

① 参见四川省自贡市大安区人民法院（2000）自刑二终字第 16 号。

• 裁判理由 •

本案争议的焦点是：将假毒品误认为真毒品而进行贩卖的行为如何定性。

四川省自贡市大安区人民检察院以曾某某、马某某贩卖毒品罪向四川省自贡市大安区人民法院提起公诉。四川省自贡市大安区人民法院经审理于2000年8月8日作出（2000）大刑初字第52号刑事判决：判处被告人曾某某有期徒刑十一年，剥夺政治权利一年，并处罚金5000元；判处被告人马某某有期徒刑九年，并处罚金5000元。原审被告人曾某某、马某某不服，提出上诉。

经鉴定，马某某与曾某某贩卖的物品中未检出海洛因，只检验出地西泮、硝西泮和对乙酰氨基酚，则被告人贩卖的不是真毒品。

就本案而言，争议焦点在于将假毒品误认为真毒品而进行贩卖的，是否构成贩卖毒品罪。行为人以为是真毒品而加以贩卖，实际上贩卖的是假毒品。这种情况下属于行为人认识上有错误，在刑法理论上，该种情况属于对象不能犯的未遂。因为行为人客观上实施了贩毒行为，主观方面具有贩卖毒品的故意，虽然由于对犯罪对象的错误认识而使行为达不到贩卖真毒品对社会的危害结果，但是，这并不能否认其行为对社会的危害性。其贩卖的毒品虽然未能实际损害他人的健康，但是，对整个社会来说，这种行为对人们健康的现实威胁仍是存在的。其贩毒行为是侵犯一定的客体，只是尚未给客体造成实际的损害而已。因而，在这种情况下，应当认定行为人构成贩卖毒品罪（未遂），在处罚时比照既遂犯从轻或者减轻处罚。

基于上述认识，一审法院认为被告人曾某某、马某某主观上具有贩卖毒品的故意，客观上实施了把假毒品误认为真毒品而进行贩卖的行为，其行为已经构成了贩卖毒品罪（未遂）。按照法院的判决，将假毒品误认为真毒品而进行贩卖的，构成贩卖毒品罪（未遂）。

二审法院认为：上诉人曾某某、马某某主观上具有贩卖毒品的故意，客观上实施了把假毒品误认为真毒品而进行贩卖的行为，均构成贩卖毒品罪（未遂），上诉人曾某某、马某某系犯罪未遂，上诉人马某某案发后协助公安机关抓获同案犯，具有立功表现，依法应当减轻处罚。原判决认定事实清楚，定性准确，程序合法。依照《刑事诉讼法》第189条第1项之规定，裁定如下：驳回上诉，维持原判。

【案例二】

王新明合同诈骗案①

● 基本案情 ●

2012 年 7 月 29 日，被告人王新明使用伪造的户口本、身份证，冒充房主即王新明之父的身份，在北京市石景山区链家房地产经纪有限公司古城公园店，以出售该区古城路 28 号楼一处房屋为由，与被害人徐某签订房屋买卖合同，约定购房款为 100 万元，并当场收取徐某定金 1 万元。同年 8 月 12 日，王新明又收取徐某支付的购房首付款 29 万元，并约定余款过户后给付。后双方在办理房产过户手续时，王新明的虚假身份被北京市石景山区住建委工作人员发现，余款未取得。2013 年 4 月 23 日，王新明被公安机关查获。次日，王新明的亲属将赃款退还给被害人徐某，被害人徐某对王新明表示谅解。

● 裁判要旨 ●

在数额犯中，犯罪既遂部分与未遂部分分别对应不同法定刑幅度的，应当先决定对未遂部分是否减轻处罚，确定未遂部分对应的法定刑幅度后，再与既遂部分对应的法定刑幅度进行比较，选择适用处罚较重的法定刑幅度，并酌情从重处罚；二者在同一量刑幅度的，以犯罪既遂酌情从重处罚。

● 裁判理由 ●

北京市石景山区人民法院经审理于 2013 年 8 月 23 日作出（2013）石刑初字第 239 号刑事判决，认为被告人王新明的行为已构成合同诈骗罪，数额巨大，同时鉴于其如实供述犯罪事实，在亲属帮助下退赔全部赃款，取得了被害人的谅解，依法对其从轻处罚。公诉机关北京市石景山区人民检察院指控罪名成立，但认为数额特别巨大且系犯罪未遂有误，予以更正。遂认定被告人王新明犯合同诈骗罪，判处有期徒刑六年，并处罚金人民币 6000 元。宣判后，公诉机关提出抗诉，认为犯罪数额应为 100 万元，数额特别巨大，而原判未评价 70 万元未遂，仅依据既遂 30 万元认定犯罪数额巨大，系适用法律错误。北京市人民检察院第一分院的支持抗诉意见与此一致。王新明以原判量刑过重为由提出上诉，在法院审理过程中又申请撤回上诉。北京市第一中级人民法院经审理于 2013 年 12 月 2 日作出（2013）一中刑终字第 4134 号刑事裁定：准许上诉人王新明撤回上诉，维持原判。

---

① 根据 2016 年 6 月 30 日《最高人民法院关于发布第十三批指导性案例的通知》指导案例 62 号修改。

北京市第一中级人民法院生效裁判认为：王新明以非法占有为目的，冒用他人名义签订合同，其行为已构成合同诈骗罪。一审判决事实清楚，证据确实、充分，定性准确，审判程序合法，但未评价未遂70万元的犯罪事实不当，予以纠正。根据《刑法》及司法解释的有关规定，考虑王新明合同诈骗既遂30万元，未遂70万元但可对该部分减轻处罚，王新明如实供述犯罪事实，退赔全部赃款取得被害人的谅解等因素，原判量刑在法定刑幅度之内，且抗诉机关亦未对量刑提出异议，故应予维持。北京市石景山区人民检察院的抗诉意见及北京市人民检察院第一分院的支持抗诉意见，酌予采纳。鉴于二审期间王新明申请撤诉，撤回上诉的申请符合法律规定，故二审法院裁定依法准许撤回上诉，维持原判。

本案的争议焦点是，在数额犯中犯罪既遂与未遂并存时如何量刑。《最高人民法院、最高人民检察院关于办理诈骗刑事案件具体应用法律若干问题的解释》第6条规定："诈骗既有既遂，又有未遂，分别达到不同量刑幅度的，依照处罚较重的规定处罚；达到同一量刑幅度的，以诈骗罪既遂处罚。"因此，对于数额犯中犯罪行为既遂与未遂并存且均构成犯罪的情况，在确定全案适用的法定刑幅度时，先就未遂部分进行是否减轻处罚的评价，确定未遂部分所对应的法定刑幅度，再与既遂部分对应的法定刑幅度比较，确定全案适用的法定刑幅度。如果既遂部分对应的法定刑幅度较重或者二者相同的，应当以既遂部分对应的法定刑幅度确定全案适用的法定刑幅度，将包括未遂部分在内的其他情节作为确定量刑起点的调节要素进而确定基准刑。如果未遂部分对应的法定刑幅度较重的，应当以未遂部分对应的法定刑幅度确定全案适用的法定刑幅度，将包括既遂部分在内的其他情节，连同未遂部分的未遂情节一并作为量刑起点的调节要素进而确定基准刑。

本案中，王新明的合同诈骗犯罪行为既遂部分为30万元，根据司法解释及北京市的具体执行标准，对应的法定刑幅度为有期徒刑三年以上十年以下；未遂部分为70万元，结合本案的具体情况，应当对该未遂部分减一档处罚，未遂部分法定刑幅度应为有期徒刑三年以上十年以下，与既遂部分30万元对应的法定刑幅度相同。因此，以合同诈骗既遂30万元的基本犯罪事实确定对王新明适用的法定刑幅度为有期徒刑三年以上十年以下，将未遂部分70万元的犯罪事实，连同其如实供述犯罪事实、退赔全部赃款、取得被害人谅解等一并作为量刑情节，故对王新明从轻处罚，判处有期徒刑六年，并处罚金人民币6万元。

【学理分析及适用指引】

• 学理分析 •

根据刑法的规定，所谓犯罪未遂，是指行为人在犯罪故意支配之下，已经着手实行犯罪，但由于其意志以外的原因而未得逞的犯罪停止形态。犯罪未遂应当同时具备以下几个特征：

1. 行为人已经着手实行犯罪。所谓已经着手实行犯罪，是指行为人已经开始实施《刑法》分则所规定的具体犯罪构成客观要件的行为，如故意杀人罪中的杀人行为，抢劫罪中的暴力、胁迫或者其他手段的行为，盗窃罪中的秘密窃取财物的行为等。其中，着手是实行行为的起点，表明行为人的犯罪进入实行阶段。对于着手，应当从主客观相统一的原则去把握：主观上，行为人实行具体犯罪的意志已经直接支配客观实行行为并通过实行行为开始充分表现出来；客观上，行为人已经开始直接实行具体犯罪构成客观方面的行为，这种行为已经不再属于为犯罪的实行创造便利条件的预备犯罪的性质，而是实行犯罪的性质。这种行为已经逼近刑法所保护的具体权益（犯罪直接客体），并使之初步受到危害或者面临着现实存在的威胁。在有犯罪对象的场合，这种行为已经直接指向具体的犯罪对象。着手行为的主观和客观两方面特征的有机统一，反映了着手行为的社会危害性及其程度，为认定着手实行犯罪提供了一般标准，也是犯罪未遂形态与犯罪预备形态相区分的主要标志。

2. 犯罪未得逞。行为人在着手实行犯罪行为以后，犯罪"未得逞"，即犯罪未完成或者说未达既遂形态而停止下来，这是犯罪未遂形态的又一重要特征。正是这一特征，将犯罪未遂与犯罪既遂区别开来。犯罪未得逞，从法律意义上表明犯罪行为没有齐备《刑法》分则规定的某一犯罪构成的全部要件，因为我国《刑法》分则条文所规定的犯罪构成均是以既遂为模式的。所以，同犯罪既遂类型相一致，犯罪完成与否在存在犯罪既遂与犯罪未遂之分的三类直接故意中，所要求的具体表现形式也有所不同：（1）在结果犯中，应以法定的犯罪结果是否发生，作为犯罪是否得逞的标志。如故意杀人罪，《刑法》分则规定以死亡的发生作为其完成的标志，行为人实施了杀人行为而未造成死亡结果的，就是犯罪未得逞；再如盗窃罪，如果未发生窃取财物的犯罪结果的，就是犯罪未得逞。当然，这里值得指出的是，犯罪未得逞并不是说犯罪行为没有造成任何损害结果，而只是说没有造成法律所规定的作为该犯罪构成要件的犯罪结果。如在故意杀人罪中，未能致人死亡，就是犯罪未得逞，但完全有可能造成了被害人伤害的结果，此时仍属于犯罪未得逞。（2）在危险犯中，应以是否造成了某种法定的危险状态，作为犯罪是否得逞的标志。如破坏交通工具罪，《刑法》第116条规定只要破坏行为足以使交通工具发生倾覆、毁坏危险，尚未造成严重后果，就是犯罪既遂。如果刚动手破坏，就被当场抓住的，尚未造成上述严重危险，就应该认为是犯罪没有得逞。（3）在行为犯中，以法定的犯罪行为是否完成，作为犯罪是否得逞的标志。如强奸罪，刑法规定以暴力、胁迫或其他手段强行和妇女发生性关系的，就是犯罪既遂。如果已经着手对妇女实行暴力或胁迫或者其他手段，但未能进一步实施性交行为，就是强奸未得逞。再如脱逃罪，行为人逃出所在监区但未能逃出监狱的警戒线的，就是犯罪未得逞。

3. 犯罪未得逞是由于犯罪分子意志以外的原因。犯罪活动在着手实行之后之所以未能顺利完成而停止下来，乃是由于犯罪分子意志以外的原因所致，这是犯罪未遂形态的主观特征，也是犯罪未遂与犯罪中止区别的关键。根据我国刑法基本理论，认定犯罪分子意志以外的原因应当以“足以阻止犯罪意志的原因”为标准，这一标准应该具备质和量两个方面的特征：首先，从质上来看，只有那些违背犯罪分子本意的原因才能成为其“意志以外的原因”；其次，从量上来看，那些违背犯罪分子本意的原因必须达到足以阻止其犯罪意志和犯罪活动完成的程度。因此，有些犯罪分子遇到一些轻微的阻碍因素或不利因素，例如在强奸犯罪中发现被害妇女月经来潮或者怀孕，在抢劫、强奸等暴力犯罪中发现被害人是熟人或者被害人请求等，犯罪分子放弃了正在实施的犯罪行为，就应该认为是自动中止，而不能认为是犯罪未遂。

• 适用指引 •

在司法实践中，犯罪未遂的原因即具有不同程度的阻碍犯罪意志和犯罪完成作用，从而有可能被认定为犯罪分子意志以外的原因。概括起来大致有以下三类：

（1）犯罪分子本人以外的原因，主要包括被害人、第三者、自然力、物质障碍以及时间、地点、场合等环境时机对完成犯罪具有不利影响的因素，如被害人发现、逃避、反抗，第三者（包括政法机关）的出现、制止、抓获，放火时因突然刮大风或者下大雨而无法点火等。

（2）犯罪分子自身方面对完成犯罪有不利影响的因素，主要包括因自己能力、力量、身体状况、常识技巧等缺乏或不佳，而无法完成犯罪的。

（3）犯罪分子主观上对犯罪对象、犯罪工具性能、作案时周边环境以及犯罪结果是否发生等存在错误认识，而使犯罪未能得逞。例如，误将男子当作妇女实施强奸的，误以玩具手枪为真枪用来杀人，误以为其犯罪行为已造成犯罪结果而停止了犯罪活动，实际上犯罪结果并未发生的，等等。

第二十四条　犯罪中止

【法律规定】

• 法律条文 •

《中华人民共和国刑法》

第二十四条　在犯罪过程中，自动放弃犯罪或者自动有效地防止犯罪结果发生的，是犯罪中止。

对于中止犯，没有造成损害的，应当免除处罚；造成损害的，应当减轻处罚。

【案例一】

刘星抢劫案①

• 案件事实 •

2011年9月24日中午，薛占全（已另行处理）从内蒙古自治区包头市回到巴彦淖尔市乌拉特前旗乌拉山镇，与刘星汇合后，薛占全提出以杀人埋尸的手段进行抢劫的犯意，刘星表示同意。二人遂驾驶刘星的摩托车先后两次到乌拉山附近寻找埋尸的地点未果，遂将买来作案用的铁锹藏匿于乌拉山镇卧羊台公园一草丛内，之后返回乌拉山镇又各自购买尖刀一把随身携带。第二日，薛占全又打电话给刘星提出共同实施抢劫的犯意，遭到刘星的拒绝。第三日19时许，薛占全来到乌拉特前旗白彦花镇街上，租用李某斌的蒙B－DD×××号比亚迪牌轿车（价值49503元）前往乌拉特前旗先锋镇张楞社，欲途中实施抢劫但未果。当日20时许，薛占全在白彦花镇街上，租用被害人刘某庭的蒙B－S5×××号夏利牌轿车（价值30544元）前往张楞社。当车行驶至先锋镇分水村三其社附近时，薛占全找借口要求停车，并和刘某庭一同下车。在刘某庭准备上车时，薛占全持随身携带的刀捅刺刘某庭左肩颈结合处、左肩、左背部、腰部10刀，致刘某庭左锁骨下动脉破裂引发大出血死亡。后薛占全驾驶该车将刘某庭尸体抛至先锋镇分水村根子厂社附近草地内，从刘某庭处劫得现金100元、诺基亚手机1部。

---

① 参见中华人民共和国最高人民法院刑事审判第一、二、三、四、五庭主办：《刑事审判参考》（总第96集），法律出版社2014年版。

• 裁判要旨 •

共同犯罪案件中，部分被告人单方面放弃犯罪，但并未有效防止犯罪结果发生的，不能成立犯罪中止。

• 裁判理由 •

刘星与薛占全预谋以杀人埋尸的手段抢劫财物，共同寻找埋尸地点并购买了作案工具，二人的行为构成抢劫罪，且系共同犯罪。薛占全在共同犯罪中起主要作用，系主犯，刘星在共同犯罪中起辅助作用，系从犯。刘星与薛占全共同预谋抢劫杀人、共同准备犯罪工具、制造犯罪条件，其虽然在预备阶段停止实施犯罪行为，但其未有效制止薛占全的继续犯罪行为，未能避免危害结果的发生，其应当对全案抢劫杀人既遂后果承担法律责任。据此，依照《刑法》第 263 条第 4 项、第 5 项，第 25 条，第 26 条，第 27 条，第 57 条第 1 款，第 64 条之规定，法院以刘星犯抢劫罪，判处有期徒刑五年，并处罚金 1 万元。

宣判后，被告人刘星没有提起上诉，检察机关亦未抗诉，该判决已发生法律效力。

【案例二】

孙甲、孙乙故意杀人案①

• 案件事实 •

被告人孙甲、孙乙长期受被害人吴某敲诈，孙乙为泄愤向孙甲提议杀死吴某。2000 年 12 月 9 日，孙乙打电话给吴某，谎称带吴某去取烟，约吴某下午见面，吴某应允。当日下午，吴某并未依约出现，两被告人遂各自回家。当日晚 8 时许，吴某提出要孙甲单独陪同他取烟，孙甲将吴某带至事先预谋的场所将其杀死。次日，孙甲告知孙乙其已将吴某杀死，叫孙乙至现场清理。此后，两被告人多次至现场察看，还在尸体上加覆黄沙、泥土等，以免吴某尸体被人发现。上海市虹口区人民检察院以被告人孙甲、孙乙犯故意杀人罪向上海市虹口区人民法院提起公诉。

• 裁判要旨 •

行为人与他人共谋实施犯罪，后行为人自己放弃犯罪行为，但未阻止他人继续实施犯罪，不能构成犯罪中止。

---

① 参见上海市第二中级人民法院网站，http：//www. shezfy. com/view. html？ id =2849。

• 裁判理由 •

上海市虹口区人民法院经审理后认为：被告人孙甲、孙乙为泄愤，策划并杀死被害人吴某，其行为均已构成故意杀人罪。对于被告人孙乙能否构成犯罪中止，一审人民法院认为：被告人孙乙与孙甲预谋共同杀死吴某，虽然因吴某在当日下午没有依约前来使二被告人的犯罪活动被迫中断，但孙乙并没有积极有效地防止孙甲继续犯罪或防止最终犯罪结果的发生，故孙乙的行为不能成立犯罪中止。遂综合考虑被告人犯罪时的年龄、认罪态度等因素判决被告人孙甲有期徒刑十四年，被告人孙乙有期徒刑十二年。一审宣判后，被告人孙乙以其属于犯罪中止、一审判决量刑过重为由提出上诉。

上海市第二中级人民法院审理后认为：被告人孙乙缺乏成立犯罪中止的要件原因如下：第一，孙乙未实施杀人行为非出于自愿，而是由于外来阻碍。第二，从被告人孙乙之后的客观行为来看，其并未彻底放弃犯罪，其明知孙甲带被害人前往预谋的作案现场时未阻止或提醒被害人；在孙甲杀死被害人后积极地帮助清理现场、隐匿尸体。第三，孙乙虽然客观上未实施共同杀死被害人的行为，但孙甲具体实施的杀人行为并未超出两人事先预谋的范围，从其事后积极帮助清理现场、隐匿尸体的行为可以推知，孙乙主观上还是希望杀死被害人的。但鉴于被告人孙乙犯罪时未满16周岁、未亲手实施杀人行为、到案后能坦白交代犯罪事实，综合其具体犯罪事实、情节和对社会的危害程度，依法应当减轻处罚，据此以故意杀人罪改判被告人孙乙有期徒刑七年。

【学理分析及适用指引】

• 学理分析 •

1. 关于犯罪中止的类型及其成立条件。

根据《刑法》的规定，犯罪中止是指在犯罪过程中，自动放弃犯罪或者自动有效地防止犯罪结果发生的犯罪停止形态。根据这一规定，犯罪中止有两种法定的类型：一是自动停止犯罪的犯罪中止；二是自动有效地防止犯罪结果的发生的犯罪中止。相对而言，前者属于普通中止，后者属于特殊中止，二者的基本特征或者说成立条件略有不同。

（1）自动停止犯罪的犯罪中止。

第一，时空性。时空性是指犯罪中止必须是在犯罪过程中放弃犯罪，即必须是在犯罪处于运动发展的过程而非停止形态的情况下放弃犯罪。“在犯罪过程中”意味着从犯罪预备行为发生开始，到形成犯罪既遂形态以前的这段时间内，即包括犯罪预备阶段与犯罪实行阶段在内，都有犯罪中止发生的可能性。当然，根据犯罪停止形态的基本特征，在这段时间内，如果犯罪已经停止下来，形成结局如已经未遂或者预备，不可能出现犯罪中止。如抢劫犯正在抢劫的过程中，由于警察到来而逃走，即使以后打消继续抢劫的念头，但由于其抢劫已经未遂，而不成立抢劫中止。同样，如果已经达到犯罪既遂的，则也不存在犯罪中止问题。因此，犯罪既遂后自动恢复原状或赔偿的，如盗窃犯把盗得的财物又送回原处、贪污犯主动退赔以前贪污的公款的，不成立犯罪中止。当然，对此可以作为从宽情节在量刑时加以考虑。

第二，自动性。自动性是犯罪中止的最本质属性。所谓自动性，是指行为人出于自己的意志而放弃了自认为当时本可以继续实施和完成的犯罪，这是犯罪中止与犯罪预备、犯罪未遂的根本区别所在。自动性应包含两层含义：首先，行为人自认为当时可以继续实施或者完成犯罪，这是自动性成立的前提。只要行为人自认为当时有条件继续实施和完成犯罪，即使在他人看来不可能继续进行和完成犯罪，或者客观地看来已经不可能继续实施和完成犯罪但行为人确实不了解这种客观情况的，都不影响自动性的成立。其次，行为人出于本人意志而停止犯罪，即是自愿地放弃原来的犯罪意图，这是自动性成立的关键。如果说犯罪未遂的本质可以用“欲达目的而不能”概括，那么犯罪中止就可以用“能达目的而不欲”表达。

第三，彻底性。彻底性即指行为人彻底放弃了原来的犯罪。这一特征意味着行为人在主观上彻底打消了原来的犯罪意图，在客观上彻底放弃了自认为本可以继续实施和完成的犯罪行为。彻底性表明行为人必须是真实地放弃该项犯罪行为，而不是等待时机继续实施，即停止犯罪是完全的而非暂时的中断。当然，应该辩证地理解“彻底地放弃犯罪”的内涵，是相对而言的，并不具有绝对的意思，也就是说要求行为人彻底放弃正在进行的某个具体犯罪，而不是指行为人在以后任何时候都不再实施同种犯罪，更不能理解为行为人在以后任何时候都不能实施任何犯罪行为。

（2）自动有效地防止犯罪结果发生的犯罪中止。

相对自动停止犯罪的犯罪中止而言，自动有效地防止犯罪结果发生的犯罪中止是一种特殊类型或者说特殊情况下的犯罪中止，是指行为人已经着手实行的犯罪行为可能造成但尚未造成某种犯罪既遂所要求的犯罪结果，在这种情况下所成立犯罪中止，除具备上述普通类型的犯罪中止所需要的时空性、自动性和彻底性三个特征外，还同时要求必须具备“有效性”的特征，即行为人还必须有效地防止了犯罪结果的发生。因为在犯罪实行行为已经终了、即将发生某种犯罪既遂要求的法定犯罪结果的情况下，行为人仅仅以不作为的方式消极地停止其犯罪行为是不够的，还必须采取积极的作为方式来预防和阻止既遂的犯罪结果之发生，并且这种积极行为必须奏效，即有效地防止了犯罪结果的发生，使得犯罪行为未能达到既遂形态，才可以构成犯罪中止。所以，理论上也将这种类型的犯罪中止称为积极中止，而将前述的“自动停止犯罪的犯罪中止”被称为消极中止。例如，甲为了杀乙而向乙的茶杯里投放了毒药，见乙神态痛苦而反悔，将乙送往医院并协助医生抢救脱险的，才属于故意杀人中止。如果行为人虽然采取了积极的防止措施，但实际上未能阻止既遂的犯罪结果发生，或者该结果未发生是由于其他原因所致，则不能认定为该行为成立犯罪中止，而应认定为犯罪既遂或者犯罪未遂。如在上述案件中，如果甲见乙神态痛苦，反悔害怕而悄悄溜走的，即使被害人乙后来被他人发现送到医院抢救脱险，此时甲并不成立犯罪中止，而是犯罪未遂；如果甲主动将乙送到医院抢救，但由于毒药毒性过强或者路途遥远、交通不便耽误了抢救时机，抢救无效死亡的，此时甲仍是故意杀人既遂，当然其积极抢救的行为应当作为悔罪表现在量刑时予以考虑。

2. 关于共同犯罪的中止。

在司法实践中，共同犯罪的中止问题比较复杂，需要特别说明。总体而言，共同犯罪的中止分为两种情况：一种是全体共同犯罪人同时一致地自动放弃了犯罪或者自动有效地阻止了危害结果的发生；另一种是全体犯罪人中只有一个或一部分犯罪人自动放弃了犯罪或者自动有效地阻止了危害结果的发生。就前一种情况而言，每一个共同犯罪人都成立中止，对此没有异议，但就后一种而言，情况比较复杂，争议也较大。共同犯罪中止的成立必须具有下列条件：

（1）应当具备时间上的及时性。共同犯罪的中止可以发生在犯罪预备阶段和犯罪实行阶段，也可以发生在犯罪行为已经实行终了而犯罪结果尚未发生以前。但是犯罪结果一旦发生，无论其结果是由全体共同犯罪人的行为造成的，还是由部分共同犯罪人的行为造成的，共同犯罪已经既遂，就不能存在犯罪中止。这是时间条件。

（2）全体共同犯罪人在犯罪过程中，出于自己的意愿，停止可以进行下去的并能产生犯罪结果的行为，可以成立犯罪中止，部分共同犯罪人中止犯罪以后，对另一部分共同犯罪人进行劝说阻止，另一部分共同犯罪人接受了劝说，在能够继续进行犯罪的条件下，自动停止犯罪行为，全体共同犯罪人都可成立犯罪中止。

（3）必须具备行为中止的有效性，即必须自动停止犯罪行为，并且有效地防止和阻碍犯罪结果的发生。这个有效性必须具备两个因素：主观上，中止犯罪的共同犯罪人必须自动切断与其他共同犯罪人的共同故意的联系，并且将中止的意图以言行的方式告知其他的共同犯罪人；客观上，中止犯罪的共同犯罪人必须有效地切断自己的先前行为与共同犯罪整体行为的有机联系，或有效地防止危害结果的发生。

• 适用指引 •

犯罪中止的自动性表明行为人在面临可以继续实施犯罪也可以放弃犯罪这两条道路之间，出于本人的自愿，选择了停止与放弃犯罪的道路。至于行为人自动放弃犯罪的原因是多种多样的，对其放弃犯罪的起因应作广义理解，有的是出于真诚悔悟，有的是因他人的规劝、教育与斥责而思想起了变化，有的是对被害人产生了同情与怜悯，有的是慑于刑罚惩罚，有的是为了争取宽大处理，如此等等。这些不同的因素只是反映行为人中止犯罪的不同悔悟程度，都具备中止犯罪行为的自动性，如果符合中止的其他条件，都可以成立犯罪中止。

在共同犯罪中，如果共同犯罪人自动消极地停止了自己的犯罪行为并能切断自己先前行为与共同犯罪的联系，就具有了有效性。如果共同犯罪人自动消极地停止了自己的犯罪行为，但不能切断自己的先前行为与共同犯罪之间的联系，就必须采取积极的行为阻止其他共同犯罪人继续实施犯罪或者有效地防止危害结果的发生，才能具有有效性。只有这样才能认定为犯罪中止。

第二十五条　共同犯罪

【法律规定】

• 法律条文 •

《中华人民共和国刑法》

第二十五条　共同犯罪是指二人以上共同故意犯罪。

二人以上共同过失犯罪，不以共同犯罪论处；应当负刑事责任的，按照他们所犯的罪分别处罚。

【案例一】

叶玲爱、操定育、王祥、方立新、胡登科故意杀人、盗窃案①

• 案件事实 •

叶玲爱因与章某谊夫妻关系不和，产生雇人报复加害章某谊之恶念。自

① 参见浙江省高级人民法院（2000）浙法刑终字第170号，转引自王幼璋：《刑事判案评述》，人民法院出版社2002年版。

1998年下半年起，叶玲爱多次要求在临安做工的被告人方立新帮助其雇人报复加害章某谊。之后，方立新纠集被告人操定育，并与其商定后，由操定育先后纠集被告人胡登科、王祥，尔后，经与叶玲爱商定由其出资人民币3000元雇请操定育、胡登科、王祥行凶。1999年12月的一天，叶玲爱、操定育、方立新、胡登科在浙江省临安市①锦城镇景杉路一饭店内，密谋策划在叶玲爱和章某谊家中行凶的方法，叶玲爱当场表示如将人打死由其承担责任。2000年1月18日晚，操定育、王祥在叶玲爱的带领下，察看了章某谊的住处，并谈妥叶玲爱先将人民币1500元交给被告人方立新，余款人民币1500元待加害行为实施完毕后再行支付。同年1月19日上午，叶玲爱将人民币1500元交给方立新。当晚，胡登科因故未能如期返回临安市锦城镇，被告人操定育、王祥携带由方立新提供的两根铁管，至叶玲爱、章某谊家中并藏匿于叶玲爱卧室内伺机行凶。晚11时许，章某谊回家。当晚12时许，操定育、王祥戴手套持铁管进入章某谊卧室，朝正在床上睡觉的章某谊的头部猛击10余次，又用叶玲爱提供的毛巾、绳捂被害人嘴，捆绑其四肢，而后在收取叶玲爱按约支付的人民币1500元后逃离现场。之后，叶玲爱见章某谊尚在挣扎，即用绳猛勒章某谊的颈部。王祥在离开现场时，临时起意窃得被害人章某谊的摩托罗拉338C型无线移动电话机1部。

此外，操定育于1998年10月至1999年6月期间，先后伙同他人盗窃作案7次，窃得财物价值人民币24000余元。案发后胡登科有投案自首情节。

• 裁判要旨 •

共同犯罪中，一人在逃离现场时临时起意实施其他犯罪的，其他人不应当对此犯罪承担责任。

• 裁判理由 •

原审认定被告人叶玲爱犯故意杀人罪，判处其死刑，剥夺政治权利终身。认定被告人操定育犯故意杀人罪，判处其死刑，剥夺政治权利终身，犯盗窃罪，判处其有期徒刑四年，并处罚金人民币5000元，数罪并罚，决定执行死刑，剥夺政治权利终身，并处罚金人民币5000元。认定被告人王祥犯故意杀人罪，判处其死刑，剥夺政治权利终身，犯盗窃罪，判处其有期徒刑一年，并处罚金人民币1000元，数罪并罚，决定执行死刑，剥夺政治权利终身，并处罚金人民币1000元。以故意杀人罪，分别判处被告人方立新无期徒刑，剥夺政治权利终身；判处被告人胡登科有期徒刑八年。依法扣押并随案移送的赃物摩托罗拉338C型黑色无线移动电话机一部发还给被害人章某谊亲属。

---

① 现为浙江省杭州市临安区，下同。

后浙江省人民检察院认为浙江省杭州市人民检察院的抗诉不当，依法撤回抗诉。浙江省高级人民法院经审理查明，原判认定被告人叶玲爱、操定育、王祥、方立新、胡登科故意杀人，操定育、王祥盗窃的事实，有黄某某、陈某良等人的证言，公安机关现场勘查笔录，物证检验报告，法医尸体检验报告，提取在案的钢管、塑料绳、血纱手套等物证，临安市光缆厂等7家单位失窃报告及李某某等人的报案陈述，同案犯吴某某、陈某甲、陈某乙等人的供述及临安市价格事务所价格评估书等证据证实。被告人叶玲爱、操定育、王祥、方立新、胡登科亦供认在案，所供基本上能相印证且与前述证据反映的情况相符。对于被害人章某谊是否存在过错，经审理查明，有经二审庭审质证的证人刘某某、夏某等医生的证言，被告人叶玲爱、被害人章某谊之女章某当庭所作的证言，可予证实被害人章某谊在处理婚姻家庭纠纷时，未采取正确措施化解矛盾，而是采取粗暴手段及多次暴力殴打的方法，促使被告人叶玲爱产生雇用凶手报复的恶念，继而导致本案发生，故章某谊在本案发生的起因上有一定过错，本案对此予以确认。被告人操定育、王祥使用钢管打击被害人头部，打击次数多、用力大，客观上已造成被害人章某谊因严重颅脑损伤而死亡的后果。公安法医尸体检验报告记载被害人头顶部有10处深达颅骨的创口，其中一处颅骨粉碎性凹陷性骨折，系严重颅脑损伤死亡。据此进一步反映了操定育、王祥置被害人死活于不顾的放任态度；被告人叶玲爱雇人行凶，且在操、王二人行凶后还用绳子勒被害人颈部，其杀人主观故意更为明确。公诉人提出原判定故意杀人罪准确的意见成立。各被告人及其相应的辩护人对定性提出的异议不予采信。浙江省临安市人民法院于1999年对被告人操定育参与的盗窃作案的同案犯作出判决，操定育因患严重疾病无法一并起诉，临安市公安局向临安市人民检察院撤回起诉。现一审法院对其的盗窃犯罪部分根据公诉机关起诉进行审理，程序上并无不当。操定育就此提出的上诉理由不能成立，不予采信。被告人王祥为钱财而充当杀手，是杀死被害人章某谊的直接实施者之一，主观恶性大，罪行严重。但本案先行的联系、作案的谋划、行凶回报、付款的方式等均为操定育提出或实施，而被告人王祥是在案发前一天才介入本案，故其罪行较被告人操定育为轻，其辩护人提出王祥在共同犯罪中的作用小于操定育的辩护意见基本成立。被告人方立新积极为叶玲爱物色行凶人员，参与密谋策划，提供行凶的钢管等事实，有同案被告人叶玲爱、操定育、王祥、胡登科的供述可证实；被告人王祥逃离现场时，临时起意窃取被害人章某谊的摩托罗拉无线移动电话机1部，这不仅有王祥本人的供述，还有从王祥处扣押的赃物摩托罗拉无线移动电话为证。被告人方立新、王祥对原判认定事实所提的异议不能成立，不予采纳。

浙江省高级人民法院审理后认为：被告人叶爱玲、操定育、王祥、方立新、胡登科故意非法剥夺他人生命，其行为均已构成故意杀人罪，且情节恶劣，后果严重，依法应予惩处。被告人操定育、王祥还以非法占有为目的，秘密窃取公私财物，其行为均已构成盗窃罪，其中，被告人操定育盗窃数额巨大，王祥盗窃数额较大，应予并罚。鉴于本案系由婚姻家庭纠纷引发，被害人章某谊存在一定过错，且叶玲爱认罪态度较好，可予以从轻处罚。被告人操定育、王祥为钱财充当杀手，是致被害人死亡的直接实施者，动机卑劣，手段残忍，社会危害性大。被告人操定育所犯罪行极其严重，且操定育所犯的故意杀人罪是在因盗窃罪被取保候审期间，故其虽有检举他人盗窃犯罪经查属实的立功表现，但可不予从轻，其上诉及其辩护人请求从轻处罚的理由不足，法院不予采信。鉴于被告人王祥在全案中作用轻于被告人操定育，故在量刑上应予以体现。被告人胡登科在案发后有投案自首情节，原审已作减轻处罚，故其要求再予从轻处罚理由不足，不予采信。原审判决定罪和适用法律正确，对被告人操定育、方立新、胡登科的量刑适当。审判程序合法。唯对被告人叶玲爱、王祥量刑不当，应予改判。

依照《刑事诉讼法》第189条第1项、第2项，《刑法》第232条、第264条、第69条、第48条、第67条第1款、第57条第1款、第64条之规定，判决如下：一、驳回被告人操定育、方立新、胡登科的上诉。二、撤销原审判决中对被告人叶玲爱、王祥故意杀人罪的量刑部分，维持判决的其他部分。三、以故意杀人罪，判处被告人叶玲爱死刑，缓期二年执行，剥夺政治权利终身。四、以故意杀人罪，判处被告人王祥死刑，缓期二年执行，剥夺政治权利终身，与原审以盗窃罪判处其有期徒刑一年，并处罚金1000元并罚，决定执行死刑，缓期二年执行，剥夺政治权利终身，并处罚金1000元。

【案例二】

胥善林、王月康贩卖、运输毒品案①

• 案件事实 •

2009年4月中旬，被告人王月康知道周文（已判刑）认识广东的毒品上家，故介绍周文与被告人胥善林认识，胥善林、王月康、周文随即共谋至广东省购买毒品运输来沪贩卖，三人商定由周文先前往广东省联系毒品货源，而后通知王月康赶至广东省，与周共同购买毒品后运输来沪，毒资由胥善林提供。周文随后赶往广东省汕尾市甲子镇，与当地人“阿涛”（另行处理）联系毒品货源。同年4月29日，王月康因吸毒受到公安机关审查，即打电话通知了胥善林。因王月康无法赶往广东省，胥善林遂指使蒋云（已判刑）、张范纯（已

① 参见上海市第二中级人民法院（2010）沪二中刑初字第69号。

判刑）于当日乘飞机赶往广东省汕尾市甲子镇。次日，蒋云、张范纯、周文一起从“阿涛”等人处购得一袋白色晶体、3000 粒红色药片及 489.27 克添加剂，胥善林通过把钱打入张范纯和“阿涛”等人银行卡里等方式支付了毒资 79100 元。当晚，周文、蒋云、张范纯携带所购毒品及添加剂搭乘长途汽车返沪，至沪杭高速公路枫泾检查站时被公安人员查获。经鉴定，前述白色晶体净重 250.97 克、红色药片净重 281.53 克，从中均检出甲基苯丙胺成分。检察机关认为被告人胥善林、王月康构成贩卖、运输毒品罪，且系累犯、再犯，提请法院依法审判。被告人王月康辩称，其因吸毒被审查，并未到广东等地购买、运输毒品，其不构成贩卖、运输毒品罪。

• 裁判要旨 •

实施共谋但未参与实行行为的行为人也构成共同犯罪。

• 裁判理由 •

上海市第二中级人民法院审理后认为：被告人王月康虽然因意志以外的原因未实施具体犯罪实行行为，但其介绍胥善林与周文相识，又参与共谋，其行为属于共同犯罪行为，没有实行行为的共谋者会对其他行为人施加影响，加功于其实行行为，与犯罪结果的产生存在因果关系，胥善林等购买、运输毒品的行为并未超过其共同预谋的范围，其行为已构成贩卖、运输毒品罪共犯。遂以贩卖、运输毒品罪分别判处被告人胥善林死刑，缓期二年执行，剥夺政治权利终身，并处没收个人全部财产；判处被告人王月康有期徒刑九年，剥夺政治权利二年，并处罚金人民币 2 万元。

一审判决宣判后，被告人胥善林、王月康均以未参与贩卖、运输毒品为由提出上诉。上海市高级人民法院经审理后裁定维持原判。

【学理分析及适用指引】

• 学理分析 •

1. 关于共同犯罪成立的争论。目前，关于共同犯罪的成立，刑法学界主要在以下问题上存在争论：

（1）关于同一犯罪的不同犯罪构成之间能否成立共同犯罪的问题。肯定说认为，所谓同一犯罪，是指同一罪质的犯罪，它包括而不等于符合同一犯罪构成要件的犯罪。罪质相同，但犯罪构成要件可能不同。例如，故意伤害的犯罪、故意伤害致人死亡的犯罪，它们的构成要件各不相同，但罪质相同，即都系故意伤害罪。共同犯罪人的行为是为完成同一罪质的犯罪，尽管其具体构成要件不同，但也可以构成共同犯罪。① 否定说认为，犯罪构成是刑事责任唯一根据的原则，应当毫无例外地也适用于共同犯罪。也就是说，共同犯罪必须以同一个犯罪构成为成立的前提。②

（2）关于共同过失犯罪能否成立共同犯罪。尽管我国刑法不承认共同过失犯罪是共同犯罪，但2000年11月15日《最高人民法院关于审理交通肇事刑事案件具体应用法律若干问题的解释》第5条第2款规定：交通肇事后，单位主管人员、机动车辆所有人、承包人或者乘车人指使肇事人逃逸，致使被害人因得不到救助而死亡的，以交通肇事罪的共犯论处。可见，共同过失犯罪在司法解释中已被认定为共同犯罪。对此，否定说认为，法律之所以规定共同犯罪，是因为各共同犯罪人在共同犯罪故意的范围内互相利用各人的行为而共同实行犯罪……因此，如果我们是从犯罪构成的意义上，而不是从一般的社会观念来评价共同过失犯罪人的心理状态，就不能认为过失犯罪人之间具有共同犯罪的意思联系。③ 肯定说认为，在司法实践中，由二人以上的过失行为所构成的共同犯罪是屡见不鲜的，而且司法人员也不可避免地要根据每个行为人的过失行为对危害结果所起的作用来解决他们的刑事责任问题，这说明，共同过失犯罪是一个客观存在的社会现象；不承认它是不切合实际的，也是不明智的。事实上，我国刑法已经承认了"共同过失犯罪"这一概念，《刑法》第25条第2款关于"二人以上共同过失犯罪……"的规定就是一个证明。只不过，我国刑法对共同过失犯罪人不以传统的共同犯罪（即共同故意犯罪）论处罢了。④

2. 认定共同犯罪的难点。

（1）关于部分共同犯罪定性。如果二人以上持不同的故意共同实施了某种行为，则只就他们所实施的性质相同的部分（或重合部分）成立共同犯罪（部分犯罪共同说）。例如，甲邀约乙为自己的盗窃望风，甲盗窃财物时被被害人发现，甲为了抗拒抓捕而对被害人实施暴力行为。甲的行为构成抢劫罪无疑，而乙不知情，没有抢劫的故意，则乙不可能成为抢劫罪的共犯。如果否定甲与乙成立共同犯罪，则意味着对乙的行为不能作为犯罪处理。其不合理性比较明显：倘若甲在被害人家仅实施了盗窃行为，乙属于共犯，应受到刑罚处罚；而甲现实中对被害人实施了更为严重的犯罪（事实上乙的望风行为也对甲的抢劫行为起到了促进作用），乙的行为反而不成立犯罪，这也是不合理的。在这种情况下，应认定乙与甲在盗窃罪的范围内成立共同犯罪；既然如此，对乙就必须追究其盗窃罪的刑事责任；但由于甲的行为另成立抢劫罪，故对甲的

① 樊凤林主编：《犯罪构成论》，法律出版社1987年版，第260页。

② 曾宪信、江任天、朱继良：《犯罪构成论》，武汉大学出版社1988年版，第160页。

③ 陈兴良：《共同犯罪论》，中国社会科学出版社1992年版，第436~437页。

④ 参见侯国云：《过失犯罪论》，人民出版社1996年版，第194页。

行为只能认定为抢劫罪。

（2）实行过限行为的定性。所谓实行过限，即超出共同故意范围之外的犯罪行为，这部分过限不属于共犯范畴。共犯人超过共同犯罪故意又犯其他罪的，对其他罪只能由实行该种犯罪行为的人独自负责，其他共犯人对此不负刑事责任，这就是实行过限理论，如甲、乙密谋共同盗窃，甲在门口望风和接应，乙进入房间窃取财物时，看到一熟睡的妇女，乘机强行与之发生性关系。则该强奸行为即属于实行过限行为，不能作为共犯处理，应由实行行为人乙单独负刑事责任，即甲以盗窃罪论处，而乙则以盗窃罪和强奸罪数罪并罚。同此类似而比较常见的还有共同盗窃行为过程中，经常出现一人因抗拒抓捕等当场使用暴力或者以暴力相威胁，从而转化为抢劫罪，但其他共犯人仍以盗窃罪论处的情形。

（3）片面共犯的定性。片面共犯是指参与同一犯罪的人中，一方认识到自己是在和他人共同犯罪，而另一方没有认识到有他人和自己共同犯罪。片面共犯可能存在三种情况：①片面的共同实行，即实行的一方没有认识到另一方的实行行为。②片面的教唆，即被教唆者没有意识到自己被教唆的情况。③片面的帮助，即实行的一方没有认识到另一方的帮助行为。对此如何处理，中外刑法理论上都存在较大争议。有人否认片面共犯的概念，认为片面共犯不成立共同犯罪；有人肯定片面共犯的概念，认为所有片面共犯都成立共同犯罪；有人只承认片面教唆犯与片面帮助犯；有人仅承认片面帮助犯。我国刑法理论大多肯定片面帮助犯。

（4）间接正犯的问题。间接正犯，也就是间接实行犯，是指利用不具有犯罪主体资格的人或者不发生共犯关系的第三人来实行犯罪。严格来说，间接正犯并没有实行行为，其只是利用他人的实行行为，但由于与他人缺乏共同的犯罪故意，或者被利用者本身并不构成犯罪，从在主观方面或者主体方面不能满足共犯成立条件，而由利用者对被利用者的行为独立负责。实践中较为常见的如利用无刑事责任能力人实施犯罪，或者利用他人的不知情，如甲将面粉冒充毒品，欺骗乙去贩卖的行为，乙实际是甲实施诈骗行为的犯罪“工具”。

• 适用指引 •

实行过限是指超出共同故意范围之外实施的犯罪行为，这部分过限行为不属于共同犯罪的范畴。共犯人超出共同犯罪故意又犯其他罪的，对其他罪只能由实行该种犯罪行为的人独自负责，其他共犯人对此不负刑事责任。

另外，对于仅仅参与共谋，而未参与犯罪实行行为的，刑法理论通说一般持肯定态度，认为这种“共谋而未行”的行为构成共同犯罪，且已经达到犯罪既遂。理由是：共同犯罪行为不仅指共同实行行为，还包括共同预备行为，参与共谋即是共同犯罪预备行为。因此，在参与共谋而未实行犯罪的情况下，行为人不仅有共同犯罪的故意，而且具有共同犯罪的行为，应当成立共同犯罪。而且，由于各个行为人的犯罪行为是互相联系互相配合的共同犯罪行为这一有机整体的一部分，如果共同犯罪行为已经具备了具体犯罪构成的全部要件，就已经达到犯罪既遂。

第二十六条　主犯及其处罚原则

【法律规定】

● 法律条文 ●

《中华人民共和国刑法》

第二十六条　组织、领导犯罪集团进行犯罪活动的或者在共同犯罪中起主要作用的，是主犯。

三人以上为共同实施犯罪而组成的较为固定的犯罪组织，是犯罪集团。

对组织、领导犯罪集团的首要分子，按照集团所犯的全部罪行处罚。

对于第三款规定以外的主犯，应当按照其所参与的或者组织、指挥的全部犯罪处罚。

● 相关规定 ●

《中华人民共和国刑法》

第九十七条　本法所称首要分子，是指在犯罪集团或者聚众犯罪中起组织、策划、指挥作用的犯罪分子。

《最高人民法院、最高人民检察院、公安部关于当前办理集团犯罪案件中具体应用法律的若干问题的解答》（〔84〕法研字第9号）

一、怎样办理团伙犯罪的案件？

办理团伙犯罪的重大案件，应当在党的方针政策指导下，按照刑法和《全国人民代表大会常务委员会关于严惩严重危害社会治安的犯罪分子的决定》的有关规定执行。鉴于在刑法和全国人大常委会的有关决定中，只有共同犯罪和犯罪集团的规定，在法律文书中，应当统一使用法律规定的提法。即：

办理团伙犯罪案件，凡其中符合刑事犯罪集团基本特征的，应按犯罪集团处理；不符合犯罪集团基本特征的，就按一般共同犯罪处理，并根据其共同犯罪的事实和情节，该重判的重判，该轻判的轻判。

对犯罪团伙既要坚决打击，又必须打准。不要把三人以上共同犯罪，但罪行较轻、危害较小的案件当作犯罪团伙，进而当作“犯罪集团”来严厉打击。

二、在办案实践中怎样认定刑事犯罪集团?

刑事犯罪集团一般应具备下列基本特征:(1) 人数较多(三人以上),重要成员固定或基本固定。(2) 经常纠集一起进行一种或数种严重的刑事犯罪活动。(3) 有明显的首要分子。有的首要分子是在纠集过程中形成的,有的首要分子在纠集开始时就是组织者和领导者。(4) 有预谋地实施犯罪活动。(5) 不论作案次数多少,对社会造成的危害或其具有的危险性都很严重。

刑事犯罪集团的首要分子,是指在该集团中起组织、策划、指挥作用的犯罪分子(见刑法[①]第二十三条、第八十六条)。首要分子可以是一名,也可以不止一名。首要分子应对该集团经过预谋、有共同故意的全部罪行负责。集团的其他成员,应按其地位和作用,分别对其参与实施的具体罪行负责。如果某个成员实施了该集团共同故意犯罪范围以外的其他犯罪,则应由他个人负责。

对单一的犯罪集团,应按其所犯的罪定性;对一个犯罪集团犯多种罪的,应按其主罪定性;犯罪集团成员或一般共同犯罪的共犯,犯数罪的,分别按数罪并罚的原则处罚。

……

四、办理犯罪集团和一般共同犯罪中的重大案件,怎样执行党的政策,做到区别对待?

办理上述两类案件,应根据犯罪分子在犯罪活动中的地位、作用及危害大小,依照党的政策和刑法、全国人大常委会有关决定的规定,实行区别对待。

对犯罪集团的首要分子和其他主犯,一般共同犯罪中的重大案件的主犯,应依法从重严惩,其中罪行特别严重、不杀不足以平民愤的,应依法判处死刑。

上述两类案件的从犯,应根据其不同的犯罪情节,比照主犯依法从轻、减轻或者免除刑罚。对于胁从犯,应比照从犯依法减轻处罚或免除处罚。犯罪情节轻微,不需要追究刑事责任的,可以免予起诉或由公安部门作其他处理。

对于同犯罪集团成员有一般来往,而无犯罪行为的人,不要株连。

【案例】

李文等组织、领导黑社会性质组织案[②]

• 案件事实 •

2004年11月以来,被告人李文先后纠集被告人刘波、刘军、蒋文岭、李

---

① 此处是指1979年《刑法》。

② 参见重庆市高级人民法院(2006)渝高法刑终字第125号。

小芬、周某军、杜万春以及任昭义、邹禾、陈向阳等刑满释放人员及社会闲杂人员，采取订立诸如要听大哥招呼、打架要敢于动手、被警察抓了不许乱说等组织纪律以及集中住宿、集中存放刀具、充当“内保”、垄断夜市摊生意等手段聚敛钱财，大肆进行有组织的违法犯罪活动。

2005 年 4 月 9 日凌晨，被害人宋某某、周某某、杨某某在极地酒廊玩耍时与人发生纠纷，刘波、杜万春、蒋文岭等人持刀将宋某某砍为重伤，将周某某、杨某某砍为轻伤。

2005 年 5 月 27 日凌晨 2 时许，李小芬、刘军、周某军及任昭义等人在极地酒廊楼下的夜市摊因琐事与女顾客发生纠纷。在李小芬指认下，李文首先持砍刀对谢某进行砍杀，周某军、任昭义等人也持砍刀对谢某进行了砍杀，致谢某重型颅脑损伤及失血性休克死亡。

2005 年 5 月 25 日 20 时许，被告人李文在杨家坪杨馨酒店门口因让车问题与季某某、王某发生纠纷。经李文电话邀约，刘波、杜万春、邹禾、陈向阳等人赶到现场，双方发生扭打，季某某、王某被刺为轻微伤。

2005 年 5 月，李文安排刘波解决运输客源之争，后刘波带李勇、杜万春等人在重庆市九龙坡区第一人民医院附近对巴士车的驾驶员、售票员进行威胁，不准其在杨家坪车站停车上客。

2005 年 5 月 20 日凌晨，李文在重庆市九龙坡区杨家坪前进支路骑摩托车时与路经此地的渝 B23×××出租车驾驶员戴某某因琐事发生纠纷，刘波、刘军闻讯后，带李勇、周某军、任昭义赶到现场，对戴某某进行殴打。

2005 年 2 月至 5 月期间，李文为获取非法利益，在重庆市九龙坡区、渝北区等地，带领其组织成员到九龙坡区杨家坪至尚俱乐部、渝北区鲁能星城施工地、重庆建设集团西郊中学宿舍拆迁工地进行滋事活动，严重干扰了正常生产、生活秩序。

• 裁判要旨 •

在犯罪集团内起组织、领导作用的首要分子对集团所犯的全部罪行承担刑事责任。

• 裁判理由 •

重庆市第一中级人民法院认为：被告人李文纠集被告人刘波、刘军、蒋文岭、李小芬、周某军、杜万春等人，有组织地多次进行违法犯罪活动，为非作恶、称霸一方，形成了以被告人李文为组织、领导者，被告人刘波、刘军为骨干成员，被告人蒋文岭、李小芬、周某军、杜万春等人为参加者的黑社会性质犯罪组织。被告人李文组织、领导黑社会性质组织，并组织、领导其组织成员持刀故意杀死一人，故意伤害他人身体，致一人重伤、二人轻伤，其行为已分别构成组织、领导黑社会性质组织罪，故意杀人罪，故意伤害罪，且在故意杀人犯罪中起主要作用，系主犯，依法应予惩处，并应数罪并罚。被告人刘波积极参加黑社会性质组织，积极参与持刀故意伤害他人身体，致一人重伤、二人轻伤，其行为已分别构成参加黑社会性质组织罪、故意伤害罪，依法应予处罚，并应数罪并罚。被告人刘军积极参加黑社会性质组织，共同参与故意杀人，致一人死亡，其行为已构成参加黑社会性质组织罪、故意杀人罪，依法应予处罚，并应数罪并罚。鉴于其在故意杀人犯罪中起次要作用，系从犯，依法可对其犯故意杀人罪从轻处罚。被告人蒋文岭参加黑社会性质组织，参与持刀故意伤害他人身体，致一人重伤、二人轻伤，共同参与故意杀人，致一人死亡，其行为已分别构成参加黑社会性质组织罪、故意杀人罪、故意伤害罪，依法应予处罚，并应数罪并罚。鉴于其在故意杀人犯罪中起次要作用，系从犯，依法可对其犯故意杀人罪减轻处罚。被告人李小芬参加黑社会性质组织，共同参与故意杀人，致一人死亡，其行为已分别构成参加黑社会性质组织罪、故意杀人罪，依法应予处罚，并应数罪并罚。鉴于其到案后提供线索，协助公安机关侦破其他案件，有立功表现，依法可从轻处罚，且在故意杀人过程中起次要作用，系从犯，依法可对其犯故意杀人罪减轻处罚。被告人周某军参加黑社会性质组织，积极参与故意杀人，致一人死亡，其行为已分别构成参加黑社会性质组织罪、故意杀人罪，且在故意杀人中起主要作用，系主犯，依法应予处罚，并应数罪并罚。鉴于其犯罪时未满 18 周岁，系未成年人犯罪，依法对其从轻处罚。被告人杜万春参加黑社会性质组织，参与持刀伤害他人身体，致一人重伤、二人轻伤，其行为已分别构成了参加黑社会性质组织罪、故意伤害罪，依法应予处罚，并应数罪并罚。依照《刑法》第 294 条第 1 款、第 3 款，第 232 条，第 234 条第 2 款，第 17 条第 1 款、第 3 款，第 25 条第 1 款，第 26 条第 1 款，第 27 条，第 55 条第 1 款，第 56 条第 1 款，第 57 条第 1 款，第 68 条第 1 款，第 69 条，《最高人民法院关于审理未成年人刑事案件具体应用法律若干问题的解释》第 4 条第 1 款之规定，判决：一、被告人李文犯组织、领导黑社会性质组织罪，判处有期徒刑九年；犯故意杀人罪，判处死刑，剥夺政治权利终身；犯故意伤害罪，判处有期徒刑八年。决定执行死刑，剥夺政治权利终身。二、被告人刘波犯参加黑社会性质组织罪，判处有期徒刑七年；犯故意伤害罪，判处有期徒刑八年。决定执行有期徒刑十四年。三、被告人刘军犯参加黑社会性质组织罪，判处有期徒刑六年；犯故意杀人罪，判处有期徒刑十年，剥夺政治权利二年。决定执行有期徒刑十五年，剥夺政治权利二年。四、被告人蒋文岭犯参加黑社会性质组织罪，判处有期徒刑三年；犯故意杀人罪，判处有期徒刑九年；犯故意伤害罪，判处有期徒刑七年。决定执行有期徒刑十八年。五、被告人李小芬犯参加黑社会性质组织罪，判处有期徒刑二年；犯故意杀人罪，判处有期徒刑九年。决定执行有期徒刑十年。六、被告人周某军犯参加黑社会性质组织罪，判处有期徒刑一年六个月；犯故意杀人罪，判处有期徒刑十一年。决定执行有期徒刑十二年。七、被告人杜万春犯参加黑社会性质组织罪，判处有期徒刑二年；犯故意伤害罪，判处有期徒刑七年。决定执行有期徒刑八年。

后被告人李文等提出上诉。

二审法院认为：上诉人李文组织、领导黑社会性质组织，以暴力、威胁手段，有组织地进行违法犯罪活动，为非作恶、称霸一方，在重庆市九龙坡区杨家坪地区极地酒廊一带形成较大影响，严重破坏经济、生活秩序；其组织、领导黑社会性质组织成员持刀故意杀死一人，故意伤害他人身体，致一人重伤、二人轻伤，其行为已分别构成组织、领导黑社会性质组织罪、故意杀人罪、故意伤害罪，依法应予惩处，并数罪并罚。关于上诉人李文及其辩护人提出李文等人不构成黑社会性质组织犯罪的意见，经查，上诉人李文、刘波等人的犯罪组织，完全具备《全国人民代表大会常务委员会关于〈中华人民共和国刑法〉第二百九十四条第一款的解释》所规定的“黑社会性质的组织”应当同时具备的四个特征，表现在：（1）通过多次的违法犯罪活动，李文一伙逐步形成了以李文为组织者、领导者，刘波、刘军为骨干，蒋文岭、李小芬、周某军、任昭义、杜万春、邹禾、陈向阳等人为成员的犯罪组织，该组织人数较多，骨干成员基本稳定，有明确的纪律约束，具有较为严密的组织性；（2）李文犯罪组织，通过充当“黑保安”、从事夜市经营、“扎场子”等方式，获取经济利益，用以支付该组织成员住宿、生活、交通、吸毒等费用；（3）该组织通过暴力、威胁等手段，非法干预交通运行秩序、垄断夜市经营，聚众扰乱社会秩序，并故意杀死一人、故意伤害多人，为非作恶，欺压、残害群众；（4）该组织通过实施一系列违法、犯罪行为，称霸一方，在九龙坡区杨家坪极地酒廊一带形成较大影响，严重破坏经济、社会秩序；李文作为犯罪的组织、领导者，对其应当以组织、领导黑社会性质组织罪定罪。李文及其辩护人提出李文不构成黑社会性质组织犯罪的意见不成立，不予采纳。关于李文上诉称没有参与2005年4月9日在极地酒廊发生的故意伤害案件、不应承担相应责任的意见，经查，在极地酒廊充当“黑保安”（即“内保”），是李文黑社会性质组织的日常活动之一，李文不仅自己在极地酒廊充当“黑保安”，而且安排刘波等组织成员长期驻守该酒廊，随时准备以暴力手段对付敢于在该酒廊“闹事”之人，并为此事先准备了砍刀等凶器。因此，对刘波、蒋文岭、杜万春等人在极地酒廊实施的伤害行为，李文作为黑社会性质组织的组织者、领导者，应当承担罪责，故对李文提出的该上诉意见不予采纳。关于李文提出其主观上没有杀害谢某的故意、没有直接致死谢某、谢某一方有过错，以及辩护人提出李文不是直接致死谢某之人、被害人对激化矛盾有直接责任的意见，经查：（1）李文作为达到刑事责任年龄、具备刑事责任能力之人，明知持刀砍击他人会造成他人死亡的结果而放任这种结果的发生，主观上具有杀人的故意；（2）在案件的起因上，死者谢某一方确有不冷静而导致纠纷，但李文到现场后并未采取任何正当方式解决纠纷，而是在李小芬的指认下立即持刀砍杀被害人谢某，显然是逞强耍霸的故意杀人行为，因此本案不属于民间矛盾激化导致的故意杀人，即使被害人一方在纠纷的起因上有一定过错，也不足以减轻李文等人的罪责；（3）经法医检验，谢某系重型颅脑损伤及失血性休克死亡，故谢某死亡的原因是双重的，对于参与动刀砍杀的人员而言，无论其具体砍杀的部位何在，其行为均与被害人死亡结果之间具有因果关系；另外，作为黑社会性质组织的组织、领导者，李文在日常生活中要求周某军、任昭义等组织成员“要有性格”，打架时“要敢下手”，“喊整就整”，在案发时首先对谢某砍杀，周某军、任昭义紧随其后实施砍杀行为，最终造成谢某死亡的严重后果，故对于上诉人李文而言，无论是就其作为黑社会性质组织犯罪的领导、组织者，还是从其案发时首先动手砍杀角度上讲，对其均应认定为是致谢某死亡的直接行为人，对犯罪造成的严重后果承担直接责任。李文及其辩护人提出的前述辩护意见亦不成立，不予采纳。至于辩护人提出李文所犯故意杀人罪行在主观罪过形式上属间接故意的意见虽然成立，但李文所犯故意杀人罪情节恶劣，后果严重，应当严惩，对李文及其辩护人要求从轻处罚的意见不予采纳。李文作为黑社会性质组织犯罪的组织者、领导者，在适用法律时应当同时适用《刑法》第 26 条第 1 款、第 3 款的规定，原判适用法律有遗漏，应当指出。

上诉人刘波积极参加黑社会性质组织，参与持刀故意伤害他人身体，致一人重伤、二人轻伤，其行为已分别构成参加黑社会性质组织罪、故意伤害罪，依法应予处罚，并数罪并罚。关于刘波上诉提出在其所犯故意伤害案件中，被害人有过错的意见，经查，目前没有任何证据证实被害人宋某某、周某某、杨某某事前对刘波、李勇等人实施了攻击行为，刘波提出被害人有过错的意见无证据支持，不予采纳；上诉人刘波以此为由认为原判对其判处故意伤害罪量刑过重的意见亦不成立，不予采纳。

上诉人蒋文岭参加黑社会性质组织，参与持刀故意伤害他人身体，致一人重伤、二人轻伤，共同参与故意杀人，致一人死亡，其行为已分别构成参加黑社会性质组织罪、故意杀人罪、故意伤害罪，依法应数罪并罚。在故意杀人犯罪中，蒋文岭起次要作用，系从犯，依法应对其所犯故意杀人罪减轻处罚。关于蒋文岭提出其不是李文黑社会性质组织成员，不构成参加黑社会性质组织罪的意见，经查，蒋文岭明知李文、刘波等人系犯罪组织而主动多次参与该组织的违法犯罪活动，对其应认定为该组织成员，对蒋文岭提出的该上诉意见不予采纳。原判根据蒋文岭在故意杀人犯罪中系从犯的情节，给予了减轻处罚，故蒋文岭所提原判对其故意杀人犯罪量刑过重的意见亦不成立，不予采纳。

上诉人李小芬参加黑社会性质组织，积极为黑社会性质组织提供经济资助，参加了垄断夜市等非法活动，共同参与故意杀人，致一人死亡，其行为已分别构成参加黑社会性质组织罪、故意杀人罪，依法应数罪并罚。鉴于李小芬归案后检举他人犯罪行为，有立功表现，其在故意杀人过程中起次要作用，系从犯，依法可对其所犯参加黑社会性质组织罪从轻处罚、所犯故意杀人罪减轻处罚。李小芬及其辩护人提出李小芬不构成参加黑社会性质组织罪和被害人谢某一方具有重大过错的意见不成立，不予采纳。对于李小芬及其辩护人提出李小芬没有同意周某军、任昭义去拿刀，李小芬没有杀人故意，其行为构成故意伤害罪的意见，经查，同案人任昭义、周某军证实任昭义到极地酒廊音控室拿刀之前征得了李小芬的同意，而李小芬本人在侦查阶段亦作过相同供述，故原判认定该情节的证据充分；李小芬邀约李文等人前来现场，并在已经知道同伙持有砍刀的情况下，向李文指认被害人，应当知道自己的行为会导致李文等人对被害人实施砍杀，从而造成被害人受伤或死亡的严重后果，但为了达到报复泄愤的目的而放任该后果的发生，其主观上具有伤害和杀人双重犯罪故意，对李小芬的行为应结合其所造成的最终危害后果给予定罪量刑，故对李小芬应当以故意杀人罪追究；李小芬及其辩护人提出的前述辩解辩护意见不成立，不予采纳。关于李小芬及其辩护人提出案发后李小芬主动打“110”电话报警、有自首情节的意见，经查，检察机关二审当庭举示的公安机关接警记录和李小芬于案发当日在公安机关的供词证实：（1）2005年4月27日谢某被害案发生后，公安机关是根据时某的报案出警，认定李小芬主动报警无证据支持；（2）李小芬归案后，并没有如实供述李文等人参与犯罪的情况。无论从“自动投案”还是从“如实供述罪行”上分析，李小芬的行为均不具备自首的构成要件，不能认定为自首。关于李小芬及其辩护人提出李小芬有积极检举他人犯罪的重大立功表现的意见，经查，李小芬检举刘波等人所犯故意伤害罪确属立功，原判亦作出认定，李小芬的检举行为属一般立功，故李小芬及其辩护人提出李小芬系“重大立功”的辩护意见亦不成立，不予采纳。原判根据李小芬犯罪的事实、情节和对社会的危害程度，充分考虑其在故意杀人犯罪中系从犯、犯罪后有立功表现的情节，对其给予了适当的从轻、减轻处罚，故李小芬及其辩护人提出原判量刑过重的意见不成立，对李小芬及其辩护人要求二审再予从轻、减轻处罚的意见不予采纳。

上诉人杜万春参加黑社会性质组织，参与持刀伤害他人身体，致一人重伤、二人轻伤，其行为已分别构成参加黑社会性质组织罪、故意伤害罪，依法应数罪并罚。关于杜万春上诉提出不构成参加黑社会性质组织罪的意见，经查，杜万春不仅积极参加李文黑社会性质组织，而且积极参加该组织实施的故意伤害、扰乱公共场所秩序等活动，对其应当以参加黑社会性质组织罪追究，杜万春上诉称其不构成参加黑社会性质组织罪的意见不成立。关于杜万春提出其在因赌博被羁押期间，主动坦白伤害罪行，应视为自首的意见，经查，检察机关在二审中当庭举示的杜万春所写坦白材料证实，杜万春确于 2005 年 8 月向九龙坡区看守所管教人员提交了坦白材料，但在此之前，公安机关已掌握了杜万春的罪行并于同年 7 月下旬对其进行了讯问，故杜万春的自首不成立，对杜万春提出的该意见不应采纳。原判根据杜万春犯罪的事实、情节，对其作出了适当判处，杜万春上诉称原判量刑过重的意见亦不成立，不予采纳。

原审被告人刘军积极参加黑社会性质组织，共同参与故意杀人，致人死亡，其行为已构成参加黑社会性质组织罪、故意杀人罪，依法应数罪并罚。鉴于刘军在故意杀人过程中起次要作用，系从犯，对其犯故意杀人罪应从轻处罚。

原审被告人周某军参加黑社会性质组织，积极参与故意杀人，致一人死亡，其行为已分别构成参加黑社会性质组织罪、故意杀人罪，且在故意杀人中起主要作用，系主犯，依法应予处罚，并数罪并罚。鉴于其犯罪时未满 18 周岁，依法对其从轻处罚。但原判在适用法律时，未对周某军同时适用《刑法》第 26 条第 4 款之规定，在适用法律上有遗漏，应当指出。

综上所述，原判认定本案各上诉人、原审被告人犯罪的事实清楚，证据充分。虽然原判在适用法律的条文上有遗漏，但鉴于其对各上诉人、原审被告人定罪和量刑适当，审判程序合法，依法仍应当维持。依照《刑事诉讼法》第 189 条第 1 项之规定，裁定如下：驳回上诉，维持原判刑事部分。

【学理分析及适用指引】

• 学理分析 •

我国刑法理论关于主犯的范围，主要存在两种观点的争论：

第一种观点认为：主犯分为三种，即在集团犯罪和属于共同犯罪的聚众犯罪中的首要分子，以及在集团犯罪和其他形式共同犯罪中起主要作用的人。

第二种观点认为：主犯分为两种，即在集团犯罪中的首要分子和在集团犯罪以及一般共同犯罪中起主要作用的人。由于聚众犯罪在刑法中属于必要性共同犯罪的情况，是直接按照《刑法》分则的规定予以处罚的，其首要分子可能是主犯，也可能不属于主犯。而《刑法》总则规定的主犯是任意共同犯罪中的。因此，聚众犯罪中的首要分子是否属于主犯，应当是按照"在共同犯罪中起主要作用"来认定。所以，聚众犯罪中的首要分子不是当然的主犯。

我们认为，根据《刑法》第 26 条规定，主犯主要包括两种人：犯罪集团中的首要分子和在共同犯罪中起主要作用的人。在共同犯罪中认定主犯时，除犯罪集团和聚众共同犯罪的首要分子应着眼于其是否在犯罪集团或聚众犯罪中起组织、指挥作用外，其他主犯的认定，应综合考察以下几个方面的情况：（1）实行犯罪前的表现，如是否主动邀约他人犯罪；是否出谋划策等。（2）实行犯罪过程中的表现，如是积极主动地实施犯罪活动还是消极被动地参与实行犯罪；其行为是犯罪结果发生的主要原因还是次要原因等。（3）犯罪完成后的表现，如是否控制、支配赃款、赃物；是否组织、指挥逃跑，布置反侦查活动等。共同犯罪中的主犯可能是一个，也可能是几个，有时全部共犯人均是主犯。

• 适用指引 •

根据《刑法》第26条规定，对组织、领导犯罪集团的首要分子，按照集团所犯的全部罪行处罚，即首要分子要对他所组织、领导的犯罪集团进行犯罪活动的全部罪行承担刑事责任。所应注意的是，对犯罪集团的首要分子，是按“集团”所犯的全部罪行处罚，不是按全体成员所犯的全部罪行处罚。也就是说，集团成员超出集团犯罪计划，独自实施的犯罪行为，不属于集团所犯的罪行，首要分子对此不承担刑事责任。对于犯罪集团首要分子以外的主犯，即在犯罪集团中起主要作用的主犯、聚众共同犯罪中的主犯、一般共同犯罪中的主犯，应分两种情况处罚：对于组织、指挥共同犯罪的人（如聚众共同犯罪中的首要分子），应当按照其组织、指挥的全部犯罪进行处罚；对于没有从事组织、指挥活动但在共同犯罪中起主要作用的人，应按其参与的全部犯罪处罚。黑社会性质组织较一般的犯罪集团具有更大的危害性，对于黑社会性质组织的组织者、领导者以及其他主犯也应当按照犯罪集团及其主犯的有关规定进行定罪处罚。按照我国《刑法》的规定，组织、领导、参加黑社会性质组织罪是行为犯，即只要组织、领导或者参加黑社会组织，即可以构成犯罪，而不以实际实施了其他犯罪行为为构成要件。如果行为人在组织、领导、参与黑社会组织之外，又实施其他犯罪行为的，应当依照数罪并罚的规定来处理。

第二十七条　从犯及其处罚原则

【法律规定】

• 法律条文 •

《中华人民共和国刑法》

第二十七条　在共同犯罪中起次要或者辅助作用的，是从犯。

对于从犯，应当从轻、减轻处罚或者免除处罚。

• 相关规定 •

《最高人民法院、最高人民检察院、公安部关于当前办理集团犯罪案件中具体应用法律的若干问题的解答》（〔84〕法研学第9号）

四、办理犯罪集团和一般共同犯罪中的重大案件，怎样执行党的政策，做到区别对待？

办理上述两类案件，应根据犯罪分子在犯罪活动中的地位、作用及危害大小，依照党的政策和刑法、全国人大常委会有关决定的规定，实行区别对待。

对犯罪集团的首要分子和其他主犯，一般共同犯罪中的重大案件的主犯，应依法从重严惩，其中罪行特别严重、不杀不足以平民愤的，应依法判处死刑。

上述两类案件的从犯，应根据其不同的犯罪情节，比照主犯依法从轻、减轻或者免除刑罚。对于胁从犯，应比照从犯依法减轻处罚或免除处罚。犯罪情节轻微，不需要追究刑事责任的，可以免予起诉或由公安部门作其他处理。

对于同犯罪集团成员有一般来往，而无犯罪行为的人，不要株连。

【案例】

广州顺亨汽车配件贸易有限公司等走私普通货物案①

• 案件事实 •

2007年至2009年3月间，被告单位广州顺亨汽车配件贸易有限公司（以下简称广州顺亨公司）为谋取不法利益，经总经理被告人李木钦决定，指使该公司职员被告人李增坚具体操作和联络，将被告单位广州顺泰昌公司、广州宏璟公司以及香港鸿益贸易公司、广州鸿星汽配经营部委托该公司包税进口的汽车配件和其自购的进口汽车配件，以明显低于正常报关进口应缴税款的价格，转委托被告单位深圳创竞达公司、深圳天芝柏公司、广州瀚盛公司及广东新联公司等公司包税进口，从中赚取包税差价。经海关关税部门核定，广州顺亨公司（李木钦、李增坚）走私进口汽车配件277个货柜，偷逃应缴税额人民币（以下币种同）108094245.41元。

被告单位广州顺泰昌公司、广州宏璟公司及香港鸿益贸易公司、广州鸿星汽配经营部为降低进口汽车配件成本，少缴进口关税，在明知被告单位广州顺亨公司伙同其他单位采用低报价格、伪报品名和藏匿等手段走私进口汽车配件

---

① 参见中华人民共和国最高人民法院刑事审判第一、二、三、四、五庭主办：《刑事审判参考》（总第93集），法律出版社2013年版。

的情况下，经各自的负责人被告人庄楚镇、许德才、张树鸿、许适棠决定，将其单位或者个人自购或其他客户委托其进口的汽车配件，以明显低于正常报关进口应缴税款的价格委托被告单位广州顺亨公司包税进口。香港鸿益贸易公司为减少中间环节，经张树鸿决定和经手，还将部分进口汽车配件以明显低于正常报关进口应缴税款的价格直接委托被告单位深圳创竞达公司、深圳天芝柏公司等单位包税进口。香港鸿益贸易公司还利用其在香港的鸿益货场，为广州顺亨公司、广州顺泰昌公司等单位或者个人从美国、新加坡等国家和地区购买和运输至香港或者在香港直接购买的进口汽车配件进行集装箱拼装、压缩、再包装、藏匿等，为将上述货物从香港走私入境提供便利。经海关关税部门核定，张树鸿（香港鸿益贸易公司）参与走私进口汽车配件167个货柜，偷逃应缴税额62198632.32元；广州顺泰昌公司（庄楚镇）走私进口汽车配件61个货柜，偷逃应缴税额17231714.75元；广州宏璟公司（许德才）走私进口汽车配件19个货柜，偷逃应缴税额5681951.26元；许适棠（广州市鸿星汽配经营部）走私进口汽车配件10个货柜，偷逃应缴税额1899900.35元。

被告单位深圳创竞达公司、深圳天芝柏公司及广东新联公司（另案处理）为获得非法利益，由其各自的负责人被告人陈海涛、陈浩儒（另案处理）、黄秋文决定，深圳天芝柏公司利用深圳市佳立维电子有限公司、深圳市合德贸易有限公司、深圳市鼎江投资有限公司（原名深圳市渝江投资有限公司）等公司的名义，深圳创竞达公司利用深圳市明智创业贸易有限公司、深圳市永德金工贸有限公司、广州海函机电设备有限公司等公司的名义，由职员被告人李海祥、陈两宜、陈泽波等人具体操作，修改进口货物的真实价格、数量和品名等，制作虚假的报关资料，委托报关公司采用低报价格、伪报品名和藏匿等手段，将被告单位广州顺亨公司、香港鸿益贸易公司等单位委托其包税进口的汽车配件走私进境。经海关关税部门核定，深圳创竞达公司（陈海涛）走私进口汽车配件170个货柜，偷逃应缴税额67742309.98元，其中李海祥参与走私进口汽车配件103个货柜，偷逃应缴税额42314922.95元，陈两宜参与走私进口汽车配件15个货柜，偷逃应缴税额6108170.53元；深圳天芝柏公司走私进口汽车配件116个货柜，偷逃应缴税额46842717.47元，其中陈泽波参与走私进口汽车配件100个货柜，偷逃应缴税额40763473.06元；广东新联公司（黄秋文）走私进口汽车配件31个货柜，偷逃应缴税额11515840.05元。

被告单位广州瀚盛公司、广州鸿桂源公司为谋取不法利益，分别由被告人苏杰、施伟权决定和操作，以明显低于正常报关进口应缴税款的价格，将被告单位广州顺亨公司及杭州新德通公司、杭州红马公司、杭州鑫亚新公司、广州钜安公司、广州运德公司、广州市越秀区立德汽配商行、杨宇公司、黎仕能等客户委托其包税进口的汽车配件，转委托珠海新盈基公司包税进口，从中赚取包税差价。经海关关税部门核定，广州瀚盛公司（苏杰）走私进口汽车配件

95 个货柜，偷逃应缴税额 21019877.85 元；广州鸿桂源公司（施伟权）走私进口汽车配件 65 个货柜，偷逃应缴税额 19008236.17 元。

珠海新盈基公司为获得非法利益，由其负责人黄俊铿（另案处理）决定，指使公司财务人员被告人劳英时、业务员被告人唐丽平、周泽鑫、王龙修改进口货物的真实价格、数量和品名等，制作虚假的报关资料，收取包税费用等，委托报关公司采用低报价格、伪报品名和夹藏等手段，将被告单位广州瀚盛公司、广州鸿桂源公司、被告人黄兆祥委托其包税进口的汽车配件走私进境。经海关关税部门核定，珠海新盈基公司（劳英时、唐丽平、周泽鑫、王龙）走私进口汽车配件 179 个货柜，偷逃应缴税额 45831362.37 元；黄兆祥走私进口汽车配件 18 个货柜，偷逃应缴税额人民币 3296828.91 元。

• 裁判要旨 •

只有在共同犯罪中起次要或者辅助作用的，才能构成共同犯罪的从犯。

• 裁判理由 •

广东省广州市中级人民法院认为，被告单位广州顺亨公司、深圳创竞达公司、深圳天芝柏公司、广州瀚盛公司、广州鸿桂源公司、广州顺泰昌公司、广州宏璟公司，被告人张树鸿、黄兆祥、许适棠违反国家法律，逃避海关监管，走私普通货物进境，偷逃应缴税额特别巨大，其行为均构成走私普通货物罪。被告人李木钦、陈海涛、黄秋文、苏杰、施伟权、庄楚镇、许德才是犯罪单位的直接负责的主管人员，被告人劳英时、李增坚、陈两宜、李海祥、陈泽波、唐丽平、周泽鑫、王龙是犯罪单位的其他直接责任人员，其行为均构成走私普通货物罪，且犯罪情节特别严重。被告单位广州顺亨公司、深圳创竞达公司、深圳天芝柏公司，被告人李木钦、张树鸿、陈海涛、黄秋文在共同犯罪中起主要作用，是主犯，依法应当按照其所参与的全部犯罪处罚。被告单位广州瀚盛公司、广州鸿桂源公司、广州顺泰昌公司、广州宏璟公司，被告人苏杰、施伟权、庄楚镇、许德才、黄兆祥、许适棠、李增坚、劳英时、陈两宜、李海祥、陈泽波、唐丽平、周泽鑫、王龙在共同犯罪中所处地位和作用次要，是从犯，依法减轻处罚。依照《刑法》第 153 条第 1 款第 3 项、第 2 款、第 3 款，第 30 条，第 31 条，第 25 条，第 26 条第 4 款，第 27 条，第 65 条第 1 款，第 68 条，第 52 条，第 53 条，第 64 条之规定，判决如下：一、被告单位广州顺亨汽车配件贸易有限公司犯走私普通货物罪，判处罚金人民币 1 亿 1000 万元。（其他被告单位判罚情况略）二、被告人李木钦犯走私普通货物罪，判处有期徒刑十四年。三、被告人张树鸿犯走私普通货物罪，判处有期徒刑十二年，并处罚金人民币 6300 万元。（其他被告人判罚情况略）四、查封和扣押的本案各被告单位和被告人的违法所得、作案工具，均依法予以没收，上缴国库；继续追缴本案各被告单位和被告人的违法所得，依法予以没收，上缴国库。

一审宣判后，被告单位广州鸿桂源公司，被告人李木钦、张树鸿、黄秋文、苏杰、施伟权、陈海涛、庄楚镇、黄兆祥、劳英时不服，均提起上诉。

广东省高级人民法院经审理认为，一审判决认定的事实清楚，证据确实、充分，定罪准确，量刑适当，审判程序合法，遂裁定驳回上诉，维持原判。

【学理分析及适用指引】

• 学理分析 •

帮助犯是一种重要的从犯，关于帮助犯能否成为主犯，我国学者存在不同观点。肯定说认为，在大多数犯罪场所，帮助犯属于从犯，但是在个别特殊情况下，帮助犯可能在共同犯罪中起主要作用。[①] 否定说认为，由于帮助犯在共同犯罪中只是居于辅助性的地位，因此不可能起主要作用，只能是从犯。[②]

我们认为，我国刑法中的从犯分为以下两种情况：

第一，在共同犯罪中起次要作用的犯罪分子。所谓起次要作用，是指相对于主犯而言，他们虽然直接参与了实施犯罪的行为，但在整个犯罪过程中所起的作用相对比较小。其具体表现为：在犯罪集团首要分子的领导下参与犯罪活动，但罪恶不够重大、情节不够严重；在一般共同犯罪中直接参加实行犯罪的活动，但所起的作用不大，没有直接造成严重的危害后果或者情节较轻。

第二，在共同犯罪中起辅助作用的犯罪分子。所谓辅助作用就是指没有直接参加犯罪的实行，而是以种种方式帮助实行犯，促成其实现犯罪结果。由于帮助犯在共同犯罪中只是居于辅助性的地位，因此不可能起主要作用，只能是从犯。其行为多为提供犯罪工具，排除犯罪障碍，指示犯罪地点和犯罪对象，打探和传递有利于实施犯罪的消息，参与事前密谋，犯罪后包庇、窝藏其他共同犯罪人或窝藏、销售赃物等。对共同犯罪中的帮助行为，应当根据行为人的主观动机、行为方式和危害结果来综合判断。

• 适用指引 •

我国刑法以作用为主，兼顾分工，对共同犯罪人分为主犯、从犯、胁从犯和教唆犯四类。从犯在共同犯罪中所起作用较小，只起次要或辅助作用，因而《刑法》第 27 条第 2 款规定：对于从犯，应当从轻、减轻处罚或者免除处罚。对从犯的处理，从宽的幅度较大，既可以从轻，也可以减轻，甚至可以免除处罚。在什么情况下从轻，或减轻，或免除处罚要考虑其所参加实施犯罪的性质

① 林文肯、茅彭年：《共同犯罪理论与司法实践》，中国政法大学出版社 1987 年版，第 84 页。
② 王作富主编：《中国刑法适用》，中国人民公安大学出版社 1987 年版，第 182 页。

和情节轻重、参与实施犯罪的程度及其在犯罪中所起作用的次要程度来确定。需要说明的是，此处所论只是就从犯所参与实施的犯罪及其在共同犯罪中的作用而言的，并未考虑法定或酌定的量刑情节。实际上，在量刑时是不能不考虑这些情节的，因而对从犯实际的处刑与上面论述的情况，可能就不尽相同了。

第二十八条　胁从犯及其处罚原则

【法律规定】

•　法律条文　•

《中华人民共和国刑法》

第二十八条　对于被胁迫参加犯罪的，应当按照他的犯罪情节减轻处罚或者免除处罚。

【案例】

王永杰、卢方志、王某杰、盖某某、王某成抢劫案[①]

•　案件事实　•

2002年9月21日0时许至2003年1月4日16时许，被告人王永杰、卢方志伙同王某杰、盖某某、王某成、张某某（在逃）交叉结伙，持砍刀、弹簧刀、橡胶棒等作案工具，先后在山东省东营市东营区西一路、北一路、黄河路等路段，采用殴打、刀捅等暴力手段，抢劫作案9次，劫得手机8部、现金及其他物品一宗，共计价值16263元，并造成1人死亡，2人重伤，2人轻伤，2人轻微伤。其中被告人王永杰参与全部作案；被告人卢方志参与作案8次，抢劫价值15868元，致1人死亡，2人重伤，2人轻伤，2人轻微伤；被告人王某杰、盖某某、王某成参与作案1次，抢劫价值2412元，致1人轻伤，1人轻微伤。

•　裁判要旨　•

因受威胁而被迫参与犯罪的属于胁从犯。

---

① 参见山东省东营市中级人民法院（2003）东刑二初字第13号。

• 裁判理由 •

山东省东营市中级人民法院经审理认为：被告人王永杰、卢方志、王某杰、盖某某、王某成以非法占有为目的，采取暴力手段劫取他人财物，其行为均已构成抢劫罪。在此次共同犯罪中，王永杰、卢方志起主要作用，系主犯；王某杰、盖某某、王某成均系被胁迫参加犯罪，在共同犯罪中起辅助作用，系胁从犯。考虑到被告人王某杰、盖某某、王某成均系胁从犯，作用较小，具有一定的被动性，归案后认罪态度好，能够真诚悔罪。三被告人及辩护人对此的辩护意见成立，法院予以采纳。根据五被告人犯罪的事实、犯罪的性质、情节以及对社会的危害程度，依法判决：一、被告人王永杰犯抢劫罪，判处死刑，剥夺政治权利终身，并处没收个人全部财产。二、被告人卢方志犯抢劫罪，判处死刑，缓期二年执行，剥夺政治权利终身，并处没收个人全部财产。三、被告人王某杰犯抢劫罪，判处有期徒刑三年，缓刑五年，并处罚金 3000 元。四、被告人盖某某犯抢劫罪，判处有期徒刑二年六个月，缓刑四年，并处罚金 2000 元。五、被告人王某成犯抢劫罪，判处有期徒刑二年，缓刑三年，并处罚金 2000 元。

【学理分析及适用指引】

• 学理分析 •

由于《刑法》总则条文和各种有权解释都未对胁从犯成立要件中“胁迫”的内容进行详细的描述，因此，对于这一问题，学者在各自的学理解释中存在不同的见解。其中，“胁迫”应否包括他人以侵害行为人自身非法利益为内容的威胁或强制；换言之，侵害非法利益是否属于胁迫的内容，受此种威胁而犯罪是否构成胁从犯？

通说认为，胁从犯中的胁迫一般是指精神上受到强制，如以损害健康、揭发隐私、毁坏财物等对行为人进行胁迫。此处通说仅仅是根据胁迫的本质，对胁迫的内容进行了一些学理上的列举。但是，通说的这种表述，并没有明确胁迫内容的合法与否，即没有明确界定针对行为人非法利益的侵害威胁——如恐吓揭发他人犯罪行为的“隐私”、毁坏他人犯罪所得的赃物、催逼赌债等是不是胁从犯成立要件中的胁迫。

有的学者则明确指出，在面临胁迫时为保住非法利益而犯罪可成立胁从犯。申言之，行为人受到他人以侵害自己非法利益为内容的威胁或强制而实施犯罪的，可以构成胁从犯；侵害非法利益应该属于胁从犯中的胁迫。而有的学者则认为，那种以侵害行为人非法利益为内容的威胁或强制不能成立胁从犯。作为非法利益的持有者，行为人应该明知自己的此种“利益”，如赃物、赌债、负案在逃现状等，随时可能被国家、被害人或者其他人剥夺。所以，在这种认识的支配下，非法利益的丧失对行为人的精神究竟能够产生多大的强制力，以及这种强制力是否足以达到刑法对成立胁从犯所要求的受胁迫程度，都存在疑问。

• 适用指引 •

胁从犯是指在共同犯罪中被胁迫参加犯罪的人。在主观方面，胁从犯是被胁迫参加犯罪的，其主观恶性小于完全出于本人自愿参加犯罪的其他从犯。在分工方面，胁从犯有可能实行帮助行为，也有可能实行实行行为。胁从犯在主观上的基本特征在于虽然是非主动、非自愿的，但却并没有失去或完全失去意志自由。在认定胁从犯时应当注意以下几个问题：

1. 胁从犯并没有完全丧失意志自由。胁从犯在主观上的基本特征在于虽然是非主动、非自愿的，但却并没有失去或完全失去意志自由。如果行为人（被胁迫者）在身体受到强制的情况下完全失去了意志自由，则失去了与胁迫者的犯意联络，不具有与胁迫者共同犯罪的故意。根据我国现行《刑法》第16条的规定：行为在客观上虽然造成了损害结果，但是不是出于故意或者过失，而是由于不能抗拒或者不能预见的原因所引起的，不是犯罪。在这种情况下，被胁迫者只不过是胁迫者利用的工具，胁迫者构成间接实行犯，而被胁迫者不构成犯罪。

2. 注意区分胁从犯与紧急避险。我国刑法并未将受胁迫而为的一切造成损害的行为都认定为胁从犯而将被胁迫者以共同犯罪人论处，而是视其社会危害性区别对待。在行为人受到的胁迫是直接威胁到本人或者他人人身权利、财产权利安全，或者公共利益安全的危险时，如果行为人造成的实际损害小于他所保护的利益，则行为人的行为应认定为紧急避险，而不应作为胁从犯追究其刑事责任。因此，胁从犯与紧急避险的界限就在于行为人损害的利益是否小于他所保护的利益。如果是因为受人胁迫，为了保护自己的某种利益，而对第三者的利益造成损害，且这种损害大于其所欲保护的利益时，则属于胁从犯。

3. 在共同犯罪中，胁从犯的作用可能发生转化。对被胁迫者要用“发展”的眼光来看，即对于开始被胁迫、不情愿地参与犯罪活动，但后来尝到了甜头、得到了好处，而非常积极地、自愿地继续参与犯罪者，不能仍然认为其还属于胁从犯，综合全案，其可能已转化为从犯甚至是主犯。

第二十九条　教唆犯及其处罚原则

【法律规定】

• 法律条文 •

《中华人民共和国刑法》

第二十九条　教唆他人犯罪的，应当按照他在共同犯罪中所起的作用处罚。教唆不满十八周岁的人犯罪的，应当从重处罚。

如果被教唆的人没有犯被教唆的罪，对于教唆犯，可以从轻或者减轻处罚。

【案例一】

王某某、郑某某故意伤害案[①]

• 案件事实 •

1998 年 2 月，被告人王某某承包柜台出售的盗版碟片被江苏省大丰市[②]广电局查获，便怀疑是本商场乙某某举报，遂产生教训乙某某的念头。同年 5 月，王某某找郑某某并给其人民币 1500 元，要求郑某某将乙某某脸打破相，把其商店玻璃砸碎。后郑某某找金某（已治安处罚），给金某人民币 400 元，要求将乙某某脸打破相，把商店玻璃砸碎。金某到大丰市大中镇康平南路乙某某店里，以威胁、恐吓等手段敲诈乙某某人民币 400 元。后乙某某向公安机关报警而案发。

• 裁判要旨 •

教唆他人实施犯罪，但被教唆人却实施了其他犯罪的，构成教唆未遂。

• 裁判理由 •

江苏省大丰市人民检察院认为被告人王某某、郑某某的行为已触犯《刑法》第 234 条之规定，均构成故意伤害罪。两被告人系教唆犯，且作案未遂，同时适用《刑法》第 23 条、第 25 条、第 29 条之规定。被告人王某某、郑某

---

① 参见江苏省大丰市人民法院（2000）大刑初字第 172 号刑事判决书。

② 现为江苏省盐城市大丰区。

某的辩护人提出的辩护意见是：（1）两名被告人教唆伤害他人身体的犯罪故意不明确；（2）本案系教唆未遂，要求对其从轻处罚。

就本案而言，被告人王某某找被告人郑某某并给其人民币1500元，要求被告人郑某某将乙某某脸打破相，把其商店玻璃砸碎，被告人王某某在客观方面实施了教唆他人犯罪的行为，已经构成教唆犯。后被告人郑某某找金某（已治安处罚），给金某人民币400元，要求将乙某某脸打破相，把商店玻璃砸碎，被告人郑某某也构成了教唆犯。但是金某却以威胁、恐吓等手段敲诈乙某某人民币400元，并没有实施被教唆的犯罪。因此，金某实施的犯罪行为不是按郑某某所教唆的犯罪去完成的，而犯的是教唆以外的其他罪。因此，郑某某构成教唆未遂，这也继而导致被告人王某某也成立教唆未遂。因此，对被告人王某某、郑某某只能以故意伤害罪（教唆）进行定罪，而不能根据金某实施的敲诈勒索罪进行处罚。

综上，江苏省大丰市人民法院认为：被告人王某某教唆被告人郑某某、被告人郑某某又教唆金某，意图伤害他人身体，其行为均已构成故意伤害罪。两名被告人均系教唆犯罪，且为共同犯罪。但被教唆的人没有犯被教唆的故意伤害罪，系教唆未遂，可依法从轻处罚。归案后，两名被告人的认罪态度较好，可酌情从轻处罚，判决如下：一、被告人王某某犯故意伤害罪（教唆），判处有期徒刑一年，宣告缓刑二年。二、被告人郑某某犯故意伤害罪（教唆），判处有期徒刑一年，宣告缓刑二年。

【案例二】

廉明贤、吴昊炎等故意伤害案①

• 案件事实 •

2007年4月8日凌晨1时许，被害人徐某在送其女友闫某某回天津开发区恂园南里某门某室时，与闫某某同租该室的吴某某因琐事发生争执，吴某某被打。被告人吴昊炎系吴某某的妹妹，也同住该室。在得知吴某某被打后，吴昊炎遂打电话联系其朋友，即被告人廉明贤，让其帮忙教训徐某一下，替其姐姐出气。吴昊炎又与徐某约定于当晚23时许在其住处楼下的小卖部见面，解决其姐姐被打一事。当晚20时许，廉明贤与被告人崔海军和一个外号叫“小六”的人（另案处理）电话相邀出去玩耍，廉明贤又通知崔海军和“小六”前往吴昊炎的住处与其会合。当晚21时许，在徐某径直来到吴某某、吴昊炎的住处并与二人又发生争执时，吴昊炎遂联系廉明贤赶快前来。在崔海军、“小

---

① 参见天津市经济技术开发区人民法院（2007）开刑初字第88号。

六”和廉明贤陆续来到该住处后，廉明贤先是踹了徐某一脚，随后二人便厮打起来。崔海军、“小六”见状遂上前伙同廉明贤殴打徐某。徐某被打后，持菜刀还击。吴昊炎见事态扩大便躲在一旁。其后，廉明贤则持从现场拾起的菜刀砍击徐某的左臂等处，“小六”持单刃刺器捅刺徐某。后三被告人逃离现场。徐某在被他人送往医院后经抢救无效死亡。公安机关于同年 4 月 9 日将吴昊炎抓获归案，于同年 5 月 11 日将廉明贤、崔海军抓获归案。经法医鉴定，徐某系被他人用单刃刺器刺破肺脏以及菜刀砍击左臂致失血性休克死亡。

• 裁判要旨 •

在教唆犯的教唆内容比较笼统、不太明确的情形下，对于发生基本犯罪构成要件之外的加重结果，教唆犯原则上应对该加重结果承担共同罪责，但并非均应以主犯承担刑事责任。

• 裁判理由 •

根据上述事实，天津市经济技术开发区人民法院依照《刑法》第 234 条第 2 款，第 25 条第 1 款，第 26 条第 1 款、第 4 款，第 27 条，第 29 条第 1 款，《民法通则》第 119 条和《最高人民法院关于审理人身损害赔偿案件适用法律若干问题的解释》第 2 条第 1 款，第 17 条第 1 款、第 3 款，第 19 条，第 22 条，第 27 条，第 28 条，第 29 条之规定，判决：被告人廉明贤犯故意伤害罪，判处有期徒刑十四年，被告人崔海军犯故意伤害罪，判处有期徒刑十一年，被告人吴昊炎犯故意伤害罪，判处有期徒刑八年。三被告人共同赔偿附带民事诉讼原告徐某的各项物质损失。

一审判决后，三被告人在上诉期间未上诉，公诉机关亦未提起抗诉，该判决的刑事部分已发生法律效力。

【学理分析及适用指引】

• 学理分析 •

1. 教唆犯的特点。

（1）必须具有引起他人产生犯罪意图的教唆行为。也就是用劝说、怂恿、利诱、收买、威胁等方法，将自己的犯罪意图灌输给本无犯罪意图，或虽有犯罪意图但不坚定的人，使他人接受自己的犯罪意图，坚定犯罪的决心，以达到犯罪的目的。

（2）必须具有教唆他人犯罪的故意，过失不能构成教唆犯，即明知自己的教唆行为会引起他人产生犯罪的意图，进而实施犯罪，并且希望或者放任他人去犯罪。

2. 教唆犯的处罚。

《刑法》第29条对教唆犯处罚进行了规定。其主要内容是包括对教唆犯处罚的一般原则、例外规定以及从重处罚的情形：

（1）对教唆犯处罚的一般原则。按照《刑法》第29条规定，教唆他人犯罪的，应当按照他在共同犯罪中所起的作用处罚。这就是对教唆犯进行处罚的一般原则。如果教唆犯在共同犯罪中起主要作用，就以主犯论处；如果教唆犯在共同犯罪中起次要作用，则以从犯论处；教唆犯在个别特殊情况下，也可能是胁从犯，应以胁从犯论处。

（2）对教唆犯的从重处罚。按照《刑法》第29条规定，教唆不满18周岁的人犯罪的，应当从重处罚。教唆14周岁以上未满16周岁的人犯《刑法》第17条第2款规定之外的罪，以及教唆未满14周岁的人犯罪，不适用本条规定。教唆未达到刑事责任年龄的人犯罪，教唆者不过是利用其作为犯罪工具实行自己的犯罪，对此应当按照间接正犯来进行处理。

（3）对教唆犯进行处罚的例外规定。对教唆犯进行处罚的例外规定就是关于对教唆未遂的处罚。按照《刑法》第29条第2款规定，如果被教唆的人没有犯被教唆的罪，对于教唆犯，可以从轻或者减轻处罚。

3. 关于教唆犯性质的几种观点。

（1）教唆犯从属性说。该说认为，在共同犯罪中，实行犯构成犯罪的，教唆犯也构成犯罪，实行犯不构成犯罪的，教唆犯也不成立犯罪。

（2）教唆犯独立性说。教唆犯独立性说以教唆行为本身为考察对象，认为教唆犯的成立不以被教唆人实施其所教唆之犯罪行为为要件，只要教唆者主观上有教唆的故意、客观上实施了教唆行为，即成立教唆犯。

（3）教唆犯二重性说。教唆犯二重性说认为，教唆犯既具有从属性，又具有独立性。教唆犯的犯罪意图必须通过被教唆人的决意，并且去实施他所教唆的犯罪行为，才能发生危害结果或者达到犯罪目的。因此，就教唆犯与被教唆人的关系来讲，教唆犯处于从属地位，具有从属性；同时，教唆他人犯罪这一行为本身严重危害社会，无论被教唆人是否去实行犯罪，教唆行为本身都应当被认为是犯罪，从这个意义上讲，教唆犯在共犯中又处于相对独立的地位，具有相对的独立性。①

• 适用指引 •

教唆未遂包括四种情形：（1）被教唆人拒绝了教唆犯的教唆，亦即根本没有接受教唆犯的教唆；（2）被教唆人当时接受了教唆，但随后又打消犯意，没有进行任何犯罪活动；（3）被教唆人当时接受了教唆犯关于犯某种罪的教

---

① 参见伍柳村：《试论教唆犯的二重性》，载《法学研究》1982年第1期。

唆，但实际上他所犯的不是教唆犯所教唆的罪；（4）教唆犯对被教唆人进行教唆时，被教唆人已经有了实施该种犯罪的故意，即被教唆人实施犯罪不是教唆犯的教唆所引起的。由于被教唆人没有犯被教唆的罪，教唆人与被教唆人之间也就不存在共同犯罪关系，对教唆人的处罚不以被教唆人实施的犯罪行为为基准，不以实际发生的犯罪行为为转移，只能根据教唆人教唆的罪来定罪量刑。

第二节 单位犯罪

第三十条 单位犯罪成立的条件、单位负刑事责任的范围

【法律规定】

• 法律条文 •

《中华人民共和国刑法》

第三十条 公司、企业、事业单位、机关、团体实施的危害社会的行为，法律规定为单位犯罪的，应当负刑事责任。

• 相关规定 •

《全国人大常委会关于〈中华人民共和国刑法〉第三十条的解释》

全国人民代表大会常务委员会根据司法实践中遇到的情况，讨论了刑法第三十条的含义及公司、企业、事业单位、机关、团体等单位实施刑法规定的危害社会的行为，法律未规定追究单位的刑事责任的，如何适用刑法有关规定的问题，解释如下：

公司、企业、事业单位、机关、团体等单位实施刑法规定的危害社会的行为，刑法分则和其他法律未规定追究单位的刑事责任的，对组织、策划、实施该危害社会行为的人依法追究刑事责任。

《全国法院审理金融犯罪案件工作座谈会纪要》（法〔2001〕8号）

根据刑法和《最高人民法院关于审理单位犯罪案件具体应用法律有关问题的解释》的规定，以单位名义实施犯罪，违法所得归单位所有的，是单位犯罪。

1. 单位的分支机构或者内设机构、部门实施犯罪行为的处理。以单位的分支机构或者内设机构、部门的名义实施犯罪，违法所得亦归分支机构或者内设机构、部门所有的，应认定为单位犯罪。不能因为单位的分支机构或者内设

机构、部门没有可供执行罚金的财产，就不将其认定为单位犯罪，而按照个人犯罪处理。

2. 单位犯罪直接负责的主管人员和其他直接责任人员的认定：直接负责的主管人员，是在单位实施的犯罪中起决定、批准、授意、纵容、指挥等作用的人员，一般是单位的主管负责人，包括法定代表人。其他直接责任人员，是在单位犯罪中具体实施犯罪并起较大作用的人员，既可以是单位的经营管理人员，也可以是单位的职工，包括聘任、雇佣的人员。应当注意的是，在单位犯罪中，对于受单位领导指派或奉命而参与实施了一定犯罪行为的人员，一般不宜作为直接责任人员追究刑事责任。对单位犯罪中的直接负责的主管人员和其他直接责任人员，应根据其在单位犯罪中的地位、作用和犯罪情节，分别处以相应的刑罚，主管人员与直接责任人员，在个案中，不是当然的主、从犯关系，有的案件，主管人员与直接责任人员在实施犯罪行为时的主从关系不明显的，可不分主、从犯。但具体案件可以分清主、从犯，且不分清主、从犯，在同一法定刑档次、幅度内量刑无法做到罪刑相适应的，应当分清主、从犯，依法处罚。

3. 对未作为单位犯罪起诉的单位犯罪案件的处理。对于应当认定为单位犯罪的案件，检察机关只作为自然人犯罪案件起诉的，人民法院应及时与检察机关协商，建议检察机关对犯罪单位补充起诉。如检察机关不补充起诉的，人民法院仍应依法审理，对被起诉的自然人根据指控的犯罪事实、证据及庭审查明的事实，依法按单位犯罪中的直接负责的主管人员或者其他直接责任人员追究刑事责任，并应引用刑法分则关于单位犯罪追究直接负责的主管人员和其他直接责任人员刑事责任的有关条款。

4. 单位共同犯罪的处理。两个以上单位以共同故意实施的犯罪，应根据各单位在共同犯罪中的地位、作用大小，确定犯罪单位。

《最高人民法院关于审理单位犯罪案件具体应用法律有关问题的解释》（法释〔1999〕14号）

第一条 刑法第三十条规定的公司、企业、事业单位，既包括国有、集体所有的公司、企业、事业单位，也包括依法设立的合资经营、合作经营企业和具有法人资格的独资、私营等公司、企业、事业单位。

第二条 个人为进行违法犯罪活动而设立的公司、企业、事业单位实施犯罪的，或者公司、企业、事业单位设立后，以实施犯罪为主要活动的，不以单位犯罪论处。

第三条 盗用单位名义实施犯罪，违法所得由实施犯罪的个人私分的，依照刑法有关自然人犯罪的规定定罪处罚。

《最高人民检察院关于单位有关人员组织实施盗窃行为如何适用法律问题的批复》（高检发释字〔2002〕5号）

各省、自治区、直辖市人民检察院，军事检察院，新疆生产建设兵团人民检察院：

近来，一些省人民检察院就单位有关人员为谋取单位利益组织实施盗窃行为如何适用法律问题向我院请示。根据刑法有关规定，现批复如下：

单位有关人员为谋取单位利益组织实施盗窃行为，情节严重的，应当依照刑法第二百六十四条的规定以盗窃罪追究直接责任人员的刑事责任。

此复

【案例】

徐某等走私普通货物、偷税案[①]

• 案件事实 •

2000年3月，我国台湾地区某集团股份有限公司董事长何某个人出资人民币50万元，以顾某、张某为名义股东，在上海设立某水产有限责任公司。受集团公司委派，徐某任水产公司经理，林某任水产公司财务长，孟某从事纳税申报、销售等工作。2002年1月起，孟某在何某等人的直接授意下，采用制作虚假账目等方法，向水产公司所在地上海市某税务局虚假纳税申报，徐某、林某到任后以在公司支付税款的内部清款单上签字的方式表示默认。同时，徐某、林某对部分水产品采用以支付低于同类水产品正常进口所应缴纳税款的50%～60%的金额，委托具有免税证明的大连某远洋渔业有限公司办理报关手续而“进口”货物，偷逃关税。以上全部所得供集团公司支配和使用。

• 裁判要旨 •

一人有限责任公司也有可能成为单位犯罪的主体。

• 裁判理由 •

一审法院认为：水产公司实际上是集团公司董事长何某一人出资，一人作为股东的一人有限责任公司，但该公司的经理、财务、销售、储运等各环节都设置了相应的岗位，由三名被告人和其他人员受聘并负责管理，非法所得用于包括水产公司在内的集团公司的其他业务。所以，法院认定水产公司构成单位犯罪。水产公司采用伪造账目向税务机关虚假申报纳税，其行为构成偷税罪；

① 参见上海市第二中级人民法院（2006）沪二中刑初字第129号。

水产公司还以明显低于货物正常进口的应缴税额委托他人代理进口业务，偷逃税款，其行为又构成走私普通货物罪。鉴于水产公司受集团公司操控和制约，在犯罪活动中起次要作用，系从犯，故可依法对三名被告人分别减轻处罚。一审法院依法作出了判罚，后被告人上诉，二审法院维持了原判。

【学理分析及适用指引】

• 学理分析 •

1. 关于单位犯罪主体的认定。我国《刑法》第30条规定：公司、企业、事业单位、机关、团体实施的危害社会的行为，法律规定为单位犯罪的，应当负刑事责任。据此规定，单位犯罪的主体包括公司、企业、事业单位、机关和团体。刑法条文采用这种名称列举的方式，罗列了单位犯罪的主体范围，并未对这些不同种类主体的内涵和外延进行界定，这就会导致司法认定上的困难。因为，从字面上看，单位的范围是明确的，但是刑法采取这种以单位的客观存在形式为标准的列举，而不对单位本身的法律含义进行诠释，必然导致许多或然因素的存在。[①] 村民委员会能否成为单位犯罪的主体，要看村民委员会是否符合《刑法》第30条所规定的单位的实质和形式特征，因而对村民委员会能否成为单位犯罪主体的正确解答，也有赖于对单位犯罪主体的内涵和外延进行正确界定。刑法学界对单位犯罪主体的实质内涵和外在特征的看法并不一致，大致有以下三种观点：

第一种观点认为，作为犯罪主体的单位必须具有以下四个基本特征：（1）合法性，即单位必须是依照法律、法规设立，取得法律主体资格的社会组织。（2）组织性，即单位作为一种社会组织，必须由相当数量的基本固定的工作人员组成，具有一定的组织机构。（3）有一定的经费和财产，这不仅是单位开展社会活动的物质基础，还是单位履行法定义务的物质保证。（4）有一定的独立性，即在一定的范围内能够以自己组织的名义独立地进行社会活动，并独立地享有权利、承担义务。[②]

第二种观点认为，犯罪主体意义上的单位除具有以上四点基本特征以外，该单位还须具有承担刑事责任能力的实质条件。[③]

第三种观点认为，上述两种观点实际上并无本质的区别，单位犯罪主体的特征其实应分为两个层次：第一个层次是单位的形式特征，即合法性、组织性、独立性和具有一定的经费和财产；第二个层次是单位的实质特征，即单位

---

① 参见宋茂荣、蒋林：《单位犯罪论》，载丁慕英等主编：《刑法实施中的重点难点问题研究》，法律出版社1998年版，第310页。

② 参见王作富：《刑法论衡》，法律出版社2004年版，第75～85页。

③ 参见沙君俊：《单位犯罪的定罪与量刑》，人民法院出版社2002年版，第64～67页。

具有刑事责任能力，如果不加区别，将两个不同层次、不同性质的特征并列不妥。①

我们认为，上述第三种观点更为合理。在认定某组织是否属于单位犯罪主体时，首先要从外在特征上，即从合法性、组织性、独立性和具有一定的财产和经费上，去判断某一组织是否具有构成单位犯罪的适格性。合法性是单位成立犯罪的前提，也是单位犯罪区别于集团犯罪、团伙犯罪或其他非法组织犯罪的基本特征；组织性是单位的存在形式，也是单位犯罪区别于自然人犯罪的标志；独立性和具有一定的财产和经费是单位开展业务活动的前提，也是单位承担刑事责任的基础。其次，还要从实质特征上，去判断能够成为犯罪主体的单位的范围，即要求单位具有刑事责任能力。刑事责任能力是犯罪能力和刑罚适应能力的统一，不具有刑事责任能力的主体不能成为犯罪主体，当然也不可能对其适用刑罚。所以，要将某一单位的行为认定为犯罪行为，当然要在实质上限定该单位具有刑事责任能力。

2. 村民委员会能否作为单位犯罪的主体。村民委员会是村民自我管理、自我约束、自主决定本村内部事务的群众自治组织。它不是一级政权机关，也并非事业、企业单位。所以，有学者对将它作为单位犯罪主体的观点提出质疑。但是，村委会毕竟符合刑法中所说的单位的形式特征和实质特征，因而，将它归入到刑法中的单位范围之内，并没有什么不妥；并且，近年来，随着市场经济的深入发展和农村城市化进程的加快，以村民委员会的名义进行的市场活动和经济业务不断增多。在这种背景下，以村委会的名义、并且为了村委会或全村人民利益而实施的犯罪活动必然会大幅度增加，如果否认村民委员会的单位犯罪主体资格，会不利于抑制这类犯罪活动的滋长和蔓延。

• 适用指引 •

在单位犯罪的认定中，首先需要解决的问题是确定哪些类型的单位可以成为犯罪主体。我国《刑法》第 30 条对此问题作了列举式规定，司法实践中应当严格遵守该条规定及与该条相关的司法解释、法规、规章及条例，解决单位犯罪主体的认定问题。

---

① 参见黄京平、石磊：《单位犯罪主体的特征及存在形式研究》，载《刑事法治发展研究报告》（2004 年卷），中国人民公安大学出版社 2005 年版，第 258 ~ 259 页。

第三十一条 单位犯罪的处罚原则

【法律规定】

• 法律条文 •

《中华人民共和国刑法》

第三十一条 单位犯罪的，对单位判处罚金，并对其直接负责的主管人员和其他直接责任人员判处刑罚。本法分则和其他法律另有规定的，依照规定。

• 相关规定 •

《最高人民法院研究室关于企业犯罪后被合并应当如何追究刑事责任问题的答复》

人民检察院起诉时该犯罪企业已被合并到一个新企业的，仍应依法追究原犯罪企业及其直接负责的主管人员和其他直接人员的刑事责任。人民法院审判时，对被告单位应列原犯罪企业名称，但注明已被并入新的企业，对被告单位所判处的罚金数额以其并入新的企业的财产及收益为限。

《最高人民检察院关于涉嫌犯罪单位被撤销、注销、吊销营业执照或者宣告破产的应如何进行追诉问题的批复》（高检发释字〔2002〕4号）

四川省人民检察院：

你院《关于对已注销的单位原犯罪行为是否应当追诉的请示》（川检发研〔2001〕25号）收悉。经研究，批复如下：

涉嫌犯罪的单位被撤销、注销、吊销营业执照或者宣告破产的，应当根据刑法关于单位犯罪的相关规定，对实施犯罪行为的该单位直接负责的主管人员和其他直接责任人员追究刑事责任，对该单位不再追诉。

此复

【案例】

厦门市三益贸易公司、杜益村虚开增值税专用发票案①

• 案件事实 •

1997年7月，厦门特贸有限公司（另案处理，以下简称特贸公司）轻纺

① 参见国家法官学院、中国人民大学法学院编 《中国审判案例要览（2002年刑事审判案例卷）》，中国人民大学出版社2003年版。

进口部为在国内销售走私进口的975.186吨马口铁（即镀锡钢板），由该部业务科长陈小清（已判决）找到时任被告单位厦门三益贸易公司（以下简称三益公司）法定代表人、总经理的被告人杜益村，要求被告单位三益公司为特贸公司商场虚开增值税专用发票。杜益村为给其单位牟取非法利益，在没有实际货物贸易的情况下，指示三益公司的财务人员按陈小清的要求虚开了增值税专用发票一份给特贸公司商场，发票号码00022898，货物品名马口铁，数量975.186吨，票面税额人民币991897.03元，价税合计人民币6826585.42元。为此，三益公司从中牟取了人民币259410.25元的非法利益。同时，为解决上述销项税额的抵扣问题，杜益村经汕头人陈小清（另案处理）介绍，让汕头市河浦区中星企业发展有限公司（另案处理）为三益公司虚开了7份增值税专用发票，发票号码00166384－00166390，货物品名马口铁，数量合计975.186吨，票面税额合计人民币989063.15元，价税总额人民币6807081.72元，并向厦门市国税局申报抵扣，造成国家税款流失人民币989063.15元。

1998年2月至3月，特贸公司轻纺进口部为在国内销售走私进口的958.398吨涂布牛皮卡纸及206.16吨的白板纸，由该部业务科长陈小清会同厦门绿发贸易公司总经理黄文辉（已判决）找到被告人杜益村，要求被告单位三益公司为厦门绿发贸易公司虚开增值税专用发票。被告人杜益村为给其单位牟取非法利益，在没有实际货物贸易的情况下，指示被告单位三益公司财务人员按陈、黄二人的要求，共虚开7份增值税专用发票给厦门绿发贸易公司。其中，6份货物品名为涂布牛皮卡纸，数量合计958.393吨，号码为00117051－00117054、00117057、0003869；一份货物品名为白板纸，数量为206.16吨，号码为00117058。上述7份发票票面税额合计人民币1095031.44元，价税合计人民币7536392.79元。为此，三益公司从中牟取了人民币286382.93元的非法利益。

同时，为解决上述销项税额的抵扣问题，被告人杜益村经汕头人陈焕昌介绍，让汕头市河浦区南星企业发展有限公司为被告单位三益公司虚开了7份增值税专用发票。其中，货物品名为涂布牛皮卡纸的6份，数量合计958.393吨，号码为00018264－00018269；品名为白板纸的一份，数量为206.16吨，号码为00018270。上述7份发票票面税额合计人民币1070645.98元，价税合计人民币7368563.40元，并向厦门市国税局申报抵扣，造成国家税款流失人民币1070645.98元。

案发后，公安机关扣押被告人杜益村人民币75000元。被告单位三益贸易公司非法所得款545793.18元人民币已被税务机关追缴。

• 裁判要旨 •

单位犯罪中，承担决策、组织、指挥作用的相关单位工作人员应认定为直接负责的主管人员，依法承担单位犯罪的刑事责任。

• 裁判理由 •

福建省厦门市中级人民法院认为：1997 年 7 月至 1998 年 3 月间，特贸公司轻纺进口部为在国内销售走私进口的马口铁、涂布牛皮卡纸、白板纸货物，让被告单位三益公司为其虚开多份增值税专用发票用于申报实际抵扣税款，获取非法利益。三益公司为赚取开票价税总额约 4% 的共计人民币 54 万余元手续费，在特贸公司的要求下，同意虚开后，为解决销项税额的抵扣，又经人介绍，以支付相应约一半的开票手续费让他人为自己虚开相应的多份增值税专用发票用于申报抵扣税款。虚开的税款数额巨大，并造成本单位及他人利用虚开的增值税专用发票实际抵扣税款，给国家利益造成特别重大的损失，情节特别严重。特贸公司与三益公司系共同犯罪，特贸公司在共同犯罪中，起主谋策划的作用，是本案主犯，且为了销售走私货物，并利用虚开的增值税专用发票实际抵扣税款，从中实际获取非法利益。三益公司在共同犯罪中相对于特贸公司，其地位、作用较小，系从犯，并已缴交了违法所得税款。依据《刑法》第 12 条第 1 款，第 205 条第 3 款、第 4 款，第 30 条，第 31 条，第 25 条，第 27 条之规定，判决如下：一、被告单位三益公司犯虚开增值税专用发票罪，判处罚金人民币 20 万元。二、被告人杜益村犯虚开增值税专用发票罪，判处有期徒刑四年。

【学理分析及适用指引】

• 学理分析 •

学界关于单位犯罪直接责任人员的认定标准不尽一致。有学者认为，在单位犯罪中，犯罪环节较多，因而虽然知道或者参与犯罪的单位成员人数众多，但并非所有知道或者参与单位犯罪的单位成员都是单位犯罪的其他直接责任人员，单位犯罪直接责任人员只限于为了实现单位犯罪意图积极参与实施单位犯罪的单位内部一般工作人员。构成单位犯罪其他直接责任人员须具备以下条件：（1）单位犯罪的其他直接责任人员必须是单位内部人员；（2）单位犯罪的其他直接责任人员必须是亲自实施了单位犯罪行为的人员；（3）单位犯罪的其他直接责任人员必须对所实施的单位犯罪是明知的；（4）单位犯罪的其他直接责任人员必须是在单位犯罪过程中起重要作用的人员。此处的“重要作用”，是指单位犯罪的骨干分子和积极分子，对单位犯罪的实行和完成起了突出的作用。对于虽然参与实施了单位犯罪，但没有起重要作用的自然人，不宜认定为单位犯罪的其他直接责任人员。[①] 这是学界较为流行的观点。

有学者认为，单位犯罪中直接责任人员内涵和外延的界定，应当贯彻主客观相统一的原则，围绕行为人对单位犯罪是否负有直接责任进行准确认定，具体可从以下两个方面加以认定：（1）从主观方面看，直接责任人员必须明知自己实施的单位职务行为是犯罪行为，是按照犯罪单位决策机构的犯罪决策实施的单位犯罪行为，其行为体现单位犯罪意志。（2）从客观方面看，该单位犯罪成员必须具体参与实施了单位犯罪行为，同时该单位成员在实施犯罪行为时，不是以自己的名义而是以单位的名义进行的。[②] 也有学者认为，直接责任人员是单位犯罪行为的直接实施者或协助实施者。[③]

还有学者认为，虽知行为属于违法，但受到单位领导或其他人员的胁迫而实施单位犯罪行为的人，亦属于直接责任人员，应参照《刑法》第 28 条有关胁从犯的规定予以减轻或者免除处罚。[④]

我们赞成司法解释所持的立场和学界的流行观点，即重要作用说，以“积极参加实施单位犯罪行为并对单位犯罪起较大作用的单位成员”为标准来限定直接责任人员的范围。对应承担法律责任的主体的认定，不应仅仅停留在形式特征的考察上，而应该关注实质内容。

• 适用指引 •

我国刑法对单位犯罪，采取的是以双罚制为原则、单罚制为例外的立法体例，即对大多数单位犯罪，既要处罚犯罪的单位，又要处罚直接负责的主管人员和其他直接责任人员；只有极个别的单位犯罪，才采用单罚制。

根据《刑法》第 31 条的规定，单位犯罪的，对单位判处罚金，并对其直接负责的主管人员和其他直接责任人员判处刑罚。刑法条文只是规定了对直接责任人员应当追究刑事责任，但是对直接责任人员认定所需要的形式特征和实质内容没有作过多的诠释。《全国法院审理金融犯罪案件工作座谈会纪要》指出：其他直接责任人员，是在单位犯罪中具体实施犯罪并起较大作用的人员，既可以是单位的经营管理人员，也可以是单位的职工，包括聘任、雇用的人员。应当注意的是，在单位犯罪中，对于受单位领导指派或奉命而参与实施了一定犯罪行为的人员，一般不宜作为直接责任人员追究刑事责任。《最高人民法院、最高人民检察院、海关总署关于办理走私刑事案件适用法律若干问题的

---

① 沙君俊：《单位犯罪的定罪与量刑》，人民法院出版社 2002 年版，第 130～132 页。

② 童颖颖：《单位犯罪中“直接负责的主管人员和其他直接责任人员”的认定与处罚》，载《浙江工商大学学报（原浙江省政法管理干部学院学报）》2004 年第 4 期。

③ 韩炜：《单位犯罪的主观罪过》，载杨敦先等主编：《新刑法施行疑难问题研究与适用》，中国检察出版社 1999 年版，第 201～202 页。

④ 张军、姜伟、郎胜、陈兴良主编：《刑法纵横谈（总则部分）》，法律出版社 2003 年版，第 315 页。

意见》第 18 条规定：根据单位人员在单位走私犯罪活动中所发挥的不同作用，对其直接负责的主管人员和其他责任人员，可以确定为一人或者数人。对于受单位领导指派而积极参与实施走私犯罪行为的人员，如果其行为在走私犯罪的主要环节起重要作用的，可以认定为是单位犯罪的直接责任人员。可见，这两个文件所体现的精神是，以行为人在犯罪活动中所起作用的重要与否，作为是否将其认定为直接责任人员的标准。

第三章 刑罚

第一节 刑罚的种类

第三十二条 刑罚种类

【法律规定】

• 法律条文 •

《中华人民共和国刑法》

第三十二条 刑罚分为主刑和附加刑。

【案例】

谢文聪等盗窃案[①]

• 案件事实 •

2007年2月15日凌晨，被告人谢文聪、陈明、陈金铭（在逃）、“四川佬”（在逃）四人经事先共同谋划后，由谢文聪驾驶自己的小车一起从江西安远出发，前往江西省信丰县工业园溢晖工艺品有限公司盗窃镍角。来到该公司门口后，谢文聪在该公司外边等，由陈明、陈金铭和“四川佬”三人进入该公司水电镀小仓库内，把存放在该处的550斤镍角盗出，尔后将镍角装上车，由谢文聪开车一起来到广东省东莞市莱山镇谢文聪所开的废品收购处。谢文聪按自己估算的每斤100多元的市场价格，除去自己应得的那份，以每斤85元的价格将所盗镍角收购，并当场付给陈明、陈金铭、“四川佬”46750元。后

---

① 参见江西省赣州市中级人民法院（2007）赣中刑二抗字第5号。

被盗镍角被谢文聪以每斤 138 元的价格销赃。经物价部门鉴定，被盗镍角价值 96250 元。

案发后，陈明带公安民警前往广东省东莞市抓获了谢文聪，谢文聪则协助公安民警抓获了销赃犯刘某某，追回赃款 5 万元。一审法院审理期间，谢文聪亲属退赃 24000 余元，陈明亲属退赃 5000 余元。

• 裁判要旨 •

罚金刑适用应综合考量的犯罪情节与因素。

• 裁判理由 •

一审法院认为：被告人谢文聪、陈明伙同他人以非法占有为目的，秘密窃取他人财物，数额特别巨大，其行为已构成盗窃罪。被告人谢文聪、陈明是共同故意犯罪，系共同犯罪。由于被告人谢文聪提供交通工具并亲自驾车，还联系销赃；被告人陈明提供盗窃线索，在盗窃过程中积极参与，所以两人均系主犯。被告人谢文聪、陈明协助公安机关抓捕其他犯罪嫌疑人，具有立功表现，依法可以减轻处罚。两被告人亲属能尽力退赔赃款，取得被害人的谅解，并积极交纳罚金，依法又可以酌情从轻处罚。依据《刑法》第 264 条、第 25 条第 1 款、第 68 条第 1 款之规定，判决如下：一、被告人谢文聪犯盗窃罪，判处有期徒刑五年，并处罚金 2000 元。二、被告人陈明犯盗窃罪，判处有期徒刑五年，并处罚金 2000 元。

一审判决作出后，江西省信丰县人民检察院提起抗诉。二审法院经审理后认为：原审判决认定事实清楚，定罪准确，审判程序合法，但量刑不当。依照《刑事诉讼法》第 189 条第 2 项、《刑法》第 264 条、第 25 条第 1 款、第 68 条第 1 款、《最高人民法院关于处理自首和立功具体应用法律若干问题的解释》第 5 条的规定，判决如下：一、维持江西省信丰县人民法院一审刑事判决对被告人谢文聪、陈明的定罪及附加刑部分，撤销其处主刑部分。二、上诉人谢文聪犯盗窃罪，判处有期徒刑八年，并处罚金 2000 元。三、原审被告人陈明犯盗窃罪，判处有期徒刑七年，并处罚金 2000 元。

【学理分析及适用指引】

• 学理分析 •

我国《刑法》规定的刑罚体系由主刑和附加刑两个大类组成。主刑是对犯罪分子适用的主要刑罚，包括死刑、无期徒刑、有期徒刑、拘役和管制；附加刑是对犯罪分子附加适用的刑罚，包括罚金、没收财产、剥夺政治权利和驱逐出境。对一个犯罪分子只能适用一种主刑，而不能适用两种或两种以上的主刑。也就是说，主刑只能独立适用，而不能附加于其他主刑之上适用。附加刑既可以附加于主刑适用，也可以独立适用。

主刑剥夺的是犯罪分子的生命、全部或部分的人身自由，而附加刑剥夺的是犯罪分子的财产、政治权利或在中国境内居留的资格。由于主刑和附加刑所剥夺的犯罪分子的权益种类不同，所以二者同时适用于同一个犯罪分子并不会发生冲突。不仅如此，对某些特定种类或达到特定严重程度的犯罪，《刑法》明文规定对犯罪分子应当或者可以并处附加刑。

罚金刑，是指人民法院判处犯罪分子向国家缴纳一定数额金钱的刑罚方法。《刑法》分则对罚金刑的规定主要有四种方式：一是选处罚金；二是单处罚金；三是并处罚金；四是可以并处或者单处罚金。选处罚金，是指《刑法》分则对特定犯罪既规定了其他刑罚方法又规定了罚金刑以供人民法院选择适用时，人民法院可以选择适用罚金或者其他刑罚方法。单处罚金，是指对犯罪分子只判处罚金刑，而不判处主刑和其他附加刑。根据2000年11月15日《最高人民法院关于适用财产刑若干问题的规定》，在所适用的《刑法》分则条文规定了可以单处罚金刑的情况下，对于犯罪情节较轻，适用单处罚金不致再危害社会并具有下列情形之一的，可以依法单处罚金：（1）偶犯或者初犯；（2）自首或者有立功表现的；（3）犯罪时不满18周岁的；（4）犯罪预备、中止或未遂的；（5）被胁迫参加犯罪的；（6）全部退赃并有悔罪表现的；（7）其他可以依法单处罚金的情形。并处罚金，是指人民法院在对犯罪分子判处主刑的同时，必须依法判处罚金。可以并处罚金，是指人民法院应当根据案件的具体情况和犯罪分子的个人经济状况，决定是否判处罚金。《刑法》分则共有约150个条文对犯罪配置了罚金刑，这些条文主要集中在破坏社会主义市场经济秩序罪、侵犯财产罪、妨害社会管理秩序罪、贪污贿赂罪这几章中。

• 适用指引 •

我国《刑法》确定了主刑和附加刑相配合的刑罚体系。主刑是对犯罪分子适用的主要刑罚，它只能独立适用，不能附加适用；附加刑是对犯罪分子适用的次要刑罚，它既可以独立适用，也可以附加适用。依据任何人不得因犯罪而获利的原则，刑法将罚金刑主要配置在贪利、图财以及其他可能因犯罪而获得经济利益的犯罪种类上。在实践中，对犯罪分子到底是否适用罚金，一方面取决于立法的规定，另一方面取决于犯罪分子是否因犯罪而获得了不当的经济利益和犯罪分子个人的经济状况。《刑法》第52条规定：判处罚金，应当根据犯罪情节决定罚金数额。对于《刑法》的这一原则性规定，司法实践中难以具体掌握。因此，无论人民法院对犯罪分子判处何种或多种刑罚，都要与犯罪的社会危害性和犯罪分子的人身危险性相适应，这是罪责刑相适应原则的要求。罚金具体数额的决定，当然也不能例外。

第三十三条 主刑

【法律规定】

• 法律条文 •

《中华人民共和国刑法》

第三十三条 主刑的种类如下：

（一）管制；

（二）拘役；

（三）有期徒刑；

（四）无期徒刑；

（五）死刑。

【案例】

田锋、周晓梅故意杀人案[1]

• 案件事实 •

被告人田锋（已婚，另有妻子）与被告人周晓梅有不正当的男女关系。两人为骗取保险金，经长期密谋后，由周晓梅与被害人黄某某恋爱并结婚。在周晓梅与黄某某结婚前后，周晓梅诱使黄某某先后三次购买人寿保险，金额达21.5万元，受益人包括被告人周晓梅。2001年2月19日22时许，田锋、周晓梅经过预谋由周晓梅将黄某某引诱到贵州省贵阳市白云区贵州铝厂电解分厂某僻静处。周晓梅借故离开，田锋即从隐蔽处冲出，持刀猛刺黄某某背部7刀，黄某某极力反抗并夺刀自卫，田锋又持随身携带的第二把刀朝黄某某的胸部、腹部连刺14刀，致黄某某当场死亡。后经法医尸检，结论为：黄某某系被他人用锐器刺杀后致使双肺破裂、心脏破裂、肝脏破裂、脾脏破裂，大失血休克死亡。

2001年2月24日，周晓梅被刑事拘留，周晓梅供述了杀害黄某某的犯罪事实。公安机关据此传唤田锋之妻，查找田锋下落。田锋对周晓梅被抓不知情。2001年3月2日，田锋到贵州省贵阳市公安局塔山分局派出所质问公安机关为何“抓”其妻。当得知同案犯周晓梅已供认了犯罪事实，罪行已经败露，

---

[1] 参见祝铭山主编：《故意杀人罪（刑事类·典型案例与法律适用)》，中国法制出版社2004年版。

自己已被公安机关控制时，田锋便谎称自己是来公安机关投案自首的。

• 裁判要旨 •

共同犯罪案件共犯人主刑的适用原则。

• 裁判理由 •

贵州省贵阳市中级人民法院经公开审理后认为：被告人田锋、周晓梅为图谋钱财而故意杀害他人，其行为均已触犯《刑法》第232条的规定，构成故意杀人罪。被告人田锋、周晓梅共谋实施故意杀人，依照《刑法》第25条第1款、第26条第1款、第49条、第57条第1款、第36条第1款以及《民法通则》第119条、第130条之规定，该院于2001年6月12日作出刑事附带民事判决如下：一、被告人田锋犯故意杀人罪，判处死刑，剥夺政治权利终身。二、被告人周晓梅犯故意杀人罪，判处无期徒刑，剥夺政治权利终身。三、被告人田锋、周晓梅在判决生效后10日内连带赔偿附带民事诉讼原告人刘某珍经济损失人民币2万元（被告人田锋、周晓梅各赔偿人民币1万元）。

宣判后，附带民事诉讼原告人刘某珍不服，提出上诉，理由是原判赔偿过少，要求增加赔偿。被告人田锋以"有自首情节，量刑重"为由提出上诉。被告人周晓梅表示服判。

贵州省高级人民法院经二审审理后认为：一审判决事实认定清楚、法律适用正确、程序合法，故作出了驳回上诉，维持原判的裁定。

【学理分析及适用指引】

• 学理分析 •

我国《刑法》第5条对罪责刑相适应原则作了规定：刑罚的轻重，应当与犯罪分子所犯罪行和承担的刑事责任相适应。据此规定，学界通说将罪责刑相适应原则定义为：犯多大的罪，就应当承担多大的刑事责任，法院也应判处其相应轻重的刑罚，做到重罪重罚，轻罪轻罚，罪刑相称，罚当其罪。分析罪重罪轻和刑事责任大小时，不仅要看犯罪的社会危害性，而且要综合考虑行为人的主观恶性和人身危险性，把握罪行和罪犯各方面因素综合体现的社会危害性程度，从而确定其刑事责任大小，适用相应轻重的刑罚。① 在此原则的指导下，我国《刑法》规定了五种主刑，即死刑、无期徒刑、有期徒刑、拘役和管制；从程度上看，它们既有重刑，也有轻刑；从性质上看，它们既有生命刑，也有自由刑。各种主刑既相互区别又相互配合，能够保证在实践中根据犯

① 高铭暄、马克昌主编：《刑法学》，北京大学出版社、高等教育出版社2000年版，第30页。

罪的具体情况具体适用，从而为司法上实现罪责刑相适应原则提供了前提。

死刑，又称极刑，是指剥夺犯罪分子生命的刑罚方法，包括死刑立即执行和死刑缓期二年执行两种执行方式。由于死刑的极其严厉性，它只能适用于罪行极其严重的犯罪分子。所谓罪行极其严重，是指犯罪的性质极其严重、犯罪的情节极其严重、犯罪分子的人身危险性极其严重三者的统一。[①] 无期徒刑，是自由刑中最严厉的刑罚方法，它是指剥夺犯罪分子的终身自由，强制犯罪分子参加劳动并接受教育和改造的刑罚方法。需要指出的是，无期徒刑从其字面含义上来看，似乎要将犯罪分子关押致死。但在司法实践中，真正将犯罪分子关押致死的情况极其稀少，因为被判处无期徒刑的犯罪分子在服刑期间的表现若符合法定的减刑或假释条件时，可以对其减刑或假释，并且，在国家发布特赦令的情况下，被判处无期徒刑的犯罪分子，如果符合特赦条件，可以将其特赦释放。有期徒刑，是指剥夺犯罪分子一定期限的人身自由，强制犯罪分子参加劳动并接受教育和改造的刑罚方法。有期徒刑具有期限上的伸缩性（六个月以上十五年以下），它可以根据具体犯罪社会危害性大小的不同而调整刑期的长短，因而，它是所有刑罚方法中适用范围最广的一种。拘役，是指剥夺犯罪分子的短期人身自由，就近执行并实行劳动改造的刑罚方法。由于拘役的期限较短（一个月以上六个月以下），所以它是介于有期徒刑和管制之间的一种轻刑。管制，是指限制犯罪分子的人身自由，但对其不予关押，交由公安机关执行和人民群众监督改造的刑罚方法。管制是我国独创的一种刑罚方法，由于它只是限制而非剥夺犯罪分子的人身自由，因而，它是所有主刑中最轻的一种刑罚方法。

• 适用指引 •

我国《刑法》所确定的主刑种类，由轻到重依次为：管制、拘役、有期徒刑、无期徒刑和死刑。五种轻重不同的主刑，适应了对待轻重不同犯罪的需要，其中有期徒刑由于其自身的可分性等原因，适用范围最广。

第三十四条 附加刑

【法律规定】

• 法律条文 •

《中华人民共和国刑法》

第三十四条 附加刑的种类如下：

---

① 高铭暄、马克昌主编：《刑法学》，北京大学出版社、高等教育出版社2000年版，第246页。

（一）罚金；
（二）剥夺政治权利；
（三）没收财产。
附加刑也可以独立适用。

【案例】

韩某某故意杀人案[①]

• 案件事实 •

某日21时许，被告人韩某某酒后驾驶一辆解放牌货车，行驶至某地岛山巷时，将在路边行走的被害人徐某某撞倒。韩某某发现撞伤人后，为逃避法律追究，将徐某某转移到岛山巷10号楼2单元道口藏匿，致使徐某某无法得到救助而死亡。当夜，韩某某借用他人的东风牌货车将徐某某的尸体运走，并将尸体捆绑在水泥板上沉入河中。

• 裁判要旨 •

对于故意杀人等严重破坏社会秩序的犯罪分子，即便《刑法》分则对该罪名没有规定判处附加剥夺政治权利的，依法也可附加剥夺政治权利。

• 裁判理由 •

公诉机关指控，被告人韩某某驾车撞人后将被害人藏匿导致其死亡的行为已构成故意杀人罪。被告人韩某某及其辩护人提出，被害人是被当场撞死的，韩某某没有杀人故意。某中级人民法院认为，被告人韩某某驾车撞伤人，为了逃避法律追究，将被害人带离事故现场后隐藏，致使被害人无法得到救助而死亡的，构成故意杀人罪。被告人韩某某交通肇事将被害人撞伤后，有义务送被害人去医院抢救，但为逃避法律追究，将被害人带离事故现场隐藏，主观上具有放任被害人死亡的犯罪故意，客观上导致被害人因无法得到救助而死亡的结果，符合《最高人民法院关于审理交通肇事刑事案件具体应用法律若干问题的解释》第6条的规定，其行为已构成不作为的故意杀人罪。据此，判决被告人韩某某犯故意杀人罪，判处有期徒刑十五年，剥夺政治权利五年。宣判后，被告人韩某某仍以前述辩解提出上诉。

某高级人民法院经审理认为，一审判决认定的事实清楚，证据确实、充

---

① 中华人民共和国最高人民法院刑事审判第一、二、三、四、五庭主办：《刑事审判参考》（总第56集），法律出版社2007年版，第1~5页。

分，定性准确，量刑适当，审判程序合法，遂裁定驳回上诉，维持原判。

【学理分析及适用指引】

• 学理分析 •

1. 政治权利的范围。根据《刑法》第54条的规定，剥夺政治权利的内容是剥夺犯罪分子的以下权利：（1）选举权和被选举权；（2）言论、出版、集会、结社、游行、示威自由的权利；（3）担任国家机关职务的权利；（4）担任国有公司、企业、事业单位和人民团体领导职务的权利。

剥夺政治权利的适用范围比较广泛，它既可以适用于重罪，也可以适用于轻罪；可以适用于国事犯罪，也可以适用于普通刑事犯罪。

2. 剥夺政治权利的适用。剥夺政治权利，是一种资格刑，它是指剥夺犯罪分子参加国家管理和政治活动的权利的刑罚方法。依据我国《刑法》的相关规定，剥夺政治权利主要有以下三种适用方式：

（1）应当附加适用，即在对犯罪分子判处主刑的同时，必须附加剥夺一定期限或终身的政治权利，人民法院没有自由裁量的余地。应当附加剥夺政治权利的情况有以下两种：

①对于危害国家安全的犯罪分子应当附加剥夺政治权利。对这类犯罪分子之所以应当附加剥夺政治权利，是因为这类犯罪分子实施此类犯罪时，往往就是利用了其手中所掌握的参与国家管理和政治活动的权利，所以对这类犯罪分子剥夺政治权利，既可以惩罚其滥用政治权利的犯罪行为，也可以防止其将来再次利用手中的政治权利实施犯罪。

②对被判处死刑和无期徒刑的犯罪分子应当附加剥夺政治权利终身。

（2）可以附加适用，即在对犯罪分子判处主刑的同时，是否附加剥夺一定期限的政治权利，由人民法院依据案件的具体情况自由裁量。根据我国《刑法》第56条的规定，对于故意杀人、强奸、放火、爆炸、投毒、抢劫等严重破坏社会秩序的犯罪分子可以附加剥夺政治权利。根据1998年1月13日施行的《最高人民法院关于对故意伤害、盗窃等严重破坏社会秩序的犯罪分子能否附加剥夺政治权利问题的批复》的规定，对故意伤害、盗窃等其他严重破坏社会秩序的犯罪，犯罪分子主观恶性较深、犯罪情节恶劣、罪行严重的，也可以附加剥夺政治权利。

（3）独立适用，即剥夺政治权利和主刑同时作为人民法院司法裁判中的备选刑罚方法，由人民法院在主刑和剥夺政治权利之中选择适用其中一种，如果人民法院选择了其中的一种，则不能再适用另一种的适用方法。这种适用方法主要依据的是我国《刑法》分则的特殊规定，例如，根据《刑法》第103条的规定，煽动分裂国家、破坏国家统一的，处五年以下有期徒刑、拘役、管制或者剥夺政治权利。

• 适用指引 •

一般而言，犯罪行为都会给国家、公共或公民个人的财产造成一定的物质损害。为了弥补犯罪行为所造成的这种损害，需要恢复和平衡被犯罪所侵害的社会关系。我国《刑法》规定的附加刑以财产刑为主，具体包括罚金和没收财产。剥夺政治权利也是附加刑中的一种，设立它的目的主要是防止犯罪分子利用手中掌握的政治权利再次实施犯罪。

第三十五条　驱逐出境

【法律规定】

• 法律条文 •

《中华人民共和国刑法》

第三十五条　对于犯罪的外国人，可以独立适用或者附加适用驱逐出境。

【案例】

金有东等抢劫案①

• 案件事实 •

2006年10月24日，被告人金有东、成钟烈与同案人方学俊从韩国乘坐飞机抵达我国广东省深圳市后来到广州市，准备采购服装运返韩国销售。不久，被告人金有东发现其保管的部分货款被盗，遂提议以兑换美金的方法进行抢劫。10月26日，金有东通过聘请的翻译联系了被害人谭某某前往广东省广州市白云区三元里金桂园某号越秀阁C5栋兑换美金后，两被告人与同案人即去到上述地址。由金有东负责在楼下等候被害人，成钟烈与同案人方学俊则负责在该栋楼三层埋伏守候。当日下午3时多，谭某某携带钱款依约来到上述地址，金有东即带被害人乘坐电梯上到三层，当谭某某走出电梯间时，金有东即与在此等候的成钟烈、方学俊共同对被害人进行殴打，抢得谭某某挎在身上的绿色布包一个（内有人民币433657元、美金22000元、日元6万元及港币840元）后，三人分头逃跑。金桂园小区保安人员听到谭某某的呼救后立即进行抓

---

① 参见广东省广州市中级人民法院（2007）穗中法刑二初字第43号。

捕，分别在该小区C2栋楼大门附近及C5栋负二层抓获金有东、成钟烈，并在成钟烈随身携带的黑色背包中搜出谭某某的绿色布包。经鉴定，谭某某的损伤为轻伤。案发后，缴获的赃款已发还给谭某某。

• 裁判要旨 •

对犯罪的外国人在依法适用主刑的同时，依法可以判处其驱逐出境；驱逐出境应于刑罚执行完毕后实施。

• 裁判理由 •

一审法院认为：被告人金有东、成钟烈无视我国法律，以非法占有为目的，结伙采用暴力方法劫取他人财物，数额巨大，其行为均已构成抢劫罪，应依法予以惩处。鉴于被告人金有东、成钟烈在归案后能如实供述自己的犯罪事实，有悔罪表现，且抢得的钱款已缴获并发还给被害人，可酌情从轻处罚。依照《刑法》第263条第4项、第35条的规定，判决如下：一、被告人金有东犯抢劫罪，判处有期徒刑十年，并处罚金人民币1万元，刑满后驱逐出境。二、被告人成钟烈犯抢劫罪，判处有期徒刑十年，并处罚金人民币1万元，刑满后驱逐出境。

【学理分析及适用指引】

• 学理分析 •

我国是独立自主的主权国家，任何来到我国境内的外国人或无国籍人，都应当遵守我国法律。对在我国境内从事犯罪活动的外国人或无国籍人，除享有外交特权和豁免权的，需通过外交途径解决外，一律适用我国刑法。驱逐出境就是强迫在我国境内犯罪的外国人或无国籍人离开我国国（边）境的刑罚方法；它只对犯罪的外国人适用，不具有普遍适用的性质。

• 适用指引 •

驱逐出境有两种适用方式，即独立适用和附加适用。也就是说，并非对犯罪的外国人或无国籍人一律适用驱逐出境，而是根据其犯罪的性质、情节以及犯罪分子的再犯可能等情况，结合国际间的关系，可以适用驱逐出境，也可以不适用驱逐出境；可以独立适用驱逐出境，也可以附加适用驱逐出境。独立适用，是指人民法院只对犯罪的外国人或无国籍人判处驱逐出境，不判处其他主刑的适用方法。这种方法主要是针对那些犯罪性质和犯罪情节较轻的外国人或无国籍人。独立适用驱逐出境的，从判决确定之日起执行。附加适用，是指人民法院在判处犯罪的外国人或无国籍人以主刑的同时，又决定在其主刑执行完毕之后将其驱逐出境的方法。附加适用驱逐出境，一般针对的是罪行比较严重的犯罪分子。附加适用驱逐出境的，从主刑执行完毕之日起执行。

第三十六条　赔偿经济损失

【法律规定】

• 法律条文 •

《中华人民共和国刑法》

第三十六条　由于犯罪行为而使被害人遭受经济损失的，对犯罪分子除依法给予刑事处罚外，并应根据情况判处赔偿经济损失。

承担民事赔偿责任的犯罪分子，同时被判处罚金，其财产不足以全部支付的，或者被判处没收财产的，应当先承担对被害人的民事赔偿责任。

• 相关规定 •

《最高人民法院关于刑事裁判涉财产部分执行的若干规定》（法释〔2014〕13号）

第十三条　被执行人在执行中同时承担刑事责任、民事责任，其财产不足以支付的，按照下列顺序执行：

（一）人身损害赔偿中的医疗费用；

（二）退赔被害人的损失；

（三）其他民事债务；

（四）罚金；

（五）没收财产。

债权人对执行标的依法享有优先受偿权，其主张优先受偿的，人民法院应当在前款第（一）项规定的医疗费用受偿后，予以支持。

【案例】

吴某某故意伤害案①

• 案件事实 •

自诉人李某某与被告人吴某某为相邻关系。2006年9月3日，吴某某发现

① 参见江西省赣州市中级人民法院（2007）赣中刑一终字第54号。

自诉人用石头在住宅后面砌起了堡坎和阶梯，认为会影响其屋后排水，双方为此产生纠纷。同月5日早上7时许，被告人手持锄头去挖自诉人砌好的堡坎与阶梯，自诉人口头制止无效后跑上自家二楼楼面，用铁锤砸被告人房屋楼面飘檐。后被告人持铁棍捅自诉人腹部，打了自诉人右手一棍，随后又对自诉人的手和腿乱打，自诉人拿起捞罩还击。当晚22时许，自诉人、被告人等一同前往江西省于都县人民医院门诊检查。经该院初步诊断：李某某右尺远端骨折，全身多处软组织挫擦裂伤。吴某某脑外伤。对李某某右尺骨手法复位小夹板外固定时间为4～6周。次日，李某某的右尺骨远端骨折经于都中立司法鉴定中心鉴定为轻伤乙级。李某某用去医疗费618.4元。

• 裁判要旨 •

刑事案件中赔偿经济损失的适用。

• 裁判理由 •

江西省于都县人民法院认为：被告人吴某某因自诉人在房后建堡坎、阶梯与自诉人发生纠纷后，未通过正当途径解决，在纠纷中持铁棍殴打自诉人，致自诉人轻伤乙级，其行为已构成故意伤害罪。自诉人要求追究被告人刑事责任的请求予以支持。被告人庭审时能主动供认自己的犯罪事实，可酌情从轻处罚。自诉人对本案的发生、发展具有一定过错，可以减轻被告人的民事赔偿责任。依照《刑法》第234条第1款，《民法通则》第119条之规定，判决如下：一、被告人吴某某犯故意伤害罪，判处管制三个月（刑期从判决执行之日起计算）。二、自诉人暨附带民事诉讼原告人李某某医疗费618.4元、误工费1225元（49天×25元/天）、交通费40元（10元×4趟）、护理费1050元（42天×25元/天）、法医学鉴定费600元，合计人民币3533.4元，由自诉人自负20%，计人民币706.68元。由被告人吴某某赔偿80%，计人民币2826.72元，限在判决生效后立即履行完毕。

一审判决作出后，自诉人暨附带民事诉讼原告人李某某及被告人吴某某均不服，提出上诉。江西省赣州市中级人民法院二审裁定：驳回上诉，维持原判。

【学理分析及适用指引】

• 学理分析 •

以犯罪是否具有特定的被害人为标准，可以将其分为有被害人的犯罪和无被害人的犯罪。一般而言，针对特定被害人的犯罪，都会给被害人带来一定的经济损失，在这种情况下，刑法的目的不仅是要通过对犯罪分子施以刑罚以保护国家、社会和公民个人的合法权益，还要弥补犯罪给被害人造成的经济损失，以此来尽力还原法益被侵害前的状态。也就是说，在犯罪行为给被害人造成经济损失的情况下，对犯罪分子除给予刑罚处罚外，还应当根据情况判处其赔偿经济损失。《刑法》第 36 条所规定的"由于犯罪行为而使被害人遭受经济损失的"，既包括犯罪行为给被害人造成的直接物质损失，如被毁坏的财物、被盗窃或被诈骗的财物等，也包括犯罪行为给被害人造成的间接经济损失，如被害人因治伤而支出的医疗费用等。人民法院在对犯罪分子判处刑事处罚的同时，根据犯罪分子的犯罪性质、情节、被害人遭受损失的多少，被告人的经济状况等具体情况，一并判处犯罪分子赔偿被害人遭受的经济损失。

在人民法院既对犯罪分子判处罚金或没收财产，同时又责令犯罪分子赔偿被害人经济损失的情况下，是优先执行罚金或没收财产，还是优先赔偿被害人的经济损失，就成了一个需要解决的问题。因为作为刑罚方法的罚金和没收财产与作为民事赔偿的赔偿经济损失都是以犯罪分子的财产为基础的，二者在某些情况下，可能会发生冲突。依据《刑法》第 36 条的规定，在犯罪分子被判处财产刑，同时被判处赔偿被害人经济损失的情况下，应当先承担民事赔偿责任的情形分为两种：一是犯罪分子被判处罚金，同时被判处赔偿经济损失的，此处既包括判处其他主刑并处罚金的情况，也包括单处罚金的情况。不论是单处还是并处罚金，同时被判处赔偿经济损失的，只要犯罪分子的财产不足以全部支付的，就应当先承担民事赔偿责任。二是被判处没收财产，同时被判处赔偿被害人经济损失的，不论其财产多少，都应当先承担对被害人的民事赔偿责任。这一规定确立了在刑事附带民事诉讼的案件中，对判处财产刑的，执行时应采取民事优先的原则，以加强对被害人合法权益的保护。

• 适用指引 •

在认定由于犯罪行为而使被害人遭受经济损失的事实时，应当注意认定犯罪分子的犯罪行为与被害人遭受经济损失的后果之间是否有刑法上的因果关系。也就是说，只有与犯罪行为有刑法上的因果关系的被害人所遭受的经济损失，才应当由犯罪分子承担赔偿责任；不具有刑法上的因果关系的被害人所遭受的经济损失，不应当由犯罪分子承担赔偿责任。同时，在判定犯罪分子是否承担赔偿责任以及承担多大程度的赔偿责任时，应当注意调查研究，既要考虑犯罪分子的经济状况，也要考虑被害人的过错程度。

第三十七条 非刑罚制裁措施

【法律规定】

• 法律条文 •

《中华人民共和国刑法》

第三十七条 对于犯罪情节轻微不需要判处刑罚的，可以免予刑事处罚，但是可以根据案件的不同情况，予以训诫或者责令具结悔过、赔礼道歉、赔偿损失，或者由主管部门予以行政处罚或者行政处分。

• 相关规定 •

《最高人民法院关于审理未成年人刑事案件具体应用法律若干问题的解释》（法释〔2006〕1号）

第六条 已满十四周岁不满十六周岁的人偶尔与幼女发生性行为，情节轻微、未造成严重后果的，不认为是犯罪。

第七条 已满十四周岁不满十六周岁的人使用轻微暴力或者威胁，强行索要其他未成年人随身携带的生活、学习用品或者钱财数量不大，且未造成被害人轻微伤以上或者不敢正常到校学习、生活等危害后果的，不认为是犯罪。

已满十六周岁不满十八周岁的人具有前款规定情形的，一般也不认为是犯罪。

第九条 已满十六周岁不满十八周岁的人实施盗窃行为未超过三次，盗窃数额虽已达到“数额较大”标准，但案发后能如实供述全部盗窃事实并积极退赃，且具有下列情形之一的，可以认定为“情节显著轻微危害不大”，不认为是犯罪：

（一）系又聋又哑的人或者盲人；

（二）在共同盗窃中起次要或者辅助作用，或者被胁迫；

（三）具有其他轻微情节的。

已满十六周岁不满十八周岁的人盗窃未遂或者中止的，可不认为是犯罪。

已满十六周岁不满十八周岁的人盗窃自己家庭或者近亲属财物，或者盗窃其他亲属财物但其他亲属要求不予追究的，可以不按犯罪处理。

第十一条 对未成年罪犯适用刑罚，应当充分考虑是否有利于未成年罪犯的教育和矫正。

对未成年罪犯量刑应当依照刑法第六十一条的规定，并充分考虑未成年人实施犯罪行为的动机和目的、犯罪时的年龄、是否初次犯罪、犯罪后的悔罪表现、个人成长经历和一贯表现等因素。对符合管制、缓刑、单处罚金或者免予刑事处罚适用条件的未成年罪犯，应当依法适用管制、缓刑、单处罚金或者免予刑事处罚。

第十七条 未成年罪犯根据其所犯罪行，可能被判处拘役、三年以下有期徒刑，如果悔罪表现好，并具有下列情形之一的，应当依照刑法第三十七条的规定免予刑事处罚：

（一）系又聋又哑的人或者盲人；

（二）防卫过当或者避险过当；

（三）犯罪预备、中止或者未遂；

（四）共同犯罪中从犯、胁从犯；

（五）犯罪后自首或者有立功表现；

（六）其他犯罪情节轻微不需要判处刑罚的。

【案例】

赵某某故意伤害案①

• 案件事实 •

2005年12月18日下午2时许，自诉人秦某与同伴闻某某到湖北省宜昌市猇亭区鸡山居委会走亲戚，两人行至途中，见路边有四个少年在“扯金花”（赌钱），两人观看一会儿离开了，但秦某不久又返回，无故将四个少年放在地上的钱用脚踢了。当日下午4时许，秦某从亲戚家返回时，在猇亭区先锋路又遇到四个少年中的二人，并问二人打牌是输是赢。当得知是另外二个少年赢了钱时，自诉人秦某要路边二人将另外二个少年喊过来，并说要找他们把钱要回来。此时，赵某某得知秦某找另外二个少年要钱后，遂追过来责问秦某。秦某不承认此事，双方发生争执。争执中赵某某捡起一根木棒朝自诉人秦某打去，秦某用手一挡，并将赵某某推倒在地。因秦某左手指当即受伤，两人遂停止打斗。

秦某受伤后，在三峡大学仁和医院住院治疗9天，其伤情诊断为：左环指不全离断伤，出院医嘱术后12天拆线，术后四周拆除石膏外固定。2006年4月7日，经宜昌市刑事科学技术学会司法鉴定，秦某左环指近侧指间关节不全离断，再植术后僵硬于130°不能活动，其损伤程度为轻伤。2006年8月28日，经湖北夷剑司法鉴定中心鉴定，秦某左手损伤已构成十级伤残。自诉人秦某的经济损失有：医疗费3609元、鉴定费800元、住院伙食补助费135元（9天×

---

① 参见湖北省宜昌市中级人民法院（2007）宜中刑终字第00013号。

15 元/天）、误工费 560 元（28 天 ×20 元/天）、护理费 700 元（28 天 ×25 元/天）、交通费 64 元、残疾赔偿金 6198 元，以上经济损失合计 12066 元。

• 裁判要旨 •

在依法对被告人免予刑事处罚的前提下，根据案件情况可以适用责令具结悔过、赔偿损失等非刑罚处置措施。

• 裁判理由 •

一审法院认为：被告人赵某某故意伤害他人身体，致自诉人秦某轻伤，其行为已构成故意伤害罪。鉴于自诉人秦某对本案的发生负有一定责任，被告人赵某某的犯罪情节比较轻微，依法对其可免予刑事处罚。被告人赵某某给自诉人秦某造成的经济损失，应承担相应的民事赔偿责任。自诉人秦某提出的附带民事诉讼请求过高的部分，不予支持。因自诉人秦某有一定过错，可适当减轻被告人赵某某的民事责任。依照《刑法》第 234 条第 1 款、第 37 条，《民法通则》第 119 条、第 131 条的规定，判决如下：一、被告人赵某某犯故意伤害罪，免予刑事处罚；二、被告人赵某某于判决生效后 3 日内赔偿自诉人秦某经济损失 1 万元；三、驳回自诉人秦某其他要求赔偿的诉讼请求。

自诉人秦某以原判决对被告人量刑畸轻，认定自诉人有过错没有依据，不支持后期治疗费不当为由提出上诉。

湖北省宜昌市中级人民法院二审认为：原判决认定事实清楚，定罪正确，量刑适当，审判程序合法。据此，依照《刑事诉讼法》第 189 条第 1 项之规定，裁定驳回上诉，维持原判。

【学理分析及适用指引】

• 学理分析 •

在一般意义上，犯罪与刑罚是相对应的两个基本范畴，只要有犯罪，就会有刑罚。但从实质上来看，犯罪从轻到重存在程度上的差别，有些犯罪的情节比较轻微，无需动用刑罚加以惩处，如果把犯这些罪的犯罪分子也投入监狱、进行刑罚处罚，不仅不符合刑罚公正原则，而且也不利于对他们的教育改造。所以，我国刑法设置了非刑罚制裁措施，作为对犯罪情节轻微的犯罪分子的惩罚措施。也就是说，犯罪的法律后果并不仅仅包括刑罚处罚一种形式，还包括非刑罚性制裁措施（或称非刑事制裁措施）。所谓非刑罚制裁措施，是指对依法被确定有罪的罪犯不适用刑罚，而采用刑罚以外的不具有刑事制裁性质的手段予以处分。非刑罚制裁措施一般适用于有免除刑罚情节的罪犯、罪行轻微的罪犯或有轻微罪行的未成年人，它本身不具有刑罚的性质，但可以起到弥补刑罚功能局限的作用。①

判处非刑罚制裁措施，如同判处刑罚一样，需要掌握严格的标准。依据《刑法》的规定，判处非刑罚制裁措施，只能针对犯罪情节轻微不需要判处刑罚的犯罪分子。只有在既是犯罪情节轻微又不需要判处刑罚的情况下，对犯罪分子才可以免予刑事处罚。犯罪情节轻微，是指已经构成犯罪，但犯罪的性质、情节及危害后果都很轻。不需要判处刑罚，是指犯罪情节轻微，犯罪分子认罪、悔罪态度好，其再次实施犯罪行为的可能性小，对其没有判处刑罚的必要。

免予刑事处罚不同于判处无罪。免予刑事处罚的前提是犯罪已经成立，只是考虑到犯罪情节轻微，而不具有施以刑罚处罚的必要性；而判处无罪则是犯罪从根本上就不存在。所以，对免予刑事处罚的犯罪分子，并不是放任不管、不处以其他性质和其他形式的处罚，而是人民法院可以根据案件的不同情况，采用非刑罚方法进行处理。根据《刑法》的规定，可以采用非刑罚方法进行处理，包括两种情况：一是在人民法院判处免予刑事处罚的同时，根据案件的不同情况，对犯罪分子予以训诫或者责令具结悔过、赔礼道歉、赔偿损失；二是由人民法院交由主管部门予以行政处罚或者行政处分。主管部门主要是指管辖该案件的公安机关、犯罪分子所在单位或者基层组织。

• 适用指引 •

对于犯罪情节显著轻微不需要判处刑罚的犯罪分子免予刑事处罚，是刑法谦抑原则的要求，是防止实施轻微犯罪的犯罪分子再犯的需要。但是，免予刑事处罚并非不进行任何处罚，法院可以根据具体情况，对犯罪分子予以训诫或者责令具结悔过、赔礼道歉、赔偿损失，或者由主管部门予以行政处罚或者行政处分。

根据《刑法》第 37 条所规定的五种非刑罚处置方法之具体内容，审判机关在适用过程中大致有两种情况：一是在判处免予刑事处罚的同时，根据案件的不同情况，对犯罪分子予以训诫或者责令具结悔过、赔礼道歉、赔偿损失；二是由审判机关交由主管部门予以行政处罚或者行政处分。主管部门主要是指该案件管辖地公安机关、其他行政执法机关以及犯罪分子所在单位或者基层组织。行政处罚主要是指行政执法机关依照《行政处罚法》和相关行政法规的规定，给予被免予刑事处罚的犯罪分子以经济处罚或者限制人身自由的处罚，如罚款、行政拘留等。行政处分是指犯罪分子的所在单位或者其所在基层组织，依照行政规章、制度，对免予刑事处罚的犯罪分子予以行政纪律处分，如开除、记过、警告等。

---

① 梁根林：《非刑罚化——当代刑法改革的主题》，载《现代法学》2000 年第 6 期。

在适用这几种非刑罚处置方法时，还存在一个实务操作的问题，即应否在裁判文书中反映出来，如何处理？对此问题目前尚未见有具体规范性文件规定。基于处置方法的具体内容，我们认为，一般情况下，第一种方法即“训诫”具有口头性，可以是当庭的、口头进行的，无需在裁判文书中具体载明；而最后一种即“行政处罚与行政处分”因并非人民法院的审判权限范围，应通过司法建议等方式行使，如通过向具体主管部门或者相关单位发出司法建议函的形式。既然对“行政处罚与行政处分”法院并无处分权，而属于司法建议，也不需要在裁判文书中载明。其他三种方法即责令具结悔过、责令赔礼道歉、责令赔偿损失等，因其需要具体执行、且有一个执行的过程，还是应在判决书中载明为宜。①

第三十七条之一 职业禁止

【法律规定】

• 法律条文 •

《中华人民共和国刑法》

第三十七条之一 因利用职业便利实施犯罪，或者实施违背职业要求的特定义务的犯罪被判处刑罚的，人民法院可以根据犯罪情况和预防再犯罪的需要，禁止其自刑罚执行完毕之日或者假释之日起从事相关职业，期限为三年至五年。

被禁止从事相关职业的人违反人民法院依照前款规定作出的决定的，由公安机关依法给予处罚；情节严重的，依照本法第三百一十三条的规定定罪处罚。

其他法律、行政法规对其从事相关职业另有禁止或者限制性规定的，从其规定。

【案例】

陈莹虐待被监护、看护人案②

• 案件事实 •

被告人陈莹在安徽省濉溪县金色阳光幼儿园任教期间，因幼儿不服从管

① 参见袁登明：《刑罚适用疑难问题精解》，人民法院出版社2012年版，第116～117页。

② 参见安徽省淮北市中级人民法院（2019）皖06刑终144号。

教，自2018年9月至10月17日，多次采取用针扎屁股，用手、梳子打脸和打屁股等方式，对其所带托儿班内卓某某、黄某某等7名幼儿实施体罚、虐待。2018年10月17日，陈莹明知卓某某之母侯某报警而在该幼儿园园长办公室等待，后被安徽省濉溪县公安局民警口头传唤到案，无拒捕行为，并如实供述了上述主要事实。同日，安徽省濉溪县公安局扣押陈莹作案用针1根。2019年3月25日，经濉溪县轻微刑事案件诉前调解人民调解委员会调解，陈莹亲属代陈莹与被害人法定代理人达成民事调解，已履行完毕，并取得对陈莹的谅解。

• 裁判要旨 •

行为人身为对幼儿具有看护职责的幼儿园教师，多次虐待幼儿依法构成虐待被看护人罪，根据案件事实和预防再犯罪的需要，可依法决定对被告人刑罚执行完毕后禁止被告人从事学前教育、保育、看护类等相关职业。

• 裁判理由 •

一审法院认为：被告人陈莹身为对幼儿具有看护职责的幼儿园教师，多次虐待幼儿，情节恶劣，其行为已构成虐待被看护人罪。陈莹明知他人报警而在现场等待，被传唤时无拒捕行为，到案后如实供述主要犯罪事实，系自首，依法从轻处罚。陈莹被害人的法定代理人达成民事调解，已履行完毕，并取得谅解，酌情从轻处罚。根据本案事实和预防再犯罪的需要，决定对陈莹实施相关职业禁止。依照《刑法》第260条之一第1款、第37条之一第1款、第67条第3款之规定，认定被告人陈莹犯虐待被看护人罪，判处有期徒刑一年；自刑罚执行完毕之日或者假释之日起三年内，禁止被告人陈莹从事学前教育、保育、看护类等相关职业。扣押在案的被告人陈莹作案用针一根，予以没收。

陈莹上诉提出：其已赔偿被害人并取得被害人法定代理人谅解，且未对所有被看护人采用针扎方式进行体罚，原判量刑过重。其辩护人提出：陈莹的行为对被体罚儿童未造成伤害及不良后果，且取得了被害人家属的谅解，原判量刑时未考虑陈莹系初犯、偶犯、无犯罪前科等情节，量刑过重。

二审法院认为：上诉人陈莹身为对幼儿具有看护职责的幼儿园教师，多次虐待幼儿，情节恶劣，其行为构成虐待被看护人罪。原判已充分考虑了陈莹具有自首及取得被害人法定代理人的谅解等从轻处罚情节，对其量刑并无不当，陈莹及其辩护人关于原判量刑过重的上诉理由、辩护意见法院不予采纳。原判认定事实清楚，证据确实、充分，定罪准确，量刑适当，适用法律正确。审判程序合法。依照《刑事诉讼法》第236条第1款第1项之规定，裁定如下：驳回上诉，维持原判。

【学理分析及适用指引】

• 学理分析 •

为了完善预防性措施的规定，对因利用职业便利实施犯罪，或者实施违背职业要求的特定义务的犯罪被判处刑罚的，人民法院可以根据犯罪情况和预防再犯罪的需要，禁止其自刑罚执行完毕之日或者假释之日起一定期限内从事相关职业。《刑法》第 37 条之一所规定的“职业禁止”在法律属性上相当于准附加刑，可视为资格刑的一种。职业禁止制度的设立，丰富了我国刑法上的资格刑类型。职业禁止的立法宗旨就是预防犯罪，即通过禁止一定期限内从事某种职业，从而剥夺犯罪分子刑满释放或假释后再犯罪的条件。同时，也有利于加强职业伦理建设。如对于从事食品生产、加工或餐饮服务工作的行为人，因为违背食品生产加工法律和基本职业伦理的要求，为了牟取暴利，非法在食品中添加有毒有害的非食品原料，依法构成生产、销售有毒有害食品罪，被判处刑罚的同时，人民法院可以根据犯罪情况和预防再犯罪的需要，禁止其刑罚执行完毕后的一定期限内从事食品生产加工、餐饮服务等职业。

• 适用指引 •

实践中注意把握职业禁止适用的相关要求：

一是职业禁止适用的前提。职业禁止适用的前提是行为人的犯罪行为与其职业内容相关，即因利用职业便利实施犯罪或者实施违背职业要求的特定义务的犯罪。同刑事禁止令制度相类似，职业禁止也是“可以”而非“应当”适用，即对于符合适用职业禁止的被告人，是否依法在主刑外再附加判处一定期限的职业禁止，由主审法官根据案情依法自由裁量。

二是职业禁止适用的根本条件。职业禁止适用的根本条件是基于具体犯罪情况和预防再犯罪的需要，即行为人不仅本次犯罪是利用职业便利或者违背职业要求的特定义务，而且还有继续实施此类犯罪的危险和可能的。

三是职业禁止的期限。禁止的期限为 3 ~ 5 年，该期限自刑罚执行完毕之日或者假释之日起计算。

四是职业禁止的后果。被禁止从事相关职业的人如果违反了法院依法作出的职业禁止决定的，由公安机关依法给予处罚；如果情节严重的，则以《刑法》第 313 条的拒不执行判决、裁定罪定罪处罚。

第二节　管　　制

第三十八条　管制的期限与执行机关

【法律规定】

● 法律条文 ●

《中华人民共和国刑法》

第三十八条　管制的期限，为三个月以上二年以下。

判处管制，可以根据犯罪情况，同时禁止犯罪分子在执行期间从事特定活动，进入特定区域、场所，接触特定的人。

对判处管制的犯罪分子，依法实行社区矫正。

违反第二款规定的禁止令的，由公安机关依照《中华人民共和国治安管理处罚法》的规定处罚。

● 相关规定 ●

《最高人民法院关于〈中华人民共和国刑法修正案（八）〉时间效力问题的解释》（法释〔2011〕9号）

第一条　对于2011年4月30日以前犯罪，依法应当判处管制或者宣告缓刑的，人民法院根据犯罪情况，认为确有必要同时禁止犯罪分子在管制期间或者缓刑考验期内从事特定活动，进入特定区域、场所，接触特定人的，适用修正后刑法第三十八条第二款或者第七十二条第二款的规定。

犯罪分子在管制期间或者缓刑考验期内，违反人民法院判决中的禁止令的，适用修正后刑法第三十八条第四款或者第七十七条第二款的规定。

《最高人民法院、最高人民检察院、公安部、司法部关于对判处管制、宣告缓刑的犯罪分子适用禁止令有关问题的规定（试行）》（法发〔2011〕9号）

第一条　对判处管制、宣告缓刑的犯罪分子，人民法院根据犯罪情况，认为从促进犯罪分子教育矫正、有效维护社会秩序的需要出发，确有必要禁止其在管制执行期间、缓刑考验期限内从事特定活动，进入特定区域、场所，接触特定人的，可以根据刑法第三十八条第二款、第七十二条第二款的规定，同时宣告禁止令。

第二条　人民法院宣告禁止令，应当根据犯罪分子的犯罪原因、犯罪性质、犯罪手段、犯罪后的悔罪表现、个人一贯表现等情况，充分考虑与犯罪分子所犯罪行的关联程度，有针对性地决定禁止其在管制执行期间、缓刑考验期限内“从事特定活动，进入特定区域、场所，接触特定的人”的一项或者几项内容。

第三条 人民法院可以根据犯罪情况，禁止判处管制、宣告缓刑的犯罪分子在管制执行期间、缓刑考验期限内从事以下一项或者几项活动：

（一）个人为进行违法犯罪活动而设立公司、企业、事业单位或者在设立公司、企业、事业单位后以实施犯罪为主要活动的，禁止设立公司、企业、事业单位；

（二）实施证券犯罪、贷款犯罪、票据犯罪、信用卡犯罪等金融犯罪的，禁止从事证券交易、申领贷款、使用票据或者申领、使用信用卡等金融活动；

（三）利用从事特定生产经营活动实施犯罪的，禁止从事相关生产经营活动；

（四）附带民事赔偿义务未履行完毕，违法所得未追缴、退赔到位，或者罚金尚未足额缴纳的，禁止从事高消费活动；

（五）其他确有必要禁止从事的活动。

第四条 人民法院可以根据犯罪情况，禁止判处管制、宣告缓刑的犯罪分子在管制执行期间、缓刑考验期限内进入以下一类或者几类区域、场所：

（一）禁止进入夜总会、酒吧、迪厅、网吧等娱乐场所；

（二）未经执行机关批准，禁止进入举办大型群众性活动的场所；

（三）禁止进入中小学校区、幼儿园园区及周边地区，确因本人就学、居住等原因，经执行机关批准的除外；

（四）其他确有必要禁止进入的区域、场所。

第五条 人民法院可以根据犯罪情况，禁止判处管制、宣告缓刑的犯罪分子在管制执行期间、缓刑考验期限内接触以下一类或者几类人员：

（一）未经对方同意，禁止接触被害人及其法定代理人、近亲属；

（二）未经对方同意，禁止接触证人及其法定代理人、近亲属；

（三）未经对方同意，禁止接触控告人、批评人、举报人及其法定代理人、近亲属；

（四）禁止接触同案犯；

（五）禁止接触其他可能遭受其侵害、滋扰的人或者可能诱发其再次危害社会的人。

第六条 禁止令的期限，既可以与管制执行、缓刑考验的期限相同，也可以短于管制执行、缓刑考验的期限，但判处管制的，禁止令的期限不得少于三个月，宣告缓刑的，禁止令的期限不得少于二个月。

判处管制的犯罪分子在判决执行以前先行羁押以致管制执行的期限少于三个月的，禁止令的期限不受前款规定的最短期限的限制。

禁止令的执行期限，从管制、缓刑执行之日起计算。

第七条 人民检察院在提起公诉时，对可能判处管制、宣告缓刑的被告人可以提出宣告禁止令的建议。当事人、辩护人、诉讼代理人可以就应否对被告人宣告禁止令提出意见，并说明理由。

公安机关在移送审查起诉时，可以根据犯罪嫌疑人涉嫌犯罪的情况，就应否宣告禁止令及宣告何种禁止令，向人民检察院提出意见。

第八条 人民法院对判处管制、宣告缓刑的被告人宣告禁止令的，应当在裁判文书主文部分单独作为一项予以宣告。

第九条 禁止令由司法行政机关指导管理的社区矫正机构负责执行。

第十条 人民检察院对社区矫正机构执行禁止令的活动实行监督。发现有违反法律规定的情况，应当通知社区矫正机构纠正。

第十一条 判处管制的犯罪分子违反禁止令，或者被宣告缓刑的犯罪分子违反禁止令尚不属情节严重的，由负责执行禁止令的社区矫正机构所在地的公安机关依照《中华人民共和国治安管理处罚法》第六十条的规定处罚。

第十二条 被宣告缓刑的犯罪分子违反禁止令，情节严重的，应当撤销缓刑，执行原判刑罚。原作出缓刑裁判的人民法院应当自收到当地社区矫正机构提出的撤销缓刑建议书之日起一个月内依法作出裁定。人民法院撤销缓刑的裁定一经作出，立即生效。

违反禁止令，具有下列情形之一的，应当认定为“情节严重”：

（一）三次以上违反禁止令的；

（二）因违反禁止令被治安管理处罚后，再次违反禁止令的；

（三）违反禁止令，发生较为严重危害后果的；

（四）其他情节严重的情形。

第十三条 被宣告禁止令的犯罪分子被依法减刑时，禁止令的期限可以相应缩短，由人民法院在减刑裁定中确定新的禁止令期限。

【案例】

赵某某非法拘禁案①

• 案件事实 •

2002年12月25日，河南省平舆县东和店镇派出所将查获的朱某某、郭某某贩卖运输假烟一案交由平舆县烟草专卖局处理。被告人赵某某等人将朱某某带回本局后，进行询问并向主管副局长汇报后决定对朱某某罚款1万元，款交

① 参见河南省平舆县人民法院（2003）平刑初字第40号。

不够扣车不放。在被告人赵某某在明知烟草专卖局无权扣押当事人的情况下，不办理任何法律手续，安排下属工作人员闫某等人在烟草专卖局第一检查所值班室将朱某某非法拘禁达140余小时。

• 裁判要旨 •

对依法构成犯罪但犯罪情节较轻、危害不大的刑事被告人，可以依法适用管制这一非监禁刑罚。

• 裁判理由 •

河南省平舆县人民法院认为：被告人赵某某身为国家机关工作人员，受他人指使追要罚款，不依法定程序和手续行使职责而非法将被害人朱某某扣留达140余小时的事实清楚，其行为已构成非法拘禁罪。被告人赵某某庭审中认罪态度较好，有悔罪表现。为保护公民人身自由权利不受侵犯，结合被告人赵某某在本案中所起的作用，根据《刑法》第238条第1款、第4款、第38条之规定，判决被告人赵某某犯非法拘禁罪，判处管制六个月。

【学理分析及适用指引】

• 学理分析 •

管制，是指人民法院判决对犯罪分子不予关押，但在一定期限内限制其人身自由，交由社区矫正部门执行，并由人民群众监督改造的一种刑罚方法。管制刑是我国主刑中唯一一种不剥夺人身自由、不对犯罪分子实施关押的刑罚方法，它可以弥补短期自由刑的缺陷，也符合现在世界各国所盛行的行刑社会化、非监禁化趋势。因而，保留它是必要的。对于原《刑法》规定与新形势不相符合之处，可通过修改、补充加以完善。①

从严厉性上来讲，管制是最轻的一种主刑，因而，它的适用对象主要是“危害轻微、不需关押的犯罪分子”。② 所谓危害轻微，是指犯罪的性质和犯罪的情节较轻，犯罪对社会造成的危害不大。所谓不需要关押，是指犯罪分子的认罪、悔罪态度良好，其再次实施犯罪行为的可能性小。根据《刑法》的规定，管制的期限最高为2年，最低为3个月。被判处管制的犯罪分子，应当由人民法院交由社区矫正部门执行管制刑。根据公安部的有关规定，执行管制的具体机关应当是县（市）司法局及其下属的社区矫正部门。

---

① 参见马克昌主编：《刑罚通论》，武汉大学出版社2002年版，第182页。

② 参见马克昌主编：《刑罚通论》，武汉大学出版社2002年版，第178页。

• 适用指引 •

管制是我国独创的一种刑罚方法，因为它对犯罪分子不予关押，只是限制其人身自由，而且它的刑期较短——三个月以上二年以下，因此，主要被适用于情节较轻的犯罪。

对于管制刑的适用，一定要结合《刑法修正案（八）》及《最高人民法院、最高人民检察院、公安部、司法部关于对判处管制、宣告缓刑的犯罪分子适用禁止令有关问题的规定（试行）》（以下简称《禁止令规定》），准确地适用禁止令制度，提高管制刑的适用效果。根据《禁止令规定》，人民法院根据犯罪情况，认为从促进犯罪分子教育矫正有效维护社会秩序的需要出发，确有必要禁止其在管制执行期间缓刑考验期限内从事特定活动、进入特定区域或场所、接触特定人的，可以依法宣告禁止令。总体而言，适用禁止令的总体标准是“确有必要的”。如何把握“确有必要”，其实就是如何有针对性地适用刑事禁止令，即涉及人民法院适用禁止令的具体准则问题。根据《禁止令规定》第 2 条的规定，应当根据犯罪分子的犯罪原因、犯罪性质、犯罪手段、犯罪后的悔罪表现、个人一贯表现等情况，充分考虑与犯罪分子所犯罪行的关联程度，有针对性地决定禁止其在管制执行期间、缓刑考验期限内“从事特定活动，进入特定区域、场所，接触特定的人”的一项或者几项内容。具体而言，可从如下几个方面把握：①

其一，禁止令内容应具有高度关联性，即与被告人的犯罪行为具有客观的、高度的关联性，从而体现针对性。所以，人民法院宣告具体禁止的内容，应当充分考虑犯罪原因、性质、手段、犯罪后的悔罪表现、个人一贯表现及生活经历，拟禁止的内容应充分考虑与犯罪分子所犯罪行的关联程度，而不能考虑与犯罪成因毫无关联或关联性较小的内容。例如，犯罪分子是因长期在网吧上网，形成网瘾，进而走上犯罪道路的，可作出禁止其进入网吧的决定；如果犯罪分子是因为在夜总会、酒吧沾染恶习实施犯罪的，则可作出禁止其进入夜总会、酒吧的决定。

其二，禁止令的内容应具有目的性，即应以有利于犯罪分子的改造、有利于促进其教育矫正，防止其再次犯罪为出发点。禁止令的目的在于通过对被告人某些行动的约束，预防其再犯，但无论是禁止其从事特定的活动，还是禁止其进入特定的区域场所，抑或禁止其接触特定的人，这些禁止的内容客观都应是可能引起再犯的诱因，而禁止令实际就是通过切断其再犯的外部条件来达到预防再犯的目的。可见，禁止令具体内容的选择也承载着刑罚的特殊预防功

---

① 参见王迪生、袁登明：《刑事禁止令适用疑难问题研究——基于刑事审判的观察》，载《法律适用》2017 年第 9 期。

能。禁止令的价值在于用法官的具体判断弥补法律一般规定的不足，通过法官确定的更具体、更有针对性的监督管理措施来实现预防犯罪的刑罚目的。所以，保护被害人免遭再次侵害、预防罪犯再次犯罪的实际需要是适用禁止令最重要的考量因素，凡不利于预防犯罪或者对预防犯罪没有必要的监管措施都不应成为禁止令的内容。

其三，禁止令的内容应具有可行性。禁止令的内容必须具有可行性，即应便于执行，至少是可以执行。如果禁止令因没有可操作性而无法执行，或者因执行成本过高而难以执行，则会导致令行难禁，这样既有违立法本意，也有损法律的权威与尊严。例如，即便是针对扒窃的犯罪行为也不应作出“禁止乘坐公共交通工具”的决定。所以，审判机关在作出禁止令的时候，应当对执行环节适度地予以提前考虑，让确立的禁止令具有可执行性。

其四，禁止令的内容应具有适当性，即对于有关法律法规已经明确禁止的内容，不能再通过禁止令的形式予以禁止，否则画蛇添足、毫无意义。例如，根据有关法律规定，任何人均不得吸食毒品，因此，不能作出“禁止吸食毒品”的禁止令。再如，相关法律已经规定，违反道路交通安全法律、法规的规定，发生重大交通事故，构成犯罪的，依法追究刑事责任，并由公安机关交通管理部门吊销机动车驾驶证。因此，对犯有相关罪行被判处管制、宣告缓刑的犯罪分子，也不能作出“禁止驾驶机动车”的禁止令。同时，禁止令的内容原则上不宜将被告人原先赖以谋生的某一行业对其彻底关闭，一般禁止其从事该行业内能直接诱发再犯的具体工作或工种即可。还需要指出的是，禁止令的内容应当有别于管制犯、缓刑犯应当遵守的考察义务，其内容不应当属于管制、缓刑期间必须遵守的法定事项。例如，对于管制犯“不得从事特定活动”，自然不包括“不得行使言论、出版、集会、结社、游行、示威自由”。

第三十九条　管制犯的权利与义务

【法律规定】

• 法律条文 •

《中华人民共和国刑法》

第三十九条 被判处管制的犯罪分子，在执行期间，应当遵守下列规定：

（一）遵守法律、行政法规，服从监督；

（二）未经执行机关批准，不得行使言论、出版、集会、结社、游行、示威自由的权利；

（三）按照执行机关规定报告自己的活动情况；

（四）遵守执行机关关于会客的规定；

（五）离开所居住的市、县或者迁居，应当报经执行机关批准。

对于被判处管制的犯罪分子，在劳动中应当同工同酬。

【案例】

耿某某等盗窃案①

• 案件事实 •

被告人耿某某被捕前承包了洛阳车站二楼西厅餐厅，在承包合同中规定，承包期间设备损坏、丢失，应由承包人负责赔偿。2000 年 11 月下旬，被告人耿某某让被告人戚某某、孙某某到自己承包的洛阳车站二楼西厅餐厅检修空调。戚某某对耿某某谎称有台空调的压缩机已坏，耿某某指使戚某某盗拆与其相邻的美滋滋快餐厅的空调压缩机予以调换，并告诉戚某某要在中午 11 点半或晚 6 点以后进行。戚某某将该空调压缩机没有坏的事告诉了孙某某。11 月 28 日晚，戚某某伙同孙某某将戚某某谎称已坏的“大金”牌压缩机（价值 6300 元）拆下，秘密用三轮车拉到戚某某的维修部，次日中午又将美滋滋快餐厅的“三菱”牌空调压缩机（价值 3400 元）卸下装在耿某某的空调中。破案后，赃物全部被追回，已经发还失主。

• 裁判要旨 •

犯罪分子在管制期间必须严格遵守与履行相关的法定义务。

• 裁判理由 •

洛阳铁路运输法院经公开审理后认为：被告人戚某某、孙某某、耿某某以非法占有为目的，秘密窃取他人财物，数额较大，其行为均已构成盗窃罪。三被告人的供述相互印证，能够证实被告人戚某某把洛阳车站二楼西厅餐厅的“大金”牌空调压缩机拉到其维修部没有经被告人耿某某同意。拉之前，戚某某已知该压缩机没坏，其行为不是为了维修，是为了非法占有，应认定为盗窃罪；被告人戚某某、孙某某供述在卷，能够证实被告人孙某某帮助戚某某在把洛阳车站二楼西厅餐厅的“大金”牌空调压缩机拉到戚某某的维修部前，戚某某已经告诉过孙某某该压缩机没有坏，想用一个旧压缩机替换该压缩机，孙某某主观上有帮助戚某某盗窃的故意，客观上实施了帮助戚某某盗窃的行为，

---

① 参见最高人民法院中国应用法学研究所编：《人民法院案例选》（2003 年第 2 辑），人民法院出版社 2004 年版。

其行为应定为盗窃罪；被告人耿某某和车站签订的合同规定承包期间设备损坏、丢失，应由承包人负责赔偿，耿某某私自指使他人把美滋滋快餐厅的“三菱”牌空调压缩机调换到自己承包的二楼西厅餐厅，其行为侵犯了他人财产所有权，应构成盗窃罪。在盗窃“大金”牌空调压缩机的过程中，被告人戚某某提起犯意，并带领被告人孙某某实施，起主要作用，系主犯；被告人孙某某起次要作用，系从犯，依法予以从轻处罚。在盗窃“三菱”牌空调压缩机的过程中，被告人耿某某提起犯意，被告人戚某某带领被告人孙某某实施，被告人耿某某、戚某某起主要作用，均系主犯；被告人孙某某起次要作用，系从犯，依法予以从轻处罚。三被告人均有固定职业，该次盗窃犯罪属临时起意，系初犯，主观恶性不大，均酌情予以从轻处罚。该院依照《刑法》第264条、第25条第1款、第26条第1款和第4款、第27条、第72条的规定，于2001年5月5日作出刑事判决如下：一、被告人戚某某犯盗窃罪，判处有期徒刑二年，缓刑三年，并处罚金5000元。二、被告人孙某某犯盗窃罪，判处管制二年，并处罚金3000元。三、被告人耿某某犯盗窃罪，判处罚金6000元。

【学理分析及适用指引】

• 学理分析 •

管制虽然不剥夺犯罪分子的人身自由，但它仍然是一种刑罚，所以惩罚性仍然是管制的一种根本属性。管制的惩罚性主要体现在它对犯罪分子人身自由的限制上，依据《刑法》的规定，被判处管制的犯罪分子，在管制期间，需要遵守以下五项义务：

1. 遵守法律、行政法规，服从监督。这是一项原则性、概括性的规定，这一规定要求被判处管制的犯罪分子要自觉地遵守宪法、法律和行政法规；对于执行机关对其实行的监督，被判处管制的罪犯必须服从。遵守法律法规是每个公民应有的义务，被判处管制的犯罪分子，在服刑期间，更应当遵守法律法规，以此来表现其认罪、悔罪、尊重国家法律法规的态度。

2. 未经执行机关批准，被管制的犯罪分子不得行使言论、出版、集会、结社、游行、示威自由的权利。被判处管制的犯罪分子在行使以上权利时，必须经过执行机关的批准，这样是为防止犯罪分子“借行使权利之名、行危害社会之实”的情况发生。也就是说，在犯罪分子被管制期间，限制其行使上述权利，有利于加强对他们的监督管理，防止他们以行使自由权利为借口，继续危害社会。

3. 按照执行机关的规定报告自己的活动情况。被判处管制的犯罪分子，在服刑期间，继续在社会上工作；如果长期对他们不管不问，随着时间的流逝，他们很可能忘记刑罚的痛苦，并再次实施危害行为。规定犯罪分子按照执行机关的要求报告自己的活动情况，既有利于不断地提醒犯罪分子对自己的日常行为进行约束，也有利于执行机关对犯罪分子的监督和掌控，以便更好地对他们进行教育改造。

4. 遵守执行机关关于会客的规定。被判处管制的犯罪分子，在服刑期间，如果需要会客，则需要履行相关的批准手续。这样做可以避免服刑人员受到外界的不良影响，有利于对服刑人员的改造。

5. 被判处管制的人员离开所居住的市、县或者迁居，应当报经执行机关批准。这也是约束被判处管制的犯罪分子在服刑期间的日常行为，防止其失控的一项规定。

管制之所以轻于其他主刑，不仅在于它并不剥夺犯罪分子的人身自由，还在于被判处管制的犯罪分子在劳动中享有同工同酬的权利。对他们在服刑期间实行同工同酬，一方面，有利于更有效地体现管制刑的特殊性和轻缓性；另一方面，有利于鼓励犯罪分子积极参加劳动，促进其改造。

• 适用指引 •

被判处管制的犯罪分子，在其服刑期间，仍然生活在社会之中，如果对他们的权利和自由不施以任何限制，不仅无法体现管制刑的惩罚性，也不利于对被判处管制的犯罪分子的教育改造。因此，在管制期间，相关单位要做好监督工作，实现刑罚的功能。

第四十条　管制的解除

【法律规定】

• 法律条文 •

《中华人民共和国刑法》

第四十条　被判处管制的犯罪分子，管制期满，执行机关应即向本人和其所在单位或者居住地的群众宣布解除管制。

【学理分析及适用指引】

• 学理分析 •

管制，是指人民法院判决对犯罪分子不予关押，但在一定期限内限制其人身自由，交由社区矫正机构管束，并由人民群众监督改造的一种刑罚方法。刑罚执行完毕，是刑罚消灭方式中最一般、最常见的一种。被判处管制的犯罪分子，如果在管制期间没有违反其应当遵守的法定义务，待管制期限届满之时，管制也就执行完毕。其他的有期自由刑，由于都将犯罪分子予以关押，所以释放犯罪分子就成了这些有期自由刑执行完毕的方法和标志。但是，管制只是一种限制自由刑，它与其他自由刑最显著的区别就是，对犯罪分子不予关押，所以管制执行完毕的方法和标志与其他有期自由刑执行完毕的方法和标志，存在差别。

《刑法》第 40 条规定：被判处管制的犯罪分子，管制期满，执行机关应即向本人和其所在单位或者居住地的群众宣布对其解除管制。此条对于管制期限届满后，对被判处管制的犯罪分子宣布解除管制，以消灭已判处的刑罚的方法和程序作了规定。这一规定，有利于防止拖延管制期限、损害被管制人合法权利的情况，也有利于及时宣传法制、教育群众、保证法律的正确实施。并且，此条文对解除管制的程序的规定，与管制本身的特点是相适应的。首先，管制并不关押犯罪分子，而是将他们仍然置于社会之中，所以释放对他们来说，就不具有适用的余地。但是，在服刑期间，被判处管制的犯罪分子的人身自由要受到执行机关的限制，所以由管制的执行机关宣布对犯罪分子解除管制，不仅宣布主体得当，而且适用方法也并无不妥。其次，管制的执行需要人民群众的积极配合，即被判处管制的犯罪分子在服刑期间，要受到其所在单位或居住地的群众的监督。由执行机关向犯罪分子所在单位或居住地群众宣布解除管制，不仅有利于犯罪分子重新融入他们所生活的群体之中，而且也在正式意义上免除了他们所在单位或居住地群众对他们进行监督的义务和责任。

• 适用指引 •

与其他自由刑不同的是，管制并不对犯罪分子实施关押，所以对被判处管制的犯罪分子不能通过释放来表示其服刑期限的结束。基于此，《刑法》规定了管制刑的特殊结束方法，即由执行机关向其本人和其所在单位或者居住地的群众宣布对其解除管制。

在具体适用的过程中，可能会遇到被判处管制的犯罪分子有固定单位和没有固定单位两种情形。对于前种情形，在管制期限届满之后，应当由执行机关向犯罪分子所在单位的群众宣布解除管制；对于后种情形，在管制期限届满之后，应当由执行机关向犯罪分子居住地的群众宣布解除管制。

第四十一条　管制刑期的计算与折抵

【法律规定】

● 法律条文 ●

《中华人民共和国刑法》

第四十一条　管制的刑期，从判决执行之日起计算；判决执行以前先行羁押的，羁押一日折抵刑期二日。

● 相关规定 ●

《中华人民共和国刑事诉讼法》

第七十六条　指定居所监视居住的期限应当折抵刑期。被判处管制的，监视居住一日折抵刑期一日；被判处拘役、有期徒刑的，监视居住二日折抵刑期一日。

《最高人民法院关于刑事裁判文书中刑期起止日期如何表述问题的批复》（法释〔2000〕7号）

江西省高级人民法院：

你院赣高法〔1999〕第151号《关于裁判文书中刑期起止时间如何表述的请示》收悉。经研究，答复如下：

根据刑法第四十一条、第四十四条、第四十七条和《法院刑事诉讼文书样式》（样本）的规定，判处管制、拘役、有期徒刑的，应当在刑事裁判文书中写明刑种、刑期和主刑刑期的起止日期及折抵办法。刑期从判决执行之日起计算。判决执行以前先行羁押的，羁押一日折抵刑期一日（判处管制刑的，羁押一日折抵刑期二日），即自××××年××月××日（羁押之日）起至××××年××月××日止。羁押期间取保候审的，刑期的终止日顺延。

此复

【案例】

刘某某转移赃物案①

• 案件事实 •

2006 年 5 月 24 日 14 时许，被告人刘某某骑人力三轮车被一名男子雇用到河北省辛集市建设街粮站巷拉狗，在明知此狗为盗窃所得的情况下，仍帮助其将 3 条藏獒犬（价值 35000 元）拉至辛集市宴城路，获得现金 30 元。

• 裁判要旨 •

管制刑的具体适用。

• 裁判理由 •

河北省辛集市人民法院认为：被告人刘某某明知是犯罪所得的赃物而予以转移，其行为构成转移赃物罪，应予处罚。被告人能自愿认罪，并能主动缴纳罚金，确有悔罪表现，依照《最高人民法院、最高人民检察院、司法部关于适用简易程序审理公诉案件的若干意见》第 9 条的规定酌情从轻处罚。据此，依照《刑法》第 312 条、第 64 条、第 38 条、第 41 条、第 52 条、第 53 条之规定，判决如下：一、被告人刘某某犯转移赃物罪②，判处管制八个月，并处罚金 3000 元（管制期限从判决执行之日起计算。判决执行以前先行羁押的，羁押一日折抵刑期二日）。二、对被告人刘某某犯罪所得依法予以没收。

【学理分析及适用指引】

• 学理分析 •

《刑法》对执行前羁押如何折抵刑期的问题作了详尽的规定。被判处拘役和有期徒刑的，判决执行以前羁押一日，折抵刑期一日。这是因为拘役和有期徒刑与执行前羁押的强制程度是相同的——它们都剥夺犯罪分子（在作出有罪判决前，其被称为犯罪嫌疑人）的人身自由。而管制，在强制程度上却低于执行前的羁押措施，因为管制并不剥夺犯罪分子的人身自由，而只是对其人身自由进行一定的限制。如果按照拘役和有期徒刑的刑期折抵方法（判决执行以前，羁押一日，折抵刑期一日）来折抵管制的刑期，显然对犯罪分子不公平，

① 参见河北省辛集市人民法院（2006）辛刑初字第 1－153 号。

② 根据《刑法修正案（七）》，该罪名已被修改为“掩饰、隐瞒犯罪所得罪”。——编者注

只有把执行前羁押的期限在管制判决确定的期限中的折抵幅度予以适当提高，才能平衡管制与执行前强制措施在强制程度上的差别。所以，《刑法》第 41 条规定：管制的刑期，从判决执行之日起计算；判决执行以前先行羁押的，羁押 1 日折抵刑期 2 日。

在具体掌握管制的刑期折抵问题时，必须注意的是，《刑法》第 41 条规定的“先行羁押”是指判决开始执行以前，针对被判处刑罚的同一行为而实行的关押。对于实施了多个犯罪行为的犯罪嫌疑人，针对被判处刑罚的某一行为而实行的关押，不能折抵被判处另一刑罚的另一行为而实行的关押。这是因为犯罪是具有独立性的，针对每个犯罪行为而对行为人进行的羁押和审判都应当进行独立的考察，然后再依据相关的刑罚制度确定最终的执行刑期；只有这样做，才能保证审判结果的明晰和公正，才能保证罪责刑相适应原则的实现。

• 适用指引 •

对犯罪嫌疑人采取刑事强制措施，是保证刑事诉讼活动正常进行的前提条件。刑事强制措施只是一种临时的工具性措施，在对犯罪分子正式作出有罪判决以后，就需要把对其采取的刑事强制措施的期限折抵到判决确定的刑期之中。由于刑事强制措施完全剥夺犯罪嫌疑人的人身自由，管制只是限制其人身自由，因而刑事强制的期限应当双倍地折抵管制的刑期。

第三节 拘 役

第四十二条 拘役的期限

【法律规定】

• 法律条文 •

《中华人民共和国刑法》

第四十二条 拘役的期限，为一个月以上六个月以下。

【案例】

张某虐待案①

• 案件事实 •

被告人张某于1994年2月收养了自诉人。从自诉人五六岁起，被告人张某经常以自诉人不听话为由殴打自诉人，用电话线捆绑自诉人的双手，用钳子夹自诉人的耳朵，用木棒打自诉人的身体，致其身上多处受伤。在此期间，自诉人因被殴打于2001年3月离家出走，被一维吾尔族老人收留一个月。后经当地居委会的工作人员出面做工作，由自诉人所在学校的老师将自诉人领到被告人处，要求被告人不要再殴打自诉人，并让自诉人去学校上学。但此后被告人并未让自诉人上学，而是让她看守公厕。直到2001年9月14日，自诉人被其生母领回后复学。

• 裁判要旨 •

对于罪行较为轻微但被害人不予谅解的刑事案件，依法可以适用拘役，充分发挥拘役作为短期剥夺自由刑的价值。

• 裁判理由 •

新疆维吾尔自治区阿克苏市人民法院经审理认为：被告人张某在收养自诉人期间，经常殴打自诉人，致自诉人头部、面部、躯干、肢体多处软组织损伤，给自诉人造成精神上、肉体上的痛苦和损害，情节恶劣，其行为已构成虐待罪，应依法惩处。依照《刑法》第260条第1款、第42条和《民法通则》第119条的规定，于2001年12月7日作出刑事附带民事判决如下：一、被告人张某犯虐待罪，判处拘役四个月。二、被告人张某赔偿自诉人经济损失167元。

宣判后，自诉人不服判决，上诉称：原审认定被告人虐待的犯罪事实不完全，判决被告人拘役四个月也太轻，故请求二审法院改判，从重判决张某有期徒刑。被告人张某对一审判决也不服，上诉称："我收养自诉人，辛辛苦苦抚养她，可她常不听话，我有时一气之下殴打她，致使她身心受到伤害，这是我的错误，但法院不应当因此判决我有罪，对我处理太严，不公平，因此请求上级法院从轻处理我，不要判决我有罪。"

---

① 参见最高人民法院中国应用法学研究所编：《人民法院案例选》（2004年刑事专辑）（总第47辑），人民法院出版社2005年版。

阿克苏地区中级人民法院确认的事实和证据与一审法院确认的事实和证据相同。在审理过程中，张某承认自己殴打自诉人是犯罪行为，向自诉人和其生母赔礼道歉，并表示如果自诉人的生母将自诉人领回抚养，她同意并自愿放弃要求自诉人的生母给予抚养费补偿；自诉人及其法定代理人对张某表示原谅，并表示放弃指控，不再要求追究张某的刑事责任，也不再要求张某承担民事赔偿责任。阿克苏地区中级人民法院认为：原审自诉人与上诉人张某能够互谅互让，可以进行调解。

经调解，双方自愿协商达成了如下协议：一、原审自诉人自愿放弃对原审被告人张某刑事部分的指控；二、原审被告人张某同意原审自诉人由其生母领回抚养并愿意放弃要求补偿抚养费的权利。

2002 年 3 月 28 日，阿克苏地区中级人民法院作出刑事附带民事调解书，对上述协议予以确认。

【学理分析及适用指引】

• 学理分析 •

拘役，是由人民法院判决，公安机关就近执行，短期剥夺犯罪分子人身自由，强制劳动改造的一种刑罚。当前，刑法学界一些学者提出要废除拘役刑的主张，他们的主要理由有：其一，如果羁押期限过长，就会使许多判决一宣布就放人，难以发挥刑罚功能；其二，刑期太短，难收教育改造之效；其三，拘役条件差，加之管教不力，犯人之间交叉感染，加深犯人的主观恶性；其四，判处短期自由刑与判处中长期自由刑对犯罪人前途具有同样影响；其五，短期自由刑缺乏威慑力，难以收到一般预防的作用。

我们认为，拘役刑的确存在很多问题，但在当前要求废除拘役刑，似乎是有些操之过急。主要原因有两个：

第一，现实生活中存在的犯罪有着大小不同的客观危害，各个犯罪分子的主观恶性也存在着轻重差别。拘役，作为一种应对客观危害比较轻微、犯罪分子主观恶性较小的犯罪的刑罚方法，有着其他刑罚方法不可替代的作用。在迄今尚未找到对付轻微犯罪更为行之有效并为社会大众所接受的、取代拘役刑的其他刑罚或非刑罚方法的情况下，就草率地提出废除拘役刑的主张，是不合时宜的。

第二，如果废除了拘役，则必将降低有期徒刑的下限，以求在实质上实现罪责刑相适应原则。可见，拘役的存废问题与整个刑罚体系的改革有着不可割裂的关系，废除拘役刑必将引起其他刑罚方法的相应改变。所以，只着眼于拘役刑自身所存在的问题而提出废除拘役刑的主张，是不全面的。对于拘役刑自身所存在的，诸如难以达到特殊预防和一般预防的刑罚目的等问题，可以通过严格拘役宣告，充分发挥其他刑种，如罚金刑的替代作用，充分发挥缓刑的作用等改善措施，对其加以解决。

• 适用指引 •

拘役是一种短期自由刑，它虽然剥夺犯罪分子的人身自由，但由于其期限甚短，所以它仍不失为一种轻刑。拘役的期限是与有期徒刑的期限相衔接的，拘役的期限是一个月以上六个月以下，有期徒刑的期限是六个月以上十五年以下。关于拘役的适用应注意：拘役只适用于犯罪性质比较轻微的犯罪，这些犯罪一般造成的社会危害不大。同时还要注意，《刑法》分则中设置拘役刑的条文多数是把拘役作为最低法定刑规定的，在这样的条文中，拘役适用于犯罪情节轻微，不需要判处有期徒刑的犯罪。

第四十三条 拘役的执行

【法律规定】

• 法律条文 •

《中华人民共和国刑法》

第四十三条 被判处拘役的犯罪分子，由公安机关就近执行。

在执行期间，被判处拘役的犯罪分子每月可以回家一天至两天；参加劳动的，可以酌量发给报酬。

【案例】

郭某某等销售赃物、诬告陷害案①

• 案件事实 •

2001年5月的一天，王某（在逃）在河北省辛集市江苏饭店快餐部门前将辛集市西古营村张某某的红色富士达125摩托车（价值2290元）盗走，并将此事告诉了郭某某、李某某。第二天被告人郭某某、李某某和王某将此车以现金700元卖到安平县。

李某某在供述中称：2001年10月，李某某找到失主胡某某以能找回被盗摩托车为由向其索要了现金2200元，后他将摩托车归还时，称是郭某某在辛

① 参见河北省辛集市人民法院（2006）辛刑初字第1－157号。

集市江苏饭店快餐部门前将胡某某的这辆红色125摩托车盗走，并将此事告诉他让他向胡某某索要钱财的。后来公安机关因此案对郭某某进行了立案侦查，但经查是李某某对郭某某的诬告。

2006年5月2日，郭某某到辛集市公安局新华分局投案自首。

• 裁判要旨 •

根据具体案件，对于罪犯适用有期徒刑略嫌过重时，依法可以适用拘役。

• 裁判理由 •

河北省辛集市人民法院认为：被告人郭某某、李某某明知是犯罪所得的赃物而予以销售，其行为构成销售赃物罪；被告人李某某捏造事实诬告陷害郭某某，在供述中称是郭某某在辛集市江苏饭店快餐部门前将胡某某的这辆红色125摩托车盗走，致使公安机关因此对郭某某以盗窃罪立案侦查，情节严重，其行为构成诬告陷害罪，上述犯罪均应进行刑事处罚。被告人郭某某有自首情节，可以从轻处罚。被告人李某某在判决宣告以前一人犯数罪，应当数罪并罚。二被告人能自愿认罪，并且被告人李某某能主动缴纳罚金，确有悔罪表现，依照《最高人民法院、最高人民检察院、司法部关于适用简易程序审理公诉案件的若干意见》第9条的规定酌情从轻处罚。据此，依照《刑法》第312条、第243条、第25条第1款、第64条、第67条、第69条、第42条、第44条、第52条、第53条之规定，判决如下：一、被告人郭某某犯销售赃物罪①，判处拘役五个月，并处罚金2000元。二、被告人李某某犯销售赃物罪，判处拘役六个月，并处罚金2000元；犯诬告陷害罪，判处有期徒刑六个月，数罪并罚，决定执行有期徒刑六个月，并处罚金2000元。三、对被告人郭某某、李某某犯罪所得依法继续追缴。

【学理分析及适用指引】

• 学理分析 •

从严厉程度上来讲，拘役重于管制，轻于有期徒刑，它是介于管制和有期徒刑之间的一种刑罚方式。说拘役重于管制，轻于有期徒刑，并不仅仅是从这几种刑罚方法是否剥夺犯罪分子的人身自由和剥夺人身自由期限的长短的角度进行考察所得出的结论。在这三种不同的刑罚方法执行的过程中，服刑的犯罪分子所享有的权利也是不同的。主要体现在以下几个方面：

1. 在执行机关上存在差别。管制的执行机关是社区矫正部门，但是管制

---

① 《刑法修正案（七）》将该罪罪名修改为“掩饰、隐瞒犯罪所得、犯罪所得收益罪”。——编者注

由于不剥夺犯罪分子的人身自由，而仅仅是对其自由进行一定程度的限制，被判处管制的犯罪分子在服刑期间，仍然生活在人民群众之中，所以管制的执行，需要人民群众的监督和配合；拘役由于剥夺了犯罪分子的人身自由，所以它的执行并不需要人民群众的监督和配合；有期徒刑的执行机关必须是监狱、未成年犯管教所等专业的执行机关，而不能是公安机关。

2. 在执行地点上存在差别。管制的执行地，是被判处管制的犯罪分子的居住地或其工作单位所在地；拘役的执行地，采取就近执行的原则，在犯罪分子所在地的县、市或市辖区执行；有期徒刑的执行地，没有法律限制，它的执行地可以是犯罪分子所在地、犯罪发生地、案件审理地或其他地点。

3. 犯罪分子在服刑期间所享有的待遇也存在差别。被判处管制的犯罪分子在服刑期间，仍然生活在人民群众之中，并享有同工同酬的权利；被判处拘役的犯罪分子在服刑期间，每月可以回家一到两天，参加劳动的酌情发放报酬；被判处有期徒刑的犯罪分子，则不享有探亲和获得劳动报酬的权利。

《刑法》第 43 条的规定有两款。第 1 款是关于拘役刑由公安机关就近执行的规定。根据本款规定，拘役刑由公安机关执行，而不交给司法行政部门的监狱执行。拘役刑由公安机关执行，主要是指在公安机关的看管下进行劳动改造。此处所说的就近执行，是指由犯罪分子所在地的县、市或市辖区的公安机关设置的拘役所执行；没有建立拘役所的，可放在公安机关的看守所执行。第 2 款是关于被判处拘役的犯罪分子每月可回家 1～2 天和酌量发给劳动报酬的规定。被判处拘役的犯罪分子，每月回家的天数，应当计算在刑期之内。同时要尽量组织他们参加生产劳动，并根据他们的劳动表现、技术水平等情况酌量发给报酬。此处规定的“可以”酌量发给报酬，不是“必须”发给报酬。如果劳动效益较差，收入较少，罪犯在劳动中表现较差的，也可以不发给报酬。这与规定被判处管制的犯罪分子在劳动中同工同酬是有差别的。

• 适用指引 •

拘役轻于有期徒刑，不仅体现在它的刑期较短，也体现在被判处拘役的犯罪分子与被判处有期徒刑的犯罪分子有不同的待遇。

第四十四条　拘役刑期的计算与折抵

【法律规定】

● 法律条文 ●

《中华人民共和国刑法》

第四十四条　拘役的刑期，从判决执行之日起计算；判决执行以前先行羁押的，羁押一日折抵刑期一日。

● 相关规定 ●

《中华人民共和国刑事诉讼法》

第七十六条　指定居所监视居住的期限应当折抵刑期。被判处管制的，监视居住一日折抵刑期一日；被判处拘役、有期徒刑的，监视居住二日折抵刑期一日。

《最高人民法院关于刑事裁判文书中刑期起止日期如何表述问题的批复》（法释〔2000〕7号）

江西省高级人民法院：

你院赣高法〔1999〕第151号《关于裁判文书中刑期起止时间如何表述的请示》收悉。经研究，答复如下：

根据刑法第四十一条、第四十四条、第四十七条和《法院刑事诉讼文书样式》（样本）的规定，判处管制、拘役、有期徒刑的，应当在刑事裁判文书中写明刑种、刑期和主刑刑期的起止日期及折抵办法。刑期从判决执行之日起计算。判决执行以前先行羁押的，羁押一日折抵刑期一日（判处管制刑的，羁押一日折抵刑期二日），即自××××年××月××日（羁押之日）起至××××年××月××日止。羁押期间取保候审的，刑期的终止日顺延。

此复

【案例】

王某某、李某抢劫案[①]

• 案件事实 •

2006年6月的一天，被告人李某见同班同学邢某有1部诺基亚7610型的移动电话，便想占为己有，后李某指使被告人王某某将邢某的手机拿来并给王某某提供车费。2006年6月16日下午，王某某到北京市石景山区佳民中学门前，将被害人邢某拦住并带至北京市石景山区水屯村附近，采取暴力手段抢劫了邢某的诺基亚牌7610型移动电话机1部（价值人民币2090元）。

李某于2006年7月5日主动到公安机关投案，王某某于2006年7月7日到公安机关自首，公安机关于2007年1月12日对王某某、李某刑事拘留。在诉讼过程中，王某某、李某各赔偿被害人邢某手机存储卡的经济损失人民币250元。

• 裁判要旨 •

拘役的刑期计算与折抵。

• 裁判理由 •

一审人民法院认为：被告人王某某、李某以非法占有为目的，采用暴力方法抢劫他人财物，二被告人的行为均已构成抢劫罪，依法应予惩处。二被告人在抢劫过程中作用相当，故不分主从。被告人王某某曾因犯寻衅滋事罪被判处有期徒刑，刑满释放后不满5年再次故意犯应判处有期徒刑以上刑罚之罪，系累犯，应当依法从重处罚，但其系自首，赃物已发还，积极退赔被害人的经济损失，可以对其依法减轻处罚。被告人李某犯罪时未成年，系自首，赃物已发还，积极退赔被害人经济损失，确有悔罪表现，应当对其依法减轻处罚并适用缓刑。北京市石景山区人民检察院指控被告人王某某、李某犯抢劫罪的事实清楚，证据确实充分，指控的罪名成立。综上，对被告人王某某依据《刑法》第263条、第25条第1款、第65条、第67条第1款、第52条、第53条、第64条；对被告人李某依据《刑法》第263条，第25条第1款，第17条第1款、第3款，第67条第1款，第42条，第44条，第72条，第73条第1款、第3款，第52条，第53条，第64条之规定，判决如下：一、被告人王某某犯抢劫罪，判处有期徒刑一年，并处罚金人民币2000元（刑期自判决执行之日

① 参见北京市石景山区人民法院（2007）石刑初字第00107号。

起计算。判决执行前先行羁押的，羁押日折抵刑期一日，即自2007年1月12日至2008年1月11日）。二、被告人李某犯抢劫罪，判处拘役三个月，缓刑三个月，并处罚金人民币500元。三、退赔的赃款人民币500元发还被害人邢某。

【学理分析及适用指引】

• 学理分析 •

执行前羁押是为了控制犯罪嫌疑人、收集与犯罪相关的证据或保证诉讼程序的正常进行等，而对犯罪嫌疑人采取的剥夺其人身自由的强制措施的总称。这些强制措施是必要的，并有相关的法律依据，但是，就其性质而言，它们却只是为进行审判和执行判决而采取的手段。待有罪判决正式开始执行之日，因采取这些强制措施而剥夺的犯罪嫌疑人的人身自由的期限，应当折抵到判决确定的刑期之中。

依据《刑法》第44条的规定，被判处拘役的犯罪分子在判决执行以前被羁押的，羁押1日折抵刑期1日。立法上作出这种规定，是因为拘役虽然在严厉程度上轻于有期徒刑，但它仍然是剥夺犯罪分子人身自由的一种刑罚方法，其与限制犯罪分子人身自由的管制存在性质上的差别，而执行前羁押也是剥夺犯罪分子人身自由的强制措施，所以，把执行前羁押的期限如数折抵到拘役刑期之中的规定，是合理的。在具体掌握拘役的刑期折抵问题时，必须注意的一个问题是，该规定的"先行羁押"是指判决开始执行以前，针对被判处刑罚的同一行为而实行的关押。对于实施了多个犯罪行为的犯罪嫌疑人，针对被判处刑罚的某一行为而实行的关押，不能折抵被判处另一刑罚的另一行为而实行的关押。这是因为，犯罪是具有独立性的，针对每个犯罪行为而对行为人进行的羁押和审判都应当进行独立的考察，然后再依据相关的刑罚制度确定最终的执行刑期。只有这样做，才能保证审判结果的明晰和公正，才能保证罪责刑相适应原则的实现。

• 适用指引 •

对犯罪嫌疑人采取刑事强制措施是保证刑事诉讼活动正常进行的前提条件。刑事强制措施只是一种临时的工具性措施，在对犯罪分子正式作出有罪判决以后，就需要把对其采取的刑事强制措施的期限，折抵到判决确定的刑期之中。由于刑事强制措施完全剥夺嫌疑人的人身自由，拘役也是完全剥夺嫌疑人的人身自由，二者在强制程度上相同，所以刑事强制的期限应当同等地折抵拘役的刑期。根据《刑法》第44条的规定，拘役的刑期，从判决执行之日起计算。即从犯罪分子实际执行拘役开始计算。对于虽已作出拘役判决，但犯罪分子尚未交付公安机关执行的，还不能算判决执行之日，不能开始计算刑期。

第四节 有期徒刑、无期徒刑

第四十五条 有期徒刑的刑期

【法律规定】

• 法律条文 •

《中华人民共和国刑法》

第四十五条 有期徒刑的期限，除本法第五十条、第六十九条规定外，为六个月以上十五年以下。

【案例】

范某等寻衅滋事案①

• 案件事实 •

1999 年 10 月 8 日凌晨，被告人范某、张某、缪某、温某、李某、韩某等人在福建省龙岩市新罗区江山乡背洋村喝酒，被告人范某酒后看见一辆龙马农用车途经该村，即与被告人张某、缪某骑摩托车追赶该车，其余被告人也随后骑摩托车追赶。在背洋村至大罗坂附近范某、张某、缪某将该农用车拦下，并用石头砸坏该车门窗玻璃及围攻殴打该车驾驶员林某，后面追来的其余被告人也一同上前殴打林某。经法医鉴定：林某损伤程度属轻伤。案发后，范某、张某、缪某、温某、李某、韩某及其家属向公安机关交纳了押金，后被害人林某通过公安机关领到医药费 2000 元；林某在现场脱落的一条银项链被过往群众捡回并交还林某。

案发后，温某、李某于 1999 年 10 月 19 日向公安机关投案，范某、张某、缪某、韩某分别于 1999 年 12 月 14 日、1999 年 12 月 21 日、2000 年 3 月 7 日、2000 年 5 月 9 日向公安机关投案。

• 裁判要旨 •

对于既严重侵犯人身权利又破坏社会管理秩序的刑事被告人，应充分发挥

① 参见国家法官学院、中国人民大学法学院编：《中国审判案例要览（2002 年刑事审判案例卷）》，中国人民大学出版社 2003 年版。

有期徒刑适用面广、刑期幅度裁量大的优势。

• 裁判理由 •

福建省龙岩市人民法院根据上述事实和证据认为：被告人范某、张某、缪某、温某、李某、韩某酒后无故追逐、拦截正常行驶的车辆，将他人车辆砸坏并殴打他人致轻伤，情节恶劣，其行为均已构成寻衅滋事罪。被告人温某虽主动投案，但未能如实供述其所犯的罪行，依法不认定为自首。由于案发当时是凌晨，被害人在黑夜驾车行进中无故被几辆摩托车追赶，被拦截后手持铁棍进行防护是正常的、本能的反应，不能因此而认为被害人有过错；六被告人的行为造成被害人轻伤的严重后果，应从严惩处。鉴于范某、张某、缪某、李某、韩某能主动投案，如实供述其所犯罪行，属自首，予以从轻处罚。福建省龙岩市人民法院依照《刑法》第 293 条、第 25 条第 1 款、第 61 条、第 67 条第 1 款、第 45 条、第 47 条之规定，作出如下判决：一、范某犯寻衅滋事罪，判处有期徒刑二年六个月。二、张某犯寻衅滋事罪，判处有期徒刑二年三个月。三、缪某犯寻衅滋事罪，判处有期徒刑二年。四、温某犯寻衅滋事罪，判处有期徒刑二年。五、李某犯寻衅滋事罪，判处有期徒刑一年六个月。六、韩某犯寻衅滋事罪，判处有期徒刑一年六个月。

【学理分析及适用指引】

• 学理分析 •

有期徒刑，是指剥夺犯罪分子一定期限的人身自由、并强制其参加劳动改造的刑罚方法。有期徒刑的主要特征有：（1）对犯罪分子进行关押，剥夺其人身自由。关押的地点主要是监狱、未成年犯管教所等。（2）对犯罪分子实行强制劳动改造。此处的劳动只是手段，改造才是目的；对犯罪分子实行强制劳动，试图改变他们好逸恶劳、骄奢淫逸的反社会性格，使之成为能够适应社会正常生活的新人。（3）剥夺犯罪分子一定期限的人身自由。依据《刑法》第 45 条的规定，除特定情形外，有期徒刑的法定期限为六个月以上十五年以下。有期徒刑在刑期上的幅度如此之大，使得它具有广阔的适用空间——在所有的刑罚方法中，有期徒刑是适用频率最高的一种，它既可以作为重刑适用于重罪，也可以作为轻刑适用于轻罪。

《刑法》第 45 条是关于有期徒刑刑期的规定，根据本条之规定，有期徒刑的刑期为六个月以上十五年以下。也就是说，对单一犯罪一次判处的有期徒刑的期限最高不得高于十五年，最低不得低于六个月。但是，在案件事实符合《刑法》第 50 条或者第 69 条规定的特定情形的时候，不得超过二十五年。这些特定情形包括以下两种：第一，被判处死刑缓期执行的罪犯，在死缓执行期间没有故意犯罪，并且确有重大立功表现，两年考验期满后需减为有期徒刑时；第二，犯罪分子一人犯数罪，实行数罪并罚的有期徒刑一般最高不能超过二十年。但是《刑法》第69条规定，数罪并罚时，总和刑期在三十五年以上的，最高不能超过二十五年。

• 适用指引 •

在所有主刑种类中，有期徒刑的适用范围最广，这是因为有期徒刑的期限伸缩性最强，它既可以适用于较轻犯罪，也可以适用于较重犯罪。因此，在适用有期徒刑时，要以《刑法》分则条文关于量刑的规定为标准，在自由裁量的空间内，根据犯罪分子的主观恶性、人身危险性、情节及社会影响给予科学的处罚。

第四十六条　有期徒刑与无期徒刑的执行

【法律规定】

• 法律条文 •

《中华人民共和国刑法》

第四十六条　被判处有期徒刑、无期徒刑的犯罪分子，在监狱或者其他执行场所执行；凡有劳动能力的，都应当参加劳动，接受教育和改造。

【案例】

何某票据诈骗案[①]

• 案件事实 •

2003年9月，小塘公司经理何某到永基公司和销售人员区某商议进行陶瓷砖坯买卖，双方达成口头协议，由小塘公司向永基公司购买规格为600×600和800×800的两种抛光砖坯，小塘公司可以开具15日的期票提货，但需交纳5万元押金。2003年9月30日，经永基公司同意，小塘公司向永基公司交纳了3万元押金。2003年10月1日，小塘公司员工霍某拿了一张以小塘公司名义开具的15万元的远期支票到永基公司提取砖坯，在10月1日、2日和17日共提取了编号为6307#的砖坯16791块。支票未到期前，被告人何某告知区某

① 参见广东省佛山市中级人民法院（2004）佛刑终字第666号。

用现金支付货款，并于2003年10月23日、11月2日和11月3日支付了货款15万元，并取回所开具的15万元的支票。2003年10月17日、19日，小塘公司又分别开具了三张付款远期支票：中国农业银行佛山市分行澜石支行塘头分理处，出票账号为：43320104001209，号码分别为：02227801、02227802、02227803，面额共50万元，并继续让霍某拿支票到永基公司先后提走了编号为6306#的砖坯12838块，编号为8307#的砖坯7231块，编号为8306#的砖坯6725块。上述支票到期前，小塘公司向永基公司反映所提取的砖坯存在质量问题。2003年10月27日，小塘公司的员工和永基公司的员工对部分砖坯的破损情况进行了清点，但小塘公司和永基公司未能就赔偿问题达成一致协议。永基公司如期拿支票到银行兑现时，因该支票账户资金不足而被退票。永基公司即向何某追讨货款，但何某却以砖坯质量有问题等理由未支付余下货款，至案发前，小塘公司仍欠永基公司货款446166.7元。2003年11月18日，区某到公安机关报案，公安机关立案后在佛山市南庄展丰抛光砖有限公司扣押了未加工的编号8307#的砖坯5087块，并退还永基公司。经查，小塘公司的银行支票账户在其开票和兑现期间，均无足够资金支付票据金额。

• 裁判要旨 •

有期徒刑的具体适用。

• 裁判理由 •

一审法院经审理认为：被告人何某无视国家法律，明知其经营的小塘公司账户资金不足，仍授意工作人员以小塘公司的名义开具空头支票，骗取永基公司的货物，数额较大，行为已触犯刑法，构成票据诈骗罪；小塘公司是具备企业法人资格的有限责任公司，被告人何某的行为代表的是该公司的意志，应该以单位犯罪的标准，对被告人进行定罪量刑。为严格规范市场经济秩序，一审法院根据被告人的犯罪事实、性质、情节、社会危害程度和认罪态度，依照《刑法》第194条第1款第4项、第200条、第45条、第47条的规定，认定被告人何某犯票据诈骗罪，判处有期徒刑三年六个月。

被告人何某及其辩护人崔某、杨某提出如下上诉理由及辩护意见：何某没有诈骗的故意，也没有进行诈骗，何某与永基公司的纠纷是因为双方就质量问题未能达成协议而迟延支付货款引起的，其行为不构成犯罪。

二审法院经审理认为：原判认定上诉人何某犯票据诈骗罪的事实清楚、证据确实充分。关于上诉人何某主观上是否具有诈骗意图的问题，经审查认为，上诉人何某明知公司账户资金不足，仍然开具空头支票与永基公司进行交易，骗取该公司的货物，其主观上具有诈骗对方财物的意图，客观上实施了诈骗财物的行为，依法构成票据诈骗罪。原审判决认定事实清楚、适用法律正确、量刑适当、审判程序合法。依照《刑事诉讼法》第189条第1项之规定，裁定驳回上诉，维持原判。

【学理分析及适用指引】

• 学理分析 •

有期徒刑，是指剥夺犯罪分子一定期限的人身自由，并强制其劳动改造的刑罚方法；无期徒刑，是指剥夺犯罪分子的终身自由，并强制其劳动改造的刑罚方法。这两种刑罚方法存在某些相似之处：在形式上，都表现为对犯罪分子进行关押，剥夺其人身自由；在内容上，都表现为对犯罪分子进行强制劳动改造。但二者也存在着重大区别，突出体现在严厉性、适用对象不同：无期徒刑的严厉性仅次于死刑，它是一种重刑，其适用对象是所犯罪行的严重程度仅次于死刑犯罪的犯罪分子；而有期徒刑的严厉性则低于无期徒刑，它的适用对象较为宽泛，既可以适用于较严重的犯罪，也可以适用于较轻的犯罪。

无期徒刑和有期徒刑在执行场所和执行方法上是一致的。《刑法》第46条对二者的执行场所和执行方法作了总括的规定。根据该条规定，被判处有期徒刑、无期徒刑的犯罪分子，在监狱或者其他执行场所执行。此处所说的监狱，是指被判处有期徒刑、无期徒刑、死刑缓期两年执行的罪犯服刑的场所，是国家的刑罚执行机关。其他执行场所，是指根据《监狱法》的规定，罪犯在被交付执行刑罚前，剩余刑期在1年以下的，由看守所代为执行；对未成年犯在未成年犯管教所执行刑罚。被判处有期徒刑、无期徒刑的犯罪分子，凡有劳动能力的，都应当参加劳动，接受教育和改造，使罪犯在劳动中认识自己的罪行，矫正恶习，并学会和掌握基本的生产知识和职业技能，为刑满释放后的就业谋生创造条件。此处所说的有劳动能力的，是指根据身体健康状况可以进行劳动。对于年老体迈、有严重疾病等不具有劳动能力的，不应再安排其进行劳动。教育，是指对罪犯进行思想教育、文化教育、职业技术教育。根据《监狱法》的规定，教育改造罪犯，要实行因人施教、分类教育、以理服人的原则，采取集体教育与个别教育相结合、狱内教育与社会教育相结合的方法，使罪犯认罪服法，改恶从善，成为守法的公民。

• 适用指引 •

对犯罪分子进行教育改造，使其不再危害社会，是刑罚的目的。在犯罪分子服刑期间，不仅应当有专业的执行机关对他们实施教育改造，而且在条件允许的情况下，还需要组织他们进行适当劳动，以使他们摆脱好逸恶劳的习气，并习得正常的社会谋生手段。

第四十七条　有期徒刑的计算与折抵

【法律规定】

• 法律条文 •

《中华人民共和国刑法》

第四十七条　有期徒刑的刑期，从判决执行之日起计算；判决执行以前先行羁押的，羁押一日折抵刑期一日。

• 相关规定 •

《中华人民共和国刑事诉讼法》

第七十六条　指定居所监视居住的期限应当折抵刑期。被判处管制的，监视居住一日折抵刑期一日；被判处拘役、有期徒刑的，监视居住二日折抵刑期一日。

《最高人民法院关于刑事裁判文书中刑期起止日期如何表述问题的批复》（法释〔2000〕7号）

江西省高级人民法院：

你院赣高法〔1999〕第151号《关于裁判文书中刑期起止时间如何表述的请示》收悉。经研究，答复如下：

根据刑法第四十一条、第四十四条、第四十七条和《法院刑事诉讼文书样式》（样本）的规定，判处管制、拘役、有期徒刑的，应当在刑事裁判文书中写明刑种、刑期和主刑刑期的起止日期及折抵办法。刑期从判决执行之日起计算。判决执行以前先行羁押的，羁押一日折抵刑期一日（判处管制刑的，羁押一日折抵刑期二日），即自××××年××月××日（羁押之日）起至××××年××月××日止。羁押期间取保候审的，刑期的终止日顺延。

此复

【案例一】

陈某某受贿案[①]

• 案件事实 •

2008年6月、7月，河南省商丘市张某等人拟在河南省宝丰县周庄镇上河村建一砖厂，周庄镇政府把该砖厂作为招商引资项目之一，安排时任宝丰县周庄镇上河村支部书记的被告人陈某某为该项目建设进行协调。陈某某利用职务之便，以需要向村民协调砖厂占地为由，提出要5万元，张某等人商量后给陈某某5万元。2009年1月11日河南省平顶山市人民检察院职务犯罪预防处对此案进行初查时，陈某某将涉案的5万元赃款上缴平顶山市人民检察院。2009年2月12日，陈某某被刑事拘留。另查明，陈某某在关押期间，揭发他人犯罪线索，经查证属实，有立功表现。

• 裁判要旨 •

有期徒刑刑期计算及折抵。

• 裁判理由 •

河南省宝丰县人民法院认为：被告人陈某某任上河村党支部书记属村基层组织人员，虽未列入国家机关人员编制，但在周庄镇人民政府招商引资过程中，由周庄镇人民政府安排其负责招商引资项目的协调工作，被告人陈某某协助人民政府从事其他行政管理工作，属于《刑法》第93条第2款规定的“其他依照法律从事公务的人员”。其利用职务之便，以需要向村民协调占地为由，向张某等人提出要现金5万元，张某等人商量后将5万元给陈某某，其索取他人财物的行为已构成受贿罪。公诉机关指控被告人陈某某犯受贿罪的事实清楚，罪名成立。

被告人陈某某在宝丰县人民检察院立案前，即在2009年1月11日平顶山市人民检察院犯罪预防处对此案进行初查时，已将涉案款5万元缴到了平顶山市人民检察院。因为其能够积极退赃，且系初犯、偶犯，在关押期间揭发他人犯罪线索，有立功表现，可以减轻处罚。依照《刑法》第385条第1款、第386条、第383条第1款第2项、第68条第1款、第93条第2款及《全国人民代表大会常务委员会关于〈中华人民共和国刑法〉第九十三条第二款的解释》之规定，判决如下：被告人陈某某犯受贿罪，判处有期徒刑三年（刑期

---

① 参见河南省宝丰县人民法院（2009）宝刑初字第108-1号。

从判决执行之日起计算。判决执行以前先行羁押的，羁押一日折抵刑期一日，即自2009年2月12日起至2012年2月11日止）。

【案例二】

姜礼高盗窃案①

• 案件事实 •

上海市第二中级人民法院就上海市人民检察院第二分院指控姜礼高犯盗窃罪一案作出刑事判决，判决被告人姜礼高犯盗窃罪，判处有期徒刑十五年，剥夺政治权利四年，并处罚金人民币10万元（刑期从判决执行之日起计算，判决执行以前先行羁押的，羁押一日折抵刑期一日，即自1999年5月21日起至2014年5月20日止）。2009年12月3日，原审被告人姜礼高为刑期折抵问题向监狱提交申诉书。姜礼高称自己在1999年4月11日到1999年5月21日被羁押，其间人身自由被剥夺，请求依法折抵刑期。

• 裁判要旨 •

刑事拘留时间应该予以折抵所判处的刑期。

• 裁判理由 •

上海市第二中级人民法院审判委员会讨论认为：有新的证据证明原判决认定的事实确有错误，于是作出再审决定书，对本案提起再审。再审查明：原审被告人姜礼高于1999年4月11日被抓获至同年5月21日被刑事拘留，期间始终处于被羁押状态，被完全限制人身自由。根据1984年12月18日《最高人民法院关于依法监视居住期间可否折抵刑期问题的批复》，上海市第二中级人民法院认为：原审被告人姜礼高因本案于1999年4月11日被羁押，直至1999年5月21日被刑事拘留，其间被完全限制人身自由，其被羁押期间，依法可予折抵刑期。遂依法进行了改判。

【学理分析及适用指引】

• 学理分析 •

执行前羁押是出于控制犯罪嫌疑人、收集与犯罪相关的证据或保证诉讼程序正常进行等目的，而对犯罪嫌疑人采取的剥夺其人身自由的强制措施的总

① 参见上海市第二中级人民法院（2010）沪二中刑再初字第1号。

称。这些强制措施是必要的，并有相关的法律依据，但是，就其性质而言，它们却只是为进行审判和执行判决而采取的手段。待有罪判决正式开始执行之日，因采取这些强制措施而剥夺的犯罪嫌疑人的人身自由的期限，应当折抵到判决确定的刑期之中。

依据《刑法》第47条的规定，被判处有期徒刑的犯罪分子在判决执行以前被羁押的，羁押1日折抵刑期1日。立法上作出这种规定，是因为有期徒刑是完全剥夺犯罪分子人身自由的一种刑罚方法，其与限制犯罪分子人身自由的管制存在性质上的差别；而执行前羁押也是剥夺犯罪分子人身自由的强制措施。所以，把执行前羁押的期限如数折抵到有期徒刑的刑期之中的规定，是合理的。在具体掌握有期徒刑的刑期折抵问题时，必须注意的一个问题是，该条规定的“先行羁押”是指判决开始执行以前，针对被判处刑罚的同一行为而实行的关押。对于实施了多个犯罪行为的犯罪嫌疑人，针对被判处刑罚的某一行为而实行的关押，不能折抵被判处另一刑罚的另一行为而实行的关押。这是因为犯罪是具有独立性的，针对每个犯罪行为而对行为人进行的羁押和审判都应当独立考察，然后再依据相关的刑罚制度确定最终的执行刑期；只有这样做，才能保证审判结果的明晰和公正，才能保证罪责刑相适应原则的实现。

• 适用指引 •

对犯罪嫌疑人采取刑事强制措施，是保证刑事诉讼活动正常进行的前提条件。刑事强制措施只是一种临时的工具性措施，在对犯罪分子正式作出有罪判决以后，就需要把对其采取的刑事强制措施的期限，折抵到判决确定的刑期之中。由于刑事强制措施完全剥夺了犯罪嫌疑人的人身自由，有期徒刑也是完全剥夺其人身自由，二者在强制程度上相同，所以刑事强制措施的期限应当同等地折抵有期徒刑的刑期。根据《刑法》第47条的规定，有期徒刑的刑期，从判决执行之日起计算，即从犯罪分子被实际执行有期徒刑之日开始计算。对于虽已作出有期徒刑判决，但犯罪分子尚未被交付公安机关执行的，还不能算判决执行之日，不能开始计算刑期。

第五节 死 刑

第四十八条 死刑的适用条件与程序

【法律规定】

• 法律条文 •

《中华人民共和国刑法》

第四十八条 死刑只适用于罪行极其严重的犯罪分子。对于应当判处死刑的犯罪分子，如果不是必须立即执行的，可以判处死刑同时宣告缓期二年执行。

死刑除依法由最高人民法院判决的以外，都应当报请最高人民法院核准。死刑缓期执行的，可以由高级人民法院判决或者核准。

• 相关规定 •

《最高人民法院关于贯彻宽严相济刑事政策的若干意见》（法发〔2010〕9号）

7. 贯彻宽严相济刑事政策，必须毫不动摇地坚持依法严惩严重刑事犯罪的方针。对于危害国家安全犯罪、恐怖组织犯罪、邪教组织犯罪、黑社会性质组织犯罪、恶势力犯罪、故意危害公共安全犯罪等严重危害国家政权稳固和社会治安的犯罪，故意杀人、故意伤害致人死亡、强奸、绑架、拐卖妇女儿童、抢劫、重大抢夺、重大盗窃等严重暴力犯罪和严重影响人民群众安全感的犯罪，走私、贩卖、运输、制造毒品等毒害人民健康的犯罪，要作为严惩的重点，依法从重处罚。尤其对于极端仇视国家和社会，以不特定人为侵害对象，所犯罪行特别严重的犯罪分子，该重判的要坚决依法重判，该判处死刑的要坚决依法判处死刑。

22. 对于因恋爱、婚姻、家庭、邻里纠纷等民间矛盾激化引发的犯罪，因劳动纠纷、管理失当等原因引发、犯罪动机不属恶劣的犯罪，因被害方过错或者基于义愤引发的或者具有防卫因素的突发性犯罪，应酌情从宽处罚。

23. 被告人案发后对被害人积极进行赔偿，并认罪、悔罪的，依法可以作为酌定量刑情节予以考虑。因婚姻家庭等民间纠纷激化引发的犯罪，被害人及其家属对被告人表示谅解的，应当作为酌定量刑情节予以考虑。犯罪情节轻微，取得被害人谅解的，可以依法从宽处理，不需判处刑罚的，可以免予刑事处罚。

《最高人民法院关于统一行使死刑案件核准权有关问题的决定》（法释〔2006〕12号）

（一） 自2007年1月1日起，最高人民法院根据全国人民代表大会常务委员会有关决定和人民法院组织法原第十三条的规定发布的关于授权高级人民法院和解放军军事法院核准部分死刑案件的通知（见附件），一律予以废止。

（二） 自2007年1月1日起，死刑除依法由最高人民法院判决的以外，各高级人民法院和解放军军事法院依法判决和裁定的，应当报请最高人民法院核准。

（三） 2006年12月31日以前，各高级人民法院和解放军军事法院已经核准的死刑立即执行的判决、裁定，依法仍由各高级人民法院、解放军军事法院院长签发执行死刑的命令。

【案例】

李飞故意杀人案①

• 案件事实 •

2006年4月14日，被告人李飞因犯盗窃罪被判处有期徒刑二年，2008年1月2日刑满释放。2008年4月，经他人介绍，李飞与被害人徐某某（女，殁年26岁）建立恋爱关系。同年8月，二人因经常吵架而分手。2008年8月24日，当地公安机关到李飞的工作单位给李飞建立重点人档案时，其单位得知李飞曾因犯罪被判刑一事，并以此为由停止了李飞的工作。李飞认为其被停止工作与徐某某有关。

同年9月12日21时许，被告人李飞拨打徐某某的手机，因徐某某外出，其表妹王某某（被害人，时年16岁）接听了李飞打来的电话，并告知李飞，徐某某已外出。后李飞又多次拨打徐某某的手机，均未接通。当日23时许，李飞到黑龙江省哈尔滨市呼兰区徐某某开设的“小天使形象设计室”附近，再次拨打徐某某的手机，与徐某某在电话中发生吵骂。后李飞破门进入徐某某在“小天使形象设计室”内的卧室，持室内的铁锤多次击打徐某某的头部，击打徐某某表妹王某某头部、双手数下。稍后，李飞又持铁锤先后再次击打徐某某、王某某的头部，致徐某某当场死亡、王某某轻伤。为防止在场的“小天使形象设计室”学徒工佟某报警，李飞将徐某某、王某某及佟某的手机带离现场抛弃，后潜逃。同月23日22时许，李飞到其姑母李某某家中，委托其姑母

① 根据2012年9月18日《最高人民法院关于发布第三批指导性案例的通知》指导案例12号修改。

转告其母亲梁某某送钱。梁某某得知此情后，及时报告公安机关，并于次日晚协助公安机关将来姑母家取钱的李飞抓获。在本案审理期间，李飞的母亲梁某某代为赔偿被害人亲属 4 万元。

• 裁判要旨 •

因民间矛盾激化引发被害人有一定过错的案件，原则上在适用死刑的同时，可以缓期执行。

• 裁判理由 •

黑龙江省哈尔滨市中级人民法院于 2009 年 4 月 30 日以（2009）哈刑二初字第 51 号刑事判决，认定被告人李飞犯故意杀人罪，判处死刑，剥夺政治权利终身。宣判后，李飞提出上诉。黑龙江省高级人民法院于 2009 年 10 月 29 日作出（2009）黑刑三终字第 70 号刑事裁定，驳回上诉，维持原判，并依法报请最高人民法院核准。最高人民法院根据复核确认的事实和被告人母亲协助抓捕被告人的情况，以（2010）刑五复 66820039 号刑事裁定，不核准被告人李飞死刑，发回黑龙江省高级人民法院重新审判。黑龙江省高级人民法院经依法重新审理，于 2011 年 5 月 3 日作出（2011）黑刑三终字第 63 号刑事判决，以故意杀人罪改判被告人李飞死刑，缓期二年执行，剥夺政治权利终身，同时决定对其限制减刑。

黑龙江省高级人民法院经重新审理认为：被告人李飞的行为已构成故意杀人罪，罪行极其严重，论罪应当判处死刑。本案系因民间矛盾引发的犯罪；案发后李飞的母亲梁某某在得知李飞杀人后的行踪时，主动、及时到公安机关反映情况，并积极配合公安机关将李飞抓获归案；李飞在公安机关对其进行抓捕时，顺从归案，没有反抗行为，并在归案后始终如实供述自己的犯罪事实，认罪态度好；在本案审理期间，李飞的母亲代为赔偿被害方经济损失；李飞虽系累犯，但此前所犯盗窃罪的情节较轻。综合考虑上述情节，可以对李飞酌情从宽处罚，对其可不判处死刑立即执行。同时，鉴于其故意杀人手段残忍，又系累犯，且被害人亲属不予谅解，故依法判处被告人李飞死刑，缓期二年执行，同时决定对其限制减刑。

【学理分析及适用指引】

• 学理分析 •

死刑，又称极刑，是指剥夺犯罪分子生命的刑罚方法。由于它的极其严厉性，所以，各国刑事立法和司法实践对它都采取了极为谨慎的态度。

死刑的存废问题，也是我国刑法学界近年来争议最多、讨论最热烈的问题之一。经过长期而又激烈的讨论，我国学界大致达成了应当采用渐进的方式逐步废除死刑的意见。我国的刑事立法虽然没有废除死刑，但是对死刑之适用作了实体和程序两个方面的严格限制。《刑法》第48条对死刑、死缓的适用对象及核准程序作了限制性规定。根据该规定：

1. 死刑的适用对象只能是罪行极其严重的犯罪分子。所谓罪行极其严重，是指犯罪性质极其严重，犯罪手段、犯罪后果等情节极其严重，被告人的主观恶性极深，人身危险性极大。①

2. 对于应当判处死刑的犯罪分子，如果不是必须立即执行的，可以判处死刑同时宣告缓期二年执行，即死刑缓期二年执行。死刑缓期二年执行并不是一个独立的刑种，而是死刑的一种执行方式。无论判处死刑缓期二年执行还是判处死刑立即执行，必须是罪行极其严重，应当判处死刑。如果法律对该罪没有规定死刑，或者所犯罪行不该判处死刑，就不能适用死缓。判处死缓，只能在根据案件的具体情况和犯罪分子的悔罪表现，可以不立即执行死刑的情况下适用。此处所说的“不是必须立即执行”，是区分死刑立即执行与死刑缓期执行的界限。至于什么是属于“不是必须立即执行”，法律没有作具体规定。根据司法实践经验，一般是指该罪犯罪行虽然极其严重，但民愤并不特别大；犯罪分子投案自首或者有立功表现；共同犯罪中有多名主犯，其中的首要分子或者罪行最严重的主犯已判处死刑立即执行，其他主犯不具有最严重罪行的；被害人在犯罪发生前或者发生过程中有明显过错的等。

3. 死刑除依法由最高人民法院判决的以外，都应当报请最高人民法院核准。这对于保证死刑的正确适用，防止冤错案件的发生，有重要作用。

• 适用指引 •

死刑是最严厉的刑罚方法，不到万不得已不能适用。死刑又被称为极刑，之所以被赋予这种称谓，不仅因为它穷尽各种刑罚方法严厉性之所极，而且也因为它只能适用于罪行极其严重的犯罪分子。《刑法》分则条文对死刑的适用也作了严格限制，如对可以判处死刑的，都规定了“对国家和人民危害特别严重、情节特别恶劣的”“致人重伤、死亡或者使公私财产遭受重大损失的”“造成严重后果的”“情节特别严重”“数额特别巨大并且给国家和人民利益造成特别重大损失的”等限制条件。

① 参见《肖扬院长在全国法院刑事审判高级法官培训班上作重要讲话》，载《人民法院报》2006年10月14日第1版。

第四十九条　死刑适用对象的限制

【法律规定】

• 法律条文 •

《中华人民共和国刑法》

第四十九条　犯罪的时候不满十八周岁的人和审判的时候怀孕的妇女，不适用死刑。

审判的时候已满七十五周岁的人，不适用死刑，但以特别残忍手段致人死亡的除外。

【案例】

宋某等抢劫案①

• 案件事实 •

1999 年 12 月，被告人宋某在某县做临时工，住宿在林宏旅社。2000 年 4 月中旬的一天，宋某在某县城邀约王某到另一县抢劫林宏旅社老板的钱财。王某同意，并又邀约被告人周某一同参与抢劫，周某表示同意。4 月 25 日晨，宋某、王某、周某乘火车从某县窜至另一县城。次日（26 日），宋某向王某、周某提出将林宏旅社老板夫妇杀死后再抢其钱财，王、周二被告人同意。三被告人又商量抢劫方法，明确了各自分工，尔后，宋某购买了一把小刀。当晚 11 时许，宋某、王某、周某回到林宏旅社，三被告人将林某（男，71 岁，本案死者）骗进 2 号客房内，王某乘林某不备卡住林某的脖子，周某捂住林某的嘴和鼻，宋某用刀刺杀林某的头、面部，致林某当场死亡。宋某取走林某身上的钥匙，周某取下林某戴的金戒指。宋某等三被告人又窜进彭某（本案死者，67 岁）寝室，周某将彭某的嘴和鼻捂住，王某按彭某的脚，宋某用刀捅彭某脖子数刀，将彭某当场杀死，抢走室内现金 5500 余元、金戒指一枚、金耳环一只、铜币二枚、外币二张及玉娃娃一个，即逃离现场。5 月 5 日，宋某等三被告人被抓获归案。经法医检验：林某系扼颈引起窒息死亡，彭某系锐器致气管食管横行断裂引起失血性休克死亡。

---

① 参见四川省攀枝花市中级人民法院（2000）攀刑初字第 49 号。

• 裁判要旨 •

犯罪时不满 18 周岁的，坚决不能适用包括死缓在内的死刑。

• 裁判理由 •

四川省攀枝花市中级人民法院认为：被告人宋某、王某、周某预谋后当场使用暴力，杀死二人，劫取被害人财物，其行为均已构成抢劫罪。被告人宋某、王某、周某为了排除妨碍，将被害人杀死达到其抢劫财物的目的，因此，本案定抢劫罪为宜。本案被害人死亡结果的发生是被告人宋某、王某、周某的共同行为所致。三被告人均系本案主犯，且手段残忍，后果严重，依法应予严惩。被告人宋某犯罪时未满 18 周岁，不适用死刑。依照《刑法》第 232 条、第 263 条、第 25 条、第 26 条、第 57 条、第 17 条、第 49 条的规定，判决如下：一、被告人宋某犯抢劫罪，判处无期徒刑，剥夺政治权利终身，没收财产人民币 1000 元。二、被告人王某犯抢劫罪，判处死刑，剥夺政治权利终身，没收财产人民币 1000 元。三、被告人周某犯抢劫罪，判处死刑，剥夺政治权利终身，没收财产人民币 1000 元。

【学理分析及适用指引】

• 学理分析 •

对未成年人犯罪，各国刑法都采取了较为宽容的态度。这不仅是因为未成年人是一个特殊的社会群体，需要国家予以特殊的关注和保护，更是因为未成年人由于心智成熟程度较低，易受外界环境的影响，对他们进行成功改造的可能性较大。我国刑法也给予了未成年人这个群体以特殊的优待，这种优待的表现之一就是对未成年人犯罪不适用死刑。

依据《刑法》规定，未成年人犯罪，是指犯罪时已满 14 周岁不满 18 周岁的未成年人所实施的犯罪行为。不满 18 周岁是决定是否适用死刑的年龄界限，在司法实践中应当一律按公历年、月、日计算实足年龄。必须是过了 18 周岁生日的第 2 天起，才认为已满 18 周岁。对未成年人犯罪不适用死刑，是《刑法》的一个硬性规定。也就是说，无论未成年人实施了何种犯罪，也不论这种犯罪的性质有多恶劣，情节有多严重，只要犯罪主体是未成年人，对其一律不适用死刑。对未成年人不适用死刑，是指对这类群体不得判处死刑，只能选择死刑以外的其他刑罚方法对其加以惩罚，而不是暂时不适用死刑，待其成年以后再适用死刑。由于死刑缓期执行只是死刑的一种执行方式，并非独立的刑种，所以不适用死刑，当然也包括不适用死刑缓期执行。这种规定主要是出于对未成年人特殊保护的考虑，而且也与我国已经批准加入的《儿童权利公约》

中的有关规定相一致。

依据《刑法》第49条的规定，不仅对未成年人犯罪不得适用死刑，对于审判的时候怀孕的妇女，也不适用死刑。此处的不得适用死刑也是一个硬性规定，即无论审判时的妇女，在先前实施了危害多大的犯罪行为，也不论该怀孕妇女的主观恶性多深，只要是在审判时发现其已怀孕的，对其一律不得判处死刑（包括死刑缓期执行）。并且，不适用死刑是指只能选择死刑以外的其他刑罚方法对怀孕妇女加以惩处，而不能是先对其不执行死刑，待其分娩后，再执行死刑。这主要是出于人道主义的考虑，因为，未出生的胎儿是无辜的，不能因其母亲犯罪而剥夺其出生的权利。所谓审判的时候怀孕的妇女，是指在人民法院审判的时候被告人是怀孕的妇女，也包括审判前在羁押受审时已是怀孕的妇女。因此，对于犯罪的怀孕妇女，在她被羁押或者受审期间，无论其怀孕是否属于违反国家计划生育政策，也不论其是否自然流产或者经人工流产，以及流产后移送起诉或审判期间的长短，仍应视其同审判时怀孕的妇女，不能适用死刑。

《刑法修正案（八）》基于宽严相济刑事政策和对老年人犯罪适度从宽处罚的人道主义精神，在《刑法》第49条中增加一款，作为第2款：审判的时候已满75周岁的人，不适用死刑，但以特别残忍手段致人死亡的除外。对老年人不能适用死刑，自然也不能适用死缓。当然，对犯罪的老年人不适用死刑是相对的而不是绝对的，而第49条的另外两类对象即未成年人和怀孕的妇女是绝对禁止适用死刑的，之所以规定这样一个但书，主要还是为了尽可能减少此项制度的法律风险。审判的时候已满75周岁的人是指依《刑事诉讼法》规定，在案件进入法院审理程序时已满75周岁（当然包括一审也包括二审、死刑复核程序）；此处的特别残忍手段应当是以令人发指的如肢解、切除人体器官等惨无人道的手段致使被害人死亡的情形。应该说这是罕见的例外情形。

• 适用指引 •

未成年人、怀孕的妇女以及老年人是三类特殊的社会群体，世界各国的社会政策、刑事政策和刑事法律都对他们采取了特殊的宽容政策。死刑作为一种剥夺犯罪分子生命的刑罚方法，不得适用于未成年人、怀孕的妇女以及已满75周岁的人。

第五十条　死缓制度的法律结局

【法律规定】

• 法律条文 •

《中华人民共和国刑法》

第五十条　判处死刑缓期执行的，在死刑缓期执行期间，如果没有故意犯罪，二年期满以后，减为无期徒刑；如果确有重大立功表现，二年期满以后，减为二十五年有期徒刑；如果故意犯罪，情节恶劣的，报请最高人民法院核准后执行死刑；对于故意犯罪未执行死刑的，死刑缓期执行的期间重新计算，并报最高人民法院备案。

对被判处死刑缓期执行的累犯以及因故意杀人、强奸、抢劫、绑架、放火、爆炸、投放危险物质或者有组织的暴力性犯罪被判处死刑缓期执行的犯罪分子，人民法院根据犯罪情节等情况可以同时决定对其限制减刑。

• 相关规定 •

《中华人民共和国刑法》

第三百八十三条　对犯贪污罪的，根据情节轻重，分别依照下列规定处罚：

（一）贪污数额较大或者有其他较重情节的，处三年以下有期徒刑或者拘役，并处罚金。

（二）贪污数额巨大或者有其他严重情节的，处三年以上十年以下有期徒刑，并处罚金或者没收财产。

（三）贪污数额特别巨大或者有其他特别严重情节的，处十年以上有期徒刑或者无期徒刑，并处罚金或者没收财产；数额特别巨大，并使国家和人民利益遭受特别重大损失的，处无期徒刑或者死刑，并处没收财产。

对多次贪污未经处理的，按照累计贪污数额处罚。

犯第一款罪，在提起公诉前如实供述自己罪行、真诚悔罪、积极退赃，避免、减少损害结果的发生，有第一项规定情形的，可以从轻、减轻或者免除处罚；有第二项、第三项规定情形的，可以从轻处罚。

犯第一款罪，有第三项规定情形被判处死刑缓期执行的，人民法院根据犯罪情节等情况可以同时决定在其死刑缓期执行二年期满依法减为无期徒刑后，终身监禁，不得减刑、假释。

《最高人民法院关于死刑缓期执行限制减刑案件审理程序若干问题的规定》（法释〔2011〕8 号）

第一条 根据刑法第五十条第二款的规定，对被判处死刑缓期执行的累犯以及因故意杀人、强奸、抢劫、绑架、放火、爆炸、投放危险物质或者有组织的暴力性犯罪被判处死刑缓期执行的犯罪分子，人民法院根据犯罪情节、人身危险性等情况，可以在作出裁判的同时决定对其限制减刑。

第二条 被告人对第一审人民法院作出的限制减刑判决不服的，可以提出上诉。被告人的辩护人和近亲属，经被告人同意，也可以提出上诉。

第三条 高级人民法院审理或者复核判处死刑缓期执行并限制减刑的案件，认为原判对被告人判处死刑缓期执行适当，但判决限制减刑不当的，应当改判，撤销限制减刑。

第四条 高级人民法院审理判处死刑缓期执行没有限制减刑的上诉案件，认为原判事实清楚、证据充分，但应当限制减刑的，不得直接改判，也不得发回重新审判。确有必要限制减刑的，应当在第二审判决、裁定生效后，按照审判监督程序重新审判。

高级人民法院复核判处死刑缓期执行没有限制减刑的案件，认为应当限制减刑的，不得以提高审级等方式对被告人限制减刑。

第五条 高级人民法院审理判处死刑的第二审案件，对被告人改判死刑缓期执行的，如果符合刑法第五十条第二款的规定，可以同时决定对其限制减刑。

高级人民法院复核判处死刑后没有上诉、抗诉的案件，认为应当改判死刑缓期执行并限制减刑的，可以提审或者发回重新审判。

第六条 最高人民法院复核死刑案件，认为对被告人可以判处死刑缓期执行并限制减刑的，应当裁定不予核准，并撤销原判，发回重新审判。

一案中两名以上被告人被判处死刑，最高人民法院复核后，对其中部分被告人改判死刑缓期执行的，如果符合刑法第五十条第二款的规定，可以同时决定对其限制减刑。

第七条 人民法院对被判处死刑缓期执行的被告人所作的限制减刑决定，应当在判决书主文部分单独作为一项予以宣告。

第八条 死刑缓期执行限制减刑案件审理程序的其他事项，依照刑事诉讼法和有关司法解释的规定执行。

《最高人民法院关于审理死刑缓期执行期间故意犯罪的一审案件如何制作裁判文书有关问题的通知》

各省、自治区、直辖市高级人民法院，解放军军事法院，新疆维吾尔自治区高级人民法院生产建设兵团分院：

为进一步规范审理死刑缓期执行期间故意犯罪的一审案件制作裁判文书的

问题，根据刑事诉讼法第二百一十条第二款的规定，特作如下规定：

被判处死刑缓期二年执行的罪犯，在缓期执行期间，故意犯罪的，中级人民法院在对新罪作出一审判决时，应当在判决书的尾部交代上诉事项后写明："依据刑法第五十条、刑事诉讼法第二百一十条第二款和最高人民法院《关于执行〈中华人民共和国刑事诉讼法〉若干问题的解释》第三百三十九条第二款的规定，本判决生效以后，经最高人民法院（或者依授权有死刑核准权的高级人民法院和解放军军事法院）核准，对被告人×××应当执行死刑。"

【案例一】

潘玉梅、陈宁受贿案①

● 案件事实 ●

2003 年 8 月至 9 月期间，被告人潘玉梅、陈宁分别利用担任江苏省南京市栖霞区迈皋桥街道工委书记、迈皋桥办事处主任的职务便利，为南京某房地产开发有限公司总经理陈某在迈皋桥创业园区低价获取 100 亩土地等提供帮助，并于 9 月 3 日分别以其亲属名义与陈某共同注册成立南京多贺工贸有限责任公司（以下简称多贺公司），以"开发"上述土地。潘玉梅、陈宁既未实际出资，也未参与该公司经营管理。2004 年 6 月，陈某以多贺公司的名义将该公司及其土地转让给南京某体育用品有限公司，潘玉梅、陈宁以参与利润分配名义，分别收受陈某给予的 480 万元。2007 年 3 月，陈宁因潘玉梅被调查，在美国出差期间安排其驾驶员退给陈某 80 万元。案发后，潘玉梅、陈宁所得赃款及赃款收益均被依法追缴。

2004 年 2 月至 10 月，被告人潘玉梅、陈宁分别利用担任迈皋桥街道工委书记、迈皋桥办事处主任的职务之便，为南京某置业发展有限公司在迈皋桥创业园购买土地提供帮助，并先后 4 次各收受该公司总经理吴某某给予的 50 万元。

2004 年上半年，被告人潘玉梅利用担任迈皋桥街道工委书记的职务便利，为南京某发展有限公司受让金桥大厦项目减免 100 万元费用提供帮助，并在购买对方开发的一处房产时接受该公司总经理许某某为其支付的房屋差价款和相关税费 61 万余元（房价含税费 121.0817 万元，潘玉梅支付 60 万元）。2006 年 4 月，潘玉梅因检察机关从许某某的公司账上已掌握其购房仅支付部分款项的情况而补还给许某某 55 万元。

此外，2000 年春节前至 2006 年 12 月，被告人潘玉梅利用职务便利，先后

① 根据 2011 年 12 月 20 日《最高人民法院关于发布第一批指导性案例的通知》指导案例 3 号修改。

收受迈皋桥办事处一党支部书记兼南京某商贸有限责任公司总经理高某某人民币201万元和美元49万元、浙江某房地产集团南京置业有限公司范某某美元1万元。2002年至2005年，被告人陈宁利用职务便利，先后收受迈皋桥办事处一党支部书记高某某21万元、迈皋桥办事处副主任刘某8万元。

综上，被告人潘玉梅收受贿赂人民币792万余元、美元50万元（折合人民币398.1234万元），共计收受贿赂1190.2万余元；被告人陈宁收受贿赂559万元。

• 裁判要旨 •

死刑缓期二年执行的准确适用。

• 裁判理由 •

江苏省南京市中级人民法院于2009年2月25日以（2008）宁刑初字第49号刑事判决，认定被告人潘玉梅犯受贿罪，判处死刑，缓期二年执行，剥夺政治权利终身，并处没收个人全部财产；被告人陈宁犯受贿罪，判处无期徒刑，剥夺政治权利终身，并处没收个人全部财产。宣判后，潘玉梅、陈宁提出上诉。江苏省高级人民法院于2009年11月30日以同样的事实和理由作出（2009）苏刑二终字第0028号刑事裁定，驳回上诉，维持原判，并核准一审以受贿罪判处被告人潘玉梅死刑，缓期二年执行，剥夺政治权利终身，并处没收个人全部财产的刑事判决。

法院生效裁判认为：关于被告人潘玉梅、陈宁及其辩护人提出二被告人与陈某共同开办多贺公司开发土地获取“利润”480万元不应认定为受贿的辩护意见。经查，潘玉梅时任迈皋桥街道工委书记，陈宁时任迈皋桥街道办事处主任，对迈皋桥创业园区的招商工作、土地转让负有领导或协调职责，二人分别利用各自职务便利，为陈某低价取得创业园区的土地等提供了帮助，属于利用职务上的便利为他人谋取利益；在此期间，潘玉梅、陈宁与陈某商议合作成立多贺公司用于开发上述土地，公司注册资金全部来源于陈某，潘玉梅、陈宁既未实际出资，也未参与公司的经营管理。因此，潘玉梅、陈宁利用职务便利为陈某谋取利益，以与陈某合办公司开发该土地的名义而分别获取的480万元，并非所谓的公司利润，而是利用职务便利使陈某低价获取土地并转卖后获利的一部分，体现了受贿罪权钱交易的本质，属于以合办公司为名的变相受贿，应以受贿论处。

关于被告人潘玉梅及其辩护人提出潘玉梅没有为许某某实际谋取利益的辩护意见。经查，请托人许某某向潘玉梅行贿时，要求在受让金桥大厦项目中减免100万元的费用，潘玉梅明知许某某有请托事项而收受贿赂；虽然该请托事项没有实现，但“为他人谋取利益”包括承诺、实施和实现不同阶段的行为，只要具有其中一项，就属于为他人谋取利益。承诺“为他人谋取利益”，可以从为他人谋取利益的明示或默示的意思表示予以认定。潘玉梅明知他人有请托事项而收受其财物，应视为承诺为他人谋取利益，至于是否已实际为他人谋取利益或谋取到利益，只是受贿的情节问题，不影响受贿的认定。

关于被告人潘玉梅及其辩护人提出潘玉梅购买许某某的房产不应认定为受贿的辩护意见。经查，潘玉梅购买的房产，市场价格含税费共计应为121万余元，潘玉梅仅支付60万元，明显低于该房产交易时当地市场价格。潘玉梅利用职务之便为请托人谋取利益，以明显低于市场的价格向请托人购买房产的行为，是以形式上支付一定数额的价款来掩盖其受贿权钱交易本质的一种手段，应以受贿罪论处，受贿数额按照涉案房产交易时当地市场价格与实际支付价格的差额计算。

关于被告人潘玉梅及其辩护人提出潘玉梅购买许某某开发的房产，在案发前已将房产差价款给付了许某某，不应认定为受贿的辩护意见。经查，2006年4月，潘玉梅在案发前将购买许某某开发房产的差价款中的55万元补给许某某，相距2004年上半年其低价购房有近两年时间，没有及时补还巨额差价；潘玉梅的补还行为，是由于许某某因其他案件被检察机关找去谈话，检察机关从许某某的公司账上已掌握潘玉梅购房仅支付部分款项的情况后，出于掩盖罪行的目的而采取的退赃行为。因此，潘玉梅为掩饰犯罪而补还房屋差价款，不影响对其受贿罪的认定。

综上所述，被告人潘玉梅、陈宁及其辩护人提出的上述辩护意见不能成立，不予采纳。潘玉梅、陈宁作为国家工作人员，分别利用各自的职务便利，为他人谋取利益，收受他人财物的行为均已构成受贿罪，且受贿数额特别巨大，但同时鉴于二被告人均具有归案后如实供述犯罪、认罪态度好，主动交代司法机关尚未掌握的同种余罪，案发前退出部分赃款，案发后配合追缴涉案全部赃款等从轻处罚情节，故一、二审法院依法作出如上裁判。

【案例二】

王志才故意杀人案①

• 案件事实 •

被告人王志才与被害人赵某某（女，殁年26岁）在山东省潍坊市科技职业学院同学期间建立恋爱关系。2005年，王志才毕业后参加工作，赵某某考入山东省曲阜师范大学继续专升本学习。2007年，赵某某毕业参加工作后，

① 根据2011年12月20日《最高人民法院关于发布第一批指导性案例的通知》指导案例4号修改。

王志才与赵某某商议结婚事宜，因赵某某家人不同意，赵某某多次提出分手，但在王志才的坚持下二人继续保持联系。2008 年 10 月 9 日中午，王志才在赵某某的集体宿舍再次谈及婚恋问题，因赵某某明确表示二人不可能在一起，王志才感到绝望，愤而产生杀死赵某某然后自杀的念头，即持赵某某宿舍内的一把单刃尖刀，朝赵的颈部、胸腹部、背部连续捅刺，致其失血性休克死亡。次日 8 时 30 分许，王志才服农药自杀未遂，被公安机关抓获归案。王志才平时表现较好，归案后如实供述自己的罪行，并与其亲属积极赔偿，但未与被害人亲属达成赔偿协议。

• 裁判要旨 •

因婚恋矛盾激化引发的故意杀人案件，被告人犯罪手段残忍，论罪应当判处死刑，但被告人具有坦白悔罪、积极赔偿等从轻处罚情节，同时被害人亲属不予谅解、要求严惩的，依法可以判处被告人死刑，缓期二年执行，同时决定限制减刑。

• 裁判理由 •

山东省潍坊市中级人民法院于 2009 年 10 月 14 日以（2009）潍刑一初字第 35 号刑事判决，认定被告人王志才犯故意杀人罪，判处死刑，剥夺政治权利终身。宣判后，王志才提出上诉。山东省高级人民法院于 2010 年 6 月 18 日作出（2010）鲁刑四终字第 2 号刑事裁定：驳回上诉，维持原判，并依法报请最高人民法院核准。最高人民法院根据复核确认的事实，以（2010）刑三复 22651920 号刑事裁定，不核准被告人王志才死刑，发回山东省高级人民法院重新审判。

山东省高级人民法院经重新审理认为：被告人王志才的行为已构成故意杀人罪，罪行极其严重，论罪应当判处死刑。鉴于本案系因婚恋纠纷引发，王志才求婚不成，恼怒并起意杀人，归案后坦白悔罪，积极赔偿被害方经济损失，且平时表现较好，故对其判处死刑，可不立即执行。同时考虑到王志才故意杀人手段特别残忍，被害人亲属不予谅解，要求依法从严惩处，为有效化解社会矛盾，依照《刑法》第 50 条第 2 款等规定，判处被告人王志才死刑，缓期二年执行，同时决定对其限制减刑。遂于 2011 年 5 月 3 日作出（2010）鲁刑四终字第 2－1 号刑事判决，以故意杀人罪改判被告人王志才死刑，缓期二年执行，剥夺政治权利终身，同时决定对其限制减刑。

【学理分析及适用指引】

● 学理分析 ●

近年来，随着死刑存废问题争论的白热化，学界和实务界更加重视死缓在限制死刑的实际执行中的重要作用。有学者提出："在目前完全废除死刑还不具有可行性的情况下，在立法上力求减少死刑罪名的同时，对保留死刑的罪名一律适用死缓，即将死缓作为对'最严重罪行'适用的通例，使死缓制度真正成为阻却或者限制死刑的关口。"① 我们认为，充分挖掘死缓的价值、充分发挥死缓在限制死刑的实际执行中的重要作用的做法，是与在世界各国刑事法治中所盛行的人权保障潮流相适应的，应当予以提倡。死刑缓期二年执行，是我国刑法为了从执行上限制死刑的实际适用而设定的一种死刑执行方式。死刑缓期执行，是指对于应当判处死刑的犯罪分子，如果不是必须立即执行，可以给予其 2 年的考验期，如果犯罪分子在考验期内没有故意犯罪，就将对其判处的死缓变更为无期徒刑或有期徒刑。可见，被判处死刑缓期执行的罪犯存在着执行死刑和不再执行死刑的两种可能性。为了正确处理判处死缓的案件，《刑法》第 50 条对被判死缓罪犯的减刑或执行死刑的条件以及程序作了明确的规定。

根据《刑法》第 50 条和第 383 条的规定，判处死刑缓期执行的法律结局有四种：

1. 在死刑缓期执行期间，如果没有故意犯罪，二年期满以后，减为无期徒刑。这是死缓两年考验期满后最为常见的一种法律结局。

2. 在死刑缓期执行期间，如果确有重大立功表现的，二年期满以后，减为二十五年有期徒刑。此处所说的重大立功表现，是指《刑法》第 78 条所列的重大立功表现之一，即阻止他人重大的犯罪活动的；检举监狱内外重大犯罪活动，经查证属实的；有重大发明创造或者重大技术革新的；在日常生产、生活中舍己救人的；在抗御自然灾害或者排除重大事故中，有特别突出表现的；对国家和社会有其他重大贡献的。

3. 在死刑缓期执行期间，如果故意犯罪，情节恶劣的，报请最高人民法院核准后执行死刑。此处所说的故意犯罪，依照《刑法》第 14 条的规定，是指明知自己的行为会发生危害社会的结果，并且希望或者放任这种结果发生，因而构成犯罪的。依据本规定，只有行为人在考验期实施的犯罪是故意犯罪而

---

① 参见高铭暄、马克昌主编：《刑法学》，北京大学出版社、高等教育出版社 2000 年版，第 261 页；张明楷：《刑法学》（上），法律出版社 1997 年版，第 437 页；何秉松主编：《刑法教科书》（上卷），中国法制出版社 2000 年版，第 571 页。

非过失犯罪时，且该故意犯罪情节恶劣的才能对其变更为死刑立即执行；行为人在考验期内如果实施了过失犯罪，则不能对其执行死刑。立法上作出这种规定，主要是考虑到故意犯罪与过失犯罪的性质不同：实施故意犯罪的行为人主观上直接对抗国家法律、蔑视法律规范、置国家和人民的利益于不顾；而实施过失犯罪的行为人在主观上并不是与国家法律和利益进行直接对抗，而只是由于自己的疏忽或过于自信而导致了危害后果的发生。死缓期间故意犯罪查证属实的是否一律执行？对此《刑法修正案（九）》基于进一步严格控制死刑的政策，明确规定，只有故意犯罪且情节恶劣的，才应当执行死刑，并遵循《刑事诉讼法》的程序报请最高人民法院核准。即对于死缓期间故意犯罪的并非一律要变更为死刑立即执行。对于故意犯罪未执行死刑的，死刑缓期执行的期间重新计算，并报最高人民法院备案。从司法程序上看，此处的故意犯罪“情节恶劣”与否，原则上报请最高人民法院依法裁定。具体而言，根据《刑事诉讼法》的有关规定，是对于死缓犯故意犯罪的，应当由人民检察院提起公诉，服刑地的中级人民法院依法审判，在认定构成故意犯罪的判决、裁定发生法律效力后，报请最高人民法院依法核准后，方能执行死刑。

4. 重大贪污贿赂犯罪分子被判处死缓并同时适用终身监禁的，死缓期间如果没有故意犯罪，二年考验期满后依法减为无期徒刑并终身监禁，不得减刑、假释。为了严惩腐败，在对重大贪腐行为保持刑罚高压的同时又不能过于依赖死刑的适用，《刑法修正案（九）》创设了终身监禁制度，即对于贪污受贿数额特别巨大、情节特别严重的犯罪分子，结合案件的具体情况，对其判处死刑缓期二年执行依法减为无期徒刑后，采取终身监禁措施，不得减刑、假释。

《刑法修正案（八）》创设了对特定死缓犯的限制减刑制度，提升死缓的惩罚力度。具体而言：

首先，提高死缓犯实际执行的最低期限。1997 年《刑法》规定，死缓期间若重大立功的，死缓期满应减为十五年以上二十年以下的有期徒刑，这样也存在着较大的自由裁量空间。《刑法修正案（八）》对其作了重大修改，规定死缓期间若重大立功的，死缓期满只能直接减为二十五年有期徒刑，一下子提高了五年至十年刑期，自然在整体上也就提高了死缓的刑罚强度。

其次，严格限制九种死缓犯的再减刑。其对象是原判为死缓的九种罪犯：累犯与杀人、强奸、抢劫、绑架、放火、爆炸、投放危险物质及有组织的暴力性犯罪，即所谓的“1+8”，“8”就是杀人等八类重罪［八类重罪也可以说是《刑法修正案（八）》所创立的专业术语］。其中，此处的累犯没有任何类型也没有犯罪性质的限制，即是一般累犯还是特殊累犯、是暴力性犯罪还是非暴力性犯罪的累犯均无限制，只要被认定是累犯且被判处死缓的，就属于可以限制减刑之列。此处的八类重罪其实包括两种类型：杀人、强奸、抢劫、绑架、放火、爆炸、投放危险物质是七种具体犯罪行为，而有组织的暴力性犯罪则是《刑法修正案（八）》新创的一个术语，如何解释、合理界定其范围，尚有不同认识。结合宽严相济刑事政策与该词在现行《刑法》中的具体语境，我们认为应作狭义界定，从《刑法》分则以及最高人民法院以往发布的有关文件看，有组织的暴力性犯罪应包括这样的四种犯罪类型：黑社会性质组织犯罪、恐怖活动犯罪、邪教组织犯罪以及恶势力团伙实施的暴力性犯罪。

最后，如何理解上述九种死缓犯的限制减刑问题。对于这九种死缓犯，死缓期间没有故意犯罪的，死缓期满仍应依法减至无期徒刑或二十五年有期徒刑，但是减至无期或二十五年徒刑后，再减刑有可能被严格限制（结合修正后的《刑法》第78条之规定）：死缓期满后依法减为无期徒刑的，该无期徒刑不论经过多少次减刑，其实际执行刑期不能少于二十五年（不含二年死缓考验期）；死缓期满后因重大立功而跳过无期徒刑直接减为二十五年有期徒刑的，实际执行不能少于二十年（也不含二年死缓考验期）。此处我们尤其需要注意的是，一方面，上述九种死缓犯之外的其他死缓犯，死缓期满后减为无期或二十五年徒刑的再减刑尚无此特别限制，应依照相关司法精神正常处理。另一方面，即便属于上述九种死缓犯，其再减刑并非都需要严格限制，即并非都一律限制减刑，是否需要限制减刑，具体由法官在审判时根据宽严相济刑事政策、遵循罪责刑相适应原则来具体确定。对此类操作问题，2011年4月25日公布的《最高人民法院关于死刑缓期执行限制减刑案件审理程序若干问题的规定》作了十分具体的规定，如需要对死缓限制减刑的，由审理此案的法院在作出死缓裁判的同时决定限制减刑，且应当在裁判文书主文部分将其单独作为一项予以宣告。

• 适用指引 •

死缓是死刑的一种执行方式，它是为限制死刑的实际执行而设立的。如果犯罪分子在死刑缓期执行期间，没有故意犯罪或者故意犯罪但并非情节恶劣的，那么就不应当再对其执行死刑。但是否属于“情节恶劣”的故意犯罪，则由最高人民法院依法裁量。所以，对于地方人民法院而言，死缓期间故意犯罪的案件，不论是否达到“情节恶劣”的程度，均应根据《刑事诉讼法》对该故意犯罪予以依法审理、定罪量刑，然后层报最高人民法院。若最高人民法院经审查后认为达到“情节恶劣”程度的，即可核准死刑；若尚达不到“情节恶劣”程度的，则适用数罪并罚的规定，即死缓吸收该故意犯罪所判处的刑罚，并罚后的结论仍为死刑缓期二年执行，但该2年期间应从该新死缓裁判确定之日起重新计算。

第五十一条　死刑缓期二年考验期的计算

【法律规定】

● 法律条文 ●

《中华人民共和国刑法》

第五十一条　死刑缓期执行的期间，从判决确定之日起计算。死刑缓期执行减为有期徒刑的刑期，从死刑缓期执行期满之日起计算。

【案例】

陈安国故意杀人案①

● 案件事实 ●

被告人陈安国因遗产问题与其弟弟陈安明（被害人，殁年 56 岁）素有矛盾。2012 年 3 月 14 日 17 时许，陈安国携带自称能致人昏迷的白色粉末和尖刀将陈安明从家中约出吃饭。二人在红四川火锅家常菜饭店吃饭期间，陈安国趁陈安明去厕所之际，将白色粉末倒入陈安明的酒杯中。陈安明饮酒昏迷后，陈安国将其扶至沈阳市大东区东陵西路 16 - 8 号楼南侧的小区路边，向其连刺数刀致陈安明当场死亡，后陈安国逃离现场。公安机关于 2012 年 3 月 16 日在陈安国住处将其抓获。

● 裁判要旨 ●

死刑缓期二年执行及其二年考验期计算规则的适用。

● 裁判理由 ●

辽宁省沈阳市中级人民法院于 2012 年 12 月 13 日作出（2012）沈刑一初字第 271 号刑事附带民事判决，认定被告人陈安国犯故意杀人罪，判处死刑，缓期二年执行，剥夺政治权利终身。宣判后，陈安国提出上诉，辽宁省高级人民法院于 2013 年 8 月 2 日作出（2013）辽刑一终字第 25 号刑事裁定，驳回上诉，维持原判，并依法核准陈安国死刑缓期二年执行。法院生效裁判认为：被告人陈安国在侦查阶段所作有罪供述得到多名证人证言、监控视频、现场勘验

---

① 参见辽宁省高级人民法院（2013）辽刑一终字第 25 号。

检查笔录、法医学尸体检验鉴定、法医DNA鉴定等证据的印证，能够作为定案的根据。其在侦查阶段和一、二审庭审中所作无罪辩解前后矛盾，且与在案证据证明的事实不符，结合全案证据及陈安国的全部供述和辩解，可以排除他人作案的合理怀疑，认定陈安国实施了故意杀害陈安明的行为。

【学理分析及适用指引】

• 学理分析 •

死刑缓期二年执行是为了限制死刑的实际适用而设立的，亦即设立此种死刑执行方式的政策倾向就是减少死刑的实际执行数量。只有犯罪分子在二年考验期内实施故意犯罪且情节恶劣的，才能对其适用死刑立即执行，也就是说，考验期内实施故意犯罪且情节恶劣的是对犯罪分子实际执行死刑的唯一条件。如果犯罪分子在二年考验期内没有实施故意犯罪，则应当将对其适用的刑罚减为无期徒刑或有期徒刑。减为无期徒刑的刑期计算不存在什么问题，但减为有期徒刑的刑期计算则必须解决两个问题：一是二年考验期是否与有期徒刑的刑期折抵？如果不折抵，如何确定二者的衔接关系？二是有期徒刑的刑期从何时起算？

依据《刑法》第51条的规定，死刑缓期二年执行的期间，从判决确定之日起计算。此处所说的判决确定之日，即判决生效之日，而不是指判决执行之日。根据前述司法解释，是指从判决或裁定核准死刑缓期二年执行的法律文书宣告送达之日起计算。因此，罪犯在判决生效后尚未送监执行的期限应当计入二年考验期内；但是对罪犯在判决生效前先行羁押的日期不能折抵在二年考验期内。死刑缓期执行减为有期徒刑的，是指对确有重大立功表现直接减为有期徒刑的，其有期徒刑的刑期从死刑缓期执行期满之日起计算。但罪犯在死缓判决生效前先行羁押的日期和缓期执行的二年考验期不能计入有期徒刑的期限内。

• 适用指引 •

死刑缓期二年执行是死刑的一种执行方式，设立这种执行方式的目的是限制死刑的实际适用。被判处死刑缓期二年执行的犯罪分子，在二年的考验期中，如果没有故意犯罪，二年期满后就不对其执行死刑，因为没有故意犯罪，说明了其尚存被教育改造的可能性。死刑缓期执行减为有期徒刑的刑期，从死刑缓期执行期满之日起计算。

第六节　罚　　金

第五十二条　罚金数额的裁量

【法律规定】

• 法律条文 •

《中华人民共和国刑法》

第五十二条　判处罚金，应当根据犯罪情节决定罚金数额。

• 相关规定 •

《最高人民法院关于适用财产刑若干问题的规定》（法释〔2000〕45号）

第二条　人民法院应当根据犯罪情节，如违法所得数额、造成损失的大小等，并综合考虑犯罪分子缴纳罚金的能力，依法判处罚金。刑法没有明确规定罚金数额标准的，罚金的最低数额不能少于一千元。

对未成年人犯罪应当从轻或者减轻判处罚金，但罚金的最低数额不能少于五百元。

第三条　依法对犯罪分子所犯数罪分别判处罚金的，应当实行并罚，将所判处的罚金数额相加，执行总和数额。

一人犯数罪依法同时并处罚金和没收财产的，应当合并执行；但并处没收全部财产的，只执行没收财产刑。

【案例】

黄某等抢劫案[①]

• 案件事实 •

2006年7月8日20时许，被告人覃某、胡某将受害人石某约至武侯双楠小区“人人乐”超市门口对面后，将石某带至武侯大道“欧艺酒店”后面的一条小巷内，预先埋伏在此的黄某、张某、彭某、余某以石某勾引黄某的女友为由，在对石某进行殴打后，抢走其身上现金500元、一部摩托罗拉V180型

---

① 参见四川省成都高新技术产业开发区人民法院（2007）高新刑初字第44号。

手机及身份证、银行卡等物品，后又威逼石某说出银行卡密码并取走人民币1600元，赃款被耗用。

2006年7月10日0时许，覃某将受害人任某约至武侯大道双楠段“国际花园接待中心”旁的草坪处，黄某、张某、彭某、胡某、余某预先在附近等候，以任某引诱黄某的女友为由，对任某进行殴打后，抢走其现金200元、一部中信翻盖手机、一枚戒指、一辆大江牌150摩托车及银行卡等物品。后又强迫任某说出密码，取走卡上现金200元；后将摩托车以600元销赃，赃款平分耗用。

2006年7月14日22时许，覃某将受害人王某约至永丰立交桥侧元通一巷“锦华医院”对面河边后，黄某、张某、彭某、余某埋伏在附近，以王某勾引黄某的女朋友为由，对王某进行殴打后，抢走其身上的现金100元、斯达康小灵通一部及身份证、建设银行卡等物品；后将小灵通以100元销赃，赃款平分耗用。

• 裁判要旨 •

应根据刑事案件的危害程度、涉案数额、被告人在共犯中的地位和作用等综合因素，确定罚金刑的具体数额。

• 裁判理由 •

四川省成都市中级人民法院认为：被告人黄某、张某、彭某、余某、覃某、胡某以非法占有他人财物为目的，以暴力方法抢劫他人财物的行为，已构成抢劫罪。本案属于共同犯罪，由于六被告人在犯罪中的作用大致相当，故不宜区分主、从犯，但被告人胡某的犯罪作用相对小于其他被告人，法院在量刑时将予以酌定从轻处罚。被告人黄某在归案后，协助公安机关抓获同案被告人彭某、胡某，属立功，具有法定的从轻或减轻处罚情节。同时考虑到被告人黄某、张某、余某、覃某、胡某均系初犯，认罪态度好，可酌定从轻处罚；被告人彭某系累犯，具有法定从重处罚情节。据此，为保护公民的人身及财产权利不受侵犯，判决如下：一、被告人黄某犯抢劫罪，判处有期徒刑九年，并处罚金人民币5000元。二、被告人张其犯抢劫罪，判处有期徒刑十年，并处罚金人民币5000元。三、被告人彭某犯抢劫罪，判处有期徒刑十二年，并处罚金人民币5000元。四、被告人余某犯抢劫罪，判处有期徒刑五年，并处罚金人民币2000元。五、被告人覃某犯抢劫罪，判处有期徒刑十年，并处罚金人民币5000元。六、被告人胡某犯抢劫罪，判处有期徒刑二年，并处罚金人民币1000元。七、对被告人违法所得的赃款人民币3300元，赃物摩托罗拉手机、中信手机各一部、斯达康小灵通一部、大江牌摩托车一辆予以追缴。

【学理分析及适用指引】

• 学理分析 •

罚金，是指强迫犯罪分子向国家缴纳一定数额的金钱的刑罚方法。自由刑以其期限显示其严厉程度，而罚金刑作为一种财产刑，则以其数额显示其严厉程度。不仅如此，罚金数额确定的准确与否，也决定着刑罚目的能否实现。确定的罚金数额应当科学合理、能够满足罪责刑相适应原则的要求，以此来实现刑罚的一般预防与特殊预防的目的。如果确定的罚金数额过低，则不利于威慑犯罪分子，也不利于实现一般预防；如果确定的罚金数额过高，则很可能导致刑大于罪、刑罚过剩，同样也不利于刑罚双重预防目的的实现。可见，准确确定罚金的数额是正确适用罚金刑的一个极其重要的环节。

依据《刑法》第 52 条的规定，罚金的数额应当依据犯罪情节加以确定。根据本条规定，无论是《刑法》分则明确规定了罚金刑幅度的，还是没有明确规定罚金刑幅度的，判处罚金时都应当根据犯罪情节决定罚金数额。所谓犯罪情节，主要是指犯罪分子罪行的严重程度、主观恶性的大小、手段是否恶劣、非法所得的多少、后果是否严重等。一般说来，情节严重的，罚金数额应当多些；情节较轻的，罚金数额应当少些，以做到罪责刑相适应。

在确定罚金数额时，还应适当考虑犯罪分子的经济状况，这样既有利于实现罚金刑的个别化，也为实现罚金刑的实质平等贡献了力量。也许正是基于这一考虑，最高人民法院颁布的《关于适用财产刑若干问题的规定》的司法解释已明确指出，人民法院应当根据犯罪情节，如违法所得、造成损失的大小等，同时综合考虑犯罪分子缴纳罚金的能力，依法判处罚金。最高人民法院的这一司法解释，为司法实践中正确裁量罚金的数额，对犯罪分子做到实质意义上的罚当其罪，充分发挥罚金刑的刑罚效果，具有十分重要的意义。

• 适用指引 •

如何确定罚金数额，是人民法院适用罚金刑时面临的一个根本性问题。罚金数额确定得过多，则会造成刑罚的过剩；罚金数额确定得过少，又会造成刑罚的不足。《刑法》规定了一个总括性的罚金数额确定原则——依据犯罪情节确定罚金数额，这为司法实践中具体确定罚金数额提供了原则性标尺。

第五十三条　罚金的缴纳

【法律规定】

● 法律条文 ●

《中华人民共和国刑法》

第五十三条　罚金在判决指定的期限内一次或者分期缴纳。期满不缴纳的，强制缴纳。对于不能全部缴纳罚金的，人民法院在任何时候发现被执行人有可以执行的财产，应当随时追缴。

由于遭遇不能抗拒的灾祸等原因缴纳确实有困难的，经人民法院裁定，可以延期缴纳、酌情减少或者免除。

● 相关规定 ●

《最高人民法院关于适用财产刑若干问题的规定》（法释〔2000〕45 号）

第四条　犯罪情节较轻，适用单处罚金不致再危害社会并具有下列情形之一的，可以依法单处罚金：

（一）偶犯或者初犯；

（二）自首或者有立功表现的；

（三）犯罪时不满十八周岁的；

（四）犯罪预备、中止或者未遂的；

（五）被胁迫参加犯罪的；

（六）全部退赃并有悔罪表现的；

（七）其他可以依法单处罚金的情形。

第五条　刑法第五十三条规定的“判决指定的期限”应当在判决书中予以确定；“判决指定的期限”应为从判决发生法律效力第二日起最长不超过三个月。

第六条　刑法第五十三条规定的“由于遭遇不能抗拒的灾祸缴纳确实有困难的”，主要是指因遭受火灾、水灾、地震等灾祸而丧失财产；罪犯因重病、伤残等而丧失劳动能力，或者需要罪犯抚养的近亲属患有重病，需支付巨额医药费等，确实没有财产可供执行的情形。

具有刑法第五十三条规定“可以酌情减少或者免除”事由的，由罪犯本人、亲属或者犯罪单位向负责执行的人民法院提出书面申请，并提供相应的证明材料。人民法院审查以后，根据实际情况，裁定减少或者免除应当缴纳的罚金数额。

【案例】

秦某某等合同诈骗案①

• 案件事实 •

被告人秦某某、王某莲、崔某某、张某某、郭某某于2006年2月至3月期间，在北京市朝阳区富顿中心×座50X室、50Y室，以北京博大基业科技发展有限公司的名义，在报刊上发布招聘信息，与前来应聘的事主签订协议书。骗取事主杨某某、王某秋、荣某某、鲍某某、焦某某、刘某艺、高某某、王某臣、刘某晖的人民币共计13220元，后在事主的追要下，退还人民币4100元。经告发，五被告被抓获归案。

• 裁判要旨 •

罚金刑缴纳的具体时限。

• 裁判理由 •

北京市朝阳区人民法院认为：被告人秦某某、王某莲、崔某某、张某某、郭某某法制观念淡薄，以非法占有为目的，在签订、履行合同过程中骗取对方当事人钱款，数额较大，五被告人的行为触犯了刑律，构成合同诈骗罪，依法应予惩处。五被告人违法所得，依法应予追缴后发还被害人。北京市朝阳区人民检察院指控被告人秦某某、王某莲、崔某某、张某某、郭某某犯合同诈骗罪的事实清楚，证据确实、充分，指控的罪名成立。被告人王某莲负责经营北京博大基业科技发展有限公司，在共同犯罪中起主要作用，系主犯；被告人秦某某、崔某某、张某某、郭某某在共同犯罪中起次要作用，系从犯，法院依法对被告人秦某某、崔某某、张某某、郭某某从轻处罚，对被告人张某某的辩护人认为其属于从犯、建议法庭对张某某从轻处罚的辩护意见，予以采纳，对辩护人建议法庭对张某某适用缓刑的辩护意见，不予采纳。被告人秦某某曾因故意犯罪被判处有期徒刑以上刑罚，在刑罚执行完毕5年内，此次再犯应当判处有期徒刑以上刑罚之罪，系累犯，对其依法从重处罚。被告人郭某某系初犯，在共同犯罪中作用较小，当庭悔罪态度较好，北京市朝阳区人民法院认为对其适用缓刑确实不致再危害社会，故对其依法适用缓刑。综上，根据五被告人犯罪的事实、犯罪的性质、情节以及对于社会的危害程度，判决如下：一、被告人秦某某犯合同诈骗罪，判处有期徒刑十个月，罚金人民币2000元（刑期从判

---

① 参见北京市朝阳区人民法院（2006）朝刑初字第01770号。

决执行之日起计算。判决执行以前先行羁押的，羁押一日折抵刑期一日，即自2006年3月22日起至2007年1月21日止。罚金于本判决发生法律效力后3个月内缴纳）。二、被告人王某莲犯合同诈骗罪，判处有期徒刑十个月，罚金人民币2000元（刑期从判决执行之日起计算。判决执行以前先行羁押的，羁押一日折抵刑期一日，即自2006年3月22日起至2007年1月21日止。罚金于本判决发生法律效力后1个月内缴纳）。三、被告人崔某某犯合同诈骗罪，判处有期徒刑六个月，罚金人民币1000元（刑期从判决执行之日起计算。判决执行以前先行羁押的，羁押一日折抵刑期一日，即自2006年3月22日起至2006年9月21日止。罚金于本判决发生法律效力后1个月内缴纳）。四、被告人张某某犯合同诈骗罪，判处有期徒刑六个月，罚金人民币1000元（刑期从判决执行之日起计算。判决执行以前先行羁押的，羁押一日折抵刑期一日，即自2006年3月22日起至2006年9月21日止。罚金于本判决发生法律效力后3个月内缴纳）。五、被告人郭某某犯合同诈骗罪，判处拘役六个月，缓刑六个月，罚金人民币1000元（缓刑考验期限，从判决确定之日起计算。罚金于本判决发生法律效力后1个月内缴纳）。六、继续追缴被告人秦某某、王某莲、崔某某、张某某、郭某某非法所得人民币9120元，其中人民币1000元发还被害人刘某晖，人民币2000元发还被害人荣某某，人民币1000元发还被害人王某臣，人民币1180元发还被害人焦某某，人民币2000元发还被害人鲍某某，人民币1180元发还被害人王某秋，人民币180元发还被害人高某某，人民币400元发还被害人杨某某，人民币180元发还被害人刘某艺。

【学理分析及适用指引】

• 学理分析 •

罚金的执行，是指罚金刑的实现，是犯罪分子对所判罚金的现实缴纳。罚金刑的适当判处，只是对犯罪分子犯罪行为的刑法否认，此时罚金刑的适用仍处于观念形态，犯罪分子还没有切实感受到因其对刑法规范的违反而应承受的刑罚之苦。因此，在对犯罪分子处以适当的罚金的同时，还必须切实保证罚金刑的严格执行，才能使犯罪分子切实感受到罚金刑之苦，并给社会上的不稳定分子以警示，达到刑罚的一般预防与特殊预防的目的。依据修正后《刑法》第53条的规定，罚金的执行，有以下六种方式：

1. 一次缴纳。一次缴纳就是在判决所指定的期限内，犯罪分子一次性地将判决所确定的罚金全部缴清。

2. 分期缴纳。分期缴纳是指在判决所确定的期限内，分多次将判决所确定的罚金全部缴清。一般情况下，罚金数额不多或虽然较多但缴纳不困难的，应限期一次缴纳；罚金数额较多，一次缴纳有困难的，限定时间分期缴纳。

3. 强制缴纳。强制缴纳即强迫犯罪人缴纳罚金，是在犯罪人有能力缴纳罚金却拒不缴纳，且判决所确定的缴纳期限已过的情况下的罚金执行方式。

4. 随时追缴。随时追缴是指对于不能全部缴纳罚金的，人民法院在发现被执行人有可以执行的财产的任何时候，都可以强制要求犯罪分子缴纳。此种执行方式的适用，必须具备三个条件：（1）前提条件，即犯罪分子不能全部缴纳罚金，无论是分期缴纳还是强制缴纳；（2）原因条件，即不能全部缴纳罚金，不是由于遭遇不能抗拒的灾祸而使缴纳出现困难；（3）实质条件，即人民法院发现被执行人有可供执行的财产。

5. 延期缴纳。根据《刑法修正案（九）》，在罚金刑执行期间，犯罪分子由于遭遇不能抗拒的灾祸等原因缴纳确实有困难的，经人民法院裁定，可以延期缴纳。

6. 减免缴纳。减免缴纳，是指酌情减少或免除犯罪分子应缴纳的罚金数额。它的适用须具备两个条件：（1）前提条件是犯罪分子遭遇不能抗拒的灾祸等原因，此处强调的是客观障碍，如地震、泥石流、火灾等客观情形；（2）实质条件是由于不可抗拒的灾祸使确有困难缴纳罚金，无力缴纳或缴纳后将严重影响其正常的生活、生产经营。对于出现不能抗拒的灾祸等原因，人民法院根据具体案情，既可以裁定延期缴纳，也可以裁定酌情减少、免除缴纳。

上述六种罚金刑的执行方式，既能保证罚金刑的切实执行，又能在特定的情况下体现刑罚执行的合理性。但是，对于如何理解并执行《刑法》第 53 条的规定，在司法实践中有时还存在一些分歧。为了统一标准，最高人民法院于 2000 年 12 月 3 日公布《关于适用财产刑若干问题的规定》的司法解释，对判决指定的期限、强制缴纳的期限、由于遭遇不能抗拒的灾祸缴纳确有困难的、减免缴纳的程序都作了明确规定。该规定第 5 条指出，判决指定的期限，应为从判决发生法律效力第 2 日起最长不超过 3 个月；第 11 条指出，自判决指定的期限届满第 2 日起，人民法院对于没有法定减免事由不缴纳罚金的，应当强制缴纳；第 6 条指出，由于遭遇不能抗拒的灾祸缴纳确有困难的，主要是指因遭受水灾、火灾、地震等灾祸而丧失财产；罪犯因重病，需要支付巨额医药费等，确实没有财产可供执行的情况。该条还指出，具有上述事由的，要由罪犯本人、亲属或犯罪单位向负责执行的人民法院提出书面申请，并提供相关的证明材料。人民法院经审查后，根据实际情况裁定减少或免除应当缴纳的罚金数额。上述司法解释的相关规定，消除了分歧，统一了标准，更好地保证了罚金刑的执行，对充分实现罚金刑的刑罚效果，具有十分重要的意义。

• 适用指引 •

罚金能否依判决所确定的方式、时间和数额缴纳，是关系到罚金刑能否实现的根本问题。罚金如果不能缴纳，则使判处罚金的判决如同一纸空文，有损司法判决的权威性，也不利于对犯罪分子的惩罚教育。刑法确定了多种罚金缴纳方式，正是为了应对实践中可能出现的无法缴纳罚金的各种情形。

第七节 剥夺政治权利

第五十四条 剥夺政治权利的内容

【法律规定】

• 法律条文 •

《中华人民共和国刑法》

第五十四条 剥夺政治权利是剥夺下列权利：

（一）选举权和被选举权；

（二）言论、出版、集会、结社、游行、示威自由的权利；

（三）担任国家机关职务的权利；

（四）担任国有公司、企业、事业单位和人民团体领导职务的权利。

【案例】

李某绑架案[①]

• 案件事实 •

2002年1月中旬，被告人李某与韩某、高某、张某（均已判刑）共谋绑架重庆市璧山县[②]原马坊镇某私营业主王甲之子王乙（12岁）勒索钱财。后多次到璧山县纺纱厂家属院附近实施绑架王乙的行为，均因与王乙同路上学的学生太多而未得逞。同年1月18日早上7时许，李某又与韩某、高某驾驶长安面包车到璧山县纺纱厂家属院附近等候，见步行上学的王乙，李某、韩某便将王乙绑架上车，并用线帽将王乙的脸蒙住后挟持到重庆市大安镇云雾山上，高某将车开回。李某、张某在山上多次向王乙的父母打电话勒索赎金80万元，后经讨价还价商定赎金8万元，并约定交钱的地点。当天下午因高某、张某被公安机关抓获而勒索钱财未果。后李某、韩某将王乙释放后逃离现场。

---

① 参见重庆市第一中级人民法院（2005）渝一中刑终字第429号。

② 现为重庆市璧山区。

• 裁判要旨 •

对于严重侵犯人身权利的犯罪分子，即便《刑法》分则具体罪名的法定刑没有规定判处剥夺政治权利，也可以根据《刑法》总则的规定，附加适用剥夺政治权利。

• 裁判理由 •

一审人民法院认为：被告人李某的行为已构成绑架罪，依照《刑法》第239条、第54条、第55条、第53条、第53条之规定，判处李某有期徒刑十三年，剥夺政治权利四年，并处罚金1万元。

原审被告人李某以量刑过重、事实不符等为由，提出上诉。

二审人民法院认为：上诉人李某伙同他人以勒索财物为目的绑架他人，其行为已构成绑架罪。原判决认定事实和适用法律正确，量刑适当，审判程序合法。上诉人李某提出量刑过重、事实不符的上诉意见。依照《刑事诉讼法》第189条第1项之规定，裁定驳回上诉，维持原判。

【学理分析及适用指引】

• 学理分析 •

剥夺政治权利，是指人民法院依法判处、剥夺犯罪分子参加国家管理和特定政治生活的权利的刑罚方法。作为一种资格刑，它通过剥夺或限制犯罪分子享有或行使一定权利的资格，对犯罪分子作出否定的政治法律评价，剥夺或限制其再犯罪能力，特别是再犯某些特定种类的罪的能力。具体地说，它通过依法剥夺犯罪分子某些无形的政治权利，剥夺犯罪分子参与国家管理与参与一定政治生活的权利，从而预防犯罪分子利用这些特定的政治权利再进行犯罪。至于剥夺的是哪些权利与资格，在不同的历史时期，在不同的国家和地区有不同的规定，既可能是犯罪分子已经享有的权利与资格，也可能是犯罪分子在将来才能享有的权利和资格；既可能是对所规定的权利的全部剥夺，也可能只是剥夺其中的一部分。同时还要明确，剥夺政治权利既可作为附加刑适用，也可以单独适用。依据《刑法》第54条的规定，剥夺政治权利的内容，包括四个方面：

1. 选举权和被选举权。之所以将它们列在应被剥夺的权利之首，是因为这两种权利是公民最基本、最重要的政治权利，是公民政治主体地位最直接的体现。公民通过选举权的行使，可以选出自己的代表；而被选举权的享有，则可能使自己直接参与管理国家与社会事务的活动，行使管理国家的权利。

2. 言论、出版、集会、结社、游行、示威自由的权利。这些权利事关犯罪分子意愿与意志的表达，对这些权利的剥夺，是对犯罪分子犯罪行为的一种严厉否定评价和政治责难。当然，对于何种性质和何种内容的言论、出版、集会、结社的权利应被剥夺，曾有过争论，但现在，将对上述权利的剥夺应限制在政治性的内容范围之内，已经成为共识。至于游行、示威权利，则因带有明显的政治性，自然在被剥夺的权利之列。

3. 担任国家机关职务的权利，包括担任领导职务与成为一般国家工作人员。国家机关是依法对国家进行政治、经济、文化等各方面管理活动的机关，在国家机关担任职务，就等于直接参与了国家管理，因而对于那些可能利用职权之便实施危害国家安全类犯罪的犯罪分子担任国家机关职务的权利，理应剥夺。不过，剥夺担任国家机关职务的权利，并不是说被剥夺该项权利的人不能在国家机关工作，他们还是可以在国家机关从事非政治性和非管理性的劳务工作。

4. 担任国有公司、企业、事业单位和人民团体领导职务的权利。上述单位虽然只是经济、文化实体，但在这些实体中担任领导职务的人，也可以说就是参与了国家管理活动，所以犯罪分子被剥夺的政治权利应当包括担任这些实体领导职务的权利。

《刑法》第 54 条之规定，通过列举的方式，对剥夺的政治权利的内容作出了明确的限定，使人们清楚地认识到权利的剥夺仅限于政治的范畴。而且，也并非所有的具有政治内容的权利都在被剥夺之列。这种清楚、明确的界定，不仅清楚地表明了对犯罪分子惩罚的严肃性，也有利于防止犯罪分子滥用权利再次实施犯罪。但是，正如前文所述，政治权利的剥夺，有的是剥夺既定权利的一部分，有的是剥夺既定权利的全部。而我国现行《刑法》的规定，属于后者。这种内容的不可分性，有时容易造成刑罚的过剩。

• 适用指引 •

剥夺犯罪分子政治权利，不仅是对其予以惩罚的需要，更是防止其利用手中的政治权利再次危害社会的需要。依据《刑法》规定，被剥夺的政治权利包括：选举权和被选举权；言论、出版、集会、结社、游行、示威自由的权利；担任国家机关职务的权利；担任国有公司、企业、事业单位和人民团体领导职务的权利。

第五十五条　剥夺政治权利的期限

【法律规定】

• 法律条文 •

《中华人民共和国刑法》

第五十五条　剥夺政治权利的期限，除本法第五十七条规定外，为一年以上五年以下。

判处管制附加剥夺政治权利的，剥夺政治权利的期限与管制的期限相等，同时执行。

【案例】

赖某故意杀人案①

• 案件事实 •

被告人赖某与朱某夫妻系工友，朱某因怀疑赖某与其丈夫廖甲有不正当男女关系，而于2005年6月下旬打电话将怀疑之事告知了赖某丈夫何某，导致赖某夫妻不和，并因处理此事方法不妥，赖某被工厂解雇。赖某因而产生杀掉朱某儿子以达到报复朱某之目的的意图。2005年9月1日上午，赖某携带一把水果刀来到龙南镇幼儿园教室找到朱某四岁的儿子廖乙，然后将其带至该园男厕所，用刀在廖乙脖子上刺割了五刀，廖乙在挣扎时又被割伤了手部、脸部，赖某在行凶时被龙南镇幼儿园员工发现并被抓获，廖乙经送医院抢救脱离危险，经鉴定其损伤程度为轻伤甲级。

• 裁判要旨 •

剥夺政治权利的期限应根据主刑的刑种、期限而依法酌情确定。

• 裁判理由 •

一审人民法院认为：被告人赖某为报复他人，故意持刀刺割廖乙颈部，欲置其于死地，其行为构成故意杀人罪。由于其意志以外的原因未得逞，属犯罪未遂，依法可以从轻处罚。依照《刑法》第232条、第23条、第55条第1

① 参见江西省赣州市中级人民法院（2006）赣中刑一终字第5号。

款、第 56 条第 1 款、第 64 条的规定，判决如下：一、被告人赖某犯故意杀人罪（未遂），判处有期徒刑十年，剥夺政治权利三年。二、作案工具水果刀一把，予以没收。

一审判决作出后，赖某提出上诉。二审人民法院认为：鉴于上诉人赖某的行为属犯罪未遂，认罪态度好，被害人的损伤程度为轻伤甲级，没有造成严重后果，依法可对其减轻处罚。上诉人赖其要求减轻处罚的意见予以采纳。依照《刑法》第 232 条、第 23 条、第 55 条第 1 款、第 56 条第 1 款、第 64 条、《刑事诉讼法》第 189 条第 2 项的规定，判决如下：一、维持一审判决第一项的定罪部分即被告人赖某犯故意杀人罪和第二项即作案工具水果刀一把，予以没收。二、撤销一审判决第一项的量刑部分即判处有期徒刑十年。三、上诉人（原审被告人）赖某犯故意杀人罪，判处有期徒刑七年，剥夺政治权利三年。

【学理分析及适用指引】

• 学理分析 •

作为一种附加刑，剥夺政治权利既可以附加适用，也可以独立适用。同时，作为一种资格刑，它通过对犯罪分子特定资格与权利的剥夺，进而剥夺或限制其再犯罪的能力，实现刑罚特殊预防之目的。那么，独立适用与附加适用时，剥夺政治权利的期限，是否应有所区别，在独立或附加适用的情况下，究竟判处多长刑期才能达到特殊预防之功效，并给社会上的不安定分子以警示，进而实现刑罚的特殊预防和一般预防之目的呢？判处的刑期过长，可能会导致刑罚过剩；反之，则可能会出现刑罚不足。可见，刑期的适当与否，对刑罚双重预防目的的实现至关重要。依据《刑法》第 55 条的规定，剥夺政治权利的期限可以分为两种情况：

1. 一般来说，剥夺政治权利的期限为一年以上五年以下。也就是说，除被判处无期徒刑、死刑的犯罪分子应当被剥夺政治权利终身，以及当死缓或无期徒刑减为有期徒刑时，原附加的剥夺政治权利的期限要相应地调整为三年以上十年以下外，对犯罪分子判处的剥夺政治权利的期限——无论是独立适用还是附加适用，最低为一年，最高为五年。不过，此时的附加适用，是指附加于剥夺自由刑适用的情况。

2. 当主刑为管制时，剥夺政治权利的期限与管制的期限相同，并同时执行。管制只是限制犯罪分子人身自由的刑罚，与被判处剥夺自由刑的犯罪分子相比，被判处管制的犯罪分子，其行为的社会危害性相对较小，人身危险性也相对较低。因此，当被判处管制的犯罪分子同时被附加剥夺政治权利时，其被剥夺政治权利的期限以及该期限的起算点，也应当与被判处剥夺自由刑的犯罪分子不同。由于管制的刑期为三个月以上二年以下，数罪并罚时不得超过三年，所以此时剥夺政治权利的期限，最低为三个月，最高为三年。

• 适用指引 •

如同有期自由刑一样，剥夺政治权利也有一定的期限；特定期限届满之后，原来被判处剥夺政治权利的犯罪分子，重新获得与普通公民同等的政治权利。

第五十六条　剥夺政治权利的适用对象

【法律规定】

• 法律条文 •

《中华人民共和国刑法》

第五十六条　对于危害国家安全的犯罪分子应当附加剥夺政治权利；对于故意杀人、强奸、放火、爆炸、投毒、抢劫等严重破坏社会秩序的犯罪分子，可以附加剥夺政治权利。

独立适用剥夺政治权利的，依照本法分则的规定。

• 相关规定 •

《最高人民法院关于对故意伤害、盗窃等严重破坏社会秩序的犯罪分子能否附加剥夺政治权利问题的批复》（法释〔1997〕11号）

福建省高级人民法院：

你院《关于对故意伤害、盗窃（重大）等犯罪分子被判处有期徒刑的，能否附加剥夺政治权利的请示》收悉。经研究，答复如下：

根据刑法第五十六条规定，对于故意杀人、强奸、放火、爆炸、投毒、抢劫等严重破坏社会秩序的犯罪分子，可以附加剥夺政治权利。对故意伤害、盗窃等其他严重破坏社会秩序的犯罪，犯罪分子主观恶性较深、犯罪情节恶劣、罪行严重的，也可以依法附加剥夺政治权利。

此复

【案例】

王某运输毒品案①

• 案件事实 •

2004年1月14日10时许，被告人王某在黑龙江省牡丹江市电话委托他人到位于黑龙江省哈尔滨市南岗区建设街的航空货运站，将一件内藏毒品的从广东省深圳市空运到黑龙江省牡丹江市、在黑龙江省哈尔滨市中转的货物代为取出，捎回牡丹江市。同日18时许，王某在牡丹江市花鸟鱼市场欲将货物取走时，被公安人员当场捕获，并从货物中搜出摇头丸200粒（净重54.2克）及K粉2袋（净重50克）。经鉴定，摇头丸中检出MDMA成分，K粉中检出咖啡因、氯胺酮成分。现摇头丸及K粉均已缴回扣押。

• 裁判要旨 •

刑事案件二审过程中，剥夺政治权利的期限应随着主刑刑期的依法适当调整而随之调整，应充分考虑平衡、协调原则。

• 裁判理由 •

一审人民法院认为：被告人王某明知是毒品而代为运输，其行为已构成运输毒品罪。被告人王某运输毒品数量大，依据《刑法》第347条第2款第1项、第55条第1款、第56条第1款的规定，认定被告人王某犯运输毒品罪，判处有期徒刑十五年，剥夺政治权利三年，并处没收财产人民币1万元。

宣判后，原审被告人王某以量刑过重为由，提出上诉。

二审人民法院认为：上诉人（原审被告人）王某明知是毒品而予以运输，其行为已构成运输毒品罪。原审判决定罪准确，审判程序合法。但根据黑龙江省公安厅（2004）黑公化验鉴字第014号刑事科学技术鉴定书的结论，圆片状可疑摇头丸中检出MDMA成分；白色可疑K粉中检出咖啡因、氯胺酮成分。根据《卫生部关于发布〈麻醉药品品种目录〉〈精神药品品种目录〉的通知》，《精神药品品种目录》第一类编号为11的是MDMA，学名二亚甲基双氧安非他明，是苯丙胺类毒品，而编号为34的去氧麻黄碱才是甲基苯丙胺，也称甲基安非他明。故本案中上诉人（原审被告人）王某运输的毒品摇头丸的成分不是甲基苯丙胺。根据《最高人民法院关于审理毒品案件定罪量刑标准有关问题的解释》第2条第1项、第7项的规定，运输苯丙胺类毒品（甲基苯丙胺除

---

① 参见黑龙江省哈尔滨市中级人民法院（2004）哈刑终字第286号。

外）20 克以上不满 100 克的，属于运输其他毒品数量较大；运输咖啡因 50 千克以上不满 200 千克的处七年以上有期徒刑；对于氯胺酮毒品，我国目前还没有统一的量刑标准，鉴于本案中检出咖啡因、氯胺酮成分的 K 粉共计仅 50 克，在量刑时法院予以适当考虑。鉴于上诉人（原审被告人）王某能够积极缴纳罚金，可酌情予以从轻处罚。故原审判决量刑过重，应予改判。另原审判决认定上诉人（原审被告人）王某的刑事拘留日期为 2004 年 1 月 14 日，经查，2004 年 1 月 14 日为拘传日期，而上诉人（原审被告人）的刑事拘留日期应为 2004 年 1 月 15 日，故应予纠正。依照《刑事诉讼法》第 189 条第 1 项、第 2 项和《刑法》第 347 条第 3 款、第 52 条、第 53 条、第 55 条第 1 款、第 56 条第 1 款、《最高人民法院关于审理毒品案件定罪量刑标准有关问题的解释》第 2 条第 1 项的规定，判决如下：一、维持一审判决中对上诉人（原审被告人）王某的定罪部分，即被告人王某犯运输毒品罪。二、撤销一审判决中对上诉人（原审被告人）王某的量刑部分，即判处有期徒刑十五年，剥夺政治权利三年，并处没收财产人民币 1 万元。三、上诉人（原审被告人）王某犯运输毒品罪，判处有期徒刑十年，并处罚金人民币 5000 元，剥夺政治权利二年。

【学理分析及适用指引】

• 学理分析 •

作为一种资格刑，剥夺政治权利附加适用时，它是作为一种比较严厉的刑罚而适用于重罪。我国刑事立法没有关于重罪和轻罪的明确规定。在刑法理论界，有人以犯罪行为所侵犯的客体的性质作为划分轻罪与重罪的标准，有人以犯罪分子可能被判处的刑罚轻重作为划分重罪与轻罪的标准等。在这些不同标准的划分中，又往往存在不一致的现象，即犯罪分子所犯之罪，以一标准衡量为重罪，以另一标准衡量则为轻罪，这样就容易导致实践中的混乱。虽然《刑法》分则对一些犯罪明确规定了剥夺政治权利的附加适用，但由于社会生活的不断变化与法律固有的缺陷，《刑法》分则的上述规定可能存在疏漏，并不可避免地具有滞后性，因此，《刑法》总则有必要以概括的方式，对一些性质较为严重的犯罪作出附加剥夺政治权利的总括性规定。

依据《刑法》第 56 条的规定，对于危害国家安全的犯罪分子，不论处以何种主刑，都应当附加剥夺政治权利，审判机关没有自由裁量的余地。因为这些犯罪分子是以破坏人民民主专政的政权与社会主义制度为目的的，为保卫人民民主专政的政权，必须在一定时期内剥夺他们的政治权利。对于严重破坏社会秩序的犯罪分子，在必要时也可附加剥夺其政治权利。此处所说的必要时，是指罪行严重、情节恶劣、社会危害性大的。不过，这并不是说对严重破坏社会秩序的犯罪分子，都应当附加剥夺政治权利，此种情况下审判机关有自由裁量的余地，如果犯罪分子具有法定或者酌定的从轻、减轻处罚情节，审判机关也可不附加剥夺政治权利。此外，剥夺政治权利，既可以附加适用，也可以独立适用。当剥夺政治权利附加适用时，是作为一种比较严厉的刑罚而适用于重罪；与之相反，当独立适用时，应当根据《刑法》分则的规定，只有当《刑法》分则规定独立适用剥夺政治权利时，才能适用，并且，在此种情况下，它是作为一种不剥夺人身自由的轻刑而适用于罪行较轻的、不需要判处管制以上刑罚的犯罪；对于《刑法》分则规定以外的犯罪，不能独立适用剥夺政治权利。

《刑法》第56条对剥夺政治权利附加适用的总括性规定，与《刑法》分则具体犯罪中附加适用的规定相辅相成，既能保证审判机关根据个案的实际情况决定是否附加适用剥夺政治权利，又能解决由于法律的滞后性而可能带来的弊端，使审判机关在《刑法》分则未作具体规定的情况下，根据《刑法》总则的规定及个案的具体情况，决定是否附加剥夺政治权利。

• 适用指引 •

从《刑法》规定来看，剥夺政治权利既可以附加适用，也可以独立适用，在适用时要注意：

1. 剥夺政治权利的附加适用。根据《刑法》第56～57条的规定，附加适用剥夺政治权利的对象主要是以下三种犯罪分子：（1）危害国家安全的犯罪分子；（2）故意杀人、强奸、放火、爆炸、投毒、抢劫等严重破坏社会秩序的犯罪分子；（3）被判处死刑和无期徒刑的犯罪分子，对该类犯罪分子应当剥夺政治权利终身。根据1997年12月31日公布的《最高人民法院关于对故意伤害、盗窃等严重破坏社会秩序的犯罪分子能否附加剥夺政治权利问题的批复》的规定，对故意伤害、盗窃等其他严重破坏社会秩序的犯罪，犯罪分子主观恶性较深、犯罪情节恶劣、罪行严重的，也可以依法附加剥夺政治权利。

2. 剥夺政治权利的独立适用。独立适用剥夺政治权利，是作为一种不剥夺罪犯人身自由的轻刑，适用于罪行较轻、不需要判处主刑的罪犯。独立适用剥夺政治权利的对象的条文均规定在《刑法》分则当中，共有17个条文，主要包括某些滥用公民自由、民主权利和渎职的罪犯。

第五十七条　对无期徒刑、死刑犯剥夺政治权利的适用

【法律规定】

● 法律条文 ●

《中华人民共和国刑法》

第五十七条　对于被判处死刑、无期徒刑的犯罪分子，应当剥夺政治权利终身。

在死刑缓期执行减为有期徒刑或者无期徒刑减为有期徒刑的时候，应当把附加剥夺政治权利的期限改为三年以上十年以下。

【案例】

计某故意杀人案[1]

● 案件事实 ●

2000 年 3 月 1 日上午 9 时许，被告人计某到黑龙江省肇州县肇州镇被害人林某（系计父朋友）家中，以其开车时将他人的猪撞死，需要赔偿为借口，向林某借钱。林某知道计某在说谎并对其予以指责。双方为此发生争执、厮打。在厮打过程中，计某用林某家的烟灰缸击打林某的头部，又用斧子、菜刀砍林某的头、颈，致林某当场死亡。之后，计某进入林某的卧室，搜得人民币 5100 元及部分衣物逃离现场。

2000 年 3 月 16 日，计某逃至黑龙江省汤原县其舅舅家，告知其舅杀人情形。其舅劝计某投案自首，计某表示同意。其舅担心计某反悔，于当晚让计某的舅妈向公安机关报案。公安机关遂将计某抓获归案。计某归案后如实供述了其杀人事实。

● 裁判要旨 ●

剥夺政治权利终身适用的法定条件是主刑为无期徒刑、死刑。

---

① 参见中华人民共和国最高人民法院刑事审判第一庭、第二庭编：《刑事审判参考》（第 4 卷 · 下），法律出版社 2004 年版。

• 裁判理由 •

黑龙江省大庆市中级人民法院认为：被告人计某因借钱不成，与被害人林某发生争吵、厮打，在厮打中将被害人林某杀死，其行为已构成故意杀人罪，依法应予严惩。鉴于被告人计某作案后能在亲属的规劝下投案自首，依法可以从轻处罚。依照《刑法》第232条、第57条第1款、第67条第1款的规定，于2000年8月9日判决：被告人计某犯故意杀人罪，判处死刑，缓期二年执行，剥夺政治权利终身。

【学理分析及适用指引】

• 学理分析 •

无论是作为附加刑，还是作为资格刑，审判机关在判处剥夺政治权利时，必须区别不同案件的具体情况，根据犯罪行为客观危害的大小和犯罪分子主观恶性的大小等因素，判处与其罪责相适应的不同期限的剥夺政治权利的刑罚。客观危害大、主观恶性大的，剥夺政治权利的期限就长些；客观危害小、主观恶性小的，剥夺政治权利的期限就短些。同时，在一般适用的前提下，应有例外适用、特殊适用存在的空间，这也是刑罚个别化的应有之义，剥夺政治权利也不例外。《刑法》第55条规定的剥夺政治权利的一般期限与管制刑的剥夺政治权利的期限，只是剥夺政治权利在一般刑事案件中的一般适用。在这些适用的情况下，犯罪行为所造成的客观危害、犯罪分子所具有的人身危险性都还不是十分严重。但在司法实践中，还有一些犯罪分子所造成的客观危害、所具有的人身危险性都非常严重，对他们判处有期自由刑或限制人身自由刑，都不能达到罪刑均衡。在对这些犯罪分子判处附加适用剥夺政治权利时，应与该条规定的情况区别对待。当然，这些罪行严重的犯罪分子，在刑罚的执行中也还存在改过自新的可能。因此，当他们悔过自新时，也应给予一定的肯定与鼓励，依法对所判刑罚予以适当的减轻。

根据《刑法》第57条的规定，被判处死刑、无期徒刑的犯罪分子，毫无例外地都应当被判处剥夺政治权利终身。死刑有两种执行方式，即立即执行和缓期二年执行。对于被判处死刑立即执行的罪犯，附加剥夺其政治权利终身可以对其遗留的非法的政治性的稿件的使用进行限制；被判处死刑缓期二年执行的犯罪分子，有通过减刑、假释等途径而获得生存的可能，对他们判处剥夺政治权利终身，可以防止他们再次利用政治权利实施犯罪。对于被判处无期徒刑的犯罪分子来说，他们也有通过减刑、假释而重归社会的可能。因此，在判处无期徒刑时对他们附加判处剥夺政治权利终身，也是非常必要的。当被判处死刑缓期执行或被判处无期徒刑的犯罪分子，因其狱内表现而被减刑时（减为有期徒刑），附加剥夺政治权利的期限也应予以适当的缩短。但是，鉴于此类犯罪分子原有罪行的严重性，即便是已将其原判刑罚减为有期徒刑，对其剥夺政治权利的期限仍应当比其他犯罪分子长。因此，根据该条第2款的规定，在死刑缓期执行减为有期徒刑或无期徒刑减为有期徒刑的时候，应当把附加剥夺政治权利的期限改为三年以上十年以下。

• 适用指引 •

由于被判处死刑和无期徒刑的犯罪分子，原则上不会再有机会行使任何政治权利，《刑法》规定，对判处死刑、无期徒刑的罪犯，附加剥夺政治权利终身。当死刑或无期徒刑减为有期徒刑时，剥夺政治权利的期限也应当有所缩减，以与减后的有期徒刑相适应。

第五十八条　剥夺政治权利刑期的计算、效力与执行

【法律规定】

• 法律条文 •

《中华人民共和国刑法》

第五十八条　附加剥夺政治权利的刑期，从徒刑、拘役执行完毕之日或者从假释之日起计算；剥夺政治权利的效力，当然施用于主刑执行期间。

被剥夺政治权利的犯罪分子，在执行期间，应当遵守法律、行政法规和国务院公安部门有关监督管理的规定，服从监督；不得行使本法第五十四条规定的各项权利。

• 相关规定 •

《最高人民法院关于在执行附加刑剥夺政治权利期间犯新罪应如何处理的批复》（法释〔2009〕10号）

上海市高级人民法院：

你院《关于被告人在执行附加刑剥夺政治权利期间重新犯罪适用法律问题的请示》（沪高法〔2008〕24号）收悉。经研究，批复如下：

一、对判处有期徒刑并处剥夺政治权利的罪犯，主刑已执行完毕，在执行附加刑剥夺政治权利期间又犯新罪，如果所犯新罪无须附加剥夺政治权利的，依照刑法第七十一条的规定数罪并罚。

二、前罪尚未执行完毕的附加刑剥夺政治权利的刑期从新罪的主刑有期徒刑执行之日起停止计算，并依照刑法第五十八条规定从新罪的主刑有期徒刑执

行完毕之日或者假释之日起继续计算；附加刑剥夺政治权利的效力施用于新罪的主刑执行期间。

三、对判处有期徒刑的罪犯，主刑已执行完毕，在执行附加刑剥夺政治权利期间又犯新罪，如果所犯新罪也剥夺政治权利的，依照刑法第五十五条、第五十七条、第七十一条的规定并罚。

【案例一】

杨甲强奸、抢劫、盗窃案①

• 案件事实 •

2002 年 6 月 20 日晚，被告人杨甲伙同潘某（已判刑）等、杨乙（已判刑）流窜到贵州省雷山县永乐镇坝子村桐油组罗某家中持刀入室抢劫，抢得衣服 4 件，在抢劫中，杨甲、潘某先后对罗某的爱人白某实施强奸。

2001 年阴历 3 月的一天晚上，被害人平某与石某、刘某在三都县打鱼乡排抱村小寨屋背的一块平地上玩。次日凌晨 1 时许，杨甲窜到该处，将石某、刘某二人打跑，将平某捉住，对平某实施强奸。

2000 年 10 月 16 日晚，杨甲伙同潘某（已判刑）窜至丹寨县雅灰乡街上某门市部，撬门入室，盗走门市部内的香烟、雨伞、电筒、电池、洗头膏等物，价值人民币 1000 元。

• 裁判要旨 •

数罪并罚案件中剥夺政治权利刑期的具体确定。

• 裁判理由 •

一审人民法院认为：被告人杨甲违背妇女意志，以暴力、胁迫手段强行与之性交，其行为已构成强奸罪；以非法占有为目的，采取胁迫和其他方法，入户抢劫他人财物，其行为已构成抢劫罪；以非法占有为目的，采取秘密窃取的手段，盗窃他人财物，数额较大，其行为已构成盗窃罪，应数罪并罚。被告人杨甲辩称其在受害人罗某家没有抢劫，经法院查证，其伙同潘某、杨乙到罗某家，当进入罗某家后，被告人杨甲等人对白某进行轮奸，在白某不能反抗也不敢反抗的情况下，其同伙搜到衣服后劫取，其行为符合抢劫罪共犯的构成要件，故杨甲的辩解法院不予采纳。为了保护公民的人身权利、财产权利不受非法侵害，保障社会秩序稳定，严厉打击各类刑事犯罪分子，依照《刑法》第

---

① 参见贵州省雷山县人民法院（2005）雷刑初字第 06 号。

236 条第 3 款第 4 项，第 263 条第 1 项，第 264 条，第 56 条第 1 款，第 58 条第 1 款、第 2 款，第 69 条第 1 款、第 2 款，第 17 条第 3 款和第 23 条的规定，判决如下：被告人杨甲犯强奸罪，判处有期徒刑十五年，剥夺政治权利五年；犯抢劫罪，判处有期徒刑十年，并处罚金 5000 元；犯盗窃罪，判处有期徒刑一年，并处罚金 1000 元；数罪并罚，总和刑期二十六年，决定执行有期徒刑二十年，剥夺政治权利五年，并处罚金 6000 元。

【案例二】

王爱义运输毒品案①

• 案件事实 •

王爱义曾于 1990 年 8 月因犯抢劫罪被判处无期徒刑，剥夺政治权利终身；1993 年 7 月被减刑至有期徒刑十九年，剥夺政治权利八年；1996 年 1 月、1998 年 3 月和 2000 年 1 月又被减刑三次，共减刑 4 年 8 个月。2002 年 9 月 10 日被裁定假释，假释考验期自 2002 年 9 月 10 日起至 2007 年 11 月 12 日止，剥夺政治权利至 2010 年 9 月 9 日止。2004 年 9 月 27 日，王爱义在入住的重庆市长城大酒店用该酒店的塑料袋包装海洛因。次日，王爱义携带上述海洛因前往上海并入住上海东氏大酒店某房间。2004 年 9 月 30 日中午，当王爱义返回该酒店时被抓获，查获海洛因共计 3500 余克。

• 裁判要旨 •

假释依法被撤销后，假释执行期间已经执行的剥夺政治权利之刑期应当依法折抵。

• 裁判理由 •

针对本案，上海市第二中级人民法院认为：被告人王爱义于 1990 年 8 月因犯抢劫罪被判处无期徒刑，剥夺政治权利终身。后经过 3 次减刑，并予以假释，其假释考验期自 2002 年 9 月 10 日起至 2007 年 11 月 12 日止，剥夺政治权利的刑期从 2002 年 9 月 10 日假释之日起计算至 2010 年 9 月 9 日止。2004 年 9 月 27 日，王爱义又重新犯罪，原判决尚未执行完毕的刑罚为有期徒刑五年二个月零三天，剥夺政治权利五年十一个月零九天。而已经执行的剥夺政治权利的刑期为二年零二十一天，应当予以折抵。上海市第二中级人民法院遂以运输毒品罪判处被告人王爱义死刑，剥夺政治权利终身，没收个人全部财产，连同

① 参见上海市第二中级人民法院（2005）沪二中刑初字第 16 号。

原判决尚未执行完毕的刑罚有期徒刑五年二个月零三天，剥夺政治权利五年十一个月零九天，决定执行死刑，剥夺政治权利终身，没收个人全部财产。

后王爱义不服上诉，上海市高级人民法院维持了原判决并报请最高人民法院核准，最高人民法院予以核准。

【学理分析及适用指引】

● 学理分析 ●

剥夺政治权利的刑期起算，不仅关系到刑罚的严肃性与严厉性，而且对刑罚执行的效果也有重要影响。如果规定附加剥夺政治权利的刑期与剥夺自由刑的刑期同时起算，就可能会出现犯罪分子的主刑尚未执行完毕，还处于被羁押的状态时，剥夺政治权利的刑期已经执行完毕的情况，这样一来，犯罪分子一旦被解除被羁押的状态，就有立即利用所享有的政治权利进行再次犯罪的可能。而且，这种情况下，由于犯罪分子尚在狱中，也不好对犯罪分子是否会利用特定的政治权利再次危害社会进行较为客观的考察和评价，所以对被剥夺政治权利的犯罪分子的再犯可能性的考察和评价，应在其重归社会时开始。

依据《刑法》第58条的规定，被判处无期徒刑附加剥夺政治权利的，在无期徒刑服刑期间，当然不享有政治权利，这时并不涉及剥夺政治权利的刑期计算问题。但是，当犯罪分子从无期徒刑减为有期徒刑或假释时，这时剥夺政治权利的刑期计算问题就显现出来。在这种情况下，被减为有期徒刑的，从该有期徒刑执行完毕或假释之日起计算；直接被假释的，从假释之日起计算；被判处有期徒刑、拘役而附加剥夺政治权利的，剥夺政治权利的刑期从主刑执行完毕或犯罪分子被假释之日起计算。同时，在主刑执行期间，犯罪分子也不得享有政治权利。对于被判处剥夺政治权利的犯罪分子，由公安机关予以执行，进行监督。犯罪分子在剥夺政治权利的刑罚执行期间，必须遵守法律、行政法规和公安部门有关监督管理的规定，认罪服法，积极改造，自觉服从公安机关的监督与管理，主动配合公安机关做好刑罚的执行工作，并不得行使规定的各项政治权利。同时，该条的规定有效地解决了附加剥夺政治权利的刑期计算问题，使剥夺政治权利的执行，既能与主刑性质相适应，又有效地解决了1979年《刑法》所欠缺的关于如何对回归社会的剥夺政治权利的犯罪分子的监督与管理的问题，使被剥夺政治权利的犯罪分子在社会上能得到有效的监管，使剥夺政治权利的执行不致流于形式，保证了刑罚执行的效果。

● 适用指引 ●

被判处徒刑、拘役附加剥夺政治权利的犯罪分子，在其服刑期间，不享有各项政治权利。对他们剥夺政治权利的期限自徒刑和拘役执行完毕之日起计算，故此，犯罪分子被剥夺政治权利的实际期限是主刑执行期间加上附加剥夺的期间。

第八节　没收财产

第五十九条　没收财产的适用

【法律规定】

● 法律条文 ●

《中华人民共和国刑法》

第五十九条　没收财产是指没收犯罪分子个人所有财产的一部或者全部。没收全部财产的，应当对犯罪分子及其扶养的家属保留必需的生活费用。

在判处没收财产的时候，不得没收属于犯罪分子家属所有或者应有的财产。

● 相关规定 ●

《最高人民法院关于刑事裁判涉财产部分执行的若干规定》（法释〔2014〕13号）

第九条　判处没收财产的，应当执行刑事裁判生效时被执行人合法所有的财产。

执行没收财产或罚金刑，应当参照被扶养人住所地政府公布的上年度当地居民最低生活费标准，保留被执行人及其所扶养家属的生活必需费用。

【案例】

杨延虎等贪污案[①]

● 案件事实 ●

被告人杨延虎2003年3月任浙江省义乌市人大常委会副主任，2000年8月兼任中国小商品城福田市场（2003年3月改称中国义乌国际商贸城，以下简称国际商贸城）建设领导小组副组长兼指挥部总指挥，主持指挥部全面工

---

① 根据2012年9月18日《最高人民法院关于发布第三批指导性案例的通知》指导案例11号修改。

作。2002年，杨延虎得知义乌市稠城街道共和村将列入拆迁和旧村改造范围后，决定在该村购买旧房，利用其职务便利，在拆迁安置时骗取非法利益。杨延虎遂与被告人王月芳（杨延虎的妻妹）、被告人郑新潮（王月芳之夫）共谋后，由王、郑二人出面，通过共和村王某某，以王月芳的名义在该村购买赵某某的3间旧房（房产证登记面积61.87平方米，发证日期1998年8月3日）。按当地拆迁和旧村改造政策，赵某某有无该旧房，其所得安置土地面积均相同，事实上赵某某也按无房户得到了土地安置。2003年3月至4月，为使3间旧房所占土地确权到王月芳名下，在杨延虎指使和安排下，郑新潮再次通过共和村王某某，让该村村民委员会及其成员出具了该3间旧房系王月芳1983年所建的虚假证明。杨延虎利用职务便利，要求兼任国际商贸城建设指挥部分管土地确权工作的副总指挥、义乌市国土资源局副局长吴某某和指挥部确权报批科人员，对王月芳拆迁安置、土地确权予以关照。国际商贸城建设指挥部遂将王月芳所购房屋作为有村证明但无产权证的旧房进行确权审核，上报义乌市国土资源局确权，并按丈量结果认定其占地面积64.7平方米。

此后，被告人杨延虎与郑新潮、王月芳等人共谋，在其岳父王某祥在共和村拆迁中可得25.5平方米土地确权的基础上，于2005年1月编造了由王月芳等人签名的申请报告，谎称“王某祥与王月芳共有三间半房屋，占地90.2平方米，二人在1986年分家，王某祥分得36.1平方米，王月芳分得54.1平方米，有关部门确认王某祥房屋25.5平方米、王月芳房屋64平方米有误”，要求义乌市国土资源局更正。随后，杨延虎利用职务便利，指使国际商贸城建设指挥部工作人员以该部名义对该申请报告盖章确认，并使该申请报告得到义乌市国土资源局和义乌市政府认可，从而让王月芳、王某祥分别获得72平方米和54平方米（共126平方米）的建设用地审批。按王某祥的土地确权面积仅应得36平方米建设用地审批，其余90平方米系非法所得。2005年5月，杨延虎等人在支付选位费24.552万元后，在国际商贸城拆迁安置区获得两间店面72平方米土地的拆迁安置补偿（案发后，该72平方米的土地使用权被依法冻结）。该处地块在用作安置前已被国家征用并转为建设用地，属国有划拨土地。经评估，该处每平方米的土地使用权价值35270元。杨延虎等人非法所得的建设用地90平方米，按照当地拆迁安置规定，折合拆迁安置区店面的土地面积为72平方米，价值253.944万元，扣除其支付的24.552万元后，实际非法所得229.392万元。

此外，2001年至2007年间，被告人杨延虎利用职务便利，为他人承揽工程、拆迁安置、国有土地受让等谋取利益，先后非法收受或索取57万元，其中索贿5万元。

• 裁判要旨 •

没收财产的对象是被告人的合法财产，赃款赃物及违法所得属于依法追缴而非没收财产的范畴。

• 裁判理由 •

浙江省金华市中级人民法院于2008年12月15日作出（2008）金中刑二初字第30号刑事判决：一、被告人杨延虎犯贪污罪，判处有期徒刑十五年，并处没收财产20万元；犯受贿罪，判处有期徒刑十一年，并处没收财产10万元；决定执行有期徒刑十八年，并处没收财产30万元。二、被告人郑新潮犯贪污罪，判处有期徒刑五年。三、被告人王月芳犯贪污罪，判处有期徒刑三年。宣判后，三被告人均提出上诉。浙江省高级人民法院于2009年3月16日作出（2009）浙刑二终字第34号刑事裁定：驳回上诉，维持原判。

【学理分析及适用指引】

• 学理分析 •

没收财产，是指将犯罪分子个人所有财产的一部分或全部强制无偿地收归国有的刑罚方法。作为一种财产刑，没收财产虽与罚金刑有许多相似之处，但它的适用对象更广。它不仅适用于贪利性犯罪，而且适用于危害国家安全类犯罪与其他重大刑事犯罪。没收的对象不仅包括归犯罪分子个人所有的现金，而且包括其他的动产与不动产，并且没收财产不存在分期执行或减免的问题，只能一次执行。所以，与罚金刑相比，没收财产是财产刑中一种较重的附加刑。它的适用，不仅仅是对犯罪分子的经济性惩罚，而且也是剥夺他们进行犯罪活动的“资本”，防止他们再次危害社会。

依据《刑法》第59条的规定，没收财产的范围，是归犯罪分子个人所有的财产。所谓犯罪分子个人所有的财产，是指犯罪分子实际所有的一切财产及其在家庭共有财产中的应得份额。所谓家属所有或应有的财产，是指犯罪分子家属实际所有的财产或其在家庭共有财产中应得的财产。在个案中如何适用没收财产，应根据《刑法》分则的具体规定作出判断。规定并处没收财产或者罚金的犯罪，审判人员在二者中必选其一；规定可以并处没收财产或者罚金的犯罪，审判人员可以择一适用；规定必须并处没收财产的，审判人员没有取舍的余地。如果一人犯数罪依法同时并处罚金和没收财产的，应当合并执行；但并处没收全部财产的，只执行没收财产刑。至于是没收全部财产还是一部分财产，审判人员应当根据案件具体情况及犯罪分子的财产状况予以决定。不过，即使是没收全部财产，也不意味着犯罪分子及其扶养的家属将会生活无着，在实际执行中仍会为他们保留必需的生活费用。该条关于没收财产范围的规定，既体现了罪责自负、反对株连的刑法原则，也体现了刑法的谦抑性和人道蕴含。

• 适用指引 •

对犯罪分子判处没收财产刑时，要把他个人的财产与归其家庭成员所有的财产严格区分，不能误把其家庭成员的财产列入被没收的财产范围之内。

第六十条 没收财产与偿还债务

【法律规定】

• 法律条文 •

《中华人民共和国刑法》

第六十条 没收财产以前犯罪分子所负的正当债务，需要以没收的财产偿还的，经债权人请求，应当偿还。

• 相关规定 •

《最高人民法院关于适用财产刑若干问题的规定》（法释〔2000〕45号）

第七条 刑法第六十条规定的“没收财产以前犯罪分子所负的正当债务”，是指犯罪分子在判决生效前所负他人的合法债务。

【案例】

朱某诈骗案[①]

• 案件事实 •

被告人朱某于1993年4月至9月期间，编造可以代购住宅房的虚假事实，使用私刻的“北京市四方房地产开发总公司房屋经营部”六号印章，冒用该公司的名义与中国船舶工业总公司签订购房协议，骗取中国船舶工业总公司购房款人民币750万元。朱某用其中人民币246万元购买11套住宅房提供给中国船舶工业总公司，其余人民币504万元被朱某使用或者挥霍。案发后，追缴赃款、赃物计人民币118万元，已发还，仍有人民币386万元无法归还。

---

① 参见北京市第一中级人民法院（1997）一中刑初字第93号。

朱某于1994年9月至10月期间，编造可以代购住宅房的虚假事实，使用私刻的“北京市安华房地产开发公司房屋开发部”印章，冒用该公司的名义与某资金融通中心签订购房协议，骗取某资金融通中心购房款人民币220万元。该款均被朱某使用或者挥霍。案发后追缴赃款人民币1046000余元，已发还，仍有人民币1153700元无法归还。

综上，朱某共骗取人民币724万元，案发后追缴赃款、赃物计价值人民币2206000余元已分别发还，仍有人民币5013700元无法归还。

• 裁判要旨 •

判决生效之前犯罪分子所负担的正当债务，符合条件的，依法可以用没收的财产予以偿还。

• 裁判理由 •

一审人民法院认为：被告人朱某以非法占有为目的，虚构事实，采取签订虚假经济合同的手段，骗取国有企业巨额钱财，其行为已构成诈骗罪，且犯罪数额特别巨大，情节特别严重，致使国有企业财产遭受重大损失，依法应予惩处。据此，依据1997年《刑法》第12条第1款，1979年《刑法》第152条、第53条第1款、第31条、第60条判决如下：朱某犯诈骗罪，判处无期徒刑，剥夺政治权利终身，并处没收全部财产。

【学理分析及适用指引】

• 学理分析 •

对于在没收财产前，犯罪分子因合法经济关系所欠的正当债务，应予以承认和保护；此种正当债务在需以被没收的财产偿还的情况下，应当优先偿还。

根据《刑法》第60条的规定，没收财产以前犯罪分子所负担的正当债务，需要以没收的财产偿还的，经债权人请求，应当偿还。据此规定，以没收财产偿还犯罪分子个人所负的正当债务，应当具备以下条件：（1）必须是犯罪分子在财产被没收前所负的债务，包括国家、集体和个人的债务；（2）必须是正当债务，即是由于正常的买卖、借贷、租赁、雇用等合法行为所产生的债务，而不能是由于违法犯罪行为而产生的债务；（3）该正当债务需要以被没收的财产偿还，即犯罪分子除了被没收的财产外，没有其他财产可供偿还或其他财产不足以清偿债务，否则，就不能以被没收的财产偿还债务；（4）必须经债权人请求，即该正当债务的债权人必须提出明确的以被没收的财产清偿债务的请求，否则不予偿还；清偿时，仅限于在没收财产的范围内按《民事诉讼法》规定的清偿顺序偿还。只有同时具备上述四个条件，才能以没收的财产清偿债务，缺少其中任何一个条件，都不能以没收的财产清偿债务。

但是，通过债权人的申请而在刑罚执行前用没收财产对正当债务予以清偿的债权实现方法，与单纯的民事法律范围内的债权实现方法相比，其具有民刑交叉的特点，而刑事程序的进行往往会干扰债权实现请求的提出以及债务是否正当的审查，并且，正当债务的债权人往往与相关的刑事案件并无利害关系，他们怎样才能知道相关的刑事案件的实体处理结果并及时地提出债权清偿的请求，这在实践中都是问题。因此，要做到在实践中对《刑法》第60条切实地遵守和执行，还存在诸多障碍，这就需要相关部门制定一系列切实可行的细化配套措施以保证该条能够真正在实践中得到应用。

• 适用指引 •

没收犯罪分子的财产，可能导致其无法偿还先前所负担的正当债务。在这种情况下，就应当允许以没收的财产偿还先前的正当债务，以保障债权人的正当利益。在此前提下，再考虑没收财产归国家所有的问题。

第四章 刑罚的具体运用

第一节 量 刑

第六十一条 量刑原则与依据

【法律规定】

• 法律条文 •

《中华人民共和国刑法》

第六十一条 对于犯罪分子决定刑罚的时候，应当根据犯罪的事实、犯罪的性质、情节和对于社会的危害程度，依照本法的有关规定判处。

• 相关规定 •

《最高人民法院关于审理未成年人刑事案件具体应用法律若干问题的解释》（法释〔2006〕1号）

第十一条 对未成年罪犯适用刑罚，应当充分考虑是否有利于未成年罪犯的教育和矫正。

对未成年罪犯量刑应当依照刑法第六十一条的规定，并充分考虑未成年人实施犯罪行为的动机和目的、犯罪时的年龄、是否初次犯罪、犯罪后的悔罪表现、个人成长经历和一贯表现等因素。对符合管制、缓刑、单处罚金或者免予刑事处罚适用条件的未成年罪犯，应当依法适用管制、缓刑、单处罚金或者免予刑事处罚。

【案例】

路国平故意杀人案①

● 案件事实 ●

2000年3月18日晚8时许，路国平酒后驾驶摩托车带路利国返家，行至河北省沙河市高店村西时，遇崔某驾驶摩托车酒后倒地挡在路中，影响车辆通行。路国平叫崔某让路，崔某未动，双方发生口角并殴斗。路国平、路利国将崔某打倒在地，在路利国按住崔某殴打时，路国平用石头砸在崔的头部。后路国平、路利国逃离现场。崔某因头部受钝性外力作用致硬膜下血肿当场死亡。

● 裁判要旨 ●

量刑时应当对犯罪的事实、情节、危害程度等因素（包括被害人过错、行为人犯罪后的表现）予以全面、综合的考虑。

● 裁判理由 ●

河北省邢台市中级人民法院经审理于2002年6月22日作出（2002）邢刑初字第54号刑事附带民事判决，认定被告人路国平犯故意杀人罪，判处死刑，缓期二年执行，剥夺政治权利终身，与路利国（同案被告人，已判刑）共同赔偿附带民事诉讼原告人经济损失人民币8000元。宣判后，附带民事诉讼原告人提出上诉，河北省邢台市人民检察院提出抗诉。河北省高级人民法院于2002年12月11日以（2002）冀刑一终字第766号刑事附带民事判决，撤销一审刑事附带民事判决中对被告人路国平的量刑部分，认定路国平犯故意杀人罪，判处死刑，剥夺政治权利终身，并依法报请最高人民法院核准。最高人民法院于2003年5月13日以（2003）刑复字第19号刑事裁定，撤销河北省高级人民法院（2002）冀刑一终字第766号刑事附带民事判决，发回河北省高级人民法院重新审判。河北省高级人民法院经重新审判于2004年3月24日作出（2003）冀刑一终字第704号刑事附带民事判决，撤销河北省邢台市中级人民法院（2002）邢刑初字第54号刑事附带民事判决，认定被告人路国平犯故意杀人罪，判处死刑，剥夺政治权利终身，并再次依法报请最高人民法院核准。最高人民法院依法组成合议庭，对本案进行了复核。

最高人民法院经复核认为：被告人路国平的行为已构成故意杀人罪，后果

---

① 参见最高人民法院（2004）刑复字第160号，或《中华人民共和国最高人民法院公报》2005年第6期。

严重，应依法惩处。一、二审判决定罪准确。但一、二审判决认定被告人路国平驾驶摩托车轧在被害人崔某的腿部，并引发双方发生口角并殴斗的事实，证据不确实、充分，因而不予认定。鉴于本案系因民事纠纷引发，双方在案件起因上均有一定过错，且被告人路国平在羁押期间有制止他人自杀的表现等具体情节，对被告人路国平判处死刑，可不立即执行。因此，依照《刑事诉讼法》第 199 条和《最高人民法院关于执行〈中华人民共和国刑事诉讼法〉若干问题的解释》第 285 条第 3 项，《刑法》第 232 条、第 57 条第 1 款的规定，判决：一、撤销河北省高级人民法院（2003）冀刑一终字第 704 号刑事附带民事判决中对被告人路国平的量刑部分。二、被告人路国平犯故意杀人罪，判处死刑，缓期二年执行，剥夺政治权利终身。

【学理分析及适用指引】

• 学理分析 •

1. 关于量刑的几种观点。关于量刑应当遵循何种原则，我国刑法学界进行了长期深入的探讨，各种观点和见解层出不穷，概括来说，可以分为以下几类：

（1）二原则说。有论者将《刑法》第 61 条规定的量刑一般原则概括为以犯罪事实为依据，以刑事法律（刑法规定）为准绳。① 有论者认为，量刑原则具体体现为目的性原则和公正性原则。② 另有论者认为，量刑应遵循公正性原则和合理性原则。③ 也有论者认为，应该以报应和预防相统一作为量刑的一般原则，即量刑的原则包括两个：报应原则和预防原则。量刑要以已犯之罪的社会危害性为基础，同时考虑未然之罪的可能性。④ 还有论者认为，《刑法》第 61 条关于量刑一般原则的规定中实际上包含着两个基本原则，即罪刑相适应原则和刑罚个别化原则。⑤

（2）三原则说。有论者认为，刑法中的量刑原则包括罪刑相适应原则、刑罚个别化原则和刑罚法定原则。⑥ 亦有论者认为，量刑的原则有三：依法量刑的原则、责任原则及从刑事政策出发的原则。⑦

---

① 参见高铭暄、马克昌主编：《刑法学》，北京大学出版社、高等教育出版社 2000 年版，第 261 页；张明楷：《刑法学》（上），法律出版社 1997 年版，第 437 页；何秉松主编：《刑法教科书》（上卷），中国法制出版社 2000 年版，第 571 页。

② 参见邱兴隆、许章润：《刑罚学》，群众出版社 1988 年版，第 258 页。

③ 参见苏惠渔等：《量刑与电脑》，百家出版社 1989 年版，第 24 页。

④ 参见陈兴良：《刑法哲学》，中国政法大学出版社 1997 年版，第 621 页。

⑤ 参见曲新久：《试论刑罚个别化原则》，载《法学研究》1987 年第 5 期。

⑥ 参见周振想：《刑罚适用论》，法律出版社 1990 年版，第 160 页。

⑦ 参见顾肖荣、吕继贵主编：《量刑的原理与操作》，上海社会科学院出版社 1991 年版，第 11 页。

（3）四原则说。有论者认为，我国的量刑原则包括：以犯罪事实为根据的实事求是的原则；以刑事法律为准绳的社会主义法制的原则；贯彻个别定罪量刑、罪刑适应、严禁株连的原则；量刑平等的原则。①

（4）五原则说。有论者认为，量刑的原则有五项：公正原则、刑罚法定原则、罪责刑相适应原则、刑罚个别化原则以及谦抑原则。②

2. 量刑应注意的几个问题。《刑法》第 61 条是关于人民法院对犯罪分子量刑原则的规定，是人民法院公正执法、正确定罪量刑的根据。要贯彻这一原则，必须做到：

（1）查清犯罪事实。此处的犯罪事实是指犯罪构成要件的全部事实，即在犯罪实施过程中所发生的表明罪行轻重和刑事责任大小的各种主客观事实情况，包括：犯罪的主体是否为具有完全刑事责任能力的人；犯罪的主观方面是故意还是过失；犯罪的客观方面，如危害社会的行为、手段、危害社会的后果、行为与后果之间的因果关系以及犯罪的时间、地点和方法等。

（2）准确认定犯罪性质。也就是通常所说的定性准确，在查清犯罪事实的基础上，运用犯罪构成的理论和刑法的有关规定，正确地认定行为人的行为构成何种犯罪，确定具体犯罪的罪名，正确地区分此罪与彼罪。这是量刑适当的必要前提。

（3）全面掌握犯罪情节。犯罪情节包括定罪情节和量刑情节。此处所说的犯罪情节是指量刑情节，即犯罪构成基本事实以外的、影响犯罪的社会危害程度与行为人人身危险性程度的各种事实情况。对于量刑情节的全面掌握和综合考量，是刑罚裁量活动的一个核心内容，既包括法定量刑情节，也包括酌定量刑情节。法定情节是刑法明文规定的情节，因此其是否适用以及适用的具体规则等，相对来说较易掌握。酌定情节虽然不是刑法明文规定的情节，但也对量刑起着重要的影响作用。在刑事审判实践中常见的酌定情节主要包括：犯罪的手段、犯罪的对象、犯罪的后果、犯罪的动机、犯罪后的态度、犯罪分子的一贯表现、被害人的过错等。

（4）正确评价行为对于社会的危害程度。行为对于社会的危害程度一般包括两方面的内容：一是犯罪行为直接造成的危害后果；二是犯罪行为虽未直接造成危害后果，但存在着潜在的危害。对行为的社会危害程度的评价是对犯罪的事实、性质与情节进行全面考量后得出的综合结论。

• 适用指引 •

《刑法》第 61 条是关于人民法院对犯罪分子量刑原则的规定，是人民法院

---

① 参见罗平：《我国刑法的量刑原则》，载《红旗》1979 年第 9 期。

② 参见胡学相：《量刑的基本理论研究》，武汉大学出版社 1998 年版，第 24 页。

公正执法、正确定罪量刑的根据。要贯彻这一原则，必须做到查清犯罪事实、准确认定犯罪性质、全面掌握犯罪情节、正确评价行为对于社会的危害程度，在上述基础上，严格依照《刑法》总则和分则中关于刑罚方法、刑罚制度、量刑幅度、量刑情节等的规定，正确地决定和适用刑罚。

第六十二条　从重处罚与从轻处罚

【法律规定】

● 法律条文 ●

《中华人民共和国刑法》

第六十二条　犯罪分子具有本法规定的从重处罚、从轻处罚情节的，应当在法定刑的限度以内判处刑罚。

【案例】

杨湘海贩卖、运输毒品案①

● 案件事实 ●

杨湘海，湖南省岳阳县人，小学文化，无业。1990 年 3 月 8 日因犯流氓罪被判处有期徒刑三年六个月，1993 年 4 月 20 日因犯故意伤害罪被判处有期徒刑四年六个月，经减刑于 1996 年 7 月 3 日刑满释放。

1998 年 7 月的一天，杨湘海按照任建良（同案被告人，已判刑）的安排，在任建良开设的“阿良发廊”将任建良提供的 100 克海洛因通过易江生（同案被告人，已判刑），贩卖给吸毒人员曹某，获赃款人民币 19000 元。杨湘海将其中人民币 16000 元交给任建良，个人得赃款人民币 3000 元，并付给易江生人民币 400 元。

1999 年 4 月初的一天，杨湘海经与任建良共谋，杨湘海和瞿小松、江妹子（去向不明）共同出资人民币 48000 元（杨湘海出资 2000 元），交由任建良到广州购得海洛因 400 克，杨湘海自留 20 克海洛因，其余交给瞿小松、江妹子。

1999 年 5 月下旬，杨湘海应赵打保（同案被告人，已判刑）的要求，通过任建良帮忙调换 300 克劣质海洛因。任建良同意调换部分海洛因。随后，杨湘海将赵打保的 300 克劣质海洛因转交任建良，并将任建良调换的 50 克质量

① 参见最高人民法院（2001）刑复字第 99 号，载《中华人民共和国最高人民法院公报》2002 年第 1 期。

好的海洛因转交赵打保。

1999 年 5 月至 6 月期间，杨湘海三次为刘友保向任建良购买海洛因 75 克。在此期间，杨湘海还向任建良购得海洛因 20 克，以每克人民币 160 元的价格卖给吸毒人员冯某。

1999 年 8 月上旬，杨湘海得知公安机关正在对其追捕，便携带现金 35000 余元逃往广东省广州市。8 月 21 日，杨湘海在广州市购得海洛因 310 克，次日下午返回湖南省岳阳市将海洛因卖给袁应平（同案被告人，已判刑），后公安机关将袁应平所购海洛因查获，重量为 309.6537 克。

1999 年 8 月 26 日，杨湘海在广州火车站被公安机关抓获。

综上，被告人杨湘海贩卖、运输海洛因共计 945 克。

本案在复核期间，杨湘海揭发夏创新非法制造、销售枪支。经公安机关查证，杨湘海的揭发属实，夏创新已被逮捕，缴获其非法制造、销售的枪支 11 支。

• 裁判要旨 •

从重处罚情节与从轻处罚情节并存情况下的刑罚裁量。

• 裁判理由 •

湖南省岳阳市中级人民法院审理湖南省岳阳市人民检察院指控被告人杨湘海犯贩卖、运输毒品罪一案，于 2000 年 12 月 23 日作出（2000）岳中刑初字第 52 号刑事判决，认定被告人杨湘海犯贩卖、运输毒品罪，判处死刑，剥夺政治权利终身，并处没收个人全部财产。宣判后，被告人杨湘海不服，提出上诉。湖南省高级人民法院于 2001 年 3 月 29 日以（2001）湘刑终字第 84 号刑事判决，驳回被告人杨湘海的上诉，维持原审对杨湘海的判决，并依法报请最高人民法院核准，最高人民法院依法组成合议庭，对本案进行了复核。

最高人民法院认为：被告人杨湘海非法贩卖、运输海洛因的行为，已构成贩卖、运输毒品罪，且贩卖、运输毒品数量大，依法应予惩处。杨湘海在刑罚执行完毕后 5 年内重新犯罪，系累犯，依法应从重处罚。一审、二审法院判决未认定累犯不当；二审判决认定的事实清楚，证据确实、充分，定罪准确，量刑适当，审判程序合法。鉴于杨湘海在我院复核期间，揭发他人非法制造、销售枪支，经查证属实，构成重大立功，依法应予以从轻处罚。依照《刑事诉讼法》第 199 条，《最高人民法院关于执行〈中华人民共和国刑事诉讼法〉若干问题的解释》第 285 条第 3 项，《刑法》第 347 条第 2 款第 1 项、第 57 条第 2 款、第 65 条第 1 款、第 68 条第 1 款的规定，判决如下：一、撤销湖南省高级人民法院（2001）湘刑终字第 84 号刑事判决和湖南省岳阳市中级人民法院（2000）岳中刑初字第 52 号刑事判决中对被告人杨湘海的量刑部分。二、被告人杨湘海犯贩卖、运输毒品罪，判处无期徒刑，剥夺政治权利终身，并处没收个人全部财产。

【学理分析及适用指引】

• 学理分析 •

从量刑情节影响处罚宽严的功能角度，可以将其分为从宽量刑情节与从严量刑情节两类。从宽量刑情节包括从轻处罚、减轻处罚和免除处罚的情节。从严量刑情节包括从重处罚情节和加重处罚情节。同一犯罪案件中并存有两个以上量刑情节的，称为量刑情节的竞合，量刑情节的竞合有同向竞合与逆向竞合之分。两个以上从宽情节或者两个以上从严情节并存的，属于同向竞合；从宽情节与从严情节并存的，属于逆向竞合。

对于多个同向量刑情节的并存适用，《刑法》并未作出明确规定，但在理论和实践中已形成一定的规则。具体来说：（1）多个免除处罚情节并存的，只需依照法律规定免除行为人的刑罚即可；免除处罚情节与从轻处罚情节或者减轻处罚情节并存时，直接适用免除处罚，对从轻或者减轻处罚情节不予考虑。（2）两个以上从轻处罚情节并存的，可以根据各个从轻情节对量刑的影响，适当增加从轻的幅度，但不能对行为人减轻处罚。如果判处法定最低刑仍属过重的，则看其是否属于《刑法》第 63 条第 2 款规定的“特殊情况”。同理，两个以上从重情节并存的，只能在法定刑幅度内予以较大幅度的从重，不能高于法定刑判处刑罚。（3）多个减轻处罚情节并存的，可以增加减轻处罚的幅度；除非属于《刑法》第 37 条规定的“犯罪情节轻微”的情形，否则，不能将数个减轻处罚合并为免除处罚。（4）从轻处罚情节与减轻处罚情节并存的，先适用减轻情节，然后考虑从轻情节对量刑影响的大小，减轻的幅度可以适当增大，但不能免除刑罚。

对于从轻处罚情节与减轻处罚情节并存的，学界意见不一，有观点认为，应先适用减轻情节，然后考虑从轻情节对量刑影响的大小，减轻的幅度可以适当增大，但不能免除刑罚。① 也有观点认为，在减轻处罚的情况下，从轻情节便失去意义，即应当排除从轻处罚的可能，而只适用减轻处罚。② 相比之下，第一种观点较为妥当。如果排除从轻处罚而只适用减轻处罚，则无法体现在该种同向竞合情况下与只存在单一减轻处罚情节的情况下量刑的差别，只有分别对各个量刑情节进行评价和适用，才能实现罪刑相适应。

在量刑情节逆向竞合的情况下如何适用？对此，学界众说不一，主要有三

---

① 参见莫开勤：《量刑情节导论》，中国人民大学 1994 年硕士学位论文。

② 参见胡学相：《量刑的基本理论研究》，武汉大学出版社 1998 年版，第 203 页。

种观点：

1. 综合判断说，具体又分为整体综合判断说与分别综合判断说。整体综合判断说主张，应全面考虑案件的各种情节，通过综合分析来决定刑罚的轻重；分别综合判断说则认为，应在对从严情节与从宽情节分别综合判断的基础上，估量出应判处的刑种和刑度，至于如何“分别考虑”，又各有不同的主张。①

2. 抵消说，其中又有绝对抵消说和相对抵消说之分。绝对抵消说主张应根据各情节所表示的轻重系数进行折抵，如果各情节所表示的系数相等，则相抵消，如果所表示的系数不等，则将两者相抵后剩余的部分作为适用结果；相对抵消说则认为，只有在量刑情节的功能完全对应并且无明显的主从优劣之分时，才能抵消。②

3. 优势情节适用说，当一案中轻重情节兼具时，应按应当情节优于可以情节，罪中情节优于罪前情节或罪后情节，应当从宽情节优于应当从严情节，以及法定量刑情节优于酌定量刑情节的原则处理。③

• 适用指引 •

从重处罚与从轻处罚都是在法定刑的限度以内判处刑罚，法定刑的限度以内是指《刑法》分则针对某种特定犯罪的特定情节规定的量刑幅度，既包括适用的刑种，也包括该条文具体规定的刑期，无论是从重处罚还是从轻处罚，均不得超过应适用的量刑幅度的法定最低刑和法定最高刑。

第六十三条　减轻处罚

【法律规定】

• 法律条文 •

《中华人民共和国刑法》

第六十三条　犯罪分子具有本法规定的减轻处罚情节的，应当在法定刑以下判处刑罚；本法规定有数个量刑幅度的，应当在法定量刑幅度的下一个量刑幅度内判处刑罚。

---

① 参见周振想：《刑罚适用论》，法律出版社1990年版，第286页；胡学相：《量刑的基本理论研究》，武汉大学出版社1998年版，第206～207页；陈兴良：《刑法适用总论》（下卷），法律出版社1999年版，第311～312页；张明楷：《刑法学》（上），法律出版社1997年版，第455页。

② 参见邱兴隆、许章润：《刑罚学》，群众出版社1988年版，第415页。

③ 参见马克昌等主编：《刑法学全书》，上海科学技术文献出版社1993年版，第202页。

犯罪分子虽然不具有本法规定的减轻处罚情节，但是根据案件的特殊情况，经最高人民法院核准，也可以在法定刑以下判处刑罚。

【案例一】

许霆盗窃案①

• 案件事实 •

2006年1月，被告人许霆被广州市粤华物业有限公司聘任为保安员。同年4月21日21时许，许霆持自己不具备透支功能、余额为176.97元的银行卡，到位于广东省广州市天河区黄埔大道西平云路163号的广州市商业银行自动柜员机前准备取款100元，同行的郭安山（已判刑）在附近等候。当许霆在自动柜员机上无意中输入取款1000元的指令后，柜员机即出钞1000元。许霆经查询，发现其银行卡中仍有170余元，意识到银行自动柜员机发生故障，能够超出账户余款取款且不如实扣账。于是，许霆先后于21时57分至22时19分、23时13分至19分、次日0时26分至1时06分的三个时间段内，在该自动柜员机170次主动指令取款174000元，而其账户实际被扣账174元。郭安山从许霆处得知该台自动柜员机出现异常后，亦采用同样手段先后取款19000元。同月24日下午，许霆辞职后携款逃匿。2007年5月22日，公安人员在陕西省宝鸡市将许霆抓获归案。许霆至今未退还赃款。

另查明，2006年4月21日16时许，运营商广州某公司对涉案的自动柜员机进行系统升级。4月22日、23日是双休日。4月24日上午，广州市商业银行对全行离行式自动柜员机进行例行检查时，发现涉案的自动柜员机出现异常，即通知运营商一起到现场开机查验。经核查，发现该自动柜员机在系统升级后出现异常，1000元以下（不含1000元）取款交易正常；1000元以上的取款交易，每取1000元按1元形成交易报文向银行主机报送，即持卡人输入取款1000元的指令，自动柜员机出钞1000元，但持卡人账户实际扣款1元。

• 裁判要旨 •

法外减轻处罚这一特殊量刑制度适用应考量的具体因素与核准程序。

• 裁判理由 •

广东省广州市中级人民法院审理广东省广州市人民检察院指控被告人许霆犯盗窃罪一案，于2007年11月20日以（2007）穗中法刑二初字第196号刑

---

① 参见中华人民共和国最高人民法院（2008）刑核字第18号。

事判决，认定被告人许霆犯盗窃罪，判处无期徒刑，剥夺政治权利终身，并处没收个人全部财产。

宣判后，许霆提出上诉。广东省高级人民法院于 2008 年 1 月 9 日作出（2008）粤高法刑一终字第 5 号刑事裁定，撤销原判，发回重审。广东省广州市中级人民法院依法另行组成合议庭进行重新审理后，于 2008 年 3 月 31 日作出（2008）穗中法刑二重字第 2 号刑事判决，认定被告人许霆犯盗窃罪，在法定刑以下判处有期徒刑五年，并处罚金人民币 2 万元。

宣判后，许霆提出上诉。广东省高级人民法院经依法公开开庭审理，于 2008 年 5 月 23 日作出（2008）粤高法刑一终字第 170 号刑事裁定，驳回上诉，维护原判，并依法报请最高人民法院核准。

最高人民法院依法组成合议庭，对本案进行了复核。最高人民法院认为：被告人许霆持不具有透支功能的银行借记卡在银行的自动柜员机取款时，发现自动柜员机发生故障，在明知自己的银行卡内只有 170 多元的情况下，趁银行工作人员尚未发现之机，非法取款 174825 元，并携款潜逃的行为，已构成盗窃罪。许霆盗窃金融机构，数额特别巨大，依法本应判处无期徒刑以上刑罚。但考虑许霆是在发现自动柜员机发生故障的情况下临时起意盗窃，其行为具有一定的偶然性，与有预谋、有准备盗窃金融机构的犯罪相比，主观恶意性相对较小；许霆是趁自动柜员机发生故障之机，采用输入指令取款的方法窃取款项，与采取破坏手段盗取钱财相比，犯罪情节相对较轻，对许霆可以适用《刑法》第 63 条第 2 款的规定，在法定刑以下判处刑罚。第一审判决、第二审裁定认定的事实清楚，证据确实、充分，定罪准确，量刑适当。审判程序合法。依照《刑法》第 63 条第 2 款和《最高人民法院关于执行〈中华人民共和国刑事诉讼法〉若干问题的解释》第 270 条的规定，裁定如下：核准广东省高级人民法院（2008）粤高法刑一终字第 170 号维持第一审以盗窃罪在法定刑以下判处被告人许霆有期徒刑五年，① 并处罚金人民币 2 万元的刑事裁定。

【案例二】

李小平等八人故意伤害案②

• 案件事实 •

1998 年 3 月 2 日 19 时许，刘绍伟与王光辉（同案被告人，已判刑）在途

---

① 需要指出的是，该案审判时《刑法修正案（八）》尚未出台，当时刑事立法对“减轻处罚”能否减至多个档次并无规定。

② 参见中华人民共和国最高人民法院（2000）刑复字第 141 号。

经广东省中山市理科虫草制品有限公司（以下简称理科虫草公司）大门外时，遇见本厂女工郭某与蒋某某正在争吵，便前去质问并动手殴打蒋某某，引起双方互殴。随之闻讯赶来的被告人王耀生、张书凯、井照卫、张学军手持铁水管等工具也参与殴打蒋某某，迫使蒋某某逃至附近的781部队院内躲避。此时，何红涛、池文军也赶来与上述等人共同搜索、殴打蒋某某，并共同将蒋某某押往理科虫草公司。途中，遇上了前来解救蒋某某的李某、殴某等人，蒋某某寻机脱身，上述各被告人退入公司大院。随后，蒋某某、李某等人聚集在理科虫草公司门前，要求交出打人凶手，双方发生争吵并隔着电动闸门使用铁水管、木棍等工具相互乱扔乱捅，形成对峙局面。其间，理科虫草公司财务总监姚科玉和蒋某某的表姐夫邹景才均力劝双方停止斗殴未果。李小平闻讯赶至现场劝解，仍未奏效。当蒋某某等人猛砸大门和砸烂一辆停放在门外的自行车时，李小平指使本公司员工冲出去打，把蒋某某等人抓起来。随即，理科虫草公司的数十名员工手持铁水管、木棍等工具冲出大门追打已逃跑的蒋某某、殴某等人。殴某被打伤后逃脱。蒋某某在逃至离理科虫草公司院门外约50米时，被追赶上来的何红涛拽住，何红涛与随后赶来的王耀生、张书凯、刘绍伟、井照卫、池文军、张学军、王光辉分别用铁水管、木棍以及拳脚共同殴打蒋某某，致蒋倒地。蒋某某经送医院抢救无效死亡。经法医鉴定：蒋某某系被他人用钝器打击左腰部致脾脏破裂出血性休克死亡；殴某系轻伤。

案发后，理科虫草公司赔偿蒋某某亲属人民币10万元，李小平个人赔偿蒋某某亲属人民币5万元。

• 裁判要旨 •

没有法定减轻处罚情节但根据具体案件的需要，认为需要在法定刑以下减轻处罚的，实践中应当从严把握。

• 裁判理由 •

广东省中山市中级人民法院审理中山市人民检察院指控被告人李小平、王耀生、张书凯、刘绍伟、何红涛、井照卫、池文军、张学军犯故意伤害罪一案，于1998年8月11日作出（1998）中刑初字第28号刑事判决，认定被告人李小平、王耀生、张书凯、刘绍伟、何红涛、井照卫、池文军、张学军犯故意伤害罪，分别判处李小平、王耀生、张书凯有期徒刑十一年，剥夺政治权利三年；分别判处刘绍伟、何红涛、井照卫、池文军、张学军有期徒刑十年，剥夺政治权利三年。

宣判后，李小平、王耀生、张书凯、刘绍伟、井照卫、池文军均不服，分别提出上诉；何红涛、张学军服判，不上诉。广东省高级人民法院于2000年3月22日作出（1999）粤高法刑终字第74号刑事判决，撤销原判，以故意伤害罪分别在法定刑以下判处被告人王耀生、张书凯有期徒刑六年；判处被告人刘绍伟、何红涛、井照卫、池文军、张学军有期徒刑五年；判处被告人李小平有期徒刑三年，并依法报请最高人民法院核准。

最高人民法院依法组成合议庭，对本案进行了复核。最高人民法院认为：被告人李小平、王耀生、张书凯、刘绍伟、何红涛、井照卫、池文军、张学军等人非法故意伤害他人身体并致人死亡和轻伤，其行为均已构成故意伤害罪，后果严重，依法均应惩处。一、二审人民法院判决认定的犯罪事实清楚，证据确实、充分，定罪准确，审判程序合法。但二审法院认定被害人一方在案件起因上有明显过错以及被告人李小平于案发期间叫人报警缺乏事实依据，对被告人李小平、王耀生、张书凯、刘绍伟、何红涛、井照卫、池文军、张学军在法定刑以下减轻处罚量刑不当，应予纠正。依照《最高人民法院关于执行〈中华人民共和国刑事诉讼法〉若干问题的解释》第 270 条的规定，裁定如下：一、撤销广东省高级人民法院（1999）粤高刑终字第 74 号刑事判决；二、发回广东省高级人民法院重新审判。

【学理分析及适用指引】

•　学理分析　•

关于减轻处罚的含义，学界存有歧见：一种观点认为，减轻处罚既包括刑期的减轻，也包括刑种的减轻，还可以减到免除处罚；另一种观点认为，减轻处罚既包括刑种的减轻，也包括刑期的减轻，但不能减到免除处罚；还有一种观点认为，减轻处罚只能是刑期的减轻，而不包括刑种的减轻。①

关于减轻处罚的减轻幅度多大、有无限制，理论界认识不一：一种观点认为，只能减轻处罚一格；另一种观点认为，《刑法》规定应当在法定刑以下判处刑罚，并没有限制减轻处罚的幅度，故减轻不以一格为限;② 还有观点认为，如果同一条文中有几个法定刑幅度时，减轻处罚一般应理解为在下一个法定刑幅度内判处刑罚。但是，如果适用下一个法定刑幅度的最低刑仍显刑罚过重的，经由审理案件的人民法院审判委员会讨论决定，可以选择于再下一个法定刑幅度内裁判刑罚。如果法条明确规定的下一个或再下一个法定刑幅度的最低刑是 6 个月有期徒刑的，可以判处法条没有规定的拘役或者管制。③ 2011 年

---

① 参见马克昌主编：《刑罚通论》，武汉大学出版社 1999 年版，第 345 页；高铭暄、马克昌主编：《刑法学》，北京大学出版社、高等教育出版社 2000 年版，第 274 页；陈兴良：《刑法适用总论》（下卷），法律出版社 1999 年版，第 310 页；胡学相：《量刑的基本理论研究》，武汉大学出版社 1999 年版，第 192 页。

② 参见顾肖荣、吕继贵主编：《量刑的原理与操作》，上海社会科学研究院出版社 1990 年版，第 56 页。

③ 参见黄祥青：《刑法适用疑难破解》，法律出版社 2007 年版，第 138 页。

5 月 1 日施行的《刑法修正案（八）》对此有了明确规定，即若具体罪名存在数个量刑幅度的，只能在法定量刑幅度的下一个量刑幅度内判处刑罚，即减轻处罚只能减轻处罚一格。

• 适用指引 •

减轻处罚是指判处低于法定刑的刑罚。减轻处罚分为法定减轻（《刑法》第 63 条第 1 款）与酌定减轻（《刑法》第 63 条第 2 款）两种。

1. 根据《刑法》第 63 条第 2 款的规定，酌定减轻处罚的适用应具备以下条件：

（1）犯罪分子不具有法定减轻处罚情节。《刑法》总则和分则规定了应当和可以适用减轻处罚的各种情节。只有行为人确实不具有法定减轻处罚情节的，才能考虑适用酌定减轻处罚的规定。

（2）犯罪案件确实具有特殊情况，需要对犯罪人减轻处罚。何谓特殊情况，《刑法》中没有对其具体含义作出明确规定，由各级人民法院在审判实践中自行掌握。根据立法精神，所谓特殊情况，主要是指涉及外交、国防、宗教、民族、统战和经济建设等方面的问题。同时，从罪责刑相适应的原则出发，对极个别在法定刑内判罚确定明显存在罪责刑不相适应的案件，可报请最高人民法院核准后，在法定刑以下量刑，但一定要从严掌握，不得滥用。

（3）酌定减轻处罚的适用，必须经最高人民法院核准，即人民法院适用《刑法》第 63 条第 2 款作出减轻处罚的判决，只有逐级上报至最高人民法院并经其核准同意后，才能发生法律效力。这是从程序上对酌定减轻处罚予以严格控制而不被滥用的保障。《刑法》对酌定减轻处罚的规定体现了原则性与灵活性的结合，一方面，考虑到现实生活中犯罪的复杂性，允许对特殊情况例外处理；另一方面，通过规定严格的适用程序，由最高审判机关把关，不仅从严控制法官的自由裁量权，而且也避免了司法的不统一。

2. 把握减轻处罚的适用规则时，要注意以下问题：

（1）对于本条中法定刑的理解。对于单一量刑幅度的犯罪而言，法定刑无疑是指该刑罚幅度，但对于具有多个量刑幅度的犯罪而言，法定刑应是指具体犯罪行为所对应的刑罚幅度，即对具有减轻处罚情节的犯罪分子适用刑罚所依据的《刑法》分则条文同时规定了数个量刑幅度时，应先参照其犯罪事实和情节，确定其中某一量刑幅度，然后在该量刑幅度的最低刑以下对被告人判处刑罚；而不可将多个档次的法定刑衔接成为一个所谓的大法定刑，否则会导致“宽大无边”。

（2）减轻处罚不能判处法定最低刑，只能在法定最低刑之下判处刑罚。《刑法》第 63 条规定：减轻处罚是在法定刑以下判处刑罚。如果结合《刑法》第 99 条对于“以上”“以下”及“以内”的解释来理解这个规定，则减轻处罚似乎也可适用法定最低刑本身，如此一来，必将造成减轻处罚与从轻处罚界限的相互混淆，使二者无法严格区别。因此，对于减轻处罚只能理解为判处低于法定最低刑的刑罚，即判处法定最低刑之下的刑罚，不包括最低刑的本数在内。如此，才能体现出减轻处罚是比从轻处罚更为宽和的处罚。

（3）减轻处罚既包括刑期的减轻，也包括刑种的减轻。从理论上讲，减轻处罚就是减轻刑罚的处罚，而刑罚本身包括刑期和刑种。不同的刑种其严厉程度不同，也有轻重之分，如有期徒刑就比拘役、管制要重。在法定刑以下选择判处较轻的刑种，也属于减轻处罚的应有之义。但是，无论如何减轻，也不能减到免除处罚的程度，否则，易与免除处罚相混淆。

第六十四条　犯罪物品的处理

【法律规定】

• 法律条文 •

《中华人民共和国刑法》

第六十四条 犯罪分子违法所得的一切财物，应当予以追缴或者责令退赔；对被害人的合法财产，应当及时返还；违禁品和供犯罪所用的本人财物，应当予以没收。没收的财物和罚金，一律上缴国库，不得挪用和自行处理。

• 相关规定 •

《中华人民共和国刑事诉讼法》

第二百九十八条 对于贪污贿赂犯罪、恐怖活动犯罪等重大犯罪案件，犯罪嫌疑人、被告人逃匿，在通缉一年后不能到案，或者犯罪嫌疑人、被告人死亡，依照刑法规定应当追缴其违法所得及其他涉案财产的，人民检察院可以向人民法院提出没收违法所得的申请。

公安机关认为有前款规定情形的，应当写出没收违法所得意见书，移送人民检察院。

没收违法所得的申请应当提供与犯罪事实、违法所得相关的证据材料，并列明财产的种类、数量、所在地及查封、扣押、冻结的情况。

人民法院在必要的时候，可以查封、扣押、冻结申请没收的财产。

第二百九十九条 没收违法所得的申请，由犯罪地或者犯罪嫌疑人、被告人居住地的中级人民法院组成合议庭进行审理。

人民法院受理没收违法所得的申请后，应当发出公告。公告期间为六个月。犯罪嫌疑人、被告人的近亲属和其他利害关系人有权申请参加诉讼，也可以委托诉讼代理人参加诉讼。

人民法院在公告期满后对没收违法所得的申请进行审理。利害关系人参加诉讼的，人民法院应当开庭审理。

第三百条 人民法院经审理，对经查证属于违法所得及其他涉案财产，除依法返还被害人的以外，应当裁定予以没收；对不属于应当追缴的财产的，应当裁定驳回申请，解除查封、扣押、冻结措施。

对于人民法院依照前款规定作出的裁定，犯罪嫌疑人、被告人的近亲属和其他利害关系人或者人民检察院可以提出上诉、抗诉。

《最高人民法院关于被告人亲属主动为被告人退缴赃款应如何处理的批复》［法（研）复〔1987〕32号］

一、被告人是成年人，其违法所得都由自己挥霍，无法追缴的，应责令被告人退赔，其家属没有代为退赔的义务。

被告人在家庭共同财产中有其个人应有部分的，只能在其个人应有部分的范围内，责令被告人退赔。

二、如果被告人的违法所得有一部分用于家庭日常生活，对这部分违法所得，被告人和家属均有退赔的义务。

三、如果被告人对责令其本人退赔的违法所得已无实际上的退赔能力，但其亲属应被告人的请求，或者主动提出并征得被告人的同意，自愿代被告人退赔部分或者全部违法所得的，法院也可考虑具体情况，收下其亲属自愿代被告人退赔的款项，并视为被告人主动退赔的款项。

四、属于以上三种情况，已作了退赔的，均可视为被告人退赃较好，可以酌情从宽处罚。

五、如果被告人的罪行应当判处死刑，并必须执行，属于以上第一、二两种情况的，法院可以接收退赔的款项；属于以上第三种情况的，其亲属自愿代为退赔的款项，法院不应接收。

【案例】

刘小生、刘靖抢劫案①

• 案件事实 •

2001年5月26日，刘靖在河南省驻马店市驿城区向刘小生提出去遂平县抢劫。两人预谋后，于当日下午2时许，携带由刘靖准备的尖刀、水果刀、仿

① 参见中华人民共和国最高人民法院刑事审判第一庭、第二庭编：《刑事审判参考》（总第12辑），法律出版社2002年版，第83～91页。

真手枪（打火机）、绿色尼龙绳乘车至遂平县灈阳镇。两人再次预谋，确定抢劫出租车司机，选择并查看了作案路线和地点。当晚 7 时许，两人到灈阳镇中心岗楼附近，刘靖出面骗租孔某锁驾驶的豫 Q×××号松花江“面的”车（价值 25885 元）。当车行至该县车站镇王老庄村唐岗北公路上时，刘靖骗孔某锁停车。两人持刀对孔某锁进行威胁，刘靖用事先系好的绳套勒着孔某锁的脖子，刘小生从孔某锁的衣袋里掏出现金 80 元。因孔某锁反抗，刘靖即用拳击打孔某锁的胸部，刘小生用尖刀朝孔某锁右大腿处猛捅 1 刀。尔后，两人将孔某锁从车厢内拉至路边沟内，用绳子将孔某锁的手、脚捆住，并用孔某锁的衣服塞堵住他的口鼻，并将其抬至麦地后逃离现场。后孔某锁因颈部受到绳索勒压，上呼吸道被堵塞导致机械性窒息而死亡。

刘小生、刘靖驾车逃至河南省西平县某地后，将车停在路边休息。次日凌晨 2 时许，西平县公安局刑侦人员执行其他任务时路过两人停车现场，经盘查，发现 1 把带血迹的尖刀，车内有大量血迹和孔某锁的名片及机动车行驶证。经调查讯问，两人分别供述了抢劫犯罪事实。

• 裁判要旨 •

刑事案件中赃款赃物及犯罪工具的依法处理规则。

• 裁判理由 •

河南省驻马店市中级人民法院认为：被告人刘小生、刘靖以非法占有为目的，经过预谋、策划后，以暴力手段对出租车司机孔某锁实施抢劫，并致使孔某锁死亡，属于《刑法》第 263 条第 5 项规定的“抢劫致人死亡”的严重情节。案件事实清楚，证据确实、充分，两被告人的行为均构成抢劫罪。在共同犯罪过程中，两被告人均积极参与预谋、策划犯罪，共同查看、选定犯罪路线，共同寻找犯罪对象，共同对被害人实施暴力行为，共同致使孔某锁死亡。两人在共同犯罪中均起主要作用，没有主从之分。被告人刘小生、刘靖的犯罪行为给被害人亲属造成的经济损失应当依法赔偿。依照《刑法》第 263 条第 4 项、第 5 项，第 25 条第 1 款，第 26 条第 1 款、第 4 款，第 57 条第 1 款，第 36 条，第 64 条和《民法通则》第 119 条、第 130 条的规定，判决如下：一、被告人刘小生犯抢劫罪，判处死刑，剥夺政治权利终身，没收其赔偿附带民事诉讼原告人经济损失之外的个人全部财产。被告人刘靖犯抢劫罪，判处死刑，剥夺政治权利终身，没收其赔偿附带民事诉讼原告人经济损失之外的个人全部财产。二、被告人刘小生、刘靖赔偿姜某美的经济损失人民币 3 万元（孔某锁的丧葬费），赔偿孔某（孔某锁之长子）的抚养费人民币 3692 元，赔偿孔某坤（孔某锁之次子）的抚养费 8307 元，赔偿孔某林（孔某锁之父）的赡养费人民币 1025.6 元，赔偿张氏（孔某锁之母）的赡养费人民币 1025.6 元，刘小生、刘靖承担连带责任（限判决生效后一个月内给付）……四、被告人刘小生、刘靖犯罪使用的单刃尖刀一把、不锈钢折叠水果刀一把、仿真手枪（打火机）一支、绿色尼龙绳，予以没收。

【学理分析及适用指引】

• 学理分析 •

《刑法》第64条规定：违禁品和供犯罪所用的本人财物，应当予以没收。对于违禁品，一般在理解上没有分歧，但对供犯罪所用的本人财物，在理解上存在不同意见。

首先，何谓供犯罪所用？有观点认为，是指行为人实施犯罪时所使用。① 也有观点认为，供犯罪所用应理解为专用于或主要用于犯罪活动。2005年5月13日施行的《最高人民法院、最高人民检察院关于办理赌博刑事案件具体应用法律若干问题的解释》规定：赌博用具、赌博违法所得以及赌博犯罪分子所有的专门用于赌博的资金、交通工具、通讯工具等，应当依法予以没收。该解释强调“专门用于赌博”的有关财物才能予以没收。同样，从合理、公允的角度出发，应当将《刑法》第64条规定的供犯罪所用的本人财物理解为专用于或主要用于犯罪的本人财物，而不能扩大解释为所有在犯罪过程中使用过的财物，如犯罪分子杀人用的刀、枪属于应予没收的犯罪工具，但其前往犯罪现场所驾乘的汽车则不属此类。②

其次，如何理解本人财物？本人财物就是犯罪分子本人享有所有权的财物。但是否仅限于犯罪分子是该财物的唯一所有权主体存在不同意见。一种观点认为，本人财物应仅限于犯罪分子是唯一所有权主体，他人对该财物不享有所有权利。③ 另一种观点认为，在现实生活中，公民的绝大多数财产是以夫妻或者家庭共同财产的形式存在的，纯粹的个人财产是很少的。如果将本人财物仅仅理解为犯罪分子为唯一所有权人的财物，则在实践中对此类财物予以没收几乎是无法实施的，《刑法》第64条关于供犯罪所用的本人财物应当予以没收的规定也就变成了一纸空文。因此，对于此处的本人财物应理解为本人具有所有权的财物，只要犯罪人对该财物享有所有权，无论他人（除被害人以外）对该财物是否享有权利，都可认定为本人财物。当然，如果该财物是犯罪分子

---

① 参见吴燕、赵祥东：《供犯罪所用的本人财物的认定与没收》，载中华人民共和国最高人民法院刑事审判第一庭、第二庭编：《刑事审判参考》（总第45集），法律出版社2006年版，第59页。

② 参见曲升霞、袁江华：《论我国〈刑法〉第六十四条的理解与适用——兼议我国〈刑法〉第六十四条的完善》，载《法律适用》2007年第4期。

③ 参见吴燕、赵祥东：《供犯罪所用的本人财物的认定与没收》，载中华人民共和国最高人民法院刑事审判第一庭、第二庭编：《刑事审判参考》（总第45集），法律出版社2006年版，第59页。

与他人共有，或者其他人对该财物主张享有其他权利，该财物被依法没收后，其他权利人可通过民事程序向犯罪人主张相关权益。①

• 适用指引 •

根据《刑法》第64条的规定，在刑事审判中，对于犯罪所涉物品的处理主要遵循以下程序：首先，对于赃款赃物以追缴为原则，以退赔为例外。这是由赃款赃物的特定性所决定的，原款原物不仅能保全赃款赃物的物证价值，而且某些特定赃物对被害人具有特定的价值和意义。1999年10月27日公布的《全国法院维护农村稳定刑事审判工作座谈会纪要》中指出：如赃款赃物尚在的，应一律追缴；已被用掉、毁坏或挥霍的，应责令退赔。这一规定明确了追缴、责令退赔的适用情形，即追缴适用于犯罪分子违法所得的赃款赃物尚在的情形；责令退赔适用于赃款赃物已不存在的情形。因此，司法机关在追赃时应首先追缴原款原物。适用退赔的情况主要有两种：一是赃款赃物被挥霍、灭失或者确实难以追回的；二是第三人善意取得赃款赃物的，基于保护正当的民事交易安全的需要，不再追缴，而是责令犯罪分子退赔。其次，对于追缴至司法机关的财物，应根据不同情况分别处理。其中，属于被害人的合法财产的，根据《刑法》第64条的规定，应返还被害人；属于违禁品或者供犯罪所用的本人财物的，应予没收，上缴国库。

第二节 累 犯

第六十五条 一般累犯

【法律规定】

• 法律条文 •

《中华人民共和国刑法》

第六十五条 被判处有期徒刑以上刑罚的犯罪分子，刑罚执行完毕或者赦免以后，在五年以内再犯应当判处有期徒刑以上刑罚之罪的，是累犯，应当从重处罚，但是过失犯罪和不满十八周岁的人犯罪的除外。

前款规定的期限，对于被假释的犯罪分子，从假释期满之日起计算。

---

① 参见曲升霞、袁江华：《论我国〈刑法〉第六十四条的理解与适用——兼议我国〈刑法〉第六十四条的完善》，载《法律适用》2007年第4期。

• 相关规定 •

《最高人民法院、最高人民检察院关于缓刑犯在考验期满后五年内再犯应当判处有期徒刑以上刑罚之罪应否认定为累犯问题的批复》（高检发释字〔2020〕1号）

被判处有期徒刑宣告缓刑的犯罪分子，在缓刑考验期满后五年内再犯应当判处有期徒刑以上刑罚之罪的，因前罪判处的有期徒刑并未执行，不具备刑法第六十五条规定的“刑罚执行完毕”的要件，故不应认定为累犯，但可作为对新罪确定刑罚的酌定从重情节予以考虑……

【案例】

侯飞、谢延海等破坏电力设备、盗窃案①

• 案件事实 •

侯飞，男，四川省古蔺县人，2001年7月30日因犯故意毁坏财物罪，被河南省陕县（现为三门峡市陕州区）人民法院判处有期徒刑六个月，同年10月13日刑满释放。谢延海，男，云南省威信县人，2001年8月3日因犯盗窃罪，被河南省渑池县人民法院判处有期徒刑六个月，缓刑一年，并处罚金2000元。

2003年3月至5月，被告人侯飞、李勇、张明国、何世民、谢延海流窜于渑池、义马一带，分别结伙，携带扳手、老虎钳等作案工具将正在使用中的变压器铜芯拆掉，销赃后分赃。其中，侯飞参与7场9台，造成直接经济损失41100元；李勇参与6场8台，造成直接经济损失37200元；张明国参与6场8台，造成直接经济损失37100元；何世民参与4场6台，造成直接经济损失24200元；谢延海参与2场2台，造成直接经济损失7900元。

2003年3月24日晚，侯飞、何世民、张明国、李勇将一石料厂废弃不用的变压器铜芯盗走，销赃后分赃。该变压器价值6000元。

• 裁判要旨 •

行为人在缓刑考验期满后，故意犯应当判处有期徒刑以上刑罚之罪的，不构成累犯。

① 参见最高人民法院中国应用法学研究所编：《人民法院案例选》（2005年第3辑），人民法院出版社2006年版，第8～10页。

• 裁判理由 •

河南省三门峡市中级人民法院经公开审理认为：被告人侯飞、李勇、张明国、何世民、谢延海分别结伙，多次盗拆正在使用中的变压器铜芯，其行为已构成破坏电力设备罪。被告人侯飞、何世民、张明国、李勇以非法占有为目的，盗窃他人的一台闲置的变压器铜芯，其行为又构成盗窃罪，应对其数罪并罚。依照《刑法》第118条、第119条、第264条、第56条、第69条、第65条之规定，作出如下判决：一、被告人侯飞犯破坏电力设备罪，判处无期徒刑，剥夺政治权利终身；犯盗窃罪，判处有期徒刑二年，并处罚金3000元，决定执行无期徒刑，剥夺政治权利终身，并处罚金3000元……五、被告人谢延海犯破坏电力设备罪，判处有期徒刑六年。

【学理分析及适用指引】

• 学理分析 •

缓刑考验期满后又故意犯罪的是否构成累犯，我国刑法学界存在两种不同意见：

1. 肯定说。该说认为缓刑期满即是对犯罪分子缓刑的执行完毕，所谓原判刑罚不再执行实际上是执行刑罚的一种特殊方式。犯罪分子缓刑期满后又故意犯罪的，说明该犯罪分子并未认真悔改，其再次犯罪的，如果符合累犯条件，就应按累犯从重处罚，只有这样，才能有效地发挥刑罚改造、教育罪犯的作用，达到预防犯罪的目的。

2. 否定说。该说认为缓刑是刑罚运用的一种方式，但不是刑罚的执行，而是刑罚附条件的不执行。缓刑结束后原判刑罚不再执行，即原判刑罚从未执行过，也就不存在所谓的执行完毕问题，所以不能将缓刑考验期满等同于刑罚执行完毕。

“刑罚执行完毕”是仅指主刑执行完毕，还是也包括附加刑执行完毕，或者附加刑未执行完毕的，能否构成累犯？对此，理论和实践中不无争议。有观点认为，既然《刑法》第65条使用的是“刑罚”二字，并没有特别指明刑罚种类，故当前罪被判处主刑并处附加刑时，刑罚执行完毕就指主刑和附加刑都执行完毕。也有学者认为，此处的刑罚执行完毕，仅指主刑执行完毕。①

---

① 参见高铭暄主编：《刑法学原理》（第3卷），中国人民大学出版社1994年版，第284页；马克昌主编：《刑罚通论》，武汉大学出版社1999年版，第415页。

• 适用指引 •

1. 累犯认定与缓刑制度的适用。根据《刑法》第65条的规定，构成累犯的前提条件是前罪的刑罚已经执行完毕。能否将缓刑考验期满视为原判刑罚已执行完毕？对此，首先要正确理解缓刑制度中的“原判刑罚不再执行”的含义。根据《刑法》规定，缓刑考验期内没有发生法定的应当撤销缓刑的情形，考验期满后，原判刑罚就不再执行。所谓“原判刑罚不再执行”，就意味着原判刑罚从未执行过，它与假释期满的“视为原判刑罚执行完毕”不同。既然原判有期徒刑根本没有实际执行过，当然也就不存在“刑罚执行完毕”的问题，因而也就不符合累犯的前提条件。其次，从累犯制度的设立初衷而言，累犯制度针对的是人身危险性较大的再犯者，而缓刑期满后再犯罪的人，其前罪之所以被判缓刑，是因为其前罪本身的社会危害性不大、行为人的人身危险性较小，判处缓刑确实不致再危害社会，并且行为人在缓刑考验期内遵守法律法规，没有犯新罪，因而原判刑罚不再执行，更说明其人身危险性不大。因此，将缓刑期满后再犯罪的人排除在累犯的范围之外，符合累犯制度的立法目的。

2. 关于未成年人不成立累犯的理解与适用。《刑法修正案（八）》适度修改了《刑法》第65条累犯的成立条件，即除了“过失犯罪外”，“不满18周岁的人犯罪的”也不成立累犯。问题是如何理解“未成年人不成立累犯”？最为主要的问题是不满18周岁是指犯前罪时还是指犯后罪时不满18周岁？如15岁时参与抢劫被判2年，17岁时刑满释放，若17岁半时又实施重大盗窃案，此时根据《刑法修正案（八）》自然不成立累犯，对此没有任何疑义。但若17岁时被释放，过了二三年如20岁的时候又实施了重大盗窃案，此时能否作为累犯论处？显然这种情形比前类情形更为常见和典型。对此，应该认为也不成立累犯，也就是说，不满18周岁不成立累犯应是指前罪不满18周岁（当然后罪不满18周岁更不成立累犯了）就不成立累犯。何以这样理解？第一，这符合宽严相济的刑事政策，即对未成年人犯罪从宽处罚政策的延续。第二，这符合司法实践的需要，因为实践中刑满释放后在18周岁之前又故意犯新罪的现象可谓少之又少。不满18周岁时故意犯罪的，若犯的本来就是轻罪，基于不满18周岁而应当从轻或减轻处罚的规定，一般无需判处实刑甚至免予刑事处罚。若故意犯的是重罪而判处较重的实刑，那么恐怕多数要在未成年犯管教所中、在服刑期间度过其18周岁生日。若要求犯后罪时也是不满18周岁才不成立累犯，那么，可以想见绝大多数的未成年人根本无法享受这项改革的益处。第三，从刑法解释原理的角度来看，“但过失犯罪和不满18周岁的人犯罪的除外”，“过失犯罪不成立累犯”这个命题中，不论理论界还是司法实务部门从来没有讨论前罪是过失还是后罪为过失犯罪，大家都解释为前后两罪只要一个是过失就不成立累犯，即要求前后两罪都是故意犯罪。基于当然解释和同理解释，不满 18 周岁的人不成立累犯也应如此解释，即要求前后两罪都是已满 18 周岁时实施的。第四，该次修正还修改了第 100 条的前科报告制度，即未成年人犯罪前科有条件地或者说有限度地消灭制度，既然不满 18 周岁时的犯罪前科有条件地消灭了，那还能作为累犯的前提吗？显然是不能的。总之，基于《刑法修正案（八）》所规定的未成年人不成立累犯，我们可以这样认为，一个人不能因为其在成年之前不小心犯了罪、失了足，就使这些成为其日后人生道路上的障碍。

第六十六条　特别累犯

【法律规定】

• 法律条文 •

《中华人民共和国刑法》

第六十六条　危害国家安全犯罪、恐怖活动犯罪、黑社会性质的组织犯罪的犯罪分子，在刑罚执行完毕或者赦免以后，在任何时候再犯上述任一类罪的，都以累犯论处。

【案例】

刘培银等间谍案①

• 案件事实 •

刘培银于 1989 年 4 月因犯特务罪被判处有期徒刑五年，1992 年 7 月刑满释放。

1993 年 3 ~ 4 月间，刘培银携带《刑事判决书》出海与我国台湾地区军事情报机构马祖站间谍机关恢复联系，并得到台湾地区间谍机关核实后发给的 500 美元补偿费。同时，台湾地区间谍机关要求刘培银继续为其工作，收集我国大陆情报资料。

1996 年 12 月初至 1998 年 9 月间，刘培银先后 15 次窜到海军某部队驻地，伙同当时在该部队服役的林秀毅、林颖大肆收集、窃取我军内情报资料，并按照台湾地区间谍机关的要求拍摄该部队的装备和设施，随后刘培银雇用刘培兴的船只出海，将上述情报先后 8 次提供给台湾地区间谍机关，领回活动经费约

① 参见福建省高级人民法院（1999）闽刑终字第 479 号。

6400 美元。刘培银接受台湾地区间谍人员向其布置的任务，还写了两份情报收集提纲交给林秀毅并要求其按提纲的内容去收集情报。

1998 年 8 月后，刘培宝按刘培银的要求在 1998 年 8～10 月先后两次窜到海军某部队通过林秀毅、林颖收集了我军内情报。其间，刘培宝还认识了海军某部队的现役军人林春冰，直至 1999 年 2 月，共 7 次从林春冰处得到有关的军内情报。1998 年 11 月，林秀毅、林颖退役后，将在部队收集的有关军事情报带回交给刘培宝，同时还根据刘培银、刘培宝的授意在其原所在部队发展了现役军人尤楚（由海军劳教处理）作为他们在部队收集情报资料的代理人，并先后 2 次到部队将尤楚收集、窃取的情报资料带回交给刘培银、刘培宝。刘培宝先后 4 次乘坐刘培兴的船只出海，其间，刘培银也伙同 2 次出海一起将上述军事情报提供给台湾地区间谍机关，共领回活动经费约 6000 美元。刘培兴多次运送刘培银、刘培宝出海与台湾地区间谍机关交接，并从间谍机关获取补贴费。

1996 年 12 月至 1999 年 2 月，刘培银等共向台湾地区间谍机关领取活动经费 12300 美元。兑换成人民币后，其中刘培银得款人民币 6 万元，刘培宝得款人民币 1 万元，林秀毅得款人民币 2 万元，林颖得款人民币 1700 余元，刘培兴得款人民币 1 万余元。

• 裁判要旨 •

前后犯罪性质均为危害国家安全犯罪，认定为累犯的，依法不受刑度条件与时间间隔条件的限制。

• 裁判理由 •

福建省福州市中级人民法院审理福州市人民检察院指控的被告人刘培银等犯间谍罪一案，于 1999 年 8 月 25 日作出（1999）榕刑初字第 163 号刑事判决：被告人刘培银犯为境外收买、非法提供国家秘密、情报罪，其在犯特务罪刑满释放后，再犯危害国家安全罪，系累犯，应从重处罚，判处有期徒刑十年，剥夺政治权利三年；……被告人刘培兴犯为境外非法提供国家秘密、情报罪，判处有期徒刑四年，剥夺政治权利一年。

宣判后，被告人刘培兴不服，提出上诉。福建省高级人民法院受理后，依法组成合议庭，经审理认为：被告人刘培银等明知为台湾地区间谍机关提供的资料为国家秘密、情报，而采取窃取、收买的手段将海军军事秘密、情报提供给台湾地区间谍机关，其行为已构成为境外窃取、收买、非法提供国家秘密、情报罪。原判事实清楚，证据充分，被告人刘培兴上诉没有事实依据，法院不予采纳。1999 年 12 月 9 日，福建省高级人民法院依法作出终审裁定：驳回上诉，维持原判。

【学理分析及适用指引】

● 学理分析 ●

关于《刑法》第356条的规定是否属于特殊累犯，理论界有两种不同的观点：一种观点认为，该条规定属于特殊累犯；[①] 另一种观点则认为，该条的规定不属于特殊累犯，而称之为特别再犯。[②]

关于特殊累犯制度的不足和进一步的完善，有学者提出了一些意见，如认为我国原《刑法》规定的特殊累犯范围过于狭窄，应予以适当扩大，将恐怖犯罪、黑社会性质犯罪、毒品犯罪、淫秽物品犯罪等纳入可构成特殊累犯之犯罪。[③]《刑法修正案（八）》基于社会治安、国家安全的需要，回应这一呼声，将特殊累犯从国家安全犯罪扩展至恐怖活动犯罪、黑社会性质的组织犯罪。具体适用请见“适用指引”部分。

● 适用指引 ●

1. 特殊累犯的构成条件的理解与适用。对于特殊累犯而言，其前后两罪的犯罪性质是特定的。根据《刑法修正案（八）》的规定，特殊累犯不再仅限于前后罪为危害国家安全犯罪这一种类，还包括恐怖活动犯罪、黑社会性质的组织犯罪，即前后犯罪只要属于这三类犯罪之一的，该犯罪分子即成立特殊累犯。另外，特殊累犯的前后两罪没有刑度条件与时间条件的限制，即使前后罪可能仅仅被判处附加刑而没有主刑，也不影响特殊累犯的成立。当然，特殊累犯的特殊之处并没有突破累犯的主观条件，因为危害国家安全犯罪、恐怖活动犯罪和黑社会性质的组织犯罪都是故意犯罪。如数年前行为人犯组织、领导恐怖活动罪，刑满释放后又犯参与黑社会性质组织罪的，不论前后两罪的刑度条件和时间间隔如何，即以特殊累犯论处。

关于特殊累犯制度，在司法认定中可能存在的疑难问题是：

（1）三类犯罪具体范围的认定。危害国家安全犯罪就是《刑法》分则第1章的犯罪，自无疑问。但恐怖活动犯罪、黑社会性质的组织犯罪之范围如何界定尚存疑问，它们不同于危害国家安全犯罪，《刑法》中没有专门章节来规定，如罪名中含有“恐怖”二字的犯罪是否都属于特殊累犯中的“恐怖犯罪”？现行《刑法》中，罪名含有“恐怖”字眼的，共有三个罪名，即第120条的“组织、领导、参加恐怖组织罪”、第120条之一的“资助恐怖活动罪”

---

① 参见陈兴良：《刑法适用总论》（下卷），法律出版社1999年版，第436页。

② 参见高铭暄、马克昌主编：《刑法学》（上编），中国法制出版社1999年版，第491页。

③ 参见苏彩霞：《累犯制度比较研究》，中国人民公安大学出版社2002年版，第213～215页。

和第291条之一的“编造、故意传播虚假恐怖信息罪”，其中，“组织、领导、参加恐怖组织罪”毫无疑问属于恐怖活动犯罪的范畴，但对于“资助恐怖活动罪”和“编造、故意传播虚假恐怖信息罪”是否可以认定为恐怖活动犯罪尚存疑问，学理上也有争议。我们认为，对此问题，在相关司法解释出台之前，还是采取实质合理性的解释论较为妥当，这两种犯罪行为一般不具有暴力性，社会危害性也明显低于恐怖活动犯罪本身，被告人的人身危险性也明显低于组织、实施恐怖活动的犯罪分子，不宜将两者纳入特殊累犯中的“恐怖活动犯罪”的范围。同理，基于实质合理性的解释论原理，某些以制造社会恐怖为目的而实施的故意杀人、爆炸、绑架等犯罪行为，虽然罪名表述并无“恐怖”二字，但这些恐怖组织或者其成员实施的故意杀人罪、爆炸罪、绑架罪等，仍具有恐怖活动犯罪的本质特征，也可以认定其属于特殊累犯中的“恐怖活动犯罪”之范围。至于“黑社会性质的组织犯罪”的认定，从文义解释的角度来看，“黑社会性质的组织犯罪”不同于“黑社会性质组织的犯罪”，其强调或侧重的是组织、领导、参加黑社会性质组织的犯罪，而不是黑社会性质组织所实施的犯罪。故此，不宜将黑社会性质组织实施的所有犯罪都纳入特殊累犯的范围，所以特殊累犯中的“黑社会性质的组织犯罪”具体罪名应仅包括第294条的“组织、领导、参加黑社会性质组织罪”和“入境发展黑社会组织成员罪”。

（2）未成年人犯罪不构成累犯，但能否构成特殊累犯？对于这一问题在特殊累犯扩大的今天是有讨论的必要的，但目前关于该问题似乎讨论得不多。我们仔细琢磨，发现的确是存在疑惑的，如有的人可能认为，既然未成年人不构成累犯，那当然也不构成特殊累犯，因为特殊累犯也是累犯。但也有人这样认为，特殊累犯不同于一般累犯，其之所以特殊，就在于其仅对前后罪的犯罪性质、类型有特殊要求，而突破了一般累犯其他条件（当然主观条件不可能突破，因为特殊累犯的三类犯罪均属于故意犯罪），所以未成年人可以构成特殊累犯。这两种不同的观点均存在一定的合理性，其争议的实质是国家、社会利益优先还是保障未成年人利益优先。我们认为，在刑事司法领域，未成年人应属于宽严相济刑事政策中“宽缓”的对象，保障未成年人这类特殊群体的利益或者说未成年人利益优先并未对国家、社会利益造成实质的冲突与威胁。因此，在相关司法解释等规范性文件出台之前，没有必要将未成年人纳入特殊累犯的范围。所以，我们认为，未成年人犯罪不构成一般累犯，也不构成特殊累犯。

2. 不能认为构成特殊累犯的两种情形。需要注意的是，特殊累犯要求是在前罪的“刑罚执行完毕或者赦免以后”，这就意味着以下两种情形不能认定为特殊累犯：

（1）行为人所犯的前罪因情节轻微或者有免除处罚的情节而被免予刑罚处罚，此后其再犯危害国家安全犯罪、恐怖活动犯罪、黑社会性质组织犯罪的。

（2）行为人所犯的前罪被判处缓刑，缓刑考验期满后再犯危害国家安全犯罪、恐怖活动犯罪、黑社会性质的组织犯罪的。免予刑事处罚，自然不存在刑罚执行的问题；缓刑考验期满，原判刑罚不再执行，自然也不存在所谓刑罚执行完毕之说。

第三节　自首与立功

第六十七条　自首制度与坦白制度

【法律规定】

• 法律条文 •

《中华人民共和国刑法》

第六十七条　犯罪以后自动投案，如实供述自己的罪行的，是自首。对于自首的犯罪分子，可以从轻或者减轻处罚。其中，犯罪较轻的，可以免除处罚。

被采取强制措施的犯罪嫌疑人、被告人和正在服刑的罪犯，如实供述司法机关还未掌握的本人其他罪行的，以自首论。

犯罪嫌疑人虽不具有前两款规定的自首情节，但是如实供述自己罪行的，可以从轻处罚；因其如实供述自己罪行，避免特别严重后果发生的，可以减轻处罚。

• 相关规定 •

《最高人民法院关于处理自首和立功若干具体问题的意见》（法发〔2010〕60号）

为规范司法实践中对自首和立功制度的运用，更好地贯彻落实宽严相济刑事政策，根据刑法、刑事诉讼法和最高人民法院《关于处理自首和立功具体应用法律若干问题的解释》（以下简称《解释》）等规定，对自首和立功若干具体问题提出如下处理意见：

一、关于“自动投案”的具体认定

《解释》第一条第（一）项规定七种应当视为自动投案的情形，体现了犯罪嫌疑人投案的主动性和自愿性。根据《解释》第一条第（一）项的规定，犯罪嫌疑人具有以下情形之一的，也应当视为自动投案：1. 犯罪后主动报案，虽未表明自己是作案人，但没有逃离现场，在司法机关询问时交代自己罪行的；2. 明知他人报案而在现场等待，抓捕时无拒捕行为，供认犯罪事实的；3. 在司法机关未确定犯罪嫌疑人，尚在一般性排查询问时主动交代自己罪行的；4. 因特定违法行为被采取劳动教养、行政拘留、司法拘留、强制隔离戒毒等行政、司法强制措施期间，主动向执行机关交代尚未被掌握的犯罪行为的；5. 其他符合立法本意，应当视为自动投案的情形。

罪行未被有关部门、司法机关发觉，仅因形迹可疑被盘问、教育后，主动交代了犯罪事实的，应当视为自动投案，但有关部门、司法机关在其身上、随身携带的物品、驾乘的交通工具等处发现与犯罪有关的物品的，不能认定为自动投案。

交通肇事后保护现场、抢救伤者，并向公安机关报告的，应认定为自动投案，构成自首的，因上述行为同时系犯罪嫌疑人的法定义务，对其是否从宽、从宽幅度要适当从严掌握。交通肇事逃逸后自动投案，如实供述自己罪行的，应认定为自首，但应依法以较重法定刑为基准，视情决定对其是否从宽处罚以及从宽处罚的幅度。

犯罪嫌疑人被亲友采用捆绑等手段送到司法机关，或者在亲友带领侦查人员前来抓捕时无拒捕行为，并如实供认犯罪事实的，虽然不能认定为自动投案，但可以参照法律对自首的有关规定酌情从轻处罚。

二、关于“如实供述自己的罪行”的具体认定

《解释》第一条第（二）项规定如实供述自己的罪行，除供述自己的主要犯罪事实外，还应包括姓名、年龄、职业、住址、前科等情况。犯罪嫌疑人供述的身份等情况与真实情况虽有差别，但不影响定罪量刑的，应认定为如实供述自己的罪行。犯罪嫌疑人自动投案后隐瞒自己的真实身份等情况，影响对其定罪量刑的，不能认定为如实供述自己的罪行。

犯罪嫌疑人多次实施同种罪行的，应当综合考虑已交代的犯罪事实与未交代的犯罪事实的危害程度，决定是否认定为如实供述主要犯罪事实。虽然投案后没有交代全部犯罪事实，但如实交代的犯罪情节重于未交代的犯罪情节，或者如实交代的犯罪数额多于未交代的犯罪数额，一般应认定为如实供述自己的主要犯罪事实。无法区分已交代的与未交代的犯罪情节的严重程度，或者已交代的犯罪数额与未交代的犯罪数额相当，一般不认定为如实供述自己的主要犯罪事实。

犯罪嫌疑人自动投案时虽然没有交代自己的主要犯罪事实，但在司法机关掌握其主要犯罪事实之前主动交代的，应认定为如实供述自己的罪行。

三、关于“司法机关还未掌握的本人其他罪行”和“不同种罪行”的具体认定

犯罪嫌疑人、被告人在被采取强制措施期间，向司法机关主动如实供述本

人的其他罪行，该罪行能否认定为司法机关已掌握，应根据不同情形区别对待。如果该罪行已被通缉，一般应以该司法机关是否在通缉令发布范围内作出判断，不在通缉令发布范围内的，应认定为还未掌握，在通缉令发布范围内的，应视为已掌握；如果该罪行已录入全国公安信息网络在逃人员信息数据库，应视为已掌握。如果该罪行未被通缉、也未录入全国公安信息网络在逃人员信息数据库，应以该司法机关是否已实际掌握该罪行为标准。

犯罪嫌疑人、被告人在被采取强制措施期间如实供述本人其他罪行，该罪行与司法机关已掌握的罪行属同种罪行还是不同种罪行，一般应以罪名区分。虽然如实供述的其他罪行的罪名与司法机关已掌握犯罪的罪名不同，但如实供述的其他犯罪与司法机关已掌握的犯罪属选择性罪名或者在法律、事实上密切关联，如因受贿被采取强制措施后，又交代因受贿为他人谋取利益行为，构成滥用职权罪的，应认定为同种罪行。

……

七、关于自首、立功证据材料的审查

人民法院审查的自首证据材料，应当包括被告人投案经过、有罪供述以及能够证明其投案情况的其他材料。投案经过的内容一般应包括被告人投案时间、地点、方式等。证据材料应加盖接受被告人投案的单位的印章，并有接受人员签名。

人民法院审查的立功证据材料，一般应包括被告人检举揭发材料及证明其来源的材料、司法机关的调查核实材料、被检举揭发人的供述等。被检举揭发案件已立案、侦破，被检举揭发人被采取强制措施、公诉或者审判的，还应审查相关的法律文书。证据材料应加盖接收被告人检举揭发材料的单位的印章，并有接收人员签名。

人民法院经审查认为证明被告人自首、立功的材料不规范、不全面的，应当由检察机关、侦查机关予以完善或者提供补充材料。

上述证据材料在被告人被指控的犯罪一、二审审理时已形成的，应当经庭审质证。

八、关于对自首、立功的被告人的处罚

对具有自首、立功情节的被告人是否从宽处罚、从宽处罚的幅度，应当考虑其犯罪事实、犯罪性质、犯罪情节、危害后果、社会影响、被告人的主观恶性和人身危险性等。自首的还应考虑投案的主动性、供述的及时性和稳定性等。立功的还应考虑检举揭发罪行的轻重、被检举揭发的人可能或者已经被判处的刑罚、提供的线索对侦破案件或者协助抓捕其他犯罪嫌疑人所起作用的大小等。

具有自首或者立功情节的，一般应依法从轻、减轻处罚；犯罪情节较轻的，可以免除处罚。类似情况下，对具有自首情节的被告人的从宽幅度要适当宽于具有立功情节的被告人。

虽然具有自首或者立功情节，但犯罪情节特别恶劣、犯罪后果特别严重、被告人主观恶性深、人身危险性大，或者在犯罪前即为规避法律、逃避处罚而准备自首、立功的，可以不从宽处罚。

对于被告人具有自首、立功情节，同时又有累犯、毒品再犯等法定从重处罚情节的，既要考虑自首、立功的具体情节，又要考虑被告人的主观恶性、人身危险性等因素，综合分析判断，确定从宽或者从严处罚。累犯的前罪为非暴力犯罪的，一般可以从宽处罚，前罪为暴力犯罪或者前、后罪为同类犯罪的，可以不从宽处罚。

在共同犯罪案件中，对具有自首、立功情节的被告人的处罚，应注意共同犯罪人以及首要分子、主犯、从犯之间的量刑平衡。犯罪集团的首要分子、共同犯罪的主犯检举揭发或者协助司法机关抓捕同案地位、作用较次的犯罪分子的，从宽处罚与否应当从严掌握，如果从轻处罚可能导致全案量刑失衡的，一般不从轻处罚；如果检举揭发或者协助司法机关抓捕的是其他案件中罪行同样严重的犯罪分子，一般应依法从宽处罚。对于犯罪集团的一般成员、共同犯罪的从犯立功的，特别是协助抓捕首要分子、主犯的，应当充分体现政策，依法从宽处罚。

《最高人民法院关于被告人对行为性质的辩解是否影响自首成立问题的批复》（法释〔2004〕2号）

广西壮族自治区高级人民法院：

你院2003年6月10日《关于被告人对事实性质的辩解是否影响投案自首的成立的请示》收悉。经研究，答复如下：

根据刑法第六十七条第一款和最高人民法院《关于处理自首和立功具体应用法律若干问题的解释》第一条的规定，犯罪以后自动投案，如实供述自己的罪行的，是自首。被告人对行为性质的辩解不影响自首的成立。

此复

《最高人民法院关于处理自首和立功具体应用法律若干问题的解释》（法释〔1998〕8号）

第一条 根据刑法第六十七条第一款的规定，犯罪以后自动投案，如实供述自己的罪行的，是自首。

（一）自动投案，是指犯罪事实或者犯罪嫌疑人未被司法机关发觉，或者虽被发觉，但犯罪嫌疑人尚未受到讯问、未被采取强制措施时，主动、直接向公安机关、人民检察院或者人民法院投案。

犯罪嫌疑人向其所在单位、城乡基层组织或者其他有关负责人员投案的；犯罪嫌疑人因病、伤或者为了减轻犯罪后果，委托他人先代为投案，或者先以信电投案的；罪行尚未被司法机关发觉，仅因形迹可疑被有关组织或者司法机关盘问、教育后，主动交代自己的罪行的；犯罪后逃跑，在被通缉、追捕过程中，主动投案的；经查实确已准备去投案，或者正在投案途中，被公安机关捕获的，应当视为自动投案。

并非出于犯罪嫌疑人主动，而是经亲友规劝、陪同投案的；公安机关通知犯罪嫌疑人的亲友，或者亲友主动报案后，将犯罪嫌疑人送去投案的，也应当视为自动投案。

犯罪嫌疑人自动投案后又逃跑的，不能认定为自首。

（二）如实供述自己的罪行，是指犯罪嫌疑人自动投案后，如实交代自己的主要犯罪事实。

犯有数罪的犯罪嫌疑人仅如实供述所犯数罪中部分犯罪的，只对如实供述部分犯罪的行为，认定为自首。

共同犯罪案件中的犯罪嫌疑人，除如实供述自己的罪行，还应当供述所知的同案犯，主犯则应当供述所知其他同案犯的共同犯罪事实，才能认定为自首。

犯罪嫌疑人自动投案并如实供述自己的罪行后又翻供的，不能认定为自首；但在一审判决前又能如实供述的，应当认定为自首。

第二条　根据刑法第六十七条第二款的规定，被采取强制措施的犯罪嫌疑人、被告人和已宣判的罪犯，如实供述司法机关尚未掌握的罪行，与司法机关已掌握的或者判决确定的罪行属不同种罪行的，以自首论。

第三条　根据刑法第六十七条第一款的规定，对于自首的犯罪分子，可以从轻或者减轻处罚；对于犯罪较轻的，可以免除处罚。具体确定从轻、减轻还是免除处罚，应当根据犯罪轻重，并考虑自首的具体情节。

第四条　被采取强制措施的犯罪嫌疑人、被告人和已宣判的罪犯，如实供述司法机关尚未掌握的罪行，与司法机关已掌握的或者判决确定的罪行属同种罪行的，可以酌情从轻处罚；如实供述的同种罪行较重的，一般应当从轻处罚。

《最高人民法院、最高人民检察院关于办理职务犯罪案件认定自首、立功等量刑情节若干问题意见》（法发〔2009〕13号）

一、关于自首的认定和处理

根据刑法第六十七条第一款的规定，成立自首需同时具备自动投案和如实供述自己的罪行两个要件。犯罪事实或者犯罪分子未被办案机关掌握，或者虽被掌握，但犯罪分子尚未受到调查谈话、讯问，或者未被宣布采取调查措施或者强制措施时，向办案机关投案的，是自动投案。在此期间如实交代自己的主要犯罪事实的，应当认定为自首。

犯罪分子向所在单位等办案机关以外的单位、组织或者有关负责人员投案的，应当视为自动投案。

没有自动投案，在办案机关调查谈话、讯问、采取调查措施或者强制措施期间，犯罪分子如实交代办案机关掌握的线索所针对的事实的，不能认定为自首。

没有自动投案，但具有以下情形之一的，以自首论：（1）犯罪分子如实交代办案机关未掌握的罪行，与办案机关已掌握的罪行属不同种罪行的；（2）办案机关所掌握线索针对的犯罪事实不成立，在此范围外犯罪分子交代同种罪行的。

单位犯罪案件中，单位集体决定或者单位负责人决定而自动投案，如实交代单位犯罪事实的，或者单位直接负责的主管人员自动投案，如实交代单位犯罪事实的，应当认定为单位自首。单位自首的，直接负责的主管人员和直接责任人员未自动投案，但如实交代自己知道的犯罪事实的，可以视为自首；拒不交代自己知道的犯罪事实或者逃避法律追究的，不应当认定为自首。单位没有自首，直接责任人员自动投案并如实交代自己知道的犯罪事实的，对该直接责任人员应当认定为自首。

对于具有自首情节的犯罪分子，办案机关移送案件时应当予以说明并移交相关证据材料。

对于具有自首情节的犯罪分子，应当根据犯罪的事实、性质、情节和对于社会的危害程度，结合自动投案的动机、阶段、客观环境，交代犯罪事实的完整性、稳定性以及悔罪表现等具体情节，依法决定是否从轻、减轻或者免除处罚以及从轻、减轻处罚的幅度。

……

三、关于如实交代犯罪事实的认定和处理

犯罪分子依法不成立自首，但如实交代犯罪事实，有下列情形之一的，可以酌情从轻处罚：（1）办案机关掌握部分犯罪事实，犯罪分子交代了同种其他犯罪事实的；（2）办案机关掌握的证据不充分，犯罪分子如实交代有助于收集定案证据的。

犯罪分子如实交代犯罪事实，有下列情形之一的，一般应当从轻处罚：（1）办案机关仅掌握小部分犯罪事实，犯罪分子交代了大部分未被掌握的同种犯罪事实的；（2）如实交代对于定案证据的收集有重要作用的。

【案例一】

李超故意伤害案[①]

● 案件事实 ●

李超在上高中时与同班女同学龙某确立了恋爱关系。2004 年 12 月，龙某向李超提出分手，并和另一高中同学恋爱。李超因不同意分手，多次到龙某就读的湖南某学院（以下简称某学院）对龙某进行纠缠，并多次打电话到龙某的宿舍对龙某实施威胁。当李超意识到和龙某的关系已经无法挽回后，遂产生和龙某同归于尽的念头。2005 年 1 月 10 日中午，李超在其就读的湖南某专科学校附近的百平超市内购得一把水果刀。当晚，李超打电话给龙某，提出和龙某见最后一面，称以后不再进行纠缠，龙某遂表示同意。第二天下午 3 时许，李超携带水果刀来到某学院，和龙某在该学院图书馆四楼的走廊见面。两人交谈至当日下午 6 时 40 分许，李超见龙某仍决意要和其分手，提出吻别。李超亲吻龙某后用右手挟住龙某的脖子，用左手持水果刀朝龙某的头部、面部连刺数刀，龙某被刺后坐到地上流血不止。李超见状停止了行凶，责怪龙某太绝情。龙某要求李超打电话报警并送其前往医院治疗，同时表示要与李超和好。李超认为龙某还在欺骗他，便再次用水果刀朝龙某头部、面部等处一顿乱刺，最后因用力过度刺中龙某下颌部导致刀柄断裂才住手。后李超用龙某的手机拨打了 110 报警电话，称自己在某学院图书馆用水果刀刺了女友，想自首。湖南省长沙市公安局新开铺派出所民警接到 110 指挥中心的指令赶到经管学院，因不知道李超的具体位置，就拨打龙某的手机进行询问。李超接到民警打来的电话将自己的具体位置告诉民警后，用右手挟住龙某的颈部，用左手手指将龙某的右眼球抠出。随后，民警赶到现场将李超抓获，将龙某送往医院进行治疗。龙某经抢救脱险，其损伤经法医鉴定为重伤并构成五级残疾。

● 裁判要旨 ●

行为人在犯罪过程中主动向公安机关以信函、电话等方式投案，而后又继续实施危害行为的，不能认定为自首。

● 裁判理由 ●

经对本案进行审理，湖南省长沙市中级人民法院认为：被告人李超因不能

---

① 参见最高人民法院中国应用法学研究所编：《人民法院案例选》（2006 年第 2 辑），人民法院出版社 2006 年版。

正确处理恋爱纠纷，行凶致人重伤，其行为已构成故意伤害罪。检察机关指控李超犯故意杀人罪的定性不妥。李超在实施犯罪过程中打电话主动向公安机关投案后虽未终止其犯罪行为，但李超主动投案的行为符合自首条件，应认定为自首。李超采取极其残忍的手段致龙某伤残、毁容，其犯罪行为给龙某造成了巨大伤害，在社会上造成极坏影响，毫无悔罪表现，虽有自首情节，但不予从轻处罚。经司法精神病鉴定，李超作案时有完全刑事责任能力。湖南省长沙市中级人民法院遂于 2005 年 12 月 9 日依法作出判决：被告人李超犯故意伤害罪，判处死刑，剥夺政治权利终身。

一审宣判后，被告人李超及其辩护人提出上诉。

湖南省高级人民法院经公开开庭审理认为：上诉人李超因龙某不同意与其保持恋爱关系，持刀行凶并用手指抠掉龙某的右眼球，致龙某重伤构成严重残疾，其行为已构成故意伤害罪。虽然李超在用水果刀刺伤龙某后能主动拨打 110 电话报警，并在随后接到公安人员的电话时能将自己的具体位置告知公安人员，使公安人员得以及时赶到现场将其抓获。但李超在报警后没有停止其犯罪行为，而是继续实施更为严重的犯罪行为并导致主要犯罪结果的发生，不符合自动投案要求的犯罪之后自动投案的时间限制，故李超的归案不能认定为自首。李超以特别残忍的手段致人严重残疾，犯罪情节特别恶劣，对李超应依法适用死刑。鉴于李超犯罪系因恋爱纠纷引起，归案后能坦白认罪，有一定的悔罪表现，客观上其打电话报警的行为使被害人得到了及时的救治，避免了更为严重的犯罪后果发生，且李超的亲属在二审期间能积极代为赔偿，据此对李超适用死刑，可不必立即执行。依照《刑法》第 234 条第 2 款、第 48 条第 1 款、第 57 条第 1 款和《刑事诉讼法》第 189 条第 1 项、第 2 项的规定，判决如下：一、驳回上诉人李超的部分上诉，维持湖南省长沙市中级人民法院（2005）长中刑一初字第 133 号刑事附带民事判决中对李超的定罪部分，撤销该判决中对李超的量刑部分。二、上诉人李超犯故意伤害罪，判处死刑，缓期二年执行，剥夺政治权利终身。

【案例二】

韩某、孙某、杜某、朱某等故意杀人、聚众斗殴案[①]

• 案件事实 •

2006 年 9 月 6 日 22 时许，韩某、孙某、杜某等人在腾达集团中信广场娱

---

① 参见天津市第一中级人民法院（2007）一中刑初字第 75 号、天津市高级人民法院（2007）津高刑一终字第 115 号。因本案涉及的被告人多达 20 余人，为说明裁判要旨，本案例对其他被告人的判罚情况从略。

乐城金太阳滚轴迪厅门口看场值班期间，与郭某春、李某明、陈某、楚某军相遇，杜某与陈某相撞发生矛盾，李某明、陈某首先掏出尖刀欲行殴斗，韩某即纠集看场人员持械殴打郭某春、李某明、陈某、楚某军，后郭某春经抢救无效死亡。案发后杜某等人外逃期间，公安机关找到刘某某让其劝说外逃人员回来投案，韩某、孙某、田某、朱某、杜某等人先后回到本市，并住在刘某某安排的住处准备投案，在继续联系等待其他在逃人员回来一起投案期间被公安机关抓获。

• 裁判要旨 •

行为人主观上具有投案的意愿，客观上有准备去投案的行为，而被公安机关捕获的，应当视为自动投案。

• 裁判理由 •

天津市第一中级人民法院认定被告人韩某、孙某、田某、朱某、杜某系被抓获归案，以故意杀人罪对其判罚。后被告人杜某、朱某、张某、马某上诉。

天津市高级人民法院审理后认为：韩某、孙某、田某、朱某、杜某始终住在刘某某安排的住处，等待刘某某与公安机关联系投案的具体时间，由此可以反映出上述被告人等待公安机关处理的主观意愿，足以认定其确已准备去投案，所以韩某、孙某、田某、朱某、杜某应视为自动投案。但之后只有朱某如实供述了自己的罪行，杜某、韩某、孙某、田某均未能如实供述自己的罪行，故朱某构成自首，杜某、韩某、孙某、田某不构成自首。最终改判杜某犯聚众斗殴罪判处有期徒刑五年，朱某犯故意杀人罪判处有期徒刑五年。

【案例三】

罗某、易某抢劫案①

• 案件事实 •

2003年6月25日晚12时许，罗某、易某伙同李某商量到江西省萍乡市沿河路抢劫。至老卫生局路段时，见被害人杨某经过，李某提出让罗某、易某走前面去抢，他从后面抢。罗某、易某由于害怕，从后面超出杨某数十米仍不敢抢。李某则赶到杨某身后，持其在路旁捡的一块木板朝杨某肩部猛击，并抢了杨某的挎包。罗某、易某见状返身跑过来帮忙，其中罗某朝杨某打了一拳。李

---

① 参见江西省萍乡市安源区人民法院（2003）安刑初字第269号。为说明裁判要旨，本案例对其他被告人的判罚从略。

某抢得挎包后逃离现场，罗某则被在场的一名群众抓获。易某见罗某被抓并未逃跑，而是留下来请求杨某将罗某释放，并主动提出要去找回杨某被抢的挎包。经杨某同意，易某到其与李某合租的房屋找寻未果后，返回案发现场并告知了杨某，杨某遂打电话报警。之后，易某又提出找包，找寻未果后第二次返回案发现场，由杨某将二人交由随后赶到的公安民警。

• 裁判要旨 •

明知返回案发现场会被抓获而主动返回，等待被公安机关抓获的行为，并且符合自动投案的其他条件的，应视为自动投案，其在归案后能如实供述自己的罪行，应以自首论。

• 裁判理由 •

江西省萍乡市安源区人民法院认为：被告人易某第一次返回后，杨某打电话报警时易某在场，此时，经杨某同意，易某再次单独出去找包。由于公安机关即将到来，若此时再返回案发现场即意味着被公安机关抓获，易某在有条件逃离的情况下未逃离，主动返回案发现场，等待公安机关到来的行为，符合投案主动性的要求。其在归案后能如实供述自己的罪行，应以自首论。遂判决被告人易某犯抢劫罪，判处有期徒刑一年零六个月，缓刑两年，并处罚金5000元。

【案例四】

陈某某等职务侵占及公司、企业人员受贿案①

• 案件事实 •

1999年10月至2000年5月间，郭某在征得陈某某同意后，向东航在泰国曼谷的部分货运代理商打招呼，确保卜某等人每天所需的东航由泰国曼谷至上海航班的货运舱位数。事后，卜某等人按照事先约定，送予郭某20万美元、92万泰铢和55万元人民币，郭某将上述钱款中的部分分给陈某某及方向敏。1999年12月至2001年7月间，陈某某等三人经事先共谋，利用职务便利，多收少报，秘密截取货运款人民币133.4万余元。案发后，三人在侦查期间进行了如实供述。在一审审理期间，陈某某、郭某对其所犯公司、企业人员受贿罪的事实均予以否认。

---

① 参见上海市第一中级人民法院（2003）沪一中刑初字第66号、上海市高级人民法院（2003）沪高刑终字第116号。

• 裁判要旨 •

被告人在一审期间翻供的，不属于如实供述犯罪事实，不应认定为自首；即使其在二审审理期间又如实供述全部犯罪事实的，也不应认定为自首。

• 裁判理由 •

上海市第一中级人民法院认为：被告人陈某某、郭某在本案侦查阶段，能如实供述主要犯罪事实，但在一审庭审过程中，对其所犯公司、企业人员受贿的犯罪事实均予以翻供，不能认定其就该犯罪事实具有自首情节，并依法作出了判决。

后被告人陈某某及郭某不服并提起上诉。郭某在二审期间又如实供述了所犯公司、企业人员受贿罪的事实。上海市高级人民法院审理后认为：郭某在一审审理期间翻供，又在二审审理期间承认了全部犯罪事实，不应认定为自首。遂维持了原判。

【学理分析及适用指引】

• 学理分析 •

1. 自首成立的条件。关于自首成立的条件，法学界存在不同看法：一种意见仍坚持三要件说,① 即自动投案、如实交代自己的罪行、自觉接受司法机关审查和裁判；另一种意见则认为，刑法关于自首定义的法定化已明确为二要件，即自动投案、如实供述自己的罪行。② 还有学者则认为，1997 年《刑法》虽然没有将“接受审查和裁判”明文规定为自首的条件之一，但它是“自动投案，如实供述自己的罪行”的题中之义，是自首的当然要求。③

2. 对“犯罪以后”的理解。对于“犯罪以后”，有两种理解：一种是狭义的，只限于犯罪结果发生之后或犯罪既遂之后；另一种是广义的，既可以是犯罪行为发生之后，也可以是犯罪结果发生之后或犯罪既遂之后。犯罪既遂之后而投案的，固然可以成立自动投案；犯罪预备、未遂或中止后而投案的，同样也可以成立自动投案。④

3. 对“自动投案”的理解。关于自动投案是否以悔罪动机为必要，存在

---

① 参见张穹主编：《刑法适用手册》（上），中国人民公安大学出版社 1997 年版，第 295 页。

② 参见周道鸾等主编：《刑法的修改与适用》，人民法院出版社 1997 年版，第 176 页；马克昌主编：《刑罚通论》，武汉大学出版社 1999 年版，第 374 页。

③ 参见何秉松主编：《刑法教科书》（上卷），中国法制出版社 2000 年版，第 584 页。

④ 参见高秀东：《“自动投案”成立条件的认定》，载《中国刑法学年会文集（2005 年度）第 1 卷：刑罚制度研究》（上册），中国人民公安大学出版社 2005 年版，第 350 ~ 357 页。

两种不同的观点：肯定说，主张自首的本质在于悔罪；① 否定说，认为投案必须是自动的，但不要求内心的悔罪。②

4. 对当众实施犯罪的理解。对于犯罪人当众犯罪以后向司法机关投案的，是否属于自动投案，有学者认为应当区别以下三种情况处理：

（1）犯罪人在光天化日之下当众实施犯罪后，在场的群众处于惊恐之中，没有对犯罪人采取措施时，犯罪人立即、自动投向有关机关的，属于自动投案。

（2）犯罪人在众目睽睽之下实施犯罪之后，在围观群众的斥责、敦促之下，自行投向有关机关的，也属于自动投案。

（3）犯罪人在大庭广众之间犯罪后，在围观群众人人喊打、尾随抓捕下投向有关机关的，不能算是自动投案。③

5. 关于单位自首。

（1）单位能否自首，理论界历来有两种不同的主张。否定论者认为，法律上规定自首的主体是"罪犯"，故自首很难直接适用于犯罪的单位。我国目前相关立法与司法解释都未提及单位犯罪的自首问题，现有的自首制度都是针对自然人犯罪而言，要确立于法无据，单位无所谓自首，因而研究该问题毫无意义。肯定论者则认为，《刑法》并无明文规定单位犯罪不可以成立自首，因而其对自首制度的有关规定应对所有犯罪具有普遍的适用效力。单位犯罪作为一种法定犯罪，应承担刑事责任，接受刑罚处罚，同样也应享有自首从宽的权利与机会，体现了刑法罪责刑相适应的原则。

（2）如何认定单位自首。理论界与实务界对如何认定单位自首意见不一，主要有以下几种具有代表性的观点：

①单位犯罪的实施者自首导致。该观点主张，单位犯罪以后，其法定代表人或负责人，或者经授权的其他直接责任人员自动投案、如实供述单位犯罪事实的，应当认定，并依法对犯罪单位和其中的自然人给予从宽处罚。如果单位犯罪中有的自然人拒不到案或到案后不如实交代罪行的，对其不予认定自首。如果单位犯罪中的其他直接责任人员先行投案，直接负责的主管人员或负责人到案后亦能如实交代罪行的，可以自首论；如果直接负责的主管人员或负责人拒不到案的，或者到案后不如实交代罪行的，则只能认定自动投案的其他直接责任人员成立自首。《最高人民法院、最高人民检察院、海关总署关于办理走私刑事案件适用法律若干问题的意见》第 21 条规定基本上也持该观点。

②与参与实施单位犯罪的人员自首应分别评价。该观点主张，单位犯罪后，如果单位的决策机构或者决策者决定向司法机关自首该犯罪事实，但并未

---

① 周振想：《自首制度的理论与实践》，人民法院出版社 1988 年版，第 41 页。

② 参见甘雨沛、何鹏：《外国刑法学》，北京大学出版社 1984 年版，第 527 页。

③ 参见周振想：《自首制度的理论与实践》，人民法院出版社 1988 年版，第 64～65 页。

就此向有关曾参与单位犯罪实施的人征求意见。其后，司法机关接受了单位的自首，并因此对不知情形的其他参与单位犯罪的人进行讯问或者采取强制措施，此时，若其主动交代了所参与实施的有关单位犯罪事实，不能成立自首。依照此观点，对于实施单位犯罪的人员的自首应分别认定，彼此相对独立。司法机关在接受之后，对其他参与单位犯罪的人员采取强制措施时，这些人员在客观上已经丧失了“自动投案”的条件，因此对其无法认定自首。

③必须以单位名义实施。该观点主张，在犯罪单位形成自首意图后，自首的实施依赖于自然人，自首的自然人必须以单位的名义实施，否则，即使该自然人是受具有自首意图的单位委托，也不能成立。

④直接负责的主管人员与其他直接责任人员自首的效力不同。该观点主张，直接负责的主管人员是单位犯罪的决策者，他们的犯罪意图通过一定的程序上升为单位的犯罪意图，因此直接负责的主管人员的意志在一定意义上代表了单位的意志。若这类人单独决定自首的，其自首不仅是个人意图的表现，也是单位意志的体现，因而能够成立。而其他直接责任人员是在单位犯罪中具体实施单位犯罪行为的人员，即将单位犯罪意志付诸实施的实行者，这类人不是单位犯罪的决策者，他们的意志不能代表单位。因此，这类人单独决定的自首，不能认定是基于单位意志的自首。[①]

6. 对“其他罪行”的理解。关于《刑法》第 67 条第 2 款中的其他罪行的理解，刑法学界存在两种观点：第一种观点认为，本人的其他罪行是指向司法机关供述的是犯罪分子除司法机关掌握的以外的不是同一性质的犯罪。[②] 第二种观点认为，所谓其他罪行是相对于犯罪人被查获的罪行而言的，指的是犯罪人被指控、查获的罪行以外的罪行，既包括与被指控的罪行性质不同的异种罪行，也包括与被指控的犯罪性质相同的同种罪行。[③]

根据《刑法》第 67 条的规定，我国刑法理论上通常把自首分为一般自首和特别自首（亦称准自首或者余罪自首）两种，该条第 1 款规定的情形被称为一般自首，第 2 款规定被称为特别自首。根据《刑法》第 67 条第 1 款的规定，成立一般自首必须具备以下两个条件：一是自动投案；二是如实供述自己的罪行。自动投案是一般自首成立的首要条件。所谓自动投案，是指犯罪分子在犯罪以后、归案之前，自动向有关机关或个人投案的行为。更确切地说，在犯罪嫌疑人投案时，其犯罪行为应当是处于某种停止的形态，或是犯罪预备，或是犯罪未遂或中止，或是犯罪既遂或者犯罪结果已经发生（过失犯罪）。换言之，其犯罪行为不再继续发展，而是固定为某一相对静止的结局。否则，如果

---

① 沈新康、曹坚：《单位自首的认定》，载《中国刑事法杂志》2004 年第 6 期。

② 参见徐霞等编著：《中华人民共和国刑法学习纲要》，人民法院出版社 1997 年版，第 49 页。

③ 参见徐霞等：《中华人民共和国刑法学习纲要》，人民法院出版社 1997 年版，第 95 页。

犯罪行为仍处于发展和变化过程中，是无法认定“犯罪以后”的。所谓归案之前，是指犯罪事实或者犯罪嫌疑人未被司法机关发觉，或者虽被发觉，但犯罪嫌疑人尚未受到讯问、未被采取强制措施。自首制度是惩办与宽大相结合政策在我国刑法中的具体体现之一，自首的立法精神在于分化瓦解犯罪势力，感召犯罪分子主动归案，提高刑事案件的侦破效率，节约司法成本，并促进刑罚目的的实现。① 尽管当前无论在理论界还是司法实践中对于自首的主流倾向是不问其主观动机，但是，与其他刑罚制度一样，自首制度首先应追求公正价值的实现，其次应兼顾功利价值。

7. 坦白制度的认定与适用。现行《刑法》第 67 条第 3 款规定了坦白制度，即犯罪嫌疑人虽不具有前两款规定的自首情节，但是如实供述自己罪行的，可以从轻处罚；因其如实供述自己罪行，避免特别严重后果发生的，可以减轻处罚。长期以来，“坦白从宽”一直是我国的一项重要刑事司法政策。但是，“坦白从宽”长期以来在刑法意义上仅为酌定而非法定从宽情节。《刑法修正案（八）》将坦白从宽法定化，意义重大。

对于坦白的司法认定，关键是要准确把握如下两个问题：

（1）“如实供述自己罪行”的内涵。对此，我们认为原则上可参照自首制度中“如实供述自己罪行”的内涵来认定，即对“如实供述自己罪行”的掌握，不能低于自首对此的要求。因为相对于坦白，自首所反映的被告人的主观恶性更轻。若对坦白中“如实供述自己罪行”的要求低于自首，则出现主观恶性更轻的量刑情节要求更为严格，主观恶性更重的量刑情节却要求更为宽松的不和谐现象，从而导致对刑罚适用的失衡。据此，我们可以对坦白者“如实供述自己罪行”具体解读如下：①“如实供述”，要求其实事求是、一五一十地交代自己的犯罪事实，既不扩大也不缩小自己的罪行，既不能掩盖推脱自己的罪行也不能顶替包揽他人的罪行，既不能避重就轻、不讲主要犯罪事实只讲次要犯罪事实，更不能歪曲客观真相、编造事实情节。②所谓“自己”的罪行，既指自己实施的犯罪事实，也包括自己组织、指挥、教唆、帮助的犯罪事实。在共同犯罪中，既包括自己的犯罪事实，也包括自己所知悉的同案犯的共同犯罪事实。③所谓“罪行”，是指其犯罪的预谋、准备、时间、地点、手段、对象、经过、结果等主要犯罪事实及其主体身份等情况。对于犯罪嫌疑人多次实施同种罪行的，从犯罪次数、犯罪情节、犯罪数额等方面分析比较，如果如实交代属于主要部分罪行的，即可认定为“如实供述自己的罪行”。根据 2004 年《最高人民法院关于被告人对行为性质的辩解是否影响自首成立问题的批复》精神，被告人对所供述罪行的法律评价和对主观罪过的辩解意见，不影响“如实供述自己罪行”的认定。

---

① 参见高铭暄主编：《刑法专论》（上编），高等教育出版社 2002 年版，第 594 页。

（2）坦白的认定有无具体时间的限定？即行为人“如实供述自己罪行”的时间节点如何把握？如被告人被抓捕归案后，在公安侦查期间前几次讯问并不如实供述但经过一段时间之后的几次讯问时如实供述的，是否属于坦白？在公安侦查阶段不如实供述但在检察机关审查起诉阶段如实供述的，是否属于坦白？还有在侦查、审查起诉阶段不如实供述但在法院审理阶段尤其是庭审期间如实供述的，能否认定为坦白？对此，我们似乎可以从《刑法》第67条第3款的规定中找到立法者的倾向，即该项用的词是“犯罪嫌疑人”而不是“被告人”或者“犯罪嫌疑人、被告人”，应该是有其用意的，即要求坦白者的“如实供述”应当在侦查阶段，最迟在检察机关提起公诉前，若在法院审理阶段才“如实供述”的，恐怕没有实质性的意义，因为此时既然已经提起公诉了，应当说犯罪证据基本确实、充分，犯罪基本事实已经查清，此时认定坦白也难以发挥其应有的功能。这是对坦白者“如实供述”时间节点的基本判断。

• 适用指引 •

自首制度首先应追求公正价值的实现，其次应兼顾功利价值。对于在犯罪过程中主动以信函、电话等方式报警甚至在实施犯罪前就主动报警的行为，客观上虽然能使公安机关及时发现犯罪并抓获犯罪人，但仍不能认定为自首。否则，会使得自首制度被某些犯罪分子故意利用而为自己创造从轻的机会，这与自首制度的基本价值取向是相悖的。

第六十八条 立功制度

【法律规定】

• 法律条文 •

《中华人民共和国刑法》

第六十八条 犯罪分子有揭发他人犯罪行为，查证属实的，或者提供重要线索，从而得以侦破其他案件等立功表现的，可以从轻或者减轻处罚；有重大立功表现的，可以减轻或者免除处罚。

• 相关规定 •

《最高人民法院关于处理自首和立功若干具体问题的意见》（法发〔2010〕60号）

四、关于立功线索来源的具体认定

犯罪分子通过贿买、暴力、胁迫等非法手段，或者被羁押后与律师、亲友会见过程中违反监管规定，获取他人犯罪线索并“检举揭发”的，不能认定为有立功表现。

犯罪分子将本人以往查办犯罪职务活动中掌握的，或者从负有查办犯罪、监管职责的国家工作人员处获取的他人犯罪线索予以检举揭发的，不能认定为有立功表现。

犯罪分子亲友为使犯罪分子“立功”，向司法机关提供他人犯罪线索、协助抓捕犯罪嫌疑人的，不能认定为犯罪分子有立功表现。

五、关于“协助抓捕其他犯罪嫌疑人”的具体认定

犯罪分子具有下列行为之一，使司法机关抓获其他犯罪嫌疑人的，属于《解释》第五条规定的“协助司法机关抓捕其他犯罪嫌疑人”：1. 按照司法机关的安排，以打电话、发信息等方式将其他犯罪嫌疑人（包括同案犯）约至指定地点的；2. 按照司法机关的安排，当场指认、辨认其他犯罪嫌疑人（包括同案犯）的；3. 带领侦查人员抓获其他犯罪嫌疑人（包括同案犯）的；4. 提供司法机关尚未掌握的其他案件犯罪嫌疑人的联络方式、藏匿地址的，等等。

犯罪分子提供同案犯姓名、住址、体貌特征等基本情况，或者提供犯罪前、犯罪中掌握、使用的同案犯联络方式、藏匿地址，司法机关据此抓捕同案犯的，不能认定为协助司法机关抓捕同案犯。

六、关于立功线索的查证程序和具体认定

被告人在一、二审审理期间检举揭发他人犯罪行为或者提供侦破其他案件的重要线索，人民法院经审查认为该线索内容具体、指向明确的，应及时移交有关人民检察院或者公安机关依法处理。

侦查机关出具材料，表明在三个月内还不能查证并抓获被检举揭发的人，或者不能查实的，人民法院审理案件可不再等待查证结果。

被告人检举揭发他人犯罪行为或者提供侦破其他案件的重要线索经查证不属实，又重复提供同一线索，且没有提出新的证据材料的，可以不再查证。

根据被告人检举揭发破获的他人犯罪案件，如果已有审判结果，应当依据判决确认的事实认定是否查证属实；如果被检举揭发的他人犯罪案件尚未进入审判程序，可以依据侦查机关提供的书面查证情况认定是否查证属实。检举揭发的线索经查确有犯罪发生，或者确定了犯罪嫌疑人，可能构成重大立功，只是未能将犯罪嫌疑人抓获归案的，对可能判处死刑的被告人一般要留有余地，对其他被告人原则上应酌情从轻处罚。

被告人检举揭发或者协助抓获的人的行为构成犯罪，但因法定事由不追究刑事责任、不起诉、终止审理的，不影响对被告人立功表现的认定；被告人检举揭发或者协助抓获的人的行为应判处无期徒刑以上刑罚，但因具有法定、酌定从宽情节，宣告刑为有期徒刑或者更轻刑罚的，不影响对被告人重大立功表现的认定。

七、关于自首、立功证据材料的审查

人民法院审查的自首证据材料，应当包括被告人投案经过、有罪供述以及能够证明其投案情况的其他材料。投案经过的内容一般应包括被告人投案时间、地点、方式等。证据材料应加盖接受被告人投案的单位的印章，并有接受人员签名。

人民法院审查的立功证据材料，一般应包括被告人检举揭发材料及证明其来源的材料、司法机关的调查核实材料、被检举揭发人的供述等。被检举揭发案件已立案、侦破，被检举揭发人被采取强制措施、公诉或者审判的，还应审查相关的法律文书。证据材料应加盖接收被告人检举揭发材料的单位的印章，并有接收人员签名。

人民法院经审查认为证明被告人自首、立功的材料不规范、不全面的，应当由检察机关、侦查机关予以完善或者提供补充材料。

上述证据材料在被告人被指控的犯罪一、二审审理时已形成的，应当经庭审质证。

八、关于对自首、立功的被告人的处罚

对具有自首、立功情节的被告人是否从宽处罚、从宽处罚的幅度，应当考虑其犯罪事实、犯罪性质、犯罪情节、危害后果、社会影响、被告人的主观恶性和人身危险性等。自首的还应考虑投案的主动性、供述的及时性和稳定性等。立功的还应考虑检举揭发罪行的轻重、被检举揭发的人可能或者已经被判处的刑罚、提供的线索对侦破案件或者协助抓捕其他犯罪嫌疑人所起作用的大小等。

具有自首或者立功情节的，一般应依法从轻、减轻处罚；犯罪情节较轻的，可以免除处罚。类似情况下，对具有自首情节的被告人的从宽幅度要适当宽于具有立功情节的被告人。

虽然具有自首或者立功情节，但犯罪情节特别恶劣、犯罪后果特别严重、被告人主观恶性深、人身危险性大，或者在犯罪前即为规避法律、逃避处罚而准备自首、立功的，可以不从宽处罚。

对于被告人具有自首、立功情节，同时又有累犯、毒品再犯等法定从重处罚情节的，既要考虑自首、立功的具体情节，又要考虑被告人的主观恶性、人身危险性等因素，综合分析判断，确定从宽或者从严处罚。累犯的前罪为非暴力犯罪的，一般可以从宽处罚，前罪为暴力犯罪或者前、后罪为同类犯罪的，可以不从宽处罚。

在共同犯罪案件中，对具有自首、立功情节的被告人的处罚，应注意共同犯罪人以及首要分子、主犯、从犯之间的量刑平衡。犯罪集团的首要分子、共同犯罪的主犯检举揭发或者协助司法机关抓捕同案地位、作用较次的犯罪分子的，从宽处罚与否应当从严掌握，如果从轻处罚可能导致全案量刑失衡的，一般不从轻处罚；如果检举揭发或者协助司法机关抓捕的是其他案件中罪行同样严重的犯罪分子，一般应依法从宽处罚。对于犯罪集团的一般成员、共同犯罪的从犯立功的，特别是协助抓捕首要分子、主犯的，应当充分体现政策，依法从宽处罚。

《全国部分法院审理毒品犯罪案件工作座谈会纪要》（法〔2008〕324 号）

七、毒品案件的立功问题

共同犯罪中同案犯的基本情况，包括同案犯姓名、住址、体貌特征、联络方式等信息，属于被告人应当供述的范围。公安机关根据被告人供述抓获同案犯的，不应认定其有立功表现。被告人在公安机关抓获同案犯过程中确实起到协助作用的，例如，经被告人现场指认、辨认抓获了同案犯；被告人带领公安人员抓获了同案犯；被告人提供了不为有关机关掌握或者有关机关按照正常工作程序无法掌握的同案犯藏匿的线索，有关机关据此抓获了同案犯；被告人交代了与同案犯的联系方式，又按要求与对方联络，积极协助公安机关抓获了同案犯等，属于协助司法机关抓获同案犯，应认定为立功。

关于立功从宽处罚的把握，应以功是否足以抵罪为标准。在毒品共同犯罪案件中，毒枭、毒品犯罪集团首要分子、共同犯罪的主犯、职业毒犯、毒品惯犯等，由于掌握同案犯、从犯、马仔的犯罪情况和个人信息，被抓获后往往能协助抓捕同案犯，获得立功或者重大立功。对其是否从宽处罚以及从宽幅度的大小，应当主要看功是否足以抵罪，即应结合被告人罪行的严重程度、立功大小综合考虑。要充分注意毒品共同犯罪人以及上、下家之间的量刑平衡。对于毒枭等严重毒品犯罪分子立功的，从轻或者减轻处罚应当从严掌握。如果其罪行极其严重，只有一般立功表现，功不足以抵罪的，可不予从轻处罚；如果其检举、揭发的是其他犯罪案件中罪行同样严重的犯罪分子，或者协助抓获的是同案中的其他首要分子、主犯，功足以抵罪的，原则上可以从轻或者减轻处罚；如果协助抓获的只是同案中的从犯或者马仔，功不足以抵罪，或者从轻处罚后全案处刑明显失衡的，不予从轻处罚。相反，对于从犯、马仔立功，特别是协助抓获毒枭、首要分子、主犯的，应当从轻处罚，直至依法减轻或者免除处罚。

被告人亲属为了使被告人得到从轻处罚，检举、揭发他人犯罪或者协助司法机关抓捕其他犯罪人的，不能视为被告人立功。同监犯将本人或者他人尚未被司法机关掌握的犯罪事实告知被告人，由被告人检举揭发的，如经查证属实，虽可认定被告人立功，但是否从宽处罚、从宽幅度大小，应与通常的立功有所区别。通过非法手段或者非法途径获取他人犯罪信息，如从国家工作人员处贿买他人犯罪信息，通过律师、看守人员等非法途径获取他人犯罪信息，由被告人检举揭发的，不能认定为立功，也不能作为酌情从轻处罚情节。

《最高人民法院关于处理自首和立功具体应用法律若干问题的解释》（法释〔1998〕8号）

第五条 根据刑法第六十八条第一款的规定，犯罪分子到案后有检举、揭发他人犯罪行为，包括共同犯罪案件中的犯罪分子揭发同案犯共同犯罪以外的其他犯罪，经查证属实；提供侦破其他案件的重要线索，经查证属实；阻止他人犯罪活动；协助司法机关抓捕其他犯罪嫌疑人（包括同案犯）；具有其他有利于国家和社会的突出表现的，应当认定为有立功表现。

第六条 共同犯罪案件的犯罪分子到案后，揭发同案犯共同犯罪事实的，可以酌情予以从轻处罚。

第七条 根据刑法第六十八条第一款的规定，犯罪分子有检举、揭发他人重大犯罪行为，经查证属实；提供侦破其他重大案件的重要线索，经查证属实；阻止他人重大犯罪活动；协助司法机关抓捕其他重大犯罪嫌疑人（包括同案犯）；对国家和社会有其他重大贡献等表现的，应当认定为有重大立功表现。

前款所称“重大犯罪”、“重大案件”、“重大犯罪嫌疑人”的标准，一般是指犯罪嫌疑人、被告人可能被判处无期徒刑以上刑罚或者案件在本省、自治区、直辖市或者全国范围内有较大影响等情形。

《最高人民法院、最高人民检察院关于办理职务犯罪案件认定自首、立功等量刑情节若干问题的意见》（法发〔2009〕13号）

二、关于立功的认定和处理

立功必须是犯罪分子本人实施的行为。为使犯罪分子得到从轻处理，犯罪分子的亲友直接向有关机关揭发他人犯罪行为，提供侦破其他案件的重要线索，或者协助司法机关抓捕其他犯罪嫌疑人的，不应当认定为犯罪分子的立功表现。

据以立功的他人罪行材料应当指明具体犯罪事实；据以立功的线索或者协助行为对于侦破案件或者抓捕犯罪嫌疑人要有实际作用。犯罪分子揭发他人犯罪行为时没有指明具体犯罪事实的；揭发的犯罪事实与查实的犯罪事实不具有关联性的；提供的线索或者协助行为对于其他案件的侦破或者其他犯罪嫌疑人的抓捕不具有实际作用的，不能认定为立功表现。

犯罪分子揭发他人犯罪行为，提供侦破其他案件重要线索的，必须经查证属实，才能认定为立功。审查是否构成立功，不仅要审查办案机关的说明材料，还要审查有关事实和证据以及与案件定性处罚相关的法律文书，如立案决定书、逮捕决定书、侦查终结报告、起诉意见书、起诉书或者判决书等。

据以立功的线索、材料来源有下列情形之一的，不能认定为立功：（1）本人通过非法手段或者非法途径获取的；（2）本人因原担任的查禁犯罪等职务获取的；（3）他人违反监管规定向犯罪分子提供的；（4）负有查禁犯罪活动职责的国家机关工作人员或者其他国家工作人员利用职务便利提供的。

犯罪分子检举、揭发的他人犯罪，提供侦破其他案件的重要线索，阻止他人的犯罪活动，或者协助司法机关抓捕的其他犯罪嫌疑人，犯罪嫌疑人、被告人依法可能被判处无期徒刑以上刑罚的，应当认定为有重大立功表现。其中，可能被判处无期徒刑以上刑罚，是指根据犯罪行为的事实、情节可能判处无期徒刑以上刑罚。案件已经判决的，以实际判处的刑罚为准。但是，根据犯罪行为的事实、情节应当判处无期徒刑以上刑罚，因被判刑人有法定情节经依法从轻、减轻处罚后判处有期徒刑的，应当认定为重大立功。

对于具有立功情节的犯罪分子，应当根据犯罪的事实、性质、情节和对于社会的危害程度，结合立功表现所起作用的大小、所破获案件的罪行轻重、所抓获犯罪嫌疑人可能判处的法定刑以及立功的时机等具体情节，依法决定是否从轻、减轻或者免除处罚以及从轻、减轻处罚的幅度。

【案例】

周应才等抢劫、掩饰、隐瞒犯罪所得案①

• 案件事实 •

2006 年 11 月至 2007 年 1 月间，周应才等 12 人共谋并分别结伙，采用持械打砸游戏机并胁迫店内人员的方法，在上海市奉贤区、青浦区、嘉定区等地游戏机房内劫取游戏机主板等财物。其中周应才、冯玉伟、孙良胜、李永衡参与抢劫 13 次，劫取财物价值 7.3 万余元；余行华参与抢劫 8 次，劫取财物价值 4.8 万余元；李国余参与抢劫 6 次，劫取财物价值 3 万余元；沙先花参与抢劫 5 次，劫取财物价值 2.5 万余元；张磊参与抢劫 7 次，劫取财物价值 4.9 万余元；沈宇参与抢劫 5 次，劫取财物价值 3.2 万余元；龚海剑参与抢劫 3 次，劫取财物价值 2.1 万余元；左明生参与抢劫 3 次，劫取财物价值 1.6 万余元；赵晟晟参与抢劫 2 次，劫取财物价值 1.5 万余元。此外，2005 年 11 月，沙先花明知他人向其兜售的东南得利卡 DN6493K9 型汽车（价值 69469 元）系赃车，仍介绍给其他人收购。左明生到案后检举揭发了同案犯张磊参与的其他抢劫犯罪并协助公安机关抓获张磊；张磊到案后，协助公安机关抓获同案犯周应才、余行华、冯玉伟、沙先花、孙良胜等多人。

公诉机关以周应才等 12 人犯抢劫罪，沙先花又犯掩饰、隐瞒犯罪所得罪提起公诉，其中左明生、张磊具有立功表现。各被告人及辩护人对公诉机关指控的主要犯罪事实与罪名不持异议，左明生与张磊两人的辩护人均提出，左明

① 参见上海市第一中级人民法院（2007）沪一中少刑初字第 1 号。转引自最高人民法院中国应用法学研究所编：《人民法院案例选》（2009 年第 1 辑），人民法院出版社 2009 年版，第 80～85 页。

生、张磊应认定为具有重大立功表现。

• 裁判要旨 •

在认定被告人是否具有重大立功表现时，如何理解司法解释确立的“可能被判处无期徒刑以上刑罚”之标准，不能一概以法定刑幅度内含有无期徒刑就认为是可能被判处无期徒刑。

• 裁判理由 •

一审法院审理后认为：被告人周应才等12人分别结伙抢劫公私财物，其行为均已构成抢劫罪。其中除被告人赵晟晟外，其余11名被告人均系多次抢劫。被告人沙先花明知赃车而介绍买卖，其行为已构成掩饰、隐瞒犯罪所得罪。关于公诉机关认定的各被告人的抢劫数额，由于各被告人劫取的游戏机主板等物品已全部灭失，且被害人无法提供购买被劫物品的发票等单据，故《物品财产估价鉴定结论书》中对被劫物品价值的鉴定意见，目前依据尚不充分。因此，以直接认定抢劫的实物为宜。关于被告人左明生、张磊的辩护人提出的左明生与张磊两人具有重大立功表现的辩护意见，根据《最高人民法院关于处理自首和立功具体应用法律若干问题的解释》的相应规定，重大立功包括犯罪分子有检举、揭发他人重大犯罪行为，经查证属实；协助司法机关抓捕其他重大犯罪嫌疑人（包括同案犯）等。而重大犯罪、重大案件的标准，一般是指犯罪嫌疑人、被告人可能被判处无期徒刑以上刑罚。法院认为，对“可能被判处无期徒刑以上刑罚”的理解，应理解为排除罪后情节而可能判处无期徒刑以上的宣告刑，不能一概以法定刑幅度内含有无期徒刑就认为是可能判处无期徒刑。尽管左明生检举并协助抓获的被告人张磊，张磊协助抓获的被告人周应才等人，其法定刑幅度均为十年以上有期徒刑、无期徒刑或者死刑，但综合评判本案相关被告人的客观犯罪事实，均尚不足以判处无期徒刑以上刑罚，故左明生、张磊两人的行为，难以认定为具有重大立功表现，仅构成一般立功。综合各名被告人的自首、立功、系未成年人及交代同种罪行等情节，分别判处四年六个月至十五年有期徒刑，并处罚金与剥夺政治权利；犯罪工具予以没收，违法所得予以追缴。

【学理分析及适用指引】

• 学理分析 •

1. 犯罪分子协助司法机关抓捕其他犯罪嫌疑人未果的，能否认定为立功。对此，存有不同的见解。一种意见认为，这种情形不能认定为立功。协助抓捕行为要成立立功，不仅要求有行为人协助抓捕其他犯罪嫌疑人的行为，而且还要求有其他犯罪嫌疑人被抓捕的结果实现。二者缺一不可，否则不能成立立功。[①] 另一种意见认为，这种情形应当认定为立功。理由在于：

（1）犯罪分子协助抓捕能否抓获犯罪嫌疑人，不仅取决于协助行为是否积极有效，还取决于司法工作人员采取的抓捕措施是否得当，工作是否尽职等因素。将抓捕未果的责任不问缘由地归结于协助抓捕的犯罪分子往往失之公允。

（2）1998 年《最高人民法院关于处理自首和立功具体应用法律若干问题的解释》第 5 条并没有要求客观上必须抓获犯罪嫌疑人才能构成立功。

（3）抓捕未果并不说明犯罪分子的协助行为缺少立功行为应当具有的有效性。对确有赎罪心理的罪犯，在协助抓捕认定立功问题上不能过于苛刻，只要具有协助抓捕的行为且该行为客观上是积极有效的，即使未抓获犯罪嫌疑人的，也可以认定为立功。[②]

2. “买功”能否认定为立功。“买功”（即行为人以支付一定的财物为对价，换得他人掌握的其他人的犯罪事实的信息，并将其提供给司法机关）行为能否认定为立功，对此，意见不一。第一种观点认为，立功行为的实质条件在于行为的社会有益性。尽管行为人揭发、提供的内容是以金钱交换的方式获取的，但揭发、提供行为在实质上对国家和社会是有益的，因而应当认定为立功。第二种观点认为，立功的本质不仅要考虑其行为的有效性和悔罪性，而且应对立功的信息、线索来源均予以考虑。“买功”行为虽然对侦破案件可能有用，但行为人的人身危险性并未减少，且可能给监管秩序造成破坏。因此，不宜认定为立功。[③] 第三种观点认为，对于“买功”行为应具体情况具体分析。首先，要看行为人提供给司法机关的他人的犯罪事实的信息或破案线索是否真实有效。只要其所提供的信息或线索是真实的，一般情况下可以认定为立功。至于该信息或线索是他人无偿还是有偿提供的，均不应影响立功的认定。其次，要看“买功”行为是否违反法律规定。如果行为人教唆、引诱、威胁他人实施犯罪行为，然后将其所掌握的犯罪事实向司法机关告发的，或者行为人向国家公职人员收买后者所掌握的他人犯罪事实的信息或线索的，不能认定为立功。如果行为人是向一般社会公民或者其他罪犯收买他人所掌握的犯罪事实的信息或线索，未采取不正当手段的，则这种行为并未违法，应当认定为立功。[④]

---

① 参见叶良芳：《立功认定中若干疑难问题探析》，载《中国刑法学年会文集（2005 年度）第 1 卷：刑罚制度研究》（上册），中国人民公安大学出版社 2005 年版，第 496 页。

② 参见季黎明：《对立功认定中争议问题的探析》，载《人民检察》2003 年第 8 期。

③ 参见田立文、夏汉清：《立功制度实务问题探讨》，载《人民司法》2004 年第 10 期。

④ 参见叶良芳：《立功认定中若干疑难问题探析》，载《中国刑法学年会文集（2005 年度）第 1 卷：刑罚制度研究》（上册），中国人民公安大学出版社 2005 年版，第 499 页。

3. 关于立功后逃脱能否认定为立功。行为人犯罪后又实施了法定的立功行为，但后来又借机逃脱司法机关的控制，再次被抓获后，对其先前的立功行为还能否认定为立功。对此，有两种不同的意见：一种意见认为，行为人虽然有立功表现，但又脱逃的，表明其主观上没有悔罪性，主观恶性仍然较深，不应认定为立功。另一种意见认为，立功是行为人犯罪后的一种独立的有益于社会的行为，它一般与行为人的主观恶性和悔罪表现的关系不大。立功一旦成立，则不论行为人是否认罪，是否逃脱，均不影响立功的性质，在对行为人量刑时，该立功行为仍应予以认真考虑。但在具体如何从轻或减轻时，应与立功后没有逃脱行为的有所不同。①

• 适用指引 •

作为惩办与宽大相结合刑事政策的重要组成部分，立功制度以及对立功的犯罪分子予以从宽处罚的原则，具有重要意义。首先，它有利于提高司法机关办理刑事案件的效率；其次，它对于瓦解犯罪势力，促使其他犯罪分子主动归案，具有积极的作用；最后，它可以激励犯罪分子悔过自新、改过从善，从而较好地协调和发挥刑罚的惩罚犯罪和教育改造罪犯的重要功能。

根据相关司法解释，立功应具有亲为性，实效性，立功信息获取途径的合法、合理性。

在认定立功时，应当注意三个问题：一是立功只能存在于犯罪分子归案后至终审判决之前。二是“协助司法机关抓捕同案犯”应当理解为司法机关认为被告人有协助的必要，被告人实施了具体的协助行为，且该行为对抓捕同案犯确实起到了直接的重要作用。协助的方式可表现为直接带路、指认、采用各种方式诱捕或者举报藏匿地点等。三是被告人是否可能被判处无期徒刑以上刑罚，应以其所涉嫌犯罪的严重程度作为认定的依据，即查实或指控的罪行依法可能被判处无期徒刑以上刑罚的，就应认定构成“重大犯罪”“重大案件”“重大犯罪嫌疑人”，不能以宣告刑也不能完全以法定刑为准来确定。对于被检举揭发或协助抓捕的罪犯本应依法判处无期徒刑以上刑罚，但因其具有自首、立功、坦白、未成年、未遂等情节而最终被处以无期徒刑以下刑罚的，对该罪犯仍应认定为属于“重大犯罪嫌疑人”，其所涉嫌的罪行、所参与的案件仍应认定为“重大犯罪”“重大案件”。

---

① 参见刘杰：《论法定量刑情节的立功》，载《河北法学》1999 年第 3 期。

第四节 数罪并罚

第六十九条 数罪并罚的一般规定

【法律规定】

• 法律条文 •

《中华人民共和国刑法》

第六十九条 判决宣告以前一人犯数罪的，除判处死刑和无期徒刑的以外，应当在总和刑期以下、数刑中最高刑期以上，酌情决定执行的刑期，但是管制最高不能超过三年，拘役最高不能超过一年，有期徒刑总和刑期不满三十五年的，最高不能超过二十年，总和刑期在三十五年以上的，最高不能超过二十五年。

数罪中有判处有期徒刑和拘役的，执行有期徒刑。数罪中有判处有期徒刑和管制，或者拘役和管制的，有期徒刑、拘役执行完毕后，管制仍须执行。

数罪中有判处附加刑的，附加刑仍须执行，其中附加刑种类相同的，合并执行，种类不同的，分别执行。

• 相关规定 •

《最高人民法院关于适用财产刑若干问题的规定》（法释〔2000〕45 号）

第一条 刑法规定“并处”没收财产或者罚金的犯罪，人民法院在对犯罪分子判处主刑的同时，必须依法判处相应的财产刑；刑法规定“可以并处”没收财产或者罚金的犯罪，人民法院应当根据案件具体情况及犯罪分子的财产状况，决定是否适用财产刑。

第二条 人民法院应当根据犯罪情节，如违法所得数额、造成损失的大小等，并综合考虑犯罪分子缴纳罚金的能力，依法判处罚金。刑法没有明确规定罚金数额标准的，罚金的最低数额不能少于一千元。

对未成年人犯罪应当从轻或者减轻判处罚金，但罚金的最低数额不能少于五百元。

第三条 依法对犯罪分子所犯数罪分别判处罚金的，应当实行并罚，将所判处的罚金数额相加，执行总和数额。

一人犯数罪依法同时并处罚金和没收财产的，应当合并执行；但并处没收全部财产的，只执行没收财产刑。

第四条 犯罪情节较轻，适用单处罚金不致再危害社会并具有下列情形之一的，可以依法单处罚金：

（一）偶犯或者初犯；

（二）自首或者有立功表现的；

（三）犯罪时不满十八周岁的；

（四）犯罪预备、中止或者未遂的；

（五）被胁迫参加犯罪的；

（六）全部退赃并有悔罪表现的；

（七）其他可以依法单处罚金的情形。

第五条 刑法第五十三条规定的“判决指定的期限”应当在判决书中予以确定；“判决指定的期限”应为从判决发生法律效力第二日起最长不超过三个月。

第六条 刑法第五十三条规定的“由于遭遇不能抗拒的灾祸缴纳确实有困难的”，主要是指因遭受火灾、水灾、地震等灾祸而丧失财产；罪犯因重病、伤残等而丧失劳动能力，或者需要罪犯抚养的近亲属患有重病，需支付巨额医药费等，确实没有财产可供执行的情形。

具有刑法第五十三条规定“可以酌情减少或者免除”事由的，由罪犯本人、亲属或者犯罪单位向负责执行的人民法院提出书面申请，并提供相应的证明材料。人民法院审查以后，根据实际情况，裁定减少或者免除应当缴纳的罚金数额。

第七条 刑法第六十条规定的“没收财产以前犯罪分子所负的正当债务”，是指犯罪分子在判决生效前所负他人的合法债务。

第八条 罚金刑的数额应当以人民币为计算单位。

第九条 人民法院认为依法应当判处被告人财产刑的，可以在案件审理过程中，决定扣押或者冻结被告人的财产。

第十条 财产刑由第一审人民法院执行。

犯罪分子的财产在异地的，第一审人民法院可以委托财产所在地人民法院代为执行。

第十一条 自判决指定的期限届满第二日起，人民法院对于没有法定减免事由不缴纳罚金的，应当强制其缴纳。

对于隐藏、转移、变卖、损毁已被扣押、冻结财产情节严重的，依照刑法第三百一十四条的规定追究刑事责任。

【案例】

杨保营等抢劫、绑架、寻衅滋事案[①]

• 案件事实 •

2002年1月8日18时许，杨保营、吴润鹏、李波三人在山东省淄博市周村区骗乘杨某寿驾驶的红色三厢夏利出租车，行至邹平县长山镇附近时，杨保营三人对出租车司机杨某寿拳打脚踢后将出租车抢走，该车价值17500元。

2002年1月11日23时许，杨保营、吴润鹏、李波驾车在山东省张店海燕歌舞厅门前，准备对乘车回家的“三陪小姐”进行抢劫时，恰遇田某云从歌舞厅出来，上了杨保营驾驶的出租车，要求杨保营将其送至潘庄。杨保营驾车行驶几十米后，躲在暗处的吴润鹏、李波也上了车。三人用宽胶带将田某云的眼睛、双手缠住，并将其绑架至惠民县一旅馆内拘禁，三人向田某云要钱未果。当月13日，杨保营三人胁持田某云到张店，从田某云的存折中取出现金5000元后将其放走。

2002年1月16日19时许，杨保营、吴润鹏、李波三人在山东省德州市华联商厦附近骗乘陈某友驾驶的红色三厢夏利出租车，行至商河县玉皇镇附近时，三人用绳子将陈某友捆住并对其殴打，劫走陈某友现金40余元及出租车，该车价值27500元。

2002年1月27日17时许，杨保营、吴润鹏在河北省黄骅市骗乘张某义驾驶的红色三厢夏利车，行至庆云县河堤附近时，吴润鹏从后面搂住张某义的脖子进行抢劫，张某义脱身逃走，出租车被抢走，该车价值15225元。

另查明，2001年1月初的一天晚上，吴润鹏纠集韩华宝、胡涛、宋宗勇、闫康亮等人（均另案处理）持铁棍在惠民县小郭村王某寿家中，无故殴打在此修车的赵某良、张某军、王某强等人，致三人受轻微伤，并砸坏王某寿家的房屋门窗、电视机等物，价值1195.52元。

• 裁判要旨 •

判决宣告以前一人犯同种数罪和异种数罪在处理上的区别。

• 裁判理由 •

山东省淄博市中级人民法院一审认为：三人对公诉机关指控的犯罪事实供认不讳，且有充分的证据，应予认定。被告人杨保营、吴润鹏、李波以非法占

---

① 参见《中华人民共和国最高人民法院公报》2005年第2期。

有为目的，采用暴力手段多次劫取他人财物，数额巨大；以勒索财物为目的，采用暴力绑架他人，三人均构成抢劫罪、绑架罪。被告人吴润鹏随意殴打他人，致三人轻微伤，且肆意损坏他人财物，已构成寻衅滋事罪。据此，山东省淄博市中级人民法院于2002年10月9日依法作出判决：一、被告人杨保营犯抢劫罪，判处无期徒刑，剥夺政治权利终身，并处罚金人民币2万元；犯绑架罪，判处有期徒刑十二年，并处罚金人民币1万元；决定执行无期徒刑，剥夺政治权利终身，并处罚金人民币3万元。二、被告人吴润鹏犯抢劫罪，判处有期徒刑十三年，并处罚金人民币1万元；犯绑架罪，判处有期徒刑十一年，并处罚金人民币3000元；犯寻衅滋事罪，判处有期徒刑二年；决定执行有期徒刑二十年，并处罚金人民币13000元。三、被告人李波犯抢劫罪，判处有期徒刑十一年，并处罚金人民币1万元；犯绑架罪，判处有期徒刑十年，并处罚金人民币3000元；决定执行有期徒刑二十年，并处罚金人民币13000元。

宣判后，被告人杨保营、吴润鹏提出上诉。山东省高级人民法院经审理，确认了一审认定的事实，但认为，杨保营等三人对田某云实施的行为不符合绑架罪的犯罪构成，该行为应认定为抢劫罪。杨保营、吴润鹏、李波以非法占有为目的，采用暴力手段多次劫取他人财物，数额巨大，均构成抢劫罪，依法应予处罚。吴润鹏纠集韩华宝、胡涛、宋宗勇、闫康亮等殴打他人，致三人轻微伤，已构成寻衅滋事罪，依法应予处罚。故于2002年12月31日作出如下判决：一、维持山东省淄博市中级人民法院（2002）淄刑二初字第25号刑事判决对上诉人杨保营、吴润鹏、被告人李波犯抢劫罪的定罪量刑和对上诉人吴润鹏寻衅滋事罪的定罪量刑。二、撤销山东省淄博市中级人民法院（2002）淄刑二初字第25号刑事判决对上诉人杨保营、吴润鹏、被告人李波犯绑架罪的定罪量刑。三、上诉人杨保营犯抢劫罪，判处无期徒刑，剥夺政治权利终身，并处罚金人民币2万元。四、上诉人吴润鹏犯抢劫罪，判处有期徒刑十三年，并处罚金人民币1万元；犯寻衅滋事罪，判处有期徒刑二年；决定执行有期徒刑十四年，并处罚金人民币1万元。五、被告人李波犯抢劫罪，判处有期徒刑十一年，并处罚金人民币1万元。

【学理分析及适用指引】

• 学理分析 •

1. 对于判决宣告以前一人犯同种数罪的，是否并罚的问题，理论上存在三种不同的观点：

（1）肯定说：主张对同种数罪应实行并罚。①

（2）否定说：主张对同种数罪一概不并罚，而应作为一罪的从重情节或法定刑升格的情节处罚。②

（3）折中说：有学者主张以不并罚为基本处罚方法，以并罚为补充方法，即所犯之罪具有两个以上法定刑幅度时，不实行并罚，只有一个法定刑幅度时，则实行并罚。③ 也有学者认为，对判决宣告以前一人犯同种数罪的，原则上应以一罪论处，但在以一罪论处不符合罪刑相适应原则或者前后犯罪相隔时间很长，不宜作为一罪的从重情节或法定刑升格的情节处理时，应实行并罚。④

2. 对于一人犯数罪而同时被判处有期徒刑、拘役和管制时，如何决定执行的刑罚的问题，在理论界存在不同的认识，概括而言，主要有以下三种不同的见解：

（1）换算说：即主张将拘役、管制的刑期换算成有期徒刑的刑期，然后根据限制加重的原则，决定执行的刑期。

（2）吸收说：即主张只执行重刑种，不执行轻刑种。

（3）分别执行说（逐一执行说）：即先执行有期徒刑，然后依次执行拘役和管制。⑤

• 适用指引 •

《刑法》第 69 条规定的是判决宣告以前一人犯数罪的并罚原则。数罪，是指符合数个犯罪构成要件的行为。根据犯罪的性质，可以将数罪分为同种数罪和异种数罪。所谓同种数罪，是指行为人的犯罪事实充足，符合数个性质相同的犯罪构成的犯罪形态。异种数罪，是指行为人的犯罪事实充足，符合数个性质不同的犯罪构成的犯罪形态。尽管该条中并未对数罪的类型作出明确限定，但审判实践中通常都将其理解为异种数罪，即判决宣告以前一人犯数罪的并罚，仅限于对异种数罪进行并罚，判决宣告以前一人犯同种数罪的，均按一罪处断而不实行数罪并罚。

对于异种数罪的并罚，《刑法》第 69 条确立的是以限制加重原则为主，以

---

① 参见《中华人民共和国刑法总则讲义》，群众出版社 1980 年版，第 243 页；陈兴良：《刑法适用总论》（下卷），法律出版社 1999 年版，第 527 ~ 528 页。

② 参见杨春洗、杨敦先等主编：《中国刑法论》，北京大学出版社 1994 年版，第 235 ~ 236 页。

③ 参见樊凤林主编：《刑罚通论》，中国政法大学出版社 1994 年版，第 456 页。

④ 参见张明楷：《刑法学》（上），法律出版社 1997 年版，第 464 页。

⑤ 参见高铭暄、马克昌主编：《刑法学》（上编），中国法制出版社 1999 年版，第 511 页；马克昌主编：《刑罚通论》，武汉大学出版社 1999 年版，第 485 页；张明楷：《刑法学》（上），法律出版社 1997 年版，第 462 页；何秉松主编：《刑法教科书》（上卷），中国法制出版社 2000 年版，第 594 页；陈兴良：《刑法适用总论》（下卷），法律出版社 1999 年版，第 535 ~ 538 页。

吸收原则和并科原则为补充的折中原则。其中，每一种原则仅适用于特定的刑种：吸收原则只适用于死刑和无期徒刑；限制加重原则适用于有期徒刑、拘役和管制三种有期自由刑；并科原则只适用于附加刑。同时，吸收原则和限制加重原则在适用上互相排斥，并科原则的适用效力相对独立，不影响其他原则的适用。该条规定的限制加重原则还有一个重要的特点，就是采取多重的限制加重，并罚后决定执行的刑期不仅要在数罪中被宣告的数刑中最高刑期以上、总和刑期以下，同时还要受到所判处的有期自由刑的最高执行刑期的限制（即管制刑最高不能超过三年，拘役刑最高不能超过一年，有期徒刑最高不能超过二十年，但数罪总和刑在三十五年以上的，执行刑最高可超过二十年，不超过二十五年即可）。

值得注意的一个问题是：一人犯数罪，同时被判处不同种的自由刑时，如何执行刑罚。这是一个长期以来刑事立法未有关注的问题，可谓立法空白。过去的实践中，多参照最高人民法院相关规范性文件，采取"分别执行说"，即管制的性质与拘役、有期徒刑不同，三种自由刑之间不能相互换算，应当先执行有期徒刑，其次是拘役，刑满以后返回社会，再执行管制。[①]《刑法修正案（九）》对此问题进行了初步规范，明确规定：数罪中有判处有期徒刑和拘役的，执行有期徒刑；而数罪中有判处有期徒刑和管制，或者拘役和管制的，有期徒刑、拘役执行完毕后，管制仍须执行。即采取有限制的"分别执行说"——有期徒刑可以吸收拘役但不能吸收管制，而拘役也不能吸收管制，仍需分别执行。之所以有期徒刑可以吸收拘役而不能吸收管制，是因为有期徒刑与拘役均属于剥夺自由刑，刑种性质完全相同、执行内容基本类似，但管制属于限制自由刑，与有期徒刑、拘役性质不同、内容不同，无法吸收。

我国《刑法》第69～71条较为系统地规定了数罪并罚制度，总体上是适当的。但当前司法实践中，对于一些犯罪分子罪行累累、但每一罪行均判处十年左右的有期徒刑、总和刑期很高，可到四五十年甚至更高（比较典型的如黑社会性质的犯罪）。因《刑法》规定的有期徒刑数罪并罚执行刑最高不超过二十年，这就显得罪责刑极其不均衡，《刑法修正案（八）》对此进行了一定程度的完善。

（1）适当提高有期徒刑数罪并罚的刑期上限。修正后的《刑法》第69条规定，对因犯数罪被判处有期徒刑、总和刑期不满三十五年的，并罚时的执行刑最高不能超过二十年；总和刑期在三十五年以上的，最高不能超过二十五年。这样，死缓、无期徒刑的刑罚力度有所提升，那么长期自由刑刑期也应随

① 分别见《最高人民法院关于管制犯在管制期间又犯新罪被判处拘役或者有期徒刑应如何执行的问题的批复》（法研字〔1981〕第18号，1981年7月27日施行）、《最高人民法院研究室关于被判处拘役缓刑的罪犯在考验期内又犯新罪应如何执行问题的电话答复》（1988年3月24日施行）。

之提升，比《刑法》的规定附条件地提升了五年。总和刑期在三十五年以上的（含三十五年本数），肯定是三罪以上并罚的，因为两罪并罚时总和刑期最高也就是三十年，此时执行刑仍不得超过二十年。

（2）明确了附加刑并罚时的并科原则及其运用。对于附加刑，理论上普遍认为是应采取并科、相加规则。但具体如何并科，《刑法》并无具体规定，《刑法修正案（八）》明确了附加刑并科原则的运用，包括两个方面：一是主刑和附加刑并罚的，直接并科（相加）；二是附加刑与附加刑之间的并罚，增加了十六字规则：种类相同、合并执行，种类不同、分别执行。不论“合并执行”还是“分别执行”，实质上都是并科规则的体现，只不过因种类不同导致执行机关、执行内容以及执行方式有所不同，故此表述不同。

第七十条　行刑期间发现漏罪的并罚规则

【法律规定】

• 法律条文 •

《中华人民共和国刑法》

第七十条　判决宣告以后，刑罚执行完毕以前，发现被判刑的犯罪分子在判决宣告以前还有其他罪没有判决的，应当对新发现的罪作出判决，把前后两个判决所判处的刑罚，依照本法第六十九条的规定，决定执行的刑罚。已经执行的刑期，应当计算在新判决决定的刑期以内。

• 相关规定 •

《最高人民法院关于罪犯因漏罪、新罪数罪并罚时原减刑裁定应如何处理的意见》（法〔2012〕44号）

各省、自治区、直辖市高级人民法院，解放军军事法院，新疆维吾尔自治区高级人民法院生产建设兵团分院：

近期，我院接到一些地方高级人民法院关于判决宣告以后，刑罚执行完毕以前，罪犯因漏罪或者又犯新罪数罪并罚时，原减刑裁定应如何处理的请示。为统一法律适用，经研究，提出如下意见：

罪犯被裁定减刑后，因被发现漏罪或者又犯新罪而依法进行数罪并罚时，经减刑裁定减去的刑期不计入已经执行的刑期。

在此后对因漏罪数罪并罚的罪犯依法减刑，决定减刑的频次、幅度时，应当对其原经减刑裁定减去的刑期酌予考虑。

《最高人民法院关于判决宣告后又发现被判刑的犯罪分子的同种漏罪是否实行数罪并罚问题的批复》（法复〔1993〕3号）

江西省高级人民法院：

你院赣高法〔1992〕39号《关于判决宣告后又发现被判刑的犯罪分子的同种漏罪是否按数罪并罚处理的请示》收悉。经研究，答复如下：

人民法院的判决宣告并已发生法律效力以后，刑罚还没有执行完毕以前，发现被判刑的犯罪分子在判决宣告以前还有其他罪没有判决的，不论新发现的罪与原判决的罪是否属于同种罪，都应当依照刑法第六十五条①的规定实行数罪并罚。但如果在第一审人民法院的判决宣告以后，被告人提出上诉或者人民检察院提出抗诉，判决尚未发生法律效力的，第二审人民法院在审理期间，发现原审被告人在第一审判决宣告以前还有同种漏罪没有判决的，第二审人民法院应当依照刑事诉讼法第一百三十六条②第（三）项的规定，裁定撤销原判，发回原审人民法院重新审判，第一审人民法院重新审判时，不适用刑法关于数罪并罚的规定。

《最高人民法院研究室关于对刑罚已执行完毕，由于发现新的证据，又因同一事实被以新的罪名重新起诉的案件，应适用何种程序进行审理等问题的答复》

……对于先行判决且刑罚已经执行完毕，由于同案犯归案发现新的证据，又因同一事实被以新的罪名重新起诉的被告人，原判人民法院应当按照审判监督程序撤销原判决、裁定，并将案件移送有管辖权的人民法院，按照第一审程序与其他同案被告人并案审理。

该被告人已经执行完毕的刑罚，由收案的人民法院在对被指控的新罪作出判决时依法折抵，被判处有期徒刑的，原执行完毕的刑期可以折抵刑期。

……

【案例】

王能苏等合同诈骗案③

• 案件事实 •

1996年10月，王能苏等人通过张信国得知上海供销物资总公司（以下简称物资公司）有人民币500万元存入中国工商银行漕河泾支行（以下简称工行漕河泾支行）后，即与时任该行信贷员的袁桃林共谋以梦晨公司名义骗贷，并

① 1997年《刑法》第70条。——编者注

② 1996年《刑事诉讼法》第189条。——编者注

③ 参见国家法官学院、中国人民大学法学院编：《中国审判案例要览（2005年刑事审判案例卷）》，人民法院出版社2006年版。

指使颜思琪、张若伟、丁建明负责具体实施。袁桃林将物资公司在工行漕河泾支行开立的银行账户申报表（上有物资公司公章及法定代表人私章样式）提供给梦晨公司。王能苏即指使公司员工李根宝（另案处理）找人按样私刻了物资公司公章和法定代表人私章。同年 10 月 17 日，颜思琪、丁建明、张若伟持上述假章至工行漕河泾支行袁桃林办公室制作了《质押担保借款合同》，并由颜思琪加盖了私刻的物资公司印章。当工行漕河泾支行领导提出对该贷款合同进行律师见证时，张若伟即联系了某律师事务所律师黄某和周某，采用欺诈手法骗得相关《见证书》。次日，工行漕河泾支行依据《质押担保借款合同》及《见证书》等材料向梦晨公司发放贷款 375 万元。同年 12 月，为应付银行检查，袁桃林授意王能苏等人假冒物资公司名义用伪造的印章向工行漕河泾支行出具了内容为上述《质押担保借款合同》真实的《确认函》。上述 375 万元中部分被用于梦晨公司经营，部分被王能苏用于赌博等个人使用。

• 裁判要旨 •

减刑后发现漏罪的，并罚时，如何对待先前的减刑裁定之效力。

• 裁判理由 •

上海市第一中级人民法院经审理认为：被告人王能苏、颜思琪、张若伟、丁建明、袁桃林的行为均已构成合同诈骗罪，且情节特别严重，应依法惩处。5 名被告人系共同犯罪。其中，王能苏、袁桃林系主犯。颜思琪、张若伟、丁建明系从犯，依法予以减轻处罚。王能苏曾因犯金融凭证诈骗罪被判刑。刑罚执行期间又被发现还有本案所涉的合同诈骗犯罪没有判决，应对王能苏所犯合同诈骗罪作出判决后，将其因犯金融凭证诈骗罪和合同诈骗罪被判处的刑罚，实行并罚。上海市第一中级人民法院依照 1997 年《刑法》第 12 条第 1 款，1979 年《刑法》第 152 条，《最高人民法院关于审理诈骗案件具体应用法律的若干问题的解释》第 2 条，1997 年《刑法》第 27 条、第 67 条第 1 款，1979 年《刑法》第 52 条、第 60 条、第 64 条、第 65 条之规定，判决：被告人王能苏犯合同诈骗罪，判处有期徒刑十五年，剥夺政治权利四年，并处没收其个人财产人民币 10 万元；连同上海市第一中级人民法院于 2000 年 6 月 8 日作出的（2000）沪一中刑初字第 65 号刑事判决，即王能苏犯金融凭证诈骗罪，判处无期徒刑，剥夺政治权利终身，并处没收其个人财产人民币 20 万元，决定执行无期徒刑，剥夺政治权利终身，并处没收其个人财产人民币 30 万元。

一审判决后，被告人王能苏提出上诉。王能苏上诉称，其因犯金融凭证诈骗罪于 2000 年 6 月 8 日被上海市第一中级人民法院判处无期徒刑，剥夺政治权利终身，并处没收财产人民币 20 万元。服刑期间，经法院于 2002 年 12 月裁定其被减为有期徒刑二十年，剥夺政治权利九年。现上海市第一中级人民法院又以合同诈骗罪判处其有期徒刑十五年，剥夺政治权利四年，连同此前判决，决定执行无期徒刑，剥夺政治权利终身，并处没收其个人财产人民币30万元。上海市第一中级人民法院并罚时没有将裁定其减刑的刑期计算在内，判决不当。上海市高级人民法院经审理后认为，原判认定被告人王能苏、袁桃林、颜思琪、张若伟、丁建明合同诈骗的犯罪事实清楚，证据确实、充分，适用法律正确，定罪准确，量刑适当，审判程序合法。原判对王能苏数罪并罚决定执行无期徒刑，剥夺政治权利终身，并处没收其个人财产人民币30万元，并无不当。上海市高级人民法院依照《刑事诉讼法》第189条第1项的规定，裁定驳回上诉，维持原判。

【学理分析及适用指引】

• 学理分析 •

对于因前罪被判处无期徒刑后又被裁定减刑至有期徒刑的罪犯，在刑罚执行完毕之前，又被发现原判决宣告以前有漏罪的，应如何并罚？究竟是与减刑之前原判决所判处的刑罚合并处罚，还是与原判决经减刑之后所确定的刑罚合并处罚？原判决所判处的无期徒刑经减刑之后，刑种必然发生变化，将新发现的罪被判处的刑罚与减刑之前的刑罚合并处罚，较之于将其与减刑之后的刑罚合并处罚，所得到的合并处罚结果完全不同，相差悬殊。由于《刑法》对此没有作出明确规定，最高人民法院也没有就此作出司法解释，因此对于上述情形如何进行并罚，在刑法理论界及司法实践中存有分歧，主要有以下两种观点：第一种观点是对新发现的罪作出判决，并将前后两个判决所判处的刑罚，依照“先并后减”的原则决定执行的刑罚。第二种观点是对新发现的罪作出判决，将新判决所判处的刑罚与裁定减刑后确定的刑罚，依照“先并后减”的原则决定执行的刑罚。①

我们认为，上述第一种意见较为合理。第一，因前罪被判处无期徒刑又被裁定减刑后发现原判决宣告之前有漏判之罪的，属于“判决宣告以后、刑罚执行完毕以前发现漏罪”的情形，根据立法精神，应当适用《刑法》第70条的规定，将新发现之罪所判处的刑罚与减刑之前原判决所判处的无期徒刑合并处罚，决定应予执行的刑罚。上述第二种意见主张将漏罪所判处的刑罚与减刑后所确定的刑罚实行并罚，究其实质而言，实行的是“先减后并”，而不是“先并后减”，这显然有违《刑法》第70条的规定。减刑裁定与原判决是基于不同事由，服从于不同目的的需要，在不同的阶段作出的。减刑在实质上并不是

① 参见国家法官学院、中国人民大学法学院编：《中国审判案例要览（2005年刑事审判案例卷）》，人民法院出版社2006年版。

改判，也不是减轻处罚，而是一种行刑调节制度，因此既不能无视减刑裁定的合法有效性，也不能将减刑裁定视为原判决的组成部分。那种认为因服刑罪犯隐瞒余罪而将减刑裁定视为无效的观点，或者认为减刑裁定是对原判决的修正的观点，均值得商榷。第二，关于原已执行的刑期是否折抵的问题，我们的回答是否定的。在原判决所判处的刑罚为无期徒刑的情况下，其与漏罪所判处的刑罚进行并罚的结果不外乎两种情况：一是漏罪被判处死刑的，并罚后决定执行的刑罚为死刑（包括死刑立即执行和死刑缓期二年执行）；二是漏罪被判处无期徒刑、有期徒刑、拘役或管制的，并罚后决定执行的刑罚为无期徒刑（案例部分的王能苏案即属此例）。无论是哪一种结果，因刑种不同，其原已执行的刑期都是无法折抵的。

• 适用指引 •

对于因被判处有期徒刑被裁定减刑后发现原判决宣告之前有漏罪的，同样也应当将漏罪所判处的刑罚与减刑前原判决判处的刑罚进行并罚。但是，需要注意的是，在对漏罪判处刑罚并与原判决判处的有期徒刑并罚后仍决定执行有期徒刑的，由于已经执行的刑期与裁定减去的刑期以及并罚后决定执行的刑期均属同一刑种，故应当将已经执行的刑期及裁定减去的刑期计算在新判决决定的刑期之内。

对于因前罪被判处无期徒刑后又被裁定减刑至有期徒刑的罪犯，在刑罚执行完毕之前，又被发现原判决宣告以前有漏判之罪的，应当对新发现的罪作出判决，并将前后两个判决所判处的刑罚，依照“先并后减”的原则决定应执行的刑罚。

第七十一条　行刑期间又犯新罪的并罚规则

【法律规定】

• 法律条文 •

《中华人民共和国刑法》

第七十一条　判决宣告以后，刑罚执行完毕以前，被判刑的犯罪分子又犯罪的，应当对新犯的罪作出判决，把前罪没有执行的刑罚和后罪所判处的刑罚，依照本法第六十九条的规定，决定执行的刑罚。

• 相关规定 •

《最高人民法院关于罪犯因漏罪、新罪数罪并罚时原减刑裁定应如何处理的意见》（法〔2012〕44 号）

各省、自治区、直辖市高级人民法院，解放军军事法院，新疆维吾尔自治区高级人民法院生产建设兵团分院：

近期，我院接到一些地方高级人民法院关于判决宣告以后，刑罚执行完毕以前，罪犯因漏罪或者又犯新罪数罪并罚时，原减刑裁定应如何处理的请示。为统一法律适用，经研究，提出如下意见：

罪犯被裁定减刑后，因被发现漏罪或者又犯新罪而依法进行数罪并罚时，经减刑裁定减去的刑期不计入已经执行的刑期。

在此后对因漏罪数罪并罚的罪犯依法减刑，决定减刑的频次、幅度时，应当对其原经减刑裁定减去的刑期酌予考虑。

《最高人民法院关于在执行附加刑剥夺政治权利期间犯新罪如何处理的批复》（法释〔2009〕10 号）

上海市高级人民法院：

你院《关于被告人在执行附加刑剥夺政治权利期间重新犯罪适用法律问题的请示》（沪高法〔2008〕24 号）收悉。经研究，批复如下：

一、对判处有期徒刑并处剥夺政治权利的罪犯，主刑已执行完毕，在执行附加刑剥夺政治权利期间又犯新罪，如果所犯新罪无须附加剥夺政治权利的，依照刑法第七十一条的规定数罪并罚。

二、前罪尚未执行完毕的附加刑剥夺政治权利的刑期从新罪的主刑有期徒刑执行之日起停止计算，并依照刑法第五十八条规定从新罪的主刑有期徒刑执行完毕之日或者假释之日起继续计算；附加刑剥夺政治权利的效力施用于新罪的主刑执行期间。

三、对判处有期徒刑的罪犯，主刑已执行完毕，在执行附加刑剥夺政治权利期间又犯新罪，如果所犯新罪也剥夺政治权利的，依照刑法第五十五条、第五十七条、第七十一条的规定并罚。

【案例】

沙学民容留他人吸毒案①

● 案件事实 ●

被告人沙学民，男，1966 年 12 月 15 日出生。2013 年 2 月 4 日因犯贩卖毒品罪被判处有期徒刑一年，并处罚金人民币 1000 元，同年 2 月 18 日因病被决定暂予监外执行。同年 4 月 10 日因涉嫌犯容留他人吸毒罪被抓获，次日被刑事拘留，当日因江苏省无锡市公安局监管支队不予收押，被取保候审。2014 年 5 月 29 日经江苏省无锡市北塘区人民法院决定逮捕，同年 6 月 4 日由无锡市公安局北塘分局执行逮捕，当日因无锡市公安局监所管理支队不予收押而被取保候审。无锡市北塘区人民检察院以被告人沙学民犯容留他人吸毒罪，向江苏省无锡市北塘区人民法院提起公诉。被告人沙学民对公诉机关指控的事实和证据无异议。

江苏省无锡市北塘区人民法院经审理查明：2013 年 4 月 8 日下午，被告人沙学民在无锡市北塘区建设新村 127 号某室容留万建华吸食毒品甲基苯丙胺。2013 年 4 月 10 日下午，被告人沙学民在无锡市北塘区建设新村 127 号某室容留刘雪珍吸食毒品甲基苯丙胺，容留邓国民吸食毒品甲基苯丙胺、注射毒品海洛因，容留金明发吸食毒品甲基苯丙胺、海洛因。

另查明，在前案中，被告人沙学民于 2011 年 11 月 10 日被抓获：同年 11 月 12 日被取保候审；羁押时间为 3 天。2013 年 2 月 18 日沙学民被暂予监外执行。同年 4 月 10 日因本案被抓获，则监外执行服刑的时间为一个月零二十四天。综上，被告人沙学民已执行刑期为一个月二十七天。

● 裁判要旨 ●

减刑以后刑罚执行完毕以前又犯罪的并罚原则。

● 裁判理由 ●

江苏省无锡市北塘区人民法院认为，被告人沙学民容留他人吸食、注射毒品，其行为已构成容留他人吸毒罪，依法应当判处三年以下有期徒刑、拘役或者管制，并处罚金。沙学民曾因犯贩卖毒品罪被判过刑，又犯容留他人吸毒罪，是毒品再犯，依法从重处罚。沙学民归案后如实供述自己的罪行，依法可

---

① 参见中华人民共和国最高人民法院刑事审判第一、二、三、四、五庭主办：《刑事审判参考》（总第 103 集），法律出版社 2015 年版。

以从轻处罚。沙学民在判决宣告以后，刑罚执行完毕以前又犯罪，应当对新犯之罪作出判决，把前罪没有执行的刑罚和后罪所判处的刑罚数罪并罚。公诉机关指控被告人沙学民犯容留他人吸毒罪的事实清楚，证据确实、充分，指控成立，但未指控数罪并罚有误，应予纠正。依照《刑法》第354条、第356条、第67条第3款、第71条、第69条之规定，以容留他人吸毒罪判处被告人沙学民有期徒刑九个月，并处罚金人民币1000元。连同前罪剩余刑期十个月三天，决定执行有期徒刑一年三个月，并处罚金人民币1000元。

一审宣判后，江苏省无锡市北塘区人民检察院提起抗诉，称原审被告人沙学民前罪刑罚已经执行完毕，故北塘区人民法院的判决认定其前罪尚有未执行完毕的刑罚，且将前罪未执行的刑罚与后罪所判处的刑罚实行数罪并罚，属于适用法律错误。

江苏省无锡市中级人民法院经审理认为，原审判决的审判程序合法，认定的事实清楚，证据确实、充分，量刑适当，应予维持。依照《刑事诉讼法》第225条第1项之规定，裁定驳回抗诉，维持原判。

【学理分析及适用指引】

• 学理分析 •

1. 关于"前罪没有执行的刑罚"从何时起计算的问题。对该问题现行《刑法》没有明确规定，理论界有以下几种观点：（1）罪犯实施新罪之日；（2）侦查机关立案之日；（3）侦查机关对其采取羁押措施之日；（4）检察机关起诉之日；（5）人民法院判决确定之日。①

2. 对刑罚执行期间既发现漏罪又犯有新罪的，应如何并罚？现行《刑法》未予明确规定，学界对此存在较大的意见分歧。第一种观点认为，应先对漏罪作出判决，与原判刑罚按照《刑法》第57条规定的原则，确定应执行的刑罚，然后对新犯之罪作出判决，再与前两个判决所决定的刑罚中尚未执行的刑罚并罚，决定应执行的刑罚。第二种观点认为，应先对漏罪和新罪分别定罪量刑，将两罪所判处的刑罚按照《刑法》第69条规定的原则，决定执行的刑罚，然后以此判决作为一个新判决，与原判所判处的刑罚并罚，决定应执行的刑罚，再减去已执行的刑罚，从而确定应继续执行的刑罚。第三种观点认为，应先对漏罪和新犯之罪分别判刑，然后把原判刑罚和漏罪所判处的刑罚以及新罪所判处的刑罚，按照《刑法》第69条规定的原则，决定执行的刑罚，再减去原判刑罚中已执行的刑罚，即为应继续执行的刑罚。第四种观点认为，应先对漏罪和新罪分别判刑，然后将新罪所判处的刑罚与原判刑罚按照"先减后并"的

① 参见何秉松主编：《刑法教科书》（上卷），中国法制出版社2000年版，第597页。

方法并罚，决定执行的刑罚，再将此刑罚作为一个新判决，与漏罪所判处的刑罚按照《刑法》第 69 条规定的原则，决定执行的刑罚即为应继续执行的刑罚。①

犯罪分子在被减刑以后、刑罚执行完毕以前又犯新罪如何处理？第一，对于判决宣告以后，刑罚执行完毕之前，被判刑的犯罪分子又犯新罪的，适用《刑法》第 71 条规定的并罚原则。根据该条的规定，在这种情况下，除决定执行的是死刑、无期徒刑者外，刑期的计算，应从前罪已经生效的判决决定执行的刑罚中，减去已经执行的刑期，然后将前罪未执行的刑罚与后罪所判处的刑罚，依照《刑法》第 69 条的规定，决定应执行的刑罚。这种计算刑期的方法也被称为"先减后并"。第二，无论是"先减后并"还是"先并后减"，对于"减"，都应作扩延性理解。从《刑法》第 70 ~ 71 条的规定来看，"减"所指向的对象是已执行的刑期。虽然减刑的刑期不是已实际执行的刑期，但依法减刑的刑期已不必再执行，故应与已执行的刑期按照相同的方法来处理。所以，对于服刑人员在减刑后又犯新罪的，应当先从原判刑期内减去已执行的刑期和减刑的刑期，然后将剩余刑期与新罪所判处的刑期，按照《刑法》第 69 条规定的原则进行并罚，以确定罪犯还须服刑的期限。这样，一方面肯定了犯罪人在服刑期间的悔罪或立功表现所具有的积极价值，另一方面又体现了对其重新犯罪予以从严打击的立法精神。

3. "先减后并"与"先并后减"的区别。《刑法》第 71 条规定的"先减后并"的刑期计算方法，较之《刑法》第 70 条规定的"先并后减"的刑期计算方法，在一定条件下，可能给予犯罪分子程度更重的惩罚。这一特点主要体现在有期自由刑（特别是有期徒刑）的并罚之中。首先，在新罪所判处的刑期比前罪尚未执行的刑期长的条件下，决定执行刑罚的最低期限，较之依"先并后减"的方法决定执行刑罚的最低期限有所提高。其次，在前罪与新罪被判处的有期自由刑的总和刑期超过数罪并罚法定最高刑期的限制时，根据"先减后并"的结果，犯罪分子实际执行的刑期可能超过数罪并罚法定最高刑期的限制。最后，犯罪分子在刑罚执行期间所犯新罪的时间距离前罪所判刑罚执行完毕的期限越近，或者犯罪分子再犯新罪时前罪所判刑罚的剩余刑期越少，数罪并罚时决定执行刑罚的最低限度就越高。刑罚越是临近执行完毕，巩固各种改造教育成果的任务就越繁重、艰难，采用"先减后并"的并罚方法，可以随刑罚执行期限的推移而不断提高对再犯新罪者的制裁程度，从而对受刑人构成一种以再犯新罪为条件的相对逐渐强化的威慑力量，以利于维护监所秩序和巩固改造教育成果，提高行刑活动的效能。②

① 参见高铭暄主编：《新中国刑法学研究综述》，河南人民出版社 1986 年版，第 498 ~ 499 页。

② 参见高铭暄、马克昌主编：《刑法学》（上编），中国法制出版社 1999 年版，第 519 ~ 521 页。

4. “先减后并”适用时应注意的问题。在审判实践中适用《刑法》第71条规定的方法进行数罪并罚，还有以下两个方面的问题应予以重视：

（1）判决宣告以后，刑罚执行完毕以前，被判刑的犯罪分子又犯数个新罪的如何合并处罚。对此，理论界存在分歧意见：一种观点认为，应当首先对数个新罪分别定罪量刑，而后将判决所宣告的数个刑罚与前罪未执行的刑罚并罚。另一种观点认为，应当首先对数个新罪分别定罪量刑并实行并罚，然后将决定执行的刑罚与前罪未执行的刑罚再进行并罚。我们认为，对该种情形的处理，应当符合《刑法》第71条对再犯新罪者从严惩处的立法精神。把新犯数罪的各个宣告刑与前罪未执行的刑罚进行并罚的方法不仅可以使总和刑期居于相对较高的水平，而且一般也不会使数刑中最高刑期因此而降至低于残余刑期的程度，从而保障“先减后并”方法的特征能够得以体现。相反，后种观点所主张的方法，则有可能因降低总和刑期和数刑中最高的刑期而导致实际执行的刑期也随之相应减少。①

（2）判决宣告以后，刑罚执行完毕以前，被判刑的犯罪分子不仅犯有新罪，而且被发现有漏判罪行的如何并罚，学界存在不同意见。我们认为，应采取分别判决、顺次并罚的方法，先将漏罪的刑罚与原判刑罚适用“先并后减”的方法，决定一个执行的刑期；再将该刑期与新罪的刑罚适用“先减后并”的方法，决定最终应执行的刑期。

• 适用指引 •

对于服刑人员在减刑后又犯新罪的，应当先从原判刑期内减去已执行的刑期和减刑的刑期，然后将剩余刑期与新罪所判处的刑期按照《刑法》第69条规定的原则进行并罚，以确定罪犯还须服刑的期限。这样，一方面肯定了犯罪人在服刑期间的悔罪或立功表现所具有的积极价值，另一方面又体现了对其重新犯罪予以从严打击的立法精神。

---

① 参见高铭暄、马克昌主编：《刑法学》（上编），中国法制出版社1999年版，第521页。

第五节　缓　刑

第七十二条　缓刑适用条件

【法律规定】

● 法律条文 ●

《中华人民共和国刑法》

第七十二条　对于被判处拘役、三年以下有期徒刑的犯罪分子，同时符合下列条件的，可以宣告缓刑，对其中不满十八周岁的人、怀孕的妇女和已满七十五周岁的人，应当宣告缓刑：

（一）犯罪情节较轻；

（二）有悔罪表现；

（三）没有再犯罪的危险；

（四）宣告缓刑对所居住社区没有重大不良影响。

宣告缓刑，可以根据犯罪情况，同时禁止犯罪分子在缓刑考验期限内从事特定活动，进入特定区域、场所，接触特定的人。

被宣告缓刑的犯罪分子，如果被判处附加刑，附加刑仍须执行。

● 相关规定 ●

《最高人民法院关于审理未成年人刑事案件具体应用法律若干问题的解释》（法释〔2006〕1号）

第十六条　对未成年罪犯符合刑法第七十二条第一款规定的，可以宣告缓刑。如果同时具有下列情形之一，对其适用缓刑确实不致再危害社会的，应当宣告缓刑：

（一）初次犯罪；

（二）积极退赃或赔偿被害人经济损失；

（三）具备监护、帮教条件。

《全国法院维护农村稳定刑事审判工作座谈会纪要》（法〔1999〕217号）

三、会议在认真分析了农村中犯罪、农民犯罪的原因和特点的基础上，结合我国农村基层组织的作用和现状，对处理农村中犯罪案件和农民犯罪案件应当把握的政策界限进行了研究；对正确处理以下问题取得了一致意见：

……

（二）关于对农民被告人依法判处缓刑、管制、免予刑事处罚问题

对农民被告人适用刑罚，既要严格遵循罪刑相适应的原则，又要充分考虑到农民犯罪主体的特殊性。要依靠当地党委做好相关部门的工作，依法适当多适用非监禁刑罚。对于已经构成犯罪，但不需要判处刑罚的，或者法律规定有管制刑的，应当依法免予刑事处罚或判处管制刑。对于罪行较轻且认罪态度好，符合宣告缓刑条件的，应当依法适用缓刑。

要努力配合有关部门落实非监禁刑的监管措施。在监管措施落实问题上可以探索多种有效的方式，如在城市应加强与适用缓刑的犯罪人原籍的政府和基层组织联系落实帮教措施；在农村应通过基层组织和被告人亲属、家属、好友做好帮教工作等等。

《最高人民检察院法律政策研究室关于对数罪并罚决定执行刑期为三年以下有期徒刑的犯罪分子能否适用缓刑问题的复函》（〔1998〕高检研发第16号）

山东省人民检察院研究室：

你院鲁检发研字〔1998〕第10号《关于对数罪并罚决定执行刑期三年以下的犯罪分子能否适用缓刑的请示》收悉，经研究，答复如下：

根据刑法第七十二条的规定，可以适用缓刑的对象是被判处拘役、三年以下有期徒刑的犯罪分子；条件是根据犯罪分子的犯罪情节和悔罪表现，适用缓刑确实不致再危害社会。对于判决宣告以前犯数罪的犯罪分子，只要判决执行的刑罚为拘役、三年以下有期徒刑，且符合根据犯罪分子的犯罪情节和悔罪表现，适用缓刑确实不致再危害社会的案件，依法可以适用缓刑。

《最高人民法院、最高人民检察院、公安部、司法部关于依法办理家庭暴力犯罪案件的意见》（法发〔2015〕4号）

四、其他措施

21. 充分运用禁止令措施。人民法院对实施家庭暴力构成犯罪被判处管制或者宣告缓刑的犯罪分子，为了确保被害人及其子女和特定亲属的人身安全，可以依照刑法第三十八条第二款、第七十二条第二款的规定，同时禁止犯罪分子再次实施家庭暴力，侵扰被害人的生活、工作、学习，进行酗酒、赌博等活动；经被害人申请且有必要的，禁止接近被害人及其未成年子女。

【案例一】

胡某某等挪用公款、诈骗案①

• 案件事实 •

2000 年 8 月，任河南省方城县城关镇顺城关村党支部书记的胡某某得知北环路开发，自制一份宅基文约，并以村委会名义私自写了一份证明，与县建设局签订一份协议书，骗取宅基款 1.2 万元。

2002 年 7 月 13 日，胡某某、郭某某、孙某某预谋后将 2000 年北环路开发时县建设局拨给该村土地征用附属物补偿款 6.6 万元挪为私用，每人借支 2.2 万元，超过 3 个月未归还。

• 裁判要旨 •

对被告人数罪并罚后决定合并执行有期徒刑三年以下的，只要符合《刑法》第 72 条的规定，亦可以宣告缓刑。

• 裁判理由 •

河南省方城县人民法院经审理认为：被告人胡某某、郭某某、孙某某身为基层组织从事公务的人员，利用职务之便，将集体 6.6 万元现金分别挪用于个人使用长达三年之久，数额较大，其行为已构成挪用公款罪，且系共同犯罪。被告人胡某某以非法占有为目的，以隐瞒真相的方法，骗取宅基款 1.2 万元，数额较大，其行为已构成诈骗罪，依法应当数罪并罚；被告人胡某某、郭某某、孙某某归案后均认罪态度较好，并积极退缴所挪用及诈骗的赃款，确有悔罪表现，判处缓刑不致再危害社会。依照《刑法》第 384 条第 1 款、第 266 条、第 25 条第 1 款、第 69 条、第 72 条、第 64 条之规定，判决如下：被告人胡某某犯挪用公款罪，判处有期徒刑一年零六个月；犯诈骗罪，判处有期徒刑一年，并处罚金 1.5 万元，实行数罪并罚，决定执行有期徒刑二年零六个月，缓刑三年，并处罚金 1.5 万元，对违法所得 1.2 万元予以没收、上缴国库。被告人郭某某犯挪用公款罪，判处有期徒刑一年零六个月，缓刑二年。被告人孙某某犯挪用公款罪，判处有期徒刑一年，缓刑一年。

---

① 参见最高人民法院中国应用法学研究所编：《人民法院案例选》（2006 年第 2 辑），人民法院出版社 2006 年版。

【案例二】

郝某某信用卡诈骗案[①]

● 案件事实 ●

被告人郝某某于2008年5月在中国民生银行办理了信用卡，后持该卡消费、取现，透支本金1.7万余元。经银行多次催收，郝某某超过3个月仍未还款，后被抓获。所欠透支款现已归还。

● 裁判要旨 ●

在依法适用缓刑等社区矫正的刑罚，根据案件情况，可以依法对被告人适用禁止令。

● 裁判理由 ●

北京市朝阳区人民法院认为：被告人郝某某利用信用卡超过规定期限恶意透支，数额较大，其行为扰乱了国家金融秩序，构成信用卡诈骗罪，依法应予惩处。遂以信用卡诈骗罪判处被告人郝某某拘役三个月，缓刑四个月，罚金人民币2万元。同时，根据《刑法修正案（八）》和《最高人民法院、最高人民检察院、公安部、司法部关于对判处管制、宣告缓刑的犯罪分子适用禁止令有关问题的规定（试行）》的精神，法院对被告人郝某某同时适用禁止令，即禁止其在4个月内透支使用信用卡。该禁止令主要考虑以下三方面因素：一是禁止令的针对性，被告人因恶意透支信用卡超过一定期限仍不还款被以信用卡诈骗罪追究刑事责任，因此，对被告人使用信用卡的透支行为有必要进行限制，预防其再次因过度消费走上犯罪道路。二是禁止令的可行性，“4个月内禁止被告人透支使用信用卡”，该禁止令规定时间具体，禁止行为明确，具有可操作性，能够有效限制被告人的特定行为，对其再犯此罪从源头上起到遏制作用。三是禁止令的可执行性，宣告禁止令的同时向被告人释明有关违反禁止令的规定，一旦违反禁止令视情节对其给予治安处罚，情节严重的，撤销缓刑。这能够对被告人起到有效的监管作用，确保非监禁刑的执行效果。

---

① 参见《朝阳法院发出京城首个缓刑考验期间禁止透支使用信用卡禁止令》，载http：//bank. hexun. com/2011－05－11/129493281. html。

【案例三】

董某某、宋某某抢劫案①

• 案件事实 •

被告人董某某、宋某某（时年17周岁）迷恋网络游戏，平时经常结伴到网吧上网，时常彻夜不归。2010年7月27日11时许，因在网吧用完上网的网费，二被告人即伙同王某（作案时未达到刑事责任年龄）到河南省平顶山市红旗街社区健身器材处，持刀对被害人张某某和王某某实施抢劫，抢走张某某5元现金及手机一部。后将所抢的手机卖掉，所得赃款用于上网。

• 裁判要旨 •

对判处管制或者宣告缓刑的未成年被告人，可以根据其犯罪的具体情况及禁止事项与所犯罪行的关联程度，对其适用“禁止令”。对于未成年人因上网诱发犯罪的，可以禁止其在一定期限内进入网吧等特定场所。

• 裁判理由 •

河南省平顶山市新华区人民法院经审理认为：被告人董某某、宋某某以非法占有为目的，以暴力威胁方法劫取他人财物，其行为均已构成抢劫罪。鉴于董某某、宋某某系持刀抢劫，犯罪时不满18周岁，且均为初犯，到案后认罪悔罪态度较好，宋某某还是在校学生，符合缓刑条件，决定分别判处二被告人有期徒刑二年六个月，缓刑三年。考虑到被告人主要是因上网吧需要网费而诱发了抢劫犯罪；二被告人长期迷恋网络游戏，网吧等场所与其犯罪有密切联系；如果将被告人与引发其犯罪的场所相隔离，有利于家长和社区在缓刑期间对其进行有效管教，预防再次犯罪；被告人犯罪时不满18周岁，平时自我控制能力较差，对其适用禁止令的期限确定为与缓刑考验期相同的三年，有利于其改过自新。遂认定被告人董某某、宋某某犯抢劫罪，分别判处有期徒刑二年六个月，缓刑三年，并处罚金人民币1000元。同时禁止董某某和宋某某在36个月内进入网吧、游戏机房等场所。宣判后，二被告人均未上诉，判决已发生法律效力。

---

① 根据2013年1月31日《最高人民法院关于发布第四批指导性案例的通知》指导案例14号修改。

【学理分析及适用指引】

• 学理分析 •

缓刑，是指对触犯刑律，经法定程序确认为犯罪，应受刑罚惩罚的行为人，进行判罚，暂不执行所判处的刑罚，由特定的考察机构在一定的考验期限内对罪犯进行考察，并根据罪犯在考验期内的表现，依法决定是否适用具体刑罚的一种制度。

作为现代刑罚领域的一项重要制度，缓刑制度充分体现了刑罚的谦抑性和人道性，符合非刑罚化的发展趋势。我们应当充分认识到缓刑在现代刑事政策中的积极意义，但同时在缓刑的适用中，也要防止出现一味追求非监禁化而导致缓刑适用滥化的倾向。

犯罪人犯有两个以上的罪，需要实行数罪并罚的，对此，能否适用缓刑，我国刑法学界存在以下三种观点：第一种观点认为，对于犯数罪的，对其所犯的各罪分别定罪量刑以后，依照法定的原则，决定执行的刑期在有期徒刑三年以下的，亦可适用缓刑。第二种观点认为，缓刑适用于被判处拘役或三年以下有期徒刑的犯罪分子中那些犯罪情节较轻、悔罪表现较好，将其放归社会不致再危害社会的人。而一人犯数罪的，说明其主观恶性较深，社会危害性较大，难以保证放其回归社会不再有一定的社会危害性，因此对其不应适用缓刑。第三种观点认为，数罪并罚中决定执行的刑期和缓刑中被判处的刑期是不同的概念，不能把按数罪并罚原则决定执行的刑期当作缓刑中的被判处的刑期。也就是说，对于被判处有期徒刑的犯罪分子，数罪总和刑期必须是在 3 年以下时，才能考虑是否适用缓刑。①

我们认为，关于缓刑的适用条件，《刑法》第 72 条的规定是定性与定量的结合，“被判处拘役、三年以下有期徒刑”是其定量要求；根据犯罪情节和悔罪表现，适用缓刑没有再犯罪的危险，宣告缓刑对所居住社区没有重大不良影响则为定性要求。适用缓刑时，要全面考虑，防止机械化的倾向。在犯罪人只犯一罪的情况下，并不是所有被判处拘役、三年以下有期徒刑的都可以适用缓刑，还要看犯罪的情节以及犯罪人的悔罪表现。同样，对于数罪并罚的情况，也不能武断地认定犯有数罪的犯罪分子社会危害性必然大而一律不适用缓刑，对于各个案件还是要进行具体分析。对于行为人虽犯有数罪，但犯罪情节均较轻，所判数罪并罚后的实际执行期限符合缓刑的定量要求，即为拘役或者三年以下有期徒刑的，并且犯罪人真诚悔改，人身危险性较小，没有再犯罪危险的，可以适用缓刑。对此，最高人民检察院研究室 1998 年 9 月 17 日在给山

---

① 参见陈兴良：《刑法适用总论》（下卷），法律出版社 1999 年版，第 576 ~ 577 页。

东省人民检察院的复函中明确指出：对于判决宣告以前犯数罪的犯罪分子，只要判决执行的刑罚为拘役、三年以下有期徒刑，且符合根据犯罪分子的犯罪情节和悔罪表现，适用缓刑确实不致再危害社会的案件，依法可以适用缓刑。

• 适用指引 •

缓刑是现代刑法上一种非常重要的非监禁刑措施，对于轻刑犯的适用有着不可替代的优越性。但我国《刑法》关于缓刑制度的规定存在着一定的缺陷，制约了缓刑制度优越性的充分发挥。这些缺陷主要包括：一是缓刑适用的根本性条件过于原则、概括，不便操作；二是对缓刑犯的考察规定过于原则、笼统，缺乏因人因案而异的针对性，常常导致"一缓了之"。《刑法修正案（八）》较为全面地完善了缓刑制度，尤其是《刑法》第 72 条的缓刑适用条件。司法适用中需要从以下几个方面进行把握：

1. 明确、细化了缓刑适用的根本性条件。原《刑法》第 72 条规定的缓刑适用根本性条件是"根据犯罪分子的犯罪情节和悔罪表现，适用缓刑确实不致再危害社会"，如何判断"确实不致再危害社会"，没有任何具体可行的标准，十分原则、笼统，尤其是"不致再危害社会"的表述过于宽泛。《刑法修正案（八）》明确、细化了缓刑适用的根本性条件，即被判处三年以下有期徒刑、拘役的罪犯，若同时符合情节较轻、有悔罪表现、没有再犯危险、宣告缓刑对所居住社区没有重大不良影响这四项必备条件，就可以适用缓刑，尤其是将"不致再危害社会"的标准调整为"没有再犯危险"，同时还兼顾所居住社区对被告人的接受程度等因素，显然增强了司法实务的可操作性。

2. 关于三类"应当适用缓刑"的犯罪人。如果被判处三年有期徒刑、拘役的被告人，具备上述适用缓刑的四项必备条件，则依法"可以"适用缓刑，即将此种情形下适用缓刑与否的裁量权赋予法官。但《刑法修正案（八）》同时还规定了下列三类被告人若被判处三年以下有期徒刑、拘役的，原则上"应当"适用缓刑：一是不满 18 周岁的被告人；二是怀孕的妇女；三是已满 75 周岁的被告人。这既体现了以人为本的和谐社会人道主义理念，也属于宽严相济刑事政策中"宽缓其可以宽"的范畴。此处需要讨论的问题是，老、未、孕被判三年以下者适用缓刑是否还需考察缓刑适用的上述四项根本性条件？回答是肯定的，因为对这三类"应当"适用缓刑的特殊对象之规定也放在修正后的《刑法》第 72 条第 1 款，基于文义解释，这三类"应当"适用缓刑的特殊对象同时也需要符合"情节较轻、有悔罪表现、没有再犯危险、宣告缓刑对所居住社区没有重大不良影响"这四项必备条件，否则，也不能适用缓刑。

3. 关于两类"禁止缓刑"的犯罪人。基于宽严相济的刑事政策，在规定应当适用缓刑的三类对象的同时，《刑法修正案（八）》还规定了两类被告人无论如何也不能适用——即便其被判处三年以下有期徒刑、拘役。一类对象是累犯，包括一般累犯也包括特殊累犯，这是修正之前《刑法》本身就规定的，二是犯罪集团的首要分子，这是《刑法修正案（八）》增加的规定。之所以对这两类对象禁止缓刑，其中的理由很简单，主要就是基于其人身危险性、再犯可能性等考虑，如作为犯罪集团的首要分子，若对其适用缓刑，回到社区，则其所领导、组织的犯罪集团的成员极有可能又聚集在身边，极容易再次实施危害社会的犯罪行为。此处需要讨论的是，如何处理上述三类应当缓刑者与两类禁止缓刑的关系？即老、未、孕被判三年以下有期徒刑、拘役的被告人若同时又是累犯或犯罪集团首要分子的，是禁止缓刑还是应当缓刑抑或可以缓刑？基于上述第二个问题的讨论结论，对此问题的回答应是否定的，即应禁止缓刑，因为三类“应当”适用缓刑者同时也必须符合“情节较轻、有悔罪表现、没有再犯危险、宣告缓刑对所居住社区没有重大不良影响”这四项必备条件，而累犯、犯罪集团首要分子显然是不符合这四项必备条件的。

4. 充实了缓刑犯的考察内容，引入社区矫正。《刑法修正案（八）》关于缓刑制度的一个最主要完善之处就是充实缓刑犯的考察内容：法院可发相关禁止令，实行社区矫正。禁止令制度是《刑法修正案（八）》的一个创设，是指法院在判决管制、适用缓刑时可以对犯罪分子发出禁止令，即禁止其在执行刑罚期间从事特定活动，进入特定区域、场所，接触特定的人，并明确其违反禁止令的法律后果。禁止令制度充分体现了社会管理创新。鉴于禁止令制度是一种全新的刑罚制度，为便于操作、统一适用，最高人民法院、最高人民检察院、公安部、司法部于《刑法修正案（八）》生效的前夕联合发布了《关于对判处管制、宣告缓刑的犯罪分子适用禁止令有关问题的规定（试行）》，[①] 根据该规定，对于刑事禁止令的适用，应当明确如下准则：一是适用的对象仅限于缓刑犯和管制犯，而不包括假释犯；二是禁止的内容与具体犯罪行为或被告人有一定的相关性；三是禁止令是“可以”适用而非必须适用；四是既可适用其中的一项、两项也可同时适用三项；五是禁止的内容具有合理性、人道性；六是禁止令的期限可以等于也可以少于管制刑期、缓刑考验期，但不能长于管制刑期、缓刑考验期。

---

① 具体内容请详见本书第38条的“法律规定”部分。

第七十三条　缓刑考验期限

【法律规定】

• 法律条文 •

《中华人民共和国刑法》

第七十三条　拘役的缓刑考验期限为原判刑期以上一年以下，但是不能少于二个月。

有期徒刑的缓刑考验期限为原判刑期以上五年以下，但是不能少于一年。

缓刑考验期限，从判决确定之日起计算。

【案例】

刘某故意杀人案[①]

• 案件事实 •

2000年，刘某与张某雄结婚，婚后育有一女，张某雄好逸恶劳，且经常酗酒，全家靠刘某打工维持生计。张某雄酒后经常打骂刘某。刘某无法忍受，曾经多次提出离婚，均遭张某雄强烈反对，并以报复刘某及其娘家人相威胁。2006年7月16日晚11时许，张某雄酒后来到刘某打工的客栈，无端责骂刘某有外遇，并用木凳砸她的背部，而后把她按在床上掐住其脖子，还把汽油淋满她全身，拿出打火机准备点火，扬言要烧掉客栈。刘某趁其不备抢走了打火机，并报警，湖南省望城县[②]新城派出所干警接警后迅即到现场进行了调处平息，张某雄酒醒后才离开。张某雄的父母获悉后和张某雄的朋友一起赶来规劝张某雄回家，未果。张某雄的父母和刘某只得返回长沙市开福区蒋家垅张某雄父母住处。2006年7月27日下午4时许，张某雄再次在外酗酒后又回到父母住处，见刘某正在卧室睡觉，张某雄即走进卧室，反锁了房门，而后责骂刘某不该报110，想要他死，并扬言要烧掉房子，把刘某从三楼丢下去。他爬上床卡住刘某脖子，打骂刘某一阵后便熟睡在床上。刘某坐在床边想起张某雄对自

---

① 参见最高人民法院中国应用法学研究所编：《人民法院案例选》（2007年第2辑），人民法院出版社2007年版，第4~8页。

② 现为湖南省长沙市望城区。

己的打骂虐待，离婚又不能，心中怨恨绝望，产生了杀死张某雄的念头。刘某当即从床边的书桌上拿起一个手机充电器，用充电器的电线勒住张某雄的脖子致张某雄当场死亡。当日下午5时25分，刘某在伯父张某忠的陪同下主动到公安机关投案自首。

• 裁判要旨 •

缓刑适用时应充分体现法律效果与社会效果的有机统一，以及缓刑考验期的确定及其计算。

• 裁判理由 •

湖南省长沙市中级人民法院经审理认为：被告人刘某因长期遭其夫打骂而心存怨恨，采用电线勒颈的方法，非法剥夺其丈夫生命的行为，已构成故意杀人罪。但刘某案发后能向公安机关投案自首，具有法定从轻、减轻处罚情节。刘某系因遭受家庭暴力而犯罪，被害人张某雄在本案起因上有重大过错，故可对刘某酌情从轻处罚。湖南省长沙市中级人民法院于2006年12月7日作出判决：被告人刘某犯故意杀人罪，判处有期徒刑十二年，剥夺政治权利二年。

一审宣判后，被告人刘某以“原判量刑过重”为由提起上诉。湖南省高级人民法院经审理认为：原审判决认定的犯罪事实清楚，证据确实、充分，定罪准确，审判程序合法，但量刑不当。鉴于二审期间，被害人张某雄的父母主动请求二审法院对上诉人刘某从轻处罚，并考虑到子女抚养等社会问题，体现刑罚的社会效果，根据《刑法》第232条、第67条第1款、第72条第1款、第73条第2款和《刑事诉讼法》第189条第2项的规定，湖南省高级人民法院于2007年2月13日作出判决：维持湖南省长沙市中级人民法院关于上诉人刘某定罪部分的判决，撤销对其量刑部分的判决，改判刘某有期徒刑三年，缓刑四年。

【学理分析及适用指引】

• 学理分析 •

有学者认为，缓刑考验期的最短期限应以一年为宜。太短，难以达到设置缓刑考验期的目的；太长，对于所犯罪行很轻的被判刑人又过于严苛。另外，我国现行《刑法》只规定了缓刑考验期限而没有规定对被宣告缓刑的犯罪人是否可以延长或者缩短缓刑考验期，这是在今后完善缓刑制度时应当解决的一个问题。① 关于缓刑考验期的起算，《刑法》第73条第3款规定：“……从判

① 参见左坚卫：《缓刑制度比较研究》，中国人民公安大学出版社2004年版，第171～172页。

决确定之日起计算。”如何理解“判决确定之日”，有不同的看法。有的认为，所谓“确定之日”即宣判之日；还有的认为，所谓“确定之日”即执行之日。①

• 适用指引 •

我国《刑法》第73条针对被判处拘役和有期徒刑的犯罪分子分别规定了不同的缓刑考验期限，所犯罪行的轻重程度不同，考验期限也相应不同，体现了区别对待的精神。确定考验期限时应注意，缓刑考验期的长短必须适中，应以原判刑期为前提，可以等于或适当长于原判刑期，但不能短于原判刑期。考验期限过短，不利于对犯罪人的考察教育，不能达到考验监督犯罪分子改造的效果；考验期限过长，又会影响犯罪分子改造的积极性。确定缓刑考验期长短的基本原则应当是既能鼓励缓刑犯积极改造，又能满足对其教育和考察的需要。在实践中，缓刑考验期限一般掌握在原判刑期以上，以不超过原判刑期一倍为宜。

根据《刑法》第73条的规定，缓刑考验期限从判决确定之日起计算。所谓“判决确定之日”，应当理解为判决发生法律效力之日。② 因为刑罚执行的根据是生效的判决，只有发生法律效力的判决才具有确定力和执行力。一审判决后，被告人未上诉、检察机关也未提出抗诉的，缓刑考验期从上诉或抗诉期限届满之日起计算。对于上诉或抗诉的案件，二审判决仍判处缓刑的，缓刑考验期限从二审判决生效之日起计算。根据《最高人民法院关于刑事案件终审判决和裁定何时发生法律效力问题的批复》（法释〔2004〕7号）的规定，终审的判决和裁定自宣告之日起发生法律效力。缓刑考验期限应当从二审判决宣告之日起计算。至于判决确定以前犯罪分子被先行羁押的时间，不能折抵缓刑考验期。如果二审判决变更了一审判决，对被告人判处拘役、有期徒刑而不宣告缓刑的，即应根据二审判决书将犯罪分子收押。

---

① 参见马克昌主编：《刑罚通论》，武汉大学出版社1999年版，第581页。

② 参见高铭暄、马克昌主编：《刑法学》，北京大学出版社、高等教育出版社2000年版，第305页；陈兴良：《刑法适用总论》（下卷），法律出版社1999年版，第590页；何秉松主编：《刑法教科书》（上卷），中国法制出版社2000年版，第604页。

第七十四条　缓刑适用的禁止

【法律规定】

● 法律条文 ●

《中华人民共和国刑法》

第七十四条　对于累犯和犯罪集团的首要分子，不适用缓刑。

【案例】

秋某某盗窃案[①]

● 案件事实 ●

秋某某，曾因犯盗窃罪于1995年6月8日被判处有期徒刑八年，服刑期间因犯脱逃罪判处有期徒刑三年、犯盗窃罪判处有期徒刑一年，与原判剩余刑期六年零十四天，剥夺政治权利一年，合并决定执行有期徒刑九年，剥夺政治权利二年，经减刑于2004年12月6日释放。2005年5月27日因本案被捕。

2005年5月20日9时50分许，秋某某在北京市朝阳区垡头乡陶庄早市的20号摊位内，趁无人之机，窃得摊主李某芳（女，20岁，吉林省人）的挎包1个，内有人民币2142元、托普牌ZTC318型移动电话1部、UTS700－U型小灵通电话1部以及“三达牌”烟斗2个（上述物品共计价值人民币630元）。秋某某被当场抓获。赃款、赃物均已被公安机关起获并发还被害人。

● 裁判要旨 ●

对于累犯，即便其被判处拘役或者三年以下有期徒刑，也不适用缓刑。

● 裁判理由 ●

北京市朝阳区人民法院经审理认为：被告人秋某某无视国法，以非法占有为目的，采用秘密手段窃取他人财物，数额较大，其行为触犯了刑法，已构成盗窃罪，应予惩处。公诉机关指控被告人秋某某犯盗窃罪的事实清楚，证据确

① 参见最高人民法院中国应用法学研究所编：《人民法院案例选》（2007年第1辑），人民法院出版社2007年版，第2页。

实充分，罪名成立。被告人秋某某曾因犯盗窃罪被判处有期徒刑以上刑罚，但仍不思悔改，此次刑罚执行完毕后5年内再次犯应判处有期徒刑以上刑罚之罪，系累犯，依法应予从重处罚，根据《最高人民法院关于审理盗窃案件具体应用法律若干问题的解释》第6条第3项第4目之规定属于“具有其他严重情节”。鉴于其此次犯罪系未遂，且当庭自愿认罪，具有一定悔罪表现，未给被害人造成财产损失，故对其所犯盗窃罪依法予以减轻处罚。被告人秋某某的辩护人的相关辩护意见，予以采纳。依照《刑法》第264条、第69条、第71条、第23条、第65条第1款、第52条、第53条、第61条及《最高人民法院关于审理盗窃案件具体应用法律若干问题的解释》第6条第3项第4目之规定，判决如下：被告人秋某某犯盗窃罪，判处有期徒刑二年，罚金人民币2000元，与前罪未执行完毕的附加刑剥夺政治权利六个月零十七天，决定执行有期徒刑二年，剥夺政治权利六个月零十七天，罚金人民币2000元。

【学理分析及适用指引】

• 学理分析 •

关于累犯以及犯罪集团的首要分子不适用缓刑的问题，我国刑法学界基本没有争议。有学者认为，在《刑法》中不宜具体规定有关缓刑适用的绝对排除条件，而应当在规定科学、完善的缓刑适用的实质条件的基础上，辅之以相对排除条件。如对累犯可以规定，除有特别值得宽大的情节外，不得适用缓刑。① 对于犯罪集团的首要分子不得缓刑，主要是基于其人身危险性、再犯罪可能性等方面考虑的，如同前面所分析的那样，即使犯罪分子是已满75周岁、怀孕的妇女和不满18周岁的未成年人，只要是累犯或犯罪集团的首要分子就不能适用缓刑。

• 适用指引 •

《刑法》第74条规定的是缓刑适用的排除条件。立法上明确将累犯和犯罪集团首要分子排除在缓刑的适用范围之外，即使他们被判处拘役或者三年以下有期徒刑，也不得适用缓刑。对于该条的“累犯”，应当理解为包括一般累犯和特殊累犯，即不论是一般累犯还是特殊累犯，都不适用缓刑。

---

① 参见左坚卫：《缓刑制度比较研究》，中国人民公安大学出版社2004年版，第150～151页。

第七十五条 缓刑犯的义务

【法律规定】

• 法律条文 •

《中华人民共和国刑法》

第七十五条 被宣告缓刑的犯罪分子，应当遵守下列规定：

（一）遵守法律、行政法规，服从监督；

（二）按照考察机关的规定报告自己的活动情况；

（三）遵守考察机关关于会客的规定；

（四）离开所居住的市、县或者迁居，应当报经考察机关批准。

【案例】

徐通等盗窃案①

• 案件事实 •

被告人徐通，男，1972 年 11 月 4 日出生，无业。1996 年 4 月因犯盗窃罪被江苏省江阴市人民法院判处有期徒刑五年。因涉嫌犯盗窃罪于 2007 年 4 月 30 日被逮捕。

被告人吴栋良，男，1966 年 3 月 10 日出生，无业。因涉嫌犯盗窃罪于 2007 年 4 月 30 日被逮捕。

被告人季思亮，男，1973 年 8 月 7 日出生，无业。因涉嫌犯盗窃罪于 2007 年 4 月 30 日被逮捕。

被告人殷进华，男，1986 年 10 月 10 日出生，无业。2005 年 2 月 5 日因犯交通肇事罪被江苏省大丰市②人民法院判处有期徒刑二年六个月，缓刑三年；2006 年 1 月 18 日因盗窃被江苏省无锡市公安局北塘分局行政拘留 15 天；2007 年 3 月 28 日因犯盗窃罪被江苏省建湖县人民法院判处有期徒刑三年，缓刑四年。因涉嫌犯盗窃罪于 2007 年 4 月 30 日被逮捕。

---

① 参见中华人民共和国最高人民法院刑事审判第一、二、三、四、五庭主办：《刑事审判参考》（总第 65 集），法律出版社 2008 年版。

② 现为江苏省盐城市大丰区。

被告人李先平，男，1966 年 3 月 28 日出生，个体手机回收商。因涉嫌犯掩饰、隐瞒犯罪所得罪于 2007 年 4 月 30 日被逮捕。

江苏省无锡市锡山区人民检察院以被告人徐通、吴栋良、季思亮、殷进华犯盗窃罪，被告人李先平犯掩饰、隐瞒犯罪所得罪向江苏省无锡市锡山区人民法院提起公诉。

江苏省无锡市锡山区人民法院经公开审理查明：2006 年 12 月至 2007 年 3 月，被告人徐通、吴栋良、季思亮、殷进华与他人在江苏省无锡市锡山区、崇安区①、北塘区等地实施盗窃，其中被告人徐通、吴栋良参与盗窃 6 次，物品价值人民币 231129. 34 元；被告人季思亮、殷进华参与盗窃 2 次，物品价值人民币 224318. 34 元；被告人李先平明知价值人民币 16780 元的物品系赃物，仍予以收购。被告人徐通被抓获归案后，如实供述了公安机关尚未掌握的较重的盗窃事实；被告人殷进华被抓获归案后，协助公安机关抓获被告人李先平。

另查明：2005 年 2 月 5 日被告人殷进华因犯交通肇事罪被江苏省大丰市人民法院判处有期徒刑二年六个月，缓刑三年，缓刑考验期自 2005 年 2 月至 2008 年 2 月。2007 年 3 月 28 日被告人殷进华因犯盗窃罪被江苏省建湖县人民法院判处有期徒刑三年，缓刑四年，缓刑考验期限自 2007 年 4 月至 2011 年 4 月。

• 裁判要旨 •

缓刑犯应遵守义务的适用。

• 裁判理由 •

江苏省无锡市锡山区人民法院认为，被告人徐通、吴栋良、季思亮、殷进华以非法占有为目的秘密窃取公私财物，数额特别巨大，其行为均已构成盗窃罪。被告人李先平明知是他人犯罪所得的赃物仍予以收购，其行为已构成掩饰、隐瞒犯罪所得罪。被告人殷进华归案后能积极协助公安机关抓获同案犯，属有立功表现，依法可以从轻或者减轻处罚。被告人殷进华在犯交通肇事罪缓刑考验期内犯盗窃罪，应当撤销缓刑，实行数罪并罚；其在犯盗窃罪缓刑考验期内发现判决宣告以前还有其他犯罪没有判决的，应当撤销缓刑，实行数罪并罚。被告人徐通归案后如实供述了公安机关尚未掌握的其他较重的盗窃犯罪事实，应予以从轻处罚。被告人吴栋良、季思亮在所参与的共同盗窃犯罪中作用相对较小，可酌情予以从轻处罚。五被告人在庭审中均能自愿认罪，可酌情予以从轻处罚。被告人徐通曾因犯盗窃罪受过刑事处罚，但其不思悔改，再次犯盗窃罪，应酌情予以从重处罚。根据五被告人的犯罪情节及悔罪表现，决定对

---

① 现为梁溪区。

被告人殷进华依法予以从轻处罚，对被告人徐通、吴栋良、季思亮、李先平分别酌情予以从轻处罚。据此，依照《刑法》第264条、第312条、第25条第1款、第68条第1款、第56条第1款、第69条、第77条第1款、第64条及《最高人民法院关于处理自首和立功具体应用法律若干问题的解释》第4条、第5条之规定，判决如下：一、被告人徐通犯盗窃罪，判处有期徒刑十二年，剥夺政治权利三年，罚金人民币1万元。二、被告人吴栋良犯盗窃罪，判处有期徒刑十年六个月，剥夺政治权利三年，罚金人民币1万元。三、被告人季思亮犯盗窃罪，判处有期徒刑十年六个月，剥夺政治权利三年，罚金人民币1万元。四、被告人殷进华犯盗窃罪，判处有期徒刑十年，剥夺政治权利三年，罚金人民币1万元；撤销（2005）大刑初字第33号刑事判决书、（2007）建刑初字第154号刑事判决书分别对被告人殷进华宣告的缓刑，与原犯交通肇事罪判处的有期徒刑二年六个月、犯盗窃罪判处的有期徒刑三年实行数罪并罚。决定执行有期徒刑十三年六个月，剥夺政治权利三年，罚金人民币1万元。五、被告人李先平犯掩饰、隐瞒犯罪所得罪，判处有期徒刑一年，罚金人民币1000元。六、本案尚未追缴的赃物继续予以追缴。

一审宣判后，五被告人均未提出上诉，检察机关亦未抗诉，判决发生法律效力。

【学理分析及适用指引】

• 学理分析 •

1. 关于缓刑犯在缓刑期间应当遵守的义务。关于我国《刑法》规定的被判处缓刑的犯罪人在缓刑期间应当遵守的义务，有学者认为，我国《刑法》第75条规定的不足之处在于，它们仅仅是对犯罪人的一般性约束，缺乏具有针对性的规定。针对不同的犯罪人，在缓刑监督考察时所关注的重点也应有所不同，因此，可以将一些犯不同罪行的被缓刑人在缓刑考察期间应当遵守的不同事项规定在某一刑法条文中，供审判人员在确定被缓刑人在缓刑考察期间应当遵守的事项时选择。具体而言，可以考虑规定以下缓刑指示：其一，遵守法律、行政法规；其二，按照缓刑考察机关的规定报告自己的活动情况；其三，未经批准，不得改变住所、职业或者离开居住的县、市；其四，接受医疗检查，采取治疗措施戒除瘾癖或者矫正不正常心理，接受管制药物方面的检验；其五，不从事在进行该职业活动中或进行该职业活动时实施了犯罪的那种职业活动；其六，不在按规定不得出现的任何地点出现；其七，不得与有犯罪记录的人交往，尤其不得与同案共犯来往；其八，未经批准不得与受害人进行联系；其九，允许缓刑监管人员走访本人、家庭及单位。①

2. 对外出务工缓刑犯的监管。在市场经济的大背景下，经济的日益繁荣使得人员的流动性也不断增强，基于个人发展和家庭生活的需要，被判缓刑人员外出务工成为较普遍的现象，相应地，也带来了缓刑犯监督考察方面的一些问题，如许多缓刑犯出现"脱管"现象。考察机关对缓刑犯的情况一无所知，监督考察成为空谈；由于缓刑犯去向不明，使得原生效裁判文书确定的对被害人的赔偿无法实现；甚至有的缓刑犯实施了违法犯罪行为，却未能被及时收监或者数罪并罚等。这种状况的出现，一方面是缓刑犯自身守法和自律意识缺乏，另一方面也是考察机关疏于履行考察职责所致。

对于缓刑犯外出务工的，考察机关应当加强监督管理：首先，需要外出务工的缓刑犯应当向当地公安机关申请，在申请中申明所要去的地方，经当地公安机关批准后，应发给缓刑犯外出务工证明，注明姓名等基本信息，以及输出地、输出时间、剩余缓刑考验期等内容；其次，在缓刑犯到达工作地后，应当及时将该证明交由当地派出所或者社区警务室民警登记备案，并执行剩余考察期内的考察任务。当地民警备案后，应当及时将有关情况告知输出地公安机关，以免犯人利用交接的空隙逃避改造。对于一段时间之后输出地公安机关仍未接到输入地公安机关接收通知的，应当注明。对于确有特殊原因而未能及时接收的，可以考虑继续执行缓刑；对于其他无正当理由而导致的"脱管"情况，应当由公安机关向法院出具逃避改造认定书，由法院撤销缓刑，收监执行。

• 适用指引 •

要实现对缓刑犯的改造效果，既要对缓刑犯实行必要的外在约束，强化其守法意识；同时，也要调动缓刑犯自我改造的自觉性和积极性，加强自律。此外，在对缓刑犯进行考察的时候，还要注意依法保障缓刑犯的合法权益。

第七十六条　对缓刑犯的考察及其积极后果

【法律规定】

• 法律条文 •

《中华人民共和国刑法》

第七十六条　对宣告缓刑的犯罪分子，在缓刑考验期限内，依法实行社区

① 参见左坚卫：《缓刑制度比较研究》，中国人民公安大学出版社2004年版，第244～245页。

矫正，如果没有本法第七十七条规定的情形，缓刑考验期满，原判的刑罚就不再执行，并公开予以宣告。

【案例】

马兴勇等聚众斗殴案①

• 案件事实 •

马兴勇，因犯抢劫罪于2001年3月23日被河南省新乡县人民法院判处有期徒刑三年，缓刑五年，因本案于2004年4月7日被逮捕。任中顺，2004年4月7日被逮捕。陈同望，2004年4月7日被逮捕。

2004年1月28日晚，马兴勇、任中顺、张延海（在逃）与崔某某、张某平、张某祥等人发生矛盾。任中顺组织陈同望、马兴勇等60余人乘多辆汽车，持弩枪、铁锹、木棍等凶器到河南省新乡县古固寨镇政府路桥处找崔某某等人斗殴。崔某某等人见状逃走。任中顺持弩将张某祥肩膀射成轻伤。在追打张某平时将倍佳好超市玻璃砸毁，致使该店服务员杨某在恐惧中从二楼跳下，致腰骨骨折，构成轻伤。后任中顺带领陈同望等人将崔某某经营的名贤沐浴中心砸毁，造成4938元的损失。现场附近几家饭店、超市的门窗玻璃被砸，价值296.6元。2004年3月1日三人到公安机关投案，并在案件审理期间赔偿了崔某某15000元。

• 裁判要旨 •

缓刑犯的监督考察以及发现法定情形的如何撤销缓刑。

• 裁判理由 •

河南省新乡县人民法院公开审理后认为：被告人任中顺、陈同望、马兴勇聚众多人持械斗殴，其行为已构成聚众斗殴罪。任中顺在共同犯罪中起主要作用，系主犯，应当按照其所组织的全部犯罪处罚。陈同望、马兴勇在共同犯罪中起次要作用，系从犯，应当从轻、减轻处罚。三被告人犯罪以后自动投案并如实供述自己的罪行，属自首，可以从轻或减轻处罚。三被告人犯罪后积极赔偿了被害人损失。被告人马兴勇在缓刑考验期限内又犯新罪，应当撤销缓刑，数罪并罚。依据《刑法》第292条第1款第2项、第4项，第25条第1款，第26条第1款、第4款，第27条，第67条第1款，第69条，第77条第1款之

① 参见最高人民法院中国应用法学研究所编：《人民法院案例选》（2005年第3辑），人民法院出版社2006年版，第66页。

规定，判决如下：……三、被告人马兴勇犯聚众斗殴罪，判处有期徒刑二年，撤销本院（2001）新刑初字第43号刑事判决书中对被告人马兴勇“犯抢劫罪，判处有期徒刑三年，缓刑五年，并处罚金2000元”中的宣告“缓刑五年”的执行部分，合并判处被告人马兴勇有期徒刑五年，并处罚金2000元；决定执行有期徒刑四年，并处罚金2000元。

一审宣判后，被告人任中顺不服，提起上诉。河南省新乡市中级人民法院审理后依法裁定：驳回上诉，维持原判。

【学理分析及适用指引】

• 学理分析 •

关于缓刑的监督考察主体，学者们大多认为，由专门机关行使对缓刑犯的考察职能是缓刑制度不可缺少的重要环节。① 有学者更明确指出，是否设置专门的缓刑监督考察机构和人员，应当根据缓刑适用对象和现实条件而定。在条件许可的情况下，应当设立专门负责缓刑监督考察工作的机构并配备专门的缓刑考察官；在条件尚不具备的情况下，可以由适当的政府部门兼管，但仍然应当配置负责缓刑监督考察的专门人员。对于未成年缓刑犯，则应当由专门的机构和人员负责监督考察。

我国一贯采取专门机关工作与群众路线相结合的原则对缓刑犯进行考察。1979年《刑法》中规定缓刑犯由公安机关交所在单位或者基层组织予以考察。这种做法在1979年《刑法》施行之初是有合理性和可行性的。因为当时我国正处于计划经济时期，基层组织非常健全。在这种社会结构中，个体对单位或者村委会等基层组织的依附性较强，因而单位和基层组织完全能够发挥缓刑考察主体对被缓刑人的帮教、改造作用。然而，随着经济体制改革的深入、市场经济的发展，我国的社会结构发生了很大的变动，个体的独立性和流动性日益增强，基层组织对公民的约束力弱化，越来越难以承担对缓刑犯考察的任务。为了保证对缓刑犯的监督考察以实现缓刑制度创设的宗旨，1997年《刑法》第76条规定，缓刑的考察机关为公安机关，缓刑犯所在单位或基层组织予以配合。这一调整从当时来看既与实际相符，也受到公安系统自1997年开始实行的社区警务改革措施的保障。但是随着社会经济形势的发展，缓刑考察内容的落实需要专门的力量来完成。因此，《刑法修正案（八）》基于社会管理创新的理念规定对缓刑犯实行社区矫正，其考察机构也相应变更为司法行政机关主管的社区矫正部门。

---

① 参见陈兴良：《刑法适用总论》（下卷），法律出版社1999年版，第592页。

• 适用指引 •

根据《刑法》第 76 条规定，对缓刑犯实行社区矫正，具体由社区矫正部门落实、考察，缓刑犯所在单位或基层组织予以配合。缓刑犯的考察后果分为两种：积极的或者消极的。如果出现《刑法》第 77 条规定的情形，将导致缓刑被撤销的消极后果；反之，没有《刑法》第 77 条规定的情形的，随着缓刑考验期满，原判刑罚也就失去了执行的可能，不动用刑罚而实现对犯罪人的特殊预防，这正是缓刑的积极意义所在。

第七十七条　缓刑的撤销

【法律规定】

• 法律条文 •

《中华人民共和国刑法》

第七十七条　被宣告缓刑的犯罪分子，在缓刑考验期限内犯新罪或者发现判决宣告以前还有其他罪没有判决的，应当撤销缓刑，对新犯的罪或者新发现的罪作出判决，把前罪和后罪所判处的刑罚，依照本法第六十九条的规定，决定执行的刑罚。

被宣告缓刑的犯罪分子，在缓刑考验期限内，违反法律、行政法规或者国务院有关部门关于缓刑的监督管理规定，或者违反人民法院判决中的禁止令，情节严重的，应当撤销缓刑，执行原判刑罚。

• 相关规定 •

《最高人民法院关于〈中华人民共和国刑法修正案（八）〉时间效力问题的解释》（法释〔2011〕9 号）

第一条　对于 2011 年 4 月 30 日以前犯罪，依法应当判处管制或者宣告缓刑的，人民法院根据犯罪情况，认为确有必要同时禁止犯罪分子在管制期间或者缓刑考验期内从事特定活动，进入特定区域、场所，接触特定人的，适用修正后刑法第三十八条第二款或者第七十二条第二款的规定。

犯罪分子在管制期间或者缓刑考验期内，违反人民法院判决中的禁止令的，适用修正后刑法第三十八条第四款或者第七十七条第二款的规定。

《最高人民法院关于撤销缓刑时罪犯在宣告缓刑前羁押的时间能否折抵刑期问题的批复》（法释〔2002〕11号）

各省、自治区、直辖市高级人民法院，解放军军事法院，新疆维吾尔自治区高级人民法院生产建设兵团分院：

最近，有的法院反映，关于在撤销缓刑时罪犯在宣告缓刑前羁押的时间能否折抵刑期的问题不明确。经研究，批复如下：

根据刑法第七十七条的规定，对被宣告缓刑的犯罪分子撤销缓刑执行原判刑罚的，对其在宣告缓刑前羁押的时间应当折抵刑期。

《中央社会治安综合治理委员会办公室、最高人民法院、最高人民检察院、公安部、司法部关于加强和规范监外执行工作的意见》（高检会〔2009〕3号）

15. 被宣告缓刑、假释的罪犯在缓刑、假释考验期间有下列情形之一的，由与原裁判人民法院同级的执行地公安机关提出撤销缓刑、假释的建议：

（1）人民法院、监狱、看守所已书面告知罪犯应当按时到执行地公安机关报到，罪犯未在规定的时间内报到，脱离监管三个月以上的；

（2）未经执行地公安机关批准擅自离开所居住的市、县或者迁居，脱离监管三个月以上的；

（3）未按照执行地公安机关的规定报告自己的活动情况或者不遵守执行机关关于会客等规定，经过三次教育仍然拒不改正的；

（4）有其他违反法律、行政法规或者国务院公安部门有关缓刑、假释的监督管理规定行为，情节严重的。

【案例一】

王某抢劫案[①]

● 案件事实 ●

王某于2001年8月10日被四川省泸州市纳溪区人民法院以（2001）纳溪刑初字第90号刑事判决认定犯抢劫罪，判处有期徒刑二年，缓刑三年，并处罚金500元，于2001年8月27日交付执行。在缓刑考验期内，王某不思悔改，在同年10月至12月间，先后参与高某、先某、刘某、朱某等人7次在四川省泸州市纳溪区进行的盗窃活动，所盗物资价值人民币3000余元。2002年3月，王某又参与付某、李某、陈某在纳溪区安富七化建医院旁抢夺过往学生财物2次。2002年3月20日，王某被四川省泸州市公安局纳溪区分局刑事拘留。

---

① 参见中华人民共和国最高人民法院刑事审判第一庭、第二庭编：《刑事审判参考》（总第32辑），法律出版社2003年版，第1~6页。

四川省泸州市公安局纳溪区分局于2002年4月17日向四川省泸州市纳溪区人民法院提出撤销对王某缓刑的建议书。

• 裁判要旨 •

缓刑撤销的法定案件及撤销缓刑的案件的审理。

• 裁判理由 •

四川省泸州市纳溪区人民法院经审理认为：罪犯王某在缓刑考验期内，多次参与结伙盗窃和抢夺学生财物的活动，情节严重，依法应当撤销缓刑，执行原判刑罚。四川省泸州市公安局纳溪区分局的建议，应予采纳。依照《刑法》第77条第2款和《最高人民法院关于执行〈中华人民共和国刑事诉讼法〉若干问题的解释》第357条的规定，于2002年4月19日作出裁定：撤销该院（2001）纳溪刑初字第90号刑事判决书中对罪犯王某宣告缓刑三年的执行部分；对罪犯王某收监执行原判有期徒刑二年。

【案例二】

陈某某盗窃案[①]

• 案件事实 •

陈某某于2000年1月18日被江苏省镇江市润州区人民法院以盗窃罪判处有期徒刑二年，缓刑三年，缓刑考验期自2000年1月31日起至2003年1月31日止。2002年8月，陈某某先后两次在镇江市运输三站陆东健经营的七里电动工具商店，用事先窃得的钥匙入室行窃，分别窃得人民币100元和200元。2002年10月，陈某某明知一辆本田70摩托车来路不正，仍以500元的价格予以收购，该车系曾某伟被窃车辆，价值830元。陈某某于2003年2月14日因本案被拘留。

江苏省镇江市公安局润州区分局认定：陈某某的行为已严重违反《治安管理处罚条例》第23条第1项、第24条第1项之规定。建议对罪犯陈某某撤销缓刑，收监执行。

• 裁判要旨 •

对于缓刑犯在缓刑考验期内违反缓刑的监督管理规定的处理。

---

① 参见国家法官学院、中国人民大学法学院编：《中国审判案例要览（2004年刑事审判案例卷）》，人民法院出版社2005年版，第90～92页。

• 裁判理由 •

江苏省镇江市润州区人民法院依法组成合议庭，对本案进行了审理。经审理，法院认为：罪犯陈某某在缓刑考验期限内违反《治安管理处罚条例》第23条第1项、第24条第1项之规定，情节严重，应当撤销缓刑，执行原判刑罚。因此，依照《刑法》第77条第2款、《最高人民法院关于执行〈中华人民共和国刑事诉讼法〉若干问题的解释》第357条之规定，作出如下裁定：一、撤销本院（2000）润刑初字第24号刑事判决中对罪犯陈某某宣告缓刑三年的执行部分。二、对罪犯陈某某收监执行原判有期徒刑二年。

【学理分析及适用指引】

• 学理分析 •

1. 关于被判刑人在缓刑考验期限内又犯新罪，在缓刑考验期满后才被发现的应如何处理。对此，我国台湾地区在司法实务中的做法是不得撤销缓刑，其理由是：缓刑期满而缓刑之宣告未经撤销者，其刑之宣告失去效力，已无宣告刑可执行，自无再行撤销缓刑之余地。学者们也大多赞成这种做法。① 我国大陆司法实务中的做法正好相反，是应当撤销缓刑。大陆刑法学界较有代表性的观点也认为，在这种情况下应当撤销缓刑。②

对此，有学者认为，应当区分不同情形处理：（1）如果考验期限内所犯新罪情节轻微，根据《刑法》第37条规定被免予刑事处罚，则不宜撤销原来的缓刑。（2）如果新罪又被判处了刑罚，但从犯罪情节来看，应对其宣告缓刑，与前罪并罚后仍然符合缓刑的条件，则可以对犯罪人再次宣告缓刑，原来的缓刑考验期不得折抵新的考验期。（3）如果新罪所判刑罚与原罪所判刑罚在数罪并罚之后超过了可以适用缓刑的限度，或者根据新罪的性质和情节不宜适用缓刑，则应当撤销原来的缓刑，对犯罪人数罪并罚后实际执行刑罚。③ 对此问题，我们认为，只要在缓刑考验期间又犯新罪的，不论是考验期间还是考验期满发现的，原则上均应撤销缓刑进行并罚。

2. 关于审理撤销缓刑案件是应当适用普通程序还是适用简易程序，有不同意见。

（1）一种意见认为，应当适用简易程序。这类案件往往案情并不复杂，审判人员只要确认犯罪分子有违法行为并达到情节严重的程度即可，不需要对

---

① 参见蔡墩铭：《刑法总则争议问题研究》，我国台湾地区五南图书出版公司1991年版，第386～387页。

② 参见高铭暄主编：《刑法学原理》（第3卷），中国人民大学出版社1994年版，第481页；马克昌主编：《刑罚通论》，武汉大学出版社1999年版，第592页。

③ 参见左坚卫：《缓刑制度比较研究》，中国人民公安大学出版社2004年版，第202～203页。

犯罪分子重新定罪量刑，而且执行的刑罚均为3年以下有期徒刑、拘役，因此完全可以适用简易程序来审理。

（2）另一种意见认为，应当适用普通程序来审理。我们认为，第二种意见较为合理。撤销缓刑实质上是一审终审，因此它是一项较为慎重复杂的工作，由合议庭来审理比较合适，另外，适用简易程序的审限一般只有20天，而根据《最高人民法院关于适用〈中华人民共和国刑事诉讼法〉的解释》第545条的规定，撤销缓刑案件的审限为30天，因此可以推断出审理撤销缓刑案件应适用普通程序。①

3. 关于缓刑的撤销。根据《刑法》第77条的规定，缓刑的撤销事由包括两种情况：一是被宣告缓刑的犯罪分子在缓刑考验期限内再犯新罪或被发现漏罪；二是被宣告缓刑的犯罪分子在缓刑考验期限内违反有关监督管理规定，情节严重。实践中，基于第一种情况而撤销缓刑、实行数罪并罚的情形较为常见，基于第二种情况而单纯审理撤销缓刑的案件较少，上述案件即属此例。由于有关法律、司法解释对此规定较为简单，在审理上述案件时，主要有以下几个问题需要注意：

（1）如何理解违反法律、行政法规或者国务院有关部门关于缓刑的监督管理规定，或者法院禁止令，情节严重？情节严重是引起缓刑被撤销在程度上的要求，犯罪分子偶尔轻微地违反有关法律法规的，不足以导致缓刑被撤销。因此，对于是否撤销缓刑，也要从缓刑的实质要件即犯罪分子确实没有再犯罪的危险来把握。我们认为，可以从三个方面作出判断：一是行为人实施违法行为时的主观心态（是故意还是过失）；二是违法行为的实施方式、手段，违法行为所侵犯的权益、后果及其所造成的社会影响；三是违法、违规的次数等。实践中如何认定情节严重在“适用指引”中已经论及，此处不再重复。

（2）撤销缓刑建议的提出机关。对此，《刑法》和《刑事诉讼法》均无明确规定。《最高人民法院关于适用〈中华人民共和国刑事诉讼法〉的解释》第543条规定：“人民法院收到社区矫正机构的撤销缓刑建议书后，经审查，确认罪犯在缓刑考验期限内具有下列情形之一的，应当作出撤销缓刑的裁定：（一）违反禁止令，情节严重的；（二）无正当理由不按规定时间报到或者接受社区矫正期间脱离监管，超过一个月的；（三）因违反监督管理规定受到治安管理处罚，仍不改正的；（四）受到执行机关二次警告，仍不改正的；（五）违反法律、行政法规和监督管理规定，情节严重的其他情形。”实践中，与原作出缓刑判决的人民法院同级的社区矫正机构通常也是缓刑犯的考察机关，考察机关最了解缓刑犯在缓刑期间的表现，也最有发言权。同时，根据上述解释第

① 参见国家法官学院、中国人民大学法学院编：《中国审判案例要览（2004年刑事审判案例卷）》，人民法院出版社2005年版，第92页。

542 条的规定，对于缓刑考验期间犯新罪或者发现漏罪的，由审判该新罪的人民法院直接撤销原缓刑裁判，并书面通知原审人民法院和执行机关。

（3）撤销缓刑案件应当由哪一法院适用何种程序、采用何种方式来审理？缓刑犯严重违反有关缓刑的监督管理规定的，通常是由其原判法院撤销本院所宣告的缓刑。如上述案件中即是如此。但是，缓刑犯在缓刑考验期限内又犯新罪或者发现漏罪的，应当由哪一法院行使撤销权？特别是在新罪或者漏罪的管辖法院比前罪原判法院的层级低的情况下，下级法院能否撤销上级法院原判所宣告的缓刑？从学理上说，对于原来由上级法院宣告缓刑的，应当先由上级法院撤销缓刑，而后由下级法院对所犯新罪或者发现的漏罪进行审判，并与前罪的刑罚实行数罪并罚。但是，在审判实践中，从诉讼经济和效率的角度出发，通常由审判新罪的法院撤销原判宣告的缓刑，换言之，通过一个判决既撤销了原判宣告的缓刑，又对新罪进行审判并决定了并罚后执行的刑罚。

（4）撤销缓刑后，先行羁押期间是否折抵以及如何折抵？具体要分两种情况：一是被宣告缓刑的犯罪分子在缓刑考验期内因涉嫌再犯新罪或者发现漏罪而被先行羁押的，首先应按照《刑法》第 77 条第 1 款的规定，对新罪或漏罪作出判决，再依照《刑法》第 69 条的规定决定执行的刑期，然后再将因前罪被先行羁押的时间和因新罪或漏罪被先行羁押的时间一并从最后宣告的刑期中予以扣除；二是被宣告缓刑的犯罪分子在缓刑考验期内因违反法律、行政法规或者国务院有关部门有关缓刑的监督管理规定，而在依法被撤销缓刑前被先行行政拘留或刑事拘留的，由于针对的是行政违法行为，因而不能折抵前罪的刑期，故只将因前罪被先行羁押的时间从刑期中折抵扣除。

• 适用指引 •

被宣告缓刑的犯罪分子在缓刑考验期限内违反有关监督管理规定，情节严重，应当撤销缓刑。实践中，以下情形均可认定为“情节严重”：（1）持续或多次脱离考察机关监督管理的；（2）多次违反有关法律法规的；（3）行为已达到治安拘留等限制人身自由处罚标准或者已被治安拘留的；（4）行为造成较为恶劣的社会影响或危害后果的。撤销缓刑建议权应当由与原作出缓刑判决的人民法院同级的公安机关来行使。由审判新罪的法院撤销原判宣告的缓刑，通过一个判决既撤销了原判宣告的缓刑，又对新罪进行审判并决定了并罚后执行的刑罚。案件事实清楚，犯罪人对违法事实没有异议的，法院在讯问犯罪人，听取有关当事人、辩护人意见后，可以采用书面审的形式来审理；而对于案件事实不清、犯罪人拒不承认违法事实的，法院应当开庭审理。被宣告缓刑的犯罪分子在缓刑考验期内因涉嫌再犯新罪或者发现漏罪而被先行羁押的，首先应按照《刑法》第 77 条第 1 款的规定，对新罪或漏罪作出判决，再依照《刑法》第 69 条的规定决定执行的刑期，然后再将因前罪被先行羁押的时间和因新罪或漏罪被先行羁押的时间一并从最后宣告的刑期中予以扣除。被宣告缓刑的犯罪分子在缓刑考验期内因违反法律、行政法规或者国务院公安部门有关缓刑的监督管理规定而在依法被撤销缓刑前被先行行政拘留或刑事拘留的，由于针对的是行政违法行为，因而不能折抵前罪的刑期，而只将因前罪被先行羁押的时间从刑期中折抵扣除。

根据《刑法》第77条第2款和《最高人民法院、最高人民检察院、公安部、司法部关于对判处管制、宣告缓刑的犯罪分子适用禁止令有关问题的规定（试行）》第12条的规定，被宣告缓刑的犯罪分子违反禁止令，情节严重的，应当撤销缓刑，执行原判刑罚。原作出缓刑裁判的人民法院应当自收到当地社区矫正机构提出的撤销缓刑建议书之日起30日内依法作出裁定。人民法院撤销缓刑的裁定一经作出，立即生效。何谓“违反禁止令、情节严重的”，该司法解释第12条第2款进一步明确了“情节严重”的认定标准：（1）3次以上违反禁止令，属于多次违反禁止令，应当认定为“情节严重”。（2）因违反禁止令被治安处罚后，再次违反禁止令的，表明犯罪分子人身危险性较大，应当认定为“情节严重”。（3）违反禁止令，因而发生较为严重的危害后果，如致使被害人因受滋扰精神失常的，应当认定为“情节严重”。（4）其他情节严重的情形，这是考虑到司法实践中的情况较为复杂而规定的兜底条款。

第六节 减 刑

第七十八条 减刑的条件

【法律规定】

• 法律条文 •

《中华人民共和国刑法》

第七十八条 被判处管制、拘役、有期徒刑、无期徒刑的犯罪分子，在执行期间，如果认真遵守监规，接受教育改造，确有悔改表现的，或者有立功表现的，可以减刑；有下列重大立功表现之一的，应当减刑：

（一）阻止他人重大犯罪活动的；

（二）检举监狱内外重大犯罪活动，经查证属实的；

（三）有发明创造或者重大技术革新的；

（四）在日常生产、生活中舍己救人的；

（五）在抗御自然灾害或者排除重大事故中，有突出表现的；

（六）对国家和社会有其他重大贡献的。

减刑以后实际执行的刑期不能少于下列期限：

（一）判处管制、拘役、有期徒刑的，不能少于原判刑期的二分之一；

（二）判处无期徒刑的，不能少于十三年；

（三）人民法院依照本法第五十条第二款规定限制减刑的死刑缓期执行的犯罪分子，缓期执行期满后依法减为无期徒刑的，不能少于二十五年，缓期执行期满后依法减为二十五年有期徒刑的，不能少于二十年。

• 相关规定 •

《中华人民共和国刑法》

第三百八十三条 对犯贪污罪的，根据情节轻重，分别依照下列规定处罚：

……

（三）贪污数额特别巨大或者有其他特别严重情节的，处十年以上有期徒刑或者无期徒刑，并处罚金或者没收财产；数额特别巨大，并使国家和人民利益遭受特别重大损失的，处无期徒刑或者死刑，并处没收财产。

……

犯第一款罪，有第三项规定情形被判处死刑缓期执行的，人民法院根据犯罪情节等情况可以同时决定在其死刑缓期执行二年期满依法减为无期徒刑后，终身监禁，不得减刑、假释。

第三百八十六条 对犯受贿罪的，根据受贿所得数额及情节，依照本法第三百八十三条的规定处罚。索贿的从重处罚。

《最高人民法院关于办理减刑、假释案件具体应用法律的规定》（法释〔2016〕23号）

第一条 减刑、假释是激励罪犯改造的刑罚制度，减刑、假释的适用应当贯彻宽严相济刑事政策，最大限度地发挥刑罚的功能，实现刑罚的目的。

第二条 对于罪犯符合刑法第七十八条第一款规定“可以减刑”条件的案件，在办理时应当综合考察罪犯犯罪的性质和具体情节、社会危害程度、原判刑罚及生效裁判中财产性判项的履行情况、交付执行后的一贯表现等因素。

第三条 “确有悔改表现”是指同时具备以下条件：

（一）认罪悔罪；

（二）遵守法律法规及监规，接受教育改造；

（三）积极参加思想、文化、职业技术教育；

（四）积极参加劳动，努力完成劳动任务。

对职务犯罪、破坏金融管理秩序和金融诈骗犯罪、组织（领导、参加、包庇、纵容）黑社会性质组织犯罪等罪犯，不积极退赃、协助追缴赃款赃物、赔偿损失，或者服刑期间利用个人影响力和社会关系等不正当手段意图获得减刑、假释的，不认定其“确有悔改表现”。

罪犯在刑罚执行期间的申诉权利应当依法保护，对其正当申诉不能不加分析地认为是不认罪悔罪。

第四条 具有下列情形之一的，可以认定为有“立功表现”：

（一）阻止他人实施犯罪活动的；

（二）检举、揭发监狱内外犯罪活动，或者提供重要的破案线索，经查证属实的；

（三）协助司法机关抓捕其他犯罪嫌疑人的；

（四）在生产、科研中进行技术革新，成绩突出的；

（五）在抗御自然灾害或者排除重大事故中，表现积极的；

（六）对国家和社会有其他较大贡献的。

第（四）项、第（六）项中的技术革新或者其他较大贡献应当由罪犯在刑罚执行期间独立或者为主完成，并经省级主管部门确认。

第五条 具有下列情形之一的，应当认定为有“重大立功表现”：

（一）阻止他人实施重大犯罪活动的；

（二）检举监狱内外重大犯罪活动，经查证属实的；

（三）协助司法机关抓捕其他重大犯罪嫌疑人的；

（四）有发明创造或者重大技术革新的；

（五）在日常生产、生活中舍己救人的；

（六）在抗御自然灾害或者排除重大事故中，有突出表现的；

（七）对国家和社会有其他重大贡献的。

第（四）项中的发明创造或者重大技术革新应当是罪犯在刑罚执行期间独立或者为主完成并经国家主管部门确认的发明专利，且不包括实用新型专利和外观设计专利；第（七）项中的其他重大贡献应当由罪犯在刑罚执行期间独立或者为主完成，并经国家主管部门确认。

第六条 被判处有期徒刑的罪犯减刑起始时间为：不满五年有期徒刑的，应当执行一年以上方可减刑；五年以上不满十年有期徒刑的，应当执行一年六个月以上方可减刑；十年以上有期徒刑的，应当执行二年以上方可减刑。有期徒刑减刑的起始时间自判决执行之日起计算。

确有悔改表现或者有立功表现的，一次减刑不超过九个月有期徒刑；确有悔改表现并有立功表现的，一次减刑不超过一年有期徒刑；有重大立功表现的，一次减刑不超过一年六个月有期徒刑；确有悔改表现并有重大立功表现的，一次减刑不超过二年有期徒刑。

被判处不满十年有期徒刑的罪犯，两次减刑间隔时间不得少于一年；被判处十年以上有期徒刑的罪犯，两次减刑间隔时间不得少于一年六个月。减刑间隔时间不得低于上次减刑减去的刑期。

罪犯有重大立功表现的，可以不受上述减刑起始时间和间隔时间的限制。

第七条 对符合减刑条件的职务犯罪罪犯，破坏金融管理秩序和金融诈骗犯罪罪犯，组织、领导、参加、包庇、纵容黑社会性质组织犯罪罪犯，危害国家安全犯罪罪犯，恐怖活动犯罪罪犯，毒品犯罪集团的首要分子及毒品再犯，累犯，确有履行能力而不履行或者不全部履行生效裁判中财产性判项的罪犯，被判处十年以下有期徒刑的，执行二年以上方可减刑，减刑幅度应当比照本规定第六条从严掌握，一次减刑不超过一年有期徒刑，两次减刑之间应当间隔一年以上。

对被判处十年以上有期徒刑的前款罪犯，以及因故意杀人、强奸、抢劫、绑架、放火、爆炸、投放危险物质或者有组织的暴力性犯罪被判处十年以上有期徒刑的罪犯，数罪并罚且其中两罪以上被判处十年以上有期徒刑的罪犯，执行二年以上方可减刑，减刑幅度应当比照本规定第六条从严掌握，一次减刑不超过一年有期徒刑，两次减刑之间应当间隔一年六个月以上。

罪犯有重大立功表现的，可以不受上述减刑起始时间和间隔时间的限制。

第八条 被判处无期徒刑的罪犯在刑罚执行期间，符合减刑条件的，执行二年以上，可以减刑。减刑幅度为：确有悔改表现或者有立功表现的，可以减为二十二年有期徒刑；确有悔改表现并有立功表现的，可以减为二十一年以上二十二年以下有期徒刑；有重大立功表现的，可以减为二十年以上二十一年以下有期徒刑；确有悔改表现并有重大立功表现的，可以减为十九年以上二十年以下有期徒刑。无期徒刑罪犯减为有期徒刑后再减刑时，减刑幅度依照本规定第六条的规定执行。两次减刑间隔时间不得少于二年。

罪犯有重大立功表现的，可以不受上述减刑起始时间和间隔时间的限制。

第九条 对被判处无期徒刑的职务犯罪罪犯，破坏金融管理秩序和金融诈骗犯罪罪犯，组织、领导、参加、包庇、纵容黑社会性质组织犯罪罪犯，危害国家安全犯罪罪犯，恐怖活动犯罪罪犯，毒品犯罪集团的首要分子及毒品再犯，累犯以及因故意杀人、强奸、抢劫、绑架、放火、爆炸、投放危险物质或者有组织的暴力性犯罪的罪犯，确有履行能力而不履行或者不全部履行生效裁判中财产性判项的罪犯，数罪并罚被判处无期徒刑的罪犯，符合减刑条件的，执行三年以上方可减刑，减刑幅度应当比照本规定第八条从严掌握，减刑后的刑期最低不得少于二十年有期徒刑；减为有期徒刑后再减刑时，减刑幅度比照本规定第六条从严掌握，一次不超过一年有期徒刑，两次减刑之间应当间隔二年以上。

罪犯有重大立功表现的，可以不受上述减刑起始时间和间隔时间的限制。

第十条 被判处死刑缓期执行的罪犯减为无期徒刑后，符合减刑条件的，执行三年以上方可减刑。减刑幅度为：确有悔改表现或者有立功表现的，可以减为二十五年有期徒刑；确有悔改表现并有立功表现的，可以减为二十四年以上二十五年以下有期徒刑；有重大立功表现的，可以减为二十三年以上二十四年以下有期徒刑；确有悔改表现并有重大立功表现的，可以减为二十二年以上二十三年以下有期徒刑。

被判处死刑缓期执行的罪犯减为有期徒刑后再减刑时，比照本规定第八条的规定办理。

第十一条 对被判处死刑缓期执行的职务犯罪罪犯，破坏金融管理秩序和金融诈骗犯罪罪犯，组织、领导、参加、包庇、纵容黑社会性质组织犯罪罪犯，危害国家安全犯罪罪犯，恐怖活动犯罪罪犯，毒品犯罪集团的首要分子及毒品再犯，累犯以及因故意杀人、强奸、抢劫、绑架、放火、爆炸、投放危险物质或者有组织的暴力性犯罪的罪犯，确有履行能力而不履行或者不全部履行生效裁判中财产性判项的罪犯，数罪并罚被判处死刑缓期执行的罪犯，减为无期徒刑后，符合减刑条件的，执行三年以上方可减刑，一般减为二十五年有期徒刑，有立功表现或者重大立功表现的，可以比照本规定第十条减为二十三年以上二十五年以下有期徒刑；减为有期徒刑后再减刑时，减刑幅度比照本规定第六条从严掌握，一次不超过一年有期徒刑，两次减刑之间应当间隔二年以上。

第十二条 被判处死刑缓期执行的罪犯经过一次或者几次减刑后，其实际执行的刑期不得少于十五年，死刑缓期执行期间不包括在内。

死刑缓期执行罪犯在缓期执行期间不服从监管、抗拒改造，尚未构成犯罪的，在减为无期徒刑后再减刑时应当适当从严。

第十三条 被限制减刑的死刑缓期执行罪犯，减为无期徒刑后，符合减刑条件的，执行五年以上方可减刑。减刑间隔时间和减刑幅度依照本规定第十一条的规定执行。

第十四条 被限制减刑的死刑缓期执行罪犯，减为有期徒刑后再减刑时，一次减刑不超过六个月有期徒刑，两次减刑间隔时间不得少于二年。有重大立功表现的，间隔时间可以适当缩短，但一次减刑不超过一年有期徒刑。

第十五条 对被判处终身监禁的罪犯，在死刑缓期执行期满依法减为无期徒刑的裁定中，应当明确终身监禁，不得再减刑或者假释。

第十六条 被判处管制、拘役的罪犯，以及判决生效后剩余刑期不满二年有期徒刑的罪犯，符合减刑条件的，可以酌情减刑，减刑起始时间可以适当缩短，但实际执行的刑期不得少于原判刑期的二分之一。

第十七条 被判处有期徒刑罪犯减刑时，对附加剥夺政治权利的期限可以酌减。酌减后剥夺政治权利的期限，不得少于一年。

被判处死刑缓期执行、无期徒刑的罪犯减为有期徒刑时，应当将附加剥夺政治权利的期限减为七年以上十年以下，经过一次或者几次减刑后，最终剥夺政治权利的期限不得少于三年。

第十八条 被判处拘役或者三年以下有期徒刑，并宣告缓刑的罪犯，一般不适用减刑。

前款规定的罪犯在缓刑考验期内有重大立功表现的，可以参照刑法第七十八条的规定予以减刑，同时应当依法缩减其缓刑考验期。缩减后，拘役的缓刑考验期限不得少于二个月，有期徒刑的缓刑考验期限不得少于一年。

第十九条 对在报请减刑前的服刑期间不满十八周岁，且所犯罪行不属于刑法第八十一条第二款规定情形的罪犯，认罪悔罪，遵守法律法规及监规，积极参加学习、劳动，应当视为确有悔改表现。

对上述罪犯减刑时，减刑幅度可以适当放宽，或者减刑起始时间、间隔时间可以适当缩短，但放宽的幅度和缩短的时间不得超过本规定中相应幅度、时间的三分之一。

第二十条 老年罪犯、患严重疾病罪犯或者身体残疾罪犯减刑时，应当主要考察其认罪悔罪的实际表现。

对基本丧失劳动能力，生活难以自理的上述罪犯减刑时，减刑幅度可以适当放宽，或者减刑起始时间、间隔时间可以适当缩短，但放宽的幅度和缩短的时间不得超过本规定中相应幅度、时间的三分之一。

第二十一条 被判处有期徒刑、无期徒刑的罪犯在刑罚执行期间又故意犯罪，新罪被判处有期徒刑的，自新罪判决确定之日起三年内不予减刑；新罪被判处无期徒刑的，自新罪判决确定之日起四年内不予减刑。

罪犯在死刑缓期执行期间又故意犯罪，未被执行死刑的，死刑缓期执行的期间重新计算，减为无期徒刑后，五年内不予减刑。

被判处死刑缓期执行罪犯减刑后，在刑罚执行期间又故意犯罪的，依照第一款规定处理。

第二十八条 罪犯减刑后又假释的，间隔时间不得少于一年；对一次减去一年以上有期徒刑后，决定假释的，间隔时间不得少于一年六个月。

罪犯减刑后余刑不足二年，决定假释的，可以适当缩短间隔时间。

第三十条 依照刑法第八十六条规定被撤销假释的罪犯，一般不得再假释。但依照该条第二款被撤销假释的罪犯，如果罪犯对漏罪曾作如实供述但原判未予认定，或者漏罪系其自首，符合假释条件的，可以再假释。

被撤销假释的罪犯，收监后符合减刑条件的，可以减刑，但减刑起始时间自收监之日起计算。

第三十二条 人民法院按照审判监督程序重新审理的案件，裁定维持原判决、裁定的，原减刑、假释裁定继续有效。

再审裁判改变原判决、裁定的，原减刑、假释裁定自动失效，执行机关应当及时报请有管辖权的人民法院重新作出是否减刑、假释的裁定。重新作出减刑裁定时，不受本规定有关减刑起始时间、间隔时间和减刑幅度的限制。重新裁定时应综合考虑各方面因素，减刑幅度不得超过原裁定减去的刑期总和。

再审改判为死刑缓期执行或者无期徒刑的，在新判决减为有期徒刑之时，原判决已经实际执行的刑期一并扣减。

再审裁判宣告无罪的，原减刑、假释裁定自动失效。

第三十三条　罪犯被裁定减刑后，刑罚执行期间因故意犯罪而数罪并罚时，经减刑裁定减去的刑期不计入已经执行的刑期。原判死刑缓期执行减为无期徒刑、有期徒刑，或者无期徒刑减为有期徒刑的裁定继续有效。

第三十四条　罪犯被裁定减刑后，刑罚执行期间因发现漏罪而数罪并罚的，原减刑裁定自动失效。如漏罪系罪犯主动交代的，对其原减去的刑期，由执行机关报请有管辖权的人民法院重新作出减刑裁定，予以确认；如漏罪系有关机关发现或者他人检举揭发的，由执行机关报请有管辖权的人民法院，在原减刑裁定减去的刑期总和之内，酌情重新裁定。

第三十六条　被判处死刑缓期执行的罪犯，在死刑缓期执行期满后被发现漏罪，依据刑法第七十条规定数罪并罚，决定执行死刑缓期执行的，交付执行时对罪犯实际执行无期徒刑，死缓考验期不再执行，但漏罪被判处死刑缓期执行的除外。

在无期徒刑减为有期徒刑时，前罪死刑缓期执行减为无期徒刑之日起至新判决生效之日止已经实际执行的刑期，应当计算在减刑裁定决定执行的刑期以内。

原减刑裁定减去的刑期依照本规定第三十四条处理。

第三十七条　被判处无期徒刑的罪犯在减为有期徒刑后因发现漏罪，依据刑法第七十条规定数罪并罚，决定执行无期徒刑的，前罪无期徒刑生效之日起至新判决生效之日止已经实际执行的刑期，应当在新判决的无期徒刑减为有期徒刑时，在减刑裁定决定执行的刑期内扣减。

无期徒刑罪犯减为有期徒刑后因发现漏罪判处三年有期徒刑以下刑罚，数罪并罚决定执行无期徒刑的，在新判决生效后执行一年以上，符合减刑条件的，可以减为有期徒刑，减刑幅度依照本规定第八条、第九条的规定执行。

原减刑裁定减去的刑期依照本规定第三十四条处理。

第三十八条　人民法院作出的刑事判决、裁定发生法律效力后，在依照刑事诉讼法第二百五十三条、第二百五十四条的规定将罪犯交付执行刑罚时，如果生效裁判中有财产性判项，人民法院应当将反映财产性判项执行、履行情况的有关材料一并随案移送刑罚执行机关。罪犯在服刑期间本人履行或者其亲属代为履行生效裁判中财产性判项的，应当及时向刑罚执行机关报告。刑罚执行机关报请减刑时应随案移送以上材料。

人民法院办理减刑、假释案件时，可以向原一审人民法院核实罪犯履行财产性判项的情况。原一审人民法院应当出具相关证明。

刑罚执行期间，负责办理减刑、假释案件的人民法院可以协助原一审人民法院执行生效裁判中的财产性判项。

《最高人民法院关于中华人民共和国刑法修正案（八）时间效力问题的解释》（法释〔2011〕9号）

第七条 2011年4月30日以前犯罪，被判处无期徒刑的罪犯，减刑以后或者假释前实际执行的刑期，适用修正前刑法第七十八条第二款、第八十一条第一款的规定。

《最高人民法院、最高人民检察院、公安部、司法部关于加强减刑、假释案件实质化审理的意见》（法发〔2021〕31号）

5. 严格审查罪犯服刑期间改造表现的考核材料。对于罪犯的计分考核材料，应当认真审查考核分数的来源及其合理性等，如果存在考核分数与考核期不对应、加扣分与奖惩不对应、奖惩缺少相应事实和依据等情况，应当要求刑罚执行机关在规定期限内作出说明或者补充。对于在规定期限内不能作出合理解释的考核材料，不作为认定罪犯确有悔改表现的依据。

对于罪犯的认罪悔罪书、自我鉴定等自书材料，要结合罪犯的文化程度认真进行审查，对于无特殊原因非本人书写或者自书材料内容虚假的，不认定罪犯确有悔改表现。

对于罪犯存在违反监规纪律行为的，应当根据行为性质、情节等具体情况，综合分析判断罪犯的改造表现。罪犯服刑期间因违反监规纪律被处以警告、记过或者禁闭处罚的，可以根据案件具体情况，认定罪犯是否确有悔改表现。

6. 严格审查罪犯立功、重大立功的证据材料，准确把握认定条件。对于检举、揭发监狱内外犯罪活动，或者提供重要破案线索的，应当注重审查线索的来源。对于揭发线索来源存疑的，应当进一步核查，如果查明线索系通过贿买、暴力、威胁或者违反监规等非法手段获取的，不认定罪犯具有立功或者重大立功表现。

对于技术革新、发明创造，应当注重审查罪犯是否具备该技术革新、发明创造的专业能力和条件，对于罪犯明显不具备相应专业能力及条件、不能说明技术革新或者发明创造原理及过程的，不认定罪犯具有立功或者重大立功表现。

对于阻止他人实施犯罪活动，协助司法机关抓捕其他犯罪嫌疑人，在日常生产、生活中舍己救人，在抗御自然灾害或者排除重大事故中有积极或者突出表现的，除应当审查有关部门出具的证明材料外，还应当注重审查能够证明上述行为的其他证据材料，对于罪犯明显不具备实施上述行为能力和条件的，不认定罪犯具有立功或者重大立功表现。

严格把握“较大贡献”或者“重大贡献”的认定条件。该“较大贡献”或者“重大贡献”，是指对国家、社会具有积极影响，而非仅对个别人员、单位有贡献和帮助。对于罪犯在警示教育活动中现身说法的，不认定罪犯具有立功或者重大立功表现。

7. 严格审查罪犯履行财产性判项的能力。罪犯未履行或者未全部履行财产性判项，具有下列情形之一的，不认定罪犯确有悔改表现：

（1）拒不交代赃款、赃物去向；

（2）隐瞒、藏匿、转移财产；

（3）有可供履行的财产拒不履行。

对于前款罪犯，无特殊原因狱内消费明显超出规定额度标准的，一般不认定罪犯确有悔改表现。

9. 严格审查罪犯身份信息、患有严重疾病或者身体有残疾的证据材料。对于上述证据材料有疑问的，可以委托有关单位重新调查、诊断、鉴定。对原判适用《中华人民共和国刑事诉讼法》第一百六十条第二款规定判处刑罚的罪犯，在刑罚执行期间不真心悔罪，仍不讲真实姓名、住址，且无法调查核实清楚的，除具有重大立功表现等特殊情形外，一律不予减刑、假释。

10. 严格把握罪犯减刑后的实际服刑刑期。正确理解法律和司法解释规定的最低服刑期限，严格控制减刑起始时间、间隔时间及减刑幅度，并根据罪犯前期减刑情况和效果，对其后续减刑予以总体掌握。死刑缓期执行、无期徒刑罪犯减为有期徒刑后再减刑时，在减刑间隔时间及减刑幅度上，应当从严把握。

【案例】

张莹诈骗案①

• 案件事实 •

张莹因犯诈骗罪于1996年10月20日被云南省昆明市盘龙区人民法院以（1996）盘刑初字第659号刑事判决，判处有期徒刑十五年。上诉后，经二审审理维持原判。1997年6月11日交付云南省第一监狱执行。2000年3月23日经云南省昆明市中级人民法院以（2000）昆刑执字第2666号刑事裁定书减刑两年，2002年4月15日又经该院以（2002）昆刑执字第3476号刑事裁定书减刑两年三个月。

---

① 参见国家法官学院、中国人民大学法学院编：《中国审判案例要览（2004年刑事审判案例卷）》，人民法院出版社2005年版，第93～94页。

张莹在服刑期间，认罪服法，深挖犯罪根源，认识犯罪危害，认真遵守监规，接受教育改造，积极参加政治、文化、技术学习，参加劳动，连续记有考核大功3个、单项加记大功2个，被评为2002年度改造积极分子。张莹在完成所交付的劳动任务外，还利用休息时间进行发明创造，根据手提袋市场的需求进行外观设计，其设计的“纸制手提袋”于2003年9月10日获得国家知识产权局颁发的“外观设计专利证书”。刑罚执行机关云南省第一监狱认为，张莹在服刑期间，确有悔改表现，其获“外观设计专利证书”属有重大立功表现，符合减刑的法定条件。云南省第一监狱于2003年10月20日向云南省昆明市中级人民法院提出减刑建议书，建议对罪犯张莹准予减去有期徒刑三年。

• 裁判要旨 •

犯罪分子服刑期间有重大立功表现的司法认定及减刑的操作。

• 裁判理由 •

云南省昆明市中级人民法院根据云南省第一监狱报送的关于提请对罪犯张莹减刑的建议及相关材料，依法组成合议庭，对该案进行了审核，确认刑罚执行机关所提出罪犯张莹在服刑期间确有悔改表现和重大立功表现的事实清楚、证据充分，符合法定减刑条件。依照《刑法》第78条第1款第3项及《最高人民法院关于办理减刑、假释案件具体应用法律若干问题的规定》第2条之规定，作出如下裁定：对罪犯张莹准予减去有期徒刑三年。

【学理分析及适用指引】

• 学理分析 •

1. 准确认识减刑制度的根本性条件。适用减刑的犯罪人必须是在刑罚执行期间确有悔改或者立功表现，这是我国减刑制度诸要件中最核心的要件。确有悔改或立功表现这一外在的因素是适用减刑的根本性条件，而适用减刑的实质性条件是这一根本性条件所体现出来的受刑人的人身危险性减弱甚至消除，即减刑与否的实质性要件是受刑人的人身危险性消长状况，它说明了为什么在刑罚执行期间受刑人确有悔改或立功表现就可以对其适用减刑。将受刑人的人身危险性减弱甚至消除作为适用减刑的实质性条件这与减刑存在之根据具有内在的一致性。根据《刑法》第78条的规定，适用减刑的根本性条件系统有三个基本元素组成，即悔改表现、立功表现以及重大立功表现。“立功表现”与“重大立功表现”相对较为客观、较易判断，而“悔改表现”相对难以把握。根据相关司法解释和司法实践，认定“悔改表现”主要从如下四个方面进行判断：认罪悔罪；认真遵守法律法规及监规，接受教育改造；积极参加思想、文化、职业技术考察；积极参加劳动，努力完成劳动任务。这需要科学认识减刑制度中的立功与悔改表现的关系。从《刑法》第78条的规定和刑事政策角度来看，悔改的罪犯未必有立功表现，有立功表现的罪犯也未必就一定悔改，即立功的认定在于其功效性，不以悔改为其必要条件。[①] 同理，立功常常是在悔罪思想支配下产生的突出表现，但现实生活是复杂多样的，有些平常表现一般的罪犯完全可能在一些关键时刻，基于尚未泯灭的良知挺身而出，为保护他人的生命、财产安全而舍生忘死，对于这些罪犯，虽然应注意到他们尚未完全彻底悔改的实际情况，但也应注意到其通过行为表现出来的人身危险性减小（如其本身再犯可能性减少并通过自己的善行感染他人而减少他人的初犯可能性）的情况。对这样的罪犯予以奖励、适用减刑，不但可以调动其本人加速改造的积极性，而且还能起到教育激励其他罪犯积极改造、争取立功的积极作用，这种情形应当认定为具有立功表现甚至重大立功表现，并依法适用减刑制度，无疑也是符合行刑政策的。

2. 对附加刑可否适用减刑。关于对附加刑是否也可以适用减刑，我国刑法学界存在争论。一种观点认为，减刑制度不适用于附加刑；另一种观点则认为，各种附加刑的情况不同，是否可以适用减刑不能一概而论。没收财产作为附加刑，通常都是一次性执行完毕，因此一般不会发生执行中的减刑问题；但罚金和剥夺政治权利却不一样，犯罪人被判的是主刑附加罚金或剥夺政治权利的，司法机关在依法减轻其主刑的同时，也可以减少其罚金数额或酌减剥夺政治权利的期限，但是酌减后剥夺政治权利的期限不能少于一年。[②]

3. 适用减刑应注意的几个问题。《刑法》和有关司法解释对减刑的条件、减刑的幅度等作了明确详尽的规定，为减刑的适用提供了依据。在减刑制度的适用中，还要注意以下几个问题：

（1）对于罪犯在刑罚执行期间提出申诉或者坚持申诉的，要具体情况具体分析，不能一概认为不认罪服法，从而限制对其适用减刑。有的罪犯虽坚持申诉，但在服刑期间能接受改造，具有悔改或者立功表现，对其照样可以适用减刑。

（2）缓刑犯的减刑。在1979年《刑法》颁布施行后相当长的一段时间里，无论是在理论上还是实践中，缓刑犯都被排除在减刑的适用范围之外。根据2016年11月14日《最高人民法院关于办理减刑、假释案件具体应用法律的规定》第18条的规定：被判处拘役或者三年以下有期徒刑，并宣告缓刑的罪犯，一般不适用减刑。如果在缓刑考验期间有重大立功表现的，可以参照《刑法》第78条的规定，予以减刑，同时相应地缩减其缓刑考验期限。这一解

---

① 参见袁登明：《减刑适用根本性条件的基本元素》，载《中国刑事法杂志》2001年第3期。

② 参见陈兴良：《刑法适用总论》（下卷），法律出版社1999年版，第607页。

释明确体现了我国在这一问题上限制、审慎的态度。

• 适用指引 •

《刑法修正案（八）》基于宽严相济的刑事政策，较为系统地修正完善了《刑法》第 78 条的减刑限度条件，这也是该条司法适用的重点问题，其主要内容就是提高无期徒刑与九种死缓犯减刑的限度条件。修正后的第 78 条首先提高了无期徒刑减刑后的最低实际执行期限：由原来规定的“不少于十年”提高到“不少于十三年”。此处实际执行不少于十三年是实打实的“在监狱实际服刑”，即不包括判决前羁押期限，应从无期徒刑判决确定之日起计算，所以这不同于原判有期徒刑、拘役、管制的“实际执行”，这几个有期自由刑的“实际执行”还包括判决前的羁押期限。对于原判死缓减刑后实际执行最低期限的规定是第 78 条的另一个重要修改。死缓两年考验期内只要没有故意犯罪的，期满后依法减为无期徒刑，减为无期徒刑后，确有悔改表现，或者有立功表现的，服刑两年后可减为二十五年有期徒刑；有重大立功表现的，服刑两年后可减为二十三年有期徒刑。

司法实践中，对减刑制度的运作特点是“少减”但“多次”“细水长流”，即对一名罪犯每次减的刑期较少、较短，但可以适用多次减刑奖励，以保持对服刑人员长期有效的激励。但基于宽严相济刑事政策与刑罚正义性原则，适用减刑时须满足一定的实际执行最低期限之要求。根据修正后的《刑法》第 78 条第 2 款之规定，该最低期限具体是：

1. 对于被判处有期自由刑的（即管制、拘役、有期徒刑），不能少于原判刑期的 1/2。

2. 对于被判处无期徒刑的，不能少于十三年。

3. 对于原判死缓的罪犯，适用减刑的限制条件则应具体分析。（1）若是依法被限制减刑的九种死缓犯（这九种死缓犯具体包括：一是被判处死缓的累犯；二是因故意杀人、强奸、抢劫、绑架、放火、爆炸、投放危险物质或者有组织的暴力性犯罪而被判处死缓的犯罪分子），其再减刑从严掌握、限制适用并提高其实际执行期间。死缓期满依法减至无期徒刑或二十五年有期徒刑，再减刑有可能被严格限制：死缓期满后依法减为无期徒刑的，该无期徒刑实际执行刑期不能少于二十五年（不含二年死缓考验期）；死缓期满后因重大立功而跳过无期徒刑直接减为二十五年有期徒刑的，该二十五年有期徒刑不论经过几次减刑，实际执行不能少于二十年（也不含二年死缓考验期）。（2）若是上述九种死缓犯之外的其他死缓犯即普通死缓犯，死缓期满后减为无期徒刑或二十五年有期徒刑的，其再减刑尚无此特别限制，死刑缓期执行罪犯经过一次或几次减刑后，其实际执行的刑期不能少于十五年（死刑缓期执行二年期间不包括在内）。（3）若是因贪污受贿数额特别巨大并使国家和人民利益遭受特别重大损失而被判处死缓的，人民法院根据犯罪情节等情况可以同时决定在其死刑缓期执行二年期满依法减为无期徒刑后，终身监禁，不得减刑、假释。即这种情形下不存在实际执行最低限的问题。

第七十九条　减刑的程序

【法律规定】

• 法律条文 •

《中华人民共和国刑法》

第七十九条　对于犯罪分子的减刑，由执行机关向中级以上人民法院提出减刑建议书。人民法院应当组成合议庭进行审理，对确有悔改或者立功事实的，裁定予以减刑。非经法定程序不得减刑。

• 相关规定 •

《最高人民法院关于适用〈中华人民共和国刑事诉讼法〉的解释》（法释〔2021〕1号）

第五百三十四条　对减刑、假释案件，应当按照下列情形分别处理：

（一）对被判处死刑缓期执行的罪犯的减刑，由罪犯服刑地的高级人民法院在收到同级监狱管理机关审核同意的减刑建议书后一个月以内作出裁定；

（二）对被判处无期徒刑的罪犯的减刑、假释，由罪犯服刑地的高级人民法院在收到同级监狱管理机关审核同意的减刑、假释建议书后一个月以内作出裁定，案情复杂或者情况特殊的，可以延长一个月；

（三）对被判处有期徒刑和被减为有期徒刑的罪犯的减刑、假释，由罪犯服刑地的中级人民法院在收到执行机关提出的减刑、假释建议书后一个月以内作出裁定，案情复杂或者情况特殊的，可以延长一个月；

（四）对被判处管制、拘役的罪犯的减刑，由罪犯服刑地的中级人民法院在收到同级执行机关审核同意的减刑建议书后一个月以内作出裁定。

对社区矫正对象的减刑，由社区矫正执行地的中级以上人民法院在收到社区矫正机构减刑建议书后三十日以内作出裁定。

第五百三十五条　受理减刑、假释案件，应当审查执行机关移送的材料是否包括下列内容：

（一）减刑、假释建议书；

（二）原审法院的裁判文书、执行通知书、历次减刑裁定书的复制件；

（三）证明罪犯确有悔改、立功或者重大立功表现具体事实的书面材料；

（四）罪犯评审鉴定表、奖惩审批表等；

（五）罪犯假释后对所居住社区影响的调查评估报告；

（六）刑事裁判涉财产部分、附带民事裁判的执行、履行情况；

（七）根据案件情况需要移送的其他材料。

人民检察院对报请减刑、假释案件提出意见的，执行机关应当一并移送受理减刑、假释案件的人民法院。

经审查，材料不全的，应当通知提请减刑、假释的执行机关在三日以内补送；逾期未补送的，不予立案。

第五百三十六条 审理减刑、假释案件，对罪犯积极履行刑事裁判涉财产部分、附带民事裁判确定的义务的，可以认定有悔改表现，在减刑、假释时从宽掌握；对确有履行能力而不履行或者不全部履行的，在减刑、假释时从严掌握。

第五百三十七条 审理减刑、假释案件，应当在立案后五日以内对下列事项予以公示：

（一）罪犯的姓名、年龄等个人基本情况；

（二）原判认定的罪名和刑期；

（三）罪犯历次减刑情况；

（四）执行机关的减刑、假释建议和依据。

公示应当写明公示期限和提出意见的方式。

第五百三十八条 审理减刑、假释案件，应当组成合议庭，可以采用书面审理的方式，但下列案件应当开庭审理：

（一）因罪犯有重大立功表现提请减刑的；

（二）提请减刑的起始时间、间隔时间或者减刑幅度不符合一般规定的；

（三）被提请减刑、假释罪犯系职务犯罪罪犯，组织、领导、参加、包庇、纵容黑社会性质组织罪犯，破坏金融管理秩序罪犯或者金融诈骗罪犯的；

（四）社会影响重大或者社会关注度高的；

（五）公示期间收到不同意见的；

（六）人民检察院提出异议的；

（七）有必要开庭审理的其他案件。

第五百三十九条 人民法院作出减刑、假释裁定后，应当在七日以内送达提请减刑、假释的执行机关、同级人民检察院以及罪犯本人。人民检察院认为减刑、假释裁定不当，在法定期限内提出书面纠正意见的，人民法院应当在收到意见后另行组成合议庭审理，并在一个月以内作出裁定。

对假释的罪犯，适用本解释第五百一十九条的有关规定，依法实行社区矫正。

第五百四十条 减刑、假释裁定作出前，执行机关书面提请撤回减刑、假释建议的，人民法院可以决定是否准许。

第五百四十一条 人民法院发现本院已经生效的减刑、假释裁定确有错误的，应当另行组成合议庭审理；发现下级人民法院已经生效的减刑、假释裁定确有错误的，可以指令下级人民法院另行组成合议庭审理，也可以自行组成合议庭审理。

《最高人民法院关于减刑、假释案件审理程序的规定》（法释〔2014〕5号）

第二条 人民法院受理减刑、假释案件，应当审查执行机关移送的下列材料：

（一）减刑或者假释建议书；

（二）终审法院裁判文书、执行通知书、历次减刑裁定书的复印件；

（三）罪犯确有悔改或者立功、重大立功表现的具体事实的书面证明材料；

（四）罪犯评审鉴定表、奖惩审批表等；

（五）其他根据案件审理需要应予移送的材料。

报请假释的，应当附有社区矫正机构或者基层组织关于罪犯假释后对所居住社区影响的调查评估报告。

人民检察院对报请减刑、假释案件提出检察意见的，执行机关应当一并移送受理减刑、假释案件的人民法院。

经审查，材料齐备的，应当立案；材料不齐的，应当通知执行机关在三日内补送，逾期未补送的，不予立案。

第三条 人民法院审理减刑、假释案件，应当在立案后五日内将执行机关报请减刑、假释的建议书等材料依法向社会公示。

公示内容应当包括罪犯的个人情况、原判认定的罪名和刑期、罪犯历次减刑情况、执行机关的建议及依据。

公示应当写明公示期限和提出意见的方式。公示期限为五日。

第四条 人民法院审理减刑、假释案件，应当依法由审判员或者由审判员和人民陪审员组成合议庭进行。

第五条 人民法院审理减刑、假释案件，除应当审查罪犯在执行期间的一贯表现外，还应当综合考虑犯罪的具体情节、原判刑罚情况、财产刑执行情况、附带民事裁判履行情况、罪犯退赃退赔等情况。

人民法院审理假释案件，除应当审查第一款所列情形外，还应当综合考虑罪犯的年龄、身体状况、性格特征、假释后生活来源以及监管条件等影响再犯罪的因素。

执行机关以罪犯有立功表现或重大立功表现为由提出减刑的，应当审查立功或重大立功表现是否属实。涉及发明创造、技术革新或者其他贡献的，应当审查该成果是否系罪犯在执行期间独立完成，并经有关主管机关确认。

第七条 人民法院开庭审理减刑、假释案件，应当通知人民检察院、执行机关及被报请减刑、假释罪犯参加庭审。

人民法院根据需要，可以通知证明罪犯确有悔改表现或者立功、重大立功表现的证人，公示期间提出不同意见的人，以及鉴定人、翻译人员等其他人员参加庭审。

第八条 开庭审理应当在罪犯刑罚执行场所或者人民法院确定的场所进行。有条件的人民法院可以采取视频开庭的方式进行。

在社区执行刑罚的罪犯因重大立功被报请减刑的，可以在罪犯服刑地或者居住地开庭审理。

第九条 人民法院对于决定开庭审理的减刑、假释案件，应当在开庭三日前将开庭的时间、地点通知人民检察院、执行机关、被报请减刑、假释罪犯和有必要参加庭审的其他人员，并于开庭三日前进行公告。

第十条 减刑、假释案件的开庭审理由审判长主持，应当按照以下程序进行：

（一）审判长宣布开庭，核实被报请减刑、假释罪犯的基本情况；

（二）审判长宣布合议庭组成人员、检察人员、执行机关代表及其他庭审参加人；

（三）执行机关代表宣读减刑、假释建议书，并说明主要理由；

（四）检察人员发表检察意见；

（五）法庭对被报请减刑、假释罪犯确有悔改表现或立功表现、重大立功表现的事实以及其他影响减刑、假释的情况进行调查核实；

（六）被报请减刑、假释罪犯作最后陈述；

（七）审判长对庭审情况进行总结并宣布休庭评议。

第十一条 庭审过程中，合议庭人员对报请理由有疑问的，可以向被报请减刑、假释罪犯、证人、执行机关代表、检察人员提问。

庭审过程中，检察人员对报请理由有疑问的，在经审判长许可后，可以出示证据，申请证人到庭，向被报请减刑、假释罪犯及证人提问并发表意见。被报请减刑、假释罪犯对报请理由有疑问的，在经审判长许可后，可以出示证据，申请证人到庭，向证人提问并发表意见。

第十二条 庭审过程中，合议庭对证据有疑问需要进行调查核实，或者检察人员、执行机关代表提出申请的，可以宣布休庭。

第十三条 人民法院开庭审理减刑、假释案件，能够当庭宣判的应当当庭宣判；不能当庭宣判的，可以择期宣判。

第十四条 人民法院书面审理减刑、假释案件，可以就被报请减刑、假释罪犯是否符合减刑、假释条件进行调查核实或听取有关方面意见。

第十五条 人民法院书面审理减刑案件，可以提讯被报请减刑罪犯；书面审理假释案件，应当提讯被报请假释罪犯。

第十六条 人民法院审理减刑、假释案件，应当按照下列情形分别处理：

（一）被报请减刑、假释罪犯符合法律规定的减刑、假释条件的，作出予以减刑、假释的裁定；

（二）被报请减刑的罪犯符合法律规定的减刑条件，但执行机关报请的减刑幅度不适当的，对减刑幅度作出相应调整后作出予以减刑的裁定；

（三）被报请减刑、假释罪犯不符合法律规定的减刑、假释条件的，作出不予减刑、假释的裁定。

在人民法院作出减刑、假释裁定前，执行机关书面申请撤回减刑、假释建议的，是否准许，由人民法院决定。

第十七条 减刑、假释裁定书应当写明罪犯原判和历次减刑情况，确有悔改表现或者立功、重大立功表现的事实和理由，以及减刑、假释的法律依据。

裁定减刑的，应当注明刑期的起止时间；裁定假释的，应当注明假释考验期的起止时间。

裁定调整减刑幅度或者不予减刑、假释的，应当在裁定书中说明理由。

第十八条 人民法院作出减刑、假释裁定后，应当在七日内送达报请减刑、假释的执行机关、同级人民检察院以及罪犯本人。作出假释裁定的，还应当送达社区矫正机构或者基层组织。

第十九条 减刑、假释裁定书应当通过互联网依法向社会公布。

第二十条 人民检察院认为人民法院减刑、假释裁定不当，在法定期限内提出书面纠正意见的，人民法院应当在收到纠正意见后另行组成合议庭审理，并在一个月内作出裁定。

第二十一条 人民法院发现本院已经生效的减刑、假释裁定确有错误的，应当依法重新组成合议庭进行审理并作出裁定；上级人民法院发现下级人民法院已经生效的减刑、假释裁定确有错误的，应当指令下级人民法院另行组成合议庭审理，也可以自行依法组成合议庭进行审理并作出裁定。

【案例一】

姜玉豪职务侵占案①

• 案件事实 •

姜玉豪因犯职务侵占罪于1999年10月14日被云南省昆明市官渡区人民法院判处有期徒刑五年，判决发生法律效力后交付执行，刑期自1999年4月7日至2004年4月6日止。服刑期间，姜玉豪因患急性肝炎于2000年5月31日保外就医。

姜玉豪在服刑期间能认罪服法，认真遵守监规，接受教育改造，积极参加政治、文化、技术学习。在保外就医期间能遵纪守法，当通过报刊内容知道其所认识的谢某是公安机关在网络上搜寻的杀人逃犯时，于2001年10月30日遂向云南省昆明市官渡区关上派出所进行检举，并向公安人员报告了谢某的行踪。根据姜玉豪提供的线索，云南省昆明市公安局官渡分局将谢某抓获，经查证姜玉豪检举的情况属实。为此，刑罚执行机关云南省官渡监狱于2002年1月28日向云南省昆明市中级人民法院提出减刑建议书，建议对姜玉豪减刑一年。

• 裁判要旨 •

暂予监外执行的罪犯，如果符合法定条件的，依法也可以适用减刑制度。

• 裁判理由 •

云南省昆明市中级人民法院根据云南省官渡监狱报送的关于提请对罪犯姜玉豪减刑的意见和相关材料，依法组成合议庭对姜玉豪服刑期间的表现进行审核，认为罪犯姜玉豪在保外就医期间向公安机关提供了一起杀人案的重要线索，确有立功表现，符合减刑的法定条件。依照《刑法》第79条之规定，作出如下裁定：对罪犯姜玉豪准予减去有期徒刑一年。

---

① 参见国家法官学院、中国人民大学法学院编：《中国审判案例要览（2003年刑事审判案例卷）》，人民法院出版社2004年版，第64页。

【案例二】

陈红亮制造立功骗取减刑案①

● 案件事实 ●

新疆维吾尔自治区生产建设兵团农八师中级人民法院于 1995 年 10 月 19 日作出了〔1995〕兵八中刑初字第 31 号刑事判决，以陈红亮犯盗窃罪，判处无期徒刑，剥夺政治权利终身。新疆维吾尔自治区高级人民法院于 1997 年 12 月 19 日以〔1997〕新刑执字第 1779 号刑事裁定，将陈红亮的刑期减为有期徒刑十六年，剥夺政治权利改为五年。新疆生产建设兵团农八师中级人民法院于 1999 年 9 月 21 日和 2000 年 4 月 12 日两次裁定共对其减刑二年。

陈红亮与艾肯江同在新安监狱二监区服刑，并同在伙房工作，陈红亮曾向艾肯江提出，让艾肯江在晒辣子时假装触电，由他上前抢救，争取立功减刑，艾肯江同意。陈红亮在房顶上准备了铁丝、塑料壶及手钳子。2000 年 9 月 9 日中午，陈红亮乘监狱领导来监区检查工作时，让艾肯江按计划进行上房顶晒辣子。艾肯江上房后，将铁丝搭在电线上，被电击伤，陈红亮爬上房顶，用事先准备好的扫帚将铁丝打掉，又把艾肯江从房顶上抱下来，做人工呼吸，后将其送往农八师一四二团医院医治。2000 年 11 月 27 日，农八师中级人民法院以（2000）兵八刑执字第 2382 号刑事裁定书认定陈红亮有重大立功表现，对其裁定减刑一年零十一个月。2004 年 11 月 1 日，新安监狱经核实确认陈红亮的立功行为系其事先策划并实施的假立功，故报请农八师中级人民法院，请求撤销该刑事裁定。2005 年 3 月 1 日，该院审判委员会决定对该案进行再审。提起再审后，该院依法另行组成合议庭审理了本案。

● 裁判要旨 ●

对制造证明材料、以立功表现为由而骗取减刑裁定的，应当裁定撤销。

● 裁判理由 ●

农八师中级人民法院经审理认为：罪犯陈红亮身为正在服刑的罪犯，本应在服刑期间认罪服法，认真遵守监规，接受教育改造，通过自己的努力争取减刑，但该犯却采用欺骗的方法骗取监狱认定其有重大立功表现，进而骗取减刑，故不能认定其具有重大立功表现，不应对其减刑。原裁定认定事实和适用

---

① 参见最高人民法院中国应用法学研究所编：《人民法院案例选》（2006 年第 4 辑），人民法院出版社 2007 年版，第 17 页。

法律均错误，应予撤销。根据《刑事诉讼法》第206条、《最高人民法院关于执行〈中华人民共和国刑事诉讼法〉若干问题的解释》第304条之规定，裁定如下：撤销农八师中级人民法院（2000）兵八中刑执字第2382号刑事裁定。

【学理分析及适用指引】

• 学理分析 •

为了加强减刑的规范化、程序化，使司法机关在办理减刑案件时有章可循、有法可依，减少减刑中的随意性和腐败现象，《刑法》第79条、《刑事诉讼法》第273条、《最高人民法院关于适用〈中华人民共和国刑事诉讼法〉的解释》第21章第5节专门对减刑程序作了规定。根据这些规定，对于被判处管制、拘役、有期徒刑、无期徒刑的罪犯，应当依法减刑时，应由各刑罚执行机关提出建议书，根据原判处刑罚的不同，分别报请不同的人民法院审理裁定：

（1）对于被判处死刑缓期二年执行的罪犯的减刑，由罪犯服刑地的高级人民法院根据省、自治区、直辖区市监狱管理机关审核同意的监狱减刑建议书裁定。

（2）对于被判处无期徒刑的罪犯的减刑，由罪犯服刑地的高级人民法院根据省、自治区、直辖市监狱管理机关审核同意的监狱减刑建议书裁定。高级人民法院应当自收到减刑建议书之日起1个月内依法裁定；案情复杂或者情况特殊的，可以延长1个月。

（3）对于被判处有期徒刑（包括原判为无期徒刑、死缓而依法减为有期徒刑的）罪犯的减刑，由罪犯服刑地的中级人民法院根据当地执行机关提出的减刑建议书裁定。中级人民法院应当自收到减刑建议书之日起1个月内依法裁定；案情复杂或者情况特殊的，可以延长1个月。

（4）对被判处拘役、管制的罪犯的减刑，由罪犯服刑地中级人民法院，在收到同级执行机关审核同意的减刑、假释建议书后1个月内作出裁定。

对暂予监外执行罪犯的减刑，应当根据情况，分别适用前款的有关规定。

此外，关于减刑制度及减刑程序问题，在学理上尚有如下问题：

1. 减刑权的归属与减刑程序的完善。减刑权的归属问题，在理论界一直存在争议。有的学者认为，减刑改变了原判刑罚，涉及刑罚的适用权，为了维护判决的稳定性和严肃性，应当由人民法院决定减刑与否和减刑多少。这是我国刑法学理论上的通说，即“审判权说”。① 有的学者认为，只有行刑机关最

---

① 参见邵名正主编：《中国劳改法学理论研究综述》，中国政法大学出版社1992年版，第471～472页；樊凤林主编：《刑罚通论》，中国政法大学出版社1994年版，第559～560页。

了解罪犯的改造表现，对其减刑与否最具有发言权，从行刑司法实践和减刑制度的效能发挥的角度来看，减刑权由行刑机关行使更为科学合理。① 还有的学者认为，将减刑权、假释权绝对地划归为审判权或行刑权的范畴，至少在理论和实践两方面都还不具备成熟的条件，因而提出建立以行刑、审判机关为主的假释、减刑委员会之类的专门机构，负责行使诸如假释减刑等涉及刑罚执行变更之类问题的裁决权。②

有学者认为，目前《刑法》关于减刑程序的规定仍不完善，如罪犯本人以及被害人的缺位；审理减刑案件只能由法官组成合议庭，社会公众不能参与陪审，除 2014 年颁布的《最高人民法院关于减刑、假释案件审理程序的规定》第 6 条所列的 6 种应当开庭审理的案件外，法官仅就刑罚执行机关所报的减刑材料进行形式化审理，容易引发公众对减刑裁判正当性的怀疑。针对这些不完善的方面，学者提出了一系列的完善建议，如建立一整套罪犯减刑的权利保障制度；实行开庭审理；允许律师介入；征求被害人的意见；吸纳专业人士作为陪审员；赋予罪犯对减刑裁定的上诉权等。③

2. 对保外就医的罪犯的减刑。对保外就医的罪犯是否适用减刑的有关规定，需要注意以下几点：

首先，犯罪分子保外就医的，仍应适用减刑的有关条件和规定。减刑只适用于有罪判决发生法律效力后的刑罚执行过程中，而刑罚的执行形式除了入监服刑之外，还有其他多种形式，如保外就医等暂予监外执行、假释等，至于在监内还是监外，仅是刑罚执行的场所和方式不同而已。暂予监外执行仍是对原判刑罚的执行，监外执行的期间应当计入刑期。因此，罪犯在监外执行期间，只要具有《刑法》第 78 条所规定的悔改表现或立功表现，就可以减刑；具有重大立功表现的，应当减刑。

其次，对于保外就医的犯罪分子有悔改表现或立功表现的，由哪一机关来行使减刑建议权？《刑法》第 79 条规定：对于犯罪分子的减刑，由执行机关向中级以上人民法院提出减刑建议书。根据《刑事诉讼法》第 269 条规定：对被判处管制、宣告缓刑、假释或者暂予监外执行的罪犯，依法实行社区矫正，由社区矫正机构负责执行。那么，犯罪分子在监外执行期间有悔改或立功表现的，提出减刑建议的机关应为原关押监狱还是对其监外执行的社区矫正机构？对此，《监狱法》和现行《刑事诉讼法》的规定是一致的，根据《监狱法》的规定，即便是监外执行，但犯罪人与原关押监狱并未脱离关系，犯罪分子在暂予监外执行期间有悔改表现或者立功表现的，仍应由原关押监狱提出减刑建议

---

① 参见袁登明：《减刑权归属之探讨》，载《中国监狱学刊》2002 年第 1 期。

② 参见张绍彦：《刑罚实现与行刑变革》，法律出版社 1999 年版，第 168 页。

③ 参见于同志、陈伶俐：《论减刑程序的正当化》，载《中国刑事法杂志》2006 年第 3 期。

书。但是，根据《刑事诉讼法》第 273 条第 2 款的规定，被判处管制、拘役、有期徒刑或者无期徒刑的罪犯，在执行期间确有悔改或者立功表现，应当依法予以减刑、假释的时候，由执行机关提出建议书，报请人民法院审核裁定，并将建议书副本抄送人民检察院。我们认为，《刑事诉讼法》不仅是基本法，且是最新修订的基本法，不仅是给予新法优于旧法而且法律位阶也比较高，故此，对此问题应采取现行《刑事诉讼法》的规定办理，即对于监外执行（保外就医）的犯罪分子有悔改表现或立功表现的，需要依法减刑、假释的，应由依法对其予以社区矫正的社区矫正机关向法院提出减刑、假释建议书。

3. 关于错误的减刑裁定书的撤销。实践中，如果执行机关、司法机关错误执行减刑制度，对不该减刑的罪犯予以减刑，不仅不能发挥减刑制度的积极作用，反而会造成恶劣的影响。错误的减刑裁定书依法应当撤销，但在程序上应当如何处理呢？按照《刑事诉讼法》第 274 条规定的精神，人民检察院认为人民法院减刑裁定不当，应当在收到裁定书副本后 20 日内向人民法院提出书面纠正意见，人民法院应当在收到纠正意见后 1 个月内重新组成合议庭进行审理，作出最终裁定。但是，对于在减刑后一段时期才发现减刑裁定不当，而人民检察院因超过上述法定期限（即收到减刑裁定书副本 20 日后）而无法提出书面纠正意见的，应当由执行机关通知作出减刑裁定的法院或其上级法院，依据《最高人民法院关于适用〈中华人民共和国刑事诉讼法〉的解释》第 541 条的规定进行审理，依法撤销错误的减刑裁定。人民法院发现本院或者下级人民法院已经生效的减刑、假释裁定确有错误，应当另行组成合议庭审理或者可以指令下级人民法院另行组成合议庭审理并作出裁定。

• 适用指引 •

犯罪分子保外就医的，仍应适用减刑的有关条件和规定。对于保外就医的犯罪分子有悔改表现或立功表现的，仍应由原关押监狱提出减刑建议书。人民法院发现对罪犯的减刑裁定确有错误的，应当按照审判监督程序进行再审，撤销该减刑裁定。

第八十条　减刑后的刑期计算

【法律规定】

• 法律条文 •

《中华人民共和国刑法》

第八十条　无期徒刑减为有期徒刑的刑期，从裁定减刑之日起计算。

【案例】

韦其故意杀人案①

• 案件事实 •

海南省海口市中级人民法院于2010年8月10日作出（2009）海中法刑初字第104号刑事附带民事判决，以被告人韦某犯故意杀人罪，判处无期徒刑，剥夺政治权利终身，并赔偿附带民事诉讼原告人人民币11322.79元。本案在法定期限内没有上诉，抗诉，宣判后即交付执行。执行机关海南省三亚监狱于2013年4月22日提出减刑建议书，经海南省监狱管理局审核，报送海南省海口市中级人民法院审理。该院于2013年5月13日立案后，依法组成合议庭进行书面审理，现已审理终结。执行机关海南省三亚监狱以罪犯韦某在刑罚执行期间确有悔改表现为由，建议将其刑罚由无期徒刑，剥夺政治权利终身，减为有期徒刑十九年六个月，剥夺政治权利改为九年。经海南省监狱管理局审核，同意三亚监狱的报请意见。

海南省三亚市人民检察院对执行机关报请的减刑建议无异议。

经审理查明，罪犯韦某在服刑期间，认罪服法，认真遵守监规，接受教育改造，积极参加政治、文化、技术学习，积极参加劳动，完成生产任务。自2011年1月至2013年2月，累计考核26个月，共获得8个综合表扬和2个单项表扬。考核期间各方面表现较好，确有悔改表现。

另查明，罪犯韦某于2013年3月5日履行了附带民事赔偿款1140元，于2013年3月19日履行了附带民事赔偿款3500元。上述事实有执行机关提交的刑事判决书、入监登记表、计分考核奖惩表、减刑建议书、减刑审核表等证据证实，法院予以确认。

• 裁判要旨 •

无期徒刑减为有期徒刑的刑期应当从裁定减刑之日起计算。

• 裁判理由 •

法院认为，罪犯韦某在服刑改造期间，认真遵守监规，接受教育改造，确有悔改表现。依照《刑法》第78条第1款、第57条第2款、第80条、《刑事诉讼法》第262条第2款及1997年《最高人民法院关于办理减刑、假释案件具体应用法律若干问题的规定》第1条、第6条之规定，裁定如下：将罪犯韦

① 参见海南省高级人民法院（2013）琼刑执字第96号。

某的刑罚由无期徒刑，剥夺政治权利终身，减为有期徒刑十九年六个月，剥夺政治权利改为九年。刑期自裁定减刑之日起计算，即减刑后刑期自2013年6月6日起至2032年12月5日止。

【学理分析及适用指引】

• 学理分析 •

《刑法》规定无期徒刑减为有期徒刑的刑期从裁定减刑之日起计算，而不包括裁定减刑以前已经执行的刑期。其立法理由在于：首先，犯罪分子之所以被判处无期徒刑，是由于其所犯的罪行对社会具有相当严重的危害性，不判处无期徒刑就不能与其所犯之罪相适应。而将无期徒刑减为有期徒刑，是基于犯罪分子确有悔改或立功表现，因而将原判刑罚予以适当减轻，这是惩办与宽大相结合政策在刑罚执行过程中的具体体现。但是，宽大不是无限度的，而且宽大是在惩罚的前提下实行的。就《刑法》第80条的规定而言，犯罪分子被判处无期徒刑是对其所犯之罪的惩罚，这是犯罪分子被减为有期徒刑的前提，这个前提在任何情况下都不应忽略。正因为如此，无期徒刑裁定减刑之前已经执行的刑期不能计算在裁定减刑为有期徒刑的刑期之内。从另一个角度来说，被判处无期徒刑的犯罪分子，不经过较长时期的教育改造，也难以考察其悔改或者立功表现是否真实，其主观恶性是否确实已经减小乃至消除。所以，裁定减刑之前已经执行的刑期不计算在裁定减刑之后的刑期之内，也是对被判处无期徒刑的犯罪分子进行考察的需要。①

• 适用指引 •

减刑后刑期的计算方法，因原判刑罚的不同而有所不同。原判为管制、拘役、有期徒刑的，减刑后的刑期从原判决执行之日起计算，原判决已经执行的部分，应计入减刑以后的刑期之内。而无期徒刑被减为有期徒刑后，其刑期从无期限变成了有期限，这就涉及其有期徒刑从何时开始计算的问题。《刑法》第80条中所谓裁定减刑之日就是指减刑裁定书宣告之日，裁定之前的刑期不计算在减刑后应当执行的刑期之内。无期徒刑减为有期徒刑后，再次减刑的，其刑期应从前次裁定减为有期徒刑之日起计算。

---

① 参见高铭暄主编：《刑法学原理》（第3卷），中国人民大学出版社1993年版，第582页。

第七节 假 释

第八十一条 假释的条件

【法律规定】

• 法律条文 •

《中华人民共和国刑法》

第八十一条 被判处有期徒刑的犯罪分子，执行原判刑期二分之一以上，被判处无期徒刑的犯罪分子，实际执行十三年以上，如果认真遵守监规，接受教育改造，确有悔改表现，没有再犯罪的危险的，可以假释。如果有特殊情况，经最高人民法院核准，可以不受上述执行刑期的限制。

对累犯以及因故意杀人、强奸、抢劫、绑架、放火、爆炸、投放危险物质或者有组织的暴力性犯罪被判处十年以上有期徒刑、无期徒刑的犯罪分子，不得假释。

对犯罪分子决定假释时，应当考虑其假释后对所居住社区的影响。

• 相关规定 •

《最高人民法院关于办理减刑、假释案件具体应用法律若干问题的规定》（法释〔2016〕23号）

第一条 减刑、假释是激励罪犯改造的刑罚制度，减刑、假释的适用应当贯彻宽严相济刑事政策，最大限度地发挥刑罚的功能，实现刑罚的目的。

第三条 “确有悔改表现”是指同时具备以下条件：

（一）认罪悔罪；

（二）遵守法律法规及监规，接受教育改造；

（三）积极参加思想、文化、职业技术教育；

（四）积极参加劳动，努力完成劳动任务。

对职务犯罪、破坏金融管理秩序和金融诈骗犯罪、组织（领导、参加、包庇、纵容）黑社会性质组织犯罪等罪犯，不积极退赃、协助追缴赃款赃物、赔偿损失，或者服刑期间利用个人影响力和社会关系等不正当手段意图获得减刑、假释的，不认定其“确有悔改表现”。

罪犯在刑罚执行期间的申诉权利应当依法保护，对其正当申诉不能不加分析地认为是不认罪悔罪。

第二十二条 办理假释案件，认定“没有再犯罪的危险”，除符合刑法第八十一条规定的情形外，还应当根据犯罪的具体情节、原判刑罚情况，在刑罚执行中的一贯表现，罪犯的年龄、身体状况、性格特征，假释后生活来源以及监管条件等因素综合考虑。

第二十三条 被判处有期徒刑的罪犯假释时，执行原判刑期二分之一的时间，应当从判决执行之日起计算，判决执行以前先行羁押的，羁押一日折抵刑期一日。

被判处无期徒刑的罪犯假释时，刑法中关于实际执行刑期不得少于十三年的时间，应当从判决生效之日起计算。判决生效以前先行羁押的时间不予折抵。

被判处死刑缓期执行的罪犯减为无期徒刑或者有期徒刑后，实际执行十五年以上，方可假释，该实际执行时间应当从死刑缓期执行期满之日起计算。死刑缓期执行期间不包括在内，判决确定以前先行羁押的时间不予折抵。

第二十四条 刑法第八十一条第一款规定的“特殊情况”，是指有国家政治、国防、外交等方面特殊需要的情况。

第二十五条 对累犯以及因故意杀人、强奸、抢劫、绑架、放火、爆炸、投放危险物质或者有组织的暴力性犯罪被判处十年以上有期徒刑、无期徒刑的罪犯，不得假释。

因前款情形和犯罪被判处死刑缓期执行的罪犯，被减为无期徒刑、有期徒刑后，也不得假释。

第二十六条 对下列罪犯适用假释时可以依法从宽掌握：

（一）过失犯罪的罪犯、中止犯罪的罪犯、被胁迫参加犯罪的罪犯；

（二）因防卫过当或者紧急避险过当而被判处有期徒刑以上刑罚的罪犯；

（三）犯罪时未满十八周岁的罪犯；

（四）基本丧失劳动能力、生活难以自理，假释后生活确有着落的老年罪犯、患严重疾病罪犯或者身体残疾罪犯；

（五）服刑期间改造表现特别突出的罪犯；

（六）具有其他可以从宽假释情形的罪犯。

罪犯既符合法定减刑条件，又符合法定假释条件的，可以优先适用假释。

第二十七条 对于生效裁判中有财产性判项，罪犯确有履行能力而不履行或者不全部履行的，不予假释。

第二十八条 罪犯减刑后又假释的，间隔时间不得少于一年；对一次减去一年以上有期徒刑后，决定假释的，间隔时间不得少于一年六个月。

罪犯减刑后余刑不足二年，决定假释的，可以适当缩短间隔时间。

第二十九条 罪犯在假释考验期内违反法律、行政法规或者国务院有关部门关于假释的监督管理规定的，作出假释裁定的人民法院，应当在收到报请机关或者检察机关撤销假释建议书后及时审查，作出是否撤销假释的裁定，并送达报请机关，同时抄送人民检察院、公安机关和原刑罚执行机关。

罪犯在逃的，撤销假释裁定书可以作为对罪犯进行追捕的依据。

第三十条 依照刑法第八十六条规定被撤销假释的罪犯，一般不得再假释。但依照该条第二款被撤销假释的罪犯，如果罪犯对漏罪曾作如实供述但原判未予认定，或者漏罪系其自首，符合假释条件的，可以再假释。

被撤销假释的罪犯，收监后符合减刑条件的，可以减刑，但减刑起始时间自收监之日起计算。

第三十一条 年满八十周岁、身患疾病或者生活难以自理、没有再犯罪危险的罪犯，既符合减刑条件，又符合假释条件的，优先适用假释；不符合假释条件的，参照本规定第二十条有关的规定从宽处理。

第三十二条 人民法院按照审判监督程序重新审理的案件，裁定维持原判决、裁定的，原减刑、假释裁定继续有效。

再审裁判改变原判决、裁定的，原减刑、假释裁定自动失效，执行机关应当及时报请有管辖权的人民法院重新作出是否减刑、假释的裁定。重新作出减刑裁定时，不受本规定有关减刑起始时间、间隔时间和减刑幅度的限制。重新裁定时应综合考虑各方面因素，减刑幅度不得超过原裁定减去的刑期总和。

再审改判为死刑缓期执行或者无期徒刑的，在新判决减为有期徒刑之时，原判决已经实际执行的刑期一并扣减。

再审裁判宣告无罪的，原减刑、假释裁定自动失效。

第三十八条 人民法院作出的刑事判决、裁定发生法律效力后，在依照刑事诉讼法第二百五十三条、第二百五十四条的规定将罪犯交付执行刑罚时，如果生效裁判中有财产性判项，人民法院应当将反映财产性判项执行、履行情况的有关材料一并随案移送刑罚执行机关。罪犯在服刑期间本人履行或者其亲属代为履行生效裁判中财产性判项的，应当及时向刑罚执行机关报告。刑罚执行机关报请减刑时应随案移送以上材料。

人民法院办理减刑、假释案件时，可以向原一审人民法院核实罪犯履行财产性判项的情况。原一审人民法院应当出具相关证明。

刑罚执行期间，负责办理减刑、假释案件的人民法院可以协助原一审人民法院执行生效裁判中的财产性判项。

《最高人民法院关于审理未成年人刑事案件具体应用法律若干问题的解释》（法释〔2006〕1号）

第十八条 对未成年罪犯的减刑、假释，在掌握标准上可以比照成年罪犯依法适度放宽。

未成年罪犯能认罪服法，遵守监规，积极参加学习、劳动的，即可视为“确有悔改表现”予以减刑，其减刑的幅度可以适当放宽，间隔的时间可以相应缩短。符合刑法第八十一条第一款规定的，可以假释。

未成年罪犯在服刑期间已经成年的，对其减刑、假释可以适用上述规定。

【案例】

杨明华假释案①

• 案件事实 •

杨明华，原系上海佐媚商贸有限公司分公司副总经理。1999 年 9 月 22 日，上海市长宁区人民法院作出（1999）长刑初字第 290 号刑事判决，以杨明华犯走私毒品罪，判处有期徒刑十年，并处罚金人民币 2 万元。宣判后，杨明华不服，提出上诉。上海市第一中级人民法院在二审审理过程中，杨明华申请撤回上诉。上海市第一中级人民法院于同年 11 月 24 日以（1999）沪一中刑终字第 429 号刑事裁定，准予撤诉。判决发生法律效力后交付执行。2001 年 7 月 30 日，执行机关上海市提篮桥监狱以杨明华在服刑期间，认罪服法，遵守监规并具有特殊情况，向上海市第二中级人民法院提出假释建议书。经上海市第二中级人民法院审理后，于 2001 年 8 月 21 日以（2001）沪二中刑执字第 2236 号刑事裁定，对杨明华予以假释，并依法层报最高人民法院核准。

• 裁判要旨 •

尚未执行法定的最低刑期而需要予以假释的，需依法对服刑人员特殊情况严格审查并报最高人民法院裁定。

• 裁判理由 •

最高人民法院依法组成合议庭进行了审理，经复核确认，罪犯杨明华在刑罚执行期间认真遵守监规，接受教育改造，确有悔改表现，并具有可以不受执行刑期限制的特殊情况。上述事实有执行机关呈报的罪犯杨明华的评审鉴定表、奖惩审批表等证据证实。最高人民法院认为：根据罪犯杨明华的服刑表现，对杨明华依法可不受执行刑期限制予以假释。依照《刑法》第 81 条第 1 款、《最高人民法院关于执行〈中华人民共和国刑事诉讼法〉若干问题的解释》第 273 条、《最高人民法院关于办理减刑、假释案件具体应用法律若干问题的规定》第 11 条的规定，裁定如下：核准上海市第二中级人民法院（2001）沪二中刑执字第 2236 号对罪犯杨明华假释的刑事裁定。

---

① 参见最高人民法院（2001）刑执字第 2 号。

【学理分析及适用指引】

• 学理分析 •

1. 假释的性质。关于假释的性质，在刑法理论上存在奖励说与权利说之争。奖励说把假释看作是对服刑期间表现好的罪犯的一种刑期奖励，通过缩短刑期，鼓励罪犯积极改造，悔罪自新，重新做人。权利说则把假释看作是犯人的一种权利，认为只要具备了法定的条件，服刑罪犯应当获得假释。①

2. 无期徒刑犯作为假释对象的见解。对于无期徒刑犯作为假释对象，理论上有不同见解。有的学者认为，从我国司法实践的情况来看，被判处无期徒刑的罪犯，如果确有悔改或者立功表现的，可以减刑，一般减为二十年以上二十二年以下有期徒刑；服刑两年后，有重大立功表现的，减为十五年以上二十年以下有期徒刑。被判处无期徒刑的罪犯，关押 10 年以上没有被减刑，而突然符合假释的条件而被假释的情况，可以说是闻所未闻。因此，将无期徒刑犯规定为假释的对象基本上属于虚置的法律，没有实际适用的价值。②

3. 毒品犯罪的累犯是否适用假释。对于《刑法》第 356 条规定的因走私、贩卖、运输、制造、非法持有毒品罪被判过刑，又犯《刑法》分则第 6 章第 7 节规定之罪的，是否适用假释？有学者认为，《刑法》第 356 条规定的是毒品犯罪的再犯，是《刑法》关于累犯规定的特例，对此情形也不适用假释。③ 也有学者认为，把两次犯毒品罪的罪犯认定为累犯，是人为地扩大累犯的范围，不适当地缩小了假释的适用范围，从而不利于这些罪犯的改造。④

4. 禁止假释的范围。《刑法》第 81 条第 2 款规定的禁止适用假释的犯罪的范围：一是累犯，不仅包括一般累犯也包括特殊累犯；二是被判十年以上有期徒刑的 8 类重罪，这也是《刑法修正案（八）》的调整之处，具体分析见本条的“适用指引”部分；三是因贪污受贿数额特别巨大并使国家和人民利益遭受特别重大损失而被判处死缓的，人民法院根据犯罪情节等情况可以同时决定在其死刑缓期执行二年期满依法减为无期徒刑后，终身监禁，不得减刑、假释。

5. 假释适用的特殊情况。在规定假释适用的一般条件的同时，《刑法》第 81 条第 1 款又规定：如果有特殊情况，经最高人民法院核准，可以不受上述执行刑期的限制。这一规定表明，在特殊情况下，经最高人民法院核准，对服刑期限不足 1/2 的有期徒刑犯或者实际服刑期限不到十年的无期徒刑犯，可以予

---

① 参见李贵方：《自由刑比较研究》，吉林人民出版社 1992 年版，第 310 页。

② 参见陈兴良：《刑法适用总论》（下卷），法律出版社 1999 年版，第 657 ~658 页。

③ 参见陈兴良：《刑法适用总论》（下卷），法律出版社 1999 年版，第 664 页。

④ 参见柳忠卫：《监禁刑执行基本问题研究》，中国人民公安大学出版社 2008 年版，第 346 页。

以假释。这一特殊情况的规定主要是考虑到实际情况比较复杂，有的犯罪分子在判决当时按其罪行需要判处重刑，但后来鉴于其在劳动改造过程中作出特殊成绩或者有其他特殊原因而需要予以特殊对待。有学者曾对这一例外规定提出质疑，认为这极可能导致行刑过程中的司法擅断，并有违法律面前人人平等的原则。[①] 我们认为，在一般规定之外有例外，这是立法原则性与灵活性相结合的体现。平等不是绝对的，而是相对的，对于特殊情况予以特殊处理，区别对待本身就体现着平等的观念。至于例外规定是否会被滥用，关键在于如何限制和适用。根据《最高人民法院关于办理减刑、假释案件具体应用法律若干问题的规定》（法释〔2016〕23 号）第 24 条的规定，所谓特殊情况，是指有国家政治、国防、外交等方面特殊需要的情况。同时，为了避免因执法上的差异而产生混乱，防止滥用权力，立法严格控制特殊情况下假释的适用，规定此种假释必须由最高人民法院核准，地方各级法院都无权核准此类假释。需要注意的是，特殊情况下的假释只是不受执行刑期的限制，而假释适用的其他条件如对象条件、实质条件，仍是必须满足的。

• 适用指引 •

减刑、假释是《刑法》中规定的两大行刑调控制度。但长期以来，司法实践中假释的适用率一直很低，远远低于减刑的适用率，两大行刑调控制度的适用状况极度不均衡。《刑法修正案（八）》力图通过制度的完善来改善假释适用的不合理现象，充分发挥假释制度的功能。假释制度在司法实践应用中疑难问题较为集中的是对其适用对象条件和禁止性条件的理解。《刑法修正案（八）》适度修改了假释的适用条件和禁止适用的对象范围。

假释制度的第一个重要修改之处就是其适用的根本性条件。原《刑法》第 81 条规定的假释适用条件——不致再危害社会，这一标准过于宽泛、模糊，可操作性不强，出于对假释期间再危害社会（哪怕是一般的违法行为）的担心，有的地方甚至将丧失作案能力作为不致再危害社会的判决依据，结果导致假释成为不少老幼病残犯的“专利”。因此，《刑法修正案（八）》将假释适用条件，从不致再危害社会改为没有再犯罪的危险，其修改理由与前述的缓刑适用条件的修改类似。

假释制度的第二个重要修改之处就是修改了禁止假释的对象范围，将十年以上的暴力性犯罪修改为十年以上的 8 类重罪罪犯，刑法由原来强调行为手段到侧重行为性质。累犯一直属于禁止假释范围，目前刑法对 9 种犯罪（即累犯和杀人等 8 类重罪）禁止假释，因为累犯和被判十年以上 8 类重罪的罪犯历来是宽严相济刑事政策中严惩的对象。这一调整，使得禁止假释的对象范围十分

---

① 参见黎宏：《试论假释制度的立法完善》，载《法律与科学》1991 年第 2 期。

明确与具体。因为原来规定的暴力性犯罪是一种犯罪类型，所涉具体罪名是不确定的，而且暴力性本身尚有进一步解释的需要。但8类重罪的范围则具体、特定和明确，那就是被判处十年有期徒刑的杀人、强奸、抢劫、绑架、放火、爆炸、投放危险物质及有组织的暴力性犯罪。这一调整，也需要我们在适用中尤其注意刑法的时间效力问题，如2011年5月1日《刑法修正案（八）》生效之前所犯的抢劫罪且依法被判处十年有期徒刑的，目前能否假释？关键看其是暴力性抢劫还是非暴力性抢劫（如用麻醉、用酒灌醉等手段）。但若在《刑法修正案（八）》生效之后所犯的抢劫罪，只要被依法判处十年有期徒刑的，不管是暴力性还是非暴力性的抢劫一律不能适用假释。结合这一分析，我们发现，对于9种犯罪《刑法修正案（八）》的惩罚强度明显提升了。这种刑罚制度的设计，充分、生动地体现了宽严相济刑事政策中“严其应当严的”之思想。

假释制度的第三个重要修改之处就是将对假释犯的考察纳入社区矫正的范围。

第八十二条 假释的程序

【法律规定】

• 法律条文 •

《中华人民共和国刑法》

第八十二条 对于犯罪分子的假释，依照本法第七十九条规定的程序进行。非经法定程序不得假释。

• 相关规定 •

《最高人民法院关于适用〈中华人民共和国刑事诉讼法〉的解释》（法释〔2021〕1号）

第五百三十四条 对减刑、假释案件，应当按照下列情形分别处理：

（一）对被判处死刑缓期执行的罪犯的减刑，由罪犯服刑地的高级人民法院在收到同级监狱管理机关审核同意的减刑建议书后一个月以内作出裁定；

（二）对被判处无期徒刑的罪犯的减刑、假释，由罪犯服刑地的高级人民法院在收到同级监狱管理机关审核同意的减刑、假释建议书后一个月以内作出裁定，案情复杂或者情况特殊的，可以延长一个月；

（三）对被判处有期徒刑和被减为有期徒刑的罪犯的减刑、假释，由罪犯服刑地的中级人民法院在收到执行机关提出的减刑、假释建议书后一个月以内作出裁定，案情复杂或者情况特殊的，可以延长一个月；

（四）对被判处管制、拘役的罪犯的减刑，由罪犯服刑地的中级人民法院在收到同级执行机关审核同意的减刑建议书后一个月以内作出裁定。

对社区矫正对象的减刑，由社区矫正执行地的中级以上人民法院在收到社区矫正机构减刑建议书后三十日以内作出裁定。

第五百三十五条 受理减刑、假释案件，应当审查执行机关移送的材料是否包括下列内容：

（一）减刑、假释建议书；

（二）原审法院的裁判文书、执行通知书、历次减刑裁定书的复制件；

（三）证明罪犯确有悔改、立功或者重大立功表现具体事实的书面材料；

（四）罪犯评审鉴定表、奖惩审批表等；

（五）罪犯假释后对所居住社区影响的调查评估报告；

（六）刑事裁判涉财产部分、附带民事裁判的执行、履行情况；

（七）根据案件情况需要移送的其他材料。

人民检察院对报请减刑、假释案件提出意见的，执行机关应当一并移送受理减刑、假释案件的人民法院。

经审查，材料不全的，应当通知提请减刑、假释的执行机关在三日以内补送；逾期未补送的，不予立案。

第五百三十六条 审理减刑、假释案件，对罪犯积极履行刑事裁判涉财产部分、附带民事裁判确定的义务的，可以认定有悔改表现，在减刑、假释时从宽掌握；对确有履行能力而不履行或者不全部履行的，在减刑、假释时从严掌握。

第五百三十七条 审理减刑、假释案件，应当在立案后五日以内对下列事项予以公示：

（一）罪犯的姓名、年龄等个人基本情况；

（二）原判认定的罪名和刑期；

（三）罪犯历次减刑情况；

（四）执行机关的减刑、假释建议和依据。

公示应当写明公示期限和提出意见的方式。

第五百三十八条 审理减刑、假释案件，应当组成合议庭，可以采用书面审理的方式，但下列案件应当开庭审理：

（一）因罪犯有重大立功表现提请减刑的；

（二）提请减刑的起始时间、间隔时间或者减刑幅度不符合一般规定的；

（三）被提请减刑、假释罪犯系职务犯罪罪犯，组织、领导、参加、包庇、纵容黑社会性质组织罪犯，破坏金融管理秩序罪犯或者金融诈骗罪犯的；

（四）社会影响重大或者社会关注度高的；

（五）公示期间收到不同意见的；

（六）人民检察院提出异议的；

（七）有必要开庭审理的其他案件。

第五百三十九条 人民法院作出减刑、假释裁定后，应当在七日以内送达提请减刑、假释的执行机关、同级人民检察院以及罪犯本人。人民检察院认为减刑、假释裁定不当，在法定期限内提出书面纠正意见的，人民法院应当在收到意见后另行组成合议庭审理，并在一个月以内作出裁定。

对假释的罪犯，适用本解释第五百一十九条的有关规定，依法实行社区矫正。

第五百四十条 减刑、假释裁定作出前，执行机关书面提请撤回减刑、假释建议的，人民法院可以决定是否准许。

第五百四十一条 人民法院发现本院已经生效的减刑、假释裁定确有错误的，应当另行组成合议庭审理；发现下级人民法院已经生效的减刑、假释裁定确有错误的，可以指令下级人民法院另行组成合议庭审理，也可以自行组成合议庭审理。

【案例】

康某假释案①

• 案件事实 •

罪犯康某，男，1999 年 9 月 29 日出生，汉族，初中文化。2016 年 12 月 23 日因犯抢劫罪被河南省安阳市中级人民法院终审判处有期徒刑三年，并处罚金人民币 1000 元，刑期至 2018 年 11 月 13 日。康某因系未成年罪犯，于 2017 年 1 月 20 日被交付到河南省郑州未成年犯管教所执行刑罚。2018 年 6 月，郑州未成年犯管教所在办理减刑过程中，认定康某认真遵守监规，接受教育改造，确有悔改表现，拟对其提请减刑。郑州未成年犯管教所就罪犯康某提请减刑征求检察机关意见，河南省郑州市人民检察院审查认为，康某符合法定减刑条件，同时符合法定假释条件，依据相关司法解释规定可以优先适用假释。与对罪犯适用减刑相比，假释更有利于促进罪犯教育改造和融入社会。

• 裁判要旨 •

对于积极参与劳动改造、悔改表现突出的，经法定程序依法可以裁定假释。

① 根据 2020 年 7 月 24 日《最高人民检察院关于印发最高人民检察院第十九批指导性案例的通知》检例第 71 号修改。

• 裁判理由 •

为了确保监督意见的准确性，派驻检察室根据假释的条件重点开展了以下调查核实工作：一是对康某改造表现进行考量。通过询问罪犯、监管民警及相关人员，查阅计分考核材料，认定康某在服刑期间确有悔改表现。二是对康某原判犯罪情节进行考量。通过审查案卷材料，查明康某虽系抢劫犯罪，但其犯罪时系在校学生，犯罪情节较轻，且罚金刑已履行完毕。三是对康某假释后是否具有再犯罪危险进行考量。结合司法局出具的“关于对康某适用假释调查评估意见书”，走访调取了康某居住地村支书、邻居等人的证言，证实康某犯罪前表现良好，无犯罪前科和劣迹，且上述人员均愿意协助监管帮教康某。四是对康某家庭是否具有监管条件和能力进行考量。通过走访康某原在校班主任，其证实康某在校期间系班干部，学习刻苦，乐于助人，无违反校规校纪情况；康某的父母职业稳定，认识到康某所犯罪行的社会危险性，对康某假释后监管帮教有明确可行的措施和计划。

2018 年 6 月 26 日，河南省郑州市人民检察院提出对罪犯康某依法提请假释的检察意见。郑州未成年犯管教所接受检察机关的意见，于 2018 年 6 月 28 日向河南省郑州市中级人民法院提请审核裁定。为增强假释庭审效果，督促罪犯父母协助落实帮教措施，河南省郑州市人民检察院提出让康某的父母参加假释庭审的建议并被河南省郑州市中级人民法院采纳。

2018 年 7 月 27 日，河南省郑州市中级人民法院在郑州未成年犯管教所开庭审理罪犯康某假释案。庭审中，检察人员发表了依法对康某假释的检察意见，对康某成长经历、犯罪轨迹、性格特征、原判刑罚执行、假释后监管条件和帮教措施等涉及康某假释的问题进行了说明。康某的父母以及郑州未成年犯管教所百余名未成年服刑罪犯旁听了庭审，康某父母检讨了在教育孩子问题上的不足并提出了假释后的家庭帮教措施，百余名未成年罪犯受到了很好的法治教育。2018 年 7 月 30 日，河南省郑州市中级人民法院依法对罪犯康某裁定假释。

【学理分析及适用指引】

• 学理分析 •

1. 假释权的性质。关于假释权属于行政权还是司法权，在理论界存有争议。一种观点认为，假释属于刑事审判裁定的范围，其审批权应属于人民法院；另一种观点则认为，假释不属于刑事审判的范围，而是属于执行刑罚阶段的法律事务，因而假释的审批权应属于执行刑罚的机关。①

2. 假释的程序。关于假释的程序，有学者认为，我国的假释适用程序还应进一步完善，如赋予罪犯假释申请权；建立假释前罪犯人格调查制度；建立假释听证制度等。②

程序公正是假释合法、公正的保障。依法假释才能保证假释的正确性。对服刑罪犯适用假释，意味着对其解除关押，放归社会。因此，对哪些罪犯适用假释、如何适用假释，都应当严肃、慎重，严格把握适用的条件、遵循假释适用的法定程序。否则，假释的适用就可能会造成危害社会的后果。

除一般假释的程序外，关于有特殊情况，经最高人民法院核准的假释案件的程序，《刑法》并未具体规定。我们认为，其基本程序包括假释建议书的提出、管辖法院、合议庭的组成、审理程序等，与一般假释是相同的，只是在管辖法院审理并作出裁定后还需要有核准程序，即报经最高人民法院核准。因此，裁定假释的法院（中级人民法院或高级人民法院）在其裁定书中应当写明：本裁定报经最高人民法院核准后生效。最高人民法院对于报送审核的假释案件，经组成合议庭审理后，应当依法作出予以核准或者不予核准的刑事裁定书。

• 适用指引 •

适用假释应遵循以下程序：

1. 由刑罚执行机关制作假释建议书，写明罪犯悔改表现以及认为其不致再危害社会的理由。然后，将假释建议书提交当地的中级以上人民法院。

2. 中级人民法院受理假释案件后，应对刑罚执行机关报送的假释建议书及其他手续进行审查，材料、手续齐备的，即应组成合议庭进行审理。

第八十三条 假释的考验期限

【法律规定】

• 法律条文 •

《中华人民共和国刑法》

第八十三条 有期徒刑的假释考验期限，为没有执行完毕的刑期；无期徒

① 参见2020年7月24日《最高人民检察院关于印发最高人民检察院第十九批指导性案例的通知》，检例第71号。

② 参见柳忠卫：《监禁刑执行基本问题研究》，中国人民公安大学出版社2008年版，第357～362页。

刑的假释考验期限为十年。

假释考验期限，从假释之日起计算。

【案例】

陈则德假释案①

● 案件事实 ●

罪犯陈则德于2006年12月至2007年4月间，先后窜至福建省厦门市鼓浪屿市政环境卫生管理处、泉州路62号等地，多次实施盗窃作案，盗窃铝制电杆、电缆线、瓷器及民国时期的酸枝木太师椅等财物，涉被害单位和被害人个人财物价值人民币191393元，并将所盗赃物销赃给被告人林其文。2007年4月7日凌晨，被告人陈则德再次窜至鼓浪屿泉州路62号，将被害人佘明瑞的1套民国时期的酸枝木餐桌（含1桌4凳，价值共计人民币15000元）搬出院外欲盗走时，被巡逻的公安人员人赃俱获。

福建省厦门市思明区人民法院于2007年11月24日作出（2007）思刑初字第850号刑事判决，以被告人陈则德犯盗窃罪，判处有期徒刑十一年（刑期自2007年4月16日起至2018年4月15日止），并处罚金人民币2万元。判决生效后于2007年12月27日交付执行。服刑期间，福建省厦门市中级人民法院于2011年1月7日作出（2010）厦刑执字第1544号刑事裁定，裁定减刑一年三个月（刑期自2007年4月16日起至2017年1月15日止）。执行机关福建省厦门监狱于2013年10月24日提出假释建议书，建议对罪犯陈则德予以假释，报送福建省厦门市中级人民法院审理。2013年11月18日，福建省厦门市中级人民法院作出（2013）厦刑执字第1227号刑事裁定，对罪犯陈则德予以假释（假释考验期限自假释之日起计算，即自2013年11月18日起至2017年1月15日止）。罪犯陈则德假释后回原户籍所在地湖北省麻城市福田河镇司法所执行社区矫正，但自2015年3月30日起该犯未到福田河镇司法所社区矫正办参加集体教育学习和公益劳动，亦未进行思想汇报，电话无法联系处于停机状态，湖北省麻城市司法局对其发出两次警告，该犯均未到司法所接受社区矫正，经多方查找其家人和居住地村级组织也不知其去向，其假释具保人也无法与其取得联系，至今实际脱离监管已超过半年。2015年10月12日，湖北省黄冈市司法局以黄冈社矫撤字（2015）01号撤销假释建议书，向福建省厦门市中级人民法院提请对罪犯陈则德撤销假释，予以收监执行未执行完毕的刑罚建议。

---

① 参见福建省厦门市中级人民法院（2015）厦刑执字第1219号。

• 裁判要旨 •

有期徒刑犯依法适用假释时，假释考验期以剩余的刑期为准。

• 裁判理由 •

2015年12月7日福建省厦门市中级人民法院作出（2015）厦刑执字第1219号刑事裁定：一、撤销本院2013年11月18日（2013）厦刑执字第1227号对罪犯陈则德予以假释的刑事裁定；二、对罪犯陈则德予以收监执行未执行完毕的刑罚（即实际收监之日起继续执行有期徒刑三年一个月二十八天）。

审理期间，福建省厦门市中级人民法院联系罪犯陈则德的假释具保人陈则德哥哥陈则全，其反映陈则德于2015年春节期间有给家里打过电话，后一直没有联系，家人也不知道陈则德在何处，无法与陈则德取得联系。根据执行机关社区矫正机构提供的证据材料及庭审情况，罪犯陈则德目前处于脱离监管的状态事实成立，罪犯陈则德的行为已违反了有关法律和社区矫正监督管理规定，脱离监管超过半年以上，情节严重。裁定撤销该犯假释，对其收监执行未执行完毕的刑期。

【学理分析及适用指引】

• 学理分析 •

1. 无期徒刑减为有期徒刑以后又适用假释时，其考验期限的确定。对此，我国刑法学界存在两种不同的观点：[①] 一种观点认为，无论有期徒刑的剩余刑期为多少，其假释的考验期限都应当是十年；另一种观点认为，假释考验期应为没有执行完毕的刑期。无期徒刑减为有期徒刑以后又适用假释时，其考验期限如何确定？关键就在于如何理解法律规定的“无期徒刑的假释考验期为十年”。我们认为，该规定的立法原意应当是指未经过减刑的无期徒刑罪犯，在其实际执行刑期十年以上且符合假释条件予以假释的，假释考验期为十年。对于犯罪人曾经被判处无期徒刑，但是按照法律规定通过减刑后已经改为有期徒刑的，在符合假释条件予以假释时，其假释考验期的确定应适用有期徒刑假释的情形，即为没有执行完毕的刑期。这样才符合刑法关于假释的立法目的和有关刑罚政策，也才能与未经过减刑的无期徒刑犯区别开来。如果无期徒刑减为有期徒刑的罪犯与未经过减刑的无期徒刑罪犯在假释时没有区别，一律适用10年考验期的规定，显然不利于激励罪犯在监狱积极服刑改造。另外，无期徒刑减为有期徒刑以后又适用假释时，根据《刑法》第83条第2款的规定，

① 参见高铭暄主编：《刑法学原理》（第3卷），中国人民大学出版社1994年版，第606页。

其假释考验期限应当从假释之日起计算。

2. 假释考验期是否可以缩短。关于假释考验期是否可以缩短，我国刑法理论界有两种观点：一种观点认为，假释考验期是对假释罪犯一定期间的考验，考验期内表现好，并有立功的，是悔改的表现，但不能缩短考验期；另一种观点则认为，假释考验期内，罪犯表现好，并有立功的，可以缩短考验期。①

假释是附条件提前释放，对假释犯是否收监执行没有执行完毕的刑罚，取决于假释犯的表现。假释不同于减刑，适用减刑者，所减之刑即予以免去不再执行；而对犯罪分子适用假释，在一定期限内仍然保持继续执行尚未执行的刑罚的可能性，因此，必须有一个恰当的假释考验期限，以保证对罪犯的继续监督改造。②

假释考验期的确定应当合理。假释考验期限如果过短，就起不到假释的作用；如果过长，也不利于犯罪人的改造。所以，《刑法》规定了与原判刑罚轻重相适应的考验期。犯罪分子的假释考验期限因原判刑罚及执行的不同而有所不同。根据《刑法》第83条的规定，被判处有期徒刑的犯罪分子，其假释考验期为原判刑罚没有执行完毕的刑期，即宣告假释时原判刑罚的剩余刑期；被判处无期徒刑的犯罪分子，其假释考验期限为十年。对于被判处有期徒刑的犯罪分子来说，剩余的刑期越长，假释的考验期限也就越长。无期徒刑的考验期限之所以确定为十年，主要是因为无期徒刑是一种严重的刑罚，只有对那些罪行严重者才判处无期徒刑。相应地，《刑法》规定的对被判处无期徒刑的犯罪分子适用假释所要求的已执行刑期以及假释的考验期也相对要长一些。

• 适用指引 •

对于犯罪人曾经被判处过无期徒刑，但是按照法律规定通过减刑后已经改为有期徒刑的，在符合假释条件予以假释时，其假释考验期的确定应适用有期徒刑假释的情形，即为没有执行完毕的刑期。对被判处无期徒刑的罪犯，实际执行13年以上，符合假释条件的，应予假释。被判有期徒刑的罪犯在服刑期间认罪服法，积极改造，虽实际服刑时间不足1/2，但符合《刑法》规定的特殊情节的，经最高人民法院核准，也可以假释。

---

① 参见鲍圣庆编著：《减刑、假释的理论与实践》，吉林人民出版社1992年版，第63页。

② 马克昌主编：《刑罚通论》，武汉大学出版社1999年版，第649页。

第八十四条　假释犯的义务

【法律规定】

● 法律条文 ●

《中华人民共和国刑法》

第八十四条　被宣告假释的犯罪分子，应当遵守下列规定：

（一）遵守法律、行政法规，服从监督；

（二）按照监督机关的规定报告自己的活动情况；

（三）遵守监督机关关于会客的规定；

（四）离开所居住的市、县或者迁居，应当报经监督机关批准。

【案例】

舒余坤贩卖毒品案[①]

● 案件事实 ●

被告人舒余坤，男，汉族，1973年5月14日出生，农民。2000年4月17日因犯贩卖毒品罪被判处无期徒刑，剥夺政治权利终身，并处没收财产，2011年10月12日被假释，假释考验期至2014年9月4日。

2014年2月22日，被告人舒余坤在云南省寻甸回族彝族自治县倘甸镇的租住房内，向从贵州省贵阳市来向其购买海洛因的杨平、罗太会（均系同案被告人，已判刑）贩卖毒品。其中，杨平出资购买600克海洛因，罗太会出资购买400克海洛因，舒余坤还委托二人将200克海洛因运回贵阳市代其贩卖。2月23日，杨平、罗太会携带海洛因返回贵阳市，于当日19时30分许在贵阳市云岩区金关收费站被抓获，公安人员当场从罗太会的提包中查获1194克海洛因。同年2月28日，公安人员在云南省昆明市倘甸工业园区冯家村将舒余坤抓获，当场从其家中查获1050.4克海洛因。

● 裁判要旨 ●

在假释考验期限内有违法行为的，应当依法裁定撤销假释。

---

① 参见最高人民法院2016年6月23日公布毒品犯罪及吸毒诱发次生犯罪十大典型案例。

• 裁判理由 •

本案由贵州省贵阳市中级人民法院一审，贵州省高级人民法院二审。最高人民法院对本案进行了死刑复核。

法院认为，被告人舒余坤贩卖海洛因，其行为已构成贩卖毒品罪。舒余坤贩卖毒品数量大，社会危害大，罪行极其严重，应依法惩处。舒余坤曾因犯贩卖毒品罪被判处无期徒刑，在假释考验期内又犯贩卖毒品罪，系毒品再犯，应依法从重处罚，并应撤销假释，与前罪没有执行完毕的刑罚并罚。据此，依法对被告人舒余坤判处并核准死刑，剥夺政治权利终身，并处没收个人全部财产。

罪犯舒余坤已于2016年6月21日被依法执行死刑。

【学理分析及适用指引】

• 学理分析 •

有学者认为，《刑法》关于假释犯监督保护的规定仍存在诸多不足，如条文太少且不具体，涵盖面窄；缺少对假释犯辅导援助的规定；硬性规定使得假释决定机关没有裁量余地；缺少对假释犯的一些义务性规定等。并据此提出若干完善建议，如细化假释的监督条件；增设对假释犯辅导援助方面的规定；赋予假释决定机关一定的自由裁量权等。①

假释犯违反该条的规定，可能导致假释被撤销。对于不涉及数罪并罚而只是单纯撤销假释的案件，要注意的一个问题是撤销假释后刑期的计算。依据《刑法》第87条第3款的规定，对因有违法行为而被撤销假释的犯罪分子，应收监执行未执行完毕的刑罚。

值得注意的是，假释犯违反《刑法》第84条规定的行为规则的，并不必然导致假释被撤销，在具体案件处理上应当针对具体情况予以区别对待。对于又犯新罪、发现漏罪或者有严重违反有关假释的监督管理规定的行为的，根据《刑法》第86条的规定，撤销假释；对于违反有关假释的监督管理规定但情节较轻的，可以不收监执行，而由假释的监督机关予以一定的处罚，如拘留、罚款等。

• 适用指引 •

假释是附条件提前释放，对假释犯是否收监恢复执行没有执行完毕的刑罚，取决于假释犯在考验期内的表现。为了便于对假释犯进行考察并得出正确的结论，必须对假释犯在假释考验期内规定一定的行为规则，以作为衡量假释

---

① 参见柳忠卫：《监禁刑执行基本问题研究》，中国人民公安大学出版社2008年版，第368～371页。

犯表现的标准和依据。《刑法》第 84 条就是关于假释犯在假释期间的行为规则的规定，假释犯在这一期间必须遵守这些规定。

第八十五条　假释的考察

【法律规定】

• 法律条文 •

《中华人民共和国刑法》

第八十五条　对假释的犯罪分子，在假释考验期限内，依法实行社区矫正，如果没有本法第八十六条规定的情形，假释考验期满，就认为原判刑罚已经执行完毕，并公开予以宣告。

【案例】

王某某暂予监外执行监督案①

• 案件事实 •

罪犯王某某，男，1966 年 4 月 3 日出生，个体工商户。2010 年 9 月 16 日，因犯保险诈骗罪被辽宁省营口市站前区人民法院判处有期徒刑五年，并处罚金人民币 10 万元。

罪犯王某某审前未被羁押但被判处实刑，交付执行过程中，罪犯王某某及其家属以其身体有病为由申请暂予监外执行，法院随后启动保外就医鉴定工作。2011 年 5 月 17 日，辽宁省营口市站前区人民法院依据营口市中医院司法鉴定所出具的罪犯疾病伤残司法鉴定书，因罪犯王某某患“2 型糖尿病”“脑梗死”，符合《罪犯保外就医疾病伤残范围》（司发〔1990〕247 号）第 10 条规定，决定对其暂予监外执行一年。一年期满后，经社区矫正机构提示和检察机关督促，法院再次启动暂予监外执行鉴定工作，委托营口市中医院司法鉴定所进行鉴定。其间，辽宁省营口市中医院司法鉴定所被上级主管部门依法停业整顿，未能及时出具鉴定意见书。2014 年 7 月 29 日，辽宁省营口市站前区人民法院依据营口市中医院司法鉴定所出具的罪犯疾病伤残司法鉴定书，以罪犯王某某患有“高血压病 3 期，极高危”“糖尿病合并多发性脑梗死”，符合

---

① 根据 2020 年 7 月 24 日《最高人民检察院关于印发最高人民检察院第十九批指导性案例的通知》检例第 72 号修改。

《罪犯保外就医疾病伤残范围》（司发〔1990〕247 号）第 3 条、第 10 条规定，决定对其暂予监外执行一年。

2015 年 1 月 16 日，辽宁省营口市站前区人民法院因罪犯王某某犯保险诈骗犯罪属于“三类罪犯”、所患疾病为“高血压”，依据2014 年 12 月 1 日起施行的《暂予监外执行规定》，要求该罪犯提供经诊断短期内有生命危险的证明。罪犯王某某因无法提供上述证明被辽宁省营口市站前区人民法院决定收监执行剩余刑期有期徒刑三年，已经暂予监外执行的两年计入执行刑期。2015 年 9 月 8 日，罪犯王某某被交付执行刑罚。

• 裁判要旨 •

服刑人员在不符合保外就医条件的情况下，通过贿赂手段谋取了虚假的疾病伤残司法鉴定意见而最终获得假释的，依法应撤销假释、收监执行。

• 裁判理由 •

2016 年 3 月，辽宁省营口市人民检察院在对全市两级法院决定暂予监外执行案件进行检察中发现，辽宁省营口市站前区人民法院对罪犯王某某决定暂予监外执行所依据的病历资料、司法鉴定书等证据材料有诸多疑点，于是调取了该罪犯的法院暂予监外执行卷宗、社区矫正档案、司法鉴定档案等。经审查发现：罪犯王某某在进行司法鉴定时，负责对其进行查体的医生与本案鉴定人不是同一人，卷宗材料无法证实鉴定人是否见过王某某本人；罪犯王某某 2011 年 5 月 17 日、2014 年 7 月 29 日两次得到暂予监外执行均因其患有“脑梗死”，但两次司法鉴定中均未做过头部 CT 检查。

辽宁省营口市人民检察院经审查认为，罪犯王某某暂予监外执行过程中有可能存在违纪或违法问题，依法决定对该案进行调查核实。检察人员调取了罪犯王某某在营口市中心医院的住院病历等书证与鉴定档案等进行比对，协调监狱对罪犯王某某重新进行头部 CT 检查，对时任营口市中医院司法鉴定所负责人赵某、辽宁省营口市中级人民法院技术科科长张某及其他相关人员进行询问。经过调查核实，检察机关基本查明了罪犯王某某违法暂予监外执行的事实，认为相关工作人员涉嫌职务犯罪。2016 年 4 月 10 日，辽宁省营口市人民检察院以辽宁省营口市中级人民法院技术科科长张某、营口市中医院司法鉴定所负责人赵某涉嫌徇私舞弊暂予监外执行犯罪，依法对其立案侦查。经侦查查明：2010 年 12 月至 2013 年 5 月，张某在任辽宁省营口市中级人民法院技术科科长期间，受罪犯王某某亲友等人请托，在明知罪犯王某某不符合保外就医条件的情况下，利用其负责鉴定业务对外进行委托的职务便利，两次指使营口市中医院司法鉴定所负责人赵某为罪犯王某某作出虚假的符合保外就医条件的罪犯疾病伤残司法鉴定意见。赵某在明知罪犯王某某不符合保外就医条件的情况下，违规签发了罪犯王某某因患“糖尿病合并脑梗死”、符合保外就医条件的司法鉴定书，导致罪犯王某某先后两次被法院决定暂予监外执行。期间，张某收受罪犯王某某亲友给付的好处费人民币5万元，赵某收受张某给付的好处费人民币7000元。同时，检察机关注意到罪犯王某某的亲友为帮助王某某违法暂予监外执行，向辽宁省营口市中级人民法院技术科科长张某等人行贿，但综合考虑相关情节和因素后，检察机关当时决定不立案追究其刑事责任。

案件侦查终结后，检察机关以张某构成受贿罪、徇私舞弊暂予监外执行罪，赵某构成徇私舞弊暂予监外执行罪，依法向人民法院提起公诉。2017年5月27日，人民法院以张某犯受贿罪、徇私舞弊暂予监外执行罪，赵某犯徇私舞弊暂予监外执行罪，对二人定罪处罚。判决生效后，检察机关依法向营口市站前区人民法院发出《纠正不当暂予监外执行决定意见书》，提出罪犯王某某在不符合保外就医条件的情况下，通过他人贿赂张某、赵某等人谋取了虚假的疾病伤残司法鉴定意见；辽宁省营口市站前区人民法院依据虚假鉴定意见作出的暂予监外执行决定显属不当，建议法院依法纠正2011年5月17日和2014年7月29日对罪犯王某某作出的两次不当暂予监外执行决定。辽宁省营口市站前区人民法院采纳了检察机关的监督意见，作出《收监执行决定书》，认定“罪犯王某某贿赂司法鉴定人员，被二次鉴定为符合暂予监外执行条件，人民法院以此为依据决定对其暂予监外执行合计二年，上述二年暂予监外执行期限不计入已执行刑期”。后罪犯王某某被收监再执行有期徒刑二年。

【学理分析及适用指引】

• 学理分析 •

根据《刑法》和《监狱法》的有关规定，对被假释的罪犯，在假释考验期内，由被假释的罪犯所在地的公安机关予以监督。但是，学界对此存有争议：一种观点认为，由公安机关执行比较合理；另一种观点则认为，我国应当彻底改变现行的刑事执行主体配置，如建立一个专门机构负责对假释等非监禁刑的执行。①

• 适用指引 •

根据《刑法》第85条规定，对假释犯实行社区矫正，所以假释犯的考察由社区矫正部门负责。

根据《刑法》第85～86条之规定，基于假释犯在假释考验期内的表现可能出现不同的处理结果：假释犯如果违反该条规定又犯新罪、发现漏罪或者严

---

① 参见袁登明、黎长志：《刑事执行立法理论研讨会综述》，载《法学家》1998年第6期。

重违反假释的监督管理规定的，就应撤销假释，收监执行未执行完毕的刑罚（若是犯新罪或发现漏罪的，则还需数罪并罚）；否则，假释考验期满，就认为原判刑罚已经执行完毕，并公开予以宣告。

第八十六条　假释的撤销

【法律规定】

• 法律条文 •

《中华人民共和国刑法》

第八十六条　被假释的犯罪分子，在假释考验期限内犯新罪，应当撤销假释，依照本法第七十一条的规定实行数罪并罚。

在假释考验期限内，发现被假释的犯罪分子在判决宣告以前还有其他罪没有判决的，应当撤销假释，依照本法第七十条的规定实行数罪并罚。

被假释的犯罪分子，在假释考验期限内，有违反法律、行政法规或者国务院有关部门关于假释的监督管理规定的行为，尚未构成新的犯罪的，应当依照法定程序撤销假释，收监执行未执行完毕的刑罚。

【案例】

陈忠厚等虚报注册资本、合同诈骗案[①]

• 案件事实 •

2002 年 4 月，陈忠厚（正在假释考验期限内）在无任何资金的情况下，指使他人伪造了交通厅授权委托书及虚假发票共 15 份，虚报注册资本金额人民币 1300 万元，欺骗公司登记主管部门云南省工商行政管理局，取得楚安公司的公司登记。公司成立以后，陈忠厚组织陈义云、罗荣华、刘老常、王建彬以招商引资为名，骗取相关政府部门的信任，谎称投资建设公路、水电站等项目，与相关政府部门签订意向性投资协议。在无任何资金投入、未得到工程主管部门许可的情况下，即持与政府部门签订的意向性投资协议，以及伪造的政府公文、资金证明等材料，对外公开大肆发包工程。自 2002 年 4 月 13 日至 2004 年 2 月 17 日期间，先后与十余家公司分别签订了借款合同、建设项目合

---

① 参见最高人民法院中国应用法学研究所编：《人民法院案例选》（2007 年第 3 辑），人民法院出版社 2008 年版，第 2 页。

作合同，工程承包协议，工程建筑、施工等合同。在骗取对方信任后，以收取所谓工程保证金、调汇费等项目为借口，共骗取人民币 1058.35 万元。

• 裁判要旨 •

假释考验期限内犯新罪，应当撤销假释，将所犯新罪和假释前所执行刑罚之罪依法实行数罪并罚。

• 裁判理由 •

云南省昆明市中级人民法院经审理认为：被告人陈忠厚在申请楚安公司登记的过程中，使用虚假证明文件虚报注册资本，在一无资金、二无实物的情况下，欺骗公司登记主管部门，取得公司登记，虚报注册资本数额达人民币 1300 万元，且造成严重后果，其行为已触犯刑律，构成虚报注册资本罪；被告人陈忠厚等以非法占有为目的，在签订合同过程中，虚构事实、隐瞒真相，骗取对方当事人财物，数额特别巨大，其行为均已触犯刑律，构成合同诈骗罪。被告人陈忠厚在假释考验期限内犯新罪，应当撤销假释，与本案所犯的虚报注册资本罪和合同诈骗罪依法实行数罪并罚。依照《刑法》第 224 条、第 158 条、第 25 条第 1 款、第 26 条、第 27 条、第 68 条第 1 款、第 86 条第 1 款、第 71 条、第 69 条、第 57 条第 1 款、第 64 条之规定，判决如下：一、被告人陈忠厚犯合同诈骗罪，判处无期徒刑，剥夺政治权利终身，并处没收个人全部财产；犯虚报注册资本罪，判处有期徒刑三年，并处罚金人民币 13 万元；撤销前罪假释，加前罪剩余刑罚有期徒刑九年十个月零十天；决定执行无期徒刑，剥夺政治权利终身，并处没收个人全部财产……

一审宣判、送达后，本案各被告人均提出上诉。云南省高级人民法院依法组成合议庭对本案进行二审，认为：原审判决事实认定清楚，定罪准确，量刑适当，审判程序合法。依照《刑事诉讼法》第 189 条第 1 项之规定，裁定：驳回上诉，维持原判。

【学理分析及适用指引】

• 学理分析 •

假释犯在假释考验期间过失犯罪的，是否应该撤销假释？对此，理论上有两种不同的观点。一种观点认为，过失犯罪一律撤销假释是不合理的，假释犯在考验期间纵有过失犯罪，也难谓其对原判罪行无真诚悔改之意。尤其对于轻微的过失犯罪也一概撤销假释，收监执行原罪之余刑，似乎过于苛求。① 另一

① 参见柯葛壮：《适用假释和撤销假释的法定条件比较研究》，载《政治与法律》1992 年第 6 期。

种观点则认为，罪犯在假释考验期内犯新罪，无论是过失犯罪还是故意犯罪，无论被判处何种刑罚，都应当撤销假释，按照数罪并罚的原则处理。①

假释撤销后能否再次给予假释，对此，我国有学者认为，罪犯曾被假释，之后因在假释考验期内又犯新罪而被撤销假释的，如果在撤销假释后的服刑期内确有悔改表现，并据此可以判定解除关押后不致再危害社会，而且也符合假释的其他条件的，应当可以再次适用假释。② 也有学者认为，因被撤销假释而被收监执行的罪犯，应当被列入不得假释的对象。因为这些人曾被认为假释后不致再危害社会而假释，事实证明这种认识是错误的。③

罪犯在假释考验期内犯新罪，同时又被发现还有漏罪的，该如何处理？对此，有学者认为，应采用分别判决、顺序并罚的方法，即对漏判之罪和新犯之罪分别定罪量刑，然后按照漏罪在先、新罪在后的顺序，适用“先并后减”和“先减后并”的方法，进行两次并罚，得到整个数罪并罚的最后结果。④

罪犯在假释考验期内又犯新罪或被发现有漏罪，但该新罪或漏罪属于自诉案件，而自诉人没有告诉的，该如何处理？有学者认为，在这种情况下，由于对新罪没有判处刑罚，仍然可以维持假释的裁定，不撤销假释。⑤ 也有学者认为，在自诉案件自诉人没有告诉的情况下，由于不能追究假释犯的刑事责任，因而不能依据《刑法》第86条第1～2款的规定对其实行数罪并罚。但应当根据《刑法》第3款的规定，将该行为视为一种严重违反国家法律的行为，撤销其假释。⑥

撤销假释的案件在处理时，主要有以下两个值得注意的问题：

1. 关于撤销假释的程序问题。关于撤销假释的程序，《刑法》仅提及“依照法定程序撤销假释”，但对于具体程序未作规定。结合刑事审判原理和司法实践经验，假释的撤销可以依照以下程序操作：

（1）又犯新罪和发现漏罪的假释撤销程序。假释犯在假释考验期限内实施犯罪行为，原则上应由原裁定假释的人民法院依照审判监督程序，撤销假释，如果所犯新罪免除处罚的，收监执行自假释之日起尚未执行完毕的刑期；如果所犯新罪须判处刑罚的，由审判新罪的人民法院在判决新罪时，将原宣告的假释撤销，依照《刑法》第71条、第86条的规定，决定执行的刑罚。应当指出的是，由于假释是由中级人民法院裁定作出的，在一般情况下，假释的撤

---

① 参见陈兴良：《刑法适用总论》（下卷），法律出版社1999年版，第680页。

② 参见周振想：《刑罚适用论》，法律出版社1990年版，第384～385页。

③ 参见张全仁、解玉敏：《我国的假释制度及其完善》，载《上海市政法管理干部学院学报》1999年第6期。

④ 参见高铭暄主编：《刑法学原理》（第3卷），中国人民大学出版社1994年版，第437页。

⑤ 参见张绍彦主编：《刑事执行法学》，中国人民公安大学出版社1990年版，第113页。

⑥ 参见柳忠卫：《监禁刑执行基本问题研究》，中国人民公安大学出版社2008年版，第396页。

销也应当由中级以上人民法院裁定。但所犯的新罪和发现的漏罪是否可由基层人民法院审理并撤销原判宣告的假释呢？我们认为，依法有权审理假释犯新罪及漏罪的基层法院在审理所涉新罪、漏罪时，同时撤销某中级人民法院（也可能是其上级法院）的假释裁定，是符合《刑法》第86条规定的，也是人民法院执行《刑法》第86条的应有之义，实践中很多案件基本上也是这样处理的，这也符合诉讼经济和效率的精神。

（2）有严重违法行为的假释撤销程序。《监狱法》第33条第2款规定：被假释的罪犯，在假释期间有违反法律、行政法规和国务院相关部门有关假释的监督管理规定的行为，尚未构成新的犯罪的，应由考察机关即相关社区矫正部门向人民法院提出撤销假释的建议，人民法院应当自收到撤销假释建议书之日起1个月内予以审核裁定。人民法院裁定撤销假释的，应将罪犯送交监狱收监执行未执行完毕的刑罚。该款规范了撤销假释的实际操作程序。但在具体实施过程中仍遇到以下问题：撤销假释的建议是向原裁定假释的人民法院提起还是向被假释的罪犯居住地的人民法院提起？如果向被假释的罪犯居住地的人民法院提起，是向基层人民法院提起，还是向中级人民法院提起？该法条的规定不明确，理解不尽一致。对此，最高人民法院研究室1995年6月5日在给山东省高级人民法院的答复（法明传〔1995〕216号）中指出：对被假释的罪犯，发现其在假释期间有违反法律、行政法规和国务院公安部门有关假释的监督管理规定的行为，尚未构成新的犯罪的，可由公安机关①向原裁定假释的人民法院提出撤销假释建议；原裁定假释的人民法院，自收到撤销假释建议书之日起1个月内，依法予以审核裁定。虽然该答复是在1997年《刑法》修订前作出的，但其所确定的基本程序是合理可行的。因为对于假释犯在考验期间违反考验义务规范、依法需要撤销假释的，因并不存在审理新罪或漏罪的问题，由考察机关依法报请原裁定假释的中级人民法院依法撤销该假释，收监执行未执行完毕的刑罚即可。

2. 关于对撤销假释案件的实体审理问题。人民法院在审理撤销假释案件时，对被假释的犯罪分子在假释考验期间内实施的新罪、发现的漏罪或者尚未构成新罪的违法行为，必须认真审查，要查明该犯罪事实或违法事实是否存在，查证相关证据，审查公安机关认定该行为违法的依据是否正确。在撤销假释的裁定中，应将审理查明的违法事实、相关证据和处理依据表述清楚。

• 适用指引 •

当审理新罪或漏罪的法院为基层人民法院时，应由中级以上人民法院撤销假释以后再将案件交给下级人民法院审理。对被假释的罪犯，发现其在假释期

---

① 现为社区矫正部门。——编者注

间有违反法律、行政法规和国务院相关部门有关假释的监督管理规定的行为，但尚未构成新的犯罪的，可由承担考察任务的社区矫正部门通过所属司法行政机关向原裁定假释的人民法院提出撤销假释建议；原裁定假释的人民法院自收到撤销假释建议书之日起1个月内，依法予以审核裁定。

第八节　时　　效

第八十七条　追诉时效的期限

【法律规定】

• 法律条文 •

《中华人民共和国刑法》

第八十七条　犯罪经过下列期限不再追诉：

（一）法定最高刑为不满五年有期徒刑的，经过五年；

（二）法定最高刑为五年以上不满十年有期徒刑的，经过十年；

（三）法定最高刑为十年以上有期徒刑的，经过十五年；

（四）法定最高刑为无期徒刑、死刑的，经过二十年。如果二十年以后认为必须追诉的，须报请最高人民检察院核准。

• 相关规定 •

《最高人民法院、最高人民检察院关于不再追诉去台人员在中华人民共和国成立后当地人民政权建立前的犯罪行为的公告》［〔89〕高检会（研）字第12号］

一、对去台人员在中华人民共和国成立后，犯罪地地方人民政权建立前所犯罪行，不再追诉。

二、去台人员在中华人民共和国成立后、犯罪地地方人民政权建立前犯有罪行，并连续或继续到当地人民政权建立后的，追诉期限从犯罪行为终了之日起计算。凡符合《中华人民共和国刑法》第七十六条①规定的，不再追诉。其中法定最高刑为无期徒刑、死刑的，经过二十年，也不再追诉。如果认为必须追诉的，由最高人民检察院核准。

三、对于去海外其他地方的人员在中华人民共和国成立前，或者在中华人

① 1997年《刑法》第86条。——编者注

民共和国成立后、犯罪地地方人民政权建立前所犯的罪行，分别按照最高人民法院、最高人民检察院《关于不再追诉去台人员在中华人民共和国成立前的犯罪行为的公告》精神和本公告第一条、第二条的规定办理。

《最高人民法院、最高人民检察院关于不再追诉去台人员在中华人民共和国成立前的犯罪行为的公告》

……对去台人员中在中华人民共和国成立前在大陆犯有罪行的，根据《中华人民共和国刑法》第七十六条[①]关于对犯罪追诉时效的规定的精神，决定对其当时所犯罪行不再追诉……

【案例】

肖连洪、肖洪富拐卖妇女案[②]

• 案件事实 •

1992年6月，肖洪富以外出打工为名，邀同村女子胡某惠外出，胡某惠同意后，肖洪富即告知肖连洪，二人商量将胡某惠带到山东省出卖。二人将胡某惠带到山东省聊城市，住在当地人王保英的家里，通过王保英的介绍，以人民币3000元将胡某惠卖与山东省聊城市东昌府区的赵某亮为妻。2004年2月，胡某惠向四川省金堂县公安机关报案，公安机关分别于2004年8月17日、9月6日将肖连洪、肖洪富抓获归案。

• 裁判要旨 •

1997年《刑法》修订前发生、1997年《刑法》生效后才案发的犯罪行为，其追诉时效期限的确定应严格遵循刑法时间效力"从旧兼从轻"的原则。

• 裁判理由 •

四川省金堂县人民法院依法组成合议庭，对本案进行了公开审理。法院认为：被告人肖连洪、肖洪富以外出打工为名将胡某惠骗至山东省，卖与赵某亮为妻，其行为已构成拐卖妇女罪。对于被告人肖连洪及其辩护人提出的本案发生于1992年，而被害人直至2004年才报案，依照《刑法》规定已过追诉期限，不应再追究被告人的刑事责任的辩解、辩护意见，法院认为，本案的追诉时效期是15年，被害人胡某惠在被拐卖12年后报案，并未超过追诉期，二被

---

① 1997年《刑法》第87条。——编者注

② 参见国家法官学院、中国人民大学法学院编：《中国审判案例要览（2005年刑事审判案例卷）》，中国人民大学出版社2006年版，第69～72页。

告人应当受到刑罚处罚。二被告人在拐卖胡某惠过程中的不同阶段分别起着重要作用，均不属于仅起次要、辅助作用之人，因此二人都是本案的主犯。鉴于本案的犯罪行为发生在12年以前，之后尚未发现二被告人有其他违法犯罪行为，且归案后被告人肖连洪认罪态度较好，能主动退出赃款400元，有悔罪表现；被告人肖洪富能认罪，故采纳二被告人以及肖连洪的辩护人以此为由请求从轻处罚的辩解、辩护意见。根据《刑法》第12条、第64条，《全国人民代表大会常务委员会关于严惩拐卖、绑架妇女、儿童的犯罪分子的决定》第1条之规定，判决如下：一、被告人肖连洪犯拐卖妇女罪，判处有期徒刑五年十个月，并处罚金3000元。二、被告人肖洪富犯拐卖妇女罪，判处有期徒刑六年，并处罚金3000元。三、被告人肖连洪、肖洪富所得赃款予以追缴。

【学理分析及适用指引】

• 学理分析 •

1. 对追诉时效中法定最高刑的理解。对此，理论上有两种不同的观点。一种观点认为，追诉时效中的法定最高刑是指《刑法》分则相应条文的最高刑，而不是同条中某款某项的最高刑。因为某款某项的法定刑是为适应某种犯罪的不同情节而规定的，只有经过实际审理才能确定其适用，如果以此作为追诉时效期限的衡量根据，就会使案件的追诉时效问题长期处于不稳定的状态，从而对侦查机关和司法机关的工作不利。① 另一种观点认为，此处的法定最高刑是指《刑法》分则相应条款规定的最高刑。②

2. 关于法定最高刑为无期徒刑或者死刑的犯罪，有哪些情况属于经过20年以后还必须追诉的？有学者认为，一般应从犯罪人所犯罪行的严重程度、犯罪人在20年以内没有再犯罪的原因，以及犯罪人20年以后是否再犯罪等方面的情况予以考虑。具体来讲，包括以下几类案件：（1）所犯罪行特别严重的；（2）潜伏在社会上伺机再犯罪的；（3）20年以后又犯罪的。③

3. 对单位犯罪的追诉时效期限的理解。有学者指出，《刑法》关于追诉时效的规定是建立在以自然人为犯罪主体基础上的，单位犯罪应如何计算追诉期限，没有明文规定。对单位犯罪追诉期限的计算，主要是根据《刑法》对直接负责的主管人员和其他直接责任人员规定的法定最高刑来计算的。对只处罚犯罪单位的，应当根据对犯罪单位所判罚金数额的多少来确定追诉期限。④ 也

---

① 参见梁世伟编著：《刑法学教程》，南京大学出版社1987年版，第372页。

② 参见高铭暄主编：《刑法学》，法律出版社1982年版，第302页；马克昌主编：《刑罚通论》，武汉大学出版社1999年版，第673页。

③ 参见马克昌主编：《刑罚通论》，武汉大学出版社1999年版，第675页。

④ 参见单民、刘方主编：《刑事司法疑难问题解答》，中国检察出版社2002年版，第262页。

有学者认为，将《刑法》第 87 条关于追诉时效期限的规定适用于犯罪单位，未免太牵强附会。在单位犯罪的情况下，从严格的角度讲，犯罪单位的追诉时效期限不能适用直接责任人员的追诉时效期限，其追诉时效期限问题应该通过立法途径求得真正的解决。①

• 适用指引 •

在适用《刑法》第 87 条的规定确定时效的法定最高刑时，特别需注意以下两个问题：

1. 法定最高刑不是指对犯罪分子应判处的具体刑期，而是根据犯罪分子的犯罪性质和法定情节，与其所犯罪行相对应的《刑法》分则条文规定的处刑档次中的最高刑。

2. 法定最高刑也不是指某种性质犯罪全部刑罚的最高刑，而是指某种性质犯罪中与该犯罪分子的犯罪情况基本相适应的某一档处罚的最高刑，即对犯罪分子应在该档量刑幅度内的最高刑。

第八十八条 追诉时效的延长

【法律规定】

• 法律条文 •

《中华人民共和国刑法》

第八十八条 在人民检察院、公安机关、国家安全机关立案侦查或者在人民法院受理案件以后，逃避侦查或者审判的，不受追诉期限的限制。

被害人在追诉期限内提出控告，人民法院、人民检察院、公安机关应当立案而不予立案的，不受追诉期限的限制。

【案例】

孙全某、孙惠某因超过追诉期限终止审理案②

• 案件事实 •

1998 年 11 月 15 日下午 5 时许，孙全某在江苏省无锡市黄巷街道高田上 28

① 参见梁世伟编著：《刑法学教程》，南京大学出版社 1987 年版，第 685 页。

② 参见最高人民法院中国应用法学研究所编：《人民法院案例选》（2006 年第 1 辑），人民法院出版社 2006 年版，第 13～18 页。

号门口与邻居孙某发生争执，后以其在场的母亲孙某菊额部被砖块砸伤为由，与弟弟孙惠某及其父母一起闯入29号孙某家中，与孙某甲、孙某乙夫妇发生揪打。其间，孙全某将孙某甲左手环指扳伤，孙惠某将孙某乙嘴部打伤。江苏省无锡市公安局于1999年5月24日出具法医鉴定意见，认定孙某甲左环指远侧指间关节活动不能，呈屈位；孙某乙左上第一、右上第一牙缺失，牙龈红肿，活动性出血，左上第二牙牙折。孙某甲、孙某乙所受的损伤均已构成轻伤。

1999年9月14日，江苏省无锡市公安局原郊区分局立案侦查，1999年10月30日以孙惠某涉嫌故意伤害罪向无锡市原郊区人民检察院提请逮捕。同年11月5日，无锡市原郊区人民检察院以该案事实不清为由出具了不批准逮捕、补充侦查决定书。

2002年7月2日，江苏省无锡市公安局北塘分局（黄巷街道划归北塘区管辖）又以孙惠某涉嫌故意伤害罪提请江苏省无锡市北塘区人民检察院提起公诉。同年10月14日，江苏省无锡市北塘区人民检察院以该案事实不清、证据不足为由，出具了补充侦查决定书。

2003年3月16日，江苏省无锡市公安局北塘分局又以群众电话报警为案件来源，对孙全某并案立案侦查，并于同年3月20日分别对孙全某、孙惠某进行了传唤。2005年8月12日，江苏省无锡市公安局北塘分局对孙全某、孙惠某采取了取保候审措施。同年8月16日，江苏省无锡市公安局北塘分局以孙全某、孙惠某涉嫌故意伤害罪提请江苏省无锡市北塘区人民检察院提起公诉，江苏省无锡市北塘区人民检察院以孙全某、孙惠某犯故意伤害罪，于2005年9月29日向江苏省无锡市北塘区人民法院提起公诉。

• 裁判要旨 •

对不属于《刑法》第88条规定的情形且超过追诉期限的刑事案件，依法应当不予追究刑事责任。

• 裁判理由 •

江苏省无锡市北塘区人民法院经审查认为：本案已经超过追诉期限，应当终止审理。主要理由是，被告人孙全某、孙惠某所犯故意伤害罪的法定最高刑为有期徒刑三年，追诉时效为5年，本案发生于1998年11月15日，至法院受理时已经超过5年。而且，被告人孙全某、孙惠某在公安机关立案后对其多次传唤和讯问时，没有任何规避的行为，法院受理以后的所有诉讼活动也能准时参加，不存在《刑法》第88条规定的逃避侦查或者审判的情形。依照《刑事诉讼法》第15条规定，犯罪已过追诉时效期限的，不追究刑事责任，已经追究的，应当撤销案件，或者不起诉，或者终止审理，或者宣告无罪。根据《最高人民法院关于执行〈中华人民共和国刑事诉讼法〉若干问题的解释》第117条第5项的规定，对于符合《刑事诉讼法》第15条第2项至第6项规定的情形的，应当裁定终止审理或决定不予受理。既然法院已经受理，应当作出终止审理的裁定。据此，依照《刑事诉讼法》第15条第2项、《最高人民法院关于执行〈中华人民共和国刑事诉讼法〉若干问题的解释》第117条第5项的规定，于2005年12月8日作出裁定：本案终止审理。

【学理分析及适用指引】

• 学理分析 •

1. 对于《刑法》第88条第1款中立案侦查的理解，刑法理论上有两种观点：一种观点认为，立案侦查是指立案并侦查，如果只是立案但还没有开始侦查的，就不存在时效延长问题。① 另一种观点认为，立案侦查应理解为立案，案件从司法机关立案后，行为人就可能逃避侦查或审判，并不是要待侦查后，才能逃避侦查或审判。由于立案后就开始侦查，故立案侦查有时就是立案决定侦查的意思，或者说就是立案的意思。②

2. 对《刑法》第88条第2款中的被害人的理解。有人认为，被害人是指遭受犯罪行为侵害的自然人和单位。③ 也有人认为，所谓被害人，在理论上有广义、狭义之分，狭义的被害人是指直接受到犯罪行为侵害的人。广义的被害人是指直接受到犯罪行为侵害的人及其家属。此处所讲的被害人应是广义的被害人。也就是说，提出控告者，可以是直接受到犯罪行为侵害的人，也可以是其家属。④

3. 对《刑法》第88条规定的不受追诉期限限制的情形的理解与适用。为了防止犯罪分子规避追诉期限或者因司法机关的失职而使犯罪分子逃避法律的制裁、破坏法律的严肃性，《刑法》第88条规定了两种不受追诉期限的限制的情形：一是犯罪分子在人民检察院、公安机关、国家安全机关立案侦查或者在人民法院受理案件以后，逃避侦查或者审判的。立案侦查以后是指人民检察院、公安机关、国家安全机关依照《刑事诉讼法》的规定按照自己的管辖范围，对发现犯罪事实或者犯罪嫌疑人的案件予以立案，进行侦查，收集、调取犯罪嫌疑人有罪或无罪、罪轻或罪重的证据材料之日起。受理案件以后是指人民法院依照《刑事诉讼法》关于审判管辖的规定，接受人民检察院提起公诉

---

① 参见陈兴良：《刑法疏议》，中国人民公安大学出版社1997年版，第194页。

② 参见张明楷：《刑法学》（上），法律出版社1997年版，第505页。

③ 参见胡康生、郎胜主编：《中华人民共和国刑法释义》，法律出版社2006年版，第84页。

④ 参见马克昌主编：《刑罚通论》，武汉大学出版社1999年版，第683～684页。

或被害人自诉案件之日起。[①] 逃避侦查或者审判主要是指以逃避、隐藏的方法逃避刑事追究，一般表现为行为人自家中潜逃、隐藏起来或者采用其他方法逃避侦查或审判的情形。行为人进行合理的辩解或因正当理由而暂时无法接受讯问或者审判的，不属此列；在侦查、审判过程中作虚假陈述、抵赖否认罪行、栽赃他人等行为，亦不属此列。二是被害人在追诉期限内提出控告，人民法院、人民检察院、公安机关应当立案而不予立案的。

4. 对超过追诉期限的案件的处理。依照《刑事诉讼法》第 16 条的规定，犯罪已过追诉时效期限的，不追究刑事责任；已经追究的，应当撤销案件，或者不起诉，或者终止审理，或者宣告无罪。

• 适用指引 •

在实践中应当注意，不能简单地理解为只要人民检察院、公安机关、国家安全机关对案件进行立案，或者人民法院对案件予以受理后，就可不受追诉时效的限制。上述机关对案件立案或者受理后，犯罪嫌疑人或被告人必须具有逃避侦查或者审判的情况。如果没有逃避侦查和审判的行为，而是有的司法机关立案或受理后，因某些原因又未继续采取侦查或追究措施，以致超过追诉期限的，不应适用本条规定。对于被害人在追诉期限内所提出的控告，公检法机关应当立案而没有立案的，将导致追诉期限延长；如果被害人的控告不符合立案标准，实际上不应当立案，即使立了案，也不能延长追诉期限。犯罪已过追诉时效期限的，不追究刑事责任，已经追究的，应当撤销案件，或者不起诉，或者终止审理，或者宣告无罪。

第八十九条　追诉时效的计算与中断

【法律规定】

• 法律条文 •

《中华人民共和国刑法》

第八十九条　追诉期限从犯罪之日起计算；犯罪行为有连续或者继续状态的，从犯罪行为终了之日起计算。

在追诉期限以内又犯罪的，前罪追诉的期限从犯后罪之日起计算。

---

① 参见胡康生、郎胜主编：《中华人民共和国刑法释义》，法律出版社 2006 年版，第 83 ~ 84 页。

• 相关规定 •

《最高人民法院关于挪用公款犯罪如何计算追诉期限问题的批复》（法释〔2003〕16号）

天津市高级人民法院：

你院津高法〔2002〕4号《关于挪用公款犯罪如何计算追诉期限问题的请示》收悉。经研究，答复如下：

根据刑法第八十九条、第三百八十四条的规定，挪用公款归个人使用，进行非法活动的，或者挪用公款数额较大、进行营利活动的，犯罪的追诉期限从挪用行为实施完毕之日起计算；挪用公款数额较大、超过三个月未还的，犯罪的追诉期限从挪用公款罪成立之日起计算。挪用公款行为有连续状态的，犯罪的追诉期限应当从最后一次挪用行为实施完毕之日或者犯罪成立之日起计算。

此复

【案例】

沈某某行贿案①

• 案件事实 •

1995年4月，沈某某为感谢江苏省射阳县实验小学校长王某同意其违规挂靠的盐城市大成建筑总公司参加该校宿舍楼的竞标，且使之得以中标，并为结算工程款得到王某的关照，向王某行贿人民币1万元。

1998年5月、1999年10月，沈某其为让射阳县塑料厂厂长张某某、射阳县原种轧花厂厂长陈某同意其违规挂靠的射阳县建筑工程有限总公司参加塑料厂综合楼、原种轧花厂的综合竞标，先后向张某某、陈某行贿人民币共计6万元。

据查，检察机关在对张某某受贿一案侦查过程中，张某某交代了沈某某向其行贿的事实，检察机关遂对沈某某进行审查，在此期间，沈某某又主动交代了向王某行贿的事实。2005年8月25日，江苏省射阳县人民检察院以沈某某犯行贿罪向江苏省射阳县人民法院提起公诉。沈某某的辩护人提出，沈某某于1995年4月向王某行贿1万元虽是事实，但根据《刑法》第390条规定，已过追诉期限，不应追究刑事责任；1998年5月、1999年10月先后向张某某、陈

① 参见最高人民法院中国应用法学研究所编：《人民法院案例选》（2006年第2辑），人民法院出版社2006年版，第14~16页。

某行贿共计 6 万元亦是事实，由于他们不是国家工作人员，而是公司、企业的法定代表人，只能构成对公司、企业人员行贿罪，① 且已过追诉期限，也不应追究刑事责任。

● 裁判要旨 ●

行为人在追诉期限内又犯罪而导致前罪追诉期限中断的，后罪是否已超过追诉期限，不影响对前罪追诉期限的计算和认定。

● 裁判理由 ●

江苏省射阳县人民法院审理后认为：沈某某为牟取不正当利益，给予国家工作人员王某财物，其行为已构成行贿罪，应予处罚。沈某某的辩护人提出行贿行为发生在 1995 年，已过追诉期，不应再追究其刑事责任的辩护意见，经查，沈某某所犯行贿罪的法定刑为五年以下有期徒刑或者拘役，其追诉期限应为十年，而沈某某在 1998 年 5 月、1999 年 10 月实施了对公司、企业人员行贿的犯罪行为，故其行贿罪的追诉期限应从犯后罪之日（即 1999 年 10 月）起计算，其对公司、企业人员行贿罪本身超过追诉期限的事实亦不影响对其行贿罪追诉期限的重新计算，故辩护人的该辩护意见不能成立，不予采纳。沈某某案发前主动交代了向王某行贿的事实，应认定其自首，依法从轻处罚。2006 年 3 月 24 日，江苏省射阳县人民法院依法作出判决：沈某某犯行贿罪，判处拘役三个月，缓刑六个月。

一审宣判后，沈某某不服，提出上诉。沈某某及其辩护人提出：1995 年行贿 1 万元的法定刑为五年以下有期徒刑或者拘役，追诉时效期为五年，且 1999 年沈某某对公司、企业人员行贿已超过追诉期限，对沈某某的行贿行为不能适用时效中断制度进行追诉。

江苏省盐城市中级人民法院经二审审理后认为：上诉人沈某某为牟取不正当利益，给予国家工作人员以财物，其行为已构成行贿罪。原判决认定事实清楚，证据确实、充分，适用法律正确，量刑适当，审判程序合法。依照《刑事诉讼法》第 189 条第 1 项之规定，裁定如下：驳回上诉，维持原判。

【学理分析及适用指引】

● 学理分析 ●

1. 关于追诉时效期限的起算，理论上对犯罪之日有不同的理解。第一种

---

① 该罪名现已修改为对非国家工作人员行贿罪。——编者注

观点认为，犯罪之日就是犯罪行为实施之日。① 第二种观点认为，犯罪之日是指犯罪行为发生之日。② 第三种观点认为，犯罪之日就是犯罪成立之日。③ 第四种观点认为，犯罪之日就是犯罪行为完成之日。④ 第五种观点将犯罪之日界定为犯罪行为停止之日。⑤ 对此，基于追诉时效制度的本质属性，我们认为，《刑法》第 89 条规定的犯罪之日应理解为犯罪构成之日，亦即犯罪成立之日，此时即可依法追究其刑事责任。

2. 关于前罪与后罪的关系问题。有学者认为，《刑法》第 89 条第 2 款的前罪和可能导致前罪未完成的追诉时效归于中断的后罪，都是具有特定限制意义的，并非任意的前罪和任意的后罪。换言之，前罪与后罪具有彼此紧密相连的内在逻辑联系，在时间上不允许具有间隔性。前罪是相对于紧接其后的后罪之前罪，后罪只能是紧随于前罪发生的后罪。这样，前罪的追诉时效期限只能从后罪成立之日起重新计算，但是不能再从不属于后罪之第三罪或者更后面之罪的成立之日重新起算。

3. 关于追诉时效中断问题。追诉时效中断是指在追诉期限内，因发生法律规定的事由而使以前经过的时效期间归于无效，必须重新计算追诉期限的制度。《刑法》对时效中断的事由规定较宽，为在追诉期限以内又犯罪，即只要犯罪分子在追诉期限内又犯罪，不论新罪的性质和罪过形式如何、处罚轻重如何或者与前罪是否属同一种犯罪，前罪所经过的时效期间均归于无效。《刑法》之所以规定追诉时效的中断，是因为行为人在前罪的追诉期间内又犯新罪，表明其并无悔改之意，前罪所体现出的人身危险性并没有因时间的流逝而消除，因而从特殊预防的目的出发，对前罪的追诉期限从犯后罪之日起重新起算。需要注意的是，在因犯新罪而导致前罪追诉期限中断的情况下，尽管前罪的追诉期限受到后罪发生的影响，但前后两罪的追诉期限应当分别计算。一方面，当前罪的追诉期限未满而后罪的追诉期限已满时，只能追诉前罪而不能追诉后罪；另一方面，当前后两罪的追诉期限都没有届满时，不能只注意追诉前罪而忽略了对后罪的追诉。⑥

---

① 参见高格主编：《刑法教程》，吉林大学出版社 1987 年版，第 228 页。

② 参见林准主编：《中国刑法教程》，人民法院出版社 1989 年版，第 269 页。

③ 参见高铭暄主编：《中国刑法学》，中国人民大学出版社 1989 年版，第 322 页。

④ 参见唐大森主编：《现代刑法学》，安徽人民出版社 1990 年版，第 317 页。

⑤ 参见周柏森主编：《中国刑法学教程》，兰州大学出版社 1988 年版，第 286 页。

⑥ 参见高铭暄、马克昌主编：《刑法学》，北京大学出版社、高等教育出版社 2000 年版，第 324 ~ 325 页。

• 适用指引 •

在因犯新罪而导致前罪追诉期限中断的情况下，尽管前罪的追诉期限受到后罪发生的影响，但前后两罪的追诉期限应当分别计算。一方面，当前罪的追诉期限未满而后罪的追诉期限已满时，只能追诉前罪而不能追诉后罪；另一方面，当前后两罪的追诉期限都没有届满时，不能只注意追诉前罪而忽略了对后罪的追诉。

第五章 其他规定

第九十条 民族自治地方对刑法的变通或补充规定

【法律规定】

• 法律条文 •

《中华人民共和国刑法》

第九十条 民族自治地方不能全部适用本法规定的，可以由自治区或者省的人民代表大会根据当地民族的政治、经济、文化的特点和本法规定的基本原则，制定变通或者补充的规定，报请全国人民代表大会常务委员会批准施行。

【学理分析及适用指引】

• 学理分析 •

《刑法》是根据《宪法》制定的，它必须遵守《宪法》的规定，贯彻《宪法》的精神。《宪法》针对我国的民族特点和民族关系状况创设了民族区域自治制度，民族区域自治法等法律比较系统地规定了民族区域自治地方机构设置、自治权力等内容。《刑法》第6条第1款规定："凡在中华人民共和国领域内犯罪的，除法律有特别规定的以外，都适用本法。"此处法律有特别规定的情形包括民族自治地方制定变通或者补充规定。为了呼应这一规定，《刑法》第90条又具体规定："民族自治地方不能全部适用本法规定的，可以由自治区或者省的人民代表大会根据当地民族的政治、经济、文化的特点和本法规定的基本原则，制定变通或者补充的规定，报请全国人民代表大会常务委员会批准施行。"一般认为，民族自治地方的这种变通或者补充规定是适用地域管辖的例外。但是，也有学者认为，民族自治地方刑事变通立法属于广义刑法范畴，不能认为民族自治地方变通立法是法律的除外情况。民族地方刑事变通立法应当理解为一类特别刑法，相对于普通刑法而言，它是对地（民族自治地方）和对人（具有少数民族身份的人）的刑法。[①] 理解本条，应当注意以下几点：

1. 必要性原则。为了实现民族平等、各民族共同繁荣，根据当地民族的政治、经济、文化的特点，适用《刑法》确有困难的，可以对《刑法》的部分条文进行变通或补充。因此，如果并不存在这种冲突，那么不应该对《刑法》条文进行变通或补充，而且变通或者补充的内容应当与冲突的部分在质和量上相适应，不能不当扩大变通或者补充的内容。

2. 制定变通或者补充规定的程序。有权制定变通或者补充规定的是自治区或者省的人民代表大会，亦即自治州、自治县的人民代表大会没有这种权力。自治区或者省的人民代表大会制定变通或者补充规定后要报请全国人民代表大会常务委员会批准后才生效。全国人民代表大会常务委员会有撤销权。

3. 变通或者补充规定的适用对象。本条规定的对《刑法》条文的变通或者补充规定，是民族自治地方根据当地自治民族的特点制定的，因此它的适用范围是民族自治地方。

4. 不得与《刑法》规定的基本原则相冲突。《刑法》规定了罪刑法定、罪刑相适应和刑法面前人人平等三项基本原则，民族自治地方制定的变通或者补充规定不得与这三项基本原则相冲突。

• 适用指引 •

有权制定变通或者补充规定的是自治区或者省的人民代表大会，自治区或者省的人民代表大会制定变通或者补充规定后要报请全国人民代表大会常务委员会批准后才生效。全国人民代表大会常务委员会有撤销权。适用范围是民族自治地方。

第九十一条　公共财产的范围

【法律规定】

• 法律条文 •

《中华人民共和国刑法》

第九十一条　本法所称公共财产，是指下列财产：

（一）国有财产；

（二）劳动群众集体所有的财产；

---

① 参见吴大华：《论少数民族犯罪的立法控制》，载《云南大学学报（法学版）》2005年第2期。

（三）用于扶贫和其他公益事业的社会捐助或者专项基金的财产。

在国家机关、国有公司、企业、集体企业和人民团体管理、使用或者运输中的私人财产，以公共财产论。

【案例一】

林某敏挪用公款案①

● 案件事实 ●

1997 年 3 月 28 日，林某敏（时任松涛乡派出所所长）决定把前一天晚上扣查的一车生胶片作没收处理，并以每吨 5600 元人民币的价格卖给儋州市兰洋农场的莫某，得款 53760 元。次日，林某敏以妻子何某某的名字把保管的卖胶款 45000 元存入松涛乡信用社，余下的 8760 元自己保管用作派出所的经费。同年 4 月中旬，海南省琼中县公安局决定把松涛乡派出所（该派出所隶属琼中县公安局）作没收处理的卖胶款 45000 元返还给胶主吴某甲。4 月 30 日，林某敏从松涛乡信用社取出 24000 元，以信用社限制取款额为由，只让吴某甲的胞弟吴某乙领走 2 万元，剩下的 4000 元林某敏用来做自己的橡胶生意，至同年 8 月 28 日止，陆续从松涛乡信用社取走余下的 21000 元卖胶款用来做自己的橡胶生意。同年 12 月 23 日，经吴某甲、吴某乙多次催收后，林某敏才把 3100 元还给吴某乙，并写了一张欠款 21900 元的欠条给吴某乙。1998 年年底，林某敏再次还给吴某乙 1 万元。案发后，林某敏的亲属向检察机关退还了所余赃款 11900 元。

● 裁判要旨 ●

对“在国家机关、国有公司、企业、集体企业和人民团体管理、使用或者运输中的私人财产，以公共财产论”的认定。

● 裁判理由 ●

海南省琼中县人民法院经审理后认为：被告人林某敏利用职务上的便利，挪用公款归个人使用，进行营利活动，数额较大，其行为已构成挪用公款罪。依照《刑法》第 384 条的规定，以被告人林某敏犯挪用公款罪，判处有期徒刑一年。

一审判决后，原审被告人林某敏提起上诉，称其是与吴某乙借了 25000 元做生意，用的是私款，其行为不构成挪用公款罪。二审法院海南省海南中级人

① 参见海南省海南中级人民法院（2000）海南刑终字第 75 号。

民法院经审理后认为：被告人林某敏身为国家机关工作人员，利用职务上的便利，挪用公款进行营利活动，数额较大，其行为已构成挪用公款罪。被告人林某敏上诉称，25000 元是自己与吴某乙借的，是私款，其行为不构成挪用公款罪，但其未能提供借据等证据证实，吴某乙也予以否认。根据《刑法》第 91 条第 2 款的规定，在国家机关、国有公司、企业、集体企业和人民团体管理、使用或者运输中的私人财产，以公共财产论，由于被告人未能提供证据证实其与吴某乙系借款关系，故其挪用的是派出所代为保管的私人财产，属于公款。林某敏的上诉意见不能成立，不予支持。原审法院认定的事实清楚，适用法律正确，量刑恰当，审判程序合法，应予支持。依照《刑事诉讼法》第 189 条第 1 项的规定，裁定驳回上诉，维持原判。

【案例二】

梁某贪污、受贿案①

• 案件事实 •

重庆市合川区城镇建设综合开发公司在 2000 年改制前，是原四川省合川市②原城乡建设委员会下属的全民所有制企业。梁某是该公司经营部的职工，系集体所有制工人。1988 年 5 月 14 日，经该公司党政工作会议研究，梁某被任命为该公司行政办公室主任至 2000 年 5 月 16 日。1999 年 2 月至 11 月之间，梁某在负责销售该公司开发的瑞山大厦商品房的过程中，按照公司会议研究的售房限价价格（公司规定售房价格的原则是：可以高于或等于公司确定的最低限价，但不得低于最低限价，低于最低限价售房须经公司领导同意），代表公司先后与购房户廖某某、黄某某、何某某、王某玲、李某华、王某明、李某、杨某某签订了房屋销售合同，购房户按照购房合同确定的价款金额向公司缴纳了购房款，另外，购房户还向梁某个人支付了一部分购房款。梁某先后收到廖某某、黄某某的购房合同以外的现金 3.6 万元，收到何某某 2 万元、王某玲 1.3 万元、李某华 4 万元、王某明 6 万元、李某 1.2 万元、杨某某 3 万元，共计 21.1 万元。

重庆市合川区人民检察院对梁某以贪污罪提起公诉。梁某及其辩护人以主体不适格、其所得款为私人馈赠为由提出辩护，主张不构成贪污罪。

---

① 参见国家法官学院、中国人民大学法学院编：《中国审判案例要览（2006 年刑事审判案例卷）》，人民法院出版社、中国人民大学出版社 2007 年版，第 388～393 页。

② 1992 年之前为四川省重庆市合川县，1992 年撤县设县级合川市，由四川省重庆市管辖。1997 年随重庆市直辖，2006 年改重庆市合川区。

• 裁判要旨 •

国有单位售房合同价与实际售房价的差额款，应属于公共财产的规定范围。

• 裁判理由 •

重庆市合川区人民法院经审理后认为：被告人梁某虽是集体所有制工人，但其受国有公司的委托，在国有公司里任行政办公室主任，并通过国有公司的集体研究决定，负责销售瑞山大厦的商品房，并负责管理印章，因此被告人是受国有公司委托从事公务的人员，属于国家工作人员的范围，故被告人是贪污、受贿罪的适格主体。被告人梁某销售的商品房属于国有公司的公共财产，其销售房屋的价款都应如实上缴公司，全部归公司所有。现被告人梁某利用职务之便，在房屋销售合同中与各购房户签订的销售价格是公司规定的最低限价款（与公司规定的价格持平），而将超出销售合同以外的购房款不上缴公司财务入账，反而将其据为己有，其行为已构成贪污罪，故公诉机关指控其犯贪污罪的事实和罪名成立。因此，重庆市合川区人民法院依法判决梁某犯贪污罪，并追缴其赃款。

一审判决后，被告人梁某不服，提起上诉。二审法院重庆市第一中级人民法院经审理后，就贪污罪部分认为：上诉人（原审被告人）梁某受国有公司委托，利用其职务之便，在负责销售瑞山大厦的商品房过程中，采取隐瞒实际的售房价格，占有售房合同价和实际售房价的差额方式，侵吞公款21.1万元，其行为已构成贪污罪；关于上诉人（原审被告人）梁某及其辩护人提出上诉人（原审被告人）梁某不具备贪污罪的主体资格，收取的21.1万元不是国有财产，其行为不构成贪污罪的上诉理由和辩护意见，经查，上诉人（原审被告人）梁某受国有公司的委托负责销售商品房，并管理该公司印章，具有从事公务的性质，系受委托从事公务的人员，应认定其具备贪污罪的主体资格；上诉人（原审被告人）梁某销售的商品房属于国有公司的公共财产，其实际售房款应全部归公司所有，上诉人（原审被告人）梁某多收取的21.1万元系国有财产；上诉人（原审被告人）梁某利用职务之便，采取隐瞒实际的售房价格，占有售房合同价和实际售房价的差额的方式，侵吞公款21.1万元，上诉人（原审被告人）梁某的行为符合贪污罪的构成要件，故其上诉理由和辩护意见均不能成立，不予采纳。

【学理分析及适用指引】

• 学理分析 •

公共财产包含国有财产，劳动群众集体所有的财产，用于扶贫和其他公益事业的社会捐助或者专项基金的财产，在国家机关、国有公司或企业、集体企业和人民团体管理、使用或者运输中的私人财产。根据这一界定，可以看出《刑法》关于公共财产的认定是以所有制形式作为划分依据的。

但是，随着我国经济体制改革的推行，经营权与所有权的分离，尤其是推行现代企业制度以后，我国企业的组织形式已全然不是改革开放初期的全民所有制经济、集体所有制经济、个体经济等所有权与经营权统一的单一企业组织形式，大量出现的是合作、合营、合资企业以及股份制公司这类组织形态，且随着现代企业制度进一步推行，公司成为我国企业最主要的组织形式。这些新的经济组织大多数是其资产打破了所有制结构而重新优化组合而成的多种所有制经济的混合体。

同时，《刑法》第 93 条规定的国家工作人员包含了国有公司、企业、事业单位委派到非国有公司、企业、事业单位、社会团体从事公务的人员；第 271 条第 2 款也规定国有单位委派到非国有单位从事公务的人员利用职务之便非法占有本单位财物的，按贪污罪处罚。这就对我们认定公共财产的范围造成了一些模糊化的影响。这些非国有单位就是包含了公有财产成分的混合所有制经济组织。其财产的构成就包含了非公共财产的成分，如果按照对象必须是公共财产的理论来认定贪污罪的话，那么，如何认定这类包含非公有成分的混合所有制经济组织中的公共财产呢？对此，学界主要有三种主张：第一种主张按国有、集体的股份或出资比例认定；第二种主张国有、集体控股企业，应全额认定为公共财产，不控股的企业按股份或出资比例认定；第三种主张是只要是有公有资产的混合体经济，就应全额认定为公共财产。我们同意第三种意见，只要有公有资产的混合体经济就应全额认定为公共财产。

• 适用指引 •

《刑法》第 91 条的规定是对公共财产的界定，从该条看，刑法上所认为的公共财产包括两部分：一部分是纯正的公共财产；另一部分是法律拟制的公共财产。

纯正的公共财产包括三项：（1）国有财产，即全民所有的财产，由国家代表全体人民行使所有权。任何财产都可以成为国有财产，而且根据相关法律的规定，某些财产如矿藏、水流、军事设施等只能成为国有财产。（2）劳动群众集体所有的财产。该部分财产是指由劳动群众集体依法占有、使用、收益和处分的财产。根据法律的规定，除了依法只能属于国家专有的财产外，其他财产都可以成为劳动群众集体所有。在我国，劳动群众集体主要包括以基层行政区域为单位的集体组织、城镇集体联合经济组织、由劳动群众集资入股建立起来的合作社组织、国家机关和全民所有制企事业单位内部的集体企业、社会团体。[1]（3）用于扶贫和其他公益事业的社会捐助或者专项基金的财产。这部分财产中，社会捐助的财产有一部分可能原本属于私有财产，但是经其所有权人的处分，捐助给国家用于扶贫或者其他公益事业，因此其所有权已转移给国家。

《刑法》第91条第2款规定的是法律拟制的公共财产，即这部分财产的所有权本属于私人，但其在国家机关、国有公司、企业、集体企业和人民团体管理、使用或者运输中，为了实现除所有权以外的其他重要价值，故法律规定其以公共财产论。

近年来，出现国家控股、参股的混合所有制企业，对于其中的财产性质如何认定有不少争议。一般来说，应当结合相关工作人员的性质来认定，认定其工作人员利用职务之便非法占有该单位的财物，是定贪污罪还是职务侵占罪，关键不在于是否将其财物的性质认定为公共财物，也不在于该单位财产中的公共财产占多大比例，而在于行为人是否属于受国有单位委派到该单位从事公务的国家工作人员，以及其非法占有该单位的财物是否利用了其职务上的便利，是否侵犯了其职务行为的廉洁性。[2]

第九十二条　私人财产的范围

【法律规定】

• 法律条文 •

《中华人民共和国刑法》

第九十二条　本法所称公民私人所有的财产，是指下列财产：

（一）公民的合法收入、储蓄、房屋和其他生活资料；

（二）依法归个人、家庭所有的生产资料；

（三）个体户和私营企业的合法财产；

（四）依法归个人所有的股份、股票、债券和其他财产。

---

① 参见刘家琛主编：《新刑法条文释义》（新编本·上），人民法院出版社2001年版，第351~353页。

② 高铭暄主编：《刑法专论》（下编），高等教育出版社2002年版，第787页。

【案例】

江某宝等贪污案①

● 案件事实 ●

江苏省机械研究设计院（以下简称设计院）标准化室系设计院下属部门，主要负责标准网建设、标准资料发行、办培训班及工作站等工作。工作站是江苏省机械厅委托设计院设立的负责全省范围内机械行业认证前咨询工作的机构，设计院院长傅某某兼任工作站副站长，江某宝为标准化室主任具体负责工作站的日常工作。工作站于1996年成立后，经江某宝及傅某某做工作，已从设计院副院长岗位上退休的刘某某应聘到工作站。1997年朱某文从设计院机电室被聘到工作站。江某宝、朱某文及刘某某均相对固定地从事咨询工作。1996年设计院制定《工作站财务收支及分配办法（暂行）》，规定认证咨询收入总额的35%（实际操作中为30%）作为工作站直接参与的工作人员和外聘人员的所有成本支出。1996年至2000年间，江某宝按到账咨询费提取30%作为咨询成本，具体操作方式是，在设计院主要领导同意的前提下，1996年由江某宝、1997年起由朱某文以假冒专家签名的方式制作假的发放清单，由江某宝以发放外聘专家咨询劳务费的名义，经报批后提取咨询成本、中介费及其他费用共计646306元（已扣税），设计院以江某宝提供的报告及发放清单按成本支出做账，财务账目上不反映中介费及其他费用。江某宝全权支配所提取的费用，共计发放638192元，并制作发放费用明细表予以记录，其中咨询成本主要用于发放参与咨询工作人员的劳务费，江某宝自1996年至2000年共计领取85650元，朱某文自1997年至2000年共计领取65770元，刘某某自1996年至2000年共计领取94650元，证人周某某、姜某等亦领取了相应的咨询劳务费。此外，标准化室的工作人员从事标准资料发行及办培训班等工作时，除正常的工资、奖金外，还领取相应的劳务费。

● 裁判要旨 ●

假冒签名领取的应得劳务费属于公民私人财产。

● 裁判理由 ●

江苏省南京市雨花台区人民法院经审理后认为：本案被告人江某宝、朱某文假冒专家签名并由被告人江某宝以此方式提取费用646306元，是在设计院

① 参见江苏省南京市中级人民法院（2002）宁刑终字第305号。

法定代表人傅某某院长知情并同意的情况下实施的，在长达5年的时间里，被告人江某宝一直以此方式提取费用并在开展咨询工作中全权支配该费用。《工作站财务收支及分配办法（暂行）》是具体规范工作站财务收支的文件，该文件第2条规定：认证咨询收入总额的35%作为本站直接参与的工作人员和外聘人员的所有成本支出，对设计院人员参加咨询工作能否从咨询成本中领取劳务费规定不明确。在此情况下，被告人江某宝结合参加咨询工作的实际情况，给自己及被告人朱某文发放了劳务费，同时也给设计院其他工作人员发放了劳务费，其所行使的是事实上已取得的对咨询成本的支配权，其对文件的理解与执行是一致的，且与设计院《技术经济责任制暂行办法》中所确定的多劳多得的分配原则不相矛盾，与标准化室从事资料发行等工作可领取劳务费这一事实相互吻合。本案中两被告人虽在事实上领取了劳务费，但从主观上讲，两被告人是将该费用当作自己应得的劳务费领取的，且亦确实付出劳务，不能因为两被告人领取了劳务费而推定其在主观上已经预见到其行为侵犯了公共财产的所有权，并进而认定两被告人具有贪污的直接故意。客观上两被告人虽然实施了假冒专家签名的行为，但经过庭审证实该行为是得到设计院领导同意的，且实施该行为是为了提取咨询成本以进一步开展工作，与两被告人领取劳务费没有直接的、必然的联系。因此，江苏省南京市雨花台区人民法院判决被告人江某宝、朱某文无罪。

一审判决后，江苏省南京市雨花台区人民检察院不服，提出抗诉。江苏省南京市中级人民法院经审理后认为，抗诉机关提出的抗诉理由不够充分，不予支持，故裁定驳回抗诉，维持原判。

【学理分析及适用指引】

• 学理分析 •

《刑法》第92条与第91条相对应，第92条确定的是公民私人所有财产的范围，而第91条确定的是公共财产的范围。在市场经济条件下，公民获取财产的渠道多种多样，我国也鼓励公民通过合法途径致富。因此，为了适应新的经济形势需要，相对于1979年《刑法》，1997年《刑法》增加了第3~4项的规定，扩大了对公民私人所有财产的保护范围。

• 适用指引 •

公民私人所有的财产，是指公民依法对其享有占有、使用、收益和处分权的财产。《刑法》第92条所列举的公民私人所有的财产的具体内容中，有些是有交叉的。合法收入是指公民在法律许可的范围内，通过劳动或者买卖、赠与等其他方式获取的工资、稿酬、奖金、物品等财物。储蓄是指公民存入金融机构中的货币及其利息。依法归个人、家庭所有的生产资料主要是指公民依法从事副业、个体经营的生产资料。个体户和私营企业的合法财产侧重指个体户和私营企业用于经营的生产资料和经营收入。第 4 项的其他财产意在说明凡是法律所不禁止的财产，都可以成为公民所有的财产。

第九十三条　国家工作人员的范围

【法律规定】

• 法律条文 •

《中华人民共和国刑法》

第九十三条　本法所称国家工作人员，是指国家机关中从事公务的人员。

国有公司、企业、事业单位、人民团体中从事公务的人员和国家机关、国有公司、企业、事业单位委派到非国有公司、企业、事业单位、社会团体从事公务的人员，以及其他依照法律从事公务的人员，以国家工作人员论。

• 相关规定 •

《最高人民法院关于如何认定国有控股、参股股份有限公司中的国有公司、企业人员的解释》（法释〔2005〕10 号）

为准确认定刑法分则第三章第三节中的国有公司、企业人员，现对国有控股、参股的股份有限公司中的国有公司、企业人员解释如下：

国有公司、企业委派到国有控股、参股公司从事公务的人员，以国有公司、企业人员论。

《全国法院审理经济犯罪案件工作座谈会纪要》（法发〔2003〕167 号）

一、关于贪污贿赂犯罪和渎职犯罪的主体

（一）国家机关工作人员的认定

刑法中所称的国家机关工作人员，是指在国家机关中从事公务的人员，包括在各级国家权力机关、行政机关、司法机关和军事机关中从事公务的人员。

根据有关立法解释的规定，在依照法律、法规规定行使国家行政管理职权的组织中从事公务的人员，或者在受国家机关委托代表国家行使职权的组织中从事公务的人员，或者虽未列入国家机关人员编制但在国家机关中从事公务的人员，视为国家机关工作人员。在乡（镇）以上中国共产党机关、人民政协机关中从事公务的人员，司法实践中也应当视为国家机关工作人员。

（二）国家机关、国有公司、企业、事业单位委派到非国有公司、企业、事业单位、社会团体从事公务的人员的认定

所谓委派，即委任、派遣，其形式多种多样，如任命、指派、提名、批准等。不论被委派的人身份如何，只要是接受国家机关、国有公司、企业、事业单位委派，代表国家机关、国有公司、企业、事业单位在非国有公司、企业、事业单位、社会团体中从事组织、领导、监督、管理等工作，都可以认定为国家机关、国有公司、企业、事业单位委派到非国有公司、企业、事业单位、社会团体从事公务的人员。如国家机关、国有公司、企业、事业单位委派在国有控股或者参股的股份有限公司从事组织、领导、监督、管理等工作的人员，应当以国家工作人员论。国有公司、企业改制为股份有限公司后，原国有公司、企业的工作人员和股份有限公司新任命的人员中，除代表国有投资主体行使监督、管理职权的人外，不以国家工作人员论。

（三）“其他依照法律从事公务的人员”的认定

刑法第九十三条第二款规定的“其他依照法律从事公务的人员”应当具有两个特征：一是在特定条件下行使国家管理职能；二是依照法律规定从事公务。具体包括：

（1）依法履行职责的各级人民代表大会代表；

（2）依法履行审判职责的人民陪审员；

（3）协助乡镇人民政府、街道办事处从事行政管理工作的村民委员会、居民委员会等农村和城市基层组织人员；

（4）其他由法律授权从事公务的人员。

（四）关于“从事公务”的理解

从事公务，是指代表国家机关、国有公司、企业、事业单位、人民团体等履行组织、领导、监督、管理等职责。公务主要表现为与职权相联系的公共事务以及监督、管理国有财产的职务活动。如国家机关工作人员依法履行职责，国有公司的董事、经理、监事、会计、出纳人员等管理、监督国有财产等活动，属于从事公务。那些不具备职权内容的劳务活动、技术服务工作，如售货员、售票员等所从事的工作，一般不认为是公务。

《最高人民法院关于在国有资本控股、参股的股份有限公司中从事管理工作的人员利用职务便利非法占有本公司财物如何定罪问题的批复》（法释〔2001〕17号）

重庆市高级人民法院：

你院渝高法明传〔2000〕38号《关于在股份有限公司中从事管理工作的人员侵占本公司财物如何定性的请示》收悉。经研究，答复如下：

在国有资本控股、参股的股份有限公司中从事管理工作的人员，除受国家机关、国有公司、企业、事业单位委派从事公务的以外，不属于国家工作人

员。对其利用职务上的便利，将本单位财物非法占为己有，数额较大的，应当依照刑法第二百七十一条第一款的规定，以职务侵占罪定罪处罚。

此复

《最高人民法院关于农村合作基金会从业人员犯罪如何定性问题的批复》（法释〔2000〕10号）

四川省高级人民法院：

你院川高法〔1999〕376号《关于农村合作基金会从业人员犯罪如何定性的请示》收悉。经研究，答复如下：

农村合作基金会从业人员，除具有金融机构现职工作人员身份的以外，不属于金融机构工作人员，对其实施的犯罪行为，应当依照刑法的有关规定定罪处罚。

此复

《最高人民法院研究室关于国家工作人员在农村合作基金会兼职从事管理工作如何认定身份问题的答复》［法（研）明传〔2000〕12号］

四川省高级人民法院：

你院川高法〔2000〕105号《关于具有国家工作人员身份的人员在农村基金会兼职从事管理活动应如何认定犯罪主体身份问题的请示》收悉。经研究，答复如下：

国家工作人员自行到农村合作基金会兼职从事管理工作的，因其兼职工作与国家工作人员身份无关，应认定为农村合作基金会一般从业人员；国家机关、国有公司、企业、事业单位委派到农村合作基金会兼职从事管理工作的人员，以国家工作人员论。

《最高人民检察院关于佛教协会工作人员能否构成受贿罪或者公司、企业人员受贿罪主体问题的答复》（〔2003〕高检研发第2号）

浙江省人民检察院研究室：

你室《关于佛教协会工作人员能否构成受贿罪或公司、企业人员受贿罪主体的请示》（检研请〔2002〕9号）收悉。经研究，答复如下：

佛教协会属于社会团体，其工作人员除符合刑法第九十三条第二款的规定属于受委托从事公务的人员外，既不属于国家工作人员，也不属于公司、企业人员。根据刑法的规定，对非受委托从事公务的佛教协会的工作人员利用职务之便收受他人财物，为他人谋取利益的行为，不能按受贿罪或者公司、企业人员受贿罪①追究刑事责任。

---

① 根据《刑法修正案（六）》和《最高人民法院、最高人民检察院关于执行〈中华人民共和国刑法〉确定罪名的补充规定（三）》的规定，公司、企业人员受贿罪已更改为非国家工作人员受贿罪。——编者注

《最高人民检察院对〈关于中国保险监督管理委员会主体认定的请示〉的答复》（高检发字〔2000〕17号）

……对于中国保险监督管理委员会可参照对国家机关的办法进行管理。据此，中国保险监督管理委员会干部应视同国家机关工作人员……

《最高人民检察院关于〈全国人民代表大会常务委员会关于《中华人民共和国刑法》第九十三条第二款的解释〉的时间效力的批复》（高检研发字〔2000〕15号）

天津市人民检察院：

你院“关于《全国人民代表大会常务委员会关于〈中华人民共和国刑法〉第九十三条第二款的解释》的实施时间问题的请示”收悉。经研究，批复如下：

《全国人民代表大会常务委员会关于〈中华人民共和国刑法〉第九十三条第二款的解释》是对刑法第九十三条第二款关于“其他依照法律从事公务的人员”规定的进一步明确，并不是对刑法的修改。因此，该《解释》的效力适用于修订刑法的施行日期，其溯及力适用修订刑法第12条的规定。

《最高人民检察院关于贯彻执行〈全国人民代表大会常务委员会关于《中华人民共和国刑法》第九十三条第二款的解释〉的通知》（高检研发字〔2000〕12号）

一、各级检察机关要认真学习《解释》和刑法的有关规定，深刻领会《解释》的精神，充分认识检察机关依法查处村民委员会等村基层组织人员贪污、受贿、挪用公款犯罪案件对于维护农村社会稳定、惩治腐败、保障农村经济发展的重要意义。

二、根据《解释》，检察机关对村民委员会等村基层组织人员协助人民政府从事《解释》所规定的行政管理工作中发生的利用职务上的便利，非法占有公共财物、挪用公款、索取他人财物或者非法收受他人财物，构成犯罪的案件，应直接受理，分别适用刑法第三百八十二条、第三百八十三条、第三百八十四条和第三百八十五条、第三百八十六条的规定，以涉嫌贪污罪、挪用公款罪、受贿罪立案侦查。

三、各级检察机关在依法查处村民委员会等村基层组织人员贪污、受贿、挪用公款犯罪案件过程中，要根据《解释》和其他有关法律的规定，严格把握界限，准确认定村民委员会等村基层组织人员的职务活动是否属于协助人民政府从事《解释》所规定的行政管理工作，并正确把握刑法第三百八十二条、第三百八十三条贪污罪、第三百八十四条挪用公款罪和第三百八十五条、第三百八十六条受贿罪的构成要件。对村民委员会等村基层组织人员从事属于村民自治范围的经营、管理活动不能适用《解释》的规定。

四、各级检察机关在依法查处村民委员会等村基层组织人员涉嫌贪污、受贿、挪用公款犯罪案件过程中，要注意维护农村社会的稳定，注重办案的法律效果与社会效果的统一。对疑难、复杂、社会影响大的案件，下级检察机关要及时向上级检察机关请示。上级检察机关要认真及时研究，加强指导，以准确适用法律，保证办案质量。

五、各省级检察院对执行《解释》和本通知过程中遇到的新情况、新问题，要及时报告最高人民检察院。

《最高人民检察院关于镇财政所所长是否适用国家机关工作人员的批复》（高检研发字〔2000〕9号）

上海市人民检察院：

你院沪检发〔2000〕30号文收悉。经研究，批复如下：

对于属行政执法事业单位的镇财政所中按国家机关在编干部管理的工作人员，在履行政府行政公务活动中，滥用职权或玩忽职守构成犯罪的，应以国家机关工作人员论。

《最高人民检察院对〈关于中国证监会主体认定的请示〉的答复函》（高检发法字〔2000〕17号）

……中国证券监督管理委员会为国务院直属事业单位，是全国证券期货市场的主管部门。其主要职责是统一管理证券期货市场，按规定对证券期货监管机构实行垂直领导，所以，它是具有行政职责的事业单位。据此，北京证券监督管理委员会干部应视同为国家机关工作人员……

《最高人民检察院法律政策研究室关于国家机关、国有公司、企业委派到非国有公司、企业从事公务但尚未依照规定程序获取该单位职务的人员是否适用刑法第九十三条第二款问题的答复》（〔2004〕高检研发第17号）

重庆市人民检察院法律政策研究室：

你院《关于受委派的国家工作人员未按法定程序取得非国有公司职务是否适用刑法第九十三条第二款以国家工作人员论的请示》［渝检（研）〔2003〕6号］收悉。经研究，答复如下：

对于国家机关、国有公司、企业委派到非国有公司、企业从事公务但尚未依照规定程序获取该单位职务的人员，涉嫌职务犯罪的，可以依照刑法第九十三条第二款关于“国家机关、国有公司、企业委派到非国有公司、企业、事业单位、社会团体从事公务的人员”，“以国家工作人员论”的规定追究刑事责任。

此复。

《最高人民检察院法律政策研究室关于集体性质的乡镇卫生院院长利用职务之便收受他人财物的行为如何适用法律问题的答复》（〔2003〕高检研发第9号）

山东省人民检察院研究室：

你院《关于工人身份的乡镇卫生院院长利用职务之便收受贿赂如何适用法

律问题的请示》（鲁检发研字〔2001〕第10号）收悉。经研究，答复如下：

经过乡镇政府或者主管行政机关任命的乡镇卫生院院长，在依法从事本区域卫生工作的管理与业务技术指导，承担医疗预防保健服务工作等公务活动时，属于刑法第九十三条第二款规定的其他依照法律从事公务的人员。对其利用职务上的便利，索取他人财物的，或者非法收受他人财物，为他人谋取利益的，应当依照刑法第三百八十五条、第三百八十六条的规定，以受贿罪追究刑事责任。

此复。

【案例一】

赵某榜等贪污案①

• 案件事实 •

中国南车集团株洲电力机车研究所（又称株洲时代集团公司，以下简称研究所）是全民所有制企业。2000年2月28日，由研究所出资60万元，赵某榜、周某雄、余某明等25人共出资240万元，成立了株洲时代配件实业有限责任公司（以下简称配件公司），该公司负责对研究所的配件实施统一的销售与管理。根据研究所的规定，研究所通过选派、推荐出资者代表担任子公司董事长、董事或经理，并对他们进行管理和考核，以体现和维护研究所的利益。配件公司的董事长是研究所的党委书记兼副所长田某，配件公司的总经理先后由周某雄、赵某榜担任，副总经理一直由余某明担任。

经查，自1998年至2005年4月期间，赵某榜［2001年7月至2004年3月任研究所营销中心总经理，2002年3月至2004年3月兼任配件公司（技术服务公司）总经理，2004年3月任株洲时代集团副总经济师兼部长，2004年8月又兼任研究所技术服务事业部总经理］、余某明（1995年3月至2000年2月在研究所经营生产处从事营销工作，2000年3月任配件公司副总经理，2004年8月任研究所技术服务事业部副总经理）、周某雄（1993年1月任株洲时代电气绝缘有限责任公司总经理，2000年3月任配件公司总经理，2001年2月任研究所营销中心副总经理兼配件公司总经理，2001年7月任研究所监控事业部经理兼配件公司总经理，2002年3月被免去配件公司总经理，2004年8月任研究所安全装备事业部总经理）在任职期间分别利用职务之便，采用私设“小金库”、私分货款、提取“业务费”等方式，单独或共同侵占国有财产。赵某榜共计侵占499.55万元，实得298.85万元，其中，单独侵占97.85万元，

① 参见湖南省高级人民法院（2006）湘高法刑二终字第20号。

与他人共同侵占401.7万元。被告人余某明共计侵占614.9296万元，实得352.9296万元，其中，单独侵占90.4716万元，与他人共同侵占524.458万元。周某雄与他人共同侵占126.458万元，实得63万元。

• 裁判要旨 •

对“国家机关、国有公司、企业、事业单位委派到非国有公司、企业、事业单位、社会团体从事公务的人员”的界定。

• 裁判理由 •

一审法院湖南省株洲市中级人民法院经审理后认为：被告人赵某榜、余某明系国有企业从事公务的人员，其二人利用职务之便，单独或合伙非法占有国有财物，数额巨大，其行为分别构成贪污罪；被告人赵某榜、余某明、周某雄系国有企业委派到非国有企业从事公务的人员，应以国家工作人员论，其三人单独或合伙非法占有公司财物，数额巨大，其行为分别构成贪污罪。一审法院依法判决三被告人构成贪污罪。

一审判决后，三被告人均不服，提起上诉。二审法院湖南省高级人民法院经审理后认为，上诉人赵某榜在担任研究所营销中心总经理、技术服务事业部总经理期间，上诉人余某明在担任研究所技术服务事业部副总经理，在生产管理处从事营销管理期间，均属于国有企业中从事公务的人员；上诉人赵某榜、余某明、周某雄在分别担任配件公司总经理、副总经理期间，系国有企业委派到非国有企业从事公务的人员，均应以国家工作人员论。关于赵某榜、余某明、周某雄上诉及其辩护人辩护均提出赵某榜等三人在配件公司任职不属于国有企业委派到非国有企业从事公务的人员，他们不具有贪污罪的主体身份的意见和理由，以及周某雄的辩护人提出的“研究所给配件公司出资的60万元不是入股而是投资，故配件公司中没有国有资产的成分，研究所根本无权向配件公司委派人员”的意见，经查，配件公司的工商登记证明，研究所出资60万元、占配件公司20%的股权，故可认定配件公司是国有性质的研究所的参股公司，作为股东的研究所有权向配件公司委派人员从事公司管理；而且按照研究所的规定，配件公司经理的任职是由研究所按照该所人事管理权限予以决定的；研究所的有关任职文件及任职情况说明证明研究所对周某雄的任职是提名，对赵某榜和余某明的任职是推荐。虽然赵某榜、余某明、周某雄是经配件公司董事会聘任的，但这种依照《公司法》规定的选任程序不能改变赵某榜等三人在配件公司以及后来的技术服务公司任职均是由研究所决定的事实，三人在配件公司均是从事管理工作，因此赵某榜、余某明、周某雄受研究所委派在配件公司以及后来的技术服务公司工作时的身份均应以国家工作人员论处。二审法院认定三被告人的其他上诉理由和辩护意见不能成立，依法驳回赵某榜、余某明、周某雄的上诉，维持原判。

【案例二】

王某强贪污、职务侵占案①

● 案件事实 ●

王某强自1997年7月起任福建省厦门市同安区祥平街道西湖村村委会委员兼村出纳。福建省厦门市同安财政局根据厦门市财政局厦财农（2000）86号文件的通知精神，于2000年9月决定将征收的1999年生产环节农业特产税金额返还给纳税人，以减灾救助农民，恢复农业生产。同年10月8日，王某强到新民镇财政所办理完退税手续并将人民币71668元转回到该村账户上。王某强于同年12月1日将人民币25655.1元退还给各村民小组，同时要求各小组长开具收款收据并在生产环节特产税返还登记表上签名；当月王某强将该收款收据入账并填报现金收支公布表在村务公示栏公布，尔后又陆续将人民币6504.6元退还给村民王某福等人并让其在该登记表上签名。2001年3月，王某强私自在退税登记表村委会领取栏上签名，之后将该登记表入账并填报现金收支公布表在村务公示栏公布，将镇财政所退还西湖村村委会的农特产税人民币39508.3元占为己有。

一审法院福建省厦门市同安区人民法院同时查明，王某强利用村民小组长在领取退税款时签名的生产环节特产税返还登记表重复报支，将西湖村村委会的集体款人民币25655.1元占为己有。

被告人王某强将上述款项用于与他人合伙经营种植紫苏。案发后，王某强已退出全部赃款。

● 裁判要旨 ●

当村民委员会等村基层组织人员侵占公共财物时，根据其是否履行"协助人民政府从事公务"确定其行为时的身份界定。

● 裁判理由 ●

福建省厦门市同安区人民法院经审理后认为：被告人王某强身为同安区新民镇西湖村村委会委员、出纳，利用依法从事公务发放救灾救济款之职务便利，采用冒领的手段，贪污救灾救济款人民币39508.3元；同时，又利用管理

① 参见国家法官学院、中国人民大学法学院编：《中国审判案例要览（2005年刑事审判案例卷）》，人民法院出版社、中国人民大学出版社2006年版，第37～40页。

村里财物之职务便利，采用重复报支的手段，侵占村里财物人民币 25655.1 元，数额较大。根据《全国人民代表大会常务委员会关于〈中华人民共和国刑法〉第九十三条第二款的解释》的规定，王某强属于其他依照法律从事公务的人员，因此，其行为分别构成贪污罪和职务侵占罪，依法应予数罪并罚。案发后，被告人王某强认罪态度较好，且在立案前退回全部赃款，可酌情从轻处罚。辩护人提出王某强侵吞的退税款系退给村委会的，属集体所有的款项，不属救灾救济款的辩护意见，与查明的事实不符，不予采纳。因此，依法判决被告人王某强犯贪污罪，判处有期徒刑二年六个月，犯职务侵占罪判处有期徒刑十个月；总和刑期有期徒刑三年四个月，决定执行有期徒刑二年六个月。一审判决后，被告人不服，依法提起上诉。

二审法院福建省厦门市中级人民法院经审理后认为，上诉人王某强身为同安区新民镇西湖村村委会委员、出纳，利用依法从事公务发放救灾救济款之职务便利，采用冒领的手段，贪污救灾救济款人民币 39508.3 元；同时又利用管理村里财物之职务便利，采用重复报支的手段，侵占村里财务人民币 25655.1 元，数额较大，其行为分别构成贪污罪和职务侵占罪，依法应予数罪并罚。上诉人王某强提出的上诉理由，依法不能成立。原判依法定罪准确，量刑适当，审判程序合法，故裁定驳回上诉，维持原判。

【案例三】

张某涛受贿案①

• 案件事实 •

张某涛担任云南省通海县人民医院院长兼党支部书记期间，在单位采购药品和购置医疗设备过程中，利用职务之便，于 1998 年至 2003 年 8 月期间多次在其办公室、酒店、停车场等地收受他人财物，包括人民币 20 万元以及价值人民币 1600 余元的梅花牌手表一块。张某涛在通海县纪委对其劝勉谈话和“双规”期间，能如实供述受贿事实。2004 年 1 月 28 日，其亲属已替其向侦查机关退交人民币 20.5 万元及梅花手表一块。

• 裁判要旨 •

国有差额拨款的事业单位中的管理人员，依法应认为“在国有事业单位依法从事公务”从而属于刑法意义上的“国家工作人员”。

---

① 参见云南省通海县人民法院（2004）通刑初字第 38 号。

• 裁判理由 •

云南省通海县人民法院经审理后认为：被告人张某涛身为国家工作人员，不能正确履行职责，多次收受他人财物，其行为符合受贿罪的犯罪构成要件，已构成受贿罪。公诉机关指控的基本事实、罪名和情节成立，法院予以确认。《刑法》第93条规定："本法所称国家工作人员，是指国家机关中从事公务的人员。国有公司、企业、事业单位、人民团体中从事公务的人员和国家机关、国有公司、企业、事业单位委派到非国有公司、企业、事业单位、社会团体从事公务的人员，以及其他依照法律从事公务的人员，以国家工作人员论。"关于通海县人民医院的性质，被告人张某涛的辩解并不能改变通海县人民医院系国有事业单位的性质。因此，关于其不是国家工作人员的辩解及辩护人关于本案应以公司、企业人员受贿罪认定的意见，与我国现行法律规定不符，对被告人张某涛的量刑建议，与其罪行不相适应，不予采纳。

综上，云南省通海县人民法院依法判决被告人张某涛犯受贿罪，判处有期徒刑八年，并处没收财产人民币5000元。

【学理分析及适用指引】

• 学理分析 •

关于《刑法》第93条，主要在以下两个问题上存在争议：

1. 对"委派"的理解。关于委派，有学者认为，委派是一种行政法律行为，一般通过行政命令等方式进行，委派单位与被委派人之间存在行政隶属关系。

关于被委派人的身份问题，一般认为，受委派人员无论被委派前是什么身份，被委派后就自动成为国家工作人员。① 但是也有学者认为，受委派人员所属单位及其身份往往就是国家工作人员，他们在被委派前必须具有国家工作人员身份。②

关于受委派与受委托的关系，学者们一般认为，受委托人员不仅在受委托前不是国家工作人员，在被委托后也不是国家工作人员，而受委派人员无论在

---

① 参见王作富主编：《刑法》，中国人民大学出版社2007年版，第699页；陈兴良主编：《刑法学》，复旦大学出版社2003年版，第690页；杨敦先等主编：《新刑法施行疑难问题研究与适用》，中国检察出版社1999年版，第357页；等等。

② 参见丁慕英等主编：《刑法实施中的重点难点问题研究》，法律出版社1998年版，第840页；孟庆华、高秀东：《贪污罪的定罪与量刑》，人民法院出版社2001年版，第173页。

被委派前是否是国家工作人员，在被委派后都成为国家工作人员。①

对于委派的法律程序问题，一般认为，为了明确个人与国有单位之间是否存在委派关系，一般应有书面文件作证明。② 但也有学者认为，国有单位投资、参股的单位聘用代国有单位从事公务的人员，以及改制为合资、股份制公司、企业中从事公务的原国有公司、企业的人员，也应适用受委派从事公务的人员的规定，因为这些人员虽然不一定履行有关手续，但实际上具有委派性质。③

2. 对"其他依照法律从事公务的人员"的理解。有学者认为，其他依照法律从事公务的人员应当具有两个特征：（1）在特定条件下行使国家管理职能；（2）依照法律规定从事公务，如受聘用、委托从事某项公务的人员。④ 而所谓从事公务，是指代表国家机关、国有公司、企业、事业单位、人民团体等履行组织、领导、监督、管理等职责，公务主要表现为与职权相联系的公共事务以及监督、管理国有财产的职务活动，那些不具备职权内容的劳务活动、技术服务工作，如售货员、国有单位的一般工人等，他们所从事的属于劳务活动。⑤

根据相关法律、立法解释和司法解释，村委会等村基层组织人员实施犯罪行为，若在法律上认定为国家工作人员，必须注意两点：一是必须协助人民政府从事行政管理工作；二是必须利用职务之便。

• 适用指引 •

1. 根据《刑法》第93条的规定，国家工作人员的范围包括两种：

（1）国家机关工作人员。国家机关是指依法成立的行使公权力的机关。依照我国宪法规定，我国的国家机关包括五种：一是国家权力机关，即各级人民代表大会及其常务委员会；二是各级人民政府及其派出机构；三是国家监察机关，即各级国家监察委员会（与同级党的纪律检查机关合署办公）；四是国家司法机关，即各级人民法院和人民检察院；五是国家军事机关。这五类机关中从事公务的人员系国家机关工作人员。

此处要注意的是，这类工作人员是在"国家机关中从事公务的人员"，所谓的"从事公务"，是指从事国家公共事务。因此，即使在国家机关工作，但不从事公务，如国家机关聘用的清洁工等，不能认定为国家工作人员。

---

① 参见陈兴良主编：《刑法学》，复旦大学出版社2003年版，第690页；杨兴国：《贪污贿赂罪法律与司法解释应用问题解释》，中国检察出版社2002年版，第46~47页，等等。

② 参见高铭暄主编：《刑法专论》（下），高等教育出版社2002年版。

③ 参见刘家琛主编：《新刑法司法解释判解与适用》，新华出版社2002年版，第676~677页。

④ 参见王作富主编：《刑法》（第3版），中国人民大学出版社2007年版，第699页。

⑤ 参见王作富主编：《刑法》（第3版），中国人民大学出版社2007年版，第700页。

（2）准国家工作人员。“准国家工作人员”是指其虽不属于国家机关中从事公务的人员，但是由于其在工作中行使了部分国家公共事务的管理权，因此对这部分人在从事公务时的身份以国家工作人员论。主要包括三种：①国有公司、企业、事业单位、人民团体中从事公务的人员。此处的从事公务主要是指在这些单位中从事公共事务的组织、领导、指挥等职能活动。②国家机关、国有公司、企业、事业单位委派到非国有公司、企业、事业单位、社会团体从事公务的人员。此处被委派的人员在委派前的身份是什么，在所不问。③其他依照法律从事公务的人员。即除了上述列举的情况外，其他只要是依照法律从事国家公共事务管理的人，都可以被认定为国家工作人员。

2. 在法律上将村民自治组织中的人员认定为国家工作人员，必须注意以下两点：

（1）必须是协助人民政府从事行政管理工作。所谓行政管理工作，一般是指代表国家对公共事务进行组织、领导、监督、管理等职权活动。因此，如果村基层组织人员协助人民政府从事不具备职权内容的劳务活动、技术服务工作，如清洁工作等，就不能认定为协助从事行政管理工作。

（2）必须利用职务便利。即必须利用其协助人民政府从事行政管理工作的机会、条件实施非法占有公共财物、挪用公款、索取他人财物或者非法收受他人财物的行为。如果没有利用这种职务便利，则不应认定为国家工作人员。

第九十四条　司法工作人员

【法律规定】

• 法律条文 •

《中华人民共和国刑法》

第九十四条　本法所称司法工作人员，是指有侦查、检察、审判、监管职责的工作人员。

【案例】

李某某徇私枉法案①

• 案件事实 •

2010年1月中旬，身为列车乘警的李某某明知焦某某有制作伪造火车票的行为，却从焦某某处取走伪造的郑州至上海K154次火车票8张作为试用，企图将假火车票倒卖给上车补票的旅客来获取营利，票面价值1040元，后因没有客源假车票未售出，李某某将未售出的假车票销毁。

• 裁判要旨 •

铁路乘警依法属于刑法意义上的司法工作人员。

• 裁判理由 •

郑州铁路运输法院经审理认为：被告人李某某身为铁路乘警，负有预防和制止违法犯罪活动、受理并调查报警案件的职责，但其对明知是有犯罪行为需要追究刑事责任的人，故意包庇使其不受立案、侦查，并将未使用的假火车票销毁，其行为已构成徇私枉法罪。公诉机关指控罪名成立。

关于辩护人所提公诉机关指控罪名不能成立的辩护意见，经查，根据某公安处乘警支队出具的《乘警长及乘警的职责》，李某某具有“预防和制止违法犯罪活动，受理并调查报警案件”的职责，符合司法工作人员的主体特征。本案中被告人李某某明知焦某某等人在进行火车票犯罪活动，而且是伪造假火车票并予以倒卖的严重犯罪活动，其将焦某某交给其的假火车票带至值乘岗位，属于在正常的工作时间遇到自己职责范围内的犯罪线索，应当忠实履行职责予以查处。同时，假火车票在伪造有价票证犯罪中属于关键证据，而被告人李某某明知应追究焦某某等人伪造有价票证的刑事责任，不但不予查处，还将自己所掌握的焦某某交给的假火车票销毁，属毁灭证据行为，符合徇私枉法罪的客观表现。综上，被告人李某某的行为已构成徇私枉法罪，辩护人的该辩护意见不能成立，不予采纳。

公诉机关建议对被告人李某某判处有期徒刑二年零六个月至三年零六个月的刑罚。被告人李某某辩称自己能积极配合司法机关侦破此案，请求从轻处罚；被告人李某某的辩护人提出公诉机关量刑建议过重，李某某的行为未造成严重后果，可对被告人李某某适用缓刑或免予刑事处罚的量刑辩论意见。经

---

① 参见郑州铁路运输法院（2010）郑铁刑初字第105号。

查，我国《刑法》规定司法工作人员徇私枉法、徇情枉法，对明知是有罪的人而故意包庇不使其受追诉的，处五年以下有期徒刑或拘役。被告人李某某徇私枉法，依法应在上述量刑幅度内判处刑罚。法院在量刑时，对公诉机关所提量刑建议、被告人李某某及其辩护人所提量刑辩论意见均予以考虑，同时还考虑到被告人李某某认罪态度较好，酌情予以从轻处罚。根据被告人李某某的犯罪情节和悔罪表现，以及其犯罪前的一贯表现，对其适用缓刑不致再危害社会。故依照《刑法》第 399 条第 1 款、第 72 条第 1 款之规定，判决如下：被告人李某某犯徇私枉法罪，判处有期徒刑二年，缓刑二年（缓刑考验期限，从判决确定之日起计算）。

【学理分析及适用指引】

• 学理分析 •

依照我国相关法律的规定，在我国行使刑事侦查权的国家机关是公安机关、国家安全机关和人民检察院，军队保卫部门对军队内部发生的刑事案件行使侦查权，监狱对罪犯在监狱内犯罪的案件进行侦查。所谓侦查，是指特定的司法机关为证实犯罪和查获犯罪人而依法采取的专门调查工作和采取的有关强制性措施。① 在我国，行使检察权的只能是人民检察院，“检察权是指对法律的执行与遵守进行专门监督的权力”②。有权行使审判权的只能是人民法院。行使监管权的是监狱、拘役所、未成年犯管教所等罪犯改造机关以及社区矫正机构。在上述机关中，履行侦查、检察、审判、监管职责的工作人员，是司法工作人员。

值得探讨的是，单位保卫人员、治安联防人员、人民陪审员等能否成为《刑法》第 94 条所称的司法工作人员？对此，理论界有肯定论和否定论两种见解，其中，肯定论是通说，认为《刑法》第 94 条在对司法工作人员的界定中立法用的是职责而非职务。③ 非司法机关的人员或者司法机关中依法没有侦查、检察、审判、监管职责的工作人员，接受司法机关的委托协助从事侦查、检察、审判、监管活动的，在这些活动中应以司法工作人员论。

• 适用指引 •

司法工作人员，是指有侦查、检察、审判、监管职责的工作人员。司法工作人员是国家工作人员的一部分，所以国家工作人员可以构成的犯罪，如贪污

---

① 参见程荣斌主编：《刑事诉讼法》，中国人民大学出版社 1999 年版，第 275 页。

② 程荣斌主编：《刑事诉讼法》，中国人民大学出版社 1999 年版，第 92 页。

③ 参见王作富主编：《刑法分则实务研究》（下），中国方正出版社 2007 年版，第 1901 页。

罪、受贿罪等，司法工作人员都可以构成。相反，有些只能由司法工作人员才能构成的犯罪，如徇私枉法罪等，其他国家工作人员不能构成。

第九十五条　刑法意义上的重伤

【法律规定】

• 法律条文 •

《中华人民共和国刑法》

第九十五条　本法所称重伤，是指有下列情形之一的伤害：

（一）使人肢体残废或者毁人容貌的；

（二）使人丧失听觉、视觉或者其他器官机能的；

（三）其他对于人身健康有重大伤害的。

【案例】

苏某西非法进行节育手术案①

• 案件事实 •

从2004年7月1日起，苏某西在未取得执业医师资格及未办理医疗机构执业许可证的情况下，向福建省石狮市灵秀镇容卿社会事务管理委员会承包位于石狮市灵秀镇容卿村的容卿卫生所并进行非法行医。2004年8月7日晚上，苏某西应患者叶某的要求，在叶某未出具任何允许摘取节育环证明的情况下，擅自为叶某摘取宫内节育环，造成叶某子宫穿孔、肠穿孔、急性腹膜炎。经法医鉴定，叶某的伤情属重伤，伤残等级为九级。案发后，苏某西赔偿被害人叶某医药费等经济损失共计人民币1.5万元。

• 裁判要旨 •

刑法意义上的重伤标准要严格遵循《人体损伤程度鉴定标准》进行认定。

• 裁判理由 •

福建省石狮市人民法院经审理后认为：被告人苏某西未取得医生执业资格证和医疗机构执业许可证而擅自为他人摘取宫内节育器，致一人重伤，伤残等

---

① 参见福建省石狮市人民法院（2004）狮刑初字第493号。

级为九级，严重损害就诊人身体健康，其行为已构成非法进行节育手术罪。公诉机关指控的罪名成立。对于其辩护人提出的被告人苏某西具有自首情节的意见，经查，被告人苏某西是因非法进行节育手术的事实被福建省石狮市卫生局查处后而移送公安机关侦查的，其行为不属于主动、直接向司法机关投案，不符合自首的构成条件。因此，辩护人的此项意见不能成立，不予采纳。鉴于被告人苏某西在案发后能赔偿被害人的部分经济损失，且归案后认罪态度较好，有悔罪表现，可酌情给予从轻处罚。辩护人提出的对被告人苏某西从轻处罚的辩护意见予以采纳。因此，法院依法判决被告人苏某西犯非法进行节育手术罪，判处有期徒刑三年六个月，并处罚金人民币4000元。

【学理分析及适用指引】

• 学理分析 •

认定重伤，必须经由鉴定。通说认为，伤害结果应以伤害当时的伤情同治疗后的结果结合起来进行综合考量，同时也应兼顾受伤部位同被害人职业的关系等因素。[①] 伤者当时伤情严重，虽经治疗，但最终仍为重伤的，应以重伤论处；伤者当时的伤情较为严重，但基本上恢复正常或者只造成轻伤害的，不能以重伤论处。同时，必须注意伤害行为同伤害结果之间是否具有因果关系，如果因为其中介入其他不当行为而造成重伤结果的，不应认定重伤。[②]

• 适用指引 •

伤害结果的具体表现多种多样，但就其程度而言，一般分为轻微伤、轻伤、重伤和死亡四类。根据最高人民法院、最高人民检察院、司法部、公安部、国家安全部发布的《人体损伤程度鉴定标准》（2014年1月1日起施行），所谓重伤，是指使人肢体残废、毁人容貌、丧失听觉、丧失视觉、丧失其他器官功能或者其他对于人身健康有重大伤害的损伤。该标准对重伤的认定作了较详细的规定。

---

① 参见王作富主编：《刑法》，中国人民大学出版社2004年版，第389～390页。

② 参见陈兴良主编：《刑法学》，复旦大学出版社2003年版，第349页。

第九十六条　刑法意义上的“国家规定”

【法律规定】

● 法律条文 ●

《中华人民共和国刑法》

第九十六条　本法所称违反国家规定，是指违反全国人民代表大会及其常务委员会制定的法律和决定，国务院制定的行政法规、规定的行政措施、发布的决定和命令。

【案例】

中宝公司、陈某等非法买卖制毒物品案①

● 案件事实 ●

陈某于1999年5月16日，以个人名义与中宝公司签订承包合同，合同约定由陈某承包该公司合成车间，承包生产经营系列医药化工产品（CBS系列、苯基丙酮及其他医药化工产品、中间体），独立核算，自主经营，自负盈亏，承包期为3年（自1999年6月1日至2002年5月31日），经营中由中宝公司开具经营票据，办理有关账务手续，并提供行业管理方面的资料信息和国家政策法规，由陈某每年上缴中宝公司承包费，3年共计68万元。合同签订后，陈某与廖某某以及郝某、荀某林（均另案处理）合伙投资经营，陈某投股人民币5.1万元，廖某某和郝某、荀某林每人投股人民币5万元。陈某作为承包人总负责并侧重解决技术方面的问题，廖某某具体负责车间的日常生产和经营管理，郝某、荀某林二人分别负责生产和设备的维修、保养。中宝公司的合成车间开始在陈某、廖某某的组织下，生产易制毒化学品苯基丙酮，并以中宝公司的名义在有关媒体上发布广告信息。2000年1月至12月，江苏省金坛市②个体化工产品营销员周某钢主动与廖某某联系，以金坛市白塔镇鑫塔化工厂的名义，先后6次共付款人民币24万元，向中宝公司合成车间购买苯基丙酮2300公斤。

---

① 参见江苏省扬州市中级人民法院（2002）扬刑一终字第64号。

② 现为江苏省常州市金坛区。

• 裁判要旨 •

刑法意义上的“国家规定”，不仅包括全国人民代表大会及其常务委员会、国务院制定的法律法规、决定命令，也包括全国人民代表大会常务委员会批准的在我国境内有效的联合国相关公约、文件。

• 裁判理由 •

一审法院江苏省扬州市郊区人民法院经审理后认为：被告单位中宝公司超越国家相关部门对产品核准登记的经营范围，生产易制毒化学品苯基丙酮，并在境内非法买卖，被告人陈某、廖某某系直接负责的主管人员和直接责任人员，其行为均已构成非法买卖制毒物品罪。被告单位及两被告人有对其生产经营的产品用途作全面了解的义务，应当明知苯基丙酮是易制毒化学品；被告单位中宝公司超越国家相关部门对产品核准登记的经营范围，生产易制毒化学品苯基丙酮，并在境内非法买卖，其行为已违反了当时的国家规定。故被告单位中宝公司，被告人陈某、廖某某及各自的辩护人的辩解和辩护意见均不能采纳。一审判决中宝公司犯非法买卖制毒物品罪，判处罚金人民币 15 万元；分别判处陈某、廖某某有期徒刑各二年零六个月，罚金人民币 2 万元。一审判决后，被告人均不服，提起上诉。

上诉单位中宝公司认为，《联合国禁止非法贩运麻醉药品和精神药物公约》和《国家经济贸易委员会、公安部、国家工商行政管理局关于加强易制毒化学品生产经营管理的通知》不适用于本案，认定上诉单位明知苯基丙酮是易制毒化学品及上诉单位的行为已违反当时国家对易制毒化学品的规定于法无据。上诉人陈某认为《刑法》第 350 条规定的其他原料和配剂必须由国家有关主管机关颁文并公布于众，在此之前，即 2001 年 8 月 24 日前其参与生产经营苯基丙酮的行为并未触犯《刑法》，只是超越工商行政管理部门规定的经营范围，由中宝公司补办相关手续予以解决，其行为不构成犯罪。上诉人廖某某及其辩护人辩护认为，中宝公司制造、买卖苯基丙酮的行为不存在非法性，国家并无对苯基丙酮的买卖加以管制的法律、法规和文件规定，上诉人的行为不构成犯罪，一审法院将超越经营范围这一违反工商行政管理法规的行为认定为非法买卖制毒物品犯罪的前提以及将管制公告以前的行为以犯罪予以追究都是错误的。

二审法院江苏省扬州市中级人民法院经审理后认为：上诉人陈某承包的合成车间作为中宝公司的组成部分，以中宝公司的名义，在境内非法销售苯基丙酮的行为违反了国家规定。因《联合国禁止非法贩运麻醉药品和精神药物公约》已于 1989 年 9 月 4 日被全国人民代表大会常务委员会会议批准，这表明该公约也是国家规定的一部分，故被告人的行为违反了“国家规定”。上诉单位中宝公司应负刑事责任，构成非法买卖制毒物品罪；上诉人陈某作为中宝公司合成车间的承包人，是直接负责的主管人员，廖某某负责合成车间的经营、销售等，是直接责任人员，其行为亦构成非法买卖制毒物品罪。原判决认定事实清楚，证据确实、充分，定罪准确，量刑适当，审判程序合法。二审法院依法裁定驳回上诉，维持原判。

【学理分析及适用指引】

• 学理分析 •

明确“国家规定”的外延具有重要的意义，因为《刑法》分则中很多条文尤其是在经济犯罪中均有类似的表述，这也是该类特定犯罪的构成要素，这些犯罪的违法性是基于对国家规定的违反，因而是法定犯。如果行为人没有违反这些“国家规定”，则不构成犯罪。“国家规定”有广义和狭义之分。根据《刑法》第96条的规定，刑法意义上的“违反国家规定”，是指违反狭义上的“国家规定”，具体包括两方面内容：一是违反全国人民代表大会及其常务委员会制定的法律和决定（也包括批准联合国相关公约的决定）；二是违反国务院制定的行政法规、规定的行政措施、发布的决定和命令。此处的“行政法规、行政措施、决定和命令”，既包括由国务院直接制定的，也包括由国务院各部委制定经国务院批准并以国务院名义发布的决定、命令。可见，国家部委的部门规章、地方各级人大及其常委会公布的条例以及地方各级人民政府作出的决定等，可谓广义上的“国家规定”，但不属于刑法意义上的“国家规定”。

• 适用指引 •

“国家规定”包括两方面：一是全国人民代表大会及其常务委员会制定的基本法律、其他法律、法律修正案，发布的立法解释、决定等规范性法律文件都属于此处的“法律”范畴。二是国务院依法制定的规范性法律文件属于《刑法》所规定的“国家规定”。而国务院各部委制定的部门规章、地方性法规、地方政府规章等不属于“国家规定”。但是，国务院各部委制定的经国务院批准并以国务院的名义发布的决定、命令等，也属于“国家规定”。此外，全国人民代表大会常务委员会批准和国务院核准的国际条约（声明保留的条款除外）也属于“国家规定”的典型情形。

第九十七条 首要分子

【法律规定】

• 法律条文 •

《中华人民共和国刑法》

第九十七条 本法所称首要分子，是指在犯罪集团或者聚众犯罪中起组织、策划、指挥作用的犯罪分子。

• 相关规定 •

《中华人民共和国刑法》

第二十六条第二款、第三款 三人以上为共同实施犯罪而组成的较为固定的犯罪组织，是犯罪集团。

对组织、领导犯罪集团的首要分子，按照集团所犯的全部罪行处罚。

【案例】

叶某平等破坏生产经营、聚众扰乱交通秩序案①

• 案件事实 •

江西省龙南县②南亨铁矿于1997年上半年建成投产后，在开采过程中由于过度抽取地下水，导致靠近铁矿采矿点的三星村的一些农户房屋出现裂缝、田土下陷，江西省龙南县南亨乡政府与南亨铁矿按照相关规定对受损村民进行补偿。鉴于三星小学校舍已成危房，在2004年春节后开学时，乡教委研究决定临时撤并三星小学教学点，学生暂时分流到其他小学借读，学生的课桌椅在决定后也搬到了借读的学校。因学生到乡中心小学上学比较远，引起部分三星村村民不满。

2004年2月10日，学生仍未报到开学，部分家长认为三星小学被撤销了，便邀约到乡政府去。一百多名村民遂分乘几辆汽车到南亨乡政府闹事。经乡干部劝解，包括叶某平、叶某柱、赖某秀、陈某娣在内的村民才离开。上午11时许，村民回到三星村后，又来到南亨铁矿，部分村民说赔偿太低，要求铁矿

---

① 参见江西省赣州市中级人民法院（2005）赣中刑一终字第23号。

② 现为龙南市。

停止开采，叶某平、叶某柱及村民叶汉成、叶金胜等人煽动赖某秀、陈某娣等妇女打砸铁矿办公区及生活区的财物，乡干部及派出所民警接到报告后赶到现场也无法制止。下午 2 时许，叶某来来到现场与乡干部纠缠，并煽动妇女打砸东西。当日被毁财物损失 11403 元。第二天上午 9 时许，叶某平、叶某柱、叶某来、赖某秀及其他三星村村民又陆续来到铁矿，在他们的鼓动下，赖某秀、陈某娣等三星村妇女拆开配电房木板，用石头将发电机组、仪表、开关、电线等砸毁，上述财物受损的直接经济损失为 34442 元。

当天中午 12 时许，接到报警的公安民警乘两部警车来到三星村 105 国道边，叶某平、叶某柱、叶某来、赖某秀、陈某娣等人跑向 105 国道拦车，在国道上设置路障，堵塞了国道交通。后来村民越聚越多，约有 200 多人堵在国道上，直到下午 6 时多，在县委、县政府组织的公检法司等部门的干部、民警疏导下，闹事群众才逐渐散去，国道才疏通。

• 裁判要旨 •

聚众犯罪中，实施犯罪的组织、策划和指挥行为的犯罪分子，应依法认定为该聚众犯罪的“首要分子”。

• 裁判理由 •

该案经一审法院江西省龙南县人民法院审理后，被告人不服，上诉至江西省赣州市中级人民法院，江西省赣州市中级人民法院以“原判认定事实不清”为由发回重审。原审法院经重审后认为：在三星村村民以泄愤和阻止南亨铁矿继续生产为目的，聚众砸打铁矿生产设施过程中，被告人叶某平、叶某柱、叶某来时而编造并散布谣言煽动众人情绪，时而指挥并积极参加毁坏铁矿财物，被告人赖某秀、陈某娣则主动参加毁坏铁矿财物，在毁坏铁矿财物中起到了主要作用，五被告人的行为均构成破坏生产经营罪。被告人叶某平、叶某柱煽动众多村民堵塞国道交通达 6 小时之久，在聚众犯罪中起到了组织、指挥作用，且情节严重，构成聚众扰乱交通秩序罪。鉴于本案的发生有一定的原因，可酌情对其从轻处罚。为保护合法财产权利不受侵犯，维护正常的生产秩序和社会管理秩序，打击犯罪，依法判决被告人叶某平犯聚众扰乱交通秩序罪，判处有期徒刑二年，犯破坏生产经营罪，判处有期徒刑二年，决定执行有期徒刑四年；被告人叶某柱犯聚众扰乱交通秩序罪，判处有期徒刑二年，犯破坏生产经营罪，判处有期徒刑二年，决定执行有期徒刑四年；被告人叶某来犯破坏生产经营罪，判处有期徒刑一年九个月；被告人赖某秀犯破坏生产经营罪，判处有期徒刑一年六个月；被告人陈某娣犯破坏生产经营罪，判处有期徒刑一年；被告人叶某来、赖某秀的行为不构成聚众扰乱交通秩序罪。

重审判决作出后，五名被告人均不服，以“当自己的财产、人身权利受到南亨铁矿的不法侵害时，村民制止铁矿抽取地下水的行为，不应认为是犯罪"等为由，上诉辩称无罪。上诉人叶某平和叶某柱及其辩护人均辩称其不是聚众扰乱交通秩序的首要分子。

二审法院江西省赣州市中级人民法院经审理后认为：上诉人叶某平、叶某柱、叶某来、赖某秀、陈某娣以泄愤报复为目的，煽动部分三星村村民或者积极参与砸毁南亨铁矿的机器设备和生活设施，上诉人叶某平、叶某柱还不听政府及有关部门的劝阻，煽动部分村民堵塞国道交通，意图通过聚众扰乱活动来对有关部门施加压力，以实现自己的某种要求，其行为已严重地扰乱了正常的生产秩序、交通秩序。五上诉人的行为均构成破坏生产经营罪，上诉人叶某平、叶某柱还构成聚众扰乱交通秩序罪。原审人民法院为保护公私合法财产不受侵犯，维护社会管理秩序，依法追究其刑事责任是正确的，上诉人叶某平等五人及其辩护人提出叶某平等人的行为不构成犯罪，不符合事实和法律，上诉人陈某娣要求改判缓刑也无依据。鉴于本案事出有因，为贯彻惩罚为辅、教育为主的刑法原则，对五上诉人的量刑在原判的基础上均可再从轻处罚。从而撤销原审法院刑事判决中对被告人叶某平等五人的量刑部分，对五被告人在量刑上均作出比原判更轻的判决。

【学理分析及适用指引】

● 学理分析 ●

依据《刑法》第 97 条的规定，首要分子包括两种情况：

1. 在犯罪集团中起组织、策划、指挥作用的犯罪分子。根据《刑法》第 26 条第 2 款的规定，所谓犯罪集团，是指 3 人以上为共同实施犯罪而组成的较为固定的犯罪组织。构成犯罪集团，必须具备如下条件：[①]（1）主体数量的特定性，即犯罪集团的主体必须是 3 人以上；（2）犯罪目的的明确性；（3）犯罪活动的组织性，犯罪集团中，组成人员比较固定，内部之间具有领导与被领导的关系；（4）成员的稳定性。

犯罪集团中的首要分子都是主犯，因此在犯罪集团的成员中区分首要分子与非首要分子关系到定罪量刑问题。

2. 在聚众犯罪中起组织、策划、指挥作用的犯罪分子。根据我国《刑法》的规定，聚众犯罪分为两种：（1）属于共同犯罪的聚众犯罪，其中又包括全部具有可罚性的聚众犯罪，如暴动越狱罪，和部分具有可罚性的聚众犯罪，如聚众扰乱社会秩序罪处罚首要分子和积极参加者；（2）不属于共同犯罪的聚众犯罪，只处罚首要分子，其他不问，如聚众扰乱公共场所秩序、交通秩序罪

---

① 参见王作富主编：《刑法》，中国人民大学出版社 2004 年版，第 137 ~ 138 页。

等。在前一种情况下，首要分子是主犯；在后一种情况下，不存在共同犯罪，故不存在主犯的问题。在后一种情况下，认定是否为首要分子是区分罪与非罪的关键。

根据《刑法》第 26 条第 3 款的规定，对组织、领导犯罪集团的首要分子，按照集团所犯的全部罪行处罚。对具有全部可罚性和部分可罚性的聚众犯罪中的首要分子，应当按照其所参与的或者组织、指挥的全部犯罪处罚。而对于不属于共同犯罪的聚众犯罪中的首要分子，应当结合该聚众犯罪的社会危害性、情节等进行综合考量，进行处罚。

• 适用指引 •

所谓首要分子，是指在犯罪集团或者聚众犯罪中起组织、策划、指挥作用的犯罪分子。认定是不是首要分子，关键看其在犯罪集团或者聚众犯罪中是否起到了组织、策划或者指挥作用，即应主要以其在犯罪集团或者聚众犯罪中的实际作用为判断标准，而不应仅仅以其头衔等加以认定。首要分子可以是一人，也可以是二人以上。

第九十八条　“告诉才处理”的含义

【法律规定】

• 法律条文 •

《中华人民共和国刑法》

第九十八条　本法所称告诉才处理，是指被害人告诉才处理。如果被害人因受强制、威吓无法告诉的，人民检察院和被害人的近亲属也可以告诉。

• 相关规定 •

《中华人民共和国刑法》

第二百四十六条　以暴力或者其他方法公然侮辱他人或者捏造事实诽谤他人，情节严重的，处三年以下有期徒刑、拘役、管制或者剥夺政治权利。

前款罪，告诉的才处理，但是严重危害社会秩序和国家利益的除外。

通过信息网络实施第一款规定的行为，被害人向人民法院告诉，但提供证据确有困难的，人民法院可以要求公安机关提供协助。

第二百五十七条　以暴力干涉他人婚姻自由的，处二年以下有期徒刑或者拘役。

犯前款罪，致使被害人死亡的，处二年以上七年以下有期徒刑。

第一款罪，告诉的才处理。

第二百六十条 虐待家庭成员，情节恶劣的，处二年以下有期徒刑、拘役或者管制。

犯前款罪，致使被害人重伤、死亡的，处二年以上七年以下有期徒刑。

第一款罪，告诉的才处理，但被害人没有能力告诉，或者因受到强制、威吓无法告诉的除外。

第二百七十条 将代为保管的他人财物非法占为己有，数额较大，拒不退还的，处二年以下有期徒刑、拘役或者罚金；数额巨大或者有其他严重情节的，处二年以上五年以下有期徒刑，并处罚金。

将他人的遗忘物或者埋藏物非法占为己有，数额较大，拒不交出的，依照前款的规定处罚。

本条罪，告诉的才处理。

《中华人民共和国刑事诉讼法》

第一百零八条第三项、第六项 本法下列用语的含意是：

（三）"法定代理人"是指被代理人的父母、养父母、监护人和负有保护责任的机关、团体的代表；

（六）"近亲属"是指夫、妻、父、母、子、女、同胞兄弟姊妹。

第一百一十四条 对于自诉案件，被害人有权向人民法院直接起诉。被害人死亡或者丧失行为能力的，被害人的法定代理人、近亲属有权向人民法院起诉。人民法院应当依法受理。

【案例】

蔡某陵侵占案[①]

• 案件事实 •

蔡某陵于2000年5月与王某之母胡某玉恋爱、同居并受雇为王某驾驶羚羊出租车。2002年10月30日，蔡某陵在胡某玉家中盗取车主王某与黄埔实业有限公司签订的出租车承包经营合同。当天，蔡某陵将羚羊出租车以16.75万元卖给张某某，张某某付给了蔡某陵15.5万元人民币。蔡某陵获款后，当即用3780元购买了摩托罗拉V70型手机一部，将大部分赃款存入银行，并携带部分赃款外出躲藏。2003年1月13日，蔡某陵被公安机关抓获归案，其存入银行的赃款124642元和摩托罗拉V70型手机一部被公安机关追缴并发还给王某。审判时，蔡某陵尚有26578元无力退还。

---

① 参见重庆市南岸区人民法院（2003）南刑初字第194号。

• 裁判要旨 •

刑法意义上的“侵占罪”属于法定的“告诉才处理”的犯罪行为。

• 裁判理由 •

重庆市南岸区人民法院经审理后认为：被告人蔡某陵是自诉人即车主王某聘请的出租车驾驶员，蔡某陵在驾车营运过程中，负有对该车代为保管的义务。蔡某陵在驾驶该车营运中私自将王某的出租汽车销售给张某某的事实成立。控辩双方对此无分歧意见。

控辩双方争议的焦点在于，蔡某陵侵占的数额是16.75万元还是30358元，即本案是属数额巨大或是数额较大？这涉及罪轻、罪重的认定。重庆市南岸区人民法院认为，控方指控蔡某陵侵占金额是16.75万元，是按蔡某陵与张某某协议买卖车辆的价格来认定的，而蔡某陵实际占有可处分的金额是15.5万元。张某某尚欠的1.25万元，蔡某陵直至被抓获归案前均未实际取得。

辩方认为蔡某陵侵占的金额30358元，是按蔡某陵实际挥霍的数额来认定的。理由是公安机关将蔡某陵存入银行的赃款和在张某某处追退的金额均作为蔡某陵已退还的数额，不应作为蔡某陵侵占的数额。重庆市南岸区人民法院认为，蔡某陵将他人代为保管的财物变卖后，将赃款15.5万元占有并潜逃外地，在不足两个半月内大肆挥霍赃款3万余元，与车主王某及其亲友断绝音信，使车主王某不能寻找蔡某陵的下落，追索主张其财产权利。蔡某陵在此期间，均未直接或间接地表示过要退还其非法占有的财产。而公安机关依职权将蔡某陵存入银行的赃款冻结追缴，不能视为蔡某陵已退还财物的行为。因此，重庆市南岸区人民法院认定蔡某陵侵占的数额为15.5万元，属数额巨大，蔡某陵的行为已构成侵占罪。鉴于被告人蔡某陵尚能认罪，客观上已追回大部分赃款，可酌情从轻处罚。

据此，重庆市南岸区人民法院依法判决被告人蔡某陵犯侵占罪，判处有期徒刑二年，并处罚金人民币2万元；责令被告人蔡某陵退赔自诉人王某经济损失26578元。

【学理分析及适用指引】

• 学理分析 •

根据我国《刑法》和《刑事诉讼法》的规定，告诉才处理的案件包括四种案件：侮辱、诽谤案（严重危害社会秩序和国家利益的除外）、暴力干涉婚姻自由案（致使被害人死亡的除外）、虐待案（致使被害人重伤、死亡的除外）和侵占案。一般来说，应当由被害人直接向人民法院提起诉讼，公安机关、人民检察院不予介入。但是为了保证被害人在受到强制、威吓而无法告诉的情况下，仍能保护其权益，法律规定人民检察院和被害人的近亲属也可以告诉。根据《刑事诉讼法》第106条的规定，近亲属是指夫妻、父母、子女、同胞兄弟姊妹。根据《最高人民法院关于适用〈中华人民共和国刑事诉讼法〉的解释》第317条的规定，如果在被害人无法告诉或者不能亲自告诉的情况下，其法定代理人、近亲属告诉或者代为告诉的，人民法院应当依法受理。

• 适用指引 •

对于一些告诉才处理的案件，被害人往往很难收集证据，有学者主张可由公安机关或者人民检察院进行一定的侦查，收集证据。这是一个在刑事立法学上值得探讨的问题，但就现有的法律规定来说，这样做是不妥的，它违反了刑事自诉的立法精神。在这种情况下，被害人可以申请人民法院调取相关证据，人民法院也可以依职权调取相关证据，人民法院在审理时还可以依法对被告人采取相关的强制措施，以保证刑事自诉案件的审理顺利进行。

第九十九条 以上、以下、以内的含义

【法律规定】

• 法律条文 •

《中华人民共和国刑法》

第九十九条 本法所称以上、以下、以内，包括本数。

【案例】

杨乃辉挪用公款案①

• 案件事实 •

广西壮族自治区北流市人民法院审理广西壮族自治区北流市人民检察院指控原审被告人杨乃辉犯挪用公款罪一案，于2017年2月18日作出（2017）桂0981刑初29号刑事判决。原审被告人杨乃辉不服，向广西壮族自治区玉林市中级人民法院提出上诉。广西壮族自治区玉林市中级人民法院于2017年4月13日立案并依法组成合议庭，同年5月11日公开开庭进行了审理。广西壮族

---

① 参见广西壮族自治区玉林市中级人民法院（2017）桂09刑终172号。

自治区玉林市人民检察院指派检察员刘剑出庭履行职务，上诉人杨乃辉及其辩护人邹宗岐到庭参加诉讼。现已审理终结。

原判认定，2011 年 3 月的一天，杨乃辉利用其担任北流市新圩供销社会计的职务便利，经与时任北流市新圩供销社理事会主任的陈某（已判刑）商量后，将北流市新圩供销社的资金 22 万元以陈某的名义定期一年存入中国农业银行北流市新圩支行。2012 年 4 月 1 日，杨乃辉将该款的本金及利息共计 22.66126 万元取出，将其中的 22 万元本金归还后，将其中的 0.66 万元利息款与陈某进行私分，每人分得 0.33 万元。

• 裁判要旨 •

追诉时效计算中，要明确具体法定刑幅度中的“以上、以下”均包括本数在内。

• 裁判理由 •

原审法院认为，杨乃辉身为国家工作人员，利用职务上的便利，伙同他人挪用公款进行营利活动，数额较大，其行为构成了挪用公款罪。杨乃辉及其同伙共同实施了挪用公款犯罪，是共同犯罪。在共同犯罪中，杨乃辉事前与陈某合谋挪用公款，事中负责存钱、取钱，事后与陈某平分赃款，积极实施了挪用公款的犯罪行为，起主要作用，是主犯，依法应当按照其所参与的全部犯罪处罚。杨乃辉归案后如实供述了自己的罪行，并在庭审中自愿认罪，依法可对其从轻处罚。杨乃辉主动退出违法所得人民币 6600 元，可酌情从轻处罚。原审法院依照《刑法》第 384 条第 1 款、第 93 条第 2 款，《最高人民法院、最高人民检察院关于办理贪污贿赂刑事案件适用法律若干问题的解释》第 6 条，《最高人民法院关于办理挪用公款案件具体应用法律若干问题的解释》第 2 条第 1 款第 2 项、第 3 条的规定，作出判决：一、被告人杨乃辉犯挪用公款罪，判处有期徒刑七个月；二、被告人杨乃辉退出挪用公款的违法所得人民币 6600 元，没收上缴国库。

杨乃辉上诉提出的理由及辩护人提出的辩护意见是：（1）本案中，杨乃辉挪用公款犯罪的追诉时效已过，不应追究杨乃辉的刑事责任；（2）在挪用公款的共同犯罪中，杨乃辉是从犯。

广西壮族自治区玉林市人民检察院的出庭意见是：原判认定杨乃辉犯挪用公款罪的事实清楚，证据确实、充分，定罪准确，量刑适当，审判程序合法，建议二审法院驳回杨乃辉的上诉，维持原判。

二审法院审理查明的事实与原判认定的事实相同。原判认定事实的证据来源合法，内容客观、真实，证据间能相互印证，并经原审法院和二审法院庭审质证、认证属实，二审法院依法予以确认。二审法院审理期间，上诉人杨乃辉及其辩护人均没有提供新的证据。

对于上诉人的上诉理由及辩护人的辩护意见，本院综合评析如下：

1. 杨乃辉上诉及其辩护人提出，本案杨乃辉挪用公款犯罪的追诉时效已过，不应追究杨乃辉的刑事责任。经核查，根据《刑法》第384条第1款及《最高人民法院、最高人民检察院关于办理贪污贿赂刑事案件适用法律若干问题的解释》第6条的规定，杨乃辉挪用公款22万元进行营利活动，应认定为挪用公款数额较大，依法应在五年以下有期徒刑或者拘役的量刑幅度内处刑。同时，根据《刑法》第87条第1项、第2项的规定：法定最高刑为不满五年有期徒刑的，经过五年不再追诉；法定最高刑为五年以上不满十年有期徒刑的，经过十年不再追诉。第99条规定，《刑法》所称以上、以下、以内，包括本数。因此，根据上述法律规定，杨乃辉挪用公款数额较大，应判处五年以下有期徒刑或拘役，而"以下"包括本数，即对其所判处的最高刑罚是五年，认定其追诉时效应适用《刑法》第87条第2项规定，即对其所犯罪行的追诉时效为十年。检察机关对杨乃辉立案侦查的时间为2016年10月25日，综上，本案在十年的追诉期内，应依法追究杨乃辉的刑事责任。

2. 杨乃辉上诉及其辩护人提出，在挪用公款的共同犯罪中，杨乃辉是从犯。经核查，杨乃辉事前与同案人陈某商量挪用公款，事中负责将公款挪出存入银行获取利息，事后与同案人平分赃款，因此，其在挪用公款犯罪中亦起到了积极、主要的作用，原判认定其为主犯有事实和法律依据。

综上所述，杨乃辉的上诉理由和辩护人的辩护意见不成立，二审法院不予采纳；广西壮族自治区玉林市人民检察院的出庭意见正确，二审法院予以采纳。

二审法院认为，上诉人（原审被告人）杨乃辉身为国家工作人员，利用职务上的便利，伙同他人挪用公款进行营利活动，数额较大，其行为构成了挪用公款罪。杨乃辉伙同他人共同实施挪用公款犯罪，是共同犯罪。在共同犯罪中，杨乃辉起主要作用，是主犯，依法应当按照其所参与的全部犯罪处罚。杨乃辉归案后如实供述自己的罪行，并在庭审中自愿认罪，是坦白，依法可从轻处罚。杨乃辉主动退出其违法所得6600元，可酌情从轻处罚。综上，原判定罪准确，量刑适当，审判程序合法，但计算杨乃辉挪用公款追诉期限的方法有误，法院依法予以纠正，但经法院按照正确的方法计算本案的追诉期限后，本案未过追诉期限，因此，法院对原判的定罪与量刑予以维持。杨乃辉提出的上诉理由不成立，依法不予采纳。二审法院依照《刑事诉讼法》第25条第1款第1项的规定，裁定如下：驳回上诉，维持原判。

【学理分析及适用指引】

• 适用指引 •

《刑法》条文中大量存在“以上”“以下”或“以内”的表述，第99条是对这些用语含义的统一规定，根据该规定，“以上”“以下”“以内”均包括本数。从《刑法》具体条文看，有些是对具体数目的规定，如《刑法》第42条规定：拘役的期限，为1个月以上6个月以下，即根据犯罪的具体情况，拘役刑可以在1个月至6个月之间进行选择，既可以判处犯罪分子拘役1个月，也可以判处拘役6个月。有些是对本级、本刑种的规定，如《刑法》第65条第1款规定：被判处有期徒刑以上刑罚的犯罪分子，刑罚执行完毕或者赦免以后，在5年以内再犯应当判处有期徒刑以上刑罚之罪的，是累犯，应当从重处罚，但是过失犯罪除外。其中的“以上”是指包括有期徒刑、无期徒刑、死刑在内的刑种，即使前后两罪均被判处6个月有期徒刑，也构成累犯。又如《刑法》第79条规定：对于犯罪分子的减刑，由执行机关向中级以上人民法院提出减刑建议书。人民法院应当组成合议庭进行审理，对确有悔改或者存在立功事实的，裁定予以减刑。其中的“以上”是指包括中级人民法院在内的中级及高级人民法院。

与上述用语有关的《刑法》中用于表述数目的用语还有“超过”“不满”“少于”“以外”等，这些用语均不包括本数。如《刑法》第49条规定：犯罪的时候不满18周岁的人和审判时候怀孕的妇女，不适用死刑。其中的“不满”不包括18周岁，亦即当行为人满18周岁，即使是刚好满18周岁，也可以适用死刑。

第一百条　前科

【法律规定】

• 法律条文 •

《中华人民共和国刑法》

第一百条　依法受过刑事处罚的人，在入伍、就业的时候，应当如实向有关单位报告自己曾受过刑事处罚，不得隐瞒。

犯罪的时候不满十八周岁被判处五年有期徒刑以下刑罚的人，免除前款规定的报告义务。

• 相关规定 •

《最高人民法院、最高人民检察院、公安部、司法部关于未成年人犯罪记录封存的实施办法》

第一条 为了贯彻对违法犯罪未成年人教育、感化、挽救的方针，加强对未成年人的特殊、优先保护，坚持最有利于未成年人原则，根据刑法、刑事诉讼法、未成年人保护法、预防未成年人犯罪法等有关法律规定，结合司法工作实际，制定本办法。

第二条 本办法所称未成年人犯罪记录，是指国家专门机关对未成年犯罪人员情况的客观记载。应当封存的未成年人犯罪记录，包括侦查、起诉、审判及刑事执行过程中形成的有关未成年人犯罪或者涉嫌犯罪的全部案卷材料与电子档案信息。

第三条 不予刑事处罚、不追究刑事责任、不起诉、采取刑事强制措施的记录，以及对涉罪未成年人进行社会调查、帮教考察、心理疏导、司法救助等工作的记录，按照本办法规定的内容和程序进行封存。

第四条 犯罪的时候不满十八周岁，被判处五年有期徒刑以下刑罚以及免予刑事处罚的未成年人犯罪记录，应当依法予以封存。

对在年满十八周岁前后实施数个行为，构成一罪或者一并处理的数罪，主要犯罪行为是在年满十八岁周岁前实施的，被判处或者决定执行五年有期徒刑以下刑罚以及免予刑事处罚的未成年人犯罪记录，应当对全案依法予以封存。

第五条 对于分案办理的未成年人与成年人共同犯罪案件，在封存未成年人案卷材料和信息的同时，应当在未封存的成年人卷宗封面标注“含犯罪记录封存信息”等明显标识，并对相关信息采取必要保密措施。对于未分案办理的未成年人与成年人共同犯罪案件，应当在全案卷宗封面标注“含犯罪记录封存信息”等明显标识，并对相关信息采取必要保密措施。

第六条 其他刑事、民事、行政及公益诉讼案件，因办案需要使用了被封存的未成年人犯罪记录信息的，应当在相关卷宗封面标明“含犯罪记录封存信息”，并对相关信息采取必要保密措施。

第七条 未成年人因事实不清、证据不足被宣告无罪的案件，应当对涉罪记录予以封存；但未成年被告人及其法定代理人申请不予封存或者解除封存的，经人民法院同意，可以不予封存或者解除封存。

第八条 犯罪记录封存决定机关在作出案件处理决定时，应当同时向案件被告人或犯罪嫌疑人及其法定代理人或近亲属释明未成年人犯罪记录封存制度，并告知其相关权利义务。

第九条 未成年人犯罪记录封存应当贯彻及时、有效的原则。对于犯罪记录被封存的未成年人，在入伍、就业时免除犯罪记录的报告义务。

被封存犯罪记录的未成年人因涉嫌再次犯罪接受司法机关调查时，应当主动、如实地供述其犯罪记录情况，不得回避、隐瞒。

第十条 对于需要封存的未成年人犯罪记录，应当遵循《中华人民共和国个人信息保护法》不予公开，并建立专门的未成年人犯罪档案库，执行严格的保管制度。

对于电子信息系统中需要封存的未成年人犯罪记录数据，应当加设封存标记，未经法定查询程序，不得进行信息查询、共享及复用。

封存的未成年人犯罪记录数据不得向外部平台提供或对接。

第十一条 人民法院依法对犯罪时不满十八周岁的被告人判处五年有期徒刑以下刑罚以及免予刑事处罚的，判决生效后，应当将刑事裁判文书、《犯罪记录封存通知书》及时送达被告人，并同时送达同级人民检察院、公安机关，同级人民检察院、公安机关在收到上述文书后应当在三日内统筹相关各级检察机关、公安机关将涉案未成年人的犯罪记录整体封存。

第十二条 人民检察院依法对犯罪时不满十八周岁的犯罪嫌疑人决定不起诉后，应当将《不起诉决定书》、《犯罪记录封存通知书》及时送达被不起诉人，并同时送达同级公安机关，同级公安机关收到上述文书后应当在三日内将涉案未成年人的犯罪记录封存。

第十三条 对于被判处管制、宣告缓刑、假释或者暂予监外执行的未成年罪犯，依法实行社区矫正，执行地社区矫正机构应当在刑事执行完毕后三日内将涉案未成年人的犯罪记录封存。

第十四条 公安机关、人民检察院、人民法院和司法行政机关分别负责受理、审核和处理各自职权范围内有关犯罪记录的封存、查询工作。

第十五条 被封存犯罪记录的未成年人本人或者其法定代理人申请为其出具无犯罪记录证明的，受理单位应当在三个工作日内出具无犯罪记录的证明。

第十六条 司法机关为办案需要或者有关单位根据国家规定查询犯罪记录的，应当向封存犯罪记录的司法机关提出书面申请，列明查询理由、依据和使用范围等，查询人员应当出示单位公函和身份证明等材料。

经审核符合查询条件的，受理单位应当在三个工作日内开具有／无犯罪记录证明。许可查询的，查询后，档案管理部门应当登记相关查询情况，并按照档案管理规定将有关申请、审批材料、保密承诺书等一同存入卷宗归档保存。依法不许可查询的，应当在三个工作日内向查询单位出具不许可查询决定书，并说明理由。

对司法机关为办理案件、开展重新犯罪预防工作需要申请查询的，封存机关可以依法允许其查阅、摘抄、复制相关案卷材料和电子信息。对司法机关以外的单位根据国家规定申请查询的，可以根据查询的用途、目的与实际需要告知被查询对象是否受过刑事处罚、被判处的罪名、刑期等信息，必要时，可以提供相关法律文书复印件。

第十七条 对于许可查询被封存的未成年人犯罪记录的，应当告知查询犯罪记录的单位及相关人员严格按照查询目的和使用范围使用有关信息，严格遵守保密义务，并要求其签署保密承诺书。不按规定使用所查询的犯罪记录或者违反规定泄露相关信息，情节严重或者造成严重后果的，应当依法追究相关人员的责任。

因工作原因获知未成年人封存信息的司法机关、教育行政部门、未成年人所在学校、社区等单位组织及其工作人员、诉讼参与人、社会调查员、合适成年人等，应当做好保密工作，不得泄露被封存的犯罪记录，不得向外界披露该未成年人的姓名、住所、照片，以及可能推断出该未成年人身份的其他资料。违反法律规定披露被封存信息的单位或个人，应当依法追究其法律责任。

第十八条 对被封存犯罪记录的未成年人，符合下列条件之一的，封存机关应当对其犯罪记录解除封存：

（一）在未成年时实施新的犯罪，且新罪与封存记录之罪数罪并罚后被决定执行刑罚超过五年有期徒刑的；

（二）发现未成年时实施的漏罪，且漏罪与封存记录之罪数罪并罚后被决定执行刑罚超过五年有期徒刑的；

（三）经审判监督程序改判五年有期徒刑以上刑罚的；

被封存犯罪记录的未成年人，成年后又故意犯罪的，人民法院应当在裁判文书中载明其之前的犯罪记录。

第十九条 符合解除封存条件的案件，自解除封存条件成立之日起，不再受未成年人犯罪记录封存相关规定的限制。

第二十条 承担犯罪记录封存以及保护未成年人隐私、信息工作的公职人员，不当泄漏未成年人犯罪记录或者隐私、信息的，应当予以处分；造成严重后果，给国家、个人造成重大损失或者恶劣影响的，依法追究刑事责任。

第二十一条 涉案未成年人应当封存的信息被不当公开，造成未成年人在就学、就业、生活保障等方面未受到同等待遇的，未成年人及其法定代理人可以向相关机关、单位提出封存申请，或者向人民检察院申请监督。

第二十二条 人民检察院对犯罪记录封存工作进行法律监督。对犯罪记录应当封存而未封存，或者封存不当，或者未成年人及其法定代理人提出异议的，人民检察院应当进行审查，对确实存在错误的，应当及时通知有关单位予以纠正。

有关单位应当自收到人民检察院的纠正意见后及时审查处理。经审查无误的，应当向人民检察院说明理由；经审查确实有误的，应当及时纠正，并将纠正措施与结果告知人民检察院。

第二十三条 对于2012年12月31日以前办结的案件符合犯罪记录封存

条件的，应当按照本办法的规定予以封存。

第二十四条 本办法所称“五年有期徒刑以下”含本数。

【案例】

崔某尤接送不合格兵员案[①]

• 案件事实 •

1998 年冬季征兵工作开始后，时任重庆市万州区新乡镇教办主任的崔某尤，被任命为该镇征兵领导小组成员。为了给因犯抢劫罪于 1996 年被判处有期徒刑三年缓刑四年的儿子崔某笙找条“出路”，崔某尤指使他人提供其子崔某笙表现良好、无任何违法行为的虚假政审材料，然后加盖由自己保管的镇教育办公室公章，使儿子顺利通过了政审，得以应征入伍。崔某笙到部队后，部队在政审复查时发现其政审材料是伪造的，遂对其作了除名处理。

• 裁判要旨 •

行为人在入伍前应当如实报告前科。

• 裁判理由 •

重庆市万州区人民法院经审理认为：崔某尤指使他人伪造其子崔某笙表现良好、无任何违法行为的虚假政审材料，加盖由其保管的镇教育办公室公章，使其子顺利通过了政审，得以应征入伍，其行为构成接送不合格兵员罪，判处其拘役六个月。同时撤销对其子崔某笙的缓刑，决定对其收监执行有期徒刑三年。

【学理分析及适用指引】

• 学理分析 •

近年来，理论界开始重视有关前科问题的探讨，但是对于何为前科，依然是见仁见智。理论界和实践中主要出现过以下四种解释[②]：（1）认为前科是指历史上因违反法纪而受过各种处分的事实；（2）认为前科是指曾因犯罪而受到刑罚处罚并足以构成累犯的事实；（3）认为前科是指曾因犯罪被判处有期

---

① 参见《解放军报》2001 年 5 月 6 日第 2 版。

② 参见喻伟主编：《刑法学专题研究》，武汉大学出版社 1992 年版，第 367～368 页；马克昌主编：《刑罚通论》，武汉大学出版社 2006 年版，第 708 页。

徒刑以上的刑罚且已执行完毕的事实；（4）认为前科是曾因违法犯罪而受过劳动教养（社区矫正）或刑罚处罚的事实。时至今日，上述第（1）种和第（4）种两种对前科的界定因范围失之过宽而几乎没有学者再主张。现在除了上述第（2）种和第（3）种观点外，还有学者提出如下主张：有的主张前科是指曾经被宣告犯有罪行或者被判处刑罚的事实；[①] 有的则主张行为人的前科必须同时具备受到有罪宣告和刑罚执行两个条件，仅仅受到有罪宣告而没有实际执行刑罚的，或者基于各种因素而被免除执行刑罚的，均应当视为没有前科；还有的认为前科是指曾被法院判处刑罚的事实。[②]

前科报告制度最大的缺陷在于，对于犯过罪的人，不论是故意犯罪还是过失犯罪、偶犯还是惯犯、严重犯罪还是轻微犯罪、未成年人犯罪还是成年人犯罪等，一律要报告其“前科”，这与犯罪学理论、刑法的基本原则、刑罚的目的相悖，很不利于犯罪人回归社会，也不利于犯罪的预防。理论界基本上达成共识，要求对该条文进行修改。

《刑法修正案（八）》基于宽严相济的刑事政策，创设了未成年人犯罪前科有条件地消灭制度。即在原《刑法》第 100 条后加了一款，即“犯罪的时候不满十八周岁被判处五年有期徒刑以下刑罚的人，免除前款规定的报告义务”。可见，未成年人犯罪前科消灭制度是有条件、有限度的，这里的“有条件”是指要求未成年人所犯之罪判处的是五年以下有期徒刑。所以，这能否称之为前科消灭，尚存争议和疑问，有的学者认为将其称为“前科记录封存制度”或者“前科报告免除义务”更为合理。实践中对此制度具体如何操作，有待制定更详细的规范。

为解决前科报告制度的弊端，借鉴他国经验，我国可以考虑创设除未成年人之外的有选择的前科消灭制度，即前科消灭是原则，前科保留是例外。对有前科者，经过一段时间，符合一定条件的应当消灭前科。但是，还保留对一些社会危害严重的犯罪，如危害国家安全罪的犯罪人和人身危险性大的犯罪人如惯犯等的前科。

• 适用指引 •

本条规定依法受过刑事处罚的人在入伍、就业时有报告前科的义务，有关单位有权利也有义务了解应征入伍或就业人员是否有前科。本条所称“依法受过刑事处罚的人”，是指因犯罪被法院依法宣告有罪并判处刑罚的人，即被判处主刑、并处或者单处附加刑或者被宣告缓刑的人。因此，被法院宣告有罪但未判处刑罚的人不在此列。所谓入伍，是指参加中国人民解放军部队和中国人

---

① 参见马克昌主编：《刑罚通论》，武汉大学出版社 2006 年版，第 709 页。

② 参见孙膺杰、吴振兴：《刑事法学大辞典》，延边大学出版社 1989 年版，第 874 页。

民武装警察部队。所谓就业，是指通过一定程序到国家机关、企事业单位、社会团体等单位中工作。依法受过刑事处罚的人，应当如实报告其是否受过刑事处罚，因什么罪受过何种刑事处罚、刑罚执行的情况等。

第一百零一条　刑法总则的效力

【法律规定】

• 法律条文 •

《中华人民共和国刑法》

第一百零一条　本法总则适用于其他有刑罚规定的法律，但是其他法律有特别规定的除外。

【学理分析及适用指引】

• 学理分析 •

在我国，有刑罚规定的法律包括刑法典、单行刑法、刑法修正案、附属刑法，它们在刑事立法学上都有各自不可替代的价值。我们不能因为 1997 年《刑法》制定以前单行刑法过多致使刑法规定过于分散的弊端而否定单行刑法的价值，而是应该有所选择地适用单行刑法的形式。同时要重视附属刑法的价值，在附属刑法中规定罪状和刑罚，虽然从表面上看分散了刑罚的规定，但是也带来了更多的好处，能克服许多矛盾，尤其是适用于经济刑法、行政刑法的内容。而我国目前的附属刑法更多的是宣示性规定，表述多如“违反本法规定，构成犯罪的，依法追究刑事责任”，没有独立的罪状和刑罚。

刑法典基本上分为总则与分则两部分。一般认为，《刑法》总则与《刑法》分则之间是抽象与具体、一般与个别、普遍性与特殊性的关系。①《刑法》总则规定犯罪与刑罚的一般原则和基本原理，以及刑法适用的一般规定，分则规定的是具体犯罪的罪状和法定刑，总则以相对抽象的规定对分则的规定进行指导和制约，分则的规定不得与总则的规定相冲突。

值得探讨的是，刑法修正案、单行刑法和附属刑法中能不能规定总则内容。刑法修正案是对刑法典的修正，从理论上说既可对分则内容进行修正，也可以对总则内容进行修正，因此在不损害刑法典的整体性的前提下，用刑法修正案的形式对总则内容进行一定范围内的修正是可行的。单行刑法是针对某一

① 参见王作富主编：《刑法》，中国人民大学出版社 1999 年版，第 232 页。

类特定的犯罪而制定的刑法，它可能会有不同于一般犯罪的归罪原则和处罚原则，把这些原则和分则性的条文同时规定在单行刑法中，能使单行刑法显得更具整体性，能够自成一体，更好地起到单行刑法的作用。附属刑法则由于其分散在大量的行政法律、经济法律中，其归罪原则和处罚原则具有一体性，故不宜在具体的附属刑法中规定总则内容，而应该在刑法典中就行政刑法、经济刑法中特有的归罪原则和处罚原则作出规定。这样，如果刑法典、刑法修正案、单行刑法中都有总则规定时，应适用特别法优于普通法的原则，刑法修正案对刑法典的相应的总则内容作出修正后，作为原则，所有的刑法分则性规范（包括刑法典分则规范以及刑法修正案、单行刑法的分则性规范，附属刑法）都应遵守刑法修正案中作出修正的部分。但是如果单行刑法中也有相应的总则内容的规定，而该总则规定与刑法典和刑法修正案中的总则规定相冲突时，就该单行刑法而言应适用单行刑法中的总则规定。

• 适用指引 •

所谓“其他有刑罚规定的法律”，是指刑法修正案、单行刑法、附属刑法。就我国目前的立法状况而言，这些法律规定的都是分则性的内容，因此，刑法典的总则规范与刑法修正案、单行刑法、附属刑法的关系问题，无疑是它们之间适用总则规范与分则规范之间的关系问题。

第二编　分　　则

第一章　危害国家安全罪

第一百零二条　背叛国家罪

【法律规定】

• 法律条文 •

《中华人民共和国刑法》

第一百零二条　勾结外国，危害中华人民共和国的主权、领土完整和安全的，处无期徒刑或者十年以上有期徒刑。

与境外机构、组织、个人相勾结，犯前款罪的，依照前款的规定处罚。

• 相关规定 •

《中华人民共和国刑法》

第五十六条　对于危害国家安全的犯罪分子应当附加剥夺政治权利；对于故意杀人、强奸、放火、爆炸、投毒、抢劫等严重破坏社会秩序的犯罪分子，可以附加剥夺政治权利。

独立适用剥夺政治权利的，依照本法分则的规定。

第一百一十三条　本章上述危害国家安全罪行中，除第一百零三条第二款、第一百零五条、第一百零七条、第一百零九条外，对国家和人民危害特别严重、情节特别恶劣的，可以判处死刑。

犯本章之罪的，可以并处没收财产。

【学理分析及适用指引】

• 学理分析 •

背叛国家罪，是指勾结外国或者境外机构、组织、个人，危害中华人民共和国的主权、领土完整和安全的行为。本罪的构成要件如下：

1. 本罪的客体。本罪侵犯的客体是中华人民共和国的主权、领土完整和安全。主权是一个国家处理对内对外事务的最高权力，包括立法权、司法权、行政权、外交权等；领土和主权、国民（人口）是构成国家的三大要素，其中领土包括领陆、领水、领空。领土的完整是一个国家主权独立的标志之一；作为国家的“安全”，是指国家不受域外的军事侵略。因此，这里的“安全”是狭义的，仅指军事安全，不是广义的国家安全。如果国家遭到了别国的军事侵略和占领，主权和领土完整也就失去了根本的保障，本国公民的人身财产安全就处在严重的威胁之中。所以，一个国家的主权、领土完整和安全是国家最根本的利益所在。如果危害了国家的主权、领土完整和安全，毫无疑问危害了国家的最根本利益。在古今中外的任何国家，勾结外国，危害国家的主权、领土完整和安全的行为都是最严重的犯罪行为之一。

2. 本罪的客观方面。客观方面表现为勾结外国或者勾结境外机构、组织、个人，危害中华人民共和国的主权、领土完整和安全的行为。具体行为方式包括“勾结外国”和“勾结境外机构、组织、个人”两种方式。“勾结”即暗中不正当的联系和结合，“勾结外国”包括勾结外国官方机构以及这些机构在我国的代表机构如外国政府驻我国的使馆、领馆等，也包括勾结外国的政党组织、社会团体及其他组织或个人；“勾结境外机构、组织、个人”，是指勾结我国台湾、香港、澳门等地区的官方机构、非政府组织和个人。与某些国际组织进行勾结，应视为“勾结外国”，不是这里的“勾结境外机构、组织”。行为结果是勾结外国或者境外机构、组织、个人危害了中华人民共和国的主权、领土完整和安全。危害国家主权的行为，如擅自允许外国在中国享有司法权，擅自允许外国军队进驻本国；危害领土完整的行为，如擅自与外国签订条约，割让中国领土；危害军事安全的行为，如勾结外国发动对中国的武装进攻。在外国占领中国期间，勾结外国军队对中国军队发动进攻，或者帮助外国军队扫荡中国的村庄、城镇。

3. 本罪的主体。本罪的犯罪主体必须为中国公民，即具有中国国籍的人。由本罪行为的性质决定，能够实施背叛国家罪的人一般是本国掌握党、政、军权力的人物。比如，像签订条约之类的事情，普通的中国公民是无法实施的，必须是掌握国家权力的人才能实施。但并非绝对，有些行为，普通的中国公民也可以实施，如勾结外国军队，对中国进行武装进攻、危害中国主权等。所以，普通中国公民也可以成为本罪的主体。

4. 本罪的主观方面。主观方面由故意构成，即明知自己勾结外国或者境外机构、组织、个人实施的行为会危害中华人民共和国的主权、领土完整和安全，而希望或者放任这种危害后果的发生。

• 适用指引 •

司法实践中，认定本罪应注意：

1. 关于“境外”的认定。如果与港澳台的组织或个人相勾结，危害国家主权、领土的安全和完整，能否构成背叛国家罪是司法实践中认定的一个难点。境外与外国并不相同，境外是指中华人民共和国领域以外或者领域以内中华人民共和国政府尚未实施行政管辖的地域，包括尚未回到祖国怀抱的台湾地区。所谓境外机构、组织，是指回归之前的台湾、香港、澳门等地区和外国的机构、组织及其在中华人民共和国境内设立的分支（代表）机构和分支组织。所谓境外个人，是指居住在外国和回归之前的台湾、香港、澳门等地区的人，以及居住在中华人民共和国境内不具有中华人民共和国国籍的人。此处所说的居住，不论是否取得永久居住权或长期居住权，还是短期居住权，都应视为居住。根据《刑法》第 102 条第 2 款的规定，与境外其他机构、组织、个人相勾结，危害中华人民共和国的主权、领土完整和安全的，也以本罪论处。

2. 背叛国家罪与分裂国家罪的界限。两者的主要区别是：（1）客体不同。从危害客体看，前者危害的是国家的主权、领土完整和安全，而后者侵犯的是国家的统一，国家主权和安全没有落入外国人之手，因而与勾结外国、使国家主权和安全落入外国人之手的背叛国家罪是不同的。（2）客观方面不同。从客观行为看，前者以勾结外国为要件，后者以制造分裂为目的，但不排除勾结外国的可能。

3. 背叛国家罪既遂与未遂的界限。本罪是行为犯，构成本罪并不要求在实际上已经造成危害祖国主权、领土完整和安全的结果，而是只要行为人的行为具备上述两个特征，即有勾结外国、境外机构、组织、个人，意在危害中华人民共和国主权、领土完整和安全的活动，即可构成，而且不论是处于暗中策划、秘密接触的预谋阶段，还是将计划付诸实施，都成立本罪既遂。

4. 背叛国家罪一罪与数罪的界限。行为人在勾结外国，危害中华人民共和国的主权、领土完整和安全的过程中，又实施了其他犯罪的，如投敌叛变、颠覆国家政权等，应按照处理牵连犯的原则择一重罪论处。

第一百零三条　分裂国家罪、煽动分裂国家罪

【法律规定】

• 法律条文 •

《中华人民共和国刑法》

第一百零三条　组织、策划、实施分裂国家、破坏国家统一的，对首要分子或者罪行重大的，处无期徒刑或者十年以上有期徒刑；对积极参加的，处三年以上十年以下有期徒刑；对其他参加的，处三年以下有期徒刑、拘役、管制或者剥夺政治权利。

煽动分裂国家、破坏国家统一的，处五年以下有期徒刑、拘役、管制或者剥夺政治权利；首要分子或者罪行重大的，处五年以上有期徒刑。

• 相关规定 •

《中华人民共和国刑法》

第五十六条　对于危害国家安全的犯罪分子应当附加剥夺政治权利；对于故意杀人、强奸、放火、爆炸、投毒、抢劫等严重破坏社会秩序的犯罪分子，可以附加剥夺政治权利。

独立适用剥夺政治权利的，依照本法分则的规定。

第一百一十三条　本章上述危害国家安全罪行中，除第一百零三条第二款、第一百零五条、第一百零七条、第一百零九条外，对国家和人民危害特别严重、情节特别恶劣的，可以判处死刑。

犯本章之罪的，可以并处没收财产。

《中华人民共和国反间谍法》

第二十八条　在境外受胁迫或者受诱骗参加敌对组织、间谍组织，从事危害中华人民共和国国家安全的活动，及时向中华人民共和国驻外机构如实说明情况，或者入境后直接或者通过所在单位及时向国家安全机关、公安机关如实说明情况，并有悔改表现的，可以不予追究。

《中华人民共和国香港特别行政区维护国家安全法》

第二十条　任何人组织、策划、实施或者参与实施以下旨在分裂国家、破坏国家统一行为之一的，不论是否使用武力或者以武力相威胁，即属犯罪：

（一）将香港特别行政区或者中华人民共和国其他任何部分从中华人民共和国分离出去；

（二）非法改变香港特别行政区或者中华人民共和国其他任何部分的法律

地位；

（三）将香港特别行政区或者中华人民共和国其他任何部分转归外国统治。

犯前款罪，对首要分子或者罪行重大的，处无期徒刑或者十年以上有期徒刑；对积极参加的，处三年以上十年以下有期徒刑；对其他参加的，处三年以下有期徒刑、拘役或者管制。

第二十一条 任何人煽动、协助、教唆、以金钱或者其他财物资助他人实施本法第二十条规定的犯罪的，即属犯罪。情节严重的，处五年以上十年以下有期徒刑；情节较轻的，处五年以下有期徒刑、拘役或者管制。

《全国人民代表大会常务委员会关于维护互联网安全的决定》

二、为了维护国家安全和社会稳定，对有下列行为之一，构成犯罪的，依照刑法有关规定追究刑事责任：

（一）利用互联网造谣、诽谤或者发表、传播其他有害信息，煽动颠覆国家政权、推翻社会主义制度，或者煽动分裂国家、破坏国家统一。

《最高人民法院关于审理非法出版物刑事案件具体应用法律若干问题的解释》（法释〔1998〕30号）

第一条 明知出版物中载有煽动分裂国家、破坏国家统一或者煽动颠覆国家政权、推翻社会主义制度的内容，而予以出版、印刷、复制、发行、传播的，依照刑法第一百零三条第二款或者第一百零五条第二款的规定，以煽动分裂国家罪或者煽动颠覆国家政权罪定罪处罚。

《最高人民法院、最高人民检察院关于办理妨害预防、控制突发传染病疫情等灾害的刑事案件具体应用法律若干问题的解释》（法释〔2003〕8号）

第十条第二款 利用突发传染病疫情等灾害，制造、传播谣言，煽动分裂国家、破坏国家统一，或者煽动颠覆国家政权、推翻社会主义制度的，依照刑法第一百零三条第二款、第一百零五条第二款的规定，以煽动分裂国家罪或者煽动颠覆国家政权罪定罪处罚。

《最高人民法院、最高人民检察院关于办理组织、利用邪教组织破坏法律实施等刑事案件适用法律若干问题的解释》（法释〔2017〕3号）

第十条 组织、利用邪教组织破坏国家法律、行政法规实施过程中，又有煽动分裂国家、煽动颠覆国家政权或者侮辱、诽谤他人等犯罪行为的，依照数罪并罚的规定定罪处罚。

【案例】

泽某、罗让旦真煽动分裂国家案[①]

● 案件事实 ●

1993年，罗让旦真在哇尔玛小学任教期间认识了泽某，泽某向罗让旦真谈及去印度的情况以及所听到的达赖在国外活动的情况，向罗让旦真灌输民族分裂思想。1996年，罗让旦真在泽某处借阅了从境外带回的书籍《神的旨意》《达赖喇嘛国外访谈录》，并将书中有关的反动内容摘抄下来，刻在蜡纸上，然后在藏文中学油印室油印装订成20余册，向格尔登寺和尚党某、托某等人散发，要求他们散发并以诵经的形式天天念，以祈祷实现达赖分裂国家的心愿。1997年，罗让旦真又在泽某处借得书籍《教诲论集》《未来政治》《不准供养修丹神》等书阅读，其内容均系民族分裂、藏族独立实现后的政治环境等反动内容。

1998年，泽某将境外书籍《我的家乡、我的人民》（又名《达赖喇嘛自传》）送到罗让旦真住处楼下交给其借阅。此外，罗让旦真将泽某给予的对“雪山狮子旗”的解释摘抄在自己的笔记中，并制作剪贴了两幅“雪山狮子旗”。

● 裁判要旨 ●

煽动分裂国家罪的构成须以被告人主观具有煽动分裂国家的故意为前提。

● 裁判理由 ●

四川省阿坝藏族羌族自治州中级人民法院审理阿坝藏族羌族自治州人民检察院指控原审被告人罗让旦真、泽某犯煽动分裂国家罪一案，于1999年4月16日作出（1999）阿中法刑初字第12号刑事判决，分别判处被告人罗让旦真有期徒刑五年，剥夺政治权利二年；判处被告人泽某有期徒刑四年，剥夺政治权利二年。原审被告人泽某不服，提出上诉。原审被告人泽某上诉称：因系文盲，不知《我的家乡、我的人民》一书中的反动内容，只知书中有达赖的照片，就将尼泊尔商人送的这些书带回了国，后在罗让旦真的请求下将书借给了他，没有故意向罗让旦真灌输分裂国家、民族的思想，且只借过这一本书。法院依法组成合议庭审理了本案。经过阅卷，认为事实清楚，决定不开庭审理。本案现已审理终结。

---

① 参见四川省高级人民法院（1999）川刑一终字第341号。

法院认为：原审被告人罗让旦真在阅读了宣扬分裂国家言论的书籍并接受了“藏独”思想后，将其中赞美达赖喇嘛、宣传藏族独立、分裂国家的言论摘抄油印成册散发给多人，其主观上有宣扬“藏独”思想的故意，客观上实施了宣传煽动的行为，已构成煽动分裂国家罪，应依法惩处。上诉人（原审被告人）泽某将有关达赖喇嘛和西藏独立的书籍借给罗让旦真阅看，导致罗让旦真犯罪的结果。但鉴于没有充分的证据证明泽某具有煽动分裂国家的故意，故对其诉称“没有煽动分裂国家的故意”的理由应予采纳，对泽某定罪证据不足。原判认定事实和对被告人罗让旦真的定罪量刑正确；审判程序合法；但对上诉人泽某适用法律错误。依照《刑事诉讼法》第189条第2项、第162条第2项和《刑法》第103条第2款、第56条第1款之规定，判决如下：一、维持阿坝藏族羌族自治州中级人民法院（1999）阿中法刑初字第12号刑事判决的第一项，即被告人罗让旦真犯煽动分裂国家罪，判处有期徒刑五年，剥夺政治权利三年。二、撤销四川省阿坝藏族羌族自治州中级人民法院（1999）阿中法刑初字第12号刑事判决的第二项，即被告人泽某犯煽动分裂国家罪、判处有期徒刑四年，剥夺政治权利三年。三、上诉人（原审被告人）泽某无罪。

【学理分析及适用指引】

• 学理分析 •

1. 分裂国家罪的构成。分裂国家罪，是指组织、策划、实施分裂国家、破坏国家统一的行为。本罪的构成要件如下：

（1）本罪的客体。本罪侵犯的客体是国家的统一。

（2）本罪的客观方面。客观方面表现为组织、策划、实施分裂国家、破坏国家统一的行为。分裂国家，是指将统一的国家分裂成几个部分，在中央政府之外又另立政府，对抗中央，割据一方，并自立为国，谋取国际上的承认。破坏国家统一，是指对实现国家统一的活动和进程进行阻挠、破坏，意图使国家不能实现统一。具体行为方式有三种：一是组织分裂国家、破坏国家统一的活动。即以分裂国家、破坏国家统一为目的，进行组织活动，包括组织人员、组织经费、物资等。二是策划分裂国家、破坏国家统一的活动。即以分裂国家、破坏国家统一为目的，进行策划活动，包括进行商量、计划、阴谋等活动。三是实施分裂国家、破坏国家统一的活动。即根据策划，有组织地进行具体的分裂国家、破坏国家统一的活动。按照法律规定，行为人只要实施了组织、策划、实施分裂国家、破坏国家统一其中一种行为的，就构成本罪；实施两种以上行为的，仍为一罪，不实行并罚。

（3）本罪的主体。犯罪主体为一般主体，既包括境内公民，也包括境外公民。

（4）本罪的主观方面。主观方面由故意构成。

2. 煽动分裂国家罪的构成。煽动分裂国家罪，是指煽动分裂国家、破坏国家统一的行为。本罪的构成要件如下：

（1）本罪的客体。本罪侵犯的客体是国家的统一，与分裂国家罪侵犯的客体相同。

（2）本罪的客观方面。本罪在客观方面表现为煽动分裂国家、破坏国家统一的行为。煽动，是指以语言、文字、图像等方式对他人进行鼓动、宣传。煽动的内容是分裂国家、破坏国家统一。

（3）本罪的主体。本罪的主体为一般主体。既可以是在国内有一定政治影响的人物，也可以是普通的公民；既可以是中国人，也可以是外国人。

（4）本罪的主观方面。本罪在主观方面由故意构成。

• 适用指引 •

司法实践中，认定本条规定罪名时，应注意：

1. 注意分裂国家罪与颠覆国家政权罪的界限。这两个罪的行为方式是相同的，都包含组织、策划、实施的行为，二者的区别主要是：（1）客体不同。本罪侵犯的是国家的统一，后罪侵犯的是人民民主专政的政权和社会主义制度。（2）主观方面不同。本罪的目的是分裂统一的多民族国家，后罪的目的是颠覆人民民主专政和推翻社会主义制度。（3）客观方面不同。国家被分裂，但政权依然存在的现象，是屡见不鲜的。反过来说，政权被颠覆了而国家没有分裂的现象也是屡见不鲜的。

2. 注意分裂国家罪的一罪与数罪的认定。行为人在实施分裂国家行为的过程中，又实施了危害国家安全的犯罪或者其他犯罪的，如何处理也是司法实践中的难点。对于那些在实施分裂国家行为的过程中，其构成特征又符合其他犯罪的，如果分裂国家行为与其他犯罪行为具有包容关系、竞合关系、吸收关系或者牵连关系的，应当分别按照《刑法》上处理法条竞合、想象竞合、吸收犯或者牵连犯的原则从一重罪处断，如为破坏国家统一而成立具有黑社会性质的犯罪组织或者在出版物中刊载歧视、侮辱少数民族的内容的，成立牵连犯；先煽动一部分群众分裂国家又参与其中实施分裂国家的具体犯罪行为的，教唆或者帮助行为被实行行为所吸收；勾结外国分裂国家的，成立本罪与背叛国家罪的竞合，应当以一重罪即背叛国家罪论处等。如果另行实施的其他犯罪行为与分裂国家行为不存在上述包容关系、竞合关系、吸收关系或者牵连关系，只能实行数罪并罚。

3. 注意煽动分裂国家罪与一般的错误言论界限。煽动分裂国家罪与一般的错误言论区分关系到罪与非罪问题。二者的区别可从两方面加以认识：（1）从主观方面看，煽动分裂国家罪具有特定的分裂国家、破坏国家统一的犯罪故意，而一般的错误言论在主观上或者是由于思想狭隘，或不满现状发牢骚、抱怨，行为人发表错误言论一般属于个人情绪宣泄，并不具有煽动他人产生犯罪和实施犯罪的故意。（2）从客观上看，构成煽动分裂国家罪的行为人积极地进行煽动，在分裂国家的犯罪决意下，积极实施煽动分裂国家的犯罪行为。而发表错误言论者只是在小范围内就事论事地发表消极言论。

4. 注意煽动分裂国家罪停止形态的认定。煽动分裂国家罪是举动犯。所谓举动犯是指只要行为人实施了该罪构成要件规定中的危害行为即煽动行为就构成既遂的犯罪形态。由于举动犯一经实施就构成犯罪，因此举动犯是没有未遂的。所以煽动分裂国家罪不存在犯罪未遂形态。如果行为人主观具有煽动分裂国家的犯罪意图，已经写好了几封具有煽动性的反动信件，但基于行为人自己的意志而将其烧毁，未予以传播或者由于行为人意志以外的客观原因，未能将这些信件发出去，后被查缴，这种情况具有煽动分裂国家预备或者犯罪中止的性质，但并不能因此将之视为煽动分裂国家罪的预备犯或中止犯，因为法律惩罚的只是那种具有客观煽动后果的危害行为，上述情形中行为人的言论根本不足以产生客观的煽动后果，故不以犯罪论处。

5. 注意区分煽动分裂国家罪与分裂国家罪的界限。两罪的客体是相同的，即国家的统一；两罪的目的也是相同的，即分裂国家。但它们有明显的区别：一是实施的行为不同，本罪是煽动行为，后罪是组织，策划、实施分裂的行为；二是犯罪形式不同，本罪是任意共同犯罪，即单个人即可构成，后罪是必要共同犯罪，只能以共同犯罪形式存在；三是犯罪故意的内容不同，本罪是煽动的故意，后罪是组织、策划、实施的故意；四是犯罪主体虽都是一般主体，但在实施中是有所区别的。本罪的实行者多为民族分裂主义分子，后罪的实行者则多是窃据重要地位的政界要人，也包括民族分裂主义分子。

6. 煽动分裂国家罪与其他罪想象竞合的认定。煽动分裂国家罪与其他罪的想象竞合是指行为人的行为在构成该罪的时候又符合其他犯罪构成的情形。对于想象竞合犯，没有特殊规定，应当按照所触犯的数罪中最重的罪名处罚。

7. 值得特别说明的是，2020 年 6 月 30 日十三届全国人大常委会第二十次会议通过并公布了《中华人民共和国香港特别行政区维护国家安全法》（以下简称《香港特别行政区维护国安法》）。该法对于香港特别行政区内或者针对香港特别行政区实施的分裂国家罪、煽动分裂国家罪有了特别、具体明确的规定。该法第 20 条规定：任何人组织、策划、实施或者参与实施以下旨在分裂国家、破坏国家统一行为之一的，不论是否使用武力或者以武力相威胁，即属犯罪。对首要分子或者罪行重大的，处无期徒刑或者十年以上有期徒刑；对积极参加的，处三年以上十年以下有期徒刑；对其他参加的，处三年以下有期徒刑、拘役或者管制：（1）将香港特别行政区或者中华人民共和国其他任何部分从中华人民共和国分离出去；（2）非法改变香港特别行政区或者中华人民共和国其他任何部分的法律地位；（3）将香港特别行政区或者中华人民共和国其他任何部分转归外国统治。该法第21条规定："任何人煽动、协助、教唆、以金钱或者其他财物资助他人实施本法第二十条规定的犯罪的，即属犯罪。情节严重的，处五年以上十年以下有期徒刑；情节较轻的，处五年以下有期徒刑、拘役或者管制。"从法律关系及适用规则上看，《香港特别行政区维护国安法》第20条、第21条关于分裂国家罪、煽动分裂国家罪以及资助分裂国家犯罪活动行为的规定，与《刑法》第103条关于分裂国家罪、煽动分裂国家罪以及第107条资助危害国家安全犯罪活动罪相比，可谓特殊规定，即因危害发生在香港特别行政区这一特定区域或者针对香港特别行政区这一特定对象而实施的危害行为，应优先于《刑法》第102条、第107条适用。

第一百零四条 武装叛乱、暴乱罪

【法律规定】

• 法律条文 •

《中华人民共和国刑法》

第一百零四条 组织、策划、实施武装叛乱或者武装暴乱的，对首要分子或者罪行重大的，处无期徒刑或者十年以上有期徒刑；对积极参加的，处三年以上十年以下有期徒刑；对其他参加的，处三年以下有期徒刑、拘役、管制或者剥夺政治权利。

策动、胁迫、勾引、收买国家机关工作人员、武装部队人员、人民警察、民兵进行武装叛乱或者武装暴乱的，依照前款的规定从重处罚。

• 相关规定 •

《中华人民共和国刑法》

第五十六条 对于危害国家安全的犯罪分子应当附加剥夺政治权利；对于故意杀人、强奸、放火、爆炸、投毒、抢劫等严重破坏社会秩序的犯罪分子，可以附加剥夺政治权利。

独立适用剥夺政治权利的，依照本法分则的规定。

第一百一十三条 本章上述危害国家安全罪行中，除第一百零三条第二款、第一百零五条、第一百零七条、第一百零九条外，对国家和人民危害特别严重、情节特别恶劣的，可以判处死刑。

犯本章之罪的，可以并处没收财产。

第一百零六条 与境外机构、组织、个人相勾结，实施本章第一百零三条、第一百零四条、第一百零五条规定之罪的，依照各该条的规定从重处罚。

【学理分析及适用指引】

• 学理分析 •

武装叛乱、暴乱罪，是指行为人以敌视和破坏人民民主专政和推翻社会主义制度为目的，用武装的手段组织、策划、实施投敌叛乱或武装暴乱的行为。本罪是选择性罪名，组织、策划、实施武装叛乱的，构成武装叛乱罪；组织、策划、实施武装暴乱的，构成武装暴乱罪。本罪的构成要件如下：

1. 本罪的客体。本罪侵犯的客体是复杂客体。既侵害我国人民民主专政的政权，又同时侵害国家和人民的财产安全以及公民的人身安全，但主要侵害的是我国人民民主专政的政权。

2. 本罪的客观方面。客观方面表现为武装叛乱或者武装暴乱的行为。叛乱，是指意图投靠境外组织或者境外敌对势力而反叛国家和政府。反叛的方式是采取武装手段，即配备杀伤性、破坏性的武器、弹药、爆炸物、车辆等进行爆炸、放火、杀人，破坏道路、桥梁、建筑，抢劫档案、军火或者其他物资等。暴乱，是指不以投靠境外敌对势力为目的，而是采用武力的形式，直接与国家或者政府进行对抗。应当指出的是，构成武装叛乱、暴乱罪，不仅表现为直接实施上述武装叛乱、暴乱的行为，而且包括组织、策划行为。按照法律规定，行为人只要实施了武装叛乱或者武装暴乱其中一种行为，就构成本罪；实施了两种行为的，仍为一罪，不实行并罚。

3. 本罪的主体。犯罪主体为一般主体。武装叛乱的主体只能是中国公民；武装暴乱的主体主要是中国公民，也包括外国人、无国籍人。

4. 本罪的主观方面。主观方面由直接故意构成，并且具有武装叛乱、暴乱的目的。武装叛乱的目的是投靠境外敌对势力，破坏、推翻人民民主专政的政权，危害我国社会主义制度；武装暴乱的目的是推翻、破坏国内的政权、制度。

• 适用指引 •

在认定本罪时，需要注意以下几个问题：

1. 注意本罪的停止形态。本罪是行为犯，不强调是否达到目的、产生结果。只要有组织、策划、实施武装叛乱、暴乱的行为，即构成本罪，不论是否得逞，是否造成严重后果均构成犯罪，并且成立既遂。

2. 注意本罪从重处罚的规定。本罪第 2 款的“从重情节”，策动对象是特定的。即只有策动、胁迫、勾引、收买国家机关工作人员、武装部队人员、警察、民兵进行叛乱、暴乱的，才可以从重处罚。此处的策动，是通过策划、鼓动，使国家机关工作人员、武装部队人员、人民警察、民兵实施武装叛乱或者武装暴乱行为。胁迫，是指威胁、强迫或者控制他人参与犯罪活动；勾引，是指利用名利、地位、色情等手段，引诱国家机关工作人员、武装部队人员、人民警察、民兵实施武装叛乱或者武装暴乱的行为。收买，是指用金钱、物质或其他利益笼络人心，使国家机关工作人员、武装部队人员、人民警察、民兵实施武装叛乱或者武装暴乱行为。

3. 关于本罪的一罪与数罪问题。实施武装叛乱、暴乱行为，在犯罪过程中可能存在杀人、放火、抢劫等行为，由此也触犯了故意杀人罪、放火罪、抢劫罪等罪名，但是由于武装叛乱、暴乱罪本身就包含有杀人、放火、抢劫等暴力犯罪，上述行为只是武装叛乱，暴乱行为的具体内容，只能按本罪一罪处罚，不能按本罪与故意杀人罪等实行数罪并罚。

第一百零五条　颠覆国家政权罪、煽动颠覆国家政权罪

【法律规定】

• 法律条文 •

《中华人民共和国刑法》

第一百零五条　组织、策划、实施颠覆国家政权、推翻社会主义制度的，对首要分子或者罪行重大的，处无期徒刑或者十年以上有期徒刑；对积极参加的，处三年以上十年以下有期徒刑；对其他参加的，处三年以下有期徒刑、拘役、管制或者剥夺政治权利。

以造谣、诽谤或者其他方式煽动颠覆国家政权、推翻社会主义制度的，处五年以下有期徒刑、拘役、管制或者剥夺政治权利；首要分子或者罪行重大的，处五年以上有期徒刑。

• 相关规定 •

《中华人民共和国刑法》

第五十六条　对于危害国家安全的犯罪分子应当附加剥夺政治权利；对于故意杀人、强奸、放火、爆炸、投毒、抢劫等严重破坏社会秩序的犯罪分子，可以附加剥夺政治权利。

独立适用剥夺政治权利的，依照本法分则的规定。

第一百一十三条　本章上述危害国家安全罪行中，除第一百零三条第二款、第一百零五条、第一百零七条、第一百零九条外，对国家和人民危害特别严重、情节特别恶劣的，可以判处死刑。

犯本章之罪的，可以并处没收财产。

《中华人民共和国香港特别行政区维护国家安全法》

第二十二条 任何人组织、策划、实施或者参与实施以下以武力、威胁使用武力或者其他非法手段旨在颠覆国家政权行为之一的，即属犯罪：

（一）推翻、破坏中华人民共和国宪法所确立的中华人民共和国根本制度；

（二）推翻中华人民共和国中央政权机关或者香港特别行政区政权机关；

（三）严重干扰、阻挠、破坏中华人民共和国中央政权机关或者香港特别行政区政权机关依法履行职能；

（四）攻击、破坏香港特别行政区政权机关履职场所及其设施，致使其无法正常履行职能。

犯前款罪，对首要分子或者罪行重大的，处无期徒刑或者十年以上有期徒刑；对积极参加的，处三年以上十年以下有期徒刑；对其他参加的，处三年以下有期徒刑、拘役或者管制。

第二十三条 任何人煽动、协助、教唆、以金钱或者其他财物资助他人实施本法第二十二条规定的犯罪的，即属犯罪。情节严重的，处五年以上十年以下有期徒刑；情节较轻的，处五年以下有期徒刑、拘役或者管制。

《全国人民代表大会常务委员会关于维护互联网安全的决定》

二、为了维护国家安全和社会稳定，对有下列行为之一，构成犯罪的，依照刑法有关规定追究刑事责任：

（一）利用互联网造谣、诽谤或者发表、传播其他有害信息，煽动颠覆国家政权、推翻社会主义制度，或者煽动分裂国家、破坏国家统一；

《最高人民法院、最高人民检察院关于办理妨害预防、控制突发传染病疫情等灾害的刑事案件具体应用法律若干问题的解释》（法释〔2003〕8号）

第十条第二款 利用突发传染病疫情等灾害，制造、传播谣言，煽动分裂国家、破坏国家统一，或者煽动颠覆国家政权、推翻社会主义制度的，依照刑法第一百零三条第二款、第一百零五条第二款的规定，以煽动分裂国家罪或者煽动颠覆国家政权罪定罪处罚。

【案例】

黄金秋颠覆国家政权案①

• 案件事实 •

黄金秋，又名“清水君”，于2003年1月，在境外“博讯”新闻网站上以“清水君”之名组织、策划成立所谓“中华爱国民主党”，并在互联网上发表由其亲自制定的《中华爱国民主党党章》（征求意见稿），该党章在总则中确定：“中华爱国民主党”的短、中、长期目标是“意志坚决地反对和揭露某某独裁集团的黑暗势力和垄断制度”“深刻批判和反思独裁集团祸国殃民的罪行”，最终“建立大中华民主联盟”。并以“中华爱国民主党”筹委会负责人“清水君”的名义，在“博讯”新闻网上发表由其撰写的《颠覆无罪、民主有理》《珍惜经济成就，共建伟大中华爱国民主党成立宣言》等大量文章，攻击我国的政治制度是“某某独裁政权”，提出“三权分立，双重首长制”，建立“强大的政治替代组织”及“爱民”根据地，最终实现“大中华民主联盟”的政治目标。另外，其在互联网上还发布《中华爱国民主党入党申请书》，招募了多名预备党员，发表了《爱国民主工作指南》《我们的爱国民主行动纲领》《关于建立地方机构深化组织工作的通知》等大量文章，具体指导如何开展所谓“中华爱国民主党”工作的方法，唆使他们成立“中华爱国民主党”支部，发展党员，扩大组织，散发传单，以达到其颠覆国家政权、推翻社会主义制度的目的。2003年8月，黄金秋归国后先后在昆明、绵竹、连云港等地上网发表文章或发放印有“中华爱国民主党”创办人“清水君”的名片，宣传“中华爱国民主党”的“思想”，为颠覆国家政权积极进行组织活动。

• 裁判要旨 •

在互联网发表反动文章，组织、策划成立反动党派等，构成颠覆国家政权罪。

• 裁判理由 •

本案争议的焦点是被告人黄金秋不仅在网络上发表文章，而且组织、策划成立反动党派等，是构成颠覆国家政权罪还是煽动颠覆国家政权罪？正确认识颠覆国家政权罪和煽动颠覆国家政权罪的构成特征是准确区分两罪的关键。实

① 参见江苏省高级人民法院（2004）苏刑终字第309号；参见最高人民法院中国应用法学研究所编：《人民法院案例选》（2005年第2辑），人民法院出版社2006年版。

践中，行为人既实施了煽动颠覆国家政权的行为，又具体实施了颠覆国家政权的行为（即实行行为），按照《刑法》上的吸收犯原理，煽动行为被实行行为所吸收，以实行行为所构成的颠覆国家政权罪论处。

江苏省常州市中级人民法院经审理认为：被告人黄金秋无视国法，以所谓"中华爱国民主党"筹委会负责人的身份，在互联网发表文章号召并积极组织、策划、实施颠覆我国国家政权，推翻我国社会主义制度，其行为已构成颠覆国家政权罪，且罪行重大，依法应予惩处。一审法院依照《刑法》第 105 条第 1 款、第 55 条第 1 款、第 56 条第 1 款、第 64 条之规定，于 2004 年 9 月 20 日判决如下：一、被告人黄金秋犯颠覆国家政权罪，判处有期徒刑十二年，剥夺政治权利四年。二、查获供犯罪使用的名片等物品，予以没收。

黄金秋不服，提出上诉。江苏省高级人民法院经二审审理后认为，原判决定性准确，适用法律正确，审判程序合法，遂依据《刑事诉讼法》第 189 条第 1 项之规定，于 2004 年 12 月 9 日裁定：驳回上诉，维持原判。

【学理分析及适用指引】

• 学理分析 •

1. 颠覆国家政权罪。该罪是指组织、策划、实施颠覆国家政权、推翻社会主义制度的行为。本罪的构成要件如下：

（1）本罪的客体。本罪侵犯的客体是人民民主专政的政权和社会主义制度。

（2）本罪的客观方面。本罪在客观方面表现为组织、策划、实施颠覆国家政权、推翻社会主义制度的行为。所谓组织、策划、实施，与《刑法》第 103 条分裂国家的解释相同，可参看该条。此处的颠覆，是指以非法手段推翻或篡夺国家现政权，包括我国各级权力机关、司法机关、军事机关、中央和地方人民政府在内的整个政权。颠覆政府的形式是多种多样的，包括暴力的和非暴力的、公开的和秘密的等各种手段。

（3）本罪的主体。本罪的主体为一般主体，即达到法定刑事责任年龄、具有刑事责任能力的自然人。本条将犯罪主体分别规定为首要分子、罪行重大的、积极参加的和其他参加的。

（4）本罪的主观方面。本罪在主观方面表现为故意，具有颠覆或者煽动颠覆国家政权、推翻社会主义制度的故意。

2. 煽动颠覆国家政权罪。该罪是指以造谣、诽谤或者其他方式煽动颠覆国家政权、推翻社会主义制度的行为。行为人只要具有以造谣、诽谤或者以其他方式煽动颠覆国家政权、推翻社会主义制度的行为，不管其所煽动的对象是否相信或接受其所煽动的内容，也不管其是否去实行所煽动的有关颠覆活动，均不影响犯罪的构成。本罪的构成要件如下：

（1）本罪的客体。本罪侵犯的客体是我国人民民主专政的政权和社会主义制度。

（2）本罪的客观方面。客观方面表现为以造谣、诽谤或者其他方式煽动颠覆国家政权和社会主义制度的行为。煽动，即宣传、鼓动。煽动的方式包括造谣、诽谤或者其他方式。造谣，是指制造谣言，捏造没有事实根据的传闻、消息；诽谤，是指恶意诬蔑、中伤。具体形式多种多样，如当众演讲，呼喊反动口号，投寄匿名信，散发、张贴传单等。

（3）本罪的主体。犯罪主体为一般主体。

（4）本罪的主观方面。主观方面由故意构成，并且具有颠覆国家政权、推翻社会主义制度以及改变中国共产党的领导地位的目的。行为人希望通过自己的煽动，把别人煽动起来，实施颠覆国家政权、推翻社会主义制度的行为。

• 适用指引 •

1. 司法实践中，认定颠覆国家政权罪需注意：

（1）注意本罪的性质。本罪属行为犯，本罪的构成，不要求有颠覆政府的实际危害结果，行为人只要进行了组织、策划、实施颠覆国家政权、推翻社会主义制度的行为，不管其是否得逞，不影响颠覆国家政权罪的成立，只要查明犯罪分子以颠覆政府为目的而进行了秘密谋划活动，就足以构成本罪。

（2）注意颠覆国家政权罪与分裂国家罪的界限。两罪都是极为严重的危害国家安全的犯罪，因此处罚很重，在条文上位于本章犯罪的前列。它们的区别主要是：①犯罪客体不同。本罪侵犯的是国家政权和社会主义制度，而后者侵犯的是国家的统一。②行为内容不同。本罪表现为行为人希望通过暴力或其他方法，推翻现有政权和政治制度，建立新政权；而后者则表现为另立新政权，割据一方，独自为政。

（3）注意颠覆国家政权罪与煽动颠覆国家政权罪的界限。二者侵犯的直接客体以及犯罪目的均相同，二者的区别主要体现在客观方面。颠覆国家政权罪的行为方式是采取组织、策划、实施的方式。而煽动颠覆国家政权罪则是采取煽动群众的方式，其中主要是造谣和诽谤。

2. 司法实践中，认定煽动颠覆国家政权罪需注意：

（1）注意本罪的罪与非罪界限。在煽动颠覆国家政权罪中，认定煽动的方式，应注意同那些一时不明真相的群众轻信、误传小道消息或出于善意对某些政府行为或领导人进行批评、发牢骚相区别，不能将后者按犯罪处理。

（2）煽动颠覆国家政权罪与其他危害国家安全罪的教唆犯存在区别。本罪一般是公开，对不特定的多人进行煽动，当然也不排除个别的一个一个地对多人进行分别煽动的情况。但其他危害国家安全罪的教唆犯只是对特定对象进行教唆，一般不是公开的。

3.《香港特别行政区维护国安法》关于颠覆国家政权罪的特殊规定及适用问题：

值得特别指出的是，《香港特别行政区维护国安法》对于香港特别行政区内或者针对香港特别行政区实施的颠覆国家政权罪、煽动颠覆国家政权罪有了特别、具体明确的规定。该法第 22 条规定，任何人组织、策划、实施或者参与实施以下以武力、威胁使用武力或者其他非法手段旨在颠覆国家政权行为之一的，即属犯罪。对首要分子或者罪行重大的，处无期徒刑或者十年以上有期徒刑；对积极参加的，处三年以上十年以下有期徒刑；对其他参加的，处三年以下有期徒刑、拘役或者管制：（1）推翻、破坏中华人民共和国宪法所确立的中华人民共和国根本制度；（2）推翻中华人民共和国中央政权机关或者香港特别行政区政权机关；（3）严重干扰、阻挠、破坏中华人民共和国中央政权机关或者香港特别行政区政权机关依法履行职能；（4）攻击、破坏香港特别行政区政权机关履职场所及其设施，致使其无法正常履行职能。第 23 条规定，任何人煽动、协助、教唆、以金钱或者其他财物资助他人实施该法第 22 条规定的犯罪的，即属犯罪。情节严重的，处五年以上十年以下有期徒刑；情节较轻的，处五年以下有期徒刑、拘役或者管制。从法律关系及适用规则上看，《香港特别行政区维护国安法》第 22 条、第 23 条关于颠覆国家政权罪、煽动颠覆国家政权罪以及资助颠覆国家政权犯罪活动的规定，与《刑法》第 105 条关于颠覆国家政权罪、煽动颠覆国家政权罪以及第 107 条资助危害国家安全犯罪活动罪相比，可谓特殊规定，即因危害发生在香港特别行政区这一特定区域或者针对香港特别行政区这一特定对象而实施危害行为，应优先于《刑法》第 105 条、第 107 条适用。

第一百零六条　与境外勾结犯罪的处罚

【法律规定】

● 法律条文 ●

《中华人民共和国刑法》

第一百零六条　与境外机构、组织、个人相勾结，实施本章第一百零三条、第一百零四条、第一百零五条规定之罪的，依照各该条的规定从重处罚。

• 相关规定 •

《中华人民共和国刑法》

第一百零三条 组织、策划、实施分裂国家、破坏国家统一的，对首要分子或者罪行重大的，处无期徒刑或者十年以上有期徒刑；对积极参加的，处三年以上十年以下有期徒刑；对其他参加的，处三年以下有期徒刑、拘役、管制或者剥夺政治权利。

煽动分裂国家、破坏国家统一的，处五年以下有期徒刑、拘役、管制或者剥夺政治权利；首要分子或者罪行重大的，处五年以上有期徒刑。

第一百零四条 组织、策划、实施武装叛乱或者武装暴乱的，对首要分子或者罪行重大的，处无期徒刑或者十年以上有期徒刑；对积极参加的，处三年以上十年以下有期徒刑；对其他参加的，处三年以下有期徒刑、拘役、管制或者剥夺政治权利。

策动、胁迫、勾引、收买国家机关工作人员、武装部队人员、人民警察、民兵进行武装叛乱或者武装暴乱的，依照前款的规定从重处罚。

第一百零五条 组织、策划、实施颠覆国家政权、推翻社会主义制度的，对首要分子或者罪行重大的，处无期徒刑或者十年以上有期徒刑；对积极参加的，处三年以上十年以下有期徒刑；对其他参加的，处三年以下有期徒刑、拘役、管制或者剥夺政治权利。

以造谣、诽谤或者其他方式煽动颠覆国家政权、推翻社会主义制度的，处五年以下有期徒刑、拘役、管制或者剥夺政治权利；首要分子或者罪行重大的，处五年以上有期徒刑。

《中华人民共和国香港特别行政区维护国家安全法》

第二十九条 为外国或者境外机构、组织、人员窃取、刺探、收买、非法提供涉及国家安全的国家秘密或者情报的；请求外国或者境外机构、组织、人员实施，与外国或者境外机构、组织、人员串谋实施，或者直接或者间接接受外国或者境外机构、组织、人员的指使、控制、资助或者其他形式的支援实施以下行为之一的，均属犯罪：

（一）对中华人民共和国发动战争，或者以武力或者武力相威胁，对中华人民共和国主权、统一和领土完整造成严重危害；

（二）对香港特别行政区政府或者中央人民政府制定和执行法律、政策进行严重阻挠并可能造成严重后果；

（三）对香港特别行政区选举进行操控、破坏并可能造成严重后果；

（四）对香港特别行政区或者中华人民共和国进行制裁、封锁或者采取其他敌对行动；

（五）通过各种非法方式引发香港特别行政区居民对中央人民政府或者香

港特别行政区政府的憎恨并可能造成严重后果。

犯前款罪，处三年以上十年以下有期徒刑；罪行重大的，处无期徒刑或者十年以上有期徒刑。

本条第一款规定涉及的境外机构、组织、人员，按共同犯罪定罪处刑。

第三十条 为实施本法第二十条、第二十二条规定的犯罪，与外国或者境外机构、组织、人员串谋，或者直接或者间接接受外国或者境外机构、组织、人员的指使、控制、资助或者其他形式的支援的，依照本法第二十条、第二十二条的规定从重处罚。

【案例】

巴敦煽动颠覆国家政权案[①]

• 案件事实 •

1997年至2000年，巴敦多次通过打电话、寄信等方式，谋求与美国设立的、针对我国进行反动宣传的“美国之音”“自由亚洲电台”的主持人及刘滨雁、韩东方等敌对分子联系，请求邮寄所谓的“学习资料”，表示愿意为他们在我国大陆工作，寻求他们的“指示”；并与我国台湾地区仇视社会主义制度、敌视中国共产党领导的敌对分子陈黎新频繁书信联系，积极向其表达反党反政府的坚决态度和投靠台湾的意愿，谋求通过陈黎新建立起与敌对组织的联系。巴敦还长期收听美国设立的、针对我国进行反动宣传的“自由亚洲电台”节目，自1996年以来，先后向张某、白某、吴某甲等13人推荐、动员他们收听“自由亚洲电台”节目，极力扩大反动宣传，并向他人提议组建“民主党”“民主沙龙”等反动组织。

• 裁判要旨 •

与境外机构、组织、个人勾结，意图颠覆国家政权的，应当从重处罚。

• 裁判理由 •

新疆维吾尔自治区哈密地区[②]中级人民法院认为：被告人巴敦因不能正确对待组织安排而对社会主义制度不满，出于颠覆国家政权的目的，与境外敌对组织和个人建立联系，长期收听境外敌对广播宣传并向他人进行传播，提议组

① 参见国家法官学院、中国人民大学法学院编：《中国审判案例要览（2002年刑事审判案例卷）》，中国人民大学出版社2003年版。

② 现为哈密市。

建反动组织。被告人巴敦的行为符合《刑法》第105条的规定，构成煽动颠覆国家政权罪。被告人巴敦在实施犯罪中，具有与境外人勾结的情节，还应适用第106条的规定，从重处罚。新疆维吾尔自治区哈密地区中级人民法院依照《刑法》第56条第1款、第55条第1款、第64条之规定，判决如下：一、被告人巴敦犯煽动颠覆国家政权罪，判处有期徒刑五年，剥夺政治权利三年。二、没收用于收听“自由亚洲电台”的收音机8个、稳压器6个。

【学理分析及适用指引】

• 学理分析 •

与境外机构、组织、个人相勾结进行分裂国家犯罪、煽动分裂国家犯罪、武装叛乱、暴乱罪、颠覆国家政权罪和煽动颠覆国家政权罪的，依《刑法》第103～105条各条的规定从重处罚。本条规定的“相勾结”，是指境内的犯罪分子与境外机构、组织、个人通过各种途径联络、共同策划、密谋，以实施《刑法》第103～105条规定的有关危害国家安全的犯罪行为。这种内外勾结危害国家安全的犯罪行为，使得此类犯罪具有某种涉外因素，往往造成更为严重的危害后果，应当比同等情形下的犯罪处罚更重。

第103～105条中的“首要分子”“罪行重大的”“积极参加的”“其他参加的”界定如下：（1）首要分子，是指在这种犯罪的集团中或聚众犯罪中起组织、策划、指挥作用的犯罪分子；（2）罪行重大的，是指除首要分子以外的其他罪行比较严重的，在犯罪活动中起主要作用的犯罪分子；（3）积极参加的，是指除首要分子和罪恶重大的以外的，参加犯罪活动比较多或比较积极主动的犯罪分子；（4）其他参加者，是指除上述几种情况以外的一般参加者，其中包括被胁迫、利诱而参加的人员。第103～105条对上述几种犯罪分子分别规定了不同的法定刑。在“其他参加的”中，并不一定是对所有参加者都可依本条规定定罪处刑，其中虽是参加者但在整个犯罪过程中并未起到什么作用，属于情节显著轻微、危害不大的，依据《刑法》第13条“但书”的规定可不认为是犯罪。

• 适用指引 •

在适用本条时，必须注意以下几个问题：

1. 行为人必须实施了分裂国家、煽动分裂国家、武装叛乱、暴乱、颠覆国家政权、煽动颠覆国家政权行为。为了更有力地维护国家安全，打击危害国家安全的犯罪，《刑法》特别规定了关于与境外机构、组织、个人相勾结实施分裂国家、煽动分裂国家、武装叛乱、暴乱、颠覆国家政权、煽动颠覆国家政权的犯罪。这几种行为都是对我国国家安全危害最为严重，危险性最大的犯罪。

2. 本条规定的“相勾结”，是指境内的犯罪分子与境外机构、组织、个人通过各种途径联络、共同策划、密谋，以实施《刑法》第103～105条规定的有关危害国家安全的犯罪行为。

3. 根据本条规定，境内人员与境外机构、组织、个人相勾结，实施《刑法》第103～105条规定之罪的，适用本条的规定，对其依照上述有关条文规定的刑罚从重处罚。

4.《香港特别行政区维护国安法》关于勾结外国或者境外势力危害国家安全罪的特殊规定问题。值得特别指出的是，2020年6月30日，十三届全国人大常委会第二十次会议通过了《香港特别行政区维护国安法》，该法对于在香港特别行政区内或者针对香港特别行政区实施的勾结外国或者境外势力危害国家安全犯罪的行为，不再按照相应危害国家安全犯罪的罪名从重处罚，而是单独设立一个罪名——勾结外国或者境外势力危害国家安全罪，并设置了相对独立的罪刑体系。根据《香港特别行政区维护国安法》第29条规定，为外国或者境外机构、组织、人员窃取、刺探、收买、非法提供涉及国家安全的国家秘密或者情报的，请求外国或者境外机构、组织、人员实施，与外国或者境外机构、组织、人员串谋实施，或者直接或者间接接受外国或者境外机构、组织、人员的指使、控制、资助或者其他形式的支援实施以下行为之一的，均构成勾结外国或者境外势力危害国家安全罪犯罪：“（一）对中华人民共和国发动战争，或者以武力或者武力相威胁，对中华人民共和国主权、统一和领土完整造成严重危害；（二）对香港特别行政区政府或者中央人民政府制定和执行法律、政策进行严重阻挠并可能造成严重后果；（三）对香港特别行政区选举进行操控、破坏并可能造成严重后果；（四）对香港特别行政区或者中华人民共和国进行制裁、封锁或者采取其他敌对行动；（五）通过各种非法方式引发香港特别行政区居民对中央人民政府或者香港特别行政区政府的憎恨并可能造成严重后果。”对于犯勾结外国或者境外势力危害国家安全罪的，处三年以上十年以下有期徒刑；罪行重大的，处无期徒刑或者十年以上有期徒刑。对于行为人所勾结的境外机构、组织、人员，按共同犯罪定罪处刑。从法律关系及适用规则上看，《香港特别行政区维护国安法》第29条关于勾结外国或者境外势力危害国家安全罪的规定，与《刑法》第106条关于与境外勾结犯罪的处罚以及第111条为境外窃取、刺探、收买、非法提供国家秘密、情报罪等相比，可谓特殊规定，即因危害发生在香港特别行政区这一特定区域或者针对香港特别行政区这一特定对象而实施危害行为的，应优先于《刑法》第106条、第111条适用，直接适用《香港特别行政区维护国安法》第29条勾结外国或者境外势力危害国家安全罪予以定罪处罚。

第一百零七条　资助危害国家安全犯罪活动罪

【法律规定】

• 法律条文 •

《中华人民共和国刑法》

第一百零七条　境内外机构、组织或者个人资助实施本章第一百零二条、第一百零三条、第一百零四条、第一百零五条规定之罪的，对直接责任人员，处五年以下有期徒刑、拘役、管制或者剥夺政治权利；情节严重的，处五年以上有期徒刑。

• 相关规定 •

《中华人民共和国刑法》

第五十六条　对于危害国家安全的犯罪分子应当附加剥夺政治权利；对于故意杀人、强奸、放火、爆炸、投毒、抢劫等严重破坏社会秩序的犯罪分子，可以附加剥夺政治权利。

独立适用剥夺政治权利的，依照本法分则的规定。

第一百一十三条　本章上述危害国家安全罪行中，除第一百零三条第二款、第一百零五条、第一百零七条、第一百零九条外，对国家和人民危害特别严重、情节特别恶劣的，可以判处死刑。

犯本章之罪的，可以并处没收财产。

【学理分析及适用指引】

• 学理分析 •

资助危害国家安全罪活动犯罪，是指境内外机构、组织或者个人，资助犯罪分子实施危害国家安全的特定犯罪活动的行为。2014 年 11 月通过的《反间谍法》第 6 条规定：境外机构、组织、个人实施或者指使、资助他人实施的，或者境内机构、组织、个人与境外机构、组织、个人相勾结实施的危害中华人民共和国国家安全的间谍行为，都必须受到法律追究。我国《刑法》第 107 条将境外机构、组织、个人资助他人实施危害国家安全罪活动犯罪的单独设立罪名，以严惩此种犯罪，保护国家安全和利益。本罪的构成要件如下：

1. 本罪的客体。其侵害的客体是国家安全。

2. 本罪的客观方面。在客观上必须有资助他人实施危害国家安全的犯罪行为。此处的“资助”，主要是指物质、金钱和提供活动场所等。此处的实施危害国家安全的犯罪是指《刑法》第102～105条规定的七种犯罪，即背叛国家罪、分裂国家罪、煽动分裂国家罪、武装叛乱罪、武装暴乱罪、颠覆国家政权罪、煽动颠覆国家政权罪。机构、组织和个人的资助对象必须仅限于这几种特定的犯罪，才成立资助危害国家安全罪活动罪。

3. 本罪的主体。本罪为一般主体，即凡达到刑事责任年龄、具备刑事责任能力的人均可成为本罪主体。本罪的主体要件既可以是境内的机构、组织或个人，也可以是境外的机构、组织或个人。本罪的资助对象即被资助人，既可以是境内的机关机构、组织与个人，也可以是境外的机关机构、组织或个人，但均仅限于《刑法》第102～105条所规定的七种犯罪行为的情形。

4. 本罪的主观方面。本罪在主观方面表现为故意，即明知境内组织或者个人实施危害国家安全的行为，但仍给予以资助。

• 适用指引 •

司法实践中，认定本罪需注意：

1. 行为人为境内外机构、组织或者个人。根据本条规定，任何人资助犯罪分子进行本条所规定的危害国家安全犯罪活动的，都将适用本条处罚。此处的任何人，既包括单位，也包括个人；既包括境内的，也包括境外的国家和地区。该资助行为，虽然符合共犯原理，但单独定罪，有自己独立的罪刑结构。

2. 资助行为仅限于资助实施特定危害国家安全行为，包括背叛国家罪、分裂国家罪和煽动分裂国家、武装叛乱、暴乱罪以及颠覆国家政权和煽动颠覆国家政权罪。之所以作这样的规定，主要是因为这几种犯罪对于国家安全来说都是危险性最大的犯罪，也是根据维护国家安全的实际需要所作的规定。

3. 《刑法》第107条关于“资助危害国家安全犯罪活动罪”的客观行为原本仅限于资助“境内组织或个人”所实施的危害国家安全的犯罪活动。但是随着社会政治经济的发展，出现一些新的现象：资助危害国家安全犯罪已经不仅仅是直接资助境内机构、组织或个人实施颠覆国家政权等犯罪行为，还大量地转向资助境外机构、组织、个人实施的煽动分裂国家、颠覆国家政权等犯罪活动，因为敌对分子在境外对我国政权进行颠覆、破坏活动已经成为国家安全犯罪的一种新形势（如“三股势力”）。所以，资助危害国家安全犯罪活动罪的资助对象不应仅仅限于境内，也应包括境外的机构、组织或个人。《刑法修正案（八）》关于本罪的修改就是删除了资助“境内组织或个人”的限制性规定，这样，本罪的对象包括实施资助《刑法》第102～105条犯罪行为的境内外组织或个人。这一修正，体现了刑法对国家安全的充分保护，加大了对资助危害国家安全犯罪活动的打击力度。

第一百零八条 投敌叛变罪

【法律规定】

• 法律条文 •

《中华人民共和国刑法》

第一百零八条 投敌叛变的，处三年以上十年以下有期徒刑；情节严重或者带领武装部队人员、人民警察、民兵投敌叛变的，处十年以上有期徒刑或者无期徒刑。

【学理分析及适用指引】

• 学理分析 •

投敌叛变罪，是指中华人民共和国公民意图危害国家安全而投向敌人，或者在被捕、被俘后投降敌人的行为。本罪的构成要件如下：

1. 本罪的客体。本罪侵犯的客体是人民民主专政的政权和社会主义制度。

2. 本罪的客观方面。客观方面表现为实施投敌叛变的行为。投敌就是投奔敌国、敌方或者在被捕、被俘后投降敌人、背叛国家。行为的具体表现：一是投奔到境外的敌对国家及其控制区；二是投奔国内的敌对方面；三是通过与境外敌对国家或敌方联络，成为敌方助手，实际上已背叛国家；四是在战争状态下投奔或投靠已进入境内的敌方，或者被捕、被俘后投降敌人。投敌的目的是进行危害国家安全的活动。如果不是为了进行危害国家安全的活动，而是羡慕资产阶级生活方式，追求资产阶级的民主、自由，或者为了投亲靠友、求学、做工、继承财产等，投奔敌方的，不构成本罪。

3. 本罪的主体。本罪主体为一般主体，且只能是达到法定刑事责任年龄、具有刑事责任能力的中国公民。外国公民不能构成本罪。外国人策动或帮助中国公民投敌叛变的，应以投敌叛变罪的共犯论处。

4. 本罪的主观方面。在主观方面表现为故意，即具有危害国家安全的意图。投敌叛变行为，不论是基于危害国家安全而主动叛变投敌，还是受他人策动、勾引、收买或被捕、被俘后经不起考验而投敌，皆不影响本罪构成。如果行为人被捕、被俘而未投降敌人的，不构成本罪。

投敌叛变是危害国家安全的行为，从而与不以危害国家安全为目的的偷越国（边）境犯罪严格区别。投敌叛变后，又进行危害国家安全的其他行为，构成犯罪的，要实行数罪并罚。

• 适用指引 •

司法实践中，认定本罪需注意：

1. 投敌叛变罪罪与非罪的认定。对投敌叛变罪罪与非罪的认定，可以从主观方面与客观方面考虑。从主观方面看，如果行为人没有投敌叛变的故意，没有危害国家安全的目的，即便行为人进入敌人控制区域，也不构成投敌叛变罪。从客观方面看，行为人构成投敌叛变罪必须实施了投敌叛变行为，如投奔敌人营垒为敌人效力，或被敌人捕获、俘虏后进行危害国家安全的活动，如果行为人没有实施投敌叛变行为，即便行为人有投敌叛变故意，其也不构成投敌叛变罪。

2. 本罪与间谍罪的区别。两者都是危害国家安全的犯罪，都与境外有联系，但两罪有明显的区别：（1）犯罪客观特征不同。本罪是投降敌人或投奔敌人，进行危害国家安全的活动。间谍罪的行为内容则包括三种，即参加间谍组织或者接受间谍组织及其代理人的间谍活动任务；为境外机构、组织、人员窃取、刺探、收买、非法提供国家秘密或者情报；为敌人指示轰击目标。可见，间谍罪的行为人为之效力的既可能是敌对国家或势力，也可能不是敌对国家或势力。（2）犯罪主体不同。本罪主体只能是中国公民，后罪主体则也可以是外国人、无国籍人。（3）犯罪主观方面不同。本罪有特定的目的，而间谍罪没有特定的目的。

3. 投敌叛变罪的一罪与数罪。投敌叛变的一罪与数罪问题可以分为三种情形：（1）为了投敌叛变而在投敌叛变以前实施其他犯罪行为的；（2）在投敌叛变过程中实施其他犯罪行为的；（3）投敌叛变以后实施其他犯罪行为的。而不管是哪种情形，只要是投敌叛变行为与其他犯罪行为之间具有包容关系、竞合关系、吸收关系或者牵连关系的，都应当分别按照刑法上处理法条竞合、想象竞合、吸收犯或者牵连犯的原则从一重罪处断。如果另行实施的其他犯罪行为与投敌叛变行为之间不存在上述包容关系、竞合关系、吸收关系或者牵连关系，不能以一罪论处，只能实行数罪并罚。

4. 投敌叛变罪的犯罪形态认定。投敌叛变罪，不仅仅包括一行为“投敌”，也包括另一行为“叛变”。在犯罪形态的认定上，当行为人以投敌叛变的故意准备工具、创造条件，但尚未着手于投奔敌方或者敌对营垒的行为，或者由于被捕、被俘或者其他原因被敌方控制以后，尚未实施投奔敌方或者敌对营垒的，属于犯罪的预备阶段，成立预备犯。如果是行为人出于自己的意愿而放弃犯罪预备的，则属于犯罪中止，成立中止犯。如果行为人已着手于投奔敌方或者敌对营垒的行为，或者由于被捕、被俘或者其他原因被敌方控制以后，着手实施投奔敌方或者敌对营垒的行为，但由于行为人意志以外的原因而未实施叛变行为或者虽然实施了叛变行为，但叛变行为未能完成的，则属于犯罪未遂，成立未遂犯。如果行为人既实施了投敌行为，又实施了叛变行为，且两种行为都已完成，则属于犯罪既遂，成立既遂犯。

第一百零九条　叛逃罪

【法律规定】

● 法律条文 ●

《中华人民共和国刑法》

第一百零九条　国家机关工作人员在履行公务期间，擅离岗位，叛逃境外或者在境外叛逃的，处五年以下有期徒刑、拘役、管制或者剥夺政治权利；情节严重的，处五年以上十年以下有期徒刑。

掌握国家秘密的国家工作人员叛逃境外或者在境外叛逃的，依照前款的规定从重处罚。

【学理分析及适用指引】

● 学理分析 ●

叛逃罪，是特指国家机关工作人员或者掌握国家秘密的国家工作人员履行公务期间，擅离岗位叛逃境外或者在境外叛逃的行为。本罪的构成要件如下：

1. 本罪的客体。本罪侵犯的客体是国家安全，即人民民主专政的政权和社会主义制度。随着我国对外开放的进一步扩大，各类出国人员日益增多，政治、经济、科技、文化等领域的交流越来越广泛，这对增进我国人民与世界各国人民的友谊，提高我国的国际地位，促进国内各项事业的发展，都起到了很好的作用。但是在对外交往活动中也确实存在着一些值得注意的问题，其中最严重的就是我国国家工作人员，特别是掌握国家秘密的国家工作人员叛逃境外或者在境外叛逃，给我国国家安全造成难以估量的危害。特别是对那些叛逃后，一时尚未发现实施危害国家安全的行为，或者一时没有公开投靠境外机构、组织的国家工作人员，给我国国家安全、荣誉和利益造成重大危害。

2. 本罪的客观方面。本罪在客观方面表现为在履行公务期间，擅离岗位、叛逃境外或者在境外叛逃的行为。其主要包括以下几个方面：

（1）必须是在履行公务期间叛逃，才构成犯罪。若不是在履行公务期间叛逃，则不能构成犯罪。

（2）必须是擅离岗位叛逃，没有离开自己工作岗位的，不可能成立叛逃行为。

（3）要有叛逃行为，包括两个方式：一是在境内履行公务期间叛逃至境外；二是在境外履行公务期间叛逃。叛逃境外或者在境外叛逃，是指在境内实施背叛国家、逃往境外或者在境外实施背叛国家的出逃行为。具体表现就是国家工作人员在境内或者境外履行公务期间，擅离岗位叛逃。

3. 本罪的主体。本罪主体为特殊主体，是国家机关工作人员以及掌握国家秘密的国家工作人员。国家机关工作人员，是指在国家机关，包括国家权力机关、行政机关、审判机关、检察机关等单位中依照法律从事公务的人员（军人叛逃的，构成军人违反职责罪）。从我国国情以及犯罪的实际情况考虑，中国共产党的各级机关、中国人民政治协商会议的各级机关中从事公务的人员，也应属于国家机关工作人员。本条第 2 款规定，掌握国家秘密的国家工作人员可以成为本罪主体，第 2 款中所称国家工作人员，既指国家机关中从事公务的人员，也包括国有公司、企业、事业单位、人民团体中从事公务的人员和国家机关、国有公司、企业、事业单位委派到非国有公司、企业、事业单位、社会团体从事公务的人员，以及其他依照法律从事公务的人员。

4. 本罪的主观方面。本罪在主观方面表现为故意，即明知自己的叛逃行为会发生危害国家安全的结果，并且希望或者放任这种结果发生。

• 适用指引 •

司法实践中，认定本罪需注意：

1.《刑法修正案（八）》关于叛逃罪的修正与理解。《刑法修正案（八）》对《刑法》第 109 条叛逃罪的修改有两处：第一处修改是删除了原第 1 款中“危害中华人民共和国国家安全”的条件，即不再要求叛逃行为必须“危害国家安全”，只要国家机关工作人员有叛逃行为即可构成本罪。这在客观上解决了本罪在实践中难以认定、不宜证明的问题。可以这样认为，国家机关工作人员在履行公务期间，擅离岗位，叛逃境外或者在境外叛逃的，就可认为具有“危害国家安全”的性质，就可直接构成叛逃罪。第二处修改是针对原第 2 款掌握国家秘密的国家工作人员的叛逃行为，删除了“在履行公务期间，擅离岗位”的条件，即对于掌握国家秘密的工作人员，只要其叛逃境外或在境外叛逃的，就应认定为叛逃罪且从重处罚。毫无疑问，《刑法修正案（八）》关于叛逃罪的修正是为了适应新时期公职人员叛逃境外的现状，加大对叛逃行为的打击力度，充分体现了对国家安全的保护力度。

2. 注意本罪与投敌叛变罪的界限。两罪的主观方面、犯罪主体均有相同之处，不同之处在于：（1）客观方面不同。本罪的行为人投靠的是除间谍组织和敌对势力以外的机构、组织；而投敌叛变罪行为人投靠的是敌对势力，而且还包括被捕、被俘后投降敌人的行为。（2）主体不同。本罪的主体是特殊主体，叛逃罪必须是国家机关工作人员或掌握国家秘密的其他国家工作人员；

而投敌叛变罪的主体则可以是任何具备犯罪主体一般要件的中国公民。

第一百一十条　间谍罪

【法律规定】

● 法律条文 ●

《中华人民共和国刑法》

第一百一十条　有下列间谍行为之一，危害国家安全的，处十年以上有期徒刑或者无期徒刑；情节较轻的，处三年以上十年以下有期徒刑：

（一）参加间谍组织或者接受间谍组织及其代理人的任务的；

（二）为敌人指示轰击目标的。

● 相关规定 ●

《中华人民共和国反间谍法》

第二十七条　境外机构、组织、个人实施或者指使、资助他人实施，或者境内机构、组织、个人与境外机构、组织、个人相勾结实施间谍行为，构成犯罪的，依法追究刑事责任。

实施间谍行为，有自首或者立功表现的，可以从轻、减轻或者免除处罚；有重大立功表现的，给予奖励。

第二十八条　在境外受胁迫或者受诱骗参加敌对组织、间谍组织，从事危害中华人民共和国国家安全的活动，及时向中华人民共和国驻外机构如实说明情况，或者入境后直接或者通过所在单位及时向国家安全机关、公安机关如实说明情况，并有悔改表现的，可以不予追究。

【案例】

张之龙、李某某、鲍某某间谍案①

● 案件事实 ●

1995 年 9 月，张之龙在日本留学期间同台湾地区军事情报局间谍袁文韬、陆仪相识并加入该情报局驻日本站组。袁文韬、陆仪向张之龙传授了间谍活动方法并为张之龙租用了两个私人信箱。自 1995 年 10 月至 1997 年 12 月，张之

① 参见河北省高级人民法院（2000）冀刑再终字第 4 号。

龙先后5次接受派遣回国，为我国台湾地区军事情报机构搜集政治、军事、经济情报。

1995年10月，张之龙由日本回国后，同河北省唐山市其同学杜志国（已另案处理）联系并要求杜志国提供军事杂志及文件等。至1997年7月，杜志国分七次提供给张之龙《国防》《军事》《华北民兵》《通讯战士》等军事刊物十余册及《唐山市民兵训练大纲》文件一份。

1995年10月，张之龙以写论文需要和打工的公司办刊物需要为名要求鲍某某提供资料并许以报酬。鲍某某将从办公室带回的《中央部委信息内参》《全国价格信息》《市场预测》等多种内部刊物提供给张之龙挑选，张将此刊物封面及目录照相后带回日本。自1995年11月至1996年10月，鲍某某9次寄给在日本的张之龙《市场预测》《中央部委信息内参》《中国经济形势月报》《每周经济评论》《中国金融形势月报》等内部刊物及情报资料40余册的复印件。

1996年8月，被告人张之龙要求李某某提供有关我国经济的信息与资料并许以报酬。李某某多次将利用工作之便搜集到的《领导决策参考》《高级干部参考》《全国计划会议主要精神》等8份标明为“机密”的文件及资料以及《科技情报快报》等文件复印件类内部文件及资料当面交接或以假名、假地址邮寄给张之龙。1996年10月，李某某还将口头传达听到的属绝密内容的《全国经济会议精神》部分内容写信透露给张之龙。1997年12月27日，李某某将利用工作之便搜集的属国家秘密的《重庆市科技发展“九五”计划和到2010年长期规划》一份及《四川省国民经济跨世纪发展战略》《湖北省“九五”高新技术产业发展规划》《国家高新技术产业开发区评估总报告》《河北省科技年鉴1996》《军械学院学报》等内部文件及资料共30余份交给回国的张之龙。

• 裁判要旨 •

接受间谍组织的派遣任务，搜集我国大量军事、政治、经济情报，并将部分情报交给间谍组织的，其行为构成间谍罪一罪，从重论处。

• 裁判理由 •

河北省石家庄市人民检察院指控被告人张之龙、李某某、鲍某某犯间谍罪一案，河北省石家庄市中级人民法院于2000年10月19日作出（2000）石刑再初字第9号刑事判决。张之龙、李某某、鲍某某均不服，提出上诉。

本案争议的焦点是：被告人张之龙参加了间谍组织，作为间谍，接受间谍组织的派遣任务，搜集了我国大量军事、政治、经济情报，并将部分情报交给了间谍组织，其行为构成一罪还是数罪？在本案中，原审判决就是以数罪并罚来追究被告人刑事责任的。河北省石家庄市中级人民法院原审认为被告人张之龙接受间谍组织的派遣任务，先后5次潜回国内，发展间谍人员3名，搜集了我国大量军事、政治、经济情报，并将部分情报交给了间谍组织，其行为已构成向境外非法提供国家秘密、情报罪和向境外非法提供情报罪。

一审法院重审认为：被告人张之龙接受间谍组织的派遣任务，先后5次潜回国内，发展间谍人员3名，搜集了我国大量军事、政治、经济情报，并将部分情报交给了间谍组织，其行为已构成间谍罪，且情节严重。原审判决认定情节较轻不当。但张之龙归案后，认罪态度较好，且有立功表现，应予减轻处罚。被告人李某某、鲍某某接受间谍组织及其代理人的任务，并为其提供国家秘密、情报，其行为构成间谍罪。原审判决分别认定二被告人犯向境外非法提供国家秘密、情报罪和向境外非法提供情报罪不当。但二被告人犯罪情节较轻，认罪态度较好。综上，依法判决：一、撤销本院（1998）石刑初字第86号刑事判决；二、被告人张之龙犯间谍罪，判处有期徒刑七年，剥夺政治权利三年；三、被告人李某某犯间谍罪，判处有期徒刑三年，剥夺政治权利一年；四、被告人鲍某某犯间谍罪，判处有期徒刑三年，剥夺政治权利一年；五、查获的赃款、赃物及用赃款购买的物品予以没收。

河北省高级人民法院认为：被告人张之龙接受间谍组织的派遣任务，先后5次潜回国内，发展间谍人员3名，搜集了我国大量军事、政治、经济情报，并将部分情报交给了间谍组织，其行为已构成间谍罪，且情节严重。张之龙归案后，具有立功表现。被告人李某某、鲍某某接受间谍组织及其代理人的任务，并为其提供国家秘密、情报，其行为已构成间谍罪。再审判决对全案认定事实和适用法律正确，量刑适当。上诉人张之龙及辩护人均辩称张之龙有立功表现，再审判决已予认定并减轻处罚。上诉人李某某、鲍某某及辩护人均辩称李鲍二人的行为不构成间谍罪，理据不足，不予采纳。李某某、鲍某某认罪态度较好的情节，再审判决已予认定。依照《刑事诉讼法》第189条第1项之规定，裁定如下：驳回上诉，维持河北省石家庄市中级人民法院（2000）石刑再初字第9号刑事判决。

【学理分析及适用指引】

• 学理分析 •

间谍罪，是指参加间谍组织或者接受间谍组织及其代理人的任务，或者为敌人指示轰击目标的行为。本罪的构成要件如下：

1. 本罪的客体。侵犯的客体是国家安全。

2. 本罪的客观方面。客观方面表现为以下三种行为：（1）参加国外间谍组织。间谍组织，是指外国政府或者境外敌对势力建立的旨在收集其他国家情报，对他国进行颠覆破坏活动，破坏他国国家安全和利益的组织。参加间谍组织，就是经过一定的手续，加入间谍组织，成为间谍组织的一员。参加了间谍组织，就意味着要从事间谍活动，但构成间谍罪，不以已经从事间谍活动为要件，只要参加了间谍组织，即使尚未从事间谍活动，也构成犯罪。(2) 接受间谍组织及其代理人的任务。这是指没有从组织上参加间谍组织，而是接受间谍组织以及间谍组织的代理人的指令，完成他们交给的收集情报等任务。(3) 为敌人指示轰击目标。这是指用各种手段向敌人指示敌人所要轰击的目标，如写信、打电话、发电报、放信号弹等，以使敌人能够准确地打击我方目标。轰击，包括炮击、导弹袭击、飞机轰炸等。

3. 本罪的主体。犯罪主体为一般主体。

4. 本罪的主观方面。主观方面由直接故意构成。间接故意和过失不构成本罪。

• 适用指引 •

司法实践中，认定本罪应注意：

1. 一罪与数罪问题。行为人参加间谍组织或者接受间谍组织及其代理人的任务，实施其他危害国家安全的行为，如进行暗杀、破坏等活动，如果这些活动是在间谍组织的指令范围内的，以间谍罪一罪论处即可；如果超出了间谍组织的指令范围，不属间谍犯罪行为，除了构成间谍罪以外，还应当根据具体行为构成的其他犯罪，实行数罪并罚。

2. 罪与非罪问题。要把参加间谍组织的间谍分子同这些组织中的非间谍分子加以区别。所谓非间谍分子，是指间谍组织中未履行参加间谍组织的手续，也未进行间谍活动的工程技术、一般勤杂、医务、传达、庶务等人员。这些人员虽然也来我国旅游、探亲、学术交流、经贸洽谈等，但没有进行间谍活动的，不能按间谍罪予以追究。

3 适用本罪时注意与《反间谍法》协调适用问题。《反间谍法》于2014年11月1日第十二届全国人大常委会第十一次会议通过。该法是反间谍斗争工作的基本法律依据，也是刑法意义上的间谍罪认定的重要依据之一。该第38条规定了间谍行为的主要形式和类型，具体包括：（1）间谍组织及其代理人实施或者指使、资助他人实施，或者境内外机构、组织、个人与其相勾结实施的危害中华人民共和国国家安全的活动；（2）参加间谍组织或者接受间谍组织及其代理人的任务的；（3）间谍组织及其代理人以外的其他境外机构、组织、个人实施或者指使、资助他人实施，或者境内机构、组织、个人与其相勾结实施的窃取、刺探、收买或者非法提供国家秘密或者情报，或者策动、引诱、收买国家工作人员叛变的活动；（4）为敌人指示攻击目标的；（5）进行其他间谍活动的。该法第27条规定，境外机构、组织、个人实施或者指使、资助他人实施，或者境内机构、组织、个人与境外机构、组织、个人相勾结实施间谍行为，构成犯罪的，依法追究刑事责任。实施间谍行为，有自首或者立功表现的，可以从轻、减轻或者免除处罚；有重大立功表现的，给予奖励。该法第 28 条规定了对间谍犯罪行为宽严相济的刑事政策，即在境外受胁迫或者受诱骗参加敌对组织、间谍组织，从事危害中华人民共和国国家安全的活动，及时向中华人民共和国驻外机构如实说明情况，或者入境后直接或者通过所在单位及时向国家安全机关、公安机关如实说明情况，并有悔改表现的，可以不予追究。

第一百一十一条　为境外窃取、刺探、收买、非法提供国家秘密、情报罪

【法律规定】

• 法律条文 •

《中华人民共和国刑法》

第一百一十一条　为境外的机构、组织、人员窃取、刺探、收买、非法提供国家秘密或者情报的，处五年以上十年以下有期徒刑；情节特别严重的，处十年以上有期徒刑或者无期徒刑；情节较轻的，处五年以下有期徒刑、拘役、管制或者剥夺政治权利。

• 相关规定 •

《中华人民共和国反间谍法》

第六条　境外机构、组织、个人实施或者指使、资助他人实施的，或者境内机构、组织、个人与境外机构、组织、个人相勾结实施的危害中华人民共和国国家安全的间谍行为，都必须受到法律追究。

第二十七条第一款　境外机构、组织、个人实施或者指使、资助他人实施，或者境内机构、组织、个人与境外机构、组织、个人相勾结实施间谍行为，构成犯罪的，依法追究刑事责任。

《中华人民共和国保守国家秘密法》

第二条　国家秘密是关系国家安全和利益，依照法定程序确定，在一定时间内只限一定范围的人员知悉的事项。

第九条　下列涉及国家安全和利益的事项，泄露后可能损害国家在政治、经济、国防、外交等领域的安全和利益的，应当确定为国家秘密：

（一）国家事务重大决策中的秘密事项；

（二）国防建设和武装力量活动中的秘密事项；

（三）外交和外事活动中的秘密事项以及对外承担保密义务的秘密事项；

（四）国民经济和社会发展中的秘密事项；

（五）科学技术中的秘密事项；

（六）维护国家安全活动和追查刑事犯罪中的秘密事项；

（七）经国家保密行政管理部门确定的其他秘密事项。

政党的秘密事项中符合前款规定的，属于国家秘密。

《全国人民代表大会常务委员会关于维护互联网安全的决定》

二、为了维护国家安全和社会稳定，对有下列行为之一，构成犯罪的，依照刑法有关规定追究刑事责任：

（二）通过互联网窃取、泄露国家秘密、情报或者军事秘密；

《最高人民法院关于审理为境外窃取、刺探、收买、非法提供国家秘密、情报案件具体应用法律若干问题的解释》（法释〔2001〕4号）

第一条 刑法第一百一十一条规定的“国家秘密”，是指《中华人民共和国保守国家秘密法》第二条、第八条以及《中华人民共和国保守国家秘密法实施办法》第四条确定的事项。

刑法第一百一十一条规定的“情报”，是指关系国家安全和利益、尚未公开或者依照有关规定不应公开的事项。

对为境外机构、组织、人员窃取、刺探、收买、非法提供国家秘密之外的情报的行为，以为境外窃取、刺探、收买、非法提供情报罪定罪处罚。

第二条 为境外窃取、刺探、收买、非法提供国家秘密或者情报，具有下列情形之一的，属于“情节特别严重”，处十年以上有期徒刑、无期徒刑，可以并处没收财产：

（一）为境外窃取、刺探、收买、非法提供绝密级国家秘密的；

（二）为境外窃取、刺探、收买、非法提供三项以上机密级国家秘密的；

（三）为境外窃取、刺探、收买、非法提供国家秘密或者情报，对国家安全和利益造成其他特别严重损害的。

实施前款行为，对国家和人民危害特别严重、情节特别恶劣的，可以判处死刑，并处没收财产。

第三条 为境外窃取、刺探、收买、非法提供国家秘密或者情报，具有下列情形之一的，处五年以上十年以下有期徒刑，可以并处没收财产：

（一）为境外窃取、刺探、收买、非法提供机密级国家秘密的；

（二）为境外窃取、刺探、收买、非法提供三项以上秘密级国家秘密的；

（三）为境外窃取、刺探、收买、非法提供国家秘密或者情报，对国家安全和利益造成其他严重损害的。

第四条 为境外窃取、刺探、收买、非法提供秘密级国家秘密或者情报，属于“情节较轻”，处五年以下有期徒刑、拘役、管制或者剥夺政治权利，可以并处没收财产。

第五条 行为人知道或者应当知道没有标明密级的事项关系国家安全和利益，而为境外窃取、刺探、收买、非法提供的，依照刑法第一百一十一条的规定以为境外窃取、刺探、收买、非法提供国家秘密罪定罪处罚。

第六条 通过互联网将国家秘密或者情报非法发送给境外的机构、组织、个人的，依照刑法第一百一十一条的规定定罪处罚；将国家秘密通过互联网予以发布，情节严重的，依照刑法第三百九十八条的规定定罪处罚。

第七条 审理为境外窃取、刺探、收买、非法提供国家秘密案件，需要对有关事项是否属于国家秘密以及属于何种密级进行鉴定的，由国家保密工作部门或者省、自治区、直辖市保密工作部门鉴定。

【案例】

林云元为境外窃取、收买、非法提供国家秘密、情报案①

• 案件事实 •

1993年9月至10月间，林云元接受林云飞（另案处理）提供的“情报搜集提纲”伙同林承棠（另案处理）窜到林云元原服役的辽宁省大连市海军航空兵土城子场站，从在该部队服役的赖某、高某兴、陈某等人处，搜集我军内部书籍、《海军杂志》《航空杂志》《人民海军报》等大量情报资料。从辽宁大连回福建连江后，林云元伙同林承寿（另案处理）乘魏金宝（另案处理）的船至马祖海域，将所搜集到的我军内情报交给我国台湾地区军事情报机构马祖站间谍组织，同时把自己的“士兵证”也交给间谍人员查看，用化名“林伟光”领取经费700美元，林云元分得赃款300多美元。

另外，1994年4月间，林云元独自又窜到大连市海军航空兵土城子场站，从在该部队服役的赖某、高某兴、陈某等人处搜集海军航空兵土城子站1983、1985、1989年飞行训练安全措施等方面的文件，以及部队书籍、刊物等大量情报资料带回连江，再次雇魏金宝开船出海，到马祖海域台湾地区军事情报机构马祖站间谍船上，将情报资料交给该站间谍，领取了经费1350美元。

• 裁判要旨 •

向我国台湾地区情报机构非法窃取、刺探并非法提供国家秘密、情报的，依法构成为境外窃取、收买、非法提供国家秘密、情报罪。

---

① 参见福建省高级人民法院（2000）闽刑终字第24号。

• 裁判理由 •

福建省福州市中级人民法院审理福建省福州市人民检察院指控原审被告人林云元犯为境外窃取、收买、非法提供国家秘密、情报罪一案，于1999年10月8日作出（1999）榕刑初字第175号刑事判决。原判认为被告人林元云的行为已构成为境外窃取、收买、非法提供国家秘密、情报罪。依法判处：被告人林云元犯为境外窃取、收买、非法提供国家秘密、情报罪，判处有期徒刑九年，剥夺政治权利二年。

本案的争议焦点是：被告人林云元在他人的多次利诱下，接受了其提供的"情报搜集提纲"，窜到我海军航空兵部队收买、窃取情报资料，并输送出海提供给台湾地区军事情报局马祖站间谍组织，是构成间谍罪，还是为境外窃取、收买、非法提供国家秘密、情报罪？

原审被告人林云元不服，提出上诉。福建省高级人民法院受理后，依法组成合议庭，经过阅卷，认为事实清楚，决定不开庭审理。

福建省高级人民法院经审理后认为：被告人林云元二次窜到我海军航空兵部队收买、窃取情报资料，并输送出海提供给我国台湾地区军事情报局马祖站间谍组织，其行为已构成为境外窃取、收买、非法提供国家秘密、情报罪。原判事实清楚，证据充分，定罪准确，量刑适当。上诉人关于受林云飞利诱一节，原审已予考虑，关于1995年向连江县国家安全机关交代了犯罪事实一节，经查属实，但连江县国家安全机关在上诉人1995年交代犯罪事实之前，已掌握了原审被告人的全部犯罪情况，上诉人的行为不构成自首的条件，上诉无理，法院不予采纳。

依照《刑事诉讼法》第189条第1项和《刑法》第12条第1款、第111条、第56条的规定，裁定如下：驳回上诉，维持原判。

【学理分析及适用指引】

• 学理分析 •

为境外窃取、刺探、收买、非法提供国家秘密、情报罪，是指为境外的机构、组织、人员窃取、刺探、收买、非法提供国家秘密或者情报的行为。本罪的构成要件如下：

1. 本罪的客体。本罪侵犯的客体是国家的安全即人民民主专政的政权和社会主义制度。保守国家秘密是《宪法》规定的中国公民的一项基本权利和义务。2014年11月通过的《反间谍法》第23～24条也规定：任何公民和组织都应当保守所知悉的有关反间谍工作的国家秘密。任何个人和组织都不得非法持有属于国家秘密的文件、资料和其他物品。本罪的对象是国家秘密、情报。国家秘密是指关系国家的安全和利益，依法定程序确定、在一定时间内只限于一定范围的人员知悉的事项。具体包括：（1）国家事务的重大决策中的秘密事项；（2）国防建设和武装力量活动的秘密事项；（3）外交和外事活动中的秘密事项以及对外承担保密义务的秘密事项；（4）国民经济和社会发展中的秘密事项；（5）科学技术中的秘密事项；（6）维护国家安全活动和追查刑事犯罪中的秘密事项；（7）经国家保密行政部门确定的其他秘密事项。符合《保守国家秘密法》第3条规定的政党中的秘密事项，也应属于国家秘密。行为人对不同等级即绝密、机密、秘密的国家秘密进行窃取、刺探、收买、非法提供给境外的机构、组织、个人，致使国家的安全、利益遭受危害的程度也不同。情报是指除国家秘密以外的涉及国家政治、经济、军事、科技等方面尚未公开或不宜公开泄露的、影响国家安全和利益的情况和材料。不公开的单位内部情况、正常的情报信息交流，不应理解为此处的情报。

2. 本罪的客观方面。本罪的客观方面是指为境外机构、组织、人员窃取、刺探、收买、非法提供国家秘密或者情报。境外，是指中华人民共和国领域以外以及台湾、香港和澳门地区。本罪的行为方式包括：（1）窃取，即使用各种秘密手段盗窃属于国家秘密或者情报的资料或物品的行为。（2）刺探，是指通过各种渠道、使用各种手段，非法探知国家秘密或者情报资料的行为。（3）收买，是指用金钱、色情或其他物质利益等手段向掌握国家秘密或者情报的人员获取国家秘密或者情报资料或者物品的行为。（4）非法提供，是指国家秘密持有者或知悉者非法出卖、交付、告知其他不应知悉该项国家秘密或者情报的人的行为。本条规定有窃取、刺探、收买、非法提供4个具体行为。只要行为人实施上述行为其中之一的，就构成犯罪。如果行为人实施上述行为时被抓获，实际上未能最终获取国家秘密或情报，或者未能完成非法提供的行为时，也应构成本罪未遂。

根据《最高人民法院关于审理为境外窃取、刺探、收买、非法提供国家秘密、情报案件具体应用法律若干问题的解释》第3条之规定，为境外窃取、刺探、收买、非法提供国家秘密、情报，具有下列情形之一的，属于本罪的构成行为：（1）为境外窃取、刺探、收买、非法提供机密级国家秘密的；（2）为境外窃取、刺探、收买、非法提供三项以上秘密级国家秘密的；（3）为境外窃取、刺探、收买、非法提供国家秘密、情报，对国家安全和利益造成其他严重损害的。

3. 本罪的主体。责任主体为一般主体，即凡达到刑事责任年龄具备刑事责任能力的中国公民均可构成，外国人、无国籍人不构成本罪。

4. 本罪的主观方面。本罪的责任形式为故意。此处的故意是指明知是国家秘密、情报而窃取、刺探、收买、非法提供的主观心理态度。

• 适用指引 •

司法实践中，认定本罪应注意：

1. 本罪的罪与非罪的界限。（1）应查明行为人所窃取、刺探、收买、非法提供的是否属于国家秘密或者情报的范围，不能把一切未公开的情况、信息都列入国家秘密或者情报的范围。（2）应与正常的信息、情报交流区别开，根据《保守国家秘密法》的规定，在对外交往与合作中经国家有关部门依照法定程序审批，与境外机构、组织、人员互换情报、交流资料和信息，是合法行为。

2. 本罪与其他罪名的牵连。如果行为人接受间谍组织及其代理人的任务而实施本罪的行为的，应按牵连犯的处理原则，择一重罪论处。如果行为人不是接受间谍及其代理人的任务而为境外机构、组织、人员窃取、刺探、收买、非法提供国家秘密或者情报的，则构成本罪。

3. 关于本罪对象“国家秘密”密级与定罪量刑的关系问题。根据《保守国家秘密法》的规定，国家秘密的密级分为“绝密”“机密”“秘密”等三个等级。其中，“绝密”是最重要的国家秘密，泄露会使国家的安全和利益遭受特别严重的损害；“机密”是重要的国家秘密，泄露会使国家的安全和利益遭受到严重损害；“秘密”是一般的国家秘密，泄露会使国家的安全和利益遭受损害。根据《最高人民法院关于审理为境外窃取、刺探、收买、非法提供国家秘密、情报案件具体应用法律若干问题的解释》的相关规定，为境外窃取、刺探、收买、非法提供一项以上机密级国家秘密的，或者三项以上秘密级国家秘密的，即构成本罪，适用本罪的基本刑“五年以上十年以下有期徒刑，可以并处没收财产”的法定刑幅度。如果为境外窃取、刺探、收买、非法提供一项以上的绝密级国家秘密则不仅构成本罪，而且属于为境外窃取、刺探、收买、非法提供国家秘密罪的“情节特别严重”，适用“处十年以上有期徒刑、无期徒刑，可以并处没收财产”法定刑幅度。需要注意的是，根据上述司法解释，为境外窃取、刺探、收买、非法提供秘密级国家秘密或者情报，属于“情节较轻”，处五年以下有期徒刑、拘役、管制或者剥夺政治权利，可以并处没收财产。这说明，为境外窃取、刺探、收买、非法提供国家秘密的，不论是秘密级还是机密级、绝密级，原则上均构成为境外窃取、刺探、收买、非法提供国家秘密罪，但适用的法定刑幅度可能不同。

第一百一十二条　资敌罪

【法律规定】

•　法律条文　•

《中华人民共和国刑法》

第一百一十二条　战时供给敌人武器装备、军用物资资敌的，处十年以上有期徒刑或者无期徒刑；情节较轻的，处三年以上十年以下有期徒刑。

【学理分析及适用指引】

•　学理分析　•

资敌罪，是指战时供给敌人武器装备、军用物资资敌的行为。本罪的构成要件如下：

1. 本罪的客体。侵犯的是国家安全，而且是战时特定时期的国家安全，其危害性和后果是十分严重的。

2. 本罪的客观方面。本罪在客观方面表现为战时向敌人提供武器装备或者军用物资的行为。所谓战时，根据《刑法》第451条的规定，是指国家宣布进入战争状态、部队受领作战任务或者遭敌突然袭击时。部队执行戒严任务或者处置突发性暴力事件时，以战时论。此处所说的敌人，是指国内外带有军事性质的危害国家安全的武装力量，包括国内敌人和国外敌人。武器装备，是指直接用于实施和保障作战行动的武器、武器系统和军事技术器材。武器是直接用于杀伤敌人有生力量和破坏敌人作战设施的器械，包括兵器、枪械、火炮、火箭、导弹、弹药、爆破器材、坦克和其他装甲战斗车辆、作战飞机、战斗舰艇、鱼雷、水雷、核武器等。武器系统包括杀伤手段、投掷或运载工具、指挥器材。军事技术器材通常包括通信指挥器材、侦察探测器材、雷达、电子对抗装备、情报处理设备、军用电子计算机、野战工程机械、渡河器材、气象保障器材、军用车辆、伪装器材等。军用物资指除武器装备外供军队作战训练、施工科研、后勤保障等方面所使用的物资，如油料、药品、建材、器材、被装、车辆等。提供非用于军事的物资，不构成本罪。为敌人提供上述军用物资的方式是多种多样的，无论是有偿的或是无偿的，或者为向敌人提供而购买、携带、运输，均可构成本罪。

所谓提供武器装备或者军用物资，是指无偿支援或者出售给敌方各种武器、弹药、通讯设施、运输工具、医疗设施、药品、能源、食品、被服等军用物品。综上所述，构成资敌罪必须符合战时向敌方武装力量提供武器弹药、装备、军用物资三个要素，缺一不构成资敌罪。

3. 本罪的主体。本罪只有中国公民才能构成，外国公民、无国籍人不构成本罪。

4. 本罪的主观方面。本罪在主观方面表现为故意。

• 适用指引 •

司法实践中，认定本罪应注意：

1. 本罪构成中的三个核心要素——“战时”“敌人”“武器装备和军用物资”的认定，应结合上述学理分析，了解其概念的涵义及外延，缺一不构成资敌罪。

2. 本罪与资助危害国家安全犯罪活动罪的界限。这两种犯罪都有资助的行为。两者的区别在于：第一，资助的对象不同。前者所资助的是敌人，即敌对国家或者敌对阵营；而后者所资助的是犯罪人，即犯背叛祖国、分裂国家等罪行的人。第二，资助的物品不同。前者资助的是武器装备、军用物品；而后者资助的主要是金钱、普通物品等。

第一百一十三条　危害国家安全罪死刑及没收财产的适用

【法律规定】

• 法律条文 •

《中华人民共和国刑法》

第一百一十三条　本章上述危害国家安全罪行中，除第一百零三条第二款、第一百零五条、第一百零七条、第一百零九条外，对国家和人民危害特别严重、情节特别恶劣的，可以判处死刑。

犯本章之罪的，可以并处没收财产。

【案例】

付健为境外窃取、非法提供国家秘密、情报案①

• 案件事实 •

1997 年 8 月，付健的亲友吕逸群（另案处理）来辽宁省锦州市时与付健商量向境外情报机构提供情报以获取报酬，付健考虑后表示同意。为此，吕逸群给付健规定了化名、交接情报的联络方法和暗语，为付健提供了“美能达”照相机和数码相机各一架，数码录音笔一支及芯片 5 张等收集情报工具，并先后 8 次向付健布置收集我国秘密、情报的任务。1997 年 8 月至 2002 年 5 月期间，付健利用职务便利，窃取、搜集国家秘密及相关情报。先后 21 次在不同时间、地点、采取不同方式非法向吕逸群提供涉及我国国家政治、经济、军事等大量国家秘密、情报。其中：绝密级情报 1 份（未遂），机密级情报 7 份，秘密级情报 26 份，属于《刑法》第 111 条规定的其他情报 24 份。付健为境外情报机构窃取、非法提供国家秘密、情报，境外情报机构给付健每月发放工资及奖金，总计金额 60900 美元。上述作案工具、赃款和部分国家秘密、情报，案发后被国家安全机关收缴。

• 裁判要旨 •

没收被告人的财产，有助于预防犯罪分子继续危害国家安全。

• 裁判理由 •

辽宁省锦州市中级人民法院经审理后认为：被告人付健无视国法，为境外情报机构窃取、非法提供国家秘密、情报，危害国家安全，情节特别严重，其行为确已构成为境外窃取、非法提供国家秘密、情报罪。公诉机关指控被告人付健的罪名成立。鉴于其认罪态度较好，积极配合国家安全机关查清犯罪事实，所获赃款全部被收缴之情节，可对其从轻处罚。依照《刑法》第 111 条、第 56 条第 1 款、第 64 条之规定，判决如下：一、被告人付健犯为境外窃取、非法提供国家秘密、情报罪，判处有期徒刑十一年，剥夺政治权利三年。二、依法没收扣押在辽宁省锦州市国家安全局的被告人付健作案使用工具“美能达”照相机一架、数码摄像机一架及芯片六张、数码录音笔一支、摩托罗拉V998 + 型手机一部。三、依法没收扣押在辽宁省锦州市国家安全局的被告人付健非法所得美金 60900 元。

---

① 参见《中华人民共和国最高人民检察院公报》2003 年第 5 号。

【学理分析及适用指引】

• 学理分析 •

对于犯危害国家安全犯罪的刑罚适用，除依法适用《刑法》分则第1章各相应条文规定的罪刑规范外，还应注意适用两个具有共性要求的条文所规定的刑罚制度：一是《刑法》第56条规定的“对于危害国家安全的犯罪分子应当附加适用剥夺政治权利”；二是《刑法》第113条关于死刑和没收财产的适用问题。

1. 关于危害国家安全犯罪死刑适用的问题。根据本条的规定，对于本章规定的12个危害国家安全犯罪的罪名，有背叛国家罪，分裂国家罪，武装叛乱、暴乱罪，投敌叛变罪，间谍罪，为境外窃取、刺探、收买、非法提供国家秘密、情报罪和资敌罪等7个罪名，若达到“对国家和人民危害特别严重、情节特别恶劣的”，依法可以判处死刑。危害国家安全犯罪作为在所有犯罪中危害最重的犯罪类型之一，对其中最重要部分的罪行保留死刑适用的可能性是有必要的，也是符合绝大多数国家刑事立法趋势的。

2. 关于对危害国家安全犯罪适用没收财产的问题。根据《刑法》第34条和第59条的规定，没收财产是将犯罪人个人所有财产的一部分或全部强制无偿地收归国有的刑罚。没收财产主要有以下特点：（1）没收财产是一种刑罚方法。这是没收财产的法律属性。具体地说，没收财产与罚金一样同属财产刑范畴。这一特点使没收财产与其他刑罚方法划清了界限，同时又赋予没收财产刑具有其他一切刑罚方法的共性：法定性及强制性等。（2）没收财产由法院根据法律的规定适用。因为只有作为国家审判机关的人民法院才能适用刑罚，没收财产这一财产刑也不例外。同时，人民法院判处没收财产刑时必须依照法律（《刑法》《刑事诉讼法》）的规定适用。例如，是选科没收财产还是并科没收财产，我国《刑法》分则有相应的规定。（3）没收财产是以将犯罪人个人所有的部分或全部财产强制无偿收归国有为内容。首先，没收财产的适用对象只能是犯罪分子，对那些没有触犯刑律而仅有一般违法行为的人只能适用相应的非刑罚方法。其次，该刑罚的内容是剥夺犯罪人的财产，这是没收财产刑与其他刑罚方法的最大区别。罚金是以剥夺犯罪人一定数额的金钱为内容；而没收财产是以剥夺犯罪人个人所有的财产如土地使用权、房屋、物质等为内容。

没收财产是一种严厉的财产刑，一般只适用于两大类犯罪：一是危害国家安全的犯罪；二是贪利性犯罪，尤其是严重的贪利性犯罪。根据《刑法》第113条第2款规定，犯危害国家安全罪的，可以并处没收财产。对危害国家安全罪适用没收财产刑，反映了国家对这类犯罪最严厉谴责的态度，也是对继续从事这类犯罪的资本予以的必要剥夺。

● 适用指引 ●

在适用本条规定时，需要注意的是对于“没收财产”，使用的是“可以”，而不是“应当”，也就是说，在人民法院审理危害国家安全的犯罪案件时，应当根据案件的具体情况适用法律，对有必要判处没收财产的犯罪分子，可以并处没收财产，而不是一律并处没收财产。

第二章 危害公共安全罪

第一百一十四条 放火罪；决水罪；爆炸罪；投放危险物质罪；以危险方法危害公共安全罪

【法律规定】

• 法律条文 •

《中华人民共和国刑法》

第一百一十四条 放火、决水、爆炸以及投放毒害性、放射性、传染病病原体等物质或者以其他危险方法危害公共安全，尚未造成严重后果的，处三年以上十年以下有期徒刑。

• 相关规定 •

《中华人民共和国刑法》

第五十六条 对于危害国家安全的犯罪分子应当附加剥夺政治权利；对于故意杀人、强奸、放火、爆炸、投毒、抢劫等严重破坏社会秩序的犯罪分子，可以附加剥夺政治权利。

独立适用剥夺政治权利的，依照本法分则的规定。

《最高人民法院、最高人民检察院关于办理妨害预防、控制突发传染病疫情等灾害的刑事案件具体应用法律若干问题的解释》（法释〔2003〕8号）

第一条第一款 故意传播突发传染病病原体，危害公共安全的，依照刑法第一百一十四条、第一百一十五条第一款的规定，按照以危险方法危害公共安全罪定罪处罚。

《最高人民法院、最高人民检察院关于办理组织、利用邪教组织破坏法律实施等刑事案件适用法律若干问题的解释》（法释〔2017〕3号）

第十条 邪教组织人员以自焚、自爆或者其他危险方法危害公共安全的，依照刑法第一百一十四条、第一百一十五条的规定，以放火罪、爆炸罪、以危险方法危害公共安全罪等定罪处罚。

《最高人民法院、最高人民检察院、公安部、司法部关于依法惩治妨害新型冠状病毒感染肺炎疫情防控违法犯罪的意见》（法发〔2020〕7号）

二、准确适用法律，依法严惩妨害疫情防控的各类违法犯罪

（一）依法严惩抗拒疫情防控措施犯罪。故意传播新型冠状病毒感染肺炎病原体，具有下列情形之一，危害公共安全的，依照刑法第一百一十四条、第一百一十五条第一款的规定，以以危险方法危害公共安全罪定罪处罚：

1. 已经确诊的新型冠状病毒感染肺炎病人、病原携带者，拒绝隔离治疗或者隔离期未满擅自脱离隔离治疗，并进入公共场所或者公共交通工具的；

2. 新型冠状病毒感染肺炎疑似病人拒绝隔离治疗或者隔离期未满擅自脱离隔离治疗，并进入公共场所或者公共交通工具，造成新型冠状病毒传播的。

其他拒绝执行卫生防疫机构依照传染病防治法提出的防控措施，引起新型冠状病毒传播或者有传播严重危险的，依照刑法第三百三十条的规定，以妨害传染病防治罪定罪处罚。

《最高人民法院、最高人民检察院、公安部关于办理涉窨井盖相关刑事案件的指导意见》（高检发〔2020〕3号）

二、盗窃、破坏人员密集往来的非机动车道、人行道以及车站、码头、公园、广场、学校、商业中心、厂区、社区、院落等生产生活、人员聚集场所的窨井盖，足以危害公共安全，尚未造成严重后果的，依照刑法第一百一十四条的规定，以以危险方法危害公共安全罪定罪处罚；致人重伤、死亡或者使公私财产遭受重大损失的，依照刑法第一百一十五条第一款的规定处罚。

《最高人民法院、最高人民检察院、公安部、工业和信息化部、住房和城乡建设部、交通运输部、应急管理部、国家铁路局、中国民用航空局、国家邮政局关于依法惩治涉枪支、弹药、爆炸物、易燃易爆危险物品犯罪的意见》（法发〔2021〕35号）

8. 在水路、铁路、航空易燃易爆危险物品运输生产作业活动中违反有关安全管理的规定，有下列情形之一，明知存在重大事故隐患而不排除，足以危害公共安全的，依照刑法第一百一十四条的规定，以以危险方法危害公共安全罪定罪处罚；致人重伤、死亡或者使公私财产遭受重大损失的，依照刑法第一百一十五条第一款的规定处罚：

（1）未经依法批准或者许可，擅自从事易燃易爆危险物品运输的；

（2）委托无资质企业或者个人承运易燃易爆危险物品的；

（3）在托运的普通货物中夹带易燃易爆危险物品的；

（4）将易燃易爆危险物品谎报或者匿报为普通货物托运的；

（5）其他在水路、铁路、航空易燃易爆危险物品运输活动中违反有关安全管理规定的情形。

非法携带易燃易爆危险物品进入水路、铁路、航空公共交通工具或者有关公共场所，危及公共安全，情节严重的，依照刑法第一百三十条的规定，以非法携带危险物品危及公共安全罪定罪处罚。

【案例一】

莫焕晶放火、盗窃案

• 案件事实 •

浙江省杭州市中级人民法院审理浙江省杭州市人民检察院指控被告人莫焕晶犯放火罪、盗窃罪一案，于2018年2月9日作出（2017）浙01刑初121号刑事判决，认定被告人莫焕晶犯放火罪，判处死刑，剥夺政治权利终身；犯盗窃罪，判处有期徒刑五年，并处罚金人民币1万元，决定执行死刑，剥夺政治权利终身，并处罚金人民币1万元。宣判后，莫焕晶提出上诉。浙江省高级人民法院经依法开庭审理，于2018年6月4日以（2018）浙刑终82号刑事裁定，驳回上诉，维持原判，并依法报请最高人民法院核准。最高人民法院依法组成合议庭，对本案进行了复核，依法讯问了被告人，听取了辩护律师意见。现已复核终结。

经复核确认：

1. 放火、盗窃事实。被告人莫焕晶因长期沉迷赌博身负高额债务，并为躲避债务于2015年到浙江省、上海市等地打工。2016年9月，莫焕晶经中介应聘到浙江省杭州市上城区蓝色钱江公寓×幢×单元1802室被害人朱某某（女，殁年34岁）、林某某夫妇家从事住家保姆工作。2017年3月至同年6月21日，莫焕晶为筹集赌资，多次窃取朱某某家的项链、手镯、手表等财物进行典当，得款189192元，至案发时，尚有价值198733元的财物未被赎回。莫焕晶另以在老家买房为借口，向朱某某借款114000元。上述钱款均被莫焕晶赌博挥霍。

2017年6月21日晚，被告人莫焕晶使用手机上网赌博，输光了当晚盗窃朱某某家积家牌手表典当所得的37500元，为继续筹集赌资，决定采取在朱某某家中放火再帮助灭火的方式骗取朱某某的感激，以便再向朱某某借钱。6月22日2时至4时许，莫焕晶通过手机上网查询“打火机自动爆炸”“沙发突然着火”“家里窗帘突然着火”“放火要坐牢吗”“火容易慢燃吗”“火灾起点原因容易查吗”等与放火有关的信息。4时55分许，莫焕晶在朱某某家客厅用打火机点燃书本，引燃客厅沙发、窗帘等易燃物品，导致火势迅速蔓延，造成屋内的朱某某及其子女林某乙（被害人，男，殁年10岁）、林某丙（被害人，女，殁年7岁）、林某丁（被害人，男，殁年4岁）四人被困火场，吸入一氧化碳中毒死亡，并造成1802室房屋、家具和邻近房屋部分设施损毁。其中，1802室精装修、部分构件材料和1802室及该单元1801室、1902室幕墙的损失共计2577052元。

上述事实，有第一审、第二审开庭审理中经质证确认的公安机关从被告人莫焕晶所住房间内提取的作案工具黑色打火机及赃物手表、项链、手镯等物证的照片，当票、赎当凭证、收款收据、质押担保借款合同、证实被害人朱某某、证人胡某和莫焕晶等人报警的报警记录、证实莫焕晶负有高额债务的民事判决书、裁定书等书证，证人陈某、杨某、吴某、黄某、麦某1、麦某2、张某等的证言，被害人林某甲的陈述，DNA鉴定意见、尸体鉴定意见、价格鉴定意见、火灾现场调查报告、消防调查报告，现场勘验、检查、辨认等笔录，微信聊天截图、转账记录截图，证实莫焕晶案发前通过手机上网查询与放火有关信息的手机检验报告、现场监控视频、典当公司监控视频等证据证实。被告人莫焕晶亦供认。足以认定。

2. 盗窃事实。2015年7月至2016年2月，被告人莫焕晶在从事住家保姆工作期间，盗窃浙江省绍兴市越城区××路××花园××幢××室被害人徐某家的茅台酒2瓶，被发现后赔偿钱款；多次盗窃上海市浦东新区××路××弄××号楼××被害人周某家的戒指、项链等财物进行典当，被发觉前赎回归还；盗窃上海市××路××弄××号李某家同住保姆被害人汪某的现金6500元，被发现后退回钱款。

被告人莫焕晶到案后，如实供述了司法机关尚未掌握的盗窃事实。

上述事实，有第一审、第二审开庭审理中经质证确认的公安机关扣押的赃物戒指、项链等物证的照片，当票复印件，证人麦某1、李某、王某等的证言，被害人徐某、周某、汪某的陈述，价格鉴定意见，证实被告人莫焕晶到案后主动交代盗窃事实的相关材料等证据证实。被告人莫焕晶亦供认。足以认定。

• 裁判要旨 •

行为人放火的行为动机不影响放火罪的司法认定。

• 裁判理由 •

最高人民法院认为，被告人莫焕晶故意放火，危害公共安全，其行为已构成放火罪；莫焕晶以非法占有为目的，盗窃他人财物，数额巨大，其行为已构成盗窃罪。莫焕晶经预谋在高层住宅内放火，致四人死亡和他人财产重大损失，犯罪动机卑劣，情节恶劣，社会危害性极大，后果和罪行极其严重，应依法惩处。虽然莫焕晶归案后能如实供述自己的放火罪行，但根据其犯罪的事实、性质、情节和对社会的危害程度，对其所犯放火罪依法不足以从轻处罚。莫焕晶多次窃取他人巨额财物，但其归案后主动交代公安机关尚未掌握的盗窃罪行，系自首，对其所犯盗窃罪可依法从轻处罚。对莫焕晶所犯数罪，应依法并罚。第一审判决、第二审裁定认定的事实清楚，证据确实、充分，定罪准确，量刑适当。审判程序合法。依照《刑事诉讼法》第235条、第239条和《最高人民法院关于适用〈中华人民共和国刑事诉讼法〉的解释》第350条第1项的规定，裁定如下：核准浙江省高级人民法院（2018）浙刑终82号维持第一审对被告人莫焕晶以放火罪判处死刑，剥夺政治权利终身；以盗窃罪判处有期徒刑五年，并处罚金人民币一万元，决定执行死刑，剥夺政治权利终身，并处罚金人民币一万元的刑事裁定。

【案例二】

陈美娟投放危险物质案①

• 案件事实 •

被告人陈美娟与被害人陆某某两家东西相邻。2002年7月下旬，两人因修路及其他琐事多次发生口角并相互谩骂，陈美娟遂怀恨在心，决意报复。2002年7月25日晚9时许，陈美娟从自家水池边找来一支一次性注射器，再从家中柴房内的甲胺磷农药瓶中抽取半针筒甲胺磷农药后，潜行至陆某某家门前丝瓜棚处，将农药打入瓜藤上所结的多条丝瓜中。次日晚，陆某某及其外孙女黄某某食用了被注射有甲胺磷农药的丝瓜后，出现上吐下泻等中毒症状。其中，黄某某经抢救后脱险；陆某某在被送往医院抢救后，因甲胺磷农药中毒引发糖尿病高渗性昏迷低钾血症，医院对此诊断不当，而仅以糖尿病和高血压症进行救治，陆某某因抢救无效于次日早晨死亡。

陆某某死后，其亲属邻里在门前瓜棚下为其办理丧事时，发现未采摘的丝瓜中有的有小黑斑，遂怀疑他人投毒，故向公安机关报案。经侦查，陈美娟被抓获。

• 裁判要旨 •

行为人为报复他人而投放危险物质危及不特定人安全的行为，构成投放危险物质罪。

• 裁判理由 •

因为投放危险物质罪侵犯的客体是公共安全，而故意杀人罪侵犯的客体是

① 参见中华人民共和国最高人民法院刑事审判第一庭、第二庭编：《刑事审判参考》（总第36集），法律出版社2004年版。

特定人的生命安全。综合全案，陈美娟的行为应认定为投放危险物质罪。

江苏省南通市中级人民法院经公开审理认为，菜农在宅基地、自留地上所种的各类蔬菜、瓜果不再局限于自己食用，还有可能被其左邻右舍摘食，甚至将其作为商品在市场上进行交换，其中有毒瓜果可能因农副产品的流转而流向社会。

被告人陈美娟明知自己的行为不仅会造成意图杀死的陆某某的死亡，而且还会造成其他不特定多数人的死亡，并对陆某某的死亡持积极追求的希望态度，对其他不特定多数人的死亡持放任态度，其主观上不仅具备了杀害陆某某的直接故意，同时也具备了危害公共安全的间接故意。客观上，陈美娟为杀害陆某某一人而实施了将农药打入瓜藤上所结的多条丝瓜中的投毒行为，并造成二人中毒、一人死亡的后果，其行为已经严重损害了社会公共安全。因此，从犯罪构成要件分析，陈美娟投毒杀人的行为同时构成了投放危险物质罪和故意杀人罪，属于两罪想象竞合的情形。想象竞合犯的处断原则是“从一重罪处断”，即按犯罪行为所触犯的数罪对应的法定刑最高的一个罪定罪量刑。投放危险物质罪与故意杀人罪相比较，前者的社会危害性大于后者。被告人陈美娟故意在被害人所种植的丝瓜中注射甲胺磷农药的行为危害公共安全，造成二人中毒，其中一人死亡的严重后果，构成投放危险物质罪。被告人陈美娟归案后，认罪态度较好，可酌情从轻处罚。陈美娟对其犯罪行为给附带民事诉讼原告人造成的经济损失合理部分应予赔偿。判决被告人陈美娟犯投放危险物质罪，判处死刑，缓期二年执行，剥夺政治权利终身，并依法报请江苏省高级人民法院复核。江苏省高级人民法院经复核认为，江苏省南通市中级人民法院对被告人陈美娟的定罪量刑正确，审判程序合法，遂于 2003 年 5 月 7 日以（2003）苏刑复字第 025 号刑事裁定核准以投放危险物质罪判处被告人陈美娟死刑，缓期二年执行，剥夺政治权利终身的判决。

【案例三】

胡文标、丁月生投放危险物质案①

• 案件事实 •

盐城市标新化工有限公司（以下简称标新化工公司）系环保部门规定的“废水不外排”企业。胡文标系标新化工公司法定代表人，曾因犯虚开增值税专用发票罪于 2005 年 6 月 27 日被江苏省盐城市盐都区人民法院判处有期徒刑

① 参见《最高人民法院 2013 年 6 月 18 日新闻发布会材料（二）》，载最高人民法院官方网站，http：//www. court. gov. cnxwzxxwfbhtwzb201306/t20130618_ 185457. htm。

二年，缓刑三年。丁月生系标新化工公司生产负责人。2007 年 11 月底至 2009 年 2 月 16 日期间，胡文标、丁月生在明知该公司生产过程中所产生的废水含有苯、酚类有毒物质的情况下，仍将大量废水排放至该公司北侧的五支河内，任其流经蟒蛇河污染盐城市区城西、越河自来水厂取水口，致盐城市区 20 多万居民饮用水停水长达 66 小时 40 分钟，造成直接经济损失人民币 543.21 万元。

• 裁判要旨 •

非法排放、倾倒、处置危险废物致使乡镇以上集中式饮用水水源取水中断数十小时的，属“严重污染环境”的行为。

• 裁判理由 •

江苏省盐城市盐都区人民法院一审判决、江苏省盐城市中级人民法院二审裁定认为：胡文标、丁月生明知其公司在生产过程中所产生的废水含有毒害性物质，仍然直接或间接地向其公司周边的河道大量排放，放任危害不特定多数人的生命、健康和公私财产安全结果的发生，使公私财产遭受重大损失，构成投放危险物质罪，且属共同犯罪。胡文标在共同犯罪中起主要作用，是主犯；丁月生在共同犯罪中起次要作用，是从犯。胡文标系在缓刑考验期限内犯新罪，依法应当撤销缓刑，予以数罪并罚。据此，撤销对被告人胡文标的缓刑宣告；被告人胡文标犯投放危险物质罪，判处有期徒刑十年，与其前罪所判处的刑罚并罚，决定执行有期徒刑十一年；被告人丁月生犯投放危险物质罪，判处有期徒刑六年。

【案例四】

李建华爆炸案①

• 案件事实 •

被告人李建华于 2003 年年底至 2004 年 6 月间，将 133 千克黑火药、若干钢珠、小石块等物装入自制的铁罐内，用电池、彩灯泡、引线连接，制造成爆炸装置，与盛放汽油的雪碧瓶一起放入密码箱中，用“502”胶水将爆炸装置的开关黏接在密码箱拉链的内侧，后将爆炸装置放置在与其家有矛盾的杨某某家东侧的砖堆上。2004 年 7 月 1 日，该爆炸装置被发现，并被公安人员拆除。经鉴定，并联于该爆炸装置引爆线路的彩灯泡的钨丝已断裂或齐根断掉，整个

---

① 参见江苏省姜堰市人民法院（2005）姜刑初字第 0033 号。

电路呈断开状态，无法爆炸。

• 裁判要旨 •

行为人自己制造并在公共区域放置足以危及不特定人生命健康安全的爆炸物，因意志以外因素而未爆炸的，也应成立爆炸罪，但应属于犯罪未遂。

• 裁判理由 •

江苏省姜堰市[①]人民检察院指控被告人李建华涉嫌爆炸罪向江苏省姜堰市人民法院提起公诉。被告人李建华辩解未制造、放置爆炸装置；其文化程度也不足以制造爆炸装置。其辩护人提出本案中的爆炸装置根本不可能爆炸，火药爆炸力也有限，只能属于爆炸未遂。

关于被告人李建华行为的定性。法院认为：被告人李建华制造并放置爆炸物，足以危及不特定人的生命及健康或公私财产的安全，其行为构成爆炸罪。从本案来看，技术鉴定证实密码箱内的物品由装有黑火药等物的金属容器及并联小灯泡及电池的引爆线路制成，是典型的爆炸装置；装置内以黑火药为主装药，以引火线、钢珠等作为填充物；黑火药属烟花爆竹常用药剂，计重133Kg，TNT当量为1064Kg；引爆线路用3只彩灯泡并联于塑胶铜线上，3只灯泡壳均已破裂，其中2只灯泡钨丝已断，另1只尚好，但其中1只引脚线齐根断掉，整个电路呈断开状态，若灯丝完好，引脚连接无误，当用足量电池起爆时，具有起爆能力，可造成对1米以内人员有杀伤作用，10米以外门窗或建筑物局部有较轻度破坏效应。因此，法院认为本案被告人的行为足以危及不特定人的生命及健康或公私财产的安全，已经构成爆炸罪。

关于被告人的行为处于何种停止状态。被告人的辩护人提出，本案属于犯罪未遂。而根据《刑法》第114条规定，只要行为人实施爆炸，危害公共安全，虽尚未造成严重后果，但已具备爆炸罪的全部构成要件，即为既遂。如果致人重伤、死亡或者使公私财产遭受重大损失，应按《刑法》第115条作为爆炸罪的结果加重犯处罚。至于爆炸罪的未遂，从立法精神看，不存在实行终了的未遂。因为爆炸行为已经实行终了，在一定条件下就足以危害不特定多数人的生命、健康或重大财产的安全，无论是否引起严重后果，都是既遂。爆炸罪未遂只能发生在爆炸行为尚未实行终了的阶段。在本案中，法院认为，本案爆炸装置中的电路呈断开状态，无法爆炸，可以认为爆炸行为尚未实施完毕，未爆炸确实属于犯罪分子意志以外的原因，因而属于未遂。

综上，法院认为：被告人李建华制造并放置爆炸物，足以危及不特定人的生命及健康或公私财产的安全，因意志以外的原因而未得逞，其行为已构成爆

① 现为江苏省泰州市姜堰区。

炸罪（未遂），依法应予惩处。被告人李建华犯罪未遂，依法可以比照既遂犯从轻处罚。据此，判决如下：一、被告人李建华犯爆炸罪（未遂），判处有期徒刑五年零六个月，剥夺政治权利一年；二、作案工具爆炸装置予以没收。

【案例五】

李国庆以危险方法危害公共安全案①

• 案件事实 •

2006年3月29日，河北省固安县柳泉镇齐家营村负责人将该村村北的300多棵梨树卖给了被告人李国庆，后李国庆将该树又卖给了固安县宫村镇大杨先务村人张某亮。同年4月1日上午，被告人李国庆与赵有财、孙长名、刘振、岳雷（已判刑）等驾驶一辆银白色华普轿车到齐家营村伐树，并约好买树人张某亮及锯工侯某涛到现场锯树。因该村的梨树权属问题有争议，在李国庆等人锯树时，齐家营部分村民上前阻止伐树并抢下油锯，将李国庆等人轰到梨树地北边的东西土路上。李国庆为了达到锯树的目的，让刘振开车去买镐把，又通知张江华、贺健、金浩征开一辆红色桑塔纳轿车赶到现场。等刘振将镐把买回分装在两车后，李国庆见村民们仍不退让，遂掏出一沓100元面值的人民币冲着村民喊："给我撞，撞坏了我兜着。"在李国庆的唆使下，岳雷便驾驶红色桑塔纳轿车向路东侧的人群驶去，用车右反光镜将村民齐某某刮倒在路南沟里，随后李国庆驾驶银白色华普轿车向路北人群驶去，将村民李某、高某某、罗某某撞倒，又将梁某某的自行车轧坏，在两车行驶过程中，村民们上前将两车砸坏。后经河北省廊坊市公安局法医鉴定，李某的损伤程度为轻伤；经固安县公安局活体损伤检验鉴定室鉴定，齐某某、高某某、罗某某的损伤程度为轻微伤；经固安县价格认证中心鉴证，被砸的华普轿车损失为人民币2450元，桑塔纳轿车损失为人民币1086元，被轧坏的自行车损失为人民币50元。案发后，李国庆与被害人李某于2006年9月15日达成协议，赔偿了李某各项经济损失共计12000元，后在逃。

• 裁判要旨 •

开车直接撞击不特定多数人的行为，构成以危险方法危害公共安全罪。

• 裁判理由 •

河北省固安县人民检察院以被告人李国庆犯以危险方法危害公共安全罪向

---

① 参见河北省固安县人民法院（2008）固刑初字第4号。

固安县人民法院提起公诉。固安县人民法院受理后，依法组成合议庭，公开开庭审理了本案。被告人李国庆当庭表示自愿认罪，但辩解自己的行为应构成故意伤害罪，不应定以危险方法危害公共安全罪。其辩护人提出的辩护意见是：被告人李国庆犯罪的主观恶性较小，犯罪情节相对较轻，系初犯，案发后及在本案审理过程中，积极赔偿了各被害人的经济损失，得到了被害人的谅解，有悔罪表现，且对于本案的发生被害人有重大过错，请求对其从轻处罚。

法院审理认为：被告人李国庆持有合法手续到齐家营村伐树，在伐树受到众多村民阻止的情况下，本应理智处理，其却恼羞成怒，并唆使他人开车撞人，自己也驾车撞人。经查，当时现场有二三百名围观或阻止伐树的村民，李国庆等人开车撞人的行为并不是针对特定的个人，而是针对不特定多数的村民，并最终将围观村民李某、罗某某、高某某撞伤，致一人轻伤，二人轻微伤。从主观方面来看，虽然被告并不希望危害结果的发生，但至少对撞人造成的危害结果是放任的，从而对整个犯罪的结果至少是持放任态度的，因而被告主观上构成了放任的间接故意。

虽然被告人的行为也非法损害了他人的身体权，符合故意伤害罪的客观构成要件，但我们更应注意的是，其开车撞人行为也随时可能造成重大人员伤亡和公私财产损失，给公共安全造成的危险并不小于放火、爆炸等行为，已经直接危害了多数在场村民的生命、健康及公私财产安全。因此，被告人的行为更符合以危险方法危害公共安全罪的构成要件。如果以故意伤害来定罪量刑，则违背了罪刑相适应原则。

因此，李国庆等人的开车撞人行为，危害了不特定多数人的生命、健康安全，符合以危险方法危害公共安全罪的犯罪构成。河北省固安县人民检察院指控的罪名成立。被告人李国庆辩解自己构成故意伤害罪，不构成以危险方法危害公共安全罪的理由不成立，法院不予支持。其辩护人辩称李国庆犯罪情节相对较轻，系初犯，又积极赔偿了被害人的经济损失，有悔罪表现，且对于本案的发生被害人也有过错，请求对其从轻处罚的意见，法院予以支持。鉴于被告人李国庆能够自愿认罪悔罪，并已赔偿了三被害人的各项经济损失，得到了各被害人的谅解，可对其从轻处罚。据此判决如下：被告人李国庆犯以危险方法危害公共安全罪，判处有期徒刑三年零六个月。

【学理分析及适用指引】

• 学理分析 •

1. 放火罪的构成。放火罪，是指故意纵火焚烧公私财物，危害公共安全的行为。本罪的构成要件如下：

（1）本罪的客体。本罪侵犯的客体是不特定多数人的生命、健康或公私财产的安全。

（2）本罪的客观方面。客观方面表现为实施了危害公共安全的放火行为。

（3）本罪的主体。犯罪主体为一般主体。即达到法定责任年龄、具有刑事责任能力的人均可构成。根据《刑法》第 17 条第 2 款规定，已满 14 周岁不满 16 周岁的人，犯放火罪的，应当负刑事责任。

（4）本罪的主观方面。主观方面只能由故意构成，包括直接故意和间接故意。明知自己的行为会导致危害公共安全的火情发生而希望或放任，并不是所有的引燃行为都构成放火罪。

2. 决水罪的构成。决水罪，是指故意破坏堤防、水坝、防水、排水等水利设施，制造水患，危害公共安全的行为。本罪的构成要件如下：

（1）本罪侵犯的客体是社会的公共安全。

（2）本罪的客观方面。本罪在客观方面表现为实施危害公共安全的决水行为。所谓“决水”，是指采取开挖水坝、毁坏堤防、堵塞水道、破坏水闸、破坏放水设备等方法，使河、湖、池水横溢、泛滥成灾的行为。决水手段可能是多种多样的，但无论采用何种手段都不影响本罪的成立。

（3）本罪的主体。本罪的主体是一般主体。

（4）本罪的主观方面。本罪在主观方面由故意构成，包括直接故意和间接故意。

3. 爆炸罪的构成。爆炸罪，是指故意引起爆炸物爆炸，危害公共安全的行为。本罪的构成要件如下：

（1）本罪的客体。本罪侵犯的客体是社会的公共安全。

（2）本罪的客观方面。客观方面表现为对公私财物或者人身实施爆炸，危害公共安全的行为。从司法实践来看，使用的爆炸物品，除了炸弹、手榴弹、地雷外，多为炸药、雷管、导火索等起爆器材和各种自制的爆炸装置。实施爆炸的方法很多，但主要是在人群集中或者财产集中的公共场所、交通线路、财物堆放处等地实施爆炸，如将爆炸物放在船只、飞机、汽车、火车上定时爆炸；在商场、车站、影剧院、街道、群众集会的地方制造爆炸事件。

（3）本罪的主体。犯罪主体为一般主体。根据《刑法》第 17 条第 2 款规定，已满 14 周岁不满 16 周岁的人，犯爆炸罪的，应当负刑事责任。

（4）本罪的主观方面。主观方面必须出于故意，包括直接故意和间接故意。

4. 投放危险物质罪的构成。投放危险物质罪，是指故意投放毒害性、放射性、传染病病原体等物质，危害公共安全的行为。本罪的构成要件如下：

（1）本罪的客体。本罪侵犯的客体是不特定多数人的生命、健康或者重大公私财产的安全。

（2）本罪的客观方面。客观方面表现为故意投放毒害性、放射性、传染病病原体等物质，危害公共安全的行为。所谓毒害性物质，是指以较小剂量进入人体，导致疾病或者死亡的物质，包括含有毒质的有机物或者无机物，如氰化钾、砒霜、剧毒农药等。所谓放射性物质，是指含有能自发放射出穿透力较强的射线元素的物质。所谓传染病病原体，包括传染病的病毒、细菌、真菌、螺旋体、原虫等。

（3）本罪的主体。犯罪主体为一般主体。根据《刑法》第 17 条第 2 款规定，已满 14 周岁不满 16 周岁的人，犯投放危险物质罪的，应当负刑事责任。

（4）本罪的主观方面。主观方面表现为故意，包括直接故意与间接故意。

5. 以危险方法危害公共安全罪的构成。以危险方法危害公共安全罪，是指使用除放火、决水、爆炸、投放危险物质以外的其他危险方法，足以造成不特定多数人的伤亡或者公私财产重大损失，危害公共安全的行为。本罪的构成要件如下：

（1）本罪的客体。本罪侵犯的客体是不特定多数人的生命、健康或者重大公私财产的安全。这种犯罪泛指以放火、决水、爆炸、投放危险物质以外的各种不常见的危险方法实施的危害公共安全的犯罪。

（2）本罪的客观方面。客观方面表现为以放火、决水、爆炸、投放危险物质以外的其他危险方法危害公共安全的行为。所谓其他危险方法，一是指放火、决水、爆炸、投放危险物质以外的方法；二是指与放火、决水、爆炸、投放危险物质的危险性相当的、足以危害公共安全的方法。即使用这些危险方法，同放火、决水、爆炸、投放危险物质一样，一经实施就可能危及不特定多数人的生命、健康或者重大公私财产的安全，但这类行为又不能被放火、决水、爆炸、投放危险物质这四种行为方式所概括、包含。常见的有驾驶汽车向人群冲撞、在户外私架电网、醉酒驾车肇事后继续驾车冲撞等。

（3）本罪的主体。犯罪主体为一般主体。

（4）本罪的主观方面。主观方面由故意构成。实践中这种案件除少数对危害公共安全的后果持希望态度，由直接故意构成外，大多是持放任态度，属于间接故意。实施本罪的动机很多，如为了报复、泄私愤而驾车向人群冲撞；醉酒后连续冲撞、为防盗而私架电网，等等。但不论行为人出于何种动机都不影响本罪的成立。

• 适用指引 •

1. 司法实践中，认定放火罪时应注意：

（1）区分放火罪的既遂与未遂的界限。对于放火罪的既遂与未遂问题，理论界曾经有以下不同观点：①“独立燃烧说”。该说认为行为人将点火物接触对象物，使对象物达到独立燃烧状态成立既遂。②“效用丧失说”。该说认为行为人已经实施了放火行为，当火力使对象物的重要部分消失，丧失其本来用途时即成立放火罪的既遂。③“燃烧说”。该说认为目的物的主要部分要达到开始燃烧的程度时成立既遂。④“毁弃说”。该说认为火力对目的物的破坏达到故意毁坏财物罪中的毁坏程度时成立既遂。

我们认为，放火罪是危险犯，即只要实施了放火行为，点燃了目的物，并且该放火行为使公共安全处于危险状态，即使没有造成实际的危害结果，也构成放火罪既遂。犯放火罪而尚未造成严重后果的，是本罪的危险犯。此处的尚未造成严重后果，是指放火行为尚未造成他人重伤、死亡或者公私财产重大损失。虽然尚未造成上述后果，但构成本罪之危险犯，必须足以造成这种后果即具有造成这种后果的危险。如果没有这种危险，则不构成本罪。犯放火罪而致人重伤、死亡或者使公私财产遭受重大损失的，是本罪的实害犯。如果放火行为尚未实行完毕，即点火未得逞，如点火时被抓获或者遇意外情况没有引燃目的物等，则为放火罪未遂。

（2）放火罪与故意杀人罪的界限。从构成要件方面看，放火罪与故意杀人罪存在质的区别。放火罪属于危害公共安全罪，而故意杀人罪属于侵犯公民人身权利罪。它们之间的具体不同表现在以下几个方面：一是侵犯的客体不同。放火罪侵犯的客体是公共安全，是不特定多数人的生命健康、重大公私财产安全和其他重大社会利益，不特定性是其本质特征；故意杀人罪侵犯的客体是他人的生命权利，其犯罪对象只能是特定的他人身体。二是客观方面表现不同。放火罪表现为危害公共安全的放火行为；故意杀人罪则表现为非法剥夺他人生命的各种行为。三是主观内容不同。放火罪的主观内容是行为人明知自己的放火行为会发生致不特定多数人伤亡或者使重大公私财产受到毁损的危害结果，并且希望或者放任这种结果发生；故意杀人罪的主观内容则是行为人明知自己的行为会发生特定他人死亡的结果，并且希望或者放任这种结果发生。

基于放火罪与故意杀人罪在构成要件上的上述不同，我们认为，在认定以放火的方法故意杀害特定的他人时，应当区分以下两种情况处理：第一，如果放火行为并不危及公共安全，那么放火行为不构成放火罪，只构成故意杀人罪，只能以故意杀人罪论处。第二，如果行为人明知其放火行为有发生致不特定多数人伤亡或者使重大公私财产毁损的可能性，却为了追求非法剥夺他人生命的危害结果而放任危害公共安全的结果发生，则同时触犯了放火罪和故意杀人罪，属于想象竞合犯，应当从一重罪处断，具体如何处断，可以分为两种情况：一种情况是，如果行为尚未造成他人重伤、死亡或者公私财产遭受重大损失的严重后果，那么，故意杀人罪属于重罪，应当以故意杀人罪论处。这种情况下，《刑法》对放火罪规定的法定刑是三年以上十年以下有期徒刑，而对故意杀人罪规定的是死刑、无期徒刑或者十年以上有期徒刑。另一种情况是，如果行为已经造成他人死亡的严重后果，应当以放火罪论处。根据我国《刑法》的规定，正常情节的故意杀人罪的法定刑为死刑、无期徒刑或者十年以上有期徒刑，造成他人死亡的放火罪的法定刑为十年以上有期徒刑、无期徒刑或者死刑。从法定刑来看，二者难以区分轻重。但是放火罪危害不特定多数人的生命健康、重大公私财产安全和其他社会重大利益，而故意杀人罪、故意伤害罪只是危害特定人的生命或健康权利，放火罪的社会危害性相对更加严重，因此对这种情形应当以放火罪定罪处刑。

（3）正确区分一罪与数罪。放火行为是危害公共安全的行为，可能造成多种结果。行为人在一个放火故意支配下实施一个放火行为，造成多种结果的，只能认定为一个放火罪。但是，行为人实施了其他犯罪行为后为了销毁罪证而放火，或者为了骗取保险金而放火并且已经着手骗取保险金的，应实行数罪并罚。

2. 司法实践中，认定决水罪时应注意：

（1）决水罪与一般决水行为的界限。决水行为必须危害公共安全，才构成决水罪，这是本罪与非罪的界限。如果决水行为不足以危害不特定多数人的生命、健康或重大公私财产的安全，如农民因民事纠纷，扒开水渠放水，致渠水漫溢，危害不大的，不宜定决水罪。对于一般的决水行为，主要是依靠民事的或行政的方法加以解决。

（2）区分决水罪未遂与既遂的界限。本罪也属危险犯，行为只要足以危害公共安全，即使尚未造成致人重伤、死亡或者使公私财产遭受重大损失的严重后果，就视为决水罪构成要件齐备，即构成犯罪既遂。如果行为人刚着手破坏水利设施，或者在破坏过程中，由于犯罪分子意志以外的原因，未使所决之水流开始冲溢，即为决水罪未遂。

（3）注意决水罪与其他危险方法犯罪的区别。行为人采用爆炸方法制造水患，但引起火灾的，因为火灾而危害公共安全的，应认定为放火罪；采用爆炸方法决堤制造水患，危害公共安全的，应认定为决水罪。

3. 司法实践中，认定爆炸罪时应注意：爆炸罪与以爆炸的方法实施的故意杀人罪和故意毁坏财物罪的主要区别在于：一是侵犯的客体不同。爆炸罪侵犯的客体是公共安全，是不特定多数人的生命、健康和重大公私财产安全；而故意杀人罪侵犯的客体是他人的生命权利，故意毁坏财物罪侵犯的客体是公私财产所有权。二是在客观方面表现不同。爆炸罪是危险犯，行为人只要实施了爆炸行为，并足以危害公共安全，就构成犯罪既遂。而故意杀人罪和故意毁坏财物罪都是结果犯，只有发生了他人死亡或者公私财产毁坏的结果，才能成立犯罪既遂。三是行为对象不同。爆炸罪针对的是不特定的对象，而故意杀人罪和故意毁坏财物罪则必须针对特定的人或者特定的公私财物。

4. 司法实践中，认定投放危险物质罪时应注意：

（1）本罪与以投放危险物质的方法故意杀人罪的界限。这两种犯罪的手段和造成的危害后果相同。区别的关键在于，后者毒害的是特定的个人，并不危及公共安全。

（2）本罪与故意毁坏财物罪的界限。如果行为人采用投放危险物质的手段毒害特定单位或者个人的牲畜、家禽等，则属于故意毁坏财物罪。

5. 司法实践中，认定以危险方法危害公共安全罪时应注意：以危险方法危害公共安全罪是一个兜底条款，如果是爆炸、放火等足以危害公共安全的行为，则定爆炸罪、放火罪，不定以危险方法危害公共安全罪；如果是其他没有规定罪名但却是危害公共安全的行为，可以定以危险方法危害公共安全罪。以危险方法危害公共安全的犯罪，既然属于危害公共安全罪，在认定这种犯罪时，就必须严格掌握构成危害公共安全罪的特定要件，不能盲目扩大解释，也不能任意缩小其范围，混淆罪与非罪、此罪与彼罪的界限，导致定罪不准，量刑不当。

第一百一十五条　放火罪、决水罪、爆炸罪、投放危险物质罪、以危险方法危害公共安全罪；失火罪、过失决水罪、过失爆炸罪、过失投放危险物质罪、过失以危险方法危害公共安全罪

【法律规定】

• 法律条文 •

《中华人民共和国刑法》

第一百一十五条　放火、决水、爆炸以及投放毒害性、放射性、传染病病原体等物质或者以其他危险方法致人重伤、死亡或者使公私财产遭受重大损失的，处十年以上有期徒刑、无期徒刑或者死刑。

过失犯前款罪的，处三年以上七年以下有期徒刑；情节较轻的，处三年以下有期徒刑或者拘役。

• 相关规定 •

《最高人民法院、最高人民检察院关于办理妨害预防、控制突发传染病疫情等灾害的刑事案件具体应用法律若干问题的解释》（法释〔2003〕8号）

第一条　故意传播突发传染病病原体，危害公共安全的，依照刑法第一百一十四条、第一百一十五条第一款的规定，按照以危险方法危害公共安全罪定罪处罚。

患有突发传染病或者疑似突发传染病而拒绝接受检疫、强制隔离或者治疗，过失造成传染病传播，情节严重，危害公共安全的，依照刑法第一百一十

五条第二款的规定，按照过失以危险方法危害公共安全罪定罪处罚。

第十七条　人民法院、人民检察院办理有关妨害预防、控制突发传染病疫情等灾害的刑事案件，对于有自首、立功等悔罪表现的，依法从轻、减轻、免除处罚或者依法作出不起诉决定。

《国家林业局、公安部关于森林和陆生野生动物刑事案件管辖及立案标准》（林安字〔2001〕156号）

二、森林和陆生野生动物刑事案件的立案标准

（六）放火案

凡故意放火造成森林或者其他林木火灾的都应当立案；过火有林地面积2公顷以上为重大案件；过火有林地面积10公顷以上，或者致人重伤、死亡的，为特别重大案件。

（七）失火案

失火造成森林火灾，过火有林地面积2公顷以上，或者致人重伤、死亡的应当立案；过火有林地面积为10公顷以上，或者致人死亡、重伤5人以上的为重大案件；过火有林地面积为50公顷以上，或者死亡2人以上的，为特别重大案件。

【案例一】

白加碧失火案[①]

● 案件事实 ●

2016年3月1日14时许，被告人白加碧与杨兵在四川省宣汉县樊哙镇古凤村2组石渣湾干农活时，白加碧欲将树枝和杂草烧灰作肥，遂从杨兵处借来打火机点燃树枝和杂草，后由于风大引燃山林。白加碧和杨兵见状，边灭火边打电话报警，后在樊哙镇人民政府的组织下于当晚11时将山火扑灭。案发后，白加碧主动到公安机关投案自首。经林业工程技术人员现场勘验，本次火灾共造成了17户村民山林受损，过火面积9.21公顷，烧毁林木5526株（其中幼树2210株），蓄积74.601立方米。

● 裁判要旨 ●

行为人野外作业期间，点燃树枝和杂草后因风势导致引燃山林，造成严重损失的，依法构成失火罪。

---

① 参见最高人民法院2018年发布10起人民法院服务保障新时代生态文明建设典型案例之一。

• 裁判理由 •

四川省宣汉县人民法院一审认为，被告人白加碧过失引发火灾，并造成公民财产损失，危害了公共安全，应予惩处。案发后，白加碧能主动投案自首，并取得了受灾村民的谅解，可从轻处罚。一审法院以失火罪判处白加碧有期徒刑一年六个月，缓刑二年。一审判决已发生法律效力。本案系因野外焚烧树枝杂草引发的失火刑事案件。案发地位于西南地区的大巴山山区，由于山区群众法律意识淡薄，对森林火灾警惕性不高，防火观念不强，在林区农业耕作时常常野外用火焚烧秸秆、杂草等。与发生在城乡聚居区的失火案件不同，案发地森林资源丰富，珍稀野生动植物种类繁多，具有重要的生态价值和经济价值，一旦发生森林火灾，既威胁人民群众的生命财产安全，危害公共安全，又严重破坏森林资源和生态环境。本案判决警醒广大群众，不仅滥采滥伐、滥捕滥猎是破坏环境资源的违法行为，野外焚烧树枝杂草等行为导致森林火灾也可能构成犯罪。本案的依法审理有利于促使广大群众提高森林防火、安全用火意识，自觉做好生态资源保护和护林防火工作，维护森林资源安全。

【案例二】

周某过失以危险方法危害公共安全案①

• 案件事实 •

周某在负责承包经营陆家堰塘期间，于2016年7月上旬，以防盗鱼贼为由，在其承包的四川省岳池县鱼峰乡龙凤社区陆家院子门口的鱼塘中央插设竹竿，并在竹竿上缠上铁丝，将铁丝连接电线，与铁丝相连的电线穿过周某住处东墙上窗框与墙之间的缝隙与周某住处卧室北侧地面上的漏电开关一端相连，漏电开关另一端连有一个插头，插头插于插板上，与卧室北墙上的插座相连，形成电网，且未设置任何安全警示标牌。安装时，上诉人周某试碰电线，有麻木感，并将其手弹开。上诉人周某认为偷鱼的都是些年轻人，年轻人遇到该电线反应快些应该电不到，小孩和老年人可能电到，但老人和小孩晚上不会去偷鱼。安装后，上诉人周某为了安全，怕把人电到出事，白天和自己在鱼塘边照看的夜晚均不接通电源，只有自己不在鱼塘边照看的夜晚才把电源接通防止鱼被偷。上诉人周某平时接通过电源，没有遇到有人或动物触碰到电网，都没有出过事。2016年8月24日20时许，上诉人周某因身体不适便将其私设的电网通电后回家休息。岳池县鱼峰乡龙凤街8号居民陆某某、盘某夫妇俩因下水赶

---

① 参见四川省广安市中级人民法院（2017）川16刑终96号。

鹅触碰到上诉人周某所架设的电网相继死亡。经四川省岳池县公安局物证鉴定室鉴定，陆某、盘某均符合电击死亡。经四川省广安市公安局物证鉴定所检验，所送检材中均未检出甲拌磷、安定和毒鼠强成分。

2016 年 8 月 24 日 22 时许，上诉人周某主动到岳池县公安局天平派出所投案自首。同时查明，上诉人的亲属与被害人亲属达成了赔偿和解协议。由上诉人赔偿被害人亲属各种费用 40 万元。2017 年 1 月 13 日前已全部兑现履行了协议。

• 裁判要旨 •

行为人为防止户外的自家财产损失，在户外私设电网，虽然进行相应防范措施但仍导致他人死亡的，应当以以过失危险方法危害公共安全罪追究刑事责任。

• 裁判理由 •

四川省广安市中级人民法院认为：上诉人（原审被告人）周某以防止自家饲养的鱼被盗，在鱼塘内私设电网，过失致二人死亡，其行为已构成以过失危险方法危害公共安全罪，应依法惩处。上诉人周某自动投案，如实供述自己的罪行，系自首，依法可以对其从轻处罚。上诉人周某赔偿了被害人的全部经济损失，取得了被害人家属的谅解，予以酌定从轻处罚。上诉人周某架设电网时已经预见到自己的行为可能发生他人死亡的结果，但凭借其采取了安置漏电开关防止盗鱼者不受伤害，并且以身试碰电线，其手被电弹开，上诉人周某主观轻信能够避免他人死亡的结果发生，以致他人死亡结果最终发生了。上诉人周某的行为符合以过失危险方法危害公共安全罪的主客观要件。故上诉人周某的行为应当以过失危险方法危害公共安全罪追究刑事责任。上诉人周某的上诉意见及出庭履行职务的检察人员的出庭意见成立，法院予以支持。

据此，根据上诉人周某的犯罪事实、性质、情节、悔罪表现及对社会的危害程度，依照《刑事诉讼法》第 225 条第 1 款第 2 项、第 233 条及《刑法》第 115 条第 2 款、第 67 条第 1 款之规定，判决如下：一、撤销四川省岳池县人民法院（2016）川 1621 刑初 381 号刑事判决，即被告人周某犯以危险方法危害公共安全罪，判处有期徒刑六年。二、上诉人（原审被告人）周某犯过失以危险方法危害公共安全罪，判处有期徒刑三年。（刑期从判决执行之日起计算；判决执行以前先行羁押的，羁押一日折抵刑期一日。即自 2016 年 8 月 24 日起至 2019 年 8 月 23 日止）。

【案例三】

廖某某过失决水案①

• 案件事实 •

廖某某于2005年7月承包了广东省兴宁市水口镇邹洞水库坝后小水电站。为提高发电量，廖某某于2007年4月26日起，未经有关部门批准，即雇请挖掘机在水库坝后坡及溢洪道上挖槽、破拆溢洪道侧墙、埋设管道。施工期间，被水口镇水利水电管理所管理人员发现，经提出警告不能继续施工后仍不停止施工，直至同年5月25日，廖某某完成了开挖和埋设水管的作业。

因当地连降暴雨，6月9日晚，邹洞水库蓄水量猛增，水位远高于溢洪道底面，当湍急的洪水从溢洪道排出时，冲刷廖某某开挖过的溢洪道及侧墙，溢洪道侧墙经水流冲击后倒塌，水流改变流向沿坝后坡下泄，冲毁大坝后一级平台，严重威胁大坝主坝体及下游数千群众的生命财产安全。邹洞水库险情发生后，兴宁市委、市政府及时组织500多人的抢险队伍，采用多种方法填堵溢洪道缺口，经过一昼夜的紧急抢险，及时堵住缺口并对坝体进行加固，避免了大坝崩塌的严重后果。经广东省梅州市水利局认定，邹洞水库的险情是人为造成的责任事故，洪水是诱发因素。事故造成水库工程直接经济损失271100元，抢险费用为481969.32元，水库修复工程费用为702335.21元。

• 裁判要旨 •

未经相关部门批准，擅自在水库附近施工，造成决水并导致重大公私财产损失的，构成过失决水罪。

• 裁判理由 •

广东省兴宁市人民法院经审理认为：被告人廖某某为提高自己所承包水库的发电量，公然违抗当地水利管理人员的警告，肆意对水库设施进行破坏，导致水库在洪水到来时决口，造成水库工程直接经济损失271100元。根据《刑法》第115条之规定，判决被告人廖某某犯过失决水罪，判处有期徒刑一年。

---

① 参见广东省兴宁市人民法院（2007）兴刑初字第129号。

【案例四】

冯有活、朱红卫过失以危险方法危害公共安全案①

• 案件事实 •

2003年12月27日凌晨3时许，被告人朱红卫驾驶大货车运载陶瓷原料到广东省佛山市禅城区张槎华顺达陶瓷厂，卸货后离开，汽车行至该厂门口时，与被告人冯有活因小事发生矛盾，朱红卫遂下车与冯有活论理，继而两人发生争执打斗。之后，被告人朱红卫因害怕吃亏，就登上其驾驶的湘C521××号大货车准备离开，被告人冯有活则追打朱红卫，并跳上驾驶室左侧的踏板，朱红卫为甩掉冯有活，便启动汽车，在行进过程中，冯与朱拉扯、争抢方向盘，而朱红卫在此情况下没有采取制动措施、没有停车，导致该车失控，将停在路边的另一辆大货车的油箱撞损，并撞倒站在旁边与丈夫一起等候进厂卸货的葛某某，车轮碾压过葛某某的双腿。当天凌晨，葛某某被送佛山市中医院抢救，因双腿严重损伤，致其股骨中下三分之一处截肢。经法医鉴定，被害人葛某某的伤势为重伤，伤残等级为二级。

• 裁判要旨 •

在车辆行进过程中，行为人拉扯、争抢方向盘造成严重后果的行为应当定性为过失以危险方法危害公共安全罪。

• 裁判理由 •

本案争议的焦点是在货车行进过程中，被告人冯有活、朱红卫拉扯、争抢方向盘并造成严重后果的行为如何定性。在本案中，广东省佛山市禅城区人民检察院认为原审被告人冯有活犯过失以危险方法危害公共安全罪，原审被告人朱红卫犯过失致人重伤罪，而被告人朱红卫认为其行为不构成犯罪，其辩护人认为朱红卫的行为是一般的交通肇事行为，但尚不构成犯罪。

一审判决认定被告人冯有活、朱红卫的行为均已构成过失以危险方法危害公共安全罪，应赔偿附带民事诉讼原告人葛某某、彭某杰、葛某亚、彭某阳的经济损失。依照《刑法》第115条第2款、第36条，《民法通则》第119条、第130条，《最高人民法院关于审理触电人身损害赔偿案件若干问题的解释》第4条、第5条、第6条的规定，判决如下：一、被告人冯有活犯过失以危险方法危害公共安全罪，判处有期徒刑六年六个月。二、被告人朱红卫犯过失以

① 参见广东省佛山市中级人民法院（2004）佛刑终字第528号。

危险方法危害公共安全罪，判处有期徒刑六年六个月。三、被告人冯有活、朱红卫应赔偿附带民事诉讼原告人葛某某医疗费52773.74元，配置轮椅费580元，误工费1267.50元，住院伙食补助费2250元，住院护理费2535元，残疾生活补助费161784元，安装假肢及相关费用为360900元，合计为582090.24元，扣除被告人朱红卫在被害人住院期间已经支付的1万元，实际应赔偿572090.24元。限被告人冯有活、朱红卫于本判决生效之日起10日内一次性支付。四、被告人冯有活、朱红卫应于本判决生效之日起10日内赔偿附带民事诉讼原告人葛某亚、彭某阳、彭某杰被扶养人生活费30600元。五、被告人冯有活、朱红卫应赔偿附带民事诉讼原告人葛某某出院后护理费，计算期限从2004年3月13日起至安装好假肢之日止；计算标准参照2003年度劳动力人均年纯收入6169.56元标准计算，每日为16.90元。其中2004年3月13日起至本判决生效之日止的出院后护理费限被告人冯有活、朱红卫于本判决生效之日起10日内一次性支付；本判决生效之日起至安装好假肢之日止的出院后护理费限被告人冯有活、朱红卫于被害人葛某某安装好假肢之日起10日内一次性支付……

原审被告人冯有活、朱红卫不服，提出上诉。二审法院认为，上诉人冯有活、朱红卫过失以危险方法致人重伤，其行为均已构成过失以危险方法危害公共安全罪。证人彭某、冯某某、龙某某、何某某、秦某某、王某某的证言以及两上诉人的供述均可以证实，当时现场附近有较多车辆和行人，冯有活在朱红卫上车准备发动大货车启动时，仍然跳上驾驶室侧的踏板与朱红卫纠缠，在朱红卫的汽车起步后还继续与朱红卫拉扯、争抢方向盘，是导致该车失控，将站在旁边的被害人葛某某撞伤的原因之一。而上诉人朱红卫作为驾驶员，在冯有活与其拉扯、争抢方向盘时，仍然不采取制动、停车措施，使汽车在失控的情况下行驶，以致发生撞伤被害人致其二级伤残的严重后果，朱红卫的行为也是造成被害人重伤的原因之一。两上诉人应当能够预见自己的行为可能引起撞向当时附近的人、车的危害结果，因疏忽大意而没有预见，致被害人重伤，二人的行为均符合过失以危险方法危害公共安全罪的犯罪构成要件，因此上诉人冯有活、上诉人朱红卫及其辩护人认为冯有活、朱红卫的行为不构成犯罪的上诉理由和辩护意见均不成立，不予采纳。两上诉人的行为直接结合导致发生被害人葛某某受重伤的同一损害后果，构成共同侵权，应当承担连带责任。两上诉人均认为本人只承担次要责任，另一上诉人应承担主要责任的上诉理由不成立，不予采纳。原审判决认定事实和适用法律正确，量刑适当，附带民事判决合法有据，审判程序合法。依照《刑事诉讼法》第189条第1项之规定，裁定如下：驳回上诉，维持原判。

【学理分析及适用指引】

● 学理分析 ●

1. 失火罪的构成。失火罪，是指由于过失行为引起火灾，致人重伤、死亡或者使公私财产遭受重大损失，危害公共安全的行为。本罪的构成要件如下：

（1）本罪的客体。本罪侵犯的客体是社会的公共安全，即不特定多数人的生命、健康或者重大公私财产的安全。

（2）本罪的客观方面。客观方面表现为行为人过失引起火灾，致人重伤、死亡或者使公私财产遭受重大损失，危害公共安全的行为。首先，行为人必须实施了引起火灾的行为；其次，必须造成了严重的后果，即致人重伤、死亡或者使公私财产遭受重大损失；最后，严重后果必须是由失火行为造成的。

（3）本罪的主体为一般主体。

（4）本罪在主观方面是由过失构成。既可能是出于疏忽大意的过失，也可能是出于过于自信的过失。

2. 过失决水罪的构成。过失决水罪，是指过失引起水灾，危害公共安全的行为。本罪的构成要件如下：

（1）本罪侵犯的客体是不特定多数人的生命、健康或者重大公私财产的安全。

（2）本罪在客观方面表现为由于过失行为引起水灾，致人重伤、死亡或者使公私财产遭受重大损失，危害公共安全的行为。

（3）本罪的主体为一般主体。

（4）本罪在主观方面是出于过失，包括过于自信的过失和疏忽大意的过失，如果行为人对其行为引起的水灾并未预见，而且根据案件发生时的主客观情况看，也不可能预见的，则属于意外事件，行为人不负刑事责任。

3. 过失爆炸罪的构成。过失爆炸罪，是指过失引起爆炸物爆炸，危害公共安全的行为。本罪的构成要件如下：

（1）本罪侵犯的客体是不特定多数人的生命、健康或者重大公私财产的安全。

（2）本罪在客观方面表现为由于过失行为引起爆炸物爆炸，致人重伤、死亡或者使公私财产遭受重大损失，危害公共安全的行为。

（3）本罪主体为一般主体。

（4）本罪在主观方面是出于过失。

4. 过失投放危险物质罪的构成。过失投放危险物质罪，是指过失投放了毒害性、放射性、传染病病原体等物质，造成致人重伤、死亡或者使公私财产遭受重大损失的严重后果，危害公共安全的行为。本罪的构成要件如下：

（1）本罪侵犯的客体是不特定多数人的生命、健康或者重大公私财产的安全。

（2）客观方面表现为过失投放毒害性、放射性、传染病病原体等物质，致人重伤、死亡或者使公私财产遭受重大损失，危害公共安全的行为。

（3）本罪主体为一般主体。

（4）本罪在主观方面是出于过失。

5. 过失以危险方法危害公共安全罪的构成。过失以危险方法危害公共安全罪，是指过失以放火、决水、爆炸、投放危险物质以外的其他危险方法，致人重伤、死亡或者使公私财产遭受重大损失，危害公共安全的行为。本罪的构成要件如下：

（1）本罪侵犯的客体是不特定多数人的生命、健康或者重大公私财产的安全。

（2）客观方面表现为行为人过失以放火、决水、爆炸、投放危险物质以外的其他危险方法，致人重伤、死亡或者使公私财产遭受重大损失，危害公共安全的行为。

（3）本罪主体为一般主体。

（4）本罪在主观方面是出于过失。

• 适用指引 •

司法实践中，认定本条规定的罪名时应注意：

1. 有些过失危害公共安全的犯罪在后果上可能表现为火灾，如过失爆炸罪、过失损坏易燃易爆设备罪、危险物品肇事罪、重大责任事故罪、消防责任事故罪等，都可能造成重大火灾。因此，失火罪与它们之间存在着如何区分的问题。它们的区别表现在：失火罪是在日常生活中用火不慎引起火灾，如过失引起火灾的犯罪，有的是过失以特定的方法引起火灾，如过失爆炸罪；有的是过失损坏特定对象而引起火灾，如过失损坏易燃易爆设备罪；有的是违反易燃易爆物品的管理规定而引起的，如危险物品肇事罪；有的是在生产、作业或者管理过程中造成责任事故而引起火灾，如重大责任事故罪、消防责任事故罪等。

2. 过失爆炸罪与危险物品肇事罪具有许多相似之处，定罪处罚时很容易混淆。例如在犯罪的主观方面，二者都是过失行为；在客观方面，两者都必须以造成严重的危害后果作为构成要件。因此，在两罪的认定时应注意区别：一是犯罪对象不同。危险物品肇事罪的犯罪对象是在生产、储存、运输、使用中的危险物品；而过失爆炸罪的犯罪对象主要是指具有严重破坏作用和杀伤力的专门用于爆炸使用的物品。二是犯罪构成的前提不同。危险物品肇事罪的成立以违反危险物品管理规定为前提，而过失爆炸罪不以违反行政法律法规或规章制度为前提。三是犯罪发生的空间不同。危险物品肇事罪只能发生在生产、储存、运输、使用危险物品的过程中；而过失爆炸罪不仅发生在生产、储存、运输、使用爆炸物品的过程中，而且也可能发生在其他危害公共安全的场合。四是犯罪主体不同。危险物品肇事罪的主体一般是从事生产、储存、运输、使用危险物品的职工；而过失爆炸罪的主体可以是任何具有承担刑事责任前提条件的自然人。

3. 过失决水罪和以决水方式故意毁坏公私财物都会造成公私财物的一定损失，二者的区别如下：一是侵犯的客体不同。过失决水罪侵犯的客体是公共安全，而故意毁坏财物罪侵犯的客体则是公私财物的所有权。二是犯罪对象不同。故意毁坏财物罪的犯罪对象可以是各种形式的公私财物，包括生产资料、生活资料，动产、不动产等。而过失决水罪的犯罪对象是水利设施。三是客观方面不同。过失决水罪是危害公共安全的犯罪，既可以使不特定的重大公私财产遭受损失，又可以造成不特定多数人的伤亡；而故意毁坏财物罪则只能是使特定的公私财物遭受损失。而且，就公私财产遭受毁损的范围来看，过失决水罪使公私财产遭受毁损的范围要大于故意毁坏财物罪。四是主观方面不同：过失决水罪主观上只能是过失，而故意毁坏财物罪主观上则只能是故意。

4. 过失以危险方法危害公共安全罪与过失致人死亡罪均可能造成人员死亡的严重后果，且都是过失犯罪，因此二者容易混淆。认定时应注意两罪的区别在于犯罪客体不同：过失致人死亡罪侵犯的客体是公民人身权利，过失以危险方法危害公共安全罪侵犯的客体是社会公共安全，即不特定多数人的生命、健康和重大公私财产的安全。

第一百一十六条　破坏交通工具罪

【法律规定】

• 法律条文 •

《中华人民共和国刑法》

第一百一十六条　破坏火车、汽车、电车、船只、航空器，足以使火车、汽车、电车、船只、航空器发生倾覆、毁坏危险，尚未造成严重后果的，处三年以上十年以下有期徒刑。

• 相关规定 •

《中华人民共和国刑法》

第一百一十九条第一款 破坏交通工具、交通设施、电力设备、燃气设备、易燃易爆设备，造成严重后果的，处十年以上有期徒刑、无期徒刑或者死刑。

【案例】

邓某某破坏交通工具案①

• 案件事实 •

被告人邓某某因婚姻情感受挫而悲观厌世，遂产生在旅客列车纵火之念。2008年6月12日8时许，被告人邓某某先后在山东省高密市购买了白色塑料桶、10元钱的90号汽油、二瓶“康师傅”牌水晶葡萄饮料、一瓶“汇源”牌矿泉水、4只一次性打火机。然后将汽油分装在三个饮料瓶内，放入随身携带的绿色布包内，并用湿毛巾、衣物等掩盖。当日13时许，被告人邓某某持票乘上烟台开往金华西的某趟旅客列车，就座于5号车厢92号、93号座位间的过道上，并将装有汽油的绿色布包放在该车厢93号座席下伺机纵火。15时50分许，当列车运行至胶济线临淄站间249km附近时，被告人邓某某将装有汽油的饮料瓶盖子拧松使汽油溢出，并用打火机点燃。汽油迅速燃烧，被告人邓某某赤脚逃至4号车厢。列车乘务人员使用紧急制动阀停车，并及时将火扑灭。火灾致5号车厢93号、94号座席及座席下地板被焚毁，尚未造成人员伤亡。被告人邓某某在返回5号车厢找鞋时被列车乘警当场抓获。

• 裁判要旨 •

行为人因感情受挫，在旅客列车内故意纵火，危及公共安全的行为，同时构成放火罪与破坏交通工具罪的，属于法条竞合关系，应以破坏特定设备设施的公共安全犯罪论处。

• 裁判理由 •

徐州铁路运输法院认为：被告人邓某某在正在运行的旅客列车上放火，足以使火车发生毁坏危险，尚未造成严重后果，其行为构成破坏交通工具罪。公诉机关指控其所犯罪名成立，予以支持。被告人邓某某归案后认罪态度较好，

---

① 参见徐州铁路运输法院（2008）徐铁刑初字第27号。

且系初犯、偶犯，此次犯罪尚未造成严重后果，可以酌情从轻处罚。依照《刑法》第116条的规定，判决如下：被告人邓某某犯破坏交通工具罪，判处有期徒刑四年。

【学理分析及适用指引】

• 学理分析 •

破坏交通工具罪，是指故意破坏火车、汽车、电车、船只、航空器，足以使火车、汽车、电车、船只、航空器发生倾覆、毁坏危险，危害公共安全的行为。本罪的构成要件如下：

1. 本罪的客体。本罪侵犯的客体是交通运输安全。

2. 本罪的客观方面。客观方面表现为实施破坏火车、汽车、电车、船只、航空器，足以使火车、汽车、电车、船只、航空器发生倾覆、毁坏危险，危害公共安全的行为。"破坏"，是指以拆卸、碰撞、在燃料中掺以杂质等各种手段和方法破坏交通工具，危害公共安全的行为。"倾覆"，是指火车出轨、颠覆，汽车、电车翻车、撞毁，船只翻沉，航空器坠毁，等等。"毁坏"，是指使交通工具受到严重破坏或者完全报废，以致不能行驶或者安全行驶。"足以使火车、汽车、电车、船只、航空器发生倾覆、毁坏危险"，是指破坏行为虽未造成交通工具实际的倾覆、毁坏，但具有使之倾覆、毁坏的实际可能性和危险性。

3. 本罪的主体。犯罪主体为一般主体。

4. 本罪的主观方面。主观方面由故意构成。犯罪动机可能是多种多样的，如泄愤报复、捣乱破坏等，但动机不影响本罪的成立。

• 适用指引 •

司法实践中，认定本罪时应注意：本罪的实行行为破坏的应是交通工具的关键部位或重要装置，即可能影响交通工具的性能及安全的部位。如果破坏的是座椅、车窗等不影响安全行驶的辅助设备，则不构成本罪，一般应以故意毁坏财物罪论处。在正在行驶的火车、电车、船只、航空器等大型公共交通工具内放火或实施其他危险行为，足以使这些交通工具发生倾覆、毁坏危险的，同时构成放火罪、爆炸罪与破坏交通工具罪等的，属于法条竞合关系，应认定为破坏交通工具罪。

第一百一十七条　破坏交通设施罪

【法律规定】

● 法律条文 ●

《中华人民共和国刑法》

第一百一十七条　破坏轨道、桥梁、隧道、公路、机场、航道、灯塔、标志或者进行其他破坏活动，足以使火车、汽车、电车、船只、航空器发生倾覆、毁坏危险，尚未造成严重后果的，处三年以上十年以下有期徒刑。

● 相关规定 ●

《中华人民共和国刑法》

第一百一十九条第一款　破坏交通工具、交通设施、电力设备、燃气设备、易燃易爆设备，造成严重后果的，处十年以上有期徒刑、无期徒刑或者死刑。

《最高人民法院、最高人民检察院、公安部关于办理涉窨井盖相关刑事案件的指导意见》（高检发〔2020〕3号）

一、盗窃、破坏正在使用中的社会机动车通行道路上的窨井盖，足以使汽车、电车发生倾覆、毁坏危险，尚未造成严重后果的，依照刑法第一百一十七条的规定，以破坏交通设施罪定罪处罚；造成严重后果的，依照刑法第一百一十九条第一款的规定处罚。

过失造成严重后果的，依照刑法第一百一十九条第二款的规定，以过失损坏交通设施罪定罪处罚。

【案例】

孙某某破坏交通设施案[①]

● 案件事实 ●

2003年7月下旬，孙某某得知其所在单位将要进行优化组合，孙某某担心自己会下岗，便萌生了在铁路上摆放障碍物，再去拦截列车，争取“立功”，

① 参见国家法官学院、中国人民大学法学院编：《中国审判案例要览（2004年刑事审判案例卷）》，人民法院出版社2005年版。

避免下岗的想法。此后，孙某某作了一系列准备，他将一根长20厘米，直径1.6厘米的钢筋制作成“U”形，并在一端焊上螺母，螺母内拧一长5.63厘米、直径1.55厘米的螺栓，可扣压在钢轨上的卡具。2003年8月1日5时许，孙某某到其所在单位换上衣服伴装去钓鱼，实际则是到南乌线伊春至缓岭间103公里110米处。此时，孙某某明知K501次旅客列车将要临近，仍将制作的“卡具”用螺丝固定在线路右侧钢轨上，并用红条塑料袋盖上。然后，孙某某找来在附近打鱼的王某某，二人试图徒手拆下此障碍物未果，孙某某让王某某去通知伊春车站，自己迎着K601次旅客列车方向拦截列车。K601次旅客列车被孙某某拦下，造成该车晚点16分钟。经佳木斯铁路公安处侦查，将孙某某抓获。哈尔滨铁路局佳木斯铁路分局的专业技术人员经技术鉴定，认定孙某某制作的卡具安放在线路钢轨上，能造成列车脱线甚至颠覆事故。

• 裁判要旨 •

在铁路上设置障碍物，虽未造成重大事故的，仍构成破坏交通设施罪既遂。

• 裁判理由 •

佳木斯铁路运输法院认为：孙某某的目的虽不想颠覆列车，但破坏交通设施罪是危险犯，其动机和目的均不影响本罪的成立，所以对辩护人关于孙某某的目的不是为颠覆列车，情节轻微，不构成犯罪的意见不予采纳；但对辩护人关于孙某某的目的不是为颠覆列车，主观恶性不深，行为有所节制的意见予以采纳，同时念孙某某素无劣迹，认罪态度较好，可对其酌情从轻处罚。判决如下：一、孙某某犯破坏交通设施罪，判处有期徒刑三年，缓刑三年。二、作案工具斧头一把、“U”形卡具一个予以没收。

【学理分析及适用指引】

• 学理分析 •

破坏交通设施罪，是指故意破坏轨道、桥梁、隧道、公路、机场、航道、灯塔、标志或者进行其他破坏活动，足以使火车、汽车、电车、船只、航空器发生倾覆、毁坏危险，足以危害公共安全的行为。这是一种以交通设备为特定破坏对象的危害公共安全犯罪。本罪的构成要件如下：

1. 本罪的客体。本罪侵犯的客体是交通运输安全，破坏的对象是正在使用中的直接关系交通运输安全的交通设备。所谓正在使用中的交通设施，是指交通设施已经交付使用或者处于正在使用之中，而不是正在建设或正在修理且未交付使用的交通设施或已废弃不用的交通设施。如果破坏的是正在建设、修理而未交付使用的或废弃不用的交通设施，则不构成本罪。因为上述交通设施不处于正在使用的过程中，因而不涉及是否会影响交通工具的安全运行问题，故不构成破坏交通设施罪。对于破坏上述不在使用中的交通设施构成犯罪的，应依法认定为毁坏公私财物或盗窃等犯罪。所谓直接关系交通运输安全，是指直接关系到火车、汽车、电车、船只、航空器的行车、行船、飞行安全。如铁路轨道、地铁隧道、公路、飞行跑道、机场航道、灯塔、信号灯等，交通工具要在这些交通设施上行驶或者要根据其打出的信号指示行驶，也就是说，这些交通设施与交通运输安全有着直接联系，如果对这些交通设施进行破坏，就会直接造成火车、汽车、电车、船只、航空器发生倾覆、毁坏危险，危害公共安全。反之，破坏那些虽然也是交通设施，但并不直接关系交通运输安全的交通设施，则不构成破坏交通设施罪。如破坏火车站的候车室、长途汽车站的货仓、机场的候机室等，因其不直接关系行车、行船、飞行的安全，故不能成为本罪的犯罪对象。

2. 本罪的客观方面。本罪在客观方面表现为使用各种方法破坏轨道、桥梁、隧道、公路、机场、航道、灯塔、标志，或者进行其他破坏活动，足以使火车、汽车、电车、船只、航空器发生倾覆、毁坏危险的行为。所谓破坏，包括对交通设备的毁坏和使交通设备丧失正常功能。例如，破坏海上的灯塔或航标，既可以将灯塔的发光设备砸毁，也可以故意挪动航标的位置，使之失去正常指示功能，从而导致航船发生安全事故。这些交通设备必须是正在使用中的，因为只有破坏正在使用的交通设备才可能危害交通运输安全。如果破坏的是正在修筑的或者已经废弃的交通设施，不应定本罪。破坏交通设备的方法多种多样。如炸毁铁轨、桥梁、隧道，拔除铁轨道钉，抽掉枕木，拧松或拆卸夹板螺丝，破坏公路路基，堵塞航道，在公路、机场路道上挖掘坑穴，拆毁或挪动灯塔、航标等安全标志。此处的其他破坏活动是指诸如在铁轨上放置石块、涂抹机油等虽未直接破坏上述交通设备，但其行为本身同样可以造成交通工具倾覆、毁坏危险的破坏活动。

根据《铁路法》第 61 ~ 62 条的规定，故意损毁、移动铁路行车信号装置或者在铁路线路上放置足以使列车倾覆的障碍物，盗窃铁路线路上行车设施的零件、部件或者铁路线路上的器材，危及行车安全，均按破坏交通设施罪处理。造成严重后果，是指因为行为人故意毁坏、移动铁路行车信号装置或者在铁路线路上放置足以使列车倾覆的障碍物，或者盗窃铁路线路上行车设施的零件、部件，铁路线路上的器材，造成人身伤亡、重大财产毁损、中断铁路行车等。

3. 本罪的主体。本罪主体为一般主体，即可以是任何达到刑事责任年龄、具有刑事责任能力的人。

4. 本罪的主观方面。主观方面表现为故意，包括直接故意和间接故意，即行为人明知破坏交通设施会造成交通工具倾覆、毁坏的危险，并且希望或者放任这种危险状态的发生。犯本罪的动机多种多样，如出于报复泄愤，图谋伤害，嫁祸于人，贪财图利等。这些不同的个人动机对构成本罪并无影响。

• 适用指引 •

司法实践中，认定本罪时应注意：

1. 破坏交通设施罪与盗窃罪的界限。在司法实践中，出于非法占有的目的，盗窃交通设施（如盗窃铁轨上的枕木，偷割使用中的铁路专用电缆，从保障交通运输安全的电气设备上偷拆电子元件等），从而严重危害交通运输安全的犯罪，与盗窃罪容易混淆。两者虽然都是以非法占有为目的，秘密窃取财物，但前者盗窃的不是一般公共财物，而是正在使用中关系到交通运输安全的设施，这种盗窃行为，不仅侵犯财产关系，而且严重危害交通运输安全；同时行为人对其行为可能造成交通工具倾覆或者毁坏的危险大多采取放任态度，即表现为间接故意。因此，这种行为既是盗窃罪，又是破坏交通设施罪，应当按一个重罪即破坏交通设施罪定罪判刑。而盗窃罪窃取的是一般公私财物，或者盗窃未投入使用的交通设备，不影响交通运输安全，其侵犯的客体只是公私财产权利，因此，其与上述以盗窃交通设施为目的而构成的破坏交通设施罪，有本质区别。

2. 破坏交通设施罪与非罪的界限。根据《治安管理处罚法》的规定，破坏交通设施的一般违法行为是指在铁路、公路、水域航道、堤坝上，挖掘坑穴、放置障碍物，损毁、移动指示标志，可能影响交通运输安全，尚未达到刑事处罚的行为。区分破坏交通设施罪与上述一般违法行为的关键在于，破坏交通设备的行为是否足以使交通工具发生倾覆、毁坏危险，是否足以危害交通运输安全。如果破坏行为已经造成或者足以造成交通工具倾覆或毁坏，从而危害交通运输安全的，应以本罪论处；如果破坏行为只是可能影响交通运输安全，但尚未达到足以使交通工具发生倾覆、毁坏危险的严重程度，则不构成破坏交通设施罪。

3. 本罪与破坏交通工具罪的区分。破坏交通设施罪和破坏交通工具罪都是危害交通运输安全的犯罪，两者的主要区别在于侵犯的对象不同。破坏交通设施罪侵犯的对象是正在使用中的轨道、桥梁、隧道、公路、机场、航道、灯塔、标志等保证交通工具正常行驶的交通设施，通过破坏这些交通设施来达到引起火车、汽车等交通工具发生倾覆、毁坏危险；而破坏交通工具罪侵犯的对象则直接指向正在使用中的火车、汽车、电车、船只、航空器等交通工具本身，通过破坏交通工具本身，来引起交通工具发生倾覆、毁坏危险。

4. 关于破坏交通设施与交通工具之间的关系。由于交通设施与交通工具之间的相互依存关系，破坏交通设施往往引起交通工具的倾覆、毁坏，而且这种危害结果的发生通常是行为人所追求的目的；同样，破坏交通工具也常引起交通设施被破坏。在这种情况下，是定破坏交通设施罪，还是定破坏交通工具罪，要视行为的直接指向而定。如果行为指向交通设施，直接破坏交通设备，应定破坏交通设施罪。其所引起的交通工具的倾覆、毁坏，应视为破坏交通设施，造成严重后果，适用《刑法》第119条规定的破坏交通设施罪的结果加重条文。如果行为指向交通工具，直接破坏交通工具，应定破坏交通工具罪，其所引起的对交通设备的破坏，也应视为破坏交通工具，造成严重后果的情况。

第一百一十八条　破坏电力设备罪、破坏易燃易爆设备罪

【法律规定】

• 法律条文 •

《中华人民共和国刑法》

第一百一十八条　破坏电力、燃气或者其他易燃易爆设备，危害公共安全，尚未造成严重后果的，处三年以上十年以下有期徒刑。

• 相关规定 •

《最高人民法院关于审理破坏电力设备刑事案件具体应用法律若干问题的解释》（法释〔2007〕15号）

第一条　破坏电力设备，具有下列情形之一的，属于刑法第一百一十九条第一款规定的“造成严重后果”，以破坏电力设备罪判处十年以上有期徒刑、无期徒刑或者死刑：

（一）造成一人以上死亡、三人以上重伤或者十人以上轻伤的；

（二）造成一万以上用户电力供应中断六小时以上，致使生产、生活受到严重影响的；

（三）造成直接经济损失一百万元以上的；

（四）造成其他危害公共安全严重后果的。

第二条　过失损坏电力设备，造成本解释第一条规定的严重后果的，依照刑法第一百一十九条第二款的规定，以过失损坏电力设备罪判处三年以上七年以下有期徒刑；情节较轻的，处三年以下有期徒刑或者拘役。

第三条　盗窃电力设备，危害公共安全，但不构成盗窃罪的，以破坏电力设备罪定罪处罚；同时构成盗窃罪和破坏电力设备罪的，依照刑法处罚较重的规定定罪处罚。

盗窃电力设备，没有危及公共安全，但应当追究刑事责任的，可以根据案

件的不同情况，按照盗窃罪等犯罪处理。

第四条第一款 本解释所称电力设备，是指处于运行、应急等使用中的电力设备；已经通电使用，只是由于枯水季节或电力不足等原因暂停使用的电力设备；已经交付使用但尚未通电的电力设备。不包括尚未安装完毕，或者已经安装完毕但尚未交付使用的电力设备。

《最高人民法院、最高人民检察院、公安部关于办理盗窃油气、破坏油气设备等刑事案件适用法律若干问题的意见》（法发〔2018〕18号）

一、关于危害公共安全的认定

在实施盗窃油气等行为过程中，破坏正在使用的油气设备，具有下列情形之一的，应当认定为刑法第一百一十八条规定的“危害公共安全”：

（一）采用切割、打孔、撬砸、拆卸手段的，但是明显未危害公共安全的除外；

（二）采用开、关等手段，足以引发火灾、爆炸等危险的。

四、关于内外勾结盗窃油气行为的处理

行为人与油气企业人员勾结共同盗窃油气，没有利用油气企业人员职务便利，仅仅是利用其易于接近油气设备、熟悉环境等方便条件的，以盗窃罪的共同犯罪论处。

实施上述行为，同时构成破坏易燃易爆设备罪的，依照处罚较重的规定定罪处罚。

【案例一】

陈步明、毕宜生、韩俊福、毕某某破坏易燃易爆设备案[①]

• 案件事实 •

2003年9月至2004年4月期间，陈步明、毕宜生、韩俊福、毕某某与本村村民杨建军、韩俊峰、毕延忠（以上3人均在逃）等人携带卡子、大锤等作案工具窜至河口采油厂采油三矿八队北侧约2公里处，以盗窃原油为目的，在经过此处的该队罗北站至渤三站的输油管线上打卡5处。陈步明实施破坏易燃易爆设备行为5次，毕宜生实施破坏易燃易爆设备行为4次，韩俊福实施破坏易燃易爆设备行为3次，毕某某实施破坏易燃易爆设备行为1次。

• 裁判要旨 •

以破坏易燃易爆设备为手段实施盗窃的，同时构成盗窃罪和破坏易燃易爆

---

① 参见国家法官学院、中国人民大学法学院编：《中国审判案例要览（2004年刑事审判案例卷）》，人民法院出版社2005年版。

设备罪，从一重处断。

• 裁判理由 •

本案的争议焦点是：被告人在输油管线打卡盗油，是构成盗窃罪还是构成破坏易燃易爆设备罪。人民检察院、一审法院和终审法院均认为被告人陈步明、毕宜生、韩俊福、毕某某在输油管线打卡盗油的行为构成破坏易燃易爆设备罪，而原审被告人毕某某上诉称，其行为应当构成盗窃罪。

原审法院认为：被告人陈步明、毕宜生、韩俊福、毕某某采取在输油管线上打卡的方式盗窃原油，足以危害公共安全，但尚未造成严重后果，其行为均已构成破坏易燃易爆设备罪。依照《刑法》第 118 条、第 25 条第 1 款、第 64 条规定判决如下：一、被告人陈步明犯破坏易燃易爆设备罪，判处有期徒刑四年。被告人毕宜生犯破坏易燃易爆设备罪，判处有期徒刑三年零六个月。被告人韩俊福犯破坏易燃易爆设备罪，判处有期徒刑三年零六个月。被告人毕某某犯破坏易燃易爆设备罪，判处有期徒刑三年。二、作案工具大锤、铁锨、钳子、扳手各 1 把，捆口绳 1 捆，小推车 1 辆，锯条 1 宗，锯弓 2 把予以没收。

原审被告人毕某某上诉称：其没有破坏易燃易爆设备的主观故意，应认定为盗窃罪。其辩护人认为，上诉人毕某某系初犯、偶犯，在犯罪中起次要作用，应从轻、减轻处罚。与其他同案犯相比，一审量刑畸重。

二审法院认为，原审被告人陈步明、毕宜生、韩俊福伙同上诉人毕某某采取破坏性手段在输油管线上打卡盗窃原油，危害公共安全，尚未造成严重后果，其行为均已构成破坏易燃易爆设备罪，应依照《刑法》第 118 条定罪处罚。上诉人毕某某作为具有完全刑事责任能力的成年人，对在输油管线打卡盗油的危害公共安全的潜在危险性主观上应是明知、放任的，其盗窃原油目的并不影响其行为构成破坏易燃易爆设备罪。上诉人提出“没有破坏易燃易爆设备的故意，其行为应构成盗窃罪”的上诉理由不能成立，二审法院不予支持。关于其辩护人提出“上诉人毕某某系初犯、偶犯，在犯罪中起次要作用，应从轻、减轻处罚。与其他同案犯相比，一审量刑畸重”的辩护理由，经审理后认为，上诉人与原审被告人陈步明、毕宜生、韩俊福系共同犯罪，原审认为在犯罪中作用基本相当，未分主从犯，并无不当。在本案中，上诉人没有从轻或减轻处罚的法定情节，原审法院在上诉人自愿认罪的基础上，根据其在共同犯罪中的具体作用，结合其主观恶性较小的情节，以破坏易燃易爆设备罪判处其法定起点刑——有期徒刑三年是适当的。辩护人仅仅以上诉人与同案其他原审被告人打卡次数的不同即认为量刑畸重，缺乏事实与法律依据。辩护人的辩护意见不能成立，二审法院不予支持。原审判决认定事实清楚，定罪准确，量刑适当，审判程序合法，依法应予维持。据此，依照《刑事诉讼法》第 189 条第 1 项之规定，裁定如下：驳回上诉，维持原判。

【案例二】

陈永华破坏电力设备案①

● 案件事实 ●

2006年1月16日17时许，陈永华携带一把铁剪到广东省佛山市禅城区澜石河滨路奇槎路段，用铁剪盗剪了该处正在使用的型号为VV4×25mm的电缆线20米，价值人民币838元，致使该路段部分路灯停电，无法正常使用。陈永华在准备转移赃物时被当场抓获，被盗剪的电缆已由公安机关缴回并发还给被害单位。另查明，陈永华于2001年因犯贩卖毒品罪、抢夺罪被判处有期徒刑五年，2005年6月6日刑满释放。

● 裁判要旨 ●

破坏电力设备即使没有造成严重后果，也成立犯罪既遂。

● 裁判理由 ●

一审法院认为：被告人陈永华盗窃正在使用中的电力设备，致使该处部分路灯停电，危害公共安全，但尚未造成严重后果，其行为已构成破坏电力设备罪。被告人陈永华在刑罚执行完毕以后5年内再犯应当判处有期徒刑以上刑罚之罪，是累犯，应当从重处罚，据此判决：被告人陈永华犯破坏电力设备罪，判处有期徒刑五年。

陈永华及其辩护人上诉提出，陈永华的行为不构成破坏电力设备罪，对其应以盗窃罪（未遂）判处管制或拘役，不适用累犯条款。据此，本案的争议焦点是：（1）上诉人（原审被告）的行为定性。（2）上诉人（原审被告）的行为是未遂还是既遂。

二审法院认为：上诉人陈永华盗窃正在使用中的电力设备，致使该处部分路灯停电，危害公共安全，但尚未造成严重后果，其行为已构成破坏电力设备罪。上诉人陈永华在刑罚执行完毕以后5年内再犯应当判处有期徒刑以上刑罚之罪，是累犯，应当从重处罚。原判认定事实清楚，证据确实、充分，定罪准确，量刑适当，审判程序合法。上诉人及其辩护人提出对其不适用累犯条款没有法律依据，不予采纳。依照《刑事诉讼法》第189条第1项的规定，裁定如下：驳回上诉，维持原判。

---

① 参见广东省佛山市中级人民法院（2006）佛刑一终字第277号。

【学理分析及适用指引】

• 学理分析 •

1. 破坏电力设备罪的构成。破坏电力设备罪，是指故意破坏电力设备，危害公共安全的行为。本罪的构成要件如下：

（1）本罪的客体。本罪所侵犯的客体属于公共安全。犯罪对象是正在使用中的电力设备。所谓电力设备，是指用于发电、供电、输电、变电的各种设备，而且该电力设备还必须正在使用中，如果没有使用，如正在制造、运输、安装、架设或尚在库存中，行为人对其进行破坏也就不构成破坏电力设备罪。

（2）本罪的客观方面。本罪在客观方面上表现为故意破坏电力设备，危害公共安全的行为。其具有以下三个特征：①破坏电力设备罪的犯罪对象必须是正在使用中的电力设备；②行为人必须实施了破坏正在使用中的电力设备的行为；③行为人的破坏行为必须危及公共安全，即造成或足以造成危害公共安全的严重后果。要认定行为人的行为是否危及公共安全，必须根据破坏的具体对象、破坏的具体部位和破坏的方法以及破坏的具体损害程度等来综合分析认定。根据2007年8月21日《最高人民法院关于审理破坏电力设备刑事案件具体应用法律若干问题的解释》第1条，下列四种情形属于破坏电力设备“造成严重后果”：造成1人死亡、3人以上重伤或者10人以上轻伤的；造成1万以上用户电力供应中断6小时以上，致使生产、生活受到严重影响的；造成直接经济损失100万元以上的；造成其他危害公共安全严重后果的。

（3）本罪的主体。凡是达到刑事责任年龄，具备刑事责任能力，实施破坏电力设备的自然人均可成为破坏电力设备罪的犯罪主体。

（4）本罪的主观方面。本罪在主观方面必须出于故意，包括直接故意和间接故意。至于犯罪的动机，亦可多种多样，不论是为泄愤报复，还是为嫁祸他人，或出于贪财图利及其他动机，都不影响本罪的成立。

2. 破坏易燃易爆设备罪的构成。破坏易燃易爆设备罪，是指故意破坏燃气或者其他易燃易爆设备，危害公共安全的行为。本罪的构成要件如下：

（1）本罪的客体。本罪侵犯的客体是社会的公共安全。犯罪对象是正在使用中的燃气或者其他易燃易爆设备。

（2）本罪的客观方面。客观方面表现为故意破坏正在使用中的燃气或者其他易燃易爆设备，危害公共安全的行为，破坏易燃易爆设备的方法多种多样，如爆炸、放火、毁坏、拆卸重要机件，割断、拆除输气管道，故意违反操作规程使设备损毁等。行为人实施上述破坏易燃易爆设备的行为，必须足以危害公共安全，即有可能引起不特定多数人伤亡，使公私财产遭受重大损失，或者使社会的生产、生活秩序受到严重影响，才能构成本罪。

（3）本罪的主体。犯罪主体为一般主体。

（4）本罪的主观方面。主观方面表现由故意构成。

• 适用指引 •

1. 司法实践中，认定破坏电力设备罪应注意：

（1）本罪与放火罪、爆炸罪法条竞合的处理。构成本罪的破坏行为除一般破坏手段外，亦可以使用放火、爆炸等方式进行。使用放火、爆炸方法破坏电力设备，属于法条竞合犯，此时，由于本罪属特别法条，根据特别法条优于普通法条的规则，应当以本罪治罪，而不适用放火罪、爆炸罪等定罪量刑。

（2）准确理解“正在使用的线路”。已经通电使用，只是由于枯水季节或电力不足等原因，而暂停供电的线路，仍应认为属于正在使用的线路。行为人偷割这类线路中的电线，如果构成犯罪，应按破坏电力设备罪追究其刑事责任。对于偷割已经安装完毕，但还未供电的电力线路的行为，应区分不同情况处理。如果偷割的是未正式交付电力部门使用的线路，应按盗窃案件处理。如果行为人明知线路已交付电力部门使用仍偷割电线的，应定为破坏电力设备罪。

（3）本罪属于危险犯，只要行为人破坏电力设备的行为足以危害公共安全，即构成本罪的既遂。

2. 司法实践中，认定破坏易燃易爆设备罪应注意以下问题：

（1）行为人采用放火、爆炸方法破坏正在使用中的易燃易爆设备，是法条竞合问题，按照特别法优于普通法的原则处理。

（2）确定某一破坏易燃易爆设备的行为是构成破坏易燃易爆设备罪还是构成侵犯财产方面的犯罪，主要看受破坏的易燃易爆设备是否处于正在使用中，破坏行为是否足以危害公共安全。也就是说，如果破坏正在使用中的易燃易爆设备，足以危害公共安全或者已经造成严重后果、危害公共安全的，则构成破坏易燃易爆设备罪。反之，如果行为人破坏的是非正在使用中的易燃易爆设备，因其不存在危害公共安全的可能性，因而不构成破坏易燃易爆设备罪；只是对财产所有权的侵犯，情节严重的，则构成侵犯财产方面的犯罪。如根据《最高人民法院、最高人民检察院、公安部关于办理盗窃油气、破坏油气设备等刑事案件适用法律若干问题的意见》（法发〔2018〕18 号），在实施盗窃油气等行为过程中，破坏正在使用的油气设备，采用切割、打孔、撬砸、拆卸手段的，可以直接认定为“危害公共安全”，但明显未危害公共安全的除外；采用开、关等手段破坏正在使用的油气设备的，则需要进一步的证据证明“足以引发火灾、爆炸等危险”，才能认定为“危害公共安全”。

（3）如果行为人采用盗窃方法破坏非正在使用中的易燃易爆设备，数额较大或者多次盗窃的，应以盗窃罪论处。

第一百一十九条　破坏交通工具罪、破坏交通设施罪、破坏电力设备罪及破坏易燃易爆设备罪的加重构成；过失损坏交通工具罪、过失损坏交通设施罪、过失损坏电力设备罪、过失损坏易燃易爆设备罪

【法律规定】

• 法律条文 •

《中华人民共和国刑法》

第一百一十九条　破坏交通工具、交通设施、电力设备、燃气设备、易燃易爆设备，造成严重后果的，处十年以上有期徒刑、无期徒刑或者死刑。

过失犯前款罪的，处三年以上七年以下有期徒刑；情节较轻的，处三年以下有期徒刑或者拘役。

• 相关规定 •

《中华人民共和国刑法》

第一百一十六条　破坏火车、汽车、电车、船只、航空器，足以使火车、汽车、电车、船只、航空器发生倾覆、毁坏危险，尚未造成严重后果的，处三年以上十年以下有期徒刑。

第一百一十七条　破坏轨道、桥梁、隧道、公路、机场、航道、灯塔、标志或者进行其他破坏活动，足以使火车、汽车、电车、船只、航空器发生倾覆、毁坏危险，尚未造成严重后果的，处三年以上十年以下有期徒刑。

第一百一十八条　破坏电力、燃气或者其他易燃易爆设备，危害公共安全，尚未造成严重后果的，处三年以上十年以下有期徒刑。

《最高人民法院关于审理破坏电力设备刑事案件具体应用法律若干问题的解释》（法释〔2007〕15号）

第一条　破坏电力设备，具有下列情形之一的，属于刑法第一百一十九条第一款规定的“造成严重后果”，以破坏电力设备罪判处十年以上有期徒刑、无期徒刑或者死刑：

（一）造成一人以上死亡、三人以上重伤或者十人以上轻伤的；

（二）造成一万以上用户电力供应中断六小时以上，致使生产、生活受到严重影响的；

（三）造成直接经济损失一百万元以上的；

（四）造成其他危害公共安全严重后果的。

第二条　过失损坏电力设备，造成本解释第一条规定的严重后果的，依照刑法第一百一十九条第二款的规定，以过失损坏电力设备罪判处三年以上七年以下有期徒刑；情节较轻的，处三年以下有期徒刑或者拘役。

第三条　盗窃电力设备，危害公共安全，但不构成盗窃罪的，以破坏电力设备罪定罪处罚；同时构成盗窃罪和破坏电力设备罪的，依照刑法处罚较重的规定定罪处罚。

盗窃电力设备，没有危及公共安全，但应当追究刑事责任的，可以根据案件的不同情况，按照盗窃罪等犯罪处理。

第四条第一款　本解释所称电力设备，是指处于运行、应急等使用中的电力设备；已经通电使用，只是由于枯水季节或电力不足等原因暂停使用的电力设备；已经交付使用但尚未通电的电力设备。不包括尚未安装完毕，或者已经安装完毕但尚未交付使用的电力设备。

《最高人民法院、最高人民检察院关于办理盗窃油气、破坏油气设备等刑事案件具体应用法律若干问题的解释》（法释〔2007〕3 号）

第一条　在实施盗窃油气等行为过程中，采用切割、打孔、撬砸、拆卸、开关等手段破坏正在使用的油气设备的，属于刑法第一百一十八条规定的“破坏燃气或者其他易燃易爆设备”的行为；危害公共安全，尚未造成严重后果的，依照刑法第一百一十八条的规定定罪处罚。

第二条　实施本解释第一条规定的行为，具有下列情形之一的，属于刑法第一百一十九条第一款规定的“造成严重后果”，依照刑法第一百一十九条第一款的规定定罪处罚：

（一）造成一人以上死亡、三人以上重伤或者十人以上轻伤的；

（二）造成井喷或者重大环境污染事故的；

（三）造成直接经济损失数额在五十万元以上的；

（四）造成其他严重后果的。

第三条　盗窃油气或者正在使用的油气设备，构成犯罪，但未危害公共安全的，依照刑法第二百六十四条的规定，以盗窃罪定罪处罚。

盗窃油气，数额巨大但尚未运离现场的，以盗窃未遂定罪处罚。

为他人盗窃油气而偷开油气井、油气管道等油气设备阀门排放油气或者提供其他帮助的，以盗窃罪的共犯定罪处罚。

第四条　盗窃油气同时构成盗窃罪和破坏易燃易爆设备罪的，依照刑法处罚较重的规定定罪处罚。

第八条　本解释所称的“油气”，是指石油、天然气。其中，石油包括原油、成品油；天然气包括煤层气。

本解释所称“油气设备”，是指用于石油、天然气生产、储存、运输等易燃易爆设备。

【案例】

陈某某过失损坏电力设备案①

• 案件事实 •

2001年2月21日15时许，陈某某酒后携带铁锨、扳手等工具窜到东营区史口镇陈家村村东300米处其责任田内，将其地里一高压电线杆拉线的地锚挖出，并将拉线上的“UT”卸下，致使电线杆倾斜。陈某某发现后，积极采取补救措施，但均没有实现，高压线松弛并搭落在下面的低压线上，造成低压线短路，高压线损坏，全线停电3小时。经物价部门鉴定，造成直接经济损失8970元。

• 裁判要旨 •

造成严重后果，是构成过失损坏电力设备罪的必要条件。

• 裁判理由 •

山东省东营市东营区人民法院经一审认为：被告人陈某某酒后将其责任田里的高压电线杆的拉线地锚挖出，卸掉地锚上的“UT”，致使高压线与低压线相接，造成电力设备的损坏，其行为已构成过失损坏电力设备罪。是否造成严重后果，只是量刑时是否加重处罚的情节。由于被告人陈某某实施破坏行为后，能采取补救措施，犯罪情节较轻，归案后能如实交代犯罪事实，认罪态度较好，对其可以酌情从轻处罚。依照《刑法》第119条第2款之规定，以过失损坏电力设备罪，判处被告人陈某某有期徒刑一年六个月。

一审宣判后，被告人陈某某以原审法院判决适用法律错误为由，提出上诉。其辩护人提出“原审法院判决适用法律错误，应当依法改判上诉人陈某某无罪”的辩护意见。山东省东营市中级人民法院经审理后认为，原审法院认定事实清楚，适用法律正确，审判程序合法。上诉人及其辩护人的上诉、辩护理由不能成立，不予采纳。根据《刑法》第119条第2款的规定，上诉人陈某某的行为构成过失损坏电力设备罪。但是，上诉人陈某某的犯罪情节轻微，不需要判处刑罚。原审判决书中的“是否造成严重后果，只是量刑时是否加重处罚的情节”的认识，用在过失损坏电力设备罪上是错误的。依照《刑事诉讼法》第189条第2项、《刑法》第119条第2款、第37条的规定，判决如下：一、维持原审判决对被告人陈某某的定罪部分。二、撤销原审判决对被告人陈某某的

---

① 参见山东省东营市中级人民法院（2001）东刑一终字第42号。

量刑部分。三、上诉人（原审被告人）陈某某犯过失损坏电力设备罪，免予刑事处罚。

【学理分析及适用指引】

● 学理分析 ●

本条共分两款。第 1 款是对破坏交通工具、交通设施、电力、燃气或者其他易燃易爆设备造成严重后果的处罚规定。《刑法》第 116 条规定的破坏交通工具罪、第 117 条规定的破坏交通设施罪、第 118 条规定的破坏电力设备罪和破坏易燃易爆设备罪规定的处罚，都是对上述破坏行为尚未造成严重后果规定的刑罚，可谓基本犯。而本款则是综合了这几条规定的犯罪行为，对这几条规定的犯罪行为造成严重后果的，规定了更为严厉的处罚，可谓加重犯。此处所说的“造成严重后果的”，主要是指犯罪分子实施上述几种犯罪行为，导致了火车、汽车、电车、船只、航空器发生倾覆、毁坏的结果发生或者电厂、供电设备失火、天然气管道爆炸，发生重大火灾等，造成了人员死亡或者造成公私财产的重大毁损，从而危害公共安全的行为。根据本款的规定，对第 116 条规定的破坏交通工具罪、第 117 条规定的破坏交通设施罪、第 118 条规定的破坏电力设备罪和破坏易燃易爆设备罪，造成严重后果的，处十年以上有期徒刑、无期徒刑或者死刑。本款所规定的“交通工具”，是指第 116 条所规定的火车、汽车、电车、船只和航空器；“交通设施”，是指第 117 条规定的轨道、桥梁、隧道、公路、机场、航道、灯塔、标志等；“电力设备”“燃气设备”和“易燃易爆设备”，与第 118 条规定的范围是一致的，因在前面已有解释，此处不再赘述。

第 2 款是对过失损坏交通工具、交通设施、电力设备和易燃易爆设备犯罪的处罚规定。此处所说的“过失犯前款罪”，是指由于行为人主观上出于疏忽大意或者轻信能够避免的过失而损坏交通工具、交通设施、电力、燃气设备、易燃易爆设备造成严重后果、危害公共安全的行为。根据本款规定，构成过失损坏交通工具罪、过失损坏交通设施罪、过失损坏电力罪、过失损坏易燃易爆设备罪必须同时具备以下条件：（1）行为人在主观上是过失，而不是故意。如果行为人故意实施破坏行为，则应按第 1 款的规定处罚，不能适用本款。（2）行为人的过失行为必须实际造成了严重后果，才能构成犯罪，才能适用本款规定。根据本款规定，过失损坏交通工具，损坏交通设施，损坏电力、燃气设备或者其他易燃易爆设备，造成严重后果的，处三年以上七年以下有期徒刑；情节较轻的，处三年以下有期徒刑或者拘役。

• 适用指引 •

司法实践中，认定本条规定的罪名时应注意：

1. 在司法实践中，注意过失损坏交通工具罪与交通肇事罪的区别：过失损坏交通工具罪主要表现为行为人因过失行为而致使火车、汽车、船只、航空器发生倾覆、毁坏，造成严重后果；交通肇事罪则表现为行为人违反交通运输管理法律、法规而引起重大事故，致人重伤、死亡或者使公私财产遭受重大损失。因此，如果交通运输人员在驾驶交通工具的过程中，违反交通运输管理法律、法规，过失引起交通工具倾覆、毁坏，造成严重后果，则不构成过失损坏交通工具罪，而构成交通肇事罪。

2. 过失损坏交通设施罪与破坏交通设施罪，侵害的客体和对象相同。两者的主要区别在于：一是对犯罪结果的要求不同。前者破坏交通设备的过失行为必须造成危害交通运输安全的严重后果才构成犯罪；后者只要实施破坏交通设备的行为，并足以使交通工具发生倾覆、毁坏危险，无论是否造成严重后果，均成立犯罪，而且构成犯罪既遂。二是主观罪过不同。前者是过失犯罪，后者是故意犯罪。从行为人的认识方面看，前者的行为人对其行为可能造成的危害结果已经预见，或者应当预见而未预见；后者的行为人对其行为会造成的危害结果是明知的。从行为人的态度看，前者对严重后果持否定态度，由于轻信能够避免或者出于疏忽大意，才发生了危害交通运输安全的严重后果；后者对交通工具倾覆、毁坏的严重后果持希望或放任的态度。

3. 过失损坏易燃易爆设备罪的司法认定。在认定本罪时，需要注意区分过失损坏易燃易爆设备与破坏易燃易爆设备罪的界限。过失损坏易燃易爆设备罪与破坏易燃易爆设备罪，侵害对象相同，都危害公共安全。二者的主要区别在于：

（1）主观罪过不同。破坏易燃易爆设备罪行为人对其破坏易燃易爆设备的行为会造成危害公共安全的严重后果是明知的，并且持希望或放任的态度，属于故意犯罪。本罪属于过失犯罪，行为人对其行为可能引起危害公共安全的严重后果应当预见，因为疏忽大意而未预见；或者虽然已经预见，但轻信能够避免。

（2）对犯罪结果要求不同。破坏易燃易爆设备罪，只要行为人实施了破坏易燃易爆设备的行为，并足以造成危害公共安全的严重后果，无论严重后果实际上是否发生，均构成犯罪，而且是犯罪既遂。而本罪则要求必须发生严重后果才构成犯罪。如果实施破坏易燃易爆设备的过失行为尚未造成严重后果，不构成犯罪。

4. 在认定过失损害电力设备罪时应当注意：

（1）本罪与破坏电力设备罪的界限。两罪侵犯的对象都是正在使用中的电力设备，在客观方面也都实施了破坏行为，侵犯的客体都是公共安全，但两者之间有明显区别：其一，主观罪过形式不同。破坏电力设备罪在主观方面是出自故意；过失损坏电力设备罪在主观方面则表现为过失。其二，客观方面不同。过失损坏电力设备罪必须造成致人重伤、死亡或者使公私财产遭受重大损失的严重后果，才能构成犯罪；破坏电力设备罪并不要求发生严重后果才成立犯罪，只要足以危害公共安全即有危害公共安全危险的，就可成立犯罪。

（2）本罪与重大责任事故罪的界限。二者的区别是：其一，犯罪主体不同。重大责任事故罪的犯罪主体是特殊主体；过失损坏电力设备罪的犯罪主体是一般主体。其二，侵犯的客体不同。重大责任事故罪侵犯的客体是企业、事业单位的生产作业安全；过失损坏电力设备罪侵犯的客体是公共安全。电力部门职工这一特殊犯罪主体在生产作业过程中的业务过失所造成的严重后果，应以特别法条即重大责任事故罪论处，而不能以过失损坏电力设备罪论处。

第一百二十条　组织、领导、参加恐怖组织罪

【法律规定】

● 法律条文 ●

《中华人民共和国刑法》

第一百二十条　组织、领导恐怖活动组织的，处十年以上有期徒刑或者无期徒刑，并处没收财产；积极参加的，处三年以上十年以下有期徒刑，并处罚金；其他参加的，处三年以下有期徒刑、拘役、管制或者剥夺政治权利，可以并处罚金。

犯前款罪并实施杀人、爆炸、绑架等犯罪的，依照数罪并罚的规定处罚。

● 相关规定 ●

《最高人民法院、最高人民检察院、公安部、司法部关于办理恐怖活动和极端主义犯罪案件适用法律若干问题的意见》（高检会〔2018〕1号）

一、准确认定犯罪

（一）具有下列情形之一的，应当认定为刑法第一百二十条规定的“组织、领导恐怖活动组织”，以组织、领导恐怖组织罪定罪处罚：

1. 发起、建立恐怖活动组织的；
2. 恐怖活动组织成立后，对组织及其日常运行负责决策、指挥、管理的；
3. 恐怖活动组织成立后，组织、策划、指挥该组织成员进行恐怖活动的；
4. 其他组织、领导恐怖活动组织的情形。

具有下列情形之一的，应当认定为刑法第一百二十条规定的“积极参加”，以参加恐怖组织罪定罪处罚；

1. 纠集他人共同参加恐怖活动组织的；

2. 多次参加恐怖活动组织的；

3. 曾因参加恐怖活动组织、实施恐怖活动被追究刑事责任或者二年内受过行政处罚，又参加恐怖活动组织的；

4. 在恐怖活动组织中实施恐怖活动且作用突出的；

5. 在恐怖活动组织中积极协助组织、领导者实施组织、领导行为的；

6. 其他积极参加恐怖活动组织的情形。

参加恐怖活动组织，但不具有前两款规定情形的，应当认定为刑法第一百二十条规定的“其他参加”，以参加恐怖组织罪定罪处罚。

犯刑法第一百二十条规定的犯罪，又实施杀人、放火、爆炸、绑架、抢劫等犯罪的，依照数罪并罚的规定定罪处罚。

【案例一】

王炳章组织、领导恐怖组织、间谍案①

• 案件事实 •

1982 年年底，我国台湾地区军事情报机构与王炳章取得联系，协商秘密合作事宜。1983 年上半年，台湾地区军事情报机构派遣翁衍庆（化名翁远书）到美国纽约，负责联络指导王炳章，为王提供间谍经费。1982 年至 1990 年，王炳章为台湾地区情报部门搜集提供大陆军事资料、留学生资料、关系人名单。1989 年后，王炳章以“贯中公司”的名义为掩护向台湾地区军事情报机构汇报情况，请求经费支持和工作指导；1989 年 6 月底 7 月初，王炳章在泰国将李少民（已判刑）介绍给台湾地区间谍人员曹某某，使李少民被发展加入台湾地区间谍组织。

1996 年始，王炳章以撰写、出版书籍，在互联网上发表文章等方式，宣扬其暴力、恐怖思想。王炳章积极在境内外网罗、发展赞同其暴力恐怖主张的人员，形成了以其本人为首，以谢虹（已判刑）及张林（另案处理）、朱利锋（另案处理）等人为骨干的恐怖组织。1998 年 1 月，王炳章化名楼开文从广东省珠海市非法入境，先后在广州、南京、上海、杭州、蚌埠等地与范一平、冯冠辉、韩业平、倪锦彬、王庭金（均另案处理）等人会面，向他们宣扬其暴力恐怖主张，促使上述人员参加其组织并发展成员。王炳章要求倪锦彬设法搞

① 参见广东省深圳市中级人民法院（2003）深中法刑一初字第 41 号。

到枪支，唆使其进行绑架活动。王炳章将谢虹发展为恐怖组织成员，任命其为“特种行动指挥部总指挥”；任命张林为“行动组”组长，并派遣其回国，伺机活动。1998 年下半年，王炳章通过互联网与谢虹频繁联系，策划向谢虹提供枪支、弹药，指使其对有关人员实施暗杀，在国庆典礼上进行枪击、爆炸等恐怖活动。2001 年 3 月，王炳章写信给原台湾当局某高层官员，声称要在大陆境内炸毁公路、桥梁等，要求提供暴力恐怖活动资金。

2001 年 2 月至 6 月间，王炳章两次到泰国与朱利锋等人会面，密谋策划爆炸袭击中华人民共和国驻泰国大使馆，并两次到泰国北部地区进行实地考察，筹划在泰国北部建立暴力恐怖训练基地。

• 裁判要旨 •

行为人积极宣传、推行其暴力、恐怖思想，并积极网罗、发展赞同其暴力恐怖主张的人员、建立恐怖活动指挥机构等行为，应当认定为组织、领导恐怖活动组织罪。

• 裁判理由 •

本罪的主要争议焦点是：被告人王炳章的行为能否构成组织、领导恐怖组织罪。在本案中，广东省深圳市人民检察院认为：被告人王炳章的行为，分别构成组织、领导恐怖组织罪，间谍罪。被告人王炳章辩称，没有从事组织、领导恐怖组织和间谍活动，否认公诉机关的指控。其辩护人提出的辩护意见是：公诉机关指控被告人王炳章发展恐怖组织成员、策划爆炸袭击中国驻泰使馆和在泰国北部建立暴力恐怖训练基地、与台湾间谍组织联络、从事间谍活动等事实，证据不够充分；指控王炳章策划向谢虹非法运输枪支、弹药的事实，对谢虹已以非法运输枪支、弹药罪判刑，因此对王炳章不能另定为组织、领导恐怖组织罪。

就本案情况来看，王炳章散播和推行其暴力恐怖主张，积极发展组织成员，策划、指挥实施非法运输枪支弹药、暗杀、绑架、爆炸等暴力恐怖行为，筹建暴力恐怖训练基地，组织、领导暴力恐怖犯罪组织，其行为符合组织与领导恐怖组织罪的特征。

广东省深圳市中级人民法院认为：王炳章与台湾间谍情报机关达成秘密协议，接受其提供的经费和派遣的任务，为其刺探情报，介绍关系人，王炳章的行为已构成间谍罪；王炳章散播和推行其暴力恐怖主张，积极发展组织成员，策划、指挥实施非法运输枪支弹药、暗杀、绑架、爆炸等暴力恐怖行为，筹建暴力恐怖训练基地，组织、领导暴力恐怖犯罪组织，其行为又构成组织、领导恐怖组织罪，均应依法惩处，判决被告人王炳章犯间谍罪，判处无期徒刑，剥夺政治权利终身；犯组织、领导恐怖组织罪，判处有期徒刑十年，剥夺政治权利三年。数罪并罚，决定执行无期徒刑，剥夺政治权利终身。

【案例二】

伊斯坎达尔·艾海提等组织、领导、参加恐怖活动组织、故意杀人案①

• 案件事实 •

受宗教极端思想的影响，2013年12月以来，被告人伊斯坎达尔·艾海提、吐尔洪·托合尼亚孜、玉山·买买提、帕提古丽·托合提和已被现场击毙的阿卜杜热伊木·库尔班、艾合买提·阿比提、阿尔米亚·吐尔逊、盲沙尔·沙塔尔等8人伙同依明·毛拉、玉苏甫·牙森、巴拉提·阿卜杜赛麦提、艾力·伊敏、萨拉木·马木提（该5人另案处理），为非法出境、实施暴力恐怖活动，先后纠集于广东省广州市、珠海市，河南省南阳市，甘肃省兰州市，云南省景洪市、个旧市沙甸区等地，进行推选头目、训练体能、购买刀具等活动，逐渐形成了以伊斯坎达尔·艾海提为首、以实施暴力恐怖活动为目的的恐怖组织。伊斯坎达尔·艾海提、依明·毛拉多次向组织成员播放制造爆炸装置、境外恐怖分子进行训练和恐怖袭击的音视频，宣扬宗教极端思想，传授杀人方法；吐尔洪·托合尼亚孜多次为组织提供资金支持；玉山·买买提邀约吐尔洪·托合尼亚孜、玉苏甫·牙森积极加入组织。因非法出境未逞，2014年2月24日至26日，伊斯坎达尔·艾海提、吐尔洪·托合尼亚孜、玉山·买买提、阿尔米亚·吐尔逊、艾合买提·阿比提、盲沙尔·沙塔尔和阿卜杜热伊木·库尔班、帕提古丽·托合提在云南省个旧市沙甸区热孜曼理发店，多次共谋、组织策划在人员密集的昆明火车站或者个旧火车站以用刀杀人的方式实施暴力恐怖活动，吐尔洪·托合尼亚孜出资购买了十余把长、短刀，伊斯坎达尔·艾海提、吐尔洪·托合尼亚孜、玉山·买买提等人验看了刀具，帕提古丽·托合提等人制作了“东伊运”恐怖组织的蓝色旗帜和暴恐团伙的“黑色圣战旗帜”。2014年2月27日，伊斯坎达尔·艾海提、吐尔洪·托合尼亚孜、玉山·买买提因涉嫌偷越国境在云南沙甸被抓获。2014年3月1日中午，阿卜杜热伊木·库尔班联系不上伊斯坎达尔·艾海提等人，阿卜杜热伊木·库尔班、艾合买提·阿比提、帕提古丽·托合提、阿尔米亚·吐尔逊、盲沙尔·沙塔尔遂商定即日按原计划在昆明火车站实施暴力恐怖活动。17时30分许，5人携带作案工具，租车从沙甸出发，20时30分许到达昆明火车站。21时12分许，五人持刀，从火车站临时候车区开始，经站前广场、第二售票区、售票大厅、小件寄存处

---

① 参见中华人民共和国最高人民法院刑事审判第一、二、三、四、五庭主办：《刑事审判参考》（总第112集）第1220号案例，法律出版社2008年版。

等地，打出暴恐旗帜，肆意砍杀无辜群众，致 31 人死亡，141 人受伤，其中 40 人系重伤。因抗拒抓捕，被告人帕提古丽・托合提被民警开枪击伤并抓获，其余四人被当场击毙。

● 裁判要旨 ●

恐怖活动组织成员分为组织者、领导者，积极参加者以及其他参加者三类。组织者、领导者，是指发起、创建恐怖活动组织的人员以及对组织的运转、活动起策划、指挥、决定作用的人员；积极参加者，是指在恐怖活动组织中行为积极并起重要作用的成员，如"自愿多次参加恐怖活动组织实施的恐怖活动，或者虽然是偶尔参加恐怖组织的活动，但在其参加的恐怖活动中起主要作用"的成员；其他参加者，是指除组织者、领导者、积极参加者之外的恐怖活动组织成员。正确认定和区分恐怖活动组织的三类成员后，还需要根据法律规定确定各行为人应当承担的刑事责任。作为恐怖活动的组织者、领导者，应当按照组织所犯的全部罪行承担刑事责任；恐怖活动组织的积极参加者和其他参加者，应当按照其所参与的犯罪承担刑事责任。对于恐怖活动组织的领导者、组织者及骨干成员，应当作为严惩的重点，其中确属罪行极其严重依法应当判处死刑的，坚决依法判处死刑，但是，对于具有法定从宽处罚情节的，也要注意依法从宽处罚。

● 裁判理由 ●

云南省昆明市中级人民法院经公开审理后认为，被告人伊斯坎达尔・艾海提、玉山・买买提邀约他人参加恐怖组织，被告人吐尔洪托合尼亚孜多次出资用于组织活动，三被告人均具体组织、策划在人员密集场所实施暴力恐怖活动，均系恐怖组织的组织、领导者；三被告人在被公安机关抓获后，明知其组织成员即将实施杀人恐怖活动，拒不供述犯罪事实，积极追求暴恐犯罪目的的实现，应对恐怖组织所犯全部罪行承担责任。被告人帕提古丽・托合提实施杀人行为，犯罪情节特别恶劣，罪行极其严重，鉴于其在羁押时已怀孕，属于依法不适用死刑的情形，不应适用死刑。法院依据物证、书证、证人证言、被害人陈述、被告人供述、鉴定意见等证据，依法分别以组织、领导恐怖组织罪，故意杀人罪，数罪并罚，判处被告人伊斯坎达尔・艾海提、吐尔洪・托合尼亚孜、玉山・买买提，剥夺政治权利终身；以参加恐怖组织罪、故意杀人罪，数罪并罚，判处被告人帕提古丽・托合提无期徒刑，剥夺政治权利终身。

【学理分析及适用指引】

• 学理分析 •

组织、领导、参加恐怖组织罪，是指以进行恐怖活动为目的，组织、领导或者积极参加恐怖活动组织的行为。本罪的构成要件如下：

1. 本罪的客体。本罪侵犯的客体是社会的公共安全。

2. 本罪的客观方面。客观方面表现为组织、领导、参加恐怖活动组织的行为。所谓恐怖活动，是指以制造社会恐慌、危害公共安全或者胁迫国家机关、国际组织为目的，组织、纠集他人，采取暴力、破坏、恐吓等手段，造成或者意图造成人员伤亡、重大财产损失、公共设施损坏、社会秩序混乱等严重危害社会的行为，以及煽动、资助或者以其他方式协助实施上述活动的行为。所谓恐怖活动组织，是指3人以上为实施恐怖活动而组成的犯罪组织。根据《最高人民法院、最高人民检察院、公安部、司法部关于办理恐怖活动和极端主义犯罪案件适用法律若干问题的意见》，组织、领导恐怖活动组织行为的具体表现有：（1）发起、建立恐怖活动组织的；（2）恐怖活动组织成立后，对组织及其日常运行负责决策、指挥、管理的；（3）恐怖活动组织成立后，组织、策划、指挥该组织成员进行恐怖活动的；（4）其他组织、领导恐怖活动组织的情形。积极参加恐怖活动组织行为的具体表现有：（1）纠集他人共同参加恐怖活动组织的；（2）多次参加恐怖活动组织的；（3）曾因参加恐怖活动组织、实施恐怖活动被追究刑事责任或者2年内受过行政处罚，又参加恐怖活动组织的；（4）在恐怖活动组织中实施恐怖活动且作用突出的；（5）在恐怖活动组织中积极协助组织、领导者实施组织、领导行为的；（6）其他积极参加恐怖活动组织的情形。参加恐怖活动组织，但不具有上述组织、领导、积极参加恐怖活动组织的情形的，应当认定为《刑法》第120条规定的“其他参加”，以参加恐怖组织罪定罪处罚。按照法律规定，行为人只要实施了组织、领导或者积极参加恐怖活动组织其中一种行为就构成本罪，实施两种以上行为仍为一罪，不实行并罚。

3. 本罪的主体。犯罪主体为一般主体，中国人、外国人或者无国籍人都可以构成本罪的主体。

4. 本罪的主观方面。主观方面由直接故意构成。

• 适用指引 •

认定本罪时，应注意：

1. 本罪的罪与非罪的界限。本罪是选择性罪名，行为人只要实施组织、领导、参加恐怖组织行为之一的即构成本罪。司法实践中，对于参加恐怖组织罪而言，行为人必须明知是恐怖组织而自愿参加，方可构成本罪。也就是说，对于那些不明真相、受骗上当而参加恐怖组织，一经发觉就表示脱离并实际上与其脱离关系的人，则不能认定其构成参加恐怖组织罪。

2. 本罪与集团犯罪的区分。从一般意义上讲，组织、领导、参加恐怖组织罪也是一种集团犯罪，但由于《刑法》分则将此种集团犯罪规定为一种特定的罪行，在实践中应当将二者加以区别：（1）主观目的不同。恐怖组织是以进行暴力性恐怖活动为目的的犯罪组织；一般的犯罪集团则是出于其他犯罪目的组织，而不以实施恐怖活动为目的。（2）客观表现不同。《刑法》规定凡是实施组织、领导、参加恐怖组织的即构成犯罪，而不论其是否实际上实施恐怖活动。组织、领导、参加一般的犯罪集团（不包括组织、领导、参加黑社会性质组织罪）不构成独立的犯罪，且只能根据犯罪集团具体实施的犯罪行为确定罪名。（3）犯罪集团是一种总则性罪种，而本罪是一种特定的犯罪。

3. 本罪的一罪与数罪。本罪是选择性罪名，行为人只要实施了组织、领导、积极参加或者参加恐怖组织行为之一，便成立本罪。行为人如果组织、领导、参加恐怖组织后又实施了杀人、爆炸、绑架等恐怖活动犯罪的，则应将组织、领导、参加恐怖组织罪与其他相关的犯罪实行数罪并罚。

4. 对于组织、领导、参加恐怖组织罪，《刑法修正案（九）》加大了刑罚适用强度，即三个量刑幅度中均增加了财产刑的规定。对于恐怖活动组织的组织者和领导者，在适用“十年以上有期徒刑或者无期徒刑”的法定刑同时，并处没收财产；对于恐怖活动组织的积极参加者，在适用“三年以上十年以下有期徒刑”的法定刑同时，并处罚金；而对于恐怖活动组织的其他参加者，处三年以下有期徒刑、拘役、管制或者剥夺政治权利，可以并处罚金。

第一百二十条之一 帮助恐怖活动罪

【法律规定】

• 法律条文 •

《中华人民共和国刑法》

第一百二十条之一 资助恐怖活动组织、实施恐怖活动的个人的，或者资助恐怖活动培训的，处五年以下有期徒刑、拘役、管制或者剥夺政治权利，并处罚金；情节严重的，处五年以上有期徒刑，并处罚金或者没收财产。

为恐怖活动组织、实施恐怖活动或者恐怖活动培训招募、运送人员的，依照前款的规定处罚。

单位犯前两款罪的，对单位判处罚金，并对其直接负责的主管人员和其他直接责任人员，依照第一款的规定处罚。

• 相关规定 •

《最高人民法院、最高人民检察院、公安部、司法部关于办理恐怖活动和极端主义犯罪案件适用法律若干问题的意见》（高检会〔2018〕1号）

为了依法惩治恐怖活动和极端主义犯罪，维护国家安全、社会稳定，保障人民群众生命财产安全，根据《中华人民共和国刑法》《中华人民共和国刑事诉讼法》《中华人民共和国反恐怖主义法》等法律规定，结合司法实践，制定本意见。

一、准确认定犯罪

（二）具有下列情形之一的，依照刑法第一百二十条之一的规定，以帮助恐怖活动罪定罪处罚：

1. 以募捐、变卖房产、转移资金等方式为恐怖活动组织、实施恐怖活动的个人、恐怖活动培训筹集、提供经费，或者提供器材、设备、交通工具、武器装备等物资，或者提供其他物质便利的；

2. 以宣传、招收、介绍、输送等方式为恐怖活动组织、实施恐怖活动、恐怖活动培训招募人员的；

3. 以帮助非法出入境，或者为非法出入境提供中介服务、中转运送、停留住宿、伪造身份证明材料等便利，或者充当向导、帮助探查偷越国（边）境路线等方式，为恐怖活动组织、实施恐怖活动、恐怖活动培训运送人员的；

4. 其他资助恐怖活动组织、实施恐怖活动的个人、恐怖活动培训，或者为恐怖活动组织、实施恐怖活动、恐怖活动培训招募、运送人员的情形。

实施恐怖活动的个人，包括已经实施恐怖活动的个人，也包括准备实施、正在实施恐怖活动的个人。包括在我国领域内实施恐怖活动的个人，也包括在我国领域外实施恐怖活动的个人。包括我国公民，也包括外国公民和无国籍人。

帮助恐怖活动罪的主观故意，应当根据案件具体情况，结合行为人的具体行为、认知能力、一贯表现和职业等综合认定。

明知是恐怖活动犯罪所得及其产生的收益，为掩饰、隐瞒其来源和性质，而提供资金账户，协助将财产转换为现金、金融票据、有价证券，通过转账或者其他结算方式协助资金转移，协助将资金汇往境外的，以洗钱罪定罪处罚。事先通谋的，以相关恐怖活动犯罪的共同犯罪论处。

《最高人民检察院、公安部关于公安机关管辖的刑事案件立案追诉标准的规定（二）》（公通字〔2022〕12号）

第一条 ［帮助恐怖活动案（刑法第一百二十条之一第一款）］资助恐怖活动组织、实施恐怖活动的个人的，或者资助恐怖活动培训的，应予立案追诉。

【学理分析及适用指引】

● 学理分析 ●

帮助恐怖活动罪，是指明知是恐怖活动组织或者实施恐怖活动人员而为其提供经费，或者提供器材、设备、交通工具、武器装备等物质条件，或者提供场所以及其他物质便利的，为恐怖活动组织、实施恐怖活动或者恐怖活动培训招募、运送人员的行为。本罪的构成要件如下：

1. 本罪的客体。帮助恐怖活动罪侵犯的客体是公共安全。如前所述，恐怖活动是以社会公众为侵害对象的，其行为本身就包含着对任意性目标的攻击，故应当认为恐怖活动组织、恐怖分子实施的恐怖犯罪活动侵犯的客体是公共安全，那么对这类犯罪活动通过提供金钱、财物、设备、设施等物质条件予以支持帮助，必然会使得这类犯罪活动得到一定的物质保证，便利该犯罪、促使其犯罪行为的完成，故对这类犯罪活动进行资助的行为，同样也是对公共安全的危害，其侵犯的客体也是公共安全。

2. 本罪的客观方面。帮助恐怖活动罪的客观方面表现为向恐怖活动组织或实施恐怖活动的个人提供金钱、财物、设备等物质条件予以支持协助的行为。《刑法修正案（九）》扩充了原条文所规定的“资助恐怖活动罪”的客观行为表现，资助恐怖活动培训、为恐怖活动组织、实施恐怖活动或者恐怖活动培训招募、运送人员的，也属于本罪的客观行为。所谓恐怖组织或恐怖活动，原则上应当以联合国安理会第1373号决议即《国际合作防止恐怖主义行为》所界定的恐怖活动与实施恐怖活动的组织为参照，既包括我国境内的恐怖组织和恐怖分子，也包括境外的恐怖组织及恐怖分子。关于本罪的客观方面，有三个问题需要探讨：一是资助行为的理解，二是资助行为是否包括有偿交易行为，三是资助的对象之范围如何准确界定。

（1）如何理解资助行为。关于资助行为，在汉语中就是用财物帮助的意思，[①] 即向帮助的对象提供金钱、财物、器材、设备、场所等物质条件予以支持协助、提供某种便利，这种帮助一般发生在恐怖活动组织的组建过程中以及实施恐怖活动的个人在实施恐怖活动行为之前或实施过程之中，其作用是便利这些犯罪的着手实行或者在实行过程中促使其顺利完成。资助行为应当是通过有形的物质性利益进行帮助，即只能是提供经费、活动场所、训练基地、各种通讯设备、设施等，如果行为人不是提供物质上的帮助，仅仅是在精神上、舆论宣传等方面给予支持帮助，不能视为资助行为。至于资助是主动提供的，还是在对方或其他人要求下提供的，均不影响本罪的成立。

---

① 参见《现代汉语词典》，商务印书馆1996年版，第1663页。

（2）资助是否包括有偿交易行为。无偿向恐怖活动组织或实施恐怖活动的个人提供上述各类物资当然属于本罪中的“资助”，问题在于有偿的交易能否成立本罪。对此刑法学界尚有不同意见，如有学者认为，为了切实切断恐怖活动组织的经济来源，无须区分有偿还是无偿的资助，一律可以构成资助恐怖活动罪。[①] 我们认为此种观点值得商榷：首先，根据罪过原理，如下文所述，本罪作为故意犯罪，要求行为人主观上明知所资助的对象是恐怖活动性质的犯罪组织或实施恐怖活动的个人，所以如果行为人确实不知道交易的对方是恐怖活动性质的犯罪组织或实施恐怖活动的个人，则难以成立本罪；其次，如果行为人与对方有偿交易的是枪支、弹药、爆炸物或者其他放射性、毒害性的危险物质等国家禁止买卖的物品，不论是否知道交易的对方为恐怖活动性质的犯罪组织或实施恐怖活动的个人，原则上均应以《刑法》第 125 条第 1 款非法买卖枪支、弹药、爆炸物或者修正后的《刑法》第 125 条第 2 款非法买卖危险物质罪等论处，[②] 当然此种情形下，如果行为人明知对方是恐怖活动性质的犯罪组织或实施恐怖活动的个人而仍与其交易的，应适当从重处罚。最后，如果行为人所出卖的物资并非国家禁止买卖的物资，但其明知对方是恐怖活动性质的犯罪组织或实施恐怖活动的个人而仍然与其交易的，则可以成立资助恐怖活动罪。

（3）资助对象的范围如何准确界定。此处的“实施恐怖活动”的个人是否为恐怖活动组织中成员，还是也包括背后并不存在什么恐怖活动组织而纯粹是个人单独犯罪以及普通的共同犯罪但其实施的是具有恐怖性质的犯罪活动如爆炸、绑架、暗杀等情形，值得分析。对这个问题，目前在学界尚无更多的探讨。我们认为，对此处的“实施恐怖活动的个人”不宜作扩大化解释，应当将其限定在恐怖活动组织的某一或某些成员，其理由在于：《刑法修正案（九）》将“资助恐怖活动罪”作为第 120 条之一即紧接着第 120 条“组织、领导、参加恐怖活动组织罪”之后的一个罪名，表明立法者是将二者作为恐怖活动犯罪的一个整体来对待的，也是将本罪作为“组织、领导、参加恐怖活动组织罪”的外围犯罪处理的，二者密切相关，侵犯的是共同的犯罪客体，而对于那些背后并不存在什么恐怖活动组织而纯粹是个人单独犯罪以及普通的共同犯罪但其实施的是具有恐怖性质的普通犯罪活动如爆炸、绑架、暗杀等，侵犯的主要客体可能是公共安全（如爆炸），也有可能侵犯的是他人生命健康权（如绑架、暗杀等），对于资助这些具有恐怖性质的普通犯罪活动，符合共同犯罪的特征的，可以作为这些犯罪行为的帮助犯处理，没有必要以资助恐怖活

---

① 参见贺小电、翟玉华：《刑法修正罪名精释》，法律出版社 2003 年版，第 181 页。

② 即使认为此时也成立资助恐怖活动罪，在理论上则可以视为想象竞合犯关系，应择一重罪论处，《刑法》第 125 条的非法买卖枪支、弹药、爆炸物，非法买卖危险物质罪法定刑明显高于资助恐怖活动罪。

动罪论处。

根据《刑法修正案（九）》，如果行为人并没有具体地提供金钱、财物、设备等物质条件予以支持协助的行为，而是对恐怖活动组织以及实施恐怖活动的个人予以精神鼓励和舆论支持等，虽然不是资助但属于帮助恐怖活动的行为，也构成帮助恐怖活动罪，不再作为恐怖犯罪的共犯论处。

3. 本罪的主观方面。帮助恐怖活动罪的主观方面是故意，过失不构成本罪，并且要求行为人明知所资助的对象是恐怖活动性质的犯罪组织或实施恐怖活动的个人。行为人的认识因素应当包括所帮助的对象属于“恐怖活动组织或者实施恐怖活动的个人”，对于此处的“明知”的理解，应当包括确实知道以及知道可能是恐怖性质的活动。本罪的故意内容表现为行为人明知其给予资助的对象是即将或正在实施恐怖活动的组织或者实施恐怖活动的个人，且明知自己的资助行为会通过受资助者的恐怖犯罪行为危害到公共安全，却希望社会公共安全受到危害，或者为了追求其他目的而放任对公共安全的危害。只要行为对即将或正在实施恐怖活动的组织或者实施恐怖活动的个人提供了帮助的行为，受帮助者是否实施了恐怖活动并不影响本罪的成立。一般认为，实施本罪的犯罪动机主要可能出于极端民族主义、极端的宗教信仰或者意识形态等。

关于事后故意的问题，即行为人事前并不知道所资助的对象是恐怖活动性质的犯罪组织或实施恐怖活动的个人，其事后才知道的，能否作为本罪处理的问题。应当说，如果行为人事先不明知或者确实不应当知道所资助的对象为恐怖活动性质的犯罪组织或实施恐怖活动的个人，但如果事中知道或者应当知道但仍继续给予资助的，也应构成本罪；如果事中不知道或者没有证据其应当知道的，如行为人可能被蒙蔽、被诱骗而实施资助行为，那么可以认为其主观上并不具有本罪特定的主观故意，欠缺本罪的构成要件而不构成本罪。当然，如果行为人虽然不知道其所资助的对象是恐怖活动性质的犯罪组织或实施恐怖活动的个人，但明知所资助的对象实施其他犯罪活动如抢劫、劫持航空器的犯罪组织或个人，则应当以这些犯罪的帮助犯论处。

4. 本罪的主体。帮助恐怖活动罪的主体是一般主体，既包括自然人主体也包括单位主体。就自然人而言，凡是达到刑事责任年龄即年满 16 周岁以上、具有刑事责任能力的自然人，无论是中国公民还是外国人、无国籍人，均可构成本罪。当某些公司、企业、事业单位、团体等单位在本单位决策机构或法定代表人的决策下，以本单位名义，用本单位财物资助恐怖活动组织活动或实施恐怖活动的个人时，就属于单位实施犯罪行为，构成单位犯罪。对单位构成本罪，依照单位犯罪的处罚原理以及《刑法修正案（三）》的规定，实行双罚制，既要对单位判处罚金，同时也要对直接负责的主管人员和其他直接责任人员，依照自然人实施本罪时量刑幅度之规定进行处罚。

需要指出的是，单位构成本罪主体，是否需要具备“谋利性”特征。我国刑法通说一般认为，单位犯罪主观上应具备“谋利性”，即为了单位的经济利益。但是就本罪而言，我们认为，“谋利性”并非单位成立帮助恐怖活动罪的必备要素，从前述本罪客观方面的表述可以看出：其一，本罪的“资助”虽然不排除有偿性交易，但大多是无偿性的；其二，本罪虽然是故意犯罪，但出于何种目的在所不问，从实践层面考察，不论是自然人还是单位实施资助、帮助恐怖活动的行为，很大部分是出于极端宗教信仰、意识形态等原因；其三，“谋利性”特征虽然在单位犯罪中比较突出，但并非其法定的、必备的要素。

• 适用指引 •

1. 认定帮助恐怖活动罪应满足两个条件：一是所提供的资金、物资的对象必须是实施恐怖活动的组织或者是实施恐怖活动的个人，否则不构成本罪；二是行为人主观上明知所资助、帮助的对象属于实施恐怖活动的组织或个人。

2. 本罪与资敌罪的界限。资敌罪是指在战时供给敌人武器装备、军用物资以资助敌方的行为。两者的区别：首先，在于侵犯的客体不同：前者侵犯的客体是公共安全；后者侵犯的客体是国家安全。其次，资敌罪必须是战时实施资敌行为才能构成；而帮助恐怖活动罪则是任何时候实施资助、帮助恐怖活动的行为均可构成。再次，两者都有资助行为，但资助的对象不同，资敌罪中资助的对象是战时与我国处于战争状态的敌方；帮助恐怖活动罪中的资助对象是恐怖组织或者恐怖分子。最后，资敌罪中资助敌方的是武器装备、军用物资；帮助恐怖活动罪中的资助恐怖组织和恐怖分子的主要是金钱、物资或者其他便利条件。

3. 罪与非罪的界限。要把主动资助恐怖组织，与受到恐吓、威胁，被迫向恐怖组织交纳“保护费”，或者受恐怖组织勒索，被迫向其提供金钱、物资或者其他便利的行为严格区分开来。

第一百二十条之二　准备实施恐怖活动罪

【法律规定】

• 法律条文 •

《中华人民共和国刑法》

第一百二十条之二　有下列情形之一的，处五年以下有期徒刑、拘役、管制或者剥夺政治权利，并处罚金；情节严重的，处五年以上有期徒刑，并处罚金或者没收财产：

（一）为实施恐怖活动准备凶器、危险物品或者其他工具的；

（二）组织恐怖活动培训或者积极参加恐怖活动培训的；

（三）为实施恐怖活动与境外恐怖活动组织或者人员联络的；

（四）为实施恐怖活动进行策划或者其他准备的。

有前款行为，同时构成其他犯罪的，依照处罚较重的规定定罪处罚。

● 相关规定 ●

《中华人民共和国反恐怖主义法》

第三条　本法所称恐怖主义，是指通过暴力、破坏、恐吓等手段，制造社会恐慌、危害公共安全、侵犯人身财产，或者胁迫国家机关、国际组织，以实现其政治、意识形态等目的的主张和行为。

本法所称恐怖活动，是指恐怖主义性质的下列行为：

（一）组织、策划、准备实施、实施造成或者意图造成人员伤亡、重大财产损失、公共设施损坏、社会秩序混乱等严重社会危害的活动的；

（二）宣扬恐怖主义，煽动实施恐怖活动，或者非法持有宣扬恐怖主义的物品，强制他人在公共场所穿戴宣扬恐怖主义的服饰、标志的；

（三）组织、领导、参加恐怖活动组织的；

（四）为恐怖活动组织、恐怖活动人员、实施恐怖活动或者恐怖活动培训提供信息、资金、物资、劳务、技术、场所等支持、协助、便利的；

（五）其他恐怖活动。

本法所称恐怖活动组织，是指三人以上为实施恐怖活动而组成的犯罪组织。

本法所称恐怖活动人员，是指实施恐怖活动的人和恐怖活动组织的成员。

本法所称恐怖事件，是指正在发生或者已经发生的造成或者可能造成重大社会危害的恐怖活动。

第四条　国家将反恐怖主义纳入国家安全战略，综合施策，标本兼治，加强反恐怖主义的能力建设，运用政治、经济、法律、文化、教育、外交、军事等手段，开展反恐怖主义工作。

国家反对一切形式的以歪曲宗教教义或者其他方法煽动仇恨、煽动歧视、鼓吹暴力等极端主义，消除恐怖主义的思想基础。

第十二条　国家反恐怖主义工作领导机构根据本法第三条的规定，认定恐怖活动组织和人员，由国家反恐怖主义工作领导机构的办事机构予以公告。

第十三条　国务院公安部门、国家安全部门、外交部门和省级反恐怖主义工作领导机构对于需要认定恐怖活动组织和人员的，应当向国家反恐怖主义工作领导机构提出申请。

第十五条　被认定的恐怖活动组织和人员对认定不服的，可以通过国家反恐怖主义工作领导机构的办事机构申请复核。国家反恐怖主义工作领导机构应当及时进行复核，作出维持或者撤销认定的决定。复核决定为最终决定。

国家反恐怖主义工作领导机构作出撤销认定的决定的，由国家反恐怖主义工作领导机构的办事机构予以公告；资金、资产已被冻结的，应当解除冻结。

第十六条 根据刑事诉讼法的规定，有管辖权的中级以上人民法院在审判刑事案件的过程中，可以依法认定恐怖活动组织和人员。对于在判决生效后需要由国家反恐怖主义工作领导机构的办事机构予以公告的，适用本章的有关规定。

《最高人民法院、最高人民检察院、公安部、司法部关于办理恐怖活动和极端主义犯罪案件适用法律若干问题的意见》（高检会〔2018〕1号）

为了依法惩治恐怖活动和极端主义犯罪，维护国家安全、社会稳定，保障人民群众生命财产安全，根据《中华人民共和国刑法》《中华人民共和国刑事诉讼法》《中华人民共和国反恐怖主义法》等法律规定，结合司法实践，制定本意见。

一、准确认定犯罪

（三）具有下列情形之一的，依照刑法第一百二十条之二的规定，以准备实施恐怖活动罪定罪处罚：

1. 为实施恐怖活动制造、购买、储存、运输凶器，易燃易爆易制爆品，腐蚀性、放射性、传染性、毒害性物品等危险物品，或者其他工具的；

2. 以当面传授、开办培训班、组建训练营、开办论坛、组织收听收看音频视频资料等方式，或者利用网站、网页、论坛、博客、微博客、网盘、即时通信、通讯群组、聊天室等网络平台、网络应用服务组织恐怖活动培训的，或者积极参加恐怖活动心理体能培训，传授、学习犯罪技能方法或者进行恐怖活动训练的；

3. 为实施恐怖活动，通过拨打电话、发送短信、电子邮件等方式，或者利用网站、网页、论坛、博客、微博客、网盘、即时通信、通讯群组、聊天室等网络平台、网络应用服务与境外恐怖活动组织、人员联络的；

4. 为实施恐怖活动出入境或者组织、策划、煽动、拉拢他人出入境的；

5. 为实施恐怖活动进行策划或者其他准备的情形。

【案例】

熊永强非法持有宣扬恐怖主义、极端主义物品，准备实施恐怖活动案[①]

• 案件事实 •

1. 非法持有宣扬恐怖主义、极端主义物品事实。

2015年9月以来，被告人熊永强用自己的手机先后从网上下载并储存了IS中文圣战歌、疑似外国武装分子驾驶车辆作战和杀戮场面、一女子被蒙面男子割头视频和《手把手教你制作原子弹》《简易炸弹——威力45米×25米〈暗网群255389520〉》《简易炸弹——威力45米×25米〈暗网群389520〉(1)》《炸弹全套教材》文档，供自己不时观看，至2016年4月26日案发时仍然持有。经专门机构审读认定，上述IS中文圣战歌为宣扬恐怖主义和宗教极端思想的暴恐音视频，作战和杀戮场面视频和割头视频为宣扬暴力血腥类的暴恐视频，《手把手教你制作原子弹》《简易炸弹——威力45米×25米〈暗网群255389520〉》《简易炸弹——威力45米×25米〈暗网群389520〉(1)》《炸弹全套教材》等文档为教授制爆技能与配方类的非法宣传物。

2. 准备实施恐怖活动事实。

2016年3月前后，被告人熊永强通过手机QQ聊天系统与同为支持“圣战”的网友交谈中，表示支持号召全世界穆斯林发动“圣战”，并称要付诸实践、要准备武器，并和网友探讨制造炸弹等内容。在此前后，被告人熊永强购买了钢珠、刀具、疑似手枪物品、面具和硫磺粉等化学物品，并在其居住的寝室使用化学品进行了相关试验。

2016年4月26日，被告人熊永强在其寝室被抓获，侦查人员当场查扣其手机、六袋钢珠（300多粒）、四把折叠刀、一个疑似手枪物品、两张面具、两副手套及相关化学物品等。经称重，塑料袋包装的黄色粉末重670.18克，塑料瓶包装的黄色粉末重242.83克，塑料瓶包装的白色粉末重394.88克。经鉴定，黄色可疑粉末中检测出硫磺成分、白色可疑粉末中检测出K+、C103-成分。

• 裁判要旨 •

准备实施恐怖活动罪的本质在于为实施具体恐怖活动进行犯罪预备。

① 参见安徽省合肥市中级人民法院（2017）皖01刑初54号。

• 裁判理由 •

被告人熊永强通过手机存储上网下载的多份宣扬恐怖主义、极端主义的音频视频资料及其他非法宣传物，情节严重，其行为构成非法持有宣扬恐怖主义、极端主义物品罪；其为实施恐怖活动，研究炸弹制作方法，并购买硫磺粉等化学品进行实验及刀具等工具，行为还构成准备实施恐怖活动罪。公诉机关指控罪名成立，法院予以支持，对被告人熊永强应予数罪并罚。

关于被告人熊永强的辩护人提出指控熊永强犯非法持有宣扬恐怖主义、极端主义物品罪证据不足的辩护意见。经查：（1）查扣清单、电子数据等证据证实被告人熊永强手机内存储有上述多份音频视频资料和其他文档，被告人熊永强亦供称其加入的系宣扬伊斯兰、涉及暴恐主义的 QQ 群，并从中下载了上述音视频资料、有关炸弹制作等内容的文档到自己使用的手机内并保存；（2）相关部门通过审读认定，上述多份音视频资料和文档等分别系宣扬恐怖主义、极端主义性质的物品及非法宣传物。故此节指控证据确凿充分，相关辩护意见不能成立。

关于被告人熊永强辩解其没有准备实施恐怖活动及其辩护人认为指控熊永强犯准备实施恐怖活动罪亦属证据不足的辩护意见。经查：（1）被告人熊永强供述、证人杨某证言及从其手机中提取的聊天记录等印证证实，被告人熊永强主观上支持发动“圣战”，并表达了要将“圣战”付诸实践和要准备武器的想法；（2）被告人熊永强供述及查扣的相关物品、鉴定意见等印证证实，在客观上，被告人熊永强购买了硫磺粉等化学物品及刀具等，并明知其购买的化学品可用于制造爆燃物仍进行实验。故指控被告人熊永强犯准备实施恐怖活动罪亦属证据确凿充分，相关辩解和辩护意见均不能成立。

综上，根据被告人熊永强的犯罪事实、性质和社会危害性，依照《刑法》第 120 条之六，第 120 条之二第 1 款第 1 项，第 69 条第 1 款、第 3 款，第 64 条之规定，判决如下：一、被告人熊永强犯非法持有宣扬恐怖主义、极端主义物品罪，判处有期徒刑一年，并处罚金人民币 2000 元；犯准备实施恐怖活动罪，判处有期徒刑二年，并处罚金人民币 5000 元，决定执行有期徒刑二年六个月，并处罚金人民币 7000 元（刑期自判决执行之日起计算。判决执行以前先行羁押的，羁押一日折抵刑期一日，即自 2016 年 4 月 27 日起至 2018 年 10 月 26 日止）。二、查扣在案的被告人熊永强 meizu 手机一部、刀具、化学品等，予以没收。

【学理分析及适用指引】

● 学理分析 ●

准备实施恐怖活动罪，是指为了实施恐怖活动而准备凶器或者危险物品、组织或者积极参加恐怖活动培训、与境外恐怖活动组织或者人员联系，以及为实施恐怖活动进行策划或者其他准备的行为。本罪客体是公共安全。本罪客观方面表现为为了实施恐怖活动而进行具体准备行为，具体表现为四类行为方式：一是准备工具行为，如购买、寻找、制作凶器、危险物品或者其他工具等；二是培训、训练行为，如组织恐怖活动培训、积极参加恐怖活动培训、训练等；三是联络行为，即为实施恐怖活动与境外恐怖活动组织或者人员联络的；四是为实施恐怖活动进行策划或者其他准备的。本罪主观方面是故意，而且故意内容即主观目的是明确、特定的，是为了实施恐怖活动，如果行为人准备凶器是为了寻求仇人报仇等，则只能以故意杀人罪（预备）论处。本罪主体是一般主体，凡是年满 16 周岁、具备刑事责任能力的自然人就可构成本罪主体。单位不构成本罪主体，若单位为了实施恐怖活动而组织准备凶器、培训、训练等行为的，应对其组织、策划、决定、实施该活动的相关责任人员以本罪论处。

● 适用指引 ●

行为人为实施恐怖活动而进行了购买凶器、危险物品等积极准备，随后又按照计划实施了具体的恐怖犯罪活动的，如何处理？根据《刑法》第 120 条之二第 2 款的规定，依照处罚较重的规定定罪处罚，如以爆炸罪、故意杀人罪等论处。实际上，本罪常常是其他具体恐怖活动犯罪的预备行为，但基于此类恐怖活动犯罪的严重性，对其预备行为实行行为化了，在一定程度上提高了对于此类恐怖活动的打击力度。

第一百二十条之三　宣扬恐怖主义、极端主义、煽动实施恐怖活动罪

【法律规定】

• 法律条文 •

《中华人民共和国刑法》

第一百二十条之三　以制作、散发宣扬恐怖主义、极端主义的图书、音频视频资料或者其他物品，或者通过讲授、发布信息等方式宣扬恐怖主义、极端主义的，或者煽动实施恐怖活动的，处五年以下有期徒刑、拘役、管制或者剥夺政治权利，并处罚金；情节严重的，处五年以上有期徒刑，并处罚金或者没收财产。

• 相关规定 •

《最高人民法院、最高人民检察院、公安部、司法部关于办理恐怖活动和极端主义犯罪案件适用法律若干问题的意见》（高检会〔2018〕1号）

为了依法惩治恐怖活动和极端主义犯罪，维护国家安全、社会稳定，保障人民群众生命财产安全，根据《中华人民共和国刑法》《中华人民共和国刑事诉讼法》《中华人民共和国反恐怖主义法》等法律规定，结合司法实践，制定本意见。

一、准确认定犯罪

（四）实施下列行为之一，宣扬恐怖主义、极端主义或者煽动实施恐怖活动的，依照刑法第一百二十条之三的规定，以宣扬恐怖主义、极端主义、煽动实施恐怖活动罪定罪处罚：

1. 编写、出版、印刷、复制、发行、散发、播放载有宣扬恐怖主义、极端主义内容的图书、报刊、文稿、图片或者音频视频资料的；

2. 设计、生产、制作、销售、租赁、运输、托运、寄递、散发、展示带有宣扬恐怖主义、极端主义内容的标识、标志、服饰、旗帜、徽章、器物、纪念品等物品的；

3. 利用网站、网页、论坛、博客、微博客、网盘、即时通信、通讯群组、聊天室等网络平台、网络应用服务等登载、张贴、复制、发送、播放、演示载有恐怖主义、极端主义内容的图书、报刊、文稿、图片或者音频视频资料的；

4. 网站、网页、论坛、博客、微博客、网盘、即时通信、通讯群组，聊天室等网络平台、网络应用服务的建立、所办、经营管理者，明知他人利用网

络平台、网络应用服务散布、宣扬恐怖主义、极端主义内容，经相关行政主管部门处罚后仍允许或者放任他人发布的；

5. 利用教经、讲经、解经、学经、婚礼、葬礼、纪念、聚会和文体活动等宣扬恐怖主义、极端主义、煽动实施恐怖活动的；

6. 其他宣扬恐怖主义、极端主义、煽动实施恐怖活动的行为。

【案例】

张某某宣扬恐怖主义、极端主义案[①]

• 案件事实 •

2016年年初，张某某通过手机移动上网下载暴力恐怖视频和图片。2016年2月至2016年10月间，张某某先后将下载的部分暴力恐怖视频和图片上传至QQ空间，供他人浏览。

• 裁判要旨 •

将暴力恐怖视频、图片上传至网络空间的行为，构成宣扬恐怖主义、极端主义罪。

• 裁判理由 •

法院经依法审理，认定被告人张某某犯宣扬恐怖主义、极端主义罪，判处有期徒刑二年三个月，并处罚金人民币5000元。

【学理分析及适用指引】

• 学理分析 •

宣扬恐怖主义、极端主义、煽动实施恐怖活动罪，是指以制作、散发宣扬恐怖主义、极端主义的图书、音频视频资料或者其他物品，或者通过讲授、发布信息等方式宣扬恐怖主义、极端主义，或者煽动他人实施恐怖活动的行为。根据国际反恐研究的一般见解，所谓恐怖主义，是对一个国家的合法政府、公众或个人使用令人莫测的暴力、讹诈或威胁，以达到某种特定目的的政治手段。根据这个定义，恐怖主义有三个特征：（1）恐怖主义是达到某种特定目的的政治手段，这种手段主要是使用令人莫测的暴力、讹诈或威胁；恐怖主义的暴力具有很大的隐蔽性、突发性，总是在人们意想不到的时间和地点，发动突

---

① 参见最高人民法院2018年发布3起涉国家安全典型案例。

然的袭击。(2) 恐怖主义的打击目标是各国合法政府、公众或个人。(3) 恐怖主义的主体是各种政治组织、民族团体、宗教狂热者等。所谓极端主义，是指为了达到个人或者小部分人的某些目的，而不惜一切后果地采取极端的、偏激的手段对公众或政府等公共机构进行威胁。极端主义一词常常与“三股势力”即宗教极端势力、民族分裂势力和国际恐怖势力联系在一起。“三股势力”各自的表现形式虽有所不同，但本质并无根本不同。因此，他们从一开始就是“你中有我，我中有你”。他们以宗教极端面目出现，以“民族独立”为幌子，一方面制造舆论，蛊惑人心，另一方面大搞暴力恐怖活动，破坏社会安定。煽动的本质就是教唆，煽动的对象并无限定，如是否达到刑事年龄、是否人数众多、是否产生实施恐怖活动的故意、是否实施了具体的恐怖活动行为等，均不影响煽动实施恐怖活动罪的认定。本罪客观方面表现为宣传、宣扬恐怖主义、极端主义、煽动实施恐怖活动的行为，宣传、煽动的方式并无限定，如可能是通过互联网发布相关的宣传煽动信息。本罪主体是一般主体。

• 适用指引 •

宣扬恐怖主义、极端主义、煽动实施恐怖活动罪是《刑法修正案（九）》针对近年来暴力恐怖犯罪出现的新情况、新特点，在总结同这类犯罪作斗争经验的基础上而增设的，体现了刑事法律对于严重危害公共安全的暴恐犯罪的适度提前介入。实践中，要注意本罪同组织、领导、参加恐怖组织罪的关系：恐怖组织的组织者、领导者和参加者实施了宣传、宣扬恐怖主义、极端主义或者煽动他人实施恐怖活动的，又构成宣扬恐怖主义、极端主义、煽动实施恐怖活动罪的，应当数罪并罚。

本罪属于选择性罪名，犯罪行为既包括宣扬恐怖主义、极端主义的内容，也包括煽动他人实施恐怖活动的行为。如果仅有宣传、宣扬恐怖主义、极端主义的行为表现的，应以宣扬恐怖主义、极端主义罪论处；如果同时还有煽动他人实施恐怖活动的，应以宣扬恐怖主义、极端主义、煽动实施恐怖活动罪论处，而无须数罪并罚，但应酌情适当从重处罚。

第一百二十条之四　利用极端主义破坏法律实施罪

【法律规定】

• 法律条文 •

《中华人民共和国刑法》

第一百二十条之四　利用极端主义煽动、胁迫群众破坏国家法律确立的婚姻、司法、教育、社会管理等制度实施的，处三年以下有期徒刑、拘役或者管制，并处罚金；情节严重的，处三年以上七年以下有期徒刑，并处罚金；情节特别严重的，处七年以上有期徒刑，并处罚金或者没收财产。

• 相关规定 •

《最高人民法院、最高人民检察院、公安部、司法部关于办理恐怖活动和极端主义犯罪案件适用法律若干问题的意见》（高检会〔2018〕1号）

为了依法惩治恐怖活动和极端主义犯罪，维护国家安全、社会稳定，保障人民群众生命财产安全，根据《中华人民共和国刑法》《中华人民共和国刑事诉讼法》《中华人民共和国反恐怖主义法》等法律规定，结合司法实践，制定本意见。

一、准确认定犯罪

（五）利用极端主义，实施下列行为之一的，依照刑法第一百二十条之四的规定，以利用极端主义破坏法律实施罪定罪处罚：

1. 煽动、胁迫群众以宗教仪式取代结婚、离婚登记，或者干涉婚姻自由的；

2. 煽动、胁迫群众破坏国家法律确立的司法制度实施的；

3. 煽动、胁迫群众干涉未成年人接受义务教育，或者破坏学校教育制度、国家教育考试制度等国家法律规定的教育制度的；

4. 煽动、胁迫群众抵制人民政府依法管理，或者阻碍国家机关工作人员依法执行职务的；

5. 煽动、胁迫群众损毁居民身份证、居民户口簿等国家法定证件以及人民币的；

6. 煽动、胁迫群众驱赶其他民族、有其他信仰的人员离开居住地，或者干涉他人生活和生产经营的；

7. 其他煽动、胁迫群众破坏国家法律制度实施的行为。

【学理分析及适用指引】

• 学理分析 •

利用极端主义煽动、胁迫破坏国家法律实施罪，是指利用极端主义煽动、胁迫群众破坏国家法律确立的婚姻、司法、教育、社会管理等制度实施的行为。本罪侵害的是国家法律所确立的一系列社会基本管理制度，典型的如婚姻制度、司法制度、教育制度等，如利用极端主义煽动他人拒绝接受国家义务教育，恐吓、胁迫他人及子女拒绝接受国家义务教育、拒绝服兵役等。本罪的实质是利用极端主义煽动、胁迫破坏国家法律实施，以企图控制他人并达到控制一定区域对抗国家法定的基层政权组织。本罪的手段既可能是暴力、威胁、恐吓等胁迫方式，也可能是引诱、劝说、唆使等煽动方式，既可以是威逼也可以是利诱。

• 适用指引 •

注意利用极端主义煽动、胁迫破坏国家法律实施罪与《刑法》第278条煽动暴力抗拒法律实施罪，第300条组织、利用会道门、邪教组织、利用迷信破坏法律实施罪的关系。这三个罪名均具备破坏国家法律实施的目的与后果，但行为手段、方式不同：本罪利用的是极端主义的思想、观念对群众进行煽动、恐吓、胁迫等，破坏的对象侧重的是国家法律确立的婚姻、司法、教育、社会管理等制度的顺利实施；煽动暴力抗拒法律实施罪强调的是“暴力抗拒”；组织、利用会道门、邪教组织、利用迷信破坏法律实施罪则要求利用的是会道门、邪教组织、封建迷信。

第一百二十条之五　强制穿戴宣扬恐怖主义、极端主义服饰、标志罪

【法律规定】

• 法律条文 •

《中华人民共和国刑法》

第一百二十条之五　以暴力、胁迫等方式强制他人在公共场所穿着、佩戴宣扬恐怖主义、极端主义服饰、标志的，处三年以下有期徒刑、拘役或者管制，并处罚金。

• 相关规定 •

《最高人民法院、最高人民检察院、公安部、司法部关于办理恐怖活动和极端主义犯罪案件适用法律若干问题的意见》（高检会〔2018〕1号）

为了依法惩治恐怖活动和极端主义犯罪，维护国家安全、社会稳定，保障人民群众生命财产安全，根据《中华人民共和国刑法》《中华人民共和国刑事诉讼法》《中华人民共和国反恐怖主义法》等法律规定，结合司法实践，制定本意见。

一、准确认定犯罪

（六）具有下列情形之一的，依照刑法第一百二十条之五的规定，以强制穿戴宣扬恐怖主义、极端主义服饰、标志罪定罪处罚：

1. 以暴力、胁迫等方式强制他人在公共场所穿着、佩戴宣扬恐怖主义、极端主义服饰的；

2. 以暴力、胁迫等方式强制他人在公共场所穿着、佩戴含有恐怖主义、极端主义的文字、符号、图形、口号、徽章的服饰、标志的；

3. 其他强制他人穿戴宣扬恐怖主义、极端主义服饰、标志的情形。

【学理分析及适用指引】

• 学理分析 •

强制他人穿着、佩戴宣扬恐怖、极端主义服饰、标志罪，是指以暴力、胁迫等方式强制他人在公共场所穿着、佩戴宣扬恐怖主义、极端主义服饰、标志的行为。本罪的客体不仅包括公共安全也包括他人的人身自由（如着装的自由）。本罪客观方面表现为以暴力、胁迫等方式强制他人在公共场所穿着、佩戴宣扬恐怖主义、极端主义服饰、标志的行为。如果没有使用暴力、胁迫、恐吓等强制手段而是劝说、引诱等方式，他人自愿在公共场所穿着、佩戴宣扬恐怖主义、极端主义服饰、标志的行为的，并不构成本罪，行为人可能与穿戴者构成《刑法》第 120 条之六“非法持有宣扬恐怖主义、极端主义物品罪”的共犯。本罪中的“宣扬恐怖主义、极端主义服饰、标志”包括但不限于含有暴力恐怖、极端思想内容的标识、标志物、旗帜、徽章、服饰、器物、纪念品等。本罪主观方面是故意，明知是宣扬恐怖主义、极端主义的服饰、标志而强制他人在公共场所穿着、佩戴。本罪主体是一般主体。

• 适用指引 •

构成强制他人穿着、佩戴宣扬恐怖、极端主义服饰、标志罪的时空条件是在公共场所，行为人借此向社会不特定的公众宣传宣扬恐怖主义、极端主义，制造恐怖气氛等。如果不是在公共场所穿戴这些服饰、标志的，并不构成本罪。另外。如果行为人自己在公共场所穿着、佩戴宣扬恐怖主义、极端主义服饰、标志的并不构成本罪，但可能构成《刑法》第 120 条之六的非法持有宣扬恐怖主义、极端主义物品罪。

第一百二十条之六　非法持有宣扬恐怖主义、极端主义物品罪

【法律规定】

• 法律条文 •

《中华人民共和国刑法》

第一百二十条之六　明知是宣扬恐怖主义、极端主义的图书、音频视频资料或者其他物品而非法持有，情节严重的，处三年以下有期徒刑、拘役或者管制，并处或者单处罚金。

• 相关规定 •

《最高人民法院、最高人民检察院、公安部、司法部关于办理恐怖活动和极端主义犯罪案件适用法律若干问题的意见》（高检会〔2018〕1号）

为了依法惩治恐怖活动和极端主义犯罪，维护国家安全、社会稳定，保障人民群众生命财产安全，根据《中华人民共和国刑法》《中华人民共和国刑事诉讼法》《中华人民共和国反恐怖主义法》等法律规定，结合司法实践，制定本意见。

一、准确认定犯罪

（七）明知是载有宣扬恐怖主义、极端主义内容的图书、报刊、文稿、图片、音频视频资料、服饰、标志或者其他物品而非法持有，达到下列数量标准之一的，依照刑法第一百二十条之六的规定，以非法持有宣扬恐怖主义、极端主义物品罪定罪处罚：

1. 图书、刊物二十册以上，或者电子图书、刊物五册以上的；
2. 报纸一百份（张）以上，或者电子报纸二十份（张）以上的；
3. 文稿、图片一百篇（张）以上，或者电子文稿、图片十篇（张）以上，或者电子文档五十万字符以上的；
4. 录音带、录像带等音像制品二十个以上，或者电子音频视频资料五个以上，或者电子音频视频资料二十分钟以上的；
5. 服饰、标志二十件以上的。

非法持有宣扬恐怖主义、极端主义的物品，虽未达到前款规定的数量标准，但具有多次持有，持有多类物品，造成严重后果或者恶劣社会影响，曾因实施恐怖活动、极端主义违法犯罪被追究刑事责任或者二年内受过行政处罚等情形之一的，也可以定罪处罚。

多次非法持有宣扬恐怖主义、极端主义的物品，未经处理的数量应当累计计算。非法持有宣扬恐怖主义、极端主义的物品涉及不同种类或者形式的，可以根据本条规定的不同数量标准的相应比例折算后累计计算。

非法持有宣扬恐怖主义、极端主义物品罪主观故意中的“明知”，应当根据案件具体情况，以行为人实施的客观行为为基础，结合其一贯表现，具体行为、程度、手段、事后态度，以及年龄、认知和受教育程度、所从事的职业等综合审查判断。

具有下列情形之一，行为人不能作出合理解释的，可以认定其“明知”，但有证据证明确属被蒙骗的除外：

1. 曾因实施恐怖活动、极端主义违法犯罪被追究刑事责任，或者二年内受过行政处罚，或者被责令改正后又实施的；

2. 在执法人员检查时，有逃跑、丢弃携带物品或者逃避、抗拒检查等行为，在其携带、藏匿或者丢弃的物品中查获宣扬恐怖主义、极端主义的物品的；

3. 采用伪装、隐匿、暗语、手势、代号等隐蔽方式制作、散发、持有宣扬恐怖主义、极端主义的物品的；

4. 以虚假身份、地址或者其他虚假方式办理托运，寄递手续，在托运、寄递的物品中查获宣扬恐怖主义、极端主义的物品的；

5. 有其他证据足以证明行为人应当知道的情形。

（八）犯刑法第一百二十条规定的犯罪，同时构成刑法第一百二十条之一至之六规定的犯罪的，依照处罚较重的规定定罪处罚。

犯刑法第一百二十条之一至之六规定的犯罪，同时构成其他犯罪的，依照处罚较重的规定定罪处罚。

【案例】

图某某非法持有宣扬恐怖主义、极端主义物品案①

• 案件事实 •

被告人阿某某、图某某、吾某某在长安大学学习期间，多次组织宗教学习交流活动并共同在校外租房。

2016 年 7 月 20 日 10 时许，公安机关接举报称有人在本市未央区某小区 × 号楼 1 × × × 室非法持有宣扬恐怖主义、极端主义物品。公安机关于当日抓获被告人阿某某，并在上述住处搜查到 iPadmini2 1 台、黑色三星移动硬盘 1 个、

① 参见陕西省西安市中级人民法院（2018）陕 01 刑终 857 号。

维文书籍5本等物品，均予扣押。公安机关当场使用暴恐查缉工具，从阿某某持有的iPadmini2、黑色三星移动硬盘中检测出可疑暴恐音视频文件。经勘验，检出暴力恐怖电子书文件13个。

2016年7月23日19时许，公安机关将被告人图某某抓获。并于当日对其位于西安市某大学南校区×号楼2××室的住处进行搜查，搜查到驰为平板电脑1台及内存卡1个、黑色联想移动硬盘1个等物品，均予扣押。公安机关当场使用暴恐查缉工具，从图某某持有的驰为平板电脑及SD卡、黑色联想移动硬盘中检出可疑暴恐音视频文件。经勘验，检出暴力恐怖音频文件640个、暴力恐怖视频文件93个、暴力恐怖电子书文件22个。

2016年7月28日，公安机关将被告人吾某某抓获。同月31日，公安机关对其位于某大学南校区×号楼×××室的住处进行搜查，搜查到“中国工商银行”字样卡片式U盘（16G）1个、维文书籍两本等物品，均予扣押。公安机关当场使用暴恐查缉工具，从吾某某持有的蓝色卡片式U盘中检出可疑暴恐音视频文件。经勘验，检出暴力恐怖音频文件36个、暴力恐怖视频文件6个。另查明，被告人吾某某于2016年6月，将一个白绿相间索爱牌MP3交于帕某某保管，公安机关使用暴恐查缉工具，从该MP3中检测出可疑暴恐音视频文件。经勘验，检出暴力恐怖音频文件42个。

• 裁判要旨 •

非法持有宣扬恐怖主义、极端主义物品罪的适用。

• 裁判理由 •

法院认为，上诉人阿某某、原审被告人图某某、吾某某提明知是宣扬恐怖主义的电子图书、音频视频资料而非法持有，情节严重，其行为均已构成非法持有宣扬恐怖主义物品罪。对上诉人阿某某及其辩护人所提一审判决认定事实不清，证据不足，阿某某对在其设备中所鉴定出的非法文件并不明知，同时也不排除他人使用过此设备后遗留在内，因此阿某某不构成犯罪之上诉理由、辩护意见，经对阿某某处查扣涉案移动硬盘、iPadmini2中的文件进行查看，显示其中文件分类清晰，分别将音频、视频、电子书置于不同文件夹，显然是经过整理，而阿某某在宗教学习活动方面表现活跃，其对合法的宗教知识和恐怖主义内容有认知辨别能力，阿某某对其所持暴恐文件显系明知，而该硬盘、iPadmini2属阿某某所有，即使他人使用也没有理由将违法电子书专门存入阿某某所设定的电子书文件夹内，认定阿某某犯罪事实的证据不仅有其供述，还有搜查笔录、现场勘查笔录、电子物证勘验报告及查获在案的移动硬盘、iPadmini2等在案佐证，足以定案，故该上诉理由、辩护意见均不能成立。对阿某某所提一审判决适用法律不当，非法持有宣扬恐怖主义物品罪只有在情节严重的情况下才构成犯罪，他所持有设备内仅检出13本非法电子书，数量少，且未被传播、打印成册等，不应当认定为情节严重之上诉理由，经查，非法持有宣扬恐怖主义物品罪并未要求将非法电子书传播、打印成册才构成犯罪，而涉案非法电子书达13本，已属情节严重，依法应予惩处，故该上诉理由不能成立。原审判决认定事实和适用法律正确，量刑适当。审判程序合法。依照《刑事诉讼法》第236条第1款第1项之规定，裁定如下：驳回上诉，维持原判。

【学理分析及适用指引】

● 学理分析 ●

非法持有宣扬恐怖主义、极端主义物品罪，是指明知是宣扬恐怖主义、极端主义的图书、音频视频资料或者其他物品而非法持有，情节严重的。此处的"持有"是指占有、携有、藏有或者其他方式持有宣扬恐怖主义、极端主义物品的行为。持有行为的本质在于行为人对宣扬恐怖主义、极端主义物品的实际支配和控制，至于是随时随身携带的直接持有还是存放在他处的间接持有、持有时间的长短等，原则上并不影响持有的成立。因此，行为人违反国家法律和国家主管部门的规定，不管持有的宣扬恐怖主义、极端主义物品是自己的，还是代为他人保管的，也不问其来源出处，是自己购买、拾得、非法占有或者祖辈遗留的等，都不影响非法持有宣扬恐怖主义、极端主义物品罪的成立。本罪的对象——宣扬恐怖主义、极端主义物品，包括宣扬恐怖主义、极端主义的图书、音频视频资料、传单、标语或者其他有宣传作用的物品等，物品形式如何不影响本罪的认定，任何宣扬恐怖主义、极端主义载体均属于本罪的对象。本罪主观上是故意，要求明知是宣扬恐怖主义、极端主义物品而非法持有。

● 适用指引 ●

在司法实践中，认定本条规定的罪名时应注意：

1. 持有宣扬恐怖主义、极端主义物品的罪与非罪问题。主要是涉及持有宣扬恐怖主义、极端主义物品的数量、行为人主观是否明知等问题。对此，应参考最高人民法院、最高人民检察院、公安部、司法部2018年5月8日联合印发的《关于办理恐怖活动和极端主义犯罪案件适用法律若干问题的意见》办理。

2. 持有宣扬恐怖主义、极端主义物品罪与其他恐怖活动犯罪的关系。作为《刑法修正案（九）》所增设的非法持有型的犯罪之一，同其他非法持有型的犯罪一样，其单独定罪的原理是无法查明这些宣扬恐怖主义、极端主义的图书、音频视频资料或者其他物品来龙去脉，或者虽然查清但来龙去脉本身并不构成犯罪的，此时为了不放纵这种严重危害社会公众安全的违禁品犯罪行为，设置了一个兜底性的罪名——非法持有宣扬恐怖主义、极端主义物品罪。如果能查明这些违禁品的来源与用途，且来源与去向、用途已经构成犯罪，则不再定本罪。如宣扬恐怖主义、极端主义的图书、音频视频资料或者其他物品是行为人为了宣传、宣扬恐怖主义、极端主义的，则直接以《刑法》第120条之三的宣扬恐怖主义、极端主义罪论处。

第一百二十一条　劫持航空器罪

【法律规定】

• 法律条文 •

《中华人民共和国刑法》

第一百二十一条　以暴力、胁迫或者其他方法劫持航空器的，处十年以上有期徒刑或者无期徒刑；致人重伤、死亡或者使航空器遭受严重破坏的，处死刑。

【案例】

孙宪禄劫持航空器案①

• 案件事实 •

1993年7月至11月，孙宪禄在生病住院治疗期间，萌生劫持飞机去台湾地区的歹念。同年11月26日购得天津至上海的机票一张。11月28日，孙宪禄将火药200余克及引燃线装进塑料袋，用白纱布包扎在头部，于当日14时许，登上中国国际航空公司波音737B－2581号1523次航班飞机。飞机起飞后，于15时30分左右，孙宪禄利用上厕所之机，将火药从头部取下扎在腹部，随后窜至飞机后舱，左手握住捆有火柴棒的引燃线，右手持火柴盒，并露出腹部的火药，胁迫机组人员将飞机飞往我国台湾地区，并对机组人员说："我的炸药是真的，要是不去，我马上就炸飞机。"经机组人员与之周旋，飞机在南京机场紧急降落，被告人孙宪禄被当场抓获。

• 裁判要旨 •

着手实施劫持行为后并已经实际控制了该航空器的，构成劫持航空器罪的

---

① 参见《中华人民共和国最高人民法院公报》1994年第1期。

犯罪既遂。

• 裁判理由 •

江苏省南京市人民检察院指控称被告人孙宪禄以引爆火药的胁迫手段劫持航空器，情节严重，其行为触犯了《全国人民代表大会常务委员会关于惩治劫持航空器犯罪分子的决定》的规定，构成劫持航空器罪。

被告人孙宪禄认为，自己劫机去我国台湾地区的动机是“治病、学习、当兵或是赚钱”。被告人孙宪禄的辩护人认为被告劫机的目的和动机朴素、简单、近乎幼稚；作案手段粗疏，不可能造成机毁人亡的后果，从作案的准备看，被告没有作过周密安排和考虑，对劫机开始控制有效部位、火药的燃爆效力等均无考虑。劫机后被告人明确告诉机组人员仅一个人来劫机，只要将他偷偷摸摸送到我国台湾地区即可，他不想炸机。在飞机降落在南京机场后，机组人员征得他同意后，将旅客全部疏散下飞机，更是自动中止了对旅客生命健康的威胁，减轻了劫机可能造成的危害，被告人的主观恶意较轻。

江苏省南京市中级人民法院经审理认为：被告人孙宪禄有预谋、有准备，并以引爆火药的胁迫手段劫持航空器，其行为已构成劫持航空器罪。江苏省南京市人民检察院指控被告人孙宪禄犯劫持航空器罪，事实清楚，证据确凿，定性准确，应予采纳。辩护人提出被告人孙宪禄犯罪动机简单，后果尚不严重，亦未造成人员重伤或死亡，情节不属特别严重的辩护观点亦符合事实，应予采纳。

江苏省南京市中级人民法院根据《全国人民代表大会常务委员会关于惩治劫持航空器犯罪分子的决定》和《刑法》第 53 条第 1 款，作出如下判决：孙宪禄犯劫持航空器罪，判处无期徒刑，剥夺政治权利终身。

【学理分析及适用指引】

• 学理分析 •

1. 劫持航空器罪的构成。劫持航空器罪，是指以暴力、胁迫或者其他方法劫持航空器的行为。本罪的构成要件如下：

（1）本罪的客体。本罪侵犯的客体是航空运输安全，即不特定多数旅客和机组人员的生命、健康、运载物品和航空器的安全，以及地面上的人身和财产安全。

（2）本罪的客观方面。客观方面表现为以暴力、胁迫或者其他方法劫持航空器的行为。“暴力”，是指对航空器上的人员，特别是驾驶人员、机组人员，实施殴打、伤害等行为，迫使航空器改变航向或者行为人自己驾驶航空器。“胁迫”，是指对航空器上的人员施以精神恐吓或者以暴力相威胁，使驾驶、操纵人员不敢反抗，服从犯罪分子的指挥或者由其亲自驾驶航空器。“其他方法”，是指上述暴力、胁迫以外的任何劫持方法，如麻醉驾驶人员等方法。“劫持”，是指犯罪分子以上述方法按照自己的意志强行控制航空器的行为。

（3）本罪的主体。本罪的主体为一般主体。

（4）本罪的主观方面。主观方面由直接故意构成。不论行为人出于什么目的、动机劫持航空器，都不影响本罪的成立。这是有关国际公约确认并为包括我国在内的所有缔约国承诺的。因此，对于那些以“政治避难”为名劫持航空器的，也应当依法定罪处罚。

2. 本罪既遂与未遂的标准。关于劫持航空器罪既遂与未遂的标准，刑法学界存在着不同观点，包括“着手说”“目的说”“离境说”以及“控制说”等。我们赞成控制说。主要原因在于：

（1）控制说符合我国国内立法精神。从《刑法》第 121 条规定来看，本罪罪状是：“以暴力、胁迫或者其他方法劫持航空器的……”从条文的表述来看，只要劫持航空器的行为达到一定的程度，犯罪即告完成。本罪中危害行为的危害性大小与行为的实施程度有关，将航空器强行控制后比刚开始着手实施劫持航空器行为时对航空运输管理秩序以及航空运输安全的破坏和危害显然要大得多，将航空器控制之后，即便出现航空器受到严重损害或者人员伤亡的后果，也只是本罪的结果加重犯，已经不是本罪的构成要件，当然不能作为本罪的既遂标准。

（2）国际公约亦采取控制说。《海牙公约》第 1 条明确规定：在飞行中的航空器内的任何人，如果用暴力或用暴力威胁，或采用任何其他恐吓方式，非法劫持或控制该航空器，或企图采取任何这种行为，或是犯有或企图犯有任何这种行为的人的从犯，都是犯了作为公约的对象的犯罪。犯罪分子在着手实施劫持行为，并已达到非法劫持或控制该航空器的程度，就具备了犯罪构成的全部要件，应是劫持航空器罪的犯罪既遂；如果犯罪分子在着手实施劫持行为后，因其意志以外的原因未能达到非法劫持或控制该航空器的程度，就应认定为未完成犯罪而构成本罪的未遂。

（3）控制说更能反映劫持航空器罪的本质特征。犯罪分子一旦实施了劫持行为，并实际控制了被劫持的航空器，就对该航空器以及旅客生命、财产安全以及公共安全造成了实际的威胁或破坏，这也正是劫持航空器罪的本质特征所在。因此，将犯罪人实际控制该航空器作为犯罪既遂的标准是合适的。

• 适用指引 •

司法实践中，认定本罪应注意：

1. 劫持航空器罪的一罪与数罪的界限。在劫持航空器的犯罪过程中，往往同时发生杀人、伤害和毁坏财物等犯罪行为，那么，行为人是成立劫持航空器罪一罪，还是成立数罪？解决这个问题应当具体问题具体处理。如果行为人

为了达到劫持航空器的目的而使用暴力手段，杀害或者伤害他人、毁坏财物的，应按照处理牵连犯的处罚原则，择一重罪处罚，应以劫持航空器罪论处。如果行为人已经劫持了航空器，但为了达到其他犯罪目的而实施杀人、伤害或者毁坏财物等行为的，则应以劫持航空器罪与故意杀人罪、故意伤害罪或者故意毁坏财物罪实行数罪并罚。

2. 劫持航空器罪与暴力危及飞行安全罪的界限。本罪与暴力危及飞行安全罪都是在飞行中的航空器内实施的，都针对航空器上的人员使用了暴力，都危及了航空器的飞行安全，二罪的主要区别是：

（1）主观目的不同。劫持航空器罪的主体具有劫持航空器的目的，而暴力危及飞行安全罪的主体则无此目的。

（2）客观行为表现不尽相同。暴力危及飞行安全罪仅限于暴力手段，而劫持航空器罪则包括暴力、胁迫和其他方法。

（3）行为对象也有所不同。暴力危及飞行安全罪的“暴力”只针对航空器上的人员，而劫持航空器罪的“暴力”既可针对航空器上的人员，也针对航空器本身。

对于以劫持航空器为目的的暴力行为，若同时构成暴力危及飞行安全罪的，应择一重罪，即劫持航空器罪论处。

3. 劫持航空器罪与破坏交通工具罪的界限。交通工具中包括航空器，当行为对象均为航空器，并使航空器遭到破坏时，区分两罪主要看两个方面：

（1）犯罪目的。本罪的犯罪目的是按照自己的意志，强行控制航空器；而破坏交通工具罪的犯罪目的是要将航空器本身加以毁坏。

（2）行为的表现。本罪是使用暴力、胁迫或其他方法劫持航空器；而破坏交通工具罪则是用一定的方法将航空器毁坏。因此，在劫持航空器过程中使航空器遭到破坏，即使具有使航空器倾覆、毁坏危险的，也只能以本罪论处，不能实行并罚。如果行为人通过破坏航空器的方法来劫持航空器，这符合想象竞合犯的特征，既触犯破坏交通工具罪，又触犯劫持航空器罪，应按从一重原则处断，即劫持航空器罪。

第一百二十二条　劫持船只、汽车罪

【法律规定】

• 法律条文 •

《中华人民共和国刑法》

第一百二十二条　以暴力、胁迫或者其他方法劫持船只、汽车的，处五年以上十年以下有期徒刑；造成严重后果的，处十年以上有期徒刑或者无期徒刑。

【案例一】

胡峰劫持汽车案①

• 案件事实 •

2005年4月5日晚9时许，胡峰与妻子陈某及朋友夏某、蒋某4人饮酒后到镇江市一KTV练歌房222包厢饮酒唱歌。10时许，夏某、蒋某相继离开。后胡峰与陈某在包厢内发生争执并砸坏包厢门玻璃和酒瓶等物品。其后胡峰手持一空啤酒瓶并用胳膊挟持陈某至练歌房大门口，打开停在门口待客的一辆出租车后门，将陈某推进车内，然后自己上车让驾驶员王某将车驶离现场。王某正欲驾车离开时，KTV练歌房经理上前阻拦并告知已报警，王某遂将车熄火并下车站在驾驶室门外，并欲拔去出租车钥匙。此时，胡峰下车手持空啤酒瓶绕过车头冲向王某，并用啤酒瓶向王某砸去，王某因害怕受伤而退后几步，胡峰见未砸中王某，便乘机坐进出租车驾驶室，经多次发动后将车快速驶离现场。后胡峰驾车在镇江市长江路撞上路边大树，致车身从中间一分为二断成两截，陈某被甩出车外，当场死亡。出租车严重毁损，经估价损失为5.9万元。后交警部门出具交通事故责任认定书，认定胡峰因酒后驾驶发生交通事故，应负事故的全部责任。

• 裁判要旨 •

以暴力方法劫持正在营运的出租汽车且酒后高速驾驶的行为构成劫持汽车罪。

• 裁判理由 •

本案争议的焦点是：被告人胡峰的行为是构成劫持汽车罪，还是构成交通肇事罪。一审法院审理后认为：被告人胡峰以暴力方法劫持正在营运的出租汽车，酒后高速驾驶，足以危害公共安全，并造成一人死亡、车辆毁损的严重后果，其行为已构成劫持汽车罪，依法应予以惩处。

2005年10月26日，镇江市润州区人民法院判决如下：一、被告人胡峰犯劫持汽车罪，判处有期徒刑十二年零六个月。二、被告人胡峰于判决生效后10日内赔偿附带民事诉讼原告人陈某、严某娣死亡赔偿金共计人民币139760

---

① 参见江苏省镇江市中级人民法院（2005）镇刑一终字第72号。

元。三、驳回附带民事诉讼原告人陈某、严某娣的其他诉讼请求。

一审宣判后，被告人胡峰不服，以其行为不构成劫持汽车罪，而应构成交通肇事罪为由向镇江市中级人民法院提出上诉。

江苏省镇江市中级人民法院经审理认为：上诉人胡峰酒后闹事，先是在歌舞厅里摔砸酒瓶，后手持一啤酒瓶挟妻子离开歌舞厅，将停在歌舞厅门口的出租车后门打开，殴打妻子，当歌舞厅工作人员以报警为由将出租车拦下后，其手持酒瓶恐吓司机开车，后司机被迫下车，其亦下车并手持酒瓶威胁正准备拔汽车钥匙的司机，司机又被迫后退，胡峰则自己坐进驾驶室将出租车开走，并造成车毁人亡的严重后果。显然，上诉人胡峰的行为不是过失行为，而是故意行为，不符合交通肇事罪的特征。

上诉人胡峰采用暴力相威胁的方法，以自己的意愿控制正在用于营运的出租车并改变了汽车的合法用途，高速驾驶，足以危害公共安全，且造成汽车断成两截，妻子陈某死亡的严重后果，其行为符合劫持汽车罪的特征，构成劫持汽车罪。原审判决认定事实清楚，适用法律正确，量刑适当，应予维持。上诉人胡峰的辩解与事实和证据不符，不予采纳。

2005 年 12 月 9 日，镇江市中级人民法院依照《刑事诉讼法》第 189 条第 1 项之规定，裁定如下：驳回上诉，维持原判。

【案例二】

陈志故意杀人、劫持汽车案①

• 案件事实 •

2011 年 8 月 3 日 20 时许，被告人陈志与被害人王志航在江苏省江都区邵伯镇“飞毛腿食坊”103 包厢吃饭。喝酒期间，二人因积怨发生争吵。陈志持随身携带的单刃折叠刀捅刺被王志航数刀。服务员见状呼喊，陈志持刀追至饭店门口殴打服务员。随后，陈志又返回 103 包厢继续捅刺王志航，致王志航左心室破裂、急性心包填塞合并大出血死亡。之后，陈志闯入 104 包厢，持刀威胁在此就餐的被害人王修峰拨打“120”电话。被人劝说离开后，陈志到店外追赶并威胁正在打电话报警的店主何运菊。当王修峰准备驾驶牌号为苏 K93 × × × 轿车离开时，陈志闯入车内，持刀胁迫王修峰将其送走。途中，陈志自行驾驶该车。当行至扬溧高速公路润扬大桥收费站时，王修峰跳车逃跑并向民警呼救。陈志随即掉转车头沿高速公路逆向行驶，在距收费站 500 米处与其他车辆

---

① 参见中华人民共和国最高人民法院刑事审判第一、二、三、四、五庭主办：《刑事审判参考》（总第 92 集），法律出版社 2014 年版。

发生碰擦，最终撞上高速公路的中间护栏后，陈志遂弃车逃离。

• 裁判要旨 •

杀人后持刀胁迫车主驾车带其逃离现场，没有非法占有汽车的目的，其劫车逃跑的行为应构成劫持汽车罪，而不构成抢劫罪。

• 裁判理由 •

江苏省扬州市中级人民法院认为，被告人陈志故意非法剥夺他人生命，致被害人王志航死亡，其行为构成故意杀人罪；在实施故意杀人犯罪后，陈志持刀劫持汽车逃跑，其行为构成劫持汽车罪，依法应当数罪并罚。陈志为泄愤而持刀捅刺王志航十余刀，犯罪手段残忍，罪行极其严重；陈志多次被判刑，屡教不改，主观恶性较深，杀人后又劫持汽车在高速公路上逃窜并发生事故，人身危险性及社会危害性极大，依法应当判处死刑。据此，依照《刑法》第232条、第122条、第61条、第48条第1款、第56条第1款、第57条第1款、第69条第1款及第64条之规定，江苏省扬州市中级人民法院判决被告人陈志犯故意杀人罪，判处死刑，剥夺政治权利终身；犯劫持汽车罪，判处有期徒刑八年；决定执行死刑，剥夺政治权利终身。

一审宣判后，被告人陈志不服，提出上诉，并基于以下理由提请法庭对其从轻处罚：其不是劫持汽车，而是让被害人王修峰开车送其离开；其系酒后失控间接故意杀人，被害人死亡与医护人员抢救不及时有关；其归案后认罪态度较好，愿意补偿被害人家属。陈志的辩护人还提出被害人有过错的辩护意见。江苏省高级人民法院经审理认为，一审认定的事实清楚，证据确实、充分，定罪准确。上诉人陈志故意杀人犯罪手段特别残忍，情节特别恶劣，后果特别严重，其归案后虽然如实供述犯罪事实，但根据其罪行，不足以对其从轻处罚。陈志提出的相关上诉理由及辩护人所提辩护意见不能成立，不予采纳，遂裁定驳回上诉，维持原判，并依法报请最高人民法院核准。

最高人民法院经复核认为，被告人陈志故意非法剥夺他人生命，并于杀人后持刀劫持汽车逃跑，其行为构成故意杀人罪、劫持汽车罪，依法应当数罪并罚。陈志先后两次持刀捅刺被害人达十余刀，致被害人死亡，犯罪手段特别残忍，后果严重，所犯故意杀人罪罪行极其严重。陈志杀人后劫持汽车在高速公路上逃窜并发生事故，且曾三次因犯寻衅滋事罪被判刑，主观恶性极深，人身危险性及社会危害性极大，依法应当严惩。一审判决、二审裁定认定的事实清楚，证据确实、充分，定罪准确，量刑适当，审判程序合法。据此，依照《刑事诉讼法》第235条、第239条和《最高人民法院关于适用（中华人民共和国刑事诉讼法）的解释》第350条第1项之规定，裁定核准江苏省高级人民法院维持第一审以故意杀人罪判处被告人陈志死刑，剥夺政治权利终身；以劫持汽车罪，判处有期徒刑八年；决定执行死刑，剥夺政治权利终身的刑事裁定。

【学理分析及适用指引】

•　学理分析　•

劫持船只、汽车罪，是指以暴力、胁迫或者其他方法劫持船只、汽车的行为。本罪的构成要件如下：

1. 本罪的客体。本罪侵犯的客体是公共安全，主要是指船只、汽车的交通运输安全和不特定多数旅客的生命、健康及财产安全。本罪的犯罪对象只能是船只、汽车。船只、汽车是大型的现代化交通运输工具，与公共安全联系密切，劫持这类交通工具，就有可能危害船只、汽车的交通运输安全和不特定多数旅客的生命、健康及财产安全，造成人员伤亡和财产毁损。

本罪侵犯的对象，是船只、汽车。船只有机动船和非机动船。此处所说的船只应理解为机动船，非机动的木帆船、牛皮划等小船遭受侵犯虽也可造成损失，但一般不致危害公共安全。

2. 本罪的客观方面。本罪在客观方面表现为以暴力、胁迫或者其他方法劫持船只、汽车的行为。暴力，是指对船只、汽车上的人员，特别是驾驶人员、售票人员，实施捆绑、殴打、伤害等行为，迫使船只、汽车改变方向或自己亲自控制。胁迫，是对乘务人员施以精神恐吓和强制，如以车、船相威胁，使驾驶、操纵人员不敢反抗，听凭其指挥或自己亲自操纵驾驶。其他方法是指除上述暴力、胁迫方法以外的其他任何劫持方法，如使用麻醉品将驾驶人员致醉、致昏等，使驾驶人员处于不能反抗或不知反抗的状态，从而达到劫持船只、汽车的目的。此处的劫持，是指犯罪分子以上述手段按照自己的意志强行控制船只、汽车的行为。

劫持船只、汽车罪是行为犯，不是结果犯。只要行为人实施了以暴力、胁迫或者其他方法劫持船只、汽车的行为，即构成本罪既遂，而不论其犯罪目的是否实现。

3. 本罪的主体。本罪的主体为一般主体。凡达到刑事责任年龄，具备刑事责任能力的自然人均可构成。既可以由中国人构成，也可以由外国人或无国籍人构成。例如，外国人劫持船只、汽车进入中国境内，也构成劫持船只、汽车罪。

4. 本罪的主观方面。本罪在主观方面表现为故意犯罪，但对犯罪目的没有要求，行为人劫持汽车、船只，不论出于何种目的，都不影响本罪的成立。

•　适用指引　•

司法实践中，认定本罪应注意：

1. 罪与非罪的界限。司法实践中，在认定某种行为是否构成劫持船只、汽车罪时，主要应把握该行为是否具有相当严重的社会危害性，是否具备本条规定的劫持船只、汽车罪的构成要件。如果行为人没有使用暴力、胁迫和其他方法，或者没有劫持船只、汽车，或者劫持的不是船只、汽车的，都不构成本罪。司法实践中，特别要注意把劫持船只、汽车罪同正当的执行公务行为、紧急避险行为等区别开来。

2. 本罪与以汽车、船只为破坏对象的破坏交通工具罪的界限。劫持船只、汽车罪与以汽车、船只为破坏对象的破坏交通工具罪都是故意犯罪，侵犯的客体都是交通运输安全，但有明显区别：（1）犯罪客观方面不同。劫持船只、汽车罪的行为人通常采取暴力、胁迫或者其他方法劫持船只、汽车，且一般是在船只、汽车内公然实施的；破坏交通工具罪的行为人通常是采取盗窃、爆炸等手段破坏船只、汽车等交通工具，一般容易导致船只、汽车等交通工具的倾覆或者毁坏，且多是秘密实施的。（2）犯罪主观方面不同。劫持船只、汽车罪的行为人也可能对船只、汽车进行破坏，但其犯罪目的不是为了使船只、汽车发生倾覆或毁坏危险，而是为了劫夺和控制船只、汽车；以汽车、船只为破坏对象的破坏交通工具罪的行为人是通过破坏船只、汽车等交通工具而使船只、汽车等交通工具倾覆或毁坏。

3. 区分本罪与以汽车、船只为抢劫标的的抢劫罪。二者都是使用暴力、胁迫或其他方法，行为标的似乎都是汽车或船只。其主要区别点在于：（1）犯罪所侵犯的直接客体不同。本罪所侵犯的直接客体是车船行驶、航行安全；后罪所侵犯的直接客体却是他人人身权利及国家、集体、他人的合法财产权利。（2）主观目的完全不同。本罪的行为意在控制船只、汽车使其按自己的意图行驶；而抢劫罪的目的在于非法占有财物。（3）行为目标不同。本罪行为目标须是“正在行驶或使用中”的车船；后罪的行为目标，却多为非行驶中的车船。（4）在客观方面表现不完全相同。本罪由于意在控制船只、汽车，一旦达到其目的，往往会离船、离车而去，或者将所劫船只、汽车予以毁坏；而抢劫罪由于意在占有所劫之物，通常会在一段时间继续使用或出卖所劫船只、汽车。

4. 区分本罪的既遂与未遂。从犯罪的既遂规定上看，本罪属行为犯，即刑法上不问劫持行为后果怎样，更不问所劫持车、船是否真的为劫持人所控制，只要实施了上述法定劫持行为之一，即成立本罪既遂。至于行为是否“造成严重后果”，对本罪而言，只是量刑情节而非定罪情节。即行为是否导致严重后果，都成立本罪既遂，不同的是，对有行为但尚未导致严重后果者，应按本条所规定的一般量刑幅度裁量刑罚；而行为“造成严重后果”者，属情节加重犯，应根据本条所规定的更重的量刑幅度量刑。

5. 本罪与其他罪名的牵连。在认定本罪时还要注意行为人在实施本罪罪行时可能牵连其他犯罪。例如，国家机关工作人员在履行公务期间，擅离岗位并劫持车船叛逃境外的，行为人的行为即触犯了本罪与第109条所规定的叛逃罪两个罪名，但由于实施本罪行为仅仅是行为人叛逃出外的手段，叛逃至境外才是目的，二行为之间有着手段行为与目的行为间的牵连关系，因而此种情况，应按牵连犯的“从一重处断”原则对行为人择重定罪判刑。

第一百二十三条　暴力危及飞行安全罪

【法律规定】

• 法律条文 •

《中华人民共和国刑法》

第一百二十三条　对飞行中的航空器上的人员使用暴力，危及飞行安全，尚未造成严重后果的，处五年以下有期徒刑或者拘役；造成严重后果的，处五年以上有期徒刑。

【学理分析及适用指引】

• 学理分析 •

暴力危及飞行安全罪，是指对飞行中的航空器上的人员使用暴力，危及飞行安全的行为。本罪的构成要件如下：

1. 本罪的客体。本罪侵犯的客体是航空飞行安全，即不特定多数旅客和机组人员的生命、健康安全，运载物品和航空器的安全，以及地面上的人员和财产的安全。

2. 本罪的客观方面。本罪在客观方面表现为对飞行中的航空器上的人员使用暴力，危及飞行安全的行为。根据有关国际公约的规定，“飞行中”是指航空器从装载完毕，机舱外部各门均已关闭时起，直至打开任何一机舱门以便卸载时为止。航空器强迫降落时，在主管当局接管对该航空器及其所载人员和财产的责任前，应当被认为仍在飞行中。“使用暴力”，是指对飞行中的航空器上的人员使用暴力，包括对机组人员、乘客。本罪属于行为犯，只要行为人对航空器上的人员使用了暴力，危及飞行安全的，就构成本罪，而不论是否发生了严重后果。

3. 本罪的主体。犯罪主体为一般主体，中国人、外国人或者无国籍人均可构成本罪的主体。

4. 本罪的主观方面。主观方面由直接故意构成。

• 适用指引 •

司法实践中，认定本罪应注意：

1. 本罪的罪与非罪界限。认定暴力危及飞行安全罪时，必须要把握该行为是否具有相当严重的社会危害性，是否具有本罪的构成要件，是否危害或足以危害飞行安全。如果行为人对正在飞行中的航空器上的人员使用的不是暴力行为而是胁迫或其他行为；或者行为人不是对正在飞行中的航空器上的人员使用暴力，而是对停机待用的航空器上的人员使用暴力；或者行为人是对正在飞行中的航空器上的人员使用暴力，但不足以危及飞行安全的，则均不构成本罪。为了制止飞行中的航空器上正在进行的不法侵害行为如劫持航空器的犯罪行为等，行使正当防卫权利的，即使是对不法侵害行为人使用暴力，且有可能危及飞行安全的，也不构成本罪。

2. 本罪与故意杀人罪和故意伤害罪的想象竞合。本罪针对的主要是正在飞行中的飞机，而且侵害的对象是机上人员。该暴力行为是否应当包含杀害和重伤害，这在理论上也存在着争议。因为本罪造成严重后果的法定刑也只是十五年有期徒刑。从立法规定来看，该暴力行为不包含杀害和重伤害，而且设立本罪的目的在于遏制在航行中的航空器上对他人使用一般暴力危及飞行安全的行为，侧重的是公共安全，而以杀害和重伤害为内容的暴力，在立法上已经有故意杀人罪和故意伤害罪。实践中出现此种情形应当实行从一重罪从重处罚，因为其属于想象竞合犯。

3. 本罪与劫持航空器罪的界限。劫持航空器具有控制飞机、支配航行线路的意图，而暴力危及飞行安全没有这样的意图，仅仅是在飞行中航空器上有暴力行为，如喝多酒闹事，影响飞行安全的情况下，可以定本罪。

4. 本罪与破坏交通工具罪的界限。本罪和破坏交通工具罪都是故意犯罪，并且都有可能危及飞行安全，但区别是明显的：（1）犯罪对象不同。本罪的犯罪对象为航空器上的人员，包括机组人员、乘客和其他任何人员；破坏交通工具罪的犯罪对象为交通工具本身，如破坏航空器的发动机等。（2）犯罪客观方面不同。本罪是对正在飞行中的航空器上的人员使用暴力；破坏交通工具罪在时间上为正在使用中的航空器，包括航空器停机待用时，且手段也不限于暴力。

第一百二十四条　破坏广播电视设施、公用电信设施罪；过失损坏广播电视设施、公用电信设施罪

【法律规定】

• 法律条文 •

《中华人民共和国刑法》

第一百二十四条　破坏广播电视设施、公用电信设施，危害公共安全的，处三年以上七年以下有期徒刑；造成严重后果的，处七年以上有期徒刑。

过失犯前款罪的，处三年以上七年以下有期徒刑；情节较轻的，处三年以下有期徒刑或者拘役。

• 相关规定 •

《最高人民法院关于审理破坏广播电视设施等刑事案件具体应用法律若干问题的解释》（法释〔2011〕13号）

为依法惩治破坏广播电视设施等犯罪活动，维护广播电视设施运行安全，根据刑法有关规定，现就审理这类刑事案件具体应用法律的若干问题解释如下：

第一条　采取拆卸、毁坏设备，剪割缆线，删除、修改、增加广播电视设备系统中存储、处理、传输的数据和应用程序，非法占用频率等手段，破坏正在使用的广播电视设施，具有下列情形之一的，依照刑法第一百二十四条第一款的规定，以破坏广播电视设施罪处三年以上七年以下有期徒刑：

（一）造成救灾、抢险、防汛和灾害预警等重大公共信息无法发布的；

（二）造成县级、地市（设区的市）级广播电视台中直接关系节目播出的设施无法使用，信号无法播出的；

（三）造成省级以上广播电视传输网内的设施无法使用，地市（设区的市）级广播电视传输网内的设施无法使用三小时以上，县级广播电视传输网内的设施无法使用十二小时以上，信号无法传输的；

（四）其他危害公共安全的情形。

第二条　实施本解释第一条规定的行为，具有下列情形之一的，应当认定为刑法第一百二十四条第一款规定的“造成严重后果”，以破坏广播电视设施罪处七年以上有期徒刑：

（一）造成救灾、抢险、防汛和灾害预警等重大公共信息无法发布，因此贻误排除险情或者疏导群众，致使一人以上死亡、三人以上重伤或者财产损失

五十万元以上，或者引起严重社会恐慌、社会秩序混乱的；

（二）造成省级以上广播电视台中直接关系节目播出的设施无法使用，信号无法播出的；

（三）造成省级以上广播电视传输网内的设施无法使用三小时以上，地市（设区的市）级广播电视传输网内的设施无法使用十二小时以上，县级广播电视传输网内的设施无法使用四十八小时以上，信号无法传输的；

（四）造成其他严重后果的。

第三条 过失损坏正在使用的广播电视设施，造成本解释第二条规定的严重后果的，依照刑法第一百二十四条第二款的规定，以过失损坏广播电视设施罪处三年以上七年以下有期徒刑；情节较轻的，处三年以下有期徒刑或者拘役。

过失损坏广播电视设施构成犯罪，但能主动向有关部门报告，积极赔偿损失或者修复被损坏设施的，可以酌情从宽处罚。

第四条 建设、施工单位的管理人员、施工人员，在建设、施工过程中违反广播电视设施保护规定，故意或者过失损毁正在使用的广播电视设施，构成犯罪的，以破坏广播电视设施罪或者过失损坏广播电视设施罪定罪处罚。其定罪量刑标准适用本解释第一至三条的规定。

第五条 盗窃正在使用的广播电视设施，尚未构成盗窃罪，但具有本解释第一条、第二条规定情形的，以破坏广播电视设施罪定罪处罚；同时构成盗窃罪和破坏广播电视设施罪的，依照处罚较重的规定定罪处罚。

第六条 破坏正在使用的广播电视设施未危及公共安全，或者故意毁坏尚未投入使用的广播电视设施，造成财物损失数额较大或者有其他严重情节的，以故意毁坏财物罪定罪处罚。

第七条 实施破坏广播电视设施犯罪，并利用广播电视设施实施煽动分裂国家、煽动颠覆国家政权、煽动民族仇恨、民族歧视或者宣扬邪教等行为，同时构成其他犯罪的，依照处罚较重的规定定罪处罚。

第八条 本解释所称广播电视台中直接关系节目播出的设施、广播电视传输网内的设施，参照国家广播电视行政主管部门和其他相关部门的有关规定确定。

《最高人民法院关于审理破坏公用电信设施刑事案件具体应用法律若干问题的解释》（法释〔2004〕21号）

第一条 采用截断通信线路、损毁通信设备或者删除、修改、增加电信网计算机信息系统中存储、处理或者传输的数据和应用程序等手段，故意破坏正在使用的公用电信设施，具有下列情形之一的，属于刑法第一百二十四条规定的“危害公共安全”，依照刑法第一百二十四条第一款规定，以破坏公用电信设施罪处三年以上七年以下有期徒刑：

（一）造成火警、匪警、医疗急救、交通事故报警、救灾、抢险、防汛等通信中断或者严重障碍，并因此贻误救助、救治、救灾、抢险等，致使人员死亡一人、重伤三人以上或者造成财产损失三十万元以上的；

（二）造成二千以上不满一万用户通信中断一小时以上，或者一万以上用户通信中断不满一小时的；

（三）在一个本地网范围内，网间通信全阻、关口局至某一局向全部中断或网间某一业务全部中断不满二小时或者直接影响范围不满五万（用户×小时）的；

（四）造成网间通信严重障碍，一日内累计二小时以上不满十二小时的；

（五）其他危害公共安全的情形。

第二条 实施本解释第一条规定的行为，具有下列情形之一的，属于刑法第一百二十四条第一款规定的“严重后果”，以破坏公用电信设施罪处七年以上有期徒刑：

（一）造成火警、匪警、医疗急救、交通事故报警、救灾、抢险、防汛等通信中断或者严重障碍，并因此贻误救助、救治、救灾、抢险等，致使人员死亡二人以上、重伤六人以上或者造成财产损失六十万元以上的；

（二）造成一万以上用户通信中断一小时以上的；

（三）在一个本地网范围内，网间通信全阻、关口局至某一局向全部中断或网间某一业务全部中断二小时以上或者直接影响范围五万（用户×小时）以上的；

（四）造成网间通信严重障碍，一日内累计十二小时以上的；

（五）造成其他严重后果的。

第三条 故意破坏正在使用的公用电信设施尚未危害公共安全，或者故意毁坏尚未投入使用的公用电信设施，造成财物损失，构成犯罪的，依照刑法第二百七十五条规定，以故意毁坏财物罪定罪处罚。

盗窃公用电信设施价值数额不大，但是构成危害公共安全犯罪的，依照刑法第一百二十四条的规定定罪处罚；盗窃公用电信设施同时构成盗窃罪和破坏公用电信设施罪的，依照处罚较重的规定定罪处罚。

第四条 指使、组织、教唆他人实施本解释规定的故意犯罪行为的，按照共犯定罪处罚。

第五条 本解释中规定的公用电信设施的范围、用户数、通信中断和严重障碍的标准和时间长度，依据国家电信行业主管部门的有关规定确定。

《最高人民法院、最高人民检察院关于办理盗窃刑事案件适用法律若干问题的解释》（法释〔2013〕8号）

第十一条 盗窃公私财物并造成财物损毁的，按照下列规定处理：

（一）采用破坏性手段盗窃公私财物，造成其他财物损毁的，以盗窃罪从重处罚；同时构成盗窃罪和其他犯罪的，择一重罪从重处罚；

（二）实施盗窃犯罪后，为掩盖罪行或者报复等，故意毁坏其他财物构成犯罪的，以盗窃罪和构成的其他犯罪数罪并罚；

（三）盗窃行为未构成犯罪，但损毁财物构成其他犯罪的，以其他犯罪定罪处罚。

【案例一】

宗某凤、刘某某、吴某某、宗某红、袁某某、罗某某破坏广播电视设施案①

● 案件事实 ●

2004年10月2日7时许，宗某凤同意被告人刘某某、宗某红与被告人吴某某、袁某某、罗某某一起去砸掉栽在芦某某等人承包地里的有线电视线杆。因砸不动、挖不动等原因，刘某某、吴某某于9时许向被告人宗某凤请示，宗某凤说："随你们怎么弄，只要弄断，让人家来找我们处理这事就行了。"刘某某、吴某某回到地头将被告人宗某凤的意思告知了宗某红、袁某某、罗某某。袁某某又借来竹梯子靠在有线电视光缆杆子上，刘某某、宗某红爬上杆子用钳子夹有线电视光缆，没有夹断。袁某某借来绳子，宗某红将绳子穿过一圈有线电视光缆，五人一起将光缆线向下拉了1米多，被告人宗某红借来斧子，刘某某爬上梯子用斧子将光缆砍断，造成运河段148户电视信号中断3.5小时左右。案发后，刘某某、宗某红、吴某某、袁某某、罗某某到公安机关投案。

● 裁判要旨 ●

在被害单位存在过错的情况下，破坏广播电视设施仍然构成犯罪，但可以从轻处罚。

● 裁判理由 ●

江苏省姜堰市人民检察院以被告人宗某凤、刘某某、宗某红、吴某某、袁某某、罗某某的行为涉嫌破坏广播电视设施罪向江苏姜堰市人民法院提起公诉。被告人宗某凤对公诉机关指控的基本犯罪事实无异议，但认为在答复时并未考虑要破坏的线是什么线，宗某凤的辩护人提出：本案的性质属民事纠纷，是由于电视台施工者故意违法侵犯农民合法生存权益引起的；被告人宗某凤的行为不符合破坏广播电视设施罪的构成要件，不构成犯罪。被告人刘某某的辩护人主要提出如下辩护意见：本案事出有因；镇领导的默许和支持造成被告人

---

① 参见江苏省姜堰市人民法院（2005）姜刑初字第0034号。

的犯罪行为；本案社会危害性较小。根据双方的控辩意见，本案的主要争议焦点如下：(1) 被告人宗某凤对被破坏的线缆是有线电视线是否明知；(2) 镇领导的默示行为是否足以影响本案的定罪量刑；(3) 被害单位是否存在过错；(4) 本案是否达到了犯罪程度。

关于被告人宗某凤对被破坏的线缆是有线电视线是否明知，法院经查证后认为被告人存在明知。被告人宗某凤的在卷供述称："我听村民代表们讲栽了四根杆子，上面是有线电视线。"且被告人刘某某、吴某某当庭供述在向宗某凤汇报时告知了线缆是有线电视线，故对此辩解不予采信。

关于被害单位是否存在过错。法院认为，线缆产权单位未经批准将线杆迁移至罡杨镇东楼村五组的土地上，在本案的起因上具有较大的过错，但法律不允许以犯罪行为对付违法行为，更何况广播电视设施不是单纯意义上的国家或集体财产，其关系到不特定多数的单位和个人正常收看电视，一旦无故中断就可能引起其他严重后果。故对辩护人认为本案属于民事侵权纠纷的意见不予采纳，至于线缆产权单位在本案的起因上具有较大过错，可在对被告人量刑时予以考虑。

关于被告人的行为是否达到了犯罪程度。法院认为，《刑法》规定的破坏广播电视设施罪，主观方面要求明知其破坏广播电视设施的行为会危害通讯的公共安全，并且希望或者放任这种危害结果的发生。客观方面要求足以危害公共安全，只要在客观上实施了破坏广播电视设施的行为，并足以危害公共安全，无论是否造成严重后果，均可成立。所谓危害公共安全，一般是指通讯设备因遭受破坏而丧失原有功能，以致造成公共广播电视不能正常运行，使不特定多数的单位和个人无法正常收看广播电视，并且由此可能引起其他严重后果。被告人宗某凤身为罡杨镇东楼村五组组长，明知是广播电视设施，而放任危害后果，同意被告人刘某某、吴某某、宗某红、袁某某、罗某某加以破坏；被告人刘某某、吴某某、宗某红、袁某某、罗某某明知是广播电视设施，而放任危害后果，故意加以破坏；其行为造成了广播电视线缆损坏，运河段148户电视信号中断3.5小时左右，足以危害公共安全。六被告人的行为均已构成破坏广播电视设施罪，依法应予惩处。

关于被告人刘某某的辩护人提出的镇领导的默许和支持是造成被告人犯罪行为的主要原因的辩护意见。法院认为，9月24日镇领导的草率表态让几名被告人产生了破坏广播电视设施的念头，其对本案的发生有着不容推卸的责任，但后来因让公路处张俊龙回去查点，此动意被搁置。此后镇村领导对此事并无任何明示或暗示的意见，10月2日破坏光缆的直接原因在本案的被告人，但之前镇领导的默许行为，可在对各被告人量刑时予以考虑。

综上，鉴于电缆产权单位在导致本案的发生上有较大的过错，个别镇领导的简单工作方法对本案的发生也有一定的影响，各被告人的犯罪动机是为了维护集体利益，对自身行为的社会危害性认识不足，虽然实施了破坏广播电视设施的行为，造成了一定的危害后果，但未在公众中产生惊恐或使大面积地区通信联络中断，故综合全案情节，可以认定六被告人犯罪情节轻微，不需要判处刑罚，对被告人宗某凤、刘某某、吴某某、宗某红、袁某某、罗某某均可免予刑事处罚。据此，判决六被告人犯破坏广播电视设施罪，免予刑事处罚。

据此，依照《刑法》第124条第1款、第25条第1款、第67条第1款、第37条之规定，判决如下：一、被告人宗某凤犯破坏广播电视设施罪，免予刑事处罚。二、被告人刘某某犯破坏广播电视设施罪，免予刑事处罚。三、被告人吴某某犯破坏广播电视设施罪，免予刑事处罚。四、被告人宗某红犯破坏广播电视设施罪，免予刑事处罚。五、被告人袁某某犯破坏广播电视设施罪，免予刑事处罚。六、被告人罗某某犯破坏广播电视设施罪，免予刑事处罚。

【案例二】

徐某东过失损坏电信设施案①

• 案件事实 •

徐某东和徐某吉系叔侄关系。1998年6月，徐某吉从江苏省国营岗埠农场购买一台挖掘机。1998年11月，徐某吉承揽了岗埠农场二分场挖退水沟的水利工程并雇用被告人徐某东为其驾驶挖掘机。1998年11月20日14时15分，徐某东驾驶挖掘机在清理江苏省国营岗埠农场二分场顾庄东的农田退水渠时，已知道有石头砌的沟样标记处（即埋有光缆处）不能挖，但为了将施工中带到标志物上的泥土铲平，即用挖掘机铲了一下，结果将徐连一级光缆干线挖断，造成该光缆被阻断50分钟，致使连云港市电信局因修复该光缆而花费人工、材料费为21340.86元，因通信线路障碍造成阻断费为756000元。

• 裁判要旨 •

行为人在施工过程中，未能尽到谨慎小心的义务而挖断通信光缆造成巨大损失的行为，依法构成过失损坏公用电信设施罪。

• 裁判理由 •

本案争论的焦点是：徐某东过失损坏电信设施是过失犯罪还是意外事件。在本案中，江苏省东海县人民检察院认为被告人徐某东的行为已构成过失损坏

---

① 参见国家法官学院、中国人民大学法学院编：《中国审判案例要览（2000年刑事审判案例卷）》，中国人民大学出版社2002年版。

公用电信设施罪。被告人徐某东及其辩护人始终认为其属于正常施工时造成的，属意外事件。

一审法院江苏省东海县人民法院经审理后认为：被告人徐某东在施工过程中，知道有石头砌的沟样标记处埋有光缆不能挖，事实上也没有挖，但为了把标志物上的泥铲平，在主观上认为不会把光缆挖断情况下用挖掘机铲一下，结果导致国家公用电信设施遭到破坏，危害了公共安全，其行为已构成过失损坏公用电信设施罪。被告人徐某东的犯罪行为与附带民事诉讼原告连云港市电信局所遭受的经济损失之间有直接的因果关系，被告人徐某东应承担相应的民事赔偿责任。附带民事诉讼被告人徐某吉系被告人徐某东的雇主，应对被告人承担的民事赔偿责任负连带赔偿责任。因光缆阻断造成的经济损失有其他方面原因，同时考虑本案被告人徐某东及附带民事诉讼被告人徐某吉的经济能力，应予以适当赔偿。对被告人徐某东及其辩护人兼附带民事诉讼代理人提出的辩解、辩护意见中的合理部分，予以采纳，无事实和法律依据部分，不予采纳。对附带民事诉讼被告人徐某吉及其诉讼代理人所提出的意见，合理部分，予以采纳，与事实不符且无证据予以证实部分，不予采纳。

依照《刑法》第 124 条第 2 款、第 35 条第 1 款，《最高人民法院关于执行〈中华人民共和国刑事诉讼法〉若干问题的解释》第 86 条第 5 项，《民法通则》第 117 条第 2 款、第 3 款，第 130 条，第 131 条，作出如下判决：一、徐某东犯过失损坏公用电信设施罪，判处有期徒刑三年。二、徐某东和徐某吉连带赔偿附带民事诉讼原告连云港市电信局经济损失 77734.09 元。

一审宣判后，徐某东和徐某吉以行为系意外事件而非过失犯罪为由提出上诉。二审法院江苏省连云港市中级人民法院经审理后，裁定：驳回上诉，维持原判。

【学理分析及适用指引】

• 学理分析 •

1. 破坏广播电视设施、公用电信设施罪的构成。破坏广播电视设施、公用电信设施罪，是指故意破坏广播电视设施、公用电信设施，危害公共安全的行为。本罪的构成要件如下：

（1）本罪的客体。本罪侵犯的客体是广播电视设施、公用电信设施的正常、安全使用。

（2）本罪的客观方面。客观方面表现为实施了各种破坏正在使用中的广播电视设施、公用电信设施的行为。只要实施了破坏行为，不论是否已经造成严重后果，均构成本罪。破坏的方法多种多样，如拆卸或者毁坏广播电视设施、公用电信设施的重要部件，砸毁机器设备，偷割电线、电缆，故意违规操作致使广播电视设施、公用电信设施毁坏以及其他导致广播电视设施、公用电信设施无法使用，等等。强调行为人破坏的必须是“正在使用中”的广播电视设施、公用电信设施，主要是因为，只有正在使用中的广播电视设施、公用电信设施被破坏，才有可能发生危害公共安全的后果。如果行为人只破坏了尚未投入使用或者正在检修过程中的广播电视设施、公用电信设施的，虽然也造成了公共财产的损坏，但还不至于发生危害公共安全的后果，因此，不能构成破坏广播电视设施、公用电信设施罪。

（3）本罪的主体。犯罪主体为一般主体。

（4）本罪的主观方面。主观方面由故意构成，包括直接故意和间接故意，犯罪动机不影响本罪的成立。

2. 过失损坏广播电视设施、公用电信设施罪的构成。过失损坏广播电视设施、公用电信设施罪，是指由于过失致使广播电视设施、公用电信设施遭受破坏，造成严重后果，危害公共安全的行为。本罪的构成要件如下：

本罪侵犯的客体是广播电视设施、公用电信设施的正常安全、使用。侵害的对象是正在使用中的各种广播电视设施、公用电信设施。“广播设施”“电视设施”和“公用电信设施”的范围与破坏广播电视设施、公用电信设施罪相同。客观方面表现为行为人由于过失，致使广播电视设施、公用电信设施遭受损坏，造成严重后果，危害公共安全的行为。如在城市基本建设、农田建设、修建公路、挖沟等施工中，挖断地下电缆、炸断通信线路或者其他广播电视设施、公用电信设施，造成通信中断，等等。犯罪主体为一般主体。主观方面由过失构成。

• 适用指引 •

1. 司法实践中，认定破坏广播电视设施、公用电信设施罪应注意：

（1）本罪与放火、爆炸罪发生想象竞合的处理。破坏方法多种多样，如拆卸或毁坏广播电视设施、公用电信设施重要机件，砸毁机器设备，偷割电线，截断电缆，挖走电线杆，故意违反操作规程，使机器设备损坏，使广播、电视、电信通讯无法进行等。如果用放火、爆炸等危险方法破坏广播电视设施、公用电信设施，危害公共安全，则同时触犯本罪和放火罪（或爆炸罪）两个罪名，属于想象竞合犯。根据对想象竞合犯“从一重处断”的处理原则，应以放火罪或爆炸罪论处。当然，放火、爆炸的方法本身没有达到犯罪的程度，破坏广播电视设施、公用电信设施罪能够成立的，只以本罪一罪处罚。

（2）本罪与盗窃罪发生想象竞合的处理。在实践中，以非法占有为目的，盗窃通讯器材的案件（如偷割电话线、通讯电缆等）时有发生。如果窃取的是库存的或者正在生产、维修中的通讯器材，只能侵害财产所有权，并不危害通讯方面的公共安全，因此应以盗窃罪论处。如果窃取的是正在使用中的通讯设备，如偷割正在使用中的电话线、电缆线，偷砍电线杆等，势必会使不特定多数单位或个人的广播、电视、电信通讯受阻。这种行为不仅侵害财产所有权，而且危害通讯方面的公共安全，这样就同时触犯了破坏广播电视、公用电信设施罪和盗窃罪的罪名。对此类案件应当如何定性。对此类情形应属于一行为同时触犯数罪名，符合想象竞合原理，应当择一重罪论处。

（3）本罪与破坏交通工具罪、破坏交通设施罪的界限。对交通工具、交通设施中的通讯设施进行破坏，不仅会危及通讯方面的公共安全，更主要的是还会危及交通运输方面的安全。如因破坏交通工具或交通设施中的通讯设施，足以发生火车、船只、航空器等倾覆或毁坏的，又触犯破坏交通工具罪、破坏交通设施罪。对此，应当择重罪即破坏交通工具罪或破坏交通设施罪处罚。倘若破坏交通工具、交通设施中的通讯设施，不足以危及交通运输安全，但足以危害通讯公共安全的，则就应认定为本罪。

行为人实施破坏广播电视设施，并利用广播电视设施实施煽动分裂国家、煽动颠覆国家政权、煽动民族仇恨、民族歧视或宣扬邪教等危害行为，同时构成危害国家安全等犯罪的，应依照处罚较重的规定定罪处罚。

2. 司法实践中，认定过失损坏广播电视设施、公用电信设施罪应注意：

（1）本罪与破坏广播电视设施、公用电信设施罪的界限。第一，主观方面不同。破坏广播电视设施、公用电信设施罪是故意，即行为人积极追求或放任上述设施被破坏的危害结果；过失损坏广播电视设施、公用电信设施罪是过失，即行为人既不希望也不放任上述设施被损坏的危害结果的发生，而是由于疏忽大意或过于自信的过失以致发生这种危害结果。第二，对危害后果要求不同。故意破坏广播电视设施、公用电信设施罪不以造成严重后果为构成要件；过失损坏广播电视设施、公用电信设施罪则以造成严重后果为构成要件。

（2）本罪与重大责任事故罪的区别：第一，主体不同，前者的主体是一般主体；后者的主体为特殊主体。第二，客观方面不同。前者是过失损坏广播电视设施、公用电信设施，与从事传播、通讯作业活动无关，后者是由于不服管理、违反规章制度，因而发生重大事故。

第一百二十五条　非法制造、买卖、运输、邮寄、储存枪支、弹药、爆炸物罪；非法制造、买卖、运输、储存危险物质罪

【法律规定】

• 法律条文 •

《中华人民共和国刑法》

第一百二十五条　非法制造、买卖、运输、邮寄、储存枪支、弹药、爆炸物的，处三年以上十年以下有期徒刑；情节严重的，处十年以上有期徒刑、无期徒刑或者死刑。

非法制造、买卖、运输、储存毒害性、放射性、传染病病原体等物质，危害公共安全的，依照前款的规定处罚。

单位犯前两款罪的，对单位判处罚金，并对其直接负责的主管人员和其他直接责任人员，依照第一款的规定处罚。

• 相关规定 •

《中华人民共和国枪支管理法》

第三条　国家严格管制枪支。禁止任何单位或者个人违反法律规定持有、制造（包括变造、装配）、买卖、运输、出租、出借枪支。

国家严厉惩处违反枪支管理的违法犯罪行为。任何单位和个人对违反枪支管理的行为有检举的义务。国家对检举人给予保护，对检举违反枪支管理犯罪活动有功的人员，给予奖励。

第二十二条　禁止制造、销售仿真枪。

第三十条　任何单位或者个人未经许可，不得运输枪支。需要运输枪支的，必须向公安机关如实申报运输枪支的品种、数量和运输的路线、方式，领取枪支运输许可证件。在本省、自治区、直辖市内运输的，向运往地设区的市级人民政府公安机关申请领取枪支运输许可证件；跨省、自治区、直辖市运输的，向运往地省级人民政府公安机关申请领取枪支运输许可证件。

没有枪支运输许可证件的，任何单位和个人都不得承运，并应当立即报告所在地公安机关。

公安机关对没有枪支运输许可证件或者没有按照枪支运输许可证件的规定运输枪支的，应当扣留运输的枪支。

第三十一条 运输枪支必须依照规定使用安全可靠的封闭式运输设备，由专人押运；途中停留住宿的，必须报告当地公安机关。

运输枪支、弹药必须依照规定分开运输。

第三十二条 严禁邮寄枪支，或者在邮寄的物品中夹带枪支。

第三十九条 违反本法规定，未经许可制造、买卖或者运输枪支的，依照刑法有关规定追究刑事责任。

单位有前款行为的，对单位判处罚金，并对其直接负责的主管人员和其他直接责任人员依照刑法有关规定追究刑事责任。

第四十一条 违反本法规定，非法持有、私藏枪支的，依照刑法有关规定追究刑事责任。

第四十二条 违反本法规定，运输枪支未使用安全可靠的运输设备、不设专人押运、枪支弹药未分开运输或者运输途中停留住宿不报告公安机关，情节严重的，依照刑法有关规定追究刑事责任；未构成犯罪的，由公安机关对直接责任人员处十五日以下拘留。

《最高人民法院关于审理非法制造、买卖、运输枪支、弹药、爆炸物等刑事案件具体应用法律若干问题的解释》（法释〔2009〕18号）

第一条 个人或者单位非法制造、买卖、运输、邮寄、储存枪支、弹药、爆炸物，具有下列情形之一的，依照刑法第一百二十五条第一款的规定，以非法制造、买卖、运输、邮寄、储存枪支、弹药、爆炸物罪定罪处罚：

（一）非法制造、买卖、运输、邮寄、储存军用枪支一支以上的；

（二）非法制造、买卖、运输、邮寄、储存以火药为动力发射枪弹的非军用枪支一支以上或者以压缩气体等为动力的其他非军用枪支二支以上的；

（三）非法制造、买卖、运输、邮寄、储存军用子弹十发以上、气枪铅弹五百发以上或者其他非军用子弹一百发以上的；

（四）非法制造、买卖、运输、邮寄、储存手榴弹一枚以上的；

（五）非法制造、买卖、运输、邮寄、储存爆炸装置的；

（六）非法制造、买卖、运输、邮寄、储存炸药、发射药、黑火药一千克以上或者烟火药三千克以上、雷管三十枚以上或者导火索、导爆索三十米以上的；

（七）具有生产爆炸物品资格的单位不按照规定的品种制造，或者具有销售、使用爆炸物品资格的单位超过限额买卖炸药、发射药、黑火药十千克以上或者烟火药三十千克以上、雷管三百枚以上或者导火索、导爆索三百米以上的；

（八）多次非法制造、买卖、运输、邮寄、储存弹药、爆炸物的；

（九）虽未达到上述最低数量标准，但具有造成严重后果等其他恶劣情节的。

介绍买卖枪支、弹药、爆炸物的，以买卖枪支、弹药、爆炸物罪的共犯论处。

第二条 非法制造、买卖、运输、邮寄、储存枪支、弹药、爆炸物，具有下列情形之一的，属于刑法第一百二十五条第一款规定的"情节严重"：

（一）非法制造、买卖、运输、邮寄、储存枪支、弹药、爆炸物的数量达到本解释第一条第（一）（二）（三）（六）（七）项规定的最低数量标准五倍以上的；

（二）非法制造、买卖、运输、邮寄、储存手榴弹三枚以上的；

（三）非法制造、买卖、运输、邮寄、储存爆炸装置，危害严重的；

（四）达到本解释第一条规定的最低数量标准，并具有造成严重后果等其他恶劣情节的。

第七条 非法制造、买卖、运输、邮寄、储存、盗窃、抢夺、持有、私藏、携带成套枪支散件的，以相应数量的枪支计；非成套枪支散件以每三十件为一成套枪支散件计。

第八条第一款 刑法第一百二十五条第一款规定的"非法储存"，是指明知是他人非法制造、买卖、运输、邮寄的枪支、弹药而为其存放的行为，或者非法存放爆炸物的行为。

第十条 实施非法制造、买卖、运输、邮寄、储存、盗窃、抢夺、持有、私藏其他弹药、爆炸物品等行为，参照本解释有关条文规定的定罪量刑标准处罚。

《最高人民法院、最高人民检察院关于办理非法制造、买卖、运输、储存毒鼠强等禁用剧毒化学品刑事案件具体应用法律若干问题的解释》（法释〔2003〕14号）

第一条 非法制造、买卖、运输、储存毒鼠强等禁用剧毒化学品，危害公共安全，具有下列情形之一的，依照刑法第一百二十五条的规定，以非法制造、买卖、运输、储存危险物质罪，处三年以上十年以下有期徒刑：

（一）非法制造、买卖、运输、储存原粉、原液、制剂50克以上，或者饵料2千克以上的；

（二）在非法制造、买卖、运输、储存过程中致人重伤、死亡或者造成公私财产损失10万元以上的。

第二条 非法制造、买卖、运输、储存毒鼠强等禁用剧毒化学品，具有下列情形之一的，属于刑法第一百二十五条规定的"情节严重"，处十年以上有期徒刑、无期徒刑或者死刑：

（一）非法制造、买卖、运输、储存原粉、原液、制剂500克以上，或者饵料20千克以上的；

（二）在非法制造、买卖、运输、储存过程中致3人以上重伤、死亡，或者造成公私财产损失20万元以上的；

（三）非法制造、买卖、运输、储存原粉、原药、制剂50克以上不满500克，或者饵料2千克以上不满20千克，并具有其他严重情节的。

第三条 单位非法制造、买卖、运输、储存毒鼠强等禁用剧毒化学品的，依照本解释第一条、第二条规定的定罪量刑标准执行。

第四条 对非法制造、买卖、运输、储存毒鼠强等禁用剧毒化学品行为负有查处职责的国家机关工作人员，滥用职权或者玩忽职守，致使公共财产、国家和人民利益遭受重大损失的，依照刑法第三百九十七条的规定，以滥用职权罪或者玩忽职守罪追究刑事责任。

第五条 本解释施行以前，确因生产、生活需要而非法制造、买卖、运输、储存毒鼠强等禁用剧毒化学品饵料自用，没有造成严重社会危害的，可以依照刑法第十三条的规定，不作为犯罪处理。

本解释施行以后，确因生产、生活需要而非法制造、买卖、运输、储存毒鼠强等禁用剧毒化学品饵料自用，构成犯罪，但没有造成严重社会危害，经教育确有悔改表现的，可以依法从轻、减轻或者免除处罚。

第六条 本解释所称“毒鼠强等禁用剧毒化学品”，是指国家明令禁止的毒鼠强、氟乙酰胺、氟乙酸钠、毒鼠硅、甘氟。

《最高人民法院、最高人民检察院关于涉以压缩气体为动力的枪支、气枪铅弹刑事案件定罪量刑问题的批复》（法释〔2018〕8号）

各省、自治区、直辖市高级人民法院、人民检察院，解放军军事法院、军事检察院，新疆维吾尔自治区高级人民法院生产建设兵团分院、新疆生产建设兵团人民检察院：

近来，部分高级人民法院、省级人民检察院就如何对非法制造、买卖、运输、邮寄、储存、持有、私藏、走私以压缩气体为动力的枪支、气枪铅弹（用铅、铅合金或者其他金属加工的气枪弹）行为定罪量刑的问题提出请示。经研究，批复如下：

一、对于非法制造、买卖、运输、邮寄、储存、持有、私藏、走私以压缩气体为动力且枪口比动能较低的枪支的行为，在决定是否追究刑事责任以及如何裁量刑罚时，不仅应当考虑涉案枪支的数量，而且应当充分考虑涉案枪支的外观、材质、发射物、购买场所和渠道、价格、用途、致伤力大小、是否易于通过改制提升致伤力，以及行为人的主观认知、动机目的、一贯表现、违法所得、是否规避调查等情节，综合评估社会危害性，坚持主客观相统一，确保罪责刑相适应。

二、对于非法制造、买卖、运输、邮寄、储存、持有、私藏、走私气枪铅弹的行为，在决定是否追究刑事责任以及如何裁量刑罚时，应当综合考虑气枪铅弹的数量、用途以及行为人的动机目的、一贯表现、违法所得、是否规避调查等情节，综合评估社会危害性，确保罪责刑相适应。

此复。

《最高人民法院、最高人民检察院、公安部、工业和信息化部、住房和城乡建设部、交通运输部、应急管理部、国家铁路局、中国民用航空局、国家邮政局关于依法惩治涉枪支、弹药、爆炸物、易燃易爆危险物品犯罪的意见》（法发〔2021〕35号）

4. 非法制造、买卖、运输、邮寄、储存、盗窃、抢夺、抢劫、持有、私藏、走私枪支、弹药、爆炸物，并利用该枪支、弹药、爆炸物实施故意杀人、故意伤害、抢劫、绑架等犯罪的，依照数罪并罚的规定处罚。

【案例一】

周建平等非法买卖枪支案①

• 案件事实 •

1999年3月，格乃在新都桥镇以1000元的价格在他人（姓名不详）处买到2支仿“六·四”式手枪，用1支（无枪号）与新都桥镇邮电所职工扎某换得一辆摩托车；周建平、陈波到新都桥去买枪，经高某某、扎某介绍，以1400元的价格在格乃处买到1支仿“六·四”式手枪（无枪号），周建平、陈波将此枪带回康定后，周建平以2000元将枪卖给被告人杜某某。

1999年10月中旬，周建平交给被告人陈波1500元，让其去买1支手枪，陈波到新都桥营关村与丁某（在逃）联系后，丁某找到昂旺降措告之要买支枪，昂旺降措到新都桥以2300元在扎某（在逃）处买了1支仿“六·四”式手枪（枪号64084）后，以2700元将此枪卖给被告人陈波，陈波将枪带回康定交给周建平，周建平以3800元卖给被告人杜某某。之后，被告人周建平交给陈波2500元让其再买支枪，陈波通过丁某与昂旺降措联系后，昂旺降措在塔公再次找到扎某，以2200元买了1支仿“六·四”式手枪（枪号64004）与丁某一同送至康定交给周建平、陈波，周建平将枪交给高文斌出售，高文斌试枪后，因枪打不响退给周建平，并告之“老板需要数量多的枪支”。1999年11月，周建平、陈波先后与昂旺降措、绒波联系买枪。昂旺降措到新都桥镇上在扎某（在逃）处以1300元买了2支枪（枪号分别为717、6472885）、以1600元买了1支（枪号640）共3支仿“六·四”手枪，带至康定交给周建平、陈波。绒波在次某（在逃）处以每支1500元买了6支仿“六·四”式手枪（枪号分别为11066、640、640、640、640、640），带至康定通过丁某与陈

① 参见四川省甘孜藏族自治州中级人民法院（2000）甘中刑初字第6号。

波取得联系。1999年11月7日，周建平身带4支仿“六·四”式手枪（其中1支是高文斌退他的），绒波身带6支仿“六·四”式手枪与高文斌乘坐一辆奥拓出租车（车号：川V03×××）拟到康定南郊“绿杨山庄”交货，途经南郊郊外一食宿店时被甘孜州公安局抓获归案，尔后陈波、昂旺降措、格乃、杜某某又被抓获归案。

• 裁判要旨 •

明知是枪支，非法购买或委托他人购买以及非法出售的行为，依法均成立非法买卖枪支罪。

• 裁判理由 •

四川省甘孜藏族自治州中级人民法院经过审理后认为：被告人周建平、陈波、昂旺降措、绒波、高文斌、格乃、杜某某明知是枪支，而非法买卖枪支，其行为确已构成非法买卖枪支罪，甘孜州人民检察院起诉书指控罪名成立。被告人周建平、陈波、昂旺降措、绒波、高文斌、格乃、杜某某在共同犯罪过程中，互相配合，积极共同实施非法买卖枪支13支。其中，被告人周建平提起犯意、出资并积极组织实施参与非法买卖枪支四次12支，起了主要作用，系本案主犯，情节严重，应予严惩；被告人周建平辩称未直接联系买枪人及9支枪未出售获利的辩护理由，与审理查明的事实不符，不予采纳。被告人陈波积极参与非法买卖枪支四次12支，其中组织联系枪支9支，情节严重，起了主要作用，系本案主犯，本应严惩，但鉴于被告人陈波协助公安机关抓获同案犯，经庭审，查证属实，具有立功表现，可从轻处罚；被告人陈波提出不是主犯，是帮周建平买枪，自己没有卖枪的辩护理由，与查明的事实不符，其理由不成立，不予采纳。被告人昂旺降措非法买卖枪支三次5支，在本案中起次要作用，系从犯。被告人绒波非法买卖枪支一次6支，在本案中起次要作用，系从犯。被告人高文斌非法出售枪支1支，联系买卖枪支10支，在本案中起次要作用，系从犯。被告人格乃出资1000元非法买卖枪支2支，在本案中起次要作用，系从犯。被告人杜某某出资5800元非法购买枪支2支，在本案中起次要作用，系从犯；被告人杜某某及辩护人提出具有自首情节，予以从轻处罚的理由，经庭审质证，证实被告人杜某某确已准备去投案的事实，辩护理由成立，予以采纳。被告人周建平、陈波、昂旺降措、绒波、高文斌、格乃、杜某某在最后陈述中请求从轻处罚的意见，综合全案的事实和证据，可酌情从轻处罚。

综上，依照《刑法》第125条第1款、第25条第1款、第26条第1款、第27条、第67条第1款、第68条第1款、第72条第1款、第64条之规定，判决如下：一、被告人周建平犯非法买卖枪支罪，判处有期徒刑十四年。二、被告人陈波犯非法买卖枪支罪，判处有期徒刑十一年。三、被告人昂旺降措犯非法买卖枪支罪，判处有期徒刑六年。四、被告人绒波犯非法买卖枪支罪，判处有期徒刑五年。五、被告人高文斌犯非法买卖枪支罪，判处有期徒刑四年。六、被告人格乃犯非法买卖枪支罪，判处有期徒刑三年六个月。七、被告人杜某某犯非法买卖枪支罪，判处有期徒刑三年、缓刑四年。八、收缴的13支仿“六·四”式手枪予以没收。

【案例二】

王某某等非法买卖、储存危险物质案①

• 案件事实 •

法院经审理查明：被告人王某某、金某某在未依法取得剧毒化学品购买、使用许可的情况下，约定由王某某出面购买氰化钠。2006年10月至2007年年底，王某某先后3次以每桶1000元的价格向倪某某（另案处理）购买氰化钠，共支付给倪某某4万元。2008年8月至2009年9月，王某某先后3次以每袋975元的价格向李某某（另案处理）购买氰化钠，共支付给李某某117000元。王某某、金某某均将上述氰化钠储存在浙江省绍兴市南洋五金有限公司其二人各自承包车间的带锁仓库内，用于电镀生产。其中，王某某用总量的1/3，金某某用总量的2/3。2008年5月和2009年7月，被告人孙某某先后共用2000元向王某某分别购买氰化钠1桶和1袋。2008年7月至8月间，被告人钟某某以每袋1000元的价格向王某某购买氰化钠5袋。2009年9月，被告人周某某以每袋1000元的价格向王某某购买氰化钠3袋。孙某某、钟某某、周某某购得氰化钠后，均储存于各自车间的带锁仓库或水槽内，用于电镀生产。

• 裁判要旨 •

国家严格监督管理的氰化钠等剧毒化学品，易致人中毒或者死亡，对人体、环境具有极大的毒害性和危险性，属于《刑法》第125条第2款规定的“毒害性”物质。“非法买卖”毒害性物质，是指违反法律和国家主管部门规定，未经有关主管部门批准许可，擅自购买或者出售毒害性物质的行为，并不需要兼有买进和卖出的行为。

• 裁判理由 •

公诉机关指控：被告人王某某、金某某、孙某某、钟某某、周某某非法买

---

① 根据2012年9月18日《最高人民法院关于发布第三批指导性案例的通知》指导案例13号修改。

卖氰化钠，危害公共安全，且系共同犯罪，应当以非法买卖危险物质罪追究刑事责任，但均如实供述自己的罪行，购买氰化钠用于电镀，未造成严重后果，可以从轻处罚，并建议对五被告人适用缓刑。被告人王某某的辩护人辩称：氰化钠系限用而非禁用剧毒化学品，不属于毒害性物质，王某某等人擅自购买氰化钠的行为，不符合《刑法》第125条第2款规定的构成要件，在未造成严重后果的情形下，不应当追究刑事责任，故请求对被告人宣告无罪。

浙江省绍兴市越城区人民法院经审理认为：被告人王某某、金某某、孙某某、钟某某、周某某在未取得剧毒化学品使用许可证的情况下，违反国务院《危险化学品安全管理条例》等规定，明知氰化钠是剧毒化学品仍非法买卖、储存，危害公共安全，其行为均已构成非法买卖、储存危险物质罪，且系共同犯罪。关于王某某的辩护人提出的辩护意见，经查，氰化钠虽不属于禁用剧毒化学品，但系列入危险化学品名录中严格监督管理的限用的剧毒化学品，易致人中毒或者死亡，对人体、环境具有极大的毒害性和极度危险性，极易对环境和人的生命健康造成重大威胁和危害，属于《刑法》第125条第2款规定的“毒害性”物质；“非法买卖”毒害性物质，是指违反法律和国家主管部门规定，未经有关主管部门批准许可，擅自购买或者出售毒害性物质的行为，并不需要兼有买进和卖出的行为；王某某等人不具备购买、储存氰化钠的资格和条件，违反国家有关监管规定，非法买卖、储存大量剧毒化学品，逃避有关主管部门的安全监督管理，破坏危险化学品管理秩序，已对人民群众的生命、健康和财产安全产生现实威胁，足以危害公共安全，故王某某等人的行为已构成非法买卖、储存危险物质罪，上述辩护意见不予采纳。王某某、金某某、孙某某、钟某某、周某某到案后均能如实供述自己的罪行，且购买氰化钠用于电镀生产，未发生事故，未发现严重环境污染，没有造成严重后果，依法可以从轻处罚。根据五被告人的犯罪情节及悔罪表现等情况，对其可依法宣告缓刑。公诉机关提出的量刑建议，王某某、钟某某、周某某请求从轻处罚的意见，予以采纳，遂以非法买卖、储存危险物质罪，分别判处被告人王某某有期徒刑三年，缓刑五年；被告人金某某有期徒刑三年，缓刑四年六个月；被告人钟某某有期徒刑三年，缓刑四年；被告人周某某有期徒刑三年，缓刑三年六个月；被告人孙某某有期徒刑三年，缓刑三年。宣判后，五被告人均未提出上诉，判决已发生法律效力。

【学理分析及适用指引】

•　学理分析　•

1. 非法制造、买卖、运输、邮寄、储存枪支、弹药、爆炸物罪的构成。非法制造、买卖、运输、邮寄、储存枪支、弹药、爆炸物罪，是指违反国家有关枪支、弹药、爆炸物管理法规，未经国家有关部门批准，非法制造、买卖、运输、邮寄、储存枪支、弹药、爆炸物，危害公共安全的行为。本罪的构成要件如下：

（1）本罪的客体。本罪侵犯的客体是公共安全和国家对枪支、弹药、爆炸物的管理秩序，即不特定多数人的生命、健康和重大公私财产的安全以及国家对枪支、弹药、爆炸物的相关管理规定。其犯罪对象是枪支、弹药、爆炸物。

如果行为人非法制造、买卖、运输、邮寄、储存的不是上述枪支、弹药或爆炸物，而是其他诸如游艺运动气枪、制作影视戏剧用的道具枪以及烟花爆竹等娱乐性物品，则不宜以本罪论处。

（2）本罪的客观方面。本罪客观方面表现为违反国家对枪支、弹药、爆炸物的管理法规，非法制造、买卖、运输、邮寄、储存枪支、弹药、爆炸物的行为。所谓非法制造，是指违反国家有关法规，未经有关部门批准，私自制造枪支、弹药、爆炸物的行为。非法制造行为包括制作、加工、组装、改装、拼装、修理等具体方式，无论采取哪一种方式进行制造，也无论是否制造成功，抑或是自用还是出售，只要实施了制造的行为，即构成本罪。所谓非法买卖，是指违反法律规定，未经有关部门允许，私自购买或者出售枪支、弹药、爆炸物的行为。买卖，可以是金钱相交换，也可以通过以货易货的方式实现。所谓非法运输，是指违反法律规定，未经批准许可，私自在国境内从一个地方运到另一个地方的行为。既可以通过陆运、水运或空运，亦可以是随身携带，方式的不同不影响行为的性质。但必须限定在一国境内，如果越过了一国境内则构成走私枪支、弹药、爆炸物罪。所谓非法邮寄，是指违反法律规定，私自通过邮局以邮寄的方式或在邮件中夹带枪支、弹药、爆炸物予以邮寄的行为。所谓非法储存，根据2001年《最高人民法院关于审理非法制造、买卖、运输枪支、弹药、爆炸物等刑事案件具体应用法律若干问题的解释》的规定，是指违反国家有关规定，未经有关部门批准，明知是他人非法制造、买卖、运输、邮寄的枪支、弹药、爆炸物而为其储存、存放的行为。存放的地点、方式不影响本罪成立。本罪属于选择性罪名。行为人只要实施非法制造、买卖、运输、邮寄、储存枪支、弹药、爆炸物行为之一的，即可构成犯罪，如果非法制造枪支、弹药、爆炸物以后，又自己运输和贩卖的，只构成非法制造、买卖枪支、运输、弹药、爆炸物罪一罪，不实行数罪并罚。

（3）本罪的主体。本罪主体为一般主体，即凡是达到法定刑事责任年龄、具有刑事责任能力的自然人都可以构成。根据本条第3款的规定，单位也可成为本罪主体。单位非法制造、买卖、运输、邮寄、储存枪支、弹药、爆炸物，对其主管人员和直接责任人员，以本罪论处。

（4）本罪的主观方面。本罪主观方面表现为故意，即明知是枪支、弹药、爆炸物而非法制造、买卖、运输、邮寄、储存。其动机则可能多种多样，但动机一般不影响定罪。

2. 非法制造、买卖、运输、储存危险物质罪的构成。非法制造、买卖、运输、储存危险物质罪，是指违反法律规定，非法制造、买卖、运输、储存毒害性、放射性、传染病病原体等物质，危害公共安全的行为。本罪的构成要件如下：

（1）本罪的客体。本罪侵犯的客体是国家对毒害性、放射性、传染病病原体等危险物质的管理制度。

（2）本罪的客观方面。客观方面表现为非法制造、买卖、运输、储存毒害性、放射性、传染病病原体等物质，危害公共安全的行为。“非法制造”是指违反法律规定，也未经国家有关主管部门批准或者许可，私自制造危险物质的行为。“非法买卖”，是指违反法律规定私自购买或者出售危险物质的行为。“非法运输”，是指违反法律规定运输危险物质的行为，运输的方式和目的不影响本罪的成立。“非法储存”，是指违反法律规定存放危险物质的行为。按照法律规定，行为人只要实施了非法制造、买卖、运输或者储存危险物质其中一种行为就构成本罪；实施两种行为的，仍为一罪，不实行并罚。

（3）本罪的主体。犯罪主体为一般主体。中国人、外国人、无国籍人和单位都可以构成本罪的主体。

（4）本罪的主观方面。主观方面只能由故意构成。即明知是危险物质，却违反法律规定或者国家有关的管理制度而非法制造、买卖、运输、储存，过失不构成本罪。

• 适用指引 •

1. 司法实践中，认定非法制造、买卖、运输、邮寄、储存枪支、弹药、爆炸物罪应注意：

（1）本罪罪与非罪的界限。鉴于这类案件的社会影响较大，为准确适用法律，依法严厉惩处涉枪涉爆犯罪活动，最高人民法院于2001年9月17日对外公布并下发了《对执行〈关于审理非法制造、买卖、运输枪支、弹药、爆炸物等刑事案件具体应用法律若干问题的解释〉有关问题的通知》。通知第1条规定：“对于《解释》施行前，行为人因生产、生活所需非法制造、买卖、运输枪支、弹药、爆炸物没有造成严重社会危害，经教育确有悔改表现的，可以依照刑法第十三条的规定，不作为犯罪处理。”

这里需要指出的是的，根据《最高人民法院、最高人民检察院关于涉以压缩气体为动力的枪支、气枪铅弹刑事案件定罪量刑问题的批复》，实践中要避免出现机械执法现象。2007年公安部《枪支致伤力的法庭科学鉴定判据》采用枪口比动能作为判断枪支致伤力的依据，即非制式枪支致伤力判据为枪口比动能大于等于1.8焦耳/平方厘米。2010年《公安机关涉案枪支弹药性能鉴定工作规定》明确，对不能发射制式弹药的非制式枪支，枪口比动能大于等于1.8焦耳/平方厘米时，一律认定为枪支。实践中，在遵循从严打击涉枪犯罪的情况下，司法机关倾向于从严把握枪支认定标准与数量标准，涉案枪支枪口比动能大于等于1.8焦耳/平方厘米、数量达到《关于审理非法制造、买卖、运输枪支、弹药、爆炸物等刑事案件具体应用法律若干问题的解释》规定的标准时，一律按照相应犯罪定罪处罚，致使个别涉枪案件量刑畸重。究其原因，一定程度上是因为司法解释相关规定缺乏自由裁量空间，更重要的原因在于有的司法人员机械适用《刑法》和司法解释规定。从危害后果看，涉以压缩气体为动力且枪口比动能较低的案件中，对于行为人主观恶性和客观社会危害性都不高的，不能机械按照涉枪犯罪数量标准处罚，而应综合评价社会危害性。任何犯罪行为，体现其社会危害性的要素都很多。对涉以压缩气体为动力且枪口比动能较低的枪支的案件，要坚持社会危害性综合评价原则。比如，枪支枪口比动能略高于1.8焦耳/平方厘米的犯罪案件，不仅应当考虑涉案枪支的数量，而且应当充分考虑涉案的客观因素，比如枪支的外观、材质、发射物、购买场所和渠道、价格、用途、致伤力大小、是否易于通过改制提升致伤力，更要考虑主观因素，比如行为人的主观认知、动机目的、一贯表现、违法所得、是否规避调查等情节等，综合评估社会危害性，做到主客观相统一，确保罪责刑相适应。同理，对于非法制造、买卖、运输、邮寄、储存、持有、私藏、走私气枪铅弹的行为，在决定是否追究刑事责任以及如何裁量刑罚时，也应当综合考虑气枪铅弹的数量、用途以及行为人的动机目的、一贯表现、违法所得、是否规避调查等情节，综合评估社会危害性，确保罪责刑相适应。

（2）正确处理涉枪、涉爆申诉案件。为准确适用法律和司法解释，最高人民法院于2003年1月15日发出《关于处理涉枪、涉爆申诉案件有关问题的通知》，其中规定，2001年《最高人民法院对执行〈关于审理非法制造、买卖、运输枪支、弹药、爆炸物等刑事案件具体应用法律若干问题的解释〉的通知》公布后，“人民法院经审理并已作出生效裁判的非法制造、买卖、运输枪支、弹药、爆炸物等刑事案件，当事人依法提出申诉，经审查认为生效裁判不符合上述《通知》规定的，人民法院可以根据案件的具体情况，按照审判监督程序重新审理，并依照《通知》规定的精神予以改判”。①

（3）在认定非法制造、买卖、运输、邮寄、储存枪支、弹药、爆炸物罪时，应当准确认定行为人手中所持有的枪支、弹药、爆炸物，究竟是上述5种行为中的哪一种。尽管该罪是一个选择性罪名，但是应当认识到，非法制造、

---

① 参见《中华人民共和国最高人民法院公报》2003年第1期，该司法解释部分条款已于2009年11月9日修改（本条文的“相关规定”部分即是最新规定）。

买卖、运输、邮寄、储存这5种行为的危害程度还是有一定区别的，在量刑方面也应当有所不同。

2. 司法实践中，认定非法制造、买卖、运输、储存危险物质罪应注意掌握本罪既遂的标准。本罪在犯罪形态上属于行为犯。只要行为人实施了非法制造、买卖、运输、储存危险物质的行为，就构成本罪，而不论行为人制造、买卖、运输、储存危险物质的目的、动机如何，制造、买卖、运输、储存危险物质的数量多少等。

第一百二十六条　违规制造、销售枪支罪

【法律规定】

● 法律条文 ●

《中华人民共和国刑法》

第一百二十六条　依法被指定、确定的枪支制造企业、销售企业，违反枪支管理规定，有下列行为之一的，对单位判处罚金，并对其直接负责的主管人员和其他直接责任人员，处五年以下有期徒刑；情节严重的，处五年以上十年以下有期徒刑；情节特别严重的，处十年以上有期徒刑或者无期徒刑：

（一）以非法销售为目的，超过限额或者不按照规定的品种制造、配售枪支的；

（二）以非法销售为目的，制造无号、重号、假号的枪支的；

（三）非法销售枪支或者在境内销售为出口制造的枪支的。

● 相关规定 ●

《中华人民共和国枪支管理法》

第三条　国家严格管制枪支。禁止任何单位或者个人违反法律规定持有、制造（包括变造、装配）、买卖、运输、出租、出借枪支。

国家严厉惩处违反枪支管理的违法犯罪行为。任何单位和个人对违反枪支管理的行为有检举的义务。国家对检举人给予保护，对检举违反枪支管理犯罪活动有功的人员，给予奖励。

第十五条　制造民用枪支的企业，由国务院有关主管部门提出，由国务院公安部门确定。

配售民用枪支的企业，由省级人民政府公安机关确定。

制造民用枪支的企业，由国务院公安部门核发民用枪支制造许可证。配售民用枪支的企业，由省级人民政府公安机关核发民用枪支配售许可证件。

民用枪支制造许可证件、配售许可证件的有效期为三年，有效期届满，需要继续制造配售民用枪支的应当重新申请领取许可证件。

第三十九条 违反本法规定，未经许可制造、买卖或者运输枪支的，依照刑法有关规定追究刑事责任。

单位有前款行为的，对单位判处罚金，并对其直接负责的主管人员和其他直接责任人员依照刑法有关规定追究刑事责任。

第四十四条 违反本法规定，有下列行为之一的，由公安机关对个人或者单位负有直接责任的主管人员和其他直接责任人员处警告或者十五日以下拘留；构成犯罪的，依法追究刑事责任：

（一）未按照规定的技术标准制造民用枪支的；

（二）在禁止携带枪支的区域、场所携带枪支的；

（三）不上缴报废枪支的；

（四）枪支被盗、被抢或者丢失，不及时报告的；

（五）制造、销售仿真枪的。

有前款第（一）项至第（三）项所列行为的，没收其枪支，可以并处五千元以下罚款；有前款第（五）项所列行为的，由公安机关、工商行政管理部门按照各自职责范围没收其仿真枪，可以并处制造、销售金额五倍以下的罚款，情节严重的，由工商行政管理部门吊销营业执照。

第四十六条 本法所称枪支，是指以火药或者压缩气体等为动力，利用管状器具发射金属弹丸或者其他物质，足以致人伤亡或者丧失知觉的各种枪支。

第四十八条 制造、配售、运输枪支的主要零部件和用于枪支的弹药，适用本法的有关规定。

《最高人民法院关于审理非法制造、买卖、运输枪支、弹药、爆炸物等刑事案件具体应用法律若干问题的解释》（法释〔2009〕18号）

第三条 依法被指定或者确定的枪支制造、销售企业，实施刑法第一百二十六条规定的行为，具有下列情形之一的，以违规制造、销售枪支罪定罪处罚：

（一）违规制造枪支五支以上的；

（二）违规销售枪支二支以上的；

（三）虽未达到上述最低数量标准，但具有造成严重后果等其他恶劣情节的。

具有下列情形之一的，属于刑法第一百二十六条规定的“情节严重”：

（一）违规制造枪支二十支以上的；

（二）违规销售枪支十支以上的；

（三）达到本条第一款规定的最低数量标准，并具有造成严重后果等其他恶劣情节的。

具有下列情形之一的，属于刑法第一百二十六条规定的“情节特别严重”：

（一）违规制造枪支五十支以上的；

（二）违规销售枪支三十支以上的；

（三）达到本条第二款规定的最低数量标准，并具有造成严重后果等其他恶劣情节的。

【学理分析及适用指引】

● 学理分析 ●

违规制造、销售枪支罪，是指依法被指定、确定的枪支制造企业、销售企业，违反枪支管理规定，以非法销售为目的擅自制造或销售枪支的行为。本罪的构成要件如下：

1. 本罪的客体。本罪所侵犯的客体为社会的公共安全和国家对枪支的管理制度。犯罪对象是枪支，包括公务用枪如军用手枪、步枪、冲锋机枪等，民用用枪如有膛线猎枪、散弹枪、火药枪等狩猎用枪，小口径步枪、手枪、气步枪、气手枪等体育射击运动用枪支，麻醉动物用的注射枪等。不仅指整枪，而且还包括枪支的主要零部件及用于枪支的弹药。

2. 本罪的客观方面。本罪在客观方面表现为违反国家枪支管理规定，擅自制造、销售枪支的行为。《枪支管理法》第16条规定：国家对制造、配售民用枪支的数量，实行限额管理。制造民用枪支的年度限额，经国务院林业、体育等有关主管部门、各级人民政府公安机关提出，由国务院公安部门确定统一编制民用枪序号，下达到民用枪支制造企业。配售民用枪支的年度限额，由国务院林业、体育等有关主管部门、省级人民政府公安机关提出，由国务院公安部门确定并下达到民用枪支配售企业。第17条规定：制造民用枪支的企业不得超过限额制造民用枪支，所制造的民用枪支必须全部交由指定的民用枪支配售企业配售，不得自行销售。配售民用枪支的企业应当在配售限额内，配售指定的企业制造的民用枪支。对于公务用枪，由于配备范围比较确定，因此《枪支管理法》没有明确制造或销售的标准，但企业制造、销售多少，仍实行具体的限额控制。本罪的行为方式根据《刑法》第126条规定，具体表现为下列几种：（1）超过限额制造枪支。所谓超过限额，是指超过国家有关主管部门下达的制造或销售枪支的年数量指标或任务。（2）超过限额销售枪支。所谓销售，除包含销售的意思外，还包括配备的意思，即应在国家有关部门指定的范围向特定的对象进行销售。依法销售枪支的企业即使将枪支销售给指定的对象，但如果超过了国家规定的限额，亦可构成本罪。（3）不按照规定的品种制造枪支，即不按照国家规定的技术标准，擅自改变枪支的性能、结构进行制造，如只能制造步枪的企业去制造机枪等。（4）不按照规定的品种销售枪支，即不按照配购证件载明的品种、型号和数量进行销售，如只能销售体育运动用枪的企业去销售狩猎用枪等。（5）制造无号枪支，即不在枪支指定部位铸印制造厂的厂名、枪种代码和国务院公安部门统一编制的枪支序号。（6）制造重号枪支，即编制的同一枪支序号铸印在两支或多支枪支上，换言之就是两支或多支枪支使用同一序号。（7）制造假号枪支，即在枪支上使用国务院公安部门根本没有下达的序号。（8）非法销售枪支，即违反法律规定擅自销售枪支。既包括制造枪支的企业非法销售行为，亦包括销售枪支企业除超过配额或不按照规定的品种销售以外的其他非法销售的行为，如销售假号、重号、无号枪支等。（9）在境内销售为出口制造的枪支。为出口制造的枪支必须销往境外，如在境内销售，本身即属非法。上述9种行为，只要具备其一的，即可构成本罪。具有两种或多种行为的，只按本罪一罪论处，不实行数罪并罚。罪名则根据行为是属于擅自制造还是属于擅自销售而定为违规制造枪支罪或违规销售枪支罪。如果既有制造又有销售行为的，则为违规制造、销售枪支罪。

3. 本罪的主体。本罪的主体为特殊主体，即依法被指定、确定的枪支制造企业、销售企业。构成本罪的主体不是自然人，而是单位，而且只能是由公安部指定的枪支制造、销售企业。如果是个人或者非被指定的制造、销售企业非法制造、销售枪支，则应以《刑法》第125条定罪处罚。

4. 本罪的主观方面。本罪在主观方面表现为故意，且必须有非法销售的目的，如果行为人不具有此目的，则不构成本罪。

• 适用指引 •

违规制造、销售枪支罪，司法实践中应注意以下几点：一是主体必须是经国家指定的合法生产、销售枪支的企业、单位，否则属于《刑法》第125条的罪名。二是本罪是一个绝对的、纯单位犯罪，自然人不可能构成本罪。三是本罪是行为犯，单位只要实施了法定的三种行为之一，就构成本罪，不要求造成严重后果。

第一百二十七条　盗窃、抢夺枪支、弹药、爆炸物、危险物质罪；抢劫枪支、弹药、爆炸物、危险物质罪

【法律规定】

• 法律条文 •

《中华人民共和国刑法》

第一百二十七条　盗窃、抢夺枪支、弹药、爆炸物的，或者盗窃、抢夺毒

害性、放射性、传染病病原体等物质，危害公共安全的，处三年以上十年以下有期徒刑；情节严重的，处十年以上有期徒刑、无期徒刑或者死刑。

抢劫枪支、弹药、爆炸物的，或者抢劫毒害性、放射性、传染病病原体等物质，危害公共安全的，或者盗窃、抢夺国家机关、军警人员、民兵的枪支、弹药、爆炸物的，处十年以上有期徒刑、无期徒刑或者死刑。

• 相关规定 •

《最高人民法院关于审理非法制造、买卖、运输枪支、弹药、爆炸物等刑事案件具体应用法律若干问题的解释》（法释〔2009〕18号）

第四条 盗窃、抢夺枪支、弹药、爆炸物，具有下列情形之一的，依照刑法第一百二十七条第一款的规定，以盗窃、抢夺枪支、弹药、爆炸物罪定罪处罚：

（一）盗窃、抢夺以火药为动力的发射枪弹非军用枪支一支以上或者以压缩气体等为动力的其他非军用枪支二支以上的；

（二）盗窃、抢夺军用子弹十发以上、气枪铅弹五百发以上或者其他非军用子弹一百发以上的；

（三）盗窃、抢夺爆炸装置的；

（四）盗窃、抢夺炸药、发射药、黑火药一千克以上或者烟火药三千克以上、雷管三十枚以上或者导火索、导爆索三十米以上的；

（五）虽未达到上述最低数量标准，但具有造成严重后果等其他恶劣情节的。

具有下列情形之一的，属于刑法第一百二十七条第一款规定的“情节严重”：

（一）盗窃、抢夺枪支、弹药、爆炸物的数量达到本条第一款规定的最低数量标准五倍以上的；

（二）盗窃、抢夺军用枪支的；

（三）盗窃、抢夺手榴弹的；

（四）盗窃、抢夺爆炸装置，危害严重的；

（五）达到本条第一款规定的最低数量标准，并具有造成严重后果等其他恶劣情节的。

第七条 非法制造、买卖、运输、邮寄、储存、盗窃、抢夺、持有、私藏、携带成套枪支散件的，以相应数量的枪支计；非成套枪支散件以每三十件为一成套枪支散件计。

第十条 实施非法制造、买卖、运输、邮寄、储存、盗窃、抢夺、持有、私藏其他弹药、爆炸物品等行为，参照本解释有关条文规定的定罪量刑标准处罚。

【案例】

周明光抢夺枪支案①

• 案件事实 •

2005年8月4日7时许，佛山市顺德区公安局陈村镇派出所巡警中队民警（以下简称民警）曾某某与治安员林某某着便衣预伏时，发现周明光与黄国健（另案处理）有抢夺他人财物的嫌疑，便驾驶摩托车跟踪周明光与黄国健至佛山市顺德区陈村镇南涌大明铝材厂附近路段，准备利用周明光与黄国健过马路的时机将周明光与黄国健制服。民警曾某某在表明自己是警察的身份后，迅速掏出手枪，喝令周明光坐在地上，但周明光反抗，并伸出双手抓住民警曾某某手中枪支的枪管部分用力往自己怀里拉，企图抢夺枪支。因民警曾某某的奋力阻止而使周明光未能得逞。在摆脱周明光的抢夺后，民警曾某某立即朝天鸣枪示警，周明光则仓皇逃离现场。民警曾某某随即在现场群众赵某某和汤某某的协助下将周明光追至南涌警务区附近的小巷内。周明光见无路可逃，便再次转身逼近民警曾某某，民警曾某某遂再次朝天鸣枪示警，并在群众的协助下将周明光抓获。

• 裁判要旨 •

行为人明知是执行任务的公安人员，出于反抗抓捕的动机而抢夺公务用枪行为但未能得逞的，成立抢夺枪支罪（未遂）。

• 裁判理由 •

广东省佛山市顺德区人民法院于2006年4月19日作出（2006）顺刑初字第00150号刑事判决。依照《刑法》第127条第2款、第55条第1款、第56条第1款、第58条的规定，作出如下判决：被告人周明光犯抢夺枪支罪，判处有期徒刑十一年，剥夺政治权利一年。

判决作出后，被告人周明光不服，提出上诉。其在上诉中提出：他主观上没有非法占有枪支的故意，客观上没有实施抢夺枪支的行为，便衣警察不表明身份就用枪指着他的头部时，他认为遭到了不法侵犯而本能地进行反抗、逃脱，他的行为不构成犯罪。周明光的辩护人辩称：（1）周明光的行为不构成抢夺枪支罪。（2）如定抢夺枪支罪，属于犯罪未遂，可从轻或减轻处罚。

广东省佛山市中级人民法院经审理后认为，民警曾某某在表明自己是警察

---

① 参见广东省佛山市中级人民法院（2006）佛刑一终字第181号。

的身份后，掏出手枪抓获有抢夺嫌疑的上诉人周明光，但上诉人周明光突然反抗并伸出双手抓住民警曾某某手中枪支的枪管部分，并用力往自己怀里拉，企图抢夺枪支。因民警曾某某用力握住枪支才没有被上诉人周明光抢走枪支。民警曾某某鸣枪示警，并与群众一起当场抓获被告人周明光。上述事实有民警曾某某的陈述，与证人赵某某、汤某某的证言相互印证，足以认定上诉人周明光实施了抢夺民警枪支的行为。上诉人和辩护人提出的周明光不构成抢夺枪支罪理由不足，不予采纳。上诉人周明光抢夺枪支的行为由于公安人员的奋力阻止，没有得逞，属于未遂，原判未认定未遂导致量刑不当，应予以纠正。对于未遂犯，可以比照既遂犯从轻或减轻处罚。周明光的辩护人的此项辩护意见具有法律依据，予以采纳。根据《刑事诉讼法》第 189 条第 2 项，《刑法》第 127 条第 2 款、第 23 条的规定，判决如下：一、维持广东省佛山市顺德区人民法院（2006）顺刑初字第 00150 号刑事判决的定罪部分。二、撤销广东省佛山市顺德区人民法院（2006）顺刑初字第 00150 号刑事判决的量刑部分。三、上诉人周明光犯抢夺枪支罪（未遂），判处有期徒刑四年。

【学理分析及适用指引】

• 学理分析 •

1. 盗窃、抢夺枪支、弹药、爆炸物、危险物质罪的构成。盗窃、抢夺枪支、弹药、爆炸物、危险物质罪，是指以非法占有为目的，以秘密窃取的手段或者乘人不备公然夺取枪支、弹药、爆炸物、毒害性、放射性、传染病病原体等物质的行为。本罪的构成要件如下：

（1）本罪的客体。本罪侵犯的客体是公共安全，即不特定多数人的生命、健康和财产安全。本罪的犯罪对象为枪支、弹药、爆炸物和毒害性、放射性、传染病病原体等物质。枪支主要是指以火药或者压缩气体等为动力，利用管状器具发射金属弹丸或者其他物质，足以致人伤亡或者丧失知觉的各种枪支，包括军用的手枪、步枪、冲锋枪、机枪，射击运动用的各种枪支，火药枪，麻醉枪以及狩猎用的枪支等。本罪的对象还包括上述枪支的主要零部件。弹药，是指能为上述枪支所使用的弹药。关于爆炸物的范围，一般认为包括军用爆炸物和民用爆炸物。前者包括各种手榴弹、地雷、炸弹、爆破筒等，后者主要指炸药和雷管等。

《刑法修正案（三）》中规定了毒害性、放射性、传染病病原体。毒害性物质是指含有毒质、具有毒害作用、能够导致有机体死亡的物质，如砒霜；放射性物质是指能够发出核放射线的物质，包括各种核材料和各种运用于临床诊断或治疗的放射性核素制剂等；传染病病原体是指能够传染病菌的物质。除了上述枪支、弹药、爆炸物、毒害性、放射性、传染病病原体之外，还兜底性地规定了“其他毒害物质”，具体是指如同上述物质一样，能对公共安全产生危险的物质。

（2）本罪的客观方面。本罪在客观方面表现为采用秘密窃取的手段或者乘人不备而公然夺取枪支、弹药、爆炸物、危险物质，危害公共安全的行为。盗窃枪支、弹药、爆炸物、危险物质，是指行为人采用秘密窃取手段窃取各种枪支、弹药、爆炸物及危险物质。即行为人采取自认为不使枪支、弹药、爆炸物、危险物质的所有者、保管者发觉的方法，暗中将枪支、弹药、爆炸物、危险物质取走。抢夺枪支、弹药、爆炸物、危险物质，是指行为人乘枪支、弹药、爆炸物、危险物质的所有人、占有人或者管理人不备，公然夺取枪支、弹药、爆炸物、危险物质的行为，即指行为人在枪支、弹药、爆炸物、危险物质的所有者或保管者在场的情况下，突然公开将枪支、弹药、爆炸物、危险物质夺走。

（3）本罪的主体。本罪主体是一般主体。即达到法定刑事责任年龄、具有刑事责任能力的自然人，都可以构成本罪。

（4）本罪的主观方面。本罪在主观方面表现为故意，并且是直接故意。即行为人明知是枪支、弹药、爆炸物、危险物质而故意秘密窃取或公然夺取，希望实现对枪支、弹药、爆炸物、危险物质的非法占有。行为人必须对其盗窃或抢夺的对象——枪支、弹药、爆炸物、危险物质是明知的，即有明确的认识。如果行为人不明知是枪支、弹药、爆炸物、危险物质而窃取、夺取的，如出于非法占有财物的目的行窃，盗窃了枪支、弹药、爆炸物、危险物质的，不构成本罪。而如果行为人将无意中窃取的枪支、弹药、爆炸物、危险物质隐匿不交，则构成非法私藏枪支、弹药、爆炸物罪。

2. 抢劫枪支、弹药、爆炸物、危险物质罪的构成。《刑法》第 127 条第 2 款规定的抢劫枪支、弹药、爆炸物、危险物质罪，是指用暴力、胁迫或其他方法强行夺取枪支、弹药、爆炸物的行为。本罪的构成要件如下：

（1）本罪的客体。本罪侵犯的客体是复杂客体，即公共安全和公民的人身权利。本罪的犯罪对象是枪支、弹药、爆炸物、毒害性、放射性、传染病病原体等物质。根据《枪支管理法》的规定，枪支是指以火药或者压缩气体等为动力，利用管状器具发射金属弹丸或者其他物质，足以致人伤亡或者丧失知觉的各种枪支，包括军用枪支、民用枪支和公务用枪；弹药是指供上述枪支所用的各种弹药；爆炸物是指军用的或者民用的各种爆炸品，如雷管、炸药、雷汞等。

（2）本罪的客观方面。本罪在客观方面表现为对枪支、弹药、爆炸物、危险物质的所有者、持有者或保管者当场使用暴力、胁迫或者其他方法，强行将枪支、弹药、爆炸物、危险物质抢走的行为。暴力是指对枪支、弹药、爆炸物、危险物质的所有人、持有人或保管人实行身体强制，如殴打、捆绑、伤害、禁闭等暴力行为，使其反抗能力受到一定程度的限制，危害其人身安全的手段。暴力必须是针对枪支、弹药、爆炸物、危险物质的所有者、持有者或保管者的人身当场采取的打击或强制。胁迫是指行为人以立即实施暴力相威胁，对枪支、弹药、爆炸物、危险物质的所有者、持有者或保管者实行精神强制，使其产生恐惧，不敢反抗，被迫当场交出枪支、弹药、爆炸物或者任枪支、弹药、爆炸物当场被劫走。胁迫的方式是多种多样的，有语言的、动作的等。行为人当面向枪支、弹药、爆炸物的所有者、持有者或保管者发出胁迫，胁迫的内容是以立即实施暴力相威胁。胁迫的内容是现实的，即如遇反抗会立即将暴力付诸实现。胁迫的目的是劫取枪支、弹药、爆炸物、危险物质。其他方法是指采取暴力、胁迫之外的，与暴力、胁迫方法相当的，使枪支、弹药、爆炸物的所有者、持有者或保管者不知反抗、不能反抗或者不敢反抗的方法。从司法实践中看，其他方法如用酒灌醉、用药物麻醉、使用催眠术、电击或用石灰迷眼等。应当指出的是，使被害人处于不知反抗、不能反抗、不敢反抗的状态，必须是由于犯罪分子实施了其他方法而直接造成的。如果不是由于犯罪分子的行为导致，而是由于被害人自己或与犯罪分子无共同故意的第三者的原因，使被害人处于不知反抗、不能反抗或不敢反抗的状态，犯罪分子利用被害人的这种状态，乘机将枪支、弹药、爆炸物拿走，只能构成盗窃枪支、弹药、爆炸物罪，而不能以本罪论处。行为人无论采用上述哪种手段，都不影响本罪的成立。不过，抢劫枪支、弹药、爆炸物、危险物质罪犯罪客观方面的认定，应以行为人实施犯罪时实际采取的手段为准，而不能以行为人事先预备的手段为准。实践中，行为人事先作了盗窃枪支、弹药、爆炸物、危险物质与抢劫枪支、弹药、爆炸物、危险物质两种准备，携带凶器潜入作案地点，发现无人或值班人员熟睡，于是偷走枪支、弹药、爆炸物、危险物质的，以盗窃枪支、弹药、爆炸物、危险物质罪论处。同理，如果行为人事先只是作盗窃枪支、弹药、爆炸物、危险物质准备，在潜入现场实施盗窃的过程中，惊醒值班人员并被其反抗，行为人当场使用暴力、胁迫或其他手段将枪支、弹药、爆炸物、危险物质劫走、则构成抢劫枪支、弹药、爆炸物、危险物质罪。至于抢劫枪支、弹药、爆炸物、危险物质罪的作案场所，无论是公共场所、荒郊野外、拦路抢劫、入室抢劫，还是空中、海上，都不影响本罪的成立。

（3）本罪的主体。本罪的主体是一般主体。凡年满 16 周岁、具备刑事责任能力的人即可构成本罪的主体。

（4）本罪的主观方面。本罪在主观方面表现为故意犯罪，即明知是枪支、弹药、爆炸物、危险物质而抢劫。如果行为人不知是枪支、弹药、爆炸物、危险物质而加以抢劫的，不构成本罪。例如，出于抢劫财物的目的，而抢劫的却是枪支、弹药、爆炸物、危险物质，只构成抢劫罪。关于行为人抢劫枪支、弹药、爆炸物、危险物质的动机，可能是各种各样的，如有的是为了实施违法犯罪活动，有的则是为了收藏防身，还有的可能是出于好奇，不同的动机对定罪没有影响。

• 适用指引 •

司法实践中，认定本条规定的罪名时应注意：成立盗窃、抢夺、抢劫枪支罪的一个关键条件就是，犯罪人必须是明确认识到自己盗窃、抢夺、抢劫的对象是枪支，而依然实施上述三种行为。因此，在认定三种犯罪时，要求能够证明被告人认识到自己盗窃、抢夺、抢劫的行为对象是或可能是枪支等特定对象。这是本类犯罪与盗窃罪、抢夺罪等财产犯罪区别的关键。

第一百二十八条　非法持有、私藏枪支、弹药罪；非法出租、出借枪支罪

【法律规定】

• 法律条文 •

《中华人民共和国刑法》

第一百二十八条　违反枪支管理规定，非法持有、私藏枪支、弹药的，处三年以下有期徒刑、拘役或者管制；情节严重的，处三年以上七年以下有期徒刑。

依法配备公务用枪的人员，非法出租、出借枪支的，依照前款的规定处罚。

依法配置枪支的人员，非法出租、出借枪支，造成严重后果的，依照第一款的规定处罚。

单位犯第二款、第三款罪的，对单位判处罚金，并对其直接负责的主管人员和其他直接责任人员，依照第一款的规定处罚。

• 相关规定 •

《中华人民共和国枪支管理法》

第三条　国家严格管制枪支。禁止任何单位或者个人违反法律规定持有、制造（包括变造、装配）、买卖、运输、出租、出借枪支。

国家严厉惩处违反枪支管理的违法犯罪行为。任何单位和个人对违反枪支管理的行为有检举的义务。国家对检举人给予保护，对检举违反枪支管理犯罪活动有功的人员，给予奖励。

第五条　公安机关、国家安全机关、监狱、劳动教养机关的人民警察，人

民法院的司法警察，人民检察院的司法警察和担负案件侦查任务的检察人员，海关的缉私人员，在依法履行职责时确有必要使用枪支的，可以配备公务用枪。

国家重要的军工、金融、仓储、科研等单位的专职守护、押运人员在执行守护、押运任务时确有必要使用枪支的，可以配备公务用枪。

配备公务用枪的具体办法，由国务院公安部门会同其他有关国家机关按照严格控制的原则制定，报国务院批准后施行。

第六条 下列单位可以配置民用枪支：

（一）经省级人民政府体育行政主管部门批准专门从事射击竞技体育运动的单位、经省级人民政府公安机关批准的营业性射击场，可以配置射击运动枪支；

（二）经省级以上人民政府林业行政主管部门批准的狩猎场，可以配置猎枪；

（三）野生动物保护、饲养、科研单位因业务需要，可以配置猎枪、麻醉注射枪。

猎民在猎区、牧民在牧区，可以申请配置猎枪。猎区和牧区的区域由省级人民政府划定。

配置民用枪支的具体办法，由国务院公安部门按照严格控制的原则制定，报国务院批准后施行。

第七条 配备公务用枪，由国务院公安部门统一审批。

配备公务用枪时，由国务院公安部门或者省级人民政府公安机关发给公务用枪持枪证件。

第八条 专门从事射击竞技体育运动的单位配置射击运动枪支，由国务院体育行政主管部门提出，由国务院公安部门审批。营业性射击场配置射击运动枪支，由省级人民政府公安机关报国务院公安部门批准。

配置射击运动枪支时，由省级人民政府公安机关发给民用枪支持枪证件。

第九条 狩猎场配置猎枪，凭省级以上人民政府林业行政主管部门的批准文件，报省级以上人民政府公安机关审批，由设区的市级人民政府公安机关核发民用枪支配购证件。

第十条 野生动物保护、饲养、科研单位申请配置猎枪、麻醉注射枪的，应当凭其所在地的县级人民政府野生动物行政主管部门核发的狩猎证或者特许猎捕证和单位营业执照，向所在地的县级人民政府公安机关提出；猎民申请配置猎枪的，应当凭其所在地的县级人民政府野生动物行政主管部门核发的狩猎证和个人身份证件，向所在地的县级人民政府公安机关提出；牧民申请配置猎枪的，应当凭个人身份证件，向所在地的县级人民政府公安机关提出。

受理申请的公安机关审查批准后，应当报请设区的市级人民政府公安机关核发民用枪支配购证件。

第四十一条 违反本法规定，非法持有、私藏枪支的，依照刑法有关规定追究刑事责任。

《最高人民法院关于审理非法制造、买卖、运输枪支、弹药、爆炸物等刑事案件具体应用法律若干问题的解释》（法释〔2009〕18号）

第五条 具有下列情形之一的，依照刑法第一百二十八条第一款的规定，以非法持有、私藏枪支、弹药罪定罪处罚：

（一）非法持有、私藏军用枪支一支的；

（二）非法持有、私藏以火药为动力发射枪弹的非军用枪支一支或者以压缩气体等为动力的其他非军用枪支二支以上的；

（三）非法持有、私藏军用子弹二十发以上，气枪铅弹一千发以上或者其他非军用子弹二百发以上的；

（四）非法持有、私藏手榴弹一枚以上的；

（五）非法持有、私藏的弹药造成人员伤亡、财产损失的。

具有下列情形之一的，属于刑法第一百二十八条第一款规定的“情节严重”：

（一）非法持有、私藏军用枪支二支以上的；

（二）非法持有、私藏以火药为动力发射枪弹的非军用枪支二支以上或者以压缩气体等为动力的其他非军用枪支五支以上的；

（三）非法持有、私藏军用子弹一百发以上，气枪铅弹五千发以上或者其他非军用子弹一千发以上的；

（四）非法持有、私藏手榴弹三枚以上的；

（五）达到本条第一款规定的最低数量标准，并具有造成严重后果等其他恶劣情节的。

第七条 非法制造、买卖、运输、邮寄、储存、盗窃、抢夺、持有、私藏、携带成套枪支散件的，以相应数量的枪支计；非成套枪支散件以每三十件为一成套枪支散件计。

第八条第二款、第三款 刑法第一百二十八条第一款规定的“非法持有”，是指不符合配备、配置枪支、弹药条件的人员，违反枪支管理法律、法规的规定，擅自持有枪支、弹药的行为。

刑法第一百二十八条第一款规定的“私藏”，是指依法配备、配置枪支、弹药的人员，在配备、配置枪支、弹药的条件消除后，违反枪支管理法律、法规的规定，私自藏匿所配备、配置的枪支、弹药且拒不交出的行为。

第九条 因筑路、建房、打井、整修宅基地和土地等正常生产、生活需要，以及因从事合法的生产经营活动而非法制造、买卖、运输、邮寄、储存爆炸物，数量达到本解释第一条规定标准，没有造成严重社会危害，并确有悔改表现的，可依法从轻处罚；情节轻微的，可以免除处罚。

具有前款情形，数量虽达到本解释第二条规定标准的，也可以不认定为刑法第一百二十五条第一款规定的“情节严重”。

在公共场所、居民区等人员集中区域非法制造、买卖、运输、邮寄、储存爆炸物，或者因非法制造、买卖、运输、邮寄、储存爆炸物三年内受到两次以上行政处罚又实施上述行为，数量达到本解释规定标准的，不适用前两款量刑的规定。

第十条 实施非法制造、买卖、运输、邮寄、储存、盗窃、抢夺、持有、私藏其他弹药、爆炸物品等行为，参照本解释有关条文规定的定罪量刑标准处罚。

【案例】

陈海兵非法持有枪支案

• 案件事实 •

2000年6月7日下午，陈海兵经张宏（另案处理）介绍，从花茂占（另案处理）处以800元的价格购得自制小口径手枪1支、子弹40发。当日21时许，陈海兵携带所购得的自制小口径手枪、子弹至盐城市区西苑浴城门前，因和朱某某发生争执，陈海兵遂拔出自制小口径手枪朝天上开了一枪后乘坐出租车离开现场。十分钟左右，陈海兵又乘坐出租车返回西苑浴城门前，坐在出租车内向外开了一枪，发射两弹，致凌某某面部擦伤，经法医鉴定：构成轻微伤。后陈海兵乘坐出租车回家，怀疑有人追赶，在自家门口又对天开了一枪。当陈海兵乘坐出租车逃至盐城市区盐阜人民商场附近时，被“110”警车截停，陈海兵持枪顶着自己的头部拒捕，与公安人员相持一个多小时，围观群众近千人，造成严重社会影响。后陈海兵被公安人员当场抓获，并收缴自制小口径手枪1支、子弹17发。

• 裁判要旨 •

行为人非法购买自制手枪且以自杀相要挟、抗拒抓捕的行为，成立非法持有枪支罪且属于“情节严重”的法定加重情形。

• 裁判理由 •

江苏省盐城市人民检察院认为：被告人陈海兵违反枪支管理规定，非法持有枪支、弹药，其行为已构成非法持有枪支、弹药罪。被告人陈海兵曾因犯罪被判处有期徒刑，在释放后五年内又犯新罪，系累犯。应适用《刑法》第128

条第1款、第65条之规定，依法惩处。依法向江苏省盐城市人民法院提起公诉。被告人陈海兵对起诉指控的犯罪事实无异议。

江苏省盐城市人民法院经过审理后认为：被告人陈海兵违反枪支管理规定，非法持有枪支、子弹，在市区繁华路段使用枪支并抗拒抓捕，情节严重，其行为已构成非法持有枪支、弹药罪。盐城市人民检察院起诉指控被告人陈海兵犯非法持有枪支、弹药罪，事实清楚，证据确实、充分，指控的罪名成立。关于辩护人提出被告人陈海兵检举他人犯罪的问题，查无实据，法院不予采纳。被告人陈海兵曾因犯罪被科刑改造，刑满释放后五年内又犯新罪，系累犯，应从重处罚。

综上，为维护公共安全，严厉打击刑事犯罪，根据《刑法》第128条第1款、第51条、第52条、第65条、第69条、第70条之规定，判决如下：被告人陈海兵犯非法持有枪支、弹药罪，判处有期徒刑六年，剥夺政治权利一年，与前犯流氓罪尚未执行完毕的剥夺政治权利一个月并罚，决定执行有期徒刑六年，剥夺政治权利一年零一个月。

【学理分析及适用指引】

● 学理分析 ●

1. 非法持有、私藏枪支、弹药罪的构成。非法持有、私藏枪支、弹药罪，是指违反枪支管理规定，非法持有、私藏枪支、弹药的行为。本罪的构成要件如下：

（1）本罪的客体。本罪侵犯的客体是公共安全和国家对枪支、弹药的管理秩序。

（2）本罪的客观方面。非法持有、私藏枪支、弹药罪在客观方面表现为行为人违反枪支管理规定，非法持有、私藏枪支、弹药的行为。根据2009年11月《最高人民法院关于审理非法制造、买卖、运输枪支、弹药、爆炸物等刑事案件具体应用法律若干问题的解释》的规定，所谓非法持有，是指不符合配备、配置枪支、弹药条件的人员，违反枪支管理法律、法规的规定，擅自持有枪支、弹药的行为。所谓非法私藏，是指依法配备、配置枪支、弹药的人员，在配备、配置枪支、弹药的条件消除后，违反枪支管理法律、法规的规定，私自藏匿所配备、配置的枪支、弹药且拒不交出的行为。由该司法解释对非法持有枪支和非法私藏枪支的界定可以看出，非法持有枪支强调的是不具有配枪资格的人非法持有枪支，并不要求其客观上有拒绝交出的行为；而对非法私藏枪支，则要求除了非法私藏枪支外，行为人还必须有拒不交出枪支的行为。如果非法持有、私藏的枪支、弹药是自己非法制造、买卖或者盗窃、抢夺的，应以非法制造、买卖枪支、弹药罪或者盗窃、抢夺枪支、弹药罪论处，不再另定私藏枪支、弹药罪。同时，应当将“非法持有、私藏”和“非法储存”区别开来，非法储存枪支是指明知是他人非法制造、买卖、运输、邮寄的枪支、弹药、爆炸物而为其存放的行为。就是说非法持有、私藏的对象是自己的枪支，而非法储存的对象则是他人的枪支。本罪属于选择性罪名，即具备持有、私藏行为之一，即构成犯罪。

（3）本罪的主体。本罪的主体为一般主体。即凡达到刑事责任年龄、具有刑事责任能力的人均可成为本罪主体。单位不可能构成本罪的主体。

（4）本罪的主观方面。本罪在主观方面表现为故意，即明知是禁止私人持有的枪支、弹药，而非法持有、私藏。

2. 非法出租、出借枪支罪的构成。非法出租、出借枪支罪，是指依法配备公务用枪的人员或单位非法出租、出借枪支；或者依法配置枪支的人员和单位，非法出租、出借枪支，造成严重后果的行为。本罪的构成要件如下：

（1）本罪的客体。本罪侵犯的客体是公共安全和国家对枪支的管理制度。

（2）本罪的客观方面。本罪在客观方面表现因主体的不同，可分为两种情况：①依法配备公务用枪人员或单位非法出租、出借枪支的；②依法配置民用枪支的人员或单位，非法出租、出借枪支，造成严重后果的。所谓非法出租枪支，是指违反国家有关枪支的管理规定，擅自收取租金，将公务用枪或民用枪支在一段时间内有偿租给他人或单位暂时使用的行为。所谓非法出借枪支，是指违反国家有关枪支的管理规定，擅自将公务用枪或民用枪支在一段时间内无偿借给他人或单位暂时使用的行为。本罪是选择性罪名，行为人只要实施非法出租或非法出借行为之一的，即可构成本罪。但是，如果行为人既实施了非法出租枪支的行为，又实施了非法出借枪支的行为，也只构成本罪一罪，不实行数罪并罚。此外，本罪因其犯罪主体的不同而构成犯罪的标准也不一样。依法配备公务用枪的人员或单位，只要实施了非法出租、出借公务用枪的行为之一，即构成本罪，而不论其是否造成严重后果。依法配备民用枪支的人员和单位，实施了非法出租、出借民用枪支的行为之后，还必须造成严重后果，才构成本罪，如果说没有造成严重后果，或虽造成一定后果，但后果不严重的，也不构成本罪，只能依相应的其他有关规定处理。此处的“严重后果”，本法没有明文规定，从司法实践来看，主要是指造成了民用枪支丢失，利用出租、出借的民用枪支进行违法犯罪活动或者造成人员伤亡和重大经济损失的等。

（3）本罪的主体。本罪主体为特殊主体，即依法配备公务用枪的人员或单位以及依法配置枪支的人员和单位。根据《枪支管理法》的规定，公安机关、国家安全机关、监狱、劳动教养机关的人民警察，人民法院的司法警察，人民检察院的司法警察和担负案件侦查任务的检察人员，海关的缉私人员，在依法履行职责时确有必要使用枪支的，可以配备公务用枪；国家重要的军工、金融、仓储、科研等单位的专职守护、押运人员在执行守护、押运任务时确有必要使用枪支的，可以配备公务用枪。下列单位可以配置民用枪支：①经省级人民政府体育行政主管部门批准专门从事射击竞技体育运动的单位、经省级人民政府公安机关批准的营业性射击场，可以配置射击运动枪支；②经省级以上人民政府林业行政主管部门批准的狩猎场，可以配置猎枪；③野生动物保护、饲养、科研单位因业务需要，可以配置猎枪、麻醉注射枪。

（4）本罪的主观方面。本罪在主观方面表现为故意，即行为人明知依法配备的公务用枪、依法配置的民用枪支不能出租、出借，而非法进行出租、出借。行为人出租、出借的目的不影响犯罪的成立。

• 适用指引 •

司法实践中，认定本条规定的罪名时应注意：

1. 非法持有、私藏枪支、弹药罪的认定。

（1）本罪属于行为犯，即行为人只要实施了《刑法》第 128 条第 1 款规定的行为，就构成非法持有、私藏枪支、弹药罪。也不论其是否使用了非法持有、私藏的枪支、弹药进行违法犯罪活动。

（2）罪与非罪的界限。对于情节显著轻微，危害不大的持有、私藏枪支、弹药的行为，不能按犯罪处理。例如，猎人没有按照有关规定及时领取配备猎枪许可证，经指明后补领了许可证，就不宜按犯罪来处理，可给予必要的治安处罚。

（3）非法持有、私藏是一种处于作为与不作为之外的第三种状态。在认定是不是构成非法持有、私藏枪支罪时，应当对行为人持有、私藏枪支是不是属于上游犯罪（如非法制造枪支），或者下游犯罪（非法买卖、运输、邮寄枪支等）加以确定，即应当对行为人非法持有枪支的最终目的进行确定，如果不能确定，则以本罪论处。

2. 非法出租、出借枪支罪的认定。

（1）罪与非罪的界限。依法配备公务用枪的人员，只要实施了非法出租、出借枪支的行为就构成本罪。而依法配置枪支的其他人员，只是实施了非法出租、出借枪支（主要是指猎枪、体育竞技等“民用枪支”）的行为，尚不构成犯罪，只有因此造成了严重后果的才构成本罪。

（2）非法出租、出借枪支罪与其他罪的界限。如果行为人在出租、出借枪支时，明知租用人或者借用人将使用租用、借用的枪支进行违法犯罪活动而出租、出借的，对行为人则应以租用人或者借用人所实施的犯罪的共犯追究刑事责任，而不能以非法出租、出借枪支罪定罪处罚。

第一百二十九条　丢失枪支不报罪

【法律规定】

• 法律条文 •

《中华人民共和国刑法》

第一百二十九条　依法配备公务用枪的人员，丢失枪支不及时报告，造成严重后果的，处三年以下有期徒刑或者拘役。

• 相关规定 •

《中华人民共和国枪支管理法》

第五条　公安机关、国家安全机关、监狱、劳动教养机关的人民警察，人民法院的司法警察，人民检察院的司法警察和担负案件侦查任务的检察人员，海关的缉私人员，在依法履行职责时确有必要使用枪支的，可以配备公务用枪。

国家重要的军工、金融、仓储、科研等单位的专职守护、押运人员在执行守护、押运任务时确有必要使用枪支的，可以配备公务用枪。

配备公务用枪的具体办法，由国务院公安部门会同其他有关国家机关按照严格控制的原则制定，报国务院批准后施行。

第二十三条　配备、配置枪支的单位和个人必须妥善保管枪支，确保枪支安全。

配备、配置枪支的单位，必须明确枪支管理责任，指定专人负责，应当有牢固的专用保管设施，枪支、弹药应当分开存放。对交由个人使用的枪支，必须建立严格的枪支登记、交接、检查、保养等管理制度，使用完毕，及时收回。

配备、配置给个人使用的枪支，必须采取有效措施，严防被盗、被抢、丢失或者发生其他事故。

第二十五条　配备、配置枪支的单位和个人必须遵守下列规定：

（一）携带枪支必须同时携带持枪证件，未携带持枪证件的，由公安机关扣留枪支；

（二）不得在禁止携带枪支的区域、场所携带枪支；

（三）枪支被盗、被抢或者丢失的，立即报告公安机关。

【学理分析及适用指引】

• 学理分析 •

丢失枪支不报罪，是指依法配备公务用枪的人员，违反枪支管理规定，丢失枪支不及时报告，造成严重后果的行为。本罪的构成要件如下：

1. 本罪的客体。本罪侵犯的客体是公共安全和国家对枪支的管理制度。

2. 本罪的客观方面。本罪在客观方面表现为丢失枪支后不及时报告，并造成严重后果的行为。

3. 本罪的主体。丢失枪支不报罪的主体是特殊主体，即依法配备公务用枪的人员。根据《枪支管理法》第5条的规定，公安机关、国家安全机关、监狱、劳动教养机关的人民警察，人民法院的司法警察，人民检察院的司法警察和担负案件侦查任务的检察人员，海关的缉私人员，在依法履行职责时确有必要使用枪支的，可以配备公务用枪；国家重要的军工、金融、仓储、科研等单位的专职守护、押运人员在执行守护、押运任务时确有必要使用枪支的，可以配备公务用枪。其他人员不能成为本罪的犯罪主体。

4. 本罪的主观方面。本罪在主观方面表现为过失，即行为人应当预见到丢失枪支不及时报告可能会造成严重的危害社会的结果，但由于疏忽大意而没有预见或已经预见但轻信能够避免，以致发生了严重的危害社会的结果。

• 适用指引 •

在本罪客观方面的认定中应注意以下几个问题：

1. 要有丢失枪支的行为。丢失是指由于疏忽大意而失去对某物的控制。在本罪中就是因为持枪人的疏忽大意而导致失去对枪支的控制。因此，枪支自然意义上的丢失、被盗窃等均属于丢失。而枪支被抢劫、被骗或其他丧失对枪支控制的情况则不属于丢失。

2. 要有不及时报告的行为。不及时报告是指在发现枪支丢失后未立即报告，这是构成本罪的一个重要条件。如果行为人在枪支丢失后一段时间内一直未发觉丢失而被他人利用作案时，不宜认定其是不及时报告。不及时报告有两种情形：一种为丢失枪支根本就不报；另一种虽然也报告了，但为时太迟。报告是不是及时的标准取决于行为人得知枪支丢失和报告之间间隔时间的长短。如果持枪人丢失了枪支，但其却不知情，从而没有报告，并不是不及时报告，自然就不构成本罪。根据《枪支管理法》第30条的规定，枪支被盗、被抢或者丢失的，立即报告公安机关，其中及时报告的对象是公安机关。

3. 因丢失枪支没及时报告而造成严重后果。这是本罪成立的一个法定要件。丢失的枪支落入犯罪分子手中，被其持有、使用或因枪支走火等造成重大人身伤亡后果等。

第一百三十条　非法携带枪支、弹药、管制刀具、危险物品危及公共安全罪

【法律规定】

● 法律条文 ●

《中华人民共和国刑法》

第一百三十条　非法携带枪支、弹药、管制刀具或者爆炸性、易燃性、放射性、毒害性、腐蚀性物品，进入公共场所或者公共交通工具，危及公共安全，情节严重的，处三年以下有期徒刑、拘役或者管制。

● 相关规定 ●

《危险化学品安全管理条例》（国务院令第 591 号）

第三条　本条例所称危险化学品，是指具有毒害、腐蚀、爆炸、燃烧、助燃等性质，对人体、设施、环境具有危害的剧毒化学品和其他化学品。

危险化学品目录，由国务院安全生产监督管理部门会同国务院工业和信息化、公安、环境保护、卫生、质量监督检验检疫、交通运输、铁路、民用航空、农业主管部门，根据化学品危险特性的鉴别和分类标准确定、公布，并适时调整。

《放射性物品运输安全管理条例》（国务院令第 562 号）

第二条　放射性物品的运输和放射性物品运输容器的设计、制造等活动，适用本条例。

本条例所称放射性物品，是指含有放射性核素，并且其活度和比活度均高于国家规定的豁免值的物品。

第三条　根据放射性物品的特性及其对人体健康和环境的潜在危害程度，将放射性物品分为一类、二类和三类。

一类放射性物品，是指Ⅰ类放射源、高水平放射性废物、乏燃料等释放到环境后对人体健康和环境产生重大辐射影响的放射性物品。

二类放射性物品，是指Ⅱ类和Ⅲ类放射源、中等水平放射性废物等释放到环境后对人体健康和环境产生一般辐射影响的放射性物品。

三类放射性物品，是指Ⅳ类和Ⅴ类放射源、低水平放射性废物、放射性药品等释放到环境后对人体健康和环境产生较小辐射影响的放射性物品。

放射性物品的具体分类和名录，由国务院核安全监管部门会同国务院、公

安、卫生、海关、交通运输、铁路、民航、核工业行业主管部门制定。

《民用爆炸物品安全管理条例》（国务院令第653号）

第二条 民用爆炸物品的生产、销售、购买、进出口、运输、爆破作业和储存以及硝酸铵的销售、购买，适用本条例。

本条例所称民用爆炸物品，是指用于非军事目的、列入民用爆炸物品品名表的各类火药、炸药及其制品和雷管、导火索等点火、起爆器材。

民用爆炸物品品名表，由国务院国防科技工业主管部门会同国务院公安部门制订、公布。

第三条 国家对民用爆炸物品的生产、销售、购买、运输和爆破作业实行许可证制度。

未经许可，任何单位或者个人不得生产、销售、购买、运输民用爆炸物品，不得从事爆破作业。

严禁转让、出借、转借、抵押、赠送、私藏或者非法持有民用爆炸物品。

《最高人民法院关于审理非法制造、买卖、运输枪支、弹药、爆炸物等刑事案件具体应用法律若干问题的解释》（法释〔2009〕18号）

第六条 非法携带枪支、弹药、爆炸物进入公共场所或者公共交通工具，危及公共安全，具有下列情形之一的，属于刑法第一百三十条规定的“情节严重”：

（一）携带枪支或者手榴弹的；

（二）携带爆炸装置的；

（三）携带炸药、发射药、黑火药五百克以上或者烟火药一千克以上、雷管二十枚以上或者导火索、导爆索二十米以上的；

（四）携带的弹药、爆炸物在公共场所或者公共交通工具上发生爆炸或者燃烧，尚未造成严重后果的；

（五）具有其他严重情节的。

行为人非法携带本条第一款第（三）项规定的爆炸物进入公共场所或者公共交通工具，虽未达到上述数量标准，但拒不交出的，依照刑法第一百三十条的规定定罪处罚；携带的数量达到最低数量标准，能够主动、全部交出的，可不以犯罪论处。

第七条 非法制造、买卖、运输、邮寄、储存、盗窃、抢夺、持有、私藏、携带成套枪支散件的，以相应数量的枪支计；非成套枪支散件以每三十件为一成套枪支散件计。

《管制刀具认定标准》（公通字〔2007〕2号）

一、凡符合下列标准之一的，可以认定为管制刀具：

1. 匕首：带有刀柄、刀格和血槽，刀尖角度小于60度的单刃、双刃或多刃尖刀。

2. 三棱刮刀：具有三个刀刃的机械加工用刀具。

3. 带有自锁装置的弹簧刀（跳刀）：刀身展开或弹出后，可被刀柄内的弹簧或卡锁固定自锁的折叠刀具。

4. 其他相类似的单刃、双刃、三棱尖刀：刀尖角度小于60度，刀身长度超过150毫米的各类单刃、双刃和多刃刀具。

5. 其他刀尖角度大于60度，刀身长度超过220毫米的各类单刃、双刃和多刃刀具。

二、未开刀刃且刀尖倒角半径R大于2.5毫米的各类武术、工艺、礼品等刀具不属于管制刀具范畴。

三、少数民族使用的藏刀、腰刀、靴刀、马刀等刀具的管制范围认定标准，由少数民族自治区（自治州、自治县）人民政府公安机关参照本标准制定。

四、述语说明：

1. 刀柄：是指刀上被用来握持的部分。

2. 刀格（挡手）：是指刀上用来隔离刀柄与刀身的部分。

3. 刀身：是指刀上用来完成切、削、刺等功能的部分。

4. 血槽：是指刀身上的专用刻槽。

5. 刀尖角度：是指刀刃与刀背（或另一侧刀刃）上距离刀尖顶点10毫米的点与刀尖顶点形成的角度。

6. 刀刃（刃口）：是指刀身上用来切、削、砍的一边，一般情况下刃口厚度小于0.5毫米。

7. 刀尖倒角：是指刀尖部所具有的圆弧度。

【案例】

杨某某非法携带危险物品危及公共安全案①

• 案件事实 •

2002年2月23日，杨某某将郭某某（另案处理）送的两套爆炸装置（每套装置包括TNT炸药一块、铜管一枚、导火索一段）带回寨上暂住处藏匿。3月下旬，杏林区杏林镇计生办多次通知杨某某去办理其违反计划生育的有关事宜，杨某某怕去处理时被扣留，就想带爆炸装置威胁计生干部，以便逃跑。3月25日，杨某某将其中一套爆炸装置的铜管插入炸药，放在包中，并乘坐公共

① 参见最高人民法院中国应用法学研究所编：《人民法院案例选》（2004年刑事专辑），人民法院出版社2005年版。

汽车，将该爆炸装置带到杏林区内林村其女友高某淑家中存放，还告诉高某淑是炸药，很危险，不要去动。后来，杨某某去杏林镇计生办时就将该套爆炸装置带在身边。3 月 28 日，当杨某某与高某淑的父亲高某标一起在杏林镇计生办干部的陪同下，到仙游县赖店镇计生办办理相关手续时，又将该套爆炸装置带在身边。杨某某当日返回厦门，到同安下车后，又携带该爆炸装置搭乘公共汽车到湖里区，并直接带到厦门灿坤电器实业股份有限公司上班，被门卫叶某某查获。

• 裁判要旨 •

行为人基于个人目的，非法携带爆炸装置乘坐公共交通工具的行为，依法应当成立非法携带危险物品危及公共安全罪。

• 裁判理由 •

对于杨某某的行为究竟是构成非法运输、储存危险物质罪，还是构成非法携带危险物品危及公共安全罪，厦门市湖里区人民检察院认为构成非法运输、储存危险物质罪，而杨某某的辩护人温锦标、杨瑜则提出：被告人杨某某的行为不构成非法运输、储存危险物质罪，而是非法携带危险物品危及公共安全罪。根据《最高人民法院关于审理非法制造、买卖、运输枪支、弹药、爆炸物等刑事案件具体应用法律若干问题的解释》第 8 条的规定，非法储存危险物质罪必须是为他人储存非法制造、买卖、运输、邮寄的危险物质，而私藏属于自己的危险物品不构成本罪。本案爆炸物的所有权随郭某某赠送行为的完成而转移给杨某某，因此不存在为他人存放的问题。另外，非法储存和非法持有、私藏的内涵界定是不一样的，因此，公诉人对最高人民法院的司法解释作任意的扩大化解释，显然不符合法律条文的本义。而非法运输危险物质罪，是指未经有关主管部门批准，使用交通工具运载输送危险物质的行为。被告人杨某某随身携带爆炸物乘坐公共汽车应构成非法携带危险物品危及公共安全罪，而非非法运输危险物质罪。至于其携带爆炸装置出入计生办以及灿坤公司，不能认定为进入公共场所，乘坐杏林计生办的车也非进入公共交通工具，对上述行为不应定罪处罚。公诉人关于法条竞合，即非法携带危险物品危及公共安全罪包容在非法运输危险物质罪里的观点，不符合立法本意。

福建省厦门市湖里区人民法院根据上述事实和证据认为：被告人杨某某违反法律、法规，携带爆炸装置乘坐公共汽车，危及公共安全，情节严重，其行为已构成非法携带危险物品危及公共安全罪。根据《最高人民法院关于审理非法制造、买卖、运输枪支、弹药、爆炸物等刑事案件具体应用法律若干问题的解释》第 8 条第 1 款之规定，非法储存危险物质罪是指明知是他人非法制造、买卖、运输、邮寄的枪支、弹药、爆炸物而为其存放的行为。本案中被告人杨某某从郭某某处得到爆炸装置后，其将爆炸装置放在暂住处及其女友住处，均是为了自己，而非为他人存放，故对该存放行为不应定罪。而非法运输危险物质罪，是指违反国家有关法律、法规，非法运输爆炸物等危险物质的行为，运输的方式虽然可以包括携带，但作为运输方式中的携带与单纯的携带在主观目的上是不相同的。本案中被告人杨某某是在去杏林计生办处理问题时，为了恐吓计生干部而随身携带爆炸装置，从主观上看，其不是为了转移爆炸装置实施运输，而是为了使用爆炸装置才随身携带，其携带爆炸装置乘坐公共汽车的行为，只符合非法携带危险物品危及公共安全罪的犯罪构成要件，不存在与非法运输危险物质罪法条竞合的问题，故对该犯罪行为应认定为非法携带危险物品危及公共安全罪。综上，公诉机关起诉指控被告人杨某某犯非法运输、储存危险物质罪定性不准确，应予纠正。被告人杨某某归案后坦白认罪态度较好，可酌情从轻处罚。被告人杨某某及其辩护人提出的关于没想实际点燃爆炸装置的辩解，不影响对杨某某的定罪。辩护人提出的其余辩护意见理由充分，可以采纳。

综上，福建省厦门市湖里区人民法院依照《刑法》第 130 条之规定，作出如下判决：被告人杨某某犯非法携带危险物品危及公共安全罪，判处有期徒刑一年。

【学理分析及适用指引】

• 学理分析 •

非法携带枪支、弹药、管制刀具、危险物品危及公共安全罪，是指非法携带枪支、弹药、管制刀具或者爆炸性、易燃性、放射性、毒害性、腐蚀性物品，进入公共场所或者公共交通工具，危及公共安全，情节严重的行为。本罪的构成要件如下：

1. 本罪的客体。本罪侵犯的客体是国家对公共场所或者公共交通工具的正常管理活动，以及不特定多数人的生命、健康和重大公私财产的安全。其犯罪对象是枪支、弹药、管制刀具以及爆炸性、放射性、易燃性、毒害性、腐蚀性等物品。

2. 本罪的客观方面。本罪在客观方面表现为非法携带枪支、弹药、管制刀具或者具有爆炸性、放射性、易燃性、毒害性、腐蚀性等危险物品进入公共场所或者公共交通工具，危及公共安全，情节严重的行为。

本罪的客观方面包括以下几个方面：首先，行为人必须是切实携带了上述枪支、弹药等危险物品；其次，行为人携带这些危险物品必须进入了公共场所或公共交通工具。所谓公共场所，是指街道、商店、公园、广场、码头、车站、机场、学校、礼堂、医院、图书馆、博物馆、体育场、动物园等。所谓公共交通工具，是指从事旅客运输的列车、轮船、公共汽车、公共电车、民用航空器等运输工具。如果行为人即便是携带了上述危险物品但未出现在公共场所或公共交通工具，则不会危及公共安全，自然也就不能构成本罪；再次，携带上述危险物品必须危及公共安全。相反，即便是行为人携带了上述危险品，但行为人采取了良好的防护措施，没有危及公共安全的可能性，也不构成本罪；最后，必须达到情节严重。本罪是典型的情节犯，对于情节显著轻微，携带数量很少，没有造成危害后果的，则不宜认为构成本罪。根据《最高人民法院关于审理非法制造、买卖、运输枪支、弹药、爆炸物等刑事案件具体应用法律若干问题的解释》，非法携带枪支、弹药、爆炸物进入公共场所或者公共交通工具，危及公共安全，具有下列情形之一的，属于“情节严重”：（1）携带枪支或者手榴弹的；（2）携带爆炸装置的；（3）携带炸药、发射药、黑火药五百克以上或者烟火药一千克以上、雷管二十枚以上或者导火索、导爆索二十米以上的；（4）携带的弹药、爆炸物在公共场所或者公共交通工具上发生爆炸或者燃烧，尚未造成严重后果的；（5）具有其他严重情节的。行为人非法携带上述第三项规定的爆炸物进入公共场所或者公共交通工具，虽未达到上述数量标准，但拒不交出的，依照本罪定罪处罚；携带的数量达到最低数量标准，能够主动、全部交出的，可不以犯罪论处。

3. 本罪的主体。本罪的主体为一般主体。凡达到法定刑事责任年龄、具有刑事责任能力的自然人均能构成本罪。

4. 本罪的主观方面。本罪在主观方面表现为故意，即行为人明知是枪支、弹药、管制刀具而故意非法携带进入公共场所或者交通工具。包括直接故意和间接故意。至于其主观目的如何不影响犯罪的成立。但如果行为人不知道，被他人欺骗或利用而携带，由于其主观上不明知，没有犯罪故意，不构成本罪。

• 适用指引 •

司法实践中，认定本罪应注意：非法携带枪支、弹药、管制刀具、危险物品危及公共安全罪的核心行为是非法携带，核心危害是公共安全。故此，应当确信行为人在公共场所或者公共交通工具非法携带枪支、弹药、管制刀具、危险物品不是出于非法买卖、运输、邮寄等目的。应当综合行为人携带枪支、弹药、管制刀具、危险物品的客观行为和行为人主观意图来确定。

第一百三十一条　重大飞行事故罪

【法律规定】

• 法律条文 •

《中华人民共和国刑法》

第一百三十一条　航空人员违反规章制度，致使发生重大飞行事故，造成严重后果的，处三年以下有期徒刑或者拘役；造成飞机坠毁或者人员死亡的，处三年以上七年以下有期徒刑。

• 相关规定 •

《中华人民共和国民用航空法》

第一百九十九条　航空人员玩忽职守，或者违反规章制度，导致发生重大飞行事故，造成严重后果的，依照刑法有关规定追究刑事责任。

【案例】

齐某甲重大飞行事故案[①]

• 案件事实 •

2010 年 8 月 24 日晚，齐某甲担任机长执行河南航空 E190 机型 B3130 号飞机哈尔滨至伊春 VD8387 定期客运航班任务，由朱某甲担任副驾驶，二人均为首次执行伊春林都机场飞行任务。当日航班上共有 96 人，其中机组 5 人，乘客 91 人。20 时 51 分飞机从哈尔滨太平国际机场起飞，21 时 10 分飞行机组首次与伊春林都机场塔台建立联系，塔台管制员向飞行机组通报着陆最低能见度为 2800 米。按照河南航空《飞行运行总手册》规定，首次执行某机场飞行任务应将着陆最低能见度增加到 3600 米，但飞行机组没有执行此规定，继续实施进近。21 时 33 分 50 秒飞行机组完成程序转弯，飞机高度 1138 米，报告跑道能见，机场管制员发布着陆许可，并提醒飞行机组最低下降高度 440 米。按照中国民用航空局《大型飞机公共航空运输承运人运行合格审定规则》规定，当飞机到达最低下降高，在进近复飞点之前的任何时间内，驾驶员至少能清楚

① 参见黑龙江省伊春市中级人民法院（2015）伊中刑一终字第 2 号。

地看到和辨认计划着陆跑道的目视参考，方可继续进近到低于最低下降高度并着陆。21 时 37 分 31 秒飞机穿越最低下降高度 440 米，但此时飞机仍然在辐射雾中，飞行机组未能看见机场跑道。21 时 38 分 05 秒至 08 秒飞机无线电高度自动语音连续提示飞机距离地面高度。此时飞行机组始终未能看见机场跑道，未建立着陆所必须的目视参考，未采取复飞措施。21 时 38 分 08 秒飞机在位于伊春市林都机场 30 号跑道入口外跑道延长线上 690 米处坠毁。事故发生后，机长齐某甲擅自撤离飞机。机上幸存人员分别通过飞机左后舱门、驾驶舱左侧滑动窗和机身壁板的两处裂口逃生。事故共造成 41 名乘客和 3 名机组人员死亡，14 人重伤，29 人轻伤，8 人轻微伤，1 人未作伤情鉴定，直接经济损失人民币 30891 万元。

• 裁判要旨 •

违反操作规程并造成重大伤亡事故是重大飞行事故罪构成的基本要件。

• 裁判理由 •

伊春区人民法院认为，被告人齐某甲作为客运航班当班机长，违反航空运输管理的有关规定，违规操纵飞机实施进近并着陆，致使飞机坠毁，造成机上 44 人死亡、52 人受伤，直接经济损失人民币 30891 万元的严重后果，其行为已构成重大飞行事故罪，应当依法承担刑事责任。根据国家安全生产监督管理总局事故调查报告，本起事故的直接原因是机长及飞行机组违规操纵飞机所致，齐某甲作为机长应对事故发生负直接责任。鉴于本案的具体情节及齐某甲认罪悔罪的表现，可对齐某甲从轻处罚。依照《刑法》第 131 条、第 47 条、第 61 条的规定，认定被告人齐某甲犯重大飞行事故罪，判处有期徒刑三年。

宣判后，齐某甲不服，以一审法院未说明理由，拒绝辩护人提出的证人出庭及调取新证据的申请，违反程序；一审判决认定其事故发生后能救却不救的事实没有依据，属于杜撰；一审法院安排的专业人员在出庭时歪曲事实；一审判决将结论不客观、不真实的事故调查报告作为证据使用错误；此次空难系多因一果，量刑畸重为理由，提出上诉。辩护人除提出与齐某甲上诉理由相同的辩护意见外，还提出一审法院未允许辩护人对机组与伊春塔台通话录音充分辨认，违反程序；未查明地形警告系统不起作用的原因的辩护意见。

法院经依法全面审查，对一审判决认定的事实及所列证据予以确认。

黑龙江省伊春市中级人民法院审理后认为，上诉人齐某甲作为客运航班当班机长，违反航空运输管理的有关规定，违规操纵飞机实施进近着陆，致使飞机坠毁，造成多人伤亡和重大经济损失，其行为已构成重大飞行事故罪。根据一审庭前会议和庭审记录，一审法院对于辩护人所提通知证人出庭和调取新证据的申请已作出安排，并在第二次庭前会议时播放了辩护人申请调取的包括机组与伊春塔台通话录音的驾驶舱话音记录，听取了辩护人的意见；庭审中经法庭询问，辩护人当庭表示不再申请证人出庭作证，亦未再提出调取新证据的申请。齐某甲及其辩护人所提一审法院未说明理由，拒绝辩护人提出的证人出庭和调取新证据的申请及辩护人提出的一审法院未允许其对通话录音充分辨认的上诉理由和辩护意见不能成立。一审判决认定“事故发生后，机长齐某甲擅自撤离飞机”的事实，有齐某甲的供述、部分受害人陈述及河南航空《飞行运行总手册》关于航空器遇险时机长职责的规定予以证实。齐某甲及其辩护人所提一审判决杜撰事实的上诉理由和辩护意见不能成立。事故调查报告是由国务院组织专业技术人员通过调查分析和科学论证作出的，其结论与其他证据能够相互印证，可以作为定案的根据。齐某甲及其辩护人所提事故调查报告不客观、不真实，一审法院认定错误的上诉理由和辩护意见不能成立。两名具有航空专业知识的人员在一审庭审中，只是对事故调查报告和航空专业知识作出说明和解释。齐某甲及其辩护人所提具有专门知识的人员在庭审中歪曲事实的上述理由和辩护意见不能成立。此次事故造成飞机坠毁，44 人死亡，52 人受伤，直接经济损失 30891 万元的严重后果，齐某甲作为机长应负直接责任。一审判决考虑到本案的具体情节，已对齐某甲予以从轻处罚，齐某甲及其辩护人所提一审判决量刑畸重的上诉理由及辩护意见，不予采纳。一审判决认定的事实清楚，证据确实、充分，定罪准确，量刑适当。审判程序合法。依照《刑事诉讼法》第 225 条第 1 款第 1 项的规定，裁定如下：驳回上诉，维持原判。

【学理分析及适用指引】

• 学理分析 •

重大飞行事故罪，是指航空人员违反规章制度，因而发生重大飞行事故，危及公共安全，造成严重后果的行为。本罪的构成要件如下：

1. 本罪的客体。本罪侵犯的客体，是空中运输的正常秩序和空中运输的安全。这些交通运输活动一旦发生重大事故，就会危及公共安全，使人民生命财产遭受重大损失。

2. 本罪的客观方面。本罪在客观方面表现为，在空中运输活动中违反规章制度，因而发生重大事故，致人重伤、死亡或者使公私财产遭受重大损失的行为。具体地说，重大飞行事故罪的客观方面是由以下 3 个因素组成的：

（1）航空人员必须有违反规章制度，致使发生重大飞行事故，造成严重后果的行为。违反规章制度是指违反与飞行安全有关的规章制度，例如，航空维修人员不认真检查、维修航空器，未及时发现航空器的故障；领航员领航不正确；飞机起飞前，机长不对航空器进行全面检查；飞机遇险时机长未采取必要的挽救措施；机组人员未经机长批准擅自离开航空器等。

（2）必须造成重大事故，致人重伤、死亡或者使公私财产遭受重大损失的严重后果。所谓重大事故，根据民航飞行事故划分标准，是指造成死亡39人以下，或者飞机失踪，该飞机上人员在39人以下，或者飞机迫降到无法运出的地方。所谓严重后果，一般是指飞机等航空器或者其他航空设施受到严重损坏，航空器上人员遭受重伤，公私财产受到严重损失等。如果造成了飞机坠毁或者人员死亡的，应适用本条给予处罚。如果只有航空人员的违章行为，没有实际发生重大飞行事故，则对行为人予以行政处分，不能追究其刑事责任。按照民航飞行事故划分标准，本条基本犯罪构成中的重大飞行事故中已包含致人死亡的情况，而且最多可致39人死亡。这就是说，造成1～39人死亡，属于重大飞行事故，应适用第一档法定刑，处三年以下有期徒刑或者拘役。但本条第二档法定刑的适用条件仍然是造成人员死亡。这样一来，造成人员死亡的，既可适用第一档法定刑，也可适用第二档法定刑。这在司法实践中应如何解决，有待立法机关或司法机关作出解释。

（3）严重后果必须是违章行为引起的，二者之间须存在因果关系。违反规章制度，致人重伤、死亡或者使公私财产遭受重大损失的行为，必须发生在从始发机场准备载人装货至终点机场旅客离去、货物卸完的整个交通运输活动过程中。

以上3个因素相互联系、相互制约、不可分割、缺一不可。

3. 本罪的主体。本罪的主体为特殊主体，必须是航空人员。根据《民用航空法》的规定，航空人员，是指从事民用航空活动的空勤人员和地勤人员。空勤人员包括驾驶员、领航员、飞行通信员、机械员、乘务员，地勤人员包括民用航空维护人员、空中交通管制员、飞行签派员、航空台通信员。因为他们担负的职责同交通运输安全直接关系，一旦不正确履行自己的职责，都可能造成重大事故。

4. 本罪的主观方面。本罪在主观方面表现为过失，包括疏忽大意的过失和过于自信的过失。这种过失主要是指行为人对危害后果的态度而言。行为人在违反规章制度上可能出于故意，但他对于发生飞行事故的严重后果则是过失的，即他应当预见而未预见到可能发生严重后果，或者虽然预见，但轻信可以避免，以致发生了严重的后果。如果出于故意，就不构成本罪，而属于其他犯罪了。

• 适用指引 •

司法实践中，认定本罪应注意：

1. 本罪罪与非罪的界限。如果航空人员在履行职责义务时，并没有违反规章制度，或者并未导致重大飞行事故的发生，或者虽然发生事故但没有造成严重后果的，都不构成犯罪。

2. 本罪与暴力危及飞行安全罪的界限。两者都属于危害航空运输安全的犯罪，其主要区别在于：（1）在犯罪形态上，前者属于结果犯，即只有导致发生重大飞行事故，造成严重后果的，才构成犯罪；而后者属于行为犯，即只要行为人实施了危及飞行安全的行为，就构成本罪，而不论是否发生了严重后果。（2）前者在主观方面表现为过失；而后者在主观方面表现为直接故意。（3）前者为特殊主体，即只有航空人员才能构成本罪；而后者则为一般主体。

第一百三十二条　铁路运营安全事故罪

【法律规定】

• 法律条文 •

《中华人民共和国刑法》

第一百三十二条　铁路职工违反规章制度，致使发生铁路运营安全事故，造成严重后果的，处三年以下有期徒刑或者拘役；造成特别严重后果的，处三年以上七年以下有期徒刑。

• 相关规定 •

《中华人民共和国铁路法》

第五十八条　因铁路行车事故及其他铁路运营事故造成人身伤亡的，铁路运输企业应当承担赔偿责任；如果人身伤亡是因不可抗力或者由于受害人自身的原因造成的，铁路运输企业不承担赔偿责任。

违章通过平交道口或者人行过道，或者在铁路线路上行走、坐卧造成的人身伤亡，属于受害人自身的原因造成的人身伤亡。

第七十一条　铁路职工玩忽职守、违反规章制度造成铁路运营事故的，滥用职权、利用办理运输业务之便谋取私利的，给予行政处分；情节严重、构成犯罪的，依照刑法有关规定追究刑事责任。

《最高人民法院、最高人民检察院关于办理危害生产安全刑事案件适用法律若干问题的解释》（法释〔2015〕22号）

第六条　实施刑法第一百三十二条、第一百三十四条第一款、第一百三十五条、第一百三十五条之一、第一百三十六条、第一百三十九条规定的行为，因而发生安全事故，具有下列情形之一的，应当认定为“造成严重后果”或者“发生重大伤亡事故或者造成其他严重后果”，对相关责任人员，处三年以下有期徒刑或者拘役：

（一）造成死亡一人以上，或者重伤三人以上的；

（二）造成直接经济损失一百万元以上的；

（三）其他造成严重后果或者重大安全事故的情形。

第七条 实施刑法第一百三十二条、第一百三十四条第一款、第一百三十五条、第一百三十五条之一、第一百三十六条、第一百三十九条规定的行为，因而发生安全事故，具有下列情形之一的，对相关责任人员，处三年以上七年以下有期徒刑：

（一）造成死亡三人以上或者重伤十人以上，负事故主要责任的；

（二）造成直接经济损失五百万元以上，负事故主要责任的；

（三）其他造成特别严重后果、情节特别恶劣或者后果特别严重的情形。

第十条 在安全事故发生后，直接负责的主管人员和其他直接责任人员故意阻挠开展抢救，导致人员死亡或者重伤，或者为了逃避法律追究，对被害人进行隐藏、遗弃，致使被害人因无法得到救助而死亡或者重度残疾的，分别依照刑法第二百三十二条、第二百三十四条的规定，以故意杀人罪或者故意伤害罪定罪处罚。

第十二条 实施刑法第一百三十二条、第一百三十四条至第一百三十九条之一规定的犯罪行为，具有下列情形之一的，从重处罚：

（一）未依法取得安全许可证件或者安全许可证件过期、被暂扣、吊销、注销后从事生产经营活动的；

（二）关闭、破坏必要的安全监控和报警设备的；

（三）已经发现事故隐患，经有关部门或者个人提出后，仍不采取措施的；

（四）一年内曾因危害生产安全违法犯罪活动受过行政处罚或者刑事处罚的；

（五）采取弄虚作假、行贿等手段，故意逃避、阻挠负有安全监督管理职责的部门实施监督检查的；

（六）安全事故发生后转移财产意图逃避承担责任的；

（七）其他从重处罚的情形。

实施前款第五项规定的行为，同时构成刑法第三百八十九条规定的犯罪的，依照数罪并罚的规定处罚。

第十三条 实施刑法第一百三十二条、第一百三十四条至第一百三十九条之一规定的犯罪行为，在安全事故发生后积极组织、参与事故抢救，或者积极配合调查、主动赔偿损失的，可以酌情从轻处罚。

【案例】

蒋某某、徐某某、马某某铁路运营安全事故案

• 案件事实 •

2000年6月13日，蒋某某、徐某某、马某某负责兰新线k644+345m处新建1-4.0M框架桥工程的施工工作。在施工中被告人蒋某某与被告人徐某某、马某某商议，擅自决定利用列车运行间隙，将原计划用两天时间完成的抽换枕木作业，改为一天完成。6月14日下午3时许，蒋某某、徐某某、马某某在既没有掌握兰新线k644+345m处下行无缝线路轨温已超过锁定轨温值，又对施工没有精心组织防护、合理分工的情况下，盲目违章作业，致使施工现场管理混乱。出现了胀轨、k644+348.24m处连续两根轨枕两端无道钉固定、k644+352m处连续四根轨枕无垫板、道钉固定，轨枕与钢轨之间最大间隙达70mm的现象。当蒋某某、徐某某、马某某发现情况后，既没有组织民工采取补救措施，又没有采取有效的防护措施，而是盲目轻信列车能够通过，加之X295次行包专列8位至18位11辆车存在严重超载和偏载现象（超载174.18吨，其中机后第8位车辆货物装载重量38.26吨，超载8.26吨，且右侧装载建筑瓷砖20.537吨），致使该次列车于17时12分行至兰新线k644+352m处时，发生颠覆（其中机次第8~9位脱线、第10~17位颠覆，第18位1位台车脱线），颠覆车辆侵入上行线路，致使铁路上行线路中断行车9小时29分，下行线路中断行车22小时15分；车辆报废6辆，大破2辆，中破3辆；损坏钢轨350米，混凝土轨枕568根，影响旅客列车8列，货物列车17列，造成直接经济损失214万元。

• 裁判要旨 •

铁路工作人员在负责指挥铁路工程施工过程中违反规章制度，擅自更改工期，导致铁路设施存在严重瑕疵，造成列车脱轨重大事故的，依法应当构成铁路运营安全事故罪。

• 裁判理由 •

公诉机关指控：被告人蒋某某、徐某某身为铁路职工，在负责兰新线施工中，违反有关规章制度冒险作业，致使发生铁路运营事故，造成严重后果，其行为均已构成铁路运营安全事故罪；被告人马某某身为民工的负责人，在工作中玩忽职守，致使发生行车重大事故，造成严重后果，其行为已构成重大责任事故罪。被告人蒋某某、徐某某、马某某对起诉书指控的事实和证据无辩解。

被告人马某某的辩护人对起诉书指控的事实和证据无异议，但辩称被告人马某某的行为不构成犯罪，理由是被告人马某某没有不服从管理、没有违反规章制度、没有强迫职工违章冒险作业，马某某从事的是体力劳动，作为民工负责人只是调配劳动力，对施工没有决定权，故不构成重大责任事故罪。

武威铁路运输法院认为：X295 次货物列车脱轨重大事故的主要原因是违章蛮干造成枕木缺钉、线路失稳、胀轨跑道所致；列车严重超载、偏载也是本次事故发生的原因之一。被告人蒋某某身为施工现场的负责人，违反规章制度，擅自变更作业计划，盲目追求进度，致使发生铁路运营事故，造成严重后果，其行为已构成铁路运营安全事故罪。被告人徐某某身为施工现场负责技术的工作人员，违反规章制度，致使现场出现胀轨、连续四根轨枕无垫板、道钉，造成线路失稳，而不采取有效防护措施，导致重大行车事故发生，造成严重后果，其行为已构成铁路运营安全事故罪。被告人马某某身为承包方的现场负责人，违反铁路规章制度隔六抽一的规定，致使施工现场出现连续二根轨枕无道钉、连续四根轨枕无垫板、道钉的现象，导致铁路行车重大事故，造成严重后果，其行为已构成铁路运营安全事故罪。武威铁路运输检察院起诉书指控被告人蒋某某、徐某某犯铁路运营安全事故罪成立；指控被告人马某某犯重大责任事故罪不妥，因为被告人马某某从事的工作直接和铁路运营安全紧密相关，且其行为受铁路桥隧施工合同的约束，应视为铁路职工，其行为构成铁路运营安全事故罪。被告人马某某的辩护人辩称被告人马某某的行为不构成犯罪的理由，与庭审查明的事实不符，被告人马某某身为承包方施工现场负责人，对施工质量、安全负有直接责任，在发现违章作业和出现险情的情况下不制止，不采取有效措施加以避免，对工作严重不负责任，以致发生重大事故，对此，马某某负有不可推卸的责任；故对辩护人的辩护意见不予采纳。三被告人归案后，能如实供述所犯罪行，认罪态度较好，可以酌情从轻处罚。

综上，为了保护公共安全不受侵犯，维护铁路运输秩序，打击刑事犯罪活动，依照《刑法》第 132 条、第 72 条第 1 款的规定，判决如下：一、被告人蒋某某犯铁路运营安全事故罪，判处有期徒刑一年零六个月，宣告缓刑二年。二、被告人徐某某犯铁路运营安全事故罪，判处有期徒刑一年，宣告缓刑一年零六个月。三、被告人马某某犯铁路运营安全事故罪，判处有期徒刑六个月，宣告缓刑一年。

【学理分析及适用指引】

• 学理分析 •

铁路运营安全事故罪，是指铁路职工违反规章制度，致使发生铁路运营安全事故，造成严重后果的行为。本罪的构成要件如下：

1. 本罪的客体。本罪侵犯的客体是铁路运输的正常秩序和铁路运输的安全。

2. 本罪的客观方面。本罪在客观方面表现为在铁路运输活动中违反规章制度，因而发生运营事故，造成严重后果的行为。具体地讲要构成本罪，其客观方面必须同时符合以下条件：

（1）行为必须违反保障铁路运输安全的各种规章制度。违反规章制度是构成本罪的前提，如果运营事故不是由违反规章制度的行为所引起，则行为人不构成本罪。违反规章制度的行为可以有多种表现形式，如超速行驶、错扳道岔或错发信号等。

（2）必须发生重大事故，造成致人重伤、死亡或者使公私财产遭受重大损失的严重后果。“严重后果”，一般是指由于火车出现倾覆、出轨、撞车、爆炸等，造成人员重伤、死亡或者公私财产的重大损失，具体可参照《最高人民法院、最高人民检察院关于办理危害生产安全刑事案件适用法律若干问题的解释》第 6 条之规定。

（3）严重后果与违章行为之间存在引起与被引起的因果关系。即便是发生了铁路运营安全事故，并致人重伤、死亡或者使公私财产遭受重大损失，但如该后果和违反规章制度之间没有因果关系，则不构成犯罪。

3. 本罪的主体。本罪的主体为特殊主体。只有铁路职工才能成为本罪主体。此处所称的铁路职工，是指具体从事铁路运营业务与保证列车运营安全有直接关系的人员，包括具体操纵机车的司机；铁路运营设备的其他操纵人员，如扳道员、挂钩员；列车运营活动的直接领导和指挥人员，如调度员；列车安全的管理人员，如信号员等。非铁路职工不能成为本罪主体。

4. 本罪的主观方面。本罪在主观方面表现为过失。包括疏忽大意的过失和过于自信的过失。此处的过失主要是指行为人对危害后果的态度而言。行为人在违反规章制度上可能出于故意。但他对于发生严重后果则是过失的，即他应当预见而未预见到可能发生严重后果，或者虽然预见但轻信可以避免，以致发生了严重的后果。如果出于故意，就不属于铁路运营安全事故罪，而属于其他犯罪了。

• 适用指引 •

司法实践中，认定本罪应注意：在认定铁路运营安全事故罪时，必须确定铁路职工违反规章制度的行为与发生铁路运营安全事故，并造成严重后果之间存在直接的因果关系。

第一百三十三条　交通肇事罪

【法律规定】

• 法律条文 •

《中华人民共和国刑法》

第一百三十三条　违反交通运输管理法规，因而发生重大事故，致人重伤、死亡或者使公私财产遭受重大损失的，处三年以下有期徒刑或者拘役；交通运输肇事后逃逸或者有其他特别恶劣情节的，处三年以上七年以下有期徒刑；因逃逸致人死亡的，处七年以上有期徒刑。

• 相关规定 •

《中华人民共和国道路交通安全法》

第一百零一条　违反道路交通安全法律、法规的规定，发生重大交通事故，构成犯罪的，依法追究刑事责任，并由公安机关交通管理部门吊销机动车驾驶证。

造成交通事故后逃逸的，由公安机关交通管理部门吊销机动车驾驶证，且终生不得重新取得机动车驾驶证。

《最高人民法院关于审理交通肇事刑事案件具体应用法律若干问题的解释》（法释〔2000〕33号）

第一条　从事交通运输人员或者非交通运输人员，违反交通运输管理法规发生重大交通事故，在分清事故责任的基础上，对于构成犯罪的，依照刑法第一百三十三条的规定定罪处罚。

第二条　交通肇事具有下列情形之一的，处三年以下有期徒刑或者拘役：

（一）死亡一人或者重伤三人以上，负事故全部或者主要责任的；

（二）死亡三人以上，负事故同等责任的；

（三）造成公共财产或者他人财产直接损失，负事故全部或者主要责任，无能力赔偿数额在三十万元以上的。

交通肇事致一人以上重伤，负事故全部或者主要责任，并具有下列情形之一的，以交通肇事罪定罪处罚：

（一）酒后、吸食毒品后驾驶机动车辆的；

（二）无驾驶资格驾驶机动车辆的；

（三）明知是安全装置不全或者安全机件失灵的机动车辆而驾驶的；

（四）明知是无牌证或者已报废的机动车辆而驾驶的；

（五）严重超载驾驶的；

（六）为逃避法律追究逃离事故现场的。

第三条 “交通运输肇事后逃逸”，是指行为人具有本解释第二条第一款规定和第二款第（一）至（五）项规定的情形之一，在发生交通事故后，为逃避法律追究而逃跑的行为。

第四条 交通肇事具有下列情形之一的，属于“有其他特别恶劣情节”，处三年以上七年以下有期徒刑：

（一）死亡二人以上或者重伤五人以上，负事故全部或者主要责任的；

（二）死亡六人以上，负事故同等责任的；

（三）造成公共财产或者他人财产直接损失，负事故全部或者主要责任，无能力赔偿数额在六十万元以上的。

第五条 “因逃逸致人死亡”，是指行为人在交通肇事后为逃避法律追究而逃跑，致使被害人因得不到救助而死亡的情形。

交通肇事后，单位主管人员、机动车辆所有人、承包人或者乘车人指使肇事人逃逸，致使被害人因得不到救助而死亡的，以交通肇事罪的共犯论处。

第六条 行为人在交通肇事后为逃避法律追究，将被害人带离事故现场后隐藏或者遗弃，致使被害人无法得到救助而死亡或者严重残疾的，应当分别依照刑法第二百三十二条、第二百三十四条第二款的规定，以故意杀人罪或者故意伤害罪定罪处罚。

第七条 单位主管人员、机动车辆所有人或者机动车辆承包人指使、强令他人违章驾驶造成重大交通事故，具有本解释第二条规定情形之一的，以交通肇事罪定罪处罚。

第八条 在实行公共交通管理的范围内发生重大交通事故的，依照刑法第一百三十三条和本解释的有关规定办理。

在公共交通管理的范围外，驾驶机动车辆或者使用其他交通工具致人伤亡或者致使公共财产或者他人财产遭受重大损失，构成犯罪的，分别依照刑法第一百三十四条、第一百三十五条、第二百三十三条等规定定罪处罚。

第九条 各省、自治区、直辖市高级人民法院可以根据本地实际情况，在三十万元至六十万元、六十万元至一百万元的幅度内，确定本地区执行本解释第二条第一款第（三）项、第四条第（三）项的起点数额标准，并报最高人民法院备案。

《最高人民法院、最高人民检察院关于常见犯罪的量刑指导意见（试行）》（法发〔2021〕21号）

四、常见犯罪的量刑

（一）交通肇事罪

1. 构成交通肇事罪的，根据下列情形在相应的幅度内确定量刑起点：

（1）致人重伤、死亡或者使公私财产遭受重大损失的，在二年以下有期徒刑、拘役幅度内确定量刑起点。

（2）交通运输肇事后逃逸或者有其他特别恶劣情节的，在三年至五年有期徒刑幅度内确定量刑起点。

（3）因逃逸致一人死亡的，在七年至十年有期徒刑幅度内确定量刑起点。

2. 在量刑起点的基础上，根据事故责任、致人重伤、死亡的人数或者财产损失的数额以及逃逸等其他影响犯罪构成的犯罪事实增加刑罚量，确定基准刑。

3. 构成交通肇事罪的，综合考虑事故责任、危害后果、赔偿谅解等犯罪事实、量刑情节，以及被告人的主观恶性、人身危险性、认罪悔罪表现等因素，决定缓刑的适用。

【案例】

王某某等交通肇事案①

• 案件事实 •

2006 年 4 月 4 日 19 时 20 分，王某某无证驾驶鄂 EY4 × × × 正三轮摩托车由陆城往枝城方向行驶，行至 254 省道 19KM + 600M 处时，将同向在前行走的章某某（女，殁年 66 岁，陆城十里铺村人）撞倒后逃逸，随后向某某驾驶昌宜牌鄂 E52 × × × 农用运输车紧随而来，将章某某头部碾压致死，继而逃离现场。案发后被告人向某某赔偿章某某家属 3 万元，被告人王某某赔偿章某某家属 15000 元。

• 裁判要旨 •

相向而行的两名机动车驾驶人违反交通运输管理法规，先后撞倒、碾压同一被害人，并对被害人死亡均有因果关系的，属于共同的过失犯罪，均成立交通肇事罪。

• 裁判理由 •

在一审中，湖北省宜都市人民法院认为：被告人王某某、向某某违反交通运输管理法规，对造成一人死亡的交通事故负全部责任，且在肇事后逃逸，二被告人的行为均构成交通肇事罪。但起诉书指控被告人王某某在肇事后逃逸致人死亡的证据不充分，不予认定。被告人向某某赔偿了被害人家属 3 万元，被

---

① 参见湖北省宜昌市中级人民法院（2007）宜中刑终字第 00011 号。

告人王某某赔偿了被害人家属15000元，对二被告人从轻处罚。据此，为维护正常交通秩序和人民群众的生命财产安全，依照《刑法》第133条的规定，判决：一、被告人王某某犯交通肇事罪，判处有期徒刑三年。二、被告人向某某犯交通肇事罪，判处有期徒刑三年六个月。

原审被告人王某某、向某某在上诉中均提出原判认定事实有误。二人不知道发生交通事故，更不构成交通肇事事后逃逸，原审认定上诉人交通肇事的事实不清，证据不足，不能认定被告人有罪为由上诉。

二审法院审理后查明，原判认定上诉人王某某、向某某共同过失致被害人章某某死亡的事实清楚，虽然原审被告人王某某意识到自己可能驾车撞到受害人（不能确定）仍驾车续行，不按惯例下车观察，对受害人之死负有重大过失（过错）；在后行驶的向某某在侦查机关的多次供述均不承认自己对碾压人是知情的，但现场勘查证明受害人系被其所驾车辆后轮碾压致死。故两上诉人的行为系交通肇事。另查明，2006年6月19日受害人家属和两被告人家属就民事赔偿达成调解并已实际履行，且受害人家属请求不追究两原审被告人的刑事责任。上述事实有事故现场勘查笔录及照片，道路交通事故责任认定书，交通事故尸体检验报告，证人证言，道路交通事故经济赔偿凭证，上诉人王某某、向某某的供述等证据证实，足以认定。

基于以上认定，湖北省宜昌市中级人民法院认为：上诉人王某某、向某某违反交通运输管理法规，对造成一人死亡的交通事故负全部责任，二被告人的行为均构成交通肇事罪。二上诉人的行为与被害人的死亡有必然联系，结合本案具体情况，考虑二上诉人积极赔偿和受害人家属的态度，对二上诉人可适用缓刑。二上诉人不能认定有罪的上诉理由不能成立。依照《刑事诉讼法》第189条第2项和《刑法》第133条、第72条之规定，判决如下：一、撤销宜都市人民法院（2006）都刑初字第109号刑事判决。二、上诉人王某某犯交通肇事罪，判处有期徒刑三年，缓刑四年；上诉人向某某犯交通肇事罪，判处有期徒刑三年，缓刑四年。

【学理分析及适用指引】

• 学理分析 •

交通肇事罪，是指违反交通管理法规，因而发生重大事故，致人重伤、死亡或者使公私财产遭受重大损失的行为。本罪的构成要件如下：

1. 本罪的客体。本罪侵犯的客体，是交通运输的安全。

2. 本罪的客观方面。本罪客观方面表现为行为人在交通运输活动中违反交通运输管理法规，因而发生重大事故，致人重伤、死亡或者使公私财产遭受重大损失的行为。可见，在客观方面，要想成立交通肇事罪必须同时符合下列条件：

（1）存在违反交通运输管理法规的行为。交通运输法规，是指保证交通运输正常进行和交通运输安全的规章制度，包括水上、海上、空中、公路、铁路等各个交通运输系统的安全规则、章程以及从事交通运输工作必须遵守的纪律、制度等。由于航空运输和铁路运输的特殊性，《刑法》将发生在这两种运输过程中的事故用了专门的罪名进行规制。因此交通肇事的范围不包括在航空运输和铁路运输过程中发生的事故。违反交通运输管理法规行为表现多种多样，如违反劳动纪律或操作规程，玩忽职守或擅离职守、违章指挥、违章作业，或者违章行驶等。

（2）必须造成重大事故，致人重伤、死亡或者使公私财产遭受重大损失的严重后果。这是构成交通肇事罪的必要条件之一。行为人虽然违反了交通运输管理法规，但未造成上述法定严重后果的，不构成本罪。如根据2000年11月《最高人民法院关于审理交通肇事刑事案件具体应用法律若干问题的解释》的规定，"重大交通事故"是指具有下列情形之一：死亡1人或者重伤3人以上，负事故全部或者主要责任的；死亡3人以上，负事故同等责任的；造成公共财产或者他人财产直接损失，负事故全部或者主要责任，无能力赔偿数额在30万元以上的。

（3）严重后果与违章行为之间存在因果关系。尽管行为人有违章行为，并造成严重后果，但如果客观上两者之间不存在先行后续的因果关系时，则不构成本罪。

3. 本罪的主体。本罪的主体为一般主体。即凡达到刑事责任年龄、具有刑事责任能力的自然人均可构成本罪，包括从事交通运输人员和非交通运输人员。从事交通运输人员，主要是指以下4种从事交通运输的人员：（1）交通运输工具的驾驶人员，如汽车、电车、船只等交通工具的驾驶人员等；（2）交通设施的操纵人员，如巡道员、道口看守员等；（3）交通运输活动的直接领导、指挥人员，如领航员、调度员等；（4）交通运输安全的管理人员，如交通监理员、交通警察等。非交通运输人员，是指没有合法手续却从事交通运输的人员。主要包括无证人员、正在考证的人员等。但2000年11月《最高人民法院关于审理交通肇事刑事案件具体应用法律若干问题的解释》第5条第2款规定：交通肇事后，单位主管人员、机动车辆所有人、承包人或者乘车人致使肇事人逃逸，致使被害人因得到救助而死亡的，以交通肇事罪的共犯论处。可见，司法解释将单位主管人员、车辆所有人、乘车人、承包人等也视为可以构成交通肇事罪的主体。

4. 本罪的主观方面。本罪主观方面表现为过失，即行为人应当预见自己的行为可能发生致人重伤、死亡或者公私财产遭受重大损失的后果，但由于疏忽大意而没有预见或已经预见但轻信能够避免，以至发生交通事故，并造成严重后果。此处的过失是就行为人对自己的违章行为可能造成的严重后果的心理态度而言。行为人在违反规章制度上可能是明知故犯，如酒后驾车、强行超车、超速行驶等，但对自己的违章行为可能发生重大事故，造成严重后果，应当预见而因疏忽大意没有预见，或者虽已预见，但轻信能够避免，以致造成了严重后果。

因逃逸致人死亡，是指行为人在交通肇事后为逃避法律追究而逃跑，致使被害人因得不到救助而死亡的情形。实践中需要注意以下两个问题：一是交通肇事后，单位主管人员、机动车辆所有人、承包人或者乘车人指使肇事人逃逸，致使被害人因得不到救助而死亡的，以交通肇事罪的共犯论处；二是行为人在交通肇事后为逃避法律追究，将被害人带离事故现场后隐藏或者遗弃，致使被害人无法得到救助而死亡或者严重残疾的，应当分别依照《刑法》第232条、第234条第2款的规定，以故意杀人罪或者故意伤害罪定罪处罚。

• 适用指引 •

司法实践中，认定本罪应注意：

1. 本罪罪与非罪的界限。如果行为人没有违反交通运输管理法规，或者并未导致发生交通事故，或者虽然发生了事故，但并未致人重伤、死亡或者使公私财产遭受损失的，不构成犯罪。

2. 本罪与破坏交通工具罪的界限。两者侵犯的客体都是交通运输的秩序和安全，其主要区别在于：第一，客观方面表现不同。前者表现为违反交通管理法规而发生重大交通事故，致使人员伤亡或者使公私财产遭受重大损失的行为；而后者表现为实施破坏火车、汽车、电车、船只、航空器，足以使火车、汽车、电车、船只、航空器发生倾覆、毁坏危险，危害公共安全的行为。第二，主观方面内容不同。前者由过失构成；而后者由故意构成。

3. 判定交通肇事责任是否以交管部门出具的责任认定意见为依据。我们认为，在目前条件下，还应坚持以交管部门认定的事故责任为认定交通肇事罪的前提条件。2000年11月21日《最高人民法院关于审理交通肇事刑事案件具体应用法律若干问题的解释》确认了这一规定。

4. 交通肇事罪中财产损失的认定。依据《刑法》第133条规定，发生重大交通事故，造成公私财产遭受重大损失的，依法追究刑事责任。对于“公私财产”是否包括肇事者个人财产问题，在有些情况下，就成为区分罪与非罪的界限。有的案件，肇事者造成的公共财产和他人的财产损失数额不大，但自身遭受的财产损失惨重（如名贵车肇事与低档车俱毁）。有的认为，在这种情况下如果仅认定公共财产和他人的财产损失，数额不大的，则不构成交通肇事罪；如果将其自身财产一并计入损失数额，就可能符合定罪条件。因此，本着从严惩处这类犯罪的需要，应当将肇事人的个人财产损失一并计入损失数额。

但是，交通肇事罪的危害在于对公共财产、他人人身及其财产造成的损失，其自身的财产损失应当视为肇事人为自己的违章行为承担的经济责任，而不应将其作为承担刑事责任的条件。因此，《最高人民法院关于审理交通肇事刑事案件具体应用法律若干问题的解释》第2条中关于“造成公共财产或者他人财产直接损失”承担刑事责任的规定，是符合立法本意的。

5. 肇事后逃逸的认定。实践中，肇事人逃跑的目的大多是想逃避法律追究，但也有少数人逃跑的目的是怕受害方或者其他围观群众对其进行殴打等。同样是逃跑，后者这些人往往在逃离现场后，能够通过报告单位领导或者报警等方式，接受法律的处理。因此，对逃跑行为作上述区分是必要的，以保证准确适用法律，不枉不纵。另外，《最高人民法院关于审理交通肇事刑事案件具体应用法律若干问题的解释》所规定的“逃跑”，并没有时间和场所的限定。在论证过程中，有的认为，交通肇事后逃逸，应当理解为“逃离事故现场”的行为，实践中大多也是这种情况。但是，据交管部门提供的情况，有的肇事人并未在肇事后立即逃离现场（有的是不可能逃跑），而是在将伤者送至医院后或者等待交管部门处理时逃跑，类似的情形也有很多。如果仅将逃逸界定为逃离现场，那么性质同样恶劣的逃避法律追究的行为就得不到严惩，可能会影响对这类犯罪行为的惩处力度。因此，只要是在肇事后为逃避法律追究而逃跑的行为，都应视为“交通肇事后逃逸”。

6. 逃逸致人死亡的认定。实践中，交通肇事逃逸后，发生被害人死亡结果的情形有多种，上述解释强调应当区分不同情况予以定性：

（1）“因逃逸致人死亡”，是指行为人在交通肇事后为逃避法律追究而逃跑，致使被害人因得不到救助而死亡的情形。这一规定强调的是“被害人因得不到救助而死亡”，主要是指行为人主观上并不希望发生被害人死亡的后果，但是没有救助被害人或者未采取得力的救助措施，导致发生被害人死亡结果的情形。

（2）根据《最高人民法院关于审理交通肇事刑事案件具体应用法律若干问题的解释》第6条规定，行为人在交通肇事后为掩盖罪行、毁灭证据，逃避法律追究，将被害人带离事故现场后隐藏或者遗弃，致使被害人无法得到救助而死亡或者严重残疾的，以故意杀人罪或者故意伤害罪定罪处罚。如将被害人隐藏在杂草丛中，使被害人处于无法获得救助的境遇，主观上是希望或者放任被害人死亡结果的发生。对这种情形，根据被害人伤亡的结果对行为人定罪处罚是适宜的。

7. 单位主管人员等指使违章造成交通事故的定性。实践中，一些单位的主管人员、私营企业主、机动车辆所有人、机动车辆承办人等，为追求更大的经济效益，在“多拉快跑”思想的影响下，往往指使或者强令属下、雇工疲劳驾驶、严重超载、开快车、强行超车等，是引发重大恶性交通事故的重要原因。在这类案件中，如果仅仅处罚肇事行为人，显然不能有效发挥刑罚的惩戒作用。为减少因上述原因引发的交通事故，解释第7条规定："单位主管人员、机动车辆所有人或者机动车辆承包人指使、强令他人违章驾驶造成重大交通事故，具有本解释第2条规定情形之一的，以交通肇事罪定罪处罚。"

8. 在公共交通管理的范围外，因使用交通工具致人伤亡行为的定性。实践中，在机关、厂矿、学校、封闭的住宅小区等没有实行公共交通管理的范围内，因使用交通工具致人伤亡或者造成财产损失的情形也较多，如何定性处理是困扰司法部门的一个重要问题。为此，《最高人民法院关于审理交通肇事刑事案件具体应用法律若干问题的解释》第8条第2款规定："在公共交通管理的范围外，驾驶机动车辆或者使用其他交通工具致人伤亡或者致使公共财产或者他人财产遭受重大损失，构成犯罪的，分别依照刑法第一百三十四条、第一百三十五条、第二百三十三条等规定定罪处罚。"但是，根据《道路交通安全法》第77条"车辆在道路以外通行时发生的事故，公安机关交通管理部门接到报案的，参照本法有关规定办理"的规定，这一法规其实已经确立了对于在公共交通管理范围以外发生的交通肇事行为，依然应当按照交通肇事罪追究肇事者的刑事责任。这是司法实践中应当注意的立法变化对刑事法律适用问题带来的变化。

第一百三十三条之一　危险驾驶罪

【法律规定】

• 法律条文 •

《中华人民共和国刑法》

第一百三十三条之一　在道路上驾驶机动车，有下列情形之一的，处拘役，并处罚金：

（一）追逐竞驶，情节恶劣的；

（二）醉酒驾驶机动车的；

（三）从事校车业务或者旅客运输，严重超过额定乘员载客，或者严重超过规定时速行驶的；

（四）违反危险化学品安全管理规定运输危险化学品，危及公共安全的。

机动车所有人、管理人对前款第三项、第四项行为负有直接责任的，依照前款的规定处罚。

有前两款行为，同时构成其他犯罪的，依照处罚较重的规定定罪处罚。

• 相关规定 •

《中华人民共和国道路交通安全法》

第九十一条 饮酒后驾驶机动车的，处暂扣六个月机动车驾驶证，并处一千元以上二千元以下罚款。因饮酒后驾驶机动车被处罚，再次饮酒后驾驶机动车的，处十日以下拘留，并处一千元以上二千元以下罚款，吊销机动车驾驶证。

醉酒驾驶机动车的，由公安机关交通管理部门约束至酒醒，吊销机动车驾驶证，依法追究刑事责任；五年内不得重新取得机动车驾驶证。

饮酒后驾驶营运机动车的，处十五日拘留，并处五千元罚款，吊销机动车驾驶证，五年内不得重新取得机动车驾驶证。

醉酒驾驶营运机动车的，由公安机关交通管理部门约束至酒醒，吊销机动车驾驶证，依法追究刑事责任；十年内不得重新取得机动车驾驶证，重新取得机动车驾驶证后，不得驾驶营运机动车。

饮酒后或者醉酒驾驶机动车发生重大交通事故，构成犯罪的，依法追究刑事责任，并由公安机关交通管理部门吊销机动车驾驶证，终生不得重新取得机动车驾驶证。

《危险化学品安全管理条例》（国务院令第591号）

第四十三条 从事危险化学品道路运输、水路运输的，应当分别依照有关道路运输、水路运输的法律、行政法规的规定，取得危险货物道路运输许可、危险货物水路运输许可，并向工商行政部门办理登记手续。

危险化学品道路运输企业、水路运输企业应当配备专职安全管理人员。

第四十四条第一款 危险化学品道路运输企业、水路运输企业的驾驶人员、船员、装卸管理人员、押运人员、申报人员、集装箱装箱现场检查员应当经交通部门考核合格，取得从业资格。具体办法由国务院交通部门制定。

《最高人民法院、最高人民检察院、公安部关于办理醉酒驾驶机动车刑事案件适用法律若干问题的意见》（法发〔2013〕15号）

为保障法律的正确、统一实施，依法惩处醉酒驾驶机动车犯罪，维护公共安全和人民群众生命财产安全，根据刑法、刑事诉讼法的有关规定，结合侦查、起诉、审判实践，制定本意见。

一、在道路上驾驶机动车，血液酒精含量达到80毫克/100毫升以上的，属于醉酒驾驶机动车，依照刑法第一百三十三条之一第一款的规定，以危险驾驶罪定罪处罚。前款规定的“道路”“机动车”，适用道路交通安全法的有关规定。

二、醉酒驾驶机动车，具有下列情形之一的，依照刑法第一百三十三条之一第一款的规定，从重处罚：

（一）造成交通事故且负事故全部或者主要责任，或者造成交通事故后逃逸，尚未构成其他犯罪的；

（二）血液酒精含量达到200毫克/100毫升以上的；

（三）在高速公路、城市快速路上驾驶的；

（四）驾驶载有乘客的营运机动车的；

（五）有严重超员、超载或者超速驾驶，无驾驶资格驾驶机动车，使用伪造或者变造的机动车牌证等严重违反道路交通安全法的行为的；

（六）逃避公安机关依法检查，或者拒绝、阻碍公安机关依法检查尚未构成其他犯罪的；

（七）曾因酒后驾驶机动车受过行政处罚或者刑事追究的；

（八）其他可以从重处罚的情形。

三、醉酒驾驶机动车，以暴力、威胁方法阻碍公安机关依法检查，又构成妨害公务罪等其他犯罪的，依照数罪并罚的规定处罚。

四、对醉酒驾驶机动车的被告人判处罚金，应当根据被告人的醉酒程度、是否造成实际损害、认罪悔罪态度等情况，确定与主刑相适应的罚金数额。

《最高人民法院、最高人民检察院关于常见犯罪的量刑指导意见（试行）》（法发〔2021〕21号）

四、常见犯罪的量刑

（二）危险驾驶罪

1. 构成危险驾驶罪的，依法在一个月至六个月拘役幅度内确定宣告刑。

2. 构成危险驾驶罪的，根据危险驾驶行为、实际损害后果等犯罪情节，综合考虑被告人缴纳罚金的能力，决定罚金数额。

3. 构成危险驾驶罪的，综合考虑危险驾驶行为、危害后果等犯罪事实、量刑情节，以及被告人主观恶性、人身危险性、认罪悔罪表现等因素，决定缓刑的适用。

《车辆驾驶人员血液、呼气酒精含量阈值与检验》（GB19522－2010）

3 术语和定义

下列术语和定义适用于本标准。

3.1

车辆驾驶人员 vehicle drivers

机动车驾驶人员和非机动车驾驶人员。

3.2

酒精含量 alcohol concentration

车辆驾驶人员血液或呼气中的酒精浓度。

4 酒精含量值

4.1 酒精含量阈值

车辆驾驶人员饮酒后或者醉酒后驾车血液中的酒精含量阈值见表 1。

表 1　车辆驾驶人员血液酒精含量阈值

驾驶行为类别阈值

驾驶行为类别	阈值（mg/100mL）
饮酒后驾车	≥20，＜80
醉酒后驾车	≥80

4.2　血液与呼气酒精含量换算

车辆驾驶人员呼气酒精含量按 1∶2200 的比例关系换算成血液酒精含量，即呼气酒精含量值乘以 2200 等于血液酒精含量值。

《最高人民法院、最高人民检察院、公安部、工业和信息化部、住房和城乡建设部、交通运输部、应急管理部、国家铁路局、中国民用航空局、国家邮政局关于依法惩治涉枪支、弹药、爆炸物、易燃易爆危险物品犯罪的意见》（法发〔2021〕35 号）

5. 违反危险化学品安全管理规定，未经依法批准或者许可擅自从事易燃易爆危险物品道路运输活动，或者实施其他违反危险化学品安全管理规定通过道路运输易燃易爆危险物品的行为，危及公共安全的，依照刑法第一百三十三条之一第一款第四项的规定，以危险驾驶罪定罪处罚。

……

实施前两款行为，同时构成刑法第一百三十条规定之罪等其他犯罪的，依照处罚较重的规定定罪处罚；导致发生重大伤亡事故或者其他严重后果，符合刑法第一百三十四条、第一百三十五条、第一百三十六条等规定的，依照各该条的规定定罪从重处罚。

【案例一】

陆某某醉酒驾驶案①

• 案件事实 •

2011 年 11 月 25 日 19 时 15 分许，被告人陆某某饮酒后，驾驶普通轿车送突然昏厥的亲属前往医院，途经杭州市余杭经济技术开发区东湖北路与北沙西路交叉路口，遇民警例行检查，经呼吸检测酒精含量为 132mg/100ml，已达到

① 参见浙江省余杭区人民法院网：http：//yuhang.zjcourt.cn：88/art/2012/2/22/art_ 987_ 19185.html，最后访问时间：2014 年 2 月 18 日。

醉酒驾驶标准，随即被带至余杭区第一人民医院由医护人员抽取血液备检。陆某某昏厥的亲属由查获本案的公安交警最终送往医院救助。次日，经杭州市公安司法鉴定中心检验后，被告人陆某某血液中乙醇含量为128mg/100ml。

• 裁判要旨 •

行为人饮酒后，为送突患疾病的亲属就医而驾驶机动车，虽然事出有因、没有造成严重结果，但因达到醉酒程度，依法成立危险驾驶罪，从轻处罚。

• 裁判理由 •

浙江省杭州市余杭区人民法院经审理认为：被告人陆某某在道路上醉酒驾驶机动车，其行为已构成危险驾驶罪。公诉机关指控的罪名成立。本案中被告人陆某某并无实施醉驾行为的直接故意。经查，陆某某在案发前因知自己当晚要去亲属家喝酒所以事先并未开车，而是步行前往（两家相距不远）。后因亲属突然发病才醉酒驾驶将病危亲属送往医院抢救。可见，陆某某系在保护亲属生命安全意图支配下实施了醉驾行为，具有一定善意性；二是醉驾行为危险程度相对较低。本案中被告人陆某某的酒精含量为132mg/100ml，尚未达到完全丧失驾驶能力程度，同时并不存在无证、无牌、机动车有安全隐患等其他影响驾驶危险性的情节；三是客观上并无严重危害结果。本案中被告人陆某某的醉驾行为并未造成人员伤亡、财产损失等实际损害结果，并未产生恶劣的社会影响；四是被告人的人身危险性较小。本案被告人陆某某并无犯罪前科，到案后如实供述自己的罪行，具有良好的悔罪表现。全面考虑上述多种量刑情节，可以认定本案相较一般危险驾驶案件而言，具有较轻的社会危害性，可以免予刑事处罚。后余杭区人民法院依照《刑法》第133条之一、第67条第3款、第37条之规定，以危险驾驶罪宣告被告人陆某某有罪，免予刑事处罚。

宣判后，被告人未提出上诉，检察机关也未提出抗诉，判决已经生效。

【案例二】

张某某、金某危险驾驶案①

• 案件事实 •

2012年2月3日20时20分许，被告人张某某、金某相约驾驶摩托车出去享受大功率摩托车的刺激感，约定“陆家浜路、河南南路路口是目的地，谁先到谁就等谁”。随后，由张某某驾驶无牌的本田大功率二轮摩托车（经过改

---

① 根据2014年12月18日《最高人民法院关于发布第八批指导性案例的通知》指导案例32号修改。

装），金某驾驶套牌的雅马哈大功率二轮摩托车（经过改装），从上海市浦东新区乐园路99号车行出发，行至杨高路、巨峰路路口掉头，沿杨高路由北向南行驶，经南浦大桥到陆家浜路下桥，后沿河南南路经复兴东路隧道、张杨路回到张某某住所。全程28.5公里，沿途经过多个公交站点、居民小区、学校和大型超市。在行驶途中，二被告人驾车在密集车流中反复并线、曲折穿插、多次闯红灯、大幅度超速行驶。当行驶至陆家浜路、河南南路路口时，张某某、金某遇执勤民警检查，遂驾车沿河南南路，经复兴东路隧道、张杨路逃离。其中，在杨高南路浦建路立交（限速60km/h）张某某行驶速度115km/h、金某行驶速度98km/h；在南浦大桥桥面（限速60km/h）张某某行驶速度108km/h、金某行驶速度108km/h；在南浦大桥陆家浜路引桥下匝道（限速40km/h）张某某行驶速度大于59km/h、金某行驶速度大于68km/h；在复兴东路隧道（限速60km/h）张某某行驶速度102km/h、金某行驶速度99km/h。

2012年2月5日21时许，被告人张某某被抓获到案后，如实供述上述事实，并向公安机关提供被告人金某的手机号码。金某接公安机关电话通知后于2月6日21时许，主动投案，并如实供述上述事实。

• 裁判要旨 •

机动车驾驶人员出于竞技、追求刺激、斗气或者其他动机，在道路上曲折穿行、快速追赶行驶的，属于《刑法》第133条之一规定的“追逐竞驶”；追逐竞驶虽未造成人员伤亡或财产损失，但综合考虑超过限速、闯红灯、强行超车、抗拒交通执法等严重违反道路交通安全法的行为，足以威胁他人生命、财产安全的，属于危险驾驶罪中“情节恶劣”的情形。

• 裁判理由 •

上海市浦东新区人民法院经审理认为：根据《刑法》第133条之一第1款规定，“在道路上驾驶机动车追逐竞驶，情节恶劣的”构成危险驾驶罪。刑法规定的“追逐竞驶”，一般指行为人出于竞技、追求刺激、斗气或者其他动机，二人或二人以上分别驾驶机动车，违反道路交通安全规定，在道路上快速追赶行驶的行为。本案中，从主观驾驶心态上看，二被告人张某某、金某到案后先后供述“心里面想找点享乐和刺激”“在道路上穿插、超车、得到心理满足”，在面临红灯时，“刹车不舒服、逢车必超”“前方有车就变道曲折行驶再超越”。二被告人上述供述与相关视听资料相互印证，可以反映出其追求刺激、炫耀驾驶技能的竞技心理。从客观行为上看，二被告人驾驶超标大功率的改装摩托车，为追求速度，多次随意变道、闯红灯、大幅超速等行为严重违章。从行驶路线看，二被告人共同自浦东新区乐园路99号出发，至陆家浜路、河南南路路口接应，约定了竞相行驶的起点和终点。综上，可以认定二被告人的行为属于危险驾驶罪中的“追逐竞驶”。

关于本案被告人的行为是否属于“情节恶劣”，应从其追逐竞驶行为的具体表现、危害程度、造成的危害后果等方面，综合分析其对道路交通秩序、不特定多数人生命、财产安全威胁的程度是否“恶劣”。本案中，二被告人追逐竞驶行为，虽未造成人员伤亡和财产损失，但从以下情形分析，属于危险驾驶罪中的“情节恶劣”：第一，从驾驶的车辆看，二被告人驾驶的系无牌和套牌的大功率改装摩托车；第二，从行驶速度看，总体驾驶速度很快，多处路段超速达50%以上；第三，从驾驶方式看，反复并线、穿插前车、多次闯红灯行驶；第四，从对待执法的态度看，二被告人在民警盘查时驾车逃离；第五，从行驶路段看，途经的杨高路、张杨路、南浦大桥、复兴东路隧道等均系城市主干道，沿途还有多处学校、公交和地铁站点、居民小区、大型超市等路段，交通流量较大，行驶距离较长，在高速驾驶的刺激心态下和躲避民警盘查的紧张心态下，极易引发重大恶性交通事故。上述行为，给公共交通安全造成一定危险，足以威胁他人生命、财产安全，故可以认定二被告人追逐竞驶的行为属于危险驾驶罪中的“情节恶劣”。

被告人张某某到案后如实供述所犯罪行，依法可以从轻处罚。被告人金某投案自首，依法亦可以从轻处罚。鉴于二被告人在庭审中均已认识到行为的违法性及社会危害性，保证不再实施危险驾驶行为，并多次表示认罪悔罪，且其行为尚未造成他人人身、财产损害后果，遂判决：被告人张某某犯危险驾驶罪，判处拘役四个月，缓刑四个月，并处罚金人民币4000元；被告人金某犯危险驾驶罪，判处拘役三个月，缓刑三个月，并处罚金人民币3000元。宣判后，二被告人均未上诉，判决已发生法律效力。

【学理分析及适用指引】

• 学理分析 •

1. 关于危险驾驶罪的构成分析。根据《刑法》第133条之一的规定，在道路上驾驶机动车追逐竞驶，情节恶劣的，或者在道路上醉酒驾驶机动车的，或者驾驶校车、客车严重超载超速的，或者违规运输危化品危及公共安全的行为，构成危险驾驶罪。可见，危险驾驶罪有4种行为方式：一是“追逐竞驶”，典型的是飙车行为，其要求情节严重的才能构成危险驾驶罪，属于典型的情节犯，如飙车的时间、道路区域等不同的，情形明显不同。二是“醉酒驾车”，其并无情节严重等限制性要求，即只要醉酒的，原则上可以危险驾驶罪论处，而且“醉酒”也有客观标准，与个人酒量等无关，根据国家有关规定，车辆驾驶人血液中酒精含量大于或等于20毫克/100毫升、小于80毫克/100毫升的，就属于饮酒驾车（酒后驾车），而车辆驾驶人员血液中酒精含量大于或等于80毫克/100毫升的，就属于醉酒驾车。三是从事校车业务或者旅客运输，严重超过额定乘员载客，或者严重超过规定时速行驶的。可见，并非所有的驾驶机动车严重超载超速的就构成危险驾驶罪，而仅限于驾驶校车和旅客运输这两种驾驶行为，因为这两种驾驶行为明显严重危及公共安全，一旦发生实际交通事故，后果不堪设想，因此有必要采取事前防范措施，以防患于未然。四是违反危险化学品安全管理规定运输危险化学品，危及公共安全的。危险化学品的管理、运输，国家有十分明确的规范性要求。根据国务院2013年修订的《危险化学品安全管理条例》第43条的规定，从事危险化学品道路运输、水路运输的，应取得危险货物运输许可，并向工商登记，且运输企业应配备专职安全员。如果行为人违反危险化学品安全管理规定运输危险化学品，危及公共安全的，构成危险驾驶罪。

当前，危险驾驶罪的4种行为方式中，毫无疑问，第二类即醉酒驾车是最为常见、最为主要的犯罪类型。

2. “醉驾入刑”引发的司法适用争议及其反思。2011年5月1日“醉驾入刑”规定生效之后，醉驾案是否一律刑事立案侦查、是否一律刑事追诉、是否一律需定罪处罚，不仅在刑法理论界而且在司法实务部门也存在不同的认识。如有的对于情节显著轻微、危害不大的醉驾行为，可以根据《刑法》第13条但书的规定，不认为是犯罪，并要注意刑事责任与行政处罚的衔接，防止完全可以依据道路交通安全法处罚的行为而不加区分地、直接地、一律地诉至法院追究刑事责任。但也有的人认为《刑法》第133条之一关于醉酒驾车构成的危险驾驶罪，立法上并未附加任何条件。对于此争议，问题的关键在于《刑法》第13条对修正案之规定是否有制约力？该修正案条文（第133条之一）是《刑法》分则的有机组成部分，虽然第133条之一关于醉酒驾车构成的危险驾驶罪并无其他任何情节严重等限制性条件，但作为总则的第13条但书规定，对《刑法》分则均具有指引作用，正如第263条的抢劫罪之构成要件中，也没有任何诸如情节严重、情节恶劣、数额较大等限制性条件，司法实践中难道任何抢劫行为如轻微的暴力威胁抢劫了几个苹果、几元钱等都应以抢劫罪论处吗？显然不是这样的，我们完全可以将那些刚刚达到法定的醉酒标准而于凌晨时分刚刚驾车起步或者在乡下人车稀少的道路上驾车的，作为情节显著轻微危害不大的行为，排除出犯罪。从另外一个角度讲，作为《刑法》分则第2章“危害公共安全犯罪”内容的危险驾驶罪（第133条之一），侵害的法益是公共安全，属于理论上公认的危险犯，构成犯罪或成立犯罪既遂状态要求行为存在危及公共安全的具体的、现实的危险性。从这个角度观察，也并非所有的醉酒驾驶行为都一律构成犯罪。当然，醉酒驾车但依据《刑法》第13条不作为犯罪论处的，应当是极其少数的例外。

• 适用指引 •

1. 关于危险驾驶罪刑罚适用中可能存在的问题。《刑法修正案（八）》之后的《刑法》罪名体系中，危险驾驶罪可谓《刑法》中法定刑最轻之罪名，仅“处拘役，并处罚金”，也是目前《刑法》中少数几个法定刑中没有挂有期徒刑刑种的罪名。作为典型的轻罪，配置如此轻的法定刑当然理所应当。但司法实践中可能遇到的问题是，若本罪与其他判处徒刑以上之罪并罚的如何处理？如甲因醉酒驾车被刑事拘留，在侦查过程中，又查明甲系网上追捕逃犯，一年前其故意重伤他人后逃跑。此案中，对甲当然应以故意伤害罪与危险驾驶罪并罚，但其故意伤害罪（重伤）必然被判处有期徒刑（重伤的法定刑幅度为三年以上十年以下有期徒刑，且其本身并无任何法定从宽情节），而危险驾驶罪只能判处拘役，此时如何进行并罚？因为目前我国刑事立法对于一人犯数罪，分别判处拘役、管制或有期徒刑等不同种有期自由刑，如何并罚尚无任何规定，没有类似于国外的不同刑种之间的易科制度。对此问题，我们认为，作为审判人员，应尽量避免这种现象的出现，多数情况下这种现象也是可以避免的，因为在我国《刑法》中，有期徒刑是绝对的名副其实的主刑——几乎每一罪名的法定刑都挂有有期徒刑，遇到数罪并罚的案件，法官原则上每个罪都有适用有期徒刑的可能，从而大大避免不同刑种进行并罚的概率。但是，不可否认的是，这毕竟是以某种程度上牺牲量刑公正为代价的，而且司法实践中确实也有一些法院遇到这个问题，除上述介绍的案件情形外，再如被告人在拘役缓刑考验期内又犯新罪或发现漏罪，而该新罪或漏罪只能判处有期徒刑的情形下，也不可避免地涉及此问题。对此应根据修正后的《刑法》第 69 条，采取有限度的“分别执行说”，即有期徒刑与拘役并罚时，仅执行有期徒刑；但有期徒刑与管制、拘役与管制并罚时，分别执行不同的全部刑罚（相当于变相的相加规则），且顺序是“有期徒刑或者拘役执行完毕以后，再执行管制”。这样对于上述甲某危险驾驶罪所判处的拘役与故意伤害罪所判处的有期徒刑并罚的，应直接执行有期徒刑即可。

2. 危险驾驶行为造成严重结果同时构成其他犯罪的，如何认定行为性质？醉酒驾车等危险驾驶行为具有导致重大伤亡事故的较强概率，若同时构成其他犯罪的（如交通肇事罪、以危险方法危害公共安全罪），择一重罪论处。显然此时应以交通肇事罪、以危险方法危害公共安全罪等论处。

3. 危险驾驶罪的主体是一般主体，凡年满 16 周岁、具备刑事责任能力的自然人均可。处罚的对象是符合主体条件的具体驾驶人员。但是，根据《刑法修正案（九）》的规定，在本罪的 4 种法定行为方式中，机动车所有人、管理人对于“校车业务或者旅客运输”和“违反危险化学品安全管理规定运输危险化学品”负有直接责任的，也成立危险驾驶罪。

第一百三十三条之二　妨害安全驾驶罪

【法律规定】

● 法律条文 ●

《中华人民共和国刑法》

第一百三十三条之二　对行驶中的公共交通工具的驾驶人员使用暴力或者抢控驾驶操纵装置，干扰公共交通工具正常行驶，危及公共安全的，处一年以下有期徒刑、拘役或者管制，并处或者单处罚金。

前款规定的驾驶人员在行驶的公共交通工具上擅离职守，与他人互殴或者殴打他人，危及公共安全的，依照前款的规定处罚。

有前两款行为，同时构成其他犯罪的，依照处罚较重的规定定罪处罚。

● 相关规定 ●

《最高人民法院、最高人民检察院、公安部关于依法惩治妨害公共交通工具安全驾驶违法犯罪行为的指导意见》（公通字〔2019〕1号）

一、准确认定行为性质，依法从严惩处妨害安全驾驶犯罪

（一）乘客在公共交通工具行驶过程中，抢夺方向盘、变速杆等操纵装置，殴打、拉拽驾驶人员，或者有其他妨害安全驾驶行为，危害公共安全，尚未造成严重后果的，依照刑法第一百一十四条的规定，以以危险方法危害公共安全罪定罪处罚；致人重伤、死亡或者使公私财产遭受重大损失的，依照刑法第一百一十五条第一款的规定，以以危险方法危害公共安全罪定罪处罚。

实施前款规定的行为，具有以下情形之一的，从重处罚：

1. 在夜间行驶或者恶劣天气条件下行驶的公共交通工具上实施的；

2. 在临水、临崖、急弯、陡坡、高速公路、高架道路、桥隧路段及其他易发生危险的路段实施的；

3. 在人员、车辆密集路段实施的；

4. 在实际载客10人以上或者时速60公里以上的公共交通工具上实施的；

5. 经他人劝告、阻拦后仍然继续实施的；

6. 持械袭击驾驶人员的；

7. 其他严重妨害安全驾驶的行为。

实施上述行为，即使尚未造成严重后果，一般也不得适用缓刑。

（二）乘客在公共交通工具行驶过程中，随意殴打其他乘客，追逐、辱骂他人，或者起哄闹事，妨害公共交通工具运营秩序，符合刑法第二百九十三条

规定的，以寻衅滋事罪定罪处罚；妨害公共交通工具安全行驶，危害公共安全的，依照刑法第一百一十四条、第一百一十五条第一款的规定，以以危险方法危害公共安全罪定罪处罚。

（三）驾驶人员在公共交通工具行驶过程中，与乘客发生纷争后违规操作或者擅离职守，与乘客厮打、互殴，危害公共安全，尚未造成严重后果的，依照刑法第一百一十四条的规定，以以危险方法危害公共安全罪定罪处罚；致人重伤、死亡或者使公私财产遭受重大损失的，依照刑法第一百一十五条第一款的规定，以以危险方法危害公共安全罪定罪处罚。

（四）对正在进行的妨害安全驾驶的违法犯罪行为，乘客等人员有权采取措施予以制止。制止行为造成违法犯罪行为人损害，符合法定条件的，应当认定为正当防卫。

（五）正在驾驶公共交通工具的驾驶人员遭到妨害安全驾驶行为侵害时，为避免公共交通工具倾覆或者人员伤亡等危害后果发生，采取紧急制动或者躲避措施，造成公共交通工具、交通设施损坏或者人身损害，符合法定条件的，应当认定为紧急避险。

（六）以暴力、威胁方法阻碍国家机关工作人员依法处置妨害安全驾驶违法犯罪行为、维护公共交通秩序的，依照刑法第二百七十七条的规定，以妨害公务罪定罪处罚；暴力袭击正在依法执行职务的人民警察的，从重处罚。

（七）本意见所称公共交通工具，是指公共汽车、公路客运车，大、中型出租车等车辆。

【案例】

陈良波妨害安全驾驶案[①]

• 案件事实 •

2020 年 10 月 9 日 12 时 35 分许，被告人陈良波乘坐载有 10 余名乘客的 515 号公交车，在余姚市 × × 镇桥西公交车站至大隐站途中，因上车问题遭到驾驶员王某的谩骂而感到不满，便采用拳头击打王某后脖子的方式妨碍王某安全驾驶，危害到公共安全，后王某报警。

• 裁判要旨 •

《刑法修正案（十一）》新增设的妨害安全驾驶罪构成要件中的“危及公共安全”之内涵，其客观危险程度应低于以危险方法危害公共安全罪，实践中

---

① 参见浙江省宁波市中级人民法院（2021）浙 02 刑终 18 号。

应从暴力程度、危害公共交通工具行驶时间的长短、行驶距离长短、车上人数、道路性质以及行驶时间的早晚和路上人流量、车流量等综合判断行为的客观危险程度，准确评价和适用罪名。

• 裁判理由 •

浙江省余姚市人民法院审理浙江省余姚市人民检察院指控原审被告人陈良波犯以危险方法危害公共安全罪一案，于2020年12月16日作出（2020）浙0281刑初1037号刑事判决，以以危险方法危害公共安全罪，判处被告人陈良波有期徒刑三年。

原审被告人陈良波不服，提出上诉称其因上车速度稍慢一点，遭受驾驶员王某的谩骂，其上前用拳头殴打王某，并没有致车辆方向失控而危害公共安全，原判量刑偏重。请求二审法院对其量刑改判。辩护人辩护意见认为：（1）本案被害人王某作为公交车的驾驶员谩骂乘客被告人陈良波致案发，被害人王某对案发存在过错。（2）本案一审判决后，刑事法律规范发生变化，国家颁布了《刑法修正案（十一）》，根据《刑法》从旧兼从轻原则，对陈良波的行为，应当适用《刑法》第133条之二的规定，在一年以下有期徒刑、拘役或者管制，并处或者单处罚金，予以量刑。请求二审法院对陈良波的定罪、量刑予以改判。

二审法院经审理查明，原判认定上诉人陈良波的犯罪事实，有被害人王某陈述，证人毛某、方某、赵某证言，辨认笔录，监控视频，接警单详情、照片、监控照片、接受证据清单、归案经过、前科刑事判决书、释放证明、身份信息等证据证实。上诉人陈良波均供述在案，所供与上述证据反映情况相符。原判认定事实清楚，证据确实、充分。上诉人陈良波对行驶中的公共交通工具的驾驶人员使用暴力，干扰公共交通工具正常行驶，危及公共安全，其行为已构成妨害安全驾驶罪。上诉人陈良波到案后能如实供述自己的罪行，在一审庭审中能自愿认罪，依法可予从轻处罚。上诉人陈良波在乘坐公交车过程中遭到驾驶员王某谩骂的事实，原判已据实认定，但上诉人陈良波用拳头击打驾驶员的行为，已危及公共安全，其认为没有危及公共安全的上诉理由，不能成立，不予采纳。鉴于二审期间，刑事法律规范发生变化，根据刑法溯及力从旧兼从轻原则，依法适用《刑法修正案（十一）》的相关规定，对上诉人陈良波的定罪、量刑予以改判。上诉人陈良波及其辩护人要求改判的相关意见成立，予以采纳，根据上诉人陈良波的犯罪事实、性质、情节及本案案情，依照《刑法》第133条之二第1款、第12条第1款、第67条第3款和《刑事诉讼法》第236条第1款第2项之规定，判决如下：一、撤销余姚市人民法院（2020）浙0281刑初1037号判决第一项，即被告人陈良波犯以危险方法危害公共安全罪，判处有期徒刑三年；二、上诉人陈良波犯妨害安全驾驶罪，判处有期徒刑七个月，并处罚金人民币2000元（刑期自判决执行之日起计算。判决执行以前先行羁押的，羁押一日折抵刑期一日，即自2020年10月15日起至2021年5月14日止，罚金限本判决送达后十日内缴纳）。

【学理分析及适用指引】

• 学理分析 •

妨害安全驾驶罪，是指对行驶中的公共交通工具的驾驶人员使用暴力、抢控驾驶操纵装置干扰公共交通工具正常行驶，或者驾驶人员在行驶的公共交通工具上擅离职守，与他人互殴或者殴打他人，危及公共安全的行为。本罪的构成要件如下：

1. 本罪客体。本罪侵犯的客体是公共安全，具体而言是公共交通领域的公安安全。

2. 本罪的客观方面。本罪客观方面表现为行为人对行驶中的公共交通工具的驾驶人员使用暴力，或者抢控驾驶操纵装置干扰公共交通工具正常行驶，或者驾驶人员在行驶的公共交通工具上擅离职守，与他人互殴或者殴打他人的行为。根据《刑法》第133条之二的规定，构成本罪通常有3种行为方式：

（1）对行驶中的公共交通工具的驾驶人员使用暴力。行驶中公共交通工具的驾驶人员关系到公共交通工具乘载人员的生命安危，对正在行驶中的公共交通工具的驾驶人员进行暴力殴打，不仅是对该驾驶人员的人身侵害，也是对公共交通工具所乘载的人员以及其他参与交通活动人员人身安全的威胁和侵害。

（2）抢控行驶中的公共交通工具的驾驶操纵装置，如公交车的方向盘等。“抢控驾驶操纵装置”并不需要行为人实际控制驾驶操作装置，只要强行控制行为危及公共安全即属于本罪客观方面行为。

（3）驾驶人员在行驶中的公共交通工具上擅离职守，与他人互殴或者殴打他人，危及公共安全。驾驶人员作为公共交通工具的具体操纵者，对其所乘载人员的安全具有法律义务，应当严格遵守驾驶规则。无论何种原因，放弃法定职责，与他人互殴或殴打他人，对乘载人员的安全显然有重大的危险性。

3. 本罪的主体。本罪主体为一般主体，凡年满16周岁、具备刑事责任能力的自然人均有可能成立本罪。从实践中看，成立本罪的多为公共交通工具的乘坐人员以及驾驶人员。

4. 本罪的主观方面。本罪的主观方面为故意，即行为人对其暴力行为、抢控驾驶操纵装置的行为是明知的，主观上多为出于个人目的，如乘坐公共交通工具时坐过站点要求驾驶人员非正常停车等，对于危害公共安全的后果多是放任的。

• 适用指引 •

在司法实践中，认定妨害安全驾驶罪需要注意：

1. “公共交通工具”具体范围如何准确判断？如是否包括网约车、小型出租车等？妨害安全驾驶罪要求发生在“行驶（中）的公共交通工具”，结合本罪所侵犯的法益以及刑法意义上的“公共交通工具”之相关规定，我们认为这里的“公共交通工具”原则上应限定为从事旅客运输的各种公共汽车、大、中型出租车、火车、船只、飞机等机动公共交通工具，不包括小型出租车、网约车等。

2. 本罪3种行为类型均要求“危及公共安全”，实践中如何判断？尤其是妨害安全驾驶罪与以危险方法危害公共安全罪的界限如何厘清？本罪是《刑法修正案（十一）》新增设的罪名，在此之前，对于类似的危害行为的，根据最高人民法院、最高人民检察院、公安部2019年1月联合发布的《关于依法惩治妨害公共交通工具安全驾驶违法犯罪行为的指导意见》对于乘客在公共交通工具行驶过程中，抢夺方向盘、变速杆等操纵装置，殴打、拉拽驾驶人员，或者有其他妨害安全驾驶行为，危害公共安全，尚未造成严重后果的，依照《刑法》第114条的规定，以以危险方法危害公共安全罪定罪处罚；致人重伤、死亡或者使公私财产遭受重大损失的，依照《刑法》第115条第1款的规定，以以危险方法危害公共安全罪定罪处罚。现《刑法》第133条之二在规定妨害安全驾驶罪刑事责任的同时，第3款又规定，有前两款行为，同时构成其他犯罪的，依照处罚较重的规定定罪处罚。因此，妨害安全驾驶罪与以危险方法危害公共安全罪的界限是司法实践和刑法理论上必须正视的问题。我们认为，二者均属于危害公共安全的犯罪，除发生的时空领域不同外，在危及（害）公共安全的程度上也有所差异，危害安全驾驶罪是“危及公共安全”，可谓抽象危险犯，而以其他危险方法危害公共安全罪则是“足以危及公共安全”，理论上通常认为属于具体危险犯。因此，可考察危害行为的暴力程度、危害公共交通工具行驶时间的长短、行驶距离长短、车上人数、道路性质以及行驶时间的早晚和路上人流量、车流量等综合判断行为的客观危险程度，同时还要结合危害结果，评价和适用罪名。具体而言，可能有如下3种类型：第一，客观上没有严重危害公共安全，也没有出现严重后果，则以妨害安全驾驶罪认定；第二，危害行为没有达到以危险方法危害公共安全的程度，但最后造成了人员伤亡的结果，如果符合交通肇事罪的构成要件即以交通肇事罪认定；第三，如果行为的危险性在客观上已经达到了以危险方法危害公共安全的程度，即同时符合妨害安全驾驶罪和以危险方法危害公共安全罪的构成，比如在公路上，人流量和车流量都非常大，行为人高速行驶或者对驾驶员施加暴力，抢夺方向盘，该行为同时触及妨害安全驾驶罪和以危险方法危害公共安全罪，应妨害安全驾驶罪法定刑较轻，故应以重法优先即应以《刑法》第 114 条的以危险方法危害公共安全罪来认定。

3. “暴力”及其程度的具体判断。危害安全驾驶罪作为危害公共安全的犯罪，但其法定刑仅为“一年以下有期徒刑、拘役或者管制，并处或者单处罚金”，故本罪属于刑法意义上的轻罪，本罪构成中“暴力”的程度应仅限于轻微伤及之下，如果暴力程度达到轻伤以上，则应以故意伤害罪论处，这也符合本条第 3 款的立法精神。

4. 如何区分驾驶人员与他人互殴的行为和遭受他人突如其来的暴力、出于自卫而实行的反击行为？遭受他人如其来的暴力袭击，出于自卫而对不法侵害实施反击是一种防卫行为，任何人均有行使正当防卫的权利，公共交通工具的驾驶人员也不例外。但是，公共交通工具的驾驶人员首要职责当然是保障众多乘客的人身安全，因此，防卫反击也只能在这一前提下进行，如果置乘客人身安全于不顾而擅离职守，与他人互殴或者殴打他人，危及公共安全的，则依法应承担刑事责任。

5、本罪与劫持汽车、船只罪、劫持航空器罪、暴力危及飞行安全罪的界限。在劫持汽车、船只罪、劫持航空器罪的犯罪行为过程中，行为人几乎必然存在对公共交通工具的驾驶人使用暴力、抢控驾驶操纵装置，同时构成危害安全驾驶罪的问题，属于法条竞合关系。但较为明显的是，不仅劫持汽车、船只罪、劫持航空器罪犯罪构成的“劫持”之犯罪目的比较特殊，而且也是重罪，应以劫持汽车、船只罪、劫持航空器罪定罪处罚。同理，本罪与暴力危及飞行安全罪的界限也存在类似现象。

第一百三十四条　重大责任事故罪；强令、组织他人违章冒险作业罪

【法律规定】

• 法律条文 •

《中华人民共和国刑法》

第一百三十四条　在生产、作业中违反有关安全管理的规定，因而发生重大伤亡事故或者造成其他严重后果的，处三年以下有期徒刑或者拘役；情节特别恶劣的，处三年以上七年以下有期徒刑。

强令他人违章冒险作业，或者明知存在重大事故隐患而不排除，仍冒险组织作业，因而发生重大伤亡事故或者造成其他严重后果的，处五年以下有期徒刑或者拘役；情节特别恶劣的，处五年以上有期徒刑。

• 相关规定 •

《中华人民共和国安全生产法》

第九十九条 生产经营单位有下列行为之一的，责令限期改正，处五万元以下的罚款；逾期未改正的，处五万元以上二十万元以下的罚款，对其直接负责的主管人员和其他直接责任人员处一万元以上二万元以下的罚款；情节严重的，责令停产停业整顿；构成犯罪的，依照刑法有关规定追究刑事责任：

（一）未在有较大危险因素的生产经营场所和有关设施、设备上设置明显的安全警示标志的；

（二）安全设备的安装、使用、检测、改造和报废不符合国家标准或者行业标准的；

（三）未对安全设备进行经常性维护、保养和定期检测的；

（四）关闭、破坏直接关系生产安全的监控、报警、防护、救生设备、设施，或者篡改、隐瞒、销毁其相关数据、信息的；

（五）未为从业人员提供符合国家标准或者行业标准的劳动防护用品的；

（六）危险物品的容器、运输工具，以及涉及人身安全、危险性较大的海洋石油开采特种设备和矿山井下特种设备未经具有专业资质的机构检测、检验合格，取得安全使用证或者安全标志，投入使用的；

（七）使用应当淘汰的危及生产安全的工艺、设备的；

（八）餐饮等行业的生产经营单位使用燃气未安装可燃气体报警装置的。

第一百条 未经依法批准，擅自生产、经营、运输、储存、使用危险物品或者处置废弃危险物品的，依照有关危险物品安全管理的法律、行政法规的规定予以处罚；构成犯罪的，依照刑法有关规定追究刑事责任。

第一百零一条 生产经营单位有下列行为之一的，责令限期改正，处十万元以下的罚款；逾期未改正的，责令停产停业整顿，并处十万元以上二十万元以下的罚款，对其直接负责的主管人员和其他直接责任人员处二万元以上五万元以下的罚款；构成犯罪的，依照刑法有关规定追究刑事责任：

（一）生产、经营、运输、储存、使用危险物品或者处置废弃危险物品，未建立专门安全管理制度、未采取可靠的安全措施的；

（二）对重大危险源未登记建档，未进行定期检测、评估、监控，未制定应急预案，或者未告知应急措施的；

（三）进行爆破、吊装、动火、临时用电以及国务院应急管理部门会同国务院有关部门规定的其他危险作业，未安排专门人员进行现场安全管理的；

（四）未建立安全风险分级管控制度或者未按照安全风险分级采取相应管控措施的；

（五）未建立事故隐患排查治理制度，或者重大事故隐患排查治理情况未按照规定报告的。

第一百零五条 生产经营单位有下列行为之一的，责令限期改正，处五万元以下的罚款，对其直接负责的主管人员和其他直接责任人员处一万元以下的罚款；逾期未改正的，责令停产停业整顿；构成犯罪的，依照刑法有关规定追究刑事责任：

（一）生产、经营、储存、使用危险物品的车间、商店、仓库与员工宿舍在同一座建筑内，或者与员工宿舍的距离不符合安全要求的；

（二）生产经营场所和员工宿舍未设有符合紧急疏散需要、标志明显、保持畅通的出口、疏散通道，或者占用、锁闭、封堵生产经营场所或者员工宿舍出口、疏散通道的。

第一百零六条 生产经营单位与从业人员订立协议，免除或者减轻其对从业人员因生产安全事故伤亡依法应承担的责任的，该协议无效；对生产经营单位的主要负责人、个人经营的投资人处二万元以上十万元以下的罚款。

第一百零七条 生产经营单位的从业人员不落实岗位安全责任，不服从管理，违反安全生产规章制度或者操作规程的，由生产经营单位给予批评教育，依照有关规章制度给予处分；构成犯罪的，依照刑法有关规定追究刑事责任。

第一百一十条 生产经营单位的主要负责人在本单位发生生产安全事故时，不立即组织抢救或者在事故调查处理期间擅离职守或者逃匿的，给予降级、撤职的处分，并由应急管理部门处上一年年收入百分之六十至百分之一百的罚款；对逃匿的处十五日以下拘留；构成犯罪的，依照刑法有关规定追究刑事责任。

生产经营单位的主要负责人对生产安全事故隐瞒不报、谎报或者迟报的，依照前款规定处罚。

第一百一十一条 有关地方人民政府、负有安全生产监督管理职责的部门，对生产安全事故隐瞒不报、谎报或者迟报的，对直接负责的主管人员和其他直接责任人员依法给予处分；构成犯罪的，依照刑法有关规定追究刑事责任。

《中华人民共和国劳动法》

第九十二条 用人单位的劳动安全设施和劳动卫生条件不符合国家规定或者未向劳动者提供必要的劳动防护用品和劳动保护设施的，由劳动行政部门或者有关部门责令改正，可以处以罚款；情节严重的，提请县级以上人民政府决定责令停产整顿；对事故隐患不采取措施，致使发生重大事故，造成劳动者生命和财产损失的，对责任人员比照刑法第一百八十七条的规定追究刑事责任。

第九十三条 用人单位强令劳动者违章冒险作业，发生重大伤亡事故，造成严重后果的，对责任人员依法追究刑事责任。

《最高人民法院、最高人民检察院关于办理危害生产安全刑事案件适用法律若干问题的解释》（法释〔2015〕22号）

第一条 刑法第一百三十四条第一款规定的犯罪主体，包括对生产、作业负有组织、指挥或者管理职责的负责人、管理人员、实际控制人、投资人等人员，以及直接从事生产、作业的人员。

第二条 刑法第一百三十四条第二款规定的犯罪主体，包括对生产、作业负有组织、指挥或者管理职责的负责人、管理人员、实际控制人、投资人等人员。

第五条 明知存在事故隐患、继续作业存在危险，仍然违反有关安全管理的规定，实施下列行为之一的，应当认定为刑法第一百三十四条第二款规定的"强令他人违章冒险作业"：

（一）利用组织、指挥、管理职权，强制他人违章作业的；

（二）采取威逼、胁迫、恐吓等手段，强制他人违章作业的；

（三）故意掩盖事故隐患，组织他人违章作业的；

（四）其他强令他人违章作业的行为。

第六条第一款、第二款 实施刑法第一百三十二条、第一百三十四条第一款、第一百三十五条、第一百三十五条之一、第一百三十六条、第一百三十九条规定的行为，因而发生安全事故，具有下列情形之一的，应当认定为"造成严重后果"或者"发生重大伤亡事故或者造成其他严重后果"，对相关责任人员，处三年以下有期徒刑或者拘役：

（一）造成死亡一人以上，或者重伤三人以上的；

（二）造成直接经济损失一百万元以上的；

（三）其他造成严重后果或者重大安全事故的情形。

实施刑法第一百三十四条第二款规定的行为，因而发生安全事故，具有本条第一款规定情形的，应当认定为"发生重大伤亡事故或者造成其他严重后果"，对相关责任人员，处五年以下有期徒刑或者拘役。

第七条第一款、第二款 实施刑法第一百三十二条、第一百三十四条第一款、第一百三十五条、第一百三十五条之一、第一百三十六条、第一百三十九条规定的行为，因而发生安全事故，具有下列情形之一的，对相关责任人员，处三年以上七年以下有期徒刑：

（一）造成死亡三人以上或者重伤十人以上，负事故主要责任的；

（二）造成直接经济损失五百万元以上，负事故主要责任的；

（三）其他造成特别严重后果、情节特别恶劣或者后果特别严重的情形。

实施刑法第一百三十四条第二款规定的行为，因而发生安全事故，具有本条第一款规定情形的，对相关责任人员，处五年以上有期徒刑。

第十条 在安全事故发生后，直接负责的主管人员和其他直接责任人员故意阻挠开展抢救，导致人员死亡或者重伤，或者为了逃避法律追究，对被害人进行隐藏、遗弃，致使被害人因无法得到救助而死亡或者重度残疾的，分别依照刑法第二百三十二条、第二百三十四条的规定，以故意杀人罪或者故意伤害罪定罪处罚。

第十二条 实施刑法第一百三十二条、第一百三十四条至第一百三十九条之一规定的犯罪行为，具有下列情形之一的，从重处罚：

（一）未依法取得安全许可证件或者安全许可证件过期、被暂扣、吊销、注销后从事生产经营活动的；

（二）关闭、破坏必要的安全监控和报警设备的；

（三）已经发现事故隐患，经有关部门或者个人提出后，仍不采取措施的；

（四）一年内曾因危害生产安全违法犯罪活动受过行政处罚或者刑事处罚的；

（五）采取弄虚作假、行贿等手段，故意逃避、阻挠负有安全监督管理职责的部门实施监督检查的；

（六）安全事故发生后转移财产意图逃避承担责任的；

（七）其他从重处罚的情形。

实施前款第五项规定的行为，同时构成刑法第三百八十九条规定的犯罪的，依照数罪并罚的规定处罚。

第十三条 实施刑法第一百三十二条、第一百三十四条至第一百三十九条之一规定的犯罪行为，在安全事故发生后积极组织、参与事故抢救，或者积极配合调查、主动赔偿损失的，可以酌情从轻处罚。

第十六条 对于实施危害生产安全犯罪适用缓刑的犯罪分子，可以根据犯罪情况，禁止其在缓刑考验期限内从事与安全生产相关联的特定活动；对于被判处刑罚的犯罪分子，可以根据犯罪情况和预防再犯罪的需要，禁止其自刑罚执行完毕之日或者假释之日起三年至五年内从事与安全生产相关的职业。

【案例】

李某和等重大责任事故案①

• 案件事实 •

2001年3月，隧道公司与上海地铁建设有限公司签订施工合同，承接上海市轨道交通明珠二期工程浦东南路站至南浦大桥站盾构推进工程。具体由隧道

① 参见张耕：《刑事案例诉辩审评——重大责任事故罪》，中国检察出版社2006年版。

公司盾构分公司实施，袁某某任该工程项目经理部经理，负责工程的全面管理。

2001 年 6 月，地铁监理公司受上海地铁建设有限公司委托，监理上海市轨道交通明珠二期工程浦东南路站至南浦大桥站区间隧道工程。李某强任该工程总监代表，负责工程质量、安全、文明施工等监督管理。

2002 年 11 月，隧道公司盾构分公司将工程项目中的中间风井及旁通道工程分包给中煤公司。中煤公司任命周某某（另案处理）为该工程项目经理，全面负责该工程。

在 2003 年 6 月 28 日，对旁通道进行冻结施工遇到问题。当日晚，李某和出于保证工程进度考虑，提出在停止开挖的旁通道掘进面上开凿一孔洞，用作混凝土输送管的通道，遭到周某某反对。在李某和的坚持下，周某某提出如果要开凿孔洞，也要从下行线隧道钢管片处往旁通道方向开凿，且应先开凿探测孔检测安全。同年 7 月 1 日零时许，李某和不听从周某某提出的“从下行线开凿探测孔”的意见，擅自指挥施工人员拆除旁通道掘进面部分封板，在掘进面上冒险作业，开凿了一直径为 20 厘米的孔洞至下行线隧道钢管片，致使险情加剧，导致此孔洞出水，其出水点逐渐下移，水沙从掘进面的右下角和侧墙下角不断涌出，封堵无效后引发大量水和流沙从旁通道涌入隧道，虽经奋力救险，仍致 200 余米隧道损坏；中山南路、董家渡路、外马路、赖义码头街所围区域地面出现裂缝、沉陷，以风井为中心的地面从沉陷漏斗发展成塌陷区，最深达 4 米，临江大厦门口地面塌陷最深处约 2 米，董家渡路沉陷达 1 米，中山南路明显下沉；周边的鸿宇商务楼、音像制品批发市场、材料公司、土产公司裙房分别倒塌及因倾斜被拆除；河床严重扰动、下沉、滑移，近 30 米防汛墙倒塌，近 70 米防汛墙结构严重破坏等，造成特别重大的经济损失。

• 裁判要旨 •

企业在重大工程生产施工过程中，包括工程监理在内的相关生产作业环节的工作人员，违反规章制度、未尽职责义务，发生重大事故造成严重后果的，对严重结果具有因果关系的相关责任人，均应成立重大责任事故罪。

• 裁判理由 •

上海市第二中级人民法院认为：被告人李某和、李某强、袁某某作为建筑和其他企业、事业单位的职工，在施工生产过程中，由于不服管理、违反规章制度，因而发生重大事故，造成严重后果，其行为均已构成重大责任事故罪，依法应予惩处。公诉机关指控罪名成立。被告人李某和系建筑施工单位的职工，符合重大责任事故罪的主体资格；在主观上具有过于自信的过失；在客观上具有不服管理、擅自指挥工人冒险作业的行为，导致事故发生且已经造成严重后果，应当以重大责任事故罪追究其刑事责任。被告人李某强作为建筑施工工程总监代表，虽然不是直接从事生产、作业的人员，但是是对生产、作业直接进行监督的管理人员，与生产、作业活动具有直接关系，符合重大责任事故罪的主体资格；在主观上具有疏忽大意的过失；在客观上具有违反规章制度、未尽监理义务的行为，表现为李某强作为旁通道施工监理，本人未到旁通道施工现场检查，还指使他人对监理日记作不实记录，未及时发现事故隐患，失去了防止事故发生的机会，致使事故最终发生，造成严重后果，应以重大责任事故罪追究其刑事责任。被告人李某和的辩解以及李某和、李某强的辩护人提出李某和、李某强不构成重大责任事故罪的辩护意见，不予采纳。被告人袁某某系建筑施工总包单位选派的工程项目经理，对所承担的旁通道工程负安全、质量等全面管理职责，符合重大责任事故罪的主体资格；在主观上具有疏忽大意的过失，在客观上具有违反规章制度的行为，致使事故最终发生，造成严重后果，故对袁某某亦应以重大责任事故罪追究刑事责任。

同时法院认定：被告人李某和指挥开凿孔洞，主观上有出于抓紧时间，保证工程进度的意图；事故发生后，李某和积极组织施工人员排险并视情况及时指挥施工人员撤离，防止了人员伤亡的严重后果。被告人李某强未能发现事故隐患并防止事故发生，除其个人违章未严格履行监理职责等原因外，也有施工方在凌晨零时开凿孔洞行为突然、其他监理人员不负责任及监理人员安排紧张等因素；李某强到案后认罪态度较好。被告人袁某某未能发现事故隐患并防止事故发生，除其个人违章未切实履行管理职责等原因外，也有其下属有关人员对旁通道施工情况一无所知、不负责任等因素；袁某某到案后认罪态度较好。根据罪刑相适应的刑法基本原则，综合考虑上述酌情从轻处罚情节，对三名被告人可分别酌情从轻处罚。被告人袁某某的辩护人提出本次事故发生系多因一果、建议对袁某某从轻处罚的相关辩护意见，予以采纳。

综上，为维护社会主义法治，保障社会公共安全和厂矿企业、事业单位的生产、施工、作业安全，根据被告人李某和、李某强、袁某某各自犯罪的事实、性质、情节及对社会的危害后果，依照《刑法》第 134 条，第 72 条第 1 款，第 73 条第 2 款、第 3 款之规定，判决如下：一、被告人李某和犯重大责任事故罪，判处有期徒刑二年六个月，缓刑三年。二、被告人李某强犯重大责任事故罪，判处有期徒刑一年六个月，缓刑二年。三、被告人袁某某犯重大责任事故罪，判处有期徒刑一年六个月，缓刑二年。

【学理分析及适用指引】

● 学理分析 ●

1. 重大责任事故罪的构成。重大责任事故罪，是指在生产、作业中违反有关安全管理的规定，因而发生重大伤亡事故或者造成其他严重后果的行为。本罪的构成要件如下：

（1）本罪的客体。本罪侵犯的客体是工厂、矿山、林场、建筑企业或者其他企业、事业单位的正常生产安全。

（2）本罪的客观方面。本罪在客观方面表现为行为人在生产和作业过程中违反有关安全管理的规定，因而发生重大伤亡事故或者造成其他严重后果的行为。所谓情节特别恶劣，是指经常违反规章制度，屡教不改，明知没有安全保证，不听劝阻，违章冒险作业；发生过事故不引以为戒，仍继续蛮干；事故发生后，不组织抢救，使危害后果蔓延扩大；为逃避责任，伪造现场、嫁祸于人；造成伤亡人数特别多；造成直接经济损失特别大等。

（3）本罪的主体。本罪主体在《刑法修正案（六）》实施以前为特殊主体，是指工厂、矿山、林场、建筑企业或者其他企业、事业单位的职工。这些单位既包括国家的，又包括集体的。作为本罪主体的上述单位的职工，并非该单位从事各种工作的职工，而是指那些直接从事生产的人员和直接指挥生产的人员，包括生产工人、技术员、安全员、化验员、检验员、生产调度员、段长、矿长、车间主任等。在《刑法修正案（六）》实施以后，本罪主体为一般主体，指进入生产、作业领域的任何人员，而不限于上述单位的职工。

（4）本罪的主观方面。本罪在主观方面表现为过失。这种过失，表现在对造成的后果没有预见，或者轻信可以避免。而对违章本身，既可能是无意之中违反，也可能是明知故犯，但均不影响本罪的成立，在量刑时可以作为一个情节予以考虑。如果行为人对危害结果出于故意的心理状态，则不构成本罪，可能构成其他危害公共安全的犯罪。

2. 强令、组织他人违章冒险作业罪的构成。强令、组织他人违章冒险作业罪，是指强令他人违章冒险作业，或者明知存在重大事故隐患而不排除，仍冒险组织作业，因而发生重大伤亡事故或者造成其他严重后果的行为。《刑法修正案（十一）》对原“强令违章冒险作业罪”进行了修订，增加了“明知存在重大事故隐患而不排除，仍冒险组织作业”构成本罪的情形。本罪的构成要件如下：

（1）本罪的客体。本罪侵犯的客体是作业的安全。

（2）本罪的客观方面。客观方面表现为强令他人违章冒险作业，或者明知存在重大事故隐患而不排除，仍冒险组织作业，因而发生重大伤亡事故或者造成其他严重后果的行为。具体有两种行为类型：一是“强令他人违章冒险作业”，即指负责管理施工、作业等工作的管理人员，明知自己的决定违反安全作业的规章制度，可能会发生安全事故，却怀有侥幸心理，自认不会出事，而强行命令他人违章作业的行为。“强令”不能机械地理解为他人反对、反抗后而强迫他人必须执行，强令者也不一定必须在作业现场。“强令”主要是指强令者发出的指令内容，他人必须或者应当执行，并产生了使他人违心违章冒险作业的危害后果的行为。[①] 二是“明知存在重大事故隐患而不排除，仍冒险组织作业”。这里的明知是指对存在安全生产隐患的明知，即明知存在安全生产的事故隐患、继续作业存在危险，但仍然违反有关安全管理的规定，组织违章冒险作业的。

（3）本罪的主体。犯罪主体为一般主体。实践中多为对矿山生产、作业负有组织、指挥或者管理职责的负责人、管理人员、实际控制人、投资人等人员。

（4）本罪的主观方面。主观方面由过失（主要是过于自信的过失）构成。值得说明的是，行为人虽然对存在重大事故的隐患是明知的，但这种明知并非本罪的责任要素，而是客观构成要件要素，其对冒险作业可能造成的重大事故等危害后果则为过于自信的过失。

• 适用指引 •

1. 重大责任事故罪的认定。在本罪认定过程中，需注意其客观方面应同时满足以下条件：

（1）违反规章制度。所谓规章制度，不仅指上述国家发布的各种有关安全生产的法规，以及企业、事业单位及其上级管理机关制定的反映安全生产客观规律并涉及工艺技术、生产操作、技术监督、劳动保护、安全管理等方面的规程、规章、章程、条例、办法和制度等，而且还包括那些虽无明文规定，但却反映了生产、科研、设计、施工中安全操作的客观规律并长期为群众所公认的行之有效的正确的操作习惯与惯例。认定某人是否构成重大责任事故罪，首先应查明其是否具有违反规章制度的行为，没有违章行为不构成犯罪，具有违章行为就可能构成犯罪。

（2）违反规章制度的行为发生在生产作业过程中并与生产有直接联系。只有在生产过程中有违章行为，才可能出现责任事故。这是时间和空间对该罪的限定。

（3）行为人违反规章制度的行为引起了重大伤亡事故或造成其他严重后果。构成重大责任事故罪，必须有重大伤亡事故或者其他严重后果的发生。重

---

① 黄太云：《立法解读：刑法修正案及刑法立法解释》，人民法院出版社2006年版，第105～106页。

大伤亡，是指致人死亡 1 人以上，或者致人重伤 3 人以上的；严重后果，是指造成直接经济损失 5 万元以上的，以及经济损失虽不足规定数额，但情节严重，使生产、工作受到重大损害的。

2. 强令、组织他人违章冒险作业罪的认定。司法实践中，认定本罪应注意罪与非罪的界限。本罪属于结果犯。行为人虽然实施了强令他人违章冒险作业的行为，但如果没有发生重大伤亡事故或者造成其他严重后果，只属于一般责任事故，不构成犯罪。

第一百三十四条　危险作业罪

【法律规定】

• 法律条文 •

《中华人民共和国刑法》

第一百三十四条之一　在生产、作业中违反有关安全管理的规定，有下列情形之一，具有发生重大伤亡事故或者其他严重后果的现实危险的，处一年以下有期徒刑、拘役或者管制：

（一）关闭、破坏直接关系生产安全的监控、报警、防护、救生设备、设施，或者篡改、隐瞒、销毁其相关数据、信息的；

（二）因存在重大事故隐患被依法责令停产停业、停止施工、停止使用有关设备、设施、场所或者立即采取排除危险的整改措施，而拒不执行的；

（三）涉及安全生产的事项未经依法批准或者许可，擅自从事矿山开采、金属冶炼、建筑施工，以及危险物品生产、经营、储存等高度危险的生产作业活动的。

• 相关规定 •

《最高人民法院、最高人民检察院、公安部、工业和信息化部、住房和城乡建设部、交通运输部、应急管理部、国家铁路局、中国民用航空局、国家邮政局关于依法惩治涉枪支、弹药、爆炸物、易燃易爆危险物品犯罪的意见》（法发〔2021〕35 号）

二、正确认定犯罪

5. ……在易燃易爆危险物品生产、经营、储存等高度危险的生产作业活动中违反有关安全管理的规定，有下列情形之一，具有发生重大伤亡事故或者其他严重后果的现实危险的，依照刑法第一百三十四条之一第三项的规定，以危险作业罪定罪处罚：

（1）委托无资质企业或者个人储存易燃易爆危险物品的；

（2）在储存的普通货物中夹带易燃易爆危险物品的；

（3）将易燃易爆危险物品谎报或者匿报为普通货物申报、储存的；

（4）其他涉及安全生产的事项未经依法批准或者许可，擅自从事易燃易爆危险物品生产、经营、储存等活动的情形。

实施前两款行为，同时构成刑法第一百三十条规定之罪等其他犯罪的，依照处罚较重的规定定罪处罚；导致发生重大伤亡事故或者其他严重后果，符合刑法第一百三十四条、第一百三十五条、第一百三十六条等规定的，依照各该条的规定定罪从重处罚。

【学理分析及适用指引】

• 学理分析 •

安全生产是关系人民群众生命财产安全的大事。《刑法》规定的安全生产犯罪，主要是事故类犯罪，即以实际造成了重大伤亡事故或者其他严重后果作为犯罪成立的前提条件，即便存在重大安全生产隐患，但只要没有实际发生重大事故或者没有实际造成其他严重后果，就缺少可以直接适用的罪名。但是，当前我国正处于工业化、城镇化持续推进过程中，生产经营规模不断扩大，各类事故隐患和安全风险交织叠加，有鉴于风险社会已经来临的考量，2014 年修正后的《安全生产法》，将我国的安全生产监管工作从结果控制为主转变为过程控制和结果控制并重，既强调行政监管力度，又压实企业、个人的安全生产责任，通过监管关口前移减少事故隐患。因此，当时《刑法》关于安全生产犯罪的立法现状，逐渐不适应社会经济发展要求、与《安全生产法》不相适应。故此，适当迁移刑事处罚阶段，把虽然没有实际发生严重后果，但是违反有关安全生产管理的规定、且具有现实危险的行为规定为犯罪，已成为普遍共识和《刑法修正案（十一）》的重要立法任务。

《刑法修正案（十一）》增设了危险作业罪，作为第 134 条之一，主要针对关闭、破坏篡改安全生产预防措施、信息，拒不执行针对重大事故隐患的整改措施以及未经依法批准擅自从事高危生产作业活动等具有导致严重后果发生危险的三类行为，纳入刑事追责范畴，作为危险作业罪论处。具体而言，本罪的构成要件如下：

1. 本罪的客体。危险作业罪的客体是生产、作业中有关安全生产的管理制度和公共安全。

2. 本罪的客观方面。危险作业罪客观方面表现为在生产、作业中违反有关安全管理的规定，关闭、破坏直接关系生产安全的监控、报警、防护、救生设备、设施，或者篡改、隐瞒、销毁其相关数据、信息，或者因存在重大事故隐患被依法责令停产停业、停止施工、停止使用有关设备、设施、场所或者立即采取排除危险的整改措施，而拒不执行，或者涉及安全生产的事项未经依法批准或者许可，擅自从事矿山开采、金属冶炼、建筑施工，以及危险物品生产、经营、储存等高度危险的生产作业活动，具有发生重大伤亡事故或者其他严重后果的现实危险的行为。危险作业罪客观方面的表现可简略概括为隐瞒掩盖型、教而不改型和应批未批型三种行为类型。[①] 隐瞒掩盖型主要是指关闭、破坏篡改安全生产预防措施、信息的情形，教而不改型主要是指拒不执行针对重大事故隐患的整改措施的情形，应批未批型主要是指未经依法批准擅自从事高危生产作业活动的情形。本罪仅属具体危险犯（仅限重大隐患），若导致严重事故的发生，应以重大责任事故罪论处，可谓构成要件前置现象。

3. 本罪的主体。危险作业罪的主体为一般主体，凡年满16周岁、具有刑事责任的自然人均可构成本罪，司法实践中多为公司企业等生产作业单位负有组织、指挥、管理职责的负责人、管理人员、实际控制人、投资人等人员。

4. 本罪的主观方面。危险作业罪的主观方面是故意，即行为人对其在生产、作业中违反有关安全管理的规定，实施具有发生重大事故隐患的违章操作行为是明知的，其行为的实质是为了追求利益最大化，漠视事故隐患，盲目生产、作业。

适用指引 •

1. 关于应批未批型危险作业行为的司法认定。“未经依法批准或许可”主要是指生产作业行为应获得相应安全许可证件而未获得，包括在矿山开采、金属冶炼、建筑施工和危险物品等行业领域的安全生产许可。实践中，如下几类情形要注意准确判断：一是涉及安全生产的事项虽获批准或许可，但批准或许可依法被暂扣、吊销、注销的是否属于“应批未批”？二是通过欺骗、贿赂等非法手段获取的批准或许可是否属于“应批未批”？三是超过批准或许可的期限、范围的，是否属于“应批未批”？四是“边申请边开工”且事后取得了批准或许可的，是否属于“应批未批”？我们认为，上述几种情形本质上均可属于“应批未批”，如既然依法被暂扣、吊销、注销了相关批准、许可，或者超过批准或者许可的期限、范围的，就表明行为人被暂扣、吊销、注销期间或者超过批准、许可期限范围内的生产作业未获得批准、许可，当属“应批未批”；至于虽然形式上有批准或许可，但批准或许可是通过欺骗、贿赂等非法手段获取的，基于“任何人不能从违法行为中获益”这一现代法治基本理念出发，该批准、许可自始无效，故也属“应批未批”；另外，对于实践中普遍存在的“边申请、边审批、边开工”等“程序性违法”情形，即使行为人事

① 参见杨万明主编：《〈刑法修正案（十一）〉条文及配套罪名补充规定（七）理解与适用》，人民法院出版社2021年版，第57页。

后依法取得了批准或许可，也可认为依法取得批准或许可前的阶段属于“应批未批”，当然，获得批准或许可本身可能说明此前的行为通常没有重大隐患等危险性，一般不符合本条规定的“现实危险”，故不成立危险作业罪。

2. 注意危险作业罪与其他安全生产类犯罪的竞合问题。首先，本罪作为严重违反生产作业相关管理的行为，若发生重大事故或造成严重后果的，同时构成重大责任事故罪、强令、组织他人违章冒险作业罪、重大劳动安全事故罪等相应安全生产事故类犯罪的，应按照重行为吸收轻行为的原则，适用较重的规定定罪处罚。如前所述，危险作业罪属具体危险犯（仅限重大隐患），属于刑法意义上的典型轻罪，若导致严重事故的发生，应以重大责任事故罪论处，可谓构成要件前置现象。

其次，本罪与违规运输危化品型危险驾驶罪的界限问题。根据《刑法》第133条之一的规定，“违反危险化学品安全管理规定运输危险化学品，危及公共安全”的行为，依法构成危险驾驶罪，但同时该行为也符合第134条之一危险作业罪的构成条件，对此情形，最终究竟应以危险作业罪还是危险驾驶罪论处？我们认为，二者存在法条竞合的关系，相比而言，危险作业罪属于一般法，危险驾驶罪应为特殊法，按照特别法优于一般法的原则，只要不出现明显的罪刑失衡、罚不当罪的情形，原则上应优先使用特殊法即危险驾驶罪论处。但是，由于危险驾驶罪的法定刑“拘役、并处罚金”明显低于危险作业罪的法定刑“一年以下有期徒刑、拘役或者管制”，如果适用危险驾驶罪明显地罚不当罪、不足以惩戒，基于罪责刑相适应原则的，应以危险作业罪论处为宜。

第一百三十五条　重大劳动安全事故罪

【法律规定】

• 法律条文 •

《中华人民共和国刑法》

第一百三十五条　安全生产设施或者安全生产条件不符合国家规定，因而发生重大伤亡事故或者造成其他严重后果的，对直接负责的主管人员和其他直接责任人员，处三年以下有期徒刑或者拘役；情节特别恶劣的，处三年以上七年以下有期徒刑。

• 相关规定 •

《中华人民共和国劳动法》

第九十二条　用人单位的劳动安全设施和劳动卫生条件不符合国家规定或

者未向劳动者提供必要的劳动防护用品和劳动保护设施的，由劳动行政部门或者有关部门责令改正，可以处以罚款；情节严重的，提请县级以上人民政府决定责令停产整顿；对事故隐患不采取措施，致使发生重大事故，造成劳动者生命和财产损失的，对责任人员比照刑法第一百八十七条的规定追究刑事责任。

第九十三条 用人单位强令劳动者违章冒险作业，发生重大伤亡事故，造成严重后果的，对责任人员依法追究刑事责任。

《最高人民法院、最高人民检察院关于办理危害生产安全刑事案件适用法律若干问题的解释》（法释〔2015〕22号）

第三条 刑法第一百三十五条规定的“直接负责的主管人员和其他直接责任人员”，是指对安全生产设施或者安全生产条件不符合国家规定负有直接责任的生产经营单位负责人、管理人员、实际控制人、投资人，以及其他对安全生产设施或者安全生产条件负有管理、维护职责的人员。

第六条第一款 实施刑法第一百三十二条、第一百三十四条第一款、第一百三十五条、第一百三十五条之一、第一百三十六条、第一百三十九条规定的行为，因而发生安全事故，具有下列情形之一的，应当认定为“造成严重后果”或者“发生重大伤亡事故或者造成其他严重后果”，对相关责任人员，处三年以下有期徒刑或者拘役：

（一）造成死亡一人以上，或者重伤三人以上的；

（二）造成直接经济损失一百万元以上的；

（三）其他造成严重后果或者重大安全事故的情形。

第七条第一款 实施刑法第一百三十二条、第一百三十四条第一款、第一百三十五条、第一百三十五条之一、第一百三十六条、第一百三十九条规定的行为，因而发生安全事故，具有下列情形之一的，对相关责任人员，处三年以上七年以下有期徒刑：

（一）造成死亡三人以上或者重伤十人以上，负事故主要责任的；

（二）造成直接经济损失五百万元以上，负事故主要责任的；

（三）其他造成特别严重后果、情节特别恶劣或者后果特别严重的情形。

第十条 在安全事故发生后，直接负责的主管人员和其他直接责任人员故意阻挠开展抢救，导致人员死亡或者重伤，或者为了逃避法律追究，对被害人进行隐藏、遗弃，致使被害人因无法得到救助而死亡或者重度残疾的，分别依照刑法第二百三十二条、第二百三十四条的规定，以故意杀人罪或者故意伤害罪定罪处罚。

第十二条 实施刑法第一百三十二条、第一百三十四条至第一百三十九条之一规定的犯罪行为，具有下列情形之一的，从重处罚：

（一）未依法取得安全许可证件或者安全许可证件过期、被暂扣、吊销、注销后从事生产经营活动的；

（二）关闭、破坏必要的安全监控和报警设备的；

（三）已经发现事故隐患，经有关部门或者个人提出后，仍不采取措施的；

（四）一年内曾因危害生产安全违法犯罪活动受过行政处罚或者刑事处罚的；

（五）采取弄虚作假、行贿等手段，故意逃避、阻挠负有安全监督管理职责的部门实施监督检查的；

（六）安全事故发生后转移财产意图逃避承担责任的；

（七）其他从重处罚的情形。

实施前款第五项规定的行为，同时构成刑法第三百八十九条规定的犯罪的，依照数罪并罚的规定处罚。

第十三条　实施刑法第一百三十二条、第一百三十四条至第一百三十九条之一规定的犯罪行为，在安全事故发生后积极组织、参与事故抢救，或者积极配合调查、主动赔偿损失的，可以酌情从轻处罚。

第十六条　对于实施危害生产安全犯罪适用缓刑的犯罪分子，可以根据犯罪情况，禁止其在缓刑考验期限内从事与安全生产相关联的特定活动；对于被判处刑罚的犯罪分子，可以根据犯罪情况和预防再犯罪的需要，禁止其自刑罚执行完毕之日或者假释之日起三年至五年内从事与安全生产相关的职业。

【案例】

林南先重大劳动安全事故案①

● 案件事实 ●

2001年10月15日，中国人民武装警察部队黄金第二支队（以下简称黄金部队）与鑫龙公司的法定代表人林南先签订联合勘察东方市普光农场九公里半金矿点的合同书。合同规定：黄金部队负责矿产登记有关事宜，而鑫龙公司则负责劳动方面的组织、施工、管理。但黄金部队（其有关负责人另案处理）既没有审查该公司是否具有探矿资格，也没有向有关主管部门备案，放任不具有开采资格的鑫龙公司进行金矿开采。2002年4月份，被告人林南先代表该公司又与湖南省汝城县工程队的负责人邓细吉（批捕在逃）签订劳动协议书，又将采矿作业发包给同样不具备采矿资质的汝城县工程队。该协议规定：鑫龙公司负责提供生产矿井和机械设备等事项，而汝城县工程队则负责执行该公司的采矿计划和生产安排。

---

① 参见海南省海口市中级人民法院（2005）海南刑终字第54号。

2002 年 6 月 16 日 23 时许，邓细吉安排两名工人下井钻洞安装炸药。次日凌晨 2 时许，炸药被点燃后，工人开鼓风机往井外排烟。3 时许，被害人邓大某便下井开始作业，过了一段时间，负责开升降机的工人小朱见邓大某尚未出来，就赶紧跑到工棚叫醒邓大某的胞弟邓小某说："哥可能出事了。"睡在邓小某身旁的李某友听到叫声后，也醒来跟邓小某一起下井救人。至 3 时半左右，矿点的工人见下井的 3 名工人尚未出来，认为情况不妙，就跑去对王某说："井下可能出事了。"王某听后便下井往工作面走，当见到前方有一名工人已躺下，就马上退出并叫醒全部工人，接着王某跟谢某某再次下井，但由于谢某某自我保护不好，也晕倒在井下。而朝工作面行走的王某见状想上去抱谢某某，却感觉全身乏力，便往回跑。出井后，王某用手机分别向"110"和"120"报警和呼救，并通知林南先。约半小时后，林南先赶到现场。6 时半，当地医院急救中心的车辆也赶到，在井上工人的协助下，先后将这 4 人抱出井外，但这 4 人均已死亡。经医院诊断：邓大某、邓小某、谢某某及李某友均为井下窒息死亡。

事故发生后，黄金部队和林南先均未向有关生产安全部门报告。2002 年 8 月 7 日，被害人家属向省政府及省安全生产监督部门举报，经省政府领导批示后，成立"6. 17"金矿重大事故调查组，经调查组调查后作出意见认为：林南先对事故负有重大责任。

• 裁判要旨 •

不具备勘探资质的公司的法定代表人擅自将工程发包给不具备采矿资质的其他单位，对安全生产设施、条件及过程疏于监管，导致重大伤亡事故的，依法构成重大劳动安全事故罪。

• 裁判理由 •

海南省东方市人民法院一审认为：被告人林南先身为鑫龙公司法定代表人，在其公司不具备勘探资质的情况下，擅自开展探矿业务，对事故隐患不采取安全防范措施，致使其勘探的矿井发生重大伤亡事故，情节特别恶劣，其行为已构成重大劳动安全事故罪。依照《刑法》第 135 条和《民法通则》第 119 条、第 130 条的规定，认定被告人林南先犯重大劳动安全事故罪，判处有期徒刑五年，并分别赔偿附带民事诉讼原告人邓土保、陆元金经济损失 164034. 5 元；赔偿附带民事诉讼原告人胡淑仪、李伟华经济损失 140830 元。被告人林南先在上诉中则辩称：原判对其处刑过重，要求从轻改判。

海南中级人民法院经过二审审理后认为：原判认定上诉人林南先在不具备勘探矿产资格的情况下，擅自将其承包的采矿点交给同样不具备勘探资格的邓细吉进行开采。而邓细吉在开采过程中，对存在的安全隐患不能采取科学的防范措施，导致4名工人死亡。

基于以上认定，海南中级人民法院认为：上诉人林南先不严格执行国家有关劳动生产安全的法律法规，在明知自己不具备勘探资格的情况下，为片面追求经济利益，与同案犯邓细吉合作开采过程中，对存在危及工人安全生产的事故隐患，不采取积极的防范措施，造成4人死亡的严重事故，其行为已构成重大劳动安全事故罪。且林南先在案后为了逃避法律制裁，有意破坏事故现场，企图迫使死者家属私了，其所赔偿的数额与应赔的数额差距仍然很大，造成的后果又特别严重，属犯罪情节特别恶劣，故林南先请求二审从轻改判据理不足，不予采纳。原审法院根据犯罪的事实、情节和后果，在法律规定的幅度内判处其五年有期徒刑并无不当，审判程序亦合法，应予维持。据此，依照《刑事诉讼法》第189条第1项之规定，裁定如下：驳回上诉，维持原判。

【学理分析及适用指引】

• 学理分析 •

重大劳动安全事故罪，是指安全生产设施或者安全生产条件不符合国家的规定，因而发生重大伤亡事故或者造成其他严重后果的行为。本罪的构成要件如下：

1. 本罪的客体。本罪侵犯的客体是工厂、矿山、林场、建筑企业或者其他企业、事业单位的劳动安全，即劳动者的生命、健康和重大公私财产的安全。

2. 本罪的客观方面。重大劳动安全事故罪在客观方面表现为厂矿等企业、事业单位的安全生产设施或安全生产条件不符合国家规定，因而发生重大伤亡事故或者造成其他严重后果的行为。构成本罪，在客观方面必须同时具备以下三个相互关联的要件：

（1）厂矿等企业、事业单位的劳动安全设施不符合国家规定，存在事故隐患。所谓劳动安全设施，是指为了防止和消除在生产过程中的伤亡事故，防止生产设备遭到破坏，用以保障劳动者安全的技术设备、设施和各种用品。主要有防护装置、保险装置、信号装置、危险牌示和识别标志。事故隐患是指由于劳动安全设施不符合国家规定而潜藏着的发生事故的苗头、祸患，仅限于劳动安全设施方面的事故隐患。厂矿企事业单位的劳动安全设施不符合国家规定，存在事故隐患是发生重大劳动安全事故的直接原因，也是构成本罪的前提条件；如果重大事故的发生并不是由于劳动安全设施不符合国家规定，而是由于其他原因，如有人故意破坏、放火等引起的，则不构成重大劳动安全事故罪。

（2）发生了重大伤亡事故或者造成了其他严重后果。所谓重大伤亡事故，根据司法解释的相关规定，是指死亡1人以上或者重伤3人以上的事故。其他严重后果，是指造成了重大经济损失（如造成直接经济损失100万元以上的），或者造成了重大政治影响，或者引起单位职工强烈不满从而导致罢工、停产的，等等。

（3）重大伤亡事故或者严重后果与安全生产设施或者安全生产条件不符合国家规定之间存在因果关系。即便是出现了重大伤亡后果或者其他严重后果，但不是由于安全生产设施或安全生产条件不符合国家规定引起的，则不构成本罪。

3. 本罪的主体。本罪的主体为特殊主体，即工厂、矿山、林场、建筑企业或者其他企业、事业单位的负责劳动安全设施的主管人员或直接责任人员。

4. 本罪的主观方面。本罪在主观方面表现为过失，可以是疏忽大意的过失也可以是过于自信的过失。所谓过失，是指有关直接责任人员在主观意志上并不希望或放任安全事故的发生。对于单位的安全设备存在的事故隐患，有关主管人员或直接责任人则可能是明知或者应该知道的，有的甚至是经劳动行政部门或者其他有关部门多次责令改正而未改正。

• 适用指引 •

司法实践中，认定本条规定的罪名时应注意本罪与重大责任事故罪的界限。重大劳动安全事故罪和重大责任事故罪都是违反安全生产的责任事故犯罪，有一定的相似之处。主要区别在于：重大劳动安全事故罪主要强调的是劳动场所的硬件设施或者为劳动者提供的安全生产防护用品、措施等不符合国家规定，追究的是所在单位的责任（但通过单罚制来实现），即强调的是对劳动法的严重违反。而重大责任事故罪主要强调的是自然人在生产、作业中违章、违规操作等引起的安全生产事故，处罚的是具体违规之人。

针对本罪，关键应当把握以下几点：首先，工厂、矿山等单位的劳动安全设施不符合国家的规定；其次，重大安全事故和劳动安全设施存在隐患之间存在因果关系。

第一百三十五条之一 大型群众性活动重大安全事故罪

【法律规定】

• 法律条文 •

《中华人民共和国刑法》

第一百三十五条之一 举办大型群众性活动违反安全管理规定，因而发生重大伤亡事故或者造成其他严重后果的，对直接负责的主管人员和其他直接责任人员，处三年以下有期徒刑或者拘役；情节特别恶劣的，处三年以上七年以下有期徒刑。

安全生产设施或者安全生产条件不符合国家规定，因而发生重大伤亡事故或者造成其他严重后果的，对直接负责的主管人员和其他直接责任人员，处三年以下有期徒刑或者拘役；情节特别恶劣的，处三年以上七年以下有期徒刑。

• 相关规定 •

《最高人民法院、最高人民检察院关于办理危害生产安全刑事案件适用法律若干问题的解释》（法释〔2015〕22号）

第六条第一款 实施刑法第一百三十二条、第一百三十四条第一款、第一百三十五条、第一百三十五条之一、第一百三十六条、第一百三十九条规定的行为，因而发生安全事故，具有下列情形之一的，应当认定为“造成严重后果”或者“发生重大伤亡事故或者造成其他严重后果”，对相关责任人员，处三年以下有期徒刑或者拘役：

（一）造成死亡一人以上，或者重伤三人以上的；

（二）造成直接经济损失一百万元以上的；

（三）其他造成严重后果或者重大安全事故的情形。

第七条第一款 实施刑法第一百三十二条、第一百三十四条第一款、第一百三十五条、第一百三十五条之一、第一百三十六条、第一百三十九条规定的行为，因而发生安全事故，具有下列情形之一的，对相关责任人员，处三年以上七年以下有期徒刑：

（一）造成死亡三人以上或者重伤十人以上，负事故主要责任的；

（二）造成直接经济损失五百万元以上，负事故主要责任的；

（三）其他造成特别严重后果、情节特别恶劣或者后果特别严重的情形。

第十条 在安全事故发生后，直接负责的主管人员和其他直接责任人员故意阻挠开展抢救，导致人员死亡或者重伤，或者为了逃避法律追究，对被害人进行隐藏、遗弃，致使被害人因无法得到救助而死亡或者重度残疾的，分别依照刑法第二百三十二条、第二百三十四条的规定，以故意杀人罪或者故意伤害罪定罪处罚。

第十二条 实施刑法第一百三十二条、第一百三十四条至第一百三十九条之一规定的犯罪行为，具有下列情形之一的，从重处罚：

（一）未依法取得安全许可证件或者安全许可证件过期、被暂扣、吊销、注销后从事生产经营活动的；

（二）关闭、破坏必要的安全监控和报警设备的；

（三）已经发现事故隐患，经有关部门或者个人提出后，仍不采取措施的；

（四）一年内曾因危害生产安全违法犯罪活动受过行政处罚或者刑事处罚的；

（五）采取弄虚作假、行贿等手段，故意逃避、阻挠负有安全监督管理职责的部门实施监督检查的；

（六）安全事故发生后转移财产意图逃避承担责任的；

（七）其他从重处罚的情形。

实施前款第五项规定的行为，同时构成刑法第三百八十九条规定的犯罪的，依照数罪并罚的规定处罚。

第十三条 实施刑法第一百三十二条、第一百三十四条至第一百三十九条之一规定的犯罪行为，在安全事故发生后积极组织、参与事故抢救，或者积极配合调查、主动赔偿损失的，可以酌情从轻处罚。

【学理分析及适用指引】

• 学理分析 •

大型群众性活动重大安全事故罪，是指举办大型群众性活动违反安全管理规定，因而发生重大伤亡事故或者造成其他严重后果的行为。本罪的构成要件如下：

1. 本罪的客体。本罪侵犯的客体是公共安全。

2. 本罪的客观方面。客观方面表现为举办大型群众性活动违反安全管理规定，因而发生重大伤亡事故或者造成其他严重后果的行为。所谓“大型群众性活动”，根据国务院2007年颁布的《大型群众性活动安全管理条例》的规定，参加人数在1000人以上的，可认定为大型群众性活动。“安全管理规定”，是指国家有关部门为保证大型群众性活动安全、顺利举行制定的管理规定。实践中，违反安全管理规定的行为主要表现为：（1）未经许可，擅自举办大型群众性活动；（2）超过核准人数；（3）场地及其附属设施不符合安全标准，存在安全隐患，如场地建筑不坚固，有发生倒塌坠毁的可能性；各种电线、线路老化，容易引发火灾；（4）消防设施不符合法定要求，如灭火器超过使用期限；没有按照规定安装火灾自动报警系统；消防通道和紧急通道被占用，一旦发生事故，消防车不能开进，人员无法逃离现场；（5）不法分子蓄意破坏，制造爆炸性事件；（6）没有制订安全保卫工作方案；等等。对于举办大型群众性活动，公安机关要进行严密地安全保卫工作。

3. 本罪的主体。犯罪主体为对发生大型群众性活动重大安全事故“直接负责的主管人员和其他直接责任人员”。“直接负责的主管人员”是指大型群众活动的策划者、组织者、举办者，“其他直接责任人员”是指对大型活动的安全举行、紧急预案负有具体落实、执行职责的人员。

4. 本罪的主观方面。主观方面由过失构成。

• 适用指引 •

司法实践中，认定大型群众性活动重大安全事故罪时应注意：

1. 罪与非罪的界限。根据国务院2007年颁布的《大型群众性活动安全管理条例》规定，承办者应当在活动举办日的20日前提出安全许可申请，大型群众性活动的预计参加人数在1000人以上5000人以下的，由活动所在地县级人民政府公安机关实施安全许可；预计参加人数在5000人以上的，由活动所在地设区的市级人民政府公安机关或者直辖市人民政府公安机关实施安全许可；跨省、自治区、直辖市举办大型群众性活动的，由国务院公安部门实施安全许可。同时举办大型群众性活动应当符合下列条件：（1）承办者是依照法定程序成立的法人或者其他组织；（2）大型群众性活动的内容不得违反宪法、法律、法规的规定，不得违反社会公德；（3）具有符合本条例规定的安全工作方案，安全责任明确、措施有效；（4）活动场所、设施符合安全要求。如果行为人没有按照要求完成准备工作，应当认定为违反安全管理规定。

2. 本罪属于结果犯。如果没有发生重大伤亡事故或者造成其他严重后果，则不构成犯罪。

第一百三十六条　危险物品肇事罪

【法律规定】

• 法律条文 •

《中华人民共和国刑法》

第一百三十六条　违反爆炸性、易燃性、放射性、毒害性、腐蚀性物品的管理规定，在生产、储存、运输、使用中发生重大事故，造成严重后果的，处三年以下有期徒刑或者拘役；后果特别严重的，处三年以上七年以下有期徒刑。

• 相关规定 •

《中华人民共和国铁路法》

第六十条 违反本法规定，携带危险品进站上车或者以非危险品品名托运危险品，导致发生重大事故的，依照刑法有关规定追究刑事责任。企业事业单位、国家机关、社会团体犯本款罪的，处以罚金，对其主管人员和直接责任人员依法追究刑事责任。

携带炸药、雷管或者非法携带枪支子弹、管制刀具进站上车的，比照刑法有关规定追究刑事责任。

《最高人民法院、最高人民检察院关于办理危害生产安全刑事案件适用法律若干问题的解释》（法释〔2015〕22号）

第六条第一款 实施刑法第一百三十二条、第一百三十四条第一款、第一百三十五条、第一百三十五条之一、第一百三十六条、第一百三十九条规定的行为，因而发生安全事故，具有下列情形之一的，应当认定为“造成严重后果”或者“发生重大伤亡事故或者造成其他严重后果”，对相关责任人员，处三年以下有期徒刑或者拘役：

（一）造成死亡一人以上，或者重伤三人以上的；

（二）造成直接经济损失一百万元以上的；

（三）其他造成严重后果或者重大安全事故的情形。

第七条第一款 实施刑法第一百三十二条、第一百三十四条第一款、第一百三十五条、第一百三十五条之一、第一百三十六条、第一百三十九条规定的行为，因而发生安全事故，具有下列情形之一的，对相关责任人员，处三年以上七年以下有期徒刑：

（一）造成死亡三人以上或者重伤十人以上，负事故主要责任的；

（二）造成直接经济损失五百万元以上，负事故主要责任的；

（三）其他造成特别严重后果、情节特别恶劣或者后果特别严重的情形。

第十条 在安全事故发生后，直接负责的主管人员和其他直接责任人员故意阻挠开展抢救，导致人员死亡或者重伤，或者为了逃避法律追究，对被害人进行隐藏、遗弃，致使被害人因无法得到救助而死亡或者重度残疾的，分别依照刑法第二百三十二条、第二百三十四条的规定，以故意杀人罪或者故意伤害罪定罪处罚。

第十二条 实施刑法第一百三十二条、第一百三十四条至第一百三十九条之一规定的犯罪行为，具有下列情形之一的，从重处罚：

（一）未依法取得安全许可证件或者安全许可证件过期、被暂扣、吊销、注销后从事生产经营活动的；

（二）关闭、破坏必要的安全监控和报警设备的；

（三）已经发现事故隐患，经有关部门或者个人提出后，仍不采取措施的；

（四）一年内曾因危害生产安全违法犯罪活动受过行政处罚或者刑事处罚的；

（五）采取弄虚作假、行贿等手段，故意逃避、阻挠负有安全监督管理职责的部门实施监督检查的；

（六）安全事故发生后转移财产意图逃避承担责任的；

（七）其他从重处罚的情形。

实施前款第五项规定的行为，同时构成刑法第三百八十九条规定的犯罪的，依照数罪并罚的规定处罚。

第十三条 实施刑法第一百三十二条、第一百三十四条至第一百三十九条之一规定的犯罪行为，在安全事故发生后积极组织、参与事故抢救，或者积极配合调查、主动赔偿损失的，可以酌情从轻处罚。

第十六条 对于实施危害生产安全犯罪适用缓刑的犯罪分子，可以根据犯罪情况，禁止其在缓刑考验期限内从事与安全生产相关联的特定活动；对于被判处刑罚的犯罪分子，可以根据犯罪情况和预防再犯罪的需要，禁止其自刑罚执行完毕之日或者假释之日起三年至五年内从事与安全生产相关的职业。

【案例】

凌某某等危险物品肇事案①

• 案件事实 •

杨某系淄博市淄川祥义化工有限公司的法定代表人，该公司没有危险化学品经营资质。2004 年 4 月至 5 月，被告人杨某在山东省莱芜市维然化工有限公司（以下简称维然公司）购买了 15 吨甲醇钠后，即委托没有危险化学品运输资质的个体运输业主被告人凌某某代为运输。2004 年 5 月 10 日，被告人凌某某及其雇用司机被告人董某某与被告人黄某某分别驾驶鲁 G56 × × × 号和冀 C52 × × × 号大货车在维然公司各装载 7.5 吨甲醇钠后，经蓬莱港乘船运到辽宁省大连市凯飞化工有限公司（以下简称凯飞公司）。维然公司的工作人员在

① 参见国家法官学院、中国人民大学法学院编《中国审判案例要览（2005 年刑事审判案例卷）》，中国人民大学出版社、人民法院出版社 2006 年版。

此前及5月10日当天，分别明确告知被告人凌某某、董某某、黄某某甲醇钠属危险化学品及该产品的化学特性。

同年5月12日，凯飞公司以产品包装不合格为由要求退货，被告人凌某某与黄某某电话征得被告人杨某同意并分别与杨某商定运费后，与被告人董某某一道驾车运载上述甲醇钠准备再次乘船返回。为了多赚取运费，被告人凌某某、黄某某、董某某在辽宁省大连市一废品收购站为上述2辆货车各配载了约7吨潮湿的废纸件，捆装在甲醇钠上面。5月14日14时许，被告人凌某某、黄某某、董某某为躲避船舶安全人员的检查。在《滚装船舶车辆安全装载记录单》上将货物名称填写为"纸"，隐瞒车上装载危险化学品甲醇钠的事实，使2辆货车在辽宁省大连港违规登上了大连至蓬莱的山东渤海轮渡有限公司所属的"英华"轮船。当时该船装载了71辆机动车、143名旅客和44名船员。当日17时19分，当"英华"轮航行至北纬38度30.1分、东经121度36分时，被告人黄某某驾驶的位于C舱甲板首部的冀C52×××号货车装载的甲醇钠燃烧引发火灾，船方随即采取紧急措施控制火势并于21时53分到达蓬莱港。后经公安消防部门全力抢救，大火于5月20日被全部扑灭，火灾造成直接经济损失共计人民币50余万元。烟台港公安局消防部门认定：被告人黄某某身为冀C52×××号大货车司机，违反消防法规，运输易燃易爆物品甲醇钠，造成甲醇钠燃烧并成灾，应负直接责任。

• 裁判要旨 •

危险物品肇事罪与非法携带危险物品危及公共安全罪的区别。

• 裁判理由 •

山东省烟台市芝罘区人民法院经过审理后认为：甲醇钠属于危险化学品中的自燃物品，经营、运输甲醇钠必须按照《危险物品安全管理条例》的相关规定办理。本案被告人黄某某没有运输危险化学品的资质，却违反规定承运甲醇钠，登船过程中又未按规定如实申报车辆装载的货物名称和特性；被告人杨某明知甲醇钠属危险化学品，应当预见到交由没有运输资质的人员运输可能会发生危害社会的结果，但轻信能够避免，仍然违反规定交由被告人黄某某运输，致使黄某某车辆上装载的甲醇钠遇潮引发火灾，造成巨大经济损失，其行为危害了公共安全；被告人黄某某、杨某均构成危险物品肇事罪，应依法惩处。被告人凌某某、董某某明知甲醇钠属于危险化学品，却隐瞒真相，用车辆装载大量甲醇纳进入公共交通工具，情节严重，其行为违反了危险物品的管理规定，危害了公共安全，均构成非法携带危险物品危及公共安全罪，亦应依法惩处。公诉机关指控被告人黄某某、杨某犯危险物品肇事罪的事实清楚，证据充分，罪名成立；指控被告人凌某某、董某某违规装载大量危险化学品进入公共交通工具的事实清楚，证据充分，但危险物品肇事罪系过失犯罪，且该罪又是以造成严重后果为构成要件，而被告人凌某某雇用董某某驾驶的鲁 G56××× 号大货车并未失火，故被告人凌某某、董某某的行为不能构成公诉机关指控的危险物品肇事罪，应当以非法携带危险物品危及公共安全罪定罪量刑。

综上，山东省烟台市芝罘区人民法院依照《刑法》第 136 条、第 130 条、第 25 条第 1 款之规定，作出如下判决：一、被告人黄某某犯危险物品肇事罪，判处有期徒刑一年六个月。二、被告人凌某某犯非法携带危险物品危及公共安全罪，判处有期徒刑七个月。三、被告人董某某犯非法携带危险物品危及公共安全罪，判处有期徒刑七个月。四、被告人杨某犯危险物品肇事罪，判处拘役六个月。

【学理分析及适用指引】

● 学理分析 ●

危险物品肇事罪，是指违反爆炸性、易燃性、放射性、毒害性、腐蚀性物品的管理规定，在生产、储存、运输、使用中，由于过失发生重大事故，造成严重后果的行为。本罪的构成要件如下：

1. 本罪的客体。本罪侵犯的客体是公共安全，即不特定多数人的生命、健康和重大公私财产的安全。本罪的犯罪对象是特定的，即能够引起重大事故的发生，致人重伤、死亡或使公私财产遭受重大损失的危险物品，它包括：

（1）爆炸性物品，是指雷管、导火线、导爆管、非电导爆系统等各种起爆器材，雷汞、雷银、三硝基间苯二酚铅等各种起爆药，硝基化合物类炸药、硝基胺类炸药、硝酸类炸药、高能混合炸药、爆破剂等各类炸药，以及烟火剂、民用信号弹、烟花爆竹等；

（2）易燃性物品，如汽油、酒精、液化气、煤气、氢气、胶片以及其他易燃液体、易燃固体、自燃物品等；

（3）放射性物品，是指通过原子核裂变时放出的射线发生伤害作用的物质，如镭、铀、钴等放射性化学元素；

（4）毒害性物品，如甲胺磷、磷化铝、砒霜、五氯酚、氯化钾、氰化钠、氧化乐果、敌敌畏、敌百虫等；

（5）腐蚀性物品，如硫酸、盐酸、硝酸等。爆炸物、易燃性、放射性、毒害性、腐蚀性物品都具有双重属性。

2. 本罪的客观方面。本罪在客观方面表现为在生产、储存、运输、使用危险物品的过程中，违反危险物品管理规定，发生重大事故，造成严重后果的行为。

（1）行为人必须有违反危险物品管理规定的行为。由于危险物品本身所固有的高度危险性，为了保证在生产、储存、运输、使用过程中的安全，国家有关部门陆续颁发了一系列有关危险物品的管理规定，如《民用爆炸品管理条例》《放射性同位素与射线装置安全与防护条例》《核材料管制条例》《核设施安全监督管理条例》《医疗用毒性药品管理办法》《农药安全使用规定》《道路危险货物运输管理制定》和《关于加强烟花爆竹企业安全生产管理的紧急通知》等。上述危险物品管理规定，就危险物品的范围、种类以及其生产、储存、运输、使用的具体管理办法等都有着明确而具体的规定。如果行为人没有违反危险物品管理规定，即使发生重大事故，造成严重后果，也不构成本罪。

（2）违反危险物品管理规定的行为必须是发生在生产、储存、运输、使用上述危险物品的过程中。犯罪的时间、地点成为决定是不是构成本罪的因素。生产危险物品，是指从事危险物品的生产，如制造雷管、炸药等；储存危险物品，是指从事危险物品的保管放置工作；运输危险物品，是指从事把危险物品由甲地运往乙地的运输搬送工作；使用危险物品，是指将危险物品用于实际的生产与生活中，如使用敌敌畏杀虫等。行为人只有在生产、储存、运输、使用危险物品的过程中违反危险物品的管理规定，才能构成本罪。如果行为人在其他场合发生与危险物品有关的重大事故，则不构成本罪。

（3）必须因违反危险物品管理规定，而发生重大事故，造成严重后果。这是构成本罪的结果条件。即便是行为人在生产、储存、运输、使用危险物品过程中，违反危险物品管理规定，但未造成任何后果，或者造成的后果没有达到定罪的标准，则不构成危险物品肇事罪。所谓重大事故或严重后果，是指造成人员重伤、死亡或使公私财产遭受重大损失的。

（4）违反危险物品管理规定的行为与发生重大事故、造成严重后果之间存在刑法上的因果关系。这是确定行为人应否承担刑事责任的客观根据。如果发生重大事故，造成严重后果不是由于行为人在生产、储存、运输、使用危险物品过程中，违反危险物品管理规定造成的，也不构成本罪。

3. 本罪的主体。本罪的主体为一般主体。凡是达到刑事责任年龄、具有刑事责任能力的人都可成为本罪的主体。但主要是从事生产、储存、运输、使用爆炸性、易燃性、放射性、毒害性、腐蚀性物品的人。

4. 本罪的主观方面。本罪在主观方面表现为过失。即行为人对违反危险品管理规定的行为所造成的危害结果具有疏忽大意或者过于自信的主观心理。至于行为人对违反危险物品管理规定的本身则既可能出于过失，也可能出于故意。

• 适用指引 •

司法实践中，认定本罪应注意：

1. 本罪与重大责任事故罪的界限。其主要区别在于：客观方面表现形式不同。前者表现为违反爆炸性、易燃性、放射性、毒害性、腐蚀性物品的管理规定，在生产、储存、运输、使用中发生重大事故，造成严重后果的行为；而后者表现为行为人在生产、作业中违反有关安全管理的规定，因而发生重大伤亡事故或者造成其他严重后果的行为。

2. 本罪与非法制造、买卖、运输、邮寄、储存枪支、弹药、爆炸物罪的界限。两者在客观方面虽然都有运输爆炸物的行为，但是，第一，前者运输爆炸性物品是合法的行为，只是在运输过程中违反危险物品管理规定，导致发生事故；而后者运输爆炸物则是违反法律规定的犯罪行为。第二，前者为过失犯罪，后者为故意犯罪。第三，前者实施的运输爆炸物的行为必须造成了严重后果，才能构成犯罪；而非法运输爆炸物的行为，只要一经实施，即构成犯罪，不要求实际发生严重后果。

第一百三十七条　工程重大安全事故罪

【法律规定】

• 法律条文 •

《中华人民共和国刑法》

第一百三十七条　建设单位、设计单位、施工单位、工程监理单位违反国家规定，降低工程质量标准，造成重大安全事故的，对直接责任人员，处五年以下有期徒刑或者拘役，并处罚金；后果特别严重的，处五年以上十年以下有期徒刑，并处罚金。

• 相关规定 •

《最高人民法院、最高人民检察院关于办理危害生产安全刑事案件适用法律若干问题的解释》（法释〔2015〕22号）

第六条第一款、第三款　实施刑法第一百三十二条、第一百三十四条第一款、第一百三十五条、第一百三十五条之一、第一百三十六条、第一百三十九条规定的行为，因而发生安全事故，具有下列情形之一的，应当认定为“造成严重后果”或者“发生重大伤亡事故或者造成其他严重后果”，对相关责任人员，处三年以下有期徒刑或者拘役：

（一）造成死亡一人以上，或者重伤三人以上的；

（二）造成直接经济损失一百万元以上的；

（三）其他造成严重后果或者重大安全事故的情形。

……

实施刑法第一百三十七条规定的行为，因而发生安全事故，具有本条第一款规定情形的，应当认定为“造成重大安全事故”，对直接责任人员，处五年以下有期徒刑或者拘役，并处罚金。

第七条第一款、第三款 实施刑法第一百三十二条、第一百三十四条第一款、第一百三十五条、第一百三十五条之一、第一百三十六条、第一百三十九条规定的行为，因而发生安全事故，具有下列情形之一的，对相关责任人员，处三年以上七年以下有期徒刑：

（一）造成死亡三人以上或者重伤十人以上，负事故主要责任的；

（二）造成直接经济损失五百万元以上，负事故主要责任的；

（三）其他造成特别严重后果、情节特别恶劣或者后果特别严重的情形。

……

实施刑法第一百三十七条规定的行为，因而发生安全事故，具有本条第一款规定情形的，对直接责任人员，处五年以上十年以下有期徒刑，并处罚金。

第十条 在安全事故发生后，直接负责的主管人员和其他直接责任人员故意阻挠开展抢救，导致人员死亡或者重伤，或者为了逃避法律追究，对被害人进行隐藏、遗弃，致使被害人因无法得到救助而死亡或者重度残疾的，分别依照刑法第二百三十二条、第二百三十四条的规定，以故意杀人罪或者故意伤害罪定罪处罚。

第十二条 实施刑法第一百三十二条、第一百三十四条至第一百三十九条之一规定的犯罪行为，具有下列情形之一的，从重处罚：

（一）未依法取得安全许可证件或者安全许可证件过期、被暂扣、吊销、注销后从事生产经营活动的；

（二）关闭、破坏必要的安全监控和报警设备的；

（三）已经发现事故隐患，经有关部门或者个人提出后，仍不采取措施的；

（四）一年内曾因危害生产安全违法犯罪活动受过行政处罚或者刑事处罚的；

（五）采取弄虚作假、行贿等手段，故意逃避、阻挠负有安全监督管理职责的部门实施监督检查的；

（六）安全事故发生后转移财产意图逃避承担责任的；

（七）其他从重处罚的情形。

实施前款第五项规定的行为，同时构成刑法第三百八十九条规定的犯罪的，依照数罪并罚的规定处罚。

第十三条 实施刑法第一百三十二条、第一百三十四条至第一百三十九条之一规定的犯罪行为，在安全事故发生后积极组织、参与事故抢救，或者积极配合调查、主动赔偿损失的，可以酌情从轻处罚。

第十六条　对于实施危害生产安全犯罪适用缓刑的犯罪分子，可以根据犯罪情况，禁止其在缓刑考验期限内从事与安全生产相关联的特定活动；对于被判处刑罚的犯罪分子，可以根据犯罪情况和预防再犯罪的需要，禁止其自刑罚执行完毕之日或者假释之日起三年至五年内从事与安全生产相关的职业。

【案例】

潘某某等工程重大安全事故案[①]

• 案件事实 •

2003 年 3 月 28 日，九江学院与二建公司签订一份建设工程施工合同，由二建公司承建学校土木工程系动力实验楼工程，合同工期自 2003 年 4 月 1 日至 2004 年 1 月 1 日，二建公司第四工程处副处长谭顺利任项目经理。合同签订后，谭顺利因病将该工程交由被告人潘某某负责。2003 年 9 月初，该工程准备屋面封顶，被告人潘某某在未进行专项安全施工组织设计的情况下将模板支撑架搭设工程分包给不具备相应资质条件的包工头钟某某，并以二建公司名义从市一建物资公司、庐山区万达钢管加工厂两单位租用了大量不合格钢管、扣件材料。被告人钟某某在不具备相应施工资质的前提下承接模板支架搭设工程，私招 11 名农民工（其中大部分没有登高架设作业证），在明知没有专项安全施工组织设计及所使用钢管、扣件材料重量轻、材料薄、焊接头多的情况下强行施工，该架子搭设工程至 9 月底完工。2003 年 11 月 7 日中午 1 时工程开始屋面封顶，采用管道输送混凝土方式现浇作业。同日下午 5 时 50 分，模板支撑架出现下沉，随后整个屋面模板、混凝土随同支撑架一起坍塌。现场 13 名作业人员中，有 10 人随屋面及支撑架从高空坠落，其中 4 人死亡、6 人不同程度受伤。2003 年 12 月 12 日，经九江市安全生产监督管理局调查认定，潘某某负事故主要责任，钟某某负事故直接责任。事故发生后，被告人潘某某及二建公司赔偿 4 名被害人家属死亡赔偿金计人民币 846731.80 元。

• 裁判要旨 •

工程施工单位的直接主管人员在明知没有专项安全施工组织设计、使用大量不合格的施工器材的情况下，降低工程质量标准，导致建筑工程坍塌，多人伤亡事故的，相关责任人员依法构成工程重大安全事故罪。

---

① 参见江西省九江市庐山区人民法院（2004）庐刑初字 37 号。

• 裁判理由 •

被告人潘某某及其辩护人的辩护意见。潘某某辩解道：（1）自己已经履行了安全生产职责和施工管理职责；（2）其将搭架子工程分包给被告人钟某某，而非转包。其辩护人提出：（1）潘某某无义务负担应由二建公司和九江学院应承担的法律责任；（2）潘某某已尽到项目经理的职责，对事故的发生不应承担主要责任；（3）事发后，潘某某积极组织营救，在其家属的配合下投入200余万元弥补了所有的经济损失，安置了伤亡人员及其家属，具有自首的情节，建议对其从轻、减轻处罚。

针对上述辩护意见，江西省九江市庐山区人民法院认为：（1）被告人潘某某作为实验楼工程的项目经理，支撑架施工前，明知应进行专项安全施工组织设计而未组织设计；将架子搭设工程分包给无施工单位资质的包工头钟某某，且大量租用不合格的钢管、扣件材料；在搭设过程中，亦明知架子搭设作业的人员大部分没有特种作业操作证，潘某某未尽到项目经理的应尽职责，对事故的发生应负主要责任，故被告人及辩护人关于不应负担事故的主要责任及不应承担刑事责任的辩护意见不能成立。（2）关于辩护人提出被告人潘某某具有自首情节。经查无证据材料支持，故辩护人该辩护意见亦不能成立。（3）关于被告人在事发后积极组织营救，安置了伤亡人员及家属，依法可以从轻处罚的意见，经查属实，法院予以采纳。

被告人钟某某及其辩护人的辩护意见。钟某某辩解道：其所带的架子工，有高空作业证的搭架子，没此证的便运输、传递材料，其行为符合法律规定。其辩护人提出的辩护意见是：（1）钟某某受雇于潘某某，其二人之间是劳务合同的关系而非承包合同的关系；（2）钟某某在架子搭设工程中只是潘某某雇用的持有操作证的操作工人，其不应承担刑事责任。

针对上述辩护意见，九江市庐山区人民法院经审查后认为：被告人潘某某、钟某某在公安机关审讯阶段均供认了双方口头约定以1万元价格将架子搭设工程包给钟某某，无证据显示被告人潘某某所代表的二建公司与钟某某所招的农民工之间直接发生经济关系。相反，所招11名农民工之一的证人王吉广证实其受雇于钟某某，钟某某承接了架子搭设工程，故没有证据证实钟某某与潘某某之间是劳务合同关系，钟某某不应承担刑事责任的辩护意见不能成立。

同时，九江市安全生产监督管理局出具的《九江市第二建筑工程公司“2003·11·7”坍塌事故调查报告》，证实潘某某未认真履行安全生产职责，对安全生产工作疏于管理，施工管理混乱，违反《建筑法》第38条、第59条的规定，违反《安全生产法》第21条、第23条的规定，从而认定潘某某是本起事故的直接责任人，并对这起事故负主要责任。被告人钟某某非法承接模板支架搭设工程，违反《安全生产法》第21条、第23条的规定，违反《建筑法》第38条的规定，违反《建设工程预防坍塌事故若干规定》第15条和《建设安装工人安全技术操作规程》第34条、第35条的规定，对本起事故应负直接责任。

江西省九江市庐山区人民法院认为：作为建设单位的九江市第二建筑工程公司在承建九江学院土木工程系动力实验楼工程中违反建筑法规、规章，在施工前未组织专项安全施工设计方案，租用大量不合格钢管和扣件等模板支撑材料，并将工程模板支架工程分包给不具有相应资质条件的被告人钟某某施工，降低工程质量标准，从而导致建筑工程坍塌，造成4死6伤的严重后果。被告人潘某某作为此次工程的管理者，是本次事故的直接责任人员，故对被告人潘某某及其辩护人辩称其不应负担事故主要责任、不应承担刑事责任的辩护意见不予采纳。被告人钟某某虽为无照施工经营者，但作为模板支架工程的承包者、管理者，雇用大部分不具备高空架设作业资质的农民工，在明知未进行搭设模板支架专项安全施工组织设计和使用的钢管、扣件材料轻、薄、焊接头多的情况下仍强行施工，从而降低工程质量标准，导致本次事故的发生，其亦为本次事故的直接责任人员，故对被告人钟某某及其辩护人关于其受雇于潘某某，不应承担刑事责任的辩护意见不予采纳。工程重大安全事故罪虽为单位犯罪，但只对直接责任人员追究刑事责任。因而作为本次事故的直接责任人员潘某某、钟某某均应以工程重大安全事故罪追究其刑事责任。公诉机关指控两被告人构成工程重大安全事故罪的罪名成立。被告人潘某某及所在二建公司在事发后积极采取补救措施，赔偿了被害人的经济损失，依法可酌情从轻处罚。被告人钟某某归案后认罪态度较好，依法亦可酌情从轻处罚。

综上，依照《刑法》第137条，第52条，第72条，第73条第2款、第3款之规定，判决如下：一、被告人潘某某犯工程重大安全事故罪，判处有期徒刑三年，宣告缓刑四年，并处罚金4万元。二、被告人钟某某犯工程重大安全事故罪，判处有期徒刑一年，宣告缓刑二年，并处罚金1万元。

【学理分析及适用指引】

• 学理分析 •

工程重大安全事故罪，是指建设单位、设计单位、施工单位、工程监理单位违反国家规定，降低工程质量标准，造成重大安全事故的行为。本罪的构成要件如下：

1. 本罪的客体。本罪侵犯的客体是公共安全，即不特定多数人的生命、健康和重大公私财产的安全以及国家的建筑管理制度。

2. 本罪的客观方面。本罪在客观方面表现为违反国家规定，降低工程质量标准，造成重大安全事故的行为。违反国家规定而造成严重后果，是这种犯罪行为的本质特征。

（1）违反国家规定降低了工程质量。所谓违反国家规定，是指违反国家有关建筑工程质量监督管理方面的法律、法规。由于本罪发生的时空的特殊性，建设单位、设计单位、施工单位、工程监理单位各自违反国家规定的表现也各不相同。具体来说，建设单位的违规行为主要有两种情况：①要求建筑设计单位或者施工企业压缩工程造价或增加建房的层数，从而降低工程质量；②提供不合格的建筑材料、构配件和设备，强迫施工单位使用，从而造成工程质量下降。建筑设计单位的违规行为主要是不按质量标准进行设计。建筑施工单位的违规行为主要有 3 种情况：①在施工中偷工减料，故意使用不合格的建筑材料、构配件和设备；②不按设计图纸施工；③不按施工技术标准施工。上述主体违反国家规定的目的是偷工减料或其他目的，而最终导致了工程质量的降低。

（2）发生了重大安全事故。只有引起重大安全事故，造成严重后果，危害公共安全的行为，才构成犯罪。所谓重大安全事故，是指因工程质量低导致建筑工程坍塌，致人重伤、死亡或重大经济损失的情况。这是构成本罪的重要条件。根据司法实践经验和有关规定，所谓重大伤亡事故，一般是指死亡 1 人以上，或者重伤 3 人以上。所谓严重后果，既包括重大人身伤亡，也包括重大的直接经济损失。直接经济损失的数额，一般掌握在 5 万元以上。直接经济损失虽不足上述规定的数额，但情节严重，使生产、工作受到重大损失的，也应追究直接责任人员的刑事责任。

（3）违反国家规定降低工程质量与重大安全事故之间存在因果关系。即严重后果是由于违反国家规定的行为引起工程质量下降导致的。如果违反国家规定的行为与严重后果之间没有因果联系，则不构成本罪。

3. 本罪的主体。本罪的主体为特殊主体，即为单位犯罪，并且主体只能是建设单位、设计单位或者是施工单位及工程监理单位。所谓建设单位，是指以营利为目的，从事房地产开发和经营的企业或者是经国家有关部门审批，具有工程建设者的资格，能支付工程价款的其他单位。设计单位，是指专门承担勘察设计任务的勘察设计单位以及其他承担勘察设计任务的勘察设计单位。施工单位，是指从事土木建筑、线路管道、设备安装和建筑装饰装修等工程新建扩建、改建活动的建筑企业。其中包括工程施工总承包企业、施工承包企业。工程监理单位是指对建筑工程专门进行监督管理，以保证质量、安全的单位。尽管构成本罪的主体是单位，但在处罚时处罚的依然是这些单位中的自然人。

4. 本罪的主观方面。本罪在主观方面表现为过失，可以是出于疏忽大意的过失，也可以是过于自信的过失。当然，此处所说的过失，是指行为人对其所造成的危害结果的心理状态而言。但是，对行为人违反国家规定来说，有时却是明知故犯的。行为人明知是违反了国家规定，应当预见到可能发生严重后果，但因疏忽大意而没有预见，或者已经预见到会发生某种严重后果，但轻信能够避免，以致发生了严重后果。

• 适用指引 •

司法实践中，认定本罪应注意：

1. 在确定工程重大安全事故罪时，应当确定以下三点：首先，行为人违反了国家有关建筑质量、安全等管理规定；其次，行为人降低了工程质量；最后，降低工程质量导致了工程重大安全事故，二者之间存在必然的因果关系。

2. 本罪与重大劳动安全事故罪的界限。第一，客观方面的表现形式不同。前者表现为建设单位、设计单位、施工单位、工程监理单位违反国家规定，降低工程质量标准，造成重大安全事故的行为；而后者表现为行为人明知本单位的劳动安全设施不符合国家规定，经有关部门或者单位职工提出后，对事故隐患仍不采取措施，因而发生重大伤亡事故或者造成其他严重后果的行为。第二，主体范围不同。前者只有建设单位、设计单位、施工单位、工程监理单位的直接责任人员才能构成本罪的主体，其他单位不能成为本罪的主体；而后者的犯罪主体则是工厂、矿山、林场、建筑企业或者其他企事业单位中的直接责任人员，范围较本罪宽泛得多。

第一百三十八条　教育设施重大安全事故罪

【法律规定】

• 法律条文 •

《中华人民共和国刑法》

第一百三十八条　明知校舍或者教育教学设施有危险，而不采取措施或者不及时报告，致使发生重大伤亡事故的，对直接责任人员，处三年以下有期徒刑或者拘役；后果特别严重的，处三年以上七年以下有期徒刑。

• 相关规定 •

《最高人民法院、最高人民检察院关于办理危害生产安全刑事案件适用法律若干问题的解释》（法释〔2015〕22 号）

第六条第一款、第四款　实施刑法第一百三十二条、第一百三十四条第一款、第一百三十五条、第一百三十五条之一、第一百三十六条、第一百三十九条规定的行为，因而发生安全事故，具有下列情形之一的，应当认定为“造成严重后果”或者“发生重大伤亡事故或者造成其他严重后果”，对相关责任人员，处三年以下有期徒刑或者拘役：

（一）造成死亡一人以上，或者重伤三人以上的；

（二）造成直接经济损失一百万元以上的；

（三）其他造成严重后果或者重大安全事故的情形。

……

实施刑法第一百三十八条规定的行为，因而发生安全事故，具有本条第一款第一项规定情形的，应当认定为“发生重大伤亡事故”，对直接责任人员，处三年以下有期徒刑或者拘役。

第七条第一款、第四款 实施刑法第一百三十二条、第一百三十四条第一款、第一百三十五条、第一百三十五条之一、第一百三十六条、第一百三十九条规定的行为，因而发生安全事故，具有下列情形之一的，对相关责任人员，处三年以上七年以下有期徒刑：

（一）造成死亡三人以上或者重伤十人以上，负事故主要责任的；

（二）造成直接经济损失五百万元以上，负事故主要责任的；

（三）其他造成特别严重后果、情节特别恶劣或者后果特别严重的情形。

……

实施刑法第一百三十八条规定的行为，因而发生安全事故，具有下列情形之一的，对直接责任人员，处三年以上七年以下有期徒刑：

（一）造成死亡三人以上或者重伤十人以上，负事故主要责任的；

（二）具有本解释第六条第一款第一项规定情形，同时造成直接经济损失五百万元以上并负事故主要责任的，或者同时造成恶劣社会影响的。

第十条 在安全事故发生后，直接负责的主管人员和其他直接责任人员故意阻挠开展抢救，导致人员死亡或者重伤，或者为了逃避法律追究，对被害人进行隐藏、遗弃，致使被害人因无法得到救助而死亡或者重度残疾的，分别依照刑法第二百三十二条、第二百三十四条的规定，以故意杀人罪或者故意伤害罪定罪处罚。

第十二条 实施刑法第一百三十二条、第一百三十四条至第一百三十九条之一规定的犯罪行为，具有下列情形之一的，从重处罚：

（一）未依法取得安全许可证件或者安全许可证件过期、被暂扣、吊销、注销后从事生产经营活动的；

（二）关闭、破坏必要的安全监控和报警设备的；

（三）已经发现事故隐患，经有关部门或者个人提出后，仍不采取措施的；

（四）一年内曾因危害生产安全违法犯罪活动受过行政处罚或者刑事处罚的；

（五）采取弄虚作假、行贿等手段，故意逃避、阻挠负有安全监督管理职责的部门实施监督检查的；

（六）安全事故发生后转移财产意图逃避承担责任的；

（七）其他从重处罚的情形。

实施前款第五项规定的行为，同时构成刑法第三百八十九条规定的犯罪的，依照数罪并罚的规定处罚。

第十三条　实施刑法第一百三十二条、第一百三十四条至第一百三十九条之一规定的犯罪行为，在安全事故发生后积极组织、参与事故抢救，或者积极配合调查、主动赔偿损失的，可以酌情从轻处罚。

第十六条　对于实施危害生产安全犯罪适用缓刑的犯罪分子，可以根据犯罪情况，禁止其在缓刑考验期限内从事与安全生产相关联的特定活动；对于被判处刑罚的犯罪分子，可以根据犯罪情况和预防再犯罪的需要，禁止其自刑罚执行完毕之日或者假释之日起三年至五年内从事与安全生产相关的职业。

【案例】

高知先等教育设施重大安全事故案[①]

• 案件事实 •

高知先，系河南省郑州市中原区大岗刘乡石羊寺村月亮船幼儿园园长；乔永杰，系河南省郑州市中原区大岗刘乡石羊寺村月亮船幼儿园司机。2002 年 6 月 2 日，被告人高知先接管郑州市中原区大岗刘乡石羊寺村月亮船幼儿园任园长，负责全面工作；被告人乔永杰是该幼儿园雇用的司机。高知先明知该园用于接送幼儿的豫 A55×××号松花江牌面包车车况差，油路不畅，急需检修，仍要求乔永杰驾驶该车接送幼儿。6 月 14 日 19 时许，乔永杰驾驶该车送第一批幼儿回家途中，车辆出现故障，打不着火，无法将车上儿童送回家，遂打电话将此事通知给高知先。高知先与孟某某骑摩托车赶到现场后，见车辆仍未修好，由于时间较晚，高知先就到附近租了一辆车，将留置在故障车内的儿童全部送走，要求乔永杰和孟某某继续修车，修好后送园内其他幼儿。乔永杰和孟某某对豫 A55×××号车进行简单维修后，又开车回到幼儿园接上第二批幼儿送回家。途中因油路不畅，乔永杰让孟某某用手扶着一塑料油壶，采取用油壶直接向该车汽化器供油的违规操作方法继续行驶。豫 A55345 号车行至中原区须水镇宋庄五队时，由于汽化器回火，引起汽车着火，将车上的王某等 3 名儿童当场烧死，孟某某严重烧伤后经医治无效死亡，谷某等 2 名儿童被烧成重伤，面包车被烧毁。案发后，被告人乔永杰逃离现场，后被群众扭送给赶到现

① 参见《中华人民共和国最高人民法院公报》2005 年第 1 期。

场的公安人员；被告人高知先当晚逃往西安，后于2002年6月17日到公安机关投案。河南省郑州市中原区人民检察院认为：被告人高知先在任幼儿园园长期间，明知该园的面包车车况差，急需检修，仍要求被告人乔永杰驾驶该车送儿童回家。途中因油路不畅，乔永杰违规操作，引起汽车着火，造成烧死4人、烧伤2人、烧毁汽车1辆的严重后果。

• 裁判要旨 •

幼儿园负责人明知用于接送幼儿的车辆不符合上路要求，仍要求司机驾驶用于接送幼儿，因车辆存在严重问题及司机违规操作导致重大交通事故的，幼儿园负责人依法构成教育设施重大安全事故罪。

• 裁判理由 •

河南省郑州市中原区人民法院审理后认为：被告人高知先、乔永杰对豫A55×××号面包车起火后烧死4人、烧伤2人这一严重危害后果虽然都有过失，但《刑法》对二被告人的过失都另有规定，因此二被告人的行为不构成《刑法》第233条规定的过失致人死亡罪。公诉机关指控二被告人的犯罪事实清楚，证据充分，但对二被告人行为的定性不妥，应当纠正。

根据《刑法》第133条和《最高人民法院关于审理交通肇事刑事案件具体应用法律若干问题的解释》第7条、第8条的规定，豫A55×××号面包车起火时，位于郑州市中原区须水镇宋庄五队村口处的道路上，此处在公共交通管理范围，因此本案是交通工具起火后造成4死2伤危害后果的重大交通事故。被告人乔永杰是月亮船幼儿园雇用的司机，明知豫A55×××号面包车存在严重问题，不符合上路要求，仍驾驶该车上路；当该车发生故障后，乔永杰又违反交通运输管理法规的规定，采用直接为汽化器供油的办法继续行驶，以至造成车毁人伤亡的严重后果。被告人高知先作为月亮船幼儿园的管理者和豫A55×××号面包车的使用人，在已经被告知该车存在严重问题、急需修理才能使用的情况下，仍指使乔永杰用该车接送幼儿，以至引发车毁人伤亡的严重后果。二被告人的行为触犯了《刑法》第133条的规定，构成交通肇事罪，且犯罪情节特别恶劣，应当依法惩处。高知先犯罪后能自动投案，如实供述其主要犯罪事实，应认定为自首，依法应从轻处罚。

根据《刑法》第134条规定，被告人乔永杰是在驾车行驶过程中，违反交通运输管理法规，直接向汽化器供油，才导致在道路上发生车毁人伤亡的事故。这个行为侵犯的客体是交通运输安全，而非工厂、矿山、林场、建筑企业或者其他企业、事业单位的生产安全，因此对乔永杰辩护人提出的乔永杰行为构成重大责任事故罪的辩护意见不予采纳。

据此，河南省郑州市中原区人民法院于2002年11月5日判决：被告人高知先犯交通肇事罪，判处有期徒刑五年；被告人乔永杰犯交通肇事罪，判处有期徒刑五年。

一审宣判后，高知先不服判决，提出上诉，理由是：其不懂驾驶，没有实际驾车，在得知汽车有故障后，叫司机去修车，没有强令其驾驶；发生事故，完全是司机违规操作引起的，与其无关，其行为不构成交通肇事罪；即使其行为构成犯罪，其也有自首情节，原判量刑太重。乔永杰服判不上诉。

河南省郑州市中级人民法院经审理后认为：原审被告人乔永杰违反交通运输法规，驾驶机动车发生重大交通事故，致4人死亡、2人重伤、车辆烧毁的严重后果，情节特别恶劣，应依法惩处，一审以交通肇事罪定罪处罚，是正确的。主管人员、肇事车辆的管理所有人，只有在指使、强令他人违章驾驶而造成重大交通事故的情况下，才能以交通肇事罪定罪处罚。上诉人高知先既不是交通事故中的直接肇事者，本案证据也不能证明高知先指使、强令乔永杰违规操作，却能证明在得知车辆出现故障后，高知先租用其他车辆将故障车上的幼儿送走，并告知乔永杰修理故障车。可见，一审认定高知先指使乔永杰违规驾驶，缺乏证据支持，高知先的行为不应构成交通肇事罪。

同时，郑州市中级人民法院认为：幼儿园是实施幼儿教育的机构。本案事故车辆，是月亮船幼儿园专用于接送幼儿的工具，是教育教学设施。上诉人高知先作为月亮船幼儿园园长，对该教育教学设施的安全负有直接责任。高知先明知该车油路堵塞急需检修，不履行职责将该车交给专业人员检修以便排除危险，却让原审被告人乔永杰使用这个已确定存在安全隐患的教育教学设施接送幼儿。本案车毁人伤亡的危害后果，固然是乔永杰违反交通运输法规的行为直接造成的，但其中3名幼儿被烧死、2名幼儿被烧伤，却与高知先明知教育教学设施有危险而将其继续投入使用的行为有因果关系。高知先的行为有严重的社会危害性，应当以教育设施重大安全事故罪追究其刑事责任。

综上所述，上诉人高知先及其辩护人关于高知先行为不构成交通肇事罪、原判量刑重的辩解和辩护意见成立，应予采纳。一审判决对原审被告人乔永杰的定罪准确，量刑适当，审判程序合法，但对高知先的定罪及量刑不当，应当纠正。据此，郑州市中级人民法院依照《刑事诉讼法》第189条第2项的规定，于2003年3月26日判决：一、维持一审刑事判决中对原审被告人乔永杰的定罪及量刑部分；二、撤销一审刑事判决中对上诉人高知先的定罪及量刑部分；三、上诉人高知先犯教育设施重大安全事故罪，判处有期徒刑四年。

【学理分析及适用指引】

• 学理分析 •

教育设施重大安全事故罪，是指明知校舍或者教育教学设施有危险，而不采取措施或者不及时报告，致使发生重大伤亡事故的行为。本罪的构成要件如下：

1. 本罪的客体。教育设施重大安全事故罪侵犯的客体是学校及其他教育机构的正常教学活动和师生员工的人身安全。

2. 本罪的客观方面。本罪在客观方面表现为明知校舍或者教育教学设施具有危险而仍不采取措施或者不及时报告，致使发生重大事故的行为。

（1）校舍或教育教学设施有危险。所谓校舍，是指各类学校及其他教育机构的教室、教学楼、行政办公室、宿舍、图书阅览室等。教育教学设施，是指用于教育教学的各类设施、设备，如实验室及实验设备、体育活动场地及器械等。所谓明知校舍或者教育教学设施有危险，是指知道校舍或者教育教学设施有倒塌或者发生人身伤害事故的危险、隐患。若校舍或者教育教学设施虽然出现了危险但并不明知，则不能构成本罪。

（2）不采取措施或不及时报告。不采取措施，是不作为，但并非表现为没有采取任何行为。具体是指明知校舍或教学设施存在危险，不履行自己应当履行的职责，采取有效措施，防止事故的发生。既包括根本没有采取任何措施，也包括虽采取措施，但是敷衍了事，做做样子，措施不得力。对于后者必须要求行为人主观上有一种敷衍了事的态度。其具体表现为：如各级人民政府中分管教育的领导和教育行政部门的领导对学校的危房情况漠不关心，应当投入危房改造维修资金但不及时投入，或者虽然知道危房情况，不及时组织、协调各方面的力量进行维修、改造；学校校长和分管教育教学设施的副校长对校舍或教育教学设施的情况从不过问，不经常进行检查，发现了问题也不及时采取防范措施，对已经确定为危房的校舍仍然使用，对有严重隐患的，不安排人员进行加固处理，对学校解决不了的，不及时报告当地政府和教育行政部门；学校教师对出现的险情不及时报告，对有危险的教学设备、仪器、器械不及时更换，发生危险时，不及时组织学生撤离；有关维修人员不按自己职责对校舍等进行正常检查、维修或者对应该立即维修的危房拖延时间不立即采取维修措施等。不及时报告，是指明知校舍或教学设施存在危险，而不及时向有关主管此项工作的上级报告，包括根本没有报告和虽然作了报告但不及时两种情形。及时，在此处应当理解为一发现险情，就应当立即报告。

必须具有不采取措施或不及时报告的不作为。明知存在危险，及时采取了措施；或在无力采取措施的情况下，及时作了报告，即使发生了重大伤亡事故，亦不能构成本罪。能够采取有效措施而不采取有效措施而向有关人员报告的，亦应以本罪论处，而不能以及时报告为由推卸责任。是不是及时报告，应当从以下 3 个方面考究：①报告的对象是不是主管此项工作的上级主管；②报告的内容是不是有关设施的危险；③报告是不是及时。

（3）导致重大伤亡事故的发生。所谓重大伤亡事故，主要是指：①死亡 1

人以上；②重伤3人以上。虽有不采取措施或不及时报告行为，但未发生安全事故，或者虽然发生了事故但不属于重大伤亡事故；以及虽为重大伤亡事故，但不是由于不采取措施或不及时报告的行为即不是校舍或者教育教学设施本身的危险所致，则都不能构成本罪。

（4）不采取措施或者不及时报告与重大伤亡事故、严重后果之间存在因果关系。重大伤亡事故、严重后果必须是由于不采取措施或不及时报告所致，否则不能追究行为人的刑事责任。在此处应当将重大伤亡事故和自然事故、意外事件区分开来。

3. 本罪的主体。本罪的主体为特殊主体，即对校舍或者教育教学设施负有维护义务的直接责任人员。包括学校校长、分管教学设施的副校长及负责学校后勤维修工作的职工，还包括各级人民政府中分管教育的领导和教育行政部门的领导等。

4. 本罪的主观方面。本罪在主观方面表现为过失，可以是疏忽大意的过失，也可以是过于自信的过失。此处所说的过失，是指行为人对其所造成的危害结果的心理状态而言。但是，对行为人不采取措施或者不及时报告的行为来说，有时却是明知故犯的。该罪的主观方面必须强调“明知”。即行为人明知校舍或者教育教学设施有危险，但却未想到会因此立即产生严重后果，或者轻信能够避免，以致发生了严重后果。

• 适用指引 •

司法实践中，认定本罪应注意以下几点：一是行为人对校舍或教育教学设施存在危险、安全隐患是明知的；二是没有及时对存在安全隐患的校舍或教育教学设施采取措施或者及时向有关主管人员报告；三是重大伤亡事故和行为人明知校舍或教育教学设施存在隐患、不及时采取措施或者报告之间存在因果关系。

第一百三十九条　消防责任事故罪

【法律规定】

• 法律条文 •

《中华人民共和国刑法》

第一百三十九条　违反消防管理法规，经消防监督机构通知采取改正措施而拒绝执行，造成严重后果的，对直接责任人员，处三年以下有期徒刑或者拘役；后果特别严重的，处三年以上七年以下有期徒刑。

• 相关规定 •

《中华人民共和国消防法》

第十六条 机关、团体、企业、事业等单位应当履行下列消防安全职责：

（一）落实消防安全责任制，制定本单位的消防安全制度、消防安全操作规程，制定灭火和应急疏散预案；

（二）按照国家标准、行业标准配置消防设施、器材，设置消防安全标志，并定期组织检验、维修，确保完好有效；

（三）对建筑消防设施每年至少进行一次全面检测，确保完好有效，检测记录应当完整准确，存档备查；

（四）保障疏散通道、安全出口、消防车通道畅通，保证防火防烟分区、防火间距符合消防技术标准；

（五）组织防火检查，及时消除火灾隐患；

（六）组织进行有针对性的消防演练；

（七）法律、法规规定的其他消防安全职责。

单位的主要负责人是本单位的消防安全责任人。

第十七条 县级以上地方人民政府公安机关消防机构应当将发生火灾可能性较大以及发生火灾可能造成重大的人身伤亡或者财产损失的单位，确定为本行政区域内的消防安全重点单位，并由公安机关报本级人民政府备案。

消防安全重点单位除应当履行本法第十六条规定的职责外，还应当履行下列消防安全职责：

（一）确定消防安全管理人，组织实施本单位的消防安全管理工作；

（二）建立消防档案，确定消防安全重点部位，设置防火标志，实行严格管理；

（三）实行每日防火巡查，并建立巡查记录；

（四）对职工进行岗前消防安全培训，定期组织消防安全培训和消防演练。

第七十二条 违反本法规定，构成犯罪的，依法追究刑事责任。

《最高人民法院、最高人民检察院关于办理危害生产安全刑事案件适用法律若干问题的解释》（法释〔2015〕22号）

第六条第一款 实施刑法第一百三十二条、第一百三十四条第一款、第一百三十五条、第一百三十五条之一、第一百三十六条、第一百三十九条规定的行为，因而发生安全事故，具有下列情形之一的，应当认定为“造成严重后果”或者“发生重大伤亡事故或者造成其他严重后果”，对相关责任人员，处三年以下有期徒刑或者拘役：

（一）造成死亡一人以上，或者重伤三人以上的；

（二）造成直接经济损失一百万元以上的；

（三）其他造成严重后果或者重大安全事故的情形。

第七条第一款 实施刑法第一百三十二条、第一百三十四条第一款、第一百三十五条、第一百三十五条之一、第一百三十六条、第一百三十九条规定的行为，因而发生安全事故，具有下列情形之一的，对相关责任人员，处三年以上七年以下有期徒刑：

（一）造成死亡三人以上或者重伤十人以上，负事故主要责任的；

（二）造成直接经济损失五百万元以上，负事故主要责任的；

（三）其他造成特别严重后果、情节特别恶劣或者后果特别严重的情形。

第十条 在安全事故发生后，直接负责的主管人员和其他直接责任人员故意阻挠开展抢救，导致人员死亡或者重伤，或者为了逃避法律追究，对被害人进行隐藏、遗弃，致使被害人因无法得到救助而死亡或者重度残疾的，分别依照刑法第二百三十二条、第二百三十四条的规定，以故意杀人罪或者故意伤害罪定罪处罚。

第十二条 实施刑法第一百三十二条、第一百三十四条至第一百三十九条之一规定的犯罪行为，具有下列情形之一的，从重处罚：

（一）未依法取得安全许可证件或者安全许可证件过期、被暂扣、吊销、注销后从事生产经营活动的；

（二）关闭、破坏必要的安全监控和报警设备的；

（三）已经发现事故隐患，经有关部门或者个人提出后，仍不采取措施的；

（四）一年内曾因危害生产安全违法犯罪活动受过行政处罚或者刑事处罚的；

（五）采取弄虚作假、行贿等手段，故意逃避、阻挠负有安全监督管理职责的部门实施监督检查的；

（六）安全事故发生后转移财产意图逃避承担责任的；

（七）其他从重处罚的情形。

实施前款第五项规定的行为，同时构成刑法第三百八十九条规定的犯罪的，依照数罪并罚的规定处罚。

第十三条 实施刑法第一百三十二条、第一百三十四条至第一百三十九条之一规定的犯罪行为，在安全事故发生后积极组织、参与事故抢救，或者积极配合调查、主动赔偿损失的，可以酌情从轻处罚。

第十六条 对于实施危害生产安全犯罪适用缓刑的犯罪分子，可以根据犯罪情况，禁止其在缓刑考验期限内从事与安全生产相关联的特定活动；对于被判处刑罚的犯罪分子，可以根据犯罪情况和预防再犯罪的需要，禁止其自刑罚执行完毕之日或者假释之日起三年至五年内从事与安全生产相关的职业。

【案例】

王某某、孙某某消防责任事故案①

• 案件事实 •

2002年4月，王某某与徐州古彭地下商场签订合同，租赁该商场人防工事东大厅改建永乐门酒吧（又名雅帝酒吧），后王某某、孙某某（系王某某妻哥）在未取得徐州市公安局消防支队审核批准的情况下，擅自进行改建施工，在装潢上使用了可燃材料。2002年9月3日，市消防支队消防监督员李某强在孙某某等人陪同下，对永乐门酒吧改造工程进行检查，发现该工程未经审批擅自施工且施工内容不符合消防要求，李某强即责令停工整改。并于2002年9月6日向永乐门酒吧送达了《责令限期改正通知书》，指出："该改造工程擅自施工，经消防机构审核不合格，责令永乐门酒吧在2002年9月18日前改正。"永乐门酒吧于2002年9月17日向市消防支队报送了整改报告，称"已全面停工，待审核后按规定施工"。2002年10月，王某某、孙某某在未得到市消防支队审核批准的情况下，再次施工，使用大量可燃材料对酒吧顶部、墙面进行装修，并多次拆除设置在永乐门酒吧与清秀佳人休闲屋之间通道上的石膏挡板。2002年12月28日21时许，王某某安排施工人员再次拆除石膏挡板，将制作好的吧台搬入清秀佳人休闲屋过道中。当日23时后，清秀佳人休闲屋富士厅起火，继而蔓延至永乐门酒吧施工现场，火势迅速扩展，造成民工谭某峰死亡，徐某、董某某重伤，李某侠轻伤，直接经济损失人民币221970元的严重后果。经徐州市公安消防支队认定，火灾原因不明；王某某、孙某某负间接责任。本案在审理期间，被告人王某某赔偿谭某峰之父母谭某庆、苏某某经济损失人民币5万元，支付谭某峰尸体存放费人民币1万元。

• 裁判要旨 •

经营单位负责人在未得到消防部门审核批准的情况下，拒绝执行消防整改方案违章施工，使用大量的可燃材料装修经营场所，造成严重火灾事故，依法应构成消防责任事故罪。

• 裁判理由 •

江苏省徐州市鼓楼区人民检察院认为：被告人王某某、孙某某违反消防管

① 参见最高人民法院中国应用法学研究所编：《人民法院案例选》（2005年第2辑），人民法院出版社2006年版。

理法规，经消防监督机构通知采取改正措施而拒绝执行，造成严重后果，其行为已触犯《刑法》第139条之规定，应当以消防责任事故罪追究其刑事责任，而被告人王某某及其辩护人则认为：（1）王某某已按《整改通知书》的要求履行了整改义务并上报，其行为不符合消防责任事故罪客观方面的要求；（2）只有对该起事故负有直接责任的人员才能构成消防责任事故罪的主体，而公安消防部门认定王某某对本次事故负间接责任；（3）安全通道应当保持畅通，王某某将设置的石膏板移开并无过错；（4）王某某已将该酒吧转让给孙某某，其对该装修仅负协助义务，故指控被告人王某某犯消防责任事故罪的事实不清，证据不足。被告人孙某某辩解，合同约定一切消防手续均由古彭地下商场办理，因此，对消防责任事故自己不应该承担责任，应由该商场承担。

江苏省徐州市鼓楼区人民法院经审理认为：被告人王某某、孙某某在进行建筑内部装修工程中违反消防管理法规，经消防监督机构通知采取改正措施而拒绝执行，造成严重后果，已构成消防责任事故罪。公诉机关指控的事实清楚，证据确实、充分，罪名成立，适用法律正确，予以采纳。但鉴于被告人王某某积极赔偿被害人谭某峰亲属的经济损失，系初犯，酌情予以从轻处罚。依据《刑法》第139条、第69条、第70条之规定，于2004年4月19日判决如下：被告人王某某犯消防责任事故罪，判处拘役四个月。被告人孙某某犯消防责任事故罪，判处有期徒刑六个月。

一审宣判后，鼓楼区人民检察院以原审人民法院量刑不当为由提起抗诉。在二审期间，徐州市人民检察院认为鼓楼区人民检察院抗诉不当，向江苏省徐州市中级人民法院申请撤回抗诉，二审法院经审查后裁定准许撤回抗诉，判决现已生效。

【学理分析及适用指引】

• 学理分析 •

消防责任事故罪，是指违反消防管理法规，经消防监督机构通知采取改正措施而拒绝执行，造成严重后果的行为。本罪的构成要件如下：

1. 本罪的客体。本罪侵犯的客体是国家的消防监督制度和公共安全。消防工作关系到国计民生和社会的安定，涉及各行各业。我国针对消防工作专门制定了《消防法》等消防法规，以保证我们的消防制度、人民生命健康、重大公私财产的安全。

2. 本罪的客观方面。本罪在客观方面表现为违反消防管理法规且经消防监督机构通知采取改正措施而拒绝执行的行为。违反消防管理法规而造成严重后果，是这种犯罪行为的本质特征。

（1）违反消防管理法规。这是构成消防责任事故罪的前提条件，具体是指违反了我国有关消防方面的法律、法规及有关消防安全的规定，主要包括《消防法》《仓库防火安全管理规则》《高层建筑消防管理规则》等。根据上述规定，违反消防法规的行为包括：新建、扩建、改建工程，人口集中的地方没有疏导渠道不畅通，没有配备消防设备或置放有关消防设备使用说明等行为。

（2）经消防监督管理机构通知采取改正措施而拒绝执行。《消防法》规定：县级以上公安机关设立消防监督机构，负责消防监督工作。发现消防隐患应当向有关单位或个人下发《火灾隐患通知书》，令其在规定时间内采取改正措施。本罪行为特征说明该罪是以不作为的方式实施的。该罪的构成必须是消防监督机构已经向其下发了消防隐患通知书并令其限期改正，但行为人拒不改正，并最终导致火灾的发生。其不采取措施包括：绝对不采取改正措施；采取了措施但不符合要求等。如行为人只是违反了消防管理法规，但没有接到过消防监督机构采取改正措施的通知，则即使造成了严重后果，也不构成本罪。可见接到通知并拒不改正是该罪的行为特征。

（3）必须造成严重后果，并且该后果与违反消防管理法规、拒不改正措施之间存在因果关系。过失犯罪必须发生危害结果才能成立。所谓严重后果，通常是指造成了人身伤亡或公私财产的重大损失。后果特别严重，一般是指造成多人重伤、死亡或者公私财产的巨大损失。根据司法实践经验和有关规定，所谓重大伤亡事故，一般是指死亡 1 人以上，或者重伤 3 人以上。直接经济损失的数额，是指 100 万元以上。直接经济损失虽不足上述规定的数额，但情节严重，使生产、工作受到重大损失的，也应追究直接责任人员的处罚。同时，在存在严重后果的情形下，还应当明确严重后果是由于违反消防管理法规的行为引起的。如果违反消防管理法规的行为与严重后果之间没有因果联系，则不构成本罪。

3. 本罪的主体。本罪的主体为一般主体。凡是达到刑事责任年龄、具有刑事责任能力的人均可构成本罪。

4. 本罪的主观方面。本罪在主观方面表现为过失。即行为人应当预见由于自己违反消防管理法规，经消防监督机关通知改正措施而拒不改正的行为可能导致消防事故的发生，但由于疏忽大意而没有预见或者已经预见但轻信能够避免，以至发生危害社会的结果。此处所说的过失，是就行为人对其所造成的危害结果的心理状态而言。行为人主观上并不希望火灾事故发生，但就其违反消防管理法规，经消防机构通知采取改正措施而拒绝执行而言，则却是明知故犯的。

• 适用指引 •

司法实践中，认定本罪应注意：

1. 罪与非罪的界限。行为人违反消防管理法规，经消防监督机构通知采取改正措施而拒绝执行，造成了严重后果的，才能构成本罪。本罪属结果犯。如果没有造成严重后果，或者虽然导致火灾事故的发生，但后果并不严重的，则不构成犯罪。

2. 本罪与失火罪的界限。主要区别，一是客观方面的表现形式不同。前者表现为行为人违反消防管理法规，经消防监督机构通知采取改正措施而拒绝执行，造成严重后果的行为；而后者表现为行为人过失引起火灾，导致人员重伤、死亡或者使公私财产遭受重大损失，危害公共安全的行为。二是主体不同。前者是对本单位消防工作有直接责任的人员，行为人并未因自己的行为直接引发火灾；而后者的行为人是因用火不当直接导致火灾发生的人。

3. 本罪与玩忽职守罪的界限。两者的主要区别在于主体不同：前者为一般主体，在实践中多为机关、团体、企事业等单位中对消防工作负有直接责任的人员；而后者的主体则为国家机关工作人员，属特殊主体。

第一百三十九之一　不报、谎报安全事故罪

【法律规定】

•　法律条文　•

《中华人民共和国刑法》

第一百三十九条之一　在安全事故发生后，负有报告职责的人员不报或谎报事故情况，贻误事故抢救，情节严重的，处三年以下有期徒刑或者拘役；情节特别严重的，处三年以上七年以下有期徒刑。

•　相关规定　•

《最高人民法院、最高人民检察院关于办理危害生产安全刑事案件适用法律若干问题的解释》（法释〔2015〕22 号）

第四条　刑法第一百三十九条之一规定的“负有报告职责的人员”，是指负有组织、指挥或者管理职责的负责人、管理人员、实际控制人、投资人，以及其他负有报告职责的人员。

第八条　在安全事故发生后，负有报告职责的人员不报或者谎报事故情况，贻误事故抢救，具有下列情形之一的，应当认定为刑法第一百三十九条之一规定的“情节严重”：

（一）导致事故后果扩大，增加死亡一人以上，或者增加重伤三人以上，或者增加直接经济损失一百万元以上的；

（二）实施下列行为之一，致使不能及时有效开展事故抢救的：

1. 决定不报、迟报、谎报事故情况或者指使、串通有关人员不报、迟报、谎报事故情况的；

2. 在事故抢救期间擅离职守或者逃匿的；

3. 伪造、破坏事故现场，或者转移、藏匿、毁灭遇难人员尸体，或者转移、藏匿受伤人员的；

4. 毁灭、伪造、隐匿与事故有关的图纸、记录、计算机数据等资料以及其他证据的；

（三）其他情节严重的情形。

具有下列情形之一的，应当认定为刑法第一百三十九条之一规定的“情节特别严重”：

（一）导致事故后果扩大，增加死亡三人以上，或者增加重伤十人以上，或者增加直接经济损失五百万元以上的；

（二）采用暴力、胁迫、命令等方式阻止他人报告事故情况，导致事故后果扩大的；

（三）其他情节特别严重的情形。

第九条 在安全事故发生后，与负有报告职责的人员串通，不报或者谎报事故情况，贻误事故抢救，情节严重的，依照刑法第一百三十九条之一的规定，以共犯论处。

第十条 在安全事故发生后，直接负责的主管人员和其他直接责任人员故意阻挠开展抢救，导致人员死亡或者重伤，或者为了逃避法律追究，对被害人进行隐藏、遗弃，致使被害人因无法得到救助而死亡或者重度残疾的，分别依照刑法第二百三十二条、第二百三十四条的规定，以故意杀人罪或者故意伤害罪定罪处罚。

第十二条 实施刑法第一百三十二条、第一百三十四条至第一百三十九条之一规定的犯罪行为，具有下列情形之一的，从重处罚：

（一）未依法取得安全许可证件或者安全许可证件过期、被暂扣、吊销、注销后从事生产经营活动的；

（二）关闭、破坏必要的安全监控和报警设备的；

（三）已经发现事故隐患，经有关部门或者个人提出后，仍不采取措施的；

（四）一年内曾因危害生产安全违法犯罪活动受过行政处罚或者刑事处罚的；

（五）采取弄虚作假、行贿等手段，故意逃避、阻挠负有安全监督管理职责的部门实施监督检查的；

（六）安全事故发生后转移财产意图逃避承担责任的；

（七）其他从重处罚的情形。

实施前款第五项规定的行为，同时构成刑法第三百八十九条规定的犯罪的，依照数罪并罚的规定处罚。

第十三条　实施刑法第一百三十二条、第一百三十四条至第一百三十九条之一规定的犯罪行为，在安全事故发生后积极组织、参与事故抢救，或者积极配合调查、主动赔偿损失的，可以酌情从轻处罚。

第十六条　对于实施危害生产安全犯罪适用缓刑的犯罪分子，可以根据犯罪情况，禁止其在缓刑考验期限内从事与安全生产相关联的特定活动；对于被判处刑罚的犯罪分子，可以根据犯罪情况和预防再犯罪的需要，禁止其自刑罚执行完毕之日或者假释之日起三年至五年内从事与安全生产相关的职业。

【案例】

何某广、何某建不报、谎报安全事故、重大责任事故案[①]

• 案件事实 •

2009年8月28日，湖南省郴州市北湖区鲁塘镇原积财石墨矿发生一起死亡17人的特大透水事故。“8.28”事故发生后，根据郴州市政府规定，从2009年9月份起，郴州地区范围内所有煤矿、石墨矿都要停产整顿。被告人何某广系郴州市北湖区原鲁塘石墨矿三工区矿井主要负责人、主要投资人，负责全面工作；被告人何某建系郴州市北湖区原鲁塘石墨矿三工区矿井主要负责人、主要投资人，负责地面工作。三工区矿井因仍处于整顿整合兼并重组协商阶段，未取得合法有效的采矿许可证、安全生产许可证、工商营业执照。郴州市北湖区原鲁塘石墨矿三工区在停产整顿期间，被告人何某广、何某建未按照郴州市政府的规定停产整顿，擅自组织矿工到井下生产作业。2010年3月1日，何某广与该工区负责井下生产的总值班长兼安全员何某忠（另案处理）根据井下情况，安排该工区管理人员何某国、赵某某等人组织人员到新斜井负50米水平掘进岩巷将已掘进2米的水仓布置完工，之后，赵某某到材料管理员汪某某处将2009年底经非正规渠道购买留存的数件私制炸药运到260米斜井井底车场，为水仓掘进做好准备工作。2010年3月7日晚8时许，鲁塘石墨矿三工区井下存放的私制炸药发生自燃起火，井下的风水塑料管线、风筒燃烧产生有毒气体，致使在井下作业的矿工白某某、袁某某、何某林、刘某某、金某某、李某某、罗某某等7人中毒窒息（其中刘某某当场中毒死亡）。事故发生后，鲁塘石墨矿三工区值班人员打电话给被告人何某广和何某建，并将矿上事故情况及矿工中毒、死亡的情况分别向被告人何某广、何某建进行了汇报。何

---

① 参见湖南省郴州市中级人民法院（2011）郴刑一终字第24号。

某广安排矿上值班人员将中毒的矿工送医院进行抢救，已死亡的矿工送殡仪馆。被告人何某建得知情况后，立即赶到矿上参与矿难事故的抢救。之后，该矿值班人员将6名中毒矿工送至郴州市北湖区鲁塘镇人民医院进行抢救，其中，矿工白某某、李某某、金某某3名矿工因抢救无效临床死亡，矿工何某林在送往郴州市第三人民医院的途中死亡，矿工袁某某和罗某某被送往郴州市第三人民医院，袁某某因抢救无效临床死亡，罗某某则因中毒较轻被抢救成功。至此该矿难事故共死亡矿工6人。被告人何某广、何某建在接到事故报告后，均未在1小时内向郴州市北湖区鲁塘镇政府及其他相关部门报告矿难险情，因抢救措施不力，影响了救治效果，死亡矿工人数由1人增至6人。同年3月8日上午11时许，被告人何某广、何某建作为该矿主要负责人、投资人在召开的股东会上参与密谋并决定将“3.7”矿难事故瞒报，提出应加快与家属赔偿协商工作，尽快将遇难矿工尸体火化，为达此目的，三工区股东集体决定筹资350万元处理善后事宜。此后，郴州市北湖区鲁塘石墨矿三工区矿方在高于国家赔偿标准及当地以往赔偿标准的情况下，以每位遇难矿工37万元至59万元不等数额将赔偿到位之后，迅速组织遇难矿工家属将遇难矿工的尸体在桂阳县殡仪馆火化，致使“3.7”矿难事故的现场勘查、尸检等事故调查工作无法进行。

被告人何某广于2010年4月15日主动到郴州市人民检察院投案，被告人何某建于2010年5月4日主动到资兴市人民检察院投案，均如实供述了自己的犯罪事实。

• 裁判要旨 •

在发生重大责任事故后，生产企业负责人违反相关规定，不及时向所在政府及相关职能部门汇报事故情况，贻误了事故的抢救工作，除依法成立重大责任事故罪外，还应构成不报、谎报安全事故罪。

• 裁判理由 •

一审判决认定上述事实，有经原审庭审质证、认证的一系列证据予以证实。遂判决认定：被告人何某广、何某建身为郴州市北湖区原鲁塘石墨矿三工区的主要负责人、投资人，在该工区发生“3.7”矿难后，未按规定在1小时内向郴州市北湖区鲁塘镇政府及相关职能部门汇报矿难情况，贻误了事故的抢救工作，造成死亡6人的安全事故，情节特别严重，其行为均已构成不报、谎报安全事故罪。被告人何某广、何某建犯数罪，应当数罪并罚。被告人何某广、何某建能够主动投案并如实供述自己的犯罪事实，依法应当认定为自首，可以从轻或减轻处罚。事故发生后，被告人何某广、何某建能够积极组织筹资赔偿全部遇难矿工家属，做好了安抚工作，依法可以酌情从轻处罚。判决如下：一、被告人何某广犯重大责任事故罪，判处有期徒刑一年六个月；犯不报、谎报安全事故罪，判处有期徒刑一年六个月；决定执行有期徒刑二年；二、以被告人何某建犯重大责任事故罪，免予刑事处罚；犯不报、谎报安全事故罪，判处有期徒刑一年六个月，缓刑二年；决定执行有期徒刑一年六个月，缓刑二年。

上诉人何某广上诉提出：上诉人能积极投入事故抢救、积极赔偿受害人损失并投案自首，对于事故发生所起的作用和情节较轻，不应认定为情节特别严重，原判对案件事实的认定存在偏差，适用法律错误，量刑畸重。

湖南省郴州市中级人民法院经审理后认为：上诉人何某广及原审被告人何某建身为郴州市北湖区原鲁塘石墨矿三工区的主要负责人、投资人，在煤矿停产整顿期间，违反郴州市人民政府下发的相关政策规定，擅自安排矿工下井进行生产作业，致使该矿发生死亡6人的安全事故，情节特别恶劣，其行为均已构成重大责任事故罪；上诉人何某广及原审被告人何某建身为郴州市北湖区原鲁塘石墨矿三工区的主要负责人、投资人，在该工区发生“3.7”矿难后，未按规定在1小时内向郴州市北湖区鲁塘镇政府及相关职能部门汇报矿难情况，贻误了事故的抢救工作，造成死亡6人的安全事故，情节特别严重，其行为均已构成不报、谎报安全事故罪。关于上诉人何某广提出“能积极投入事故抢救、积极赔偿受害人损失并投案自首，对于事故发生所起的作用和情节较轻，不应认定为情节特别严重，原判对案件事实的认定存在偏差，适用法律错误，量刑畸重”的上诉理由。经查，上诉人何某广在知悉井下发生中毒事故后虽电话告知矿方工作人员实施救助，但并未到现场参与、指挥救援。事故发生后，虽赔偿了受害人损失并有投案自首的情节，但事故造成6名矿工死亡，上诉人何某广作为事故矿井的主要投资人、实际控制人负有主要责任，对事故瞒报和销毁证据负有直接责任，情节特别严重。故上诉人何某广提出的上诉理由与事实不符，不予采纳。原审判决认定事实基本清楚，证据确实、充分，定性准确，审判程序合法，依法应予以维持。依照《刑事诉讼法》第189条第1项之规定，裁定如下：驳回上诉，维持原判。

【学理分析及适用指引】

• 学理分析 •

不报、谎报安全事故罪，是指在安全事故发生后，负有报告安全事故职责的人员不报或者谎报事故情况，贻误事故抢救，情节严重的行为。本罪的构成要件如下：

1. 本罪的客体。本罪侵犯的客体是工厂、矿山、林场、建筑企业或者其他企业、事业单位的劳动安全，即劳动者的生命、健康和重大公私财产的安全，也就是不特定的多数人的生命、健康或重大公私财产安全。

2. 本罪的客观方面。本罪在客观方面表现为安全事故发生后，负有报告职责的人员不报或谎报事故情况，贻误事故抢救，情节严重的行为。

构成本罪，在客观方面必须同时具备以下三个相互关联的要件：

（1）必须是已经发生了安全事故。此处的安全事故是指一般程度的安全事故，而并非重大、特大安全事故。安全事故必须是在一定范围内对生命、健康或较大的公私财产带来了侵害，如是轻微的小事故即使责任人漏报、瞒报也不承担刑事责任。

（2）对安全事故具有报告义务的人能够履行报告义务，而不履行安全事故报告义务。不报、谎报安全事故罪的行为方式表现为不作为，具体是指负有报告安全事故职责的人员违反其职责，不报或谎报事故情况，即行为人对已经发生的安全事故有法定的报告义务，是有能力履行而拒绝履行。首先，行为人应当具有报告的义务。这种报告的义务来源于行为人对工厂、矿山、林场等的监管。其次，行为人应当具有对安全事故报告的可能性。对这种可能性有无的判断要坚持客观标准为主，同时兼顾行为人本身的条件，也就是应当考察和行为人处于同一领域的一般人在行为人面临的具体情形中，能否履行报告义务，也要考虑到行为人是否具有某些低于一般人的反应能力的素质、条件等，就通常的情况来说，决定履行报告义务的可能性取决于了解到安全事故发生的信息，以及是否具有向有关机关报告的通讯、交通等客观条件。最后，行为人没有履行报告义务或者谎报安全事故。所谓不报是指隐瞒事故的发生，不把真实的情况上报给主管的负责人或主管部门；所谓谎报是指虽然行为人向有关的部门报告了安全事故，但由于忽略或扭曲了安全事故的关键性事实，属于虚假的报告，主要表现为少报伤亡的人数、对事故原因作不实的说明或化大为小的行为，以上都属于瞒报、谎报安全事故。

（3）发生了重大的伤亡事故或者重大损失。如在矿山生产安全事故发生后，负有报告职责的人员不报或者谎报事故情况，贻误事故抢救，导致事故后果扩大，增加死亡 1 人以上，或者增加重伤 3 人以上。其他严重后果，是指造成了重大经济损失，或者造成了重大政治影响，或者引起单位职工强烈不满导致罢工、停产的等。

重大伤亡事故或者严重后果与行为人不报、谎报安全事故行为之间存在因果关系。即便是出现了重大伤亡后果或者严重后果，如果行为人及时地进行了报告，并采取了相应的措施，则不构成本罪。

3. 本罪的主体。本罪的主体为特殊主体，即对安全事故负有报告职责的人员。具体指依照法律、法规和规章，还有生产经营单位的规章制度，在重大事故发生以后，有义务向主管生产经营的负责人或单位负责人、有关的安全生产监管部门报告事故情况的人，这种人主要包括：

（1）非国家机关的工作人员，主要是指发生安全事故的现场直接责任人员、生产经营单位的负责人、群众性活动举办单位的主管人员或其他责任人员。根据2015年12月16日实施的《最高人民法院关于办理危害生产安全刑事案件适用法律若干问题的解释》，《刑法》第139条之一规定的“负有报告职责的人员”，具体是指负有组织、指挥或者管理职责的负责人、管理人员、实际控制人、投资人，以及其他负有报告职责的人员。

直接负责的主管人员和其他直接责任人员，具体是指对矿山安全生产设施或者安全生产条件不符合国家规定负有直接责任的矿山生产经营单位负责人、管理人员、实际控制人、投资人，以及对安全生产设施或者安全生产条件负有管理、维护职责的电工、瓦斯检查工等人员。

（2）国家机关工作人员，主要是国家安全生产监督管理总局的主要领导人，总局办公厅、总局调度统计司、煤矿安监局事故调查司等这些总局内设机构的负责人以及各个主管地方各级安全生产监督管理部门的负责人，地方各级人民政府的主要领导人等。

4. 本罪的主观方面。本罪主观方面既可以表现为过失，也可以表现为间接故意，是一种复合的罪过。过失是指负有报告义务的行为人应当预见到自己不报或谎报安全事故的行为会贻误事故抢救并且会造成较为严重的后果，由于疏忽大意没有预见或尽管已经预见到了但轻信可以避免。间接故意是在安全事故发生以后，行为人明知自己的不报、瞒报行为会产生贻误抢救的结果，但为了逃避由于安全事故带来的刑事责任、行政责任而放任危害结果的发生。

• 适用指引 •

1. 本罪是一个典型的不作为犯罪。司法实践中，应注意如下三点：第一，在安全事故发生后，行为人是否有及时报告的义务；第二，是否有及时报告的能力；第三，其所报告的内容和事故的实际情况是否相符。

2. 根据《刑法》第139条之一和上述司法解释的规定，本罪主体虽然为特殊主体，即矿山生产经营单位的负责人、实际控制人、负责生产经营管理的投资人以及其他负有报告职责的人员，其他自然人不成立本罪主体，但是在生产安全事故发生后，虽然行为人对重大事故不负有报告义务，但其帮助负有报告职责的人员不报或者谎报事故情况，贻误事故抢救的，对组织者或者积极参加者、帮助者，以不报、谎报安全事故罪的共犯论处。

3. 关于本罪的罪数问题，行为人在重大责任事故、重大劳动安全事故等发生后，不报或者谎报事故情况，贻误事故抢救，情节严重的，又构成不报、谎报安全事故罪，对此应当数罪并罚。

第三章 破坏社会主义市场经济秩序罪

第一节 生产、销售伪劣商品罪

第一百四十条 生产、销售伪劣产品罪

【法律规定】

● 法律条文 ●

《中华人民共和国刑法》

第一百四十条 生产者、销售者在产品中掺杂、掺假，以假充真，以次充好或者以不合格产品冒充合格产品，销售金额五万元以上不满二十万元的，处二年以下有期徒刑或者拘役，并处或者单处销售金额百分之五十以上二倍以下罚金；销售金额二十万元以上不满五十万元的，处二年以上七年以下有期徒刑，并处销售金额百分之五十以上二倍以下罚金；销售金额五十万元以上不满二百万元的，处七年以上有期徒刑，并处销售金额百分之五十以上二倍以下罚金；销售金额二百万元以上的，处十五年有期徒刑或者无期徒刑，并处销售金额百分之五十以上二倍以下罚金或者没收财产。

● 相关规定 ●

《中华人民共和国产品质量法》

第二十六条 生产者应当对其生产的产品质量负责。

产品质量应当符合下列要求：

（一）不存在危及人身、财产安全的不合理的危险，有保障人体健康和人身、财产安全的国家标准、行业标准的，应当符合该标准；

（二）具备产品应当具备的使用性能，但是，对产品存在使用性能的瑕疵作出说明的除外；

（三）符合在产品或者其包装上注明采用的产品标准，符合以产品说明、实物样品等方式表明的质量状况。

第四十九条　生产、销售不符合保障人体健康和人身、财产安全的国家标准、行业标准的产品的，责令停止生产、销售，没收违法生产、销售的产品，并处违法生产、销售产品（包括已售出和未售出的产品，下同）货值金额等值以上三倍以下的罚款；有违法所得的，并处没收违法所得；情节严重的，吊销营业执照；构成犯罪的，依法追究刑事责任。

第五十条　在产品中掺杂、掺假，以假充真，以次充好，或者以不合格产品冒充合格产品的，责令停止生产、销售，没收违法生产、销售的产品，并处违法生产、销售产品货值金额百分之五十以上三倍以下的罚款；有违法所得的，并处没收违法所得；情节严重的，吊销营业执照；构成犯罪的，依法追究刑事责任。

《全国人民代表大会常务委员会关于维护互联网安全的决定》（主席令18号）

三、为了维护社会主义市场经济秩序和社会管理秩序，对有下列行为之一，构成犯罪的，依照刑法有关规定追究刑事责任：

（一）利用互联网销售伪劣产品或者对商品、服务作虚假宣传；

……

六、利用互联网侵犯他人合法权益，构成民事侵权的，依法承担民事责任。

《最高人民法院、最高人民检察院关于办理危害食品安全刑事案件适用法律若干问题的解释》（法释〔2021〕24号）

第十五条第一款　生产、销售不符合食品安全标准的食品添加剂，用于食品的包装材料、容器、洗涤剂、消毒剂，或者用于食品生产经营的工具、设备等，符合刑法第一百四十条规定的，以生产、销售伪劣产品罪定罪处罚。

《最高人民法院、最高人民检察院关于办理妨害预防、控制突发传染病疫情等灾害的刑事案件具体应用法律若干问题的解释》（法释〔2003〕8号）

第二条　在预防、控制突发传染病疫情等灾害期间，生产、销售伪劣的防治、防护产品、物资，或者生产、销售用于防治传染病的假药、劣药，构成犯罪的，分别依照刑法第一百四十条、第一百四十一条、第一百四十二条的规定，以生产、销售伪劣产品罪，生产、销售假药罪或者生产、销售劣药罪定罪，依法从重处罚。

《最高人民法院、最高人民检察院关于办理生产、销售伪劣商品刑事案件具体应用法律若干问题的解释》（法释〔2001〕10号）

第一条　刑法第一百四十条规定的“在产品中掺杂、掺假”，是指在产品中掺入杂质或者异物，致使产品质量不符合国家法律、法规或者产品明示质量标准规定的质量要求，降低、失去应有使用性能的行为。

刑法第一百四十条规定的“以假充真”，是指以不具有某种使用性能的产品冒充具有该种使用性能的产品的行为。

刑法第一百四十条规定的“以次充好”，是指以低等级、低档次产品冒充高等级、高档次产品，或者以残次、废旧零配件组合、拼装后冒充正品或者新产品的行为。

刑法第一百四十条规定的“不合格产品”，是指不符合《中华人民共和国产品质量法》第二十六条第二款规定的质量要求的产品。

对本条规定的上述行为难以确定的，应当委托法律、行政法规规定的产品质量检验机构进行鉴定。

第二条 刑法第一百四十条、第一百四十九条规定的“销售金额”，是指生产者、销售者出售伪劣产品后所得和应得的全部违法收入。

伪劣产品尚未销售，货值金额达到刑法第一百四十条规定的销售金额三倍以上的，以生产、销售伪劣产品罪（未遂）定罪处罚。

货值金额以违法生产、销售的伪劣产品的标价计算；没有标价的，按照同类合格产品的市场中间价格计算。货值金额难以确定的，按照国家计划委员会、最高人民法院、最高人民检察院、公安部 1997 年 4 月 22 日联合发布的《扣押、追缴、没收物品估价管理办法》的规定，委托指定的估价机构确定。

多次实施生产、销售伪劣产品行为，未经处理的，伪劣产品的销售金额或者货值金额累计计算。

第九条 知道或者应当知道他人实施生产、销售伪劣商品犯罪，而为其提供贷款、资金、账号、发票、证明、许可证件，或者提供生产、经营场所或者运输、仓储、保管、邮寄等便利条件，或者提供制假生产技术的，以生产、销售伪劣商品犯罪的共犯论处。

第十条 实施生产、销售伪劣商品犯罪，同时构成侵犯知识产权、非法经营等其他犯罪的，依照处罚较重的规定定罪处罚。

第十一条 实施刑法第一百四十条至第一百四十八条规定的犯罪，又以暴力、威胁方法抗拒查处，构成其他犯罪的，依照数罪并罚的规定处罚。

第十二条 国家机关工作人员参与生产、销售伪劣商品犯罪的，从重处罚。

【案例】

郭某某生产、销售伪劣产品案①

● 案件事实 ●

1996年上半年，郭某某在无实际生产能力并未经工商行政管理机关登记许可的情况下，租用江都市宜陵镇玉带村的部分房屋开办工厂，声称要制造生产电池的设备。7月15日，郭某某以玉带村开办的江都市光明蓄电池厂的名义，与江苏省句容市大禾电池有限公司签订了标的为20.6万元的R6型5号电池生产设备购销合同，并通过玉带村党支部书记兼光明蓄电池厂厂长王本朝，盖了光明蓄电池厂公章。此后，大禾电池有限公司汇入光明蓄电池厂账面的12.6万元预付货款，被郭某某冒充王本朝的签名取走。郭某某用其中的5万余元，先后从苏州光明电池配件厂、海安县电池机械厂、江都市第三化工厂等单位购得废旧的R6型5号电池生产设备，自己也生产了部分零配件，经刷新、拼装后，冒充合格产品销售给大禾电池有限公司14套。该设备经江都市技术监督局鉴定，不具备应有的使用性能，是不合格产品。

● 裁判要旨 ●

生产、销售伪劣产品罪的法定构成条件中，"销售金额"不同于"违法所得"，包括成本价在内，是否牟利不影响"销售金额"的认定。

● 裁判理由 ●

一审江苏省江都市人民法院判决认为：被告人郭某某在无能力生产成套电池设备的情况下，用5万余元购买废旧产品进行刷新、拼装，冒充合格产品销售给用户后实际得款12.6万元，其行为已触犯了《刑法》第140条的规定，构成生产、销售伪劣产品罪。被告人郭某某犯生产、销售伪劣产品罪，判处有期徒刑一年六个月，并处罚金12.6万元。

二审江苏省扬州市中级人民法院判决认为：原判认定上诉人郭某某生产、销售伪劣产品，销售金额12.6万元，违法所得6万余元的犯罪事实清楚，证据确实充分，定性准确，依法追究其刑事责任是正确的。郭某某提出"系单位犯罪"的上述理由，经查，光明蓄电池厂只是在郭某某要求帮忙的情况下，在郭某某签订的购销合同上加盖了公章。该厂对郭某某生产、销售伪劣产品并不知情，更未参与郭某某的生产、销售活动。郭某某生产、销售伪劣产品纯属其

---

① 参见《中华人民共和国最高人民法院公报》1999年第3期。

个人行为，故“系单位犯罪”的上诉理由不能成立，不予采纳。至于郭某某提出对其处罚“应依照刑法从旧兼从轻的原则，适用决定”的上诉理由，经查：郭某某的犯罪行为发生于1997年10月1日刑法施行之前。1993年7月2日通过的全国人民代表大会常务委员会《关于惩治生产、销售伪劣商品犯罪的决定》第1条规定：“生产者、销售者在产品中掺杂、掺假，以假充真，以次充好或者以不合格产品冒充合格产品，违法所得数额二万元以上不满十万元的，处二年以下有期徒刑或者拘役，可以并处罚金，情节较轻的，可以给予行政处罚。”第12条规定：“依照本决定判处罚金的，罚金的数额为违法所得的一倍以上五倍以下。”而《刑法》第140条则规定：“生产者、销售者在产品中掺杂、掺假，以假充真，以次充好或者以不合格产品冒充合格产品，销售金额五万元以上不满二十万元的，处二年以下有期徒刑或者拘役，并处或者单处销售金额百分之五十以上二倍以下罚金。”两相比较，主刑看起来并无区别，但在追究刑事责任的数额标准和构成要件上，《刑法》将“违法所得数额二万元上满十万”修改为“销售金额五万元以上不满二十万元”。决定中所说的“违法所得”，系指牟利的数额。而《刑法》所说的“销售数额”，则不管行为人是牟利还是亏本，只要销售数额达到5万元以上的标准，就应当受到刑事追究。同时，为了加大对生产、销售伪劣产品犯罪的打击力度，《刑法》删除了决定中“情节较轻的，可以给予行政处罚”的规定。由此可以看出，《关于惩治生产、销售伪劣商品犯罪的决定》显然比《刑法》轻。因此，根据《刑法》第12条的规定，对郭某某的行为应当依照决定第一条的规定处罚。郭某某的这一上诉理由成立，应予采纳。据此，依照《刑事诉讼法》第189条第2项之规定，判决如下：一、撤销一审刑事判决。二、上诉人郭某某犯生产、销售伪劣产品罪，判处有期徒刑一年，并处罚金6万元。

【学理分析及适用指引】

• 学理分析 •

生产、销售伪劣产品罪，是指生产者、销售者故意在产品中掺杂、掺假，以假充真，以次充好或者以不合格产品冒充合格产品，销售金额在5万元以上的行为。本罪的构成要件如下：

1. 本罪的客体。本罪侵犯的客体是国家对产品质量的管理制度和消费者的合法权益。犯罪对象是伪劣产品。

2. 本罪的客观方面。客观方面表现为生产者、销售者在产品中掺杂、掺假，以假充真，以次充好或者以不合格产品冒充合格产品，销售金额在5万元以上的行为。

3. 本罪的主体。犯罪主体为一般主体。只要达到刑事责任年龄并具有责任能力的自然人，均可以构成本罪的主体，如个体户、专业人员、工人、农民等。单位也可以构成本罪的主体。

4. 本罪的主观方面。主观方面由故意构成，即行为人必须明知是伪劣产品而予以生产或者销售。

• 适用指引 •

司法实践中，认定本罪应注意：

1. 对本罪客观方面的认定。根据《刑法》第140条规定，生产、销售伪劣产品罪的成立，要求行为人实施了生产、销售伪劣产品的行为，具体表现为：

（1）在产品中掺杂、掺假。根据2001年4月10日发布的《最高人民法院、最高人民检察院关于办理生产、销售伪劣商品刑事案件具体应用法律若干问题的解释》的规定，掺杂、掺假，是指在产品中掺入杂质或者异物，致使产品质量不符合国家法律、法规或者产品明示质量标准规定的质量要求，降低、失去应有使用性能的行为；

（2）以假充真。根据该《最高人民法院、最高人民检察院关于办理生产、销售伪劣商品刑事案件具体应用法律若干问题的解释》的规定，以假充真，是指以不具有某种性能的产品冒充具有该种使用性能的产品的行为；

（3）以次充好。根据该《最高人民法院、最高人民检察院关于办理生产、销售伪劣商品刑事案件具体应用法律若干问题的解释》的规定，是指以低等级、低档次产品冒充高等级、高档次产品，或者以残次、废旧零配件组合、拼装后冒充正品或者新产品的行为；

（4）以不合格产品冒充合格产品，指以不符合产品质量标准的产品冒充符合产品质量标准的产品。不合格产品，是指不符合《产品质量法》第26条第2款规定的质量要求的产品。同时，本罪的客观方面，还要求伪劣产品的销售金额在5万元以上。如果销售金额没有达到5万元，且情节显著轻微危害不大的，则不构成本罪。所谓销售金额，是指生产者、销售者出售伪劣产品后所得和应得的全部违法收入。

2. 对本罪主观方面的认定。在主观方面，要求行为人出于故意，即行为人明知生产、销售的是伪劣产品而仍然予以生产或者销售。至于行为人是否具有牟取非法利润的目的，不影响本罪的成立。同时根据相关司法解释，销售金额虽然没有达到5万元以上，但涉案的货值金额在15万元以上的，可以生产、销售伪劣产品罪（未遂）论处。

第一百四十一条　生产、销售、提供假药罪

【法律规定】

• 法律条文 •

《中华人民共和国刑法》

第一百四十一条　生产、销售假药的，处三年以下有期徒刑或者拘役，并处罚金；对人体健康造成严重危害或者有其他严重情节的，处三年以上十年以下有期徒刑，并处罚金；致人死亡或者有其他特别严重情节的，处十年以上有期徒刑、无期徒刑或者死刑，并处罚金或者没收财产。

药品使用单位的人员明知是假药而提供给他人使用的，依照前款的规定处罚。

• 相关规定 •

《中华人民共和国药品管理法》

第九十八条第一款　禁止生产（包括配制，下同）、销售、使用假药、劣药。

有下列情形之一的，为假药：

（一）药品所含成份与国家药品标准规定的成份不符；

（二）以非药品冒充药品或者以他种药品冒充此种药品；

（三）变质的药品；

（四）药品所标明的适应症或者功能主治超出规定范围。

《最高人民法院、最高人民检察院关于办理危害药品安全刑事案件适用法律若干问题的解释》（高检发释字〔2022〕1号）

第五条　生产、销售、提供劣药，具有本解释第一条规定情形之一的，应当酌情从重处罚。

生产、销售、提供劣药，具有本解释第二条规定情形之一的，应当认定为刑法第一百四十二条规定的“对人体健康造成严重危害”。

生产、销售、提供劣药，致人死亡，或者具有本解释第四条第一项至第五项规定情形之一的，应当认定为刑法第一百四十二条规定的“后果特别严重”。

第六条　以生产、销售、提供假药、劣药为目的，合成、精制、提取、储存、加工炮制药品原料，或者在将药品原料、辅料、包装材料制成成品过程中，进行配料、混合、制剂、储存、包装的，应当认定为刑法第一百四十一

条、第一百四十二条规定的“生产”。

药品使用单位及其工作人员明知是假药、劣药而有偿提供给他人使用的，应当认定为刑法第一百四十一条、第一百四十二条规定的“销售”；无偿提供给他人使用的，应当认定为刑法第一百四十一条、第一百四十二条规定的“提供”。

第九条　明知他人实施危害药品安全犯罪，而有下列情形之一的，以共同犯罪论处：

（一）提供资金、贷款、账号、发票、证明、许可证件的；

（二）提供生产、经营场所、设备或者运输、储存、保管、邮寄、销售渠道等便利条件的；

（三）提供生产技术或者原料、辅料、包装材料、标签、说明书的；

（四）提供虚假药物非临床研究报告、药物临床试验报告及相关材料的；

（五）提供广告宣传的；

（六）提供其他帮助的。

第十五条　对于犯生产、销售、提供假药罪、生产、销售、提供劣药罪、妨害药品管理罪的，应当结合被告人的犯罪数额、违法所得，综合考虑被告人缴纳罚金的能力，依法判处罚金。罚金一般应当在生产、销售、提供的药品金额二倍以上；共同犯罪的，对各共同犯罪人合计判处的罚金一般应当在生产、销售、提供的药品金额二倍以上。

《最高人民法院、最高人民检察院关于办理生产、销售伪劣商品刑事案件具体应用法律若干问题的解释》（法释〔2001〕10号）

第十一条　实施刑法第一百四十条至第一百四十八条规定的犯罪，又以暴力、威胁方法抗拒查处，构成其他犯罪的，依照数罪并罚的规定处罚。

第十二条　国家机关工作人员参与生产、销售伪劣商品犯罪的，从重处罚。

【案例】

杨智勇销售假药案①

● 案件事实 ●

2008年6月，被告人杨占强在河南省渑池县城关镇一里河村注册成立渑池县立康生物技术有限公司（以下简称立康公司）。2010年至2012年，立康公

① 参见中华人民共和国最高人民法院刑事审判第一、二、三、四、五庭主办：《刑事审判参考》（总第103集），法律出版社2016年版。

司使用豫卫食新字（2008）第0247号的食品批准文号，采用私自在生产的中药中添加治疗糖尿病的格列苯脲、苯乙双瓜等西药的方法，大量生产胰复康、消糖康、百草清糖等黄精苦瓜胶囊系列产品，并利用网络虚假宣传药品疗效，在全国范围内招聘代理商，将生产的假药通过物流快递等方式销往20多个省的代理商及糖尿病患者，通过银行转账、汇款等方式结算货款，销售金额达人民币1834753元。公司经营期间，杨占强指挥生产、销售假药，负责提供生产假药的配方；被告人杨喜平按照杨占强提供的假药配方配置原料进行生产；被告人马耐烦帮助照看门市，协助销售假药；被告人杨智勇联系制作销售宣传网站。另查明，河南省卫生厅协查情况复函证实，该厅从未批准过豫卫食新字（2008）第0247号批文，该批文系虚假批准文号。

• 裁判要旨 •

生产、销售假药共同犯罪的刑事责任。

• 裁判理由 •

河南省渑池县人民法院认为，被告人杨占强、杨智勇、杨喜平、马耐烦违反国家药品管理法律规定，生产、销售假药，销售范围广，销售金额达183万余元，其中杨占强的行为已构成生产、销售假药罪；杨智勇的行为已构成销售假药罪；杨喜平的行为已构成生产假药罪；马耐烦的行为已构成生产假药罪。在共同犯罪中，杨占强指挥生产、销售假药，系主犯；杨智勇明知杨占强生产、销售假药仍负责联系制作销售宣传网站，帮助销售假药，杨喜平明知杨占强生产假药仍帮助配制生产，马耐烦明知杨占强生产、销售假药仍协助销售，均系从犯，依法应对杨智勇从轻处罚，对杨喜平、马耐烦减轻处罚。各被告人均有坦白情节，均依法可以从轻处罚。据此，依照《刑法》第141条，第25条第1款，第26条第1款、第4款，第27条，第52条，第53条，第64条，第67条第3款之规定，判决如下：被告人杨占强犯生产、销售假药罪，判处有期徒刑八年，并处罚金人民币10万元；被告人杨智勇犯销售假药罪，判处有期徒刑三年六个月，并处罚金人民币5万元；被告人杨喜平犯生产假药罪，判处有期徒刑二年六个月，并处罚金人民币2万元；被告人马耐烦犯销售假药罪，判处有期徒刑二年六个月，并处罚金人民币2万元。

一审宣判后，被告人杨智勇提出上诉。理由如下：其帮助立康公司建立宣传网站并无过错，不存在违法犯罪事实；其没有参与过立康公司的生产、经营活动；原判对其量刑不当。

河南省三门峡市中级人民法院经审理认为，被告人杨智勇明知杨占强在药品中非法添加西药成分仍负责联系制作销售宣传网站，帮助销售假药，其行为已构成销售假药罪，原判根据犯罪事实及其在共同犯罪中的地位、作用，已予从轻处罚、量刑并无不当，故其上诉理由不能成立，不予采纳。原判认定的事实清楚，证据确实、充分，定罪准确，量刑适当，审判程序合法。据此，河南省三门峡市中级人民法院裁定驳回杨智勇的上诉，维持原判。

【学理分析及适用指引】

• 学理分析 •

生产、销售、提供假药罪，是指生产者、销售者明知是假药而进行生产、销售的行为，以及药品使用单位的人员明知是假药而提供给他人使用的行为。其构成要件如下：

1. 本罪的客体。本罪侵犯的客体是国家的药品管理制度和人民群众的生命、健康权利。犯罪对象仅限于假药。

2. 本罪的客观方面。客观方面表现为生产、销售、提供假药行为。《刑法修正案（八）》和《刑法修正案（十一）》先后对本罪构成要件进行了修正。其中，《刑法修正案（八）》将本罪的构造从危险犯提升为行为犯，即不再要求“足以严重危害人体健康”这一构成条件，只要经省级以上药品监督管理部门设置或者确定的药品检验机构鉴定，生产、销售假药含有超标准的有毒有害物质的；不含所标明的有效成分，可能贻误诊治的；所标明的适应症或者功能主治超出规定范围，可能造成贻误诊治的；缺乏所标明的急救必需的有效成分的，就属于法律定义上的“假药”，即可成立本罪。《刑法修正案（十一）》明确了药品使用单位人员提供假药的刑事责任，即增加了药品使用单位工作人员明知是假药而提供给他人使用的，依照生产、销售假药罪处理，相应地原“生产、销售假药罪”的罪名调整为“生产、销售、提供假药罪”；同时，《刑法修正案（十一）》删除了第141条第2款“本条所称假药，是指依照《中华人民共和国药品管理法》的规定属于假药和按假药处理的药品、非药品”的规定，主要是为了与2019年修订后的《药品管理法》相衔接，体现《药品管理法》的修法精神，即修订前《药品管理法》“按假药论处”的情形除纳入修订后《药品管理法》规定为假药的情形，其他不再认定为假药。

3. 本罪的主体。犯罪主体为一般主体，个人和单位均可构成本罪的主体。其中，对于提供假药的行为主体，实践中多为药品使用单位如医药、药店等医药经营单位及其工作人员。

4. 本罪的主观方面。主观方面只能由故意构成，即明知是国家禁止的假药仍故意生产、销售或者提供给他人使用。行为人的动机一般是牟利，过失不构成本罪。

• 适用指引 •

司法实践中，认定本罪应注意：

1. 关于假药的认定。本罪的犯罪对象是假药，并且只限于专用于人的药品，不包括兽药。根据2019年修订后《药品管理法》第98条的规定，有下列情形之一的，为假药：（1）药品所含成份与国家药品标准规定的成份不符；（2）以非药品冒充药品或者以他种药品冒充此种药品；（3）变质的药品；（4）药品所标明的适应症或者功能主治超出规定范围。由此可见，修订后的《药品管理法》关于假药劣药认定标准的回归理性，即以药品的功效为标准认定假药劣药，对于那些不属于刑法意义上的假药、劣药但仍存在危害性的药品生产经营行为，如生产、销售国务院卫生行政部门规定禁止使用的药品、进口未取得批准文号的药品等，原则上应以《刑法修正案（十一）》增设的"妨害药品管理罪"论处。

2. 本罪的客观行为及罪数。行为人实施了生产、销售、提供假药的行为。所谓生产假药，是指加工、配制假药的行为；所谓销售假药，是指将本人或他人生产的假药批发或零售的行为；所谓提供假药，是指药品使用单位的人员明知是假药而提供给他人使用的行为。销售和提供行为本质相同，但销售行为体现了有偿、牟利的性质，而提供则不论有偿、加价与否，甚至无偿提供假药的情形也包含在内。本罪系选择式罪状，罪名属于选择性罪名，实施生产、销售或者提供假药行为之一的，按照生产假药罪、销售假药罪或者提供假药罪定罪处罚；既实施生产行为，又实施销售行为或者提供行为的，也不构成数罪，以生产、销售、提供假药罪定罪处罚。

3. 要准确把握本罪的主观方面。本罪系故意犯罪，即行为人明知自己生产、销售、提供的是假药，仍然加以生产、销售或者向他人提供。如果由于过失而生产出假药，或者不知是假药而加以销售、提供的，不构成本罪。

第一百四十二条　生产、销售、提供劣药罪

【法律规定】

• 法律条文 •

《中华人民共和国刑法》

第一百四十二条　生产、销售劣药，对人体健康造成严重危害的，处三年以上十年以下有期徒刑，并处罚金；后果特别严重的，处十年以上有期徒刑或者无期徒刑，并处罚金或者没收财产。

药品使用单位的人员明知是劣药而提供给他人使用的，依照前款的规定处罚。

• 相关规定 •

《中华人民共和国药品管理法》

第九十八条第三款 有下列情形之一的，为劣药：

（一）药品成份的含量不符合国家药品标准；

（二）被污染的药品；

（三）未标明或者更改有效期的药品；

（四）未注明或者更改产品批号的药品；

（五）超过有效期的药品；

（六）擅自添加防腐剂、辅料的药品；

（七）其他不符合药品标准的药品。

《最高人民法院、最高人民检察院关于办理危害药品安全刑事案件适用法律若干问题的解释》（高检发释字〔2022〕1号）

第五条 生产、销售、提供劣药，具有本解释第一条规定情形之一的，应当酌情从重处罚。

生产、销售、提供劣药，具有本解释第二条规定情形之一的，应当认定为刑法第一百四十二条规定的“对人体健康造成严重危害”。

生产、销售、提供劣药，致人死亡，或者具有本解释第四条第一项至第五项规定情形之一的，应当认定为刑法第一百四十二条规定的“后果特别严重”。

第六条 以生产、销售、提供假药、劣药为目的，合成、精制、提取、储存、加工炮制药品原料，或者在将药品原料、辅料、包装材料制成成品过程中，进行配料、混合、制剂、储存、包装的，应当认定为刑法第一百四十一条、第一百四十二条规定的“生产”。

药品使用单位及其工作人员明知是假药、劣药而有偿提供给他人使用的，应当认定为刑法第一百四十一条、第一百四十二条规定的“销售”；无偿提供给他人使用的，应当认定为刑法第一百四十一条、第一百四十二条规定的“提供”。

第九条 明知他人实施危害药品安全犯罪，而有下列情形之一的，以共同犯罪论处：

（一）提供资金、贷款、账号、发票、证明、许可证件的；

（二）提供生产、经营场所、设备或者运输、储存、保管、邮寄、销售渠道等便利条件的；

（三）提供生产技术或者原料、辅料、包装材料、标签、说明书的；

（四）提供虚假药物非临床研究报告、药物临床试验报告及相关材料的；

（五）提供广告宣传的；

（六）提供其他帮助的。

第十一条 以提供给他人生产、销售、提供药品为目的，违反国家规定，生产、销售不符合药用要求的原料、辅料，符合刑法第一百四十条规定的，以生产、销售伪劣产品罪从重处罚；同时构成其他犯罪的，依照处罚较重的规定定罪处罚。

【案例】

林潮坤、张朝东、陈某、陈某生生产、销售伪劣产品案[①]

• 案件事实 •

2003年7月至8月，林潮坤从一个叫万某的人处购买了50箱即将过期（部分有效期至2003年7月，部分有效期为2003年9月）的海口轻骑海药制药厂生产的“枫蓼肠胃康颗粒”。委托陈某更改包装后，运往广东省普宁市销售。因包装不属于国字号而被退回。后林潮坤找张朝东商量将“枫蓼肠胃康颗粒”改包装事宜，两人决定共同出资28万元，部分资金用于购买260箱有效期仅剩三四个月的“枫蓼肠胃康颗粒”（含林潮坤原来购买的50箱），部分资金交给陈某购买用于更改包装的设备和材料。2003年10月至11月，林潮坤、张朝东将110箱已改好包装的“枫蓼肠胃康颗粒”发往汕头销售，得赃款157920元。2003年11月4日，林潮坤、张朝东将90箱（价值259200元）已改好包装的“枫蓼肠胃康颗粒”从海口汕海货运部经广州托运到广西玉林市准备销售，但该货物在广西玉林被他人冒领，销售未得逞。2003年12月中旬，林潮坤因销售更改包装的“枫蓼肠胃康颗粒”受到武汉市江汉区公安机关的查处，遂停止销售，并告知张朝东不再参与。2004年2月12日，张朝东将改好包装的50箱（价值9万元）货物卖给曾某，陈某生将货送到海口宝骏公司银海货运中心交货时被公安人员抓获，50箱货物以及在海口市金垦路9号陈某的加工厂内的1577盒“枫蓼肠胃康颗粒”（价值18924元）一并被缴获。陈某在更改“枫蓼肠胃康颗粒”的包装的过程中共收取林潮坤、张朝东购买设备、材料及加工费计16万元。陈某生接受其哥哥陈某的安排找人私刻了海南轻骑海药厂生产工人陈玉珍等10人的名章用于更改包装并参与更改包装的工作。

• 裁判要旨 •

行为人将过期或即将过期的药品更改包装时间并进行销售，虽然生产、销

---

① 参见海南省海口市中级人民法院（2005）海中法刑终字第67号。

售的劣药并未对人体健康造成严重危害结果，但销售金额达20多万元，应以生产、销售伪劣产品罪论处。

• 裁判理由 •

海南省海口市龙华区人民法院认为：被告人林潮坤、张朝东将即将过期的药品让他人更改包装延长有效期并予以销售，属于生产、销售劣药的行为，因该药品没有造成人身伤害的后果，且生产、销售的数额在5万元以上，其行为均已构成生产、销售伪劣产品罪，应予惩处；被告人陈某明知道更改包装的枫蓼肠胃康即将过期，却接受林潮坤、张朝东的要求予以更改包装，延长有效期，其行为已构成生产伪劣产品罪；被告人陈某生明知陈某在更改药品包装，却接受陈某的安排找人私刻海药厂生产工人的名章并参与更改包装，其行为亦已构成生产伪劣产品罪。遂判决如下：一、被告人张朝东犯生产、销售伪劣产品罪，判处有期徒刑五年，并处罚金26万元；二、被告人林潮坤犯生产、销售伪劣产品罪，判处有期徒刑三年六个月，并处罚金21万元；三、被告人陈某犯生产伪劣产品罪，判处有期徒刑三年，并处罚金26万元；四、被告人陈某生犯生产伪劣产品罪，判处有期徒刑一年六个月，并处罚金26万元。后被告人上诉。

后张朝东等以一审认定其犯生产、销售伪劣产品罪的事实不清，证据不足为由上诉。在二审审理过程中，上诉人张朝东、陈某、陈某生及原审被告人林潮坤均未提出新的证据。二审法院认为：林潮坤、张朝东销往广东揭阳的110箱肠胃康颗粒的销售金额应以其销售药品应得的销售金额217555.20元认定为宜，运往广西玉林的90箱肠胃康颗粒的货值金额以其出库单上的标价及报案货值（均为198720元）认定为宜。原判未将药商欠款计算在内，仅以林潮坤实际收到的款项来认定110箱药品的销售金额及根据价格认证中心的评估价（每盒12元）计算运往玉林的90箱药品的货值金额欠妥，海口市中级人民法院予以纠正。

海南省海口市中级人民法院认为：原审被告人林潮坤、上诉人张朝东将过期及即将过期的药品让他人更改包装延长有效期并予以销售，张朝东参与3次销售，销售金额为307555.20元，销售未遂货值为198720元；林潮坤参与二次销售，销售金额为217555.20元，销售未遂货值为198720元，其行为属于生产、销售劣药的行为，因该药品没有对人体健康造成严重危害的后果且生产、销售的数额在5万元以上，其行为均已构成生产、销售伪劣产品罪，应予惩处。陈某明知道更改包装的“枫蓼肠胃康颗粒”过期及即将过期，却接受林潮坤、张朝东的要求予以更改包装，延长有效期，其行为已构成生产伪劣产品罪。上诉人陈某生明知陈某在更改海药厂的药品包装，却接受陈某的安排找人私刻海药厂质检工人的名章用于制假并参与药品的更改包装，其行为亦已构成生产伪劣产品罪。在本案的共同犯罪中，上诉人张朝东生产、销售伪劣产品的数额最大，当属主犯。原审被告人林潮坤提起犯意，联系销售，起主要作用，亦属于主犯。上诉人陈某是在林潮坤、张朝东出资购买设备和材料下才具备条件制假，虽然出于牟利，但作用相对较小，属于从犯，依法从轻处罚。上诉人陈某生系受陈某指使制假，亦属于从犯，根据其情节依法减轻处罚。上诉人张朝东、陈某、陈某生的上诉理由及原审被告人林潮坤的辩解意见，均不成立。原判认定部分销售金额及货值金额有误，但不影响定罪量刑。一审法院根据各被告人犯罪的事实、性质、情节及对社会的危害程度所作的判决，基本事实清楚，证据确实、充分，定罪及适用法律正确，量刑基本适当，应予维持。依照《刑事诉讼法》第 189 条第 1 项之规定，裁定如下：驳回上诉，维持原判。

【学理分析及适用指引】

• 学理分析 •

生产、销售、提供劣药罪，是指生产、销售劣药，或者药品使用单位的人员明知是劣药而提供给他人使用，对人体健康造成严重危害的行为。本罪的构成要件如下：

1. 本罪的客体。本罪侵犯的客体是国家药政管理制度和公民的健康权。本罪的犯罪对象只限于劣药。所谓劣药，是指依照《药品管理法》第 98 条第 3 款规定属于劣药的药品，具体包括如下几种类型：（1）药品成分的含量不符合国家药品标准；（2）被污染的药品；（3）未标明或者更改有效期的药品；（4）未注明或者更改产品批号的药品；（5）超过有效期的药品；（6）擅自添加防腐剂、辅料的药品；（7）其他不符合药品标准的药品。

2. 本罪的客观方面。本罪在客观方面表现为生产、销售劣药，或者药品使用单位的人员明知是劣药而提供给他人使用，对人体健康造成严重危害的行为。本罪的行为方式包括：（1）生产劣药行为；（2）销售劣药行为；（3）药品使用单位的人员明知是劣药而提供给他人使用的行为。实施了上述任何一种行为并达到法定实际伤害要求的，即成立本罪，但具体罪名根据选择性罪名原理予以相应确定。本罪是结果犯，要求生产、销售或者提供劣药的行为具有“对人体健康造成严重危害”的结果，根据相关司法解释，这里的“对人体健康造成严重危害”具体包括如下情形之一：（1）造成轻伤或者重伤的；（2）造成轻度残疾或者中度残疾的；（3）造成器官组织损伤导致一般功能障碍或者严重功能障碍的；（4）其他对人体健康造成严重危害的情形。

3. 本罪的主体。本罪的主体要件为一般主体，即达到刑事责任年龄、具有刑事能力的自然人，均可构成本罪。其中，对于提供劣药的行为主体，实践中多为药品使用单位如医药、药店等医药经营单位及其工作人员。根据本节第150条之规定，单位亦能成为本罪主体。单位犯本罪的，实行双罚制。

4. 本罪的主观方面。本罪的主观方面是故意，即明知生产、销售劣药是违反国家药政管理规定而生产、销售的，或者明知是劣药而提供给他人使用的。

• 适用指引 •

司法实践中，认定本罪应注意：

1.《刑法修正案（十一）》关于本罪的修改完善。《刑法修正案（十一）》对《刑法》第142条生产、销售劣药罪进行系统修订，具体包括如下3个方面：一是扩大打击范围至药品使用环节，对于药品使用的工作人员明知是劣药而提供给他人使用的，依照生产、销售劣药罪的规定处罚。相应地，《刑法》第142条所规定的罪名由“生产、销售劣药罪”调整为“生产、销售、提供劣药罪”；二是删除限额罚金，修改为“并处罚金”，与生产、销售假药罪同等处罚，同时解决了司法实践中劣药销售金额难以准确认定的问题；三是删除了《刑法》第142条第2款“本条所称假药，是指依照《中华人民共和国药品管理法》的规定属于假药和按假药处理的药品、非药品”的内容，主要是为了与修订后的《药品管理法》相衔接，体现《药品管理法》的修法精神，修订前《药品管理法》“按劣药论处”的情形中未纳入修订后的《药品管理法》关于劣药的情形，不再认定为劣药，不再以本罪论处。

2. 本罪和生产、销售、提供假药罪的界限。两罪都侵犯了国家药政管理制度和公民的健康权和生命权。两罪在犯罪的主体、犯罪主观方面、犯罪客观方面基本相同。二罪的主要区别在于：（1）犯罪对象不同。生产、销售、提供劣药罪的对象只能是劣药，而生产、销售、提供假药罪的对象只能是假药。假药和劣药的范围由《药品管理法》明确规定。（2）构成犯罪的标准不同。生产、销售、提供劣药行为只有对人体健康造成严重危害的，才构成犯罪，在犯罪形态上属结果犯。而生产、销售、提供假药罪属于行为犯，只要有实施生产、销售、提供假药的行为，就构成犯罪。（3）两种行为的社会危害性不同，处罚也不同。劣药的实质是药品质量和使用效能达不到标准规定和预期治疗效果，而假药多数情况下是以非药品冒充药品或者以他种药品冒充此种药品。假药往往比劣药对人体造成的危害大，因而生产、销售、提供假药罪的法定刑要重于生产、销售、提供劣药罪，前者法定最高刑为死刑，后者为无期徒刑。

另外，行为人既生产、销售、提供假药，又生产、销售、提供劣药，均构成犯罪的，应分别定罪，实行数罪并罚。

3. 本罪与生产、销售伪劣产品罪的界限。具体有以下不同：（1）侵犯的客体不同。生产、销售、提供劣药罪侵犯了公民的健康权和国家药政管理制度；而生产、销售伪劣产品罪则侵犯了国家产品质量监督管理制度和消费者的合法权益。（2）犯罪对象不同。生产、销售、提供劣药罪仅限于药品；而生产、销售伪劣产品罪则包括所有产品。（3）构成犯罪的标准不同。生产、销售、提供劣药罪的构成必须具备“对人体健康造成严重危害”，而生产、销售伪劣产品罪的构成要求“销售金额在5万元以上”。

根据《刑法》第149条的规定，行为人如果生产、销售、提供劣药未对人体造成严重危害，但销售金额在5万元以上的，应依照生产、销售伪劣产品罪定罪处罚。生产、销售、提供劣药，构成生产、销售、提供劣药罪，同时又构成生产销售伪劣产品罪的，应依照处刑较重的规定处罚。

第一百四十二条之一　妨害药品管理罪

【法律规定】

• 法律条文 •

《中华人民共和国刑法》

第一百四十二条之一　违反药品管理法规，有下列情形之一，足以严重危害人体健康的，处三年以下有期徒刑或者拘役，并处或者单处罚金；对人体健康造成严重危害或者有其他严重情节的，处三年以上七年以下有期徒刑，并处罚金：

（一）生产、销售国务院药品监督管理部门禁止使用的药品的；

（二）未取得药品相关批准证明文件生产、进口药品或者明知是上述药品而销售的；

（三）药品申请注册中提供虚假的证明、数据、资料、样品或者采取其他欺骗手段的；

（四）编造生产、检验记录的。

有前款行为，同时又构成本法第一百四十一条、第一百四十二条规定之罪或者其他犯罪的，依照处罚较重的规定定罪处罚。

相关规定 •

《中华人民共和国药品管理法》

第二十四条　在中国境内上市的药品，应当经国务院药品监督管理部门批准，取得药品注册证书；但是，未实施审批管理的中药材和中药饮片除外。实施审批管理的中药材、中药饮片品种目录由国务院药品监督管理部门会同国务院中医药主管部门制定。

申请药品注册，应当提供真实、充分、可靠的数据、资料和样品，证明药品的安全性、有效性和质量可控性。

第四十四条第一款　药品应当按照国家药品标准和经药品监督管理部门核准的生产工艺进行生产。生产、检验记录应当完整准确，不得编造。

第一百二十四条　违反本法规定，有下列行为之一的，没收违法生产、进口、销售的药品和违法所得以及专门用于违法生产的原料、辅料、包装材料和生产设备，责令停产停业整顿，并处违法生产、进口、销售的药品货值金额十五倍以上三十倍以下的罚款；货值金额不足十万元的，按十万元计算；情节严重的，吊销药品批准证明文件直至吊销药品生产许可证、药品经营许可证或者医疗机构制剂许可证，对法定代表人、主要负责人、直接负责的主管人员和其他责任人员，没收违法行为发生期间自本单位所获收入，并处所获收入百分之三十以上三倍以下的罚款，十年直至终身禁止从事药品生产经营活动，并可以由公安机关处五日以上十五日以下的拘留：

（一）未取得药品批准证明文件生产、进口药品；

（二）使用采取欺骗手段取得的药品批准证明文件生产、进口药品；

（三）使用未经审评审批的原料药生产药品；

（四）应当检验而未经检验即销售药品；

（五）生产、销售国务院药品监督管理部门禁止使用的药品；

（六）编造生产、检验记录；

（七）未经批准在药品生产过程中进行重大变更。

销售前款第一项至第三项规定的药品，或者药品使用单位使用前款第一项至第五项规定的药品的，依照前款规定处罚；情节严重的，药品使用单位的法定代表人、主要负责人、直接负责的主管人员和其他责任人员有医疗卫生人员执业证书的，还应当吊销执业证书。

未经批准进口少量境外已合法上市的药品，情节较轻的，可以依法减轻或者免予处罚。

【学理分析及适用指引】

● 学理分析

1.《刑法修正案（十一）》关于增设妨害药品管理罪的背景及主要内容药品事关人民群众的生命健康安全。药品既要保证具有相应功能，又要严格依照《药品管理法》等相关法律法规进行生产、经营。2019 年修订的《药品管理法》，按照药品功效，重新调整假药劣药范围，不再保留“按假药论处”的概念。为进一步强化药品安全，依法严惩“黑作坊”生产销售药品行为，保护人民群众的用药安全，与修订后的《药品管理法》相衔接，体现《药品管理法》的修法精神，《刑法修正案（十一）》在完善生产、销售假药罪与生产、销售劣药罪的同时，还增设了一个新罪名：妨害药品管理罪，主要内容是将修订前的《药品管理法》"按假药论处"中生产、销售国务院药品监督管理部门规定禁止使用的药品的、未取得药品批准证明文件生产、进口药品或者明知是上述药品而销售等严重违反药品监管秩序的行为纳入妨害药品管理罪的处罚范围。此外，为了与修订后的《药品管理法》第24条、第44条关于药品注册申请、生产过程中诚实守信义务相衔接，对于"药品申请注册中提供虚假的证明、数据、资料、样品或者采取其他欺骗手段的""编造生产、检验记录的"两种情形亦纳入妨害药品管理罪的处罚范围。

2. 妨害药品管理罪的构成要件：

（1）本罪的客体。妨害药品管理罪侵犯的客体是复杂客体，既侵害了国家正常的药品生产、销售的监管秩序，又严重危及人民群众生命健康权利。

（2）本罪的客观方面。妨害药品管理罪的客观方面表现为违反国家药品管理法规，实施如下违反药品管理秩序行为之一的：一是生产、销售国家禁止使用的药品的；二是未取得药品相关批准证明文件生产、进口药品的；三是明知是未取得药品相关批准证明文件的药品而销售的；四是药品申请注册中提供虚假的证明、数据、资料、样品或者采取其他欺骗手段的；五是药品生产过程中编造生产、检验记录的。本罪是具体危险犯，要求上述5种行为同时达到"足以严重危害人体健康的"情形，方可成立本罪。

（3）本罪的主体。妨害药品管理罪的主体是一般主体，凡是达到刑事责任年龄、具有刑事能力的自然人，均可构成本罪。单位依法可成为本罪的主体，并对其实行双罚制。

（4）本罪的主观方面。妨害药品管理罪的主观方面是故意，即行为人明知自己的行为违反国家药品管理制度，行为一般出于谋利的目的。

• 适用指引 •

司法实践中，认定本罪应注意：

1. 注意妨害药品管理行为的行刑责任衔接问题。《药品管理法》第124条规定了7类妨害药品管理秩序的行为基于具体情形分别给予责令停业整顿、罚款、吊销药品批准证明文件、吊销药品生产许可证、药品经营许可证或者医疗机构制剂许可证乃至行政拘留等行政处罚的法律责任。这7类行为具体包括：（1）未取得药品批准证明文件生产、进口药品；（2）使用采取欺骗手段取得的药品批准证明文件生产、进口药品；（3）使用未经审评审批的原料药生产药品；（4）应当检验而未经检验即销售药品；（5）生产、销售国务院药品监督管理部门禁止使用的药品；（6）编造生产、检验记录；（7）未经批准在药品生产过程中进行重大变更。可见，这些危害行为同时也可能是妨害药品管理罪客观方面的行为，因此，司法实践中要高度重视妨害药品管理（秩序）行为的行政责任与刑事责任界限及衔接问题。对于《药品管理法》第124条所列部分行为，若达到“足以严重危害人体健康的”，依法构成妨害药品管理罪，应追究刑事责任；若尚未达到“足以严重危害人体健康的”，应由卫生健康主管部门或公安机关依法给予行政处罚。同时，司法实践中应当注意，根据《药品管理法》第124条第3款的“未经批准进口少量境外已合法上市的药品，情节较轻的，可以依法减轻或者免予处罚”的精神，对于未经批准进口少量境外已合法上市的药品，原则上也不应作为犯罪进行刑事处罚。

2. 注意本罪与生产、销售、提供假药罪，生产、销售、提供劣药罪的竞合问题。实践中，不少“黑作坊”生产、销售药品的行为，可能既属于妨害药品管理行为，又会产生生产、销售劣药罪甚至生产、销售假药罪的后果，对于违规进口药品的，还可能涉嫌走私类犯罪，从而形成本罪与其他罪名竞合的情形。对此，修正后的《刑法》第142条之一第2款规定：“有前款行为，同时又构成本法第一百四十一条、第一百四十二条规定之罪或者其他犯罪的，依照处罚较重的规定定罪处罚。”对于实施妨害药品管理的犯罪行为，有可能同时又构成生产、销售、提供假药罪、生产、销售、提供劣药罪或者对于违规进口药品构成相应走私类罪名时，应依照处罚较重的规定定罪处罚。比较相关罪名的法定刑配置，妨害药品管理罪的刑罚配置是最轻的，故此对类似的竞合情形，一般应以生产、销售假药罪，生产、销售劣药罪或者走私类犯罪定罪处罚。

第一百四十三条　生产、销售不符合安全标准的食品罪

【法律规定】

•　法律条文　•

《中华人民共和国刑法》

第一百四十三条　生产、销售不符合食品安全标准的食品，足以造成严重食物中毒事故或者其他严重食源性疾病的，处三年以下有期徒刑或者拘役，并处罚金；对人体健康造成严重危害或者有其他严重情节的，处三年以上七年以下有期徒刑，并处罚金；后果特别严重的，处七年以上有期徒刑或者无期徒刑，并处罚金或者没收财产。

•　相关规定　•

《中华人民共和国食品安全法》

第二条　在中华人民共和国境内从事下列活动，应当遵守本法：

（一）食品生产和加工（以下称食品生产），食品流通和餐饮服务（以下称食品经营）；

（二）食品添加剂的生产经营；

（三）用于食品的包装材料、容器、洗涤剂、消毒剂和用于食品生产经营的工具、设备（以下称食品相关产品）的生产经营；

（四）食品生产经营者使用食品添加剂、食品相关产品；

（五）食品的贮存和运输；

（六）对食品、食品添加剂和食品相关产品的安全管理。

供食用的源于农业的初级产品（以下称食用农产品）的质量安全管理，遵守《中华人民共和国农产品质量安全法》的规定。但是，制定有关食用农产品的质量安全标准、公布食用农产品安全有关信息，应当遵守本法的有关规定。

第二十五条 食品安全标准是强制执行的标准。除食品安全标准外，不得制定其他的食品强制性标准。

第二十六条 食品安全标准应当包括下列内容：

（一）食品、食品相关产品中的致病性微生物、农药残留、兽药残留、重金属、污染物质以及其他危害人体健康物质的限量规定；

（二）食品添加剂的品种、使用范围、用量；

（三）专供婴幼儿和其他特定人群的主辅食品的营养成分要求；

（四）对与食品安全、营养有关的标签、标识、说明书的要求；

（五）食品生产经营过程的卫生要求；

（六）与食品安全有关的质量要求；

（七）与食品安全有关的食品检验方法与规程；

（八）其他需要制定为食品安全标准的内容。

第三十三条 食品生产经营应当符合食品安全标准，并符合下列要求：

（一）具有与生产经营的食品品种、数量相适应的食品原料处理和食品加工、包装、贮存等场所，保持该场所环境整洁，并与有毒、有害场所以及其他污染源保持规定的距离；

（二）具有与生产经营的食品品种、数量相适应的生产经营设备或者设施，有相应的消毒、更衣、盥洗、采光、照明、通风、防腐、防尘、防蝇、防鼠、防虫、洗涤以及处理废水、存放垃圾和废弃物的设备或者设施；

（三）有专职或者兼职的食品安全专业技术人员、食品安全管理人员和保证食品安全的规章制度；

（四）具有合理的设备布局和工艺流程，防止待加工食品与直接入口食品、原料与成品交叉污染，避免食品接触有毒物、不洁物；

（五）餐具、饮具和盛放直接入口食品的容器，使用前应当洗净、消毒，炊具、用具用后应当洗净，保持清洁；

（六）贮存、运输和装卸食品的容器、工具和设备应当安全、无害，保持清洁，防止食品污染，并符合保证食品安全所需的温度、湿度等特殊要求，不得将食品与有毒、有害物品一同贮存、运输；

（七）直接入口的食品应当使用无毒、清洁的包装材料、餐具、饮具和容器；

（八）食品生产经营人员应当保持个人卫生，生产经营食品时，应当将手洗净，穿戴清洁的工作衣、帽等；销售无包装的直接入口食品时，应当使用无毒、清洁的容器、售货工具和设备；

（九）用水应当符合国家规定的生活饮用水卫生标准；

（十）使用的洗涤剂、消毒剂应当对人体安全、无害；

（十一）法律、法规规定的其他要求。

非食品生产经营者从事食品贮存、运输和装卸的，应当符合前款第六项的规定。

第三十四条　禁止生产经营下列食品、食品添加剂、食品相关产品：

（一）用非食品原料生产的食品或者添加食品添加剂以外的化学物质和其他可能危害人体健康物质的食品，或者用回收食品作为原料生产的食品；

（二）致病性微生物，农药残留、兽药残留、生物毒素、重金属等污染物质以及其他危害人体健康的物质含量超过食品安全标准限量的食品、食品添加剂、食品相关产品；

（三）用超过保质期的食品原料、食品添加剂生产的食品、食品添加剂；

（四）超范围、超限量使用食品添加剂的食品；

（五）营养成分不符合食品安全标准的专供婴幼儿和其他特定人群的主辅食品；

（六）腐败变质、油脂酸败、霉变生虫、污秽不洁、混有异物、掺假掺杂或者感官性状异常的食品、食品添加剂；

（七）病死、毒死或者死因不明的禽、畜、兽、水产动物肉类及其制品；

（八）未按规定进行检疫或者检疫不合格的肉类，或者未经检验或者检验不合格的肉类制品；

（九）被包装材料、容器、运输工具等污染的食品、食品添加剂；

（十）标注虚假生产日期、保质期或者超过保质期的食品、食品添加剂；

（十一）无标签的预包装食品、食品添加剂；

（十二）国家为防病等特殊需要明令禁止生产经营的食品；

（十三）其他不符合法律、法规或者食品安全标准的食品、食品添加剂、食品相关产品。

第六十七条　预包装食品的包装上应当有标签。标签应当标明下列事项：

（一）名称、规格、净含量、生产日期；
（二）成分或者配料表；
（三）生产者的名称、地址、联系方式；
（四）保质期；
（五）产品标准代号；
（六）贮存条件；
（七）所使用的食品添加剂在国家标准中的通用名称；
（八）生产许可证编号；
（九）法律、法规或者食品安全标准规定必须标明的其他事项。

专供婴幼儿和其他特定人群的主辅食品，其标签还应当标明主要营养成分及其含量。

食品安全国家标准对标签标注事项另有规定的，从其规定。

《最高人民法院、最高人民检察院关于办理危害食品安全刑事案件适用法律若干问题的解释》（法释〔2021〕24号）

第一条 生产、销售不符合食品安全标准的食品，具有下列情形之一的，应当认定为刑法第一百四十三条规定的"足以造成严重食物中毒事故或者其他严重食源性疾病"：

（一）含有严重超出标准限量的致病性微生物、农药残留、兽药残留、生物毒素、重金属等污染物质以及其他严重危害人体健康的物质的；

（二）属于病死、死因不明或者检验检疫不合格的畜、禽、兽、水产动物肉类及其制品的；

（三）属于国家为防控疾病等特殊需要明令禁止生产、销售的；

（四）特殊医学用途配方食品、专供婴幼儿的主辅食品营养成分严重不符合食品安全标准的；

（五）其他足以造成严重食物中毒事故或者严重食源性疾病的情形。

第二条 生产、销售不符合食品安全标准的食品，具有下列情形之一的，应当认定为刑法第一百四十三条规定的"对人体健康造成严重危害"：

（一）造成轻伤以上伤害的；
（二）造成轻度残疾或者中度残疾的；
（三）造成器官组织损伤导致一般功能障碍或者严重功能障碍的；
（四）造成十人以上严重食物中毒或者其他严重食源性疾病的；
（五）其他对人体健康造成严重危害的情形。

第三条 生产、销售不符合食品安全标准的食品，具有下列情形之一的，应当认定为刑法第一百四十三条规定的"其他严重情节"：

（一）生产、销售金额二十万元以上的；

（二）生产、销售金额十万元以上不满二十万元，不符合食品安全标准的食品数量较大或者生产、销售持续时间六个月以上的；

（三）生产、销售金额十万元以上不满二十万元，属于特殊医学用途配方食品、专供婴幼儿的主辅食品的；

（四）生产、销售金额十万元以上不满二十万元，且在中小学校园、托幼机构、养老机构及周边面向未成年人、老年人销售的；

（五）生产、销售金额十万元以上不满二十万元，曾因危害食品安全犯罪受过刑事处罚或者二年内因危害食品安全违法行为受过行政处罚的；

（六）其他情节严重的情形。

第四条 生产、销售不符合食品安全标准的食品，具有下列情形之一的，应当认定为刑法第一百四十三条规定的“后果特别严重”：

（一）致人死亡的；

（二）造成重度残疾以上的；

（三）造成三人以上重伤、中度残疾或者器官组织损伤导致严重功能障碍的；

（四）造成十人以上轻伤、五人以上轻度残疾或者器官组织损伤导致一般功能障碍的；

（五）造成三十人以上严重食物中毒或者其他严重食源性疾病的；

（六）其他特别严重的后果。

第五条 在食品生产、销售、运输、贮存等过程中，违反食品安全标准，超限量或者超范围滥用食品添加剂，足以造成严重食物中毒事故或者其他严重食源性疾病的，依照刑法第一百四十三条的规定以生产、销售不符合安全标准的食品罪定罪处罚。

在食用农产品种植、养殖、销售、运输、贮存等过程中，违反食品安全标准，超限量或者超范围滥用添加剂、农药、兽药等，足以造成严重食物中毒事故或者其他严重食源性疾病的，适用前款的规定定罪处罚。

第六条 生产、销售有毒、有害食品，具有本解释第二条规定情形之一的，应当认定为刑法第一百四十四条规定的“对人体健康造成严重危害”。

第十二条 在食品生产、销售、运输、贮存等过程中，使用不符合食品安全标准的食品包装材料、容器、洗涤剂、消毒剂，或者用于食品生产经营的工具、设备等，造成食品被污染，符合刑法第一百四十三条、第一百四十四条规定的，以生产、销售不符合安全标准的食品罪或者生产、销售有毒、有害食品罪定罪处罚。

第十三条 生产、销售不符合食品安全标准的食品，有毒、有害食品，符合刑法第一百四十三条、第一百四十四条规定的，以生产、销售不符合安全标准的食品罪或者生产、销售有毒、有害食品罪定罪处罚。同时构成其他犯罪的，依照处罚较重的规定定罪处罚。

生产、销售不符合食品安全标准的食品，无证据证明足以造成严重食物中毒事故或者其他严重食源性疾病，不构成生产、销售不符合安全标准的食品罪，但构成生产、销售伪劣产品罪，妨害动植物防疫、检疫罪等其他犯罪的，依照该其他犯罪定罪处罚。

第十四条 明知他人生产、销售不符合食品安全标准的食品，有毒、有害食品，具有下列情形之一的，以生产、销售不符合安全标准的食品罪或者生产、销售有毒、有害食品罪的共犯论处：

（一）提供资金、贷款、账号、发票、证明、许可证件的；

（二）提供生产、经营场所或者运输、贮存、保管、邮寄、销售渠道等便利条件的；

（三）提供生产技术或者食品原料、食品添加剂、食品相关产品或者有毒、有害的非食品原料的；

（四）提供广告宣传的；

（五）提供其他帮助行为的。

第十五条 生产、销售不符合食品安全标准的食品添加剂，用于食品的包装材料、容器、洗涤剂、消毒剂，或者用于食品生产经营的工具、设备等，符合刑法第一百四十条规定的，以生产、销售伪劣产品罪定罪处罚。

生产、销售用超过保质期的食品原料、超过保质期的食品、回收食品作为原料的食品，或者以更改生产日期、保质期、改换包装等方式销售超过保质期的食品、回收食品，适用前款的规定定罪处罚。

实施前两款行为，同时构成生产、销售不符合安全标准的食品罪，生产、销售不符合安全标准的产品罪等其他犯罪的，依照处罚较重的规定定罪处罚。

第二十一条 犯生产、销售不符合安全标准的食品罪，生产、销售有毒、有害食品罪，一般应当依法判处生产、销售金额二倍以上的罚金。

共同犯罪的，对各共同犯罪人合计判处的罚金一般应当在生产、销售金额的二倍以上。

第二十二条 对实施本解释规定之犯罪的犯罪分子，应当依照刑法规定的条件，严格适用缓刑、免予刑事处罚。对于依法适用缓刑的，可以根据犯罪情况，同时宣告禁止令。

对于被不起诉或者免予刑事处罚的行为人，需要给予行政处罚、政务处分或者其他处分的，依法移送有关主管机关处理。

第二十三条 单位实施本解释规定的犯罪的，对单位判处罚金，并对直接负责的主管人员和其他直接责任人员，依照本解释规定的定罪量刑标准处罚。

第二十四条 “足以造成严重食物中毒事故或者其他严重食源性疾病”“有毒、有害的非食品原料”等专门性问题难以确定的，司法机关可以依据鉴定意见、检验报告、地市级以上相关行政主管部门组织出具的书面意见，结合其他证据作出认定。必要时，专门性问题由省级以上相关行政主管部门组织出具书面意见。

《最高人民法院、最高人民检察院关于办理生产、销售伪劣商品刑事案件具体应用法律若干问题的解释》（法释〔2001〕10号）

第四条 经省级以上卫生行政部门确定的机构鉴定，食品中含有可能导致严重食物中毒事故或者其他严重食源性疾患的超标准的有害细菌或者其他污染物的，应认定为刑法第一百四十三条规定的“足以造成严重食物中毒事故或者其他严重食源性疾患”。

生产、销售不符合卫生标准的食品被食用后，造成轻伤、重伤或者其他严重后果的，应认定为“对人体健康造成严重危害”。

生产、销售不符合卫生标准的食品被食用后，致人死亡、严重残疾、三人以上重伤、十人以上轻伤或者造成其他特别严重后果的，应认定为“后果特别严重”。

第九条 知道或者应当知道他人实施生产、销售伪劣商品犯罪，而为其提供贷款、资金、账号、发票、证明、许可证件，或者提供生产、经营场所或者运输、仓储、保管、邮寄等便利条件，或者提供制假生产技术的，以生产、销售伪劣商品犯罪的共犯论处。

第十条 实施生产、销售伪劣商品犯罪，同时构成侵犯知识产权、非法经营等其他犯罪的，依照处罚较重的规定定罪处罚。

第十一条 实施刑法第一百四十条至第一百四十八条规定的犯罪，又以暴力、威胁方法抗拒查处，构成其他犯罪的，依照数罪并罚的规定处罚。

第十二条 国家机关工作人员参与生产、销售伪劣商品犯罪的，从重处罚。

构成本罪同时又构成第一百四十条“生产、销售伪劣产品罪”的，依照处刑较重的规定定罪处罚。

【案例】

陈永根销售不符合安全标准的食品案①

• 案件事实 •

林某利、林某亮、林某隆和陈某响4人多次到被告人陈永根经营的永根饮食店（经过工商登记）就餐。2000年3月20日18时许，4人又到该店吃晚饭，点了酸辣鱼皮汤、炒下水、卤牛肚及河豚焖糟4道菜和米饭，还要了1斤

① 参见福建省福州市中级人民法院（2003）榕刑终字第531号。

半的红酒，花费人民币40元。当时，与林某利等人邻桌的邢某某等3人同时也点了河豚焖糟这道菜。陈永根从冰箱内取出当天上午从中心市场购回已破肚剔除内脏的河豚，将其去头、尾，切成小块煮熟后分盛两碗，一碗给林某利等4人、另一碗给邢某某等3人。当日19时许，林某利等4人吃完晚饭后一同回到罗源金源旅馆。约20时，林某利感到四肢麻木、头晕，即到县医院检查，医生诊断属于河豚中毒。林某隆、林某亮和陈某响3人即到陈永根饮食店，告诉陈永根去找些桂皮和地瓜叶给林某利解毒。随后3人也相继出现相同症状，遂住院治疗。当日22时许，陈永根将桂皮与地瓜叶煎熬后送到医院给4人服用。林某利医治无效于3月22日死亡。3月24日林某隆、林某亮和陈某响3人治愈出院。

• 裁判要旨 •

行为人销售的食物虽然是有毒性物质，但若并非人为掺入有毒、有害的非食品原料而是该食物本身固有的，则依法构成销售不符合安全标准的食品罪而非销售有毒、有害食品罪。

• 裁判理由 •

一审判决认为：被告人陈永根从事个体饮食行业，明知河豚是法律禁止出售的有毒食品，属《水产品卫生管理办法》第3条第2项规定的禁止出售、加工之列，但为了获取非法利润，明知可能造成危害社会的结果，却放任自己向顾客加工、销售，给社会造成潜在危害，其主观方面是故意。在客观方面，被告人陈永根加工、销售河豚给林某利等人食用，造成4人中毒，其中一人死亡的严重后果，其行为已构成销售有毒食品罪。对于被告人及其辩护人提出关于林某利的死因与被告人销售河豚无关的辩解和辩护意见，经查，罗源县医院病历记录、县卫生防疫站的调查报告均确认，林某利的死因系河豚中毒。林某亮、陈某响、林某隆3人的医院记录单均记载：诊断为河豚中毒，并按河豚中毒治疗方案给予补液、利尿、营养神经、洗胃、保肝等治疗，后无不适反应而出院。法医学检验报告亦证实林某利的死不排除河豚中毒的可能性，上述证据可以形成证据锁链，证明陈永根出售河豚与林某利的死有法律上的因果关系。因而，其辩解与辩护意见法院不予采纳。但鉴于食用河豚加工的食物原料也是出于被害人主动要求的，故可予以从轻处罚。

福建省罗源县人民法院依照《刑法》第144条、第141条和《民法通则》第119条、第133条，并参照福建省公安厅交通警察总队《关于2000年度我省道路交通事故损害赔偿标准的通知》的规定，判决如下：一、被告人陈永根犯销售有毒食品罪，判处有期徒刑十年，并处罚金人民币1000元。二、被告人陈永根应于本判决生效之日起30日内向附带民事诉讼原告人林某英、林某国、林某安、林某贞、陈某玉支付赔偿款人民币 38092 元。

对此，被告人及其辩护人认为，原判认定上诉人加工、出售的河豚与林某利的死亡结果之间有法律上的因果关系证据不足；另外销售有毒食品罪客观方面表现为在销售的食品中掺入有毒、有害的非食品原料或者销售明知掺有有毒、有害的非食品原料的食品的行为，这与本案的事实不符，原判适用法律错误。要求二审依法撤销原判，改判上诉人无罪。

福建省福州市中级人民法院根据原判认定的事实和证据认为：《水产品卫生管理办法》规定河豚有剧毒，不得流入市场。《食品卫生法》规定，含有毒、有害物质禁止生产经营。上诉人陈永根从事个体饮食行业，违反国家卫生管理法律法规，明知河豚是不符合卫生标准的有毒食品，却违法向顾客加工销售，造成 4 人中毒，其中 1 人死亡的严重后果，其行为已构成销售不符合卫生标准的食品罪。[①] 原判认定事实清楚，证据确实充分，对民事部分处理亦适当，但定罪不准确，应予纠正。福建省福州市中级人民法院依照《刑事诉讼法》第 189 条第 2 项、《刑法》第 143 条及《民法通则》第 119 条、第 133 条，并参照福建省公安厅交通警察总队《关于 2000 年度我省道路交通事故损害赔偿标准的通知》之规定，判决如下：一、维持罗源县人民法院（2003）罗刑初字第 54 号刑事附带民事判决的第二项，即被告人应于本判决生效之日起 30 日内向附带民事诉讼原告人林某英、林某国、林某安、林某贞、陈某玉支付赔偿款人民币 38092 元。二、撤销第一项判决，即被告人陈永根犯销售有毒食品罪，判处有期徒刑十年，并处罚金人民币 1000 元。三、上诉人陈永根犯销售不符合卫生标准的食品罪，判处有期徒刑十年，并处没收个人财产人民币 1000 元。

【学理分析及适用指引】

● 学理分析 ●

生产、销售不符合安全标准的食品罪，是指销售者明知生产、销售的食品不符合安全标准而进行生产、销售，足以造成严重食物中毒事故或者其他严重食源性疾患的行为。本罪的构成要件如下：

1. 本罪的客体。本罪侵犯的客体是国家食品卫生管理制度和消费者的健康权利。犯罪对象是不符合安全标准的食品。

2. 本罪的客观方面。客观方面表现为违反国家食品安全管理法律法规，生产、销售不符合安全标准的食品，足以造成严重食物中毒事故或者其他严重食源性疾患的行为，本罪是危险犯。

---

① 《刑法》第 143 条所规定的“生产、销售不符合卫生标准的食品罪”已被《刑法修正案（八）》调整为“生产、销售不符合安全标准的食品罪”。——编考注

3. 本罪的主体。犯罪主体为一般主体，个人和单位均可构成本罪的主体。

4. 本罪的主观方面。主观方面只能由故意构成，即行为人明知生产、销售的食品不符合安全标准而仍予以生产、销售。至于行为人对生产、销售不符合安全标准的食品造成的严重后果，则既可能是放任的心理，也可能是过失的心理。

• 适用指引 •

司法实践中，认定本罪应注意：生产、销售有毒、有害食品罪与生产、销售不符合安全标准的食品罪的主要区别是行为方式的认定。只有在销售的食品中掺入有毒、有害的非食品原料或者销售明知掺有有毒、有害的非食品原料的食品的行为，才能符合生产、销售有毒有害食品罪的犯罪构成的客观要件。单纯地销售本身就具有毒害性的食品，只能构成销售不符合安全标准的食品罪。关于“不符合安全标准的食品”的认定，具体参照前述《食品安全法》的相关规定即可。

第一百四十四条　生产、销售有毒、有害食品罪

【法律规定】

• 法律条文 •

《中华人民共和国刑法》

第一百四十四条　在生产、销售的食品中掺入有毒、有害的非食品原料的，或者销售明知掺有有毒、有害的非食品原料的食品的，处五年以下有期徒刑，并处罚金；对人体健康造成严重危害或者有其他严重情节的，处五年以上十年以下有期徒刑，并处罚金；致人死亡或者有其他特别严重情节的，依照本法第一百四十一条的规定处罚。

• 相关规定 •

《最高人民法院、最高人民检察院关于办理危害食品安全刑事案件适用法律若干问题的解释》（法释〔2021〕24 号）

第六条　生产、销售有毒、有害食品，具有本解释第二条规定情形之一的，应当认定为刑法第一百四十四条规定的“对人体健康造成严重危害”。

第七条　生产、销售有毒、有害食品，具有下列情形之一的，应当认定为刑法第一百四十四条规定的“其他严重情节”：

（一）生产、销售金额二十万元以上不满五十万元的；

（二）生产、销售金额十万元以上不满二十万元，有毒、有害食品数量较大或者生产、销售持续时间六个月以上的；

（三）生产、销售金额十万元以上不满二十万元，属于特殊医学用途配方食品、专供婴幼儿的主辅食品的；

（四）生产、销售金额十万元以上不满二十万元，且在中小学校园、托幼机构、养老机构及周边面向未成年人、老年人销售的；

（五）生产、销售金额十万元以上不满二十万元，曾因危害食品安全犯罪受过刑事处罚或者二年内因危害食品安全违法行为受过行政处罚的；

（六）有毒、有害的非食品原料毒害性强或者含量高的；

（七）其他情节严重的情形。

第八条　生产、销售有毒、有害食品，生产、销售金额五十万元以上，或者具有本解释第四条第二项至第六项规定的情形之一的，应当认定为刑法第一百四十四条规定的“其他特别严重情节”。

第九条　下列物质应当认定为刑法第一百四十四条规定的“有毒、有害的非食品原料”：

（一）因危害人体健康，被法律、法规禁止在食品生产经营活动中添加、使用的物质；

（二）因危害人体健康，被国务院有关部门列入《食品中可能违法添加的非食用物质名单》《保健食品中可能非法添加的物质名单》和国务院有关部门公告的禁用农药、《食品动物中禁止使用的药品及其他化合物清单》等名单上的物质；

（三）其他有毒、有害的物质。

第十条　刑法第一百四十四条规定的“明知”，应当综合行为人的认知能力、食品质量、进货或者销售的渠道及价格等主、客观因素进行认定。

具有下列情形之一的，可以认定为刑法第一百四十四条规定的“明知”，但存在相反证据并经查证属实的除外：

（一）长期从事相关食品、食用农产品生产、种植、养殖、销售、运输、贮存行业，不依法履行保障食品安全义务的；

（二）没有合法有效的购货凭证，且不能提供或者拒不提供销售的相关食品来源的；

（三）以明显低于市场价格进货或者销售且无合理原因的；

（四）在有关部门发出禁令或者食品安全预警的情况下继续销售的；

（五）因实施危害食品安全行为受过行政处罚或者刑事处罚，又实施同种行为的；

（六）其他足以认定行为人明知的情形。

第十一条　在食品生产、销售、运输、贮存等过程中，掺入有毒、有害的非食品原料，或者使用有毒、有害的非食品原料生产食品的，依照刑法第一百四十四条的规定以生产、销售有毒、有害食品罪定罪处罚。

在食用农产品种植、养殖、销售、运输、贮存等过程中，使用禁用农药、食品动物中禁止使用的药品及其他化合物等有毒、有害的非食品原料，适用前款的规定定罪处罚。

在保健食品或者其他食品中非法添加国家禁用药物等有毒、有害的非食品原料的，适用第一款的规定定罪处罚。

第十二条 在食品生产、销售、运输、贮存等过程中，使用不符合食品安全标准的食品包装材料、容器、洗涤剂、消毒剂，或者用于食品生产经营的工具、设备等，造成食品被污染，符合刑法第一百四十三条、第一百四十四条规定的，以生产、销售不符合安全标准的食品罪或者生产、销售有毒、有害食品罪定罪处罚。

第十三条 生产、销售不符合食品安全标准的食品，有毒、有害食品，符合刑法第一百四十三条、第一百四十四条规定的，以生产、销售不符合安全标准的食品罪或者生产、销售有毒、有害食品罪定罪处罚。同时构成其他犯罪的，依照处罚较重的规定定罪处罚。

生产、销售不符合食品安全标准的食品，无证据证明足以造成严重食物中毒事故或者其他严重食源性疾病，不构成生产、销售不符合安全标准的食品罪，但构成生产、销售伪劣产品罪，妨害动植物防疫、检疫罪等其他犯罪的，依照该其他犯罪定罪处罚。

第十四条 明知他人生产、销售不符合食品安全标准的食品，有毒、有害食品，具有下列情形之一的，以生产、销售不符合安全标准的食品罪或者生产、销售有毒、有害食品罪的共犯论处：

（一）提供资金、贷款、账号、发票、证明、许可证件的；

（二）提供生产、经营场所或者运输、贮存、保管、邮寄、销售渠道等便利条件的；

（三）提供生产技术或者食品原料、食品添加剂、食品相关产品或者有毒、有害的非食品原料的；

（四）提供广告宣传的；

（五）提供其他帮助行为的。

第二十一条 犯生产、销售不符合安全标准的食品罪，生产、销售有毒、有害食品罪，一般应当依法判处生产、销售金额二倍以上的罚金。

共同犯罪的，对各共同犯罪人合计判处的罚金一般应当在生产、销售金额的二倍以上。

第二十二条 对实施本解释规定之犯罪的犯罪分子，应当依照刑法规定的条件，严格适用缓刑、免予刑事处罚。对于依法适用缓刑的，可以根据犯罪情况，同时宣告禁止令。

对于被不起诉或者免予刑事处罚的行为人，需要给予行政处罚、政务处分或者其他处分的，依法移送有关主管机关处理。

第二十三条 单位实施本解释规定的犯罪的，对单位判处罚金，并对直接负责的主管人员和其他直接责任人员，依照本解释规定的定罪量刑标准处罚。

第二十四条 “足以造成严重食物中毒事故或者其他严重食源性疾病”“有毒、有害的非食品原料”等专门性问题难以确定的，司法机关可以依据鉴定意见、检验报告、地市级以上相关行政主管部门组织出具的书面意见，结合其他证据作出认定。必要时，专门性问题由省级以上相关行政主管部门组织出具书面意见。

第二十五条 本解释所称“二年内”，以第一次违法行为受到行政处罚的生效之日与又实施相应行为之日的时间间隔计算确定。

《最高人民法院、最高人民检察院关于办理非法生产、销售、使用禁止在饲料和动物饮用水中使用的药品等刑事案件具体应用法律若干问题的解释》（法释〔2002〕26 号）

第三条 使用盐酸克仑特罗等禁止在饲料和动物饮用水中使用的药品或者含有该类药品的饲料养殖供人食用的动物，或者销售明知是使用该类药品或者含有该类药品的饲料养殖的供人食用的动物的，依照刑法第一百四十四条的规定，以生产、销售有毒、有害食品罪追究刑事责任。

第四条 明知是使用盐酸克仑特罗等禁止在饲料和动物饮用水中使用的药品或者含有该类药品的饲料养殖的供人食用的动物，而提供屠宰等加工服务，或者销售其制品的，依照刑法第一百四十四条的规定，以生产、销售有毒、有害食品罪追究刑事责任。

第五条 实施本解释规定的行为，同时触犯刑法规定的两种以上犯罪的，依照处罚较重的规定追究刑事责任。

第六条 禁止在饲料和动物饮用水中使用的药品，依照国家有关部门公告的禁止在饲料和动物饮用水中使用的药物品种目录确定。

《最高人民法院、最高人民检察院关于办理生产、销售伪劣商品刑事案件具体应用法律若干问题的解释》（法释〔2001〕10 号）

第五条 生产、销售的有毒、有害食品被食用后，造成轻伤、重伤或者其他严重后果的，应认定为刑法第一百四十四条规定的“对人体健康造成严重危害”①。

---

① 因《刑法修正案（八）》删除了《刑法》第 144 条“对人体健康造成特别严重危害”之表述，取而代之的是“其他特别严重情节的”，故该司法解释之后果情形可视为“其他特别严重情节的”的具体表现。——编者注

生产、销售的有毒、有害食品被食用后，致人严重残疾、三人以上重伤、十人以上轻伤或者造成其他特别严重后果的，应认定为“对人体健康造成特别严重危害”。

【案例一】

北京阳光一佰生物技术开发有限公司、习文有等生产、销售有毒、有害食品案①

• 案件事实 •

被告人习文有于2001年注册成立了北京阳光一佰生物技术开发有限公司（以下简称阳光一佰公司），系公司的实际生产经营负责人。2010年以来，被告单位阳光一佰公司从被告人谭国民处以600元/公斤的价格购进生产保健食品的原料，该原料系被告人谭国民从被告人尹立新处以2500元/公斤的价格购进后进行加工，阳光一佰公司购进原料后加工制作成用于辅助降血糖的保健食品阳光一佰牌山芪参胶囊，以每盒100元左右的价格销售至扬州市广陵区金福海保健品店及全国多个地区。被告人杨立峰具体负责生产，被告人钟立檬、王海龙负责销售。2012年5月至9月，销往上海、湖南、北京等地的山芪参胶囊分别被检测出含有盐酸丁二胍，食品药品监督管理部门将检测结果告知阳光一佰公司及习文有。被告人习文有在得知检测结果后随即告知被告人谭国民、尹立新，被告人习文有明知其所生产、销售的保健品中含有盐酸丁二胍后，仍然继续向被告人谭国民、尹立新购买原料，组织杨立峰、钟立檬、王海龙等人生产山芪参胶囊并销售。被告人谭国民、尹立新在得知检测结果后继续向被告人习文有销售该原料。

盐酸丁二胍是丁二胍的盐酸盐。目前盐酸丁二胍未获得国务院药品监督管理部门批准生产或进口，不得作为药物在我国生产、销售和使用。扬州大学医学院葛晓群教授出具的专家意见和南京医科大学司法鉴定所的鉴定意见证明：盐酸丁二胍具有降低血糖的作用，很早就撤出我国市场，长期使用添加盐酸丁二胍的保健食品可能对机体产生不良影响，甚至危及生命。

从2012年8月底至2013年1月案发，阳光一佰公司生产、销售金额达800余万元。其中，习文有、尹立新、谭国民参与生产、销售的含有盐酸丁二胍的山芪参胶囊金金额达800余万元；杨立峰参与生产的含有盐酸丁二胍的山芪参胶囊金额达800余万元；钟立檬、王海龙参与销售的含有盐酸丁二胍的山芪参胶囊金额达40余万元。尹立新、谭国民与阳光一佰公司共同故意实施犯

---

① 根据2016年12月28日《最高人民法院关于发布第十五批指导性案例的通知》指导案例70号修改。

罪，系共同犯罪，尹立新、谭国民系提供有毒、有害原料用于生产、销售有毒、有害食品的帮助犯，其在共同犯罪中均系从犯。习文有与杨立峰、钟立檬、王海龙共同故意实施犯罪，系共同犯罪，杨立峰、钟立檬、王海龙系受习文有指使实施生产、销售有毒、有害食品的犯罪行为，均系从犯。习文有在共同犯罪中起主要作用，系主犯。杨立峰、谭国民犯罪后主动投案，并如实供述犯罪事实，系自首，当庭自愿认罪。习文有、尹立新、王海龙归案后如实供述犯罪事实，当庭自愿认罪。钟立檬归案后如实供述部分犯罪事实，当庭对部分犯罪事实自愿认罪。

• 裁判要旨 •

行为人在食品生产经营中添加的虽然不是国务院有关部门公布的《食品中可能违法添加的非食用物质名单》和《保健食品中可能非法添加的物质名单》中的物质，但如果该物质与上述名单中所列物质具有同等属性，并且根据检验报告和专家意见等相关材料能够确定该物质对人体具有同等危害的，应当认定为《刑法》第 144 条规定的“有毒、有害的非食品原料”。

• 裁判理由 •

江苏省扬州市广陵区人民法院于 2014 年 1 月 10 日作出（2013）扬广刑初字第 0330 号刑事判决：被告单位北京阳光一佰生物技术开发有限公司犯生产、销售有毒、有害食品罪，判处罚金人民币 1500 万元；被告人习文有犯生产、销售有毒、有害食品罪，判处有期徒刑十五年，剥夺政治权利三年，并处罚金人民币 900 万元；被告人尹立新犯生产、销售有毒、有害食品罪，判处有期徒刑十二年，剥夺政治权利二年，并处罚金人民币 100 万元；被告人谭国民犯生产、销售有毒、有害食品罪，判处有期徒刑十一年，剥夺政治权利二年，并处罚金人民币 100 万元；被告人杨立峰犯生产有毒、有害食品罪，判处有期徒刑五年，并处罚金人民币 10 万元；被告人钟立檬犯销售有毒、有害食品罪，判处有期徒刑四年，并处罚金人民币 8 万元；被告人王海龙犯销售有毒、有害食品罪，判处有期徒刑三年六个月，并处罚金人民币 6 万元；继续向被告单位北京阳光一佰生物技术开发有限公司追缴违法所得人民币 800 万元，向被告人尹立新追缴违法所得人民币 671500 元，向被告人谭国民追缴违法所得人民币 132 万元；扣押的含有盐酸丁二胍的山芪参胶囊、颗粒，予以没收。宣判后，被告单位和各被告人均提出上诉。

江苏省扬州市中级人民审理后认为：《刑法》第 144 条规定：“在生产、销售的食品中掺入有毒、有害的非食品原料的，或者销售明知掺有有毒、有害的非食品原料的食品的，处五年以下有期徒刑，并处罚金；对人体健康造成严重危害或者有其他严重情节的，处五年以上十年以下有期徒刑，并处罚金；致人死亡或者有其他特别严重情节的，依照本法第一百四十一条的规定处罚。”《最高人民法院、最高人民检察院关于办理危害食品安全刑事案件适用法律若干问题的解释》（以下简称《办理危害食品安全刑事案件解释》）第20条规定：“下列物质应当认定为‘有毒、有害的非食品原料’：（一）法律、法规禁止在食品生产经营活动中添加、使用的物质；（二）国务院有关部门公布的《食品中可能违法添加的非食用物质名单》《保健食品中可能非法添加的物质名单》上的物质；（三）国务院有关部门公告禁止使用的农药、兽药以及其他有毒、有害物质；（四）其他危害人体健康的物质。”第二十一条规定：“‘足以造成严重食物中毒事故或者其他严重食源性疾病’‘有毒、有害非食品原料’难以确定的，司法机关可以根据检验报告并结合专家意见等相关材料进行认定。必要时，人民法院可以依法通知有关专家出庭作出说明。”本案中，盐酸丁二胍系在我国未获得药品监督管理部门批准生产或进口，不得作为药品在我国生产、销售和使用的化学物质；其亦非食品添加剂。盐酸丁二胍也不属于上述《办理危害食品安全刑事案件解释》第20条第2项、第3项规定的物质。根据扬州大学医学院葛晓群教授出具的专家意见和南京医科大学司法鉴定所的鉴定意见证明，盐酸丁二胍与《办理危害食品安全刑事案件解释》第20条第2项《保健食品中可能非法添加的物质名单》中的其他降糖类西药（盐酸二甲双胍、盐酸苯乙双胍）具有同等属性和同等危害。长期服用添加有盐酸丁二胍的“阳光一佰牌山芪参胶囊”有对人体产生毒副作用的风险，影响人体健康、甚至危害生命。因此，对盐酸丁二胍应当依照《办理危害食品安全刑事案件解释》第20条第4项、第21条的规定，认定为《刑法》第144条规定的“有毒、有害的非食品原料”。

被告单位阳光一佰公司、被告人刁文有作为阳光一佰公司生产、销售山芪参胶囊的直接负责的主管人员，被告人杨立峰、钟立檬、王海龙作为阳光一佰公司生产、销售山芪参胶囊的直接责任人员，明知阳光一佰公司生产、销售的保健食品山芪参胶囊中含有国家禁止添加的盐酸丁二胍成分，仍然进行生产、销售；被告人尹立新、谭国民明知其提供的含有国家禁止添加的盐酸丁二胍的原料被被告人刁文有用于生产保健食品山芪参胶囊并进行销售，仍然向刁文有提供该种原料，因此，上述单位和被告人均依法构成生产、销售有毒、有害食品罪。其中，被告单位阳光一佰公司、被告人刁文有、尹立新、谭国民的行为构成生产、销售有毒、有害食品罪。被告人杨立峰的行为构成生产有毒、有害食品罪；被告人钟立檬、王海龙的行为均已构成销售有毒、有害食品罪。根据被告单位及各被告人犯罪情节、犯罪数额，综合考虑各被告人在共同犯罪的地位作用、自首、认罪态度等量刑情节，江苏省扬州市中级人民法院于2014年6月13日作出（2014）扬刑二终字第0032号刑事裁定：驳回上诉、维持原判。

【案例二】

魏某、孙某销售有毒、有害食品案①

● 案件事实 ●

个体养猪户魏某从孙某处得知“瘦肉精”（即盐酸克仑特罗，又名克仑特罗）可使猪多长瘦肉后，即从孙某处购得50克“瘦肉精”，同时孙某还告知魏某须按一定比例配料，否则猪会出现脚跷等反应。嗣后，魏某陆续将“瘦肉精”拌于饲料中喂猪食，后因猪泻肚而停用。2001年1月9日上午，魏某之母在喂猪食时，误将剩余的约25克“瘦肉精”当作止泻药一次性拌入饲料并撒入猪棚喂食。魏某得知后即询问孙某如何处理，孙某建议要么卖掉，要么养一段时间再说。当天下午，在明知生猪服用过量“瘦肉精”的情况下，魏某为避免损失，通过孙某介绍，将其中7头生猪以每斤3.30元的价格（总计销售金额3200余元）销售给海宁市许巷乡许巷村收购生猪的许某，许某又转手销售给余杭市临平镇中心菜场肉摊摊主陈某等人。次日，该批生猪被宰杀后上市出售，余杭市临平镇派出所及余杭市丽人服饰有限公司食堂购得部分生猪并加工成红烧肉供职工就餐，造成40余人出现头晕、呕吐等症状。经医院及时抢救，中毒者输液后痊愈出院。省级有关鉴定部门进行了采样检验，结论为上述中毒人员所食用的红烧肉或肉汤内含有盐酸克仑特罗成分。从魏某处取得的猪用配合饲料经检验含盐酸克仑特罗成分，β兴奋剂呈阳性。

● 裁判要旨 ●

生产、销售有毒、有害食品罪构成要件中的“有毒、有害的非食品原料”是指法律法规禁止在食品生产经营活动中添加、使用的物质，国务院有关部门公告禁止使用的农药、兽药以及其他有毒、有害物质。使用盐酸克仑特罗即“瘦肉精”养殖供人食用的动物，构成生产、销售有毒、有害食品罪。

● 裁判理由 ●

一审浙江省海宁市人民法院认为：被告人魏某、孙某的行为均已构成生产、销售有害食品罪。两被告人认罪态度较好，可酌情从轻处罚。据此，原判依照《刑法》第144条、第25条第1款之规定，以生产、销售有害食品罪分别判处被告人魏某、孙某有期徒刑四年，并处罚金3000元。

被告人魏某上诉提出其在销售食用过量“瘦肉精”的生猪时并不明知会

① 参见浙江省嘉兴市中级人民法院（2001）嘉中刑终字第126号。

造成这么大的危害。二审浙江省嘉兴市海宁中级人民法院认为：原判认定被告人魏某、孙某用掺有“瘦肉精”的饲料饲养生猪并予以销售的事实，有证人钱某等人的证言、浙江省疾病预防控制中心和浙江省饲料监察所分别出具的检验报告等证据予以证实，被告人魏某、孙某对上述基本事实亦供认不讳，所供事实与以上证据能相互印证。本案事实清楚，证据确实充分。关于被告人魏某上诉提出其在销售食用过量“瘦肉精”的生猪时对其危害性并不明知的问题，经查，上诉人魏某在从非正当渠道购买非食品原料“瘦肉精”时，就已被明确告知须按一定比例配料，但为了牟利，在得知生猪已食用过量“瘦肉精”的情况下仍予以销售，其主观上应当知道这批生猪被加工食用后可能对人体造成危害，仍放任这种危害后果的发生，故上诉人魏某在销售该批生猪时主观上对其危害性是明知的，其上诉理由不能成立。上诉人魏某和原审被告人孙某在饲养生猪时将国家禁用的有害的非食品原料“瘦肉精”（即盐酸克仑特罗）掺入饲料，且在明知生猪已食用过量“瘦肉精”并可能对人体造成危害的情况下仍予以销售，其行为已构成生产、销售有害食品罪。原判定罪及适用法律正确，量刑适当，审判程序合法。上诉人魏某的上诉理由不成立，不予采纳。裁定驳回上诉，维持原判。

【学理分析及适用指引】

• 学理分析 •

生产、销售有毒、有害食品罪，是指生产者、销售者故意在生产、销售的食品中掺入有毒、有害的非食品原料或者销售明知掺有有毒、有害的非食品原料的食品的行为。

1. 本罪的客体。本罪侵犯的客体是国家对食品卫生的管理制度和广大消费者的生命、健康安全。

2. 本罪的客观方面。客观方面表现为在生产、销售的食品中掺入有毒、有害的非食品原料或者销售明知掺有有毒、有害的非食品原料的食品的行为。本罪属行为犯，即只要行为人实施了在生产、销售的食品中掺入有毒、有害的非食品原料或者销售明知掺有有毒、有害的非食品原料的食品的行为，就构成犯罪既遂。如果行为人实施上述行为对人体健康造成了严重危害的，属于结果加重犯，应处较重的刑罚。

3. 本罪的主体。犯罪主体为一般主体，个人和单位均可构成本罪的主体。

4. 本罪的主观方面。主观方面由故意构成，过失不构成本罪。尤其在认定销售有毒、有害食品罪时，要注意查明行为人主观上必须是“明知”。

• 适用指引 •

本罪是行为犯，只要有生产、销售有毒、有害食品的行为，即构成本罪。《刑法修正案（八）》对生产、销售有毒、有害食品罪进行了适度的修正，主要体现在刑事责任的强度方面，具体有：

1. 删除有关拘役和单处罚金的规定。这一修正，避免了生产、销售有毒、有害食品危害行为刑事责任强度低于行政处罚强度的可能，因为新的《食品安全法》此前也加大了对此类危害行为的行政处罚力度。

2. 取消根据销售金额确定罚金数额幅度的规定。

3. 第二档量刑幅度中，在删除“造成严重食物中毒事故或者严重食源性疾患”这一限制性条件的同时，增加了“其他严重情节的”兜底性条件。

第一百四十五条　生产、销售不符合标准的医用器材罪

【法律规定】

• 法律条文 •

《中华人民共和国刑法》

第一百四十五条　生产不符合保障人体健康的国家标准、行业标准的医疗器械、医用卫生材料，或者销售明知是不符合保障人体健康的国家标准、行业标准的医疗器械、医用卫生材料，足以严重危害人体健康的，处三年以下有期徒刑或者拘役，并处销售金额百分之五十以上二倍以下罚金；对人体健康造成严重危害的，处三年以上十年以下有期徒刑，并处销售金额百分之五十以上二倍以下罚金；后果特别严重的，处十年以上有期徒刑或者无期徒刑，并处销售金额百分之五十以上二倍以下罚金或者没收财产。

• 相关规定 •

《医疗器械监督管理条例》（国务院令第 739 号）

第一百零三条　本条例下列用语的含义：

医疗器械，是指直接或者间接用于人体的仪器、设备、器具、体外诊断试剂及校准物、材料以及其他类似或者相关的物品，包括所需要的计算机软件；其效用主要通过物理等方式获得，不是通过药理学、免疫学或者代谢的方式获得，或者虽然有这些方式参与但是只起辅助作用；其目的是：

（一）疾病的诊断、预防、监护、治疗或者缓解；

（二）损伤的诊断、监护、治疗、缓解或者功能补偿；

（三）生理结构或者生理过程的检验、替代、调节或者支持；

（四）生命的支持或者维持；

（五）妊娠控制；

（六）通过对来自人体的样本进行检查，为医疗或者诊断目的提供信息。

医疗器械注册人、备案人，是指取得医疗器械注册证或者办理医疗器械备案的企业或者研制机构。

医疗器械使用单位，是指使用医疗器械为他人提供医疗等技术服务的机构，包括医疗机构、计划生育技术服务机构、血站、单采血浆站、康复辅助器具适配机构等。

大型医用设备，是指使用技术复杂、资金投入量大、运行成本高、对医疗费用影响大且纳入目录管理的大型医疗器械。

《最高人民法院、最高人民检察院关于办理生产、销售伪劣商品刑事案件具体应用法律若干问题的解释》（法释〔2001〕10号）

第六条 生产、销售不符合标准的医疗器械、医用卫生材料，致人轻伤或者其他严重后果的，应认定为刑法第一百四十五条规定的“对人体健康造成严重危害”。

生产、销售不符合标准的医疗器械、医用卫生材料，造成感染病毒性肝炎等难以治愈的疾病、一人以上重伤、三人以上轻伤或者其他严重后果的，应认定为“后果特别严重”。

生产、销售不符合标准的医疗器械、医用卫生材料，致人死亡、严重残疾、感染艾滋病、三人以上重伤、十人以上轻伤或者造成其他特别严重后果的，应认定为“情节特别恶劣”。

医疗机构或者个人，知道或者应当知道是不符合保障人体健康的国家标准、行业标准的医疗器械、医用卫生材料而购买、使用，对人体健康造成严重危害的，以销售不符合标准的医用器材罪定罪处罚。

没有国家标准、行业标准的医疗器械，注册产品标准可视为“保障人体健康的行业标准”。

第九条 知道或者应当知道他人实施生产、销售伪劣商品犯罪，而为其提供贷款、资金、账号、发票、证明、许可证件，或者提供生产、经营场所或者运输、仓储、保管、邮寄等便利条件，或者提供制假生产技术的，以生产、销售伪劣商品犯罪的共犯论处。

第十条 实施生产、销售伪劣商品犯罪，同时构成侵犯知识产权、非法经营等其他犯罪的，依照处罚较重的规定定罪处罚。

第十一条 实施刑法第一百四十条至第一百四十八条规定的犯罪，又以暴力、威胁方法抗拒查处，构成其他犯罪的，依照数罪并罚的规定处罚。

第十二条 国家机关工作人员参与生产、销售伪劣商品犯罪的，从重处罚。

【案例】

杨某生产、销售不符合标准的医用器材案①

● 案件事实 ●

被告人杨某生产型号为TK－Ⅱ型和TK－III型的体控保健仪器多台，并于2008年间，在广州向杨光丽（已判刑）等人销售上述仪器。2008年9月6日11时许，杨光丽在增城市荔城街兴华路6号×××铺内销售1台TK－Ⅱ型体控保健仪器时，造成被害人黄某在使用过程中昏迷，后经送医院抢救无效死亡（经法医鉴定：黄某符合使用电流作用导致心率严重失常、心功能障碍死亡）。经广东省医疗器械产品质量监督检验中心检验：上述体控保健仪器不符合GB9706.1－2007（医用电气设备第1部分的安全通用要求）和YY0607－2007标准（医用电气设备第2部分的神经和肌肉刺激器安全专用要求）的要求，属不合格产品。

● 裁判要旨 ●

生产、销售不符合保障人体健康的国家标准的医疗器械致人死亡等严重后果的因果关系认定。

● 裁判理由 ●

原审判决认为，被告人杨某生产、销售不符合保障人体健康的国家标准的医疗器械，致1人死亡，后果特别严重，其行为已构成生产、销售不符合标准的医用器材罪。依照《刑法》第145条、第52条、第53条、第64条和《最高人民法院、最高人民检察院关于办理生产、销售伪劣商品刑事案件具体应用法律若干问题的解释》第6条第3款之规定，判决如下：一、被告人杨某犯生产、销售不符合标准的医用器材罪，判处有期徒刑十年六个月，并处罚金1000元。二、缴获的TK－Ⅱ型和TK－Ⅲ的体控保健仪器共4台，均予以没收、销毁。

上诉人杨某上诉提出：本案致被害人死亡的仪器以及被扣押的体控保健仪器不是其生产、销售，没有证据证明其将体控保健仪器出售给杨光丽。请求改判无罪。

经审理查明，原审判决认定杨某生产、销售不符合标准的医用器材犯罪的事实清楚，证据充分，法院予以确认。

---

① 参见广东省广州市中级人民法院（2012）穗中法刑二终字第294号。

对于上诉人杨某提出的上诉理由，经查，证人向华生证实向杨某购买了TK－Ⅱ型和TK－Ⅲ型体控保健仪器；同案人杨光丽供述向杨某购买了TK－Ⅱ型体控保健仪器，并供认其将该仪器提供给被害人使用后导致被害人死亡；证人陈某思证实被害人使用TK－Ⅱ型体控保健仪器后死亡；注册商标证及实用新型专利、外观专利的相关信息与公安机关扣押的涉案TK－Ⅱ型体控保健仪器相符合；广东省医疗器械产品质量检验中心检验报告证实扣押的涉案体控保健仪器在使用裸露铜片、湿毛巾包裹铜片、蓝绿色电极片三种不同的情况下均不符合国家安全标准。杨某供认生产TK－Ⅱ型和TK－Ⅲ型体控保健仪器，并以收取学费的方式提供上述仪器给他人，这两款产品申请了专利并注册了商标，但没有生产许可证及合格证；上述证据相互印证，足以证实杨某生产、销售不合标准的医用器材致人死亡的事实。上诉人杨某提出的上诉理由不成立，法院不予采纳。

法院认为，上诉人杨某生产、销售不符合保障人体健康的国家标准的医疗器械，致一人死亡，后果特别严重，其行为已构成生产、销售不符合标准的医用器材罪。原审判决认定事实清楚，证据充分，定罪正确，量刑适当，审判程序合法。依照《刑事诉讼法》第189条第1项的规定，裁定如下：驳回上诉，维持原判。

【学理分析及适用指引】

● 学理分析 ●

生产、销售不符合标准的医用器材罪，是指生产不符合保障人体健康的国家标准、行业标准的医疗器械、医用卫生材料，或者销售明知是不符合保障人体健康的国家标准、行业标准的医疗器械、医用卫生材料，足以严重危害人体健康的行为。本罪的构成要件如下：

1. 本罪的客体。本罪侵犯的客体是国家对医疗器械、医用卫生材料的管理制度和人民群众的生命、健康安全。犯罪对象是不符合保障人体健康的国家标准、行业标准的医疗器械、医用卫生材料。“国家标准、行业标准”，是指国家卫生主管部门或者医疗器械、医用卫生材料生产行业制定的旨在保障人们使用安全、不危害人体健康的有关质量与卫生标准。“医疗器械”，是指专用于治疗人体疾病的机器设备、仪器、用具等，包括诊断设备（如X光透视机）、治疗设备（如手术设备）、辅助设备（如中心血库）三大类。“医用卫生材料”，一般是指价格较低、使用时间短、用于疾病治疗的卫生用品，如救护包、纱布等。

2. 本罪的客观方面。客观方面表现为生产、销售伪劣医疗器械、医用卫生材料，足以严重危害人体健康的行为。近年来，有的地方生产、销售不符合国家标准、行业标准的医疗器械的情况较为严重，一些个人或单位甚至大量回收废旧的一次性注射器、输液管等医用材料重新包装后出售。这些伪劣医疗器械、医用卫生材料一旦使用，必然会严重危害人民群众的生命、健康。如果等到使用后，危害结果发生了才追究刑事责任，为时已晚。因此，全国人民代表大会常务委员会决定将《刑法》规定的构成这类犯罪的标准从结果犯修改为危险犯，即只要足以严重危害人体健康的，就构成犯罪。生产、销售伪劣医疗器械、医用卫生材料，足以对人体健康造成严重危害，主要是指因使用这些伪劣医疗器械、医用卫生材料，足以对人体造成伤害或者导致误诊，使病人病情加重以及其他医疗事故等。“足以严重危害人体健康”，主要是指足以致人轻伤或者造成其他严重后果的。

3. 本罪的主体。犯罪主体为一般主体，自然人和企业、事业单位均可构成本罪的主体。

4. 本罪的主观方面。主观方面是出于故意，过失不构成本罪。

• 适用指引 •

司法实践中，认定本罪应注意：

1. 关于共犯形态。本罪是一个选择性罪名，它包括两种具体的个罪名，即生产不符合标准的医用器材罪和销售不符合标准的医用器材罪。生产、销售行为往往是互相依存的。在生产者、销售者相互分离的情况下，在理论上就可能成立共同犯罪。在这种共犯形态中，一方的犯罪行为依赖于另一方的犯罪行为，二者相互结合，才使各自的行为在刑法中具有独立的意义。如果销售者自身又是生产者，则其仅成立一罪即生产、销售不符合标准的医用器材罪，而不成立共同犯罪。由于该罪在客观方面具有上述特点，因此要求我们在对销售行为进行刑事追究的同时，必须追究生产者的刑事责任。

2. 关于罪数形态。一般情况下，该罪在主观方面是以牟利为目的。这就决定了其对人体健康造成的严重危害只能是过失或间接故意的心理。如果行为人生产、销售伪劣医疗器材是为了追求其他犯罪结果，如故意伤害或故意杀人的，则应依照牵连犯的处罚原则择一重罪处断。

3. 本罪与他罪之间的界限。第一，本罪与医疗事故罪的界限。从犯罪构成的角度来看，前罪主体为一般主体，后罪主体为特殊主体；前罪在主观方面是故意，而后罪是过失；前罪在客观方面表现为生产、销售不符合标准的医用器材，后罪在客观方面表现为医务人员严重不负责任而造成就诊人死亡或严重损害就诊人身体健康。二者在犯罪构成上的上述区别，使两罪好像没有什么易混淆之处。但是，当医疗机构或者个人知道或应当知道是不符合标准的医疗器材而购买、使用从而发生了严重后果时，就容易在认定上出现混乱。因为对于《最高人民法院、最高人民检察院关于办理生产、销售伪劣商品刑事案件具体应用法律若干问题的解释》中的“个人”，我们认为应是指医务人员，即有合法行医资格的医疗机构的职工和个体医生，而这与医疗事故罪中的主体资格是一致的。该解释中的“应当知道”又说明了行为人行为时是出于过失心态，由这种过失导致的结果也应被理解为是一种责任事故。由于上述两方面的原因，就使两罪在这种情况下具有犯罪构成上的重合性。因而，在此情况下行为人一个行为就可能触犯两个罪名，这在理论上应属于想象竞合犯。依想象竞合犯的处罚原则，应择一重罪处断，即以销售不符合标准的医用器材罪处罚。第二，本罪与生产、销售伪劣产品罪的界限。这两个罪名是特别法与一般法的关系。依照刑法理论，当特别法与一般法出现竞合时应适用以特别法优于一般法为主、重法优于轻法为辅的原则。生产、销售不符合标准的医用器材，尚不足以严重危害人体健康的，但如果销售金额达到了 5 万元，则应以生产、销售伪劣产品罪定罪量刑。

第一百四十六条　生产、销售不符合安全标准的产品罪

【法律规定】

• 法律条文 •

《中华人民共和国刑法》

第一百四十六条　生产不符合保障人身、财产安全的国家标准、行业标准的电器、压力容器、易燃易爆产品或者其他不符合保障人身、财产安全的国家标准、行业标准的产品，或者销售明知是以上不符合保障人身、财产安全的国家标准、行业标准的产品，造成严重后果的，处五年以下有期徒刑，并处销售金额百分之五十以上二倍以下罚金；后果特别严重的，处五年以上有期徒刑，并处销售金额百分之五十以上二倍以下罚金。

• 相关规定 •

《中华人民共和国产品质量法》

第十三条　可能危及人体健康和人身、财产安全的工业产品，必须符合保障人体健康和人身、财产安全的国家标准、行业标准；未制定国家标准、行业标准的，必须符合保障人体健康和人身、财产安全的要求。

禁止生产、销售不符合保障人体健康和人身、财产安全的标准和要求的工业产品。具体管理办法由国务院规定。

【案例】

丁新峰生产、销售不符合安全标准的产品案[①]

● 案件事实 ●

2017年3月至4月期间，被告人丁新峰在登封市东华镇治涛砖厂，明知其生产的煤矸石砖不符合国家标准仍予以销售，致使被害人刘某2使用其煤矸石砖自建房屋的地基和一层墙体部分出现起粉现象。经鉴定，刘某2自建房屋的安全性评定等级为Csu级，显著影响整体承载，刘某2自建房屋基础及一层结构加固工程鉴定总造价为143245.21元。刘某2购买丁新峰砖的金额为19250元。

● 裁判要旨 ●

生产、销售不符合保障人身、财产安全的国家标准的产品，造成严重后果的，构成生产、销售不符合安全标准的产品罪。

● 裁判理由 ●

原审法院认定被告人丁新峰犯生产、销售不符合安全标准的产品罪，判处有期徒刑一年零六个月，并处罚金人民币2万元；丁新峰在判决生效后1个月内退赔被害人刘某2损失人民币19250元。

上诉人丁新峰上诉及其辩护人辩护称，关于涉案房屋安全的鉴定意见不客观，不能作为定案依据；鉴定意见关于涉案房屋加固工程的造价鉴定143245.21元不应认定为直接经济损失；原判量刑过重，建议改判缓刑。辩护人另辩护称，二审法院将该案发回到登封市人民法院重新审理后，原审法院将所判罚金从15000元提高到2万元，违反了上诉不加刑原则。

经二审审理，查明的事实和证据与一审相同，且证据经一审当庭举证、质证，查证属实，法院经审核无误，予以确认。

关于上诉人丁新峰的上诉理由及辩护意见，经查，涉案鉴定意见系由有鉴定资质的鉴定机构根据侦查机关提供的相关材料，依照法定程序作出，鉴定意见客观真实，能够作为定案依据。鉴定意见显示刘某2自建房屋基础及一层结构加固工程鉴定总造价为143245.21元，该造价系刘某2房屋在安全的状态下投入使用须另外付出的成本，应认定为被害人的直接损失，丁新峰对损失的发生应承担相应赔偿责任，原判根据本案事实，结合丁新峰认罪态度较好等量刑

① 参见河南省郑州市中级人民法院（2020）豫01刑终246号。

情节，对被告人丁新峰量刑适当，故上述上诉理由及辩护意见不能成立，不予支持。

关于辩护人辩护称，原判罚金违反上诉不加刑原则的辩护意见，经查属实，辩护人的该项辩护意见成立，予以支持。

法院认为，上诉人（原审被告人）丁新峰生产、销售不符合保障人身、财产安全的国家标准的产品，造成严重后果，其行为已构成生产、销售不符合安全标准的产品罪。原判认定事实清楚，证据确实、充分，适用法律正确，定罪准确，审判程序合法，对上诉人丁新峰的上诉理由及辩护人相应辩护意见不予采纳。但原判重新审判时，所判罚金数额超出第一次审判时所判罚金数额，违反了上诉不加刑原则，应予纠正，故对辩护人该辩护意见予以采纳。依照《刑法》第146条、第67条第3款、第64条、第52条、第53条及《刑事诉讼法》第236条第1款第1项、第2项之规定，判决如下：一、维持河南省登封市人民法院（2019）豫0185刑初547号刑事判决第一项对被告人丁新峰的定罪部分和第二项。二、撤销河南省登封市人民法院（2019）豫0185刑初547号刑事判决第一项的量刑部分。三、上诉人（原审被告人）丁新峰犯生产、销售不符合安全标准的产品罪，判处有期徒刑一年零六个月，并处罚金人民币15000元。（刑期自判决执行之日起计算。判决执行前先行羁押的，羁押一日折抵刑期一日。即自2019年3月25日起至2020年9月10日止，原被羁押的十四日已予以折抵。罚金自判决生效之日起十日内缴纳。）

【学理分析及适用指引】

• 学理分析 •

生产、销售不符合安全标准的产品罪，是指生产者、销售者明知生产、销售的电器、压力容器、易燃易爆产品或者其他产品不符合保障人身、财产安全的国家标准、行业标准而进行生产、销售，造成严重后果的行为。本罪的构成要件如下：

1. 本罪的客体。本罪侵犯的客体是国家对电器、压力容器、易燃易爆产品的安全监督管理制度和广大消费者的人身、财产安全。犯罪对象是不符合保障人身、财产安全的国家标准、行业标准的电器、压力容器、易燃易爆产品或者其他产品。“电器”，包括家用电器，如电视机、电冰箱、电冰柜、电热器等各种电讯、电力器材及家电；“压力容器”，是指物体所承受的与表面垂直的作用力的容器，如高压锅、压力洗衣机、压力机等；“易燃易爆产品”，是指容易燃烧和爆炸的物品，如烟花爆竹、雷管、民用炸药等；“其他产品”，是指除上述电器、压力容器、易燃易爆产品以外的，不符合安全标准的产品，如汽水瓶、啤酒瓶等。

2. 本罪的客观方面。客观方面表现为行为人违反产品质量法规，生产、销售不符合保障人身、财产安全标准的电器、压力容器、易燃易爆产品或者其他不符合保障人身、财产安全的国家标准、行业标准的产品，造成严重后果的行为。本罪是结果犯。行为人生产、销售不符合安全标准的电器、压力容器、易燃易爆产品的行为，只有造成严重后果的才构成本罪。所谓造成严重后果，是指造成受害人重伤、死亡或者导致公私财产损失5万元以上的。

3. 本罪的主体。犯罪主体为一般主体，个人和单位均可构成本罪的主体。

4. 本罪的主观方面。主观方面由故意构成。即行为人明知其生产、销售的电器、压力容器、易燃易爆产品等没有达到保障人身、财产安全的国家标准、行业标准而仍予生产、销售。至于对因生产、销售这些不符合安全标准的产品造成的严重后果，行为人则既可能是放任心理，也可能是过失心理。如果行为人由于过失或者根本不知道生产、销售的产品不符合安全标准，则不构成本罪。

• 适用指引 •

司法实践中，认定本罪应注意：

1. 本罪与非罪的界限。依本条之规定，生产、销售不符合保障人身、财产安全的国家标准、行业标准的电器、压力容器、易燃易爆产品或者其他不符合保障人身、财产安全的国家标准、行业标准的产品，造成严重后果的，才构成犯罪。此外，虽未造成严重后果，但销售金额在5万元以上的，应依照《刑法》第149条之规定，按生产、销售伪劣产品罪定罪处罚。

2. 本罪与生产、销售伪劣产品罪的界限。（1）侵犯的客体不同。前者侵犯了国家对生产、销售电器、压力容器、易燃易爆产品等的安全监督管理制度和公民的人身、财产安全；后者则侵犯了国家产品质量监督管理制度和消费者的合法权益。（2）犯罪对象不同。前者的犯罪对象是不符合保障人身、财产安全的国家标准、行业标准的电器、压力容器、易燃易爆产品或者其他不符合保障人身、财产安全的国家标准、行业标准的产品；而后者的范围很广泛。（3）构成犯罪的标准不同。前者要求造成严重后果的，才构成本罪；而后者则要求销售金额在5万元以上的才构成本罪。

根据《刑法》第149条之规定，生产、销售不符合安全标准的产品未造成严重后果的，不构成生产、销售不符合安全标准的产品罪，但是销售金额在5万元以上的，依照生产、销售伪劣产品罪的规定处罚。生产、销售不符合安全标准的产品，构成生产、销售不符合安全标准的产品罪，同时又构成生产、销售伪劣产品罪的，依照处罚较重的规定处罚。

3. 本罪与玩忽职守罪的界限。两罪区分的关键在于玩忽职守罪是过失犯罪，对所生产或销售的不符合安全标准的产品不是明知而故意生产；而生产、销售不符合安全标准的产品罪则是故意犯罪，即明知所生产、销售的电器、压力容器、易燃易爆产品或者其他产品不符合保障人身、财产安全的国家标准、行业标准而进行生产、销售。

4. 本罪与放火罪（失火罪）、爆炸罪（过失爆炸罪）的界限。本罪与放火罪、爆炸罪的区别在于：本罪没有致人伤亡或者财产损失的犯罪目的，而放火罪、爆炸罪则具有通过生产、销售伪劣商品的方式达到致人伤亡或财产损失的目的。本罪与失火罪、过失爆炸罪的区别在于：（1）主观方面不同。本罪是故意生产、销售不符合国家标准、行业标准的产品，而失火罪或过失爆炸罪的主观方面是过失。（2）因果关系不同。本罪造成危害结果的原因不是行为本身，而是因为产品不符合标准，失火罪和过失爆炸罪造成危害结果的原因是行为本身，而不是因为产品不符合标准。

第一百四十七条　生产、销售伪劣农药、兽药、化肥、种子罪

【法律规定】

• 法律条文 •

《中华人民共和国刑法》

第一百四十七条　生产假农药、假兽药、假化肥，销售明知是假的或者失去使用效能的农药、兽药、化肥、种子，或者生产者、销售者以不合格的农药、兽药、化肥、种子冒充合格的农药、兽药、化肥、种子，使生产遭受较大损失的，处三年以下有期徒刑或者拘役，并处或者单处销售金额百分之五十以上二倍以下罚金；使生产遭受重大损失的，处三年以上七年以下有期徒刑，并处销售金额百分之五十以上二倍以下罚金；使生产遭受特别重大损失的，处七年以上有期徒刑或者无期徒刑，并处销售金额百分之五十以上二倍以下罚金或者没收财产。

• 相关规定 •

《中华人民共和国种子法》

第四十八条　禁止生产经营假、劣种子。农业农村、林业草原主管部门和有关部门依法打击生产经营假、劣种子的违法行为，保护农民合法权益，维护公平竞争的市场秩序。

下列种子为假种子：

（一）以非种子冒充种子或者以此种品种种子冒充其他品种种子的；

（二）种子种类、品种与标签标注的内容不符或者没有标签的。

下列种子为劣种子：

（一）质量低于国家规定标准的；

（二）质量低于标签标注指标的；

（三）带有国家规定的检疫性有害生物的。

第七十四条　违反本法第四十八条规定，生产经营假种子的，由县级以上人民政府农业农村、林业草原主管部门责令停止生产经营，没收违法所得和种子，吊销种子生产经营许可证；违法生产经营的货值金额不足二万元的，并处二万元以上二十万元以下罚款；货值金额二万元以上的，并处货值金额十倍以上二十倍以下罚款。

因生产经营假种子犯罪被判处有期徒刑以上刑罚的，种子企业或者其他单位的法定代表人、直接负责的主管人员自刑罚执行完毕之日起五年内不得担任种子企业的法定代表人、高级管理人员。

第七十五条　违反本法第四十八条规定，生产经营劣种子的，由县级以上人民政府农业农村、林业草原主管部门责令停止生产经营，没收违法所得和种子；违法生产经营的货值金额不足二万元的，并处一万元以上十万元以下罚款；货值金额二万元以上的，并处货值金额五倍以上十倍以下罚款；情节严重的，吊销种子生产经营许可证。

因生产经营劣种子犯罪被判处有期徒刑以上刑罚的，种子企业或者其他单位的法定代表人、直接负责的主管人员自刑罚执行完毕之日起五年内不得担任种子企业的法定代表人、高级管理人员。

《最高人民法院、最高人民检察院关于办理生产、销售伪劣商品刑事案件具体应用法律若干问题的解释》（法释〔2001〕10号）

第七条　刑法第一百四十七条规定的生产、销售伪劣农药、兽药、化肥、种子罪中“使生产遭受较大损失”，一般以二万元为起点；“重大损失”，一般以十万元为起点；“特别重大损失”，一般以五十万元为起点。

第九条　知道或者应当知道他人实施生产、销售伪劣商品犯罪，而为其提供贷款、资金、账号、发票、证明、许可证件，或者提供生产、经营场所或者运输、仓储、保管、邮寄等便利条件，或者提供制假生产技术的，以生产、销售伪劣商品犯罪的共犯论处。

第十条　实施生产、销售伪劣商品犯罪，同时构成侵犯知识产权、非法经营等其他犯罪的，依照处罚较重的规定定罪处罚。

第十一条　实施刑法第一百四十条至第一百四十八条规定的犯罪，又以暴力、威胁方法抗拒查处，构成其他犯罪的，依照数罪并罚的规定处罚。

第十二条　国家机关工作人员参与生产、销售伪劣商品犯罪的，从重处罚。

《最高人民法院关于进一步加强涉种子刑事审判工作的指导意见》（法〔2022〕66 号）

三、准确适用法律，依法严惩种子制假售假犯罪。对销售明知是假的或者失去使用效能的种子，或者生产者、销售者以不合格的种子冒充合格的种子，使生产遭受较大损失的，依照刑法第一百四十七条的规定以生产、销售伪劣种子罪定罪处罚。

对实施生产、销售伪劣种子行为，因无法认定使生产遭受较大损失等原因，不构成生产、销售伪劣种子罪，但是销售金额在五万元以上的，依照刑法第一百四十条的规定以生产、销售伪劣产品罪定罪处罚。同时构成假冒注册商标罪等其他犯罪的，依照处罚较重的规定定罪处罚。

四、立足现有罪名，依法严惩种子套牌侵权相关犯罪。假冒品种权以及未经许可或者超出委托规模生产、繁殖授权品种种子对外销售等种子套牌侵权行为，经常伴随假冒注册商标、侵犯商业秘密等其他犯罪行为。审理此类案件时要把握这一特点，立足刑法现有规定，通过依法适用与种子套牌侵权密切相关的假冒注册商标罪，销售假冒注册商标的商品罪，非法制造、销售非法制造的注册商标标识罪，侵犯商业秘密罪，为境外窃取、刺探、收买、非法提供商业秘密罪等罪名，实现对种子套牌侵权行为的依法惩处。同时，应当将种子套牌侵权行为作为从重处罚情节，加大对此类犯罪的惩处力度。

六、贯彻落实宽严相济的刑事政策，确保裁判效果。实施涉种子犯罪，具有下列情形之一的，应当酌情从重处罚：针对稻、小麦、玉米、棉花、大豆等主要农作物种子实施的，曾因涉种子犯罪受过刑事处罚的，二年内曾因涉种子违法行为受过行政处罚的，其他应当酌情从重处罚的情形。

对受雇用或者受委托参与种子生产、繁殖的，要综合考虑社会危害程度、在共同犯罪中的地位作用、认罪悔罪表现等情节，准确适用刑罚。犯罪情节轻微的，可以依法免予刑事处罚；情节显著轻微危害不大的，不以犯罪论处。

七、依法解决鉴定难问题，准确认定伪劣种子。对是否属于假的、失去使用效能的或者不合格的种子，或者使生产遭受的损失难以确定的，可以依据具有法定资质的种子质量检验机构出具的鉴定意见、检验报告，农业农村、林业和草原主管部门出具的书面意见，农业农村主管部门所属的种子管理机构组织出具的田间现场鉴定书等，结合其他证据作出认定。

【案例】

兰日斌等销售伪劣种子案①

●　案件事实　●

2001年12月28日，兰日斌与湘东区农业局签订了承包湘东区种子有限公司的协议，但该公司2002年没有取得江西省农业厅颁发的农作物种子生产、经营许可证，对此，兰日斌是明知的。2002年2月，兰日斌在明知自己承包的公司和李继定无经营农作物种子生产、经营许可证的情况下，打电话与李继定联系需购“中优402”早稻杂交种子。李继定则找到无种子生产、销售证的个体经营户李香明联系上述种子，并将1斤样品寄给兰日斌，兰日斌拿着样品先到神龙大丰江西分公司推销，神龙大丰未要。宜春市袁州区种子公司副经理黄某某得知兰日斌有“中优402”种子，便打电话找兰联系。2月底，兰日斌带着样品到袁州区种子公司，并告诉黄某某和周某某，种子是从广西玉林市调过来的。黄某某、周某某在明知湘东区种子公司没有种子生产、经营许可证的情况下，由黄某某请示公司经理陈某某同意进这批种子。接着，兰日斌与黄某某、周某某就购销“中优402”种子的品种、数量、价格达成了协议。李继定则把非法收购无任何手续的“中优402”种子16000公斤，按40公斤一袋进行包装，并在每袋谷种中夹有伪造的“玉林市种子公司、产地龙潭、品种中优402、重量40kg”字样的标签。3月2日，李继定指派其弟李某某押运该批种子到萍乡，并交给李某某一张广西阳禾种子有限公司开具的广西壮族自治区植物检疫站“II优838”种子植物检疫证书，交代如遇路检即说是“Ⅱ优838”种子。3月3日，李某某押运该批种子到萍乡后，兰日斌要求李某某把该批种子运至宜春市袁州区种子公司交货。3月4日，李某某在交货时对兰日斌、黄某某、周某某等人谎称，这批种子有2万斤是自己生产的，1万多斤是从广西贵港市农机服务中心调过来的。而黄某某、周某某在明知该批种子无任何合法手续的情况下，仍予以收购，并于当天按每斤5.1元的价格付清了全部货款。事后，兰日斌按与黄某某、周某某谈好的每斤0.2元的差价给了黄某某、周某某6400元的回扣，黄某某、周某某各分得3200元。因该批种子无任何手续，黄某某则要兰日斌提供湘东区的种子生产许可证、检疫证和质量合格证书。兰日斌即找到湘东区植保站站长徐某某，并写了一张盖有萍乡市湘东区种子有限公司公章的“请开具质量合格证和检疫证，该批种子质量由我公司负责”的便条给植保站。于是，徐某某既未见到该批种子也未对其进行检验，就出具了

① 参见江西省高级人民法院（2003）赣刑二终字第1号。

虚假的“中优402”种子质量合格证书和植物检疫证书。宜春市袁州区种子公司得到上述证书后，即将16000公斤“中优402”种子进行分装，并附有种子说明书和虚假的生产许可证号、植物检疫证号、产地“萍乡”的内标签，分别销售袁州、上高、万载、高安、宜丰五县市区，涉及55个乡镇，5507户农户，种植面积达10666.66亩，经鉴定，该批种子并非“中优402”早稻杂交种子，其生长期过长，影响农户正常栽种第二季水稻，造成经济损失达人民币3717540元。

• 裁判要旨 •

行为人明知是无生产许可证和质量合格证、检疫证的种子而进行收购、运输和销售，使生产遭受特别重大损失的，依法构成销售伪劣种子罪。

• 裁判理由 •

江西省宜春市中级人民法院判决认定：2002年2月，被告人兰日斌明知自己承包的湘东区种子公司和被告人李继定无农作物种子生产、经营许可证，而向李继定求购“中优402”早稻杂交种子，并与宜春市袁州区种子公司黄某某联系销售，且与被告人黄某某、周某某达成销售16000公斤“中优402”早稻杂交种子的口头协议。李继定非法收购无任何手续的稻谷种子16000公斤后，指使他人在广西玉林市统一包装，伪造外标签，并指派被告人李某某将该批种子运往萍乡，后在兰日斌的要求下把该批种子运至宜春市袁州区种子公司交货。黄某某、周某某明知萍乡市湘东区种子公司无农作物生产、经营许可证，并明知该批种子无任何合法手续，仍收购该批种子。为了分成小包装销售给农户，黄某某、周某某还要求兰日斌提供湘东区种子生产许可证和检疫证号，兰日斌则通过被告人徐某某出具了虚假的该批种子质量合格证书和植物检疫证书。宜春市袁州区种子公司得到上述证书后，即将该批种子进行分装，并附有虚假的生产许可证号、植物检疫证号、产地内标签和种子使用说明书，分别销往袁州、万载等5个县市区5507户农民，种植面积达10666.66亩，造成经济损失人民币3717540元。被告人李继定、兰日斌在销售伪劣种子过程中起主要作用，系主犯；被告人黄某某、周某某、徐某某、李某某起次要作用，系从犯；被告人兰日斌、周某某案发后主动到公安机关投案，具有自首情节，依法可以从轻或减轻处罚。考虑到宜春市袁州区种子公司的具体情况，对其不予追究刑事责任。据此，法院依照《刑法》第147条、第150条、第25条第1款、第26条第1款、第27条、第67条第1款、第72条第1款之规定，以销售伪劣种子罪，分别判处被告人李继定有期徒刑八年，并处罚金人民币10万元；判处被告人兰日斌有期徒刑六年，并处罚金人民币10万元；判处被告人黄某某有期徒刑三年，缓刑三年，并处罚金人民币10万元；判处被告人周某某有期徒刑二年，缓刑二年，并处罚金人民币 10 万元；判处被告人徐某某有期徒刑二年，缓刑二年，并处罚金人民币 8 万元；判处被告人李某某有期徒刑六个月，并处罚金人民币 8 万元。

兰日斌上诉辩称，他承包湘东区种子公司是湘东区农业局安排的，他本意不想承包；当时他向李继定求购的是真"中优 402"种子，并未叫李继定收购假的种子，他不知道该批种子是其他品种，主观上没有与李继定合谋贩卖假种子的共同故意。兰日赋及其辩护人还提出，兰日斌在购销种子过程中所起的作用是中介和次要作用，他只获取每市斤 0.3 元的报酬，并没有像其他被告人获得非法暴利。原判认定兰日斌系主犯与事实不符，他是从犯，原判对其量刑偏重。

江西省高级人民法院经审理认为：上诉人兰日斌和原审被告人李继定、黄某某、周某某、徐某某、李某某明知是无生产许可证和质量合格证、检疫证的种子而进行收购、运输和销售，使生产遭受特别重大损失，其行为均构成销售伪劣种子罪。上诉人兰日斌和原审被告人李继定在销售伪劣种子过程中起主要作用，系主犯，依法应从严惩处。原审被告人黄某某、周某某、徐某某、李某某在销售伪劣种子过程中起次要作用，系从犯，应当从轻、减轻处罚或者免除处罚。上诉人兰日斌和原审被告人周某某案发后主动到公安机关投案，并如实交代了自己的罪行，具有自首情节，原审法院已依法从轻或者减轻处罚。上诉人兰日斌及其辩护人提出的辩护意见均与事实、证据不符，要求从轻处罚，没有理由，不予采纳。考虑到宜春市袁州区种子公司的具体情况和处理本案的社会效果，对其不予追究刑事责任。原审判决认定事实清楚，证据确实、充分，定罪量刑正确，审判程序合法。依照《刑事诉讼法》第 189 条第 1 项之规定，裁定如下：驳回上诉，维持原判。

【学理分析及适用指引】

• 学理分析 •

生产、销售伪劣农药、兽药、化肥、种子罪，是指故意生产假农药、假兽药、假化肥、假种子，或者故意销售假的、失去使用效能的农药、兽药、化肥、种子，或者故意以不合格的农药、兽药、化肥、种子冒充合格的农药、兽药、化肥、种子，使生产遭受较大损失的行为。本罪的构成要件如下：

1. 本罪的客体。本罪侵犯的客体是国家对农用生产资料质量的监督管理制度和农业生产秩序。

2. 本罪的客观方面。客观方面表现为生产假农药、假兽药、假化肥，销售明知是假的或者失去使用效能的农药、兽药、化肥、种子，或者生产者、销售者以不合格的农药、兽药、化肥、种子冒充合格的农药、兽药、化肥、种子，使生产遭受较大损失的行为。

3. 本罪的主体。犯罪主体为一般主体。

4. 本罪的主观方面。主观方面必须出于故意，即行为人明知是伪劣的农药、兽药、化肥和种子而予以生产或销售，包括直接故意和间接故意。从实践中看，行为人往往具有牟取非法利益的目的，但本罪的成立，不以具有牟取非法利益的目的为要件。

• 适用指引 •

司法实践中，认定本罪应注意：

1. 本罪与非罪的界限。依本条之规定，生产、销售伪劣农药、兽药、化肥、种子，只有使生产遭受较大损失的，才构成本罪。如果没有使生产遭受较大损失，就不构成本罪。另外，行为人生产、销售伪劣农药、兽药、化肥、种子，虽没有使生产遭受较大损失的，但销售数额在 5 万元以上的，应按生产、销售伪劣产品罪定罪处罚。

2. 本罪与生产、销售伪劣产品罪的界限。（1）侵犯的客体不同。前者侵犯了国家对农用生产资料的监督管理制度和农业生产秩序；后者则侵犯了国家产品质量监督管理制度和消费者的合法权益。（2）犯罪对象不同。前者的犯罪对象是伪劣农药、兽药、化肥、种子；后者犯罪对象的范围很广泛。（3）构成犯罪的标准不同。前者的犯罪构成要求使生产遭受较大损失的，才构成本罪；而后者则是数额犯、其犯罪构成要求“销售金额在 5 万元以上”。

依《刑法》第 149 条之规定，生产、销售伪劣农药、兽药、化肥、种子，不构成本罪，但是销售金额在 5 万元以上的，依照生产、销售伪劣产品罪的规定处罚。生产、销售伪劣农药、兽药、化肥、种子，构成生产、销售伪劣农药、兽药、化肥、种子罪，同时又构成生产、销售伪劣产品罪的，依照处罚较重的规定处罚。

3. 本罪与破坏生产经营罪的界限。认定本罪要注意与破坏生产经营罪的区别。其主要区别是：（1）本罪一般是出于非法牟利的目的，后罪则是出于泄愤报复或者其他个人目的。（2）本罪在客观方面表现为生产、销售伪劣农药、兽药、化肥、种子并使生产遭受较大损失的行为。行为与结果之间并非直接相连，而是通过消费者购买并使用了所生产、销售的农药、兽药、化肥、种子后才发生危害结果的。生产、销售的行为与危害结果之间有一段相当长的时间。而后罪则是采用毁坏机器设备、残害耕畜等直接方法破坏生产经营，行为与危害结果之间直接相连，没有被害人从中介入这一因素。（3）本罪所侵害的客体是国家有关农药、兽药、化肥、种子等农用生产资料质量的管理制度和农业生产秩序，对象具有不特定性；后罪的客体则是某一单位的生产经营，对象具有特定性。（4）本罪的主体不仅限于自然人，而且还包括单位；而后罪的主体则只有自然人才能构成。

第一百四十八条　生产、销售不符合卫生标准的化妆品罪

【法律规定】

• 法律条文 •

《中华人民共和国刑法》

第一百四十八条　生产不符合卫生标准的化妆品，或者销售明知是不符合卫生标准的化妆品，造成严重后果的，处三年以下有期徒刑或者拘役，并处或者单处销售金额百分之五十以上二倍以下罚金。

• 相关规定 •

《最高人民法院、最高人民检察院关于办理生产、销售伪劣商品刑事案件具体应用法律若干问题的解释》（法释〔2001〕10号）

第十一条　实施刑法第一百四十条至第一百四十八条规定的犯罪，又以暴力、威胁方法抗拒查处，构成其他犯罪的，依照数罪并罚的规定处罚。

【案例】

林某等人生产、销售不符合卫生标准的化妆品案①

• 案件事实 •

林某等人在未取得化妆品生产许可证的情况下，利用从他人处得来的资料，擅自生产所谓特效“增白美容露”，致使三十多名消费者使用了这种化妆品后，都不同程度感到皮肤长时间的灼痛、红肿，轻者色素沉着，出现黄黑斑，数月不消退；重者则出现大面积黑斑，有的甚至脸部大面积轻度烧伤（化学剂）。药品检验所对“增白美容露”进行检验，结论为“本品呈酸性，含有少量硫酸和少量汞，不能外用”。

• 裁判要旨 •

行为人未取得化妆品生产许可证而生产、销售劣质化妆品，严重损害了消费者的合法权益，依法成立生产、销售不符合卫生标准的化妆品罪。

---

① 参见张文学主编：《刑法条文案例释解》，法律出版社1997年版，第287页。

• 裁判理由 •

法院经审理认为：林某违反国家对化妆品质量、卫生的监督管理制度，生产、销售劣质化妆品，造成了严重后果，严重损害了消费者的合法权益，且无法查明其具体销售的金额，故此依照《刑法》第148条的规定，以生产、销售不符合卫生标准的化妆品罪，判处其有期徒刑一年。

【学理分析及适用指引】

• 学理分析 •

生产、销售不符合卫生标准的化妆品罪，是指生产不符合卫生标准的化妆品，或者销售明知是不符合卫生标准的化妆品，造成严重后果的行为。本罪的构成要件如下：

1. 本罪侵犯的客体是国家对化妆品的卫生监督管理制度和公民的人身健康权利。

2. 客观方面表现为生产、销售不符合卫生标准的化妆品，并造成严重后果的行为。

3. 犯罪主体为一般主体，个人和单位均可构成本罪的主体。

4. 主观方面由故意构成，即明知是不符合卫生标准的化妆品仍予以生产、销售。

• 适用指引 •

司法实践中，认定本罪应注意：

1. 本罪与非罪的界限。依本条规定，生产、销售不符合卫生标准的化妆品的行为，只有造成严重后果的才构成犯罪。没有造成严重后果的，就不构成本罪。虽没有造成严重后果，但销售金额在5万元以上的，就按生产、销售伪劣产品罪定罪处罚，如果既没有造成严重后果，销售金额又在5万元以下的，不构成犯罪，应给予行政处罚。

2. 本罪与生产、销售伪劣产品罪的界限。两者之间存在着被包容与包容的关系，属于法条竞合。本罪为被包容法条，为特别法条；后者为包容法条，属普通法条。为此，《刑法》第149条明确规定，生产、销售不符合卫生标准的化妆品不能构成其罪，即虽有生产、销售行为，但未造成严重后果的，销售金额如果达到5万元以上的，则应依照《刑法》第140条规定的生产、销售伪劣产品罪定罪处刑。对于既构成本罪同时又构成生产、销售伪劣产品罪的，应依照《刑法》第149条第2款规定的重法优于轻法的特殊适用原则而按处罚较重的规定定罪处罚。

第一百四十九条 对生产、销售伪劣商品行为的法条适用

【法律规定】

• 法律条文 •

《中华人民共和国刑法》

第一百四十九条 生产、销售本节第一百四十一条至第一百四十八条所列产品，不构成各该条规定的犯罪，但是销售金额在五万元以上的，依照本节第一百四十条的规定定罪处罚。

生产、销售本节第一百四十一条至第一百四十八条所列产品，构成各该条规定的犯罪，同时又构成本节第一百四十条规定之罪的，依照处罚较重的规定定罪处罚。

【案例】

宋某、周某鑫、王某某、吴某敏生产、销售假药、生产、销售伪劣产品案[①]

• 案件事实 •

2008年8月至今，周某付（在逃）伙同宋某、周某鑫、吴某敏、王某某、吴某圆（在逃）、吴某平（在逃）先后在郑州经济技术开发区东杨村东一民房内生产假药。在上述犯罪活动中，周某付系老板，负责原料及包装的购买、销售成品药品；宋某系生产窝点负责人，负责运输；周某鑫、吴某敏、王某某、吴某圆（在逃）、吴某平（在逃）负责生产，王某某负责生产及看门。

2009年6月6日，郑州食品药品监督管理局对该窝点进行查扣，现场扣押云南白药22500袋（每袋5贴）、麝香壮骨膏21050袋（每袋3贴）、消痛贴膏17500袋（每袋1贴）、齐氏风湿痛消贴3560袋（每袋2贴）、一正痛消24600袋（每袋5贴）、腹泻帖（让宝宝更健康）15400袋（每袋1贴）、痛络去痛贴（加强型）14500袋（每袋2贴）、消炎镇痛贴12500袋（每袋3片）、晕车贴32500袋（每袋2贴）、咳喘贴（宝宝一贴灵）26320袋（每袋1贴）、小儿腹泻贴（宝宝一贴灵）28500袋（每袋1贴）、中华耳目贴6450袋（每袋1贴）、丁桂儿脐贴（宝宝一贴灵）6540袋（每袋2贴）、小儿退热贴（宝宝一贴灵）1500盒（每盒3袋，每袋3贴）、坐骨神经痛15200袋（每袋2贴）、新金盖

---

① 参见河南省郑州市高新技术产业开发区人民法院（2009）开刑初字第647号。

娃120盒、咳特灵胶囊400盒、999皮炎平1200盒、琥乙红霉素片300盒、宫炎康胶囊350盒、吗丁啉900盒、阿莫西林胶囊800盒、斯达舒450盒、消炎止咳片900盒、复方甘草片600盒。

其中扣押的4名被告人生产的腹泻贴（让宝宝更健康）、咳喘贴（宝宝一贴灵）、小儿腹泻贴（宝宝一贴灵）、丁桂儿脐贴（宝宝一贴灵）、小儿退热贴（宝宝一贴灵）5种膏药，足以危害人体健康，经统计，总价值为395968元。

其中扣押的四名被告人生产的中华耳目贴6450袋（每袋1贴）、云南白药22500袋（每袋5贴）、麝香壮骨膏21050袋（每袋3贴）、消痛贴膏17500袋（每袋1贴）、齐氏风湿痛消贴3560袋（每袋2贴）、一正痛消24600袋（每袋5贴）、痛络去痛贴（加强型）14500袋（每袋2贴）、消炎镇痛贴12500袋（每袋3片）、晕车贴32500袋（每袋2贴）9种贴剂，经统计，总价值为8323055元。

本案中扣押的其他药品均为周某付放置在其生产窝点的药品，不是被告人宋某等4人生产的。

• 裁判要旨 •

生产、销售假药且涉案货值金额巨大的，同时构成生产、销售假药罪与生产、销售伪劣产品罪的，比较具体案情所可能判处的刑罚，依照处刑较重的规定定罪处罚。

• 裁判理由 •

郑州市高新技术产业开发区人民法院经审理认为：被告人宋某、周某鑫、王某某、吴某敏伙同他人生产、销售假冒伪劣产品，货值金额达832305.5元，同时生产、销售的假药，足以严重危害人体健康，其行为均已分别构成生产、销售伪劣产品罪和生产、销售假药罪。公诉机关指控的事实和罪名成立，法院予以支持。本案扣押的4名被告人生产的伪劣产品尚未销售，应以生产、销售伪劣产品罪（未遂）定罪处罚。在共同犯罪中，被告人宋某等4名被告人均是受周某付雇佣，按周某付指示从事生产销售假冒伪劣产品，均系从犯，依法应从轻或减轻处罚，但宋某所起作用比其他被告人稍大。鉴于4名被告人认罪态度较好，有悔罪表现，可对其酌情予以从轻处罚。依照《刑法》第140条、第141条、第23条、第25条第1款、第27条之规定，判决如下：一、被告人宋某犯生产、销售伪劣产品罪，判处有期徒刑二年零六个月，并处罚金人民币2万元；犯生产、销售假药罪，判处有期徒刑一年，并处罚金人民币1万元。决定执行有期徒刑三年，并处罚金人民币3万元。二、被告人周某鑫犯生产、销售伪劣产品罪，判处有期徒刑二年，并处罚金人民币2万元，犯生产、销售假药罪，判处有期徒刑一年，并处罚金人民币1万元。决定执行有期徒刑二年零六个月，并处罚金人民币 3 万元。三、被告人王某某犯生产、销售伪劣产品罪，判处有期徒刑二年，并处罚金人民币 2 万元；犯生产、销售假药罪，判处有期徒刑一年，并处罚金人民币 1 万元。决定执行有期徒刑二年零六个月，并处罚金人民币 3 万元。四、被告人吴某敏犯生产、销售伪劣产品罪，判处有期徒刑一年，并处罚金人民币 2 万元；犯生产、销售假药罪，判处有期徒刑一年，并处罚金人民币 1 万元。决定执行有期徒刑一年零六个月，并处罚金人民币 3 万元。

【学理分析及适用指引】

• 学理分析 •

本条是关于对生产、销售特殊伪劣产品犯罪行为如何正确适用法律的规定。

本条第 1 款是关于对生产、销售特殊伪劣产品尚未构成有特殊规定的各有关犯罪，而销售金额却在 5 万元以上，如何正确适用法律的规定。除《刑法》第 140 条对生产、销售伪劣产品罪作了一般规定外，为了对群众反映强烈的一些生产、销售直接危害人民生命健康和严重影响生产安全的特定假冒伪劣产品的犯罪行为进行严厉打击，法律为此又专门规定了罪名，如《刑法》第 141 ~ 148 条规定的生产、销售、提供假药罪，生产、销售、提供劣药罪，妨害药品管理罪、生产、销售不符合卫生标准的食品罪，生产、销售有毒、有害食品罪，生产、销售不符合标准的医用器材罪，生产、销售不符合安全标准的产品罪，生产、销售伪劣农药、兽药、化肥、种子罪，生产、销售不符合卫生标准的化妆品罪等。这些生产、销售特殊伪劣产品犯罪的构成要件又各有不同：有的要以“对人体健康造成严重危害”为犯罪构成要件，有的则要求“造成严重后果”，还有的以“使生产遭受较大损失”为必要条件。这样在有些情况下，如果生产、销售了某些特定伪劣产品，销售金额已在 5 万元以上，但由于构成这些犯罪所必需的“严重后果”还没有发生或者难以确定，则难以定罪。为了不影响对这些犯罪行为的打击，根据本款规定，对于生产、销售《刑法》第 141 ~ 148 条所列产品，不构成各该条规定的犯罪，但是销售金额在 5 万元以上的，依照《刑法》第 140 条的规定定罪处罚，即可按生产、销售伪劣产品罪追究刑事责任。

本条第 2 款是对生产、销售特殊伪劣产品行为，如果同时触犯了两个罪名，如何正确适用法律的规定。生产、销售假药、劣药，不符合卫生标准的食品，有毒、有害食品，不符合标准的医疗器械、医用卫生材料，不符合安全标准的电器、压力容器、易燃易爆产品，伪劣农药、兽药、化肥、种子，不符合卫生标准的化妆品等行为，有的时候不仅构成了《刑法》规定的生产、销售特定伪劣产品的犯罪，如果销售金额在5万元以上，也同时构成了一般的生产、销售伪劣产品罪，对于这种情况，本款采取了从一重罪处罚的原则。规定对于生产、销售《刑法》第141～148条所列产品，构成各该条规定的犯罪，同时又构成《刑法》第140条规定的犯罪的，依照处刑较重的规定定罪处罚。

• 适用指引 •

《刑法》第149条第1款是关于生产、销售特殊种类的伪劣产品尚未构成各有关条款规定的犯罪，但销售金额在5万元以上，如何适用法律的规定。《刑法》第141～148条规定的是生产、销售特定种类的伪劣产品犯罪，这些犯罪的成立，要么要求行为足以造成法定的危险，要么要求行为造成较大的损失。因此，当这些要件不具备但销售金额在5万元以上时，如果不通过立法方式规定该行为以《刑法》第140条的规定定罪处罚，似显不公平。故此，本款规定，对此按照生产、销售伪劣产品罪定罪处罚。

《刑法》第149条第2款是关于法条竞合适用原则的特别规定。《刑法》第140条是普通法条，第141～148条是关于生产、销售伪劣商品犯罪的特别法条。在一般情况下，发生法条竞合时，应当按照特别法优于普通法的原则处理。但《刑法》明确规定了重法优于轻法的原则时，就不能再按照特别法优于普通法的原则来处理案件，而只能按照重法优于轻法的原则来认定相应的案件。因此，发生《刑法》第140条和第141条至第148条竞合的情况时，应当按照重法优于轻法的原则来处理。

第一百五十条　本节中的单位犯罪

【法律规定】

• 法律条文 •

《中华人民共和国刑法》

第一百五十条　单位犯本节第一百四十条至第一百四十八条规定之罪的，对单位判处罚金，并对其直接负责的主管人员和其他直接责任人员，依照各该条的规定处罚。

• 相关规定 •

《最高人民法院关于审理单位犯罪案件具体应用法律有关问题的解释》（法释〔1999〕14号）

为依法惩治单位犯罪活动，根据刑法的有关规定，现对审理单位犯罪案件具体应用法律的有关问题解释如下：

第一条　刑法第三十条规定的“公司、企业、事业单位”，既包括国有、集体所有的公司、企业、事业单位，也包括依法设立的合资经营、合作经营企业和具有法人资格的独资、私营等公司、企业、事业单位。

第二条　个人为进行违法犯罪活动而设立的公司、企业、事业单位实施犯罪的，或者公司、企业、事业单位设立后，以实施犯罪为主要活动的，不以单位犯罪论处。

第三条　盗用单位名义实施犯罪，违法所得由实施犯罪的个人私分的，依照刑法有关自然人犯罪的构成与刑事责任定罪处罚。

【案例】

锦峰水泥有限公司等销售伪劣产品案①

• 案件事实 •

锦峰水泥有限公司于 1999 年 5 月 7 日成立，主要经营范围为普通硅酸盐水泥制造，有注册商标“锦峰牌”和未注册商标“锦山牌”。2004 年 1 月始，该公司开始生产、销售砌筑水泥，将“锦峰牌”作为普通水泥的销售品牌，而“锦山牌”则一律用于砌筑水泥的销售品牌。

2004 年 4 月初，为了打开产品在浙南市场的销路，马某、施某经商议决定，将本单位生产的砌筑水泥装入普通水泥袋中予以销售。其后，施某派人两次到浙江平阳县余龙塑料编织袋厂印制了标有“锦山牌普通水泥”字样的水泥包装袋 50800 只，标有“锦山牌普通硅酸盐水泥”字样的水泥包装袋 39840 只。后由姚某、沈某具体操作，将生产的砌筑水泥灌装入标有“锦山牌普通水泥”和“锦山牌普通硅酸盐水泥”字样的包装袋中，销售给台州的水泥经销商罗某和梁某，至案发，销售金额达人民币 482581 元。

案发后，锦峰水泥有限公司积极做好善后赔偿工作。马某于 2004 年 8 月 16 日自动向公安机关投案。

• 裁判要旨 •

生产、销售伪劣产品犯罪的犯罪主体包括公司、企业等单位。

• 裁判理由 •

被告人施某、马某、姚某、沈某违反国家产品质量管理法规，故意在产品

① 参见张耕主编：《刑事案例诉辩审评——生产销售伪劣商品罪》，中国检察出版社 2006 年版，第 95 ~ 98 页。

中以次充好，销售金额在5万元以上，其中被告人施某、马某属被告单位锦峰水泥有限公司的决策人员，被告人姚某、沈某属直接实施行为人员，四名被告人以被告单位锦峰水泥有限公司名义实施的犯罪行为体现的是被告单位的意志，并为被告单位牟取了利益，故被告单位锦峰水泥有限公司已构成生产、销售伪劣产品罪，公诉机关指控的罪名成立，依法应予以惩处，且对被告人施某、马某应作为直接负责的主管人员，对被告人姚某、沈某应作为直接责任人员分别定罪处罚。被告人马某案发后向公安机关自动投案并如实供述自己的罪行，属自首，可依法从轻处罚。被告单位在案发后能积极赔偿损失，可酌情从轻处罚。4名被告人均能自愿认罪，符合《最高人民法院、最高人民检察院、司法部关于适用普通程序审理“被告人认罪案件”的若干意见（试行）》第9条之规定，可酌情予以从轻处罚。依照《刑法》第140条，第52条，第53条，第150条，第30条，第31条，第67条第1款，第68条第1款，第72条，第73条第2款、第3款，第25条第1款之规定，判决如下：一、被告单位锦峰水泥有限公司犯生产、销售伪劣产品罪，单处罚金人民币48万元。二、被告人施某犯生产、销售伪劣产品罪，判处有期徒刑三年，缓刑五年，并处罚金人民币37万元。三、被告人马某犯生产、销售伪劣产品罪，判处有期徒刑三年，缓刑四年，并处罚金人民币37万元。四、被告人姚某犯生产、销售伪劣产品罪，判处有期徒刑两年六个月，缓刑三年，并处罚金人民币25万元。五、被告人沈某犯生产、销售伪劣产品罪，判处有期徒刑两年六个月，缓刑三年，并处罚金人民币25万元。

【学理分析及适用指引】

• 学理分析 •

本条实际上是《刑法》第30条和第31条有关单位犯罪及其处罚原则的呼应性规定。根据本条的规定，单位犯本节规定之罪的，对单位判处罚金，对直接负责的主管人员和其他直接责任人员，依照各条的规定处罚。适用本条的规定，必须注意以下两个问题：一是单位犯罪的认定。按照我国刑法学界的通说，所谓单位故意犯罪，是指单位的代表人、代理人或单位其他成员，经单位决策机关或负责人决定，为了本单位的利益而实施的严重危害社会、依法应负刑事责任的行为。[①] 二是关于单位犯罪的处罚原则。适用本条规定在对犯罪的单位判处罚金时，根据《刑法》第52条的规定，要依照单位犯罪的情节判处。对于有关的责任人，一方面要根据其行为的性质依照相关的规定适用自由刑，另一方面也应该根据各条的规定适用罚金刑。

---

① 参见高铭暄主编：《刑法专论》，高等教育出版社2006年版，第235页。

• 适用指引 •

对单位犯罪的认定，必须把握以下两点：（1）要看行为是否经单位决策机关或负责人决定。从单位犯罪意志的形成过程看，这种意志要么经过单位的决策机关决定而形成，要么经过单位负责人的决定而形成。如果行为人的行为不是经过单位决策机关或者负责人决定而实施，这种行为及其造成的危害社会的结果就不能体现单位的意志，就不能让该单位承担刑事责任。（2）要看是否系为单位谋取利益。如果单位的决策机关或负责人为了私利而决定实施依法应该承担刑事责任的行为的，就不能认定为单位犯罪，而是自然人犯罪。

第二节　走私罪

第一百五十一条　走私武器、弹药罪；走私核材料罪；走私假币罪；走私文物罪；走私贵重金属罪；走私珍贵动物、珍贵动物制品罪；走私国家禁止进出口的货物、物品罪

【法律规定】

• 法律条文 •

《中华人民共和国刑法》

第一百五十一条　走私武器、弹药、核材料或者伪造的货币的，处七年以上有期徒刑，并处罚金或者没收财产；情节特别严重的，处无期徒刑，并处没收财产；情节较轻的，处三年以上七年以下有期徒刑，并处罚金。

走私国家禁止出口的文物、黄金、白银和其他贵重金属或者国家禁止进出口的珍贵动物及其制品的，处五年以上十年以下有期徒刑，并处罚金；情节特别严重的，处十年以上有期徒刑或者无期徒刑，并处没收财产；情节较轻的，处五年以下有期徒刑，并处罚金。

走私珍稀植物及其制品等国家禁止进出口的其他货物、物品的，处五年以下有期徒刑或者拘役，并处或者单处罚金；情节严重的，处五年以上有期徒刑，并处罚金。

单位犯本条规定之罪的，对单位判处罚金，并对其直接负责的主管人员和其他直接责任人员，依照本条各款的规定处罚。

• 相关规定 •

《最高人民法院、最高人民检察院关于涉以压缩气体为动力的枪支、气枪铅弹刑事案件定罪量刑问题的批复》（法释〔2018〕8号）

各省、自治区、直辖市高级人民法院、人民检察院，解放军军事法院、军事检察院，新疆维吾尔自治区高级人民法院生产建设兵团分院、新疆生产建设兵团人民检察院：

近来，部分高级人民法院、省级人民检察院就如何对非法制造、买卖、运输、邮寄、储存、持有、私藏、走私以压缩气体为动力的枪支、气枪铅弹（用铅、铅合金或者其他金属加工的气枪弹）行为定罪量刑的问题提出请示。经研究，批复如下：

一、对于非法制造、买卖、运输、邮寄、储存、持有、私藏、走私以压缩气体为动力且枪口比动能较低的枪支的行为，在决定是否追究刑事责任以及如何裁量刑罚时，不仅应当考虑涉案枪支的数量，而且应当充分考虑涉案枪支的外观、材质、发射物、购买场所和渠道、价格、用途、致伤力大小、是否易于通过改制提升致伤力，以及行为人的主观认知、动机目的、一贯表现、违法所得、是否规避调查等情节，综合评估社会危害性，坚持主客观相统一，确保罪责刑相适应。

二、对于非法制造、买卖、运输、邮寄、储存、持有、私藏、走私气枪铅弹的行为，在决定是否追究刑事责任以及如何裁量刑罚时，应当综合考虑气枪铅弹的数量、用途以及行为人的动机目的、一贯表现、违法所得、是否规避调查等情节，综合评估社会危害性，确保罪责刑相适应。

此复。

《最高人民法院、最高人民检察院关于办理妨害文物管理等刑事案件适用法律若干问题的解释》（法释〔2015〕23号）

第一条 刑法第一百五十一条规定的“国家禁止出口的文物”，依照《中华人民共和国文物保护法》规定的“国家禁止出境的文物”的范围认定。

走私国家禁止出口的二级文物的，应当依照刑法第一百五十一条第二款的规定，以走私文物罪处五年以上十年以下有期徒刑，并处罚金；走私国家禁止出口的一级文物的，应当认定为刑法第一百五十一条第二款规定的“情节特别严重”；走私国家禁止出口的三级文物的，应当认定为刑法第一百五十一条第二款规定的“情节较轻”。

走私国家禁止出口的文物，无法确定文物等级，或者按照文物等级定罪量刑明显过轻或者过重的，可以按照走私的文物价值定罪量刑。走私的文物价值在二十万元以上不满一百万元的，应当依照刑法第一百五十一条第二款的规定，以走私文物罪处五年以上十年以下有期徒刑，并处罚金；文物价值在一百万元以上的，应当认定为刑法第一百五十一条第二款规定的“情节特别严重”；文物价值在五万元以上不满二十万元的，应当认定为刑法第一百五十一条第二款规定的“情节较轻”。

《最高人民法院、最高人民检察院关于办理走私刑事案件适用法律若干问题的解释》（法释〔2014〕10号）

为依法惩治走私犯罪活动，根据刑法有关规定，现就办理走私刑事案件适用法律的若干问题解释如下：

第一条 走私武器、弹药，具有下列情形之一的，可以认定为刑法第一百五十一条第一款规定的“情节较轻”：

（一）走私以压缩气体等非火药为动力发射枪弹的枪支二支以上不满五支的；

（二）走私气枪铅弹五百发以上不满二千五百发，或者其他子弹十发以上不满五十发的；

（三）未达到上述数量标准，但属于犯罪集团的首要分子，使用特种车辆从事走私活动，或者走私的武器、弹药被用于实施犯罪等情形的；

（四）走私各种口径在六十毫米以下常规炮弹、手榴弹或者枪榴弹等分别或者合计不满五枚的。

具有下列情形之一的，依照刑法第一百五十一条第一款的规定处七年以上有期徒刑，并处罚金或者没收财产：

（一）走私以火药为动力发射枪弹的枪支一支，或者以压缩气体等非火药为动力发射枪弹的枪支五支以上不满十支的；

（二）走私第一款第二项规定的弹药，数量在该项规定的最高数量以上不满最高数量五倍的；

（三）走私各种口径在六十毫米以下常规炮弹、手榴弹或者枪榴弹等分别或者合计达到五枚以上不满十枚，或者各种口径超过六十毫米以上常规炮弹合计不满五枚的；

（四）达到第一款第一、二、四项规定的数量标准，且属于犯罪集团的首要分子，使用特种车辆从事走私活动，或者走私的武器、弹药被用于实施犯罪等情形的。

具有下列情形之一的，应当认定为刑法第一百五十一条第一款规定的“情节特别严重”：

（一）走私第二款第一项规定的枪支，数量超过该项规定的数量标准的；

（二）走私第一款第二项规定的弹药，数量在该项规定的最高数量标准五倍以上的；

（三）走私第二款第三项规定的弹药，数量超过该项规定的数量标准，或者走私具有巨大杀伤力的非常规炮弹一枚以上的；

（四）达到第二款第一项至第三项规定的数量标准，且属于犯罪集团的首要分子，使用特种车辆从事走私活动，或者走私的武器、弹药被用于实施犯罪等情形的。

走私其他武器、弹药，构成犯罪的，参照本条各款规定的标准处罚。

第二条 刑法第一百五十一条第一款规定的“武器、弹药”的种类，参照《中华人民共和国进口税则》及《中华人民共和国禁止进出境物品表》的有关规定确定。

第三条 走私枪支散件，构成犯罪的，依照刑法第一百五十一条第一款的规定，以走私武器罪定罪处罚。成套枪支散件以相应数量的枪支计，非成套枪支散件以每三十件为一套枪支散件计。

第四条 走私各种弹药的弹头、弹壳，构成犯罪的，依照刑法第一百五十一条第一款的规定，以走私弹药罪定罪处罚。具体的定罪量刑标准，按照本解释第一条规定的数量标准的五倍执行。

走私报废或者无法组装并使用的各种弹药的弹头、弹壳，构成犯罪的，依照刑法第一百五十三条的规定，以走私普通货物、物品罪定罪处罚；属于废物的，依照刑法第一百五十二条第二款的规定，以走私废物罪定罪处罚。

弹头、弹壳是否属于前款规定的“报废或者无法组装并使用”或者“废物”，由国家有关技术部门进行鉴定。

第五条 走私国家禁止或者限制进出口的仿真枪、管制刀具，构成犯罪的，依照刑法第一百五十一条第三款的规定，以走私国家禁止进出口的货物、物品罪定罪处罚。具体的定罪量刑标准，适用本解释第十一条第一款第六、七项和第二款的规定。

走私的仿真枪经鉴定为枪支，构成犯罪的，依照刑法第一百五十一条第一款的规定，以走私武器罪定罪处罚。不以牟利或者从事违法犯罪活动为目的，且无其他严重情节的，可以依法从轻处罚；情节轻微不需要判处刑罚的，可以免予刑事处罚。

第六条 走私伪造的货币，数额在二千元以上不满二万元，或者数量在二百张（枚）以上不满二千张（枚）的，可以认定为刑法第一百五十一条第一款规定的“情节较轻”。

具有下列情形之一的，依照刑法第一百五十一条第一款的规定处七年以上有期徒刑，并处罚金或者没收财产：

（一）走私数额在二万元以上不满二十万元，或者数量在二千张（枚）以上不满二万张（枚）的；

（二）走私数额或者数量达到第一款规定的标准，且具有走私的伪造货币流入市场等情节的。

具有下列情形之一的，应当认定为刑法第一百五十一条第一款规定的“情节特别严重”：

（一）走私数额在二十万元以上，或者数量在二万张（枚）以上的；

（二）走私数额或者数量达到第二款第一项规定的标准，且属于犯罪集团的首要分子，使用特种车辆从事走私活动，或者走私的伪造货币流入市场等情形的。

第七条 刑法第一百五十一条第一款规定的“货币”，包括正在流通的人民币和境外货币。伪造的境外货币数额，折合成人民币计算。

第八条 走私国家禁止出口的三级文物二件以下的，可以认定为刑法第一百五十一条第二款规定的“情节较轻”。

具有下列情形之一的，依照刑法第一百五十一条第二款的规定处五年以上十年以下有期徒刑，并处罚金：

（一）走私国家禁止出口的二级文物不满三件，或者三级文物三件以上不满九件的；

（二）走私国家禁止出口的三级文物不满三件，且具有造成文物严重毁损或者无法追回等情节的。

具有下列情形之一的，应当认定为刑法第一百五十一条第二款规定的“情节特别严重”：

（一）走私国家禁止出口的一级文物一件以上，或者二级文物三件以上，或者三级文物九件以上的；

（二）走私国家禁止出口的文物达到第二款第一项规定的数量标准，且属于犯罪集团的首要分子，使用特种车辆从事走私活动，或者造成文物严重毁损、无法追回等情形的。

第九条 走私国家一、二级保护动物未达到本解释附表中（一）规定的数量标准，或者走私珍贵动物制品数额不满二十万元的，可以认定为刑法第一百五十一条第二款规定的“情节较轻”。

具有下列情形之一的，依照刑法第一百五十一条第二款的规定处五年以上十年以下有期徒刑，并处罚金：

（一）走私国家一、二级保护动物达到本解释附表中（一）规定的数量标准的；

（二）走私珍贵动物制品数额在二十万元以上不满一百万元的；

（三）走私国家一、二级保护动物未达到本解释附表中（一）规定的数量标准，但具有造成该珍贵动物死亡或者无法追回等情节的。

具有下列情形之一的，应当认定为刑法第一百五十一条第二款规定的“情节特别严重”：

（一）走私国家一、二级保护动物达到本解释附表中（二）规定的数量标准的；

（二）走私珍贵动物制品数额在一百万元以上的；

（三）走私国家一、二级保护动物达到本解释附表中（一）规定的数量标准，且属于犯罪集团的首要分子，使用特种车辆从事走私活动，或者造成该珍贵动物死亡、无法追回等情形的。

不以牟利为目的，为留作纪念而走私珍贵动物制品进境，数额不满十万元的，可以免予刑事处罚；情节显著轻微的，不作为犯罪处理。

第十条 刑法第一百五十一条第二款规定的“珍贵动物”，包括列入《国家重点保护野生动物名录》中的国家一、二级保护野生动物，《濒危野生动植物种国际贸易公约》附录Ⅰ、附录Ⅱ中的野生动物，以及驯养繁殖的上述动物。

走私本解释附表中未规定的珍贵动物的，参照附表中规定的同属或者同科动物的数量标准执行。

走私本解释附表中未规定珍贵动物的制品的，按照《最高人民法院、最高人民检察院、国家林业局、公安部、海关总署关于破坏野生动物资源刑事案件中涉及的CITES附录Ⅰ和附录Ⅱ所列陆生野生动物制品价值核定问题的通知》（林濒发〔2012〕239号）的有关规定核定价值。

第十一条 走私国家禁止进出口的货物、物品，具有下列情形之一的，依照刑法第一百五十一条第三款的规定处五年以下有期徒刑或者拘役，并处或者单处罚金：

（一）走私国家一级保护野生植物五株以上不满二十五株，国家二级保护野生植物十株以上不满五十株，或者珍稀植物、珍稀植物制品数额在二十万元以上不满一百万元的；

（二）走私重点保护古生物化石或者未命名的古生物化石不满十件，或者一般保护古生物化石十件以上不满五十件的；

（三）走私禁止进出口的有毒物质一吨以上不满五吨，或者数额在二万元以上不满十万元的；

（四）走私来自境外疫区的动植物及其产品五吨以上不满二十五吨，或者数额在五万元以上不满二十五万元的；

（五）走私木炭、硅砂等妨害环境、资源保护的货物、物品十吨以上不满五十吨，或者数额在十万元以上不满五十万元的；

（六）走私旧机动车、切割车、旧机电产品或者其他禁止进出口的货物、物品二十吨以上不满一百吨，或者数额在二十万元以上不满一百万元的；

（七）数量或者数额未达到本款第一项至第六项规定的标准，但属于犯罪集团的首要分子，使用特种车辆从事走私活动，造成环境严重污染，或者引起甲类传染病传播、重大动植物疫情等情形的。

具有下列情形之一的，应当认定为刑法第一百五十一条第三款规定的“情节严重”：

（一）走私数量或者数额超过前款第一项至第六项规定的标准的；

（二）达到前款第一项至第六项规定的标准，且属于犯罪集团的首要分子，使用特种车辆从事走私活动，造成环境严重污染，或者引起甲类传染病传播、重大动植物疫情等情形的。

第十二条　刑法第一百五十一条第三款规定的“珍稀植物”，包括列入《国家重点保护野生植物名录》《国家重点保护野生药材物种名录》《国家珍贵树种名录》中的国家一、二级保护野生植物、国家重点保护的野生药材、珍贵树木，《濒危野生动植物种国际贸易公约》附录Ⅰ、附录Ⅱ中的野生植物，以及人工培育的上述植物。

本解释规定的“古生物化石”，按照《古生物化石保护条例》的规定予以认定。走私具有科学价值的古脊椎动物化石、古人类化石，构成犯罪的，依照刑法第一百五十一条第二款的规定，以走私文物罪定罪处罚。

第二十条　直接向走私人非法收购走私进口的货物、物品，在内海、领海、界河、界湖运输、收购、贩卖国家禁止进出口的物品，或者没有合法证明，在内海、领海、界河、界湖运输、收购、贩卖国家限制进出口的货物、物品，构成犯罪的，应当按照走私货物、物品的种类，分别依照刑法第一百五十一条、第一百五十二条、第一百五十三条、第三百四十七条、第三百五十条的规定定罪处罚。

刑法第一百五十五条第二项规定的“内海”，包括内河的入海口水域。

第二十二条　在走私的货物、物品中藏匿刑法第一百五十一条、第一百五十二条、第三百四十七条、第三百五十条规定的货物、物品，构成犯罪的，以实际走私的货物、物品定罪处罚；构成数罪的，实行数罪并罚。

第二十三条　实施走私犯罪，具有下列情形之一的，应当认定为犯罪既遂：

（一）在海关监管现场被查获的；

（二）以虚假申报方式走私，申报行为实施完毕的；

（三）以保税货物或者特定减税、免税进口的货物、物品为对象走私，在境内销售的，或者申请核销行为实施完毕的。

第二十四条　单位犯刑法第一百五十一条、第一百五十二条规定之罪，依照本解释规定的标准定罪处罚。

单位犯走私普通货物、物品罪，偷逃应缴税额在二十万元以上不满一百万元的，应当依照刑法第一百五十三条第二款的规定，对单位判处罚金，并对其直接负责的主管人员和其他直接责任人员，处三年以下有期徒刑或者拘役；偷逃应缴税额在一百万元以上不满五百万元的，应当认定为“情节严重”；偷逃应缴税额在五百万元以上的，应当认定为“情节特别严重”。

《最高人民法院、最高人民检察院、海关总署关于办理走私刑事案件适用法律若干问题的意见》（法〔2002〕139号）

五、关于走私犯罪嫌疑人、被告人主观故意认定问题

行为人明知自己的行为违反国家法律法规，逃避海关监管，偷逃进出境货物、物品的应缴税额，或者逃避国家有关进出境的禁止性管理，并且希望或者放任危害结果发生的，应该定为具有走私的主观故意。

走私主观故意中的“明知”是指行为人知道或者应当知道所从事的行为是走私行为。具有下列情形之一的，可以认定为“明知”，但有证据证明确属被蒙骗的除外：

（一）逃避海关监管，运输、携带、邮寄国家禁止进出境的货物、物品的；

（二）用特制的设备或者运输工具走私货物、物品的；

（三）未经海关同意，在非设关的码头、海（河）岸、陆路边境等地点，运输（驳载）、收购或者贩卖非法进出境货物、物品的；

（四）提供虚假的合同、发票、证明等商业单位委托他人办理通关手续的；

（五）以明显低于货物正常进（出）口的应缴税额委托他人代理进（出）口业务的；

（六）曾因同一种走私行为受过刑事处罚或者行政处罚的；

（七）其他有证据证明的情形。

六、关于行为人对其走私的具体对象不明确的案件的处理问题

走私犯罪嫌疑人主观上具有走私犯罪故意，但对其走私的具体对象不明确的，不影响走私犯罪构成，应当根据实际的走私对象定罪处罚。但是，确有证据证明行为人因受蒙骗而对走私对象发生认识错误的，可以从轻处罚。

十七、关于单位走私犯罪案件诉讼代表人的确定及其相关问题

单位走私犯罪案件的诉讼代表人，应当是单位的法定代表人或者主要负责人。单位的法定代表人或者主要负责人被依法追究刑事责任或者因其他原因无法参与刑事诉讼的，人民检察院应当另行确定被告单位的其他负责人作为诉讼代表人参加诉讼。

接到出庭通知的被告单位的诉讼代表人应当出庭应诉。拒不出庭的，人民法院在必要的时候，可以拘传到庭。

对直接负责的主管人员和其他直接责任人员均无法归案的单位走私犯罪案件，只要单位走私犯罪的事实清楚、证据确实充分，且能够确定诉讼代表人代表单位参与刑事诉讼活动的，可以先行追究该单位的刑事责任。

被告单位没有合适人选作为诉讼代表人出庭的，因不具备追究该单位刑事责任的诉讼条件，可按照单位犯罪的条款先行追究单位犯罪中直接负责的主管人员或者其他直接责任人员的刑事责任。人民法院在对单位犯罪中直接负责的主管人员或者直接责任人员进行判决时，对于扣押、冻结的走私货物、物品、违法所得以及属于犯罪单位所有的走私犯罪工具，应当一并判决予以追缴、没收。

十八、关于单位走私犯罪及其直接负责的主管人员和直接责任人员的认定问题

具备下列特征的，可以认定为单位走私犯罪：（1）以单位的名义实施走私犯罪，即由单位集体研究决定，或者由单位的负责人或者被授权的其他人员决定、同意；（2）为单位谋取不正当利益或者违法所得大部分归单位所有。

依照《最高人民法院关于审理单位犯罪案件具体应用法律有关问题的解释》第二条的规定，个人为进行违法犯罪活动而设立的公司、企业、事业单位实施犯罪的，或者个人设立公司、企业、事业单位后，以实施犯罪为主要活动的，不以单位犯罪论处。单位是否以实施犯罪为主要活动，应根据单位实施走私行为的次数、频度、持续时间、单位进行合法经营的状况等因素综合考虑认定。

根据单位人员在单位走私犯罪活动中所发挥的不同作用，对其直接负责的主管人员和其他直接责任人员，可以确定为一个或者数人。对于受单位领导指派而积极参与实施走私犯罪行为的人员，如果其行为在走私犯罪的主要环节起重要作用的，可以认定为单位犯罪的直接责任人员。

十九、关于单位走私犯罪后发生分立、合并或者其他资产重组情形以及单位被依法注销、宣告破产等情况下，如何追究刑事责任的问题

单位走私犯罪后，单位发生分立、合并或者其他资产重组等情况的，只要承受该单位权利义务的单位存在，应当追究单位走私犯罪的刑事责任。走私单位发生分立、合并或者其他资产重组后，原单位名称发生更改的，仍以原单位（名称）作为被告单位。承受原单位权利义务的单位法定代表人或负责人为诉讼代表人。

单位走私犯罪后，发生分立、合并或者其他资产重组情形，以及被依法注销、宣告破产等情况的，无论承受该单位权利义务的单位是否存在，均应追究原单位直接负责的主管人员和其他直接责任人员的刑事责任。

人民法院对原走私单位判处罚金的，应当将承受原单位权利义务的单位作为被执行人。罚金超出新单位所承受的财产的，可在执行中予以减除。

二十、关于单位与个人共同走私普通货物、物品案件的处理问题

单位和个人（不包括单位直接负责的主管人员和其他直接责任人员）共同走私的，单位和个人均应对共同走私所偷逃应缴税额负责。

对单位和个人共同走私偷逃应缴税额为 5 万元以上不满 25 万元的，应当根据其在案件中所起的作用，区分不同情况做出处理。单位起主要作用的，对单位和个人均不追究刑事责任，由海关予以行政处理；个人起主要作用的，对

个人依照刑法有关规定追究刑事责任，对单位由海关予以行政处理。无法认定单位或个人起主要作用的，对个人和单位分别按个人犯罪和单位犯罪的标准处理。

单位和个人共同走私偷逃应缴税额超过25万元且能区分主、从犯的，应当按照刑法关于主、从犯的有关规定，对从犯从轻、减轻处罚或者免除处罚。

二十一、关于单位走私犯罪案件自首的认定问题

在办理单位走私犯罪案件中，对单位集体决定自首的，或者单位直接负责的主管人员自首的，应当认定单位自首。认定单位自首后，如实交代主要犯罪事实的单位负责的其他主管人员和其他直接责任人员，可视为自首，但对拒不交代主要犯罪事实或逃避法律追究的人员，不以自首论。

《最高人民检察院、公安部关于公安机关管辖的刑事案件立案追诉标准的规定（二）》（公通字〔2022〕12号）

第二条 ［走私假币案（刑法第一百五十一条第一款）］走私伪造的货币，涉嫌下列情形之一的，应予立案追诉：

（一）总面额在二千元以上或者币量在二百张（枚）以上的；

（二）总面额在一千元以上或者币量在一百张（枚）以上，二年内因走私假币受过行政处罚，又走私假币的；

（三）其他走私假币应予追究刑事责任的情形。

【案例一】

张子强、陈智浩等走私武器、弹药案①

• 案件事实 •

1997年10月间，上诉人张子强向上诉人钱汉寿提出购买炸药，并指派刘鼎勋与钱汉寿联系具体事宜，还通过刘鼎勋向钱汉寿先后支付了购买炸药款港币15万元。同年11月，钱汉寿回原籍广东省汕尾市非法购买炸药818.483公斤、雷管2000支、导火索750米，分装在40个泡沫箱内伪装成海鲜，并于1998年1月7日指使他人运到香港交给刘鼎勋。次日晨，张子强、刘鼎勋伙同他人一起将爆炸物搬运进流水响大窝村95号。中午，又转移至马草垄村94号。同月17日，该批爆炸物被查获。

1994年年底至1995年年初，上诉人陈智浩找到叶继欢，共同参与蔡智杰等人的密谋，准备劫持天津市物资综合贸易中心驻深圳办事处经理李某某，以取得其在深圳的一批钢材提货单后提取钢材。1995年1月14日晚10时许，上

---

① 参见广东省高级人民法院（1998）粤高法刑终字第1139号。

诉人马尚忠、梁辉和黄毅受叶继欢指使，驾驶一辆吉普车到深圳与陈智浩会合，在深圳市南方国际大酒店附近将李某某劫往广州。途中，黄毅开车，陈智浩、马尚忠、梁辉恐吓、殴打被害人。梁辉卡被害人脖子并用手铐反铐其双手，马尚忠则用封箱胶纸封住被害人口、眼，之后马尚忠、梁辉又用棉被、衣物捂住被害人头部，致其死亡后，搜去其携带的办公室钥匙。马尚忠、梁辉、黄毅开车到城郊抛尸灭迹，陈智浩则将钥匙交给余汉俊等人。同月16日，蔡智杰等人用从被害人办公室搜得的提货单提走直径8毫米的盘元钢277.39吨（价值人民币721214元），予以销赃。

1991年年初，上诉人陈智浩、马尚忠和朱玉成、李运、黄华生、叶继欢、林铁先后在广州、深圳等地密谋到香港抢劫金行。马尚忠、陈立新到云南省砚山县平远街购得AK47自动步枪和五四式手枪各2支、手榴弹3枚。陈智浩则到湖南省衡阳市购得子弹350发、手榴弹3枚及部分手枪配件。同年6月，陈智浩安排马尚忠、朱玉成和叶继欢、林铁携带AK47自动步枪2支、手枪6支、手榴弹3枚、子弹350发及手枪配件从深圳偷渡到香港，与先期抵港的陈智浩、李运、黄华生会合。同月9日下午，陈智浩、马尚忠等7人持枪并携带面具、螺丝刀、布袋、手套等作案工具，驾驶抢劫被害人余某得来的轻型货车前往香港物华街，叶继欢、马尚忠持枪在街上把守接应，其他人分别冲入“周生生”“周大福”“东盛”等5间珠宝金行，采用持枪威胁等方法，抢得金器一批（共价值港币5739892元）。在香港警察围捕时，叶继欢、马尚忠开枪掩护，7人共同乘车逃离现场。途中，又另劫被害人曾某的汽车换车继续逃跑。作案后，经叶继欢销赃，陈智浩分得赃款港币42万元，马尚忠分得赃款人民币10万元。

1992年年初，陈智浩与朱玉成、李运、叶继欢、林铁等人先后在广州、深圳等地密谋再次到香港抢劫。同年3月10日下午，陈智浩等人在香港分别抢得被害人陈某某的出租车、钟某某的轻型货车后，朱玉成驾车，其他人携带枪支、丝袜、螺丝刀、布袋、手套等作案工具到香港大埔道，叶继欢持枪在街上把守，朱玉成在车上等候接应，其他人冲入“周生生”“谢瑞麟”2间珠宝金行，采用持枪威胁等方法，抢得金器一批，价值港币1682138元。在香港警察围捕时，共同乘车逃离现场。作案后，经叶继欢销赃，陈智浩分得赃款港币12万元。

1995年年底至1996年年初，上诉人张子强、陈智浩和柯贤庭、朱玉成、李运、叶继欢、郭志华等人先后在深圳名都酒店、日新宾馆等地，多次密谋绑架勒索香港人李某某，为此又纠合上诉人梁辉和罗志平、张焕群3人共同作案。张子强出资港币140万元用于购买枪支弹药、车辆等作案工具及租赁关押人质的房屋；陈智浩、朱玉成负责购买车辆、假车牌及对讲机，朱玉成还负责租下关押人质的一农场房屋；柯贤庭负责观察李某某的行踪。叶继欢为此从内地购得 AK47 自动枪 2 支、微型冲锋枪 1 支、手枪 5 支、炸药 9 包（重 1.887 公斤）及子弹一批，在张子强、陈智浩等人的安排和接应下，于 1996 年 5 月 12 日与上诉人梁辉等人将上述枪支弹药偷运到香港。5 月 23 日下午 6 时许，张子强接到柯贤庭的电话后得知李某某的行踪，即与陈智浩等人携带枪支、铁锤等作案工具，在香港深水湾道 80 号附近绑架了被害人李某某及其司机林某某。张子强、陈智浩到李某某家收取勒索的赎金港币 10.38 亿元后，释放被害人。张子强分得赃款港币 3.62 亿元，陈智浩分得赃款港币 2.95 亿元。

1997 年年初，张子强图谋绑架香港人郭某某，指使张志烽观察郭某某的行踪。张志烽又将绑架图谋转告胡济舒、陈树汉等人。此后，张子强与上述同案人先后在广州市胜利宾馆、东莞市华侨酒店、深圳市广东银行大厦的喷泉酒楼等地密谋并作具体分工。期间，张子强、胡济舒分别出资港币 200 余万元、20 万元为实施犯罪作准备，胡济舒还纠合甘永强、邓礼显等人参与绑架。同年 9 月 29 日下午 6 时许，张子强接张志烽电话后得知郭某某的行踪，即与甘永强、邓礼显等人在香港海滩道公路桥底附近，将郭某某绑架至香港马鞍岗 200 号。张子强向郭家收取了勒索的赎金港币 6 亿元后，释放被害人。作案后，张子强分得赃款港币 3 亿元。

1995 年 5 月至 8 月间，陈智浩将非法取得的爆炸物一批藏匿在罗月英在深圳的租屋内。后陈智浩指使韩法、陈辉光、罗月英将爆炸物分两次交他人运至香港。陈智浩收到这些爆炸物后，藏匿于香港薄扶林山上。破案后，在薄扶林缴获其藏匿的炸药 25.4 公斤。

1995 年，陈智浩将手枪子弹 13 发、猎枪子弹 4 发、雷管 10 支等物装入一茶叶罐内，藏匿在罗月英在深圳怡景花园荷萍阁 A2 房内，后被查获。

1997 年年初，陈智浩指使韩法在深圳购得五四式手枪 1 支、子弹 16 发，韩将该枪、弹交陈辉光藏匿。同年 8 月至 9 月间，陈智浩又指使罗志平购得雷鸣登猎枪 1 支及猎枪子弹 26 发，罗志平将该枪、弹带到深圳交罗月英藏匿。后陈智浩指使陈辉光从罗月英处取走猎枪及子弹藏匿于陈辉光住处。破案后，上述枪支弹药被查获。

一审宣判后，被告人张子强、陈智浩、马尚忠、梁辉、钱汉寿不服，提出上诉。

• 裁判要旨 •

违反海关法规，逃避海关监管，携带枪支、弹药偷运出境的行为，构成走私武器弹药罪。

• 裁判理由 •

广东省高级人民法院认为：本案指控的犯罪，有些犯罪行为虽然是在香港实施，但是组织、策划等实施犯罪的准备工作，均发生在内地；实施犯罪所使用的枪支、爆炸物及主要的作案工具均是从内地非法购买后走私运到香港，依照《刑事诉讼法》第24条的规定，内地法院对本案依法享有管辖权。

上诉人张子强出资向上诉人钱汉寿购买爆炸物，指使刘鼎勋负责联络，还伙同他人装卸和转移购买的爆炸物。这些情节有张子强、钱汉寿、刘鼎勋等人的供述和缴获的爆炸物、犯罪工具等证据证实。张子强、钱汉寿违反国家有关爆炸物管理的法律、法规，非法买卖爆炸物的行为，危害公共安全，已触犯《刑法》第125条第1款的规定，构成非法买卖爆炸物罪，且非法买卖爆炸物数量巨大，情节严重。张子强是非法购买爆炸物的货主和策划、指挥者，钱汉寿参与密谋并负责购买、运输，二人在共同犯罪中起主要作用，均是主犯，应当按照其所组织、指挥或参与的全部犯罪处罚，原判量刑适当。张子强及其辩护人认为张子强不应对全案负责，没有依据。钱汉寿及其辩护人认为钱汉寿未出资，没有非法买卖爆炸物，只是运输爆炸物罪的从犯，且情节较轻，与事实不符。

上诉人陈智浩在抢劫李某某案中，纠合同案人使用暴力手段作案，对李某某的死亡负有直接责任；在两次抢劫香港金行案中，不仅策划、指挥，还直接实施抢劫。上诉人马尚忠在抢劫李某某案中，采取暴力手段封李某某的口、眼，是致李某某死亡的直接凶手之一；在抢劫香港物华街金行案中，持枪威胁并开枪拒捕。上诉人梁辉在抢劫李某某案中，对李某某实施恐吓、殴打、卡颈等暴力手段，是致李死亡的直接凶手之一。这些情节均有本人和多名同案人的供述为证。陈智浩、马尚忠、梁辉以非法占有为目的，持械使用暴力及胁迫手段劫取他人财物，其行为触犯1979年《刑法》第150条第2款的规定，构成抢劫罪，抢劫数额巨大，情节严重。在共同犯罪中，陈智浩、马尚忠、梁辉起主要作用，是主犯，应当按照其所组织、指挥或参与的全部犯罪处罚，原判量刑适当。陈智浩及其辩护人关于原判认定陈智浩是抢劫案中致李某某死亡的凶手有误，量刑偏重；在公安机关尚未掌握其在香港二次抢劫事实的情况下首先交代，并供出同案人，应当认定为自首和重大立功，要求从轻处罚的辩解理由和辩护意见；马尚忠、梁辉及其辩护人上诉否认是抢劫案中的主犯，要求从轻处罚的辩解理由和辩护意见，均不予采纳。

上诉人张子强、陈智浩、梁辉以勒索财物为目的，绑架他人，其行为均已触犯1991年9月4日全国人民代表大会常务委员会通过的《关于严惩拐卖、绑架妇女、儿童的犯罪分子的决定》第2条第3款的规定，构成绑架罪，且勒索金额特别巨大，情节严重。张子强在两次绑架犯罪中均提起犯意，并出资购买作案工具，且分占巨额赎金。这些情节有本人和同案人的供述及指认密谋地点、绑架现场、作案工具、被害人开出的提款汇票及授权书等证据证实，足资认定。张子强、陈智浩在实施绑架的共同犯罪中起组织、指挥作用，是主犯，应当按照其所组织、指挥的全部犯罪处罚；梁辉是从犯，依法应从轻或减轻处罚。原判量刑适当。张子强及其辩护人上诉认为认定绑架罪的证据不足，申请调取新的证据，理由不能成立。

上诉人张子强、陈智浩、马尚忠、梁辉违反海关法规，逃避海关监管，携带枪支、弹药偷运出境，其行为触犯全国人民代表大会常务委员会《关于惩治走私罪的补充规定》第1条的规定，构成走私武器、弹药罪，情节特别严重。在共同犯罪中，张子强、陈智浩起组织、指挥作用，是主犯，应当按照其所组织、指挥的全部犯罪处罚；马尚忠、梁辉是从犯，依法应从轻或减轻处罚，原判量刑适当。张子强及其辩护人上诉认为走私武器、弹药是为了实施绑架犯罪，应当被绑架罪吸收，不能独立定罪的理由，不能成立。

上诉人陈智浩伙同他人违反国家爆炸物管理的有关法律、法规，非法运输爆炸物，危害公共安全，其行为触犯1979年《刑法》第112条的规定，构成非法运输爆炸物罪，情节严重。在共同犯罪中，陈智浩起组织、指挥作用，是主犯，应当按照其组织、指挥的全部犯罪处罚。

上诉人陈智浩、马尚忠与他人非法买卖枪支、弹药的行为，已经触犯1979年《刑法》第112条的规定，构成非法买卖枪支、弹药罪。在共同犯罪中，陈智浩、马尚忠是主犯，应当按照其所指挥、参与的全部犯罪处罚。

上诉人张子强、陈智浩、马尚忠、梁辉均一人犯数罪，依照《刑法》第69条的规定，应当数罪并罚。

综上所述，广东省高级人民法院认为：一审判决认定事实清楚，证据确实、充分，定罪准确，对上诉人张子强、陈智浩、马尚忠、梁辉、钱汉寿的量刑适当。该五人的上诉理由及其辩护人的辩护理由不能成立，应予驳回。据此，广东省高级人民法院依照《刑事诉讼法》第189条第1项的规定，于1998年12月4日判决：维持一审对上诉人张子强、陈智浩、马尚忠、梁辉、钱汉寿的判决。依照《最高人民法院关于授权高级人民法院核准部分死刑案件的通知》的规定，广东省高级人民法院在终审判决中同时核准了维持一审时判处上诉人张子强、陈智浩、马尚忠、梁辉、钱汉寿判处死刑，剥夺政治权利终身的刑事判决。

【案例二】

蓑口义则走私文物案[1]

●　案件事实　●

2004年11月16日7时30分许，蓑口义则未经申报，携带分装在两个行李箱中的一批古生物化石，准备从中华人民共和国北京首都机场海关出境。海关关员当场将蓑口义则查获。经鉴定，蓑口义则携带的古生物化石中有1件古脊椎动物化石视同国家二级文物，1件古脊椎动物化石视同国家三级文物。

●　裁判要旨　●

行为人未经申报，携带古脊椎动物化石等古生物化石等出境的，依法构成走私文物罪。

●　裁判理由　●

蓑口义则提出其没有走私文物故意的辩解，其辩护人提出蓑口义则是在北京市潘家园旧货市场购买的化石，不知道中国有关化石分级的情况，其选择无申报通道出境不是出于逃避海关监管的目的，没有走私文物的故意，公诉机关指控蓑口义则具有走私文物的故意证据不足的辩护意见。经查，蓑口义则多次出入中华人民共和国边境，中华人民共和国相关法律明确规定，所有出境文物在出境时须向海关申报，中华人民共和国北京海关亦在出境通道处明示文物出境须申报，并在须申报物品展示柜中陈列了化石样品，蓑口义则对上述规定和要求应当了解。其携带大量古生物化石选择无申报通道出境，显系逃避海关监管，具有走私古生物化石的故意。至于蓑口义则通过何种途径取得化石，其是否明确知道中国化石分级的情况，均不影响对其走私古生物化石的故意和行为的认定。蓑口义则及其辩护人的上述辩解及辩护意见缺乏事实依据，不能成立，不予采纳。

蓑口义则的辩护人所提中华人民共和国国家文物局国家文物鉴定委员会出具的鉴定意见不符合有关司法鉴定文书的形式要件，是不具有法律效力的辩护意见，经查，依据我国的有关法律、法规，文物鉴定属于专业鉴定，有关文物认定的标准和办法，应由国务院文物行政部门制定，并非完全依照有关司法鉴定程序进行，中华人民共和国国家文物局国家文物鉴定委员会依据文物鉴定的

---

① 参见中华人民共和国最高人民法院刑事审判第一、二、三、四、五庭主办：《刑事审判参考》（总第53集），法律出版社2007年版，第7～18页。

有关程序以鉴定委员会名义出具的鉴定意见虽然在形式上与司法鉴定意见的形式存在差别，但不影响鉴定意见的法律效力。辩护人的上述意见不能成立，不予采纳。

蓑口义则的辩护人所提古生物化石不是文物，携带古生物化石出境不等于走私文物，将走私古生物化石的行为认定为走私文物罪没有法律依据，蓑口义则的行为不构成走私文物罪的辩护意见，经查，《文物保护法》第 2 条第 3 款明确规定，具有科学价值的古脊椎动物化石和古人类化石同文物一样受国家保护，故走私上述 2 种化石即属于走私文物。蓑口义则走私的古生物化石中有 1 件视同国家二级文物的古脊椎动物化石和 1 件视同国家三级文物的古脊椎动物化石，其行为已构成走私文物罪。辩护人所提将走私古生物化石的行为认定为走私文物罪没有法律依据的辩护意见，法院不予采纳。而蓑口义则走私的其他古生物化石，依据罪刑法定原则，不宜按走私文物处理，对于辩护人辩护意见中的合理部分，予以采纳。

蓑口义则的辩护人所提蓑口义则的行为不属于情节特别严重的辩护意见，经查，蓑口义则走私视同国家二级文物和视同国家三级文物的狼鳍鱼化石三尾拟蜉蝣和小型恐龙头骨各 1 件，不属于走私文物情节特别严重的情形，此辩护意见成立，予以采纳。

被告人蓑口义则在中华人民共和国领域内，违反中华人民共和国海关法规和中华人民共和国文物保护法律法规，逃避海关监管，携带视同文物的古脊椎动物化石出境，其行为已构成走私文物罪，依法应予惩处。北京市人民检察院第二分院指控被告人蓑口义则犯走私文物罪的基本事实清楚，证据确实充分，指控罪名成立，但指控蓑口义则走私文物的数量有误且认定蓑口义则走私文物犯罪情节特别严重不当，予以纠正。依照《刑法》第 6 条第 1 款、第 3 款，第 151 条第 2 款，第 52 条，第 53 条，第 35 条，第 61 条，第 64 条之规定，作出如下判决：被告人蓑口义则犯走私文物罪，判处有期徒刑五年，并处罚金人民币 7 万元，附加驱逐出境。在案扣押的古生物化石予以没收。在案扣押的人民币 21850 元和日元 72 万元并入罚金项执行。在案扣押的佳能 2. IMEGAPIXELS 型数码相机 1 部、富士 S602 型数码相机 1 部发还被告人蓑口义则。

【案例三】

陈永林、陈祖培走私大熊猫皮案[①]

• 案件事实 •

1986年12月间，陈永林、陈祖培合资购买“宝安54013”号机船1艘。1987年1月12日，陈永林依约前往深圳与香港走私分子陈耀福（在逃）会晤。陈耀福委托陈永林偷运珍稀动物皮1张到香港，陈永林表示同意。当日，陈永林将陈耀福之托告知陈祖培，陈祖培亦表示同意。当日晚9时许，陈永林与陈祖培依约前往深圳湾大酒店会见陈耀福。经密谋，双方商定交接私货时间、地点。1月13日中午，陈耀福在深圳蛇口将1张熊猫皮装在尼龙袋内，交给陈永林和陈祖培。陈永林指使陈祖培将尼龙袋藏于机船的夹层暗仓内。随之，两人驾船避开海关监督，非法从珠江口偷运出境。当船行至大铲岛附近海面时，被广州海关人赃俱获。

• 裁判要旨 •

违反海关法规，将珍稀动物大熊猫皮偷运出境的行为，构成走私珍贵动物制品罪。

• 裁判理由 •

被告人陈永林、陈祖培无视国家法律，违反海关法规，将珍稀动物大熊猫皮偷运出境，已构成《刑法》第118条规定的走私罪。大熊猫是十分珍贵稀少的野生动物。被告人明知熊猫皮不能出口，竟偷运出境，情节特别严重，根据全国人民代表大会常务委员会《关于严惩严重破坏经济的罪犯的决定》第1条第1项的规定，应予从严惩处。陈永林、陈祖培的行为，严重破坏了社会秩序，依照《刑法》第52条的规定，可以附加剥夺政治权利。依照《刑法》第60条的规定，查获的大熊猫皮和被告人犯罪所用的财物，应当予以没收。

1987年11月25日，广州市中级人民法院根据被告人的犯罪事实、情节和对社会的危害程度，分别判决如下：被告人陈永林犯走私罪，判处有期徒刑十二年，剥夺政治权利四年；被告人陈祖培犯走私罪，判处有期徒刑十年，剥夺政治权利三年。查获陈永林、陈祖培走私的熊猫皮1张和走私工具“宝安54013”号机船1艘，予以没收。

---

① 参见《中华人民共和国最高人民法院公报》1988年第1期。

【案例四】

云南汉德公司走私珍稀植物制品案①

• 案件事实 •

云南汉德生物技术有限公司（以下简称汉德公司）是中外合资经营企业，成立于1993年8月4日，注册资金现为390万元，经营范围是生产销售医药、食品等各种生物制品和植物原料药。汉德公司是云南生产国家II类新药紫杉醇的企业，该类新药所用资源为红豆杉，汉德公司所使用的紫杉醇原料红豆杉为云南红豆杉。1995年8月，汉德公司为解决原料供应及紫杉醇初级加工问题，在丽江与丽江县林业局共同投资成立丽江汉德玉龙生物技术有限公司（以下简称丽江汉德公司）。吴某是汉德公司的董事长、法定代表人、首席执行官，全面负责公司的各项事务；李某于2000年1月至8月底任汉德公司副总裁，2000年8月底以后任公司总裁，在董事长领导下负责公司的日常工作；齐某于2000年1月30日以后任汉德公司副总裁，协助总裁管理公司事务；明某于2001年1月以后任汉德公司采购部经理，负责采购运输部的工作。

1999年9月10日至2001年11月，汉德公司吴某、李某、齐某等，采用以欺骗方式骗取出口批文实施出口和更换品名报关实施出口两种方式，共走私紫杉醇成品67.9755公斤，共计人民币96351526.05元。其中：（1）2000年5月，吴某、齐某、李某商议，为了今后能继续出口紫杉醇获取高额利润，决定用虚报库存量的方法，以1999年12月31日前公司还有大量库存原料、副产物为名，再次申报180公斤左右的紫杉醇的出口证明书批文。齐某、李某确定了“有效量数”，安排生产基地伪造了一份紫杉醇有效含量为55.59公斤，盘点时间为1999年12月31日的《副产物盘存表》；安排丽江汉德公司伪造成了一份洗脱萃料为9379.19公斤，落款日期为2000年6月20日的盘存表，因该盘存表日期批号未达到汉德公司的要求，齐某等人又安排生管部以丽江汉德公司的名义重新伪造好一份盘存表，时间为1999年12月31日，萃料总量为9381.31公斤，寄到丽江汉德公司去盖章、签字后拿回。2000年5月15日，汉德公司再依据两份伪造盘存表上的有效含量，以汉德发（2000）第14号文向省林业厅要求批准出口175.55公斤紫杉醇的申请。汉德公司获悉林业厅和国家濒管办昆明办事处即将对公司的库存进行核查，遂将存放于一楼废料库的废料桶搬到四楼原料仓库，贴好与所报库存批号、数量相同的标签，桶内装上废料应付核查。2000年8月4日，国家濒管办昆明办事处的工作人员到汉德公

① 参见云南省昆明市中级人民法院（2003）昆刑抗字第1号。

司核查库存，核查人员被蒙骗，并于事后出具了确认库存原料数量的报告和文件，上报国家濒管办。同年9月21日，国家濒管办以濒办植证字（2000）380号文批复同意汉德公司分批向美国出口175.55公斤紫杉醇，吴某即安排齐某到北京办理后拿回该批文。之后，汉德公司在2000年11月1日至2001年10月25日间，以骗取的出口批文实施出口，分14次向美国IVAX公司出口紫杉醇成品53.615公斤，计人民币80070140.62元。（2）2000年8月前，汉德公司除供给美国IVAX公司的紫杉醇使用了允许进出口证明书，其余的是在无允许进出口证明书的情况下以紫杉醇的品名报关出口的。8月后，由于昆明海关推行了全面边境口岸电子执行系统，加大了监管力度，以紫杉醇品名报关，若无国家濒管办的允许出口证明书已无法再实施出口，汉德公司市场部、采购部将此情况向公司领导反映后，吴某、李某等同意按下属部门的建议，以更换品名的方式逃避海关监管，达到出口牟利的目的。汉德公司从2000年8月31日到2001年11月9日，在没有办理允许出口证明书的情况下，将紫杉醇以“高三尖杉酯碱”等品名分23批次报关、出口14360.5克，销售金额为16281385.43元。

• 裁判要旨 •

单位走私行为应以单位犯罪追究刑事责任。

• 裁判理由 •

一审判决认为：公诉机关在起诉书中未指控汉德公司、吴某、李某、齐某犯有走私珍稀植物制品罪，但是，起诉书对汉德公司、吴某、李某、齐某通过伪造盘存表的手段，虚报领取紫杉醇出口许可证，用骗得的出口许可证和假报品名的方式将大部分紫杉醇出售给美国IVAX公司的犯罪事实提出了指控，对走私珍稀植物制品的行为特征作了认定。特别是公诉机关在庭审中，向法庭提供了确实、充分的证据，证实汉德公司、吴某、李某、齐某伪造盘存表，虚报骗取紫杉醇出口证明书批文，并用骗取的批文报关出口紫杉醇共计53.615公斤，用其他品名报关实际出口紫杉醇共计14360.5克的犯罪事实。据此，一审法院根据《最高人民法院关于执行〈中华人民共和国刑事诉讼法〉若干问题的解释》第178条、第176条第1款第2项之规定，依照《刑法》第151条第3款、第5款的规定，认定被告单位汉德公司、被告人吴某、李某、齐某构成走私珍稀植物制品罪。①

一审判决宣判后，云南省石林彝族自治县人民检察院提出抗诉，昆明市人

---

① 2009年《刑法修正案（七）》对《刑法》第151条第3款的内容进行了适度修改，该款的罪名由“走私珍稀植物制品罪”调整为“走私国家禁止进出口的货物、物品罪”。但本案发生在《刑法修正案（七）》出台前，仍是有效判决。——编者注

民检察院撤回抗诉。原审被告单位云南汉德生物技术有限公司和原审被告人吴某、李某、齐某、明某不服一审判决提出上诉。上诉单位云南汉德生物技术有限公司及其辩护人均提出：汉德公司有一切合法经营手续，没有违反国家规定；收购法律未明确禁止的红豆杉植物制品，没有收购法律禁止的红豆杉植物本身，不构成非法经营罪；公诉机关没有指控汉德公司犯走私珍稀植物制品罪，人民法院追加走私珍稀植物制品罪违法；在判处罚金的同时没收单位的财产无法律依据的上诉理由和辩护意见。上诉人吴某、李某、齐某、明某及其辩护人均提出：汉德公司有行政机关核发的一切合法经营手续，没有收购过法律禁止经营的红豆杉树皮，不构成非法经营罪；公诉机关没有指控汉德公司犯走私珍稀植物制品罪，人民法院追加罪名，侵犯了公司的辩护权违法的上诉理由和辩护意见。

二审法院经审理认为：上诉单位汉德公司违反国家规定，超出各市地政机关核定的经营、许可范围，非法收购、加工国家一级保护植物红豆杉制品，情节严重；采取骗取出口许可证和假报品名的手段，逃避海关监管，非法向境外出售紫杉醇37975.5克，情节严重，其行为分别构成非法经营罪、走私珍稀植物制品罪，依法予以惩处。上诉人吴某作为汉德公司董事长、法定代表人，对汉德公司的生产经营起决策作用，属于直接负责的主管人员，上诉人李某、齐某分别作为汉德公司总裁、副总裁，直接负责汉德公司的生产经营，属于其他直接责任人员，依法应以非法经营罪和走私珍稀植物制品罪追究其刑事责任。根据《最高人民法院关于执行〈中华人民共和国刑事诉讼法〉若干问题的解释》第178条、第176条的规定，人民法院可以基于公诉机关起诉书认定的事实，作出与公诉机关起诉书指控不同的罪名。本案中，上诉单位汉德公司虚报库存、编造品名、骗取许可证，出口限制出口的货物紫杉醇，违反了《货物进出口管理条例》第64条的规定，情节严重，构成走私珍稀植物制品罪。人民法院在公诉机关起诉书指控事实的基础上追加罪名于法有据，上诉单位和上诉人及辩护人提出的人民法院增加走私珍稀植物制品罪违法的上诉理由和辩护意见，不予支持。

【学理分析及适用指引】

• 学理分析 •

1. 走私武器、弹药罪的构成。走私武器、弹药罪，是指违反海关法规，逃避海关监管，运输、携带、邮寄武器、弹药进出国（边）境的行为。本罪的构成要件如下：

（1）本罪的客体。本罪侵犯的客体是国家海关监督管理制度中关于武器、弹药进出口的监管制度和国家关于武器、弹药的管理制度。

（2）本罪的客观方面。客观方面表现为违反海关法规和枪支管理制度，逃避海关监管，运输、携带、邮寄武器、弹药进出国（边）境的行为。根据《最高人民法院关于办理走私刑事案件适用法律若干问题的解释》,[①] 直接向走私人非法收购武器、弹药，是指明知是走私行为人而向其非法收购走私的武器、弹药。依照《刑法》第156条的规定，与走私武器、弹药的犯罪分子通谋，为其提供贷款、资金、账号、发票、证明，或者为其提供运输、保管、邮寄或者其他方便的，以走私武器、弹药罪的共犯论处。

（3）本罪的主体。犯罪主体为一般主体，包括自然人和单位。

（4）本罪的主观方面。主观方面由故意构成，过失不构成本罪。

2. 走私核材料罪的构成。走私核材料罪，是指违反海关法规，逃避海关监管，运输、携带、邮寄核材料进出国（边）境的行为。本罪的构成要件如下：

（1）本罪侵犯的客体是国家海关监督管理制度中关于核材料进出国（边）境的监管制度。犯罪对象是核材料，即可以发生原子裂变和聚合反应的放射性材料。

（2）客观方面表现为违反海关法规，逃避海关监管，运输、携带、邮寄核材料进出国（边）境的行为。行为人直接向走私人非法收购核材料，或者在内海、领海、界河、界湖运输、收购、贩卖核材料的，也应以走私核材料罪论处。内海包括内河的入海口水域。直接向走私人非法收购核材料，是指明知是走私行为人而向其非法收购走私的核材料。

（3）犯罪主体为一般主体，包括自然人和单位。

（4）主观方面由故意构成，过失不构成本罪。

3. 走私假币罪的构成。走私假币罪，是指违反海关法规，逃避海关监管，运输、携带、邮寄假币进出国（边）境的行为。本罪的构成要件如下：

（1）本罪的客体。本罪侵犯的客体是复杂客体，既侵犯了国家海关法禁止假币进出口的制度，又侵犯了国家的货币管理制度。

（2）本罪的客观方面。客观方面表现为违反海关法规，逃避海关监管，运输、携带、邮寄假币进出国（边）境的行为。“违反海关法规”，是指行为人违反海关禁止假币进出口的规定以及不按海关的规定到指定的地点如实申报并接受海关查验。“逃避海关监管”，是指采取各种方法避开海关的监督、管理、检查，企图把假币非法运输、携带、邮寄进出境。逃避海关监管的行为是多种多样的，常见的有：不经过海关、检查站，非法运输、携带假币进出境；虽经过海关、检查站，但采用谎报、伪装、藏匿的方法，逃避海关检查。行为人直接向走私人非法收购假币的，或者在领海、内海、界河、界湖运输、收

---

① 参见《中华人民共和国最高人民法院公报》（2000年合订本），第195页。

购、贩卖假币的，也应以走私假币罪论处。内海包括内河的入海口水域。直接向走私人非法收购假币，是指明知是走私行为人而向其非法收购走私的假币的行为。

（3）本罪的主体。犯罪主体为一般主体，自然人和单位均可构成本罪的主体。

（4）本罪的主观方面。主观方面由故意构成。

4. 走私文物罪的构成。走私文物罪，是指违反海关法规，逃避海关监管，运输、携带、邮寄国家禁止出口的文物进出国（边）境的行为。本罪的构成要件如下：

（1）本罪的客体。本罪侵犯的客体是国家文物出口管理制度。犯罪对象是“国家禁止出口的文物”，即国家一、二、三级文物和其他国家禁止出口的文物。

（2）本罪的客观方面。客观方面表现为违反海关法规，逃避海关监管，运输、携带、邮寄国家禁止出口的文物进出国（边）境的行为。行为人直接向走私人非法收购文物，或者在领海、内海、界河、界湖运输、收购、贩卖国家禁止出口的文物的，也应以走私文物罪论处。

（3）本罪的主体。犯罪主体为一般主体，自然人和单位均可构成本罪的主体。

（4）本罪的主观方面。主观方面由故意构成，即明知是国家禁止出口的文物而将其走私出境。过失不构成本罪。

5. 走私贵重金属罪的构成。走私贵重金属罪，是指违反海关法规，逃避海关监管，运输、携带、邮寄贵重金属进出国（边）境的行为。本罪的构成要件如下：

（1）本罪侵犯的客体是复杂客体，主要侵犯的是国家对黄金、白银等贵重金属进出境的管理制度，同时也侵犯了国家的金融秩序。犯罪对象是贵重金属，包括黄金、白银、铂、锇、钌、钯、铱、铑、钛等金属和国家禁止出口的其他贵重金属。

（2）客观方面表现为违反海关法规，逃避海关监管，运输、携带、邮寄贵重金属进出国（边）境的行为。行为人直接向走私人非法收购贵重金属，或者在领海、内海、界河、界湖运输、收购、贩卖贵重金属的，也应以走私贵重金属罪论处。

（3）犯罪主体为一般主体。

（4）主观方面由故意构成。

6. 走私珍贵动物、珍贵动物制品罪的构成。走私珍贵动物、珍贵动物制品罪，是指违反海关和野生动物保护法规，逃避海关监管，运输、携带、邮寄珍贵动物及其制品进出国（边）境的行为。本罪的构成要件如下：

（1）本罪的客体。侵犯的客体是国家海关监管制度和国家野生动物保护制度。犯罪对象是珍贵动物、珍贵动物制品。

（2）本罪的客观方面。客观方面表现为违反海关法规和野生动物保护法规，逃避海关监管，运输、携带、邮寄珍贵动物、珍贵动物制品进出国（边）境的行为。根据《刑法》第155条和《刑法修正案（四）》第3条的规定，行为人直接向走私人非法收购珍贵动物及其制品，或者在领海、内海、界河、界湖运输、收购、贩卖上述物品的，也应当以走私珍贵动物、珍贵动物制品罪论处。按照《刑法》的规定，行为人只要实施了走私珍贵动物或者走私珍贵动物制品其中一种行为，就构成本罪；实施了两种行为的，仍为一罪，不实行并罚。

（3）本罪的主体。犯罪主体为一般主体，自然人和单位均可构成本罪的主体。

（4）本罪的主观方面。主观方面由故意构成，过失不构成本罪。

7. 走私国家禁止进出口的货物、物品罪的构成。2009年的《刑法修正案（七）》修正了《刑法》第151条第3款的罪刑规范，走私的对象由珍稀植物及其制品扩大至国家禁止进出口的其他货物、物品的。根据《最高人民法院、最高人民检察院关于执行〈中华人民共和国刑法〉确定罪名的补充规定（四）》的规定，该款行为方式的罪名是“走私国家禁止进出口的货物、物品罪”，并取消了“走私珍稀植物、珍稀植物制品罪”的罪名。

走私国家禁止进出口的货物、物品罪，是指违反海关和珍稀植物保护法规，逃避海关监管，运输、携带、邮寄珍稀植物、珍稀植物制品以及其他国家禁止进出口的其他货物、物品进出国（边）境的行为。本罪的犯罪构成要件如下：

（1）侵犯的客体是国家的海关监管制度和珍稀植物等国家禁止进出口的其他货物、物品的保护制度。犯罪对象是珍稀植物、珍稀植物制品以及其他国家禁止进出口的货物、物品。从司法实践中来看，此处的“其他国家禁止进出口的货物、物品”主要有古植物化石、无脊椎动物化石、来自境外疫区的动植物及其产品，考虑到立法的前瞻性，立法对此采取了概括式的罪状表述方式。

（2）客观方面表现为违反海关法规和珍稀植物保护法规，逃避海关监管，运输、邮寄、携带珍稀植物、珍稀植物制品以及其他国家禁止进出口的货物、物品进出国（边）境的行为。行为人直接向走私人非法收购珍稀植物、珍稀植物制品其他国家禁止进出口的货物、物品，或者在领海、内海界河、界湖运输、收购、贩卖上述物品的，也应当以走私国家禁止进出口的货物、物品罪论处。

（3）犯罪主体为一般主体，自然人和单位均可构成本罪的主体。

（4）主观方面由故意构成，过失不构成本罪。

• 适用指引 •

司法实践中，认定本条规定的罪名时应注意：

1. 走私武器、弹药罪的认定。

（1）走私武器、弹药、核材料或者假币不是选择性罪名。《刑法》第151条规定：走私武器、弹药、核材料或者伪造的货币的……因此，有的学者将“走私武器、弹药、核材料、假币”视为选择性罪名。我们认为，武器、弹药与核材料、假币本质上有很大区别。走私武器、弹药罪，走私核材料罪，走私假币罪是三个独立的罪名。如果行为人走私武器、弹药的就定走私武器、弹药罪，不实行并罚；如果走私武器、弹药同时又走私核材料或者假币的，则应当定走私武器、弹药罪、走私核材料罪或走私假币罪，实行并罚。

（2）依照《刑法》第157条第2款的规定，以暴力、威胁方法抗拒缉私的，应当以走私武器、弹药罪和《刑法》第277条规定的妨害公务罪，实行并罚。

（3）针对司法实践中对枪支动力类型、枪口比动能高低不作区分尤其是涉以压缩气体为动力的枪支、气枪铅弹刑事案件中，存在机械适用刑法及相关司法解释的问题，最高人民法院、最高人民检察院2018年联合出台了《关于涉以压缩气体为动力的枪支、气枪铅弹刑事案件定罪量刑问题的批复》，批复在继续坚持严控枪支原则、没有修改《最高人民法院、最高人民检察院关于办理走私刑事案件适用法律若干问题的解释》关于枪支数量标准规定同时，充分贯彻宽严相济刑事责任和罪责刑相适应原则，明确了对于非法制造、买卖、运输、邮寄、储存、持有、私藏、走私以压缩气体为动力且枪口比动能较低的枪支（如枪支枪口比动能略高于1.8焦耳/平方厘米）犯罪案件的行为，在决定是否追究刑事责任以及如何裁量刑罚时，不仅应当考虑涉案枪支的数量，而且应当充分考虑涉案枪支的外观、材质、发射物、购买场所和渠道、价格、用途、致伤力大小、是否易于通过改制提升致伤力，以及行为人的主观认知、动机目的、一贯表现、违法所得、是否规避调查等情节，综合评估社会危害性，坚持主客观相统一，确保罪责刑相适应。同理，对于非法制造、买卖、运输、邮寄、储存、持有、私藏、走私气枪铅弹的行为，在决定是否追究刑事责任以及如何裁量刑罚时，《关于涉以压缩气体为动力的枪支、气枪铅弹刑事案件定罪量刑问题的批复》要求应当综合考虑气枪铅弹的数量、用途以及行为人的动机目的、一贯表现、违法所得、是否规避调查等情节，综合评估社会危害性，确保罪责刑相适应。

2. 走私核材料罪的认定。

（1）人民法院在审理案件中，对某一物品是否属于核材料难于认定时，应请有关部门进行鉴定。国家核安全局、国家科学技术工业委员会分别负责民用、军用核材料的监督或管理。

（2）依照《刑法》第156条的规定，与走私核材料的犯罪分子通谋，为其提供贷款、资金、账号、发票、证明，或者为其提供运输、保管、邮寄或者其他方便的，应当以走私核材料罪的共犯论处。

（3）依照《刑法》第157条第2款的规定，以暴力、威胁方法抗拒缉私的，应当以走私核材料罪和《刑法》第277条规定的妨害公务罪实行并罚。

3. 走私假币罪的认定。

（1）罪与非罪的界限。依照《刑法》第151条的规定，走私假币即构成走私假币罪。但在司法实践中，也不能把任何走私假币的行为都以犯罪论处。按照《最高人民法院关于审理走私刑事案件具体应用法律若干问题的解释》①的规定，走私伪造的货币，总面额（折合人民币）不足2000元或者币量不满200张（枚）的，可以视为情节显著轻微，危害不大，不认定是犯罪。

（2）一罪与数罪的界限。行为人走私假币后，又在境内出售或者运输同一宗假币的，属于牵连犯罪，应当按照处理牵连犯的原则，从一重罪处罚，即以走私假币罪处罚，而不定走私假币罪和出售、运输假币罪两个罪。行为人直接向走私假币的人购买假币的，以走私假币罪论处。

依照《刑法》第157条第2款的规定，以暴力、威胁方法抗拒缉私的，应当以走私假币罪与妨害公务罪，实行并罚。

（3）本罪与出售、购买、运输假币罪的界限。两者的区别主要在于侵害的客体不同。前者既侵害了国家海关管理制度，又侵害了国家的货币管理制度；后者侵犯的客体则是国家的货币管理制度。客观方面也不同。前者表现为违反海关法规、逃避海关监管，携带、运输、邮寄假币进出口的行为；后者表现为在国内出售、购买、运输假币的行为。

（4）依照《刑法》第156条规定，与走私假币的犯罪分子通谋，为其提供贷款、资金、账号、发票、证明，或者为其提供运输、保管、邮寄或者其他方便的，以走私假币罪的共犯论处。

4. 走私文物罪的认定。

依照《刑法》第156条的规定，与走私文物的犯罪分子通谋，为其提供贷款、资金、账号、发票、证明，或者为其提供运输、保管、邮寄或者其他方便的，应当以走私文物罪的共犯论处。

5. 走私贵重金属罪的认定。

（1）依照《刑法》第156条的规定，与走私贵重金属的犯罪分子通谋，为其提供贷款、资金、账号、发票、证明，或者为其提供运输、保管、邮寄或者其他方便的，以走私贵重金属罪的共犯论处。

---

① 参见《中华人民共和国最高人民法院公报》（2000年合订本），第194页。

（2）依照《刑法》第 157 条第 2 款的规定，以暴力、威胁方法抗拒缉私的，以走私贵重金属罪和妨害公务罪并罚。

6. 走私珍贵动物、珍贵动物制品罪的认定。

（1）罪与非罪的界限。走私珍贵动物、珍贵动物制品，同时具有下列情形，情节较轻的，一般不以犯罪论处：①珍贵动物制品购买地允许交易的；②入境人员为留作纪念或者作为礼品而携带珍贵动物制品进境，不具有牟利目的的。

（2）与走私珍贵动物、珍贵动物制品的犯罪分子通谋，为其提供贷款、资金、账号、发票、证明，或者为其提供运输、保管、邮寄或者其他方便的，以走私珍贵动物、珍贵动物制品罪的共犯论处。

（3）以暴力、威胁方法抗拒缉私的，应当以走私珍贵动物、珍贵动物制品罪和妨害公务罪实行并罚。

（4）一罪与数罪的界限。对猎捕、杀害珍贵动物后走私，收购珍贵动物或者其制品后走私，是定一罪还是数罪，学术界有不同意见。我们认为，非法收购、运输、出售珍贵、濒危野生动物、珍贵、濒危野生动物制品罪与本罪在客体、客观方面不同。本罪侵犯的客体主要是国家的海关监管制度，而其他两个罪侵犯的客体是国家的环境资源保护制度。本罪在客观方面表现为违反海关和野生动物保护法规，逃避海关监管，运输、携带、邮寄珍贵动物、珍贵动物制品进出国（边）境的行为。其他两个罪在客观方面则表现为：非法猎捕、杀害国家重点保护的珍贵、濒危野生动物的行为和非法收购、运输、出售国家重点保护的珍贵、濒危野生动物及其制品的行为。因此，同时实施上述两种行为的，应实行数罪并罚。

7. 走私国家禁止进出口的货物、物品罪的认定。

走私国家禁止进出口的货物、物品罪具有一定的兜底性，凡是国家禁止进出口的物品（含违禁品），又不属于刑法第 151 条第 1 款、第 2 款所规定的武器、弹药、核材料、假币、文物罪、贵重金属、珍贵动物、珍贵动物制品，不属于第 152 条规定的淫秽物品、废物，也不属于第 347 条的毒品，则可以考虑适用本罪。当然，能否以走私国家禁止进出口的货物、物品罪论处，还需要看国家相关法律法规对该物品禁止进出口的具体规定。从司法实践中来看，此处的“其他国家禁止进出口的货物、物品”主要有古植物化石、无脊椎动物化石、来自境外疫区的动植物及其产品，考虑到立法的前瞻性，立法对此采取了概括式的罪状表述方式。

第一百五十二条　走私淫秽物品罪、走私废物罪

【法律规定】

• 法律条文 •

《中华人民共和国刑法》

第一百五十二条　以牟利或者传播为目的，走私淫秽的影片、录像带、录音带、图片、书刊或者其他淫秽物品的，处三年以上十年以下有期徒刑，并处罚金；情节严重的，处十年以上有期徒刑或者无期徒刑，并处罚金或者没收财产；情节较轻的，处三年以下有期徒刑、拘役或者管制，并处罚金。

逃避海关监管将境外固体废物、液态废物和气态废物运输进境，情节严重的，处五年以下有期徒刑，并处或者单处罚金；情节特别严重的，处五年以上有期徒刑，并处罚金。

单位犯前两款罪的，对单位判处罚金，并对其直接负责的主管人员和其他直接责任人员，依照前两款的规定处罚。

• 相关规定 •

《全国人民代表大会常务委员会关于惩治走私、制作、贩卖、传播淫秽物品的犯罪分子的决定》（主席令第 18 号）

七、淫秽物品和走私、制作、复制、出版、贩卖、传播淫秽物品的违法所得以及属于本人所有的犯罪工具，予以没收。没收的淫秽物品，按照国家规定销毁。罚没收入一律上缴国库。

八、本决定所称淫秽物品，是指具体描绘性行为或者露骨宣扬色情的诲淫性的书刊、影片、录像带、录音带、图片及其他淫秽物品。

有关人体生理、医学知识的科学著作不是淫秽物品。

包含有色情内容的有艺术价值的文学、艺术作品不视为淫秽物品。

淫秽物品的种类和目录，由国务院有关主管部门规定。

《最高人民法院、最高人民检察院关于办理走私刑事案件适用法律若干问题的解释》（法释〔2014〕10 号）

第四条　走私各种弹药的弹头、弹壳，构成犯罪的，依照刑法第一百五十一条第一款的规定，以走私弹药罪定罪处罚。具体的定罪量刑标准，按照本解释第一条规定的数量标准的五倍执行。

走私报废或者无法组装并使用的各种弹药的弹头、弹壳，构成犯罪的，依照刑法第一百五十三条的规定，以走私普通货物、物品罪定罪处罚；属于废物

的，依照刑法第一百五十二条第二款的规定，以走私废物罪定罪处罚。

弹头、弹壳是否属于前款规定的“报废或者无法组装并使用”或者“废物”，由国家有关技术部门进行鉴定。

第十三条 以牟利或者传播为目的，走私淫秽物品，达到下列数量之一的，可以认定为刑法第一百五十二条第一款规定的“情节较轻”：

（一）走私淫秽录像带、影碟五十盘（张）以上不满一百盘（张）的；

（二）走私淫秽录音带、音碟一百盘（张）以上不满二百盘（张）的；

（三）走私淫秽扑克、书刊、画册一百副（册）以上不满二百副（册）的；

（四）走私淫秽照片、画片五百张以上不满一千张的；

（五）走私其他淫秽物品相当于上述数量的。

走私淫秽物品在前款规定的最高数量以上不满最高数量五倍的，依照刑法第一百五十二条第一款的规定处三年以上十年以下有期徒刑，并处罚金。

私淫秽物品在第一款规定的最高数量五倍以上，或者在第一款规定的最高数量以上不满五倍，但属于犯罪集团的首要分子，使用特种车辆从事走私活动等情形的，应当认定为刑法第一百五十二条第一款规定的“情节严重”。

第十四条 走私国家禁止进口的废物或者国家限制进口的可用作原料的废物，具有下列情形之一的，应当认定为刑法第一百五十二条第二款规定的“情节严重”：

（一）走私国家禁止进口的危险性固体废物、液态废物分别或者合计达到一吨以上不满五吨的；

（二）走私国家禁止进口的非危险性固体废物、液态废物分别或者合计达到五吨以上不满二十五吨的；

（三）走私国家限制进口的可用作原料的固体废物、液态废物分别或者合计达到二十吨以上不满一百吨的；

（四）未达到上述数量标准，但属于犯罪集团的首要分子，使用特种车辆从事走私活动，或者造成环境严重污染等情形的。

具有下列情形之一的，应当认定为刑法第一百五十二条第二款规定的“情节特别严重”：

（一）走私数量超过前款规定的标准的；

（二）达到前款规定的标准，且属于犯罪集团的首要分子，使用特种车辆从事走私活动，或者造成环境严重污染等情形的；

（三）未达到前款规定的标准，但造成环境严重污染且后果特别严重的。

走私置于容器中的气态废物，构成犯罪的，参照前两款规定的标准处罚。

第十五条 国家限制进口的可用作原料的废物的具体种类，参照国家有关部门的规定确定。

第二十条 直接向走私人非法收购走私进口的货物、物品，在内海、领海、界河、界湖运输、收购、贩卖国家禁止进出口的物品，或者没有合法证明，在内海、领海、界河、界湖运输、收购、贩卖国家限制进出口的货物、物品，构成犯罪的，应当按照走私货物、物品的种类，分别依照刑法第一百五十一条、第一百五十二条、第一百五十三条、第三百四十七条、第三百五十条的规定定罪处罚。

刑法第一百五十五条第二项规定的“内海”，包括内河的入海口水域。

第二十一条 未经许可进出口国家限制进出口的货物、物品，构成犯罪的，应当依照刑法第一百五十一条、第一百五十二条的规定，以走私国家禁止进出口的货物、物品罪等罪名定罪处罚；偷逃应缴税额，同时又构成走私普通货物、物品罪的，依照处罚较重的规定定罪处罚。

取得许可，但超过许可数量进出口国家限制进出口的货物、物品，构成犯罪的，依照刑法第一百五十三条的规定，以走私普通货物、物品罪定罪处罚。

租用、借用或者使用购买的他人许可证，进出口国家限制进出口的货物、物品的，适用本条第一款的规定定罪处罚。

第二十二条 在走私的货物、物品中藏匿刑法第一百五十一条、第一百五十二条、第三百四十七条、第三百五十条规定的货物、物品，构成犯罪的，以实际走私的货物、物品定罪处罚；构成数罪的，实行数罪并罚。

第二十三条 实施走私犯罪，具有下列情形之一的，应当认定为犯罪既遂：

（一）在海关监管现场被查获的；

（二）以虚假申报方式走私，申报行为实施完毕的；

（三）以保税货物或者特定减税、免税进口的货物、物品为对象走私，在境内销售的，或者申请核销行为实施完毕的。

第二十四条 单位犯刑法第一百五十一条、第一百五十二条规定之罪，依照本解释规定的标准定罪处罚。

单位犯走私普通货物、物品罪，偷逃应缴税额在二十万元以上不满一百万元的，应当依照刑法第一百五十三条第二款的规定，对单位判处罚金，并对其直接负责的主管人员和其他直接责任人员，处三年以下有期徒刑或者拘役；偷逃应缴税额在一百万元以上不满五百万元的，应当认定为“情节严重”；偷逃应缴税额在五百万元以上的，应当认定为“情节特别严重”。

【案例一】

林某走私普通货物、走私淫秽物品案①

• 案件事实 •

2003年年初，林某与同乡林某甲（另案处理）从福建老家来到广东省佛山市南海区打工，受雇于香港"杨老板"和同乡"阿帅"（另案处理），负责从香港走私进口的盗版光盘的接货、重新包装、联系下家运走、向委托代理报关方式交付有关费用等工作。2003年3月3日，林某的香港老板委托阳春市财贸实业发展总公司以一般贸易方式向佛山海关滘口办事处申报进口一个20尺货柜沥青时，被佛山海关查验发现货柜沥青桶内夹藏了大量的光盘。当货柜运往南海区沥北管理区香基路旧电器城南西区115号铺面，林某按照老板指示准备接货时被当场抓获，并被缴获夹藏光盘450800张，走私盗版光盘经海关核税部门核定，偷逃税款人民币203830元。

• 裁判要旨 •

行为人主观上并不明知走私光盘中有特定的淫秽物品的，虽然不成立走私淫秽物品罪，但依法可以成立走私普通货物罪。

• 裁判理由 •

被告人林某违反海关法规，在明知沥青桶内夹藏有走私光盘的情况下，仍然受人指使，负责接货等工作，进行走私光盘450800张，偷逃税税额203800元，其行为已构成走私普通货物罪。被告人林某走私犯罪中受他人指使，起辅助作用，是从犯，应当从轻处罚。公诉机关指控被告人林某犯走私普通货物罪的事实清楚，证据确实、充分，指控罪名成立。经查，被告人林某的走私行为直接是由香港老板组织策划，林某虽受雇负责接货等工作，主观上不明知走私光盘中有特定的淫秽物品。因此，公诉机关指控被告人林某犯走私淫秽物品罪，没有事实和法律依据，指控犯走私淫秽物品罪名不成立。对被告人林某辩称受雇他人负责走私光盘接货等工作，不知道有淫秽物品的辩解意见，理由充分，予以采纳。依据《刑法》第153条第1款第2项、第52条、第53条、第27条之规定，判决如下：被告人林某犯走私普通货物罪，判处有期徒刑三年，并处罚金人民币21万元。

---

① 参见广东省佛山市中级人民法院（2003）佛刑初字第152号。

【案例二】

吴某走私固体废物案①

• 案件事实 •

吴某于1999年8月28日晚11时许，纠集了郭某、洪某（另案处理）等6名船员，驾驶金华268号船从惠东县港口镇大澳塘出发前往香港运货，次日上午到达香港油麻地码头后，吴某即去联系载货事宜。而后吴某与上述6名船员合力将一批旧电器装上船，将船驶至香港官塘避风港停泊，等候货主蔡某（另案处理）的指示。同年9月15日中午，吴某接到蔡某的电话后，即叫船员驾驶金华268号船返航，经三门岛直接返抵惠东。当晚8时许，当船停在港口新村港（东经114度52分15秒，北纬22度35分11秒）的海面时，被惠东县边防大队查获。

后查实金华268号船的《适航证书》《船舶籍证书》是伪造的，该船装载的旧货物有乐声牌74厘米（29英寸）旧电视机220台、64厘米（25英寸）704台、36厘米（14英寸）540台，日立牌旧录像机728台，乐声牌旧收录机30台，重量共31吨，均无合法证明。经惠州市环保局固体废物管理站鉴定，该批货物属国家限制进口的可作原料的废物目录中第七类的废旧电器产品，系固体废物。偷逃应缴税额534093元。

• 裁判要旨 •

行为人利用船只将境外无合法证明的大量废旧电器产品运入境内的，依法成立走私废物罪。

• 裁判理由 •

广东省惠州市中级人民法院经公开审理认为：被告人吴某无视国家法律，逃避海关监管，将境外固体废物运输进境，其行为构成走私固体废物罪②，公诉机关指控的罪名成立。被告人提出其不知道所运载的货物有无办手续的辩解理由不能成立，不予采纳。该院依照《刑法》第155条第3项、第153条第1项、第64条的规定，判决如下：被告人吴某犯走私固体废物罪，判处有期徒刑十年，并处罚金54万元。走私废物乐声牌74厘米（29英寸）旧电视机220

---

① 参见最高人民法院中国应用法学研究所编：《人民法院案例选》（2003年第1辑），人民法院出版社2003年版。

② 根据《刑法修正案（四）》和《最高人民法院、最高人民检察院关于执行〈中华人民共和国刑法〉确定罪名的补充规定（二）》，“走私固体废物罪”被修改为“走私废物罪”。——编者注

台、64 厘米（25 英寸）704 台、36 厘米（14 英寸）540 台，日立牌旧录像机 728 台，乐声牌旧收录机 30 台予以没收，上缴国库。作案工具金华 268 号船予以没收，上缴国库。

【学理分析及适用指引】

• 学理分析 •

1. 走私淫秽物品罪的构成。走私淫秽物品罪，是指违反海关法规，逃避海关监管，以牟利或者传播为目的，运输、携带、邮寄淫秽的影片、录像带、录音带、图片、书刊或者其他淫秽物品，进出国（边）境的行为。本罪的构成要件如下：

（1）本罪的客体。本罪侵犯的客体是国家海关监督管理制度和严禁淫秽物品走私传播的制度。

（2）本罪的客观方面。本罪在客观方面表现为违反海关法规，逃避海关监督，非法运输、携带、邮寄淫秽的书刊、影片、录像带、录音带、图片或者其他淫秽物品进出国（边）境的行为。

（3）本罪的主体。犯罪主体为一般主体。单位走私淫秽物品的，也可构成本罪的主体。

（4）本罪的主观方面。本罪的主观方面由故意构成，并且具有牟利或者传播的目的。

2. 走私废物罪的构成。走私废物罪，是指违反海关法规和国家关于固体废物、液态废物、气态废物管理的规定，逃避海关监管，将境外固体废物、液态废物、气态废物运输进境的行为。本罪的构成要件如下：

（1）本罪的客体。本罪侵犯的客体是海关监管制度和国家禁止固体废物、液态废物和气态废物进境的制度。

（2）本罪的客观方面。本罪的客观方面表现为违反海关法规和国家有关规定，逃避海关监管，将境外的固体废物、液态废物、气态废物运输进境的行为。

（3）本罪的主体。犯罪主体为一般主体，自然人和单位均可构成本罪的主体。

（4）本罪的主观方面。主观方面由故意构成，即明知是境外的固体废物、液态废物、气态废物，却逃避海关监管，将其偷运入境。

• 适用指引 •

司法实践中，认定本条规定的罪名应注意：

1. 走私淫秽物品罪的认定。

（1）本罪与非罪的界限。区分走私淫秽物品罪与非罪，应重点从以下几个方面予以把握：

①在主观方面，走私淫秽物品罪须具有故意和牟利或传播的目的才能构成。所以，如果行为人不知道其所运输、携带、邮寄进出境的是淫秽物品，而认为只是一般物品，即使其故意以藏匿、伪装、瞒报、伪报或其他方式逃避海关监管，因为这种故意内容不是走私淫秽物品罪的故意内容，故不能认为是走私淫秽物品罪。如果走私物品的数量又较小，只能认定为一般走私行为。此外，即使故意逃避海关监管，运输、携带、邮寄淫秽物品进出境，但行为人的目的不是牟利或传播，也不能认为其构成走私淫秽物品罪。

②在客观方面，如果行为人走私的并非淫秽物品，不能认定构成本罪，走私一些格调不高，对人们身心健康有一定毒害，但整体上看不属于淫秽物品的物品，一般不构成犯罪。

③从数量上看，尽管本罪的成立不要求数量，但如果行为人走私淫秽物品的数量微不足道，且从整个案情来看属于情节显著轻微，危害不大的情况，一般不宜以犯罪论处。

（2）走私淫秽物品罪与制作、复制、出版、贩卖、传播淫秽物品罪的界限。所谓制作、复制、出版、贩卖、传播淫秽物品罪，是以牟利为目的，制作、复制、出版、贩卖、传播淫秽物品的行为。它与走私淫秽物品罪在犯罪对象以及主观目的上有一致的地方，而且，走私淫秽物品罪的犯罪分子往往也具有制作、复制、出版、贩卖、传播等行为表现，所以两罪有相似的地方。但两罪所侵犯的客体有很大的差异，制作、复制、出版、贩卖、传播淫秽物品罪侵犯的客体是国家文化市场的管理秩序和社会道德风尚，而走私淫秽物品罪的客体是国家对外贸易管制，客体的差异是两罪区别的关键。所以，凡是以牟利或传播为目的，直接向走私人非法收购淫秽物品的；在内海、领海运输、收购、贩卖淫秽物品的；走私分子逃避海关检查进入国内以后，自己出卖淫秽物品的；走私集团的成员分工在国内负责制作、贩卖淫秽物品的，受走私团伙的收买、指使、帮助制作、贩卖淫秽物品的，对上述这些行为，因为侵犯的是国家对外贸易管制，所以应认定为走私淫秽物品罪。

2. 走私废物罪的认定。

（1）本罪与非法处置进口的固体废物罪的界限。两者的区别是，前者逃避海关监管，后者则不逃避海关监管；前者处罚的是走私行为，后者处罚的是将固体废物在我国境内倾倒、堆放、处置的行为。因此，如果行为人走私固体废物并在我国境内倾倒、堆放、处置的，则既构成走私废物罪，又构成非法处置进口的固体废物罪，应当实行数罪并罚。

（2）本罪与擅自进口固体废物罪的界限。两者的区别：①侵犯的客体不同。前者侵犯的主要是国家海关的监管制度，后者侵犯的则是国家的环境保护制度。②客观方面的表现不同。前者表现为逃避海关监管的行为，后者则不逃避海关监管。③前者属于行为犯，行为人只要走私固体废物、液态废物、气态废物就构成犯罪，而后者则是结果犯，要求造成重大环境污染事故，致使公私财产遭受重大损失或者严重危害人体健康。④犯罪对象不同。前者走私的废物应当理解为国家禁止进口的固体废物、液态废物、气态废物，而后者进口的则是国家限制进口的固体废物，如果将这些固体废物进口用作原料，必须经国务院有关部门批准。

（3）与走私废物的犯罪分子通谋，为其提供贷款、资金、账号、发票、证明，或者为其提供运输、保管、邮寄或者其他方便的，以走私废物罪的共犯论处。

（4）以暴力、威胁方法抗拒缉私的，以走私废物罪和妨害公务罪，实行并罚。

第一百五十三条　走私普通货物、物品罪

【法律规定】

• 法律条文 •

《中华人民共和国刑法》

第一百五十三条　走私本法第一百五十一条、第一百五十二条、第三百四十七条规定以外的货物、物品的，根据情节轻重，分别依照下列规定处罚：

（一）走私货物、物品偷逃应缴税额较大或者一年内曾因走私被给予二次行政处罚后又走私的，处三年以下有期徒刑或者拘役，并处偷逃应缴税额一倍以上五倍以下罚金。

（二）走私货物、物品偷逃应缴税额巨大或者有其他严重情节的，处三年以上十年以下有期徒刑，并处偷逃应缴税额一倍以上五倍以下罚金。

（三）走私货物、物品偷逃应缴税额特别巨大或者有其他特别严重情节的，处十年以上有期徒刑或者无期徒刑，并处偷逃应缴税额一倍以上五倍以下罚金或者没收财产。

单位犯前款罪的，对单位判处罚金，并对其直接负责的主管人员和其他直接责任人员，处三年以下有期徒刑或者拘役；情节严重的，处三年以上十年以下有期徒刑；情节特别严重的，处十年以上有期徒刑。

对多次走私未经处理的，按照累计走私货物、物品的偷逃应缴税额处罚。

• 相关规定 •

《中华人民共和国海关法》

第八十二条 违反本法及有关法律、行政法规，逃避海关监管，偷逃应纳税款、逃避国家有关进出境的禁止性或者限制性管理，有下列情形之一的，是走私行为：

（一）运输、携带、邮寄国家禁止或者限制进出境货物、物品或应当缴纳税款的货物、物品进出境的；

（二）未经海关许可并且未缴纳应纳税款、交验有关许可证件，擅自将保税货物、特定减免税货物以及其他海关监管货物、物品、进境的境外运输工具，在境内销售的；

（三）有逃避海关监管，构成走私的其他行为的。

有前款所列行为之一，尚不构成犯罪的，由海关没收走私货物、物品及违法所得，可以并处罚款；专门或者多次用于掩护走私的货物、物品，专门或者多次用于走私的运输工具，予以没收，藏匿走私货物、物品的特制设备，责令拆毁或者没收。

有第一款所列行为之一，构成犯罪的，依法追究刑事责任。

第八十三条 有下列行为之一的，按走私行为论处，依照本法第八十二条的规定处罚：

（一）直接向走私人非法收购走私进口的货物、物品的；

（二）在内海、领海、界河、界湖，船舶及所载人员运输、收购、贩卖国家禁止或者限制进出境的货物、物品，或者运输、收购、贩卖依法应当缴纳税款的货物，没有合法证明的。

第八十四条 伪造、变造、买卖海关单证，与走私人通谋为走私人提供贷款、资金、账号、发票、证明、海关单证，与走私人通谋为走私人提供运输、保管、邮寄或者其他方便，构成犯罪的，依法追究刑事责任；尚不构成犯罪的，由海关没收违法所得，并处罚款。

《最高人民法院、最高人民检察院关于办理走私刑事案件适用法律若干问题的解释》（法释〔2014〕10号）

第十六条 走私普通货物、物品，偷逃应缴税额在十万元以上不满五十万元的，应当认定为刑法第一百五十三条第一款规定的“偷逃应缴税额较大”；偷逃应缴税额在五十万元以上不满二百五十万元的，应当认定为“偷逃应缴税额巨大”；偷逃应缴税额在二百五十万元以上的，应当认定为“偷逃应缴税额特别巨大”。

走私普通货物、物品，具有下列情形之一，偷逃应缴税额在三十万元以上不满五十万元的，应当认定为刑法第一百五十三条第一款规定的“其他严重情节”；偷逃应缴税额在一百五十万元以上不满二百五十万元的，应当认定为“其他特别严重情节”：

（一）犯罪集团的首要分子；

（二）使用特种车辆从事走私活动的；

（三）为实施走私犯罪，向国家机关工作人员行贿的；

（四）教唆、利用未成年人、孕妇等特殊人群走私的；

（五）聚众阻挠缉私的。

第十七条 刑法第一百五十三条第一款规定的“一年内曾因走私被给予二次行政处罚后又走私”中的“一年内”，以因走私第一次受到行政处罚的生效之日与“又走私”行为实施之日的时间间隔计算确定；“被给予二次行政处罚”的走私行为，包括走私普通货物、物品以及其他货物、物品；“又走私”行为仅指走私普通货物、物品。

第十八条 刑法第一百五十三条规定的“应缴税额”，包括进出口货物、物品应当缴纳的进出口关税和进口环节海关代征税的税额。应缴税额以走私行为实施时的税则、税率、汇率和完税价格计算；多次走私的，以每次走私行为实施时的税则、税率、汇率和完税价格逐票计算；走私行为实施时间不能确定的，以案发时的税则、税率、汇率和完税价格计算。

刑法第一百五十三条第三款规定的“多次走私未经处理”，包括未经行政处理和刑事处理。

第二十条 直接向走私人非法收购走私进口的货物、物品，在内海、领海、界河、界湖运输、收购、贩卖国家禁止进出口的物品，或者没有合法证明，在内海、领海、界河、界湖运输、收购、贩卖国家限制进出口的货物、物品，构成犯罪的，应当按照走私货物、物品的种类，分别依照刑法第一百五十一条、第一百五十二条、第一百五十三条、第三百四十七条、第三百五十条的规定定罪处罚。

刑法第一百五十五条第二项规定的“内海”，包括内河的入海口水域。

第二十一条 未经许可进出口国家限制进出口的货物、物品，构成犯罪的，应当依照刑法第一百五十一条、第一百五十二条的规定，以走私国家禁止进出口的货物、物品罪等罪名定罪处罚；偷逃应缴税额，同时又构成走私普通货物、物品罪的，依照处罚较重的规定定罪处罚。

取得许可，但超过许可数量进出口国家限制进出口的货物、物品，构成犯罪的，依照刑法第一百五十三条的规定，以走私普通货物、物品罪定罪处罚。

租用、借用或者使用购买的他人许可证，进出口国家限制进出口的货物、物品的，适用本条第一款的规定定罪处罚。

第二十二条 在走私的货物、物品中藏匿刑法第一百五十一条、第一百五十二条、第三百四十七条、第三百五十条规定的货物、物品，构成犯罪的，以实际走私的货物、物品定罪处罚；构成数罪的，实行数罪并罚。

第二十三条　实施走私犯罪，具有下列情形之一的，应当认定为犯罪既遂：

（一）在海关监管现场被查获的；

（二）以虚假申报方式走私，申报行为实施完毕的；

（三）以保税货物或者特定减税、免税进口的货物、物品为对象走私，在境内销售的，或者申请核销行为实施完毕的。

第二十四条　单位犯刑法第一百五十一条、第一百五十二条规定之罪，依照本解释规定的标准定罪处罚。

单位犯走私普通货物、物品罪，偷逃应缴税额在二十万元以上不满一百万元的，应当依照刑法第一百五十三条第二款的规定，对单位判处罚金，并对其直接负责的主管人员和其他直接责任人员，处三年以下有期徒刑或者拘役；偷逃应缴税额在一百万元以上不满五百万元的，应当认定为“情节严重”；偷逃应缴税额在五百万元以上的，应当认定为“情节特别严重”。

《最高人民法院、最高人民检察院、海关总署关于办理走私刑事案件适用法律若干问题的意见》（法〔2002〕139号）

八、关于走私旧汽车、切割车等货物、物品的行为的定罪问题

走私刑法第一百五十一条、第一百五十二条、第三百四十七条、第三百五十条规定的货物、物品以外的，已被国家明令禁止进出口的货物、物品，例如旧汽车、切割车、侵犯知识产权的货物、来自疫区的动植物及其产品等，应当依照刑法第一百五十三条的规定，以走私普通货物、物品罪追究刑事责任。

九、关于利用购买的加工贸易登记手册、特定减免税批文等涉税单位进口货物行为的定性处理问题

加工贸易登记手册、特定减免税批文等涉税单证是海关根据国家法律法规以及有关政策性规定，给予特定企业用于保税货物经营管理和减免税优惠待遇的凭证。利用购买的加工贸易登记手册、特定减免税批文等涉税单证进口货物，实质是将一般贸易货物伪报为加工贸易保税货物或者特定减免税货物进口，以达到偷逃应缴税款的目的，应当适用刑法第一百五十三条以走私普通货物、物品罪定罪处罚。如果行为人与走私分子通谋出售上述涉税单证，或者在出卖批文后又以提供印章、向海关伪报保税货物、特定减免税货物等方式帮助买方办理进口通关手续的，对卖方依照刑法第一百五十六条以走私罪共犯定罪处罚。买卖上述涉税单证情节严重尚未进口货物的，依照刑法第二百八十条的规定定罪处罚。

十、关于在加工贸易活动中骗取海关核销行为的认定问题

在加工贸易经营活动中，以假出口、假结转或者利用虚假单证等方式骗取海关核销，致使保税货物、物品脱离海关监管，造成国家税款流失，情节严重

的，依照刑法第一百五十三条的规定，以走私普通货物、物品罪追究刑事责任。但有证据证明因不可抗力原因导致保税货物脱离海关监管，经营人无法办理正常手续而骗取海关核销的，不认定为走私犯罪。

十一、关于伪报价格走私犯罪案件中实际成交价格的认定问题

走私犯罪案件中的伪报价格行为，是指犯罪嫌疑人、被告人在进出口货物、物品时，向海关申报进口或者出口的货物、物品的价格低于或者高于进出口货物的实际成交价格。

对实际成交价格的认定，在无法提取真、伪两套合同、发票等单证的情况下，可以根据犯罪嫌疑人、被告人的付汇渠道、资金流向、会计账册、境内外收发货人的真实交易方式，以及其他能够证明进出口货物实际成交价格的证据材料综合认定。

十二、关于出售走私货物已缴纳的增值税应否从走私偷逃应缴税额中扣除的问题

走私犯罪嫌疑人为出售走私货物而开具增值税专用发票并缴纳增值税，是其走私行为既遂后在流通领域获取违法所得的一种手段，属于非法开具增值税专用发票。对走私犯罪嫌疑人因出售走私货物而实际缴纳走私货物增值税的，在核定走私货物偷逃应缴税额时，不应当将其已缴纳的增值税额从其走私偷逃应缴税额中扣除。

【案例】

范某荣、范某新走私普通货物案①

• 案件事实 •

2011年5月9日至11日，被告人范某荣带着被告人范某新（范某荣之子）到日本神户参加珠宝展会，其间从关西珍珠有限会社购买了珍珠1337颗。2011年5月12日下午，两被告人在日本关西机场候机时，被告人范某荣将事先准备好的装着珍珠的布袋捆绑在腰部和腿部，其中自己携带783颗珍珠（共9包），其余554颗珍珠（共8包）指使被告人范某新用同样的方法捆绑在身上。当晚二被告人乘坐CZ390航班从日本大阪抵达广州白云机场，过关走无申报通道，被海关工作人员人赃并获。经海关关税部门核定，被告人范某荣、范某新走私上述货物偷逃应缴税额人民币352913.89元。

---

① 参见广东省广州市中级人民法院（2011）穗中法刑二初字第157号。

• 裁判要旨 •

行为人将在境外购买的大量贵重物品携带入境，走无申报通道过关，偷逃税额巨大，应以走私普通货物罪追究刑事责任。

• 裁判理由 •

广州市中级人民法院认为：被告人范某荣、范某新以牟利为目的，违反海关法规、逃避海关监管，从境外走私货物入境，其行为均已构成走私普通货物罪。公诉机关起诉指控两被告人犯罪的事实清楚，证据确实、充分，罪名成立，被告人范某荣出资购买珍珠走私入境，在共同犯罪中起主要作用，是主犯；被告人范某新受指使参与走私犯罪，在共同犯罪中起辅助作用，是从犯，鉴于被告人范某新主观恶性较小、认罪态度较好、有明显的悔罪表现，且其犯罪情节显著轻微，可免予刑事处罚。被告人范某荣认罪态度较好，有检举揭发他人走私的悔罪表现，没有再犯罪的危险，可以从轻处罚对其宣告缓刑。依照《刑法》第151条第3款、第26条、第27条、第37条、第52条、第53条、第64条、第72条、第73条的规定，判决如下：一、被告人范某荣犯走私普通货物罪，判处有期徒刑三年，缓刑五年，并处罚金353000元（缓刑考验期限，从判决确定之日起计算；罚金从判决发生法律效力第二日起一个月内向法院缴纳）。二、被告人范某新犯走私普通货物罪，免予刑事处罚。三、缴获的珍珠1337颗予以没收拍卖，得款上缴国库（由广州白云机场海关缉私分局执行）。

【学理分析及适用指引】

• 学理分析 •

根据《刑法》第153条的规定，走私普通货物、物品罪，是指违反海关法规，逃避海关监管，运输、携带、邮寄普通货物、物品进出国（边）境，偷逃应缴税额较大的行为。本罪的构成要件如下：

1. 本罪的客体。本罪侵犯的客体是国家对普通货物、物品进出口监管、征收关税的制度。

2. 本罪的客观方面。本罪的客观方面表现为违反海关法规，逃避海关监管，运输、携带、邮寄普通货物、物品进出国（边）境，偷逃应缴税额较大的行为。违反海关法规是构成走私普通货物、物品罪的前提条件。所谓违反海关法规，指违反我国《海关法》《进出口关税管理条例》及其他有关的法律、法规。

3. 本罪的主体。犯罪主体为一般主体。

4. 本罪的主观方面。本罪的主观方面是故意，过失不构成本罪。根据2002年最高人民法院、最高人民检察院和海关总署联合制发的《关于办理走私刑事案件适用法律若干问题的意见》第5条的规定，行为人明知自己的行为违反国家法律法规，逃避海关监管，偷逃进出境货物、物品的应缴税额，并且希望或者放任危害结果发生的，应认定为具有走私普通货物、物品罪的主观故意。

• 适用指引 •

司法实践中，认定走私普通货物、物品罪，应当注意两个问题：一是行为对象的问题，此处的“普通货物、物品”是指除《刑法》第151～152条、第347条所规定的十余种国家禁止进出口的物品之外的货物、物品，这些货物、物品国家一般并不禁止其进出口，但一定依法向海关申报并缴纳一定的关税，行为人走私普通货物、物品行为的本质是偷逃国家的关税，包括不缴或少缴关税。二是本罪的成立原则上要求偷逃关税数额较大的情形，“偷逃税额较大”目前尚待相关部门的权威规定。但是，根据《刑法修正案（八）》的规定，对于“一年内曾因走私被给予两次行政处罚后走私”（俗称“蚂蚁搬家式”走私）的，可直接构成本罪，不受数额较大的限制。

第一百五十四条　走私保税货物、特定减免税货物犯罪

【法律规定】

• 法律条文 •

《中华人民共和国刑法》

第一百五十四条　下列走私行为，根据本节规定构成犯罪的，依照本法第一百五十三条的规定定罪处罚：

（一）未经海关许可并且未补缴应缴税额，擅自将批准进口的来料加工、来件装配、补偿贸易的原材料、零件、制成品、设备等保税货物，在境内销售牟利的；

（二）未经海关许可并且未补缴应缴税额，擅自将特定减税、免税进口的货物、物品，在境内销售牟利的。

• 相关规定 •

《最高人民检察院关于擅自销售进料加工保税货物的行为法律适用问题的解释》（高检发释字〔2000〕3号）

保税货物是指经海关批准未办理纳税手续进境，在境内储存、加工、装配

后复运出境的货物。经海关批准进口的进料加工的货物属于保税货物。未经海关许可并且未补缴应缴税额，擅自将批准进口的进料加工的原材料、零件、制成品、设备等保税货物，在境内销售牟利，偷逃应缴税额在五万元以上的，依照刑法第一百五十四条、第一百五十三条的规定，以走私普通货物、物品罪追究刑事责任。

《最高人民法院、最高人民检察院、海关总署关于办理走私刑事案件适用法律若干问题的意见》（法〔2002〕139号）

十三、关于刑法第一百五十四条规定的“销售牟利”的理解问题

刑法第一百五十四条第（一）（二）项规定的“销售牟利”，是指行为人主观上为了牟取非法利益而擅自销售海关监管的保税货物、特定减免税货物。该种行为是否构成犯罪，应当根据偷逃的应缴税额是否达到刑法第一百五十三条及相关司法解释规定的数额标准予以认定。实际获利与否或者获利多少并不影响其定罪。

【案例】

上海华源伊龙实业发展公司、濮某、施某、冯某走私普通货物案①

• 案件事实 •

1996年年底至1997年年初，濮某在担任上海华源伊龙实业发展公司（以下简称伊龙公司）法定代表人、总经理期间，通过该公司内贸部经理冯某介绍，认识了香港三富公司上海办事处的施某。双方经洽谈，均有进口涤纶短纤加工复出口的合作意向，并决定签订《进出口代理协议》，三富公司委托伊龙公司代理涤纶短纤进料加工复出口业务。伊龙公司没有外贸进出口权，其征得上级单位中国华源集团有限公司（以下简称华源集团公司）同意，以华源集团公司进出口六部的名义对外签订进出口协议。而三富公司施某以已于1997年1月1日被工商行政管理部门注销的民兴公司名义，在同年1月6日与伊龙公司签订了《进出口代理协议》，并在协议书上加盖了一枚非民兴公司的印鉴。该协议约定，华源集团公司（即伊龙公司）负责代理民兴公司（实为三富公司）对外商签订进口合同和出口信用证的审证及交单，但不承担任何责任，而其他均由三富公司负责；伊龙公司按比率收取代理费。至1997年年底，伊龙公司与三富公司先后签订数份与上述内容相同的《进出口代理协议》，从而形成代理关系。

嗣后，伊龙公司以华源集团公司的名义向上海浦东海关申领了《进料加工

---

① 参见上海市第二中级人民法院（2000）沪二中刑初字第178号。

登记手册》，经海关审查批准，免税进口涤纶短纤3100余吨。伊龙公司总经理濮某及公司职员冯某与三富公司施某未经海关许可，并且未补缴应缴税额，擅自将批准进口的涤纶短纤在境内销售，其中，经濮某同意、伊龙公司冯某介绍，销售涤纶短纤给广联公司；冯某帮助介绍，由三富公司施某销售涤纶短纤给鑫豪公司、华晶公司、天皓公司等，共计830余吨。

1998年4月，伊龙公司总经理濮某要求员工周维庆等人使用陕西宝鸡阳光非织造物有限公司的《进料加工登记手册》，经海关批准，免税进口涤纶短纤297.5吨。伊龙公司又未经海关许可并补缴应缴税额，擅自将批准进口的涤纶短纤在境内销售给田水公司190余吨。

• 裁判要旨 •

擅自将保税货物在境内销售牟利行为的定性。

• 裁判理由 •

法院审理后认为：被告单位伊龙公司和三富公司在进行外贸进出口代理业务中，违反海关规定逃避监管，未经海关许可并且未补缴应缴税额，擅自将1000余吨批准进口加工的涤纶短纤，结伙或单独在境内销售，偷逃国家应缴税额，其中，伊龙公司非法销售292.95吨，偷逃应缴税额人民币95.4万元，伊龙公司的行为构成走私普通货物罪；被告人濮某系单位直接主管人员，其行为亦构成走私普通货物罪，且均情节严重，依法均应予处罚，根据被告人濮某的犯罪情节和悔罪表现等，可对其适用缓刑。被告人施某以三富公司等名义，非法销售743.434吨，偷逃应缴税额人民币243.3万元，其行为构成走私普通货物罪，且情节严重，依法予以处罚。被告人冯某作为伊龙公司的员工，参与公司非法销售95.5吨，偷逃应缴税额31.2万余元，系单位直接责任人员；其又以单位名义参与为三富公司施某介绍走私，非法销售683.234吨，偷逃应缴税额为223.6万元，其行为已构成走私普通货物罪，且情节严重，依法应予处罚。鉴于冯某为三富公司施某介绍走私，个人未从中获利，且到案后有悔罪表现等，可对其酌情从轻处罚并适用缓刑。公诉机关指控的罪名成立，依法应予支持。根据《进出口代理协议》和证人吴某提供的三富公司账册以及被告人濮某、冯某供述情况，可以认定被告人施某及三富公司为走私犯罪的共犯；证人吴某提供的三富公司账册还证实，三富公司从未为伊龙公司垫付过料款，故被告人施某及其辩护人提出的辩解及辩护意见缺乏事实依据，不予采纳，但鉴于本案具体情况，可对被告人濮某、施某、冯某分别从轻处罚。依照《刑法》第12条第1款、第154条第1款第1项、第153条第2款、第25条第1款、第72条第1款、第64条和《最高人民法院关于审理走私刑事案件具体应用法律若干问题的解释》第6条第1款、第2款、第7条、第10条第2款的规定，以走私普通货物罪，分别判处被告单位上海华源伊龙实业发展公司罚金人民币300万元，于判决生效后第2日起1个月内支付；判处被告人濮某有期徒刑三年，缓刑三年；判处被告人施某有期徒刑六年；判处被告人冯某有期徒刑三年，缓刑三年；违法所得予以追缴。

【学理分析及适用指引】

• 学理分析 •

关于“未经海关许可擅自在境内销售牟利”中的“牟利”之理解，我国刑法学界存在不同的认识。一种观点认为，“牟利”是构成犯罪的必备条件，如果行为人实施了销售有关货物、物品的行为，但并未牟利，则不能构成犯罪。① 另一种观点认为，“牟利”是一个主观要件，只要行为人主观上具有牟利的目的，不管销售行为是否实际牟利，就具备了后续走私的主观要件。②

《刑法》第154条规定了擅自在境内销售保税、减免税货物、物品的定罪处罚问题，即这种情况应当以走私普通货物、物品罪定罪处罚。根据该条的规定，需要同时具备以下条件：

1. 行为对象是保税、特定减免税货物、物品。所谓保税货物，根据有关司法解释的规定，是指经海关批准，未办理纳税手续进境，在境内储存、加工、装配后应予复运出境的货物。保税货物包括通过加工贸易、补偿贸易等方式进口的货物，以及在保税仓库、保税工厂、保税区或者免税商店内等储存、加工、寄售的货物。根据《海关法》第40条的规定，经济特区等特定地区进出口的货物，中外合资经营企业、中外合作经营企业、外资企业等特定企业进出口的货物，有特定用途的进出口货物，用于公益事业的捐赠物资，可以减征或者免征关税。特定减税或者免税的范围和办法，由国务院规定。边境小额贸易减征或者免征关税的范围和办法，由国务院或者国务院授权的机关规定。企业为进行技术改造而必须引进的仪器、设备，学校、科研机构为教学科研而使用的某些设备、器材等属于特定减免税的货物、物品。

2. 未经海关许可擅自在境内销售牟利。如何理解此处的牟利？《最高人民法院、最高人民检察院、海关总署关于办理走私刑事案件适用法律若干问题的意见》第13条显然是支持了主观说，认为此处的销售牟利，是指行为人主观上为牟取非法利益而擅自销售海关监管的保税货物、特定减免税货物。实际获利与否或者获利多少并不影响其定罪。

3. 没有补缴应缴税额。根据上述意见的规定，偷逃的应缴税额达到《刑

---

① 李希慧主编：《刑法各论》，中国人民大学出版社2007年版，第130页。

② 莫林光：《试论后续走私犯罪的认定》，载《湛江师范学院学报》2000年第4期。

法》第 153 条及相关司法解释规定的数额标准时，依法追究其走私普通货物、物品罪的刑事责任。

• 适用指引 •

处理擅自在境内销售保税、减免税货物、物品的行为，应当注意所谓销售牟利，是指行为人主观上为牟取非法利益而擅自销售海关监管的保税货物、特定减免税货物。实际获利与否或者获利多少并不影响其定罪。

第一百五十五条　以走私罪论处的间接走私行为

【法律规定】

• 法律条文 •

《中华人民共和国刑法》

第一百五十五条　下列行为，以走私罪论处，依照本节的有关规定处罚：

（一）直接向走私人非法收购国家禁止进口物品的，或者直接向走私人非法收购走私进口的其他货物、物品，数额较大的；

（二）在内海、领海、界河、界湖运输、收购、贩卖国家禁止进出口物品的，或者运输、收购、贩卖国家限制进出口货物、物品，数额较大，没有合法证明的。

• 相关规定 •

《最高人民法院、最高人民检察院、海关总署关于办理走私刑事案件适用法律若干问题的意见》（法〔2002〕139 号）

十四、关于海上走私犯罪案件如何追究运输人的刑事责任问题

对刑法第一百五十五条第（二）项规定的实施海上走私犯罪行为的运输人、收购人或者贩卖人应当追究刑事责任。对运输人，一般追究运输工具的负责人或者主要责任人的刑事责任，但对于事先通谋的、集资走私的，或者使用特殊的走私运输工具从事走私犯罪活动的，可以追究其他参与人员的刑事责任。

【案例】

林某、傅某走私普通货物案①

• 案件事实 •

1998年3月，林某、傅某商议在村东大堡礁附近买一些走私的外烟可以转卖发一笔财，于是林某、傅某伙同赵某（在逃）将过去做生意积攒的加之向亲友拆借的共计人民币45万元用纸箱装好后驾船出海，在临近金门岛附近的被称为大堡礁的水域向一艘走私船靠近，该走私船系台湾黑势力青竹帮走私香烟、台币的船只。林某在船舷边与对方谈妥了香烟的价格，对方将200余箱走私的香烟搬运到林某等人的船上，林某、傅某将全部人民币抬到对方船上，双方清点交割完毕后，林某等人在返航途中，赵某提前换乘别的船到别的岛屿，林某等人在靠近村西南水域与等候在此购买提货的朱某（另案处理）交接时被我国缉私船只人赃俱获。经查，走私的香烟偷逃税款48万余元。

• 裁判要旨 •

行为人在内海驾驶收购国家限制进口的香烟，数额较大，应以走私普通货物罪追究刑事责任。

• 裁判理由 •

法院于1998年8月经审理认为：林某、傅某在内海收购国家限制进口的香烟，数额较大，没有合法证明，其行为应以走私普通货物罪论处。故依照《刑法》第155条、第153条的规定，判处林某八年有期徒刑，并处罚金人民币100万元；判处傅某七年有期徒刑，并处罚金人民币110万元。

【学理分析及适用指引】

• 学理分析 •

准走私行为虽然不是直接的走私行为，但是这些行为同样危害我国的对外贸易管理制度，破坏我国的社会主义市场经济秩序。因此，有必要在《刑法》中对此作出规定。根据《刑法》第155条及《最高人民法院关于审理走私刑事案件具体应用法律若干问题的解释》的规定，准走私有以下两种情形：一是直接收购走私品，即直接向走私人非法收购走私进口的非国家禁止进口的货

① 参见张文学主编：《刑法条文案例释解》，法律出版社1997年版，第309页。

物、物品，数额较大的。根据该解释的规定，这种情形构成走私普通货物、物品罪，要求行为人明知是走私行为人而向其非法收购走私进口的货物、物品，应缴税额为5万元以上。二是在特定区域运输、收购、贩卖走私品，即在内海、领海、界河、界湖运输、收购、贩卖国家限制进出口的货物、物品，数额较大，没有合法证明的。

• 适用指引 •

依照走私普通货物、物品罪定罪处罚的准走私的行为对象是否包括国家禁止进出口的货物、物品？根据《刑法》第155条的规定，并没有明确把国家禁止进出口的货物、物品排除在走私普通货物、物品罪对象范围之外。但上述解释明确规定，依照走私普通货物、物品罪定罪处罚的准走私的对象不包括国家禁止进出口的货物、物品。如果是直接向走私人非法收购国家禁止进口物品的，应当按照走私物品的种类，分别适用《刑法》第151～152条、第347条的规定定罪处罚。

第一百五十六条　走私犯罪的共犯

【法律规定】

• 法律条文 •

《中华人民共和国刑法》

第一百五十六条　与走私罪犯通谋，为其提供贷款、资金、账号、发票、证明，或者为其提供运输、保管、邮寄或者其他方便的，以走私罪的共犯论处。

• 相关规定 •

《最高人民法院、最高人民检察院、海关总署关于办理走私刑事案件适用法律若干问题的意见》（法〔2002〕139号）

十五、关于刑法第一百五十六条规定的“与走私罪犯通谋”的理解问题

通谋是指犯罪行为人之间事先或者事中形成的共同的走私故意。下列情形可以认定为通谋：

（一）对明知他人从事走私活动而同意为其提供贷款、资金、账号、发票、证明、海关单证，提供运输、保管、邮寄或者其他方便的；

（二）多次为同一走私犯罪分子的走私行为提供前项帮助的。

二十二、关于共同走私犯罪案件如何判处罚金刑问题

审理共同走私犯罪案件时，对各共同犯罪人判处罚金的总额应掌握在共同走私行为偷逃应缴税额的一倍以上五倍以下。

【案例】

温国彬走私普通货物案①

• 案件事实 •

1996年9月，香港威祥（中国）有限公司董事兼总经理伍建华（广东新兴县人，持有多次往返港澳通行证）获悉广西梧州市嘉盛贸易有限责任公司办理走私进口铝锭业务。为在西江河道运输中寻求“保护伞”，遂找到广东云浮市公安机关工作人员温国彬，提出将1万吨进口铝锭从香港水运到广西梧州“清关”，后运往南海市小塘镇中南企业集团公司。由于该批铝锭没有合法进口手续，伍建华要求温国彬以云浮市公安局安景实业有限公司作“货主”在梧州市发运，并答应每吨货物给付35元的“押运费”，如在云浮、肇庆水域被公安机关查扣，由温国彬负责协调有关部门解决。温国彬同意了伍建华提出的要求。随后，温国彬与伍建华去广西梧州市，找到嘉盛贸易有限公司的钟嘉满，提出在接到铝锭装船的通知后，即转船运公司，在发货单上填写安景实业有限公司为发货人，并电话通知温国彬运载铝锭的船号、重量，经过云浮、肇庆水域的时间等，钟嘉满表示同意。同月24日，温国彬在未征得市公安局主管领导同意的情况下，以安景实业有限公司的名义与伍建华签订有上述内容的走私运载铝锭的合同。此后，梧州嘉盛贸易有限责任公司的钟嘉诚、钟嘉满在未办理任何报关手续的情况下，于同年10月4日至30日先后以云浮市安景实业有限公司为发货人，采取在港口从外轮上将铝锭装吊到内地货船运走的方法，把铝锭运到南海市小塘镇中南企业集团公司。每次发运前，钟嘉满均按温国彬、伍建华的要求，将装载铝锭的船号、重量、经过时间电话通知温国彬。事后，温国彬先后3次共收取了伍建华付给的“押运费”15.5万元，全部用于个人挥霍。温国彬通过上述途径参与走私进口铝锭3211吨，偷逃应缴税额1172.015万元。

• 裁判要旨 •

与走私分子通谋，为其走私行为提供相关支持、便利的，成立走私罪的共犯。

---

① 参见国家法官学院、中国人民大学法学院编：《中国审判案例要览（1999年刑事审判案例卷）》，中国人民大学出版社2002年版，第86页。

• 裁判理由 •

广东省浮云市中级人民法院对温国彬走私一案作出判决，温国彬不服，上诉到广东省高级人民法院，广东省高级人民法院经审理认为：温国彬违反海关法规，逃避海关监管，与走私分子合谋共同走私普通货物，其行为构成走私普通货物罪，偷逃税额特别巨大，情节特别严重；其还利用职务便利侵吞公款、公物，又构成贪污罪，均应依法惩处。经查，上诉人温国彬明知伍建华偷运入境的铝锭无合法报关手续的事实，有同案人伍建华、钟嘉满及其本人供述证实，其走私犯罪故意明显，事实、证据俱在，不容否认；其他上诉意见亦无证据证实，上诉理由不成立，要求从轻处罚的意见不予采纳。原审判决认定事实清楚，证据确实、充分，定性准确，量刑适当，审判程序合法。唯对上诉人温国彬所犯贪污罪判处有期徒刑并附加剥夺政治权利没有法律依据，应予撤销。二审法院依照《刑法》第12条、第153条第1款第1项、第151条第4款、第382条第1款、第383条第1款第1项、第57条第1款、第69条的规定，作出如下判决：一、驳回温国彬的上诉，维持云浮市中级人民法院（1998）云中法刑初字第6号刑事判决中对被告人温国彬走私罪的定罪、量刑部分和贪污罪定罪的量刑部分。二、撤销云浮市中级人民法院（1998）云中法刑初字第6号刑事判决中对被告人温国彬贪污罪附加剥夺政治权利部分。三、上诉人温国彬犯走私普通货物罪，判处无期徒刑，剥夺政治权利终身，并处罚金人民币12万元；犯贪污罪，判处有期徒刑十五年。决定执行无期徒刑，剥夺政治权利终身，并处罚金人民币12万元。

【学理分析及适用指引】

• 学理分析 •

对于走私案件共同犯罪的认定，必须根据《刑法》总则关于共同犯罪的构成与刑事责任进行。除此之外，《刑法》第156条也对走私罪的共犯问题作了强调，即与走私罪犯通谋，为其提供贷款、资金、账号、发票、证明，或者为其提供运输、保管、邮寄或者其他方便的，以走私罪的共犯论处。据此，走私罪共犯的成立，首先要求与走私罪犯通谋，所谓与走私犯罪通谋，是指事前与其共同商议走私，或者共同制定走私的犯罪计划、进行犯罪分工等活动。该事前通谋，表现了各共同犯罪人的共同故意，如果事前或事中与走私犯罪分子无通谋，即使客观上为走私普通货物、物品犯罪分子进行了上述帮助行为，也不构成本罪的共犯。《最高人民法院、最高人民检察院、海关总署关于办理走私刑事案件适用法律若干问题的意见》第15条规定：通谋是指犯罪行为人之间事先或者事中形成的共同的走私故意。下列情形可以认定为通谋：（1）对明知他人从事走私活动而同意为其提供贷款、资金、账号、发票、证明、海关单证，提供运输、保管、邮寄或者其他方便的；（2）多次为同一走私犯罪分子的走私行为提供前项帮助的。行为人为走私罪犯提供了方便，具体表现是为其提供贷款、资金、账号、发票、证明，或者为其提供运输、保管、邮寄或者其他方便等。具备上述主客观两个方面的特征，即可认定为走私罪共犯。

• 适用指引 •

走私罪共犯的成立，首先，要求行为人与走私罪犯通谋，所谓与走私犯罪通谋，是指事前与其共同商议走私，或者共同制定走私的犯罪计划、进行犯罪分工等活动。此处的事前通谋，表现了各共同犯罪人的共同故意，如果事前或事中与走私犯罪分子无通谋，即使客观上为走私普通货物、物品犯罪分子进行了上述帮助行为，也不构成本罪的共犯。其次，行为人为走私罪犯提供了方便，具体表现是为其提供贷款、资金、账号、发票、证明，或者为其提供运输、保管、邮寄或者其他方便等。具备上述主客观两个方面的特征，即可认定为走私罪共犯。

第一百五十七条　武装掩护走私、抗拒缉私的处理

【法律规定】

• 法律条文 •

《中华人民共和国刑法》

第一百五十七条　武装掩护走私的，依照本法第一百五十一条第一款的规定从重处罚。

以暴力、威胁方法抗拒缉私的，以走私罪和本法第二百七十七条规定的阻碍国家机关工作人员依法执行职务罪，依照数罪并罚的规定处罚。

【案例】

刘起山、范占武、刘宁等人武装掩护走私案①

• 案件事实 •

刘起山在担任山东省乳山市商业局局长期间，于1992年因商业局下属单

① 参见最高人民法院中国应用法学研究所编：《人民法院案例选（刑事卷·上）》（1992～1999合订本），中国法制出版社2000年版，第180页。

位走私被查获而与范占武、刘宁及颜世礼（原威海市公安局边防保卫分局业务处处长，已判刑）结识。之后，刘起山为了使乳山市商业系统走私方便，多次向范占武、刘宁、颜世礼行贿并宴请他们。范占武、刘宁、颜世礼允诺对乳山市商业系统的走私活动给予照顾。1993 年 7 月上旬和中旬，范占武为了使本单位能以罚款的形式从其他单位的走私活动中获取非法利益，并使走私活动合法化，伙同刘宁制定了一个《关于对走私单位按规定投案自首问题的紧急通知》。其中规定：走私单位只能向威海市公安局边防保卫分局“投案自首”，走私物品在保本的原则上作罚款处理。在该通知下发前，范占武、刘宁根据事先的允诺，先后打电话将其意图和通知的内容告诉刘起山，暗示刘起山可以利用这个机会搞走私。刘起山遂与商业局副局长李乃明（现在逃）等人研究决定商业局借机进行走私香烟活动。刘起山、李乃明积极与福建省、香港的走私分子联系走私香烟，并再三向对方表示，走私活动有边防人员保护，保证安全。

7 月 16 日，邱某（福建省石狮市人，已判刑）、傅某（福建省石狮市人，现在逃）受香港走私分子的指派到达乳山市，使用乳山市商业局下属单位私设的电台与走私船联系后，告诉李乃明装载香烟的走私船已在海上，要求派员出海接船。刘起山得知后即用电话与范占武联系，提出要走私一批香烟。范占武告诉刘起山硬上不行，要其携带向外汇款凭证，并按照事先的约定到威海边防保卫分局办理“投案自首”手续。刘起山答应派人“投案”，同时要求范占武派武装人员到海上将走私货物“押回”，并与海关交涉。范占武表示同意，并安排颜世礼与海关交涉。7 月 17 日上午，刘起山、李乃明根据范占武、刘宁的要求，派姜海（原乳山市商业局干部，已判刑）持变造的汇票存根复印件找到刘宁，办理了“投案自首”手续。接着，刘宁建议范占武立即派武装人员出海押船。范占武遂指派王某（原威海市公安局边防保卫分局副参谋长，已判刑）带领参谋张某及两名战士持 4 支冲锋枪到乳山出海接运走私船。刘起山指使李乃明以辛苦费为名交给王某人民币 5000 元，并要求其少报走私香烟数量。7 月 18 日下午，王某等 4 名武装人员和姜海、傅某乘坐由王雪峰（原乳山市边防大队教导员，已判刑）按照刘起山的要求租用的鲁乳捕 1039 号渔船在海上与走私船会合，登上走私船。王某得知该船运载走私香烟 9953 箱后，经与同行参谋张某商议，拟谎报走私香烟数量为 3000 箱至 4000 箱，并从得到的 5000 元中分给张某 2000 元。

7 月 19 日上午，刘起山得知走私船下午到港，即组织人员准备到港卸货销售，同时要求乳山市公安局局长刘同晓（现在逃）和孙某（原乳山市公安局副局长，已判刑）派干警到码头“维持秩序”。当日下午 3 时许，走私船停靠乳山口港。孙某、王雪峰带领 20 余名干警，出动 3 辆警车到码头“维持秩序”。此时，威海海关人员赶到现场，执行缉私公务。王某随即向范占武报告。

范占武以此案是边防保卫分局受理的“自首”案为由与威海海关交涉，致使威海海关人员撤离。王某将走私船所载走私香烟的数量告诉了刘起山，商定谎报走私烟为3000箱。当日下午6时许，青岛海关缉私艇赶到乳山口港制止卸烟，范占武再次出面阻止海关人员执行缉私公务，双方相持40余小时。其间，海关人员经与范占武一再交涉，商定不准卸烟，走私船不准离开码头，双方派人监护。海关人员鉴于无法执行缉私公务，为防止发生更大冲突，于7月21日中午撤离。海关人员撤离后，负责监护走私船的王雪峰立即打电话通知刘起山。刘起山立刻组织人员，在颜世礼的同意和孙某等人的保护下将走私烟卸完。随后，刘起山为了掩盖走私香烟的实际数量，授意颜世礼封存了3000箱走私烟。此次共走私香烟9953箱，价额为人民币22082820元。

案发后，为对付有关部门的查处，范占武授意颜世礼、王雪峰等人编造了一份乳山市商业局刘起山等人走私香烟3000箱以及由他们几人决定卸烟的证明材料，以掩饰、减轻乳山市商业局走私香烟的事实真相和责任。7月26日，刘起山被羁押后，范占武又根据王某智（原乳山市市委书记，已判刑）的授意，到看守所告诉刘起山，还通知其他知情人员和责任人员，统一口径，掩盖事实真相，帮助刘起山等人逃避法律制裁。

● 裁判要旨 ●

武装掩护走私行为的，应以具体的走私罪从重论处。

● 裁判理由 ●

山东省威海市中级人民法院经公开审理认为：被告人乳山市商业局利用被告人范占武、刘宁等人非法制定的关于走私单位“投案自首”的违法通知，采取假投案自首和利用范占武、刘宁等人提供武装掩护等手段走私香烟，数额特别巨大，并为走私方便多次向他人行贿，其行为已分别构成走私罪①、行贿罪。被告人刘起山系乳山市商业局及其下属单位走私香烟和行贿的直接负责的主管人员，组织、策划、指挥走私，并以假投案自首掩饰走私行为，同时要求范占武、刘宁等人为乳山市商业局走私香烟提供武装掩护；为谋取不正当利益，多次向范占武、刘宁等人行贿，并利用职务之便收受贿赂，其行为已分别构成走私罪、行贿罪和受贿罪。刘起山系乳山市商业局走私香烟犯罪活动的主犯，且走私、受贿数额特别巨大，情节特别严重，依法应从重处罚。被告人范占武为谋取非法利益，主持炮制了《关于走私单位按规定主动投案自首问题的

---

① 此案发生在1997年《刑法》之前，依当时的1979年《刑法》规定，此案认定的“走私罪”罪名没有问题。但1997年《刑法》修订之后，“走私罪”是一个类罪名，并非个罪。依现行《刑法》，本案被告人走私行为应认定为“走私普通货物、物品罪”。——编者注

紧急通知》，积极参与乳山市商业局走私香烟的犯罪活动，并指派武装人员进行武装掩护；还利用职务之便，收受进行走私活动的单位和个人的贿赂，其行为已分别构成走私罪和受贿罪。范占武是乳山市商业局走私香烟犯罪活动中的主犯，利用缉私的职务之便进行走私犯罪，且走私、受贿数额特别巨大，情节特别严重，依法应从重处罚。被告人刘宁积极参与乳山市商业局走私香烟的犯罪活动，鼓动范占武派出武装人员为走私提供武装掩护，还伙同颜世礼走私轿车，并利用职务之便收受进行走私活动的单位和个人的贿赂，其行为已分别构成走私罪和受贿罪。刘宁是利用缉私的职务之便进行走私犯罪的，且受贿数额特别巨大，情节特别严重，依法应从重处罚。据此，法院依照《全国人民代表大会常务委员会关于惩治走私罪的补充规定》第5条第2款、第10条第1款、第1条、第8条、第7条第1款第1项、第11条和《全国人民代表大会常务委员会关于惩治贪污罪贿赂罪的补充规定》第5条、第2条第1款第1项、第9条及《刑法》第53条第1款、第23条、第64条的规定，于1994年2月8日判决如下：被告人乳山市商业局犯走私罪，判处罚金10万元；犯行贿罪判处罚金1万元，决定执行罚金10万元。被告人刘起山犯走私罪，判处死刑，剥夺政治权利终身；犯受贿罪，判处无期徒刑，剥夺政治权利终身；犯行贿罪，判处有期徒刑三年，决定执行死刑，剥夺政治权利终身。被告人范占武犯走私罪，判处死刑，剥夺政治权利终身；犯受贿罪，判处死刑，剥夺政治权利终身，决定执行死刑，剥夺政治权利终身。被告人刘宁犯走私罪，判处无期徒刑，剥夺政治权利终身；犯受贿罪，判处死刑，剥夺政治权利终身，决定执行死刑，剥夺政治权利终身。

宣判后，被告人刘起山、范占武、刘宁均不服，提出上诉。山东省高级人民法院经过二审审理认为：原审判决认定的事实清楚，证据确实、充分，定罪正确，量刑适当，审判程序合法。上诉人刘起山、范占武、刘宁提出的上诉理由经查均不能成立。该院依照《刑事诉讼法》第136条第1项的规定，于1994年5月11日作出裁定：驳回上诉，维持原判，并依照死刑复核程序将案件报请最高人民法院核准。

最高人民法院经过复核，于1994年5月23日作出裁定：核准山东省高级人民法院维持一审对被告人刘起山以走私罪判处死刑，剥夺政治权利终身，以受贿罪判处无期徒刑，剥夺政治权利终身，以行贿罪判处有期徒刑三年，决定执行死刑，剥夺政治权利终身；对被告人范占武以走私罪判处死刑，剥夺政治权利终身，以受贿罪判处死刑，剥夺政治权利终身，决定执行死刑，剥夺政治权利终身；对被告人刘宁以走私罪判处无期徒刑，剥夺政治权利终身，以受贿罪判处死刑，剥夺政治权利终身，决定执行死刑，剥夺政治权利终身的刑事裁定。

【学理分析及适用指引】

• 学理分析 •

本条第1款是武装掩护走私的规定，实属《刑法》第151～153条各走私犯罪行为的法定从重量刑情节。对于本款规定的理解，必须把握如下几点：一是走私对象的不限定性，即无论是掩护走私《刑法》第151～152条规定的特定种类的货物物品，还是普通的货物物品，都要适用本条第1款的规定。二是对武装掩护走私定罪的从属性，即对武装掩护走私的定罪需要根据其走私物品的性质确定罪名。三是对武装掩护走私量刑的独立性，即虽然对掩护走私的定罪需要根据走私物品的性质来确定罪名，但对其量刑一般不适用所触犯各罪的法定刑，而是适用《刑法》第151条第1款的规定从重处罚。

本条第2款实际上是对牵连犯现象的立法确认，其中抗拒缉私行为实际上构成了妨害公务罪，抗拒缉私与走私之间形成牵连犯关系，构成理论上常说的牵连犯。一般而言，对于牵连犯，择一重罪处断。但由于本款对牵连犯的处理作了特别的规定，故对于抗拒缉私与走私形成的牵连犯，则按照妨害公务罪与走私罪数罪并罚。

• 适用指引 •

对武装掩护走私的定罪，需要根据其走私物品的性质确定罪名，但对其量刑一般不适用所触犯各罪的法定刑，《刑法修正案（八）》与《刑法修正（九）》相继对走私罪死刑问题作了修改，即废除了走私犯罪的死刑。

第三节　妨害对公司、企业的管理秩序罪

第一百五十八条　虚报注册资本罪

【法律规定】

• 法律条文 •

《中华人民共和国刑法》

第一百五十八条　申请公司登记使用虚假证明文件或者采取其他欺诈手段虚报注册资本，欺骗公司登记主管部门，取得公司登记，虚报注册资本数额巨大、后果严重或者有其他严重情节的，处三年以下有期徒刑或者拘役，并处或

者单处虚报注册资本金额百分之一以上百分之五以下罚金。

单位犯前款罪的，对单位判处罚金，并对其直接负责的主管人员和其他直接责任人员，处三年以下有期徒刑或者拘役。

• 相关规定 •

《中华人民共和国刑法》

第十二条 中华人民共和国成立以后本法施行以前的行为，如果当时的法律不认为是犯罪的，适用当时的法律；如果当时的法律认为是犯罪的，依照本法总则第四章第八节的规定应当追诉的，按照当时的法律追究刑事责任，但是如果本法不认为是犯罪或者处刑较轻的，适用本法。

本法施行以前，依照当时的法律已经作出的生效判决，继续有效。

第三十条 公司、企业、事业单位、机关、团体实施的危害社会的行为，法律规定为单位犯罪的，应当负刑事责任。

《全国人民代表大会常务委员会关于〈中华人民共和国刑法〉第一百五十八条、第一百五十九条的解释》

全国人民代表大会常务委员会讨论了公司法修改后刑法第一百五十八条、第一百五十九条对实行注册资本实缴登记制、认缴登记制的公司的适用范围问题，解释如下：

刑法第一百五十八条、第一百五十九条的规定，只适用于依法实行注册资本实缴登记制的公司。

现予公告。

《最高人民检察院、公安部关于公安机关管辖的刑事案件立案追诉标准的规定（二）》（公通字〔2022〕12号）

第三条 ［虚报注册资本案（刑法第一百五十八条）］申请公司登记使用虚假证明文件或者采取其他欺诈手段虚报注册资本，欺骗公司登记主管部门，取得公司登记，涉嫌下列情形之一的，应予立案追诉：

（一）法定注册资本最低限额在六百万元以下，虚报数额占其应缴出资数额百分之六十以上的；

（二）法定注册资本最低限额超过六百万元，虚报数额占其应缴出资数额百分之三十以上的；

（三）造成投资者或者其他债权人直接经济损失累计数额在五十万元以上的；

（四）虽未达到上述数额标准，但具有下列情形之一的：

1. 二年内因虚报注册资本受过二次以上行政处罚，又虚报注册资本的；

2. 向公司登记主管人员行贿的；

3. 为进行违法活动而注册的。

（五）其他后果严重或者有其他严重情节的情形。

本条只适用于依法实行注册资本实缴登记制的公司。

【案例】

禹某某虚报注册资本案①

● 案件事实 ●

2006年5月底，禹某某为达到注册“邵阳市松泰生物有限公司”（需资金1000万元）的目的，便从邵阳市广场一制假证的摊位上花2000元购得700万元的假购物发票。禹某某持此假发票作为实物出资，请求邵阳市天正联合会计事务所验资。该所工作人员未作详细审验，将700万元的假购物发票认定为禹某某的实物出资，并出具了验资报告。2006年6月5日，禹某某持此验资报告从邵东县工商行政管理局骗取了“邵阳市松泰生物有限公司”的营业执照。2006年9月，禹某某外出未归。2007年11月7日，北京市公安局宣武分局大栅栏派出所在北京市宣武区大栅栏西街第六宾馆将禹某某抓获。

● 裁判要旨 ●

持伪造发票作为实物出资进行注册的，应认定为虚报注册资本罪。

● 裁判理由 ●

湖南省邵东县人民法院认为：被告人禹某某使用虚假证明文件，欺骗公司登记主管部门，取得公司登记，虚报注册资本数额巨大，其行为已构成虚报注册资本罪。邵东县人民检察院指控被告人禹某某犯虚报注册资本罪的事实清楚，证据确实充分，予以支持。被告人禹某某自愿认罪，酌情予以从轻处罚。综上所述，依照《刑法》第158条第1款、第52条、第53条及《最高人民法院、最高人民检察院、司法部关于适用普通程序审理“被告人认罪案件”的若干意见（试行）》第9条之规定，判决如下：被告人禹某某犯虚报注册资本罪，判处有期徒刑二年，并处罚金人民币10万元。

【学理分析及适用指引】

● 学理分析 ●

虚报注册资本罪，是指申请人在申请公司登记时，使用虚假证明文件或者

---

① 参见湖南省邵东县人民法院（2008）邵东刑初字第251号。

采取其他欺诈手段虚报注册资本，欺骗公司登记主管部门，取得公司登记，虚报注册资本数额巨大、后果严重或者有其他严重情节的行为。本罪的构成要件如下：

1. 本罪的客体。本罪侵犯的客体是国家对公司的登记管理制度。

2. 本罪的客观方面。客观方面表现为使用虚假证明文件或者采取其他欺诈手段虚报注册资本，欺骗公司登记主管部门，取得公司登记，虚报注册资本数额巨大、后果严重或者有其他严重情节的行为。

3. 本罪的主体。犯罪主体为特殊主体，即必须是申请公司登记的个人或者单位。

4. 本罪的主观方面。主观方面由故意构成，而且只能是直接故意，过失不构成本罪。

• 适用指引 •

司法实践中，认定本罪应注意罪与非罪的界限。虚报注册资本罪，是指申请公司登记使用虚假证明文件或者采取其他欺诈手段虚报注册资本，欺骗公司登记主管部门，取得公司登记，虚报注册资本数额巨大、后果严重或者有其他严重情节的行为。上述规定对情节的要求属选择式，即只要虚报注册资本的行为具备数额巨大、后果严重、其他严重情节中的一个情节的，即可构成本罪。

另外，因2013年新修订的《公司法》对公司注册资本制度作了重大修改，《刑法》第158条虚报注册资本罪、第159条虚假出资、抽逃出资罪的构成要件必须要进行相应的调整。根据2014年4月24日全国人民代表大会常务委员会的立法解释，《刑法》第158条虚报注册资本罪、第159条虚假出资、抽逃出资罪的适用范围被严格限定，即只适用于依法实行注册资本实缴登记制的公司。根据国务院《注册资本登记制度改革方案》，明确规定实行注册资本实缴登记制的公司主要有：银行业金融机构、证券公司、期货公司、基金管理公司、保险公司、保险专业代理机构和保险经纪人、直销企业、对外劳务合作企业、融资性担保公司、募集设立的股份有限公司，以及劳务派遣企业、典当行、保险资产管理公司、小额贷款公司实行注册资本实缴登记制。

第一百五十九条　虚假出资、抽逃出资罪

【法律规定】

• 法律条文 •

《中华人民共和国刑法》

第一百五十九条　公司发起人、股东违反公司法的规定未交付货币、实物

或者未转移财产权，虚假出资，或者在公司成立后又抽逃其出资，数额巨大、后果严重或者有其他严重情节的，处五年以下有期徒刑或者拘役，并处或者单处虚假出资金额或者抽逃出资金额百分之二以上百分之十以下罚金。

单位犯前款罪的，对单位判处罚金，并对其直接负责的主管人员和其他直接责任人员，处五年以下有期徒刑或者拘役。

• 相关规定 •

《中华人民共和国刑法》

第一百五十八条 申请公司登记使用虚假证明文件或者采取其他欺诈手段虚报注册资本，欺骗公司登记主管部门，取得公司登记，虚报注册资本数额巨大、后果严重或者有其他严重情节的，处三年以下有期徒刑或者拘役，并处或者单处虚报注册资本金额百分之一以上百分之五以下罚金。

单位犯前款罪的，对单位判处罚金，并对其直接负责的主管人员和其他直接责任人员，处三年以下有期徒刑或者拘役。

《中华人民共和国公司法》

第三十五条 公司成立后，股东不得抽逃出资。

第二百一十五条 违反本法规定，构成犯罪的，依法追究刑事责任。

《全国人民代表大会常务委员会关于〈中华人民共和国刑法〉第一百五十八条、第一百五十九条的解释》

全国人民代表大会常务委员会讨论了公司法修改后刑法第一百五十八条、第一百五十九条对实行注册资本实缴登记制、认缴登记制的公司的适用范围问题，解释如下：

刑法第一百五十八条、第一百五十九条的规定，只适用于依法实行注册资本实缴登记制的公司。

现予公告。

《最高人民检察院、公安部关于公安机关管辖的刑事案件立案追诉标准的规定（二）》（公通字〔2022〕12号）

第四条 ［虚假出资、抽逃出资案（刑法第一百五十九条）］公司发起人、股东违反公司法的规定未交付货币、实物或者未转移财产权，虚假出资，或者在公司成立后又抽逃其出资，涉嫌下列情形之一的，应予立案追诉：

（一）法定注册资本最低限额在六百万元以下，虚假出资、抽逃出资数额占其应缴出资数额百分之六十以上的；

（二）法定注册资本最低限额超过六百万元，虚假出资、抽逃出资数额占其应缴出资数额百分之三十以上的；

（三）造成公司、股东、债权人的直接经济损失累计数额在五十万元以上的；

（四）虽未达到上述数额标准，但具有下列情形之一的：

1. 致使公司资不抵债或者无法正常经营的；

2. 公司发起人、股东合谋虚假出资、抽逃出资的；

3. 二年内因虚假出资、抽逃出资受过二次以上行政处罚，又虚假出资、抽逃出资的；

4. 利用虚假出资、抽逃出资所得资金进行违法活动的。

（五）其他后果严重或者有其他严重情节的情形。

本条只适用于依法实行注册资本实缴登记制的公司。

【案例】

孙凤娟等虚报注册资本、抽逃出资案①

• 案件事实 •

1997年8月，孙凤娟在无任何出资的情况下，委托上海腾富企业发展公司（以下简称腾富公司）青浦办事处申请成立上海嘉源企业发展有限公司（以下简称嘉源公司），注册资本为人民币1亿元。同年9月3日，腾富公司从赵屯信用社获得1亿元贷款，使用该款取得验资报告后，腾富公司遂用该报告及孙凤娟提供的公司设立登记申请书等申请设立企业所需材料，在青浦县工商行政管理局办理了嘉源公司的注册登记申请手续，并获得了该局的核准。同日，上述1亿元贷款归还给赵屯信用社。

孙凤娟在担任嘉源公司的法定代表人、董事长期间，决定以嘉源公司和其他公司的名义共同发起成立上海丁旺投资管理有限公司（以下简称丁旺公司），注册资本为1亿元，其中由嘉源公司出资6600万元。1999年5月5日，嘉源公司用总计金额1亿元的本票获得验资报告后，孙凤娟指使他人于同月6日、7日分别将前述1亿元验资款中的6800万元、2923万元划回嘉源公司的银行账户。同月7日，丁旺公司获得了上海市工商行政管理局核发的企业法人营业执照。同月15日，丁旺公司更名为上海中经投资管理有限公司（以下简称中经投资公司）。

2001年3月26日，孙凤娟指使财务人员将4000万元的本票，于同月27日划入正邦公司开设在深圳发展银行的账户作验资用，但同日此款即被划回中经投资公司。上海东亚会计师事务所有限公司于同年4月3日出具了相应的验资报告。同月5日，上海市工商行政管理局核准了正邦公司将注册资本增加至6800万元的变更登记，并向该公司颁发了营业执照。

---

① 参见上海市第一中级人民法院（2003）沪一中刑初字第03号。

2002年1月，孙凤娟在担任安格投资公司（前身为嘉源公司）董事局主席期间，决定由安格投资公司出资为延盛公司增加注册资本450万元，提供验资报告后，上海市工商行政管理局于同日向该公司核发了营业执照。同年2月1日，孙凤娟即指使公司财务人员殷美兰将前述增资款中的370万元从翠德公司抽出，通过中经投资公司划入石家庄信托投资公司上海零陵路证券交易营业部股票账户中。2002年5月，经孙凤娟决定，安格投资公司再次出资为翠德公司增加注册资本1500万元，其中以安格投资公司的名义增资1350万元，以郁春霞的名义增资150万元。同月29日，上海沪中会计师事务所有限公司出具增资1500万元的验资报告。同年6月3日及同月4日，殷美兰受孙凤娟的指使，分两次开具本票，将前述增资款中的1025万元划入正邦公司账户。同月5日，上海市工商行政管理局向翠德公司核发了营业执照。

• 裁判要旨 •

虚报注册资本后又抽逃其出资，数额巨大的，构成虚假出资、抽逃出资罪。

• 裁判理由 •

上海市第一中级人民法院经审理认为：被告单位上海安格投资（集团）有限公司在申请公司登记的过程中，采取欺诈手段虚报注册资本达1亿余元，取得公司登记，数额巨大，其行为已构成虚报注册资本罪；安格投资公司还在公司成立后抽逃其出资达人民币370万元，数额巨大，其行为又构成抽逃出资罪。被告人孙凤娟作为上海安格投资（集团）有限公司、上海珠蜂天然保健品有限公司、上海尚杰房地产有限公司、上海正邦计算机网络有限公司的法定代表人或实际负责人，在申请公司登记的过程中，采取欺诈手段虚报注册资本达2.4亿余元，取得公司登记数额巨大；在公司成立后抽逃出资达370万元，数额巨大，应对其以虚报注册资本罪、抽逃出资罪的单位主管人员追究刑事责任。据此，根据《刑法》第158条、第159条、第69条之规定，判决被告单位上海安格投资（集团）有限公司犯虚报注册资本罪，判处罚金人民币500万元；犯抽逃出资罪，判处罚金人民币30万元。决定执行罚金人民币530万元，罚金自本判决生效之日起一个月内向法院缴付；被告人孙凤娟犯虚报注册资本罪，判处有期徒刑三年；犯抽逃出资罪，判处有期徒刑一年六个月，决定执行有期徒刑四年。

【学理分析及适用指引】

• 学理分析 •

虚假出资、抽逃出资罪，是指公司发起人、股东违反公司法的规定，未交付货币、实物或者未转移财产权，虚假出资，或者在公司成立后又抽逃其出资，数额巨大、后果严重或者有其他严重情节的行为。本罪的构成要件如下：

1. 本罪的客体。本罪侵犯的客体是国家对公司的管理制度和公司的利益。

2. 本罪的客观方面。客观方面表现为违反公司法的规定，未交付货币、实物或者未转移财产权，虚假出资，或者在公司成立后又抽逃出资，数额巨大、后果严重或者有其他严重情节的行为。违反公司法的规定，是指违反了公司法对公司发起人、股东出资方式、出资义务的有关规定，如有限责任公司的股东应当足额缴纳章程中规定的其所认缴的出资额，其中对以货币出资的，股东应当将货币出资一次足额存入准备设立的有限责任公司在银行开设的临时账户；以实物、工业产权、非专利技术或者土地使用权出资的，应当依法办理其财产权的转移手续。未交付货币，是指未将货币足额存入准备设立的公司在银行开设的临时账户，或者根本就没有交付任何货币。未交付实物，是指没有实际交付作为出资的机器、设备、原材料、房屋等实物。未转移财产权，是指对作为出资的实物、工业产权、非专利技术、土地使用权没有办理财产权转移手续或者土地使用权转移手续。虚假出资，是指对以实物、工业产权、非专利技术或者土地使用权出资的，在评估作价时，故意高估或者低估作价，然后再作为出资等情形。公司成立后又抽逃其出资，是指为达到设立公司的目的，通过向其他企业借款或者向银行贷款等手段取得资金作为出资，待公司登记成立后，又抽回这些资金或者是在公司设立时，依法缴纳了自己的出资，当公司成立后，又将已投入的资金撤回等情形。另外，基于修订后的《公司法》对公司注册资本制度作了重大修改，2014 年全国人民代表大会常务委员会作出立法解释，明确了《刑法》第 158 条虚报注册资本罪、第 159 条虚假出资、抽逃出资罪的适用范围只适用于依法实行注册资本实缴登记制的公司。根据国务院《注册资本登记制度改革方案》，明确规定实行注册资本实缴登记制的公司主要有：银行业金融机构、证券公司、期货公司、基金管理公司、保险公司、保险专业代理机构和保险经纪人、直销企业、对外劳务合作企业、融资性担保公司、募集设立的股份有限公司，以及劳务派遣企业、典当行、保险资产管理公司、小额贷款公司实行注册资本实缴登记制。

3. 本罪的主体。犯罪主体为特殊主体，即公司的发起人或者股东，包括单位。

4. 本罪的主观方面。主观方面由故意构成，过失不构成本罪。

● 适用指引 ●

在司法实践中，应注意本罪与虚报注册资本罪的界限：

1. 罪名构成形式不同。前罪是选择性罪名；后罪是单一罪名。

2. 主体不同。前罪的主体是公司的发起人或股东；后罪的主体是申请公司登记的单位或个人。

3. 客观行为方式不同。前罪是行为人违反公司法的规定，未交付货币、实物或者未转移财产权虚假出资，或者在公司成立后又抽逃出资；后罪是指行为人在申请公司登记时使用虚假证明文件或其他欺诈手段虚报注册资本，骗取公司登记。

4. 行为发生的时间不同。前罪的行为既可发生在公司成立之前，也可发生在公司成立之后；后罪的行为只能发生在公司成立之前。

5. 欺诈的对象不同。前罪的欺诈对象主要是本公司的其他股东、发起人、或认股人，目的常常是骗取其他投资人的信托、“吸引”其投资。后罪的欺诈对象是公司登记管理部门，目的主要是骗取公司登记。

第一百六十条　欺诈发行证券罪

【法律规定】

● 法律条文 ●

《中华人民共和国刑法》

第一百六十条　在招股说明书、认股书、公司、企业债券募集办法等发行文件中隐瞒重要事实或者编造重大虚假内容，发行股票或者公司、企业债券、存托凭证或者国务院依法认定的其他证券，数额巨大、后果严重或者有其他严重情节的，处五年以下有期徒刑或者拘役，并处或者单处罚金；数额特别巨大、后果特别严重或者有其他特别严重情节的，处五年以上有期徒刑，并处罚金。

控股股东、实际控制人组织、指使实施前款行为的，处五年以下有期徒刑或者拘役，并处或者单处非法募集资金金额百分之二十以上一倍以下罚金；数额特别巨大、后果特别严重或者有其他特别严重情节的，处五年以上有期徒刑，并处非法募集资金金额百分之二十以上一倍以下罚金。

单位犯前两款罪的，对单位判处非法募集资金金额百分之二十以上一倍以下罚金，并对其直接负责的主管人员和其他直接责任人员，依照第一款的规定处罚。

• 相关规定 •

《中华人民共和国刑法》

第三十条 公司、企业、事业单位、机关、团体实施的危害社会的行为，法律规定为单位犯罪的，应当负刑事责任。

第三十一条 单位犯罪的，对单位判处罚金，并对其直接负责的主管人员和其他直接责任人员判处刑罚。本法分则和其他法律另有规定的，依照规定。

《中华人民共和国公司法》

第二百一十五条 违反本法规定，构成犯罪的，依法追究刑事责任。

《最高人民检察院、公安部关于公安机关管辖的刑事案件立案追诉标准的规定（二）》（公通字〔2022〕12号）

第五条 ［欺诈发行证券案（刑法第一百六十条）］在招股说明书、认股书、公司、企业债券募集办法等发行文件中隐瞒重要事实或者编造重大虚假内容，发行股票或者公司、企业债券、存托凭证或者国务院依法认定的其他证券，涉嫌下列情形之一的，应予立案追诉：

（一）非法募集资金金额在一千万元以上的；

（二）虚增或者虚减资产达到当期资产总额百分之三十以上的；

（三）虚增或者虚减营业收入达到当期营业收入总额百分之三十以上的；

（四）虚增或者虚减利润达到当期利润总额百分之三十以上的；

（五）隐瞒或者编造的重大诉讼、仲裁、担保、关联交易或者其他重大事项所涉及的数额或者连续十二个月的累计数额达到最近一期披露的净资产百分之五十以上的；

（六）造成投资者直接经济损失数额累计在一百万元以上的；

（七）为欺诈发行证券而伪造、变造国家机关公文、有效证明文件或者相关凭证、单据的；

（八）为欺诈发行证券向负有金融监督管理职责的单位或者人员行贿的；

（九）募集的资金全部或者主要用于违法犯罪活动的；

（十）其他后果严重或者有其他严重情节的情形。

【案例】

山东省山东巨力股份有限公司欺诈发行股票案①

• 案件事实 •

1999年4月至2001年2月，时任山东巨力公司法定代表人、董事长的王某某，为使公司通过配股达到募集资金的目的，在公司不具备配股条件的情况下，安排时任山东巨力公司财务处副处长的张某某编造虚假会计材料，虚增1999年利润，以达到配股需要的条件。张某某采取原材料少列生产成本多转在建工程、原材料少转生产成本、在产品少转产品生产成本、管理费用及财务费用在山东巨力集团列支的方式，虚增1999年度利润161457361.06元。2000年，王某某安排利用上述虚假的会计材料，编制配股申请材料，并在制作的配股说明书中编造虚假内容，骗取了配股资格，于2001年2月在深圳证券交易所配售发行股票1149万股，每股配售价格13.9元，共募集资金15971.1万元。山东巨力股份有限公司的股票于1998年4月在深圳证券交易所上市后，该公司经营出现亏损。案发前，山东巨力股份有限公司将1999年虚增利润的其中部分计108464863.69元在2003年度作为重大会计差错进行了调整。

• 裁判要旨 •

为了使公司通过配股达到募集资金的目的，在公司不具备配股条件的情况下，编选虚假会计资料，虚增企业利润，制作重要内容严重虚假的配股说明书，依法成立欺诈发行股票、债券罪。②

• 裁判理由 •

山东省潍坊市奎文区人民法院一审认为：山东巨力股份有限公司编造虚假会计资料虚增利润，并在配股说明书中编造重大虚假内容，欺诈发行股票，非法募集资金数额巨大；王某某系山东巨力股份有限公司直接负责的主管人员，张某某系其他直接责任人员，其行为均构成欺诈发行股票罪，应予处罚。鉴于山东巨力股份有限公司在案发前对其虚增的大部分利润已作为重大会计差错进行了调整，能认罪悔罪，判决如下：山东巨力股份有限公司犯欺诈发行股票

---

① 参见徐玉海：《山东巨力及原高管被判欺诈发行股票罪》，载《中国证券报》2005年3月29日第A05版。

② 因《刑法修正案（十一）》对“欺诈发行股票、债券罪”进行较大幅度的修订，最高人民法院、最高人民检察院司法解释将该罪名表述调整为“欺诈发行证券罪”，取消原罪名“欺诈发行股票、债券罪”。——编者注

罪，判处罚金人民币 160 万元；王某某犯欺诈发行股票罪，判处有期徒刑二年，缓刑三年；张某某犯欺诈发行股票罪，判处有期徒刑一年，缓刑二年。

【学理分析及适用指引】

• 学理分析 •

欺诈发行证券罪，是指在招股说明书、认股书、公司、企业债券募集办法等发行文件中隐瞒重要事实或者编造重大虚假内容，发行股票或者公司、企业债券、存托凭证或者国务院依法认定的其他证券，数额巨大、后果严重或者有其他严重情节的行为。本罪的构成要件如下：

1. 本罪的客体。本罪侵犯的客体是复杂客体，即国家对证券市场的管理制度以及投资者（即股东、债权人和公众）的合法权益。本罪中发行的“证券”包括：（1）股票，是指股份有限公司签发的证明股东按其所持股份享有权利和承担义务的凭证；（2）公司、企业债券，是指公司、企业按照法定程序发行的，约定在一定期限内还本付息的有价证券：（3）存托凭证，是指存托人受基础证券发行人委托，以基础证券发行人发行上市的证券为基础，在本国或地区证券市场发行并流通转让的具有股权性质的证券；（4）国务院依法认定的其他证券。

2. 本罪的客观方面。欺诈发行证券罪的客观方面表现为如下两种行为类型：（1）在招股说明书、认股书、公司、企业债券募集办法等发行文件中隐瞒重要事实或者编造重大虚假内容，发行股票或者公司、企业债券、存托凭证或者国务院依法认定的其他证券。按照法律法规，发行新股的招股说明书应当载明所募资金的使用计划及收益、风险预测、发行对象、时间、地点及股票认购和股票缴纳的方式等。在招股说明书、认股书、公司、企业债券募集办法等发行文件中隐瞒重要事实或者编造重大虚假内容对国家有关部门和社会公众、投资者进行欺骗或者误导，使之对该公司的有关情况产生错误的认识和理解，从而作出错误的判断和决定。另外，发起人虚构认购股份数额；故意夸大公司生产经营利润和公司净资产额；对所筹资金的使用提出虚假的计划，虚假地经营生产项目；故意隐瞒、遗漏公司订立的重要合同以及公司正在进行的重大诉讼事项等等，都可能对他人产生误导，从而使他人作出错误的决定。对于隐瞒次要事实或者编造非重大的虚假内容的，如对于股东的国籍、住所等情况作虚假表述的，不成立本罪。（2）控股股东、实际控制人组织、指使实施上述行为。

3. 本罪的主体。犯罪主体为特殊主体，即只有法律规定有权发行股票、债券等证券的单位和个人才能构成本罪。

4. 本罪的主观方面。欺诈发行证券罪的主观方面是故意，从刑法理论上看，本罪实属于诈骗犯罪的一个特殊条款，行为人在主观上具有通过虚构事实隐瞒真相事实欺诈他人的故意。

• 适用指引 •

1. 《刑法修正案（十一）》关于本罪的系统性修订。近年来，随着资本市场不断发展和证券发行机制的改革，中央提出打好防范化解金融风险攻坚战，《证券法》于2019年修订，适度降低欺诈发行的处罚门槛，并对控股股东、实际控制人的法律责任进行完善。为惩治金融犯罪，提高资本市场违法成本，进一步强化上市公司如实披露信息的义务，并与修订后的《证券法》相衔接，《刑法修正案（十一）》对《刑法》第160条欺诈发行股票、债券罪进行系统修订和完善，具体包括如下6个方面：一是扩大欺诈发行所利用的文件范围，增加“等发行文件”这一兜底性表述。二是扩大犯罪对象的范围，将“股票或者公司、企业债券”修改为“股票或者公司、企业债券、存托凭证或者国务院依法认定的其他证券”。三是取消了罚金的比例限制（除控股股东、实际控制人外），采取无限额罚金。四是增加了法定刑档次，明确规定对于“数额特别巨大、后果特别严重或者有其他特别严重情节的”，适用加重刑罚即“处五年以上有期徒刑，并处罚金”。五是明确了控股股东、实际控制人等幕后组织者的刑事责任，以实现精准惩戒；六是对单位犯罪明确了以非法募集资金为基数的罚金刑幅度。

2. 参照相关规定，具有如下情形之一的，可认为达到入罪条件：（1）非法募集资金金额在1000万元以上的；（2）虚增或者虚减资产达到当期资产总额百分之三十以上的；（3）虚增或者虚减营业收入达到当期营业收入总额百分之三十以上的；（4）虚增或者虚减利润达到当期利润总额百分之三十以上的；（5）隐瞒或者编造的重大诉讼、仲裁、担保、关联交易或者其他重大事项所涉及的数额或者连续12个月的累计数额达到最近一期披露的净资产百分之五十以上的；（6）造成投资者直接经济损失数额累计在100万元以上的；（7）为欺诈发行证券而伪造、变造国家机关公文、有效证明文件或者相关凭证、单据的；（8）为欺诈发行证券向负有金融监督管理职责的单位或者人员行贿的；（9）募集的资金全部或者主要用于违法犯罪活动的；（10）其他后果严重或者有其他严重情节的情形。

3. 控股股东、实际控制人组织、指使实施欺诈发行证券行为的处理。根据修订后的《刑法》第160条第2款规定，控股股东、实际控制人组织、指使实施第1款规定的欺诈发行证券行为的，虽然根据刑法原理该情形也符合共同犯罪原理，但基于过往的司法实践，按照共犯处理无法实现精准打击，尤其是无法对具体幕后组织者实现罪责刑相适应的刑事惩罚，为此，《刑法修正案（十一）》对此类行为单独作出明确的规定，即在对幕后组织者认定为欺诈发行证券罪的同时，单独给予相对独立的刑事责任处罚，尤其是配置了以非法募集资金数额为基数的罚金刑，目的在于精准惩戒幕后实际操作者和实际受益人，对此不再适用共犯原理中主从犯的刑事责任。

第一百六十一条　违规披露、不披露重要信息罪

【法律规定】

• 法律条文 •

《中华人民共和国刑法》

第一百六十一条　依法负有信息披露义务的公司、企业向股东和社会公众提供虚假的或者隐瞒重要事实的财务会计报告，或者对依法应当披露的其他重要信息不按照规定披露，严重损害股东或者其他人利益，或者有其他严重情节的，对其直接负责的主管人员和其他直接责任人员，处五年以下有期徒刑或者拘役，并处或者单处罚金；情节特别严重的，处五年以上十年以下有期徒刑，并处罚金。

前款规定的公司、企业的控股股东、实际控制人实施或者组织、指使实施前款行为的，或者隐瞒相关事项导致前款规定的情形发生的，依照前款的规定处罚。

犯前款罪的控股股东、实际控制人是单位的，对单位判处罚金，并对其直接负责的主管人员和其他直接责任人员，依照第一款的规定处罚。

• 相关规定 •

《中华人民共和国证券投资基金法》

第二条　在中华人民共和国境内，公开或者非公开募集资金设立证券投资基金（以下简称基金），由基金管理人管理，基金托管人托管，为基金份额持有人的利益，进行证券投资活动，适用本法；本法未规定的，适用《中华人民共和国信托法》《中华人民共和国证券法》和其他有关法律、行政法规的规定。

第七十四条　基金管理人、基金托管人和其他基金信息披露义务人应当依法披露基金信息，并保证所披露信息的真实性、准确性和完整性。

第七十五条　基金信息披露义务人应当确保应予披露的基金信息在国务院证券监督管理机构规定时间内披露，并保证投资人能够按照基金合同约定的时间和方式查阅或者复制公开披露的信息资料。

第七十六条　公开披露的基金信息包括：

（一）基金招募说明书、基金合同、基金托管协议；

（二）基金募集情况；

（三）基金份额上市交易公告书；

（四）基金资产净值、基金份额净值；

（五）基金份额申购、赎回价格；

（六）基金财产的资产组合季度报告、财务会计报告及中期和年度基金报告；

（七）临时报告；

（八）基金份额持有人大会决议；

（九）基金管理人、基金托管人的专门基金托管部门的重大人事变动；

（十）涉及基金财产、基金管理业务、基金托管业务的诉讼或者仲裁；

（十一）国务院证券监督管理机构规定应予披露的其他信息。

第七十七条 公开披露基金信息，不得有下列行为：

（一）虚假记载、误导性陈述或者重大遗漏；

（二）对证券投资业绩进行预测；

（三）违规承诺收益或者承担损失；

（四）诋毁其他基金管理人、基金托管人或者基金销售机构；

（五）法律、行政法规和国务院证券监督管理机构规定禁止的其他行为。

第一百三十一条 基金信息披露义务人不依法披露基金信息或者披露的信息有虚假记载、误导性陈述或者重大遗漏的，责令改正，没收违法所得，并处十万元以上一百万元以下罚款；对直接负责的主管人员和其他直接责任人员给予警告，暂停或者撤销基金从业资格，并处三万元以上三十万元以下罚款。

《最高人民检察院、公安部关于公安机关管辖的刑事案件立案追诉标准的规定（二）》（公通字〔2022〕12 号）

第六条 ［违规披露、不披露重要信息案（刑法第一百六十一条）］依法负有信息披露义务的公司、企业向股东和社会公众提供虚假的或者隐瞒重要事实的财务会计报告，或者对依法应当披露的其他重要信息不按照规定披露，涉嫌下列情形之一的，应予立案追诉：

（一）造成股东、债权人或者其他人直接经济损失数额累计在一百万元以上的；

（二）虚增或者虚减资产达到当期披露的资产总额百分之三十以上的；

（三）虚增或者虚减营业收入达到当期披露的营业收入总额百分之三十以上的；

（四）虚增或者虚减利润达到当期披露的利润总额百分之三十以上的；

（五）未按照规定披露的重大诉讼、仲裁、担保、关联交易或者其他重大事项所涉及的数额或者连续十二个月的累计数额达到最近一期披露的净资产百分之五十以上的；

（六）致使不符合发行条件的公司、企业骗取发行核准或者注册并且上市交易的；

（七）致使公司、企业发行的股票或者公司、企业债券、存托凭证或者国务院依法认定的其他证券被终止上市交易的；

（八）在公司财务会计报告中将亏损披露为盈利，或者将盈利披露为亏损的；

（九）多次提供虚假的或者隐瞒重要事实的财务会计报告，或者多次对依法应当披露的其他重要信息不按照规定披露的；

（十）其他严重损害股东、债权人或者其他人利益，或者有其他严重情节的情形。

【案例】

博元投资股份有限公司、余蒂妮等人违规披露、不披露重要信息案①

• 案件事实 •

广东省珠海市博元投资股份有限公司（以下简称博元公司）原系上海证券交易所上市公司，股票名称：ST 博元，股票代码：600656。华信泰投资有限公司（以下简称华信泰公司）为博元公司控股股东。在博元公司并购重组过程中，有关人员作出了业绩承诺，在业绩不达标时须向博元公司支付股改业绩承诺款。2011 年 4 月，余蒂妮、陈杰、伍宝清、张丽萍、罗静元等人采取循环转账等方式虚构华信泰公司已代全体股改义务人支付股改业绩承诺款 3.84 亿余元的事实，在博元公司临时报告、半年报中进行披露。为掩盖以上虚假事实，余蒂妮、伍宝清、张丽萍、罗静元采取将 1000 万元资金循环转账等方式，虚构用股改业绩承诺款购买 37 张面额共计 3.47 亿元银行承兑汇票的事实，在博元公司 2011 年的年报中进行披露。2012 年至 2014 年，余蒂妮、张丽萍多次虚构银行承兑汇票贴现等交易事实，并根据虚假的交易事实进行记账，制作虚假的财务报表，虚增资产或者虚构利润均达到当期披露的资产总额或利润总额的 30% 以上，并在博元公司当年半年报、年报中披露。此外，博元公司还违规不披露博元公司实际控制人及其关联公司等信息。

• 裁判要旨 •

违规披露、不披露重要信息罪只处罚单位直接负责的主管人员和其他直接

① 根据 2020 年 3 月 25 日《最高人民检察院关于印发最高人民检察院第十七批指导性案例的通知》检例第 66 号修改。

责任人员，不处罚单位。对单位需要给予行政处罚的，检察机关应当提出检察意见，移送证券监督管理部门依法处理。

• 裁判理由 •

2015年12月9日，珠海市公安局以余蒂妮等人涉嫌违规披露、不披露重要信息罪，伪造金融票证罪向珠海市人民检察院移送起诉；2016年2月22日，珠海市公安局又以博元公司涉嫌违规披露、不披露重要信息罪，伪造、变造金融票证罪移送起诉。随后，珠海市人民检察院指定珠海市香洲区人民检察院审查起诉。

检察机关审查认为，犯罪嫌疑单位博元公司依法负有信息披露义务，在2011年至2014年期间向股东和社会公众提供虚假的或者隐瞒主要事实的财务会计报告，对依法应当披露的其他重要信息不按照规定披露，严重损害股东以及其他人员的利益，情节严重。余蒂妮、陈杰作为博元公司直接负责的主管人员，伍宝清、张丽萍、罗静元作为其他直接责任人员，已构成违规披露、不披露重要信息罪，应当提起公诉。根据《刑法》第161条规定，不追究单位的刑事责任，对博元公司应当依法不予起诉。

2016年7月18日，珠海市香洲区人民检察院对博元公司作出不起诉决定。检察机关同时认为，虽然依照《刑法》规定不能追究博元公司的刑事责任，但对博元公司需要给予行政处罚。2016年9月30日，检察机关向中国证券监督管理委员会发出《检察意见书》，建议对博元公司依法给予行政处罚。

2016年9月22日，珠海市香洲区人民检察院将余蒂妮等人违规披露、不披露重要信息案移送珠海市人民检察院审查起诉。2016年11月3日，珠海市人民检察院对余蒂妮等5名被告人以违规披露、不披露重要信息罪依法提起公诉。珠海市中级人民法院公开开庭审理本案。法庭经审理认为，博元公司作为依法负有信息披露义务的公司，在2011年至2014年期间向股东和社会公众提供虚假的或者隐瞒主要事实的财务会计报告，或者对依法应当披露的其他重要信息不按照规定披露，严重损害股东或者其他人的利益，情节严重，被告人余蒂妮、陈杰作为公司直接负责的主管人员，被告人伍宝清、张丽萍、罗静元作为其他直接责任人员，其行为均构成违规披露、不披露重要信息罪。2017年2月22日，珠海市中级人民法院以违规披露、不披露重要信息罪判处被告人余蒂妮等5人有期徒刑一年七个月至拘役三个月不等刑罚，并处罚金。宣判后，5名被告人均未提出上诉，判决已生效。

【学理分析及适用指引】

• 学理分析 •

违规披露、不披露重要信息罪，是指依法负有信息披露义务的公司、企业向股东和社会公众提供虚假的或者隐瞒重要事实的财务会计报告，或者对依法应当披露的其他重要信息不按照规定披露，严重损害股东或者其他人利益，或者有其他严重情节的行为。本罪的构成要件如下：

1. 本罪的客体。本罪侵犯的客体是上市公司的信息披露制度和股东的利益。

2. 本罪的客观方面。客观方面表现为向股东和社会公众提供虚假的或者隐瞒重要事实的财务会计报告，或者对依法应当披露的其他重要信息不按照规定披露，严重损害股东或者其他人利益，或者有其他严重情节的行为。股东，是指公司的出资人，既包括有限责任公司的股东，也包括股份有限公司的股东。社会公众，是指除股东以外的社会上的其他公民。虚假的或者隐瞒重要事实的财务会计报告，是指在财务会计报告中伪造、虚构并不存在的事实，如捏造某笔大宗交易或者隐匿、瞒报应该如实反映的重要事实，或隐瞒公司亏损状况，以此欺骗股东或者社会公众的行为。依法应当披露的其他重要信息，是指在依法发行股票、公司、企业债券以及发售基金份额时依法应当公告的招股说明书、债券募集办法、财务会计报告以及基金招募说明书、基金合同、基金托管协议等；在证券、基金份额上市交易前依法应当公告的上市公告书及有关信息，如公司的实际控制人、基金资产净值、基金份额净值等；以及证券、基金份额上市交易后依法应当持续披露的年度报告、中期报告、临时报告及其他依法应当披露的重要信息。不按照规定披露，是指对依法应当披露的信息进行虚假记载，在信息披露中故意有重大遗漏、误导性陈述或者其他法律禁止的内容，如对证券投资业绩进行预测等。严重损害股东或者其他人利益，主要是指使股东和社会公众的经济利益遭受严重损失。其他严重情节，是指多次进行虚假信息披露，多次对重要信息不予披露，对多项依法应当披露的重要信息进行虚假披露或者不予披露，因不依法披露信息造成严重后果等。

3. 本罪的主体。犯罪主体为特殊主体，即只有依法负有信息披露义务的公司、企业及其控股股东和实际控制人才能成为本罪主体。

4. 本罪的主观方面。主观方面出于故意，过失不构成本罪。

如果向股东和社会公众提供虚假的或者隐瞒重要事实的财务会计报告，或者对依法应当披露的其他重要信息不按照规定披露，没有严重损害股东或者其他人利益，也没有其他严重情节的，不构成本罪。[①]

• 适用指引 •

司法实践中，认定本罪应注意：

1.《刑法修正案（十一）》关于本罪的系统性修订。近年来，随着资本市场不断发展和证券发行机制的改革，中央提出打好防范化解金融风险攻坚战。从监管的角度而言，对资本市场的信息披露工作提出更高要求，违规所须承担的责任更重，《刑法》第 161 条规定的刑罚已不能准确评价违规披露、不披露重要信息行为的严重社会危害性。同时，随着法人治理的规范日趋严格，要求信息披露义务的控股股东、实际控制人必须严格约束自己的行为，《刑法》有必要对控股股东、实际控制人的刑事责任予以明示。在此背景下，要求立法予以跟进，2019 年《证券法》的重大修改之一就是大幅度提升信息披露违法行为的处罚力度。《刑法修正案（十一）》从如下 4 个方面对《刑法》161 条违规披露、不披露重要信息罪的罪刑规范进行了修订和完善：一是提升法定刑幅度，将本罪的基本刑从“三年以下有期徒刑或者拘役”提升至“五年以下有期徒刑或者拘役”；二是取消了罚金的比例限制，采取无限额罚金；三是增加了法定刑档次，明确规定对于违规披露、不披露重要信息行为“情节特别严重的”，适用加重刑罚即“处五年以上十年以下有期徒刑，并处罚金”。四是明确了控股股东、实际控制人（含单位）的刑事责任，既是宣示，也是以精准打击的需要。

2. 违规披露、不披露重要信息罪实践中多为单位犯罪，对其直接负责的主管人员和直接责任人员的认定是关键。

本罪的直接责任人员一般表现为具体编制或者参与编制虚假的或者隐瞒重要事实的财务会计报告的公司财会人员，因为公司的财会报告通常是由财会人员制作完成的，但不以财会人员为限：凡是参与制作虚假报告的以及为直接编制虚假报告人员提供虚假凭证资料的人员均应视为相关责任人员。是否属于需要追究刑事责任的直接责任人员，取决于该人员在犯罪中的地位和作用，而非是否具有财会人员的身份。

3. 公司与承担审计职责的会计师事务所或其注册会计师合谋，由公司故意提供虚假的或者隐瞒重要事实的财务会计报告，同时由会计师事务所或其注册会计师出具虚假的审计报告，构成犯罪的，公司成立提供虚假财务报告罪，后者成立故意提供虚假证明文件罪。

---

① 参见高铭暄、马克昌主编：《中国刑法解释》，中国社会科学出版社 2005 年版，第 1181 页。

第一百六十二条　妨害清算罪

【法律规定】

• 法律条文 •

《中华人民共和国刑法》

第一百六十二条　公司、企业进行清算时，隐匿财产，对资产负债表或者财产清单作虚伪记载或者在未清偿债务前分配公司、企业财产，严重损害债权人或者其他人利益的，对其直接负责的主管人员和其他直接责任人员，处五年以下有期徒刑或者拘役，并处或者单处二万元以上二十万元以下罚金。

• 相关规定 •

《中华人民共和国公司法》

第一百八十七条　清算组在清理公司财产、编制资产负债表和财产清单后，应当制定清算方案，并报股东会、股东大会或者人民法院确认。

公司财产在分别支付清算费用、职工的工资、社会保险费用和法定补偿金，缴纳所欠税款，清偿公司债务后的剩余财产，有限责任公司按照股东的出资比例分配，股份有限公司按照股东持有的股份比例分配。

清算期间，公司存续，但不得开展与清算无关的经营活动。公司财产在未依照前款规定清偿前，不得分配给股东。

第二百零五条　公司在合并、分立、减少注册资本或者进行清算时，不依照本法规定通知或者公告债权人的，由公司登记机关责令改正，对公司处以一万元以上十万元以下的罚款。

公司在进行清算时，隐匿财产，对资产负债表或者财产清单作虚假记载或者在未清偿债务前分配公司财产的，由公司登记机关责令改正，对公司处以隐匿财产或者未清偿债务前分配公司财产金额百分之五以上百分之十以下的罚款；对直接负责的主管人员和其他直接责任人员处以一万元以上十万元以下的罚款。

第二百一十六条　违反本法规定，构成犯罪的，依法追究刑事责任。

《最高人民检察院、公安部关于公安机关管辖的刑事案件立案追诉标准的规定（二）》（公通字〔2022〕12号）

第七条　［妨害清算案（刑法第一百六十二条）］公司、企业进行清算时，隐匿财产，对资产负债表或者财产清单作虚伪记载或者在未清偿债务前分配公司、企业财产，涉嫌下列情形之一的，应予立案追诉：

（一）隐匿财产价值在五十万元以上的；

（二）对资产负债表或者财产清单作虚伪记载涉及金额在五十万元以上的；

（三）在未清偿债务前分配公司、企业财产价值在五十万元以上的；

（四）造成债权人或者其他人直接经济损失数额累计在十万元以上的；

（五）虽未达到上述数额标准，但应清偿的职工的工资、社会保险费用和法定补偿金得不到及时清偿，造成恶劣社会影响的；

（六）其他严重损害债权人或者其他人利益的情形。

【案例】

杨某某、陈某某妨害清算案①

● 案件事实 ●

杨某某在1995年起担任上海双爱电器实业总公司（以下简称双爱公司）的总经理至该公司进入破产程序止，陈某某则在上述期间担任双爱公司的办公室主任。该公司于2000年7月向法院提出破产申请，同年9月1日法院裁定双爱公司进入破产程序并向双爱公司发出破产人须知。同时，双爱公司经依法指定成立了破产清算组。同年12月6日，法院裁定认可双爱公司破产清算组提出的财产分配方案，并裁定终结破产程序。

杨某某曾在担任申新电机厂（双爱公司前身）厂长期间，于1992年6月22日，动用该厂小金库资金46400元委托本市申江纸箱厂并以该厂的名义购买了500股华联法人股票。1997年7月4日，上述股票经本市卢湾区公证处公证，股权由申江纸箱厂转入双爱公司。由于购买该500股股票并未列入双爱公司账目，故于2000年6月29日在杨某某的授意下，由陈某某虚构上述股票购买资金由陈某某个人垫付的事实，并以此为由向双爱公司财务部门“索回”了46400元现金后，又以陈某某的名义存入上海银行自忠支行，存折则由双爱公司办公室内勤林某某保管。双爱公司进入破产程序后，杨某某欲将该款转移至卢湾客车厂，陈某某明知杨某某的目的，仍于同年9月29日向财务人员提供存折密码，致使该款项落入卢湾客车厂的财务账。

1998年8月，双爱公司委托上海荣城厨具工程有限公司（以下简称荣城公司）以荣城公司的名义为双爱公司购买了一辆桑塔纳牌轿车，该车的购买款项则从荣城公司应支付给双爱公司的场地租金中予以了抵扣。双爱公司进入破

① 参见最高人民法院中国应用法学研究所编：《人民法院案例选》（2004年刑事专辑）。根据裁判要旨需要，此处对部分案件事实和裁判理由从略。

产清算程序期间，杨某某未将该车列入资产申报范围。2001 年 3 月 13 日，上述车辆通过荣城公司以 58000 元出售后，所得款项转给了卢湾客车厂。

2000 年 10 月 23 日，林某某（原系双爱公司办公室内勤，后在双爱公司破产期间系破产清算组下属工作人员）在杨某某的授意下，将其原保管的双爱公司先前出售废旧电机所得的部分款项 41000 元现金移交给了卢湾客车厂。

1998 年 4 月，杨某某为解决双爱公司干部职工奖金来源困难而求助于中城公司与双爱公司共同投资设立的上海中城市政设备有限公司（以下简称市政设备公司），市政设备公司考虑到杨某某的身份而同意。1998 年 4 月至 2000 年 8 月，杨某某采用各种名义从市政设备公司套取现金共计 175700 元，此款由陈某某保管。双爱公司进入破产程序后，杨某某、陈某某故意不将该笔资金剩余的 116052 元申报。同年 10 月，陈某某明知该款会被杨挪作他用或转移至卢湾客车厂，仍根据杨某某的意思，将该 116052 元移交给了林某某。此外，1999 年 7 月，双爱公司销售分公司将其小金库现金 26807.14 元移交给了林某某，该款至 2000 年 9 月尚余 12804.14 元。双爱公司进入破产清算程序后至 2001 年 3 月间，杨某某将此款连同上述 116052 元与卢湾客车厂厂长吴某某一同以工作补贴等名义发放给相关人员共计 118149 元，并让受领人将款项发放的时间填写至双爱公司进入破产清算程序之前。余款被转移至卢湾客车厂。

• 裁判要旨 •

在公司进入破产清算程序将公司资产全部移交给清算组的情况下，公司负责人仍擅自将未入账的资产予以转移的，其他负责保管未入账资产的，协同破产公司负责人转移隐匿公司财产，造成危害结果的，构成妨害清算罪。

• 裁判理由 •

上海市卢湾区人民法院审理认为：双爱公司在进入破产清算程序期间，由被告人杨某某将该公司 274256.14 元的资产予以隐匿、转移或挪作他用，严重损害了债权人的利益，被告人陈某某参与其中 162452 元的隐匿、转移，作为双爱公司直接负责的主管人员杨某某和直接责任人员陈某某，两人的上述行为均已构成妨害清算罪，依法应予惩处。公诉机关指控杨、陈两名被告人犯妨害清算罪的罪名成立，依法应予支持。由于公司资产不以有无列入财务账册而改变其性质，且有关司法解释规定，造成债权人或者其他人直接经济损失在 10 万元以上已构成立案标准，所以被告人杨某某、陈某某及其辩护人的关于杨某某、陈某某不构成妨害清算罪的辩解及辩护意见于法无据，不能成立。关于公诉机关指控本案两名被告人共同贪污公款 15 万元的事实，由于被告人杨某某、陈某某到案后分别所作的供述所涉及的贪污数额、时间、地点等关键内容不尽吻合，且公诉机关又无法提供双爱公司小金库资金的来源、支出等事实的相关证据，故公诉机关指控两名被告人犯贪污罪，因事实不清、证据不足而不能成立，两辩护人关于杨某某、陈某某不构成贪污罪的辩护理由成立，依法应予采纳。

该院依照《刑法》第162条、第25条第1款、第53条、第64条之规定，于2002年9月26日作出如下判决：一、被告人杨某某犯妨害清算罪，判处有期徒刑一年六个月，并处罚金人民币5万元；二、被告人陈某某犯妨害清算罪，单处罚金人民币2万元。

宣判后，两被告人均不服一审判决，向上海市第一中级人民法院提出上诉。上海市第一中级人民法院裁定驳回上诉，维持原判。

【学理分析及适用指引】

• 学理分析 •

妨害清算罪，是指公司、企业进行清算时，隐匿财产，对资产负债表或者财产清单作虚假记载，或者在未清偿债务前分配公司、企业财产，严重损害债权人或者其他人利益的行为。本罪的构成要件如下：

1. 本罪的客体。本罪侵犯的客体是国家对公司的破产清算制度。

2. 本罪的客观方面。客观方面表现为在公司、企业进行清算时，隐匿财产，对资产负债表或者财产清单作虚假记载，或者在未清偿债务前分配公司、企业财产，严重损害债权人或者其他人利益的行为。隐匿财产，是指将公司、企业的财产予以转移、隐藏的行为。此处的财产既包括资金，也包括工具、设备等各种财物。对资产负债表或者财产清单作虚假记载，是指公司、企业在制作资产负债表或者财产清单时，故意采取隐瞒或者欺骗等方法，对资产负债表或者财产清单进行虚报，以达到逃避公司、企业债务的目的。在未清偿债务前分配公司、企业财产，是指在清算过程中，违反法律规定，在清偿债务前，将公司、企业的财产予以分配。

3. 本罪的主体。犯罪主体为特殊主体，即只有进行清算的公司、企业才能构成本罪的主体。

4. 本罪的主观方面。主观方面由故意构成，过失不构成本罪。

• 适用指引 •

司法实践中，认定本罪应注意：妨害清算行为均要求具有严重损害债权人或者其他人利益的性质，否则就不属于妨害清算的行为。妨害清算罪是纯正的单位犯罪，自然人不能构成本罪，本罪实行单罚制，只处罚对其直接负责的主管人员和其他直接责任人员，不处罚单位。

第一百六十二条之一　隐匿、故意销毁会计凭证、会计账簿、财务会计报告罪

【法律规定】

• 法律条文 •

《中华人民共和国刑法》

第一百六十二条之一　隐匿或者故意销毁依法应当保存的会计凭证、会计账簿、财务会计报告，情节严重的，处五年以下有期徒刑或者拘役，并处或者单处二万元以上二十万元以下罚金。单位犯前款罪的，对单位判处罚金，并对其直接负责的主管人员和其他直接责任人员，依照前款的规定处罚。

• 相关规定 •

《全国人民代表大会常务委员会法制工作委员会关于对"隐匿、销毁会计凭证、会计账簿、财务会计报告构成犯罪的主体范围"问题的答复意见》（法工委复字〔2002〕3号）

根据全国人大常委会1999年12月25日《刑法修正案》第一条的规定，任何单位和个人在办理会计事务时对依法应当保存的会计凭证、会计账簿、财务会计报告，进行隐匿、销毁，情节严重的，构成犯罪，应当依法追究其刑事责任。

根据《刑事诉讼法》第十八条关于刑事案件侦查管辖的规定，除法律规定的特定案件由人民检察院立案侦查以外，其他刑事案件的侦查应由公安机关进行。隐匿、销毁会计凭证、会计账簿、财务会计报告，构成犯罪的，应当由公安机关立案侦查。

《最高人民检察院、公安部关于公安机关管辖的刑事案件立案追诉标准的规定（二）》（公通字〔2022〕12号）

第八条　［隐匿、故意销毁会计凭证、会计账簿、财务会计报告案（刑法第一百六十二条之一）］隐匿或者故意销毁依法应当保存的会计凭证、会计账簿、财务会计报告，涉嫌下列情形之一的，应予立案追诉：

（一）隐匿、故意销毁的会计凭证、会计账簿、财务会计报告涉及金额在五十万元以上的；

（二）依法应当向监察机关、司法机关、行政机关、有关主管部门等提供而隐匿、故意销毁或者拒不交出会计凭证、会计账簿、财务会计报告的；

（三）其他情节严重的情形。

【案例】

梁伙胜等职务侵占、虚开增值税专用发票、隐匿、故意销毁会计凭证、挪用资金案①

• 案件事实 •

1994 年 3 月，南海市（现佛山市南海区）三山港新填地居委会出资成立了一间集体所有制企业——南海市三山港新发经济发展实业公司（以下简称发展公司），同年 7 月更名为南海市三山港新发联兴时装公司（以下简称联兴公司），而发展公司的账却一直保留并运作，梁伙胜、梁就佳、郭锦辉分别担任上述两公司的总经理、会计员、出纳员。联兴公司成立后，梁就佳以公司的名义向税务部门申请了 1000 份发票。三名被告人密谋以公司的名义为他人开发票而从中收取发票金额的 6% 为手续费并且未将该手续费计入公司的账户。从 1994 年至 1997 年间，三人以此手段共收取手续费 94835. 79 元，其间多次以发奖金的方式将该款共同瓜分。

1995 年 8 月至 10 月，由发展公司作担保，联兴公司共向银行贷款 100 万元，利息为 13. 725 厘，后联兴公司向发展公司还 20 厘利息，再由发展公司向银行还贷款利息。发展公司从中得益 6. 275 厘。从 1995 年 11 月至 1996 年 4 月，三人密谋将发展公司所得的利息私分，共侵占了 6 个月的利息收入共计 37650 元。1995 年 12 月和 1996 年 1 月，联兴公司以 20 厘的利息向发展公司借款 20 万元，发展公司应得的利息收入为 3324 元，三人没有将该收入入账，而将该款私分。

1996 年底，联兴公司结业，剩下的 83561. 45 元则转入发展公司的账户上。1998 年 11 月，三人密谋将其中的部分分掉，后以支出证明的形式将该款退还至联兴公司的账户上，后将其中的 33817 元提了出来三人私分。

梁伙胜、梁就佳、郭锦辉于 1994 年 4 月至 1995 年 4 月间，为赚取手续费而以发展公司的名义为他人虚开增值税专用发票共 7 张，价税合计 367981. 53 元，税款为 62556. 86 元。

2002 年 11 月，新填地村委聘请了佛山市禅山会计师事务所对发展公司及联兴公司的账目进行审计。梁伙胜为隐匿罪证，便授意梁就佳将其擅自拿回家保管的发展公司和联兴公司的有关会计账证进行销毁。梁就佳便将由其保管的开发票收手续费的收据存根 1 本、发票存根 3 本、增值税专用发票和存根 7 本及从郭锦辉处拿来的 60 多份银行对账单在家中烧掉。郭锦辉得知上述情况后，

① 参见广东省佛山市中级人民法院（2004）佛刑终字第 526 号。

亦将由他保管的公司的记账笔记本和现金账簿转移到番禺亲戚家中收藏。三人的上述行为致使审计事务所对该两公司的审计无法正常进行。

1995 年 3 月，莫某某（梁伙胜的妻妹）的儿子因交通事故受伤住院治疗需用钱。莫某某便找到梁伙胜向其借钱。梁伙胜先后 2 次叫郭锦辉从公司账户中开出一张 3 万元、一张 2 万元的支票给莫某某。莫某某写下了向发展公司借款的借条。之后不久，莫某某的丈夫唐某某又因此事找梁伙胜借钱。梁伙胜便又叫郭锦辉从公司账户中开出一张 2 万元的支票给唐某某。唐写下向联兴公司借款的借条。该借出的 7 万元至今未能收回。

• 裁判要旨 •

公司依法进行审计时，行为人为隐匿罪责，指使他人将公司的有关会计凭证进行销毁，或者将记账笔记本、现金账簿转移到他处藏匿，导致公司的审计无法正常进行，依法分别成立故意销毁会计凭证罪或者隐匿会计账簿罪。

• 裁判理由 •

佛山市南海区人民法院认为：被告人梁伙胜、梁就佳、郭锦辉身为公司工作人员，利用职务上的便利共同将本单位 169626.79 元非法占为己有，数额较大，其行为均已构成职务侵占罪。三人虚开增值税专用发票的行为发生在 1995 年 10 月 30 日公布实施的全国人民代表大会常务委员会《关于惩治虚开、伪造和非法出售增值税专用发票犯罪的决定》之前，而该决定实施前《刑法》并没有关于对虚开增值税专用发票进行处罚的规定，依从旧兼从轻及罪刑法定原则，不应对三人虚开增值税专用发票的行为定罪处罚。被告人梁伙胜、梁就佳为逃避审查而故意销毁依法应当保存的会计凭证，情节严重，其行为均已构成故意销毁会计凭证罪。被告人郭锦辉为逃避审查而故意隐匿依法应当保存的会计账簿，情节严重，其行为已构成隐匿会计账簿罪。被告人梁伙胜利用职务上的便利，挪用本单位资金共 7 万元归个人使用，数额较大且至今不退还，其行为已构成挪用资金罪。被告人郭锦辉因职务侵占被采取强制措施后，如实供述了尚未被司法机关掌握的隐匿会计账簿的犯罪事实并带公安人员取回所藏匿的账簿，属自首，故对其隐匿会计账簿罪依法从轻处罚。被告人梁就佳、郭锦辉自愿认罪，酌情从轻处罚。依照《刑法》第 12 条第 1 款、第 271 条第 1 款、第 272 条第 1 款、第 162 条之一、第 67 条、第 52 条、第 53 条、第 69 条之规定，判决如下：一、被告人梁伙胜犯职务侵占罪，判处有期徒刑四年；犯挪用资金罪，判处有期徒刑三年；犯故意销毁会计凭证罪，判处有期徒刑一年，罚金 2 万元。决定执行有期徒刑七年，罚金 2 万元。二、被告人梁就佳犯职务侵占罪，判处有期徒刑三年六个月；犯故意销毁会计凭证罪，判处有期徒刑一年，罚金 2 万元。决定执行有期徒刑四年，罚金 2 万元。三、被告人郭锦辉犯职务侵占罪，判处有期徒刑三年三个月；犯隐匿会计账簿罪，判处有期徒刑六个月，罚金 2 万元。决定执行有期徒刑三年六个月，罚金 2 万元。

广东省佛山市中级人民法院认为：上诉人梁伙胜、梁就佳、原审被告人郭锦辉身为公司工作人员，利用职务上的便利共同将本单位 169626.79 元非法占为己有，数额较大，其行为均已构成职务侵占罪。上诉人梁伙胜、梁就佳为逃避审查而故意销毁依法应当保存的会计凭证，情节严重，其行为均已构成故意销毁会计凭证罪。原审被告人郭锦辉为逃避审查而故意隐匿依法应当保存的会计账簿，情节严重，其行为已构成隐匿会计账簿罪。上诉人梁伙胜利用职务上的便利，挪用本单位资金共 7 万元归个人使用，数额较大且至今不退还，其行为已构成挪用资金罪。原审被告人郭锦辉因职务侵占被采取强制措施后，如实供述了尚未被司法机关掌握的隐匿会计账簿的犯罪事实并带公安人员取回所藏匿的账簿，属自首，故对其隐匿会计账簿罪依法从轻处罚。上诉人梁就佳、原审被告人郭锦辉自愿认罪，原判已酌情从轻处罚。两上诉人的上诉理由或与事实不符或于法无据，法院均不予采纳。原审法院根据本案的犯罪事实，犯罪的性质、情节和对社会的危害程度所作判决，认定事实和适用法律正确，量刑适当，审判程序合法。依照《刑事诉讼法》第 189 条第 1 项之规定，裁定如下：驳回上诉，维持原判。

【学理分析及适用指引】

• 学理分析 •

隐匿、故意销毁会计凭证、会计账簿、财务会计报告罪，是指隐匿或者故意销毁依法应当保存的会计凭证、会计账簿、财务会计报告，情节严重的行为。本罪的构成要件如下：

1. 本罪的客体。本罪侵犯的客体是会计管理制度。犯罪对象是会计凭证、会计账簿、财务会计报告。

2. 本罪的客观方面。客观方面表现为隐匿或者故意销毁依法应当保存的会计凭证、会计账簿、财务会计报告，情节严重的行为。隐匿，包括转移、藏匿等行为。故意销毁，包括损坏、毁灭等行为。会计凭证，包括原始凭证和记账凭证。会计账簿，包括总账、明细账、日记账和其他辅助性账簿。会计账簿登记，必须以经过审核的会计凭证为依据，并符合有关法律、行政法规和国家统一的会计制度的规定。财务会计报告，由会计报表、会计报表附注和财务情况说明书组成。财务会计报告应当根据经过审核的会计账簿记录和有关资料编制，并符合会计法和国家统一的会计制度关于财务会计报告的编制要求、提供对象和提供期限的规定。

3. 本罪的主体。本罪的犯罪主体不限于公司、企业，所有依照会计法的规定办理会计事务的国家机关、社会团体、公司、企业、事业单位等组织和个人，都可以成为本罪的主体。

4. 本罪的主观方面。本罪的主观方面表现为故意。此处的故意，是指明知是依法应当保存的会计凭证、会计账簿、财务会计报告而隐匿、销毁的主观心理状态。

• 适用指引 •

司法实践中，认定本罪应注意：隐匿、故意销毁会计凭证、会计账簿、财务会计报告罪，是指隐匿或者故意销毁依法应当保存的会计凭证、会计账簿、财务会计报告，情节严重的行为。如果行为人仅是由于工作上的疏忽大意造成会计凭证、账簿、账务会计报告损毁的，不构成本罪。

第一百六十二条之二　虚假破产罪

【法律规定】

• 法律条文 •

《中华人民共和国刑法》

第一百六十二条之二　公司、企业通过隐匿财产、承担虚构的债务或者以其他方法转移、处分财产，实施虚假破产，严重损害债权人或者其他人利益的，对其直接负责的主管人员和其他直接责任人员，处五年以下有期徒刑或者拘役，并处或者单处二万元以上二十万元以下罚金。

• 相关规定 •

《最高人民检察院、公安部关于公安机关管辖的刑事案件立案追诉标准的规定（二）》（公通字〔2022〕12号）

第九条　［虚假破产案（刑法第一百六十二条之二）］公司、企业通过隐匿财产、承担虚构的债务或者以其他方法转移、处分财产，实施虚假破产，涉嫌下列情形之一的，应予立案追诉

（一）隐匿财产价值在五十万元以上的；

（二）承担虚构的债务涉及金额在五十万元以上的；

（三）以其他方法转移、处分财产价值在五十万元以上的；

（四）造成债权人或者其他人直接经济损失数额累计在十万元以上的；

（五）虽未达到上述数额标准，但应清偿的职工的工资、社会保险费用和法定补偿金得不到及时清偿，造成恶劣社会影响的；

（六）其他严重损害债权人或者其他人利益的情形。

【案例】

沈建贵虚假破产案①

● 案件事实 ●

1. 基本事实。2015 年 3 月 26 日，权利人顾某、陈某 2 因民间借贷纠纷分别将 Z 公司及其法定代表人沈建贵诉至上海市闵行区人民法院，并均申请了财产保全。上海市闵行区人民法院立案受理后于 2015 年 3 月 30 日依法保全查封了 Z 公司名下坐落于安徽省寿县××大道南侧、××路西侧、××路东侧、××路北侧"××花园·××园"的部分房产及相应的土地使用权；坐落于安徽省寿县××大道南侧、××路西侧、××路东侧、××路北侧"××花园·××园－××广场"的部分商铺及相应的土地使用权。2015 年 4 月，Z 公司先后提出解除保全措施、保全复议及变更保全对象的申请。

2015 年 6 月 24 日，上海市闵行区人民法院以（2015）闵民二（商）初字第 716、717 号判决书分别判决 Z 公司偿还顾某借款人民币 77658000 元（以下所称币种均为人民币）、利息 794028 元及案件受理费、财产保全费 436732.8 元，合计 78888760.8 元；偿还陈某 2 借款 6000 万元、利息 612483 元及案件受理费、财产保全费 346800 元，合计 60959283 元；被告人沈建贵承担连带清偿责任。

2015 年 7 月 29 日，上海市闵行区人民法院依法解除了对 Z 公司名下证号为××号楼××室，××号楼××室，××号楼××室及××商铺，××号楼所有商铺，××号楼××商铺，××号楼所有商铺，以及"××花园·××园－××广场"项目二层所有 142 套商铺（即查封清单中二层 A 区、二层 B 区、一层商铺二楼部分）的查封。

2015 年 10 月 19 日，上海市第一中级人民法院以（2015）沪一中民四（商）终字第 1536 号、第 1537 号判决书分别作出终审判决，驳回 Z 公司及沈建贵的上诉、维持原判。

2015 年 11 月 2 日，经权利人顾某、陈某 2 分别申请，上海市闵行区人民法院分别以（2015）闵执字第 10287 号、（2015）闵执字第 10290 号立案执行，于 2015 年 11 月 6 日分别向 Z 公司和沈建贵送达了执行通知书，并于 2015 年 11 月 19 日依法追加查封了 Z 公司名下位于安徽省寿县城南新区××大道南侧、××路西侧、××路东侧、××路北侧的土地及"××花园·××园""××

---

① 参见上海市第一中级人民法院（2018）沪 01 刑终 1318 号。

花园·××园－××广场”的部分房产。

2. 非法处置查封的财产事实。2015 年 10 月 28 日，被告人沈建贵明知 Z 公司名下的相关房产已被上海市闵行区人民法院查封而不能随意处置的情况下，仍与购房人鲍某 1 签订房屋买卖合同，将 Z 公司名下“××花园·××园××广场”共 14 套商铺以 300 万元的价格擅自出售给鲍某 1。次日，鲍某 1 则通过鲍某 2 账户将购房款汇入 Z 公司账户，同日该钱款被转入被告人沈建贵个人账户。

2015 年 4 月至 2016 年 2 月间，被告人沈建贵还擅自将已被上海市闵行区人民法院查封的“××花园·××园”××号楼××室及××号楼××室 4 套房产（合同总价共计 157 万余元），分别出售给购房人刘某、何某、余某 1 及余某 2 等人，并收取了部分购房款。

3. 虚假破产的事实。2016 年 5 月 10 日，被告人沈建贵身为 Z 公司法定代表人和主要负责人，为逃避偿还债务，以虚报 Z 公司欠下王某等人共计 1.1 亿余元的债务及转移、隐匿财产等方式，缩小公司财产数额、夸大负债状况，造成 Z 公司资不抵债的假象，向安徽省寿县人民法院申请 Z 公司破产，严重损害债权人和其他人的利益。

2017 年 4 月 12 日，被告人沈建贵被公安机关抓获归案，但未如实供述上述事实。

• 裁判要旨 •

行为人通过隐匿财产、承担虚构的债务或者以其他方法转移、处分财产，实施虚假破产，严重损害债权人和其他人的利益的，构成虚假破产罪。

• 裁判理由 •

原审法院认为，被告人沈建贵身为 Z 公司的法定代表人和主要负责人，明知其公司的房产已被法院依法查封，仍擅自将被查封的房产转卖给他人，情节严重，其行为已构成非法处置查封的财产罪；沈建贵又通过隐匿财产、承担虚构的债务或者以其他方法转移、处分财产，实施虚假破产，严重损害债权人和其他人的利益，其行为又构成虚假破产罪，但系犯罪未遂，可比照既遂犯从轻处罚；沈建贵一人兼犯二罪，依法应当实行数罪并罚。据此，原审法院依照《刑法》第 314 条、第 162 条之二、第 23 条、第 52 条、第 53 条、第 69 条第 1 款、第 3 款之规定，对被告人沈建贵犯非法处置查封的财产罪，判处有期徒刑一年；犯虚假破产罪，判处有期徒刑一年六个月，并处罚金人民币 10 万元；决定执行有期徒刑二年，并处罚金人民币 10 万元。

二审经审理查明，原判认定的事实清楚，证据确实、充分，应予以确认。

针对上诉人沈建贵的上诉理由，检、辩双方的意见，结合本案的事实和证据，法院评判如下：

1. 关于上诉人沈建贵的行为是否构成非法处置查封的财产罪。经查，根据证人刘某、何某、余某 1、鲍某 1、贺某等人的证言，相关的商品房买卖合同、房屋转让协议、银行进账单、回单、沈建贵和 Z 公司银行账户明细及安徽天禾律师事务所关于 Z 公司项目的法律尽职调查报告等证据证实：（1）沈建贵于 2015 年 4 月至 9 月间，将上海市闵行区人民法院财产保全查封的××花园二期住宅中的 16 套房屋予以了销售，其中××花园·××园第××幢××单元××号房及××幢××单元××号房，分别出售给购房人刘某、何某，并共计收取购房首付款 24 万余元；（2）沈建贵于 2016 年 1 月至 2 月间，将上海市闵行区人民法院财产保全查封的××花园·××园第××幢××单元××号房及××幢××单元××号房，分别出售给购房人余某 1、余某 2，并收取了部分购房款；（3）沈建贵于 2015 年 10 月 28 日，将上海市闵行区人民法院财产保全查封的××花园·××园－××广场共 14 间门面房出售给购房人鲍某 1，并收取了购房款 300 万元。证人 Z 公司员工李某 1、廖某、岳某、赵某、陈某 1、汪某等人的证言证实，销售上述查封房产系沈建贵指使。

关于上诉人沈建贵及其辩护人所提鲍某 1 与 Z 公司之间系民间借贷关系，并非房屋买卖关系的辩护意见。法院认为，沈建贵关于借贷关系的说法未得到相关证人证言的印证，且与现已查实的相关商品房买卖合同、房屋转让协议等书证内容不相符合，即便鲍某 1 与 Z 公司可能存在借贷关系，但只要在法院查封阶段，未经法院许可，对查封财产进行非法擅自处置，也构成非法处置查封的财产罪。至于一审法院通知证人鲍某 1、贺某出庭作证，该两名证人不愿意出庭作证，但结合全案证据予以综合分析后，对该两名证人证言的内容仍可予以采纳。

关于上诉人沈建贵辩解其销售查封房产系得到了权利人顾某的同意，辩护人二审庭审时所提供的夏某的证言，亦欲证实相同的内容，但均未得到顾某证言的印证，且依照相关法律规定，沈建贵销售查封房产对司法秩序已经造成现实的破坏，即使权利人同意，也不影响对沈建贵犯罪行为性质的认定，故对沈建贵该项辩解不予采信。

上诉人沈建贵及其辩护人还提出，非法处置查封的财产罪属于情节犯，Z 公司处置被法院查封的房产价值并未达到情节严重。判断沈建贵的行为是否达到情节严重的程度，应当以其非法处置查封财产的价值和行为造成的危害后果综合考量。根据在案证据反映，已查实沈建贵非法处置查封房产就达 4 套、商铺 14 套，价值 400 余万元，另有多套房产因证据原因尚没有认定。众多购房者购买沈建贵非法处置的房产后，因无法办理房屋产权证，引发群体事件。本院认为，沈建贵非法处置查封财产的行为，不仅破坏了法院判决的权威性，妨碍法院对判决的执行力和正常的司法秩序，而且损害了购房者的财产利益，引发群体性事件，应当认定为情节严重。辩护人提出，Z公司正常销售房产在前，法院查封在后，与现已查明的事实不符，法院不予采纳。

综上，上诉人沈建贵的行为完全符合非法处置查封的财产罪的构成要件，应以非法处置查封的财产罪论处，对沈建贵及其辩护人所提其行为不构成本罪的相关意见，均不予采纳。

2. 关于上诉人沈建贵的行为是否构成虚假破产罪。我国《刑法》规定，虚假破产罪是指行为人实施了“隐匿财产、承担虚构的债务，或者以其他方法非法转移、分配财产，实施虚假破产”的行为，其中“隐匿财产”是指将公司企业的财产隐藏，或者对公司企业的财产清单和资产负债表作虚假记载，或者采用少报、低报的手段，故意隐瞒、缩小公司企业财产的实际数额；其中“承担虚构的债务”是指夸大公司企业的负债状况，目的是造成公司企业资不抵债的假象；其中“以其他方法非法转移、分配财产”是指在未清偿债务之前，将公司企业的财产无偿转让、以明显不合理的低价转让财产或者以明显高于市场的价格受让财产、对原来没有财产担保的债务提供财产担保、放弃债权、对公司企业财产进行分配等情形。“虚假破产”实际上是一种破产欺诈行为，属于诈骗犯罪范畴，罪与非罪的界限要看其是否达到“严重损害债权人和其他人利益”的程度，而其中“严重损害债权人的利益”，主要是指通过虚假破产意图逃避偿还债权人的债务数额巨大等情形。至于实施虚假破产的时间界限，应当截止于公司企业提出破产申请之日。

本案中，现已查实的证据表明，2016年5月6日，上诉人沈建贵身为Z公司法定代表人和主要负责人，为逃避偿还债务，通过虚报债务、重复申报债务、夸大申报债务等手段，实际虚报Z公司欠王某等人共计1.1亿余元的债务及转移、隐匿财产等方式，缩小公司财产数额、夸大负债状况，造成Z公司资不抵债的假象，向安徽省寿县人民法院申请Z公司破产。根据Z公司委托的六安才兴会计师事务所出具的专项审计报告，显示截至2016年4月30日，Z公司资产总额616945148.95元，负债总额727785286.68元，负债率117.97%。安徽省寿县人民法院于同年5月10日受理了Z公司的破产清算申请。若扣除一审法院认定的虚报1.1347亿元债务，Z公司真实负债6.1431亿元，小于资产总额6.1694亿元，因此，可以认定Z公司在提出破产申请之日，实际不符合破产案件企业已不能清偿到期债务，且资产不足以清偿全部债务的条件。在认定Z公司及沈建贵有虚假破产行为的情况下，沈建贵通过虚假破产意图逃避偿还债权人的债务数额巨大，可以认定为严重损害了债权人的利益。辩护人所提Z公司破产是真实的，破产本身是一种公平受偿行为，不存在损害债权人及其他人利益的行为，与现已查实的证据不符。一审法院考虑到安徽省寿县人民法院的破产案件仍在审理过程中，认定本案系犯罪未遂，亦无不可。据此，对沈建贵及其辩护人所提沈建贵的行为不构成虚假破产罪的相关意见，均不予采信。

综上所述，法院认为，上诉人沈建贵的行为构成非法处置查封的财产罪及虚假破产罪，原审法院对沈建贵所作判决认定的事实清楚，证据确实、充分，适用法律正确，量刑适当，且审判程序合法。二审检察机关建议驳回上诉、维持原判的出庭意见依法有据，应予采纳。据此，依照《刑事诉讼法》第236条第1款第1项之规定，裁定如下：驳回上诉，维持原判。

【学理分析及适用指引】

• 学理分析 •

虚假破产罪，是指公司、企业通过隐匿财产、承担虚构的债务或者以其他方法转移、处分财产，实施虚假破产，严重损害债权人或者其他人利益的行为。本罪的构成要件如下：

1. 本罪的客体。本罪的客体是复杂客体，包括公司、企业的管理秩序和债权人或其他利害关系人的合法利益。

2. 本罪的客观方面。本罪客观方面表现为公司、企业通过隐匿财产、承担虚构的债务或者以其他方法转移、处分财产，实施虚假破产，严重损害债权人或者其他人利益的行为。隐匿财产，指将公司、企业的资金、设备、产品、货物等实物财产全部或部分予以隐瞒、转移、藏匿，或者在账面上对公司、企业的财产清单作虚假记载，或者采用少报、低报的手段，故意隐瞒、缩小企业财产的实际数额。承担虚构的债务，指捏造、承认不真实或不存在的债务，或夸大公司、企业的负债状况，目的是造成公司、企业资不抵债的假象。以其他方法转移、处分财产，指用除了隐匿财产和承担虚构的债务以外的方法转移、处分财产，如在未清偿债务之前将公司、企业财产无偿转让、以明显不合理的低价转让财产或者以明显高于市场的价格受让财产、对原来没有财产担保的债务提供财产担保、放弃债权、对公司财产进行分配等情形。隐匿财产、承担虚构的债务或者以其他方法转移、处分财产与实施虚假破产关系密切是成立虚假破产罪必须同时具备的客观要件。本罪客观方面还必须严重损害债权人和其他人的利益。严重损害债权人利益主要是指逃避债权人的债务数额巨大等情形；严重损害其他人的利益是指搞虚假破产使公司、企业拖欠的职工工资、社会保险费和国家税款得不到清偿，或者使公司、企业其他股东的合法权益受到损害等情形。[①] 由于司法解释没有明确规定，我们认为可以参照最高司法机关对于妨害清算罪的司法解释精神和标准进行认定。

① 参见王守俊：《虚假破产罪初论》，载《商场现代化》2007年第24期。

3. 本罪的主体。本罪的主体是公司、企业。

4. 本罪的主观方面。本罪的主观方面是故意，如果因过失导致账簿或财产清单记载与实际情况不符，资不抵债，申请破产的，不构成本罪。

• 适用指引 •

在司法实践中，认定本罪要注意本罪与妨害清算罪的界限。时间上，本罪的行为是发生在提出破产申请、启动破产程序前；妨害清算罪的行为是发生在法院宣告破产或企业解散之后的清算期间。如果行为人在实施了虚假破产犯罪之后，在法院宣告破产之后的清算期间，又采取隐匿财产、对资产负债表或者财产清单作虚假记载等行为，应构成妨害清算罪，即应认定构成数罪。行为上，申请破产启动破产程序是犯罪客观行为要件的内容，妨害清算罪中，因为是真破产，申请破产启动破产程序则是合法行为。主体上，本罪的主体可以是任何企业法人，而妨害清算罪的主体只能是被宣告破产或解散后进行清算的企业。

第一百六十三条　非国家工作人员受贿罪

【法律规定】

• 法律条文 •

《中华人民共和国刑法》

第一百六十三条　公司、企业或者其他单位的工作人员利用职务上的便利，索取他人财物或者非法收受他人财物，为他人谋取利益，数额较大的，处三年以下有期徒刑或者拘役，并处罚金；数额巨大或者有其他严重情节的，处三年以上十年以下有期徒刑，并处罚金；数额特别巨大或者有其他特别严重情节的，处十年以上有期徒刑或者无期徒刑，并处罚金。

公司、企业或者其他单位的工作人员在经济往来中，利用职务上的便利，违反国家规定，收受各种名义的回扣、手续费，归个人所有的，依照前款的规定处罚。

国有公司、企业或者其他国有单位中从事公务的人员和国有公司、企业或者其他国有单位委派到非国有公司、企业以及其他单位从事公务的人员有前两款行为的，依照本法第三百八十五条、第三百八十六条的规定定罪处罚。

• 相关规定 •

《中华人民共和国公司法》

第一百四十八条　董事、监事、高级管理人员应当遵守法律、行政法规和公司章程，对公司负有忠实义务和勤勉义务。

董事、监事、高级管理人员不得利用职权收受贿赂或者其他非法收入，不得侵占公司的财产。

《最高人民检察院、公安部关于公安机关管辖的刑事案件立案追诉标准的规定（二）》（公通字〔2022〕12号）

第十条　［非国家工作人员受贿案（刑法第一百六十三条）］公司、企业或者其他单位的工作人员利用职务上的便利，索取他人财物或者非法收受他人财物，为他人谋取利益，或者在经济往来中，利用职务上的便利，违反国家规定，收受各种名义的回扣、手续费，归个人所有，数额在三万元以上的，应予立案追诉。

【案例】

付玲非国家工作人员受贿罪案①

• 案件事实 •

付玲，原系齐鲁石化公司胜利炼油厂一油品车间丙烯灌区的操作工。2000年12月至2001年4月间，付玲受山东世纪康有限公司副经理唐行利之托，利用其值班的机会，先后10余次关闭丙烯管道流量计，使其不显示数量，从本单位通过管道私下秘密向世纪康公司输送价值40万元的丙烯100余吨，并按约定每吨1500元的报酬从唐行利处先后收受现金人民币16.8万元，2001年5月21日因本案被捕。

• 裁判要旨 •

国有公司的操作工是从事具体劳务而非从事公务的人员，不属于国家工作人员；其利用职务便利，将本单位财物非法送给他人，从而收取他人财物，依法成立非国家工作人员受贿罪。

• 裁判理由 •

山东省淄博市临淄区人民法院经公开审理后认为：被告人付玲身为公司、

① 参见最高人民法院中国应用法学研究所编：《人民法院案例选》（2003年第2辑），人民法院出版社2003年版，第13页。

企业的工作人员，利用职务之便，将本单位的财物（丙烯）私自送与他人，收受他人贿赂，数额巨大，其行为构成公司、企业人员受贿罪。被告人付玲是国有公司的操作工，是从事劳务的人员，而不是从事公务的人员，不属于国家工作人员或以国家工作人员论的人员，不符合贪污罪的犯罪主体；且被告人付玲并无占有本单位财物的目的，而是将本单位财物非法送给他人，从而收取他人财物，其客观行为和主观目的均不符合贪污罪的构成要件。对公诉机关指控被告人付玲犯贪污罪的意见，不予支持。依照《刑法》第163条的规定，于2001年9月11日对被告人付玲以犯公司、企业人员受贿罪①判处有期徒刑五年，并处没收赃款16.8万元。

【学理分析及适用指引】

• 学理分析 •

非国家工作人员受贿罪，是指公司、企业和其他单位的工作人员利用职务上的便利，索取他人财物或者非法收受他人财物，为他人谋取利益，数额较大的行为。本罪的构成要件如下：

1. 本罪的客体。其侵犯的客体为公司、企业和其他单位的管理活动和职务行为的廉洁性。

2. 本罪的客观方面。其客观方面表现为利用职务上的便利，索取他人财物或者非法收受他人财物，为他人谋取利益，数额较大的行为。此处的利用职务上的便利，是指利用职权，即利用本人职务范围内的权力，如利用自己主管、经营或者参与公司、企业某项工作的便利条件。

3. 本罪的主体。本罪的主体是公司、企业和其他单位的工作人员，但不包括公司、企业和其他单位中从事公务的人员。

4. 本罪的主观方面。其主观方面是故意，并且行为人以非法占有财物为目的。

• 适用指引 •

司法实践中，认定本罪要注意以下两个问题：

1. 《刑法修正案（十一）》对本罪的修订及其把握。为进一步加大民营企业内部侵害财产犯罪的惩治力度，落实产权平等保护的精神，实现与受贿罪罪刑体系相协调，《刑法修正案（十一）》对《刑法》第163条非国家工作人员受贿罪的刑罚体系进行了修订完善，具体涉及三个方面：一是提高了本条规定

---

① 根据《最高人民法院、最高人民检察院关于执行〈刑法〉确定罪名的补充规定（三）》，“公司、企业人员受贿罪”被替换为“非国家工作人员受贿罪”。——编者注

的非国家工作人员受贿罪的法定刑，将法定最高刑提高到无期徒刑，并增加罚金刑；二是调整了刑罚档次配置，并将法定刑幅度由两档修改为三档，与贪污受贿罪的规定平衡，刑事责任体系模式相同，实现罪责刑相适应；三是本罪升档的量刑标准采用了贪污受贿罪“数额＋情节”的立法模式。

这里需要指出的是，关于修订后的非国家工作人员受贿罪法定刑升档标准的把握问题，修订前本罪只有两个法定刑幅度，分别对应着“数额较大”和“数额巨大”的情形。具体数额的把握，根据最高人民法院、最高人民检察院2016年4月18日联合发布的《关于办理贪污贿赂刑事案件适用法律若干问题的解释》第11条第1款之规定，非国家工作人员利用职务便利索取或者收受贿赂6万元以上不满100万元的，属于数额较大；索取或者收受贿赂100万元以上，属于数额巨大；但是，行为人具有多次索贿等较重情节的，受贿2万元以上不满6万元的也应视为“数额较大”，受贿50万元不满100万元的，也应视为“数额巨大”。但修订后本罪有三个法定刑幅度，分别对应着“数额较大”“数额巨大或者其他严重情节”“数额特别巨大或者其他组特别严重情节”，即在原“数额较大”和“数额巨大”的基础上增加了“数额特别巨大”的数额标准。如何把握本罪法定刑升档条件的“数额特别巨大”？我们认为，在新的司法解释或者规范性文件作出明确规定之前，可参照此前相关司法解释关于非国家工作人员受贿罪的“数额巨大”与受贿罪相对应的数额标准5倍执行的规定，“数额特别巨大”暂也参照受贿罪相应对的数额标准5倍执行，即原则上以1500万元以上为宜。

2. 注意本罪与非罪行为的界限：

（1）按照《刑法》第163条的规定，构成非国家工作人员受贿罪必须是受贿数额较大的，不足较大数额的按一般受贿行为处理。数额较大的具体界限，根据最高人民法院、最高人民检察院2016年4月18日联合发布的《关于办理贪污贿赂刑事案件适用法律若干问题的解释》非国家工作人员利用职务便利索取或者收受贿赂6万元以上不满100万元的，属于数额较大；但是，行为人具有多次索贿等较重情节的，受贿2万元以上不满6万元的也应视为“数额较大”。

（2）公司、企业、其他单位人员在法律、政策许可的范围内，通过自己的劳动换取合理报酬的，不属于利用职务上的便利受贿，因而是合法行为而不是犯罪。

（3）公司、企业、其他单位人员接受亲朋好友的一般礼节性馈赠，而没有利用职务上的便利为亲朋好友谋取利益的，不成立非国家工作人员受贿罪。总之，区分非国家工作人员受贿罪与合法行为的界限，关键是看行为人获得的财物是否属于利用职务上的便利为他人谋取利益而取得。

（4）区分以收受回扣、手续费为特点的非国家工作人员受贿罪与正当业务行为的界限。在正常的市场交易行为中，取得符合《反不正当竞争法》规定的折扣、佣金是正当业务行为；而违反国家规定，收受各种名义的回扣、手续费，为个人所有的，应认定为非国家工作人员受贿罪。

3. 非国家工作人员受贿罪与受贿罪的界限。两罪区分的关键在于犯罪主体的不同：本罪的主体是公司、企业、其他单位人员，即非国家工作人员；受贿罪的主体是国家工作人员以及以国家工作人员论的在国有公司、企业、其他单位中从事公务的人员和国有公司、企业、国有其他单位委派到非国有公司、企业、其他单位从事业务的人员。

第一百六十四条　对非国家工作人员行贿罪；对外国公职人员、国际公共组织官员行贿罪

【法律规定】

• 法律条文 •

《中华人民共和国刑法》

第一百六十四条　为谋取不正当利益，给予公司、企业或者其他单位的工作人员以财物，数额较大的，处三年以下有期徒刑或者拘役；数额巨大的，处三年以上十年以下有期徒刑，并处罚金。

为谋取不正当商业利益，给予外国公职人员或者国际公共组织官员以财物的，依照前款的规定处罚。

单位犯前两款罪的，对单位判处罚金，并对其直接负责的主管人员和其他直接责任人员，依照第一款的规定处罚。

行贿人在被追诉前主动交代行贿行为的，可以减轻处罚或者免除处罚。

• 相关规定 •

《中华人民共和国刑法》

第一百六十三条　公司、企业或者其他单位的工作人员利用职务上的便利，索取他人财物或者非法收受他人财物，为他人谋取利益，数额较大的，处五年以下有期徒刑或者拘役；数额巨大的，处五年以上有期徒刑，可以并处没收财产。

公司、企业或者其他单位的工作人员在经济往来中，利用职务上的便利，违反国家规定，收受各种名义的回扣、手续费，归个人所有的，依照前款的规定处罚。

国有公司、企业或者其他国有单位中从事公务的人员和国有公司、企业或

者其他国有单位委派到非国有公司、企业以及其他单位从事公务的人员有前两款行为的，依照本法第三百八十五条、第三百八十六条的规定定罪处罚。

《中华人民共和国反不正当竞争法》

第七条　经营者不得采用财物或者其他手段贿赂下列单位或者个人，以谋取交易机会或者竞争优势：

（一）交易相对方的工作人员；

（二）受交易相对方委托办理相关事务的单位或者个人；

（三）利用职权或者影响力影响交易的单位或者个人。

经营者在交易活动中，可以以明示方式向交易相对方支付折扣，或者向中间人支付佣金。经营者向交易相对方支付折扣、向中间人支付佣金的，应当如实入账。接受折扣、佣金的经营者也应当如实入账。

经营者的工作人员进行贿赂的，应当认定为经营者的行为；但是，经营者有证据证明该工作人员的行为与为经营者谋取交易机会或者竞争优势无关的除外。

《最高人民检察院、公安部关于公安机关管辖的刑事案件立案追诉标准的规定（二）》（公通字〔2022〕12号）

第十一条　［对非国家工作人员行贿案（刑法第一百六十四条第一款）］为谋取不正当利益，给予公司、企业或者其他单位的工作人员以财物，个人行贿数额在三万元以上的，单位行贿数额在二十万元以上的，应予立案追诉。

第十二条　［对外国公职人员、国际公共组织官员行贿案（刑法第一百六十四条第二款）］为谋取不正当商业利益，给予外国公职人员或者国际公共组织官员以财物，个人行贿数额在三万元以上的，单位行贿数额在二十万元以上的，应予立案追诉。

【案例】

大庆宏启抽油杆有限公司等行贿受贿案[①]

● 案件事实 ●

1999年5月至2001年11月，张国利经大庆宏远经济开发公司（集体企业）任命，到大庆宏启抽油杆有限公司任总经理，后由大庆宏远经济开发公司推荐、董事会决定，张国利任大庆宏启抽油杆有限公司董事长。张国利任职期间，共计收受贿赂171万元，案发后全部被检察机关扣押。

1997年10月至1999年10月，张广财在担任大庆宏启抽油杆有限公司副经理（港方代表）期间，负责采购和销售业务，在其采购钢材的过程中，先

① 参见黑龙江省大庆市中级人民法院（2003）庆刑二初字第2号。

后10次收受被告人王某某送来的好处费21万元、先后6次收受被告人张某河送来的好处费3万元，总计24万元被其据为己有。

2001年7月份，张国利为了使大庆宏启抽油杆有限公司少交电费，找到大庆油田有限公司采油一厂能源大队电费收费班班长安某，又由安某找到宋某某、陈某等人，利用改变微机参数等手段少收大庆宏启抽油杆有限公司电费425790.72元。张国利从本单位套取现金后，先后6次向安某行贿共计305100元（安某分给陈某5万元、宋某某3万元、刘某某1万元，其余赃款被安某占有）。

2000年底至2002年5月，因大庆油田有限公司采油四厂作业大队一直大量使用大庆宏启抽油杆有限公司生产的抽油杆，张国利为表示感谢，从本单位套取现金后，送给该大队大队长罗某某人民币1万元、器材站副站长石某某12.4万元。

2000年6月至11月，张国利为了使大庆油田有限公司采油九厂购买大庆宏启抽油杆有限公司生产的超强型抽油杆，先后3次向采油九厂总工程师张某超行贿5万元。

综上，张国利作为公司人员共收受单位行贿款171万元。张广财作为公司人员收受单位行贿款共计24万元。张某河代表公司共向公司人员行贿104万元。王某某代表单位共向公司人员行贿70万元。杨某某代表单位向公司人员行贿共计15万元。

• 裁判要旨 •

行为人代表单位向非国家工作人员给予贿赂，侵犯了公司、企业正常的管理活动和公平竞争的交易秩序，依法成立对非国家工作人员行贿罪。

• 裁判理由 •

黑龙江省大庆市中级人民法院认为：被告大庆宏启抽油杆有限公司为少交电费、多销产品向国家工作人员行贿，其行为构成单位行贿罪。被告人张国利身为公司董事长，作为直接负责的责任人员，应当承担刑事责任。被告张国利、张广财作为公司工作人员在经济往来中，违反国家规定收受回扣、好处费，其行为侵犯了公司、企业的正常管理活动和社会主义公平竞争的交易秩序，且受贿数额巨大，其行为构成公司人员受贿罪。被告人张某河、王某某代表单位向公司人员行贿，其行为侵犯了公司、企业正常的管理活动和社会主义公平竞争的交易秩序，且行贿数额巨大，其行为构成对公司人员行贿罪。① 被告人张某河犯罪后到检察机关自首，应从轻处罚。被告人杨某某代表单位向公司人员行贿，数额较大，其行为同样侵犯了公司、企业正常的管理活动和社会主义公平竞争的交易秩序，其行为构成对公司人员行贿罪。被告人张国利的辩护人辩护的张国利的行为属公司人员受贿的理由合理，予以采纳，其认为张国利揭发检举他人犯罪，有立功表现，与事实不符，不予采纳。被告人张某河、王某某、杨某某的辩护人均认为三被告人的行为是代表单位行贿的，不应认定为个人行贿的理由合理，予以采纳。为维护公司、企业正常的管理活动和社会主义公平竞争的交易秩序，打击此类犯罪，依据《刑法》第393条，第163条第1款、第2款，第30条，第31条，第164条第1款、第2款，第69条，第64条，第67条，第72条，第52条，第53条，第37条，第55条和《反不正当竞争法》第八条第一款之规定，判决如下：一、被告大庆宏启抽油杆有限公司犯单位行贿罪，判处罚金人民币10万元。二、被告人张国利犯公司人员受贿罪，判处有期徒刑十三年，剥夺政治权利二年；犯行贿罪，判处有期徒刑二年，决定执行有期徒刑十五年，剥夺政治权利二年。对被告人张国利收受的171万元赃款，依法没收并上缴国库。三、被告人张广财犯公司人员受贿罪，判处有期徒刑五年。对被告人张广财收受的24万元赃款，依法没收并上缴国库。四、被告人张某河犯对公司人员行贿罪，判处有期徒刑三年，缓刑五年，并处罚金人民币3万元。五、被告人王某某犯对公司人员行贿罪，判处有期徒刑三年，缓刑三年，并处罚金人民币2万元。被告人杨某某犯对公司人员行贿罪，免予刑事处罚。

【学理分析及适用指引】

• 学理分析 •

对非国家工作人员行贿罪，是指为谋取不正当利益，给予公司、企业或者其他单位的工作人员以财物，数额较大的行为。本罪的构成要件如下：

1. 本罪的客体。本罪侵犯的客体是公司、企业或者其他单位的正常管理活动和社会主义市场经济公平竞争的交易秩序。

2. 本罪的客观方面。本罪客观方面必须是给予公司、企业或者其他单位的工作人员以数额较大的财物，此处的公司、企业的工作人员不包括国家工作人员。

---

① 该罪名经2006年6月29日《刑法修正案（六）》修正，依据2007年11月6日最高人民法院、最高人民检察院《关于执行〈中华人民共和国刑法〉确定罪名的补充规定（三）》的规定，修改为“对非国家工作人员行贿罪”。——编者注

3. 本罪的主体。主体既可以是自然人，也可以是单位。

4. 本罪的主观方面。主观方面必须出于故意，并且是为了谋取不正当利益。利益是否正当，应进行具体判断，而非抽象判断。

对外国公职人员、国际公共组织官员行贿罪，是《刑法修正案（八）》为了与《联合国反腐败公约》等国际公约相协调所增设的一个新罪名，具体是指为谋取不正当商业利益，给予外国公职人员或者国际公共组织官员以财物的行为。对外国公职人员、国际公共组织官员行贿罪的设立，将海外贿赂纳入《刑法》打击范围，扩大了我国《刑法》的适用范围，也使我国《刑法》与国际上的反腐法律接轨。本罪主体是一般主体，单位也可成立本罪，主观罪过形式是故意，且出于谋取不正当商业利益的目的。

• 适用指引 •

1. 关于对非国家工作人员行贿罪的司法认定。本罪是目的犯，构成此罪必须谋取的是不正当利益。所谓不正当利益，是指行贿人谋取违反法律、法规、规章或者政策规定的利益，或者要求对方违反法律、法规、规章、政策、行业规范的规定提供帮助或者方便条件。在招标投标、政府采购等商业活动中，违背公平原则，给予相关人员财物以谋取竞争优势的，属于谋取不正当利益。

2. 关于行贿数额与定罪量刑的问题。按照《刑法》第 164 条的规定，构成对非国家工作人员行贿罪的必须是行贿数额较大的，不足较大数额的按一般行贿行为处理而不构成犯罪。数额较大的具体界限，根据最高人民法院、最高人民检察院 2016 年 4 月 18 日联合发布的《关于办理贪污贿赂刑事案件适用法律若干问题的解释》第 11 条第 3 款之规定，对非国家工作人员行贿罪中的“数额较大”的标准为 6 万元以上不满 200 万元的，应在“3 年以下有期徒刑或者拘役，并处罚金”的幅度内适用刑罚；对非国家工作人员行贿 200 万元以上的，属于“数额巨大”，应在“三年以上十年以下有期徒刑，并处罚金”的法定刑幅度内判处刑罚。但同时，根据该司法解释，若行为人向三名以上非国家工作人员行贿的、将违法所得用于行贿等严重情节的，行贿 2 万元以上不满 6 万元的，也应视为“数额较大”，行贿 100 万元以上不满 200 万元的，也应视为“数额巨大”。

3. 关于对外国公职人员、国际公共组织官员行贿罪的司法认定。主要有如下三个方面的问题：一是本罪的行为对象如何把握。根据《联合国反腐败公约》的规定，外国公职人员系指外国无论是经任命还是经选举而担任立法、行政、行政管理或者司法职务的任何人员，以及为外国包括为公共机构或者公营企业行使公共职能的任何人员；国际公共组织官员系指国际公务员或者经此种组织授权代表该组织行事的任何人员。二是本罪的行为目的，也属于目的犯。

但需要说明的是，行为人所谋取的利益并非“不正当利益”，而是“不正当商业利益”，因此，构成本罪必须为了谋取不正当的商业利益，在商业活动以外的其他活动中给予外国公职人员或者国际公共组织官员以财物的，一般不构成此罪。三是对于接受贿赂的外国公职人员、国际公共组织官员如何处理。《刑法修正案（八）》并未明确规定，基于对合犯的理论，其当然是可以成立《刑法》第163条的非国家工作人员受贿罪，但是此处的外国公职人员、国际公共组织官员极有可能属于《刑法》第11条规定的享有外交特权和外交豁免权的外国人，从而对其刑事责任通过外交途径解决。当然，若不属于《刑法》第11条的范围，我国司法机关完全可以对其以非国家工作人员受贿罪追究其刑事责任。

第一百六十五条　非法经营同类营业罪

【法律规定】

• 法律条文 •

《中华人民共和国刑法》

第一百六十五条　国有公司、企业的董事、经理利用职务便利，自己经营或者为他人经营与其所任职公司、企业同类的营业，获取非法利益，数额巨大的，处三年以下有期徒刑或者拘役，并处或者单处罚金；数额特别巨大的，处三年以上七年以下有期徒刑，并处罚金。

• 相关规定 •

《中华人民共和国公司法》

第一百四十八条第一款第五项　董事、高级管理人员不得有下列行为：

（五）未经股东会或者股东大会同意，利用职务便利为自己或者他人谋取属于公司的商业机会，自营或者为他人经营与所任职公司同类的业务。

【案例】

杨某某非法经营同类营业案①

• 案件事实 •

嘉陵—本田发动机有限公司系中国嘉陵工业股份有限公司（国有公司）与日本本田株式会社等额出资组建的合资公司。2000年4月，杨某某被该公司董事会聘任为营业部副部长，主管销售零件和售后服务。2000年7月，杨某某拟增加重庆一坪高级润滑油公司生产的SC15－40型机油为指定用油予以销售。2000年8月8日，杨某某以其母赖某某为法定代表人，其妻谭某某、岳母刘某某和李某某为股东注册成立重庆嘉本物资销售公司。随后，杨某某指示其下属黎海以嘉陵—本田发动机有限公司营业部的名义，委托嘉本物资销售公司在销售网络中销售重庆一坪高级润滑油公司生产的SC15－40型机油给客户。黎海给一坪高级润滑油公司出具嘉陵—本田发动机有限公司授权委托书，要求在包装上印刷“嘉陵—本田指定产品”标识，同年9月18日，杨某某以嘉陵—本田发动机有限公司营业部的名义，在销售网络中发出“我公司现推出金装版新型嘉陵—本田纯正机油”的通知，要求用户大力推广，并指定汇款直接汇入嘉本物资公司账户。9月至11月，嘉本物资销售公司共向嘉陵—本田发动机有限公司的用户销售重庆一坪高级润滑油公司生产的SC15－40型机油1684件，销售金额385805.13元，获利115023.18元，直至案发。

• 裁判要旨 •

中外合资公司管理人员利用职务便利让其亲属经营与其任职公司业务范围同类的经营活动，从中谋取非法利益，其行为损害了所任职企业的利益，但因其并非国有公司董事、经理，依法不成立非法经营同类营业罪。

• 裁判理由 •

重庆市沙坪区人民法院认为：被告人杨某某系合资企业的管理人员，利用职务之便，让其亲属经营与其任职公司业务范围同类的经营活动，从中谋取非法利益，其行为损害了合资企业的利益，系违法行为。但鉴于其任职的嘉陵—本田发动机有限公司不属国有公司，其所担任的职务不属国有公司董事、经理，与《刑法》第165条所要求的犯罪构成不符，不应按犯罪论处。公诉机关

---

① 参见中华人民共和国最高人民法院刑事审判第一庭、第二庭编：《刑事审判参考》（总第27集），法律出版社2002年版，第1页。

指控的事实成立，但指控的罪名不成立，不予支持。被告人及辩护人的辩护意见成立，予以采纳。依照《刑法》第3条和《刑事诉讼法》第162条第2项的规定，判决如下：被告人杨某某无罪。

宣判后，被告人杨某某服判。重庆市沙坪坝区人民检察院认为嘉陵—本田发动机有限公司系国有控股公司，被告人杨某某在担任嘉陵—本田发动机有限公司营业部副部长期间，利用职务之便，让其家人注册公司经营与其所任职公司的同类营业，获取非法利益115023.18元，数额巨大，其行为触犯《刑法》第165条，犯有非法经营同类业罪，并向重庆市第一中级人民法院提出抗诉。

重庆市第一中级人民法院审理认为：原判认定的事实清楚，证据确实、充分，审判程序合法。抗诉理由不能成立。依照《刑事诉讼法》第189条第1项的规定，裁定如下：驳回抗诉，维持原判。

【学理分析及适用指引】

• 学理分析 •

非法经营同类营业罪，是指国有公司、企业的董事、经理利用职务便利，自己经营或者为他人经营与其所任职公司、企业同类的营业，获取非法利益，数额较大的行为。本罪的构成要件如下：

1. 本罪的客体。本罪侵犯的客体是国有公司、企业的利益。

2. 本罪的客观方面。客观方面表现为利用职务便利，自己经营或者为他人经营与其所任职公司、企业同类的营业，获取非法利益，数额巨大的行为。利用职务便利，是指行为人利用自己在国有公司、企业任董事、经理掌管材料、物资、市场、销售等便利条件。自己经营，主要是指以私人名义另行注册公司或者以亲友名义注册公司，或者是在他人经办的公司、企业中入股进行经营的行为。经营与其所任职公司、企业同类的营业，是指从事与其任职的国有公司、企业同种类的业务。行为人利用其在国有公司、企业任职所获得的经营方面的信息或者其他优势，使得自己经营的公司获利，损害国有公司、企业的利益。

3. 本罪的主体。犯罪主体为特殊主体，即只有国有公司、企业的董事、经理才能构成本罪。

4. 本罪的主观方面。主观方面由故意构成，并且必须具有获取非法利益的目的，过失不构成本罪。

• 适用指引 •

司法实践中，认定本罪要注意以下两个问题：

1. 关于本罪与一般违法经营行为的界限。一般的经营行为能否认定为本罪要从以下三个方面进行区分：

（1）行为人是否利用了职务上的便利，如果行为人并未利用职务之便而经营同类营业的，就不能以犯罪论处，如行为人虽然经营了与其所任职公司、企业同类的营业，并获利巨大，但这一行为与其所任职的职务无关，就不构成犯罪。

（2）行为人经营的是否为同类营业。构成本罪必须是经营与其所任职公司、企业同类的营业，如果行为人经营的不是同类营业，不构成犯罪。

（3）行为人获取的非法利益是否达到数额巨大。如果行为人利用了职务之便，并且经营与其所任职公司、企业同类的营业，但获取非法利益未达到数额巨大，不能以犯罪论处。

2. 关于本罪与非国家工作人员受贿罪的界限。本罪与非国家工作人员受贿罪在犯罪的主观方面均为直接故意，都有获取非法利益、财物的目的，但两罪在本质上有明显的区别，表现在：

（1）犯罪主体有所不同。非国家工作人员受贿罪的主体排除了刑法意义上的国家工作人员，否则成立受贿罪。所谓非国家工作人员，主要是指在公司、企业中工作的不具有国家工作人员身份的公司、企业工作人员。此处的公司、企业，包括不同种类或性质的公司、企业，此处的公司、企业工作人员包括在公司、企业中工作的所有工作人员。而本罪的主体一定是国家工作人员，且仅限于国有公司、企业的董事和经理，范围较前者要窄得多。

（2）犯罪的客观方面不同。两罪在客观方面虽都有利用职务之便的特征，但获取非法利益所采取的客观手段有所不同：本罪是行为人利用职务便利，自己经营或者为他人经营与其所任职公司、企业同类的营业，主要是通过“竞业经营”来获取非法利益；而公司、企业人员受贿罪则是行为人利用职务之便，通过直接“索取”或者“非法收受”他人财物的方式，为他人谋取利益而获取非法利益。

第一百六十六条　为亲友非法牟利罪

【法律规定】

• 法律条文 •

《中华人民共和国刑法》

第一百六十六条　国有公司、企业、事业单位的工作人员，利用职务便利，有下列情形之一，使国家利益遭受重大损失的，处三年以下有期徒刑或者拘役，并处或者单处罚金；致使国家利益遭受特别重大损失的，处三年以上七年以下有期徒刑，并处罚金：

（一）将本单位的盈利业务交由自己的亲友进行经营的；

（二）以明显高于市场的价格向自己的亲友经营管理的单位采购商品或者以明显低于市场的价格向自己的亲友经营管理的单位销售商品的；

（三）向自己的亲友经营管理的单位采购不合格商品的。

【案例】

姜某舜为亲友非法牟利案[1]

• 案件事实 •

1997 年 10 月至 1998 年 7 月，姜某舜在其担任浙江天神面粉有限公司总经理期间，利用职务之便，在麸皮销售旺季期间，对本单位麸皮的销售以其批条才可销售的方式进行限制。同时将该盈利业务交由自己的亲友经营，即由其小姨尤某某、堂弟姜某清经销。1997 年 10 月 14 日至 1998 年 6 月 26 日期间，姜某舜以批给客户松阳王某亮、庆元粮贸、余某某、常山粮食厂、王某利、福建松溪县、郑某某等名义，先后 22 次以 1.06 元/千克价格批给尤某某“天神”麸皮 1413790 千克，折算价款 1498617.40 元。尤某某进行销售，以当天查实平均售价（销出价）为 1.0948 元/千克计算，销售额为 1547817.29 元。尤某某经营“天神”麸皮所获取的进销差价（毛利）49199.88 元。1997 年 10 月至 1998 年 7 月，姜某舜共批给姜某清“天神”麸皮 828310 千克，批出价格分别为 1.08 元/千克的 100303 千克，1.06 元/千克的 728280 千克，折算价款为 880009.20 元。以查实当时平均售价（销出价）为 1.0948 元/千克计算，销售额为 906823.79 元。姜某清经营“天神”麸皮所获取的进销差价（毛利）26814.59 元。

原判认定，尤某某、姜某清在经营“天神”麸皮过程中还有相应的经营费用支出，即尤某某经营费用为 3600 元。姜某清的经营费用为 2500 元。应从毛利中扣除。案发后，姜某舜退还人民币 7 万元。

• 裁判要旨 •

国有公司的负责人利用职务之便，将本单位盈利业务交由亲友经营，致使本单位对外销售陷入瘫痪状态，使国家利益遭受重大损失，依法应以为亲友非法牟利罪追究其刑事责任。

---

① 参见浙江省衢州市中级人民法院（2001）衢中刑终字第 65 号。

• 裁判理由 •

衢州市柯城区人民法院一审以为亲友非法牟利罪判处被告人姜某舜有期徒刑一年零六个月，并处罚金7万元，退还的人民币7万元，其中69914.48元予以没收上交国库，余款退还被告人姜某舜。后被告人以《刑法》第166条规定的“经营”是不包括“买卖”关系的，其将麸皮卖给亲友的行为不能认为是“交由其亲友经营”，是正常的经销行为，不构成犯罪及原判量刑畸重为由上诉。

浙江省衢州市中级人民法院认为：原审被告人姜某舜身为国有公司的法定代表人，利用职务之便，将公司盈利的业务交由亲友经营，使国家利益遭受重大损失，其行为已构成为亲友非法牟利罪。公诉机关指控成立。原判认定姜某舜将本单位的盈利业务交由自己的亲友进行经营，使国家利益遭受重大损失并无不当。原判量刑既严格遵守了罪刑法定原则，又充分考虑了本案的实际情况，体现了罪刑相适应的原则，故姜某舜所提的原判量刑畸重的理由，不予采纳。姜某舜的亲友非法牟利的69914.48元应予追缴。原审判决定罪和适用法律正确，量刑适当，审判程序合法。据此，依照《刑事诉讼法》第189条第1项，《刑法》第166条第1项、第64条之规定，裁定如下：驳回上诉，维持原判。

【学理分析及适用指引】

• 学理分析 •

为亲友非法牟利罪，是指国有公司、企业、事业单位的工作人员，利用职务便利，损公肥私，将本单位的盈利业务交由自己的亲友经营的，或者以明显高于市场的价格向自己的亲友经营管理的单位采购商品或者以明显低于市场的价格向自己的亲友经营管理的单位销售商品的，或者向自己的亲友经营管理的单位采购不合格商品，致使国家利益遭受重大损失的行为。本罪的构成要件如下：

1. 本罪的客体。为亲友非法牟利罪侵犯的客体是国有公司、企业的监督制度和国有公司、企业、事业单位工作人员职务的廉洁性。国有公司的工作人员背信经营势必干扰国家对国有公司的监督、管理，导致国有资产的流失。

2. 本罪的客观方面。客观方面表现为利用职务便利，损公肥私，实施法定的背信经营的行为，包括将本单位的盈利业务交由自己的亲友进行经营，即指行为人利用自己决定、参与购销往来的工作便利，根据掌握的市场行情，将可以盈利的业务项目交给自己的亲友经营的行为。为此，构成本罪的客观要件是行为人是否利用了职务上的便利，实施了背信经营行为，而不用考虑其亲友如何经营及盈亏情况。

3. 本罪的主体。犯罪主体为特殊主体，即只有国有公司、企业、事业单位的工作人员才能构成本罪。不具有上述身份的人，不能构成本罪的主体。这里值得讨论的是国有参股企业、合资企业中工作人员是否属本罪主体？一般认为，刑法意义上的国有公司是不包括国有参股控股及合资企业的，而且从本罪客体限于国有资产保障制度等角度出发，我们认为国有参股企业、合资企业中的工作人员不属于本罪主体。

4. 本罪的主观方面。主观方面由故意构成，过失不构成本罪。

• 适用指引 •

司法实践中，认定本罪应注意：

1. 关于本罪与一般背信经营行为的界限。一般的经营行为能否认定为本罪要从以下三个方面进行区分：

（1）行为人是否利用了职务便利。如果行为人没有利用职务便利，即使对其亲友所进行的经营活动提供了帮助，也不能以本罪论处。

（2）行为人通过实施背信经营行为而使国家利益遭受的损失是否达到重大的程度，如果行为人的背信经营行为未使国家利益遭受的损失达到重大的程度，就不能以本罪论处。数额是否巨大不是构成本罪的必要要件，因为本条中并无行为人非法获利及其数额大小的规定，而只有行为人利用职务便利，实施背信经营行为，使国家利益遭受重大损失或特别重大损失的规定。

（3）本罪的犯罪主体为特殊主体，即国有公司、企业、事业单位工作人员，除此以外人员的背信经营行为不构成本罪，对于他们的背信经营行为只能追究其民事责任和行政责任。如果构成侵占或者其他犯罪的，应以相关犯罪论处。

2. 本罪与非法经营同类营业罪的界限。本罪与非法经营同类营业罪在客观方面都利用了职务便利，主观方面都出于故意，但这两个罪是两种不同性质的犯罪，它们的区别表现在：

（1）犯罪主体不同。本罪的主体仅限于国有公司、企业、事业单位的工作人员，而非法经营同类营业罪的主体仅限于国有公司、企业的董事和经理。

（2）客观方面不同。本罪在客观方面，所实施的行为表现为利用职务便利，将本单位的盈利业务交由自己的亲友经营，或者以明显高于市场的价格向自己的亲友进行经营管理的单位采购商品或者明显低于市场的价格向自己的亲友经营管理的单位销售商品，或者向自己的亲友经营管理的单位采购不合格商品，而使国家利益遭受重大损失或特别重大损失。而非法经营同类营业罪在客观方面则表现为行为人利用职务便利，为自己经营或者为他人经营与其所任职公司、企业同类的营业，获取非法利益，数额巨大的行为。在此，两罪虽同为结果犯，但犯罪结果有所不同，本罪的犯罪结果为使国家利益遭受重大损失，而非法经营同类营业罪为行为人获取非法利益数额巨大。

第一百六十七条　签订、履行合同失职被骗罪

【法律规定】

• 法律条文 •

《中华人民共和国刑法》

第一百六十七条　国有公司、企业、事业单位直接负责的主管人员，在签订、履行合同过程中，因严重不负责任被诈骗，致使国家利益遭受重大损失的，处三年以下有期徒刑或者拘役；致使国家利益遭受特别重大损失的，处三年以上七年以下有期徒刑。

• 相关规定 •

《中华人民共和国刑法》

第四百零六条　国家机关工作人员在签订、履行合同过程中，因严重不负责任被诈骗，致使国家利益遭受重大损失的，处三年以下有期徒刑或者拘役；致使国家利益遭受特别重大损失的，处三年以上七年以下有期徒刑。

《全国人民代表大会常务委员会关于惩治骗购外汇、逃汇和非法买卖外汇犯罪的决定》

金融机构、从事对外贸易经营活动的公司、企业的工作人员严重不负责任，造成大量外汇被骗购或者逃汇，致使国家利益遭受重大损失的，依照刑法第一百六十七条的规定定罪处罚。

【案例】

罗泽贵签订、履行合同失职被骗非法吸收公众存款案①

• 案件事实 •

2010 年，陕西省渭南市人民政府以 BOT 方式引入企业投资建设陕西榆商线韦庄至罗敷段高速公路建设项目（以下简称韦罗高速项目），该项目由中扶创兴投资担保（北京）有限公司（以下简称中扶创兴公司）中标，并成立陕

① 参见湖南省湘西土家族苗族自治州中级人民法院（2020）湘 31 刑终 90 号。

西渭南韦罗高速公路有限公司（以下简称韦罗公司）为项目公司，进行韦罗高速项目的建设运营。2014 年 5 月，渭南市交通运输局又公开发布了榆商线澄县至韦庄段高速公路建设项目（以下简称澄韦高速项目）的招标公告。2014 年 7 月，中扶创兴公司和中铁十五局集团有限公司以联合体方式中标该项目，为中标第一候选人。中铁十五局集团有限公司在中标后退出了澄韦高速项目。

中扶创兴公司中标澄韦高速项目后，该公司法定代表人贺某民（同时又是韦罗公司法定代表人）在没有与渭南市政府签订投资协议、特许经营合同，未按规定提供履约担保，项目报建手续未完成的情况下，邀约湘西路桥公司承包澄韦高速项目的建设施工。被告人湘西路桥公司负责人罗泽贵在未经单位集体研究决定，没有认真审查和核实对方项目资质和合同履约能力的情况下，同意了贺某民的邀约。2014 年 9 月 19 日，经罗泽贵个人决定，湘西路桥公司未通过招投标程序，与韦罗公司签订了澄韦高速项目建设施工《总承包合同》，合同工程总价为 27 亿元，并约定湘西路桥公司须向韦罗公司提交 2 亿元的履约保证金。2014 年 9 月至 10 月期间，在罗泽贵的安排下，湘西路桥公司先后向韦罗公司支付了 2 亿元的履约保证金。在履约保证金支付后，即被贺某民用于归还在民生银行的贷款利息等其他用途。

湘西路桥公司在签订《总承包合同》后，即成立了工程项目部进驻工地。由于中扶创兴公司未与渭南市政府签订澄韦高速项目相关协议和特许经营合同，韦罗公司实际并不具备履行与湘西路桥公司所签订合同的条件，因此湘西路桥公司工程项目部进驻工地后一直不能开工。湘西路桥公司在多次要求韦罗公司解决上述问题无果后，遂于 2015 年 7 月向韦罗公司发函要求退出澄韦高速项目及退还履约保证金。2015 年 7 月 21 日，韦罗公司复函同意湘西路桥公司退出，并承诺 2015 年 8 月 31 日前退还全部履约保证金，但之后韦罗公司并未按照承诺退还履约保证金。2017 年 8 月，经渭南市中级人民法院审理裁定，湘西路桥公司与韦罗公司签订的澄韦高速项目《总承包合同》未经过招投标程序，认定为无效合同。由于澄韦高速项目《总承包合同》未得到履行，不仅造成湘西路桥公司严重经济损失，履约保证金也未能全部追回。2017 年 11 月 9 日，湘西自治州公安局对贺某民以涉嫌合同诈骗罪立案侦查，并陆续追缴履约保证金 1.046 亿元，但民生银行 5000 万贷款本息目前仍未得到偿还。

湖南省花垣县人民法院审理湖南省花垣县人民检察院指控被告人罗泽贵犯签订、履行合同失职被骗罪、非法吸收公众存款罪一案，于 2019 年 12 月 31 日作出（2019）湘 3124 刑初 148 号刑事判决，认定被告人罗泽贵身为国有公司负责人，在签订、履行合同过程中因严重不负责任被骗，致使国家利益遭受严重损失，其行为构成签订、履行合同失职被骗罪。案发后，罗泽贵积极配合公安机关调查处理，并如实供述犯罪事实，可以认定为自首，可以从轻、减轻处罚。据此判决：被告人罗泽贵犯签订、履行合同失职被骗罪，判处有期徒刑三年。

原审被告人罗泽贵不服提出上诉。提出一审认定其构成签订、履行合同失职被骗罪的法律依据不足，理由有二：一是根据《最高人民法院刑二庭审判长会议关于签订、履行合同失职被骗罪是否以对方当事人的行为构成诈骗犯罪为要件的意见》关于“认定签订、履行合同失职被骗罪应当认定对方当事人涉嫌诈骗，行为构成犯罪为前提”的意见，湘西州公安局已于2018年6月撤销了贺某民涉嫌合同诈骗罪，既然撤销了对贺某民的追诉，再追诉上诉人的刑事责任则违背了上述规定；二是认定从民生银行所借的5000万系损失不当，该款韦罗公司已经承诺本息由其公司负责偿还，故不应计算为损失部分。

• 裁判要旨 •

签订、履行合同失职被骗罪与（合同）诈骗罪属于对合犯关系。现有证据足以证实合同相对方构成（合同）诈骗犯罪的，可认定作为国家工作人员的被骗方构成签订、履行合同失职被骗罪。

• 裁判理由 •

湖南省湘西土家族苗族自治州中级人民法院认为，上诉人罗泽贵身为国有公司负责人，在签订履行合同过程中因严重不负责任被骗，致使国家利益遭受特别重大损失，其行为构成签订、履行合同失职被骗罪；罗泽贵经湘西州公安局“11.13”专案组工作人员经口头传唤，在立案前如实供述了其犯罪事实，可认定为自首。罗泽贵及其辩护人提出认定罗泽贵构成签订、履行合同失职被骗罪的法律依据不足。关于理由一，经查，《最高人民法院刑二庭审判长会议关于签订、履行合同失职被骗罪是否以对方当事人的行为构成诈骗犯罪为要件的意见》中还指出：“司法机关在办理或者审判行为人被指控犯签订、履行合同失职被骗罪的案件过程中，不能以对方当事人已经被人民法院判决构成诈骗犯罪作为认定本案当事人构成签订、履行合同失职被骗罪或者国家机关工作人员签订、履行合同失职被骗罪的前提。在办理案件过程中，只要认定对方当事人的行为已经涉嫌构成诈骗犯罪，就可依法认定行为人构成签订、履行合同失职被骗罪。”本案中，根据在卷的湘西州公安局“1109”专案组和凤凰县公安局刑事侦查大队出具的情况说明，证实贺某民因涉嫌诈骗于2017年11月20日19时抓获，次日被刑事拘留；渭南高新技术产业园开发区管理委员会书面承诺督促贺某民退款，侦查机关综合案件的具体情节、结合贺某民所涉嫌犯罪的社会危害性根据相关规定于2018年6月12日撤销了对贺某民涉嫌诈骗一案。因此，可认定贺某民的行为涉嫌构成诈骗犯罪，根据上述意见亦可认定罗泽贵构成签订、履行合同失职被骗罪。故罗泽贵及其辩护人的该意见不能成立，法院不予采纳。关于理由二，经查，在罗泽贵与对方签订合同并于2014

年9月至10月期间向对方支付2亿履约保证金后，截至2017年11月21日对罗泽贵涉嫌签订、履行合同失职被骗罪立案侦查时追回的损失为4540万元，余下15460万元尚未追回，故罗泽贵犯该罪的涉案金额应为15460万元，此后追回的损失可以作为量刑情节予以考虑；截至原审判决时除民生银行贷款的5000万元余下损失均予以追回，罗泽贵犯签订、履行合同失职被骗罪致使国家利益遭受特别重大损失，应在三年以上七年以下判处刑罚，原审对罗泽贵判处三年有期徒刑，已是该量刑幅度内最低刑期，因此，即使对方按承诺返还了民生银行5000万元的贷款，对罗泽贵该罪的量刑亦无影响。故罗泽贵及其辩护人该意见不能成立，法院不予采纳。关于辩护人提出罗泽贵构成立功和自首的辩护意见。经查，罗泽贵对“贺某民涉嫌合同诈骗罪的线索及事实”的供述，系如实供述其犯罪事实的内容，涉及对罗泽贵是否成立自首的认定，而原审已经认定罗泽贵构成自首，并对其予以从轻处罚。故辩护人提出罗泽贵构成立功的辩护意见不能成立，法院不予采纳。综上所述，原判认定事实清楚，适用法律正确，量刑适当，审判程序合法。依照《刑事诉讼法》第236条第1款第1项之规定，裁定如下：驳回上诉，维持原判。

【学理分析及适用指引】

• 学理分析 •

签订、履行合同失职被骗罪，是指国有公司、企业、事业单位直接负责的主管人员，在签订、履行合同的过程中，因严重不负责任而被骗，致使国家利益遭受重大损害的行为。本罪的构成要件如下：

1. 本罪的客体。本罪侵犯的客体是国有公司、企业、事业单位的正常经营活动。

2. 本罪的客观方面。签订、履行合同失职被骗罪在客观方面表现为行为人在签订、履行合同的过程中，因严重不负责任而被骗，致使国家利益遭受重大损失。

3. 本罪的主体。构成该罪的主体是特殊主体，即必须是企业的直接负责的主管人员，是指对签订、履行合同起领导、决策、指挥作用的主管负责人，既包括主管领导，也包括直接从事签订、履行合同的工作人员。所谓主管人员，一般是指对签订、履行合同起领导、决策、指挥作用的单位负责人，如公司总经理、部门经理、业务部门主管人员等。而在现实生活中，签订、履行合同的往往并不是主管领导，客观上主管领导也不可能去办理具体的业务活动，而绝大部分是所属的部门领导，甚至是具体的工作人员，如供销员等签订、履行合同。

4. 本罪的主观方面。本罪主观方面由过失构成，故意不构成本罪。签订、履行合同失职被骗罪与合同诈骗是一种对合犯，两者表现为一种无此便无彼、无彼便无此的密切关系，互为对方成立犯罪的前提。也就是说，构成签订、履行合同失职被骗罪，须有被诈骗的事实，没有被诈骗，也就不能构成该罪。刑法要求对方构成诈骗犯罪这一前提条件，意在使其区别于经济合同纠纷中的欺诈行为。构成犯罪也是一种程序意义上的概念。只要有证据证明对方无履约诚意和履约能力，具有诈骗犯罪嫌疑，即可推定其实施了诈骗犯罪。至于犯罪嫌疑人是否被抓获，是否已经被定罪判刑，则不影响本罪的认定。

• 适用指引 •

在司法实践中，认定本罪应注意：

1. 区分罪与非罪的界限。区分的关键在于行为人签订、履行合同失职被骗是否使国家利益遭受了重大损失，如果在签订、履行合同时虽然被骗，但发现后及时采取措施，避免了可能造成的损失，不构成犯罪。

2. 区分签订、履行合同失职被骗罪与国家机关工作人员签订、履行合同失职被骗罪的界限。两种犯罪的相同之处在于都是在签订、履行合同过程中，由于严重不负责任而被骗，致使国家利益遭受重大损失，区别在于犯罪主体不同，前者是公司、企业、事业单位直接负责的主管人员，而后者仅限于国家机关工作人员。

第一百六十八条　国有公司、企业、事业单位人员失职罪；国有公司、企业、事业单位人员滥用职权罪

【法律规定】

• 法律条文 •

《中华人民共和国刑法》

第一百六十八条　国有公司、企业的工作人员，由于严重不负责任或者滥用职权，造成国有公司、企业破产或者严重损失，致使国家利益遭受重大损失的，处三年以下有期徒刑或者拘役；致使国家利益遭受特别重大损失的，处三年以上七年以下有期徒刑。

国有事业单位的工作人员有前款行为，致使国家利益遭受重大损失的，依照前款的规定处罚。

国有公司、企业、事业单位的工作人员，徇私舞弊，犯前两款罪的，依照第一款的规定从重处罚。

● 相关规定 ●

《最高人民法院关于如何认定国有控股、参股股份有限公司中的国有公司、企业人员的解释》（法释〔2005〕10号）

为准确认定刑法分则第三章第三节中的国有公司、企业人员，现对国有控股、参股的股份有限公司中的国有公司、企业人员解释如下：国有公司、企业委派到国有控股、参股公司从事公务的人员，以国有公司、企业人员论。

《最高人民检察院研究室关于中国农业发展银行及其分支机构的工作人员法律适用问题的答复》（〔2002〕高检研发第16号）

中国农业发展银行及其分支机构的工作人员严重不负责任或者滥用职权，构成犯罪的，应当依照刑法第一百六十八条的规定追究刑事责任。

《最高人民法院、最高人民检察院关于办理妨害预防、控制突发传染病疫情等灾害的刑事案件具体应用法律若干问题的解释》（法释〔2003〕8号）

第四条 国有公司、企业、事业单位的工作人员，在预防、控制突发传染病疫情等灾害的工作中，由于严重不负责任或者滥用职权，造成国有公司、企业破产或者严重损失，致使国家利益遭受重大损失的，依照刑法第一百六十八条的规定，以国有公司、企业、事业单位人员失职罪或者国有公司、企业、事业单位人员滥用职权罪定罪处罚。

【案例一】

倪某某等国有事业单位人员失职案①

● 案件事实 ●

1999年9月，江西广播电视少儿艺术学校艺术幼儿园开始招收全日制和寄宿制幼儿。2000年10月，刘某某任江西广播电视少儿艺术学校艺术幼儿园法定代表人、园长。2001年2月9日，刘某某违反规定让无上岗证、未受幼儿保育职业培训的吴枝英担任广电幼儿园小六班保育员。2001年6月4日晚21时许，担任广电幼儿园小六班班主任的杨某某下班前，在小六班寝室里点燃了三盘蚊香用于驱蚊。临走时，杨某某将该情况告诉了当晚值班的保育员吴枝英。当晚23时许，担任广电幼儿园保教主任的倪某某和值班医生到小六班巡查，倪某某发现小六班寝室里点燃蚊香，遂就蚊香是否会影响儿童健康进行了询问，但未作处理便离开了小六班。之后，吴枝英在小六班单独值班。23时30分，吴枝英离开寝室，在洗手间、活动室做事，约45分钟未到寝室巡视。在

① 参见江西省南昌市西湖区人民法院（2002）西刑初字第093号。

此期间，放在寝室过道上的蚊香将搭落在床架边上的棉被引燃，火势向四周蔓延引起火灾，致使小六班寝室内13名寄宿的儿童在火灾中因火烧及一氧化碳中毒窒息死亡。

• 裁判要旨 •

国有幼儿园的主要负责人聘用无上岗证的保育员，对可能存在的安全隐患没有履行巡查、督促及时排除隐患，致使发生特大火灾的，依法成立国有事业单位人员失职罪。

• 裁判理由 •

南昌市西湖区人民法院认为：被告人杨某某从事幼儿教育、保育工作，在工作中应该预见到在幼儿熟睡的寝室中使用蚊香，有可能引起火灾的发生，但是仍然点燃蚊香驱蚊，结果导致特大火灾的发生，致使13名幼儿死亡，构成失火罪；被告人吴枝英从事幼儿的保育工作，明知幼儿熟睡的寝室中已使用了蚊香，有可能引起火灾的发生，应该排除不安全的隐患，还轻信可以避免，离开幼儿寝室进行其他工作，结果导致特大火灾的发生，致使13名幼儿死亡，构成失火罪；被告人倪某某身为保教主任从事幼儿教育工作多年，在值班的巡查过程中，发现小六班点有蚊香，存在安全隐患，应该预见而没有预见到有可能引起火灾，没有履行巡查、督促及时排除隐患的义务，致使发生特大火灾，13名幼儿死亡，已构成国有企业、事业单位人员失职罪；被告人刘某某身为幼儿园园长，明知被告人吴枝英无上岗证，还让其上岗，结果导致火灾的发生，构成国有企业、事业单位人员失职罪。据此，分别依照《刑法》第115条第2款、第168条第2款、1999年12月25日《刑法修正案》第2条之规定，判决如下：一、被告人杨某某犯失火罪，判处有期徒刑三年。二、被告人吴枝英犯失火罪，判处有期徒刑五年。三、被告人倪某某犯国有企业、事业单位人员失职罪，判处有期徒刑三年。四、被告人刘某某犯国有企业、事业单位人员失职罪，判处有期徒刑三年。

【案例二】

汪其伟受贿、国有公司、企业工作人员滥用职权案[①]

• 案件事实 •

1998年4月至案发前，汪其伟先后担任重庆市商业委员会（以下简称重

---

① 参见重庆市第一中级人民法院（2004）渝一中刑初字第486号。

庆市商委）生猪屠宰管理办公室主任、经协处处长、餐饮服务处处长等职务。1999 年 8 月至 2004 年 3 月，重庆市商委委派其兼任重庆市商委直属国有企业重庆市酿造调味品公司（以下简称市酿造调味品公司）党委书记、公司经理，同时担任公司法定代表人，主管该公司全面工作。

2000 年，重庆华新国际城市发展有限公司（以下简称华新国际公司）与重庆东大房地产开发有限公司（以下简称东大公司）合作开发华新都市花园项目，准备对重庆市酿造调味品公司下属的嘉陵酿造厂位于本市江北区五里店片区的 12975 平方米土地和非住宅房屋建筑面积 6022 平方米实施开发。在洽谈过程中，华新都市花园项目开发指挥部工作人员陈某某代表华新国际公司许诺华新都市花园建成后，送给汪其伟一套两室一厅住宅。2003 年 1 月，汪其伟看中了华新都市花园一套建筑面积为 137.07 平方米的三室两厅住宅，应付房款 320193 元，汪其伟找到王某某要求王在其购房时能给予最大的优惠。王某某安排华新都市花园售房部经理戴某某在汪其伟应交房款中扣除了一套建筑面积为 87.83 平方米的两室一厅住宅房款 214200 元，汪其伟实际只交纳房款 105993 元，即获得华新都市花园临霞楼 1401 号建筑面积为 137.07 平方米价值人民币 320193 元的住宅一套。

2000 年 9 月 30 日，重庆市酿造调味品公司下属红星酿造厂与重庆永通机械实业公司（以下简称永通公司）签订联合开发合同，约定以红星酿造厂出地，重庆永通机械实业公司出资金的形式，联合开发重庆市沙坪坝区磁器口仿古楼房地产项目，建成后红星酿造厂分得联建楼 30% 的产权即底层 304.8 平方米门面。2003 年 9 月，汪其伟违反国家的相关规定，在未经上级主管部门和国有资产监督管理部门批准，且未对国有资产进行重新评估的情况下，擅自决定以 525000 元的价格将红星酿造厂所有的钰和祥茶楼底层 304.8 平方米门面转让给重庆钰和祥旅业有限公司（以下简称钰和祥公司），并出具授权委托书，全权委托红星酿造厂厂长黄某某办理了将该房产过户给钰和祥公司的产权转让手续。案发后，经重庆谛威会计师事务所有限公司评估，该转让价低于转让时房产市值价 966892 元，造成了国有资产的重大损失。

• 裁判要旨 •

国有公司负责人未经上级主管部门和国有资产监督管理部门批准，违规擅自处理本单位的国有资产，造成国有资产损失巨大，其行为依法构成国有公司、企业工作人员滥用职权罪。

• 裁判理由 •

重庆市第一中级人民法院认为：被告人汪其伟身为国家工作人员，在任重庆市商业委员会经协处处长兼重庆市酿造品公司总经理期间，利用职务之便，非法收受重庆华新国际城市发展有限公司价值214200元的三室两厅住宅一套，为他人谋取利益，其行为已构成受贿罪；另在处置重庆市酿造调味品公司下属红星酿造厂位于磁器口1～3号钰和祥茶楼底层304.8平方米门面的过程中，未经上级主管部门和国有资产监督管理部门批准，违规擅自处理国有资产，造成国有资产损失966892元，其行为还构成国有公司、企业工作人员滥用职权罪。均应依法判处并应数罪并罚。公诉机关起诉指控的犯罪事实和罪名成立。鉴于被告人汪其伟因涉嫌犯国有公司、企业工作人员滥用职权罪被检察机关立案侦查后，如实供述司法机关尚未掌握的其犯受贿罪的犯罪事实，与司法机关已掌握的罪行属不同种罪行，是自首；且被告人汪其伟认罪态度好，退清了全部受贿赃款，有悔罪表现，依法可减轻处罚。被告人汪其伟提出有自首情节，且退清了全部受贿赃款，请求减轻处罚的意见，本院予以采纳。依照《刑法》第385条、第168条、第67条第1款、第64条和《最高人民法院关于处理自首和立功具体应用法律若干问题的解释》第2条之规定，判决如下：一、被告人汪其伟犯受贿罪，判处有期徒刑五年；犯国有公司、企业人员滥用职权罪，判处有期徒刑一年，数罪并罚，决定执行有期徒刑五年零六个月。二、对被告人汪其伟退还的受贿赃款人民币214200元予以没收，上缴国库。

【学理分析及适用指引】

• 学理分析 •

1. 国有公司、企业、事业单位人员失职罪的构成。国有公司、企业、事业单位人员失职罪，是指国有公司、企业的工作人员由于严重不负责任，造成国有公司、企业破产或者严重损失，或者国有事业单位工作人员严重不负责任，致使国家利益遭受重大损失的行为。本罪的构成要件如下：

（1）本罪的客体。侵犯的客体是国家对国有公司、企业、事业单位的资产管理制度。

（2）本罪的客观方面。客观方面表现为国有公司、企业的工作人员，由于严重不负责任，造成国有公司、企业破产或者严重损失，致使国家利益遭受重大损失，或者国有事业单位的工作人员，由于严重不负责任，致使国家利益遭受重大损失的行为。严重不负责任，是指行为人不履行或者不正确履行其职责，致使国家利益遭受重大损失的行为。职责，是指法律、法规、规章对公司、企业、事业单位的工作人员给予明确规定的职责。破产，是指债务人资不抵债、无力清偿到期债务，人民法院根据债权人或者债务人的申请，由法定机构清算债务人的全部财产，将债务人的破产财产依法分配给债权人的特定程序。因此，破产是清偿到期债务的特殊手段，而债务人不能清偿到期债务的法定事实，是运用特殊手段的前提。其目的是达到公平清偿，以保护双方当事人的合法权益。按照法律规定，严重不负责任的行为，必须有法定危害结果的发生，即必须造成国有公司、企业破产或者严重损失，致使国家利益遭受重大损失破产或者损失结果的发生与严重不负责任的行为之间必须存在刑法上的直接因果关系，才能构成本罪。

（3）本罪的主体。犯罪主体为特殊主体，即国有公司、企业、事业单位的工作人员。非国有公司、企业、事业单位的工作人员不构成本罪。

（4）本罪的主观方面。主观方面由过失构成。

2. 国有公司、企业、事业单位人员滥用职权罪的构成。国有公司、企业、事业单位人员滥用职权罪，是指国有公司、企业的工作人员滥用职权，造成国有公司、企业破产或者严重损失，或者国有事业单位的工作人员滥用职权，致使国家利益遭受重大损失的行为。本罪的构成要件如下：

（1）本罪的客体。本罪侵犯的客体是国家对国有公司、企业、事业单位的资产管理制度。

（2）本罪的客观方面。客观方面表现为国有公司、企业的工作人员因滥用职权，造成国有公司、企业破产或者严重损失，致使国家利益遭受重大损失，或者国有事业单位的工作人员因滥用职权，致使国家利益遭受重大损失的行为。滥用职权，是指行为人超越职权或者不正当行使职权。职权，是指国有公司、企业、事业单位的工作人员在其职务范围内处理公务的职责和权力。按照法律规定，滥用职权的行为，必须造成国有公司、企业破产或者国有公司、企业、事业单位严重损失，致使国家利益遭受重大损失，且破产或者损失结果的发生与滥用职权的行为之间必须存在刑法上的直接因果关系，才能构成本罪。

（3）本罪的主体。犯罪主体为特殊主体，即国有公司、企业、事业单位的工作人员。非国有公司、企业、事业单位的工作人员不构成本罪。

（4）本罪的主观方面。主观方面一般由故意构成，但也不排除过失。

• 适用指引 •

司法实践中，认定本条规定的罪名时应注意：

1. 国有公司、企业、事业单位人员失职罪的认定。

（1）罪与非罪的界限。国有公司、企业、事业单位的工作人员，虽有严重不负责任的行为，但如果没有造成国有公司、企业破产或者国有公司、企业、事业单位严重损失，没有使国家利益遭受重大损失的，不构成犯罪。

（2）本罪与玩忽职守罪的界限。二者都是特定主体在履行职责过程中，由于严重不负责任致使国家利益遭受重大损失的行为，在主观方面和客观表现形式方面大体是一致的。区别在于：①主体不同。前者的主体是国有公司、企业、事业单位的工作人员，而依照《全国人民代表大会常务委员会关于〈中华人民共和国刑法〉第九章渎职罪主体适用问题的解释》的规定，后者的主体包括依照法律、法规规定行使国家行政管理职权的组织中从事公务的人员，或者在受国家机关委托代表国家机关行使职权的组织中从事公务的人员，或者虽未列入国家机关人员编制但在国家机关中从事公务，在代表国家机关行使职权时，有渎职行为的人员。②侵犯的客体不同。前者侵犯的客体是国家对国有公司、企业、事业单位的资产管理制度，后者侵犯的客体是国家机关的正常管理活动。

2. 国有公司、企业、事业单位人员滥用职权罪的认定。

（1）罪与非罪的界限。国有公司、企业、事业单位的工作人员，虽有滥用职权的行为，但如果没有造成国有公司、企业破产或者公司、企业、事业单位严重损失，没有使国家利益遭受重大损失的，不构成犯罪。

（2）本罪与滥用职权罪的区别。二者都是特定主体在履行职责过程中因滥用职权，致使国家利益遭受重大损失的行为，在主观方面和客观表现形式方面大体是一致的。区别在于：①主体不同。前者的主体是国有公司、企业、事业单位的工作人员，而依照《全国人民代表大会常务委员会关于〈中华人民共和国刑法〉第九章渎职罪主体适用问题的解释》的规定，后者的主体包括依照法律、法规规定行使国家行政管理职权的组织中从事公务的人员，或者在受国家机关委托代表国家机关行使职权的组织中从事公务的人员，或者虽未列入国家机关人员编制但在国家机关中从事公务，在代表国家机关行使职权时，有渎职行为的人员。②侵犯的客体不同。前者侵犯的客体是国家对国有公司、企业、事业单位的资产管理制度，后者侵犯的客体是国家机关的正常管理活动。

第一百六十九条　徇私舞弊低价折股、出售国有资产罪

【法律规定】

• 法律条文 •

《中华人民共和国刑法》

第一百六十九条　国有公司、企业或者其上级主管部门直接负责的主管人员，徇私舞弊，将国有资产低价折股或者低价出售，致使国家利益遭受重大损失的，处三年以下有期徒刑或者拘役；致使国家利益遭受特别重大损失的，处三年以上七年以下有期徒刑。

【案例】

陈楚原等金融凭证诈骗罪、徇私舞弊低价折股、出售国有资产、私分国有资产案①

• 案件事实 •

陈楚原，原广州经济技术开发区国际信托投资公司董事长。2000 年 6 月，陈楚原在组织并参与开发区国投公司的下属子公司友林集团有限公司（以下简称友林公司）的改制过程中，徇私舞弊，违反有关规定，令与该公司毫无关系的英豪学校在认购友林公司股权时，适用只有内部职工才能享受的下浮 20% 的优惠和一次性付款再享受 10% 的优惠，直接造成国有资产损失人民币 6203000 元。

• 裁判要旨 •

国有公司负责人在组织并参与下属子公司企业改制过程中，徇私舞弊，违反规定，令其他单位在认购下属子公司股权中享受本无资格享受的优惠条件，直接造成国有资产损失巨大，应当以徇私舞弊低价折股、出售国有资产罪论处。

• 裁判理由 •

广州市中级人民法院一审认为：英豪学校与友林集团有限公司毫无关系，陈楚原在组织并参与开发区国投公司的下属子公司友林集团有限公司改制过程中，徇私舞弊，违反有关规定，使英豪学校在认购友林公司股权时，享受内部职工才能享受的优惠，造成国有资产损失人民币 6203000 元。其行为构成私舞弊低价折股、出售国有资产罪，遂判处其有期徒刑六年。

【学理分析及适用指引】

• 学理分析 •

徇私舞弊低价折股、出售国有资产罪，是指国有公司、企业或者其上级主

① 参见吴俊、黄玫：《任职七年犯下三宗罪——原广州开发区国投董事长陈楚原案的警示》，载 http：//dzrb. dzwww. comdazkfj/t20051103_ 1245916. htm，2006－05－24，最后访问时间：2008 年 1 月 9 日；另参见《广州经济技术开发区国投原董事长陈楚原获刑 20 年》，载 http：//www. gdjct. gd. gov. cn：9090mainyazz/2005103110572. shtml，最后访问时间：2008 年 1 月 9 日。为说明裁判要旨，案例对被告人其他犯罪事实与判罚从略。

管部门直接负责的主管人员，徇私舞弊，将国有资产低价折股或者低价出售，致使国家利益遭受重大损失的行为。本罪的构成要件如下：

1. 本罪的客体。本罪侵犯的客体是国家对国有资产的管理制度。

2. 本罪的客观方面。本罪客观方面表现为将国有资产低价折股或者低价出售，致使国家利益遭受重大损失的行为。国有资产，是指国家通过各种形式对国有公司、企业进行投资和投资收益形成的财产，以及依法认定的公司、企业国有财产。低价折股或者低价出售，是指对国有资产不进行财产评估或者虽然进行了财产评估，但背离所评估资产的价值，低价折股或者低价出售。构成本罪要求必须“致使国家利益遭受重大损失”。根据《最高人民检察院、公安部关于公安机关管辖的刑事案件立案追诉标准的规定（二）》，“致使国家利益遭受重大损失”是指造成国家直接经济损失数额在30万元以上的；致使国有公司、企业停产6个月以上或者破产的，或者被吊销许可证和营业执照、责令关闭、撤销、解散的。

3. 本罪的主体。本罪的主体为特殊主体。

4. 本罪的主观方面。本罪的主观方面要求是出于徇私舞弊，故意将国有资产低价折股或者低价出售。

• 适用指引 •

司法实践中，认定本罪应注意，构成本罪要求必须“致使国家利益遭受重大损失”。此外，若行为人因接受贿赂而徇私舞弊低价折股，出售国有资产行为的，应以本罪与受贿罪并罚。另外，若行为在国企改制过程中，徇私低价折股，出售国有资产并以自己或近亲属等特定关系人为对象的，实属贪污罪问题。

第一百六十九条之一　背信损害上市公司利益罪

【法律规定】

• 法律条文 •

《中华人民共和国刑法》

第一百六十九条之一　上市公司的董事、监事、高级管理人员违背对公司的忠实义务，利用职务便利，操纵上市公司从事下列行为之一，致使上市公司利益遭受重大损失的，处三年以下有期徒刑或者拘役，并处或者单处罚金；致使上市公司利益遭受特别重大损失的，处三年以上七年以下有期徒刑，并处罚金：

（一）无偿向其他单位或者个人提供资金、商品、服务或者其他资产的；

（二）以明显不公平的条件，提供或者接受资金、商品、服务或者其他资产的；

（三）向明显不具有清偿能力的单位或者个人提供资金、商品、服务或者其他资产的；

（四）为明显不具有清偿能力的单位或者个人提供担保，或者无正当理由为其他单位或者个人提供担保的；

（五）无正当理由放弃债权、承担债务的；

（六）采用其他方式损害上市公司利益的。

上市公司的控股股东或者实际控制人，指使上市公司董事、监事、高级管理人员实施前款行为的，依照前款的规定处罚。

犯前款罪的上市公司的控股股东或者实际控制人是单位的，对单位判处罚金，并对其直接负责的主管人员和其他直接责任人员，依照第一款的规定处罚。

• 相关规定 •

《最高人民检察院、公安部关于公安机关管辖的刑事案件立案追诉标准的规定（二）》（公通字〔2022〕12号）

第十三条　［背信损害上市公司利益案（刑法第一百六十九条之一）］上市公司的董事、监事、高级管理人员违背对公司的忠实义务，利用职务便利，操纵上市公司从事损害上市公司利益的行为，以及上市公司的控股股东或者实际控制人，指使上市公司董事、监事、高级管理人员实施损害上市公司利益的行为，涉嫌下列情形之一的，应予立案追诉：

（一）无偿向其他单位或者个人提供资金、商品、服务或者其他资产，致使上市公司直接经济损失数额在一百五十万元以上的；

（二）以明显不公平的条件，提供或者接受资金、商品、服务或者其他资产，致使上市公司直接经济损失数额在一百五十万元以上的；

（三）向明显不具有清偿能力的单位或者个人提供资金、商品、服务或者其他资产，致使上市公司直接经济损失数额在一百五十万元以上的；

（四）为明显不具有清偿能力的单位或者个人提供担保，或者无正当理由为其他单位或者个人提供担保，致使上市公司直接经济损失数额在一百五十万元以上的；

（五）无正当理由放弃债权、承担债务，致使上市公司直接经济损失数额在一百五十万元以上的；

（六）致使公司、企业发行的股票或者公司、企业债券、存托凭证或者国务院依法认定的其他证券被终止上市交易的；

（七）其他致使上市公司利益遭受重大损失的情形。

【案例】

何某背信损害上市公司利益案①

● 案件事实 ●

2006年年底至2007年年初，何某利用担任甲公司董事长的职务便利，违背对公司的忠实义务、操纵上市公司进行资产收购重组等活动，造成甲公司遭受损失合计人民币8050万元，具体犯罪事实如下：

1. 何某在甲公司收购乙公司的股权过程中，采用对乙公司虚假增资的方法，致使甲公司损失2400万元。

何某系丙公司的实际控制人及该公司参股的乙公司的董事长。2006年12月5日，何某操纵丙公司向北京某2担保有限公司（以下简称某2公司）借款5000万元，作为丙公司向乙公司的增资款，从而使乙公司的资本从1000万元增至6000万元。当月8日，何某利用虚假订货合同预付款的名义将5000万元资本从乙公司抽走，几经周转仍划至某2公司。随后，何某利用担任甲公司董事长的职务便利，隐瞒上述事实，操纵该公司董事会通过决议，以总资本额6000万元为基数，从丙公司收购乙公司48%的股权，计2880万元，从而使甲公司以明显不合理的价格购买了实际价值为480万元的乙公司的股权，造成甲公司经济损失2400万元。

2. 被告人何某在海南某公司收购甲公司股权过程中，擅自挪用甲公司资金，致使该公司损失5650万元。

2006年12月至2007年2月，甲公司的股东某3有限公司（以下简称某3公司）欲出让价值约12000万元的甲公司股权合计49740200股，并从甲公司购回价值约11000万元的二分厂、五分厂资产。其间，何某利用担任甲公司董事长的职务便利，以虚假贸易合同预付款的名义，将甲公司约3000万元资金从其下属的上海分公司及控股子公司某4发展有限公司（以下简称某4公司）转至某5有限公司（以下简称某5公司），最终划至海南某公司，由海南某公司再利用该笔资金作为收购甲公司股权的部分对价款支付给某3公司，某3公司再将该资金支付给甲公司作为二分厂、五分厂资产的回购款，从而完成一次周转。如此反复运作四次，从而完成资产和股权的转让。通过以上方法，何某控制的海南某公司在未支付对价的情况下，获得了甲公司价值12450万元的股权。2006年12月，甲公司的另一股东某集团所持有的24317800股股权将被法

① 参见上海市卢湾区人民法院（2010）卢刑初字第142号。

院拍卖，何某遂以虚假合同预付款的名义，通过某4公司将甲公司的资金29363743.50元经某5公司划至海南某公司，用于竞拍上述股权并获成功。至此，何某控制的海南某公司以19.48%的持股比例，成为甲公司第一大股东。随后，何某通过将该股权出售给某某集团有限公司等方法，对甲公司进行资产重组，并将部分资金划回甲公司以弥补上述挪用留下的资金缺口。其间，何某累计占用甲公司资金153863743.50元，案发前已归还97363743.50元，造成该公司实际损失5650万元。

2009年7月6日，公安机关将被告人何某抓获，何某到案后主动交代了公安机关尚未掌握的上述第二节犯罪事实。

• 裁判要旨 •

上市公司董事长，利用职务便利，操纵上市公司，采用隐瞒事实、购买公司股权等方式，致使公司利益遭受特别重大损失，应对以背信损害上市公司利益罪追究其刑事责任。

• 裁判理由 •

法院审理认为：被告人何某作为上市公司甲的董事长，违背对公司的忠实义务，利用职务便利，操纵上市公司，采用隐瞒事实、购买公司股权等方式，致使上市公司利益遭受特别重大损失，其行为已构成背信损害上市公司利益罪，应依法追究其刑事责任。公诉机关对本案的定性正确，应予支持。鉴于被告人何某到案后主动交代司法机关尚未掌握的较重的同种罪行并能当庭自愿认罪，其家属亦在判决之前主动缴纳了人民币50万元，依法应当从轻和酌情从轻处罚并适用缓刑。辩护人建议对被告人何某从轻处罚的辩护意见，法院予以采纳。为保护上市公司的财产所有权不受侵犯，依照《刑法》第169条之一第1款第6项，第72条第1款，第73条第2款、第3款，第53条，第64条及《最高人民法院关于处理自首和立功具体应用法律若干问题的解释》第4条之规定，判决如下：一、被告人何某犯背信损害上市公司利益罪，判处有期徒刑三年，宣告缓刑五年，并处罚金人民币50万元。二、扣押在案的人民币50万元，抵作罚金，上缴国库。

【学理分析及适用指引】

• 学理分析 •

背信损害上市公司利益罪，是指上市公司的董事、监事、高级管理人员违背对公司的忠实义务，利用职务便利，非法操纵上市公司，或者上市公司的控股股东或者实际控制人，指使上市公司董事、监事、高级管理人员非法操纵上市公司，致使上市公司利益遭受重大损失的行为。本罪的构成要件如下：

1. 本罪的客体。本罪的客体是复杂客体，包括上市公司的经济利益和正常活动、公司职员对公司的忠实义务以及国家对上市公司的管理制度。

2. 本罪的客观方面。本罪的客观方面是行为人利用职务便利，实施了操纵上市公司进行不正当关联交易，侵害上市公司利益的行为。上市公司的董事、监事、高级管理人员违背对公司的忠实义务，利用职务便利，操纵上市公司从事《刑法》第169条之一所规定的6项行为之一，且给上市公司造成损失达到《最高人民检察院、公安部关于公安机关管辖的刑事案件立案追诉标准的规定（二）》第13条所列行为之一，或者上市公司的控股股东或者实际控制人，指使上市公司董事、监事、高级管理人员操纵上市公司从事上述行为，且达到《最高人民检察院、公安部关于公安机关管辖的刑事案件立案追诉标准的规定（二）》第13条所列损失之一的行为。利用关联交易背信损害上市公司利益是我国上市公司目前面临的严重问题之一，但我国法律并不禁止正当的关联交易。

3. 本罪的主体。该罪的犯罪主体是特殊主体，这些特殊主体有一个共同的特点，就是对上市公司具有控制权或重大影响力。包括上市公司的董事、监事、高级管理人员、上市公司的控股股东、实际控制人。高级管理人员是指公司的经理、副经理、财务负责人、上市公司的董事会秘书以及公司章程规定的其他对上市公司具有控制力或重大影响力的人员。

4. 本罪的主观方面。本罪的主观方面是故意，要求明知自己的行为会危害上市公司的利益。如果是出于正常经营决策，为公司发展而使公司冒相应风险，如基于融资需要而以明显不合理的价格接受商品、服务，或基于对市场前景及收购标的错误判断而使公司受损失的，不应认定此罪。

• 适用指引 •

司法实践中，认定本罪应注意：上市公司的控股股东或者实际控制人，指使上市公司董事、监事、高级管理人员非法操纵上市公司，致使上市公司利益遭受重大损失的，构成背信损害上市公司利益罪。

判断一项关联交易是否正当，关键要看是否按照等价有偿的市场竞争原则进行，是否符合正常的或者公认的市场交易条件，以及在交易的决定过程中，上市公司的董事、监事、高级管理人员、控股股东和实际控制人是否利用了他们的控制权和重大影响力。

本罪主体是特殊主体，仅限于上市公司的董事等高级管理人员及实际控制人。若非上市的公司董事等高级管理人员利用职务便利损害公司利益的，不能以本罪论处。若该公司属于国有公司的，可以国有公司、企业人员滥用职权罪或者国有公司、企业人员失职罪等追究其刑事责任。